Mathematik für Informatiker

Unser Online-Tipp
für noch mehr Wissen ...

informit.de

Aktuelles Fachwissen rund um die Uhr
– zum Probelesen, Downloaden oder
auch auf Papier.

www.informit.de

Dirk Hachenberger
Mathematik für Informatiker

2., aktualisierte Auflage

ein Imprint von Pearson Education

München • Boston • San Francisco • Harlow, England
Don Mills, Ontario • Sydney • Mexico City
Madrid • Amsterdam

Bibliografische Information Der Deutschen Bibliothek

Die Deutsche Bibliothek verzeichnet diese Publikation in der Deutschen Nationalbibliografie; detaillierte bibliografische Daten sind im Internet über *http://dnb.ddb.de* abrufbar.

Die Informationen in diesem Produkt werden ohne Rücksicht auf einen eventuellen Patentschutz veröffentlicht.
Warennamen werden ohne Gewährleistung der freien Verwendbarkeit benutzt.
Bei der Zusammenstellung von Texten und Abbildungen wurde mit größter Sorgfalt vorgegangen. Trotzdem können Fehler nicht vollständig ausgeschlossen werden.
Verlag, Herausgeber und Autoren können für fehlerhafte Angaben und deren Folgen weder eine juristische Verantwortung noch irgendeine Haftung übernehmen.
Für Verbesserungsvorschläge und Hinweise auf Fehler sind Verlag und Herausgeber dankbar.

Alle Rechte vorbehalten, auch die der fotomechanischen Wiedergabe und der Speicherung in elektronischen Medien.
Die gewerbliche Nutzung der in diesem Produkt gezeigten Modelle und Arbeiten ist nicht zulässig.

Fast alle Produktbezeichnungen und weitere Stichworte und sonstige Angaben, die in diesem Buch verwendet werden, sind als eingetragene Marken geschützt.
Da es nicht möglich ist, in allen Fällen zeitnah zu ermitteln, ob ein Markenschutz besteht, wird das ®-Symbol in diesem Buch nicht verwendet.

Umwelthinweis:
Dieses Buch wurde auf chlorfrei gebleichtem Papier gedruckt.
Die Einschrumpffolie – zum Schutz vor Verschmutzung – ist aus umweltverträglichem und recyclingfähigem PE-Meterial.

10 9 8 7 6 5 4 3 2 1
10 09 08

ISBN 978-3-8273-7320-5

© 2008 by Pearson Studium,
ein Imprint der Pearson Education Deutschland GmbH,
Martin-Kollar-Straße 10-12, D-81829 München
Alle Rechte vorbehalten
www.pearson-studium.de
Lektorat: Birger Peil, bpeil@pearson.de
Korrektorat: Katharina Pieper, Katharina.Pieper@gmx.net, Berlin
Einbandgestaltung: Thomas Arlt, tarlt@adesso21.net
Herstellung: Monika Weiher, mweiher@pearson.de
Bildbearbeitung: ptp-graphics e.K., www.ptp-graphics.eu
Satz & Layout: PTP-Berlin, Protago $\TeX$-Production GmbH, www.ptp-berlin.eu
Druck und Verarbeitung: Kösel, Krugzell (www.KoeselBuch.de)

Printed in Germany

Für Ana-Cristina,
Claudia, Silvia und Andrea,
Stefan und Diana

Inhaltsübersicht

Vorwort — xxvii

Teil I — Mathematisches Grundwissen — 1

- **Kapitel 1** — Mengen und Aussagen — 3
- **Kapitel 2** — Natürliche und ganze Zahlen — 43
- **Kapitel 3** — Abbildungen, Äquivalenzrelationen und partielle Ordnungen — 81

Teil II — Grundlagen der Diskreten Mathematik — 117

- **Kapitel 4** — Kombinatorik — 119
- **Kapitel 5** — Diskrete Wahrscheinlichkeitsrechnung — 153
- **Kapitel 6** — Algebraische Strukturen — 193
- **Kapitel 7** — Restklassenringe und Anwendungen — 249
- **Kapitel 8** — Homomorphismen und Faktorstrukturen — 299

Teil III — Grundlagen der Linearen Algebra — 331

- **Kapitel 9** — Vektoren und Matrizen — 333
- **Kapitel 10** — Lineare Gleichungssysteme — 375
- **Kapitel 11** — Abstrakte Vektorräume und Anwendungen — 417
- **Kapitel 12** — Polynome — 461
- **Kapitel 13** — Formale Potenzreihen und rationale Funktionen — 513

Inhaltsübersicht

Teil IV Grundlagen der Analysis 539

Kapitel 14 Die Axiomatik reeller Zahlen 541

Kapitel 15 Folgen 573

Kapitel 16 Reihen 613

Kapitel 17 Stetige Funktionen 653

Kapitel 18 Differentialrechnung 697

Kapitel 19 Integralrechnung 739

Literaturverzeichnis 781

Symbolverzeichnis 785

Register 793

Inhaltsverzeichnis

Vorwort xxvii

Teil I Mathematisches Grundwissen 1

Kapitel 1 Mengen und Aussagen 3

    Einführung 4
- 1.1 Grundbegriffe der Mengenlehre 6
  - A. Was ist eine Menge? 6
  - B. Beschreibungen von Mengen 7
  - C. Teilmengenbeziehung und Gleichheit bei Mengen 7
  - D. Die Mächtigkeit einer Menge 8
  - E. Eine Menge, die nicht fehlen darf 9
- 1.2 Grundlegende Zahlbereiche 9
  - A. Mengenbezeichnungen für Zahlbereiche 9
  - B. Zum Unterschied zwischen rationalen und reellen Zahlen . 10
  - C. Ein weiterer Grund für Zahlbereichserweiterungen 12
  - D. Eine grundlegende Eigenschaft reeller Zahlen 12
  - E. Die Lösung reeller quadratischer Gleichungen 13
- 1.3 Verknüpfungen von Mengen 15
  - A. Vier grundlegende Verknüpfungen von Mengen 15
  - B. Die disjunkte Mengenvereinigung 16
  - C. Grundgesetze bei Mengenverknüpfungen 17
  - D. Regeln bei Mächtigkeiten von endlichen Mengen 20
- 1.4 Aussagen und deren logische Verknüpfungen 21
  - A. Wahrheitswerte logischer Aussagen 21
  - B. Verknüpfungen von Aussagen und Wahrheitstafeln 22
  - C. Zur Äquivalenz von Aussagen 23
  - D. Die logische Grundlage dreier Beweismethoden 24
  - E. Gesetzmäßigkeiten bei Verknüpfungen von Aussagen ... 26
  - F. Normalformen bei aussagenlogischen Formeln 27
- 1.5 Potenzmenge und kartesische Produkte 27
  - A. Die Potenzmenge einer Menge 27
  - B. Mengensysteme 28
  - C. Kartesische Produkte 29

1.6	Zur Bildung von mehrfachen Verknüpfungen	30
	A. Das Summen- und das Produktzeichen	30
	B. Grundregeln für das Rechnen mit Summen und Produkten	32
	C. *n*-fache kartesische Produkte	33
1.7	Verknüpfungen bei beliebigen Indexmengen	35
	A. Reihen – Summation unendlich vieler Zahlen	35
	B. Schnitte und Vereinigungen über Mengensystemen	35
	C. Existenz- und Allquantor	36
1.8	Exkurs: Das Auswahlaxiom	38
	Zusammenfassung	39
	Übungsaufgaben	40

Kapitel 2 Natürliche und ganze Zahlen 43

	Einführung	44
2.1	Vollständige Induktion	46
	A. Die Wohlordnungseigenschaft der natürlichen Ordnung	46
	B. Das Prinzip der vollständigen Induktion	47
	C. Zwei Beispiele zur vollständigen Induktion	49
	D. Die Fakultätsfunktion und deren Wachstumsverhalten	52
	E. Die geometrische Summe	54
	F. Die Summenregel aus der Kombinatorik	55
2.2	Primfaktorzerlegung	56
	A. Die Teilbarkeitsrelation	56
	B. Primzahlen	57
	C. Eine zweite Form des Prinzips der vollständigen Induktion	58
	D. Die Primfaktorzerlegung natürlicher Zahlen	60
	E. Ein naives Faktorisierungsverfahren	62
2.3	Darstellungen ganzer Zahlen	63
	A. Division mit Rest	63
	B. Die *B*-adische Darstellung einer ganzen Zahl	65
	C. Korrektheit und Terminierung bei Algorithmen	67
	D. Zur Komplexität eines Algorithmus	68
2.4	Der Euklidische Algorithmus	69
	A. Größte gemeinsame Teiler	69
	B. Die Berechnung des ggT zweier Zahlen	70
	C. Die Berechnung der Vielfachsummendarstellung eines ggT	72
	D. Eine Anwendung des erweiterten Euklidischen Algorithmus	74
	E. Das kleinste gemeinsame Vielfache zweier ganzer Zahlen	74
	Zusammenfassung	75
	Übungsaufgaben	77

Kapitel 3 Abbildungen, Äquivalenzrelationen und partielle Ordnungen 81

- Einführung 82
- 3.1 Grundlagen über Relationen 84
  - A. Was ist eine Relation? 84
  - B. Umkehrung und Verkettung von Relationen 84
  - C. Gerichtete Graphen 85
- 3.2 Der Abbildungsbegriff 86
  - A. Was versteht man unter einer Abbildung? 86
  - B. Schreib- und Sprechweisen bei Abbildungen 87
  - C. Spezielle Eigenschaften bei Abbildungen 88
  - D. Die Urbildpartition zu einer Abbildung 90
  - E. Zur Umkehrung von Abbildungen 91
  - F. Die Verkettung von Abbildungen 92
- 3.3 Besonderheiten bei endlichen Mengen 93
- 3.4 Gleichmächtigkeit 96
  - A. Was bedeutet die Gleichmächtigkeit zweier Mengen? 96
  - B. Die Gleichmächtigkeit von $\mathbb{N}$, von $\mathbb{Z}$ und von $\mathbb{Q}$ 96
  - C. Die Überabzählbarkeit der reellen Zahlen 98
- 3.5 Ordnungsrelationen 100
  - A. Partielle Ordnungen 100
  - B. Einige Beispiele partieller Ordnungen 101
  - C. Totale Ordnungen 102
- 3.6 Äquivalenzrelationen 103
  - A. Was ist eine Äquivalenzrelation? 103
  - B. Beispiele von Äquivalenzrelationen 103
  - C. Äquivalenzklassen 105
  - D. Restklassen modulo n 105
  - E. Repräsentantensysteme 107
- 3.7 Exkurs: Kontinuumshypothese und Hasse-Diagramme 108
  - A. Abbildungen und kartesische Produkte 108
  - B. Zur Kontinuumshypothese 108
  - C. Kleinste und größte Elemente in partiell geordneten Mengen 109
  - D. Wohlordnungen als spezielle Ordnungen 109
  - E. Darstellung partieller Ordnungen durch Hasse-Diagramme . 110
  - F. Reduktion und Normalformen 110
- Zusammenfassung 112
- Übungsaufgaben 114

Teil II Grundlagen der Diskreten Mathematik — 117

Kapitel 4 Kombinatorik — 119

Einführung 120
- 4.1 Grundregeln des Zählens 122
  - A. Die Summenregel 122
  - B. Die Gleichmächtigkeitsregel 122
  - C. Die Produktregel 123
  - D. Die Potenzregel 124
- 4.2 Binomialkoeffizienten 125
  - A. Potenzmengen und charakteristische Funktionen 125
  - B. Was ist ein Binomialkoeffizient? 126
  - C. Gesetzmäßigkeiten bei Binomialkoeffizienten 126
  - D. Der Binomialsatz 129
- 4.3 Abbildungen auf endlichen Mengen 132
  - A. Die Rückführung auf Standardmengen 132
  - B. Die Anzahl der injektiven und bijektiven Abbildungen 132
  - C. Formale Beweise 133
- 4.4 Das Inklusions-Exklusions-Prinzip 135
  - A. Der Spezialfall bei Vereinigungen von drei Mengen .. 135
  - B. Die allgemeine Inklusions-Exklusions-Formel 135
  - C. Ein weiterer Beweis der Inklusions-Exklusions-Formel ... 137
  - D. Die Siebformel 137
- 4.5 Anwendungen der Siebformel 138
  - A. Die Euler-Funktion 138
  - B. Die Multiplikativität der Euler-Funktion 140
  - C. Die Anzahl der surjektiven Abbildungen zwischen zwei endlichen Mengen 141
- 4.6 Exkurs: Darstellung von Permutationen 142
  - A. Eine erste Darstellungsmöglichkeit von Permutationen 142
  - B. Die Zykelschreibweise 143
  - C. Multiplikation von Zyklen 144
  - D. Transpositionen – die einfachsten Permutationen 144
  - E. Zur Eindeutigkeit der Darstellung von Permutationen 145

Zusammenfassung 147
Übungsaufgaben 149

Kapitel 5 Diskrete Wahrscheinlichkeitsrechnung 153

Einführung 154
5.1 Grundbegriffe der Wahrscheinlichkeitsrechnung 156
    A. Der Ergebnisraum 156
    B. Ereignisse 157
    C. Was versteht man unter einer Wahrscheinlichkeit? 158
    D. Grundregeln für das Arbeiten mit
       Wahrscheinlichkeitsräumen 160
5.2 Laplace-Modelle und vier Kugel-Modelle 162
    A. Was ist ein Laplace-Modell? 162
    B. Die vier grundlegenden Experimente als Kugel-Modelle ... 163
    C. Die vier Kugel-Modelle nochmals im Überblick 165
5.3 Zufallsvariablen und induzierte Wahrscheinlichkeitsfunktionen 166
    A. Laplace-Modelle im Hintergrund 166
    B. Zufallsvariable und Transformation 168
    C. Schreibweisen beim Umgang mit Zufallsvariablen 170
    D. Indikatorvariablen und relative Häufigkeiten 170
5.4 Mehrstufige Experimente und bedingte Wahrscheinlichkeiten . 171
    A. Was versteht man unter einer bedingten
       Wahrscheinlichkeit? 171
    B. Zwei Beispiele für den Umgang mit bedingten
       Wahrscheinlichkeiten 172
    C. Die Formel von der totalen Wahrscheinlichkeit 173
    D. Die Formel von Bayes 174
    E. Ein Beispiel aus der Medizin 174
5.5 Stochastische Unabhängigkeit 176
    A. Die stochastische Unabhängigkeit zweier Ereignisse 176
    B. Stochastische Unabhängigkeit bei mehreren Ereignissen .. 177
    C. Die Unabhängigkeit zweier Zufallsvariablen 177
5.6 Erwartungswert und Varianz 177
    A. Der Erwartungswert einer Zufallsvariablen 177
    B. Eine alternative Formel zur Berechnung
       des Erwartungswertes 179
    C. Die Varianz einer Zufallsvariablen 179
    D. Die wichtigsten Gesetzmäßigkeiten beim Bilden von
       Erwartungswerten 181
    E. Die wichtigsten Gesetzmäßigkeiten bei der Berechnung von
       Varianzen 183

5.7	Binomialverteilungen	185
	A. Bernoulli-Experimente und Bernoulli-Ketten	185
	B. Binomial-verteilte Zufallsvariablen	186
	C. Der Erwartungswert einer binomial-verteilten Zufallsvariablen	186
	D. Die Varianz einer binomial-verteilten Zufallsvariablen	188
	Zusammenfassung	189
	Übungsaufgaben	190

Kapitel 6   Algebraische Strukturen — 193

	Einführung	194
6.1	Monoide	196
	A. Was versteht man allgemein unter einer Verknüpfung?	196
	B. Assoziative und kommutative Verknüpfungen	197
	C. Das neutrale Element: von der Halbgruppe zum Monoid	198
	D. Beispiele von Monoiden	199
6.2	Gruppen	203
	A. Invertierbarkeit	203
	B. Die Definition einer Gruppe und die Einheitengruppe eines Monoids	204
	C. Beispiele von Einheitengruppen und Gruppen	206
6.3	Untergruppen und der Satz von Lagrange	208
	A. Teilmonoide und Untergruppen	208
	B. Die Untergruppen von $(\mathbb{Z}, +, 0)$	210
	C. Zur Erzeugung von Teilmonoiden und zyklische Gruppen	211
	D. Linksnebenklassen von Untergruppen und der Satz von Lagrange	213
	E. Die Ordnung eines Gruppenelementes	215
6.4	Ringe und Körper	217
	A. Was versteht man unter der algebraischen Struktur eines Ringes?	217
	B. Allgemeine Rechengesetze bei Ringen	219
	C. Integritätsbereiche	220
	D. Die Einheitengruppe eines Ringes, Schiefkörper und Körper	221
	E. Grundlegende Beispiele von Ringen	222
	F. Eine Übersicht verschiedener Kategorien von Ringen	224
6.5	Der Körper der komplexen Zahlen	225
	A. Grundmenge, Verknüpfungen und Nachweis der Körpereigenschaft	225
	B. Die reellen Zahlen als Teilkörper der komplexen Zahlen	228

	C. Imaginäre Einheit, Real- und Imaginärteil	228
	D. Die konjugiert Komplexe und der Betrag einer komplexen Zahl	230
	E. Die Darstellung komplexer Zahlen durch Polarkoordinaten .	231
	F. Die Additionstheoreme für Sinus und Cosinus	232
6.6	Der Schiefkörper der Quaternionen	234
	A. Die Grundmenge und die Verknüpfungen bei Quaternionen	234
	B. Der Nachweis der Schiefkörpereigenschaft	234
6.7	Exkurs: Verbände und Boole'sche Algebren	237
	A. Die Definition eines Verbandes	237
	B. Gesetzmäßigkeiten bei allgemeinen Verbänden	237
	C. Einige Beispiele von Verbänden	239
	D. Die Vollständigkeit eines Verbandes sowie kleinstes und größtes Element	239
	E. Komplementarität und Distributivität	240
	F. Boole'sche Verbände	241
	Zusammenfassung	243
	Übungsaufgaben	245

Kapitel 7 Restklassenringe und Anwendungen 249

	Einführung	250
7.1	Modulares Rechnen	252
	A. Die Kongruenz modulo n und Restklassenarithmetik	252
	B. Der Restklassenring $\mathbb{Z}_n$	254
	C. Einheiten modulo n	255
	D. Welche Restklassenringe sind Körper?	258
	E. Effizientes Potenzieren in Restklassenringen	258
	F. Die Sätze von Euler und Fermat	260
	G. Die Ordnung modulo n und primitive Elemente in Restklassenkörpern	261
7.2	Das RSA-Public-Key-Cryptosystem	262
	A. Grundbegriffe der Kryptographie	262
	B. Beschreibung der Schlüssel beim RSA-System	263
	C. Die korrekte Arbeitsweise des RSA-Systems	264
	D. Schlüsselgenerierung und Sicherheit beim RSA-System . . .	265
	E. Ein Beispiel zum RSA-System	267
7.3	Das Grundmodell bei fehlerkorrigierenden Codes	270
	A. Grundbegriffe der Codierungstheorie	270
	B. Die Eigenschaft der „Linearität" bei Codes	272
	C. Weitere Aspekte des Grundmodells der Codierungstheorie .	273
	D. Anforderungen an gute Codes	276

7.4	Kugelpackungsschranke und (7,4)-Hamming-Code	277
	A. Minimalabstand und Korrekturleistung eines Codes	277
	B. Die Kugelpackungsschranke und perfekte Codes	279
	C. Beispiele perfekter Codes	281
7.5	Prüfzeichencodierung	283
	A. Der ISBN-Code	283
	B. Eigenschaften des ISBN-Codes	284
	C. Der EAN-Code	286
7.6	Exkurs: Der Chinesische Restsatz	287
	A. Einführendes Beispiel und allgemeine Problemstellung ...	287
	B. Die Beschreibung der Lösungsmenge	288
	C. Die Lösbarkeit bei relativ primen Restsystemen	289
	D. Die iterative Berechnung der Lösung	292
	Zusammenfassung	294
	Übungsaufgaben	296

Kapitel 8   Homomorphismen und Faktorstrukturen 299

	Einführung	300
8.1	Homomorphismen bei Gruppen	302
	A. Strukturerhaltende Abbildungen auf Monoiden und Gruppen	302
	B. Spezielle Eigenschaften bei Gruppen-Homomorphismen ...	303
	C. Kern und Bild bei Gruppen-Homomorphismen	304
	D. Urbilder bei Gruppen-Homomorphismen	305
	E. Nochmals zur Ordnung eines Gruppenelementes	307
	F. Beispiele von Gruppen-Homomorphismen	307
8.2	Normalteiler und Faktorgruppen	308
	A. Äquivalenzen modulo einer Untergruppe und Normalteiler	308
	B. Kongruenzrelationen auf Gruppen neutrale Klassen und Normalteiler	310
	C. Kerne von Homomorphismen als neutrale Klassen	312
	D. Verknüpfung von Klassen und Faktorgruppen	312
	E. Neutrale Klassen als Kerne von Homomorphismen	314
8.3	Homomorphismen bei Ringen und Ideale	314
	A. Was ist ein Teilring von R?	314
	B. Was ist ein Ring-Homomorphismus?	315
	C. Was ist der Kern eines Ring-Homomorphismus?	315
	D. Ideale	315
	E. Hauptidealbereiche	316
	F. Die Charakteristik eines Körpers	317

8.4	Kongruenzen bei Ringen, Ideale und Faktorringe	318
	A. Kongruenzrelationen auf Ringen	318
	B. Faktorringe und die Klassenmultiplikation	319
	C. Maximale Ideale und Körper als Faktorringe	320
8.5	Exkurs: Homomorphiesätze	322
	A. Der Homomorphiesatz für Gruppen	322
	B. Ein weiteres Beispiel: Alternierende Gruppen	323
	C. Der Homomorphiesatz für Ringe	324
	D. Nochmals der Chinesische Restsatz	324
	Zusammenfassung	326
	Übungsaufgaben	328

Teil III Grundlagen der Linearen Algebra 331

Kapitel 9 Vektoren und Matrizen 333

	Einführung	334
9.1	Vektorräume	336
	A. n-Tupelräume als Vektorräume	336
	B. Die Axiomatik abstrakter Vektorräume	337
	C. Matrixräume	339
	D. Spezielle Klassen quadratischer Matrizen	340
	E. Zeilen- und Spaltenvektoren als Matrizen	341
	F. Eine Übersicht über Vektoren und Matrizen	342
9.2	Teilräume und deren Erzeugung	343
	A. Was versteht man unter einem Teilraum?	343
	B. Linearkombinationen, lineare Hülle und Erzeugung von Vektorräumen	345
	C. Endlich erzeugte Vektorräume und kanonische Basen	347
9.3	Matrixalgebren	348
	A. Die Matrixmultiplikation	348
	B. Spezialfälle bei der Matrixmultiplikation	349
	C. Gesetzmäßigkeiten bei der Matrixmultiplikation	350
	D. Die quadratischen Matrizen als $\mathbb{K}$-Algebra	351
	E. Invertierbare Matrizen	354
9.4	Lineare Abbildungen	357
	A. Was ist eine $\mathbb{K}$-lineare Abbildung?	357
	B. Matrizen als $\mathbb{K}$-lineare Abbildungen	358
	C. Darstellung linearer Abbildungen als Matrizen	358
	D. Die Matrixmultiplikation als Hintereinanderausführung linearer Abbildungen	360

9.5	Komplexe Zahlen und Quaternionen als Matrixalgebren	361
	A. Veranschaulichung linearer Abbildungen auf $\mathbb{R}^2$	361
	B. Die komplexen Zahlen als Matrixalgebra	362
	C. Die Quaternionen als Matrixring über $\mathbb{C}$	364
	D. Die Quaternionen als Matrixalgebra über $\mathbb{R}$	365
9.6	Exkurs: Kerne von linearen Abbildungen und Faktorräume	367
	A. Der Kern einer linearen Abbildung	367
	B. Faktorräume und Kongruenzrelationen bei Vektorräumen	367
	Zusammenfassung	369
	Übungsaufgaben	371

Kapitel 10 Lineare Gleichungssysteme 375

	Einführung	376
10.1	Die Struktur der Lösungsmenge	378
	A. Was ist ein lineares Gleichungssystem?	378
	B. Grundproblemstellungen	379
	C. Eine erste Analyse der Lösungsmenge	379
10.2	Die Lösungsmenge bei einer Gleichung	381
	A. Der einfachste Fall	381
	B. Eine Gleichung mit zwei Variablen	382
	C. Ein konkretes Zahlenbeispiel	382
	D. Die Lösungsmenge bei $(1, n)$-Systemen	384
	E. Einige einfache Beispiele	385
10.3	Elementare Zeilenumformungen	389
	A. Zielsetzung	389
	B. Die drei Arten elementarer Zeilenumformungen	390
	C. Die zu Zeilenumformungen gehörende Äquivalenzrelation	392
10.4	Treppenmatrizen und der Gauß-Algorithmus	393
	A. Normierte Treppenmatrizen	393
	B. Pivotierung und Transformation in Treppengestalt	394
	C. Der Gauß-Algorithmus	396
	D. Ein Beispiel zum Gauß-Algorithmus	398
10.5	Die Lösungsmenge bei allgemeinen Problemen	400
	A. Ein vorbereitendes Resultat	400
	B. Die Entscheidung der Lösbarkeit	400
	C. Die Beschreibung des homogenen Lösungsraumes	402
	D. Zusammenfassung und Beispiele	403
10.6	Invertierbare Matrizen	406
	A. Elementarmatrizen	406
	B. Die Eindeutigkeit des Ergebnisses beim Gauß-Algorithmus	409
	C. Invertierbarkeitskriterien für Matrizen	410
	D. Test auf Invertierbarkeit und Berechnung der Inversen	411

Zusammenfassung 413
Übungsaufgaben 414

Kapitel 11 Abstrakte Vektorräume und Anwendungen   417

Einführung 418
11.1 Basen 420
  A. Lineare Unabhängigkeit und lineare Abhängigkeit 420
  B. Beispiele zur linearen (Un-)Abhängigkeit 422
  C. Minimale Erzeugersysteme alias Basen 423
  D. Spaltenraum und Zeilenraum einer Matrix 424
  E. Berechnung einer Basis des Spaltenraumes einer Matrix ... 425
11.2 Die Dimension eines Vektorraumes 427
  A. Die Gleichmächtigkeit von je zwei Basen 427
  B. Beispiele zum Dimensionsbegriff 429
  C. Charakterisierungen von Basen und die Dimension
      von Teilräumen 430
11.3 Zur Darstellung linearer Abbildungen 432
  A. Zur Existenz von injektiven, surjektiven, bijektiven
      linearen Abbildungen 432
  B. Koordinatisierung allgemeiner Vektorräume 433
  C. Darstellung allgemeiner linearer Abbildungen als Matrizen . 433
  D. Verkettung allgemeiner linearer Abbildungen 434
  E. Dimensionsformeln und die Summenbildung
      bei Vektorräumen 436
11.4 Eigenwerte und Eigenvektoren 437
  A. Was versteht man unter einem ϕ-invarianten Teilraum? 437
  B. Darstellungen unter Berücksichtigung ϕ-invarianter
      Teilräume 438
  C. Zur Diagonalisierbarkeit von ϕ 439
  D. Die Suche nach Eigenwerten 443
11.5 Orthogonalität und Decodieren bei Hamming-Codes 444
  A. Standard-Skalarprodukt und Orthogonalität 444
  B. Innere versus äußere Darstellung bei Teilräumen 446
  C. Generator- und Kontrollmatrix beim (7, 4)-Hamming-Code . 446
  D. Grundlagen zur Theorie allgemeiner linearer Codes 447
  E. Ein Decodierverfahren für den (7, 4)-Hamming-Code 449
  F. Die Familie der binären Hamming-Codes 450
11.6 Exkurs: Nicht endlich erzeugbare Vektorräume 451
  A. Der Vektorraum aller Abbildungen von L nach $\mathbb{K}$ 451
  B. Der Teilraum der Abbildungen mit endlichem Träger 452
  C. Basen für allgemeine Vektorräume 454
Zusammenfassung 456
Übungsaufgaben 457

Kapitel 12 Polynome   461

- Einführung 462
- 12.1 Polynomringe 464
  - A. Faltung versus punktweise Multiplikation 464
  - B. Die Algebra der formalen Potenzreihen 466
  - C. Die Teilalgebra der Polynome 468
  - D. Eine „Herleitung" der Faltungsformel 470
  - E. Schreibtechnische Vereinfachungen und die Bedeutung des Symbols x 471
- 12.2 Arithmetische Eigenschaften von Polynomen 473
  - A. Die Einheiten von $\mathbb{K}[x]$ 473
  - B. Teilbarkeit und Assoziiertheit bei Polynomen 474
  - C. Die Polynomdivision 475
  - D. Größte gemeinsame Teiler bei Polynomen 477
  - E. Irreduzibilität und Faktorisierbarkeit 479
- 12.3 Auswertung und Nullstellen 481
  - A. Was versteht man unter der Auswertung eines Polynoms? 481
  - B. Nullstellen bei Polynomen 483
  - C. Zur Gleichheit zweier Polynome 485
  - D. Effiziente Auswertung: das Horner-Schema 485
- 12.4 Interpolation 487
  - A. Was versteht man unter Interpolation? 487
  - B. Das Interpolationspolynom 488
  - C. Die Interpolationsformel nach Lagrange 489
  - D. Die Interpolation nach Newton 491
  - E. Interpolation und Chinesischer Restsatz 492
- 12.5 Polynom-Restklassen und zyklische Codes 493
  - A. Rechnen modulo einem Polynom 493
  - B. Restklassenkörper bei Polynomen 494
  - C. Zyklische Codes 495
- 12.6 Diskrete und schnelle Fourier-Transformation 497
  - A. Die Auswertungs-Interpolations-Methode 497
  - B. Was ist die diskrete Fourier-Transformation? 498
  - C. Die schnelle Fourier-Transformation 500
  - D. Die inverse Fourier-Transformation 502
- 12.7 Anwendungen in der Linearen Algebra 503
  - A. Das Minimalpolynom einer Matrix 503
  - B. Eigenwerte als Nullstellen des Minimalpolynoms 504
  - C. Zum Grad des Minimalpolynoms einer Matrix 505
- Zusammenfassung 506
- Übungsaufgaben 509

Kapitel 13   Formale Potenzreihen und rationale Funktionen — 513

Einführung 514
13.1   Der Ring der formalen Potenzreihen 516
    A. Die Einheiten von $\mathbb{K}[[x]]$ 516
    B. Invertieren von Linearfaktoren – Geometrische Reihen 517
13.2   Der Körper der rationalen Funktionen 518
    A. Der Quotientenkörper von $\mathbb{K}[x]$ 518
    B. Das Rechnen mit rationalen Funktionen 519
13.3   Partialbruchzerlegung 520
    A. Erster Teil der Partialbruchzerlegung 520
    B. Der Spezialfall bei Zerfall in Linearfaktoren 524
    C. Zweiter Teil der Partialbruchzerlegung 526
13.4   Exkurs: Schieberegisterfolgen und lineare Rekursionen 527
    A. Was versteht man unter einer linearen Schieberegisterfolge? 527
    B. Lineare Schieberegisterfolgen als rationale Funktionen 529
    C. Das Lösen linearer Rekursionen 530
Zusammenfassung 534
Übungsaufgaben 535

Teil IV   Grundlagen der Analysis — 539

Kapitel 14   Die Axiomatik reeller Zahlen — 541

Einführung 542
14.1   Angeordnete Körper 544
    A. Was versteht man unter einer Anordnung eines Körpers? .. 544
    B. Der zu einer Anordnung gehörende Positivbereich 545
    C. Grundregeln bei angeordneten Körpern 547
    D. Konsequenzen aus der Anordnung eines Körpers 548
14.2   Absolutbetrag und Bewertungen 550
    A. Der Absolutbetrag bei angeordneten Körpern 550
    B. Grundregeln für das Rechnen mit Beträgen 550
    C. Die komplexen Zahlen als bewerteter Körper 551
    D. Grundregeln für das Rechnen mit Bewertungen 553
    E. Die p-adischen Bewertungen 554
14.3   Archimedisch angeordnete Körper 554
    A. Die Bernoulli-Ungleichung 554
    B. Das archimedische Axiom 555
    C. Konsequenzen des archimedischen Axioms 555
14.4   Vollständig angeordnete Körper 557
    A. Beschränkte und unbeschränkte Mengen 557
    B. Intervalle in angeordneten Körpern 558

	C. Supremum und Infimum, Maximum und Minimum	......	559
	D. Das Vollständigkeitsaxiom	....	561
14.5	Wurzeln und die Unvollständigkeit der rationalen Zahlen	...	562
	A. Zur Existenz von Wurzeln	....	562
	B. Konsequenzen für die Existenz vollständiger Anordnungen	.	563
	C. Gesetzmäßigkeiten beim Rechnen mit Wurzeln	....	564
14.6	Exkurs: Die reellen Zahlen als Dedekind-Schnitte	....	565
	A. Was versteht man unter einem Dedekind-Schnitt?	....	565
	B. Die reellen Zahlen als die Menge aller Dedekind-Schnitte	..	566
	C. Die Ausnahmestellung der reellen Zahlen	....	568
	Zusammenfassung	....	569
	Übungsaufgaben	....	570

Kapitel 15 Folgen 573

	Einführung	....	574
15.1	Häufungspunkte und Grenzwerte	....	576
	A. Fast überall geltende Eigenschaften bei Folgen	....	576
	B. Was ist ein Häufungspunkt, was ein Grenzwert?	....	577
	C. Ein Grundrepertoire an konvergenten Folgen	....	580
	D. Uneigentliche Konvergenz	....	582
15.2	Grenzwertsätze	....	583
15.3	Beschränktheit, Monotonie und Teilfolgen	....	587
	A. Beschränktheit bei Folgen	....	587
	B. Monotonie bei Folgen	....	588
	C. Der Begriff der Teilfolge	....	589
15.4	Konvergenzkriterien und Charakterisierungen der Vollständigkeit	....	591
	A. Intervallschachtelungen	....	591
	B. Konvergenz bei monotonen und beschränkten Folgen	.....	593
	C. Die Euler'sche Zahl	....	595
	D. Limes superior und Limes inferior	....	596
	E. Zur Approximation k-ter Wurzeln	....	599
15.5	Landau-Symbole	....	600
	A. Die O-Notation	....	600
	B. Die Ω-, die Θ- und die o-Notation	....	602
	C. Zum Wachstumsverhalten von Funktionen	....	602
	D. Zur Effizienz von Algorithmen	....	604
	E. Die Komplexität eines Problems	....	604
15.6	Exkurs: Cauchy-Folgen	....	605
	A. Was versteht man unter einer Cauchy-Folge?	....	605
	B. Das Cauchy-Kriterium der Vollständigkeit	....	606
	Zusammenfassung	....	608
	Übungsaufgaben	....	610

Kapitel 16 Reihen 613

    Einführung 614
16.1 Konvergenzkriterien bei Reihen 616
    A. Die zu einer Folge gehörende Reihe 616
    B. Die geometrische und die harmonische Reihe 617
    C. Das Leibniz- und das Cauchy-Konvergenzkriterium 618
    D. Absolute Konvergenz, Majoranten- und
        Minorantenkriterium 621
    E. Das Quotienten- und das Wurzelkriterium bei Reihen 623
    F. Die Reihendarstellung der Euler'schen Zahl 626
16.2 Der Konvergenzbereich bei Potenzreihen 628
    A. Potenzreihen aus analytischem Blickwinkel 628
    B. Der Konvergenzradius bei Potenzreihen 628
    C. Das Quotienten- und das Wurzelkriterium bei Potenzreihen 630
    D. Der Identitätssatz für Potenzreihen 632
    E. Reihen mit allgemeinem Entwicklungspunkt 633
16.3 Konvergenzverhalten bei Umordnung und Faltung 634
    A. Umordnungen bei Reihen 634
    B. Konvergenz bei Faltung von Reihen 635
16.4 Reihendarstellungen rationaler und reeller Zahlen 637
    A. Die B-adische Darstellung einer reellen Zahl 637
    B. Zur Eindeutigkeit der B-adischen Darstellung 639
    C. Rationale Zahlen mit endlicher B-adischer Darstellung 640
    D. B-adische Darstellungen von rationalen im Vergleich zu
        irrationalen Zahlen 641
    E. Zur Gleitkomma-Darstellung reeller Zahlen 643
16.5 Wartezeitprobleme und geometrische Verteilungen 644
    A. Grundlagen bei abzählbar unendlichen
        Wahrscheinlichkeitsräumen 644
    B. Ein Wartezeitproblem 645
    Zusammenfassung 648
    Übungsaufgaben 650

Kapitel 17 Stetige Funktionen 653

    Einführung 654
17.1 Der Stetigkeitsbegriff 656
    A. Was versteht man unter Stetigkeit? 656
    B. Gleichmäßig stetige und Lipschitz-stetige Funktionen 657
17.2 Stetigkeit bei elementaren Funktionen 659
    A. Das Folgenkriterium zur Stetigkeit 659
    B. Die punktweise Verknüpfung stetiger Funktionen 660

		C. Umkehrung und Verkettung bei stetigen Funktionen	661
		D. Stetige Fortsetzbarkeit von Funktionen	663
17.3		Eigenschaften stetiger Funktionen	666
		A. Zwischenwertsätze bei stetigen Funktionen	666
		B. Maximum und Minimum bei stetigen reellwertigen Funktionen	667
17.4		Stetigkeit bei Funktionenfolgen und Potenzreihen	670
		A. Die punktweise Konvergenz bei Funktionenfolgen	670
		B. Die gleichmäßige Konvergenz bei Funktionenfolgen	670
		C. Die Supremumsnorm bei beschränkten Funktionen	672
		D. Die Stetigkeit von Potenzreihen	672
17.5		Exponential- und Logarithmusfunktionen	674
		A. Die Funktionalgleichung zur Exponentialfunktion	674
		B. Das Verhalten der Exponentialfunktion auf $\mathbb{Q}$ und auf $\mathbb{R}$	675
		C. Der natürliche Logarithmus	677
		D. Exponential- und Logaritmenfunktionen zu allgemeinen Basen	678
		E. Potenzfunktionen mit reellen Exponenten	679
		F. Die Poisson-Verteilung	680
17.6		Trigonometrische Funktionen	682
		A. Das Verhalten der Exponentialfunktion auf der imaginären Achse	682
		B. Die Definition von Sinus und Cosinus	683
		C. Funktionale Eigenschaften von Sinus und Cosinus	684
		D. Die Potenzreihendarstellung von Cosinus und Sinus	685
		E. Was ist π?	685
		F. Die Formel von de Moivre	688
17.7		Exkurs: Das schwache Gesetz der großen Zahlen	689
		Zusammenfassung	692
		Übungsaufgaben	694

Kapitel 18 Differentialrechnung 697

		Einführung	698
18.1		Die Ableitung einer Funktion	700
		A. Was versteht man unter der Differenzierbarkeit einer Funktion?	700
		B. Die geometrische Interpretation der Ableitung	701
		C. Differenzierbarkeitskriterien	701
		D. Einige Beispiele differenzierbarer Funktionen	703

18.2 Ableitungsregeln 705
    A. Die Linearität der Ableitung 705
    B. Produkt- und Quotientenregel 706
    C. Die Kettenregel 708
    D. Die Ableitung bei Umkehrfunktionen 710
    E. Höhere Ableitungen 712
18.3 Mittelwertsätze und Extrema 713
    A. Unterscheidung verschiedener Extremalstellen 713
    B. Die Mittelwertsätze der Differentialrechnung 714
    C. Kriterien für Monotonie und Extrema 716
    D. Regeln von de l'Hôpital 718
18.4 Approximation durch Taylor-Polynome 722
    A. Was ist ein Taylor-Polynom? 722
    B. Der Satz von Taylor 724
    C. Ein weiteres Kriterium für lokale Extremalstellen 726
    D. Taylor-Reihen und analytische Funktionen 727
18.5 Exkurs: Zur iterativen Lösung von Gleichungen 729
    A. Ein allgemeines Iterationsprinzip 729
    B. Ein Fixpunktsatz 729
    C. Das Newton-Verfahren 731
    D. Die Regula falsi 733
    Zusammenfassung 734
    Übungsaufgaben 736

Kapitel 19 Integralrechnung   739

    Einführung 740
19.1 Integration von Treppenfunktionen 742
    A. Was versteht man unter einer Treppenfunktion? 742
    B. Was ist das Integral einer Treppenfunktion? 743
    C. Ober-, Unter- und Riemann-Integral 744
    D. Eigenschaften des Riemann-Integrals 746
19.2 Riemann-integrierbare Funktionen 748
    A. Gleichmäßige Approximation durch Treppenfunktionen . . . 748
    B. Die Riemann-Integrierbarkeit stetiger Funktionen 749
    C. Der Mittelwertsatz der Integralrechnung 750
19.3 Integration als Umkehrung der Differentiation 750
    A. Additionsregel und Integralfunktion 750
    B. Der Hauptsatz der Differential- und Integralrechnung 751
    C. Stammfunktionen 752

19.4	Integrationsregeln	755
	A. Substitutionsregel und Transformationsformel	755
	B. Die Regel der partiellen Integration	757
	C. Integration bei rationalen Funktionen	759
19.5	Integration bei Funktionenfolgen	760
	A. Vertauschung von Integral und Grenzwertbildung	760
	B. Integration und Stammfunktionen von Potenzreihen	761
	C. Vertauschung von Differenzieren und Grenzwertbildung	763
	D. Differenzieren von Potenzreihen	763
19.6	Uneigentliche Integrale und der zentrale Grenzwertsatz	768
	A. Integration über unbeschränkten Intervallen	768
	B. Verteilungsfunktionen und Dichten	768
	C. Der zentrale Grenzwertsatz	771
	D. Integration bei undefinierten Stellen	773
	Zusammenfassung	775
	Übungsaufgaben	777

Literaturverzeichnis 781

Symbolverzeichnis 785

Register 793

Vorwort

Das vorliegende Buch ist aus der gleichnamigen, zweisemestrigen Vorlesung entstanden, die ich seit dem Wintersemester 2002/03 jährlich an der Universität Augsburg halte. Das Ziel dieser Veranstaltung und dieses Buches ist die mathematische Grundausbildung von Studierenden der Informatik im Rahmen der neuerdings recht vielfältigen Informatik-Studiengänge, wie in Augsburg etwa die Informatik (Bachelor) sowie Informatik und Multimedia (Bachelor).

Es behandelt dazu die Grundlagen der Analysis, der Algebra, der elementaren Zahlentheorie, der Kombinatorik, der Linearen Algebra und der Wahrscheinlichkeitsrechnung, insbesondere der Diskreten Mathematik, und liefert damit das mathematische Rüstzeug, das Studierende der Informatik für spätere Vorlesungen, speziell aus der Theoretischen Informatik, benötigen. Die theoretischen Grundlagen werden durch Anwendungen aus der Codierungstheorie und der Kryptographie bereichert.

Der Beginn eines Studiums geht häufig mit anfänglichen Hürden einher; ich denke hier an die parallele Einarbeitung in eine wissenschaftliche Sprache, in formale Methoden des jeweiligen Fachgebietes verbunden mit der Aneignung eines neuen und eigenen Arbeitsstils und der Bemühung, sich abstrakte Denkweisen zu verinnerlichen. Das ist in der Mathematik und in der Informatik selbstverständlich nicht anders, möglicherweise gegenüber anderen Disziplinen sogar stärker ausgeprägt, weil nämlich das Erfassen und Formalisieren logischer Zusammenhänge, das Auffinden und die Umsetzung abstrakter Sachverhalte oder das Lösen eines Problems am Rechner mithilfe einer Programmiersprache zu den ureigensten Aufgaben der Mathematik und der Informatik gehören. Innerhalb einer mathematischen Anfängervorlesung, die sich an Studierende der Informatik richtet, erscheint mir daher eine formale Darbietung angemessen, die von Beginn an auf die spezifischen Denkweisen, die Sprache und natürlich auf die Beweismethoden in der Mathematik abzielt, wodurch das Fundament für ein wünschenswert facettenreiches mathematisches Gebäude geschaffen wird.

Bei der Ausarbeitung habe ich mich stets bemüht, mir die Schwierigkeiten beim Wechsel von Schule zu Studium vor Augen zu halten. Das Ziel dieses Buches ist daher auch die Festigung des mathematischen Schulwissens zu einem tieferen Verständnis der wesentlichen mathematischen Ideen.

Vorwort

Es freut mich sehr, dass das Buch in seiner ersten Auflage sehr positiv angenommen wurde. So wurde von Seiten des Pearson-Verlages bereits zwei Jahre nach Erscheinen des Buches der Wunsch nach einer zweiten Auflage an mich herangetragen. Ich habe diese Gelegenheit gerne zu einer gründlichen Überarbeitung der ersten Auflage genutzt, wobei neben einigen neuen Abschnitten der Stoff nunmehr in vier statt drei Teilen präsentiert wird und wobei ich auch nochmals viel Arbeit in die Strukturierung der einzelnen Kapitel investiert habe.

Danksagungen

Zunächst möchte ich den Verantwortlichen des Verlages Pearson-Studium, namentlich Herrn Birger Peil und Herrn Dr. Rainer Fuchs, für das mir entgegengebrachte Vertrauen danken. Herzlich danken möchte ich auch Herrn apl. Prof. Dr. Volker Strehl (Universität Erlangen-Nürnberg) und meinem Kollegen Herrn Prof. Dr. Dieter Jungnickel. Herr Strehl und Herr Jungnickel haben mein Manuskript zur ersten Auflage sehr sorgfältig gelesen und durch ihre konstruktive Kritik zu Inhalten und zum Aufbau, die mir auch bei der Konzeptionierung der zweiten Auflage stets präsent war, ganz wesentlich zur Verbesserung des Gesamtwerkes beigetragen. Besonderer Dank gebührt Frau Dipl.-Math. Monica Cristea, die mir bei der Erstellung der Graphiken und beim Korrekturlesen sehr geholfen hat. Danken möchte ich auch Herrn Dipl.-Math. oec. Matthias Tinkl, der mir, ebenso wie seinerseits bei der ersten Auflage mein früherer Kollege Herr Dr. Bernhard Schmidt (Associate Professor, Nanyang Technological University, Singapur), bei Diskussionen über einzelne Themen, Übungs- und Klausuraufgaben zur Verfügung stand und mir wertvolle Tipps beim Umgang mit Latex geben konnte. Schließlich danke ich Herrn Stud.-Inf. Axel Habermayer und Herrn Dipl.-Math. Martin Mayr für die Implementierung der „MfI-toolbox".

Augsburg   Dirk Hachenberger

Zur Strukturierung des Buches

Die vier Teile des Buches bestehen aus einzelnen Kapiteln. Jedes Kapitel beginnt mit einer kurzen Einführung in das zu bearbeitende Thema und mit der Formulierung der wichtigsten Lernziele. Die einzelnen Kapitel bestehen aus Abschnitten. Zur besseren Übersicht wurden diese Abschnitte nochmals in Paragraphen (durchnummeriert mit A, B, C usw.) unterteilt. Der letzte Abschnitt eines Kapitels ist häufig ein Exkurs, um einen Ausblick in weitere angrenzende Themenbereiche zu eröffnen. In der danach folgenden Zusammenfassung werden nochmals die wichtigsten Ergebnisse des Kapitels erläutert. Den Abschluss eines Kapitels bildet eine Sammlung von Übungsaufgaben. Ausführliche Lösungen zu diesen Aufgaben sowie weitere ausgewählte Übungen mit Lösungen sind auf der Webseite zu diesem Buch zu finden.

Zum Inhalt und zum Aufbau des Buches

Teil I, bestehend aus den ersten drei Kapiteln, behandelt *Mathematisches Grundwissen*. Hierzu gehören neben Begriffen wie Mengen, Aussagen, Abbildungen, Ordnungs- und Äquivalenzrelationen auch grundlegende Beweistechniken wie die vollständige Induktion, das Rechnen mit Summen und Produkten, Grundlagen über Zahlen und Zahldarstellungen sowie elementare algorithmische Konzepte, wie beispielsweise das modulare Rechnen oder die Berechnung eines größten gemeinsamen Teilers von ganzen Zahlen.

Teil II behandelt die *Grundlagen der Diskreten Mathematik*. Wir beginnen diesen Teil mit Kapitel 4, der Kombinatorik, in dem wir die Grundprinzipien des Zählens, die Binomialkoeffizienten, die Inklusions-Exklusions-Formel mit Anwendungen und Eigenschaften von Permutationen durchnehmen. Kapitel 5 ist der Einführung in die diskrete Wahrscheinlichkeitsrechnung gewidmet; es werden hierbei mit Wahrscheinlichkeitsräumen und Zufallsvariablen die Grundlagen zur mathematischen Beschreibung von Experimenten mit zufälligem Ausgang bereitgestellt. Das Themengebiet „Wahrscheinlichkeitsrechnung" wird in Teil IV des Textes durch weitere Gesichtspunkte ergänzt, wenn die entsprechenden Grundlagen aus der Analysis zur Verfügung stehen. Kapitel 6 behandelt fundamentale algebraische Strukturen, nämlich Monoide, Gruppen, Ringe und Körper. Wir betrachten dabei auch den Körper der komplexen Zahlen sowie den Schiefkörper der Quaternionen. Die axiomatische Beschreibung von Boole'schen Algebren rundet dieses Kapitel ab. In Kapitel 7 widmen wir uns den Restklassenringen und Anwendungen. Wir starten mit dem modularen Rechnen und diskutieren sodann die Grundlagen der Kryptographie anhand des RSA-Verfahrens und die Grundlagen der Codierungstheorie anhand der Prüfzeichencodierung sowie dem perfekten (7, 4)-Hamming-Code; im Rahmen der in Teil III entwickelten Linearen Algebra wird die Codierungstheorie an einigen Stellen vertieft. Den Abschluss von Kapitel 7 bildet der Chinesische Restsatz. Teil II endet mit Kapitel 8, Homomorphismen und Faktorstrukturen. Hierbei geht es um strukturerhaltende Abbildungen bei Gruppen und Ringen, um Kongruenzrelationen, um Normalteiler und Ideale sowie um die zugehörigen Faktorgruppen und Faktorringe, letztere verallgemeinern die in Kapitel 7 studierten Restklassenringe bei ganzen Zahlen.

In **Teil III** widmen wir uns den *Grundlagen der Linearen Algebra*. Zu den bereits in Teil II behandelten algebraischen Grundstrukturen gehören auch Vektorräume und Matrixalgebren; diese werden in Kapitel 9 eingeführt. Konkret geht es dabei um n-Tupelräume sowie (m, n)-Matrizen über einem Körper, um die Multiplikation von Matrizen und um lineare Abbildungen. Desweiteren werden die komplexen Zahlen und die Quaternionen als Matrixalgebren dargestellt, was für den Bereich der Computeranimation von Bedeutung ist. In Kapitel 10 zeigen wir, wie man lineare Gleichungssysteme über allgemeinen Körpern vollständig löst. Die wichtigsten Komponenten sind dabei normierte Treppenmatrizen und der auf elementaren Zeilenumformungen beruhende Gauß-Algorithmus, der ein gegebenes lineares Gleichungssystem äquivalent so weit vereinfacht, bis man die Lösungsmenge nur noch abzulesen braucht. In Kapitel 11 ergänzen wir die Theorie abstrakter Vektorräume zunächst durch die wichtigen Begriffe „lineare (Un)Abhängigkeit", „Basis" sowie „Dimension", um dann allgemeine Darstellungen linearer Abbildungen zu diskutieren, wozu auch das Thema „Eigenwerte und Eigenvektoren" gehört. Als Anwendung streifen wir das Thema „lineare Codes", insbesondere das Decodieren von Hamming-Codes. In Kapitel 12 führen wir mit den Polynomringen eine weitere wichtige Klasse von Algebren ein. Neben den grundlegenden arithmetischen Eigenschaften bei Polynomen, nämlich Divison mit Rest und ggT-Berechnung sowie Faktorisierung in irreduzible Polynome, betrachten wir das Auswerten und die Interpolation. Diese Grundlagen führen zu wichtigen Anwendungen wie Polynom-Restklassen, speziell zyklische Codes, sowie die diskrete und die schnelle Fourier-Transformation. In Kapitel 13, das Teil III beendet, besprechen wir mit der Algebra der formalen Potenzreihen und dem Körper der rationalen Funktionen weitere algebraische Strukturen. Wir untersuchen die Invertierbarkeit bei formalen Potenzreihen, was insbesondere zu geometrischen Reihen führt, und die Partialbruchzerlegung rationaler Funktionen. Die Betrachtung von linearen Schieberegisterfolgen und das Lösen linearer Rekursionen rundet dieses Kapitel ab.

Im abschließenden **Teil IV** geht es um die *Grundlagen der Analysis* in einer Veränderlichen. Wir beginnen in Kapitel 14 mit der Axiomatik der reellen Zahlen und grenzen diese durch das Vollständigkeitsaxiom von den rationalen Zahlen ab. Das Studium der elementaren Eigenschaften von Absolutbeträgen und Bewertungen zeigt, warum eine Analysis über den komplexen Zahlen möglich ist. In Kapitel 15 geht es um das Studium von Folgen. Hierzu gehören zunächst die wichtigsten Grundbegriffe wie „Häufungspunkt" und „Grenzwert", aber auch die Grenzwertsätze zur effektiven Berechnung von Grenzwerten. Wir lernen viele Charakterisierungen der Vollständigkeit der reellen Zahlen kennen und stellen mit den Landau-Symbolen eine wichtige Schreibweise zum Studium des Wachstumsverhaltens von Folgen bereit, was im Rahmen der Komplexitätstheorie zur Analyse von Algorithmen verwendet wird. Eine spezielle Klasse von Folgen bilden die Reihen, mit denen wir uns in Kapitel 16 auseinandersetzen. Mit den wichtigsten Konvergenzkriterien werden wir zeigen, wie man den Konvergenzradius bei Potenzreihen berechnen kann. Die Untersuchung der Reihendarstellungen bei rationalen und reellen Zahlen sowie Wartezeitprobleme untermauern die Bedeutung der geometrischen Reihen. In Kapitel 17 behandeln wir die Stetigkeit bei Funktionen. Neben der Stetigkeit von elementaren Funktionen geht es dabei auch um das Konvergenzverhalten von Funktionenfolgen, das zur Stetigkeit von Potenzreihen führt. Davon ausgehend werden mit den Exponential-, den Logarithmusfunktionen und den trigonometrischen Funktionen weitere wichtige Klassen stetiger Funktionen studiert. Im Exkurs zu Kapitel 17 behandeln wir mit dem schwachen Gesetz der großen Zahlen einen grundlegenden Aspekt der Wahrscheinlichkeitsrechnung, der aus dem Studium gewisser Folgen von Zufallsvariablen resultiert. Die beiden letzten Kapitel 18 und 19 widmen sich der Differential- und der Integralrechnung. Wir lernen die wichtigsten Ableitungs- und Integrationsregeln sowie die Mittelwertsätze kennen. Im Rahmen der Differentialrechnung behandeln wir Bedingungen für Extrema, die Regeln von de l'Hôpital, die Approximation durch Taylor-Polynome bzw. durch Taylor-Reihen sowie einige Ergebnisse zur iterativen Lösung von Gleichungen. Im Rahmen der Integralrechnung behandeln wir das Integrieren bei Funktionenfolgen, was zur Integration und Differentiation von Potenzreihen führt. Mit den uneigentlichen Integralen und einigen Wahrscheinlichkeitsverteilungen mit Dichtefunktionen, insbesondere der Standard-Normalverteilung und deren Bedeutung durch den zentralen Grenzwertsatz der Wahrscheinlichkeitsrechnung, beenden wir dieses Buch.

Allgemeiner Hinweis: Das Zeichen ■ steht für das Ende eines Beispiels, eines Beweises oder eines sonstigen Ergebnisses.

Handhabung des Buches

Für Dozenten Die ursprüngliche Vorgabe für meine zweisemestrige, jeweils vierstündig abgehaltene Vorlesung „Mathematik für Informatiker" war es, die im Curriculum für Informatiker verankerten Mathematik-Grundvorlesungen „Lineare Algebra 1" und „Analysis 1" zu ersetzen. Dies wird insbesondere durch die Konzeption der Teile III und IV erfüllt. Von Anfang an war klar, dass diese grobe Vorgabe durch eine sorgfältige Einführung in die Grundlagen der Mathematik, wie in Teil I dargelegt, untermauert werden muss, spielen doch gerade die elementaren Gesetze der Aussagenlogik sowie Beweistechniken und Abbildungen, partielle Ordnungen und Äquivalenzrelationen auch innerhalb der Informatik eine wichtige Rolle. Ebenso gehören in die mathematische Grundausbildung von Studierenden der Informatik unbedingt die Grundlagen der Diskreten Mathematik, wie etwa das modulare Rechnen samt Anwendungen, was in der vorliegenden zweiten Auflage nun durch Hervorhebung in einem eigenen Teil II zum Tragen kommt (in der ersten Auflage sind einschlägige Themen der Diskreten Mathematik zumindest transversal behandelt worden). Mit der Ausarbeitung eines eigenen Kapitels über Wahrscheinlichkeitstheorie bin ich dem Wunsch seitens der Informatik nach „mehr Stochastik" nachgekommen (wohlgemerkt ein Bereich, der nicht Bestandteil der Vorlesungen „Lineare Algebra" und „Analysis" ist). Auf das beliebte Teilgebiet der „algorithmischen Graphentheorie" bin ich im Rahmen dieses Buches bewusst nicht eingegangen, weil dieses Thema an sich bereits recht umfangreich ist und weil es außerdem in den Informatik-Grundvorlesungen behandelt wird.

Sicher kann man den insgesamt dargelegten Stoff sehr gut in einem dreisemestrigen, jeweils vierstündigen Vorlesungszyklus bewältigen. Er übersteigt hingegen das Pensum, das ich in einer zweisemestrigen Vorlesung machen und den Studenten an Fülle zumuten kann, weshalb ich eine gewisse Auswahl von Kernthemen treffe und einiges mitunter durch Ergänzungsveranstaltungen abdecke. Durch die oben angesprochene Strukturierung der einzelnen Kapitel (in Einleitung, Lernziele, einzelne Abschnitte, Exkurs, Zusammenfassung und Übungsaufgaben) ist der Text aber auch sehr gut zum Selbststudium geeignet.

Für Studenten *Wie lernt man am besten Mathematik?* Mit dieser Frage sieht sich jeder Studierende der Informatik konfrontiert. Durch den oben skizzierten Aufbau, insbesondere durch die Strukturierung der einzelnen Kapitel mit Überblick, Lernzielen und Zusammenfassung und durch die Hervorhebung der Definitionen und Sätze sind in diesem Buch starke Akzente gesetzt, die das Lernen erleichtern. Neue Fachbegriffe sind farblich gekennzeichnet und werden durch viele Beispiele veranschaulicht.

Mit der Behandlung einiger grundlegender Algorithmen wird die Nähe der Mathematik zu den einführenden (und üblicherweise parallel stattfindenden) Informatik-Vorlesungen dokumentiert und die konstruktive Denkweise geschult. Zur Verinnerlichung und Vertiefung des Stoffes sowie zur Überprüfung der Lernziele werden im vorliegenden Buch und auf der Webseite zum Buch eine Vielzahl von Übungsaufgaben unterschiedlichen Schwierigkeitsgrades gestellt. Es handelt sich um einen Mix aus Aufgaben theoretischer Natur und konkreten Rechenaufgaben, um den einen oder anderen Gesichtspunkt eines Ergebnisses zu verdeutlichen; manchmal sind die Aufgaben auch experimenteller Natur und dann sinnvollerweise mit Rechnereinsatz zu lösen. Zum Erlernen von Mathematik ist die selbständige Auseinandersetzung mit den Übungsaufgaben unbedingt notwendig, um ein Gleichgewicht zwischen passivem Konsumieren mathematischer Sachverhalte und aktivem Arbeiten mit neu erlernten Begriffen und Techniken zu erlangen.

CWS zum Buch

Die Webseite zu diesem Buch finden Sie unter *www.pearson-studium.de*. Am schnellsten gelangen Sie von dort zur Buchseite, wenn Sie in das Textfeld *Schnellsuche* die Buchnummer **7320** eingeben und danach suchen lassen.

Zur Lernzielkontrolle sind zu **allen** Übungen ausführliche Lösungen verfasst worden und auf der CWS zum Buch zur Verfügung gestellt. Dem Dozenten steht der Foliensatz des Autors zur Verfügung.

Zur Veranschaulichung einiger wichtiger Algorithmen wird über die Webseite zum Buch ein Programmpaket, die sog. „MfI-toolbox", angeboten, mit dem man schrittweise Zwischenergebnisse ansehen und sich daher mit der prinzipiellen Funktionsweise der Algorithmen vetraut machen kann. Dieses Programm wurde von Herrn Stud.-Inf. Axel Habermayer und Herrn Dipl.-Math. Martin Mayr in der Sprache C^{++} geschrieben und verwendet Qt 4.2.2 als GUI-Framework. Implementiert sind zum gegenwärtigen Zeitpunkt der erweiterte Euklidische Algorithmus, der Algorithmus Square-and-Multiply sowie der Gauß-Algorithmus für rationale (Bruch-)Zahlen, für Gleitkommazahlen und für Restklassenkörper modulo einer Primzahl.

TEIL I

Mathematisches Grundwissen

1	Mengen und Aussagen	3
2	Natürliche und ganze Zahlen	43
3	Abbildungen, Äquivalenzrelationen und partielle Ordnungen	81

Mengen und Aussagen

	Einführung	4
1.1	Grundbegriffe der Mengenlehre	6
1.2	Grundlegende Zahlbereiche	9
1.3	Verknüpfungen von Mengen	15
1.4	Aussagen und deren logische Verknüpfungen	21
1.5	Potenzmenge und kartesische Produkte	27
1.6	Zur Bildung von mehrfachen Verknüpfungen	30
1.7	Verknüpfungen bei beliebigen Indexmengen	35
1.8	Exkurs: Das Auswahlaxiom	38
	Zusammenfassung	39
	Übungsaufgaben	40

1 Mengen und Aussagen

EINFÜHRUNG

>> Zum alltäglichen mathematischen Vokabular gehören Begriffe wie *Mengen*, *Aussagen* sowie *Relationen*, *Abbildungen*, *Ordnungen* und *Verknüpfungen*. Die Vorstellung dieser Grundobjekte und die Einübung typischer mathematischer Schreib- und Sprechweisen sind die wichtigsten Ziele des ersten Teils dieses Buches, welches aus den Kapiteln 1 bis 3 besteht.

Im vorliegenden ersten Kapitel werden wir ausgehend von Cantors intuitiver Beschreibung von Mengen zunächst die Grundbegriffe der Mengenlehre behandeln, nämlich die *Teilmengenbeziehung* und die *Gleichheit* von Mengen sowie die *Elementbeziehung* zwischen Mengen und Objekten (Abschnitt 1.1).

Die wichtigsten Verknüpfungen von Mengen, nämlich die *Schnittmengenbildung*, die *Vereinigung* und die *Mengendifferenz*, werden zusammen mit deren Grundgesetzmäßigkeiten in Abschnitt 1.3 behandelt.

Zuvor notieren wir in Abschnitt 1.2 als wichtige Beispiele von Mengen die aus der Schule bekannten Zahlbereiche der *natürlichen Zahlen* $\mathbb{N}$, der *ganzen Zahlen* $\mathbb{Z}$, der *rationalen Zahlen* $\mathbb{Q}$ und der *reellen Zahlen* $\mathbb{R}$. Wir erinnern daran, dass man mit den (geordneten) reellen Zahlen, im Gegensatz zu den rationalen Zahlen, die Punkte der (unendlichen) Zahlengerade modellieren kann. Die schwierige axiomatische Beschreibung der reellen Zahlen haben wir für den Beginn von Teil IV aufgehoben. Wichtig ist, dass jede rationale Zahl eine reelle Zahl ist, dass es aber viele reelle Zahlen gibt, die nicht rational sind – solche Zahlen nennt man *irrational*. Als konkretes Beispiel einer irrationalen Zahl werden wir $\sqrt{2}$, die Quadratwurzel von 2 betrachten. Beim Nachweis der Irrationalität dieser Zahl lernen wir gleichzeitig ein wichtiges Beweisprinzip, nämlich den *Widerspruchsbeweis* kennen. Die *komplexen Zahlen* $\mathbb{C}$, welche die reellen Zahlen erweitern, werden hier zunächst lediglich als Menge eingeführt; deren arithmetische bzw. analytische Eigenschaften werden in Teil II bzw. Teil IV studiert.

Abschnitt 1.2 dient auch der Hervorhebung eines wichtigen Sachverhaltes reeller Zahlen, nämlich dass ein Produkt reeller Zahlen genau dann gleich null ist, wenn wenigstens ein Faktor gleich null ist. Dieser Sachverhalt ist auch bei vielen (aber nicht allen) endlichen Zahlbereichen erfüllt, welche in der Informatik wichtig sind. In Abschnitt 1.2 verwenden wir dies, um die aus der Schule bekannte Lösung einer quadratischen Gleichung über den reellen Zahlen zu bestimmen.

Nach der Betrachtung von grundlegenden Eigenschaften von Mengen in den Abschnitten 1.1 und 1.3 behandeln wir in Abschnitt 1.4 die entsprechenden Verknüpfungen und Gesetze der *Aussagenlogik*. *Aussagen* sind Sprachobjekte, die einen von zwei möglichen *Wahrheitswerten* annehmen können, entweder wahr oder falsch. Logische Aussagen treten innerhalb der Mathematik und der Informatik permanent auf, sei es etwa bei der Aneinanderreihung logischer Schlüsse in mathematischen Beweisen, oder sei es bei Verzweigungen nach bedingten Anweisungen beim Programmieren oder auch bei Datenbankanfragen. Neben den Grundlagen der Aussagenlogik werden wir in Abschnitt 1.4 auch auf wichtige *mathematische Beweisprinzipien* zu sprechen kommen, nämlich die *Äquivalenz* von logischen Aussagen, den *direkten Beweis*, den *indirekten Beweis* sowie den *Widerspruchsbeweis*.

In Abschnitt 1.5 kehren wir zur Mengenlehre zurück und lernen als weitere grundlegende Mengenkonstruktionen die *Potenzmengenbildung* und die Bildung *kartesischer Produkte* kennen.

In Abschnitt 1.6 führen wir dann u. a. die abkürzenden mathematischen Symbole für die *Summe* und das *Produkt* von mehreren (zunächst endlich vielen) Zahlen ein und behandeln einige Grundregeln, die mit dieser Schreibweise einhergehen. Da dies, ebenso wie die Verwendung abstrakter *Indexmengen*, innerhalb der Schule üblicherweise nicht behandelt wird, sind diese Schreibweisen zunächst gewöhnungsbedürftig. Andererseits sind sie innerhalb der Mathematik und der Informatik (etwa beim Zugriff auf einzelne Komponenten von komplizierten Datenstrukturen) von so fundamentaler Bedeutung, dass sie im Laufe des Textes immer wieder vorkommen, weshalb deren Umgang im Rahmen der Übungsaufgaben entsprechend intensiv erprobt werden muss.

In Abschnitt 1.7 machen wir anhand von Mengen- und Aussagenverknüpfungen deutlich, dass es durchaus sinnvoll ist, *beliebige*, also auch unendlich viele Objekte miteinander zu verknüpfen. In Ergänzung zu den Grundlagen der Aussagenlogik in Abschnitt 1.4 werden in diesem Zusammenhang der *Existenz*- und der *Allquantor* eingeführt. Anhand eines konkreten Beispiels wird auch die *Negation* dieser Quantoren diskutiert.

Beim abschließenden Exkurs 1.8 kehren wir nochmals zur Mengenlehre zurück und betrachten im Rahmen einer allgemeinen kartesischen Produktbildung das für den Aufbau der Mengenlehre wichtige *Auswahlaxiom*.

Lernziele

- Grundlagen über Mengen sowie deren Verknüpfungen und Gesetzmäßigkeiten
- Verknüpfungen der Aussagenlogik und deren Gesetzmäßigkeiten, insbesondere der Umgang mit logischen Quantoren
- Eingewöhnung üblicher mathematischer Sprechweisen und grundlegender mathematischer Beweistechniken
- grundlegende Eigenschaften der Zahlbereiche sowie das Rechnen bei mehrfacher Summen- oder Produktbildung

1.1 Grundbegriffe der Mengenlehre

 Was ist eine Menge? Ohne Zweifel gehört die Menge zu den wichtigsten Bausteinen der Mathematik. Da die formale Behandlung einer **axiomatischen Mengenlehre** im Rahmen eines einführenden Textes in die Mathematik zu schwierig und in Anfängervorlesungen auch zeitlich nicht zu bewältigen ist, belassen wir es bei der anschaulichen Beschreibung von Mengen, die auf Georg Cantor (1845–1918), den Begründer der Mengenlehre, zurückgeht. Diese lautet:

- *Eine Menge ist eine Zusammenfassung von bestimmten, wohlunterscheidbaren Objekten unserer Anschauung oder unseres Denkens zu einem Ganzen.*

So bilden beispielsweise die kleinen Buchstaben $a, b, \ldots, z$ als Objekte unser Alphabet. Durch Verwendung der **Mengenklammern** { und } fassen wir diese Buchstaben zu einer Menge zusammen, welche wir kurz mit A bezeichnen wollen:

$$A := \{a, b, \ldots, z\} \qquad (1.1.1)$$

Das Zeichen := bedeutet dabei einfach, dass A als die Menge $\{a, b, \ldots, z\}$ definiert ist. Bei $\{0, 1\}$ handelt es sich um die Menge der Dualziffern; bei $\{0, 1, 2, 3, 4, 5, 6, 7, 8, 9\}$ handelt es sich um die Menge der Dezimalziffern. Die folgende Menge besteht aus einigen kleinen griechischen Buchstaben, die wir im Laufe dieses Buches sehr häufig verwenden werden:

$$\{\alpha, \beta, \gamma, \delta, \varepsilon, \varphi, \phi, \rho, \sigma, \tau, \omega, \xi, \eta, \zeta, \pi, \theta, \iota, \kappa\}$$

Man nennt die Objekte $a, b, \ldots$ auch die **Elemente** der Menge A. Zwischen Elementen und Mengen besteht die **Elementbeziehung** $\in$. Beispielsweise gilt $u \in A$ (lies: „u liegt in A" oder „u ist Element von A") und $5 \notin A$ (lies: „5 liegt nicht in A" oder „5 ist nicht Element von A").

B **Beschreibungen von Mengen** Betrachten wir nochmals die Definition der Menge A in (1.1.1). Sie ist durch **Aufzählung** ihrer Elemente innerhalb der Mengenklammern beschrieben. Man macht sich dabei allerdings nicht die Mühe, **alle** ihrer insgesamt 26 Elemente hinzuschreiben, sondern suggeriert durch die Punkte ..., dass klar ist, wie es formal weitergeht. Alternativ zur Aufzählung werden Mengen sehr häufig durch **charakteristische** oder **definierende Eigenschaften** beschrieben. Dies ist insbesondere dann unerlässlich, wenn die Anzahl der Elemente unendlich groß ist (siehe etwa die Zahlbereiche im kommenden Abschnitt 1.2). Generell sind definierende Beschreibungen von folgender Art:

$$M := \{\omega : \omega \text{ hat die Eigenschaften} \ldots \}$$

Man liest „M ist die Menge aller Objekte ω mit den Eigenschaften ...". Der griechische Buchstabe ω fungiert hier also als eine **Variable** für die Elemente der Menge M. Betrachten wir dazu zwei Beispiele.

1. Mit A wie in (1.1.1) sei die Menge S definiert durch $S := \{\omega : \omega \in A$ und ω ist Selbstlaut$\}$. Dann ist S gleich $\{a, e, i, o, u\}$ (in aufzählender Schreibweise).

2. Definiert man die Menge P durch $P := \{\omega : \omega$ ist Dezimalziffer, ω ist Primzahl und $\omega \geq 4\, \}$, so ist P gleich $\{5, 7\}$ (in aufzählender Schreibweise).

C **Teilmengenbeziehung und Gleichheit bei Mengen** Wir haben eben anhand von Beispielen verschiedene Darstellungsmöglichkeiten von Mengen gesehen und dabei auch die Gleichheit von Mengen erwähnt. Dies wollen wir nun zusammen mit der Teilmengenbeziehung bei Mengen formal definieren.

Definition 1.1.1 Es seien X und Y Mengen.

(1) Falls jedes Element von X auch Element von Y ist, so heißt X eine **Teilmenge** von Y; Schreibweise: $X \subseteq Y$.[1]

(2) Gilt $X \subseteq Y$ und $Y \subseteq X$, so heißen die beiden Mengen X und Y **gleich**; Schreibweise: $X = Y$. In diesem Fall ist jedes Element aus X auch Element von Y und umgekehrt jedes Element aus Y auch Element von X.

(3) Ist X Teilmenge von Y, aber nicht gleich Y (kurz: $X \subseteq Y$ und $X \neq Y$), so sagt man, dass X eine **echte Teilmenge** von Y ist; als Schreibweise verwendet man dazu häufig auch $X \subset Y$.

---
[1] Bei der Teilmengenbeziehung spricht man auch von einer **Mengeninklusion**.

Beispielsweise ist die Menge $S = \{a, e, i, o, u\}$ der Selbstlaute eine echte Teilmenge von A aus (1.1.1). Um die Gleichheit von Mengen zu demonstrieren, betrachten wir die folgenden drei Mengen C, D und E:

$$C := \{a, c, e, f, g, h\}$$
$$D := \{a, c, a, a, e, f, g, g, g, g, g, h, h\}$$
$$E := \{h, g, f, e, a, c\}$$

Bei C und E handelt es sich um Teilmengen der Menge A aus (1.1.1). Jedes Element von C ist auch Element von E und umgekehrt ist jedes Element von E auch Element von C; nach ▶Definition 1.1.1-(2) sind deshalb C und E gleich, es gilt $C = E$. Wir lernen daraus, dass bei der Beschreibung von Mengen die Reihenfolge der auftretenden Elemente keine Rolle spielt.

Bei dem Objekt D mag man darüber philosophieren, ob es sich in Cantors Sinne um eine Zusammenfassung „wohlunterscheidbarer" Objekte, also überhaupt um eine Menge handelt. Wir sind der Meinung, dass man zu je zwei Buchstaben aus D entscheiden kann, ob sie gleich oder verschieden sind, und halten sie daher für „wohlunterscheidbar". Ein weiteres Indiz dafür, dass es sich bei D um eine Menge handeln sollte, ist Folgendes: Sicherlich ist jedes Objekt aus D auch in der Menge C enthalten und umgekehrt ist jedes Element aus C auch Objekt von D. Man kann also D getrost als Menge auffassen, und es gilt dann $D = C$. Daraus lernen wir, dass bei der Beschreibung von Mengen die Häufigkeiten der auftretenden Elemente keine Rolle spielen. Insgesamt folgt dann die Gleichheit der drei Mengen C, D und E, also $C = D = E$.

Da man Mengen mitunter auf recht verschiedene Weise definieren kann, ist oft überhaupt nicht offensichtlich, ob zwei unterschiedlich beschriebene Mengen gleich sind. In diesem Zusammenhang werden wir im kommenden Abschnitt ein weiteres Beispiel für die Gleichheit von Mengen betrachten (▶Beispiel 1.2.2).

Zur Darstellung von Mengen wäre an dieser Stelle noch Folgendes zu ergänzen: Wenn wir eine Menge H als Teilmenge einer bereits vorher eingeführten Grundmenge G definieren wollen, so schreibt man meist einfach $H := \{\omega \in G : \omega$ hat die Eigenschaften ...$\}$ anstatt $H := \{\omega : \omega \in G,\ \omega$ hat die Eigenschaften ...$\}$.

D Die Mächtigkeit einer Menge Ein wichtiges Charakteristikum für eine Menge M ist die Anzahl ihrer Elemente. Diese bezeichnet man mit $|M|$. Man nennt $|M|$ auch die Mächtigkeit oder **Kardinalität** von M. Bei den oben eingeführten Mengen gilt beispielsweise $|A| = 26$ sowie $|S| = 5$ und $|C| = |D| = |E| = 6$.

An dieser Stelle müssen wir einräumen, dass eine strenge formale Definition der Mächtigkeit einer Menge zumindest den **Abbildungsbegriff** voraussetzt, mit dem wir uns aber erst in Kapitel 3 befassen wollen. Wir belassen es daher hier bei der intuitiv klaren Vorstellung über die Mächtigkeit von Mengen.

Intuitiv klar ist auch der Unterschied zwischen einer Menge mit **endlich vielen** und einer Menge mit **unendlich vielen** Elementen: Die Mächtigkeit einer **endlichen Menge** ist eine natürliche Zahl, während die Mächtigkeit einer **unendlichen Menge** durch keine natürliche Zahl angegeben werden kann. Für unendliche Mengen M verwendet man daher die Schreibweise $|M| = \infty$. Wir werden uns in Abschnitt 3.4 intensiver mit unendlichen Mengen befassen und dabei u. a. feststellen, dass die alleinige Verwendung **eines** Symbols ∞ nicht sehr präzise ist.

E **Eine Menge, die nicht fehlen darf** Auf eine besondere Menge, nämlich die **leere Menge**, müssen wir abschließend noch zu sprechen kommen. Es handelt sich dabei um diejenige Menge, die **kein** Element enthält; Bezeichnung: {} oder $\emptyset$. Es ist $\emptyset \subseteq M$ für jede Menge M. Die Mächtigkeit der leeren Menge ist die Zahl Null:

$$|\emptyset| = |\{\}| = 0$$

1.2 Grundlegende Zahlbereiche

A **Mengenbezeichnungen für Zahlbereiche** Nachdem wir im ersten Abschnitt über allgemeine Mengen geredet haben, wollen wir nun einige Mengen betrachten, mit denen man tagtäglich umgehen muss. Es handelt sich dabei um die zum Großteil aus der Schule bekannten Zahlbereiche.

1. $\mathbb{N} := \{0, 1, 2, \ldots\}$ ist die Menge der **natürlichen Zahlen**.[2]

2. $\mathbb{Z} := \{\ldots, -2, -1, 0, 1, 2, \ldots\}$ ist die Menge der **ganzen Zahlen**.

3. $\mathbb{Q} := \{\frac{a}{b} : a \in \mathbb{Z}, b \in \mathbb{N}, b \neq 0\}$ ist die Menge der **rationalen Zahlen**,
   $\mathbb{Q}_0^+ := \{q \in \mathbb{Q} : q \geq 0\}$ ist die Menge der **nichtnegativen** rationalen Zahlen,
   $\mathbb{Q}^+ := \{q \in \mathbb{Q} : q > 0\}$ ist die Menge der **positiven** rationalen Zahlen.

4. $\mathbb{R}$ bezeichnet die Menge der **reellen Zahlen**,
   $\mathbb{R}_0^+ := \{r \in \mathbb{R} : r \geq 0\}$ ist die Menge der **nichtnegativen** reellen Zahlen,
   $\mathbb{R}^+ := \{r \in \mathbb{R} : r > 0\}$ ist die Menge der **positiven** reellen Zahlen.

5. $\mathbb{C} := \{a + b\sqrt{-1} : a, b \in \mathbb{R}\}$ ist die Menge der **komplexen Zahlen**.[3]

---

[2] Wir müssen darauf hinweisen, dass die eben eingeführte Notation $\mathbb{N}$ nicht einheitlich verwendet wird. Häufig schreibt man $\mathbb{N}_0$ für $\{0, 1, 2, \ldots\}$, während $\mathbb{N}$ für die Menge $\{1, 2, \ldots\}$ reserviert ist. Im vorliegenden Buch ist die Null aber eine natürliche Zahl! Die Menge $\{1, 2, \ldots\}$ kürzen wir hier mit $\mathbb{N}^*$ ab, siehe Punkt 6.

[3] Die komplexen Zahlen werden in Kapitel 6 eingeführt.

Bei der Zahl $\sqrt{-1}$ handelt es sich um eine spezielle komplexe, aber nicht reelle Zahl, welche die **imaginäre Einheit** genannt wird, Bezeichnung: i.

6. Schließlich schreiben wir $K^* := \{\alpha : \alpha \in K, \alpha \neq 0\}$ für $K \in \{\mathbb{N}, \mathbb{Z}, \mathbb{Q}, \mathbb{R}, \mathbb{C}\}$. Beispielsweise ist $\mathbb{N}^* = \{1, 2, 3, \ldots\}$ die Menge aller von null verschiedenen natürlichen Zahlen.

Es ist klar, dass es sich bei diesen Zahlbereichen allesamt um **unendliche** Mengen handelt, i. e. $|K| = \infty$ für K aus $\{\mathbb{N}, \mathbb{Z}, \mathbb{Q}, \mathbb{R}, \mathbb{C}\}$. Wir werden später aber auch viele **endliche Zahlbereiche** kennenlernen (siehe Kapitel 7, Stichwort: **modulares Rechnen**). Dabei handelt es sich um endliche Mengen, auf denen man eine Addition und eine Multiplikation erklären kann, die ähnlichen Gesetzen unterliegen wie die Addition und die Multiplikation der natürlichen, ganzen, rationalen, reellen oder komplexen Zahlen.

B **Zum Unterschied zwischen rationalen und reellen Zahlen** Es mag aufgefallen sein, dass wir dem reellen Zahlbereich lediglich eine Bezeichnung (nämlich $\mathbb{R}$) gegeben haben, dass wir diese Menge aber nicht durch charakteristische Eigenschaften beschrieben haben. Das liegt daran, dass die Konstruktion bzw. die axiomatische Beschreibung der reellen Zahlen tiefere Kenntnisse der Mathematik erfordert und daher an dieser Stelle unangebracht ist. In Kapitel 14 werden wir im Rahmen des Einstiegs in die Analysis den Unterschied zwischen den rationalen und den reellen Zahlen genau herausarbeiten. Bis dahin (und natürlich auch nach Kapitel 14) wollen wir mit den reellen Zahlen genauso ungezwungen umgehen, wie wir es in der Schule getan haben, und sie uns der Größe nach von links nach rechts auf einer Zahlengerade (dem **Kontinuum**) angeordnet vorstellen.

Es sei daran erinnert, dass jede rationale Zahl auch eine reelle Zahl ist ($\mathbb{Q} \subseteq \mathbb{R}$), dass es aber andererseits reelle Zahlen gibt (sogar sehr, sehr viele), die keine rationalen Zahlen sind ($\mathbb{Q} \neq \mathbb{R}$) – solche Zahlen nennt man **irrational**. Prominente irrationale Zahlen sind beispielsweise die Kreiszahl π, die Euler'sche[4] Zahl e oder auch die Verhältniszahl $\frac{-1+\sqrt{5}}{2}$ des Goldenen Schnittes. Wir wollen als Beispiel nachweisen, dass $\sqrt{2}$, also die Quadratwurzel aus 2, irrational ist.

Beispiel 1.2.1 **Irrationalität von $\sqrt{2}$**

Wir betrachten ein Quadrat der Seitenlänge 1. Nach dem Satz von Pythagoras[5] ist die Länge der Diagonalen dieses Quadrates gleich $\sqrt{1^2 + 1^2} = \sqrt{2}$, der Quadratwurzel aus 2. Wir wollen zeigen, dass diese Zahl, welche sich elementargeometrisch recht einfach mit Zirkel und Lineal aus der Einheitsstrecke konstruieren lässt (siehe die Graphik), irrational ist.

---

[4] Leonhard Euler (1707–1783).
[5] Pythagoras von Samos (um 569 v. Chr. – um 475 v. Chr.).

1.2 Grundlegende Zahlbereiche

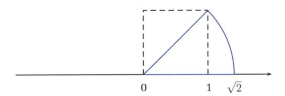

Zuvor bemerken wir, dass es andererseits Strecken rationaler Länge gibt, die beliebig genau an die Länge der Diagonalen des Einheitsquadrates heranreichen. Beispielsweise stimmt die rationale Zahl

$$1.414213562 = \frac{1414213562}{1000000000} = \frac{707106781}{500000000} \qquad (1.2.1)$$

mit der irrationalen Zahl $\sqrt{2}$ bis zu den ersten acht Nachkommastellen überein.

Das deutet insgesamt darauf hin, dass die rationalen Zahlen $\mathbb{Q}$ einerseits nicht ausreichen, um die Punkte der Zahlengerade zu modellieren, weil $\mathbb{Q}$ offenbar **lückenhaft** ist. Andererseits sind diese Lücken aber nicht sichtbar, weil jede irrationale Zahl beliebig genau durch rationale Zahlen approximiert werden kann – man sagt dazu, dass $\mathbb{Q}$ **dicht** in $\mathbb{R}$ liegt, siehe Kapitel 14. Beim Übergang von $\mathbb{Q}$ nach $\mathbb{R}$ werden genau diese Lücken geschlossen. Nun aber zurück zu $\sqrt{2}$. Der Irrationalitätsbeweis wird **indirekt** geführt (Stichwort: **Widerspruchsbeweis** – siehe dazu auch Abschnitt 1.4). Man nimmt dazu an, dass $\sqrt{2}$ eine rationale Zahl ist. Wegen $\sqrt{2} > 0$ gibt es dann natürliche Zahlen $a \in \mathbb{N}$ und $b \in \mathbb{N}^*$ mit $\sqrt{2} = \frac{a}{b}$. Dabei soll der Bruch gekürzt sein, was insbesondere bedeutet, dass a und b nicht beides gerade Zahlen sein können – in (1.2.1) ist beispielsweise der Bruch $\frac{1414213562}{1000000000}$ (im Gegensatz zu $\frac{707106781}{500000000}$) nicht gekürzt, weil Zähler und Nenner durch zwei teilbar sind.

Quadrieren auf beiden Seiten der Gleichung $\sqrt{2} = \frac{a}{b}$ liefert $2 = \frac{a^2}{b^2}$, und Multiplikation mit b^2 ergibt die Gleichung $2b^2 = a^2$. Das zeigt, dass a^2 durch 2 teilbar, also eine gerade natürliche Zahl ist. Das geht aber nur, wenn a selbst gerade ist! (Siehe ▶Beispiel 1.4.5 für eine detaillierte Ausführung dieses Argumentes.) Demnach ist a von der Form $2a'$ mit $a' \in \mathbb{N}$. Daraus erhält man dann $2b^2 = a^2 = (2a')^2 = 4a'^2$, also auch $b^2 = 2a'^2$ nach Division durch 2. Aus dieser Gleichung folgt wiederum, dass b^2 eine gerade Zahl ist. Also ist (vgl. erneut mit ▶Beispiel 1.4.5) auch b eine gerade natürliche Zahl. Wir erhalten insgesamt, dass im Falle der Rationalität von $\sqrt{2}$ sowohl a als auch b durch 2 teilbar sind. Das steht aber im Widerspruch zu unserer Annahme, dass $\frac{a}{b}$ ein gekürzter Bruch ist.

Wir sind mit dieser Argumentation also bildlich gesprochen in eine Sackgasse geraten. Wenn wir den Beweis zurückverfolgen, sehen wir, dass die Annahme der Rationalität von $\sqrt{2}$ den Eintritt in diese Sackgasse markiert. Die Konsequenz daraus kann daher nur sein, dass es überhaupt keinen Bruch gibt, um $\sqrt{2}$ darzustellen. Deshalb ist $\sqrt{2}$ irrational. ∎

C Ein weiterer Grund für Zahlbereichserweiterungen Wir haben eben erwähnt, dass man zur Beschreibung des geometrischen Objektes einer Geraden durch Zahlen bis zu den reellen Zahlen vordringen muss. Die Lösbarkeit von Gleichungen ist ein weiterer wichtiger Grund, warum Mathematiker die Zahlbereiche, ausgehend von den natürlichen Zahlen, zu immer komplexeren Gebilden erweitert haben.

$$\begin{array}{ccccc} \mathbb{N}^* & \subset & \mathbb{Q}^+ & \subset & \mathbb{R}^+ \\ \cap & & \cap & & \cap \\ \mathbb{N} & \subset & \mathbb{Q}_0^+ & \subset & \mathbb{R}_0^+ \\ \cap & & \cap & & \cap \\ \mathbb{Z} & \subset & \mathbb{Q} & \subset & \mathbb{R} & \subset & \mathbb{C} \end{array}$$

So hat beispielsweise die lineare Gleichung $x + 1 = 0$ keine Lösung in $\mathbb{N}$, aber in $\mathbb{Z}$, nämlich $x = -1$. Die lineare Gleichung $2x - 1 = 0$ hat hingegen keine Lösung in $\mathbb{Z}$, aber in $\mathbb{Q}$, nämlich $x = \frac{1}{2}$. Die beiden Zahlen $\sqrt{2}$ und $-\sqrt{2}$ bilden die beiden Lösungen (und damit alle Lösungen, siehe ▶Satz 1.2.3) der quadratischen Gleichung $x^2 - 2 = 0$. Diese hat also keine rationalen, sondern lediglich irrationale Lösungen.

Die quadratische Gleichung $x^2 + 1 = 0$ hat nun nicht einmal eine reelle Lösung, denn es gilt (siehe auch Kapitel 14):

■ *Für jede reelle Zahl r ist r^2 nicht negativ, also $r^2 \geq 0$.*

Die Lösbarkeit der Gleichung $x^2 + 1 = 0$ kann daher nur durch eine weitere Zahlbereichserweiterung, nämlich von den reellen Zahlen $\mathbb{R}$ zu den komplexen Zahlen $\mathbb{C}$, erzwungen werden. Dies werden wir, wie gesagt, detailliert in Kapitel 6 vorführen. Die beiden komplexen Lösungen von $x^2 + 1 = 0$ sind dann $i = \sqrt{-1}$ und $-i = -\sqrt{-1}$.

D Eine grundlegende Eigenschaft reeller Zahlen Wir wollen nun ein weiteres Beispiel für die Gleichheit von Mengen (▶Definition 1.1.1) besprechen und dabei an einen grundlegenden Sachverhalt der Zahlsysteme $\mathbb{N}, \mathbb{Z}, \mathbb{Q}, \mathbb{R}$ (und $\mathbb{C}$) erinnern.

Beispiel 1.2.2 Es seien X und Y die durch

$$X := \{x \in \mathbb{N} : 7 \leq x^2 < 30\} \text{ und}$$
$$Y := \{y \in \mathbb{N} : y^3 - 12y^2 + 47y - 60 = 0\}$$

definierten Mengen. Wir werden zeigen, dass $X = Y$ gilt. Dazu beginnen wir, X in aufzählender Form aufzuschreiben. Für x aus $\mathbb{N}$ mit $x^2 \geq 7$ ist $x \geq 3$; ist weiter $x^2 < 30$, so muss $x < 6$ sein. Andererseits gilt $7 \leq x^2 < 30$, wenn $x = 3$ oder $x = 4$ oder $x = 5$ ist. Daraus folgt $X = \{3, 4, 5\}$ (in aufzählender Schreibweise). Setzt man nun die Zahlen 3, 4 und 5 für y in die charakterisierende Eigenschaft der Menge Y ein, so erhält man

$$3^3 - 12 \cdot 3^2 + 47 \cdot 3 - 60 = 27 - 108 + 141 - 60 = 0$$

$$4^3 - 12 \cdot 4^2 + 47 \cdot 4 - 60 = 64 - 192 + 188 - 60 = 0$$

$$5^3 - 12 \cdot 5^2 + 47 \cdot 5 - 60 = 125 - 300 + 235 - 60 = 0,$$

woraus insgesamt $X \subseteq Y$ folgt. Zum Nachweis von $X = Y$ bleibt somit $Y \subseteq X$ zu zeigen. Dazu müssen wir alle natürlichen Lösungen der Gleichung $y^3 - 12y^2 + 47y - 60 = 0$ bestimmen. Gibt es, abgesehen von den drei bereits gefundenen, noch weitere, möglicherweise astronomisch große Lösungen? Das ist nicht der Fall! Hier ist die Begründung: Für jedes y aus $\mathbb{N}$ gilt $y^3 - 12y^2 + 47y - 60 = (y-3)(y-4)(y-5)$, wie man durch Ausmultiplizieren der rechten Seite schnell verifiziert:

$$(y-3)(y-4)(y-5) = (y^2 - 7y + 12)(y-5) = y^3 - 12y^2 + 47y - 60$$

Wir erinnern uns jetzt an den (eingangs angesprochenen und hoffentlich noch aus der Schule bekannten) Sachverhalt, wonach gilt:

■ *Ist ein Produkt natürlicher (allgemeiner: ganzer, rationaler oder reeller Zahlen) gleich null, so ist wenigstens einer der Faktoren gleich null.*

Mit $0 = (y-3)(y-4)(y-5)$ muss also dann $y-3 = 0$ oder $y-4 = 0$ oder $y-5 = 0$ gelten, was sofort $y \in \{3, 4, 5\}$ für $y \in Y$ nach sich zieht und daher auch $Y \subseteq X$ liefert. ■

E Die Lösung reeller quadratischer Gleichungen Ergänzend und passend zur obigen Diskussion wollen wir zum Abschluss dieses Abschnittes die aus der Schule bekannte Lösung von quadratischen Gleichungen über den reellen Zahlen in Erinnerung rufen. Im Vorfeld ist auf folgenden weiteren Sachverhalt bei reellen Zahlen hinzuweisen (siehe auch Kapitel 14):

■ *Zu jeder positiven reellen Zahl r gibt es eine eindeutige positive reelle Zahl s mit $s^2 = r$; diese Zahl s heißt die Quadratwurzel aus r und wird mit $\sqrt{r}$ bezeichnet.*

Es seien nun a, b und c reelle Zahlen. Gesucht ist die Menge aller $x \in \mathbb{R}$ mit $ax^2 + bx + c = 0$. Dazu machen wir eine Fallunterscheidung.

1. Falls $a = 0$ und $b = 0$, so reduziert sich die Gleichung zu $c = 0$. Diese ist einerseits nicht erfüllbar, wenn $c \in \mathbb{R}^*$, andererseits für jedes x erfüllbar, wenn neben a und b auch c gleich 0 ist.

2. Falls $a = 0$ und $b \neq 0$, so reduziert sich die Gleichung zu $bx + c = 0$. Man gelangt hier durch Subtraktion von c und Division durch b zur eindeutigen Lösung $x = -\frac{c}{b}$.

3. Wir kommen nun zum schwierigsten Fall $a \neq 0$, wobei nun eine *echte* quadratische Gleichung vorliegt. Division durch a ergibt die äquivalente Gleichung $x^2 + \frac{b}{a}x + \frac{c}{a} = 0$.

Durch die sog. **quadratische Ergänzung**[6] erhält man

$$0 = x^2 + \frac{b}{a}x + \frac{c}{a} = \left(x + \frac{b}{2a}\right)^2 - \frac{b^2}{4a^2} + \frac{c}{a} = \left(x + \frac{b}{2a}\right)^2 - \frac{b^2 - 4ac}{4a^2}.$$

Nun liefert Addition von $\frac{b^2-4ac}{4a^2}$ und anschließende Multiplikation von $4a^2$ die äquivalente Gleichung

$$\left[2a \cdot \left(x + \frac{b}{2a}\right)\right]^2 = b^2 - 4ac. \qquad (1.2.2)$$

An dieser Stelle können wir kurz innehalten, weil wir mit Gleichung (1.2.2) ein interessantes Zwischenergebnis haben. Die rechte Seite $\Delta := b^2 - 4ac$ dieser Gleichung nennt man die **Diskriminante** der quadratischen Ausgangsgleichung $ax^2 + bx + c = 0$.

Wir sehen nun, dass für jede reelle Zahl x die linke Seite dieser Gleichung (1.2.2) als ein Quadrat einer reellen Zahl stets nicht negativ, also Element von $\mathbb{R}_0^+$ ist. Folglich kann die Gleichung (1.2.2) (und damit auch die äquivalente Ausgangsgleichung $ax^2 + bx + c = 0$) höchstens dann eine Lösung haben, wenn auch die Diskriminante Δ nicht negativ ist! Fazit: Ist $\Delta < 0$, so hat die Gleichung keine reelle Lösung.

Es bleibt die Untersuchung des Falles $\Delta \geq 0$. Ist speziell $\Delta = 0$, so ergibt sich aus (1.2.2) sofort $2a \cdot (x + \frac{b}{2a}) = 0$, also $x + \frac{b}{2a} = 0$, was zur eindeutigen Lösung $x = -\frac{b}{2a}$ führt. Ist die Diskriminante Δ positiv, so seien

$$u := \frac{-b + \sqrt{\Delta}}{2a} \quad \text{und} \quad v := \frac{-b - \sqrt{\Delta}}{2a}.$$

Ähnlich zum Ende von ▶Beispiel 1.2.2 rechnet man nun nach, dass in diesem Fall für jedes $x \in \mathbb{R}$ gilt:

$$ax^2 + bx + c = a(x - u)(x - v)$$

Für die uns interessierenden Lösungen x der Gleichung $ax^2 + bx + c = 0$ muss dann entsprechend $a(x-u)(x-v) = 0$ gelten. Wegen $a \neq 0$ ergibt dies aufgrund des in ▶Beispiel 1.2.2 hervorgehobenen Sachverhaltes lediglich die beiden Lösungen $x = u$ und $x = v$. Man beachte, dass im Falle $\Delta = 0$ die Größen u und v ebenfalls definiert und überdies gleich sind, was zu der bereits erkannten eindeutigen Lösung $-\frac{b}{2a}$ führt.

Wir fassen zusammen:

Satz 1.2.3 Es seien $a, b, c \in \mathbb{R}$ mit $a \neq 0$. Wir betrachten die quadratische Gleichung $ax^2 + bx + c = 0$ und deren Diskriminante $\Delta := b^2 - 4ac$. Dann gelten:

(1) Ist $\Delta < 0$, so hat die Gleichung keine Lösung in $\mathbb{R}$.

---

[6] In diesem Zusammenhang erinnere man sich an die **erste binomische Formel**

$$(\alpha + \beta)^2 = \alpha^2 + 2\alpha\beta + \beta^2.$$

(2) Ist $\Delta = 0$, so hat die Gleichung genau eine Lösung in $\mathbb{R}$, nämlich $x = -\frac{b}{2a}$.

(3) Ist $\Delta > 0$, so hat die Gleichung genau zwei verschiedene Lösungen in $\mathbb{R}$, nämlich $\frac{-b+\sqrt{\Delta}}{2a}$ und $\frac{-b-\sqrt{\Delta}}{2a}$.

1.3 Verknüpfungen von Mengen

A Vier grundlegende Verknüpfungen von Mengen Nach unserem kurzen Ausflug in das Thema „Zahlbereiche" kehren wir nun zur Untersuchung allgemeiner Mengen zurück. Diesbezüglich können wir bis jetzt (neben der Elementbeziehung) lediglich den Vergleich zweier Mengen anhand der Teilmengenbeziehung (insbesondere der Gleichheit) aufweisen. Es ist aber auch wichtig, aus zwei oder gar mehreren Mengen neue Mengen konstruieren zu können, und dazu behandeln wir in diesem Abschnitt die wichtigsten Verknüpfungen zwischen Mengen (bzw. **Mengenoperatoren**) und deren Gesetzmäßigkeiten. Wir wollen uns vorstellen, dass alle Mengen in einer gemeinsamen Grundmenge enthalten sind.

Definition 1.3.1 Es seien X und Y Mengen.

(1) Die **Schnittmenge** (bzw. der **Schnitt**) $X \cap Y$ ist die Menge der Elemente, die in X und in Y liegen: $X \cap Y := \{\alpha : \alpha \in X \text{ und } \alpha \in Y\}$.

(2) Die **Vereinigungsmenge** (bzw. die **Vereinigung**) $X \cup Y$ von X mit Y ist die Menge der Elemente, die in X *oder* in Y liegen: $X \cup Y := \{\alpha : \alpha \in X \text{ oder } \alpha \in Y\}$.

(3) Die **Mengendifferenz** $Y \setminus X := \{\alpha : \alpha \in Y, \alpha \notin X\}$ ist die Menge aller Objekte α, die in Y, aber nicht in X liegen.

(4) Die **symmetrische Differenz** $X \triangle Y$ von X mit Y ist die Menge der Elemente, die in X oder in Y, aber nicht gleichzeitig in X und Y liegen: $X \triangle Y := (X \cup Y) \setminus (X \cap Y)$.[7]

Betrachten wir ein konkretes Beispiel. Es seien

$$A_7 := \{a, b, c, d, e, f, g\} \quad \text{und} \quad S := \{a, e, i, o, u\}.$$

---

[7] An dieser Stelle sei daran erinnert, dass Terme innerhalb einer Klammer stets **höhere Priorität** haben, was bedeutet, dass die Verknüpfungen in den Klammern zuerst ausgeführt werden müssen.

Dann gelten:
$$A_7 \cap S = \{a, e\} = S \cap A_7$$
$$A_7 \cup S = \{a, b, c, d, e, f, g, i, o, u\} = S \cup A_7$$
$$A_7 \triangle S = \{b, c, d, f, g, i, o, u\} = S \triangle A_7$$
$$A_7 \setminus S = \{b, c, d, f, g\}, \neq \{i, o, u\} = S \setminus A_7$$

Man beachte, dass es sich bei „oder" in ▶Definition 1.3.1-(2) um eine mathematische und keine umgangssprachliche Formulierung handelt, weshalb ein **logisches** oder gemeint ist (siehe auch Abschnitt 1.4). Mit dem **umgangssprachlichen** *oder* meint man häufig **entweder ... oder**. Mathematisch spricht man in diesem Fall vom **exklusiven** bzw. **ausschließenden oder**; die entsprechende Mengenoperation ist die symmetrische Differenz $\triangle$ aus ▶Definition 1.3.1-(3). Eine nützliche alternative Formel für die symmetrische Differenz ist

$$X \triangle Y = (X \setminus Y) \cup (Y \setminus X), \qquad (1.3.1)$$

wie man sich leicht klarmacht. Weiter ist zu erwähnen, dass bei einer Mengendifferenz $Y \setminus X$ die Menge X keine Teilmenge von Y sein muss. Stets gilt aber

$$Y \setminus X = Y \setminus (X \cap Y). \qquad (1.3.2)$$

Als ebenso nützliches wie selbstverständliches Hilfsresultat vermerken wir

> **Lemma 1.3.2** Sind A und B Mengen, so gelten stets $A \cap B \subseteq A \subseteq A \cup B$ sowie $A \cap B \subseteq B \subseteq A \cup B$. Ist speziell A eine Teilmenge von B, so gelten ferner $A \cap B = A$ und $A \cup B = B$.

B Die disjunkte Mengenvereinigung Wir wollen auf einen Spezialfall der Mengenvereinigung eingehen. Sind X und Y Mengen mit $X \cap Y = \emptyset$, so nennt man X und Y **disjunkt** bzw. **elementfremd**. Die Vereinigung disjunkter Mengen X und Y nennt man entsprechend eine disjunkte Vereinigung, was häufig durch die Schreibweise $X \dot{\cup} Y$ gekennzeichnet wird. Betrachten wir hierzu zwei Beispiele.

1. Ausgehend von den Mengen A_7 und S nach ▶Definition 1.3.1 sind die Mengen $A_7 \setminus S$ und $S \setminus A_7$, wie oben gesehen, nicht nur ungleich, sondern gewissermaßen total verschieden, nämlich disjunkt. Ferner ist deren disjunkte Vereinigung gleich $A_7 \triangle S$, siehe (1.3.1). Dieser Sachverhalt gilt auch noch, wenn A_7 und S durch allgemeine Mengen ersetzt werden, also kann man in (1.3.1) informativer

$$X \triangle Y = (X \setminus Y) \dot{\cup} (Y \setminus X)$$

schreiben.

2. Die beiden Mengen $G := \{0, 2, 4, 6, \ldots\}$ und $U := \{1, 3, 5, 7, \ldots\}$ der geraden bzw. der ungeraden natürlichen Zahlen bilden eine disjunkte Zerlegung von $\mathbb{N}$, denn $G \dot{\cup} U = \mathbb{N}$

und $G \cap U = \emptyset$ (jede natürliche Zahl ist entweder gerade oder ungerade). Für spätere Zwecke vermerken wir, dass G alternativ in definierender Weise durch $\{2n : n \in \mathbb{N}\}$ beschrieben werden kann, während $U = \{g + 1 : g \in G\} = \{2n + 1 : n \in \mathbb{N}\}$ gilt.

C Grundgesetze bei Mengenverknüpfungen Im folgenden ▶Satz 1.3.4 sind die wichtigsten Gesetzmäßigkeiten für Mengenverknüpfungen zusammengefasst. Neben den (binären) Verknüpfungen $\cap$ und $\cup$ brauchen wir allerdings noch die (unäre) Komplementbildung.

Definition 1.3.3 Wir gehen von einer Grundmenge M aus. Ist $X \subseteq M$, so heißt die Menge $X^c := M \setminus X$ das **(relative) Komplement** von X in M.

Satz 1.3.4 Es seien X, Y und Z Teilmengen einer Grundmenge M. Dann gelten die folgenden Gesetze.

(1) a. $Y \cap \emptyset = \emptyset$
   b. $X \cup M = M$
   c. $Y \cup \emptyset = Y$ (die **Neutralität** von $\emptyset$ bzgl. $\cup$)
   d. $X \cap M = X$ (die **Neutralität** von M bzgl. $\cap$)

(2) **Idempotenz:** $X \cap X = X$ und $X \cup X = X$

(3) **Komplementarität:** $X \cap X^c = \emptyset$ und $X \cup X^c = M$

(4) **Kommutativität:** $X \cap Y = Y \cap X$ und $X \cup Y = Y \cup X$

(5) **Assoziativität:** $(X \cap Y) \cap Z = X \cap (Y \cap Z)$ und $(X \cup Y) \cup Z = X \cup (Y \cup Z)$

(6) **Distributivität:** $X \cap (Y \cup Z) = (X \cap Y) \cup (X \cap Z)$ und
   $X \cup (Y \cap Z) = (X \cup Y) \cap (X \cup Z)$

(7) **Absorption:** $X \cap (X \cup Y) = X$ und $X \cup (X \cap Y) = X$

(8) **Doppelte Komplementbildung:** $(X^c)^c = X$

(9) **de Morgan:**[8] $(X \cap Y)^c = X^c \cup Y^c$ und $(X \cup Y)^c = X^c \cap Y^c$

Beweis Die Aussagen (1), (2), (3), (4) und (8) folgen unmittelbar aus den entsprechenden Definitionen der Komplement-, der Schnitt- sowie der Vereinigungsbildung. Die Aussagen (5), (6), (7) und (9) sind hingegen nicht offensichtlich und bedürfen daher einer näheren Erläuterung.

---
[8] Augustus de Morgan (1806–1871).

Der Leser wird sich an dieser Stelle vielleicht fragen, warum dann Aussagen wie (1), (2), (3), (4) und (8) überhaupt explizit aufgeführt werden, wenn deren Gültigkeit doch klar ist. Nun, es kommt in der Mathematik auch ganz entscheidend darauf an, immer wiederkehrende Muster und Gesetzmäßigkeiten aufzuspüren und herauszustellen. Das Kommutativgesetz oder das Assoziativgesetz kennt man beispielsweise bei der Addition bzw. bei der Multiplikation von Zahlen – Gleiches tritt also hier bei völlig anderen Verknüpfungen auf. Außerdem müssen wir uns zum gegenwärtigen Stand der Ausbildung auch mit einigen stilistischen Grundprinzipien der mathematischen Beweisführung vertraut machen. So wollen wir zunächst die Gesetze (1) sowie (2) und (7) durch **Spezialisierung** mithilfe von ▶Lemma 1.3.2 beweisen:

(1) Spezialisiert man in ▶Lemma 1.3.2 zu $A := \emptyset$ und $B := Y$, so folgen (1a) und (1c) unmittelbar wegen $\emptyset \subseteq Y$. Entsprechend folgen (1b) und (1d) wegen $X \subseteq M$, wenn man $A := X$ und $B := M$ setzt.

(2) Wählt man $A := X$ und $B := X$, so erhält man aus ▶Lemma 1.3.2 die Idempotenzgesetze.

(7) Spezialisiert man $A := X$ und $B := X \cup Y$ bzw. $A := X \cap Y$ und $B := X$, so erhält man aus ▶Lemma 1.3.2 die Absorptionsgesetze.

Es bleibt somit der Nachweis der Aussagen (5) und (6) sowie von (9). Für einen rigorosen Beweis sind wir gezwungen, uns auf die Gleichheit zweier Mengen gemäß ▶Definition 1.1.1 zu stützen. Wir werden exemplarisch das zweite Assoziativgesetz, das erste Distributivgesetz und das zweite de Morgan'sche Gesetz behandeln. Die anderen Gesetze ergeben sich durch völlig analoge Argumentationen.

(5) *Zweites Assoziativgesetz:* Zum Nachweis der Gleichheit der beiden Mengen $(X \cup Y) \cup Z$ und $X \cup (Y \cup Z)$ sind gemäß ▶Definition 1.1.1 zwei Dinge erforderlich, nämlich

$$(X \cup Y) \cup Z \subseteq X \cup (Y \cup Z) \quad \text{sowie} \quad X \cup (Y \cup Z) \subseteq (X \cup Y) \cup Z.$$

Beginnen wir mit der ersten Mengeninklusion. Wir müssen zeigen, dass jedes Element aus der Menge $(X \cup Y) \cup Z$ auch Element der Menge $X \cup (Y \cup Z)$ ist. An dieser Stelle mag es einem vielleicht hinderlich vorkommen, dass wir eigentlich gar nichts über die Mengen X, Y und Z wissen, also unmöglich Übersicht über deren Elemente haben können. Nun, das ist nicht erforderlich und kann auch nicht erforderlich sein, weil es nämlich um ein allgemeingültiges Mengengesetz geht. Wir denken uns daher ein beliebiges Element aus der Menge $(X \cup Y) \cup Z$; damit wir wissen, worüber wir reden, geben wir diesem Element einen Namen, etwa a. Kurz: „Es sei $a \in (X \cup Y) \cup Z$."

Damit ist der Anfang des Beweises gemacht, und die restliche Argumentationskette kann ins Rollen kommen: Falls $a \in (X \cup Y) \cup Z$, so ist $a \in X \cup Y$ oder $a \in Z$. Machen wir also an dieser Stelle eine Fallunterscheidung.

- Falls $a \in Z$, so ist $a \in X \cup (Y \cup Z)$ wegen $Z \subseteq Y \cup Z \subseteq X \cup (Y \cup Z)$.
- Annahme $a \in X \cup Y$.
    - Falls $a \in X$, so ist $a \in X \cup (Y \cup Z)$ wegen $X \subseteq X \cup (Y \cup Z)$.
    - Ist $a \in Y$, so ist $a \in Y \cup Z$ und damit erst recht Element von $X \cup (Y \cup Z)$.

Innerhalb der Fallunterscheidung haben wir mehrfach auf ▶Lemma 1.3.2 zurückgegriffen. Fazit: Egal welchen Weg der Verzweigung man auch nimmt, man gelangt stets zum gleichen Ergebnis, nämlich $a \in (X \cup Y) \cup Z$.

In der Tat ist damit der Beweis der Mengeninklusion $X \cup (Y \cup Z) \subseteq (X \cup Y) \cup Z$ bereits beendet, denn: a ist ein beliebiges Element aus $X \cup (Y \cup Z)$ gewesen und unterliegt daher keinerlei Einschränkung; die Beweiskette ist somit für jedes solche Element a gültig.

Zum Nachweis der umgekehrten Mengeninklusion kann man im Wesentlichen analog vorgehen. Dies wollen wir an dieser Stelle aber nicht tun. Stattdessen führen wir den Nachweis durch „Rückführung auf bereits bekannte Ergebnisse": Aufgrund der Kommutativität (siehe (4)) gilt zunächst $X \cup (Y \cup Z) = (Y \cup Z) \cup X = (Z \cup Y) \cup X$. Nun braucht man nur noch die Rollen von X und Z zu vertauschen, um die umgekehrte Inklusion aus der ersten (eben bereits bewiesenen) Mengeninklusion zu erhalten. Genauer gilt nach dem bereits Bewiesenen, dass $(Z \cup Y) \cup X \subseteq Z \cup (Y \cup X)$ ist. Letzteres ist aufgrund der Kommutativität von $\cup$ aber wieder gleich $(X \cup Y) \cup Z$.

(6) **Erstes Distributivgesetz:** Wir folgen demselben Schema wie eben bei (5). Der Nachweis von $X \cap (Y \cup Z) = (X \cap Y) \cup (X \cap Z)$ bedeutet $X \cap (Y \cup Z) \subseteq (X \cap Y) \cup (X \cap Z)$ und umgekehrt $(X \cap Y) \cup (X \cap Z) \subseteq X \cap (Y \cup Z)$. Zur ersten Mengeninklusion: Es sei $a \in X \cap (Y \cup Z)$ (beliebig). Dann gilt $a \in X$ und $a \in Y \cup Z$.

- Ist $a \in Y$, so ist $a \in X \cap Y$ und daher $a \in (X \cap Y) \cup (X \cap Z)$.
- Ist $a \in Z$, so ist $a \in X \cap Z$ und daher (erneut) $a \in (X \cap Y) \cup (X \cap Z)$.

Da a beliebig gewählt wurde, haben wir gezeigt, dass $X \cap (Y \cup Z)$ Teilmenge von $(X \cap Y) \cup (X \cap Z)$ ist.

Umgekehrt sei $b \in (X \cap Y) \cup (X \cap Z)$ (beliebig). Ist $b \in X \cap Y$, so liegt b in X und in $Y \cup Z$, also in $X \cap (Y \cup Z)$. Ist $b \in X \cap Z$, so liegt b erneut in X und in $Y \cup Z$, also in $X \cap (Y \cup Z)$. Damit ist $(X \cap Y) \cup (X \cap Z)$ Teilmenge von $X \cap (Y \cup Z)$, woraus insgesamt die Gleichheit der beiden Mengen folgt.

(9) Zweites de Morgan'sches Gesetz: Wir verfahren nach der mittlerweile eingeübten Methode.

Sei $a \in (X \cup Y)^c$, also $a \notin X \cup Y$. Dann ist $a \notin X$ und $a \notin Y$, also $a \in X^c \cap Y^c$. Es folgt $(X \cup Y)^c \subseteq X^c \cap Y^c$. Ist umgekehrt $b \in X^c \cap Y^c$, so ist $b \notin X$ und $b \notin Y$, sodass $b \notin X \cup Y$ gilt. Folglich ist $b \in (X \cup Y)^c$. Damit ist das zweite de Morgan'sche Gesetz bewiesen. ■

Es ist zu bemerken, dass den Gesetzen bei Mengenverknüpfungen (abgesehen von (1) und (8)) das **Dualitätsprinzip** zugrunde liegt, d. h.: Vertauscht man in einem Gesetz die Operationen $\cap$ und $\cup$, so gelangt man zu einem weiteren Gesetz.

D Regeln bei Mächtigkeiten von endlichen Mengen Nach Einführung der Mächtigkeit einer Menge einerseits und Mengenverknüpfungen andererseits sollte man auch über Gesetzmäßigkeiten bei der Verbindung dieser beiden Komponenten nachdenken. Dies wollen wir zum Abschluss dieses Abschnittes tun.

> **Satz 1.3.5** Es seien X und Y endliche Mengen. Dann gelten:
>
> **(1)** $|X \setminus Y| = |X| - |X \cap Y|$
>
> **(2)** $|X \cup Y| = |X| + |Y| - |X \cap Y|$
>
> **(3)** $|X \triangle Y| = |X| + |Y| - 2|X \cap Y|$

Beweis

(1) Die erste Aussage gilt wegen $X \setminus Y = X \setminus (X \cap Y)$ und $X \cap Y \subseteq X$.

(2) Die Aussage ist zunächst im Spezialfall richtig, wenn X und Y disjunkt sind, denn dann ist $|X \cap Y| = |\emptyset| = 0$ und $|X \cup Y| = |X| + |Y|$.

Das allgemeine Gesetz kann aber leicht auf diesen Spezialfall zurückgeführt werden. Sind also X und Y allgemeine endliche Mengen (disjunkt oder auch nicht), so gilt zunächst $X \cup Y = X \cup (Y \setminus X)$. Letzteres, also $X \cup (Y \setminus X)$, ist aber eine disjunkte Vereinigung. Also folgt, unter Verwendung von (1) im letzten Schritt (mit vertauschten Rollen bei X und Y),

$$|X \cup Y| = |X \cup (Y \setminus X)| = |X| + |Y \setminus X| = |X| + |Y| - |X \cap Y|.$$

(3) Es ist $X \triangle Y = (X \cup Y) \setminus (X \cap Y)$. Eine Anwendung von (1) liefert daher $|X \triangle Y| = |X \cup Y| - |X \cap Y|$. Einsetzen von $|X \cup Y|$ aus (2) ergibt dann die Behauptung. Alternativ kann man auch von der Formel $X \triangle Y = (X \setminus Y) \cup (Y \setminus X)$ aus (1.3.1) ausgehen. Die dabei auftretende Vereinigung ist disjunkt. Also folgt

$$|X \triangle Y| = |X \setminus Y| + |Y \setminus X|.$$

Zweifache Anwendung von (1) liefert dann erneut $|X \triangle Y| = |X| - |X \cap Y| + |Y| - |X \cap Y| = |X| + |Y| - 2|X \cap Y|$. ∎

1.4 Aussagen und deren logische Verknüpfungen

Nach der Betrachtung von Verknüpfungen bei Mengen wenden wir uns in diesem Abschnitt den Grundlagen der Aussagenlogik zu. Die Aussagenlogik ist insbesondere für Informatiker von fundamentaler Bedeutung, weil sich die gesamte Schaltkreistechnik und somit die Computer-Architektur darauf begründet.

A Wahrheitswerte logischer Aussagen Unter einer (logischen) Aussage versteht man formal ein Sprachobjekt A, welches einen von zwei möglichen Wahrheitswerten $\omega(A)$ annehmen kann:

- entweder $\omega(A) =$ `wahr` (engl.: *true*)
- oder $\omega(A) =$ `falsch` (engl.: *false*).

Da neben `wahr` und `falsch` keine weiteren Werte geduldet werden, spricht man vom **Prinzip des ausgeschlossenen Dritten** (lat.: tertium non datur). Sind beispielsweise $X :=$ „2 teilt 7" und $Y :=$ „2 teilt 6" zwei Aussagen, so gilt: $\omega(X) =$ `falsch` und $\omega(Y) =$ `wahr`. Im Folgenden lassen wir das Symbol ω einfach weg und schreiben abkürzend $X =$ `f` und $Y =$ `w`.

Wie wir bereits in den ersten Abschnitten dieses Buches gesehen haben, treten Aussagen innerhalb der Mathematik unentwegt auf, sodass es bereits jetzt höchste Zeit wird, sich mit den Grundlagen der Aussagenlogik auseinanderzusetzen. Die Behandlung logischer Aussagen ist, wie bereits erwähnt, natürlich ebenso fundamental für die Informatik! So benötigt man logische Aussagen und deren Verknüpfungen bei jeder Datenbankanfrage oder Internetsuche; beim Programmieren stößt man häufig auf bedingte Anweisungen der Form „*if* Bedingung erfüllt *then* ... *else* ...", die sich je nach Wahrheitswert von „Bedingung erfüllt" verzweigen. Beispielsweise liefert die nachstehende Anweisungsfolge[9] die Ausgabe 2, 3, 5, 7:

---

[9] Wir gehen davon aus, dass der Leser, der üblicherweise parallel zur Einführung in die Mathematik eine Einführung in die Informatik hört, mit den Grundlagen einer Programmiersprache und dem Begriff des Algorithmus vertraut ist. Die hier verwendeten Beschreibungen für Algorithmen sind an die des Computer-Algebra-Systems *Maple* angelehnt. Wir werden dabei allerdings auch von der Freiheit Gebrauch machen, umgangssprachliche Formulierungen zu verwenden, damit die Sache nicht zu technisch wird. Insbesondere erheben wir keinen Anspruch, lauffähige Programme abzudrucken. Das Buch von Kofler, Bitsch und Komma [34] bietet eine umfassende Einführung in *Maple*.

> *for i from* 1 *to* 10 *do*
>   *if* i ist Primzahl
>   *then* Ausgabe von *i*
>   *end-if*
> *end-for*

B Verknüpfungen von Aussagen und Wahrheitstafeln In mathematischen Beweisen werden Aussagen meist zu (komplizierten) Ketten aneinandergereiht, siehe etwa der Irrationalitätsbeweis von $\sqrt{2}$ in ▶Beispiel 1.2.1 oder auch die Argumentationen im Beweis von ▶Satz 1.3.4. Wir müssen uns daher einen Überblick über die wichtigsten Verknüpfungen[10] von Aussagen verschaffen. Dabei hängen die Wahrheitswerte der zusammengesetzten Aussagen in eindeutiger Weise von den Wahrheitswerten der verknüpften Grundaussagen ab; sie werden hier mithilfe einer **Wahrheitstafel** berechnet bzw. definiert.

Definition 1.4.1   Im Folgenden seien A und B Aussagen.

(1) Die **Negation** der Aussage A ist die Aussage $\neg A$ (lies: *nicht A*). Die Aussage $\neg A$ ist wahr, wenn A falsch ist; sie ist falsch, wenn A wahr ist.

A	$\neg A$
w	f
f	w

(2) Die **Konjunktion** bzw. das *logische* und der Aussagen A und B ist die Aussage $A \wedge B$. Sie ist wahr, wenn sowohl A als auch B wahr sind; ansonsten ist sie falsch. In der Wahrheitstafel findet man entsprechend alle vier Kombinationen der Wahrheitswerte für das Paar (A, B) – siehe die Tabelle nach Punkt (4).

(3) Die **Disjunktion** bzw. das *logische* oder der Aussagen A und B ist die Aussage $A \vee B$. Sie ist wahr, wenn mindestens eine der beiden Aussagen wahr ist; ansonsten ist sie falsch – siehe die Tabelle nach Punkt (4).

(4) Die **Antivalenz** bzw. das *exklusive* oder entspricht dem umgangssprachlichen „entweder … oder". Man verwendet dafür die Notation xor (Herkunft: exclusive **or**).

---

[10] Auch **Junktoren** genannt.

A	B	$A \wedge B$	$A \vee B$	$A \text{ xor } B$
w	w	w	w	f
w	f	f	w	w
f	w	f	w	w
f	f	f	f	f

(5) Die **Implikation** $A \Rightarrow B$ ist durch folgende Wahrheitstafel definiert:

A	B	$A \Rightarrow B$
w	w	w
w	f	f
f	w	w
f	f	w

Sprechweisen sind: „A impliziert B" oder „wenn A gilt, so gilt auch B" oder „aus A folgt B" oder „A ist hinreichend für B" oder „B ist notwendig für A". Man nennt A die **Prämisse** oder die **Hypothese** oder die **Voraussetzung** für B und B die **Konklusion** oder die **Folgerung** aus A.[11]

(6) Man erhält die **Äquivalenz** $A \Leftrightarrow B$ zweier Aussagen A und B, wenn man deren Antivalenz negiert:

A	B	$A \Leftrightarrow B$
w	w	w
w	f	f
f	w	f
f	f	w

Man sagt auch, dass A und B **logisch gleichwertig** sind bzw.: „A ist genau dann wahr, wenn B wahr ist."

C Zur Äquivalenz von Aussagen Wie bereits erwähnt sind die eben besprochenen Verknüpfungen (bzw. Operatoren) Grundlage für die Bildung komplizierterer Aussagen. Häufig geht es dabei um den Nachweis der logischen Gleichwertigkeit zweier zusammengesetzter Aussagen. Wir wollen anhand von Beispielen u. a. demonstrieren, wie man den Vergleich mithilfe einer Wahrheitstafel durchführen kann. Dabei sind komplexe Aussagen sinnvollerweise in geeignete Einzelteile zu zerlegen.

---

[11] Auf den ersten Blick ist es gewöhnungsbedürftig, dass $A \Rightarrow B$ stets wahr ist, wenn A falsch ist. Das ist aber durchaus sinnvoll, weil man aus einer falschen Aussage keinerlei Information ziehen und damit alles Mögliche folgern kann.

Beispiel 1.4.2 Es seien A und B Aussagen. Wir zeigen, dass die beiden zusammengesetzten Aussagen $(A \Rightarrow B) \wedge (B \Rightarrow A)$ sowie $A \Leftrightarrow B$ logisch gleichwertig sind:

A	B	$A \Rightarrow B$	$B \Rightarrow A$	$(A \Rightarrow B) \wedge (B \Rightarrow A)$	$A \Leftrightarrow B$
w	w	w	w	w	w
w	f	f	w	f	f
f	w	w	f	f	f
f	f	w	w	w	w

Dieses Beispiel beinhaltet eine grundlegende Beweismethode! Es besagt nämlich, dass man die Äquivalenz zweier Aussagen durch den Nachweis der Implikation in beiden Richtungen erhält. Man vergleiche das mit der Gleichheit von Mengen (siehe ▶Definition 1.1.1). ∎

D Die logische Grundlage dreier Beweismethoden Bei mathematischen Beweisen tritt als Grundbaustein innerhalb einer Argumentationskette die Implikation $\Rightarrow$ auf. Wir wollen hier anhand von Beispielen erörtern, mit welchen Ansätzen man den Wahrheitswert solcher Aussagen transferieren kann, und beginnen dazu mit folgender Definition.

Definition 1.4.3 Ist eine zusammengesetzte Aussage stets wahr, unabhängig von der Belegung der Eingabe-Aussagen, so nennt man sie eine **Tautologie** oder eine **allgemeingültige Aussage**. Im Gegensatz dazu heißt eine zusammengesetzte Aussage, die stets den Wert falsch annimmt, eine **Kontradiktion** oder ein **Widerspruch**.

Neben ▶Beispiel 1.4.2 sollen also die folgenden drei Beispiele weitere grundlegende mathematische Beweistechniken beschreiben. Bei ▶Beispiel 1.4.4 und bei ▶Beispiel 1.4.5 handelt es sich um Tautologien. In Bezug auf ▶Beispiel 1.4.4 ist zu beachten, dass mathematische Ergebnisse (die meist als **Sätze, Propositionen, Lemmata, Theoreme, Korollare**, ... formuliert werden) üblicherweise in folgender Form auftreten: „Annahme A, dann folgt B."

Beispiel 1.4.4 Modus Ponens, direkter Beweis

Es sei C die aus den Aussagen A und B zusammengesetzte Aussage $(A \wedge (A \Rightarrow B)) \Rightarrow B$. Dann ist C eine Tautologie.

A	B	$A \Rightarrow B$	$A \wedge (A \Rightarrow B)$	$C = (A \wedge (A \Rightarrow B)) \Rightarrow B$
w	w	w	w	w
w	f	f	f	w
f	w	w	f	w
f	f	w	f	w

1.4 Aussagen und deren logische Verknüpfungen

Fazit: Ist A wahr und zeigt man, dass $A \Rightarrow B$ wahr ist, so ist auch B wahr. Dieses Prinzip wird insbesondere beim **direkten Beweis** verwendet, und tritt dort meist in ganzen Ketten auf. Betrachten wir dazu eine konkrete Situation.

- Annahme, n und m sind beides ungerade natürliche Zahlen. Unter Verwendung der Beschreibung der Menge U aller ungeraden natürlichen Zahlen im zweiten Beispiel von Abschnitt 1.3-B folgern wir, dass es Zahlen n' und m' aus $\mathbb{N}$ mit $n = 2n'+1$ und $m = 2m'+1$ gibt. Somit ist $n+m = 2n'+1+2m'+1 = 2(n'+m'+1)$ eine gerade natürliche Zahl. Insgesamt ergibt diese Implikationskette also den Beweis der folgenden Aussage: *Sind $n, m \in \mathbb{N}$ beides ungerade Zahlen, so ist deren Summe $n+m$ eine gerade Zahl.* ∎

Beispiel 1.4.5 Kontrapositionsgesetz, indirekter Beweis

Es sei C die aus den Aussagen A und B zusammengesetzte Aussage $(A \Rightarrow B) \Leftrightarrow (\neg B \Rightarrow \neg A)$. Dann ist C eine Tautologie.

A	B	$\neg A$	$\neg B$	$A \Rightarrow B$	$\neg B \Rightarrow \neg A$	$C = (A \Rightarrow B) \Leftrightarrow (\neg B \Rightarrow \neg A)$
w	w	f	f	w	w	w
w	f	f	w	f	f	w
f	w	w	f	w	w	w
f	f	w	w	w	w	w

Fazit: Gelingt der Nachweis von $A \Rightarrow B$ nicht direkt, so kann man (**indirekt**) vom Gegenteil $\neg B$ ausgehen und versuchen auf $\neg A$ zu folgern. Betrachten wir auch hierzu eine konkrete Situation.

- Es sei $n \in \mathbb{N}$ mit der Eigenschaft, dass n^2 eine gerade Zahl ist. Wir behaupten, dass dann auch n eine gerade Zahl ist. (Dieser Sachverhalt wurde beim Irrationalitätsbeweis von $\sqrt{2}$ in ▶Beispiel 1.2.1 zweimal verwendet!) Wäre nämlich das Gegenteil der Fall, also n ungerade, dann gäbe es ein $n' \in \mathbb{N}$ mit $n = 2n' + 1$ (siehe nochmals das zweite Beispiel in Abschnitt 1.3-B). Dann ist aber $n^2 = (2n' + 1)^2 = 4n'^2 + 4n' + 1 = 2(2n'^2 + 2n') + 1$ ebenfalls eine ungerade Zahl, da es die Form $2m + 1$ mit $m = 2n'^2 + 2n' \in \mathbb{N}$ hat. Also ist dann n^2 nicht gerade. ∎

Beispiel 1.4.6 Widerspruchsbeweis

Es sei C die zusammengesetzte Aussage $(A \wedge (\neg B)) \Rightarrow \texttt{falsch}$. Dann sind die beiden Aussagen $(A \Rightarrow B)$ und C äquivalent.

A	B	$\neg B$	$A \Rightarrow B$	$A \wedge (\neg B)$	$C = (A \wedge (\neg B)) \Rightarrow \texttt{falsch}$
w	w	f	w	f	w
w	f	w	f	w	f
f	w	f	w	f	w
f	f	w	w	f	w

Fazit: Gelingt es nicht, ausgehend von A direkt $A \Rightarrow B$ zu zeigen, so nehme man $\neg B$ an und führe dies zu einer falschen Aussage (zu einem **Widerspruch**). Als konkrete Situation haben wir dazu bereits in Abschnitt 1.2 den Irrationalitätsnachweis von $\sqrt{2}$ kennengelernt.

E Gesetzmäßigkeiten bei Verknüpfungen von Aussagen Die bisherige Diskussion zeigt, dass dem Verknüpfen von Aussagen ähnliche strukturelle Eigenschaften zugrunde liegen wie den Mengenoperationen in Abschnitt 1.3. In der Tat kann man (ähnlich wie in den ▶Beispielen 1.4.2 bis 1.4.6 mithilfe von Wahrheitstafeln) Folgendes zeigen:

Satz 1.4.7 Sind in ▶Satz 1.3.4 die Objekte X, Y und Z Aussagen, so erhält man in (1)–(9) stets Tautologien, wenn man folgende Übersetzungen vornimmt:

Mengenlehre	$\emptyset$	M	$\cap$	$\cup$	^{c}	$=$
Aussagenlehre	f	w	$\wedge$	$\vee$	$\neg$	$\Leftrightarrow$

Im Einzelnen gilt Folgendes:

(1) a. $Y \wedge f \Leftrightarrow f$
 b. $X \vee w \Leftrightarrow w$
 c. $Y \vee f \Leftrightarrow Y$ (**Neutralität** von f bzgl. $\vee$)
 d. $X \wedge w \Leftrightarrow X$ (**Neutralität** von w bzgl. $\wedge$)

(2) **Idempotenz**: $X \wedge X \Leftrightarrow X$ und $X \vee X \Leftrightarrow X$

(3) **Komplementarität**: $(X \wedge \neg X) \Leftrightarrow f$ und $(X \vee \neg X) \Leftrightarrow w$

(4) **Kommutativität**: $X \wedge Y \Leftrightarrow Y \wedge X$ und $X \vee Y \Leftrightarrow Y \vee X$

(5) **Assoziativität**: $(X \wedge Y) \wedge Z \Leftrightarrow X \wedge (Y \wedge Z)$ und $(X \vee Y) \vee Z \Leftrightarrow X \vee (Y \vee Z)$

(6) **Distributivität**: $X \wedge (Y \vee Z) \Leftrightarrow (X \wedge Y) \vee (X \wedge Z)$ und
 $X \vee (Y \wedge Z) \Leftrightarrow (X \vee Y) \wedge (X \vee Z)$

(7) **Absorption**: $X \wedge (X \vee Y) \Leftrightarrow X$ und $X \vee (X \wedge Y) \Leftrightarrow X$

(8) **Doppelte Negation**: $\neg(\neg X) \Leftrightarrow X$

(9) **de Morgan**: $\neg(X \wedge Y) \Leftrightarrow (\neg X) \vee (\neg Y)$ und $\neg(X \vee Y) \Leftrightarrow (\neg X) \wedge (\neg Y)$

Es ist an dieser Stelle bemerkenswert, dass die gemeinsame zugrunde liegende Struktur

- einerseits einer **Mengenalgebra** mit binären Operatoren $\cap$ und $\cup$, mit unärem Operator ^{c} und mit Konstanten $\emptyset$ und M und

- andererseits einer **Aussagenalgebra** mit binären Operatoren $\wedge$ und $\vee$, mit unärem Operator $\neg$ und mit Konstanten f und w die Struktur einer sog. **Boole'schen**[12] **Algebra** ist (siehe Abschnitt 6.7). Es ist daher nicht mehr verwunderlich, dass auch in der Aussagenlogik das **Dualitätsprinzip** zugrunde liegt: Vertauscht man in einem Gesetz (mit Ausnahme von (1) und (8)) die Operationen $\vee$ und $\wedge$, so gelangt man zu einem weiteren Gesetz.

F Normalformen bei aussagenlogischen Formeln Wir wollen abschließend erwähnen, dass man alle aussagenlogischen Formeln, welche die Operationen $\vee, \wedge, \neg, \Rightarrow$ und $\Leftrightarrow$ beinhalten, stets durch äquivalente Aussagen ersetzen kann, die nur die beiden Verknüpfungen $\neg$ und $\vee$ enthalten. Dies kann folgendermaßen begründet werden:

1. $A \wedge B$ ist gleichwertig zu $\neg(\neg A \vee \neg B)$ (siehe de Morgan).
2. $A \Rightarrow B$ ist gleichwertig zu $\neg A \vee B$.
3. Schließlich ist, unter Verwendung von (2), $A \Leftrightarrow B$ logisch gleichwertig zu $(\neg A \vee B) \wedge (\neg B \vee A)$ und wegen (1) somit auch gleichwertig zu $\neg((\neg(\neg A \vee B)) \vee (\neg(\neg B \vee A)))$.

Auf analoge Weise kann man jede aussagenlogische Formel in $\wedge$ und $\neg$ ausdrücken. Dies ist insofern von praktischem Interesse, als man sich bei der Theorie logischer Schaltkreise auf die Realisierung von nur zwei Bausteinen beschränken kann.

In der Tat kommt man sogar mit der Verwendung eines *einzigen* Operators aus: Die sog. **Sheffer-Operation** $\uparrow$ (auch **Exklusion** genannt) ist durch $A \uparrow B := \neg(A \wedge B)$ definiert. Deshalb ist $A \uparrow A$ logisch gleichwertig zu $\neg A$, und $A \wedge B$ ist gleichwertig zu $(A \uparrow B) \uparrow (A \uparrow B)$, denn

$$(A \uparrow B) \uparrow (A \uparrow B) \Leftrightarrow \neg(A \uparrow B) \Leftrightarrow \neg(\neg(A \wedge B)) \Leftrightarrow A \wedge B.$$

Für einen tiefer gehenden Einstieg in die mathematische Logik, insbesondere in die Theorie über **disjunktive** und **konjunktive Normalformen**, verweisen wir auf das Buch von Heinemann und Weihrauch [26]. Als weitere Einführung sei das Buch von Ebbinghaus, Flum und Thomas genannt [16].

1.5 Potenzmenge und kartesische Produkte

A Die Potenzmenge einer Menge In diesem Abschnitt kehren wir zur elementaren Mengenlehre zurück und besprechen mit der Bildung von Potenzmengen und kartesischen[13] Produkten zwei weitere wichtige Konstruktionsformen von Mengen.

---

[12] George Boole (1815–1864).
[13] René Descartes (1596–1650).

> **Definition 1.5.1** Ist M eine Menge, so ist die **Potenzmenge** $\mathcal{P}(M)$ von M als die Menge aller Teilmengen von M definiert: $\mathcal{P}(M) := \{U : U \subseteq M\}$.

Beispielsweise ist $\mathcal{P}(\emptyset) = \{\emptyset\}$, weshalb $|\mathcal{P}(\emptyset)| = 1$ ist. Die Potenzmenge von $\{a, b, c\}$ ist $\{\emptyset, \{a\}, \{b\}, \{c\}, \{a, b\}, \{a, c\}, \{b, c\}, \{a, b, c\}\}$; sie besteht insgesamt aus 8 Elementen. Wir werden in Abschnitt 4.2 beweisen, dass die Potenzmenge einer endlichen Menge M genau $2^{|M|}$ Elemente hat.

Mengen, deren Elemente selbst wieder Mengen sind, sind nichts Außergewöhnliches in der Mathematik. Allerdings muss vor allzu sorglosen Mengenbildungen gewarnt werden, da diese zu Widersprüchen oder sog. **Antinomien** führen können. Nach dem Logiker Bertrand Russel (1872–1970) führt beispielsweise die „Menge" R *aller Mengen, die sich nicht selbst als Element enthalten* zu einem Widerspruch. Wäre R wirklich eine Menge, so müsste man anhand der definierenden Eigenschaft von R feststellen können, ob R selbst Element von R ist oder nicht. Es stellt sich aufgrund der Beschreibung von R aber heraus, dass „$R \in R$ genau dann gilt, wenn $R \notin R$ gilt", ein Widerspruch. Bei R kann es sich demnach unmöglich um eine Menge handeln!

Den entsprechenden Sachverhalt kann man sich leicht am sog. **Barbier von Sevilla** veranschaulichen: Der Barbier von Sevilla rasiert genau diejenigen in Sevilla lebenden Männer, die sich nicht selbst rasieren. Man betrachtet nun die Gesamtheit S aller in Sevilla lebenden Männer, die vom Barbier rasiert werden. Wäre S eine Menge, so folgte, dass der Barbier selbst genau dann zu S gehört, wenn er nicht zu S gehört! Daher kann S keine Menge sein.

Die Disziplin der **axiomatischen Mengenlehre** weist einen Weg aus diesem Dilemma, indem gerade eine allzu willkürliche Mengenbildung verboten wird. Einen sehr guten Einstieg in diese Disziplin vermittelt das Buch von Friedrichsdorf und Prestel [22].

B Mengensysteme Ist M eine Menge und ist $\mathcal{S}$ eine Teilmenge von $\mathcal{P}(M)$, so ist also $\mathcal{S}$ eine Menge, deren Elemente Teilmengen von M sind. Man nennt $\mathcal{S}$ daher auch ein Mengensystem über M. Die Partitionen sind spezielle Mengensysteme, die recht häufig, nämlich bei Abbildungen und Äquivalenzrelationen (siehe Kapitel 3), auftreten.

> **Definition 1.5.2** Es sei $\mathcal{S} \subseteq \mathcal{P}(M)$ ein Mengensystem über der Grundmenge M.
>
> (1) Falls je zwei verschiedene Elemente U und V von $\mathcal{S}$ disjunkt sind, so nennt man $\mathcal{S}$ ein **disjunktes Mengensystem**.[14]

---

[14] In diesem Fall sagt man, dass die Elemente von $\mathcal{S}$ **paarweise disjunkt** sind.

(2) Eine **Partition von** M ist ein disjunktes Mengensystem $\mathcal{S}$ über M mit der Eigenschaft, dass jedes Element x aus M in einer (und damit in **genau** einer) Menge von $\mathcal{S}$ enthalten ist. Statt Partition sagt man auch **Zerlegung**. Meist ist es sinnvoll zu verlangen, dass die leere Menge nicht Element einer Partition sein soll.

Betrachten wir beispielsweise die Grundmenge $M = \{1, 2, 3, 4, 5\}$ sowie die drei Mengensysteme $\mathcal{R} := \{\{1\}, \{1, 2, 3\}, \{3, 4\}, \{2, 4, 5\}\}$ und $\mathcal{S} := \{\{2, 4\}, \{3\}, \{5\}\}$ sowie $\mathcal{T} := \{\{1, 3\}, \{4\}, \{2, 5\}\}$. Dann ist $\mathcal{R}$ keine Partition von M, da $\mathcal{R}$ nicht einmal ein disjunktes Mengensystem ist, wie man an $\{1, 2, 3\} \cap \{3, 4\} = \{3\} \neq \emptyset$ sieht. Das Mengensystem $\mathcal{S}$ ist zwar disjunkt, allerdings keine Partition von M, weil das Element 1 von M in keiner der Mengen aus $\mathcal{S}$ enthalten ist. Das Mengensystem $\mathcal{T}$ ist hingegen eine Partition von M. Jedes Element aus M liegt in genau einer Menge aus $\mathcal{T}$.

C Kartesische Produkte Die Bildung des kartesischen Produktes zweier Mengen ist eine Konstruktion, die uns in Kapitel 3 zu einer Vielzahl weiterer mathematischer Grundbegriffe führen wird.

Definition 1.5.3 Es seien M und N zwei Mengen.

(1) Ist $\alpha \in M$ und $\beta \in N$, so nennt man das Objekt (α, β) ein **geordnetes Paar** (kurz: *Paar*) mit **erster Komponente** α und **zweiter Komponente** β.

(2) Das **kartesische Produkt** $M \times N$ ist als die Menge aller geordneten Paare (α, β) mit $\alpha \in M$ und $\beta \in N$ definiert:

$$M \times N := \{(\alpha, \beta) : \alpha \in M, \beta \in N\}$$

Im Falle $N = M$ schreibt man auch M^2 für $M \times M$.

(3) Zwei Paare (a_1, a_2) und (b_1, b_2) (mit $a_1, b_1 \in M$ und $a_2, b_2 \in N$) heißen **gleich**, wenn $a_1 = b_1$ und $a_2 = b_2$ gilt.

Beispielsweise ist das kartesische Produkt $\{a, b, c\} \times \{0, 1, 2\}$ die Menge mit den neun Elementen $(a, 0), (a, 1), (a, 2), (b, 0), (b, 1), (b, 2), (c, 0), (c, 1), (c, 2)$. Die 32 Karten eines Kartenspiels entsprechen dem kartesischen Produkt Farbe × Wertigkeit, wobei Farbe := $\{\diamondsuit, \heartsuit, \spadesuit, \clubsuit\}$ und Wertigkeit := $\{7, 8, 9, 10, \text{Bube}, \text{Dame}, \text{König}, \text{Ass}\}$. Diese einfachen Beispiele weisen bereits auf den folgenden kombinatorischen Sachverhalt hin, den man an **Baumdiagrammen** (siehe unten) sehr einfach verdeutlichen kann.

> **Satz 1.5.4** Sind M und N endliche Mengen mit $|M| = m$ und $|N| = n$ Elementen, so gilt $|M \times N| = m \cdot n$.

Beweis Die Aussage ist richtig, wenn M oder N leer ist, da dann keine Paare gebildet werden können. Sind M und N jeweils nicht leer, so hat man für die Wahl der ersten Komponente α eines Paares (α, β) genau $m = |M|$ Möglichkeiten. Nachdem die Wahl der ersten Komponente getroffen ist, hat man **jeweils** $n = |N|$ Möglichkeiten zur Wahl der zweiten Komponente. Insgesamt ergeben sich daher $m \cdot n$ Möglichkeiten der Paarbildung. ■

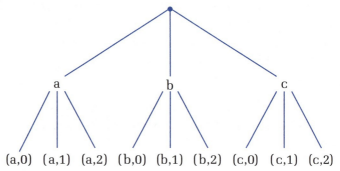

1.6 Zur Bildung von mehrfachen Verknüpfungen

Wir haben im Rahmen von Abschnitt 1.3 und 1.4 Verknüpfungen bei Mengen und Aussagen kennengelernt und damit das aus der Schule bekannte Repertoire an Grundgesetzen bei arithmetischen Verknüpfungen von Zahlen (nämlich Addition und Multiplikation) auf andere Objekte und Verknüpfungen entsprechend erweitert. Dabei werden zunächst **zwei** Objekte miteinander verknüpft. Bei vielen Rechnungen werden aber sukzessive meist **mehrere** Objekte miteinander verknüpft, weshalb man in der Mathematik zur Abkürzung bei mehrfachen Anwendungen ein und derselben Verknüpfung entsprechende Symbole eingeführt hat. Mit den geläufigsten dieser Symbole wollen wir uns in diesem Abschnitt beschäftigen.

A Das Summen- und das Produktzeichen Wir beginnen mit den **arithmetischen Operationen** + (Addition) und $\cdot$ (Multiplikation) bei Zahlen. Gegeben seien n Zahlen $x_1, x_2, \ldots, x_n$.

- Für die Summe $x_1 + \ldots + x_n$ dieser Zahlen schreibt man $\sum_{i=1}^{n} x_i$,
- für deren Produkt $x_1 \cdot \ldots \cdot x_n$ schreibt man $\prod_{i=1}^{n} x_i$.

Der **Index** i fungiert hierbei als **Laufvariable** (von $i = 1$ bis $i = n$), wie man es von der Programmierung mit *for*-Schleifen her kennt. Betrachten wir einige Beispiele.

1. Es seien $n = 8$ und $x_i = i$ für $i = 1, \ldots, 8$. Dann gilt $\sum_{i=1}^{8} x_i = 1+2+3+4+5+6+7+8 = 36$ und $\prod_{i=1}^{8} x_i = 1 \cdot 2 \cdot 3 \cdot 4 \cdot 5 \cdot 6 \cdot 7 \cdot 8 = 40320$.

2. Nun seien $n = 7$ und $x_j = 2j - 1$ für $j = 1, \ldots, 7$. Dann gilt $\sum_{j=1}^{7} x_j = 1 + 3 + 5 + 7 + 9 + 11 + 13 = 49$ sowie $\prod_{j=1}^{7} x_j = 1 \cdot 3 \cdot 5 \cdot 7 \cdot 9 \cdot 11 \cdot 13 = 135135$.

Der Bereich, der von der Laufvariablen durchlaufen wird, heißt die zugrunde liegende **Indexmenge**. Sie ist in den obigen beiden Beispielen von der Form $\{1, 2, \ldots, n\}$. Man sollte sich aber gleich daran gewöhnen, dass Indexmengen häufig anders und komplizierter aussehen. Dazu zwei weitere Beispiele.

3. Für $i \in \mathbb{N}$ sei $x_i := 2i + 1$ (die i-te ungerade Zahl). Mit $I := \{0, 2, 9, 21, 300\}$ ist dann $\sum_{i \in I} x_i = x_0 + x_2 + x_9 + x_{21} + x_{300} = 1 + 5 + 19 + 43 + 601 = 669$.

Mitunter ist nicht von vornherein klar, in welcher Reihenfolge die Elemente einer Indexmenge durchlaufen werden. Bei endlichen Mengen ist die Reihenfolge glücklicherweise irrelevant, da in Zahlbereichen wie $\mathbb{N}$, $\mathbb{Z}$, $\mathbb{Q}$ oder auch $\mathbb{R}$ bzgl. $+$ und $\cdot$ das Kommutativgesetz gilt. Gleiches gilt für die Mengenoperatoren $\cup$ und $\cap$, wie wir aus Abschnitt 1.3 wissen.

4. Als weiteres konkretes Beispiel betrachten wir die folgende Tabelle:

	1	2	3
1	14	12	0
2	1	3	9
3	2	2	17

Für $i, j \in \{1, 2, 3\}$ sei $X_{i,j}$ der Eintrag der Tabelle, der in Zeile i und Spalte j steht. Ist T die Menge aller Indizes (i, j), mit der man auf einen Tabelleneintrag zugreifen kann, also $T = \{1, 2, 3\}^2$, so beschreibt $\sum_{(i,j) \in T} X_{i,j}$ die Summe über alle Einträge der Tabelle (unabhängig davon, ob etwa zeilenweise oder spaltenweise summiert wird) – das Ergebnis ist gleich 60.

Will man ein kartesisches Produkt, wie die Menge T, als Indexmenge vermeiden, so könnte man beispielsweise $Y_i := \sum_{j=1}^{3} X_{i,j}$ setzen (für $i = 1, 2, 3$) und erhält dann zunächst die drei Zeilensummen Y_1, Y_2 und Y_3. Sodann ist

$$\sum_{(i,j) \in T} X_{i,j} = \sum_{i=1}^{3} Y_i = 26 + 13 + 21 = 60.$$

Das entspricht aber letztendlich dem Auswerten einer sog. Doppelsumme, nämlich $\sum_{i=1}^{3} \left(\sum_{j=1}^{3} X_{i,j} \right)$.

B Grundregeln für das Rechnen mit Summen und Produkten Es folgt eine Zusammenfassung der wichtigsten Gesetzmäßigkeiten für das Rechnen mit Summen und Produkten.

1. Ist $c \in \mathbb{R}$ und ist $x_i = c$ konstant für jedes $i = 1, \ldots, n$, so gilt

$$\prod_{i=1}^{n} x_i = \prod_{i=1}^{n} c = c^n, \text{ entsprechend ist } \sum_{i=1}^{n} x_i = \sum_{i=1}^{n} c = nc.$$

Ist allgemeiner I eine beliebige nichtleere und endliche Indexmenge und ist $x_i = c \in \mathbb{R}$ konstant für jedes $i \in I$, so gilt

$$\prod_{i \in I} x_i = c^{|I|}, \text{ entsprechend ist } \sum_{i \in I} x_i = |I| \cdot c.$$

2. Es sei I eine nichtleere Indexmenge. Ferner seien x_i sowie y_i für jedes $i \in I$ reelle Zahlen. Ebenso seien c und d reelle Zahlen. Dann gilt

$$\sum_{i \in I} (cx_i + dy_i) = c \cdot \sum_{i \in I} x_i + d \cdot \sum_{i \in I} y_i.$$

Entsprechend gilt bei der Produktbildung (für sinnvolle Basen x_i bzw. y_i sowie Exponenten c und d)

$$\prod_{i \in I} (x_i^c y_i^d) = \left(\prod_{i \in I} x_i \right)^c \cdot \left(\prod_{i \in I} y_i \right)^d.$$

3. Ist die Indexmenge I eine disjunkte Vereinigung zweier endlicher Mengen I_1 und I_2, so gilt

$$\sum_{i \in I} x_i = \sum_{a \in I_1} x_a + \sum_{b \in I_2} x_b, \text{ entsprechend ist } \prod_{i \in I} x_i = \prod_{a \in I_1} x_a \cdot \prod_{b \in I_2} x_b.$$

Insbesondere spricht man in der Situation, in der $I_2 = \{s\}$ einelementig ist, von der **Isolation eines Summanden bzw. eines Faktors**:

$$\sum_{i \in I} x_i = \sum_{j \in I_1} x_j + x_s \quad \text{bzw.} \quad \prod_{i \in I} x_i = \prod_{j \in I_1} x_j \cdot x_s.$$

4. Ist die Indexmenge I gleich dem kartesischen Produkt $I_1 \times I_2$ zweier endlicher Mengen I_1 und I_2, so gilt wie im vierten Beispiel in Abschnitt A (Stichwort **Doppelsumme**):

$$\sum_{(i,j) \in I} x_{i,j} = \sum_{i \in I_1} \left(\sum_{j \in I_2} x_{i,j} \right) = \sum_{j \in I_2} \left(\sum_{i \in I_1} x_{i,j} \right).$$

Analoges gilt bei der Produktbildung.

Der Umgang mit Summen und Produkten wird im weiteren Verlauf des Textes und der Übungsaufgaben noch mehrfach erprobt. Dabei werden wir zu Beginn die Umformungen noch sehr genau erläutern und später bei zügigerer Vorgehensweise darauf vertrauen, dass sich das Rechnen mit Summen und Produkten gefestigt hat. Betrachten wir an dieser Stelle noch ein konkretes Beispiel.

1.6 Zur Bildung von mehrfachen Verknüpfungen

Beispiel 1.6.1 Wir wollen zeigen, dass für alle $n \in \mathbb{N}$ gilt:

$$\sum_{i=1}^{n} i = \frac{n(n+1)}{2} \tag{1.6.1}$$

Dazu geben wir einen direkten Beweis, der auf Carl Friedrich Gauß (1777–1855) zurückgeht. Es sei n zunächst eine gerade Zahl, etwa $n = 2m$. Die $2m$ Summanden aus der Summe

$$\sum_{i=1}^{2m} i = 1 + 2 + 3 + \ldots + m + (m+1) + \ldots + (2m-1) + 2m$$

fügt man nun paarweise wie folgt zusammen: erster und letzter Term zu $[1+2m]$; zweiter und vorletzter Term zu $[2 + (2m-1)]$; …; m-ter und m-letzter Term zu $[m + (m+1)]$. Allgemein wird (für $i = 1, \ldots, m$) der i-te Summand mit dem $(2m - i + 1)$-ten Summanden zu $i + 2m - i + 1$ zusammengefügt, was gleich $2m + 1$, also unabhängig von i ist! Das entspricht insgesamt gesehen einer Umsortierung der Summanden, sodass wir mit $2m = n$ daraus

$$\sum_{i=1}^{n} i = \sum_{i=1}^{m} (i + 2m - i + 1) = \sum_{i=1}^{m} (2m + 1) = \sum_{i=1}^{m} (n + 1)$$

erhalten. Innerhalb der letzten Summe handelt es sich bei $n+1$ aber um einen konstanten Summanden, sodass obige erste Regel in diesem Fall

$$\sum_{i=1}^{m} (n+1) = m(n+1) = \frac{n}{2}(n+1)$$

ergibt, was der Behauptung für ein gerades n entspricht. Falls n ungerade ist, so gibt es ein $k \in \mathbb{N}$ mit $n = 2k + 1$. Sodann erhält man durch Isolierung des letzten Summanden $n = 2k + 1$ die Formel

$$\sum_{i=1}^{n} i = \sum_{i=1}^{2k+1} i = \sum_{i=1}^{2k} i + (2k + 1).$$

Diese Isolierung des letzten Summanden entspricht der Zerlegung der gesamten Indexmenge in $\{1, 2, \ldots, 2k\}$ und $\{2k + 1\}$ (siehe dazu die obige dritte Regel). Nach dem, was bereits für gerade natürliche Zahlen gezeigt wurde, ist aber

$$\sum_{i=1}^{2k} i = \frac{2k}{2}(2k + 1) = k(2k + 1) = kn$$

und somit $\sum_{i=1}^{n} i = kn + n = (k+1)n$. Aus $n = 2k + 1$ folgt aber $k + 1 = \frac{n-1}{2} + 1 = \frac{n+1}{2}$ und somit erhält man im ungeraden Fall insgesamt ebenfalls $\sum_{i=1}^{n} i = \frac{n+1}{2} \cdot n$. ■

C **n-fache kartesische Produkte** Analog zum Summenzeichen $\sum$ und zum Produktzeichen $\prod$ verwendet man für den Durchschnitt bzw. die Vereinigung von mehreren (endlich vielen) Mengen $M_1, \ldots, M_n$ die Schreibweisen

$$\bigcap_{i=1}^{n} M_i \quad \text{bzw.} \quad \bigcup_{i=1}^{n} M_i. \tag{1.6.2}$$

Die Betrachtung dieser Verknüpfungen werden wir uns aber für den nächsten Abschnitt aufheben, wenn wir beliebige, nicht notwendigerweise endliche Indexmengen zugrunde legen. An dieser Stelle gehen wir auf die Bildung kartesischer Produkte aus mehreren (aber endlich vielen) Mengen ein.

> **Definition 1.6.2** Es sei $n \in \mathbb{N}$ mit $n \geq 2$, und $M_1, \ldots, M_n$ seien n Mengen.
>
> (1) Jedes Objekt der Form $(a_1, \ldots, a_n)$ mit $a_1 \in M_1, \ldots, a_n \in M_n$ heißt ein **(geordnetes)** n-**Tupel**. Für jedes $i \in \{1, 2, \ldots, n\}$ nennt man dabei a_i die i-**te Komponente**. Der Einfachheit halber schreibt man für das n-Tupel $(a_1, \ldots, a_n)$ häufig einfach a; auf seine k-te Komponente greift man mit a_k zu.
>
> (2) Das **kartesische Produkt** $M_1 \times \ldots \times M_n$ ist die Menge aller solcher n-Tupeln.
>
> (3) Zwei n-Tupel a und b heißen **gleich**, wenn $a_i = b_i$ für alle Komponenten i gilt.

Entsprechend der bereits eingeführten abkürzenden Notationen bei Summen, Produkten, Vereinigungen und Schnitten ist

$$\times_{i=1}^{n} M_i \tag{1.6.3}$$

eine Kurzschreibweise für das kartesische Produkt der Mengen $M_1, \ldots, M_n$. Gilt speziell $M_i = M$ für jedes i, so schreibt man einfach M^n für $\times_{i=1}^{n} M$ (vergleiche mit der ersten Regel in Abschnitt B); es handelt sich dabei um **das n-fache kartesische Produkt von M mit sich selbst**. Betrachten wir ein konkretes Beispiel.

■ Eine Münze habe die beiden Seiten „Kopf" und „Zahl"; in einem Eimer mögen zwei rote, drei gelbe, vier grüne Bälle und ein schwarzer Ball liegen; weiterhin sei ein Würfel gegeben. Ein Zufallsexperiment (siehe Kapitel 5) bestehe nun aus der Hintereinanderausführung von „einem Münzwurf, einem Ziehen eines Balles aus dem Eimer und einmaligem Würfeln". Das Ergebnis des Experiments ist dann ein Element aus dem kartesischen Produkt {Kopf, Zahl} × {rot, gelb, grün, schwarz} × {1, 2, 3, 4, 5, 6}. Die gesamte Anzahl aller möglichen Versuchsausgänge ist hierbei gleich $2 \cdot 4 \cdot 6 = 48$.

Das Argument aus dem Beweis von ▶Satz 1.5.4, in dem es um das Abzählen des kartesischen Produktes zweier endlicher Mengen ging, lässt sich auch auf kartesische Produkte von $n \geq 2$ endlichen Mengen übertragen:

■ Sind $M_1, \ldots, M_n$ endliche Mengen, so gilt $|\times_{i=1}^{n} M_i| = \prod_{i=1}^{n} |M_i|$.

Für einen rigorosen Beweis dieser sog. **Produktregel** benötigt man das Prinzip der vollständigen Induktion, welches wir im nächsten Kapitel kennenlernen werden. Ein Beweis der Produktregel wird dann in Abschnitt 4.1 im Rahmen der Grundlagen der Kombinatorik nachgeliefert. Es sei noch erwähnt, dass ein Baumdiagramm zur Visualisierung dieser Regel je nach Größe von n entsprechend tief verzweigt ist.

1.7 Verknüpfungen bei beliebigen Indexmengen

Im vergangenen Abschnitt haben wir bei der Bildung mehrfacher Verknüpfungen stets **endliche** Indexmengen betrachtet. Wir wollen diese Voraussetzung hier fallen lassen und mitunter **(völlig) beliebige** Indexmengen zulassen.

A **Reihen – Summation unendlich vieler Zahlen** Bei Grenzprozessen, welche später im Rahmen der Analysis (Teil IV) behandelt werden, hat man es oft mit der Summation von **unendlich** vielen Zahlen zu tun (siehe Kapitel 16). Beispielsweise versteht man unter

$$\sum_{n\in\mathbb{N}}\left(\frac{1}{3}\right)^n \quad \text{bzw.} \quad \sum_{n=0}^{\infty}\left(\frac{1}{3}\right)^n \quad \text{bzw.} \quad 1 + \frac{1}{3} + \frac{1}{9} + \frac{1}{27} + \frac{1}{81} + \ldots$$

die Summation über alle Potenzen des Bruches $\frac{1}{3}$. In der Analysis lernt man Methoden zur Berechnung der Werte solcher Summen; in diesem Zusammenhang spricht man allerdings von Reihen. So hat obige Reihe – es handelt sich um eine sog. **geometrische Reihe** beispielsweise den Wert $\frac{3}{2}$ (siehe Abschnitt 2.1-E und ▶Beispiel 16.1.2). Es ist allerdings auch möglich, dass eine Summation über unendlich viele Zahlen keinen endlichen Wert liefert; so ist etwa die **harmonische Reihe**

$$\sum_{n=1}^{\infty}\frac{1}{n} = 1 + \frac{1}{2} + \frac{1}{3} + \frac{1}{4} + \frac{1}{5} + \ldots$$

unbeschränkt, d. h., dass man für jede Zahl x ein $m \in \mathbb{N}$ findet mit $\sum_{n=1}^{m}\frac{1}{n} > x$ (siehe ▶Beispiel 16.1.3).

B **Schnitte und Vereinigungen über Mengensystemen** Bei mengentheoretischen und aussagenlogischen Verknüpfungen ist es durchaus sinnvoll, beliebige Indexmengen zuzulassen. Dies wollen wir im weiteren Verlauf dieses Abschnittes näher erklären. Bei Mengen stellen wir uns wieder vor, dass sich alles innerhalb einer gemeinsamen Grundmenge abspielt.

> **Definition 1.7.1** Es sei I eine nichtleere Indexmenge. Für jedes $i \in I$ sei M_i eine Menge. Dann sind die beiden Mengen $\bigcap_{i \in I} M_i$ und $\bigcup_{i \in I} M_i$ definiert durch
>
> (1) $\bigcap_{i \in I} M_i := \{x : x$ liegt in **jeder** Menge $M_i\}$,
>
> (2) $\bigcup_{i \in I} M_i := \{x : x$ liegt in **mindestens einer** Menge $M_i\}$.

In ▶Definition 1.7.3 werden wir die Analogien der beliebigen Vereinigungs- bzw. Durchschnittsbildung innerhalb der Aussagenlogik betrachten. Zunächst wollen wir aber erörtern, was bei der Komplementbildung von beliebigen Schnitten bzw. beliebigen Vereinigungen passiert. Die de Morgan'schen Gesetze aus ▶Satz 1.3.4-(9) lassen sich nämlich allgemeiner wie folgt formulieren:

> **Satz 1.7.2** Es sei I eine nichtleere Indexmenge. Für jedes $i \in I$ sei M_i eine Menge. Dann gelten
>
> $$\left(\bigcap_{i \in I} M_i\right)^c = \bigcup_{i \in I} M_i^c \quad \text{und} \quad \left(\bigcup_{i \in I} M_i\right)^c = \bigcap_{i \in I} M_i^c.$$

Beweis Wir wollen nur das erste Gesetz beweisen. Der Nachweis des zweiten sei als Übung gestellt. Ist $x \in \left(\bigcap_{i \in I} M_i\right)^c$, so gilt $x \notin \bigcap_{i \in I} M_i$. Daher gibt es (mindestens) einen Index j mit $x \notin M_j$, also mit $x \in M_j^c$. Folglich ist x in $\bigcup_{i \in I} M_i^c$ enthalten, womit, aufgrund der beliebigen Wahl von x, die Mengeninklusion $\left(\bigcap_{i \in I} M_i\right)^c \subseteq \bigcup_{i \in I} M_i^c$ bewiesen ist. Zur Umkehrung: Ist $x \in \bigcup_{i \in I} M_i^c$, so gibt es einen Index k mit $x \in M_k^c$, also $x \notin M_k$. Daher liegt x nicht in $\bigcap_{i \in I} M_i$. Folglich ist x Element von $\left(\bigcap_{i \in I} M_i\right)^c$. Da x wieder beliebig aus $\bigcup_{i \in I} M_i^c$ gewählt wurde, ist auch die umgekehrte Mengeninklusion und damit die Gleichheit der beiden Mengen gezeigt. ∎

C Existenz- und Allquantor Bei der Beweismethode der vollständigen Induktion (Kapitel 2) treten sog. **Prädikate** über $\mathbb{N}$ auf. Ein solches Prädikat P liefert für jedes $n \in \mathbb{N}$ eine Aussage $P(n)$, beispielsweise

$$P(n) = \text{„} \sum_{k=1}^{n} k^2 = \frac{n(n+1)(2n+1)}{6} \text{"}.$$

Die vollständige Induktion ist eine elegante Methode, um die Wahrheit von **allen** (oder zumindest von **fast allen**) Aussagen der Form $Q(n)$ für ein Prädikat Q zu zeigen. Um nun die Sprachgebilde „für alle" (bzw. „für jedes") und „es gibt ein" (bzw. „es existiert ein") zu modellieren, führt man in der Logik die sogenannten **Quantoren** $\forall$ (für alle) und $\exists$ (es gibt) ein. Anstelle von $\mathbb{N}$ darf natürlich auch eine beliebige Indexmenge verwendet werden.

1.7 Verknüpfungen bei beliebigen Indexmengen

Definition 1.7.3 Es sei I eine nichtleere Indexmenge und $Q(i)$ sei für jedes $i \in I$ eine Aussage.

(1) Dann bezeichnet $B := \forall_{i \in I} Q(i)$ die Aussage „**für alle** $i \in I$ gilt $Q(i)$". Das bedeutet, dass B genau dann wahr ist, wenn **(ausnahmslos) alle** $Q(i)$ wahr sind.

(2) Es bezeichnet $C := \exists_{i \in I} Q(i)$ die Aussage „**es gibt** ein $j \in I$, sodass $Q(j)$ wahr ist". Das bedeutet, dass C genau dann wahr ist, wenn **mindestens ein** $Q(j)$ wahr ist.

Man nennt $\forall$ den **Allquantor** und $\exists$ den **Existenzquantor**.

Betrachten wir uns diese Quantoren einmal im Zusammenhang mit den verallgemeinerten de Morgan'schen Gesetzen in ▶Satz 1.7.2. Dazu seien B und C wie in ▶Definition 1.7.3.

- Die Negation der Aussage C aus ▶Definition 1.7.3 ist gleichwertig zu $\forall_{l \in I} \neg Q(l)$, denn dann ist $Q(l)$ für kein l erfüllt.

- Will man zeigen, dass $\neg B$ gilt, so genügt es **ein Gegenbeispiel** anzugeben, d. h. ein j zu bestimmen, für das $\neg Q(j)$ gilt, denn die Negation von B ist logisch gleichwertig zu $\exists_{k \in I} \neg Q(k)$.

Betrachten wir zum letzten Punkt ein konkretes Beispiel.

Beispiel 1.7.4 Für jedes $k \in \mathbb{N}$ sei $Q(k)$ die Aussage „$2^{2^k} + 1$ ist eine Primzahl[15]". Die Tatsache

k	$2^{2^k} + 1$	Primzahl?
0	3	ja
1	5	ja
2	17	ja
3	257	ja
4	65537	ja

empfand Pierre de Fermat (1601–1665) als ausreichende Evidenz für seine Vermutung, dass $B = \forall_{k \in \mathbb{N}} Q(k)$ wahr ist, welche er im Jahre 1637 aufstellte. Nun fand Leonhard Euler im Jahre 1732 aber heraus, dass $2^{2^5} + 1$ wegen

$$2^{2^5} + 1 = 4294967297 = 641 \cdot 6700417$$

keine Primzahl und damit $Q(5)$ falsch ist. Daher ist auch B, also Fermats Vermutung, falsch! – Ein Gegenbeispiel genügt eben zum Kippen einer „für-alle-Aussage". ■

Für Aktuelles zum interessanten Thema **Fermat-Primzahlen** verweisen wir auf die Seite *http://mathworld.wolfram.com/FermatPrime.html*.

---

[15] Siehe ▶Definition 2.2.3.

1.8 Exkurs: Das Auswahlaxiom

Wir wollen ergänzend zum Thema des letzten Abschnittes, wo Schnitte und Vereinigungen über beliebigen Mengensystemen bzw. Konjunktionen und Disjunktionen für Prädikate mit beliebigen Indexmengen betrachtet wurden, etwas zu allgemeinen kartesischen Produkten sagen. Ist I eine beliebige nichtleere Indexmenge, so ist das **allgemeine kartesische Produkt** $\times_{i \in I} M_i$ definiert als die Menge aller Objekte α der Form $(\alpha_i : i \in I)$ mit $\alpha_i \in M_i$ für alle $i \in I$. Ist speziell $M_i = M$ für jedes $i \in I$, so schreibt man einfach M^I für das **I-fache kartesische Produkt** von M mit sich selbst.

Bei einer endlichen Indexmenge I gelangt man dabei im Wesentlichen zu Abschnitt 1.5-C, wo $I = \{1, 2, \ldots, n\}$ betrachtet wurde. Ist in diesem Falle M_i nicht leer für jedes i, so ist auch $\times_{i \in I} M_i$ nicht leer. Davon ausgehend wäre es nur natürlich zu denken, dass bei einer beliebigen (also nicht unbedingt endlichen) nichtleeren Indexmenge J und bei jeweils nichtleeren Mengen N_j (für alle $j \in J$) auch das kartesische Produkt $\times_{j \in J} N_j$ nicht leer ist. Das ist aber keinesfalls so selbstverständlich, wie es zunächst aussieht! In der Tat kann dies **nicht** (zumindest nicht in dieser Allgemeinheit) aus den (stets zugrunde gelegten) elementaren Axiomen der Mengenlehre gefolgert werden. Dieser Sachverhalt muss daher als eigenes Axiom gefordert werden. Entsprechend lautet das **Auswahlaxiom** wie folgt:

■ *Ist I eine (beliebige) nichtleere Indexmenge und ist für jedes $i \in I$ die Menge M_i nicht leer, dann ist das kartesische Produkt $\times_{i \in I} M_i$ ebenfalls nicht leer.*

Viele wichtige mathematische Sätze lassen sich nur unter Verwendung des Auswahlaxioms (oder einer zum Auswahlaxiom äquivalenten Aussage) beweisen. Dementsprechend wird das Gebäude der Mathematik also echt erweitert, wenn das Auswahlaxiom in dieser Allgemeinheit als Werkzeug zu den Axiomen der Mengenlehre hinzukommt (siehe Friedrichsdorf und Prestel [22]).

ZUSAMMENFASSUNG

1. **Mengenlehre** Wir haben eine intuitive Vorstellung davon bekommen, was eine Menge ist, wenngleich uns aufgrund von Antinomien bewusst ist, dass vor einer allzu sorglosen „Mengenbildung" gewarnt werden muss. Ein gründlicher Mengenbegriff wird im Rahmen einer axiomatischen Mengenlehre definiert, worauf wir hier aber nicht eingegangen sind. Es ist lediglich wichtig und beruhigend zu wissen, dass wir uns auf diesem sicheren Fundament bewegen werden.
Für den Umgang mit Mengen ist es grundlegend, die Schnittbildung, die Vereinigungsbildung und die Mengendifferenz verstanden zu haben; es ist auch wichtig zu wissen, was zu tun ist, wenn die Gleichheit zweier Mengen nachgewiesen werden soll. Grundlegend sind auch die Potenzmengenbildung und die Bildung von kartesischen Produkten.
Bei der Berechnung der Mächtigkeiten von Mengen gibt es Gesetzmäßigkeiten (wie Summenregel oder Produktregel), die in Kapitel 4 im Rahmen der Kombinatorik vertieft werden.

2. **Aussagenlogik** Eine Aussage nimmt einen von zwei möglichen Wahrheitswerten an. Aussagen können durch logische Verknüpfungen zu Ketten zusammengefügt werden, was beim Beweis mathematischer Sätze, aber auch beim Programmieren immer wieder vorkommt. Die Gesetzmäßigkeiten bei der logischen Verknüpfung von Aussagen entsprechen den Operationen auf Mengen; in beiden „Welten" handelt es sich um sog. Boole'sche Algebren, deren Axiomatik wir in Kapitel 6 noch genauer analysieren werden.
Als wichtige Beweisprinzipien haben wir neben der logischen Äquivalenz von Aussagen den direkten, den indirekten und den Widerspruchsbeweis kennengelernt; sie werden uns in diesem Text noch häufig in Aktion begegnen.
Verknüpft man mehrere (mitunter unendliche viele) Aussagen durch ein logisches oder, so verwendet man den Existenzquantor; entsprechend verwendet man bei der Verknüpfung mehrerer Aussagen durch ein logisches und den Allquantor. Bei der Negation von Existenz- bzw. Allquantor liegt die allgemeine Regel von de Morgan zugrunde.

3. **Zahlbereiche** Wir haben uns die Bereiche der natürlichen, der ganzen, der rationalen und der reellen Zahlen ins Gedächtnis gerufen und wissen, dass die Zahlengerade (das Kontinuum) durch die reellen Zahlen, nicht aber durch die rationalen Zahlen beschrieben werden kann.
Für das Rechnen mit Zahlen haben wir bei mehrfacher Summen- bzw. Produktbildung das Summenzeichen $\sum$ und das Produktzeichen $\prod$ sowie einige grundlegende Rechenregeln kennengelernt, die durch Übung im Laufe der Zeit verinnerlicht werden müssen.
Wir haben daran erinnert, dass ein Produkt reeller Zahlen genau dann gleich null ist, wenn wenigstens ein Faktor gleich null ist. Ferner ist das Quadrat einer jeden reellen Zahl nicht negativ und umgekehrt hat jede positive reelle Zahl eine eindeutige positive Quadratwurzel. Als Konsequenz daraus haben wir an das aus der Schule bekannte Lösbarkeitskriterium quadratischer Gleichungen erinnert.

1 Mengen und Aussagen

Übungsaufgaben

Hinweis: Die Lösungen zu **allen** Aufgaben finden Sie auf der CWS des Buches.

Aufgabe 1 Es sei M die Menge aller **reellen** Zahlen der Form $a + b\sqrt{2}$, wobei a und b **rationale** Zahlen seien, also $M = \{a + b\sqrt{2}: a, b \in \mathbb{Q}\} \subseteq \mathbb{R}$. Beispielsweise sind $2 - 9\sqrt{2}$ und $\frac{3}{2} - \frac{3}{8}\sqrt{2}$ Zahlen aus M. Zeigen Sie:

1. $\mathbb{Q} \subseteq M$
2. $(\sqrt{3} + \sqrt{5}) \cdot (1 + \sqrt{2}) \cdot (\sqrt{3} - \sqrt{5}) \in M$
3. $\frac{1}{\sqrt{2}} + \frac{1}{\sqrt{72}} \in M$
4. Sind a, b, c, d, e Zahlen aus $\mathbb{Q}$, so gilt $a\gamma + b\gamma^2 + c\gamma^3 + d\gamma^4 + e\gamma^5 \in \mathbb{Q}$ genau dann, wenn $a + 2c + 4e = 0$ ist, wobei $\gamma = \sqrt{2}$.

Aufgabe 2 Bestimmen Sie alle reellen Zahlen x mit
$$\left(x + \frac{5}{13}\right) \cdot \left(x^2 - \frac{5}{12} \cdot x - \frac{1}{6}\right) \cdot (x^2 + 2x + 5) \cdot (x^4 + 3) \cdot (x^4 - 3) = 0.$$

Aufgabe 3 Eine natürliche Zahl v heißt eine **Quadratzahl**, falls es eine weitere natürliche Zahl u gibt mit $u^2 = v$. Für jedes $n \in \mathbb{N}$ sei die Menge $P(n)$ wie folgt definiert:
$$P(n) := \{m \in \mathbb{N}^* : n^2 + m^2 \text{ ist eine Quadratzahl}\}.$$
Beispielsweise ist $36 \in P(77)$, weil $77^2 + 36^2 = 7225$ eine Quadratzahl ist, nämlich $7225 = 85^2$. Die **dritte binomische Formel** $u^2 - v^2 = (u - v)(u + v)$ ist bei der Analyse der Mengen $P(n)$ sehr nützlich.

1. Beweisen Sie, dass $|P(0)| = \infty$ gilt.
2. Zeigen Sie, dass $P(1) \cup P(2)$ leer ist.
3. Zeigen Sie $|P(n)| \geq 1$ für $n = 3, 4, 5$.
4. Bestimmen Sie die Menge $P(7) \cap P(10)$.
5. Bestimmen Sie die Menge $P(12)$.
6. Finden Sie möglichst viele, mindestens jedoch 10 Elemente der Menge $P(60)$. Hierbei sollten Sie einen Rechner und ein Computerprogramm Ihrer Wahl verwenden.

Aufgabe 4 Es seien A, B, C Teilmengen einer Grundmenge M. Welche der folgenden fünf Aussagen sind allgemeingültig (Beweis), welche sind es nicht (Gegenbeispiel)?

Übungsaufgaben

1. $(A \cap B) \cup (C \cap D) = (A \cup C) \cap (A \cup D) \cap (B \cup C) \cap (B \cup D)$

2. $(A \triangle B) \cup B = A \cup (A \triangle B)$

3. Aus $A \cup B = A \cup C$ folgt $B = C$.

4. Aus $A \cap B = A \cap C$ folgt $B = C$.

5. Aus $A \subseteq B$ folgt $B^c \subseteq A^c$.

Aufgabe 5 Man betrachte die folgende aus A, B, C und D zusammengesetzte logische Aussage:

$$[(\neg A) \vee B] \wedge [C \vee (\neg D)] \wedge [A \vee D]$$

Geben Sie alle Belegungen für (A, B, C, D) aus $\{w, f\}^4$ an, für die die zusammengesetzte Aussage den Wert w annimmt. Geben Sie die Anzahl der Belegungen für (A, B, C, D) aus $\{w, f\}^4$ an, für die die zusammengesetzte Aussage den Wert f annimmt.

Aufgabe 6 Gegeben sei der aus den Aussagen A, B, C, D zusammengesetzte logische Ausdruck

$$\Big([\neg(A \vee B)] \text{ xor } [C \wedge (\neg D)] \Big) \Rightarrow [A \wedge (C \vee D) \wedge (\neg B)].$$

Bestimmen Sie jeweils den Wahrheitswert dieser Aussage für die beiden folgenden Belegungen von (A, B, C, D): (w, w, w, f) bzw. (w, f, f, w).

Aufgabe 7 Gegeben seien die folgenden drei Mengen A, B und C:

$$A := \{m \in \mathbb{N}: \text{ die Quersumme von } m \text{ ist gerade,}$$
$$m \text{ ist durch 3 teilbar und } 211 \leq m \leq 225\}$$

$$B := \{(x, y) \in \mathbb{Z}^2: x^2 + y^2 \leq 1\} \cup \{(x, y) \in \mathbb{Z}^2: x^2 - y^2 = 1\}$$

$$C := \{U: U \text{ ist Teilmenge von } \{\alpha, \beta, \gamma, \delta, \epsilon\} \text{ mit gerader Mächtigkeit}$$
$$\text{und } |U \cap \{\alpha, \epsilon\}| = 1\}.$$

Geben Sie diese drei Mengen explizit durch Aufzählung aller ihrer Elemente an, bestimmen Sie sodann die Mächtigkeit des kartesischen Produktes $A \times B \times C$ und geben Sie schließlich drei verschiedene Elemente von $A \times B \times C$ an.

Aufgabe 8 Verwenden Sie die beiden Formeln $\sum_{k=1}^{n} k = \frac{1}{2} \cdot n(n+1)$ und $\sum_{k=1}^{n} k^2 = \frac{1}{6} \cdot n(n+1)(2n+1)$, um die folgenden zwei Summen zu vereinfachen (dabei ist $m \in \mathbb{N}^*$):

$$A := \sum_{k=1}^{m}(3k^2 - 5k + 6) \quad \text{sowie} \quad B := \sum_{k=m+1}^{2m+1}(6k^2 - 2k + 4)$$

1 Mengen und Aussagen

Übungsaufgaben

Hinweis zu B: Ist I eine endliche Menge, ist J eine Teilmenge von I und ist $x_k \in \mathbb{R}$ für alle $k \in I$, so gilt $\sum_{k \in I \setminus J} x_k = \sum_{i \in I} x_i - \sum_{j \in J} x_j$.

Aufgabe 9 Gegeben sei die Aussage B: „Es gibt reelle Zahlen x, y mit $x < y$, sodass jede reelle Zahl z mit $x < z < y$ irrational ist." Schreiben Sie diese Aussage B als logische Formel. Negieren Sie sodann diese Aussage zu $\neg B$ und beschreiben Sie die Aussage $\neg B$ umgangssprachlich.

Aufgabe 10 Wie lautet umgangssprachlich formuliert die Verneinung der Aussage „Alle Studenten fahren mit dem Auto oder mit dem Zug zur Uni"?

Aufgabe 11 Analysieren Sie, ausgehend von der Gleichung $2\sqrt{x} - 11 = (1 + \sqrt{x})^2 - x$, den folgenden „Beweis" der Aussage „die Zahl 4 ist Lösung dieser Gleichung". Wo liegt der Fehler?

Beweis Ausrechnen der Klammer auf der rechten Seite ergibt die Gleichung $2\sqrt{x} - 11 = 1 + 2\sqrt{x}$. Addition von 1 auf beiden Seiten liefert $2\sqrt{x} - 10 = 2 + 2\sqrt{x}$. Division durch 2 auf beiden Seiten liefert $\sqrt{x} - 5 = 1 + \sqrt{x}$. Quadrieren beider Seiten liefert $x - 10\sqrt{x} + 25 = 1 + 2\sqrt{x} + x$. Addition von $10\sqrt{x} - x - 1$ auf beiden Seiten ergibt $24 = 12\sqrt{x}$. Division durch 12 liefert $\sqrt{x} = 2$. Quadrieren impliziert $x = 4$. Also ist 4 Lösung der Ausgangsgleichung. ∎

Aufgabe 12 Vereinfachen Sie die folgenden beiden Terme jeweils so weit, dass keine $\sum$- oder $\prod$-Zeichen mehr vorkommen. Dabei ist m stets aus $\mathbb{N}^*$.

$$\sum_{i=1}^{m} \left(\sum_{j=1}^{m} \left(\frac{i}{m} + \frac{j}{m} \right) \right), \quad \prod_{\omega=1}^{m} \frac{\omega(\omega + 2)}{(\omega + 1)(\omega + 3)}$$

Aufgabe 13 Gegeben seien die beiden Mengen $I := \{0, 2, 4, 6, 8, 10\}$ und $J := \{1, 3, 5, 7, 9, 11\}$. Zeigen Sie, dass für alle 4-Tupel $(\alpha, \beta, \gamma, \delta) \in \mathbb{R}^4$ gilt:

$$\sum_{i \in I} \left(\sum_{j \in J} (\alpha i + \beta) \cdot (\gamma j + \delta) \right) = (30\alpha + 6\beta)(36\gamma + 6\delta)$$

Natürliche und ganze Zahlen

	Einführung	44
2.1	Vollständige Induktion	46
2.2	Primfaktorzerlegung	56
2.3	Darstellungen ganzer Zahlen	63
2.4	Der Euklidische Algorithmus	69
	Zusammenfassung	75
	Übungsaufgaben	77

2

ÜBERBLICK

2 Natürliche und ganze Zahlen

EINFÜHRUNG

>> In diesem Kapitel werden wir die grundlegenden Eigenschaften und Gesetzmäßigkeiten der natürlichen Zahlen durchnehmen. Der Startpunkt unserer Untersuchungen ist dabei in Abschnitt 2.1 die *natürliche Ordnung* $\leq$ auf $\mathbb{N}$, deren zentrales Wesen die sog. *Wohlordnungseigenschaft* ist. Wir werden dann herausarbeiten, wie das *Prinzip der vollständigen Induktion* aus der Wohlordnungseigenschaft abzuleiten ist. Neben den bereits in Kapitel 1 behandelten Beweistechniken zählt die vollständige Induktion zu den häufigsten in der Mathematik verwendeten Beweismethoden. Sie ist auch in der Informatik von grundlegender Bedeutung, weil etwa bei Korrektheitsbeweisen von Computerprogrammen mit Schleifen stets induktive Argumente verwendet werden. Zur Einübung der vollständigen Induktion behandeln wir eine Vielfalt von Beispielen, welche die verschiedenen Facetten dieses Phänomens und damit auch die Stärke dieses Beweisprinzips hervorheben.

Selbstverständlich wird die vollständige Induktion im weiteren Text dazu genutzt, um unser Gebäude der Mathematik weiter auszubauen. So behandeln wir in Abschnitt 2.2 die grundlegenden arithmetischen Eigenschaften der natürlichen Zahlen, welche ihren Ursprung in der *Teilbarkeitsrelation* | haben, die wiederum als multiplikatives Analogon der in Abschnitt 2.1 betrachteten natürlichen Ordnung $\leq$ angesehen werden kann. Wir werden zeigen, dass es unendlich viele *Primzahlen* gibt und dass sich jede natürliche Zahl im Wesentlichen eindeutig als Produkt von endlich vielen Primzahlen schreiben lässt. Die algorithmische Berechnung dieser sog. *Primfaktorzerlegung* ist ein sehr schwieriges Problem, das man sich in der Kryptographie zunutze macht, worauf wir in Teil II noch genau eingehen werden.

Die für Informatiker wichtige Konvertierung von Dezimalzahlen in andere *Stellwertsysteme*, sog. *B-adische Darstellungen* – etwa dual ($B = 2$) oder hexadezimal ($B = 16$), ist Thema von Abschnitt 2.3. Ausgangspunkt dafür ist die Grundrechenart der *Division mit Rest*. Für die Beschreibung der Berechnung von B-adischen Darstellungen bedienen wir uns (erstmals) der aus der Informatik bekannten üblichen Sprachelemente für *Algorithmen*. Zum Nachweis der logischen Konsistenz sind nach Angabe eines Algorithmus die *Korrektheit* und die *Terminierung* zu gewährleisten. Dies geschieht konkret durch die Verifikation der die Algorithmen begleitenden Kommentare, meist *Schleifeninvarianten*, welche die entscheidenden logischen Beziehungen zwischen den verwendeten Variablen des Algorithmus beschreiben. Wir erklären in diesem Zusammenhang auch, was intuitiv unter dem für Informatiker so bedeutungsvollen Begriff der *Komplexität* eines Algorithmus zu verstehen ist.

In Abschnitt 2.4 erörtern wir den *Euklidischen Algorithmus*, der auf effiziente Weise den *größten gemeinsamen Teiler* zweier natürlicher Zahlen berechnet. Die anschließend betrachtete Erweiterung dieses Algorithmus berechnet neben dem größten gemeinsamen Teiler auch noch eine *Vielfachsummendarstellung* desselben, wobei es sich um eine ganzzahlige lineare Kombination in den Eingangsdaten handelt. Wir werden im späteren Teil II sehen, dass der erweiterte Euklidische Algorithmus für das Rechnen in *Restklassenringen* von grundlegender Bedeutung ist. Das ist insbesondere für Informatiker wichtig, weil das (modulare) Rechnen mit Restklassen das Fundament für Anwendungen in der Codierungstheorie und der Kryptographie bildet und damit in der Kommunikationstechnik unentbehrlich ist.

2 Natürliche und ganze Zahlen

> **Lernziele**
>
> - die Wohlordnungseigenschaft der natürlichen Zahlen und das Beweisprinzip der vollständigen Induktion
> - Studium von Teilbarkeitseigenschaften, insbesondere die Existenz unendlich vieler Primzahlen und die eindeutige Primfaktorzerlegung natürlicher Zahlen
> - die Division mit Rest, welche unmittelbar zur Berechnung B-adischer Zahldarstellungen führt
> - der Euklidische Algorithmus zur Berechnung des größten gemeinsamen Teilers zweier natürlicher Zahlen sowie, in der erweiterten Version, die zusätzliche Berechnung von Vielfachsummendarstellungen des größten gemeinsamen Teilers
> - Grundlegendes zu Algorithmen, insbesondere Ansätze zum Nachweis von deren Korrektheit und Terminierung sowie Bemerkungen zu deren Komplexität

2.1 Vollständige Induktion

 Die Wohlordnungseigenschaft der natürlichen Ordnung Wir beginnen mit der sog. **natürlichen Ordnung** $\leq$ („kleiner gleich") auf $\mathbb{N}$, die wie folgt definiert ist:

$$a \leq b :\Leftrightarrow \exists_{n \in \mathbb{N}} \, (a + n = b) \qquad (2.1.1)$$

In Worten: Die natürliche Zahl a ist definitionsgemäß kleiner oder gleich der natürlichen Zahl b, falls eine natürliche Zahl n mit $a + n = b$ existiert.[1]

Ist M eine nichtleere Teilmenge von $\mathbb{N}$, so heißt $c \in M$ ein **kleinstes Element** bzw. ein **Minimum** von M, falls $c \leq x$ für jedes $x \in M$ gilt. Die sog. **Wohlordnungseigenschaft**, auf der das Prinzip der vollständigen Induktion beruht, besagt Folgendes:

- *Jede nichtleere Teilmenge M von $\mathbb{N}$ hat ein kleinstes Element.*

Man sagt dazu auch, dass $\mathbb{N}$ bzgl. $\leq$ **wohlgeordnet** ist bzw. dass $\leq$ eine **Wohlordnung** auf $\mathbb{N}$ ist. Da wir von Kindesbeinen an mit dem Umgang der natürlichen Zahlen vertraut sind, erscheint die Wohlordnungseigenschaft als eine Selbstverständlichkeit. Wir wollen daher anhand eines konkreten Beispiels die Stärke dieses Prinzips erläutern. Zuvor ist noch zu bemerken, dass das kleinste Element von $M \subseteq \mathbb{N}$ eindeutig bestimmt ist und im Folgenden mit $\min(M)$ bezeichnet wird.

Beispiel 2.1.1 Wir werden mit diesem Beispiel demonstrieren, wie man durch die Kombination der **Wohlordnungseigenschaft** mit einem **Widerspruchsbeweis** zeigen

---

[1] Der Doppelpunkt vor $\Leftrightarrow$ bedeutet, dass die linke Aussage per Definition logisch gleichwertig zur rechten Aussage ist.

kann, dass für jedes $n \in \mathbb{N}$ die Gleichung

$$\sum_{k=0}^{n} k^2 = \frac{n(n+1)(2n+1)}{6} \qquad (2.1.2)$$

gültig ist. Es sei dazu N die Menge der natürlichen Zahlen n, für die diese Gleichung zutrifft:

$$N := \left\{ n \in \mathbb{N} : \sum_{k=0}^{n} k^2 = \frac{n(n+1)(2n+1)}{6} \right\}$$

Wir werden zeigen, dass $N = \mathbb{N}$ gilt. Es bezeichne $M := \mathbb{N} \setminus N$ das Komplement von N in $\mathbb{N}$. Annahme, $N \neq \mathbb{N}$. Dann ist M eine nichtleere Menge. Somit impliziert die Wohlordnungseigenschaft, dass M ein kleinstes Element hat; dieses nennen wir t. Da $n = 0$ die obige Gleichung erfüllt, denn $\sum_{k=0}^{0} k^2 = 0^2 = 0$ und $\frac{0 \cdot (0+1) \cdot (2 \cdot 0+1)}{6} = 0$, gilt $0 \in N$ und damit $0 \notin M$, weshalb $t = \min(M) > 0$ ist. Folglich ist $t - 1 \in \mathbb{N}$. Da t nun aber das kleinste Element von M ist, folgt $t - 1 \in N = \mathbb{N} \setminus M$, weshalb die Gleichung $\sum_{k=0}^{t-1} k^2 = \frac{[t-1]([t-1]+1)(2[t-1]+1)}{6}$ gemäß Definition von N erfüllt ist. Für die Summation der Quadrate der natürlichen Zahlen bis einschließlich der Zahl t ergibt sich dann aber

$$\sum_{k=0}^{t} k^2 = \sum_{k=0}^{t-1} k^2 + t^2 = \frac{[t-1]([t-1]+1)(2[t-1]+1)}{6} + t^2.$$

(Im ersten Schritt wurde der letzte Summand t^2 isoliert, um im zweiten Schritt die Summe wegen $t - 1 \in N$ vereinfachen zu können.) Den Term der rechten Seite vereinfacht man nun leicht zu

$$\frac{(t-1)t(2t-1)}{6} + t^2 = \frac{2t^3 - 3t^2 + t + 6t^2}{6} = \frac{2t^3 + 3t^2 + t}{6} = \frac{t(t+1)(2t+1)}{6},$$

sodass insgesamt $\sum_{k=0}^{t} k^2 = \frac{t(t+1)(2t+1)}{6}$, also $t \in N$ folgt. Das widerspricht aber der Eigenschaft $t \in M = \mathbb{N} \setminus N$. Wir müssen daher die Annahme, dass $N \neq \mathbb{N}$ ist, fallen lassen und erhalten $N = \mathbb{N}$. ∎

B Das Prinzip der vollständigen Induktion Die vollständige Induktion wird uns nun eine Methode liefern, die es erlaubt, allgemeine Eigenschaften natürlicher Zahlen, wie die Formel des letzten Beispiels, oder kompliziertere Formeln wie

$$\sum_{k=0}^{n} k^3 = \frac{n^2(n+1)^2}{4} \qquad (2.1.3)$$

direkt, also nicht per Widerspruchsbeweis, nachzuweisen.[2] Zur Klärung des Phänomens der vollständigen Induktion definieren wir zunächst eine bestimmte Klasse von Teilmengen von $\mathbb{N}$ (nämlich die Endstücke) sowie die Nachfolgerfunktion.

---

[2] Der Leser wird sich erinnern, dass der Nachweis der Formel $\sum_{j=1}^{n} j = \frac{n(n+1)}{2}$ bereits in ▶Beispiel 1.6.1 ebenfalls auf direktem Wege durch elementares Rechnen mit Summen bewiesen wurde. Man beachte aber, dass der auf Gauß zurückgehende Beweis auf das konkrete Problem zugeschnitten war und daher nicht allgemein verwendbar ist.

Definition 2.1.2 Eine Teilmenge A von $\mathbb{N}$ heißt ein **Anfangsstück**, falls $A = \emptyset$ ist oder falls ein $n \in \mathbb{N}$ mit $A = \{0, 1, 2, \ldots, n\}$ existiert. Ist A ein Anfangsstück, so nennen wir sein Komplement $E := A^c = \mathbb{N} \setminus A$ ein **Endstück** von $\mathbb{N}$.

Ist E ein Endstück mit $l = \min(E)$, so ist offenbar $E = \{l, l+1, \ldots\} = \{l + n : n \in \mathbb{N}\} = \{x \in \mathbb{N} : x \geq l\}$.

Definition 2.1.3 Ist $n \in \mathbb{N}$, so heißt $\operatorname{succ}(n) := n + 1$ der **Nachfolger**[3] von n.

Das folgende Ergebnis charakterisiert die Endstücke von $\mathbb{N}$ anhand der Nachfolgerfunktion succ. Der Beweis entspricht im Wesentlichen dem Vorgehen in ▶Beispiel 2.1.1 und sei daher dem Leser als Übung gestellt.

Proposition 2.1.4 Es sei M eine nichtleere Teilmenge von $\mathbb{N}$. Dann sind die beiden folgenden Aussagen äquivalent:

(1) M ist ein Endstück.

(2) Ist $x \in M$ beliebig, so ist auch $\operatorname{succ}(x) \in M$.[4]

Wir sind nun soweit, das Prinzip der vollständigen Induktion als Satz zu formulieren und zu beweisen.

Satz 2.1.5 Für jedes n aus $\mathbb{N}$ sei $P(n)$ eine Aussage. Angenommen, es gibt eine konkrete Zahl $n_0 \in \mathbb{N}$, für die man die beiden folgenden Eigenschaften nachweisen kann:

(1) **Induktionsverankerung**: Es ist $P(n_0) = \mathtt{wahr}$.

(2) **Induktionsschritt**: Ist $m \geq n_0$ beliebig mit $P(m) = \mathtt{wahr}$, so folgt, dass auch $P(m+1) = \mathtt{wahr}$ ist.

Dann ist $P(n) = \mathtt{wahr}$ für jedes $n \geq n_0$.

---

[3] Engl.: *successor*.
[4] Man sagt dazu auch: M ist **abgeschlossen unter** succ bzw. M ist **invariant unter** succ.

2.1 Vollständige Induktion

Beweis Wir definieren die Menge M_P durch $M_P := \{k \in \mathbb{N}: k \geq n_0,\ P(k) = \text{wahr}\}$. Es ist nachzuweisen, dass bei Gültigkeit der Induktionsverankerung bei n_0 und bei Gültigkeit des Induktionsschrittes, die Eigenschaft $P(n)=\text{wahr}$ für alle $n \geq n_0$ gültig ist, dass also $M_P = \{n \in \mathbb{N}: n \geq n_0\}$ folgt.

Die Gültigkeit der Induktionsverankerung für n_0 bedeutet, dass n_0 Element von M_P ist, weshalb M_P nicht leer ist. Die Gültigkeit des Induktionsschrittes bedeutet hier: Aus $m \in M_P$ folgt $m + 1 = \text{succ}(m) \in M_P$. Insgesamt ergibt das, dass M_P eine nichtleere Teilmenge von $\mathbb{N}$ ist, die unter der Nachfolgerfunktion abgeschlossen ist. Nach ▶Proposition 2.1.4 handelt es sich bei M_P daher um ein Endstück. In der Tat ist M_P dann gleich $\{x \in \mathbb{N}: x \geq n_0\}$, weil n_0 das kleinste Element von M_P ist.[5] ■

Anstelle von Induktionsverankerung sagt man häufig auch **Induktionsanfang**. Der Induktionsschritt wird meist nochmals in

(2a) die **Induktionsannahme** (auch **Induktionsvoraussetzung**) und

(2b) den **Induktionsschluss**

unterteilt. Bei der Induktionsvoraussetzung schreibt man sich der Übersichtlichkeit halber die zu beweisende Aussage hin, während im Induktionsschluss der eigentliche Induktionsschritt vollzogen wird.

C Zwei Beispiele zur vollständigen Induktion Das Verfahren der vollständigen Induktion verinnerlicht man sich am besten durch Betrachten von Beispielen und eigenes Üben. Wir wollen daher im weiteren Verlauf dieses Abschnittes eine Fülle von Beispielen studieren, die das Phänomen der vollständigen Induktion in seiner Vielseitigkeit deutlich machen.

Beispiel 2.1.6 Wir werden mit vollständiger Induktion nachweisen, dass **die Summe der ersten n ungeraden Zahlen** gleich n^2 ist. Zur Formalisierung setzen wir für n aus $\mathbb{N}^*$ zunächst $u(n) := 2n - 1$ sowie

$$S_u(n) := \sum_{k=1}^{n} u(k) = \sum_{k=1}^{n}(2k - 1).$$

Dann ist beispielsweise $u(1) = 1$ und $u(2) = 3$ und $u(3) = 5$, woran man sieht, dass $u(n)$ die n-te ungerade Zahl ist. Ferner ist $S_u(n)$ dann die Summe der ersten n ungeraden Zahlen, und wir wollen beweisen, dass $S_u(n) = n^2$ für alle $n \in \mathbb{N}^*$ gilt. In der Tat ist $S_u(1) = 1 = 1^2$ und $S_u(2) = 1 + 3 = 4 = 2^2$ und $S_u(3) = 1 + 3 + 5 = 9 = 3^2$, was unser Vertrauen in diese Aussage stärkt.

---

[5] Man beachte, dass $P(n)$ durchaus auch für ein $n < n_0$ wahr sein kann, denn über die Menge $\{n \in \mathbb{N}: n < n_0\}$ wurde ja keine Aussage getroffen.

(1) Induktionsverankerung: Es ist $S_u(n_0) = n_0^2$ für $n_0 = 1$.

(2) Induktionsschritt: Annahme, es gilt $S_u(m) = m^2$ für ein beliebiges $m \geq n_0 = 1$. Zum Vollzug des Induktionsschrittes müssen wir beweisen, dass dann auch $S_u(\text{succ}(m)) = \text{succ}(m)^2$ gilt, bzw. $S_u(m+1) = (m+1)^2$. Durch Isolierung des letzten Summanden erhält man zunächst einmal

$$S_u(m+1) = \sum_{k=1}^{m+1} u(k) = \sum_{k=1}^{m} u(k) + u(m+1) = S_u(m) + u(m+1).$$

Nun verwendet man die Induktionsannahme $S_u(m) = m^2$ und erhält durch Einsetzen: $S_u(m+1) = m^2 + u(m+1)$. Weiter ist $u(m+1) = 2(m+1) - 1 = 2m+1$. Insgesamt ergibt sich also dann mit der aus der Schule bekannten ersten binomischen Formel:

$$S_u(m+1) = m^2 + 2m + 1 = (m+1)^2$$

Nach dem Prinzip der vollständigen Induktion ist damit $S_u(n) = n^2$ für alle $n \geq n_0 = 1$ bewiesen. ∎

Um das Rechnen mit Summen weiter zu festigen, wollen wir an dieser Stelle kurz demonstrieren, wie man die Gleichung $\sum_{k=1}^{n}(2k-1) = n^2$ unter Verwendung der Formel $\sum_{k=1}^{n} k = \frac{n(n+1)}{2}$ auch direkt nachweisen kann. Zunächst gilt $\sum_{k=1}^{n}(2k-1) = 2 \cdot \sum_{k=1}^{n} k - \sum_{k=1}^{n} 1$. Dies ist gleich $2 \cdot \frac{n(n+1)}{2} - n = n(n+1) - n = n^2$.

Beispiel 2.1.7 Für $n \in \mathbb{N}^*$ bezeichne $v(n)$ den größten ungeraden Teiler[6] von n. Beispielsweise ist $v(1) = 1$ und $v(8) = 1$ und $v(12) = 3$. Ist n ungerade, so ist $v(n) = n$; ist n gerade, etwa $n = 2m$, so ist der größte ungerade Teiler von n gleich dem größten ungeraden Teiler von m, also $v(n) = v(m)$. Damit ist klar, wie man die Zahl $v(n)$ für ein konkretes n bestimmt: Man dividiert n so lange durch 2, bis man eine ungerade Zahl k erhält; dieses k ist dann gleich $v(n)$. Beispielsweise ist $v(10000) = 625$, denn

$$v(10000) = v(5000) = v(2500) = v(1250) = v(625) = 625.$$

Nun aber zum eigentlichen Problem: Für $n \in \mathbb{N}^*$ definieren wir die Größe $\sigma_v(n)$ durch

$$\sigma_v(n) := \sum_{k=1}^{2^n} v(k).$$

Man beachte unbedingt, dass die Summation bis 2^n geht! Es geht also um die Summation der größten ungeraden Teiler der ersten 2^n Zahlen aus $\mathbb{N}^*$. Beispielsweise ist $\sigma_v(1) = v(1) + v(2) = 2$ und $\sigma_v(2) = v(1) + v(2) + v(3) + v(4) = 6$ und $\sigma_v(3) = v(1) + \ldots + v(8) = 22$. Wir behaupten nun, dass Folgendes gilt:

$$\sigma_v(n) = \frac{4^n + 2}{3} \text{ für jedes } n \in \mathbb{N}^*$$

---

[6] Siehe ▶Definition 2.2.1.

2.1 Vollständige Induktion

Wie man auf diese Formel kommt ist eine andere Geschichte; wir beschäftigen uns hier lediglich mit dem Nachweis der Formel. Den Beweis führt man mit vollständiger Induktion, wobei hier $n_0 = 1$ zu wählen ist.

(1) Induktionsanfang: Es gilt $\frac{4^1+2}{3} = \frac{6}{3} = 2 = \sigma_v(1)$.

(2a) Induktionsvoraussetzung: Für ein beliebiges $m \geq 1$ gelte $\sigma_v(m) = \frac{4^m+2}{3}$.

(2b) Induktionsschluss: Wir betrachten $\sigma_v(\text{succ}(m)) = \sigma_v(m + 1)$ und müssen nachweisen, dass dies gleich $\frac{4^{\text{succ}(m)}+2}{3} = \frac{4^{m+1}+2}{3}$ ist. Die Grundidee dazu ist, ähnlich zum Vorgehen in ▶Beispiel 2.1.6, die Gesamtsumme in zwei Teile zu zerlegen, um die Induktionsannahme ins Spiel zu bringen. So gilt

$$\sigma_v(m+1) = \sum_{k=1}^{2^{m+1}} v(k) = \sum_{k=1}^{2^m} v(k) + \sum_{k=2^m+1}^{2^{m+1}} v(k) = \sigma_v(m) + \sum_{k=2^m+1}^{2^{m+1}} v(k).$$

Das Einsetzen der Induktionsannahme liefert dann $\sigma_v(m+1) = \frac{4^m+2}{3} + \sum_{k=2^m+1}^{2^{m+1}} v(k)$. Beim Weiterrechnen wird man aber feststellen, dass die Behandlung des resultierenden Summenterms zu unübersichtlich wird, weshalb man sich eingestehen muss, dass obige Zurückführung auf die Induktionsannahme nichts bringt.

Betrachten wir daher nochmals die Indexmengen, über die summiert wird. Zur Formalisierung sei für jedes $l \in \mathbb{N}$ die Menge I_l definiert durch $I_l := \{1, 2, \ldots, 2^l\}$. Dann ist also

$$\sigma_v(m+1) = \sum_{k \in I_{m+1}} v(k).$$

Wir zerlegen jetzt I_{m+1} in die disjunkten Teilmengen $G := \{2, 4, 6, \ldots, 2^{m+1}\}$ der geraden und $U := \{1, 3, 5, \ldots, 2^{m+1} - 1\}$ der ungeraden Zahlen. Dann zerlegt sich die gesamte Summe entsprechend wie folgt:

$$\sigma_v(m+1) = \sum_{k \in G} v(k) + \sum_{k \in U} v(k)$$

Beim ersten (gescheiterten) Ansatz wurde die Partition $\{I_m, \{2^m + 1, 2^m + 2, \ldots, 2^{m+1}\}\}$ von I_{m+1} betrachtet, nun verwenden wir stattdessen die Partition $\{G, U\}$ von I_{m+1}. Weiter sieht man unmittelbar, dass $\{2l : l \in I_m\} = G$ und $\{2l - 1 : l \in I_m\} = U$ alternative Beschreibungen für die Mengen G und U sind. Daher können wir die letzte Formel auch als

$$\sigma_v(m+1) = \sum_{l \in I_m} v(2l) + \sum_{l \in I_m} v(2l - 1)$$

schreiben. Aufgrund der eingangs gemachten Bemerkungen über v, nämlich $v(2l) = v(l)$ und $v(2l - 1) = 2l - 1$ (da $2l - 1$ ungerade), lässt sich das zu

$$\sigma_v(m+1) = \sum_{l \in I_m} v(l) + \sum_{l \in I_m} (2l-1)$$

vereinfachen. Die erste Summe, also $\sum_{l \in I_m} v(l)$, ist nun aber gerade gleich $\sigma_v(m)$, was nach Induktionsannahme gleich $\frac{4^m+2}{3}$ ist. Bei der zweiten Summe werden die ersten 2^m ungeraden Zahlen aufsummiert – dies ist ein Problem, welches wir bereits gelöst haben! Nach ▶Beispiel 2.1.6 ist die zweite Summe nämlich gleich $S_u(2^m) = (2^m)^2 = 2^{2m} = 4^m$. Wir erhalten daher insgesamt

$$\sigma_v(m+1) = \frac{4^m + 2}{3} + 4^m = \frac{4^m + 2 + 3 \cdot 4^m}{3} = \frac{4^{m+1} + 2}{3},$$

womit der Induktionsschluss vollzogen ist. ∎

D Die Fakultätsfunktion und deren Wachstumsverhalten Wir fahren mit zwei weiteren Beispielen zur vollständigen Induktion fort. Beim ersten Beispiel handelt es sich um eine induktive Definition; beim zweiten Beispiel demonstrieren wir, wie schwierig ein Induktionsanfang sei kann.

Beispiel 2.1.8 Wir definieren die **Fakultätsfunktion** ! auf $\mathbb{N}$. Dazu sei $0! := 1$ und, wenn $n!$ bereits bekannt ist, so sei $\text{succ}(n)! := \text{succ}(n) \cdot n!$, also $(n+1)! := (n+1) \cdot n!$. Gemäß vollständiger Induktion ist dann $m!$ (lies: m-**Fakultät**) in der Tat für alle $m \in \mathbb{N}$ definiert. Diese Form der Definition nennt man eine **rekursive Definition**. Es ist klar, dass $n! = \prod_{k=1}^{n} k$ ist (für $n \geq 1$). ∎

Beispiel 2.1.9 Es sei $b \in \mathbb{N}^*$; zunächst sei b beliebig, später werden wir exemplarisch den Fall $b = 7$ betrachten. Wir wollen die Ungleichung $n! \geq b^n$ untersuchen. Das Ziel ist es zu zeigen, dass die Menge $M_b := \{n \in \mathbb{N}^* : n! \geq b^n\}$ **fast alle** natürlichen Zahlen enthält, was definitionsgemäß bedeutet, dass $\mathbb{N} \setminus M_b$ eine **endliche** Menge ist. Dazu bietet sich wieder die vollständige Induktion an.

(1) Induktionsverankerung: Hierzu benötigen wir einen konkreten Startwert n_0. Wir werden gleich sehen, dass es alles andere als einfach ist, einen solchen Startwert zu finden, und arbeiten zunächst einmal unter der Annahme, dass es ein $n_0 \in M_b$ mit $n_0 \geq b$ gibt.

(2) Induktionsschritt: Aus $m \geq n_0$ mit $m \in M_b$ (also $m! \geq b^m$) folgt dann wegen $m + 1 > m \geq n_0 \geq b$ (also $m + 1 > b$) sofort

$$(m+1)! = (m+1) \cdot m! > b \cdot m! \geq b \cdot b^m = b^{m+1},$$

sodass dann auch $m + 1$ in M_b enthalten ist.

2.1 Vollständige Induktion

Zusammenfassend können wir sagen: Wenn es uns gelingt, ein $n_0 \geq b$ anzugeben, welches in M_b liegt, so ist das Endstück $\{x \in \mathbb{N}: x \geq n_0\}$ ganz in M_b enthalten und daher $\mathbb{N} \setminus M_b \subseteq \mathbb{N} \setminus \{x \in \mathbb{N}: x \geq n_0\} \subseteq \{0, 1, \ldots, n_0 - 1\}$ eine endliche Menge. Wenn es uns hingegen nicht gelingt, ein $n_0 \geq b$ in M_b zu finden, so könnte als andere Alternative auch $M_b \subseteq \{0, 1, \ldots, b-1\}$ gelten, sodass M_b eine endliche Menge wäre. Die Handhabung des Induktionsanfangs entscheidet hier also über die beiden äußerst extremen Alternativen „$n! \geq b^n$ für fast alle n" und „$n! \geq b^n$ für nur endlich viele n". Dieses Beispiel demonstriert damit einerseits, dass der Induktionsschluss relativ einfach, ja fast schon trivial zu bewältigen ist und dass ein Großteil der Arbeit in den Induktionsanfang investiert werden muss. Keinesfalls darf auf den Induktionsanfang verzichtet werden!

Wie steht es nun mit dem Induktionsanfang? Wir machen uns für den Spezialfall $b = 7$ auf die Suche und werten die Ungleichung einfach an einigen Zahlen aus, wobei wir allerdings schnell an die Grenzen eines 8-stelligen Taschenrechners herankommen.

m	$m!$	7^m
1	1	7
2	2	49
3	6	343
4	24	2401
5	120	16807
6	720	117649
7	5040	823543
8	40320	5764801
9	362880	40353607
10	3628800	282475249

Ist die Aussage $n! \geq 7^n$ möglicherweise für kein $n \geq 1$ gültig, also $M_7 = \emptyset$? Irgendwie widerspricht das jeglicher Intuition, da mit wachsendem n im Term $n!$ die sukzessive hinzukommenden Faktoren (linear) wachsen, während sie im Term 7^n konstant bleiben. Es sollte also nur eine Frage der Zeit sein, wann die Ungleichung kippt. In der Tat ist

$$18! = 6402373705728000 > 1628413597910449 = 7^{18}.$$

Mit dem oben Bewiesenen folgt damit $\{18, 19, \ldots\} \subseteq M_7$. Wir beenden den Fall $b = 7$ mit zwei Bemerkungen.

1. Zunächst wollen wir demonstrieren, wie die Wahrheit von „$18! > 7^{18}$" mit einem 8-stelligen Taschenrechner nachgewiesen werden kann. Wir betrachten dazu die folgenden Faktorisierungen von $18!$, die man einfach aus der Primfaktorzerlegung (siehe Abschnitt 2.2) der Zahlen von 2 bis 18 gewinnen kann. Es gilt:

$$18! = 18 \cdot 17 \cdot 16 \cdot 15 \cdot 14 \cdot 13 \cdot 12 \cdot 11 \cdot 10 \cdot 9 \cdot 8 \cdot 7 \cdot 6 \cdot 5 \cdot 4 \cdot 3 \cdot 2$$
$$= (2 \cdot 3^2) \cdot 17 \cdot (2^4) \cdot (3 \cdot 5) \cdot (2 \cdot 7) \cdot 13 \cdot (2^2 \cdot 3) \cdot 11 \cdot$$
$$\cdot (2 \cdot 5) \cdot (3^2) \cdot 2^3 \cdot 7 \cdot (2 \cdot 3) \cdot 5 \cdot (2^2) \cdot 3 \cdot 2$$
$$= 2^{16} \cdot 3^8 \cdot 5^3 \cdot 7^2 \cdot 11 \cdot 13 \cdot 17$$
$$= (2^{15}) \cdot (9^4 \cdot 5) \cdot (2 \cdot 5^2) \cdot (7^2) \cdot (11 \cdot 13 \cdot 17)$$
$$= (8^5) \cdot 32805 \cdot 50 \cdot (7^2) \cdot 2431$$

Nun ist $8 > 7$ und daher auch $8^5 > 7^5$; weiter ist $32805 > 16807$ und $50 > 49$ sowie $2431 > 2401$. Daraus folgt dann

$$18! > (7^5) \cdot 16807 \cdot 49 \cdot (7^2) \cdot 2401.$$

Wegen $16807 = 7^5$ und $2401 = 7^4$ sowie $49 = 7^2$ ergibt dies weiter

$$18! > (7^5) \cdot (7^5) \cdot (7^2) \cdot (7^2) \cdot (7^4) = 7^{18}$$

und damit $18 \in M_7$.

2. In der Tat gilt bereits $17! \geq 7^{17}$, allerdings darf man beim Abschätzen nicht so grob arbeiten wie oben bei der Abschätzung von $18!$. Für $k = 1, 2, \ldots, 16$ gilt $7^k > k!$.

Wie sieht es bei einer allgemeinen Basis b aus? Diese Frage kann mit Methoden der Analysis geklärt werden (siehe Teil IV): Der Term $\frac{b^n}{n!}$ **konvergiert** bei wachsendem n gegen 0 und wird damit ab einem von b abhängigen n_0 kleiner als 1. Das bedeutet letztendlich, dass M_b für jedes $b \in \mathbb{N}^*$ fast alle natürlichen Zahlen enthält. ■

Im Zusammenhang des letzten Beispiels ist noch zu erwähnen, dass für große Zahlen n die Zahl $n!$ durch die **Stirling'sche**[7] **Formel** angenähert werden kann. Diese lautet

$$n! \approx \sqrt{2\pi n} \cdot \left(\frac{n}{e}\right)^n, \qquad (2.1.4)$$

wobei π die Kreiszahl und e die Euler'sche Zahl ist ($e = 2.718\ldots$, siehe Teil IV). Daran erkennt man aufgrund der mit n wachsenden Basis $\frac{n}{e}$ einmal mehr das schnellere Wachstum von $n!$ gegenüber dem exponentiellen Wachstum b^n bei einer konstanten Basis.

E Die geometrische Summe Als weitere Anwendung der vollständigen Induktion beweisen wir die Formel für geometrische Summen.

Es sei a eine reelle Zahl. Für $n \in \mathbb{N}$ definieren wir $G_a(n) := \sum_{j=0}^{n} a^j$. Dabei ist definitionsgemäß $a^0 := 1$.[8] Wir behaupten, dass gilt:

$$G_a(n) = \sum_{j=0}^{n} a^j = \frac{a^{n+1} - 1}{a - 1} \quad \text{für alle } a \in \mathbb{R}, a \neq 1 \qquad (2.1.5)$$

---

[7] James Stirling (1692–1770).
[8] Das gilt insbesondere auch für $a = 0$; es ist also $0^0 := 1$.

Der Beweis erfolgt wieder durch vollständige Induktion. Ist $n = 0$, so ist $G_a(n) = a^0 = 1$. Ebenso ist $\frac{a^{0+1}-1}{a-1} = \frac{a-1}{a-1} = 1$, weshalb $n = 0$ als Induktionsanfang dient. Zum Induktionsschritt: Nach Isolierung des letzten Summanden und Einbringen der Induktionsvoraussetzung erhält man

$$G_a(n+1) = \sum_{j=0}^{n+1} a^j = \sum_{j=0}^{n} a^j + a^{n+1} = G_a(n) + a^{n+1} = \frac{a^{n+1}-1}{a-1} + a^{n+1}.$$

Der Rest ist eine Routinerechnung: Es ist

$$\frac{a^{n+1}-1}{a-1} + a^{n+1} = \frac{a^{n+1}-1+a^{n+1}(a-1)}{a-1} = \frac{a^{n+1}-1+a^{n+2}-a^{n+1}}{a-1} = \frac{a^{n+2}-1}{a-1},$$

was insgesamt zu beweisen war.

Für eine reelle Zahl a mit $-1 < a < 1$ zeigt man in der Analysis (siehe Kapitel 15), dass sich die Zahlenfolge $a^0, a^1, a^2, \ldots, a^n, \ldots$ immer mehr der 0 annähert, weshalb sich die Folge

$$G_a(0), \quad G_a(1), \quad G_a(2), \quad \ldots, \quad G_a(n) = \frac{a^{n+1}-1}{a-1}, \quad \ldots$$

bei großem n immer mehr an die Zahl $\frac{0-1}{a-1} = \frac{1}{1-a}$ annähert. In diesem Zusammenhang nennt man $\frac{1}{1-a}$ den **Grenzwert der Reihe der** a^j und schreibt dafür $\frac{1}{1-a} = \sum_{j=0}^{\infty} a^j$. Beispielsweise ist $\sum_{j=0}^{\infty}(\frac{1}{3})^j = \frac{3}{2}$, wie zu Beginn von Abschnitt 1.7 bemerkt wurde.

F Die Summenregel aus der Kombinatorik Wir nehmen an, dass die Mengen $M_1, \ldots, M_n$ ein **disjunktes** Mengensystem (siehe ▶Definition 1.5.2) über der Grundmenge M bilden und dass jede dieser Mengen eine endliche Mächtigkeit hat. Dann besagt die Summenregel, dass für die Mächtigkeit der Vereinigung der M_i gilt:

$$\left| \dot{\bigcup}_{i=1}^{n} M_i \right| = \sum_{i=1}^{n} |M_i| \tag{2.1.6}$$

Dies beweist man mit vollständiger Induktion. Die Aussage ist (trivialerweise) für $n = 1$ richtig, und, wie wir aus ▶Satz 1.3.5-(2) wissen, auch für $n = 2$. Dies dient als Induktionsverankerung. Wir nehmen nun induktiv an, dass die Aussage für m paarweise disjunkte Mengen richtig ist (für ein beliebiges $m \geq 1$), und vollziehen den Induktionsschritt von m auf $m+1$. Für das dazu gegebene disjunkte Mengensystem, das aus $m+1$ Mengen $M_1, \ldots, M_{m+1}$ besteht, setzen wir nun $X := \cup_{i=1}^{m} M_i$ und $Y := M_{m+1}$. Dann ist insgesamt $\cup_{i=1}^{m+1} M_i = X \cup Y$ und daher, unter Verwendung der Formel aus ▶Satz 1.3.5-(2):

$$\left| \bigcup_{i=1}^{m+1} M_i \right| = |X \cup Y| = |X| + |Y| - |X \cap Y|$$

Die Anwendung der Induktionsannahme auf X liefert zusammen mit $Y = M_{m+1}$ dann

$$|X| + |Y| = \left| \dot{\bigcup}_{i=1}^{m} M_i \right| + |M_{m+1}| = \sum_{i=1}^{m} |M_i| + |M_{m+1}| = \sum_{i=1}^{m+1} |M_i|,$$

sodass letztendlich zu zeigen bleibt, dass $X \cap Y$ die leere Menge ist. Wäre $u \in X \cap Y$, so gäbe es wegen $X = \cup_{i=1}^{m} M_i$ ein $i \in \{1, 2, \ldots, m\}$ mit $u \in M_i$ und mit $u \in Y = M_{m+1}$, also mit $u \in M_i \cap M_{m+1}$. Das widerspräche aber der Voraussetzung, wonach M_i und M_{m+1} disjunkt sind. Also folgt in der Tat $X \cap Y = \emptyset$, womit die Behauptung insgesamt bewiesen ist. Bei diesem durchgeführten Induktionsschritt ist zu beachten, dass wir auch den Fall $n = 2$ benötigt haben.

2.2 Primfaktorzerlegung

Das Ziel dieses Abschnittes ist der Nachweis, dass man jede natürliche Zahl als Produkt von Primzahlen schreiben kann; man spricht von der Primfaktorzerlegung natürlicher Zahlen. Dabei werden wir ergänzend zum letzten Abschnitt das Prinzip der vollständigen Induktion in einer zweiten, äquivalenten Form kennenlernen.

A **Die Teilbarkeitsrelation** Wir starten mit der zur Multiplikation in $\mathbb{N}$ gehörenden Teilbarkeitsrelation $|$ („teilt"), die durch

$$a|b :\Leftrightarrow \exists_{m \in \mathbb{N}} (a \cdot m = b) \tag{2.2.1}$$

definiert ist. In Worten: Die natürliche Zahl a teilt die natürliche Zahl b, falls eine natürliche Zahl m mit $am = b$ existiert. Wie man sieht, handelt es sich bei der Teilbarkeitsrelation quasi um das multiplikative Analogon der in (2.1.1) definierten natürlichen Ordnung $\leq$.

> **Definition 2.2.1** Sind $a, b \in \mathbb{N}$ mit $a|b$, so nennt man a einen **Teiler** von b und b ein **Vielfaches** von a.

Offenbar gilt $n|0$ und $1|n$ sowie $n|n$ für jedes $n \in \mathbb{N}$. Ist a Teiler von b und b Teiler von c, so ist auch a Teiler von c,[9] denn: wegen $a|b$ gibt es ein $m \in \mathbb{N}$ mit $am = b$; wegen $b|c$ gibt es ein $m' \in \mathbb{N}$ mit $bm' = c$. Sodann ist $a(mm') = (am)m' = bm' = c$, also gilt wegen $mm' \in \mathbb{N}$ auch $a|c$.

Beispiel 2.2.2 Wir folgen dem Buch von Coxeter[10] [13] und weisen nach, dass die Zahl 641 ein Teiler der Zahl $2^{2^5} + 1$ ist (siehe auch ▶ Beispiel 1.7.4). Es sei dazu $a := 641$. Dann ist einerseits

$$a = 640 + 1 = 5 \cdot 128 + 1 = 5 \cdot 2^7 + 1.$$

---

[9] Diese Eigenschaft nennt man die **Transitivität** der Teilbarkeitsrelation.
[10] Harold S. M. Coxeter (1907–2003).

Weiter sei $x := 5^4 \cdot 2^{28} - 1$. Dann ist a ein Teiler von x, denn mit $m := (5 \cdot 2^7 - 1) \cdot (5^2 \cdot 2^{14} + 1)$ gilt unter zweifacher Verwendung der dritten binomischen Formel

$$a \cdot m = (5 \cdot 2^7 + 1) \cdot (5 \cdot 2^7 - 1) \cdot (5^2 \cdot 2^{14} + 1)$$
$$= (5^2 \cdot 2^{14} - 1) \cdot (5^2 \cdot 2^{14} + 1) = 5^4 \cdot 2^{28} - 1 = x.$$

Andererseits gilt aber auch $a = 625 + 16 = 5^4 + 2^4$. Ist daher $y := 5^4 \cdot 2^{28} + 2^{32}$, so ist a auch Teiler von y, denn mit $n := 2^{28}$ gilt

$$a \cdot n = (5^4 + 2^4) \cdot 2^{28} = 5^4 \cdot 2^{28} + 2^{32} = y.$$

Wegen $a|y$ und $a|x$ ist a dann aber auch Teiler von $y - x$, denn $y - x = an - am = a(n - m)$ und $n - m \in \mathbb{N}$. Wegen

$$y - x = 5^4 \cdot 2^{28} + 2^{32} - (5^4 \cdot 2^{28} - 1) = 2^{32} + 1 = 2^{2^5} + 1$$

folgt schließlich die Behauptung. ∎

B Primzahlen Wir haben in den vergangenen Abschnitten immer einmal wieder den Begriff „Primzahl" verwendet und dabei auf Schulwissen vertraut. Wir wollen an dieser Stelle nun eine formale Definition geben und als Ziel dieses Paragraphen nachweisen, dass es unendlich viele von diesen Zahlen gibt.

Definition 2.2.3 Es sei $p \in \mathbb{N}$ mit $p \geq 2$. Dann heißt p eine **Primzahl**, falls p innerhalb der natürlichen Zahlen nur die Teiler 1 und p hat.

Beispielsweise sind 2 und 3 sowie $5 = 2^{2^1} + 1$ oder 7 und 11 und 13 oder $17 = 2^{2^2} + 1$ sowie $2^{2^3} + 1$ und $2^{2^4} + 1$ alles Primzahlen. Wie oben nachgerechnet ist allerdings $2^{2^5} + 1$ keine Primzahl. Wir werden gleich nachweisen, dass es unendlich viele Primzahlen gibt. Auf dem Weg dorthin benötigen wir das folgende Resultat.

Proposition 2.2.4 Ist $n \in \mathbb{N}$ mit $n \geq 2$, so gibt es eine Primzahl p, die n teilt.

Beweis Wir folgen der Argumentation von ▶Beispiel 2.1.1 und führen einen Widerspruchsbeweis, der auf der Wohlordnungseigenschaft der natürlichen Zahlen beruht. Dazu sei

$N := \{n \in \mathbb{N} : n \geq 2,$ es gibt eine Primzahl, die n teilt$\}$.

Wir müssen nachweisen, dass $N = \{2, 3, 4, \ldots\}$ gilt. Annahme, dies ist nicht der Fall. Dann ist das Komplement $M := \{2, 3, 4, \ldots\} \setminus N$ eine nichtleere Teilmenge von $\mathbb{N}$. Aufgrund der Wohlordnungseigenschaft hat M ein kleinstes Element, welches wir t nennen wollen. Da jede Primzahl in N liegt, kann t keine Primzahl sein. Somit gibt es Zahlen a und b mit $1 < a < t$ und mit $1 < b < t$, sodass $ab = t$ gilt. Da t das kleinste Element von M ist und da $a < t$ gilt, ist a ein Element der Menge N, was bedeutet, dass es eine Primzahl gibt, welche a teilt. Nennen wir diese Primzahl p. Aufgrund der Transitivität der Teilbarkeitsrelation erhalten wir wegen $p|a$ und $a|t$ dann aber auch $p|t$, was der Annahme $t \notin N$ widerspricht. Somit gilt in der Tat $N = \{2, 3, 4, \ldots\}$.

Satz 2.2.5   von Euklid[11]

Es gibt unendlich viele Primzahlen.

Beweis   Wir führen einen Widerspruchsbeweis. Annahme, es gibt nur endlich viele Primzahlen, etwa k Stück, $p_1, \ldots, p_k$. Man betrachtet nun die Zahl $N := 1 + \prod_{i=1}^{k} p_i$. Diese ist größer als 1 und wird nach ▶Proposition 2.2.4 daher von (mindestens) einer Primzahl geteilt, etwa von p_l. Somit lässt sich N auch schreiben als $N = p_l \cdot a$ für ein $a \in \mathbb{N}^*$. Wir argumentieren nun analog zu ▶Beispiel 2.2.2. Es ist p_l Teiler von N und ebenfalls Teiler von $\prod_{i=1}^{k} p_i = N - 1$ wegen $N - 1 = p_l \cdot b$ mit $b = \prod_{i=1, i \neq l}^{k} p_i$. Daher ist p_l auch ein Teiler von $1 = N - (N - 1)$, denn

$$1 = N - (N - 1) = p_l \cdot a - p_l \cdot b = p_l \cdot (a - b).$$

Wegen $p_l > 1$ ist dies aber ein Widerspruch.

Die größte bis heute (April 2008) bekannte Primzahl ist $2^{32582657} - 1$ Sie wurde im September 2006 im Rahmen der GIMPS (great internet Mersenne prime search) von Curtis Cooper und Steven Boone gefunden; es handelt sich dabei um das Ungetüm einer Zahl mit 9 808 358 Dezimalstellen.[12] Primzahlen der Form $2^m - 1$ nennt man **Mersenne-Primzahlen**[13]. Damit $2^m - 1$ prim ist, muss notwendigerweise m selbst prim sein (Übung); allerdings ist das nicht hinreichend (das Aufsuchen eines Gegenbeispiels sei ebenfalls eine Übung). Die Entwicklung der Suche nach Mersenne-Primzahlen lässt vermuten, dass dieser Rekord nicht lange Bestand hat und das Preisgeld von 100 000 Dollar für eine (Mersenne-)Primzahl von mindestens 10 Millionen Dezimalstellen bald fällig wird!

C Eine zweite Form des Prinzips der vollständigen Induktion   Betrachten wir an dieser Stelle nochmals den Beweis von ▶Proposition 2.2.4. Dieser beruht auf der Wohlordnungseigenschaft in Kombination mit einem Widerspruchsbeweis. Mit dem Prinzip

---
[11] Euklid von Alexandrien (um 325 v. Chr. – um 265 v. Chr.).
[12] Siehe http://www.mersenne.org/prime.htm.
[13] Marin Mersenne (1588–1648).

der vollständigen Induktion kann dies wieder in einen direkten Beweis umformuliert werden. Allerdings tritt die Induktion im Vergleich zum letzten Abschnitt in einer etwas anderen, wenngleich äquivalenten Form auf, was wir etwas genauer untersuchen wollen, bevor wir mit dem eigentlichen Thema dieses Abschnittes fortfahren.

> **Satz 2.2.6** Für jedes n aus $\mathbb{N}$ sei $Q(n)$ eine Aussage. Angenommen, es gibt eine konkrete Zahl $n_0 \in \mathbb{N}$, für die man die beiden folgenden Eigenschaften nachweisen kann.
>
> (1) **Induktionsverankerung:** Es ist $Q(n_0) = \text{wahr}$.
>
> (2) **Induktionsschritt:** Ist $m \geq n_0$ beliebig und gilt $Q(k) = \text{wahr}$ **für alle** k mit $n_0 \leq k \leq m$, so folgt, dass auch $Q(m+1) = \text{wahr}$ ist.
>
> Dann ist $Q(n) = \text{wahr}$ für jedes $n \geq n_0$.

Beweis Zum Beweis führt man die Aussage von ▶Satz 2.2.6 auf ▶Satz 2.1.5 zurück. Für $n \in \mathbb{N}$ mit $n \geq n_0$ sei dazu $P(n)$ die Aussage $\forall_{n_0 \leq k \leq n} Q(k)$.

Dann gilt $P(n_0) = Q(n_0)$. Bei Gültigkeit der Induktionsverankerung ist daher $P(n_0) = \text{wahr}$, wenn $Q(n_0) = \text{wahr}$ ist.

Es sei nun $m \geq n_0$ beliebig und es folge $Q(m+1) = \text{wahr}$, falls $Q(k) = \text{wahr}$ **für alle** k mit $n_0 \leq k \leq m$, d.h., es folgt $Q(m+1) = \text{wahr}$, falls $P(m) = \text{wahr}$. Dann gilt $Q(k) = \text{wahr}$ **für alle** k mit $n_0 \leq k \leq m+1$, also $P(m+1) = \text{wahr}$. Insgesamt entspricht dies genau dem Nachweis des Induktionsschrittes von m nach $m+1$ gemäß ▶Satz 2.1.5 für das Prädikat P. Folglich gilt auch die Konklusion von ▶Satz 2.1.5, wonach $P(n)$ für alle $n \geq n_0$ wahr ist. Aufgrund der Definition von P ist dann aber auch $Q(n)$ für alle $n \geq n_0$ wahr, was zu zeigen war. ∎

Kommen wir nun nochmals auf den Beweis von ▶Proposition 2.2.4 zurück. Dort ist $Q(n)$ (für $n \geq n_0 = 2$) die Aussage „n wird von (mindestens) einer Primzahl geteilt". Dem Beweis von ▶Satz 2.2.6 entsprechend ist dann $P(n)$ die Aussage „$\forall_{2 \leq m \leq n} Q(m)$". Da 2 eine Primzahl ist, ist $Q(2) = P(2)$ wahr. Wir haben nun im Beweis von ▶Proposition 2.2.4 im Wesentlichen so argumentiert, dass aus $P(n-1)$ die Aussage $Q(n)$ folgt (mit der Notation t statt n). Wegen $P(n-1) \wedge Q(n) = P(n)$ folgt aus dem Prinzip der vollständigen Induktion, dass $P(k)$ für alle $k \geq 2$ wahr ist. Also gilt insbesondere auch die Aussage $Q(k)$ für alle $k \geq 2$.

Man wird die zweite Form der Induktion immer dann anwenden müssen, wenn der Induktionsschluss nicht von $n-1$, also dem direkten Vorgänger von n, auf n möglich ist. Nehmen wir in Bezug auf den Beweis von ▶Proposition 2.2.4 für n beispielsweise die Zahl 63. Dann ist $n - 1 = 62$, welches die Primteiler 2 und 31 hat. Keine dieser beiden Zahlen teilt aber 63, sodass wir also von 62 keinen Primteiler für 63 bekommen können. Da aber 63 nicht prim ist und in $9 \cdot 7$ faktorisiert, können wir beispielsweise den Schluss mit 9 durchführen: 9 hat den Primteiler 3; wegen $9|63$ ist dann 3 auch Primteiler von 63.

D Die Primfaktorzerlegung natürlicher Zahlen Mit dem Prinzip der vollständigen Induktion in der zweiten Form sind wir nun für die kommenden Resultate gewappnet, nämlich dem Nachweis der **Existenz** und der **Eindeutigkeit** einer Primfaktorzerlegung.

Satz 2.2.7 Existenz der Primfaktorzerlegung

Es sei $n \geq 2$ eine natürliche Zahl. Dann gibt es eine Zahl $m \in \mathbb{N}^*$ sowie m nicht notwendigerweise verschiedene Primzahlen $p_1, \ldots, p_m$ mit $n = \prod_{i=1}^{m} p_i$. Letzteres nennt man eine *Primfaktorzerlegung* von n.

Ist beispielsweise $n = 180$, so gilt mit $m = 5$ und mit $p_1 = p_2 = 2$ und $p_3 = p_4 = 3$ und $p_5 = 5$ dann $\prod_{i=1}^{m} p_i = 2 \cdot 2 \cdot 3 \cdot 3 \cdot 5 = 2^2 \cdot 3^2 \cdot 5 = 180 = n$.

Beweis Die Aussage ist sicher für jede Primzahl p richtig: Man wählt einfach $m = 1$ und $p_1 = p$, sodann ist $p = \prod_{i=1}^{m} p_i$. Wir verwenden nun speziell $p = 2$ als Induktionsanfang und verfahren nach dem Prinzip der vollständigen Induktion in zweiter Form (▶Satz 2.2.6). Es sei dazu $n \in \mathbb{N}^*$ mit $n > 2$ und wir nehmen induktiv an, dass jedes $n' < n$ eine Primfaktorzerlegung hat. Es bleibt dann der Nachweis einer Primfaktorzerlegung von n. Nach ▶Proposition 2.2.4 hat n einen Primteiler, sagen wir r. Falls $n = r$, so ist n selbst prim und es ist dann nichts weiter zu zeigen. Es sei daher n nicht prim, also $r < n$. Dann ist $u := \frac{n}{r}$ echt kleiner als n. Mit Induktionsannahme gibt es eine natürliche Zahl $m' \in \mathbb{N}^*$ und Primzahlen $p_1, \ldots, p_{m'}$ mit $u = p_1 \cdot p_2 \cdot \ldots \cdot p_{m'}$. Wir setzen nun $m := m' + 1$ und $p_m := r$ und erhalten dann durch

$$n = u \cdot r = \prod_{i=1}^{m'} p_i \cdot p_m = \prod_{i=1}^{m} p_i$$

eine Primfaktorzerlegung von n. Damit ist der Induktionsschritt vollzogen und insgesamt die Existenz der Primfaktorzerlegung gezeigt. ■

Zum Nachweis der Eindeutigkeit der Primfaktorzerlegung benötigen wir das folgende Lemma, welches wir allerdings erst in Abschnitt 2.4-D beweisen können.

Lemma 2.2.8 Annahme, eine Primzahl p teilt ein Produkt $b \cdot c$, dann folgt $p|b$ oder $p|c$. Allgemeiner gilt:

- Wenn eine Primzahl p ein Produkt $\prod_{i=1}^{k} b_i$ teilt, so gibt es wenigstens einen Faktor b_i, der von p geteilt wird.

Satz 2.2.9 **Eindeutigkeit der Primfaktorzerlegung**

Es sei $n \geq 2$ eine natürliche Zahl mit Primfaktorzerlegung $n = \prod_{i=1}^{m} p_i$ wie in ▶Satz 2.2.7. Dann ist die Anzahl m der Primzahlen eindeutig in Abhängigkeit von n bestimmt. Abgesehen von einer Änderung ihrer Reihenfolge sind die Primzahlen p_i ebenfalls eindeutig in Abhängigkeit von n bestimmt. Durch die naheliegende zusätzliche Forderung $p_1 \leq p_2 \leq \ldots \leq p_m$ wird schließlich auch deren Reihenfolge eindeutig festgelegt.

Beweis Wir starten den Beweis, indem wir für eine natürliche Zahl n annehmen, dass zwei Primfaktorzerlegungen vorliegen. Also: Annahme, es gibt Zahlen k und l aus $\mathbb{N}^*$ sowie Primzahlen $p_1, \ldots, p_l$ und Primzahlen $r_1, \ldots, r_k$ mit

$$n = \prod_{i=1}^{l} p_i \quad \text{und mit} \quad n = \prod_{j=1}^{k} r_j.$$

Wir dürfen dabei der Einfachheit halber davon ausgehen, dass die p_i aufsteigend geordnet sind: $p_1 \leq p_2 \leq \ldots \leq p_l$. Nun ist p_1 Teiler von $n = \prod_{j=1}^{k} r_j$, sodass mit ▶Lemma 2.2.8 gilt: $p_1|r_i$ für wenigstens ein i. Nach eventueller Abänderung der Reihenfolge der r_j dürfen wir weiter $p_1|r_1$ annehmen. Da aber p_1 und r_1 beides Primzahlen sind, kann p_1 nur Teiler von r_1 sein, wenn $p_1 = r_1$ ist. Nun kürzen wir p_1 (links) und r_1 (rechts) und erhalten für die Zahl $n' := \frac{n}{p_1} = \frac{n}{r_1}$ daher die beiden Zerlegungen

$$n' = \prod_{i=2}^{l} p_i \quad \text{und} \quad n' = \prod_{j=2}^{k} r_j.$$

Es ist $n' < n$. Damit wurde die Situation auf eine echt kleinere Zahl als n übertragen. Das ist die Stelle, an der man erneut mit vollständiger Induktion in der zweiten Form arbeiten kann. So dürfen wir annehmen, dass für n' die Aussage über die eindeutige Primfaktorzerlegung erfüllt ist. Das bedeutet dann $l = k$ und $p_i = r_i$ für $i = 2, \ldots, k$ (vorausgesetzt, dass auch $r_2, \ldots, r_k$ aufsteigend sortiert sind, was man aber ohne Einschränkung annehmen kann). Wegen $r_1 = p_1$ folgt schließlich die eindeutige Primfaktorzerlegung auch für n und damit (induktiv) für jede natürliche Zahl $n \geq 2$. Als Induktionsverankerung dient, dass sich jede Primzahl nicht echt, also nur trivial faktorisieren lässt. Im Falle $n' = 1$ erweist sich n als Primzahl, sodass auch dieser Fall abgedeckt ist. ■

Die ▶Sätze 2.2.9 und 2.2.7 lassen sich wie folgt zusammenfassend formulieren:

Satz 2.2.10 Es sei $n \geq 2$ eine natürliche Zahl. Dann gibt es eine eindeutige Zahl $t \in \mathbb{N}^*$ sowie eindeutige Primzahlen $q_1, \ldots, q_t$ mit $q_1 < q_2 < \ldots < q_t$ und schließlich eindeutige natürliche Zahlen $a_1 \geq 1, \ldots, a_t \geq 1$ mit $n = \prod_{i=1}^{t} q_i^{a_i}$. Man nennt a_i die *Vielfachheit* der Primzahl q_i in n.

In ▶Beispiel 2.1.8 haben wir u. a. bereits die eindeutige Primfaktorzerlegung der Zahl 18! = 6402373705728000 angegeben, nämlich

$$18! = 2^{16} \cdot 3^8 \cdot 5^3 \cdot 7^2 \cdot 11 \cdot 13 \cdot 17.$$

Hier ist die Anzahl t der verschiedenen Primteiler von 18! gleich 7. Die paarweise verschiedenen Primteiler von 18! sind $q_1 = 2$ und $q_2 = 3$ und $q_3 = 5$ und $q_4 = 7$ und $q_5 = 11$ und $q_6 = 13$ sowie $q_7 = 17$. Die Vielfachheiten sind $a_1 = 16$ und $a_2 = 8$ und $a_3 = 3$ und $a_4 = 2$ sowie $a_5 = a_6 = a_7 = 1$.

Es ist zu bemerken, dass sich auch negative ganze Zahlen z in eindeutiger Weise als Produkt von Primzahlen schreiben lassen. Neben dem Vorzeichen „−" notiert man dazu einfach die Primfaktorisierung von $n = -z$ aus $\mathbb{N}$.

E Ein naives Faktorisierungsverfahren Die Zerlegung einer Zahl in ihre Primfaktoren ist algorithmisch gesehen ein schwieriges Problem, welches in der Kryptographie eine wichtige Rolle spielt, wie wir später in Kapitel 7 beim Studium des RSA-Public-Key-Cryptosystems erfahren werden. Wir diskutieren hier abschließend ein elementares, allerdings nicht effizientes und daher in der Praxis unbrauchbares Verfahren, mit dem man (zumindest theoretisch) die eindeutige Primfaktorzerlegung einer Zahl herstellen kann. Es basiert auf dem folgenden ▶Satz 2.2.11. Für eine reelle Zahl r sei dabei $\lceil r \rceil$ die **Aufrundung** zur nächstgrößeren ganzen Zahl.

Satz 2.2.11 Es sei $n \in \mathbb{N}$ mit $n \geq 2$. Ist n keine Primzahl, so gibt es einen Primteiler p von n mit $p \leq \lceil \sqrt{n} \rceil$.

Beweis Ist $n \geq 2$ keine Primzahl, so gibt es $a, b \in \mathbb{N}$ mit $1 < a < n$ und $1 < b < n$ und mit $n = ab$. Ferner gibt es nach ▶Proposition 2.2.4 Primteiler p_1 von a und p_2 von b. Aufgrund der Transitivitätseigenschaft der Teilbarkeitsrelation sind p_1 und p_2 Primteiler von n. Wären p_1 und p_2 jeweils größer als $\lceil \sqrt{n} \rceil$, so folgte $\lceil \sqrt{n} \rceil^2 < p_1 \cdot p_2 \leq a \cdot b = n$. Andererseits ist aber $\lceil \sqrt{n} \rceil^2 \geq \sqrt{n}^2 = n$, was insgesamt einen Widerspruch ergibt. Also ist p_1 oder p_2 kleiner oder gleich $\lceil \sqrt{n} \rceil$. ∎

Wir wollen beispielsweise die Zahl $n = 3138428376720$ faktorisieren. Dazu legen wir uns zunächst die Liste

$$P_{100} = \{2, 3, 5, 7, 11, 13, 17, 19, 23, 29, 31, 37, 41, 43, 47,$$
$$53, 59, 61, 67, 71, 73, 79, 83, 89, 97\}$$

aller Primzahlen $p \leq 100$ an und testen, welche der Zahlen aus P_{100} die Zahl n mit welcher Vielfachheit teilen: Wir finden durch sukzessives Dividieren die Primteiler 2, 3, 5, 7, 13, 19, 37, 61 von n samt ihren Vielfachheiten und leiten daraus die folgende Faktorisierung ab:

$$n = 2^4 \cdot 3^2 \cdot 5 \cdot 7 \cdot 13 \cdot 19 \cdot 37 \cdot 61 \cdot 1117$$

Aufgrund dieser Prozedur ist die Zahl 1117 durch keine der Primzahlen aus P_{100} teilbar. Wäre 1117 keine Primzahl, so hätte diese Zahl nach ▶Satz 2.2.11 aber einen Primteiler p mit $p \leq \lceil\sqrt{1117}\rceil = 35$, was mit dem Durchlaufen der Menge P_{100} aber bereits überprüft wurde. Daher ist 1117 eine Primzahl und die oben angegebene Faktorisierung in der Tat die Primfaktorisierung von $n = 3138428376720$.

Wie bereits erwähnt ist das eben besprochene sog. **naive Faktorisierungsverfahren** in der Praxis nur äußerst bedingt einsetzbar. Wollte man damit etwa nachweisen, dass die Zahl 4107187258297 eine Primzahl ist (und somit nicht weiter faktorisiert werden kann), so müsste man alle Primzahlen p mit

$$p \leq \lceil\sqrt{4107187258297}\rceil = 2026620$$

dahingehend testen, ob sie 4107187258297 teilen (oder nicht). Dies ist aber extrem aufwendig, weil es immerhin genau 150776 solcher Primzahlen p gibt.

Einen sehr guten Einstieg in die „Algorithmische Zahlentheorie" (insbesondere die Behandlung besserer Ansätze zur Faktorisierung) bietet das Buch von Forster [20].

2.3 Darstellungen ganzer Zahlen

A Division mit Rest Neben der Addition, der Subtraktion und der Multiplikation gehört die Division mit Rest zu den Grundrechenarten der ganzen Zahlen. Wir wollen zunächst an ihre wichtigsten Eigenschaften erinnern, um sie dann zur Bestimmung von B-adischen Zahldarstellungen zu verwenden, welches das Hauptthema dieses Abschnittes ist.

Satz 2.3.1 Zu jedem Paar $(a, b) \in \mathbb{N} \times \mathbb{N}$ mit $b \neq 0$ gibt es ein eindeutiges Paar (q, r) natürlicher Zahlen mit $a = bq + r$ und mit $0 \leq r < b$.

Beweis Man beachte zunächst, dass (ähnlich zur Primfaktorzerlegung des letzten Abschnittes) zwei Aussagen bewiesen werden müssen: die **Existenz** eines Paares (q, r) und die **Eindeutigkeit** dieses Paares.

Zunächst zur Existenz: Wir betrachten die Menge $N := \{x \in \mathbb{N}: a - bx \geq 0\}$. Wegen $a \in \mathbb{N}$ ist $a \geq 0$ und somit $x = 0$ in N enthalten, also ist N nicht leer. Es sei $M := \mathbb{N} \setminus N$ das Komplement von N in $\mathbb{N}$. Wegen $b \geq 1$ und $a + 1 > a$ ist $a - b(a+1) < a - 1 \cdot a = 0$, sodass $a + 1$ Element von M und damit auch M nicht leer ist. Aufgrund der Wohlordnungseigenschaft der natürlichen Zahlen enthält M ein kleinstes Element $t := \min(M)$. Wegen $0 \in N$ ist $t \geq 1$ und damit $q := t - 1 \in \mathbb{N}$. Mit diesem q sei weiter $r := a - qb$. Dann ist $a = bq + r$. Ferner ist $r \geq 0$ wegen $q \in N = \mathbb{N} \setminus M$. Weiter gilt $r - b = a - qb - b = a - (q+1)b = a - tb < 0$, da $t \in M = \mathbb{N} \setminus N$, also $r < b$. Insgesamt erfüllt daher das Paar (q, r) die angegebenen Bedingungen.

Zur Eindeutigkeit: Annahme, es gibt Paare (q_1, r_1) und (q_2, r_2) mit $a = bq_1 + r_1 = bq_2 + r_2$ und mit $0 \leq r_1 < b$ und $0 \leq r_2 < b$. Ohne Einschränkung können wir annehmen, dass $r_1 \leq r_2$ ist, weshalb dann $0 \leq r_1 \leq r_2 < b$ gilt. Dann folgt $r_2 - r_1 = b(q_1 - q_2)$, sodass die Differenz $r_2 - r_1$ ein Vielfaches von b ist. Wegen $b > r_2 \geq r_2 - r_1 \geq 0$ geht das aber nur, wenn $r_2 - r_1 = 0$, also wenn $r_1 = r_2$ ist. Aus der Gleichheit $r_1 = r_2$ folgt dann weiter $0 = r_2 - r_1 = b(q_1 - q_2)$. Wie in ▶Beispiel 1.2.2 bemerkt, ist ein Produkt reeller Zahlen genau dann gleich null, wenn wenigstens ein Faktor gleich null ist. Da nach Voraussetzung $b \neq 0$ gilt, muss schließlich $q_1 - q_2 = 0$ gelten, was $q_1 = q_2$ impliziert. Damit ist insgesamt $(q_1, r_1) = (q_2, r_2)$ und damit die Eindeutigkeit bewiesen. ∎

Bemerkung 2.3.2 Wir wollen die Aussage von ▶Satz 2.3.1 für Paare (a, b) ganzer Zahlen verallgemeinern. Wir beginnen dazu mit dem **Betrag** $|x|$ einer reellen Zahl x, welcher durch

$$|x| := \begin{cases} x, & \text{falls } x \geq 0 \\ -x, & \text{falls } x < 0 \end{cases} \qquad (2.3.1)$$

definiert ist. Ist nun (a, b) ein Paar aus $\mathbb{Z} \times \mathbb{Z}$ mit $b \neq 0$, so gibt es ein eindeutiges Paar (q, r) aus $\mathbb{Z} \times \mathbb{Z}$ mit $a = bq + r$ und mit $0 \leq r < |b|$.

Um das einzusehen, wendet man ▶Satz 2.3.1 zunächst auf das Paar $(|a|, |b|)$ aus $\mathbb{N}^2$ an: Es gibt ein eindeutiges Paar (q', r') aus $\mathbb{N}^2$ mit $|a| = q'|b| + r'$ und mit $0 \leq r' < |b|$. An dieser Stelle ist eine Fallunterscheidung durchzuführen.

1. Annahme, $a \geq 0$.
   Falls $b > 0$, so sei $(q, r) := (q', r')$; andernfalls (bei $b < 0$) sei $(q, r) := (-q', r')$.

2. Annahme, $a < 0$ und $b > 0$.
   Falls $r' > 0$, so sei $(q, r) := (-q' - 1, b - r')$; andernfalls (bei $r' = 0$) sei $(q, r) := (-q', 0)$.

3. Es bleibt der Fall $a < 0$ und $b < 0$ zu untersuchen.

Falls $r' > 0$, so sei $(q, r) := (q'+1, -b-r')$; andernfalls (wenn $r' = 0$) sei $(q, r) := (q', 0)$.

Das liefert in jedem Fall eine gewünschte Darstellung. Die Eindeutigkeit folgt analog zum Beweis von ▶Satz 2.3.1, wobei die Teilbarkeit aus ▶Definition 2.2.1 entsprechend auf ganze Zahlen zu erweitern ist, nämlich durch die Definition $x|y$, falls $|x|$ teilt $|y|$. ∎

> **Definition 2.3.3** Sind a, b, q, r wie in ▶Satz 2.3.1 oder ▶Bemerkung 2.3.2, so nennt man q den **Quotienten** und r den **Rest** bei der Division von a durch b. Man schreibt $q = a \operatorname{div} b$ und $r = a \operatorname{mod} b$.[14]

Mit den Ausführungen in ▶Bemerkung 2.3.2 ist bei $|a| = 5$ und $|b| = 2$ beispielsweise:

a	b	$a \operatorname{div} b$	$a \operatorname{mod} b$
5	2	2	1
−5	2	−3	1
5	−2	−2	1
−5	−2	3	1

Sind $a, b \in \mathbb{Z}$ und ist $a \operatorname{mod} b = 0$, so gilt $a = b \cdot (a \operatorname{div} b)$. Analog zum letzten Abschnitt nennen wir dann b einen **Teiler** von a und a ein **Vielfaches** von b.

Die Bestimmung des Quotienten q und des Restes r erfolgt mit der aus der Schule bekannten **Divisions-Methode**, die auf der Dezimaldarstellung der zu verknüpfenden Zahlen beruht. Bei dieser Methode wird das Problem auf die Division von n- oder $(n+1)$-stelligen Zahlen durch n-stellige Zahlen mit Quotient aus $\{0, 1, \ldots, 9\}$ zurückgeführt wird (eine präzise Analyse der klassischen Arithmetik findet man bei Knuth [35] in Abschnitt 4.3.1). Beispielsweise ist

$$345678923 \operatorname{div} 12342 = 28008 \quad \text{und} \quad 345678923 \operatorname{mod} 12342 = 4187,$$

denn:

```
3 4 5 6 7 8 9 2 3 : 1 2 3 4 2 = 2 8 0 0 8
2 4 6 8 4
  9 8 8 3 8
  9 8 7 3 6
      1 0 2 9 2 3
        9 8 7 3 6
          4 1 8 7
```

---

[14] Beim Übergang von a nach $r = a \operatorname{mod} b$ spricht man auch von einer **Reduktion von** a **modulo** b.

B **Die B-adische Darstellung einer ganzen Zahl** Als Anwendung der Division mit Rest betrachten wir gleich einen Algorithmus, der eine (wie üblich im Dezimalsystem dargestellte) natürliche Zahl in einer anderen Basis B beschreibt.

> **Definition 2.3.4** Ist $B \in \mathbb{N}$ mit $B \geq 2$, so heißt die Menge $\{B^i : i \in \mathbb{N}\}$ das **Stellwertsystem zur Basis B**. Ist $x \in \mathbb{N}$ und sind $a_0, a_1, \ldots, a_l \in \{0, 1, \ldots, B-1\}$ mit $a_l \neq 0$ und mit $x = \sum_{i=0}^{l} a_i B^i$, so nennt man $(a_l, a_{l-1}, \ldots, a_0)_B$ die **B-adische Darstellung** von x.[15]

Speziell spricht man bei $B = 2$ von der **Dualdarstellung** (bzw. von der **Binärdarstellung**), bei $B = 8$ von der **Oktaldarstellung** und bei $B = 16$ von der **Hexadezimaldarstellung**. Betrachten wir hierzu ein Beispiel.

- Bezüglich der Basis 10 ist bekanntlich $3081 = 3 \cdot 10^3 + 0 \cdot 10^2 + 8 \cdot 10^1 + 1 \cdot 10^0$. Die Dualdarstellung dieser Zahl ergibt sich aus

$$3081 = 2048 + 1024 + 8 + 1 = 2^{11} + 2^{10} + 2^3 + 2^0$$

zu $3081 = (110000001001)_2$. Verwendet man die Buchstaben A, B, C, D, E, F für die Zahlen $10, 11, 12, 13, 14, 15$, so ergibt sich die Hexadezimaldarstellung von 3081 aus $3081 = 12 \cdot 256 + 9$ zu $3081 = (C09)_{16}$.

Der folgende ▶Algorithmus 2.3.5 zeigt, dass jede ganze Zahl eine B-adische Darstellung besitzt. Diese ist in der Tat auch eindeutig (der Nachweis sei als Übung gestellt). Wir beschränken uns im Folgenden wieder auf die natürlichen Zahlen; beim Übergang von $\mathbb{N}$ zu $\mathbb{Z}$ ist ja lediglich das Vorzeichen einzuführen. Ferner vertrauen wir darauf, dass der Leser mit den üblichen Sprachelementen zur Darstellung von Algorithmen vertraut ist. So bezeichnet etwa $z := c$ eine **Wertzuweisung** (die Variable z wird mit dem Inhalt der Variablen oder Konstanten c belegt), während $z := z + 1$ bedeutet, dass der neue Inhalt der Variablen z gleich dem um eins vermehrten alten Inhalt von z ist. **Kommentare** werden in Klammern (∗ und ∗) eingeschlossen; ebenso verwenden wir im Folgenden die gebräuchlichen Formulierungen mit *while*-**Schleifen** und *for*-**Schleifen**.

Algorithmus 2.3.5 B-adische Darstellung

- Eingabe: ein $a \in \mathbb{N}^*$

- Ausgabe: eine Liste $L = [\alpha_m, \alpha_{m-1}, \ldots, \alpha_0]$ mit $\alpha_m > 0$, mit $\alpha_i \in \{0, 1, \ldots, B-1\}$ für alle i und mit $a = \sum_{i=0}^{m} \alpha_i B^i$

---

[15] Anstelle von $(a_l, a_{l-1}, \ldots, a_0)_B$ schreibt man durch Weglassen der Kommata auch einfacher $(a_l a_{l-1} \ldots a_0)_B$.

- $L := [\,]$, (* L ist zunächst die leere Liste *)
  $x := a$, $k := -1$,
  (* $a = xB^{k+1} + \sum_{i=0}^{k} \alpha_i B^i$ *)
  while not($x = 0$) do
      $k := k+1$,
      $\alpha_k := x \bmod B$,
      füge α_k zum Anfang der Liste L hinzu,
      $y := x \operatorname{div} B$,
      $x := y$
      (* $a = xB^{k+1} + \sum_{i=0}^{k} \alpha_i B^i$ *)
  end-while,
  Ausgabe der Liste L.

Als Beispiel zu ▶Algorithmus 2.3.5 bestimmen wir die Dualdarstellung von 3081. Im Laufe des Algorithmus ergibt sich folgende Belegung der Variablen:

k	a	x	$y = x \operatorname{div} 2$	$\alpha_k = x \bmod 2$
-1	3081	3081		
0		1540	1540	1
1		770	770	0
2		385	385	0
3		192	192	1
4		96	96	0
5		48	48	0
6		24	24	0
7		12	12	0
8		6	6	0
9		3	3	0
10		1	1	1
11		0	0	1

Die auszugebende Liste L ist gleich $L = [1, 1, 0, 0, 0, 0, 0, 0, 1, 0, 0, 1]$, woraus die Binärdarstellung $(110000001001)_2$ von 3081 unmittelbar abzulesen ist.

C Korrektheit und Terminierung bei Algorithmen

Nach der Angabe eines Algorithmus sind wenigstens zwei Dinge zu überdenken!

- Die **Terminierung**: Wird die Rechnung irgendwann zu Ende geführt?
- Die **Korrektheit**: Wird am Ende wirklich das ausgegeben, was eingangs behauptet wurde?

Wenn nach Angabe eines Algorithmus ein **Beweis** folgt, so werden im Wesentlichen diese beiden Sachen, die meist Hand in Hand gehen und nicht so strikt getrennt werden können, nachgeprüft.

2 Natürliche und ganze Zahlen

Beweis zu ▶Algorithmus 2.3.5

Zum Nachweis der Korrektheit zeigt man, dass die in den Kommentaren angegebenen Aussagen bei jedem Schleifendurchlauf erfüllt sind. Man nennt diese Aussagen deshalb auch **Schleifeninvarianten**.

Zu Anfang, also beim erstmaligen Eintritt in die *while*-Schleife, gilt sicher $a = xB^{k+1} + \sum_{i=0}^{k} \alpha_i B^i$, da eingangs $a = x$ und $k = -1$ ist, weshalb die Indexmenge bei der Summierung $\sum_{i=0}^{k}$ leer und der Wert der Summe daher als 0 zu interpretieren ist. Wir nehmen nun (quasi induktiv) an, die Aussage gelte auch nach l Durchläufen der Schleife (wobei $l \geq 0$), also beim $(l+1)$-ten Eintritt in die Schleife:

$$a = xB^l + \sum_{i=0}^{l-1} \alpha_i B^i$$

Im $(l+1)$-ten Durchlauf wird k zunächst auf l gesetzt. Ferner ist $\alpha_l := x \bmod B$. Mit $y := x \operatorname{div} B$ gilt dann $x = yB + \alpha_l$ und daher

$$a = (yB + \alpha_l)B^l + \sum_{i=0}^{l-1} \alpha_i B^i = yB^{l+1} + \alpha_l B^l + \sum_{i=0}^{l-1} \alpha_i B^i = yB^{l+1} + \sum_{i=0}^{l} \alpha_i B^i.$$

Da am Ende der Schleife x durch y ersetzt wird, bleibt der Kommentar auch nach dem erneuten Durchlaufen der Schleife gültig und mit Induktion damit stets korrekt.

Zur Terminierung: Es ist x stets eine natürliche Zahl, die bei jedem Schleifendurchlauf *echt* verkleinert wird. Ist erstmals $x < B$, so ist $y := x \operatorname{div} B = 0$, sodass im nächsten Schritt auch $x = 0$ ist. Die Aussage $x = 0$ ist also nach endlich vielen (sagen wir $m + 1$, um konkret zu sein) Schleifendurchläufen erfüllt, weshalb die Schleife beendet wird. Aufgrund der nachgewiesenen Korrektheit gilt am Ende dann $a = xB^{m+1} + \sum_{i=0}^{m} \alpha_i B^i$, was wegen $x = 0$ gleich $\sum_{i=0}^{m} \alpha_i B^i$, der B-adischen Darstellung von a, ist. ■

D **Zur Komplexität eines Algorithmus** Zur tiefer gehenden Analyse eines Algorithmus gehört als dritte Komponente auch die Untersuchung der **Komplexität**, also die Beantwortung der Frage, wie viele Ressourcen (hauptsächlich **Laufzeit**, aber auch **Speicherplatz**) der Algorithmus in Abhängigkeit von der **Größe seiner Eingabe** benötigt. Dabei gibt man sich mit einer groben Angabe, genauer mit der Angabe einer einfachen Funktion, zufrieden, deren Wachstumsverhalten (bei Variation der Eingaben) asymptotisch der Komplexität des Algorithmus entspricht. Das Buch [57] von Wegener bietet eine gründliche Einführung in die Komplexitätstheorie.

Beispielsweise wird in ▶Algorithmus 2.3.5 in jeder Schleife im Wesentlichen **eine** Division mit Rest durchgeführt und dabei jeweils **eine** Stelle der B-adischen Darstellung errechnet. Im einfachsten **Berechnungsmodell** bewertet man diese Aktion (Division mit Rest) als **einen** Schritt. Die Gesamtzahl der Schritte ist daher gleich der Anzahl der Stellen der Eingabe n in B-adischer Form. Diese Anzahl entspricht im Wesentlichen der Zahl $\log_B(n)$, dem Logarithmus[16] von n zur Basis B. Wegen $\log_B(n) = \log_2(n)/\log_2(B)$ ist dies bis auf den konstanten (da nicht von n abhängigen) Faktor $1/\log_2(B)$ gleich der Funktion $\log_2(n)$. Die Funktion $\log_2(n)$ ist auch ein Maß für den Speicherplatzbedarf (i. e. die Länge der am Ende auszugebenden Liste L). Insgesamt fasst man dies alles in der folgenden Aussage zusammen:

▶ *Algorithmus 2.3.5 hat die Komplexität $O(\log_2(n))$.*

Die genaue Definition des sog. **Landau-Symbols**[17] O (lies: **Groß-O**) heben wir uns für Kapitel 15 auf, wenn wir uns im Rahmen der Analysis mit der Konvergenz von Folgen befassen. Ebenso werden wir die Begründung der aus der Schule bekannten Dezimalbruchentwicklung für reelle Zahlen sowie eine Einführung der Exponential- und Logarithmusfunktionen auf den Analysis-Teil verschieben.

2.4 Der Euklidische Algorithmus

A **Größte gemeinsame Teiler** Neben der Berechnung von B-adischen Zahldarstellungen wird die Division mit Rest ganz wesentlich bei der Berechnung größter gemeinsamer Teiler benötigt. Darum geht es in diesem Abschnitt. Sind $a, b \in \mathbb{Z}$ und ist $d \in \mathbb{Z}$ mit $d|a$ und $d|b$, so heißt d ein **gemeinsamer Teiler** von a und b. Davon ausgehend definiert man (in Bezug auf die Teilbarkeitsrelation) einen größten gemeinsamen Teiler wie folgt:

> **Definition 2.4.1** Ist d ein gemeinsamer Teiler von a und b und gilt ferner $c|d$ für **jeden** (weiteren) gemeinsamen Teiler c von a und b, so heißt d ein **größter gemeinsamer Teiler** (kurz: **ggT**) von a und b.

Offenbar gilt im Rahmen der ganzen Zahlen $c|d$ und $d|c$ genau dann, wenn $c = d$ oder wenn $c = -d$ ist. Daher ist ein ggT nur bis auf das Vorzeichen eindeutig bestimmt. Wir bezeichnen mit $\text{ggT}(a, b)$ ab jetzt deshalb stets den eindeutigen **nichtnegativen** größten gemeinsamen Teiler von a und b. Eingeschränkt auf $\mathbb{N}$ sind dann beispielsweise $1, 2, 3, 4, 6, 12$ die Teiler von 12 und $1, 2, 4, 7, 14, 28$ die Teiler von 28. Die gemeinsamen Teiler von 12 und 28 sind demnach $1, 2, 4$; der größte davon ist 4, also gilt $\text{ggT}(12, 28) = 4$. Es gilt $\text{ggT}(a, 0) = a$ für alle $a \in \mathbb{N}$. Der Spezialfall, bei dem $\text{ggT}(a, b) = 1$ ist, verdient besonders hervorgehoben zu werden.

---
[16] An dieser Stelle vertrauen wir auf Schulwissen über die Logarithmusfunktionen.
[17] Edmund Landau (1877–1938).

2 Natürliche und ganze Zahlen

Definition 2.4.2 Falls $ggT(a, b) = 1$, so nennt man a und b **teilerfremd** oder **relativ prim**.

B Die Berechnung des ggT zweier Zahlen Die Berechnung des ggT erfolgt mithilfe des Euklidischen Algorithmus. Dieser benötigt nicht etwa die Primfaktorzerlegung der Zahlen a und b, wie man aufgrund des in der Schule gelehrten Verfahrens meinen könnte, sondern beruht im Wesentlichen auf folgendem Sachverhalt.

Satz 2.4.3 Es seien $a, b \in \mathbb{N}$ mit $b \neq 0$. Ist $r := a \bmod b$, so gilt $ggT(a, b) = ggT(b, r)$.

Beweis Es sei $q := a \operatorname{div} b$, sodass $a = qb + r$ ist. Ist t ein gemeinsamer Teiler von a und b, etwa $ta' = a$ und $tb' = b$, so ist t auch Teiler von r, denn $r = a - bq = ta' - tb'q = t(a' - b'q)$. Also ist t ein gemeinsamer Teiler von b und r. Ist umgekehrt s ein gemeinsamer Teiler von b und r, etwa $b = sb''$ und $r = sr'$, so ist wegen $a = bq + r = sb''q + sr' = s(b''q + r')$ die Zahl s auch ein Teiler von a und daher ein gemeinsamer Teiler von a und b.

Fazit: Die Menge der gemeinsamen Teiler von a und b ist gleich der Menge der gemeinsamen Teiler von b und r. Also ist insbesondere $ggT(a, b) = ggT(b, r)$. ■

Durch sukzessive Anwendung von ▶Satz 2.4.3 erhält man beispielsweise

$$ggT(12, 28) = ggT(28, 12) = ggT(12, 4) = ggT(4, 0) = 4.$$

Algorithmus 2.4.4 **Euklidischer Algorithmus**

- Eingabe: $a, b \in \mathbb{N}$ mit $ab \neq 0$

- Ausgabe: $d = ggT(a, b)$

- $s := a$, $t := b$, $(* ggT(a, b) = ggT(s, t) *)$
  while $t \neq 0$ do
      $r := s \bmod t$,
      $s := t$, $t := r$
      $(* ggT(a, b) = ggT(s, t) *)$
  end-while,
  $(* ggT(a, b) = ggT(s, t), t = 0 *)$
  $d := s$,
  $(* d = ggT(a, b) *)$
  Ausgabe von d.

Beweis Der Algorithmus terminiert, da sich bei jedem Schleifendurchlauf der Betrag von t einerseits echt vermindert, andererseits aber nichtnegativ bleibt und damit nach endlich vielen Schleifendurchläufen gleich 0 sein muss. Die Korrektheit des Algorithmus folgt unmittelbar aus ▶Satz 2.4.3 (s und t fungieren hier als Hilfsvariablen). ∎

Betrachten wir zwei Beispiele zu ▶Algorithmus 2.4.4.

1. Bei Eingabe der Zahlen $a = 2413$ und $b = 473$ ergeben sich im Laufe des Algorithmus folgende Belegungen der Variablen:

s	t	$r = s \bmod t$
2413	473	48
473	48	41
48	41	7
41	7	6
7	6	1
6	1	0
1	0	

Demnach gilt ggT(2413, 473) = 1, sodass 2413 und 473 teilerfremd sind.

2. Berechnen wir als weiteres Beispiel den ggT(a, b) mit $a = 15027133$ und $b = 8562227$. Im Laufe des Algorithmus nehmen s und t folgende Werte an:

s	t
15027133	8562227
8562227	6464906
6464906	2097321
2097321	172943
172943	22005
22005	18908
18908	3097
3097	326
326	163
163	0

Es ist also 163 = ggT(15027133, 8562227).

Die Komplexitätsanalyse des Euklidischen Algorithmus gestaltet sich etwas schwieriger als die der B-adischen Darstellung. Wir erwähnen hier nur, dass die Berechnung von ggT(a, b) größenordnungsmäßig $O(\log_2(a))$ Iterationen benötigt, wobei ohne Einschränkung $b \leq a$ gelte. Für eine tiefer gehende Analyse sei auf den „Klassiker" [35] von Knuth verwiesen. Alternativ dazu bietet das Werk [24] von J. von zur Gathen und J. Gerhard einen modernen Zugang zur Computer-Algebra.

Natürliche und ganze Zahlen

C Die Berechnung der Vielfachsummendarstellung eines ggT Neben dem ggT zweier Zahlen a und b benötigt man in vielen Anwendungen auch eine Vielfachsummendarstellung desselben. Darunter versteht man eine Gleichung der Form

$$\alpha a + \beta b = \text{ggT}(a, b) \quad \text{mit} \quad \alpha, \beta \in \mathbb{Z}. \tag{2.4.1}$$

So gilt im zweiten Beispiel zu ▶Algorithmus 2.4.4 etwa

$$163 = 27626 \cdot 15027133 + (-48485) \cdot 8562227.$$

Eine solche Vielfachsummendarstellung berechnet man mithilfe des erweiterten Euklidischen Algorithmus, den wir als Nächstes vorstellen wollen.

Algorithmus 2.4.5 **Erweiterter Euklidischer Algorithmus**

- Eingabe: $a, b \in \mathbb{N}$ mit $ab \neq 0$
- Ausgabe: $d = \text{ggT}(a, b)$ und $x, y \in \mathbb{Z}$ mit $xa + yb = d$
- $s := a, t := b,$
  $x := 1, y := 0, u := 0, v := 1,$
  $(\ast\ xa + yb = s, ua + vb = t\ \ast)$
  while $t \neq 0$ do
      $q := s \operatorname{div} t,$
      $\rho := s - qt, (\ast\ \rho = s \bmod t\ \ast)$
      $s := t, t := \rho,$

      $\xi := x - qu, (\ast\ \xi$ ist eine Hilfsvariable $\ast)$
      $x := u, u := \xi,$

      $\eta := y - qv, (\ast\ \eta$ ist eine Hilfsvariable $\ast)$
      $y := v, v := \eta$
      $(\ast\ xa + yb = s, ua + vb = t\ \ast)$
  end-while,
  $(\ast\ s = xa + yb, ua + vb = t, t = 0, s = \text{ggT}(a, b)\ \ast)$
  $d := s,$
  Ausgabe von x, y, d.

Beweis Die Terminierung erfolgt analog zu ▶Algorithmus 2.4.4, weil t in jedem Schleifendurchlauf echt verkleinert wird, aber nichtnegativ bleibt.

Zur Korrektheit: Anfangs ist $x = 1 = v$ und $y = 0 = u$, sodass $xa + yb = s$ und $ua + vb = t$ folgt. Die entsprechende Aussage gilt daher bei erstmaligem Eintritt in die *while*-Schleife. Wir nehmen nun (induktiv) an, dass diese Beziehung bei irgendeinem

2.4 Der Euklidische Algorithmus

Schleifeneintritt erfüllt ist. Nach der Division mit Rest ist innerhalb des Schleifenkörpers dann $s = qt + \rho$ mit $q = s \operatorname{div} t$ und $\rho = s \operatorname{mod} t$. Die beiden Hilfsvariablen ξ und η werden nun durch $\xi := x - qu$ und $\eta := y - qv$ belegt. Daher gilt danach die Beziehung

$$\begin{aligned} \rho &= s - qt \\ &= (xa + yb) - q(ua + vb) \\ &= (x - qu)a + (y - qv)b \\ &= \xi a + \eta b. \end{aligned}$$

Ersetzt man daher s durch t sowie x durch u und y durch v, so gilt (durch entsprechende Indizes zeitlich hervorgehoben)

$$s_{neu} = t_{alt} = ua + vb = x_{neu}a + y_{neu}b.$$

Ersetzt man ferner t durch ρ sowie u durch ξ und v durch η, so gilt weiter gemäß obiger Rechnung

$$t_{neu} = \rho = \xi a + \eta b = u_{neu}a + v_{neu}b.$$

Die angegebene Bedingung bleibt also bei jedem Schleifendurchlauf erhalten. Am Ende der Schleife gilt überdies $t = 0$ und $s = \operatorname{ggT}(a, b)$. Letzteres gilt aufgrund der Korrektheit von ▶Algorithmus 2.4.4. Damit arbeitet ▶Algorithmus 2.4.5 ebenfalls korrekt.

Die Komplexität von ▶Algorithmus 2.4.5 entspricht der von ▶Algorithmus 2.4.4. ■

Beispiel 2.4.6 Als Beispiel verfolgen wir den Lauf von ▶Algorithmus 2.4.5 bei Eingabe von $a = 2413$ und $b = 473$ und verwenden dabei nach der Initialisierung (wie beim eben geführten Beweis) die folgenden **Update-Formeln**:

$$\begin{aligned} q_{neu} &:= s_{alt} \operatorname{div} t_{alt} & \rho_{neu} &:= s_{alt} \operatorname{mod} t_{alt} \\ u_{neu} &:= x_{alt} - q_{neu} u_{alt} & v_{neu} &:= y_{alt} - q_{neu} v_{alt} \\ x_{neu} &:= u_{alt}, & y_{neu} &:= v_{alt} \\ s_{neu} &:= t_{alt} & t_{neu} &:= \rho_{neu} \end{aligned}$$

Dann ergibt sich:

s	t	$q = s \operatorname{div} t$	$\rho = s \operatorname{mod} t$	x	y	u	v
2413	473			1	0	0	1
473	48	5	48	0	1	1	−5
48	41	9	41	1	−5	−9	46
41	7	1	7	−9	46	10	−51
7	6	5	6	10	−51	−59	301
6	1	1	1	−59	301	69	−352
1	0	6	0	69	−352	−473	2413

Demnach folgt am Ende $s = 1 = \operatorname{ggT}(a, b) = 69 \cdot a + (-352) \cdot b$. ■

Es ist noch zu bemerken, dass die Koeffizienten x und y bei einer Vielfachsummendarstellung keineswegs eindeutig bestimmt sind. Am Ende des erweiterten Euklidischen Algorithmus gilt neben $\mathrm{ggT}(a, b) = xa + yb$ ja auch $0 = ua + vb$. Ausgehend von den Zahlen u und v erhält man für jedes $z \in \mathbb{Z}$ eine weitere Vielfachsummendarstellung $\mathrm{ggT}(a, b) = x'a + y'b$ mit $x' = x + zu$ und $y' = y + zv$, denn $x'a + y'b = (x + zu)a + (y + zv)b = xa + yb + z(ua + vb)$, und dies ist gleich $\mathrm{ggT}(a, b) + z \cdot 0 = \mathrm{ggT}(a, b)$. Weitere als die eben durch $z \in \mathbb{Z}$ parametrisierte Vielfachsummendarstellung gibt es allerdings nicht.

D **Eine Anwendung des erweiterten Euklidischen Algorithmus** Wir kommen abschließend zu einer theoretischen Anwendung des erweiterten Euklidischen Algorithmus, nämlich zum **Beweis von ▶Lemma 2.2.8**.

Annahme, eine Primzahl p teilt ein Produkt bc, etwa $p\alpha = bc$. Falls p kein Teiler von b ist, so muss $\mathrm{ggT}(p, b) = 1$ sein, da die Primzahl p lediglich die Teiler 1 und p hat und der Teiler p soeben ausgeschlossen wurde. Aufgrund des erweiterten Euklidischen Algorithmus existieren nun ganze Zahlen β und π mit $1 = \beta b + \pi p$. Daher gilt

$$c = 1 \cdot c = (\beta b + \pi p) \cdot c = \beta bc + \pi pc = \beta p\alpha + \pi pc = (\beta \alpha + \pi c)p,$$

weshalb c Vielfaches von p ist. Die allgemeine Aussage von ▶Lemma 2.2.8 folgt nun leicht mit Induktion und sei als Übungsaufgabe gestellt. ∎

E **Das kleinste gemeinsame Vielfache zweier ganzer Zahlen** Sind $a, b \in \mathbb{Z}$ und $v \in \mathbb{Z}$ mit $a|v$ und $b|v$, so heißt v ein **gemeinsames Vielfaches** von a und b. Gilt ferner $v|w$ für jedes (weitere) gemeinsame Vielfache w von a und b, so heißt v ein **kleinstes gemeinsames Vielfaches** von a und b. Dieses ist bis auf das Vorzeichen eindeutig bestimmt – das eindeutige, nichtnegative kleinste gemeinsame Vielfache wird mit $\mathrm{kgV}(a, b)$ bezeichnet.

Für $a, b \in \mathbb{N}$ mit $a \neq 0$ und $b \neq 0$ gilt

$$\mathrm{kgV}(a, b) = \frac{ab}{\mathrm{ggT}(a, b)}. \tag{2.4.2}$$

Der Beweis sei als Übung gestellt.

ZUSAMMENFASSUNG

1. **Die vollständige Induktion** Bei der vollständigen Induktion handelt es sich um ein elegantes und grundlegendes Beweisprinzip, um Aussagen der Form „$P(n) = $ wahr für alle $n \geq n_0$" zu beweisen. Wir haben gelernt, wie sich dieses Verfahren aus der Wohlordnungseigenschaft natürlicher Zahlen ergibt und wie dieses Verfahren konkret anzuwenden ist. Bei der Durchführung eines Induktionsbeweises suchen wir eine Zahl n_0, an der wir die Behauptung verankern können (Induktionsanfang); zum Nachrechnen des Induktionsschlusses betrachten wir ein beliebiges $m \geq n_0$, nehmen an, dass $P(m) = $ wahr ist (Induktionsvoraussetzung) und zeigen unter Zuhilfenahme dieser Annahme, dass dann auch $P(m+1) = $ wahr ist (der eigentliche Induktionsschluss). Die Tatsache, dass dies wirklich funktioniert, kann man sich leicht am „Dominoprinzip" verdeutlichen: Der Induktionsschluss bewirkt, dass ein fallender Stein seinen Nachfolger mitreißt und damit eine Kettenreaktion in Gang hält. Dazu muss diese Kettenreaktion aber irgendwann überhaupt einmal ausgelöst werden, es bedarf also auch ganz wesentlich dem Anstoß eines ersten Steins, dem Induktionsanfang.

    Zur Einübung der vollständigen Induktion haben wir viele Beispiele betrachtet; die Auseinandersetzung mit den Übungsaufgaben sorgt für eine weitere Festigung dieser Beweismethode. Abgesehen von Fallstudien zur vollständigen Induktion, haben wir in den Beispielen aber auch noch andere, insbesondere für Informatiker interessante Dinge gelernt. So sollte man sich später an die geometrische Summe bzw. die geometrische Reihe erinnern; hervorzuheben wäre auch die elegante Form der rekursiven Definition von Objekten, wie etwa der Fakultätsfunktion; die Summenregel wird uns wieder in Teil II im Rahmen der Kombinatorik begegnen.

2. **Primfaktorzerlegung** Bei der Untersuchung der multiplikativen Struktur der natürlichen Zahlen haben wir gelernt, dass sich jede Zahl (in gewisser Weise) eindeutig als Produkt von endlich vielen Primzahlen schreiben lässt. Die Primzahlen sind dabei die unzerlegbaren Bausteine, von ihnen gibt es unendlich viele. Zur konkreten Herstellung der Primfaktorisierung einer Zahl, was insbesondere den Nachweis der Primeigenschaft einer Zahl mit einschließt, haben wir zumindest das naive Faktorisierungsverfahren behandelt.

3. **Zahldarstellungen und größte gemeinsame Teiler** Das zu einer natürlichen Zahl $B \geq 2$ gehörende Stellwertsystem ist die Menge $\{1, B, B^2, B^3, \ldots\}$ aller Potenzen von B (mit natürlichen Exponenten). Ausgehend von der Division mit Rest (hier sollte man sich insbesondere die Bezeichnung $a \bmod b$ merken) haben wir einen Algorithmus zur Berechnung der B-adischen Darstellung von natürlichen Zahlen behandelt; im Spezialfall $B = 2$ liefert dieser die Dualdarstellung einer Zahl.

    Zur Berechnung des größten gemeinsamen Teilers zweier Zahlen verwendet man in der Praxis den effizienten Euklidischen Algorithmus, dessen Funktionsweise einfach auf der (rekursiven) Formel $\text{ggT}(a, b) = \text{ggT}(b, a \bmod b)$ beruht. Der erweiterte Euklidische Algorithmus berechnet zu natürlichen Zahlen a und b neben $\text{ggT}(a, b)$ auch ganze Zahlen x und y mit $xa + yb = \text{ggT}(a, b)$ (eine Vielfachsummendarstellung). Wir werden in Teil II im Rahmen des für viele Anwendungen in der Kommunikationstechnik wichtigen modularen Rechnens auf diesen Algorithmus zurückkommen.

4. **Allgemeines zu Algorithmen** Eine formale Behandlung des Begriffs „Algorithmus" ist Bestandteil der (theoretischen) Informatik. Uns ist intuitiv klar, was man darunter versteht, und wir verwenden die in der Informatik üblichen Sprachelemente wie *while*- oder *for*-Schleifen, um Algorithmen darzustellen.

   Nach Angabe eines Algorithmus müssen wir über dessen Korrektheit sowie die Terminierung nachdenken. Um einen konkreten Ansatz für den Beweis der Korrektheit und der Terminierung zu bekommen, sollte man den Algorithmus mit Kommentaren versehen, welche die Beziehungen (häufig Gleichungen) zwischen den einzelnen verwendeten Variablen deutlich machen. Der Beweis reduziert sich dann meist einfach auf den Nachweis der Gültigkeit solcher Beziehungen, wobei wegen vorhandener Programm-Schleifen häufig induktive Argumente zum Tragen kommen. Beim Übersetzen der Beziehungen in mathematische Gleichungen ist aber zusätzlich auf eine *zeitliche* Komponente zu achten. (Wann wurde welche Variable mit welchem Wert belegt und wann wurde dieser Wert wieder überschrieben?) Zu diesem Zweck haben wir Variable manchmal mit den Adjektiven „alt" bzw. „neu" indiziert.

   Wir haben auch hervorgehoben, dass die Komplexität eines Algorithmus eine wichtige Rolle spielt. Bei zwei konkurrierenden Algorithmen ist derjenige zu bevorzugen, der ökonomischer mit den Ressourcen Laufzeit und Speicherplatz umgeht. Zur Beurteilung und Abschätzung des Laufzeitverhaltens (und der notwendigen Speicherkapazität) verwendet man einfache Funktionen und beschreibt dies im Rahmen der O-Notation, mit der wir uns später in Teil IV genauer befassen werden.

Übungsaufgaben

Aufgabe 1 Zeigen Sie, dass es genau eine natürliche Zahl m gibt mit $2^m < m^2$.

Aufgabe 2 In Abschnitt 1.6-B wurden einige Grundregeln für das Rechnen mit Summen und Produkten vorgestellt, unter anderem diese: *Sind $x_1, x_2, \ldots, x_n$ ebenso wie $y_1, y_2, \ldots, y_n$ reelle Zahlen, und sind auch $c, d \in \mathbb{R}$, so gilt:*

$$\sum_{i=1}^{n}(cx_i + dy_i) = c \cdot \sum_{i=1}^{n} x_i + d \cdot \sum_{i=1}^{n} y_i$$

Die Aufgabenstellung ist nun, diese Formel ausführlich mithilfe der vollständigen Induktion (über die Mächtigkeit n der Indexmenge) zu beweisen. Induktionsanfang ist $n = 2$.

Aufgabe 3 Zeigen Sie, dass für alle $n \in \mathbb{N}$ mit $n \geq 2$ gilt:

$$\sum_{k=2}^{n}(k \cdot [k!]) = (n+1)! - 2$$

Aufgabe 4 Zeigen Sie, dass für alle $n \in \mathbb{N}$ gilt:

$$\sum_{k=0}^{n} k^3 = \frac{n^2(n+1)^2}{4}$$

Aufgabe 5 Für jede natürliche Zahl $n \in \mathbb{N}$ sei $F_n := 2^{2^n} + 1$. Beweisen Sie, dass für alle $n \in \mathbb{N}$ mit $n \geq 1$ die folgende Gleichung gilt:

$$F_n - 2 = \prod_{k=0}^{n-1} F_k$$

Aufgabe 6 Zu jeder natürlichen Zahl $n \in \mathbb{N}$ mit $n \geq 2$ sei $\Delta_n := \{(i,j) \in \mathbb{N}^2 : 1 \leq i < j \leq n\}$. Weiter seien $c_1, c_2, \ldots, c_n \in \mathbb{R}$, wobei $n \in \mathbb{N}^*$. Beweisen Sie mithilfe der vollständigen Induktion, dass folgende Formel für jedes $n \in \mathbb{N}$ mit $n \geq 2$ gültig ist.

$$\left(\sum_{i=1}^{n} c_i\right)^2 = \sum_{i=1}^{n} c_i^2 + 2 \cdot \sum_{(i,j) \in \Delta_n} c_i c_j$$

Aufgabe 7 Es seien $x \in \mathbb{R}$ und $k \in \mathbb{N}^*$ fest vorgegeben. Zeigen Sie mit vollständiger Induktion, dass folgende Gleichung für alle $n \in \mathbb{N}^*$ gültig ist.

$$(x^k - 1) \cdot \left(\sum_{i=0}^{n-1} x^{ik}\right) = x^{kn} - 1$$

Übungsaufgaben

Aufgabe 8 Wir betrachten die folgenden beiden Aussagen über Primzahlen.

(A) „Ist $2^m - 1$ eine Primzahl, so ist auch m eine Primzahl."

(B) „Ist m eine Primzahl, so ist auch $2^m - 1$ eine Primzahl."

Verwenden Sie die vorhergehende Aufgabe, um die Gültigkeit der Aussage A zu beweisen. Zeigen Sie ferner, dass Aussage B falsch ist.

Aufgabe 9 Zeigen Sie: Für jede Zahl $n \in \mathbb{N}$ ist die Zahl $n^3 + 3n^2 + 8n$ durch 6 teilbar.

Aufgabe 10 Bestimmen Sie jeweils die eindeutige Primfaktorzerlegung der beiden folgenden Zahlen:

1. $15! + 14! + 7 \cdot 11!$
2. $(2^8 + 2^4) \cdot (3^7 + 3^3) \cdot (5^4 - 5^3) \cdot (8! + 6!)$

Aufgabe 11 Berechnen Sie die Ternärdarstellung (Basis $B = 3$) der Zahl $a = 8671$.

Aufgabe 12 Bestimmen Sie die B-adischen Darstellungen der Zahl 13466917 für $B = 2$ (dual bzw. binär) und $B = 16$ (hexadezimal).

Aufgabe 13 Berechnen Sie die folgenden vier Zahlen $5^6 \bmod 7$, $5^6 \operatorname{div} 7$, $2^3 \bmod 7$, $2^3 \operatorname{div} 7$ und beweisen Sie (induktiv), dass für jede natürliche Zahl n die Zahl $5^{1+6n} + 2^{1+3n}$ durch 7 teilbar ist.

Aufgabe 14 In der Schule lernt man die **Dreier-Regel**: *Genau dann ist eine natürliche Zahl x durch 3 teilbar, wenn ihre Quersumme durch 3 teilbar ist.* Diese Dreier-Regel ist ein Spezialfall des folgenden Sachverhaltes:

- *Es sei $x = (a_m, \ldots, a_1, a_0)_{10}$ eine in ihrer Dezimaldarstellung gegebene natürliche Zahl. Weiter sei $p \in \mathbb{N}^*$ gegeben. Schließlich sei $r_i := 10^i \bmod p$ für $i = 0, \ldots, m$. Dann gilt: p ist Teiler von $x \Leftrightarrow p$ ist Teiler von $x' := \sum_{i=0}^{m} a_i r_i$.*

Beweisen Sie diesen Sachverhalt und begründen Sie, inwiefern die Dreier-Regel ein Spezialfall davon ist.

Aufgabe 15 Es seien $a = 6229331$ und $b = 2209033$. Finden Sie die Primfaktorzerlegungen dieser beiden Zahlen auf folgende Weise: Bestimmen Sie zunächst den größten

Übungsaufgaben

gemeinsamen Teiler von a und b, um zumindest eine Teilfaktorisierung dieser Zahlen zu bekommen. Wenden Sie danach die naive Faktorisierungsmethode (Abschnitt 2.2-E) an.

Aufgabe 16 Wenden Sie den erweiterten Euklidischen Algorithmus auf die Zahlen $a = 99712$ und $b = 13568$ an, um eine Vielfachsummendarstellung $xa + yb = \mathrm{ggT}(a, b)$ zu berechnen. Protokollieren Sie dazu die Belegung der Variablen $s, t, q, \rho, x, y, u, v$ während der Durchführung des Algorithmus. Geben Sie sodann wenigstens drei weitere von (x, y) verschiedene Paare (x', y') aus $\mathbb{Z} \times \mathbb{Z}$ mit $x'a + y'b = \mathrm{ggT}(a, b)$ an. Wie viele solcher Vielfachsummendarstellungen gibt es?

Aufgabe 17 Zeigen Sie (nicht mit vollständiger Induktion, sondern einfach durch „Rechnen mit Summen"), dass folgende Formel gilt:

$$\sum_{i=2m+1}^{3m} \left(\sum_{j=m+1}^{2m} \left(\sum_{k=1}^{m} (2i + 6j^2 + 4k^3) \right) \right) = m^6 + 16m^5 + 15m^4 + 2m^3$$

Aufgabe 18 Unter einer **Dreierzerlegung von** $n \in \mathbb{N}^*$ verstehen wir zunächst drei paarweise disjunkte Teilmengen M_1, M_2 und M_3 von $\{1, 2, \ldots, n\}$ mit $M_1 \cup M_2 \cup M_3 = \{1, 2, \ldots, n\}$. Es ist dabei erlaubt, dass M_1 oder M_2 oder M_3 leer sind. Zu einer solchen Zerlegung gehören nun drei Stapel S_1, S_2 und S_3, wobei jeder Stapel S_i die Elemente aus M_i in geordneter Reihenfolge enthält, mit dem größten Element ganz unten und dem kleinsten ganz oben. Beispielsweise liefert (für $n = 7$) die Dreierzerlegung $\{4, 7, 3, 1\}$, $\{2, 6\}, \{5\}$ die folgenden drei Stapel:

```
        1
        3
        4    2
        7    6    5
        ─    ─    ─
        S₁   S₂   S₃
```

Wir betrachten nun ein Spiel, bei dem jedes Tripel (S_1, S_2, S_3) von Stapeln unter Einhaltung der folgenden beiden Regeln verändert werden darf:

- In jedem Schritt darf nur die oberste Zahl eines Stapels entfernt und auf einen anderen Stapel gelegt werden.

- Es darf nie eine größere Zahl auf eine kleinere Zahl gelegt werden.

Natürliche und ganze Zahlen

Übungsaufgaben

Beispielsweise ist die folgende Änderung regelkonform:

$$\begin{array}{c} 1 \\ 3 \\ 4\ 2 \\ 7\ 6\ 5 \end{array} \quad \rightarrow \quad \begin{array}{c} \\ 3 \\ 4\ 2\ 1 \\ 7\ 6\ 5 \end{array}$$

Zeigen Sie, dass es unter Einhaltung der beiden Regeln möglich ist, zwei beliebig vorgegebene Stapel (S_1, S_2, S_3) und (T_1, T_2, T_3) durch schrittweise Änderung ineinander zu überführen.

Hinweise: Man zeige zunächst (induktiv über n), dass man $(\{1, 2, \ldots, n\}, \{\}, \{\})$ nach $(\{\}, \{1, 2, \ldots, n\}, \{\})$ bzw. nach $(\{\}, \{\}, \{1, 2, \ldots, n\})$ überführen kann (in der Literatur ist dies unter dem Namen **Türme von Hanoi** bekannt). Danach zeige man (wieder induktiv über n), dass man $(\{1, 2, \ldots, n\}, \{\}, \{\})$ in jeden vorgegebenen Dreierstapel (S_1, S_2, S_3) überführen kann. Der Rest sollte dann klar sein.

Abbildungen, Äquivalenzrelationen und partielle Ordnungen

	Einführung	82
	3.1 Grundlagen über Relationen	84
3.2	Der Abbildungsbegriff	86
3.3	Besonderheiten bei endlichen Mengen	93
3.4	Gleichmächtigkeit	96
3.5	Ordnungsrelationen	100
3.6	Äquivalenzrelationen	103
3.7	Exkurs: Kontinuumshypothese und Hasse-Diagramme	108
	Zusammenfassung	112
	Übungsaufgaben	114

3 Abbildungen, Äquivalenzrelationen und partielle Ordnungen

EINFÜHRUNG

>> Relationen sind sehr allgemeine Objekte, die in vielfältiger Ausprägung fast überall in der Mathematik und in der Informatik auftreten. Wir beginnen im ersten Abschnitt ganz allgemein und lernen mit der *Konversenbildung* und der *Verkettung* zwei fundamentale Verknüpfungen von Relationen kennen. Endliche Relationen werden typischerweise durch *gerichtete Graphen* visualisiert und bilden daher gerade im Hinblick auf Datenstrukturen und Datenbanken ein wichtiges Grundkonzept in der Informatik.

In den weiteren Abschnitten dieses Kapitels werden sich durch die Hervorhebung ihrer spezifischen Eigenschaften dann die drei wichtigsten Klassen von Relationen herauskristallisieren. Es sind dies die **Abbildungen**, die **Äquivalenzrelationen** und die **partiellen Ordnungen**.

In Abschnitt 3.2 führen wir den *Abbildungsbegriff* ein. In der Schule sind Abbildungen unter dem Begriff „Funktionen" aufgetreten – hierbei wird durch eine konkrete Funktionsvorschrift jedem Element des sog. *Definitionsbereiches* genau ein Element des sog. *Bildbereiches* zugeordnet. Die charakterisierenden Eigenschaften einer Abbildung sind also die **Linkstotalität** und die **Rechtseindeutigkeit**.

Auch innerhalb der Klasse der Abbildungen gibt es wiederum spezifische Eigenschaften, um Besonderheiten hervorzuheben; am wichtigsten erweisen sich hierbei die **Injektivität**, die **Surjektivität** und die **Bijektivität**.

Die Abschnitte 3.3 und 3.4 sind ebenfalls noch dem Themenkomplex „Abbildungen" gewidmet. Zunächst studieren wir einige wichtige Besonderheiten bei Abbildungen auf *endlichen Mengen* und zeigen unter anderem das für die Kombinatorik so wichtige Ergebnis, wonach zwei endliche Mengen genau dann die gleiche Anzahl von Elementen haben, wenn es eine bijektive Abbildung (bzw. eine *ein-eindeutige Zuordnung*) zwischen diesen Mengen gibt.

Die Übertragung der ein-eindeutigen Zuordnungsmöglichkeit auf allgemeine, nicht notwendigerweise endliche Mengen führt zum *Gleichmächtigkeitsbegriff*, der in Abschnitt 3.4 untersucht wird. Wir werden feststellen, dass die Menge $\mathbb{N}$ der natürlichen Zahlen, die Menge $\mathbb{Z}$ der ganzen Zahlen und die Menge $\mathbb{Q}$ der rationalen Zahlen alle eine *abzählbar unendliche* Mächtigkeit haben und somit gleichmächtig sind. Das Abzählen von $\mathbb{Q}$ kann dabei durch Cantors *Diagonalverfahren* bewerkstelligt werden. Eine etwas andere Version des Diagonalverfahrens führt andererseits dazu, dass sich die Menge der reellen Zahlen $\mathbb{R}$ als *mächtiger* gegenüber den natürlichen Zahlen erweist; die reellen Zahlen bilden eine *überabzählbare* Menge. Die diesen Ergebnissen zugrunde liegenden

Methoden (speziell das Diagonalverfahren) sind für die Grundlagen der Informatik im Bereich der Automatentheorie und der Berechenbarkeitstheorie von großer Bedeutung.

Nach den Abbildungen behandeln wir in Abschnitt 3.5 mit den *partiellen Ordnungen* die zweite wichtige Klasse von Relationen. Die charakterisierenden Eigenschaften einer partiellen Ordnung sind dabei die **Reflexivität**, die **Antisymmetrie** und die **Transitivität**.

Durch die Betrachtung einer Fülle von Beispielen (wie „kleiner gleich", „teilt", die Mengeninklusion, die lexikographische Ordnung) belegen wir sogleich, wie sinnvoll es ist, gerade diese drei Eigenschaften zu einem neuen Begriff zusammenzufügen.

Ersetzt man die Antisymmetrie durch die Symmetrie, so gelangt man zu den *Äquivalenzrelationen*, welche Gegenstand von Abschnitt 3.6 sein werden. Die charakteristischen Eigenschaften einer Äquivalenzrelation sind also die **Reflexivität**, die **Symmetrie** und die **Transitivität**.

Die wichtigsten Beispielklassen von Äquivalenzrelationen sind die *Kongruenzen modulo n*, die uns auch in späteren Kapiteln im Rahmen des für die Informatik wichtigen modularen Rechnens begegnen werden.

In Kombination treten partielle Ordnungen und Äquivalenzrelationen essenziell bei Reduktionssystemen oder Termersetzungssystemen auf, was für das symbolische Rechnen in Computer-Algebra-Systemen sehr wichtig ist; einen ersten Eindruck davon mögen die ergänzenden Kommentare im Exkurs, Abschnitt 3.7 vermitteln.

3 Abbildungen, Äquivalenzrelationen und partielle Ordnungen

Lernziele

- Einführung allgemeiner Relationen und Kennzeichnung der wichtigsten speziellen Relationen
- der allgemeine Abbildungsbegriff sowie injektive, surjektive und bijektive Abbildungen im Besonderen
- grundlegende Eigenschaften von Abbildungen auf endlichen Mengen
- der Gleichmächtigkeitsbegriff, die Abzählbarkeit von $\mathbb{Z}$ und von $\mathbb{Q}$, die Überabzählbarkeit von $\mathbb{R}$
- Ordnungsbegriffe, insbesondere viele Beispiele partieller Ordnungen
- Grundlagen zu Äquivalenzrelationen, insbesondere die Kongruenz modulo n

3.1 Grundlagen über Relationen

A **Was ist eine Relation?** Im vorliegenden einleitenden Abschnitt werden wir ganz allgemeine Relationen betrachten, bevor wir dann in den folgenden Abschnitten die wichtigsten Spezialisierungen besprechen.

> **Definition 3.1.1** Es seien M und N zwei Mengen. Eine **binäre Relation zwischen M und N** ist eine Teilmenge des kartesischen Produktes $M \times N$. Ist $M = N$, so spricht man von einer **binären Relation auf M**.

Allgemeiner versteht man unter einer n-**ären Relation** zwischen den Mengen $M_1, M_2, \ldots, M_n$ eine Teilmenge des kartesischen Produktes $\times_{i=1}^{n} M_i$, während eine n-äre Relation *auf M* eine Teilmenge von M^n ist. Da sämtliche hier zu betrachtenden Relationen binär sind, lassen wir das Adjektiv „binär" im Folgenden einfach weg. Die Bezeichnungen für Relationen sind je nach ihren spezifischen Eigenschaften recht unterschiedlich: Abbildungen werden oft mit f, g, h bezeichnet; für Äquivalenzrelationen verwendet man vorwiegend symmetrische Symbole wie $\approx, \equiv, \cong, \doteq, \|$; im Gegensatz dazu werden partielle Ordnungen häufig mit einseitigen Symbolen wie $\preceq, \leq, \sqsubseteq, \rightarrow, \leadsto, \vdash, \models$ bezeichnet. Ist $R \subseteq M \times N$ eine Relation, so schreibt man (je nach Art von R) für $(\alpha, \beta) \in R$ auch einfach $\alpha R \beta$. Beispielsweise ist die Formel $\alpha \sim \beta$ angenehmer zu lesen als $(\alpha, \beta) \in \sim$, und $a \leq b$ ist vertrauter als $(a, b) \in \leq$.

B **Umkehrung und Verkettung von Relationen** Bevor wir in den folgenden Abschnitten die wichtigsten Eigenschaften von Relationen studieren, die sich in der Mathematik herauskristallisiert haben, führen wir zwei Begriffe für allgemeine Relationen ein.

3.1 Grundlagen über Relationen

Definition 3.1.2 Ist $R \subseteq M \times N$ eine Relation, so nennt man die durch die Vertauschung der Komponenten entstehende Relation

$$R^\kappa := \{(y, x) : (x, y) \in R\} \subseteq N \times M$$

die zu R gehörende **konverse Relation** oder auch die **Umkehrrelation** von R.

Offensichtlich ist $(R^\kappa)^\kappa = R$. Beispielsweise ist die zur natürlichen Ordnung „kleiner gleich" $\leq$ gehörende konverse Relation die Relation „größer gleich" $\geq$. Die zur Teilbarkeitsrelation „teilt" | gehörende konverse Relation ist die Relation „wird geteilt von". Die Gleichheitsrelation „gleich" $=$ ist selbstverständlich zu sich selbst konvers.

Mit der sog. Hintereinanderausführung bzw. Verkettung kann man zwei Relationen zu einer dritten Relation verknüpfen.

Definition 3.1.3 Es seien M, N und K Mengen. Ferner seien $R \subseteq M \times N$ eine Relation zwischen M und N und $S \subseteq N \times K$ eine Relation zwischen N und K. Davon ausgehend definiert man eine Relation $R \star S$ zwischen M und K durch

$$R \star S := \{(x, z) \in M \times K : \exists y \in N \text{ mit } ((x, y) \in R) \wedge ((y, z) \in S)\}.$$

Man nennt $R \star S$ die **Verkettung** (bzw. **Hintereinanderausführung** oder auch **Komposition**) der Relationen R und S.

Betrachten wir dazu als Beispiel die drei Mengen $M := \{x, y, z\}$, $N := \{a, b, c, d\}$ und $K := \{U, V, W\}$. Ferner seien R und S die beiden Relationen $R := \{(x, a), (y, a), (y, b), (z, b), (z, c), (z, d)\}$ und $S := \{(a, U), (a, V), (b, U), (c, W), (d, V), (d, W)\}$. Dann ist $R \star S = \{(x, U), (x, V), (y, U), (y, V), (z, U), (z, V), (z, W)\}$.

Es sei noch erwähnt, dass bei der Komposition von Abbildungen (siehe Abschnitt 3.2) das Symbol $\circ$ anstelle von $\star$ verwendet wird und dass in der Notation die Reihenfolge der zu verknüpfenden Abbildungen umgekehrt wird. Daher definieren wir schon jetzt

$$S \circ R := R \star S. \tag{3.1.1}$$

C Gerichtete Graphen Ist V eine endliche Menge und R eine Relation auf V, so ist natürlich auch R endlich, sodass das Objekt (V, R) häufig graphisch dargestellt werden kann, indem man die Elemente von V als Punkte in der Ebene repräsentiert und zwei Punkte x, y aus V durch einen gerichteten Pfeil oder Bogen von x nach y verbindet, genau wenn xRy gilt. Die Elemente von V nennt man in diesem Zusammenhang auch **Punkte** oder **Ecken** oder **Knoten**, während man die Elemente aus R **gerichtete**

Kanten nennt. Das Paar (V, R) nennt man einen gerichteten Graphen oder auch einen **Digraphen**.

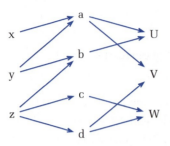

In der nebenstehenden Figur sind die beiden Relationen R und S aus dem Beispiel nach ▶Definition 3.1.3 visualisiert und zu gerichteten Graphen zusammengefasst. Die verkettete Relation $R \star S$ besteht nun anschaulich aus allen Paaren, für die es einen **gerichteten Weg** von der M-Komponente zur K-Komponente gibt. Beispielsweise ist $y \rightarrow b \rightarrow U$ ein solcher Weg von y nach U, weshalb (y, U) zu $R \star S$ gehört.

Auf das umfangreiche und interessante Gebiet der „Algorithmischen Graphentheorie", welches im Schnittfeld zwischen Informatik und Mathematik anzusiedeln ist, werden wir im Rahmen dieses Textes bewusst nicht eingehen, weil dieser Themenkomplex zusammen mit den wichtigsten **Datenstrukturen** in den Informatik-Grundvorlesungen abgedeckt wird. Wir verweisen in diesem Zusammenhang auf die Lehrbücher von Jungnickel [32], von Ottmann und Widmayer [44] sowie von Turau [56].

3.2 Der Abbildungsbegriff

A **Was versteht man unter einer Abbildung?** Abbildungen (auch **eindeutige Zuordnungen** oder **Funktionen** genannt) sind spezielle Relationen, die uns informell bereits in den ersten beiden Kapiteln begegnet sind, weil sie in der Mathematik einfach eine zentrale Rolle spielen. Daher wird es höchste Zeit, den Abbildungsbegriff zu formalisieren. Wir starten dazu mit einigen Begriffen, die möglicherweise bereits aus der Informatik-Grundvorlesung bekannt sind.

> **Definition 3.2.1** Eine binäre Relation $R \subseteq M \times N$ heißt
>
> (1) **linkstotal**, wenn zu jedem $x \in M$ ein $y \in N$ existiert mit $(x, y) \in R$;
> kurz: $\forall_{x \in M} \exists_{y \in N} : (x, y) \in R$
>
> (2) **rechtseindeutig**, falls aus $(x, y_1), (x, y_2) \in R$ folgt $y_1 = y_2$;
> kurz: $((x, y_1) \in R) \wedge ((x, y_2) \in R) \Rightarrow y_1 = y_2$
>
> (3) **rechtstotal**, wenn zu jedem $y \in N$ ein $x \in M$ existiert mit $(x, y) \in R$;
> kurz: $\forall_{y \in N} \exists_{x \in M} : (x, y) \in R$
>
> (4) **linkseindeutig**, falls aus $(x_1, y), (x_2, y) \in R$ folgt $x_1 = x_2$;
> kurz: $((x_1, y) \in R) \wedge ((x_2, y) \in R) \Rightarrow x_1 = x_2$.

3.2 Der Abbildungsbegriff

Definition 3.2.2 Eine Relation f zwischen M und N heißt eine **Abbildung von M nach N**, falls sie **linkstotal** und **rechtseindeutig** ist. Dies kann man alternativ wie folgt ausdrücken (und sollte man sich so auch merken):

- *Für jedes $x \in M$* **gibt es genau ein** $y \in N$ *mit* $(x, y) \in f$.

In logischen Symbolen verwendet man für den Ausdruck „es gibt genau ein" häufig das Symbol $\exists_1$. Demnach ist die Abbildungseigenschaft einer Relation f durch die logische Formel $\forall_{(x \in M)} \exists_{1(y \in N)} : (x, y) \in f$ beschrieben.

B **Schreib- und Sprechweisen bei Abbildungen** Wie bereits erwähnt, werden Abbildungen häufig mit dem Symbol f bezeichnet. Zur Spezifikation der Bereiche M und N schreibt man

$$f : M \to N.$$

Die Menge M heißt der **Definitionsbereich** von f, während N der **Bildbereich** bzw. **Wertebereich** von f ist. Das zu jedem $x \in M$ gehörende eindeutige $y \in N$ mit $(x, y) \in f$ wird meist mit $f(x)$ bezeichnet.[1] Man nennt $f(x)$ das **Bild von x unter f**. Häufig ergibt sich das Bild $f(x)$ aus x durch eine ganz konkrete Rechen- oder Funktionsvorschrift. Solche Arten von Abbildungen sind aus der Schule bestens bekannt, wo man sie als Funktionen kennengelernt hat (was die Bezeichnung f rechtfertigt). Bei konkreten Funktionsvorschriften verwendet man zur Berücksichtigung von Definitions- und Bildbereich auch die Notation

$$f : M \to N, \quad x \mapsto f(x).$$

Man liest: „f ist die Abbildung von M nach N, die x nach $f(x)$ abbildet". Betrachten wir dazu ein Beispiel.

- Die Relation $f = \{(x, y) \in \mathbb{R}^2 : y = x^2 - 4x + 1\}$ ist eine Abbildung bzw. eine Funktion und wird durch

$$f : \mathbb{R} \to \mathbb{R}, \quad x \mapsto x^2 - 4x + 1$$

beschrieben (bzw. einfach kurz durch $f(x) = x^2 - 4x + 1$). Das Bild von $x = \sqrt{2}$ unter f ist gleich $f(\sqrt{2}) = \sqrt{2}^2 - 4 \cdot \sqrt{2} + 1 = 3 - 4 \cdot \sqrt{2}$.

Die Variable x kann natürlich ebenso wie die (überstrapazierte) Bezeichnung f durch ein beliebiges Symbol ersetzt werden. So ist etwa

$$\Gamma : \mathbb{Q}^+ \setminus \{3, 4, 5\} \to \mathbb{R}, \quad \omega \mapsto \frac{\sqrt{\omega} + \omega^{3.1415}}{\omega^3 - 12\omega^2 + 47\omega - 60}$$

ebenfalls eine Abbildung.

---

[1] Hin und wieder findet man auch die Bezeichnungen f_x oder x^f.

Abbildungen der Form $g: M \to N$ mit $M, N \subseteq \mathbb{R}$ entsprechen als Relation der Teilmenge $\{(x, g(x)): x \in M\}$ der euklidischen Ebene $\mathbb{R}^2$; deren Visualisierung wird auch als **Funktionsgraph** bezeichnet.

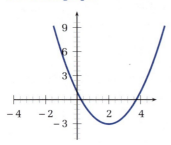

Ist $f(x) = x^2 - 4x + 1$ wie im obigen Beispiel, so handelt es sich beim Funktionsgraphen um eine nach oben geöffnete Parabel mit Scheitelpunkt $(2, -3)$, siehe die links stehende Graphik.

Schließlich ist zu bemerken, dass zwei Abbildungen $g: M \to N$ und $h: M \to N$ **gleich** heißen, wenn $g(x) = h(x)$ für alle x aus M gilt. Beispielsweise sind die beiden Abbildungen $g: \{-1, 0, 1\} \to \mathbb{R}, x \mapsto x^3 + 2x^2 - x - 5$ und $h: \{-1, 0, 1\} \to \mathbb{R}, x \mapsto 2x^2 - 5$ gleich, denn $g(x) - h(x) = x^3 - x = (x + 1)x(x - 1) = 0$ für jedes x aus dem Definitionsbereich dieser beiden Abbildungen.

C Spezielle Eigenschaften bei Abbildungen Der Leser wird bemerkt haben, dass bisher nur zwei der vier Eigenschaften aus ▶Definition 3.2.1 in den Abbildungsbegriff eingeflossen sind. Die anderen beiden Eigenschaften werden dazu verwendet, um besondere Abbildungen hervorzuheben.

Definition 3.2.3 Eine Abbildung $f: M \to N$ heißt:

(1) **injektiv**, falls sie linkseindeutig ist

(2) **surjektiv**, falls sie rechtstotal ist

(3) **bijektiv**, falls sie injektiv und surjektiv ist.

Für das konkrete Überprüfen der Injektivität, der Surjektivität oder der Bijektivität einer Abbildung f sollte man Folgendes berücksichtigen:

1. Zum Nachweis der Injektivität ist zu zeigen: Sind $a, b \in M$ mit $f(a) = f(b)$, so folgt $a = b$.

2. Zum Nachweis der Surjektivität muss man zeigen: Für jedes $y \in N$ gibt es ein $x \in M$ mit $f(x) = y$.

3. Eine Abbildung ist dementsprechend bijektiv, wenn gilt: Zu jedem $y \in N$ gibt es **genau** ein $x \in M$ mit $f(x) = y$.

3.2 Der Abbildungsbegriff

Eine Bijektion nennt man daher auch eine **ein-eindeutige Zuordnung**. Ein anderes Synonym für „bijektive Abbildung auf einer Menge M" ist (insbesondere wenn M endlich ist) der Begriff **Permutation**. Zur Einübung der Begriffe injektiv, surjektiv und bijektiv betrachten wir einige Beispiele. Dass es sich im Folgenden stets um Abbildungen handelt, steht außer Frage, da diese nämlich durch konkrete Funktionsvorschriften gegeben sind.

1. Der **Betrag** (auch **Absolutbetrag**, siehe ▶Bemerkung 2.3.2) auf $\mathbb{Z}$ ist eine Abbildung $|.|: \mathbb{Z} \to \mathbb{N}$. Beispielsweise ist $|17| = 17 = |-17|$, weshalb der Betrag nicht injektiv ist (verschiedene Werte des Definitionsbereiches werden auf den gleichen Wert des Bildbereiches abgebildet). Allerdings ist $|.|$ surjektiv, denn jedes $n \in \mathbb{N}$ wird wegen $|n| = n$ als Bild angenommen.

2. Die Abbildung $h: \mathbb{N} \to \mathbb{Z}$ sei definiert durch

$$h(x) := \begin{cases} \frac{x+1}{2}, & \text{falls } x \text{ ungerade} \\ -\frac{x}{2}, & \text{falls } x \text{ gerade.} \end{cases}$$

Wir behaupten, dass h bijektiv ist. Dazu sind die Injektivität und die Surjektivität nachzuweisen. Zunächst zur Injektivität: Es seien $a, b \in \mathbb{N}$ mit $h(a) = h(b)$. Wir führen eine Fallunterscheidung durch. Falls a ungerade und b gerade ist, so folgt $-\frac{b}{2} = \frac{a+1}{2}$, also $-b = a + 1$, was wegen $-b \leq 0 < 1 \leq a + 1$ nicht sein kann. Ganz analog ergibt sich ein Widerspruch, wenn b ungerade und a gerade ist. Sind a und b beide gerade, so folgt $-\frac{a}{2} = -\frac{b}{2}$, was $a = b$ impliziert. Sind schließlich a und b beide ungerade, so erhält man $\frac{a+1}{2} = \frac{b+1}{2}$; erneut zeigt eine einfache Termumformung, dass dann $a = b$ gilt. Insgesamt liefert dies die Injektivität von h.

Nun zur Surjektivität: Es sei $y \in \mathbb{Z}$ beliebig. Wir müssen ein $x \in \mathbb{N}$ präsentieren mit $h(x) = y$. Auch hier ist eine Fallunterscheidung notwendig. Ist $y < 0$, so betrachten wir die Zahl $x := 2 \cdot |y|$. Dann ist $x \in \mathbb{N}$ gerade und daher (wegen der Definition von h und wegen $y < 0$)

$$h(x) = -\frac{x}{2} = -\frac{2|y|}{2} = -|y| = -(-y) = y.$$

Falls $y \geq 0$, so betrachten wir $x := 2y - 1$. Dann ist $x \in \mathbb{N}$ ungerade und daher (erneut wegen der Definition von h und wegen $y \geq 0$)

$$h(x) = \frac{x+1}{2} = \frac{2y-1+1}{2} = y.$$

Insgesamt folgt, dass jedes y aus $\mathbb{Z}$ als Bild unter h angenommen wird, was bedeutet, dass h auch surjektiv ist. Also ist h eine bijektive Abbildung.

3. Es sei $\mathcal{P}(M)$ die Potenzmenge einer Menge M. Die **Komplementbildung** $X \mapsto X^c = M \setminus X$ ist eine Abbildung auf $\mathcal{P}(M)$. Sie ist offensichtlich injektiv, denn $A^c = B^c$ bedeutet $M \setminus A = M \setminus B$ und daher $A = B$. Sie ist auch surjektiv. Ist nämlich $Y \subseteq M$

beliebig gegeben, so betrachte $X := M \setminus Y = Y^c$; dann ist $X^c = (Y^c)^c = Y$, sodass Y als Bild von X angenommen wird. Das bedeutet insgesamt, dass die Komplementbildung eine Bijektion ist.

4. Die **Nachfolgerfunktion** succ: $\mathbb{N} \to \mathbb{N}$, definiert durch $\text{succ}(n) := n + 1$, ist eine injektive Abbildung, denn $n + 1 = m + 1$ impliziert $n = m$. Sie ist aber keine surjektive Abbildung, weil $0 \in \mathbb{N}$ nicht als Bild von succ angenommen wird; es gibt kein $x \in \mathbb{N}$ mit $\text{succ}(x) = x + 1 = 0$. Die Abbildung succ^* hingegen, definiert durch $\text{succ}^* : \mathbb{N} \to \mathbb{N}^*$, $n \mapsto \text{succ}(n)$ (Einschränkung des Bildbereiches auf $\mathbb{N}^*$), ist injektiv und surjektiv, also bijektiv.

5. Der Prototyp einer bijektiven Abbildung von einer Menge M in sich selbst ist die **identische Abbildung auf** M, Bezeichnung: id_M. Diese ist einfach durch $\text{id}_M : M \to M$, $x \mapsto x$ definiert.

D **Die Urbildpartition zu einer Abbildung** Unter dem **Bild einer Abbildung** $f : M \to N$ versteht man die folgende Teilmenge von N:

$$\text{Bild}(f) := \{v \in N : \text{es gibt ein } u \in M \text{ mit } f(u) = v\} \quad (3.2.1)$$

Eine weitere wichtige Bezeichnung im Kontext von Abbildungen ist das Urbild.

Definition 3.2.4 Ist $f : M \to N$ eine Abbildung und $y \in N$, so versteht man unter dem **Urbild von** y **unter** f (Bezeichnung: $f^{-1}(y)$) die Menge aller x aus M, die unter f auf y abgebildet werden:

$$f^{-1}(y) := \{x \in M : f(x) = y\} \subseteq M$$

Ist $f : M \to N$ eine Abbildung und sind y und z verschiedene Elemente aus N, so gilt $f^{-1}(y) \cap f^{-1}(z) = \emptyset$, denn: Wegen $y \neq z$ und der Rechtseindeutigkeit von f kann kein $x \in f^{-1}(y) \cap f^{-1}(z)$ existieren, denn dann wären ja (x, y) und (x, z) beides Elemente der Relation f und das würde aufgrund der Abbildungseigenschaft von f bedeuten $f(x) = y \neq z = f(x)$, ein Widerspruch. Ferner gibt es zu jedem $x \in M$ ein $y \in N$ mit $x \in f^{-1}(y)$, denn $x \in f^{-1}(f(x))$. Damit haben wir Folgendes nachgewiesen:

Satz 3.2.5 Die Menge aller Urbilder einer Abbildung $f : M \to N$ bilden eine Partition bzw. eine Zerlegung des Definitionsbereiches M.

Man nennt daher $\{f^{-1}(y) : y \in N\} \subseteq \mathcal{P}(M)$ die **Urbildpartition** von M unter f.[2]

---

[2] Ist f nicht surjektiv, so tritt der Schönheitsfehler auf, dass die leere Menge in der Urbildpartition vertreten ist.

Beispiel 3.2.6 Betrachten wir als Beispiel nochmals die Funktion $f:\mathbb{R} \to \mathbb{R}$, $x \mapsto x^2 - 4x + 1$ aus Abschnitt C. Durch eine quadratische Ergänzung erhalten wir

$$f(x) = x^2 - 4x + 1 = x^2 - 4x + 4 - 4 + 1 = (x-2)^2 - 3.$$

Wegen $(x-2)^2 \geq 0$ für alle $x \in \mathbb{R}$ folgt $f(x) \geq -3$ für jedes x, weshalb die Zahlen y mit $y < -3$ nicht als Bild von f auftreten, i. e. $f^{-1}(y) = \emptyset$ für $y < -3$.

Ferner ist $f(x) = -3$ genau dann, wenn $(x-2)^2 = 0$, also wenn $x = 2$ ist. Somit gilt $f^{-1}(-3) = \{2\}$; in der Tat ist ja $(2, -3)$ der Scheitelpunkt von f.

Um die Urbildmenge $f^{-1}(y)$ für $y > -3$ zu berechnen, betrachten wir ausgehend von $f(x) = y$ die quadratische Gleichung $0 = f(x) - y = x^2 - 4x + 1 - y$ mit Koeffizienten $a = 1$ und $b = -4$ und $c = 1 - y$. Die Diskriminante $\Delta = b^2 - 4ac$ ist somit gleich $16 - 4 + 4y = 12 + 4y = 4(3 + y)$, was wegen $y > -3$ echt größer als null ist. Nach ▶Satz 1.2.3 hat jedes $y > -3$ daher die beiden Urbilder $\frac{-b+\sqrt{\Delta}}{2a}$ und $\frac{-b-\sqrt{\Delta}}{2a}$ unter f. Wegen $\Delta = 2 \cdot \sqrt{3+y}$ ergibt sich somit leicht die zweielementige Urbildmenge

$$f^{-1}(y) = \{2 - \sqrt{3+y}, 2 + \sqrt{3+y}\}$$

für jedes $y > -3$. ■

Wir bemerken abschließend, dass man anschaulich gesehen die Urbildmengen für allgemeine Funktionen $g:\mathbb{R} \to \mathbb{R}$ wir folgt bekommt: Für $y \in \mathbb{R}$ zieht man die Parallele zur x-Achse durch den Punkt $(0, y)$. Die Schnittpunkte dieser Parallelen mit dem Funktionsgraph zu g ergeben dann genau die Punkte (x, y) mit $g(x) = y$.

Anhand von Urbildmengen erhält man unmittelbar die folgenden nützlichen Charakterisierungen für injektive bzw. surjektive bzw. bijektive Abbildungen.

Satz 3.2.7 Es sei $f: M \to N$ eine Abbildung. Dann gelten:

(1) f ist genau dann surjektiv, wenn $f^{-1}(y) \neq \emptyset$ für jedes $y \in N$ gilt, also wenn $|f^{-1}(y)| \geq 1$ für alle y erfüllt ist.

(2) f ist genau dann injektiv, wenn $|f^{-1}(y)| \leq 1$ für alle $y \in N$ erfüllt ist.

(3) f ist genau dann bijektiv, wenn $f^{-1}(y)$ für jedes $y \in N$ eine einelementige Menge ist.

E Zur Umkehrung von Abbildungen An dieser Stelle müssen wir auf eine weitere Besonderheit bei der Notation für Abbildungen hinweisen, wobei wir uns an die Grundlagen aus Abschnitt 3.1 erinnern.

Wie wir wissen, ist eine Abbildung g eine spezielle Relation, nämlich eine linkstotale und rechtseindeutige. Die durch g^{-1} gekennzeichnete Urbildpartition beschreibt im Wesentlichen die zu g gehörende konverse Relation g^κ. Die Relation g^κ ist im Allgemeinen aber keine Abbildung! Konkret gilt: g^κ ist genau dann linkstotal, wenn g rechtstotal ist, und genau dann rechtseindeutig, wenn g linkseindeutig ist. Somit ist g^κ genau dann selbst eine Abbildung, wenn g eine Bijektion ist!

Ist $g\colon M \to N$ nun eine bijektive Abbildung, so ist $g^{-1}(y)$ nach ▶Satz 3.2.7-(3) für jedes $y \in N$ eine einelementige Menge. Ist beispielsweise $g^{-1}(y) = \{t\}$, so schreibt man daher einfach $g^{-1}(y) = t$. In diesem Sinne ist dann aber g^{-1} die g^κ entsprechende Abbildung von N nach M; man nennt sie daher die **Umkehrabbildung** von g. Es ist g^{-1} (alias g^κ) dann sogar selbst eine Bijektion, deren Umkehrabbildung $(g^{-1})^{-1}$ (alias $(g^\kappa)^\kappa$) wiederum gleich g ist.

Beispielsweise ist $\mathbb{R} \to \mathbb{R}$, $y \mapsto \frac{1}{4}y - \frac{1}{4}$ die Umkehrabbildung von $\mathbb{R} \to \mathbb{R}$, $x \mapsto 4x + 1$, wie man durch Auflösen der Gleichung $y = 4x + 1$ nach x leicht sieht.

F **Die Verkettung von Abbildungen** Wir wollen nun u. a. zeigen, dass die Verkettung ∘ (bzw. Hintereinanderausführung bzw. Komposition, siehe (3.1.1) in Abschnitt 3.1-B) zweier Abbildungen wieder eine Abbildung liefert. Das wichtigste ist in folgendem Satz zusammengefasst.

Satz 3.2.8 Es seien $f\colon M \to N$ und $g\colon N \to K$ zwei Abbildungen. Dann gilt für die verkettete Relation $g \circ f \subseteq M \times K$ Folgendes:

(1) $g \circ f$ ist eine Abbildung von M nach K; ferner gilt $g \circ f(x) = g(f(x))$ für jedes $x \in M$.

(2) Sind f und g beide injektiv, so ist auch $g \circ f$ injektiv.

(3) Sind f und g beide surjektiv, so ist auch $g \circ f$ surjektiv.

(4) Sind f und g beide bijektiv, so ist auch $g \circ f$ bijektiv; in diesem Fall erfüllen die Umkehrabbildungen die Gleichung $(g \circ f)^{-1} = f^{-1} \circ g^{-1}$.

Beweis

(1) Da die Abbildungseigenschaft erst gezeigt werden soll, müssen wir notgedrungen auf die allgemeine Relationenschreibweise zurückgreifen. Ist $x \in M$, so gibt es ein eindeutiges $y \in N$ mit $f(x) = y$. Da g eine Abbildung ist, gibt es ein eindeutiges $z \in K$ mit $g(y) = z$. Wegen $(x, y) \in f$ und $(y, z) \in g$ ist $(x, z) \in f \star g = g \circ f$. Damit ist gezeigt, dass $g \circ f$ linkstotal ist. Ist neben (x, z) auch $(x, z') \in f \star g$, so gibt es (neben y)

ein $y' \in N$ mit $(x, y') \in f$ und $(y', z') \in g$. Wegen der Rechtseindeutigkeit von f und $(x, y) \in f$ ist $y' = y$; wegen der Rechtseindeutigkeit von g und $(y, z) \in g$ ist $z' = z$. Also ist $g \circ f$ rechtseindeutig, insgesamt also eine Abbildung. Wegen $y = f(x)$ haben wir gleichzeitig nachgewiesen, dass $g \circ f(x) = g(f(x))$ ist.

(2) Wir nehmen nun an, dass f und g injektiv sind. Falls $g \circ f(x_1) = g \circ f(x_2)$, so gilt $g(f(x_1)) = g(f(x_2))$. Aufgrund der Injektivität von g folgt $f(x_1) = f(x_2)$. Da auch f injektiv ist, folgt $x_1 = x_2$. Das beweist die Injektivität von $g \circ f$.

(3) Es seien f und g surjektiv. Ist $z \in K$, so gibt es wegen der Surjektivität von g ein $y \in N$ mit $g(y) = z$. Da auch f surjektiv ist, gibt es ein $x \in M$ mit $f(x) = y$. Also ist $z = g(f(x)) = g \circ f(x)$, sodass auch $g \circ f$ surjektiv ist.

(4) Aus (2) und (3) folgt die Bijektivität von $f \circ g$, wenn f und g beide bijektiv sind. Für $x \in M$ sei wieder $y = f(x) \in N$ und $z = g(y) = g \circ f(x) \in K$. Dann ist

$$(g \circ f)^{-1}(z) = x = f^{-1}(y) = f^{-1}(g^{-1}(z)) = f^{-1} \circ g^{-1}(z).$$

Da dies für alle $z \in K$ gilt, folgt $(g \circ f)^{-1} = f^{-1} \circ g^{-1}$. ∎

Es ist zu bemerken, dass bei bijektiven Abbildungen $f: M \to N$ insbesondere $f^{-1} \circ f(x) = f^{-1}(f(x)) = x$ für alle $x \in M$ und entsprechend $f \circ f^{-1}(y) = f(f^{-1}(y)) = y$ für alle $y \in N$ gilt. Das bedeutet aber nichts anderes, als dass $f \circ f^{-1} = \text{id}_M$ und $f^{-1} \circ f = \text{id}_N$ gilt (siehe dazu auch das 5. Beispiel in Abschnitt C).

In Bezug auf ▶Satz 3.2.8 sei weiter bemerkt, dass man die konkrete Funktionsvorschrift einer verketteten Abbildung durch Einsetzen der jeweiligen Funktionsvorschriften erhält. So ist etwa bei den reellwertigen Funktionen $f(x) := x^2 + 4$ und $g(x) := -x - 2$ und $h(x) := \frac{1}{3x+8}$ die Verkettung $h \circ g \circ f(x)$ gleich[3]

$$(h \circ g) \circ f(x) = h \circ g(f(x)) = h(g(f(x))) = h(g(x^2 + 4)) = h(-(x^2 + 4) - 2),$$

was sich zu $h \circ g \circ f(x) = \frac{1}{3 \cdot [-(x^2+4)-2]+8} = \frac{1}{-3x^2-10}$ auswerten lässt.

3.3 Besonderheiten bei endlichen Mengen

Wir wollen in diesem Abschnitt untersuchen, wann es Injektionen, Surjektionen und Bijektionen zwischen zwei gegebenen **endlichen** Mengen gibt. Beginnen wir gleich mit dem Hauptresultat, welches auf ▶Satz 3.2.7 basiert.

---

[3] Aufgrund des geltenden Assoziativgesetzes (siehe Kapitel 5) für die Verkettung von Abbildungen, ist es egal, ob man $h \circ g \circ f$ als $(h \circ g) \circ f$ oder als $h \circ (g \circ f)$ auswertet.

Satz 3.3.1 Es seien M und N zwei endliche, nichtleere Mengen mit $|M| = m$ bzw. mit $|N| = n$ Elementen. Dann gelten die folgenden drei Aussagen:

(1) Es gibt eine surjektive Abbildung von M nach $N \Leftrightarrow m \geq n$.

(2) Es gibt eine injektive Abbildung von M nach $N \Leftrightarrow m \leq n$.

(3) Es gibt eine bijektive Abbildung von M nach $N \Leftrightarrow m = n$.

Beweis Wir betrachten zunächst eine beliebige Abbildung $f: M \to N$. Nach ▶Satz 3.2.7 ist das Mengensystem $\{f^{-1}(y): y \in N\}$ der Urbilder disjunkt; ferner ist jedes $x \in M$ in genau einer der Urbildmengen enthalten, sodass auch $M = \dot\bigcup_{y \in N} f^{-1}(y)$ gilt. Mit der Summenregel aus Abschnitt 2.1-F erhält man daher (unter Verwendung von N als Indexmenge):

$$m = |M| = \left|\dot\bigcup_{y \in N} f^{-1}(y)\right| = \sum_{y \in N} |f^{-1}(y)| \qquad (3.3.1)$$

Wir können nun die Implikationen $\Rightarrow$ der Aussagen (1), (2) und (3) mit den Charakterisierungen gemäß ▶Satz 3.2.7 folgendermaßen beweisen:

1. Ist f surjektiv, so ist $|f^{-1}(y)| \geq 1$ für alle $y \in N$, weshalb (3.3.1) die Ungleichung $m = \sum_{y \in N} |f^{-1}(y)| \geq \sum_{y \in N} 1 = |N| = n$ impliziert.

2. Ist f injektiv, so impliziert (3.3.1) entsprechend $m = \sum_{y \in N} |f^{-1}(y)| \leq \sum_{y \in N} 1 = |N| = n$ wegen $|f^{-1}(y)| \leq 1$ für alle $y \in N$.

3. Die Bijektivität von f impliziert somit $m = n$.

Es bleibt uns, für die Aussagen (1), (2) und (3) jeweils die umgekehrte Implikation $\Leftarrow$ zu beweisen. Wir beginnen mit (3), nehmen $|M| = |N|$, also $m = n$ an und zeigen die Aussage mit Induktion über die Mächtigkeit der beiden Mengen M und N. Ist diese gleich 1, etwa $M = \{a\}$ und $N = \{b\}$, so ist durch $f(a) := b$ eine Bijektion von M nach N definiert. Wir nehmen induktiv an, dass es zwischen je zwei k-elementigen Mengen ($k \geq 1$) eine Bijektion gibt. Es sei nun $|M| = |N| = k + 1$; weiter seien ein Element $s \in M$ und ein Element $t \in N$ gewählt. Dann haben die Mengen $M' := M \setminus \{s\}$ und $N' := N \setminus \{t\}$ jeweils k Elemente. Nach Induktionsannahme gibt es eine Bijektion $f': M' \to N'$. Wir definieren nun die Abbildung $f: M \to N$ durch

$$f(x) := \begin{cases} f'(x), & \text{falls } x \in M' \\ t, & \text{falls } x = s. \end{cases}$$

Dann ist f eine Bijektion von M nach N. In diesem Zusammenhang nennt man f eine **Erweiterung** von f' und f' die **Einschränkung** von f auf M'.

Nun zu (2): Es gelte $m \leq n$. Wir wählen eine m-elementige Teilmenge K von N. Nach (3) gibt es eine Bijektion $g: M \to K$. Definiert man $f: M \to N$ durch $f(x) := g(x)$ für alle x aus M, so ist f injektiv und damit (2) bewiesen.

Abschließend zu (1): Es sei $m \geq n$. Wir wählen eine n-elementige Teilmenge L von M und ein beliebiges Element y von N. Nach (3) gibt es eine Bijektion $g: L \to N$. Wir definieren nun $f: M \to N$ durch

$$f(x) := \begin{cases} g(x), & \text{falls } x \in L \\ y, & \text{falls } x \in M \setminus L. \end{cases}$$

Dann ist f eine surjektive Abbildung von M nach N. ∎

Sind $n, m \in \mathbb{N}$ mit $n < m$ so gibt es nach ▶Satz 3.3.1 keine injektive Abbildung von einer m-Menge in eine n-Menge. Dieser Sachverhalt ist auch unter dem Namen **Taubenschlagprinzip** bekannt: Hat man m Tauben und n Taubenhäuschen und setzt man jede Taube in ein Taubenhäuschen, so gibt es wenigstens ein Taubenhäuschen, in dem sich mindestens zwei Tauben befinden.[4]

Die Verwendung des Mengensystems der Urbilder führt uns zu einem weiteren interessanten Ergebnis.

> **Satz 3.3.2** Es seien M und N zwei endliche Mengen mit gleicher Mächtigkeit, also $|M| = |N|$. Ist $f: M \to N$ eine Abbildung, so sind die folgenden drei Aussagen äquivalent:
>
>   (1) f ist injektiv   (2) f ist surjektiv   (3) f ist bijektiv

Beweis Wir beweisen zunächst die beiden Implikationen (1) ⇒ (2) und (1) ⇒ (3): Ist $f: M \to N$ injektiv, so gilt $|f^{-1}(y)| \leq 1$ für jedes $y \in N$ (▶Satz 3.2.7) und daher, unter der zusätzlich gegebenen Voraussetzung:

$$|N| = |M| = \left| \dot\bigcup_{y \in N} f^{-1}(y) \right| = \sum_{y \in N} |f^{-1}(y)| \leq \sum_{y \in N} 1 = |N|$$

Bei dieser Abschätzung $\leq$ muss daher in Wirklichkeit die Gleichheit gelten, sonst bekäme man den Widerspruch $|N| < |N|$. Die Gleichheit kann aber nur gelten, wenn $|f^{-1}(y)| = 1$ für jedes $y \in N$ gilt. Das bedeutet aber, dass f bijektiv (siehe ▶Satz 3.2.7), also insbesondere auch surjektiv ist.

Nun beweisen wir die beiden Implikationen (2) ⇒ (1) und (2) ⇒ (3): Diese folgen analog zum eben durchgeführten Beweis. Ist f surjektiv, so gilt $|f^{-1}(y)| \geq 1$ für jedes $y \in N$ (nach ▶Satz 3.2.7) und daher, unter der gegebenen Voraussetzung,

---

[4] Man probiere das einmal aus. Wer keine Tauben hat, kann versuchen, m Bälle in n Säcke zu werfen.

$$|N| = |M| = \sum_{y \in N} |f^{-1}(y)| \geq \sum_{y \in N} 1 = |N|.$$

Die Abschätzung ist daher eine Gleichheit, was allerdings nur gelten kann, wenn $|f^{-1}(y)| = 1$ für alle $y \in N$ gilt. Das bedeutet, dass f bijektiv, insbesondere injektiv ist.

Die Implikationen (3) $\Rightarrow$ (1) und (3) $\Rightarrow$ (2) sind trivial. ∎

3.4 Gleichmächtigkeit

A **Was bedeutet die Gleichmächtigkeit zweier Mengen?** Im letzten Abschnitt haben wir gelernt, dass zwei **endliche** Mengen genau dann gleiche Mächtigkeit haben, wenn sie durch eine bijektive Abbildung aufeinander abgebildet werden können. Dies wird als Ansatz genommen, um **unendliche** Mengen hinsichtlich ihrer Mächtigkeiten zu vergleichen.

> **Definition 3.4.1** Zwei unendliche Mengen M und N heißen **gleichmächtig** oder von **gleicher Kardinalität**, wenn es eine bijektive Abbildung von N nach M gibt.

Man beachte, dass diese Eigenschaft aufgrund der Bijektivität der Umkehrabbildung symmetrisch in N und M ist. Es sei weiter gleich bemerkt, dass dieser Ansatz zu dem Phänomen führt, dass es gleichmächtige unendliche Mengen M und N gibt, wobei N **echte Teilmenge** von M ist. Beispielsweise ist $\text{succ}^*: \mathbb{N} \to \mathbb{N}^*, n \mapsto n + 1$ eine Bijektion, sodass $\mathbb{N}$ und $\mathbb{N}^*$ im Sinne von ▶Definition 3.4.1 gleichmächtig sind. In der Tat kann die Endlichkeit einer Menge L dadurch charakterisiert werden, dass keine echte Teilmenge von L bijektiv auf L abbildbar ist.

B **Die Gleichmächtigkeit von $\mathbb{N}$, von $\mathbb{Z}$ und von $\mathbb{Q}$** Im Folgenden untersuchen wir die grundlegenden Zahlbereiche hinsichtlich der Gleichmächtigkeit. Wir haben im zweiten Beispiel von Abschnitt 3.2-C eine Bijektion h zwischen $\mathbb{N}$ und $\mathbb{Z}$ angegeben. Daher gilt:

> **Satz 3.4.2** Die Mengen $\mathbb{N}$ der natürlichen Zahlen und die Menge $\mathbb{Z}$ der ganzen Zahlen sind gleichmächtig.

Zum Nachweis der Gleichmächtigkeit von $\mathbb{N}^*$ und den positiven rationalen Zahlen $\mathbb{Q}^+$ verwendet man üblicherweise das **Diagonalverfahren von Cantor**: Man schreibt die Elemente von $\mathbb{Q}^+$ folgendermaßen in eine Tabelle (mit unendlich vielen Zeilen und

Spalten). In der n-ten Zeile stehen dabei alle Brüche $\frac{k}{n}$ (wachsend in k) mit $\mathrm{ggT}(k, n) = 1$. Nun **zählt** man die positiven rationalen Zahlen **ab**, indem man die Diagonalen der Tabelle in Schlangenlinien durchläuft.

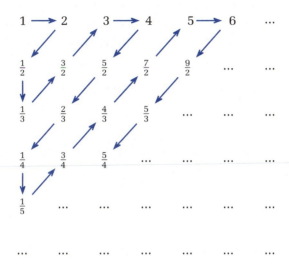

Das ergibt eine Bijektion von $\mathbb{N}^*$ nach $\mathbb{Q}^+$, die wir δ nennen wollen. Diese kann durch $0 \mapsto 0$ zu einer Bijektion von $\mathbb{N}$ nach $\mathbb{Q}_0^+$ fortgesetzt werden. Mit einer ähnlichen Argumentation wie im Beweis von ▶Satz 3.4.2 (siehe das zweite Beispiel in Abschnitt 3.2-C) können wir nun folgenden Satz beweisen.

Satz 3.4.3 Die Menge $\mathbb{N}$ der natürlichen Zahlen und die Menge $\mathbb{Q}$ der rationalen Zahlen sind gleichmächtig.

Beweis Es sei δ die gemäß Diagonalverfahren existierende Bijektion von $\mathbb{N}^*$ nach $\mathbb{Q}^+$. Davon ausgehend definieren wir eine Abbildung $\varphi\colon \mathbb{N}^* \to \mathbb{Q}^*$ durch

$$\varphi(n) := \begin{cases} \delta\left(\dfrac{n}{2}\right), & \text{falls } n \text{ gerade} \\ -\delta\left(\dfrac{n+1}{2}\right), & \text{falls } n \text{ ungerade.} \end{cases}$$

Wir behaupten, dass φ eine Bijektion ist. Zur Injektivität: Annahme, $\varphi(a) = \varphi(b)$. Dann sind entweder a und b beides gerade Zahlen oder beides ungerade Zahlen, weil sonst eines der beiden Bilder positiv und das andere negativ ist. Falls a und b beide gerade sind, so folgt $\delta(\frac{a}{2}) = \delta(\frac{b}{2})$; die Injektivität von δ impliziert dann $\frac{a}{2} = \frac{b}{2}$, sodass $a = b$ ist. Falls a und b beide ungerade sind, so ist $-\delta(\frac{a+1}{2}) = -\delta(\frac{b+1}{2})$, woraus analog wieder die Gleichheit von a und b aus der Injektivität von δ folgt. Also ist φ injektiv.

Zur Surjektivität: Sei $y \in \mathbb{Q}^*$. Falls $y > 0$, so gibt es aufgrund der Surjektivität von δ ein $x \in \mathbb{N}^*$ mit $\delta(x) = y$. Da $2x$ gerade ist, ist dann $\varphi(2x) = \delta(\frac{2x}{2}) = \delta(x) = y$, sodass y als Bild unter φ durch $2x$ angenommen wird. Falls $y < 0$, so ist $-y > 0$, sodass es aufgrund der Surjektivität von δ ein $z \in \mathbb{N}^*$ mit $\delta(z) = -y$ gibt. Nun ist $2z - 1 \in \mathbb{N}^*$ ungerade, sodass $\varphi(2z - 1) = -\delta\left(\frac{2z-1+1}{2}\right) = -\delta(z) = -(-y) = y$ ist. Also wird in diesem Fall y als Bild unter φ von der Zahl $2z - 1$ angenommen. Das liefert die Surjektivität von φ, sodass insgesamt die Gleichmächtigkeit von $\mathbb{N}^*$ und $\mathbb{Q}^*$ gezeigt ist.

Erweitert man φ durch $\varphi(0) := 0$, so erhält man schließlich eine Bijektion von $\mathbb{N}$ nach $\mathbb{Q}$. ∎

Definition 3.4.4 Eine Menge M heißt **abzählbar unendlich**, falls M und $\mathbb{N}$ gleichmächtig sind.[5] Die Mächtigkeit von $\mathbb{N}$ wird häufig mit $\aleph_0$ bezeichnet (lies: **Aleph-Null**).

C Die Überabzählbarkeit der reellen Zahlen Die bisherigen Beispiele zeigen, dass die Mengen $\mathbb{N}^*, \mathbb{N}, \mathbb{Z}, \mathbb{Q}^+, \mathbb{Q}_0^+$ sowie $\mathbb{Q}^*$ und $\mathbb{Q}$ alles abzählbar unendliche Mengen sind. In der Tat ist eine Bijektion von $\mathbb{N}^*$ nach einer Menge M nichts anderes als eine Abzählung der Elemente von M (beginnend mit der natürlichen Zahl 1, siehe das Diagonalverfahren).

Definition 3.4.5 Eine unendliche Menge, die nicht abzählbar unendlich ist, heißt **überabzählbar**.

Dass es überabzählbare Mengen gibt, werden wir anhand der folgenden beiden Ergebnisse belegen.

Beispiel 3.4.6 Es sei $J := \{x \in \mathbb{R} : 0 < x < 1\}$ die Menge aller reellen Zahlen zwischen 0 und 1. Betrachte die folgende Abbildung:

$$\phi : J \to \mathbb{R}, \quad x \mapsto \frac{x - \frac{1}{2}}{x(x-1)}$$

Mit Methoden der Analysis (die wir allerdings erst in Teil IV behandeln werden) kann man leicht zeigen, dass ϕ bijektiv ist. Wir fassen dies kurz zusammen: ϕ ist differenzierbar und damit stetig; die Ableitung von ϕ ist stets negativ, weshalb ϕ streng monoton fallend ist; ferner ist $\lim_{x \to 1^-} \phi(x) = -\infty$ und $\lim_{x \to 0^+} \phi(x) = \infty$.

---

[5] Da $\mathbb{N}$ und $\mathbb{N}^*$ gleichmächtig sind, ist dies gleichbedeutend damit, dass M und $\mathbb{N}^*$ gleichmächtig sind, siehe auch ▶Satz 3.2.8-(4).

3.4 Gleichmächtigkeit

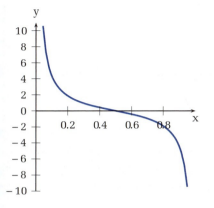

Anhand des nebenstehenden Graphen der Funktion ϕ kann man sich auch geometrisch sehr schnell von deren Bijektivität überzeugen. Zieht man von irgendeinem Punkt t auf der y-Achse die Parallele zur x-Achse, so trifft diese Gerade die Kurve in genau einem Punkt (s, t), d. h., für jedes $t \in \mathbb{R}$ gibt es genau ein $s \in J$ mit $\phi(s) = t$. Der zu t gehörende s-Wert ist natürlich die Projektion des Punktes (s, t) auf die x-Achse.

Fazit: Die beiden Mengen J und $\mathbb{R}$ sind gleichmächtig!

Unter Verwendung dieses Beispiels wird es nun gelingen, die Überabzählbarkeit von $\mathbb{R}$ nachzuweisen.

Satz 3.4.7 Die Menge $\mathbb{N}$ der natürlichen Zahlen und die Menge $\mathbb{R}$ der reellen Zahlen sind nicht gleichmächtig, weshalb $\mathbb{R}$ überabzählbar ist.

Beweis Es genügt zu zeigen, dass es keine bijektive Abbildung zwischen $\mathbb{N}^*$ und J gibt, wobei J wie in ▶Beispiel 3.4.6 sei. Andernfalls würde nämlich die Hintereinanderausführung zweier bijektiver Abbildungen $\iota: \mathbb{N}^* \to J$ und $\phi: J \to \mathbb{R}$ nach ▶Satz 3.2.8-(4) eine Bijektion $\phi \circ \iota: \mathbb{N}^* \to \mathbb{R}$ ergeben. Wir führen dazu einen Widerspruchsbeweis und gehen davon aus, dass eine bijektive Abbildung $\iota: \mathbb{N}^* \to J$ existiert.

Die nun folgende Beweismethode ist ebenfalls unter dem Namen **Cantor'sches Diagonalverfahren** bekannt. Wir benötigen etwas Schulwissen über die Dezimalbruchentwicklung reeller Zahlen (siehe dazu auch Abschnitt 16.4). Für jedes $r \in J$ gibt es eine eindeutige (nicht mit der 9-er Folge endende) Dezimalbruchentwicklung

$$r = 0, a_1 a_2 a_3 a_4 a_5 \ldots a_i \ldots \quad \text{mit } a_i \in \{0, 1, \ldots, 9\} \text{ für alle } i.$$

Beispielsweise ist $\frac{1}{\sqrt{2}} = 0,7071067810\ldots$ Andererseits gibt es für jedes $r \in J$ nach Voraussetzung der Bijektivität von ι ein eindeutiges $k \in \mathbb{N}^*$ mit $r = \iota(k)$. Um das Urbild k von r unter ι schon bei der Notation der Dezimalbruchentwicklung ins Spiel zu bringen, notieren wir diese wie folgt mit Doppelindizes:

$$r = 0, \ \alpha_{k,1} \ \alpha_{k,2} \ \alpha_{k,3} \ \alpha_{k,4} \ \alpha_{k,5} \ \ldots \ \alpha_{k,i} \ \ldots$$

Formal beschreibt α einfach eine Abbildung von $\mathbb{N}^* \times \mathbb{N}^*$ nach $\{0, 1, \ldots, 9\}$, wobei $\alpha_{u,v}$ die v-te Nachkommastelle der Dezimalbruchentwicklung von $\iota(u) \in J$ ist. Wir betrachten nun die zu α gehörende **Diagonalfolge**

$$\delta\colon \mathbb{N} \to \{0, 1, \ldots, 9\}, j \mapsto \alpha_{j,j}$$

und definieren davon ausgehend eine Abbildung $\beta\colon \mathbb{N} \to \{0, 1, \ldots, 9\}$, $n \mapsto \beta_n$ durch

$$\beta_n := \begin{cases} 0, & \text{falls } \delta(n) = 1 \\ 1, & \text{falls } \delta(n) \neq 1. \end{cases}$$

Nun ist $s := 0, \beta_1\beta_2\beta_3\beta_4\beta_5 \ldots \beta_i \ldots$ eine wohldefinierte Zahl aus J, deren Dezimalbruchentwicklung gerade durch β beschrieben wird. Aufgrund der Bijektivität von ι gibt es eine natürliche Zahl $l \in \mathbb{N}^*$ mit $\iota(l) = s$. Demnach gilt nach Definition von α auch $s = 0, \alpha_{l,1}\ \alpha_{l,2}\ \alpha_{l,3}\ \alpha_{l,4}\ \alpha_{l,5}\ \ldots\ \alpha_{l,i}\ \ldots$

Aus der Eindeutigkeit der Dezimalbruchentwicklung erhält man sodann $\beta_i = \alpha_{l,i}$ für alle i. Das gilt aber insbesondere für $i = l$, i. e., es gilt $\beta_l = \alpha_{l,l}$. Betrachten wir nun aber nochmals genau die Definition von β, so stellen wir fest: Falls $\alpha_{l,l} = 1$, so ist $\beta_l = 0 \neq 1 = \alpha_{l,l}$; falls $\alpha_{l,l} \neq 1$, so ist $\beta_l = 1 \neq \alpha_{l,l}$. Das ergibt in jedem Fall einen Widerspruch.[6] Es folgt somit, dass keine bijektive Abbildung zwischen $\mathbb{N}^*$ und J existieren kann. ∎

Man kann zeigen, dass die Potenzmenge $\mathcal{P}(M)$ einer Menge M stets „größere" Mächtigkeit (siehe Abschnitt 3.7-B) hat als M selbst (Übung). Daher ist $\mathcal{P}(\mathbb{N})$ ein weiteres Beispiel einer überabzählbaren Menge.

Beim ersten Durcharbeiten dieses Abschnittes mögen diese Ergebnisse dem Informatik studierenden Leser sehr abstrakt erscheinen. Zur Motivation sei daher abschließend erwähnt, dass das Diagonalverfahren in der theoretischen Informatik, nämlich in der Theorie **Turing-berechenbarer Funktionen**[7] eine ganz wichtige Rolle spielt! Wir verweisen für einen Einstieg in diese Theorie beispielsweise auf Sander, Stucky und Herschel [48].

3.5 Ordnungsrelationen

A **Partielle Ordnungen** In den beiden Abschnitten 3.5 und 3.6 studieren wir mit den Ordnungs- und Äquivalenzrelationen zwei weitere spezielle Arten von Relationen auf einer Menge M. Wir beginnen mit zwei grundlegenden Eigenschaften, für welche wir ein symmetrisches Relationssymbol bevorzugen.

---

[6] Die Argumentation erinnert stark an den Barbier von Sevilla, siehe Abschnitt 1.5.
[7] Alan Turing (1912–1954).

3.5 Ordnungsrelationen

Definition 3.5.1 Eine Relation $\sim$ auf einer Menge M heißt

(1) **reflexiv**, falls $a \sim a$ für alle $a \in M$ gilt,

(2) **transitiv**, falls für $a, b, c \in M$ mit $a \sim b$ und $b \sim c$ stets $a \sim c$ folgt.

Eine Relation, die reflexiv und transitiv ist, nennt man auch eine **Quasi-Ordnung**.

Die einfachsten Quasi-Ordnungen auf M sind id_M (also die Gleichheit auf M) und $M \times M$. Wir werden gleich weitere (interessantere) Beispiele kennenlernen. Zuvor definieren wir die dritte Eigenschaft, die uns noch fehlt, um zur Klasse der partiellen Ordnungen, dem Hauptthema dieses Abschnittes zu gelangen. Hierbei verwenden wir wie üblich ein einseitiges Relationssymbol.

Definition 3.5.2 Eine Relation $\preceq$ auf einer Menge M heißt **antisymmetrisch**, falls für $a, b \in M$ gilt: Aus $a \preceq b$ und $b \preceq a$ folgt $a = b$.

Die Relation $\preceq$ heißt eine **partielle Ordnung**, falls $\preceq$ reflexiv, transitiv und antisymmetrisch ist.

B Einige Beispiele partieller Ordnungen Die folgende Fülle von Beispielen belegt, dass partielle Ordnungen in vielen Bereichen auftreten.

Beispiel 3.5.3 Natürliche Ordnung

Wir erinnern uns, dass auf $\mathbb{N}$ die natürliche Ordnung „kleiner gleich" $\leq$ durch $x \leq y :\Leftrightarrow$ es gibt $n \in \mathbb{N}$ mit $x + n = y$ erklärt ist (siehe (2.1.1)). Hierbei handelt es sich um eine partielle Ordnung auf $\mathbb{N}$.

Diese Relation ist reflexiv, denn es ist $0 \in \mathbb{N}$ und $x + 0 = x$ für jedes $x \in \mathbb{N}$. Sie ist auch transitiv: Falls nämlich $x \leq y$ und $y \leq z$, so gibt es natürliche Zahlen n und m mit $x + n = y$ und $y + m = z$. Sodann folgt $z = y + m = (x + n) + m = x + (n + m)$, also $x \leq z$ (wegen $n + m \in \mathbb{N}$). Sie ist ebenso antisymmetrisch: Falls nämlich $x \leq y$ und $y \leq x$ gilt, so gibt es natürliche Zahlen n und n' mit $x + n = y$ und mit $y + n' = x$. Daraus folgt $x = y + n' = (x + n) + n' = x + (n + n')$, also $n + n' = 0$, was wiederum $n = n' = 0$ und damit $x = y$ nach sich zieht. ∎

Die Relation „echt kleiner" $<$, definiert durch „$x < y :\Leftrightarrow$ es gibt $n \in \mathbb{N}^*$ mit $x + n = y$", ist transitiv, aber nicht reflexiv.

3 Abbildungen, Äquivalenzrelationen und partielle Ordnungen

Beispiel 3.5.4 **Teilbarkeitsrelation**

Wir erinnern daran, dass auf $\mathbb{N}$ bzw. auf $\mathbb{N}^*$ die Teilbarkeitsrelation „teilt" $|$ durch $a|b :\Leftrightarrow$ es gibt $n \in \mathbb{N}$ mit $a \cdot n = b$ erklärt ist (siehe (2.2.1)). Diese ist reflexiv, denn $a|a$ wegen $a \cdot 1 = a$ für alle $a \in \mathbb{N}$. Die Transitivität von $|$ wurde bereits zu Beginn von Abschnitt 2.2 nachgewiesen. Sie ist auch antisymmetrisch: Falls $a|b$ und $b|a$, so existieren natürliche Zahlen n und n' mit $an = b$ und mit $bn' = a$. Es folgt daraus $a = bn' = (an)n' = a(nn')$, also $0 = a - a(nn') = a(1 - nn')$. Das impliziert $a = 0$ (und damit auch $b = 0$, also $a = b$) oder $1 = nn'$. Im letzteren Fall folgt dann $n = n' = 1$, sodass (auch hier) $a = b$ folgt. Insgesamt ist daher $|$ ein weiteres Beispiel für eine partielle Ordnung. ∎

Beispiel 3.5.5 **Mengeninklusion**

Es sei N eine Menge. Auf deren Potenzmenge $\mathcal{P}(N)$ ist die Mengeninklusion bzw. **Teilmengenordnung** $\subseteq$ erklärt. Diese ist reflexiv, denn $X \subseteq X$ für jede Menge X. Sie ist auch transitiv: Aus $X \subseteq Y$ und $Y \subseteq Z$ folgt $X \subseteq Z$. Sie ist auch antisymmetrisch, denn $X \subseteq Y$ und $Y \subseteq X$ ist ja nach ▶Definition 1.1.1 nichts anderes als die Gleichheit von X und Y. Also handelt es sich auch bei $\subseteq$ um eine partielle Ordnung. ∎

Beispiel 3.5.6 **Komponentenweiser Vergleich**

Wir betrachten die Menge $\mathbb{R}^n$. Für zwei n-Tupel x und y aus $\mathbb{R}^n$ definieren wir $x \sqsubseteq y$, falls gilt $x_i \leq y_i$ für alle i. Das liefert, wie man als Übung nachrechnen möge, eine partielle Ordnung durch komponentenweisen Vergleich.[8] ∎

Beispiel 3.5.7 **Lexikographische Ordnung**

Die lexikographische Ordnung $\preceq_{\text{lex}}$ auf $\mathbb{R}^n$ ist für jedes n ebenfalls eine partielle Ordnung. Dabei gilt per Definition: $x \preceq_{\text{lex}} y$, falls $x = y$ (d. h. $x_i = y_i$ für alle i) oder falls $x_k < y_k$ für den kleinsten Index k mit $x_k \neq y_k$. Beispielsweise ist $(1, 2, -1) \preceq_{\text{lex}} (1, 3, -2)$ (mit $n = 3$). ∎

C **Totale Ordnungen** Einige, aber nicht alle der eben betrachteten Ordnungen haben eine weitere interessante Eigenschaft, nämlich die Totalität im Sinne der folgenden Definition.

Definition 3.5.8 Es sei $\preceq$ eine partielle Ordnung auf einer Menge M. Dann heißt $\preceq$ eine **totale Ordnung**, wenn für alle $(a, b) \in M \times M$ gilt: $a \preceq b$ oder $b \preceq a$. Das bedeutet, dass je zwei Elemente hinsichtlich $\preceq$ vergleichbar sind.

---

[8] Hier bedeutet $\leq$ selbstverständlich die aus der Schule bekannte „kleiner gleich"-Relation reeller Zahlen. Auf deren Axiomatik werden wir in Teil IV aber noch eingehend zu sprechen kommen.

Wir gehen die Beispiele aus Abschnitt B nochmals durch und untersuchen die dort angegebenen partiellen Ordnungen hinsichtlich der Totalität.

1. Die natürliche Ordnung $\leq$ ist eine totale Ordnung.

2. Die Teilbarkeitsordnung | ist hingegen nicht total, weil beispielsweise weder 2|5 noch 5|2 gilt.

3. Die Teilmengenrelation $\subseteq$ auf $\mathcal{P}(N)$ ist nicht total, wenn $|N| \geq 2$ ist. Sind nämlich $x, y \in N$ verschieden, so stehen die beiden Mengen $\{x\}$ und $\{y\}$ nicht in Relation.

4. Der komponentenweise Vergleich zweier n-Tupel aus $\mathbb{R}^n$ ist bei $n \geq 2$ keine totale Ordnung, denn beispielsweise sind $(4, -13)$ und $(5, -15)$ unvergleichbar (hier ist $n = 2$).

5. Hingegen ist die lexikographische Ordnung auf $\mathbb{R}^n$ für jedes $n \in \mathbb{N}^*$ total.

Im Rahmen des Studiums von geordneten Mengen gibt es eine Fülle weiterer, auch für Informatiker wichtige Aspekte. Einige haben wir in den Exkurs ans Ende dieses Kapitels verlagert. In Teil II betrachten wir u. a. ausgehend von gewissen Ordnungen die Axiomatik Boole'scher Algebren. Zu Beginn von Teil IV werden wir auf die Anordnung der reellen Zahlen zu sprechen kommen, welche zu den Grundbausteinen der Analysis zählt.

3.6 Äquivalenzrelationen

A Was ist eine Äquivalenzrelation? Neben Abbildungen und partiellen Ordnungen bilden die Äquivalenzrelationen die wichtigsten Relationen. Wie bei partiellen Ordnungen handelt es sich bei Äquivalenzrelationen um spezielle Quasi-Ordnungen. Der Unterschied zwischen einer partiellen Ordnung und einer Äquivalenzrelation besteht darin, dass die Eigenschaft der „Antisymmetrie" durch die der „Symmetrie" ersetzt wird. Wir verwenden daher wieder ein symmetrisches Relationssymbol.

Definition 3.6.1 Eine Relation $\sim$ auf einer Menge M heißt **symmetrisch**, falls für $a, b \in M$ gilt: Aus $a \sim b$ folgt $b \sim a$.

Die Relation $\sim$ heißt eine **Äquivalenzrelation** auf M, falls sie reflexiv, symmetrisch und transitiv ist.

3   Abbildungen, Äquivalenzrelationen und partielle Ordnungen

B Beispiele von Äquivalenzrelationen   Eine der wichtigsten Äquivalenzrelationen ist die Kongruenz modulo n. Sie ist Grundlage für das modulare Rechnen, auf das wir in Kapitel 7, aber auch im späteren Verlauf dieses Abschnittes weiter eingehen werden.

Beispiel 3.6.2   **Kongruenz modulo n**

Für jedes $n \in \mathbb{N}^*$ ist auf der Menge $\mathbb{Z}$ der ganzen Zahlen eine Relation $\equiv_n$ durch

$$a \equiv_n b :\Leftrightarrow n | (a - b) \tag{3.6.1}$$

definiert.[9] Man liest „a ist kongruent zu b modulo n" und schreibt dazu auch $a \equiv b \bmod n$.

Diese Relation ist reflexiv, denn $n|0$ und $a - a = 0$ für alle a aus $\mathbb{Z}$. Sie ist transitiv: Falls nämlich $n|(a - b)$ und $n|(b - c)$, so gibt es ganze Zahlen s und t mit $ns = a - b$ und mit $nt = b - c$. Sodann ist $a - c = (a - b) + (b - c) = ns + nt = n(s + t)$, weshalb n auch Teiler von $a - c$ ist und damit $a \equiv_n c$ gilt. Sie ist symmetrisch: Falls $a \equiv_n b$, so gilt $n|(a - b)$; dann ist aber auch n ein Teiler von $b - a$, sodass $b \equiv_n a$ folgt. ∎

Beispiel 3.6.3   **Parallelität von Geraden**

Wir erinnern hier an einige aus der Schule bekannten Objekte. Wir betrachten die euklidische Ebene $\mathbb{R}^2$. Für ein Paar $(\alpha, \beta) \in \mathbb{R}^2$ definieren wir eine Teilmenge $G_{\alpha,\beta}$ des $\mathbb{R}^2$ durch

$$G_{\alpha,\beta} := \{(x, y) \in \mathbb{R}^2 : \alpha x + \beta = y\}.$$

Hierbei handelt es sich um den Funktionsgraphen der Funktion $\mathbb{R} \to \mathbb{R}$, $x \mapsto \alpha x + \beta$. Jeder dieser Mengen ist eine **Gerade** (mit Steigung α und y-Achsenabschnitt β). Wir definieren weiter eine Relation $||$ (lies: **parallel**) auf der Menge all dieser Geraden durch

$$G_{\alpha,\beta} || G_{\gamma,\delta} :\Leftrightarrow \; G_{\alpha,\beta} \cap G_{\gamma,\delta} = \emptyset \text{ oder } G_{\alpha,\beta} = G_{\gamma,\delta}.$$

Bei der Parallelität handelt es sich um eine Äquivalenzrelation. Zum Nachweis werden wir allerdings nicht die drei Axiome gemäß Definition 3.6.1 durchgehen; vielmehr berechnen wir den Schnitt zweier beliebiger Geraden und leiten daraus alles Weitere ab.

Annahme, der Punkt (x, y) liegt auf den beiden Geraden $G_{\alpha,\beta}$ und $G_{\gamma,\delta}$. Dann gilt $\alpha x + \beta = y = \gamma x + \delta$. Ist $\alpha = \gamma$, so folgt daraus sofort $\beta = \delta$ und damit natürlich $G_{\alpha,\beta} = G_{\gamma,\delta}$. Ist $\alpha \neq \gamma$, so kann man die Gleichung nach x auflösen; man erhält $x = \frac{\delta - \beta}{\alpha - \gamma}$, woraus dann wiederum $y = \frac{\alpha \delta - \beta \gamma}{\alpha - \gamma}$ folgt.

Insgesamt können wir daher Folgendes festhalten: Für $(\alpha, \beta) \neq (\gamma, \delta)$ ist $G_{\alpha,\beta} \cap G_{\gamma,\delta}$ entweder leer oder einelementig; Letzteres liegt genau bei $\alpha \neq \gamma$ vor. Somit gilt, dass $G_{\alpha,\beta}$ und $G_{\gamma,\delta}$ genau dann parallel sind, wenn $\alpha = \gamma$ ist. Aufgrund dieser Charakterisierung und

---

[9]   Wir erinnern daran, dass in Kapitel 2 die Teilbarkeitsrelation auch auf den ganzen Zahlen betrachtet wurde. Das heißt, $n|(a - b)$ genau dann, wenn es ein $z \in \mathbb{Z}$ mit $nz = a - b$ gibt.

3.6 Äquivalenzrelationen

da die Gleichheit (trivialerweise) eine Äquivalenzrelation ist, ist auch die Parallelität eine Äquivalenzrelation. ∎

C **Äquivalenzklassen** Das wichtigste Phänomen einer Äquivalenzrelation ist, dass man die zugrunde liegende Menge in Äquivalenzklassen zerlegen (bzw. partitionieren) kann.

> **Definition 3.6.4** Es sei $\sim$ eine Äquivalenzrelation auf einer Menge M. Ist $a \in M$, so heißt die Menge
> $$[a]_\sim := \{x \in M : x \sim a\}$$
> die zu a gehörende **Äquivalenzklasse**. In diesem Zusammenhang nennt man a einen **Repräsentanten** seiner Klasse.[10] Die Menge aller Äquivalenzklassen von $\sim$ wird im Allgemeinen mit $M/\sim$ bezeichnet.[11]

Ist $\sim$ eine Äquivalenzrelation auf einer Menge M und sind $a, b \in M$, so gilt entweder $[a]_\sim \cap [b]_\sim = \emptyset$ oder $[a]_\sim = [b]_\sim$, denn: Annahme, die Äquivalenzklassen $[a]_\sim$ und $[b]_\sim$ haben ein gemeinsames Element x. Dann ist zu zeigen, dass $[a]_\sim = [b]_\sim$ folgt. Dazu sei $y \in [a]_\sim$ beliebig. Nach Definition von $[a]_\sim$ gilt dann $y \sim a$. Ferner ist auch $a \sim x$, sodass aufgrund der Transitivität auch $y \sim x$ ist. Wegen $x \sim b$ folgt erneut wegen der Transitivität, dass $y \sim b$ ist, was $y \in [b]_\sim$ bedeutet. Das beweist insgesamt $[a]_\sim \subseteq [b]_\sim$. Mit der gleichen Argumentation erhält man $[b]_\sim \subseteq [a]_\sim$ und damit die Gleichheit der beiden Mengen. Damit ist der folgende Satz bewiesen.

> **Satz 3.6.5** Ist $\sim$ eine Äquivalenzrelation auf einer Menge M, so bildet das Mengensystem $M/\sim$ der Äquivalenzklassen eine Partition, also eine Zerlegung von M.

D **Restklassen modulo n** Wir wollen die zur „Kongruenz modulo n" $\equiv_n$ gehörende Partition von $\mathbb{Z}$ bestimmen und führen dazu folgende vereinfachenden Bezeichnungen ein.

> **Definition 3.6.6** Für $a \in \mathbb{Z}$ sei $[a]_n := [a]_{\equiv_n}$ die Äquivalenzklasse von a modulo n. Die Äquivalenzklassen nennt man auch **Restklassen modulo n**. Ferner bezeichne $\mathbb{Z}_n$ (statt $\mathbb{Z}/\equiv_n$) die Menge aller Restklassen modulo n.

---

[10] Aufgrund der Reflexivität von $\sim$ ist nämlich stets $a \in [a]_\sim$.
[11] Auch wenn dieses Symbol auf den ersten Blick etwas merkwürdig aussieht.

Der eben eingeführte Begriff der Restklasse modulo n liegt in folgendem Resultat begründet. Wir erinnern an die Division mit Rest (siehe ▶Satz 2.3.1 und ▶Bemerkung 2.3.2), wonach es zu gegebenen $z \in \mathbb{Z}$ und $n \in \mathbb{N}^*$ genau ein Paar $(q, r) \in \mathbb{Z} \times \mathbb{Z}$ mit $z = qn + r$ und mit $0 \leq r < n$ gibt. Man nennt r den Rest und schreibt $r = z \bmod n$ und q den Quotienten und schreibt $z \operatorname{div} n$.

> **Satz 3.6.7** Es sei $n \in \mathbb{N}^*$. Dann gelten:
>
> (1) $a \equiv_n b \Leftrightarrow a \bmod n = b \bmod n$
>
> (2) Ist $r := a \bmod n$, so gilt $[a]_n = \{r + nt : t \in \mathbb{Z}\} = [a \bmod n]_n$.
>
> (3) Die Anzahl $|\mathbb{Z}_n|$ der Restklassen modulo n ist gleich n.

Beweis

(1) Es seien $a = q_1 n + r_1$ und $b = q_2 n + r_2$ mit $q_1, q_2 \in \mathbb{Z}$ und mit $0 \leq r_1 < n$ und $0 \leq r_2 < n$. Dann ist $b - a = n(q_2 - q_1) + (r_2 - r_1)$. Zur Implikation $\Rightarrow$: Falls $r_1 = r_2$, so folgt $b - a = n(q_2 - q_1)$, sodass n Teiler von $b - a$ ist und daher $a \equiv_n b$ gilt. Zur Implikation $\Leftarrow$: Falls $a \equiv_n b$, etwa $sn = b - a$ für ein $s \in \mathbb{Z}$, so ist

$$r_2 - r_1 = b - a - n(q_2 - q_1) = ns - n(q_2 - q_1) = n(s - q_2 + q_1)$$

durch n teilbar. Wegen $r_1, r_2 \in \{0, 1, \ldots, n - 1\}$ kann dies aber nur für $r_1 = r_2$ sein. Damit ist die Äquivalenz in (1) bewiesen.

(2) Mit $q := a \operatorname{div} n$ ist also $a = qn + r$, sodass die Differenz $a - r = qn$ durch n teilbar ist, was wiederum $a \equiv_n r$ bedeutet. Nach ▶Satz 3.6.5 ist daher $[a]_n = [r]_n = [a \bmod n]_n$. An dieser Stelle kann bereits $|\mathbb{Z}_n| \leq n$ gefolgert werden, da es ja nach ▶Satz 2.3.1 nur n verschiedene Reste gibt, nämlich $0, 1, \ldots, n - 1$. Zum Nachweis von $[r]_n = \{r + nt : t \in \mathbb{Z}\}$ setzen wir der Einfachheit halber $B_r := \{r + nt : t \in \mathbb{Z}\}$. Sicher gilt dann $r \equiv_n r + nt$ (i. e. $n | (r + nt - r)$) für alle $t \in \mathbb{Z}$, weshalb B_r Teilmenge von $[r]_n$ ist. Ist umgekehrt $b \in [r]_n$, also $b \equiv_n r$, so ist n Teiler von $b - r$, etwa $ns = b - r$. Damit ist $b = r + ns$ Element der Menge B_r. Es folgt also auch $[r]_n \subseteq B_r$ und damit insgesamt $B_r = [r]_n$.

(3) Es bleibt der Nachweis, dass $\mathbb{Z}_n$ mindestens n Elemente enthält. Es seien dazu $r, s \in \{0, 1, 2, \ldots, n - 1\}$ mit $r \neq s$. Ohne Einschränkung gelte $r < s$. Dann sind r und s nicht kongruent modulo n (vgl. mit dem Beweis von (1)), da sonst n Teiler von $s - r$ wäre, was wegen $0 < s - r \leq n - 1$ nicht geht. Also sind $[r]_\sim$ und $[s]_\sim$ verschieden für $s \neq r$ aus $\{0, 1, \ldots, n - 1\}$. ∎

Beispielsweise sind die Restklassen modulo $n = 3$ gleich $[0]_3 = \{3t : t \in \mathbb{Z}\}$ und $[1]_3 = \{1 + 3t : t \in \mathbb{Z}\}$ sowie $[2]_3 = \{2 + 3t : t \in \mathbb{Z}\}$.

Wir wollen auch die Äquivalenzklassen bei der Parallelität von Geraden im $\mathbb{R}^2$ (▶Beispiel 3.6.3) angeben. Hier ist die zur Geraden $G_{\alpha,\beta}$ gehörende Klasse $[G_{\alpha,\beta}]_\|$ gleich $\{G_{\alpha,b} : b \in \mathbb{R}\}$; sie umfasst also genau diejenigen Geraden, deren Steigung gleich α ist.

E **Repräsentantensysteme** Ist $\sim$ eine Äquivalenzrelation auf M und ist $b \in M$ in der Klasse von $a \in M$ enthalten, so gilt $[a]_\sim = [b]_\sim$ nach ▶Satz 3.6.5, weshalb auch b Repräsentant der Klasse $[a]_\sim$ ist; generell ist also jedes Element einer Klasse gemäß Definition auch ein Repräsentant.

Definition 3.6.8 Unter einem **Repräsentantensystem** oder **Vertretersystem** einer Äquivalenzrelation $\sim$ auf einer Menge M versteht man eine Teilmenge $\mathcal{R}$ von M mit der Eigenschaft, dass **jede** Klasse durch **genau einen** Repräsentanten in $\mathcal{R}$ vertreten ist. Mit anderen Worten ist die Abbildung $\mathcal{R} \to M/\sim, r \mapsto [r]_\sim$ eine Bijektion.

Beispielsweise ist $\mathcal{R} := \{-19, 47, 10004, -5122, 78955\}$ ein Repräsentantensystem aller Restklassen modulo 5.

Häufig sticht ein Element einer Klasse besonders hervor, meist weil es besonders einfach aussieht, etwa der Rest 1 in der Klasse $[-19]_5$. Fasst man die jeweils besonderen Klassenelemente zu einem Repräsentantensystem zusammen, so spricht man von einem **kanonischen Repräsentantensystem**. Modulo 5 ist das sicherlich $\{0, 1, 2, 3, 4\}$; allerdings ist aufgrund der Symmetrie sicher auch $\{-2, -1, 0, 1, 2\}$ ein heißer Kandidat für das Prädikat „kanonisch".

Bei der Parallelität ist ein kanonischer Repräsentant der Klasse $[G_{\alpha,\beta}]_\|$ die Gerade $G_{\alpha,0}$, denn sie ist die einzige innerhalb der Klasse, welche durch den Ursprung $(0, 0)$ des Koordinatensystems $\mathbb{R}^2$ verläuft.

3.7 Exkurs: Kontinuumshypothese und Hasse-Diagramme

A Abbildungen und kartesische Produkte Eine Abbildung $f: M \to N$ kann formal auch als ein Element des M-fachen kartesischen Produktes $\times_{x \in M} N$ von N mit sich selbst aufgefasst werden, was sich manchmal in der Schreibweise f_x anstelle von $f(x)$ niederschlägt. Daher bezeichnet man die Menge aller Abbildungen von M nach N auch mit N^M. Entsprechend ist M^N die Menge aller Abbildungen von N nach M. Ein weiterer Grund für diese Potenzschreibweise liegt in der später zu betrachtenden Potenzregel in Abschnitt 4.1 begründet, welche eine Formel für die Anzahl der Abbildungen zwischen zwei endlichen Mengen liefert.

Wir wollen an dieser Stelle noch zwei wichtige Spezialfälle hervorheben:

1. Die Menge $X^{\mathbb{N}}$ aller Abbildungen von $\mathbb{N}$ nach X nennt man auch die Menge der **Folgen mit Werten in X**. Beispielsweise liefert $X = \mathbb{R}$ die Menge $\mathbb{R}^{\mathbb{N}}$ aller reellwertiger Folgen (die in Kapitel 15 analytisch untersucht werden).

2. Die Menge $X^{\{1,2,\ldots,n\}}$ aller Abbildungen von $\{1, 2, \ldots, n\}$ nach X ist nichts anderes als die Menge aller n-Tupel über X, also gleich X^n, dem n-fachen kartesischen Produkt von X mit sich selbst (siehe ▶Definition 1.6.2). Insbesondere ist $\mathbb{R}^n$ die Menge aller n-Tupel über $\mathbb{R}$ (welche u. a. im Rahmen der Linearen Algebra in Teil III eingehend untersucht werden).

B Zur Kontinuumshypothese Die Existenz einer injektiven Abbildung $f: M \to N$ legt die Notation $|M| \leq |N|$ nahe. Davon ausgehend kann man unendliche Mengen M formal als solche definieren, für die es eine injektive Abbildung $\mathbb{N} \to M$ gibt. Die Existenz einer surjektiven Abbildung $h: K \to L$ suggeriert hingegen die Notation $|K| \geq |L|$. In der Tat besagt ein berühmter Satz von Ernst Schröder (1841–1902) und Felix Bernstein (1878–1956) Folgendes:

▪ *Wenn es eine injektive Abbildung von M nach N und eine injektive Abbildung von N nach M gibt, so gibt es auch eine bijektive Abbildung von M nach N.*

In vereinfachter Notation hieße das: $|N| \leq |M|$ und $|M| \leq |N|$ implizieren $|M| = |N|$, wobei die Mengen M und N nicht notwendigerweise endlich sein müssen! Unter diesem Gesichtspunkt haben abzählbare Mengen die kleinste unendliche Mächtigkeit. Sicher ist nun $\mathbb{N} \to \mathbb{R}$, $x \mapsto x$ eine injektive Abbildung. Wegen ▶Satz 3.4.7 und dem eben erwähnten Satz von Schröder und Bernstein kann es daher umgekehrt keine injektive Abbildung von $\mathbb{R}$ nach $\mathbb{N}$ existieren. Dies legt wiederum die Notation $|\mathbb{N}| < |\mathbb{R}|$ nahe, i. e., $\mathbb{R}$ ist **echt mächtiger** als $\mathbb{N}$.

3.7 Exkurs: Kontinuumshypothese und Hasse-Diagramme

Exkurs ▶ Fortsetzung

Die **Cantor'sche Kontinuumshypothese** besagt nun Folgendes:

■ *Zwischen der Mächtigkeit $\aleph_0$ von $\mathbb{N}$ und der Mächtigkeit $|\mathbb{R}|$ des Kontinuums $\mathbb{R}$ gibt es keine weiteren Mächtigkeiten.*

Cantor hat lange vergeblich versucht, diese Aussage zu beweisen. Im Nachhinein konnte 1963 durch Paul Cohen (1934–2007) festgestellt werden, dass die Kontinuumshypothese (in einem gewissen Sinne) nicht beweisbar ist (siehe [12])! Diese Hypothese ist nämlich unabhängig von den gängigen Axiomen der Mengenlehre, was im Wesentlichen bedeutet, dass man sowohl einerseits **mit** der Hypothese als auch andererseits **mit der Negation** der Hypothese vernünftig Mathematik betreiben kann. Mehr zu diesem interessanten Thema findet man bei Meschkowski [42]; siehe auch Friedrichsdorf und Prestel [22].

C Kleinste und größte Elemente in partiell geordneten Mengen Ist $(M, \preceq)$ eine partiell geordnete Menge (mit zugehöriger konverser partieller Ordnung $\succeq$), so heißt $x \in M$ ein **kleinstes Element**, falls für kein Element $y \in M$ mit $y \neq x$ gilt: $y \preceq x$. Entsprechend heißt $z \in M$ ein **größtes Element**, falls für kein Element $y \in M$ mit $y \neq z$ gilt: $y \succeq z$.

Bezüglich $(\mathcal{P}(N), \subseteq)$ ist $\emptyset$ das kleinste und N das größte Element. Auf $(\mathbb{N}, \leq)$ ist 0 kleinstes Element und $(\mathbb{N}^*, |)$ hat das kleinste Element 1; größte Elemente haben diese beiden Ordnungen aber nicht. Die Ordnungen $(\mathbb{R}^n, \sqsubseteq)$ und $(\mathbb{R}^n, \preceq_{\text{lex}})$ aus ▶Beispiel 3.5.6 haben weder kleinste noch größte Elemente.

Es kann auch durchaus vorkommen, dass eine partiell geordnete Menge mehrere größte und kleinste Elemente besitzt. In $(\{2, 3, 4, 5, 6, 7, 8, 9, 10\}, |)$ sind beispielsweise 2 und 3 und 5 und 7 alles kleinste Elemente, während 6 und 7 und 8 und 9 sowie 10 alles größte Elemente sind.

D Wohlordnungen als spezielle Ordnungen Im Rahmen der vollständigen Induktion haben wir zu Beginn von Abschnitt 2.1 erwähnt, dass die natürliche Ordnung $\leq$ eine Wohlordnung auf $\mathbb{N}$ ist. Allgemeiner nennt man eine Relation $\preceq$ auf einer Menge M eine **Wohlordnung**, falls $\preceq$ eine totale Ordnung ist und falls jede nichtleere Teilmenge von M ein kleinstes Element bzgl. $\preceq$ hat.[12] In diesem Sinne ist $\leq$ weder eine Wohlordnung auf $\mathbb{R}$ noch auf $\mathbb{Q}$, denn beispielsweise haben die positiven rationalen Zahlen oder die positiven reellen Zahlen kein kleinstes Element. Der **Wohlordnungssatz** aus der Mengenlehre besagt nun Folgendes:

---

[12] Bezüglich einer Wohlordnung sind aufgrund der Totalität die kleinsten Elemente stets eindeutig bestimmt.

■ *Jede beliebige Menge M kann wohlgeordnet werden.*

Diese Aussage erweist sich als äquivalent zum Auswahlaxiom aus Abschnitt 1.8.

E **Darstellung partieller Ordnungen durch Hasse-Diagramme** Ist $(M, \preceq)$ eine partiell geordnete Menge und sind $a, b \in M$ mit $a \preceq b$, so nennt man die Menge $[a, b] := \{x \in M : a \preceq x$ und $x \preceq b\}$ ein **Intervall**. Ist jedes Intervall eine endliche Menge, so kann man $(M, \preceq)$ meist durch ein sog. **Hasse-Diagramm**[13] visualisieren. Dabei ordnet man die Elemente aus M der $\preceq$-Größe nach von unten nach oben in Schichten an, und man verbindet zwei Elemente $x, y \in M$ mit $x \preceq y$ durch eine Linie, falls $x \neq y$ ist und falls das Intervall $[x, y]$ gleich $\{x, y\}$ ist, also nur aus den Randpunkten x und y besteht.

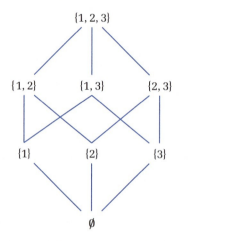 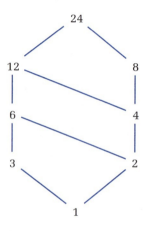

In der linken Graphik sieht man das Hasse-Diagramm zur Potenzmenge von $\{1, 2, 3\}$ bzgl. der Teilmengenrelation $\subseteq$. Die Graphik auf der rechten Seite zeigt das Hasse-Diagramm zur Teilermenge von 24 bzgl. der Teilerrelation $|$.

F **Reduktion und Normalformen** Bei vielen Anwendungen kommt es darauf an, bei einem Element x aus M zu entscheiden, in welche Klasse es bzgl. einer gegebenen Äquivalenzrelation $\sim$ gehört. Konkret bedeutet das, dass zunächst ein kanonisches Repräsentantensystem $\mathcal{K}$ gegeben sein sollte und dass man dann ausgehend von x dasjenige (eindeutige) $r \in \mathcal{K}$ mit $x \sim r$ finden muss, für das also $x \in [r]_\sim$ gilt. Beispielsweise entscheidet die Division mit Rest über die Klassenzugehörigkeit von a modulo n. In diesem Zusammenhang wollen wir auf zwei weitere, insbesondere für die Informatik wichtige Beispiele hinweisen.

---

[13] Helmut Hasse (1898–1979).

3.7 Exkurs: Kontinuumshypothese und Hasse-Diagramme

Exkurs ▶ Fortsetzung

1. In Kapitel 10 werden wir lineare Gleichungssysteme lösen, indem das Ausgangssystem durch **äquivalente Umformungen** in ein einfaches System (die sog. „Treppen-Normalform") transformiert wird, dessen Lösungen man einfach ablesen kann und die mit den Lösungen des Ausgangssystems übereinstimmen.

2. Computer-Algebra-Systeme zeichnen sich dadurch aus, dass sie symbolische Rechnungen vollziehen können. Zu diesem Zweck sind Termumformungen von grundlegender Bedeutung. So sind beispielsweise die beiden Terme

$$z \cdot \frac{x^4 - 1}{x^2 + 1} \sqrt{y^4} \cdot (\cos^2(z) + \sin^2(z)) \quad \text{und} \quad (x^2 - 1)y^2 z$$

in dem Sinne äquivalent, dass Einsetzen von beliebigen Tripeln (x, y, z) aus $\mathbb{R}^3$ jeweils die gleichen Ergebnisse liefert. Offenbar ist der zweite Ausdruck wesentlich einfacher als der erste. Aufgabe des symbolischen Rechnens ist daher die Bereitstellung und Implementierung von Algorithmen, welche komplizierte Terme zu einfachen äquivalenten Termen **reduzieren**. Dies ist im Endeffekt nichts anderes, als die Klassenzugehörigkeit auf der Basis eines kanonischen Repräsentantensystems zu entscheiden. Ein kanonischer Repräsentant heißt in diesem Zusammenhang auch eine **Normalform**. Wer mehr zu diesem spannenden Thema wissen will, der konsultiere das Buch von Avenhaus [2] über **Reduktionssysteme**. ■

3 Abbildungen, Äquivalenzrelationen und partielle Ordnungen

ZUSAMMENFASSUNG

1. **Relationen** Wie auch Mengen und Aussagen gehören die Relationen zu den mathematischen Grundbegriffen, die in vielfältiger Ausprägung fast überall zu finden sind. Aus den acht Eigenschaften links- und rechtseindeutig, links- und rechtstotal sowie reflexiv, transitiv, symmetrisch und antisymmetrisch resultieren mit Abbildungen, partiellen Ordnungen und Äquivalenzrelationen die wichtigsten Relationen. Ein vollständiger Überblick ist der Graphik am Ende zu entnehmen.

2. **Abbildungen** Abbildungen treten typischerweise als konkrete Funktionsvorschriften der Form $f: M \to N, x \mapsto f(x)$ auf. Bei der Verkettung von Abbildungen, ein Phänomen, welches u. a. der funktionalen Programmierung zugrunde liegt, entsteht wieder eine Abbildung; zu deren Ausführung werden die Funktionsvorschriften ineinander geschachtelt.
Die zu einer Abbildung gehörende Urbildpartition liefert eine Zerlegung des Definitionsbereiches. Bei bijektiven Abbildungen sind die Partitionsmengen alle einelementig und beschreiben damit die zugehörige Umkehrabbildung.
Der Abbildungsbegriff wurde dazu verwendet, die Gleichmächtigkeit von Mengen zu definieren. Zwei endliche Mengen sind genau dann gleichmächtig, wenn sie durch eine bijektive Abbildung ineinander überführt werden können. Mit zwei Variationen des Cantor'schen Diagonalverfahrens haben wir gezeigt, dass einerseits die Menge der rationalen Zahlen abzählbar unendlich ist, während andererseits die Menge der reellen Zahlen überabzählbar ist. Die Methode des Diagonalverfahrens ist auch in der theoretischen Informatik im Rahmen der Automatentheorie und der Berechenbarkeitstheorie sehr bedeutend.

3. **Partiell geordnete Mengen** Bei partiell geordneten Mengen wird zwischen den Elementen der zugrunde liegenden Mengen ein Größenvergleich möglich. Wir haben viele Ordnungen dieser Art kennengelernt, allen voran der aus der Schule bekannte Größenvergleich von Zahlen. Bei endlichen Mengen können diese Ordnungen recht übersichtlich in Hasse-Diagrammen visualisiert werden.

4. **Äquivalenzrelationen** Das wichtigste Phänomen einer Äquivalenzrelation ist die Einteilung der zugrunde liegenden Menge in Äquivalenzklassen, das sind im konkreten Fall die Zusammenfassungen von Elementen mit gleichen charakteristischen Eigenschaften. Beispielsweise liefert die Kongruenz modulo n die Einteilung der ganzen Zahlen in Restklassen modulo n (zwei Zahlen a und b sind in diesem Sinne äquivalent, wenn sie bei Division mit n den gleichen Rest haben). Jede einzelne Klasse kann prinzipiell durch jedes ihrer Elemente repräsentiert werden. Besonders einfache oder hervorstechende Elemente führen zu einem kanonischen Repräsentantensystem. Für das später in Kapitel 7 zu behandelnde modulare Rechnen ist wichtig zu wissen, dass das Rechnen mit Restklassen auf das Rechnen innerhalb eines kanonischen Repräsentantensystems übertragen wird.

Zusammenfassung

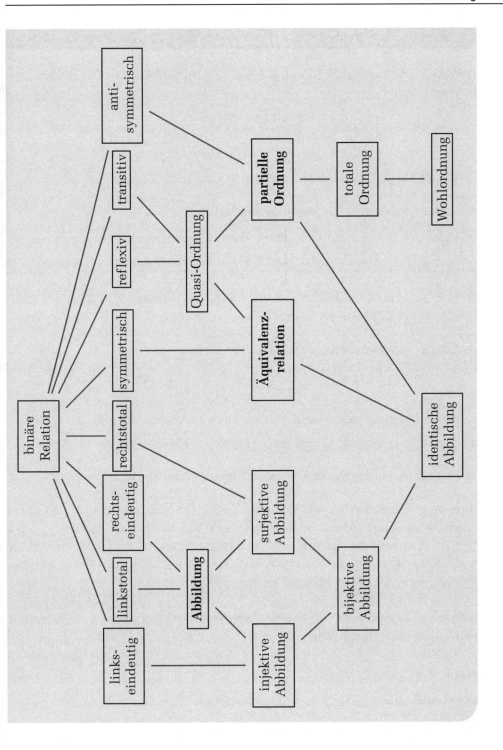

3 Abbildungen, Äquivalenzrelationen und partielle Ordnungen

Übungsaufgaben

Aufgabe 1 Auf der Menge $M := \{1, 2, 3, 4, 5, 6\}$ seien die folgenden drei binären Relationen gegeben:

$$\alpha = \{(i, j) \in M \times M : i + 1 \text{ teilt } j + 2\}$$
$$\beta = \{(i, j) \in M \times M : 1 < i - 1 < j + 1 < 6\}$$
$$\gamma = \{(i, j) \in M \times M : 3i + 4j + 2 \text{ ist eine Quadratzahl}\}$$

Berechnen Sie die folgende binäre Relation: $\alpha \star (\beta \star \gamma^\kappa)$.

Aufgabe 2 Gegeben sei die folgende Funktion:

$$f : \mathbb{R} \to \mathbb{R}, \quad x \mapsto \begin{cases} 9, & \text{falls } x < -4 \\ x^2 - 2x - 15, & \text{falls } -4 \leq x \leq 6 \\ 9, & \text{falls } x > 6 \end{cases}$$

Fertigen Sie eine Skizze des Graphen von f an und berechnen Sie zu jedem $y \in \mathbb{R}$ das Urbild $f^{-1}(y)$ von y unter f.

Aufgabe 3 Gegeben seien die Abbildungen

$$f : \mathbb{R} \setminus \left\{\frac{1}{2}\right\} \to \mathbb{R}, \quad x \mapsto \frac{3x + 4}{2x - 1} \quad \text{und} \quad h : \mathbb{R} \setminus \left\{\frac{3}{2}\right\} \to \mathbb{R}, \quad x \mapsto \frac{x - 5}{2x - 3}.$$

1. Zeigen Sie, dass f injektiv und dass das Bild von f gleich der Menge $\mathbb{R} \setminus \{\frac{3}{2}\}$ ist.

2. Geben Sie die Umkehrabbildung der Bijektion $f^* : \mathbb{R} \setminus \{\frac{1}{2}\} \to \mathbb{R} \setminus \{\frac{3}{2}\}, x \mapsto \frac{3x+4}{2x-1}$ an.

3. Bestimmen Sie eine Funktionsvorschrift für die verkettete Abbildung $h \circ f$.

Aufgabe 4 Zeigen Sie: Für jede Teilmenge T von $\{1, 2, 3, \ldots, 100\}$ mit $|T| = 10$ gibt es mindestens zwei nichtleere Teilmengen U und V von T mit $U \neq V$ und mit $\sum_{u \in U} u = \sum_{v \in V} v$. Beispielsweise findet man in $T := \{3, 8, 13, 29, 47, 66, 76, 89, 91, 98\}$ die Mengen $U := \{8, 13, 29\}$ und $V := \{3, 47\}$ die jeweils die Summe 50 liefern; ebenso liefern $U := \{29, 47\}$ und $V := \{76\}$ die gleiche Summe 76.

Aufgabe 5 Es seien a, b, c, d vier reelle Zahlen mit $a < b$ und mit $c < d$. Weiter seien I und K die beiden (offenen) Intervalle $I := \{x \in \mathbb{R} : a < x < b\}$ und $K := \{x \in \mathbb{R} : c < x < d\}$. Weiter sei $J := \{x \in \mathbb{R} : 0 < x < 1\}$ das sog. Einheitsintervall ohne die Randpunkte 0 und 1.

1. Geben Sie eine Bijektion von J nach I samt Umkehrabbildung an.

2. Geben Sie eine bijektive Abbildung von I nach K an.

3. Beweisen Sie, dass I und $\mathbb{Q}$ nicht gleichmächtig sind.

Übungsaufgaben

Aufgabe 6 Für zwei Mengen Y und Z (unendlich oder auch nicht) schreibt man $|Y| < |Z|$, falls es eine injektive, aber keine bijektive Abbildung von Y nach Z gibt. Es sei nun M eine beliebige (nichtleere) Menge (insbesondere braucht M nicht endlich zu sein) und $\mathcal{P}(M)$ sei die Potenzmenge dieser Menge M. Weiter sei $\omega: M \to \mathcal{P}(M)$ irgendeine Abbildung. Ausgehend von ω sei folgende Teilmenge von M definiert:

$$N_\omega := \{x \in M : x \notin \omega(x)\}$$

1. Zeigen Sie, dass N_ω nicht im Bild von ω liegt.
2. Welche Konsequenz ergibt sich daraus für die Mächtigkeiten $|M|$ und $|\mathcal{P}(M)|$?
3. Geben Sie für jedes $i \in \mathbb{N}$ eine unendliche Menge X_i an, sodass $|X_i| < |X_j|$ gilt, wann immer $i < j$ ist, also mit

$$|X_0| < |X_1| < |X_2| < \ldots < |X_m| < \ldots$$

Aufgabe 7 Auf der Menge $\mathbb{N} \times \mathbb{N}^*$ ist eine Relation $\sqsubseteq$ wie folgt definiert:

$$(a, b) \sqsubseteq (c, d) \;:\Leftrightarrow\; \begin{cases} \text{es gibt } n, m \in \mathbb{N} \text{ mit:} \\ \bullet\; n \text{ ist ungerade und } a + n - 1 = c \\ \bullet\; 4 \text{ teilt } m \text{ und } b \cdot (m + 1) = d \end{cases}$$

Zeigen Sie, dass $\sqsubseteq$ eine partielle Ordnung auf $\mathbb{N} \times \mathbb{N}^*$ ist.

Aufgabe 8 Wir betrachten die Menge $\mathbb{Z} \times \mathbb{N}^*$ aller Paare ganzer Zahlen mit positiver zweiter Komponente. Darauf ist wie folgt eine Relation $\sim$ definiert:

$$(a, b) \sim (c, d) :\Leftrightarrow ad = bc$$

1. Zeigen Sie, dass $\sim$ eine Äquivalenzrelation ist.
2. Beschreiben Sie die Äquivalenzklasse von $(-32, 48)$ und geben Sie anhand dieses Beispiels ein möglichst einfaches, sprich kanonisches Repräsentantensystem für die Äquivalenzklassen von $\sim$ auf $\mathbb{Z} \times \mathbb{N}^*$ an.

Aufgabe 9 Zeichnen Sie die Hasse-Diagramme (Abschnitt 3.7-E) zu den folgenden Situationen:

1. M ist die Menge aller $t \in \mathbb{N}^*$ mit t teilt 360, die partielle Ordnung ist die Teilbarkeit $|$.
2. Es sind p, q und r drei verschiedene Primzahlen; M ist die Menge aller $t \in \mathbb{N}^*$ mit t teilt p^4qr; die partielle Ordnung ist die Teilbarkeit $|$.

3 ...ldungen, Äquivalenzrelationen und partielle Ordnungen

Übungsaufgaben

3. M ist die Menge aller Teilmengen von $\{a, b, c, d\}$ mit ungerader Mächtigkeit; die partielle Ordnung ist die Teilmengenbeziehung $\subseteq$.

4. M ist die Menge $\{0, 1, 2\} \times \{0, 1, 2\}$; die partielle Ordnung ist die lexikographische Ordnung $\preceq_{lex}$, siehe ▶Beispiel 3.5.7.

5. M ist die Menge $\{0, 1, 2, 3\} \times \{0, 1, 2, 3\}$; die partielle Ordnung ist der komponentenweise Vergleich $\sqsubseteq$ gemäß ▶Beispiel 3.5.6.

Aufgabe 10 Auf der Menge $\mathbb{N}^2$ ist die lexikographische Ordnung $\sqsubseteq$ wie folgt definiert:

$$(a_1, a_2) \sqsubseteq (b_1, b_2) :\Leftrightarrow a_1 < b_1 \text{ oder } (a_1 = b_1 \text{ und } a_2 \leq b_2),$$

wobei $\leq$ die natürliche Ordnung auf $\mathbb{N}$ sei. Zeigen Sie, dass $\mathbb{N}^2$ bzgl. $\sqsubseteq$ die Wohlordnungseigenschaft hat; das bedeutet gemäß Abschnitt 3.7-D, dass jede nichtleere Teilmenge M von $\mathbb{N}^2$ ein kleinstes Element hat, also ein Element $(c_1, c_2) \in M$ mit $(c_1, c_2) \sqsubseteq (x_1, x_2)$ für alle $(x_1, x_2) \in M$.

Aufgabe 11 Zeigen Sie, dass $\mathcal{R} := \{-19, 47, 10004, -5122, 78955\}$ ein Repräsentantensystem aller Restklassen modulo 5 ist.

TEIL II

Grundlagen der Diskreten Mathematik

4	Kombinatorik	119
5	Diskrete Wahrscheinlichkeitsrechnung	153
6	Algebraische Strukturen	193
7	Restklassenringe und Anwendungen	249
8	Homomorphismen und Faktorstrukturen	299

Kombinatorik

	Einführung	120
4.1	Grundregeln des Zählens	122
4.2	Binomialkoeffizienten	125
4.3	Abbildungen auf endlichen Mengen	132
4.4	Das Inklusions-Exklusions-Prinzip	135
4.5	Anwendungen der Siebformel	138
4.6	Exkurs: Darstellung von Permutationen	142
	Zusammenfassung	147
	Übungsaufgaben	149

EINFÜHRUNG

>> Der zweite Teil dieses Buches ist den Grundlagen der *Diskreten Mathematik* sowie der *Algebra* und der *Zahlentheorie* gewidmet. Verstand man vor etwa 50 Jahren unter dem Begriff „Diskrete Mathematik" hauptsächlich die *Kombinatorik* und die elementare *Wahrscheinlichkeitsrechnung*, so hat sich dieses Bild nicht zuletzt aufgrund vielfältiger Anwendungen in der Informatik grundlegend geändert. So versteht man heutzutage unter „Diskreter Mathematik" insbesondere auch das Studium von *algebraischen Strukturen*, ebenso wie die *endlichen Zahlbereiche* samt ihrer Anwendungen in den Bereichen der *Codierungstheorie* und der *Kryptographie*. Der vorliegende Teil II vermittelt entsprechend einen Einstieg in die wichtigsten Grundlagen verschiedener Facetten dieses großen, mittlerweile schwer einzugrenzenden mathematischen Gebietes.

In Kapitel 4 (Kombinatorik) und Kapitel 5 (Diskrete Wahrscheinlichkeitsrechnung) werden wir uns mit den klassischen Ergebnissen der Diskreten Mathematik auseinandersetzen. In Kapitel 6 und Kapitel 8 widmen wir uns dem Studium grundlegender algebraischer (diskreter) Strukturen zusammen mit den zugehörigen strukturerhaltenden Abbildungen. In Kapitel 7 diskutieren wir neben dem modularen Rechnen einige wichtige Anwendungsbereiche algebraischer diskreter Strukturen.

Der mit dem vorliegenden Kapitel 4 beginnende Teil II schließt sich unmittelbar an Teil I an. Grob gesprochen befasst sich die Kombinatorik mit dem *Abzählen von endlichen Mengen*. In Abschnitt 4.1 werden wir daher die fundamentalen *Zählprinzipien* zusammenfassen, die immer wieder in kombinatorischen Beweisführungen verwendet werden. Es handelt sich dabei um die *Summenregel* und die *Gleichmächtigkeitsregel* sowie die *Produktregel* und die *Potenzregel*.

In Abschnitt 4.2 geht es dann um das Studium aller Teilmengen einer endlichen Menge. Dabei treten die *Binomialkoeffizienten* auf, welche die Anzahl der Teilmengen mit vorgegebener Mächtigkeit einer endlichen Menge beschreiben. Neben den wichtigsten Gesetzen dieser Binomialkoeffizienten lernen wir auch den *Binomialsatz* kennen, bei dem die Potenz einer Summe ausgewertet wird und welcher die aus der Schule bekannte erste binomische Formel verallgemeinert.

In Abschnitt 4.3 werden wir Formeln für die Anzahl der injektiven und die Anzahl der bijektiven Abbildungen zwischen zwei endlichen Mengen herleiten. Die Anzahl der surjektiven Abbildungen zwischen zwei endlichen Mengen wird auf Abschnitt 4.5 verschoben, weil wir in Abschnitt 4.4 zuvor das grundlegende *Inklusions-Exklusions-Prinzip* betrachten werden, welches eine Formel für die Mächtigkeit der Vereinigung endlich vieler endlicher Mengen bereitstellt. Mit der daraus resultierenden *Siebformel* zählt man die Elemente einer endlichen Menge, welche nicht von einem vorgegebenem

Mengensystem überdeckt werden. Das Studium der für die Zahlentheorie wichtigen *Euler-Funktion* stellt eine weitere Anwendung der Siebformel dar. Die Euler-Funktion wird uns im Rahmen der *Kryptographie* (beim *RSA-System*) in Kapitel 7 nochmals begegnen.

Im abschließenden Exkurs widmen wir uns den Darstellungsmöglichkeiten von Permutationen auf endlichen Mengen und diskutieren einige ihrer wichtigsten Eigenschaften. Für eine umfassende Einführung in das interessante Gebiet der Kombinatorik sei der Leser auf die Werke von Aigner [1] oder Jacobs und Jungnickel [29] sowie van Lint und Wilson [39] verwiesen.

Kombinatorik

> **Lernziele**
> - Beherrschung der Grundregeln des Zählens
> - Bedeutung und Umgang mit Binomialkoeffizienten
> - Kenntnisse von Formeln für die Anzahl bestimmter Abbildungen auf endlichen Mengen
> - das Inklusions-Exklusions-Prinzip, die Siebformel und einige ihrer Anwendungen
> - Darstellungen und Eigenschaften von Permutationen auf endlichen Mengen

4.1 Grundregeln des Zählens

In diesem einleitenden Abschnitt wollen wir die wichtigsten Regeln des Abzählens von endlichen Mengen zusammenfassen, nämlich die Summenregel, die Gleichmächtigkeitsregel, die Produktregel und die Potenzregel.

A Die Summenregel Wir beginnen mit der Wiederholung der Summenregel, die wir bereits in ▶Satz 1.3.5 (für $n = 2$) und in Abschnitt 2.1-F (für $n \geq 2$) als Anwendung der vollständigen Induktion bewiesen haben. Sie lautet:

- Bilden die endlichen Mengen $M_1, \ldots, M_n$ ein disjunktes Mengensystem, gilt also $M_i \cap M_j = \emptyset$ für $i \neq j$, so folgt $\left|\dot\bigcup_{i=1}^{n} M_i\right| = \sum_{i=1}^{n} |M_i|$.

B Die Gleichmächtigkeitsregel Auch die Gleichmächtigkeitsregel wurde bereits behandelt. Sie entspricht der dritten Aussage von ▶Satz 3.3.1 und lautet:

- Genau dann gibt es eine Bijektion zwischen zwei endlichen Mengen M und N, wenn $|M| = |N|$ gilt.

Wir erinnern daran, dass wir beim Beweis der Gleichmächtigkeitsregel die Summenregel verwendet haben, die ausgehend von einer Abbildung $f: M \to N$ über die Urbildpartition $\{f^{-1}(y): y \in N\}$ des Definitionsbereiches M ins Spiel kam. Die Gleichmächtigkeitsregel wird häufig in einer der folgenden beiden Situationen herangezogen.

1. Ist $\phi: M \to N$ eine injektive Abbildung und ist $K \subseteq N$ gleich dem Bild von ϕ, so ist die (meist ebenfalls mit ϕ bezeichnete) Abbildung $M \to K$, $x \mapsto \phi(x)$ eine Bijektion, weshalb im Falle endlicher Mengen $|M| = |K|$ gilt.

2. Ist $\alpha: M \to N$ eine Bijektion und ist $U \subseteq M$ irgendeine nichtleere Teilmenge von M, so ist die Einschränkung von α auf U, also die Abbildung $U \to M$, $x \mapsto \alpha(x)$ eine

injektive Abbildung. Ist daher V das Bild von U unter α, so gilt, im Falle endlicher Mengen, $|U| = |V|$ nach Punkt 1.

C Die Produktregel Wir kommen zur dritten wichtigen Regel, der Produktregel, die eine Formel für die Mächtigkeit kartesischer Produkte ist und bereits zu Ende von Abschnitt 1.6-C vorweggenommen, aber noch nicht bewiesen wurde. Sie lautet:

- Sind $M_1, \ldots, M_n$ endliche Mengen, so gilt $\left| \underset{i=1}{\overset{n}{\times}} M_i \right| = \prod_{i=1}^{n} |M_i|$.

Beweis Der Fall $n = 2$ der Produktregel wurde bereits als ▶Satz 1.5.4 abgehandelt, wobei im damaligen Beweis genau genommen die Summenregel und die Gleichmächtigkeitsregel verwendet wurden, wie wir nun nochmals klarmachen wollen:

- Zu jedem $\alpha \in M_1$ sei $U_\alpha := \{(x, y) \in M_1 \times M_2 : x = \alpha\}$ die Menge aller Paare aus $M_1 \times M_2$, deren erste Komponente gleich α ist. Dann ist das Mengensystem $\{U_\alpha : \alpha \in M_1\}$ (Variation der ersten Komponente) eine Partition von $M_1 \times M_2$. Aufgrund der Summenregel folgt daher

$$|M_1 \times M_2| = \sum_{\alpha \in M_1} |U_\alpha|.$$

Ferner ist für jedes α aus M_1 die Abbildung $U_\alpha \to M_2$, $(\alpha, y) \mapsto y$ offensichtlich eine Bijektion. Deshalb liefert die Gleichmächtigkeitsregel $|U_\alpha| = |M_2|$, und zwar für jedes $\alpha \in M_1$. Das ergibt dann insgesamt

$$|M_1 \times M_2| = \sum_{\alpha \in M_1} |U_\alpha| = \sum_{\alpha \in M_1} |M_2| = |M_1| \cdot |M_2|.$$

Die allgemeine Aussage ($n \geq 2$) beweist man, wie am Ende von Abschnitt 1.6 angedeutet, mit vollständiger Induktion, wobei uns der eben nochmals erläuterte Spezialfall $n = 2$ als Induktionsanfang dient. Zum Vollzug des Induktionsschrittes (von n nach $n + 1$) nehmen wir also die Gültigkeit der Aussage für ein $n \geq 2$ an und betrachten die Situation beim kartesischen Produkt von $n + 1$ Mengen. Zu den gegebenen endlichen Mengen $M_1, \ldots, M_n, M_{n+1}$ setzen wir $A := M_1 \times \ldots \times M_n$ und $B := M_{n+1}$. Dann erweist sich die Abbildung

$$\tau : M_1 \times \ldots \times M_n \times M_{n+1} \to A \times B, \quad (x_1, \ldots, x_n, x_{n+1}) \mapsto ((x_1, \ldots, x_n), x_{n+1})$$

als Bijektion, weshalb $|M_1 \times \ldots \times M_n \times M_{n+1}| = |A \times B|$ aus der Gleichmächtigkeitsregel folgt. Der Induktionsanfang mit $n = 2$ liefert sodann $|A \times B| = |A| \cdot |B|$. Nach Induktionsannahme gilt aber auch $|A| = |M_1 \times \ldots \times M_n| = \prod_{i=1}^{n} |M_i|$. Insgesamt erhalten wir daher

$$\left| \underset{i=1}{\overset{n+1}{\times}} M_i \right| = |A \times B| = |A| \cdot |B| = \prod_{i=1}^{n} |M_i| \cdot |M_{n+1}| = \prod_{i=1}^{n+1} |M_i|,$$

womit dann die allgemeine Produktregel bewiesen ist. ■

D **Die Potenzregel** Wir kommen abschließend zur Potenzregel, die eine Formel für die Anzahl der Abbildungen zwischen zwei endlichen Mengen angibt. Sie lautet wie folgt:

- *Sind M und N zwei nichtleere endliche Mengen mit $|M| = m$ bzw. mit $|N| = n$ Elementen, so hat die Menge M^N aller Abbildungen von N nach M die Mächtigkeit m^n.*

Beweis Zum Beweis dieser Regel verwenden wir die Gleichmächtigkeitsregel in Kombination mit der Produktregel. Wir argumentieren zunächst, warum die Menge N durch die Menge $\{1, 2, \ldots, n\}$ ersetzt werden darf. Die Mengen N und $\{1, 2, \ldots, n\}$ haben beide die Mächtigkeit n, weshalb sie bijektiv aufeinander abbildbar sind; es sei $\omega: \{1, 2, \ldots, n\} \to N$ eine Bijektion. Zu jeder Abbildung $f: N \to M$ ist dann $f \circ \omega$ eine Abbildung von $\{1, 2, \ldots, n\}$ nach M, also ein Element von $M^{\{1,2,\ldots,n\}}$. Letztere Menge ist aber, wie in Abschnitt 3.7-A erklärt, nichts anderes als M^n, die Menge aller n-Tupel über M, die wiederum dem n-fachen kartesischen Produkt von M mit sich selbst entspricht. Wir halten also fest, dass wir durch Vorschalten von ω zu jeder Abbildung f aus M^N eine Abbildung $f \circ \omega$ (bzw. ein n-Tupel) aus M^n erhalten. In der Tat induziert die Bijektion ω die folgende Abbildung

$$\Omega: M^N \to M^n, \quad f \mapsto f \circ \omega,$$

welche sich ebenfalls als eine Bijektion herausstellt, wie wir gleich nachweisen wollen. Die Konsequenz daraus ist, dass die beiden Mengen M^N und M^n dann gleichmächtig sind, weshalb wir (unter Verwendung der Produktregel)

$$|M^N| = |M^n| = |M|^n = m^n$$

folgern, i. e. die Gültigkeit der Potenzregel. Es bleibt also der Nachweis der Bijektivität von Ω.

- Zur Injektivität: Aus $\Omega(f) = \Omega(g)$, also $f \circ \omega = g \circ \omega$, folgt $f(x) = g(x)$ für alle $x \in N$ (wegen der Bijektivität von ω), sodass f und g gleich sind. Demnach ist Ω injektiv.

- Zur Surjektivität: Ist umgekehrt $a = (a_1, \ldots, a_n)$ ein n-Tupel über M, so betrachte die Abbildung $h: N \to M$, welche $x \in N$ auf $h(x) := a_{\omega^{-1}(x)}$ abbildet, wobei $\omega^{-1}: N \to \{1, 2, \ldots, n\}$ die Umkehrabbildung von ω ist. Bei $\Omega(h)$ handelt es sich dann gemäß Definition von Ω um das n-Tupel b mit

$$b_i = h \circ \omega(i) = h(\omega(i)) = a_{\omega^{-1}(\omega(i))} = a_i$$

für jedes $i = 1, \ldots, n$. Also ist $a = b = \Omega(h)$ und a wird als Bild von h unter Ω angenommen. Folglich ist Ω auch surjektiv, insgesamt also bijektiv.

4.2 Binomialkoeffizienten

A **Potenzmengen und charakteristische Funktionen** In diesem Abschnitt studieren wir die Potenzmenge $\mathcal{P}(N)$ einer endlichen Menge N. Wir beweisen zunächst die bereits zu Beginn von Abschnitt 1.5 vorweggenommene Formel über die Mächtigkeit von $\mathcal{P}(N)$.

> **Satz 4.2.1** Ist N eine n-elementige Menge[1], so hat die Potenzmenge $\mathcal{P}(N)$ von N genau 2^n Elemente.

Beweis Aufgrund der im letzten Abschnitt bewiesenen Potenzregel wissen wir bereits, dass 2^n die Anzahl der Abbildungen von N in eine zweielementige Menge M ist. Die Wahl $M = \{0, 1\}$, also die Menge der Binärziffern, erweist sich in diesem Zusammenhang als sehr fruchtbar. Unter Verwendung der Gleichmächtigkeitsregel genügt es zum Nachweis von $|\mathcal{P}(N)| = 2^n$, eine bijektive Abbildung von $\mathcal{P}(N)$ nach $\{0, 1\}^N$ anzugeben. Dies geschieht konkret dadurch, dass man jeder Teilmenge U von N die ihr entsprechende **charakteristische Funktion** χ_U zuordnet; diese ist wie folgt definiert:

$$\chi_U(x) := \begin{cases} 1, & \text{falls } x \in U \\ 0, & \text{falls } x \notin U \end{cases} \quad (4.2.1)$$

Ist also beispielsweise $N = \{1, 2, 3, 4, 5, 6\}$ und $U = \{1, 2, 6\}$, so ist χ_U als 6-Tupel geschrieben gleich $(1, 1, 0, 0, 0, 1)$. Formal handelt es sich also bei dem Objekt χ um die Abbildung $\mathcal{P}(N) \to \{0, 1\}^N$, welche U auf χ_U abbildet. Zum Nachweis der Bijektivität von χ:

- Sind U und V verschiedene Teilmengen von N, so gilt wenigstens eine der beiden Beziehungen $U \subseteq V$ oder $V \subseteq U$ nicht. Es sei (ohne Einschränkung) U keine Teilmenge von V. Dann gibt es ein Element $u \in U \setminus V$. Dementsprechend ist $\chi_U(u) = 1 \neq 0 = \chi_V(u)$, sodass auch die charakteristischen Funktionen χ_U und χ_V verschieden sind. Das liefert also die Injektivität der Abbildung χ.

- Zum Nachweis der Surjektivität von χ gehen wir von einem beliebigen Element a aus $\{0, 1\}^N$ aus. Wir betrachten die Teilmenge $A := \{i \in N : a(i) = 1\}$ von N. Nach Definition von χ ist dann $\chi_A = a$, sodass a als Bild von A unter χ angenommen wird. Somit ist χ auch surjektiv, insgesamt bijektiv. ∎

Die Aussage des eben bewiesenen Satzes belegt, dass es bei der Mächtigkeit von $\mathcal{P}(N)$ lediglich auf die Mächtigkeit von N und nicht auf die konkrete Beschaffenheit von N ankommt, weshalb man statt allgemeinen n-Mengen ohne Einschränkung stets die **Standard-n-Menge** $\{1, 2, \ldots, n\}$ betrachten kann. Der eben demonstrierte Beweis macht

---

[1] Im Folgenden kurz: *n*-**Menge**.

dann deutlich, wie vermöge der charakteristischen Funktion χ die Elemente der Potenzmenge von $\{1, 2, \ldots, n\}$ mit den n-Tupeln über dem binären Alphabet $\{0, 1\}$ zu identifizieren sind.

B Was ist ein Binomialkoeffizient? Wir wollen nun die Binomialkoeffizienten einführen und betrachten dazu spezielle Teilmengen der Potenzmenge $\mathcal{P}(N)$ einer n-Menge N. Ausgehend von N bezeichne ab jetzt $\mathcal{P}_k(N)$ die Menge aller k-elementigen Teilmengen von N, also

$$\mathcal{P}_k(N) := \{X : X \subseteq N, |X| = k\}, \tag{4.2.2}$$

wobei $k \in \mathbb{N}$. Mit $N = \{1, 2, 3, 4\}$ ist beispielsweise $\mathcal{P}_3(N) = \{\{1, 2, 3\}, \{1, 2, 4\}, \{1, 3, 4\}, \{2, 3, 4\}\}$.

Definition 4.2.2 Für eine n-Menge N und ein $k \in \mathbb{N}$ ist der **Binomialkoeffizient** $\binom{n}{k}$ (lies: „n über k" bzw. „k aus n") als die Anzahl der k-elementigen Teilmengen von N definiert:

$$\binom{n}{k} := |\mathcal{P}_k(N)|$$

Wir wollen klären, dass die eben definierten Binomialkoeffizienten in der Tat nur von der Mächtigkeit von N, nicht aber von der konkreten Beschaffenheit von N abhängen. Dazu seien N und N' zwei Mengen mit gleicher Mächtigkeit n. Nun liefert jede Bijektion $\phi: N \to N'$ auch eine Bijektion zwischen den zugehörigen Potenzmengen $\mathcal{P}(N) \to \mathcal{P}(N')$, indem $X \subseteq N$ gerade auf $\phi(X) := \{\phi(x) : x \in X\} \subseteq N'$ abgebildet wird. Die Bemerkungen zur Gleichmächtigkeitsregel in Abschnitt 4.1-B ergeben weiter, dass ein solches ϕ die k-elementigen Teilmengen von N genau auf die k-elementigen Teilmengen von N' abbildet und damit eine Bijektion zwischen den Mengen $\mathcal{P}_k(N)$ und $\mathcal{P}_k(N')$ induziert (und das für jedes k), weshalb diese beiden Mengen gleichmächtig sind. Wir dürfen daher im Folgenden stets wieder von der Standard-n-Menge $\{1, 2, \ldots, n\}$ ausgehen.

C Gesetzmäßigkeiten bei Binomialkoeffizienten Wir wenden uns nun der Berechnung der Binomialkoeffizienten zu. Offenbar gilt zunächst gemäß Definition:

- $\binom{n}{k} = 0$ für jedes $k \geq n + 1$, denn jede Teilmenge einer n-Menge hat höchstens n Elemente

- $\binom{n}{0} = 1$ für jedes $n \in \mathbb{N}$, insbesondere für $n = 0$, denn die leere Menge ist die einzige Teilmenge, die kein Element enthält

4.2 Binomialkoeffizienten

- $\binom{n}{1} = n$ für jedes $n \in \mathbb{N}^*$, denn jedes Element einer Menge liefert eine einelementige Teilmenge

Des Weiteren erhalten wir leicht den folgenden Satz.

Satz 4.2.3 Es gilt $2^n = \sum_{k=0}^{n} \binom{n}{k}$.

Beweis Dies ist eine Anwendung der Summenregel. Ist N eine n-Menge und $U \subseteq N$, so ist zunächst $0 \leq |U| \leq n$. Da ferner die Mengensysteme $\mathcal{P}_k(N)$ und $\mathcal{P}_l(N)$ für $k \neq l$ disjunkt sind, bilden die Mengen $\mathcal{P}_k(N)$ (für $k = 0, \ldots, n$) eine Partition von $\mathcal{P}(N)$. Somit gilt unter Verwendung von ▶Satz 4.2.1 dann

$$2^n = |\mathcal{P}(N)| = \sum_{k=0}^{n} |\mathcal{P}_k(N)| = \sum_{k=0}^{n} \binom{n}{k},$$

was zu beweisen war. ∎

Das folgende Resultat beschreibt eine **Symmetrie innerhalb der Binomialkoeffizienten**.

Satz 4.2.4 Für $k \in \{0, 1, \ldots, n\}$ gilt $\binom{n}{k} = \binom{n}{n-k}$.

Beweis Hier erweist sich die Komplement(ab)bildung

$$^c: \mathcal{P}(N) \to \mathcal{P}(N), \quad X \mapsto X^c = N \setminus X$$

als sehr nützlich. Nach dem dritten Beispiel nach ▶Definition 3.2.3 ist dies eine Bijektion. Ist nun $X \in \mathcal{P}_k(N)$, so ist $|X^c| = |N \setminus X| = |N| - |X| = n - k$. Daher bewirkt die Restriktion von ^{c} auf $\mathcal{P}_k(N)$ eine bijektive Abbildung nach $\mathcal{P}_{n-k}(N)$. Daraus folgt die Gleichmächtigkeit von $\mathcal{P}_k(N)$ und $\mathcal{P}_{n-k}(N)$ und damit die Behauptung (siehe auch die Bemerkung in Abschnitt 4.1-B). ∎

Es folgt eine **Rekursionsformel für die Binomialkoeffizienten**.

Satz 4.2.5 Für jedes $n \in \mathbb{N}^*$ und jedes $k \in \mathbb{N}^*$ gilt $\binom{n}{k} = \binom{n-1}{k-1} + \binom{n-1}{k}$.

Beweis Da die Aussage trivialerweise für $k > n$ richtig ist, können wir uns auf den sinnvollen Bereich $0 \leq k \leq n$ konzentrieren. Ohne Einschränkung gehen wir wieder

4 Kombinatorik

von der Standard-n-Menge $N = \{1, 2, \ldots, n\}$ aus. Wir zerlegen nun das Mengensystem $\mathcal{P}_k(N)$ aller k-Teilmengen von N in zwei Teilsysteme, nämlich

- in das Mengensystem $\mathcal{P}_k(N)^+$ aller k-Teilmengen von N, die das Element n enthalten,

- und in das Mengensystem $\mathcal{P}_k(N)^-$ aller k-Teilmengen von N, die das Element n nicht enthalten.

Offenbar gilt dann $\mathcal{P}_k(N)^- = \mathcal{P}_k(\{1, \ldots, n-1\})$, woraus

$$|\mathcal{P}_k(N)^-| = |\mathcal{P}_k(\{1, \ldots, n-1\})| = \binom{n-1}{k}$$

folgt. Ferner entspricht jeder Menge U aus dem Mengensystem $\mathcal{P}_k(N)^+$ ein-eindeutig die Menge $U \setminus \{n\}$ aus $\mathcal{P}_{k-1}(\{1, \ldots, n-1\})$, in anderen Worten:

$$\mathcal{P}_k(N)^+ \to \mathcal{P}_{k-1}(\{1, \ldots, n-1\}), \quad U \mapsto U \setminus \{n\}$$

ist eine Bijektion. Aufgrund der Gleichmächtigkeitsregel gilt deshalb

$$\left|\mathcal{P}_k(N)^+\right| = \left|\mathcal{P}_{k-1}(\{1, \ldots, n-1\})\right| = \binom{n-1}{k-1}.$$

Insgesamt erhält man daher unter Verwendung der Summenregel

$$\binom{n}{k} = |\mathcal{P}_k(N)| = |\mathcal{P}_k(N)^+| + |\mathcal{P}_k(N)^-| = \binom{n-1}{k-1} + \binom{n-1}{k},$$

die Behauptung. ∎

Die Rekursionsformel aus ▶Satz 4.2.5 führt zum sog. **Pascal'schen Dreieck**[2], bei dem die Binomialkoeffizienten so übereinander angeordnet sind, dass jede Zahl gleich der Summe der beiden direkt oberhalb liegenden Nachbarzahlen ist:

$$\begin{array}{c}
\binom{0}{0} \\
\binom{1}{0} \; \binom{1}{1} \\
\binom{2}{0} \; \binom{2}{1} \; \binom{2}{2} \\
\binom{3}{0} \; \binom{3}{1} \; \binom{3}{2} \; \binom{3}{3} \\
\binom{4}{0} \; \binom{4}{1} \; \binom{4}{2} \; \binom{4}{3} \; \binom{4}{4} \\
\cdots \cdots \cdots \cdots \\
\binom{n}{0} \; \binom{n}{1} \; \cdots \; \binom{n}{n-1} \; \binom{n}{n}
\end{array}$$

Wegen $\binom{n}{0} = 1 = \binom{n}{n}$ für jedes $n \in \mathbb{N}$ ist damit genügend Information vorhanden, um die Binomialkoeffizienten rekursiv zu berechnen:

---

[2] Blaise Pascal (1623–1662).

4.2 Binomialkoeffizienten

```
                1
              1   1
            1   2   1
          1   3   3   1
        1   4   6   4   1
      1   5  10  10   5   1
    1   6  15  20  15   6   1
  1   7  21  35  35  21   7   1
      . . . . . . . . . . . . . . . .
```

Als Nächstes leiten wir eine **alternative Formel für die Binomialkoeffizienten** her. In diesem Zusammenhang sei an die Fakultätsfunktion aus ▶Beispiel 2.1.8 erinnert.

Satz 4.2.6 Für jedes $n \in \mathbb{N}$ und jedes $k \in \{0, \ldots, n\}$ gilt $\binom{n}{k} = \frac{n!}{k! \cdot (n-k)!}$.

Beweis Für jedes $n \in \mathbb{N}$ gilt wegen $0! = 1$ zunächst

$$\frac{n!}{n! \cdot 0!} = 1 = \binom{n}{n} \quad \text{sowie} \quad \frac{n!}{0! \cdot n!} = 1 = \binom{n}{0}.$$

Insbesondere liefert das für $n = 0$ einen Induktionsanfang. Wir nehmen nun induktiv an, dass $\binom{n}{k} = \frac{n!}{k!(n-k)!}$ für ein $n \geq 0$ und alle k mit $0 \leq k \leq n$ gilt. Es folgt nun der Induktionsschritt von n auf $n+1$.

Aufgrund des eingangs Gezeigten für $k = 0$ und $k = n+1$ genügt es, sich hierbei auf $1 \leq k \leq n$ zu beschränken. Nun ist $\binom{n+1}{k} = \binom{n}{k-1} + \binom{n}{k}$ nach ▶Satz 4.2.5. Das Einsetzen der Induktionsannahme für die beiden Terme $\binom{n}{k-1}$ und $\binom{n}{k}$ liefert daher

$$\binom{n+1}{k} = \frac{n!}{(k-1)! \cdot (n-(k-1))!} + \frac{n!}{k! \cdot (n-k)!}.$$

Erweitert man den ersten Bruch mit k und den zweiten Bruch mit $(n-k+1)$, so erhält man gleichnamige Nenner, nämlich $k! \cdot (n-k+1)!$, und damit

$$\binom{n+1}{k} = \frac{n! \cdot k + n! \cdot (n-k+1)}{k! \cdot (n-k+1)!} = \frac{n! \cdot (k + (n-k+1))}{k! \cdot (n-k+1)!} = \frac{n! \cdot (n+1)}{k! \cdot ((n+1)-k)!},$$

was gleich $\frac{(n+1)!}{k! \cdot ((n+1)-k)!}$ ist und zu beweisen war. ∎

D Der Binomialsatz Zu den wichtigsten Anwendungen der Binomialkoeffizienten gehört die Auswertung der Potenz einer Summe. Die entsprechende Formel ist im nun folgenden Binomialsatz zusammengefasst.

Satz 4.2.7 Es seien x und y reelle Zahlen und $n \in \mathbb{N}$. Dann gilt:

$$(x+y)^n = \sum_{k=0}^{n} \binom{n}{k} x^k y^{n-k}$$

Beweis Wegen $r^0 = 1$ und $r^1 = r$ für alle $r \in \mathbb{R}$ stimmt die Behauptung auf jeden Fall für $n = 0$ und $n = 1$, wie man durch Einsetzen in die Formel leicht verifiziert. Wegen $\binom{2}{0} = 1 = \binom{2}{2}$ und $\binom{2}{1} = 2$ liefert der Fall $n = 2$ (nach Umkehrung der Reihenfolge der Summanden) die aus der Schule bekannte erste binomische Formel, nämlich

$$(x+y)^2 = \binom{2}{0}x^0 y^2 + \binom{2}{1}x^1 y^1 + \binom{2}{2}x^2 y^0 = y^2 + 2xy + x^2 = x^2 + 2xy + y^2.$$

Das reicht allemal für einen Induktionsanfang. Den Induktionsschritt vollziehen wir wieder von n nach $n+1$. Zunächst gilt

$$(x+y)^{n+1} = (x+y)^n \cdot (x+y).$$

Einsetzen der Induktionsannahme liefert

$$(x+y)^{n+1} = \left(\sum_{k=0}^{n} \binom{n}{k} x^k y^{n-k}\right) \cdot (x+y).$$

Wir wenden nun das (aus der Schule bekannte, hier in allgemeinerer Form verwendete) Distributivgesetz bei den reellen Zahlen an, um die beiden Klammern auszumultiplizieren:

$$(x+y)^{n+1} = \left(\sum_{k=0}^{n} \binom{n}{k} x^k y^{n-k}\right) \cdot x + \left(\sum_{k=0}^{n} \binom{n}{k} x^k y^{n-k}\right) \cdot y$$

$$= \sum_{k=0}^{n} \binom{n}{k} x^{k+1} y^{n-k} + \sum_{k=0}^{n} \binom{n}{k} x^k y^{n-k+1}$$

Bei der Multiplikation der ersten großen Summe mit x haben sich die x-Potenzen um eins erhöht, bei der Multiplikation der zweiten großen Summe mit y haben sich entsprechend die y-Potenzen um eins erhöht. Nun kommt es „nur" noch darauf an, die beiden resultierenden Summen oben in die richtige Form zu bringen. In der ersten Summe wird zunächst eine sog. **Indextransformation** vorgenommen. Anstatt von $k = 0$ bis n summieren wir über $l = 1$ bis $n+1$, wobei dann der Summand $\binom{n}{k} x^{k+1} y^{n-k}$ entsprechend durch $\binom{n}{l-1} x^{(l-1)+1} y^{n-(l-1)} = \binom{n}{l-1} x^l y^{n-l+1}$ zu ersetzen ist. Also folgt

$$(x+y)^{n+1} = \sum_{l=1}^{n+1} \binom{n}{l-1} x^l y^{n-l+1} + \sum_{k=0}^{n} \binom{n}{k} x^k y^{n-k+1}.$$

Auf der rechten Seite dieser Gleichung ziehen wir nun aus der ersten Summe den letzten Summanden (das ist x^{n+1}) und aus der zweite Summe den ersten Summanden (das ist y^{n+1}) heraus, um

$$(x+y)^{n+1} = x^{n+1} + y^{n+1} + \sum_{l=1}^{n} \binom{n}{l-1} x^l y^{n-l+1} + \sum_{k=1}^{n} \binom{n}{k} x^k y^{n-k+1}$$

zu erhalten. Der Vorteil dieser Darstellung ist, dass die beiden Summen nun über die gleiche Indexmenge gebildet werden. Ersetzt man daher die Laufvariable l der ersten

Summe wieder durch k, so kann man die beiden großen Summen auf der rechten Seite zu einer einzigen (großen) Summe zusammenfassen, nämlich zu

$$(x+y)^{n+1} = x^{n+1} + y^{n+1} + \sum_{k=1}^{n} \left(\binom{n}{k-1} x^k y^{n+1-k} + \binom{n}{k} x^k y^{n+1-k} \right).$$

Klammert man nun den jeweils gemeinsamen Term $x^k y^{n+1-k}$ im inneren Summanden aus, so erhalten wir weiter

$$(x+y)^{n+1} = x^{n+1} + y^{n+1} + \sum_{k=1}^{n} \left(\binom{n}{k-1} + \binom{n}{k} \right) x^k y^{n+1-k}.$$

Eine Anwendung von ▶Satz 4.2.5 liefert als Nächstes:

$$(x+y)^{n+1} = x^{n+1} + y^{n+1} + \sum_{k=1}^{n} \binom{n+1}{k} x^k y^{n+1-k}$$

Schließlich verarbeiten wir die Summanden x^{n+1} und y^{n+1} wieder innerhalb der großen Summe als $\binom{n+1}{n+1} x^{n+1} y^0$ und $\binom{n+1}{0} x^0 y^{n+1}$, um insgesamt das gewünschte Ergebnis

$$(x+y)^{n+1} = \sum_{k=0}^{n+1} \binom{n+1}{k} x^k y^{n+1-k}$$

zu erhalten.

Wir beenden diesen Abschnitt mit einigen Bemerkungen zum Binomialsatz und dessen Beweis.

1. Eine Analyse des eben geführten Beweises zeigt, dass man den Binomialsatz für viel allgemeinere Strukturen als die reellen Zahlen beweisen kann. Neben dem Distributivgesetz haben wir nämlich lediglich die (multiplikative) **Vertauschbarkeit** von x und y benötigt (genauer: $xy = yx$). Der Binomialsatz gilt daher insbesondere für sog. „kommutative Ringe". Mehr zu diesen Objekten in Kapitel 6.

2. Als Anwendung des Binomialsatzes wollen wir einen weiteren Beweis dafür notieren, dass die Mächtigkeit der Potenzmenge einer n-Menge N gleich 2^n ist (siehe ▶Satz 4.2.1). Wir setzen dazu $x := 1$ und $y := 1$ und erhalten dann zunächst noch einmal die Aussage von ▶Satz 4.2.3, nämlich

$$2^n = (1+1)^n = \sum_{k=0}^{n} \binom{n}{k} 1^k \cdot 1^{n-k} = \sum_{k=0}^{n} \binom{n}{k}.$$

Andererseits gilt $\sum_{k=0}^{n} \binom{n}{k} = |\mathcal{P}(N)|$.

3. Für die **alternierende Summe der Binomialkoeffizienten** gilt übrigens (allerdings nur im Falle $n \geq 1$):

$$\sum_{k=0}^{n} (-1)^k \binom{n}{k} = (1-1)^n = 0$$

4. Wegen $x + y = y + x$ bzw. wegen $\binom{n}{k} = \binom{n}{n-k}$ gilt auch $(x+y)^n = \sum_{k=0}^{n} \binom{n}{k} x^{n-k} y^k$.

4.3 Abbildungen auf endlichen Mengen

Wir werden in diesem Abschnitt die Menge aller Abbildungen von einer m-Menge M in eine n-Menge N genauer untersuchen und dabei die Anzahl der möglichen injektiven bzw. bijektiven Abbildungen berechnen. Die Herleitung für die Formel der Anzahl möglicher surjektiver Abbildungen ist schwieriger und kann erst nach der Behandlung der Siebformel (Abschnitt 4.4) vorgenommen werden.

A Die Rückführung auf Standardmengen Zunächst machen wir uns ein letztes Mal klar, dass es beim Abzählen der oben genannten Objekte lediglich auf die Größen m und n und nicht auf die konkrete Beschaffenheit der Mengen M und N ankommt, weshalb man sich auf die Standardmengen $\{1, 2, \ldots, m\}$ und $\{1, 2, \ldots, n\}$ zurückziehen kann. Dazu seien M' und N' zwei weitere Mengen mit m bzw. mit n Elementen. Aufgrund der Gleichmächtigkeit von M und M' einerseits sowie der Gleichmächtigkeit von N und N' andererseits gibt es Bijektionen $\alpha \colon M \to M'$ sowie $\beta \colon N \to N'$. Davon ausgehend erhält man für jede Abbildung $\phi \colon M \to N$ eine Abbildung $\phi' \colon M' \to N'$ durch folgende Verkettung

$$\phi' := \beta \circ \phi \circ \alpha^{-1}.$$

Insgesamt ergibt dies formal eine (von α und β abhängige) Zuordnung

$$\Phi_{\alpha,\beta} \colon N^M \to N'^{M'}, \phi \mapsto \phi'.$$

Wegen $\phi = \alpha \circ \phi' \circ \beta^{-1}$ ist $\Phi_{\alpha,\beta}$ sogar eine Bijektion. Diese transferiert überdies injektive auf injektive, surjektive auf surjektive sowie bijektive auf bijektive Abbildungen. Ohne Einschränkung seien daher $M = \{1, 2, \ldots, m\}$ und $N = \{1, 2, \ldots, n\}$.

B Die Anzahl der injektiven und bijektiven Abbildungen Mit dieser Vereinfachung bezeichne nun

- $I_{m,n}$ die Anzahl der injektiven Abbildungen von M nach N, wobei wir $m \leq n$ wegen ▶Satz 3.3.1-(2) annehmen;

- $S_{m,n}$ die Anzahl der surjektiven Abbildungen von M, wobei wir $m \geq n$ wegen ▶Satz 3.3.1-(1) annehmen;

- B_n die Anzahl der Permutationen, also der bijektiven Abbildungen auf $N = M$; hier ist $n = m$ wegen ▶Satz 3.3.1-(3).

Als Hauptergebnisse erhalten wir die beiden folgenden Sätze.

4.3 Abbildungen auf endlichen Mengen

Satz 4.3.1 Für jedes $n \in \mathbb{N}^*$ ist die Anzahl B_n der Permutationen auf einer n-Menge gleich $n!$.

Satz 4.3.2 Ist $m \leq n$, so ist die Anzahl $I_{m,n}$ der injektiven Abbildungen von einer m-Menge in eine n-Menge gleich $\frac{n!}{(n-m)!}$.

Wer wie in der Schule üblich argumentiert, kann sich diese beiden Ergebnisse auf folgende Art schnell klarmachen.

1. Im Falle $m \leq n$ ist $I_{m,n}$ gleich $n \cdot (n-1) \cdot \ldots \cdot (n-m+1)$, denn: Für das Bild von Element $1 \in M$ gibt es n Möglichkeiten, für das Bild von Element $2 \in M$ gibt es aufgrund der geforderten Injektivität nur noch $n-1$ Möglichkeiten, für das Bild von Element $3 \in M$ gibt es aufgrund der geforderten Injektivität nur noch $n - 2$ Möglichkeiten und so fort, bis für das Element $m \in M$ nur noch $n - (m - 1) = n - m + 1$ Möglichkeiten bleiben. Das ergibt insgesamt durch Produktbildung die in ▶Satz 4.3.2 angegebene Anzahl von möglichen injektiven Abbildungen.

2. Im Spezialfall $n = m$ ist jede Injektion bereits eine Bijektion (siehe ▶Satz 3.3.2), sodass man $B_n = n \cdot (n - 1) \cdot \ldots \cdot (n - n + 1) = n!$ erhält, also die Aussage von ▶Satz 4.3.1.

C Formale Beweise Wir wollen in diesem Abschnitt nun allerdings nochmals rigoroser argumentieren und bei den Beweisen dieser beiden Sätze genau aufzeigen, wie die in Abschnitt 4.1 erörterten Zählprinzipien ins Spiel kommen.

Beweis von ▶Satz 4.3.1

Wir beginnen mit der Bestimmung von B_n, weil wir direkt Induktion über n anwenden wollen.

1. Die Aussage ist für $n = 1$ richtig ($B_1 = 1 = 1!$), weil es nur eine Abbildung von $\{1\}$ nach $\{1\}$ gibt, nämlich die identische, und diese ist bijektiv. Damit ist der Induktionsanfang gemacht.

2. Für den Induktionsschritt von n nach $n + 1$ zerlegen wir die Menge aller Permutationen auf $\{1, 2, \ldots, n+1\}$ in genau $n+1$ Teilmengen, nämlich in die Mengen $\mathcal{F}_i$ (für $i = 1, \ldots, n + 1$), wobei $\mathcal{F}_i$ die Menge aller Permutationen π mit $\pi(n + 1) = i$ sei. Die Summenregel impliziert dann zunächst

$$B_{n+1} = \sum_{i=1}^{n+1} |\mathcal{F}_i|.$$

Es bezeichne nun $\mathcal{B}_i$ die Menge der bijektiven Abbildungen von $\{1, 2, \ldots, n\}$ nach $N_i := \{1, 2, \ldots, n+1\} \setminus \{i\}$. Da es sich hier um zwei n-elementige Mengen handelt, folgt mit der Induktionsannahme (und der eingangs gemachten Bemerkung, wonach man N_i durch die Standard-n-Menge ersetzen kann), dass $|\mathcal{B}_i| = n!$ für alle i gilt.

Schränkt man nun π aus $\mathcal{F}_i$ auf $\{1, 2, \ldots, n\}$ ein, so liefert dies gerade eine Abbildung aus $\mathcal{B}_i$; umgekehrt kann man jede bijektive Abbildung aus $\mathcal{B}_i$ durch die Vorschrift $n+1 \mapsto i$ zu einer Permutation aus $\mathcal{F}_i$ erweitern. Das bedeutet, dass die entsprechende Einschränkung eine ein-eindeutige Zuordnung von $\mathcal{F}_i$ nach $\mathcal{B}_i$ liefert, weshalb mit der Gleichmächtigkeitsregel $|\mathcal{F}_i| = |\mathcal{B}_i| = n!$ für alle $i = 1, \ldots, n+1$ folgt. Daraus ergibt sich sodann der gewünschte Induktionsschluss, nämlich

$$B_{n+1} = \sum_{i=1}^{n+1} n! = (n+1) \cdot n! = (n+1)!.$$

Beweis von ▶Satz 4.3.2

Wir kommen abschließend zur Formel für $I_{m,n}$ für $m \leq n$. Ohne Einschränkung seien wieder $M = \{1, 2, \ldots, m\}$ und $N = \{1, 2, \ldots, n\}$.

Ist $f: M \to N$ eine injektive Abbildung, so ist $K := \text{Bild}(f)$ eine m-elementige Teilmenge von N und $f': M \to K, x \mapsto f(x)$ ist eine bijektive Abbildung (siehe die erste Bemerkung am Ende von Abschnitt 4.1-B). Jede injektive Abbildung f liefert ein solches Paar (f', K). Ist $g: M \to N$ eine von f verschiedene injektive Abbildung, so ist das zugehörige Paar $(g', \text{Bild}(g))$ verschieden von (f', K). Ist umgekehrt L eine m-elementige Teilmenge von N und $g': M \to L$ eine Bijektion, so ist $g: M \to N, x \mapsto g'(x)$ eine injektive Abbildung. Also liefert umgekehrt jedes solche Paar (g', L) auf diese Weise auch eine injektive Abbildung g von M nach N.

Folglich entspricht insgesamt die Menge solcher Paare (g', L) ein-eindeutig den injektiven Abbildungen von M nach N. Aufgrund der Gleichmächtigkeitsregel bleibt somit die Anzahl der Paare (g', L) zu bestimmen. Hierzu verwenden wir die Produktregel:

1. Für die Wahl von L, einer m-elementigen Teilmenge von N, haben wir $\binom{n}{m}$ Möglichkeiten.

2. Bei festgelegtem L gibt es $m!$ Möglichkeiten für g', denn das ist nach ▶Satz 4.3.1 die Anzahl der Bijektionen von M nach L.

Insgesamt erhalten wir

$$I_{m,n} = m! \cdot \binom{n}{m} = m! \cdot \frac{n!}{m! \cdot (n-m)!} = \frac{n!}{(n-m)!},$$

wobei wir bei der Termumformung ▶Satz 4.2.6 verwendet haben.

4.4 Das Inklusions-Exklusions-Prinzip

A **Der Spezialfall bei Vereinigungen von drei Mengen** In ▶Satz 1.3.5-(2) haben wir die bekannte Formel $|A_1 \cup A_2| = |A_1|+|A_2|-|A_1 \cap A_2|$ für die Mächtigkeit der Vereinigung zweier endlicher Mengen A_1 und A_2 nachgewiesen. Die entsprechende Formel für die Vereinigung dreier Mengen, nämlich

$$|A_1 \cup A_2 \cup A_3| = \begin{array}{l} |A_1| + |A_2| + |A_3| \\ -|A_1 \cap A_2| - |A_1 \cap A_3| - |A_2 \cap A_3| \\ +|A_1 \cap A_2 \cap A_3| \end{array}$$

ist sicher nicht ganz so geläufig. Nichtsdestotrotz ist die Frage nach einer Formel für die Mächtigkeit $|\cup_{i=1}^{l} A_i|$ der Vereinigung von l beliebigen endlichen Mengen von grundlegendem Interesse. Eine solche Formel werden wir in ▶Satz 4.4.1 herleiten. Den Namen „Inklusions-Exklusions-Formel" kann man sich auch anhand von drei Mengen sehr leicht klarmachen: Die Summe $|A_1|+|A_2|+|A_3|$ (Inklusion) wäre korrekt, wenn die drei Mengen paarweise disjunkt wären (das entspräche dann gerade der Summenregel). Im Allgemeinen treten aber nichtleere Schnitte auf, weshalb gewisse Elemente zu häufig gezählt werden. Man korrigiert daher die Summe, indem die Mächtigkeiten der Schnitte von je zwei Mengen wieder abgezogen werden (Exklusion):

$$|A_1| + |A_2| + |A_3| - |A_1 \cap A_2| - |A_1 \cap A_3| - |A_2 \cap A_3|$$

Jetzt ist das Ergebnis aber im Allgemeinen immer noch nicht richtig, da ja die Elemente aus dem Schnitt aller drei Mengen zuerst mit jeweiligem Beitrag 3 gezählt wurden und dann mit jeweiligem Beitrag -3 korrigiert wurden, mit dem Ergebnis, dass sie nun noch gar nicht berücksichtigt worden sind. Um das richtig zu stellen, addiert man $|A_1 \cap A_2 \cap A_3|$ nochmals hinzu (Inklusion).

B **Die allgemeine Inklusions-Exklusions-Formel** Kommen wir nun also zur allgemeinen Formel.

> **Satz 4.4.1** Es seien $A_1, \ldots, A_l$ Teilmengen einer endlichen Menge M. Dann gilt:
>
> $$\left|\bigcup_{i=1}^{l} A_i\right| = \sum_{I: I \subseteq \{1,\ldots,l\}, I \neq \emptyset} (-1)^{1+|I|} \cdot \left|\bigcap_{i \in I} A_i\right| \qquad (4.4.1)$$
>
> Die Summation erstreckt sich dabei über alle nichtleeren Teilmengen I der Indexmenge $\{1, 2, \ldots, l\}$.

Beweis Dieser Beweis basiert auf vollständiger Induktion über l, wobei der Anfang ($l = 2$) mit ▶Satz 1.3.5-(2) bereits gemacht ist: Die nichtleeren Teilmengen I von $\{1, 2\}$ sind $\{1\}$ und $\{2\}$ sowie $\{1, 2\}$; die ersten beiden liefern den Term $|A_1| + |A_2|$, und die letzte Menge ergibt den Term $-|A_1 \cap A_2|$.

Zum Induktionsschritt von l nach $l + 1$ setzen wir $A := \bigcup_{i=1}^{l} A_i$ und $B := A_{l+1}$. Dann ist (durch Rückführung auf den Fall $l = 2$)

$$\left| \bigcup_{i=1}^{l+1} A_i \right| = |A \cup B| = |A| + |B| - |A \cap B|.$$

Nach Induktionsvoraussetzung ist

$$|A| = \left| \bigcup_{i=1}^{l} A_i \right| = \sum_{\substack{I: I \subseteq \{1,\ldots,l\}, \\ I \neq \emptyset}} (-1)^{1+|I|} \cdot \left| \bigcap_{i \in I} A_i \right|.$$

Nach dem Distributivgesetz in ▶Satz 1.3.4-(6) (welches hier zwar in allgemeinerer Form auftritt, was aber leicht mit Induktion bewiesen werden kann) gilt weiter

$$A \cap B = \bigcup_{i=1}^{l} (A_i \cap B).$$

Somit ergibt sich unter Verwendung der Induktionsvoraussetzung, angewandt auf die Vereinigung der l Mengen $A_i \cap B$ für $i = 1, \ldots, l$

$$|A \cap B| = \sum_{\substack{I: I \subseteq \{1,\ldots,l\}, \\ I \neq \emptyset}} (-1)^{1+|I|} \cdot \left| \bigcap_{i \in I} (A_i \cap B) \right|.$$

Insgesamt erhalten wir durch Einsetzen, dass $|A \cup B|$ dann gleich

$$\sum_{\substack{I: I \subseteq \{1,2,\ldots,l\}, \\ I \neq \emptyset}} (-1)^{1+|I|} \cdot \left| \bigcap_{i \in I} A_i \right| + |B| - \sum_{\substack{I: I \subseteq \{1,2,\ldots,l\}, \\ I \neq \emptyset}} (-1)^{1+|I|} \cdot \left| \bigcap_{i \in I} (A_i \cap B) \right|$$

ist. Jetzt geht es im Wesentlichen darum, den Überblick nicht zu verlieren. Da wir eine Vereinigung von $l + 1$ Mengen untersuchen, müssen wir auch $l + 1$ in der Indexmenge berücksichtigen. In der Tat ist der gesamte Term in der eben aufgeführten Formel für $|A \cup B|$ gleich

$$\sum_{\substack{J: J \subseteq \{1,2,\ldots,l+1\}, \\ J \neq \emptyset,\ l+1 \notin J}} (-1)^{1+|J|} \cdot \left| \bigcap_{j \in J} A_j \right| + \sum_{\substack{J: J \subseteq \{1,2,\ldots,l+1\}, \\ l+1 \in J}} (-1)^{1+|J|} \cdot \left| \bigcap_{j \in J} A_j \right|,$$

wobei der Summand $|B|$ wegen $B = A_{l+1}$ für $J = \{l + 1\}$ in die zweite Summe aufgenommen werden konnte. Die Summanden der beiden Summen haben nun optisch die gleiche Form und die jeweiligen Summationsbereiche bilden eine Zerlegung der Menge aller nichtleeren Teilmengen von $\{1, 2, \ldots, l + 1\}$. Man darf daher die beiden Summen zusammenfassen und erhält dann die zu beweisende Aussage. ∎

4.4 Das Inklusions-Exklusions-Prinzip

C Ein weiterer Beweis der Inklusions-Exklusions-Formel Wir wollen gerne noch einen alternativen Beweis zu ▶Satz 4.4.1 angeben. Dabei wird die Argumentation des exemplarisch behandelten Falles $n = 3$ genauer ausgeführt.

In der Inklusions-Exklusions-Formel (4.4.1) wird jedes x aus $\cup_{i=1}^{l} A_i$ auf der linken Seite genau einmal gezählt. Um festzustellen, dass x auch auf der rechten Seite genau einmal gezählt wird (was dann der Gültigkeit der Formel entspricht), betrachten wir die Menge

$$\chi(x) := \{i \in \{1, 2, \ldots, l\} : x \in A_i\},$$

welche die **charakteristische Indexmenge** von x genannt wird. Ist nun $I \subseteq \{1, 2, \ldots, l\}$, so ist x genau dann in $\cap_{i \in I} A_i$ enthalten, wenn I Teilmenge von $\chi(x)$ ist. Daher ist der Beitrag von x auf der rechten Seite insgesamt gleich

$$\sum_{\substack{I : I \subseteq \chi(x), \\ I \neq \emptyset}} (-1)^{1+|I|} \cdot 1.$$

Dieser Term hängt, wie man sieht, lediglich von der Mächtigkeit und nicht von der konkreten Beschaffenheit von $\chi(x)$ ab. Ist also $|\chi(x)| = m$ (wobei $m \geq 1$), so gibt es zu jedem $k = 1, \ldots, m$ genau $\binom{m}{k}$ Teilmengen von $\chi(x)$ der Mächtigkeit k. Daher ist der obige Term gleich

$$\sum_{k=1}^{m} \binom{m}{k} \cdot (-1)^{1+k} = -\sum_{k=1}^{m} \binom{m}{k} \cdot (-1)^{k}.$$

Wenn wir die Summe von $k = 0$ an laufen lassen, erhalten wir (unter Berücksichtigung des Vorzeichens vor der Summe) einen zusätzlichen Summanden $-\binom{m}{0} \cdot (-1)^{0} = -1$. Also ist obiger Term gleich

$$1 - 1 - \sum_{k=1}^{m} \binom{m}{k} \cdot (-1)^{k} = 1 - \sum_{k=0}^{m} \binom{m}{k} \cdot (-1)^{k}.$$

Da aber die alternierende Summe von Binomialkoeffizienten gleich 0 ist (siehe die letzte Bemerkung am Ende von Abschnitt 4.2-D), reduziert sich der gesamte Term zu 1, was zu zeigen war. ∎

D Die Siebformel Mit der Siebformel, die sich unmittelbar aus der Inklusions-Exklusions-Formel ergibt, bestimmt man (über die Komplementbildung) die Anzahl der Elemente einer endlichen Menge M, die *nicht* in der Vereinigung $\cup_{i=1}^{l} E_i$ eines vorgegebenen Mengensystems $E_1, \ldots, E_l$ von Teilmengen von M enthalten ist.

Satz 4.4.2 Es sei M eine endliche Menge und $E_1, \ldots, E_l$ seien Teilmengen von M. Dann ist die Anzahl der Elemente $x \in M$, die in keiner der l Mengen E_i liegen, gleich

$$|M| + \sum_{\substack{I : I \subseteq \{1,2,\ldots,l\}, \\ I \neq \emptyset}} (-1)^{|I|} \cdot \left| \bigcap_{i \in I} E_i \right|. \qquad (4.4.2)$$

4 Kombinatorik

Beweis Gesucht ist die Zahl $|M \setminus \bigcup_{i=1}^{l} E_i| = |M| - |\bigcup_{i=1}^{l} E_i|$. Das Einsetzen der Inklusions-Exklusions-Formel für $|\bigcup_{i=1}^{l} E_i|$ liefert, dass diese Zahl gleich

$$|M| - \sum_{\substack{I: I \subseteq \{1,2,\ldots,l\}, \\ I \neq \emptyset}} (-1)^{1+|I|} \cdot |\cap_{i \in I} E_i|$$

ist. Das entspricht in der Tat exakt dem Term in der Aussage des Satzes, da man ja aus jedem Summanden einen Faktor (-1) herausziehen und damit das negative Vorzeichen vor der Summe zu einem positiven Vorzeichen umkehren kann. ∎

Häufig findet man für die Siebformel auch folgende **Darstellung als Doppelsumme**:

$$|M| + \sum_{k=1}^{l} \sum_{1 \leq i_1 < i_2 < \ldots < i_k \leq l} (-1)^k \cdot \left| \bigcap_{j=1}^{k} E_{i_j} \right|. \qquad (4.4.3)$$

Dabei bedeutet die Indizierung der zweiten Summe, dass sie über alle **streng monoton wachsenden Abbildungen** $i: \{1, \ldots, k\} \to \{1, \ldots, l\}$ zu bilden ist, also über diejenigen Abbildungen i mit $i_a < i_b$ für $a < b$.

4.5 Anwendungen der Siebformel

A Die Euler-Funktion In diesem Abschnitt wollen wir zwei interessante Anwendungen des Inklusions-Exklusions-Prinzips bzw. der Siebformel diskutieren. Wir beginnen mit der in der Zahlentheorie sehr wichtigen Euler-Funktion.

> **Definition 4.5.1** Für jede natürliche Zahl $n \in \mathbb{N}^*$ sei $\varphi(n)$ die Anzahl der Elemente a aus $\{1, 2, \ldots, n\}$, die teilerfremd zu n sind, die also $\text{ggT}(a, n) = 1$ erfüllen. Man nennt φ die **Euler-Funktion**.

Beispielsweise gilt $\varphi(1) = 1$ und $\varphi(p) = p - 1$ für jede Primzahl p; weiter ist $\varphi(12) = |\{1, 5, 7, 11\}| = 4$. Es ist im Folgenden unser Ziel, eine **explizite Formel für** $\varphi(n)$ herzuleiten. Dabei wird allerdings die Primfaktorzerlegung der zugrunde liegenden Zahl n benötigt.

> **Satz 4.5.2** Für $n \in \mathbb{N}^*$ bezeichne $\pi(n)$ die Menge der verschiedenen Primteiler von n. Dann gilt:
> $$\varphi(n) = n \cdot \prod_{r \in \pi(n)} \left(1 - \frac{1}{r}\right)$$

4.5 Anwendungen der Siebformel

Beweis Annahme, $n = \prod_{i=1}^{t} q_i^{a_i}$ ist die nach ▶Satz 2.2.10 existierende eindeutige Primfaktorzerlegung von n mit Primzahlen $q_1 < \ldots < q_t$ und mit Vielfachheiten $a_1, \ldots, a_t$. Dann ist $\pi(n) = \{q_1, \ldots, q_t\}$. Die Grundmenge sei nun $M := \{1, \ldots, n\}$ und für $i \in \{1, \ldots, t\}$ sei

$$E_i := \{x \in M : q_i \text{ teilt } x\}.$$

Nun ist ggT$(a, n) = 1$ genau dann, wenn a keinen Primteiler mit n gemeinsam hat, wenn also a in keiner der t Mengen E_i enthalten ist. Entsprechend ist $\varphi(n)$ die Anzahl der $x \in M$, die in keiner der Mengen E_i liegen. Eine Anwendung der Siebformel (mit der Notation K statt I und t statt l) liefert daher

$$\varphi(n) = \left| M \setminus \bigcup_{i=1}^{t} E_i \right| = n + \sum_{\substack{K : K \subseteq \{1,2,\ldots,t\}, \\ K \neq \emptyset}} (-1)^{|K|} \cdot \left| \bigcap_{k \in K} E_k \right|.$$

Nun ist genau dann $b \in \bigcap_{k \in K} E_k$, wenn $q_i | b$ für jedes $i \in K$ gilt, also genau dann, wenn b Vielfaches von $\prod_{k \in K} q_k$ ist. Wir verwenden ab jetzt sinnvollerweise folgende abkürzende Bezeichnung: $q_K := \prod_{k \in K} q_k$. Von den eben angesprochenen Zahlen b gibt es innerhalb der Menge M genau $\frac{n}{q_K}$ Stück (nämlich $q_K, 2q_K, 3q_K, \ldots, \frac{n}{q_K} \cdot q_K$), sodass wir

$$\varphi(n) = n + \sum_{\substack{K : K \subseteq \{1,2,\ldots,t\}, \\ K \neq \emptyset}} (-1)^{|K|} \cdot \frac{n}{q_K}$$

erhalten. Definiert man $q_\emptyset := 1$, so kann man den Summanden n wegen $(-1)^{|\emptyset|} \cdot \frac{n}{q_\emptyset} = n$ mit dem Index $K = \emptyset$ in die Summe mit vereinnahmen:

$$\varphi(n) = \sum_{K : K \subseteq \{1,2,\ldots,t\}} (-1)^{|K|} \cdot \frac{n}{q_K}.$$

Ausklammern von n liefert daher

$$\varphi(n) = n \cdot \left(\sum_{K : K \subseteq \{1,2,\ldots,t\}} (-1)^{|K|} \cdot \frac{1}{q_K} \right).$$

Die Behauptung des Satzes folgt nun, wenn es uns gelingt, die folgende Gleichung nachzuweisen:

$$\left(\sum_{K : K \subseteq \{1,2,\ldots,t\}} (-1)^{|K|} \cdot \frac{1}{q_K} \right) = \prod_{i=1}^{t} \left(1 - \frac{1}{q_i} \right),$$

da ja $\pi(n)$ nach Annahme gleich $\{q_1, \ldots, q_t\}$ ist. Das kann mit vollständiger Induktion über t getan werden.

- Der Induktionsanfang ($t = 1$) ergibt sich aus $\frac{1}{q_\emptyset} - \frac{1}{q_{\{1\}}} = 1 - \frac{1}{q_1}$.

- Beim Induktionsschritt von t nach $t+1$ nehmen wir an, dass q_{t+1} eine weitere (von $q_1, \ldots, q_t$ verschiedene) Primzahl ist. Dann gilt zunächst

$$\prod_{i=1}^{t+1} \left(1 - \frac{1}{q_i} \right) = \prod_{i=1}^{t} \left(1 - \frac{1}{q_i} \right) \cdot \left(1 - \frac{1}{q_{t+1}} \right),$$

und unter Verwendung der Induktionsvoraussetzung erhalten wir

$$\prod_{i=1}^{t+1}\left(1-\frac{1}{q_i}\right) = \left(\sum_{K:K\subseteq\{1,\ldots,t\}} (-1)^{|K|} \cdot \frac{1}{q_K}\right) \cdot \left(1-\frac{1}{q_{t+1}}\right).$$

Ausmultiplizieren liefert auf der rechten Seite (mit Änderung des Vorzeichens und Angleichen des Exponenten von (-1)) sodann

$$\sum_{\substack{K:K\subseteq\{1,\ldots,t+1\},\\t+1\notin K}} (-1)^{|K|} \cdot \frac{1}{q_K} + \sum_{K:K\subseteq\{1,\ldots,t\}} (-1)^{|K\cup\{t+1\}|} \cdot \frac{1}{q_K} \cdot \frac{1}{q_{t+1}}.$$

Nun lassen sich diese beiden Summen aber vereinen, weil insgesamt über die Menge aller Teilmengen von $\{1, 2, \ldots, t+1\}$ summiert wird und weil die Summanden wegen $\frac{1}{q_K} \cdot \frac{1}{q_{t+1}} = \frac{1}{q_{K\cup\{t+1\}}}$ exakt zusammenpassen. Insgesamt erhalten wir also den Term

$$\sum_{L:L\subseteq\{1,\ldots,t+1\}} (-1)^{|L|} \cdot \frac{1}{q_L},$$

womit der Induktionsbeweis und damit der gesamte Beweis vollständig erbracht ist. ∎

Als **alternative Formel für die Euler-Funktion** notieren wir noch Folgendes:

Korollar 4.5.3 Ist $n \in \mathbb{N}^*$ mit eindeutiger Primfaktorzerlegung $\prod_{i=1}^{t} q_i^{a_i}$ wie in ▶Satz 2.2.10, so gilt

$$\varphi(n) = \prod_{i=1}^{t} q_i^{a_i-1}(q_i - 1).$$

Beweis Nach ▶Satz 4.5.2 erhält man zunächst

$$\varphi(n) = n \cdot \prod_{i=1}^{t}\left(1-\frac{1}{q_i}\right) = \left(\prod_{i=1}^{t} q_i^{a_i}\right) \cdot \left(\prod_{i=1}^{t}\left(1-\frac{1}{q_i}\right)\right).$$

Wir fassen nun die beiden Produkte zusammen, indem wir Faktoren mit gleichnamigem Index multiplizieren und darüber das Produkt bilden. Sodann ergibt sich das Endergebnis

$$\varphi(n) = \prod_{i=1}^{t}\left(q_i^{a_i} \cdot \left(1-\frac{1}{q_i}\right)\right) = \prod_{i=1}^{t} q_i^{a_i-1}(q_i-1).$$

∎

B Die Multiplikativität der Euler-Funktion Für viele Anwendungen ist die Multiplikativität der Euler-Funktion sehr wichtig. Diese besagt Folgendes:

Satz 4.5.4 Sind $u, v \in \mathbb{N}^*$ teilerfremde Zahlen, so gilt $\varphi(u \cdot v) = \varphi(u) \cdot \varphi(v)$.

Beweis Die Primfaktorzerlegungen von u und v seien gemäß ▶Satz 2.2.10 gleich $u = \prod_{i=1}^{k} p_i^{a_i}$ und $v = \prod_{j=1}^{l} q_j^{b_j}$. Wegen $\text{ggT}(u, v) = 1$ sind die beiden Primzahlmengen $\{p_1, \ldots, p_k\}$ und $\{q_1, \ldots, q_l\}$ disjunkt, sodass die Primfaktorzerlegung des Produktes uv gleich $\prod_{i=1}^{k+l} p_i^{a_i}$ ist, wenn wir $p_{k+j} := q_j$ und $a_{k+j} := b_j$ für $j = 1, \ldots, l$ setzen. Daher folgt

$$\varphi(uv) = \prod_{i=1}^{k+l} p_i^{a_i-1}(p_i - 1) = \left(\prod_{i=1}^{k} p_i^{a_i-1}(p_i - 1)\right) \cdot \left(\prod_{j=1}^{l} q_j^{b_j-1}(q_j - 1)\right),$$

was gleich $\varphi(u) \cdot \varphi(v)$ ist. ∎

C Die Anzahl der surjektiven Abbildungen zwischen zwei endlichen Mengen Als zweite Anwendung der Siebformel wollen wir abschließend eine Formel für die Anzahl $S_{m,n}$ (siehe den Beginn von Abschnitt 4.3-B) der surjektiven Abbildungen einer m-Menge M auf eine n-Menge N herleiten, wobei $m \geq n \geq 1$ sei.

Satz 4.5.5 Ist $1 \leq n \leq m$, so ist die Anzahl $S_{m,n}$ der surjektiven Abbildungen einer m-Menge auf eine n-Menge gleich

$$\sum_{k=0}^{n} (-1)^{n-k} \binom{n}{k} k^m.$$

Beweis Wir erinnern daran, dass N^M die Menge aller Abbildungen von M nach N bezeichnet. Ohne Einschränkung sei der Bildbereich N der Abbildungen die Standard-n-Menge $\{1, 2, \ldots, n\}$. Für jedes $i \in N$ sei dann

$$E_i := \{\phi \in N^M : i \text{ liegt nicht im Bild von } \phi\}.$$

Eine Abbildung aus N^M ist demnach genau dann surjektiv, wenn sie in keiner der Mengen E_i enthalten ist. Die Siebformel liefert daher

$$S_{m,n} = \left|N^M \setminus \bigcup_{i=1}^{n} E_i\right| = |N^M| + \sum_{\substack{K : K \subseteq N, \\ K \neq \emptyset}} (-1)^{|K|} \cdot |E_K|,$$

wobei hier $E_K := \bigcap_{k \in K} E_k$ sei. Nach der Potenzregel gilt $|N^M| = n^m$. Ferner ist E_K die Menge aller Abbildungen aus N^M, in deren Bild *kein* Element aus K liegt. Das entspricht aber exakt der Menge aller Abbildungen von M nach $N \setminus K$, sodass dann (erneut mit der Potenzregel)

$$|E_K| = |(N \setminus K)^M| = (n - |K|)^m$$

folgt. Somit hängt E_K nur von der Mächtigkeit von K und nicht von der konkreten Beschaffenheit von K ab. Wie wir wissen, gibt es nun für jedes $k = 1, \ldots, n$ genau $\binom{n}{k}$ Teilmengen der Mächtigkeit k von N. Also folgt

$$\sum_{\substack{K: K \subseteq N, \\ K \neq \emptyset}} (-1)^{|K|} \cdot |E_K| = \sum_{k=1}^{n} (-1)^k \binom{n}{k} (n-k)^m.$$

Daraus ergibt sich dann insgesamt

$$S_{m,n} = n^m + \sum_{k=1}^{n} (-1)^k \binom{n}{k} (n-k)^m.$$

Nach Einverleiben von n^m in die große Summe (zum Index $k = 0$), einer anschließenden Indextransformation ($k \mapsto n - k$) und unter Beachtung von $\binom{n}{k} = \binom{n}{n-k}$ erhält man nun leicht das gewünschte Ergebnis, nämlich

$$S_{m,n} = \sum_{k=0}^{n} (-1)^k \binom{n}{k} (n-k)^m = \sum_{k=0}^{n} (-1)^{n-k} \binom{n}{n-k} k^m = \sum_{k=0}^{n} (-1)^{n-k} \binom{n}{k} k^m. \blacksquare$$

4.6 Exkurs: Darstellung von Permutationen

In diesem abschließenden Abschnitt zu Kapitel 4 werden wir die Permutationen auf einer n-Menge N etwas genauer untersuchen, wobei wir unsere Ausführungen im Gegensatz zu den vorhergehenden Abschnitten recht informell halten werden. Dazu sei N ohne Einschränkung wieder die Standard-n-Menge.

A Eine erste Darstellungsmöglichkeit von Permutationen Zunächst wollen wir uns überlegen, wie man Permutationen effektiv darstellen kann. Betrachten wir dazu beispielsweise die folgende Permutation σ auf $\{1, 2, \ldots, 9\}$:

$$\sigma := \begin{pmatrix} 1 & 2 & 3 & 4 & 5 & 6 & 7 & 8 & 9 \\ 3 & 2 & 7 & 1 & 8 & 6 & 4 & 9 & 5 \end{pmatrix} \quad (4.6.1)$$

Hier ist σ in Form einer Tabelle aufgeschrieben: Oben stehen die abzubildenden Elemente und unten stehen die jeweiligen Bilder. So ist beispielsweise $\sigma(5) = 8$. Da wir uns bei N auf die Standard-n-Menge geeinigt haben, würde es auch genügen, einfach nur die zweite Zeile der Tabelle anzugeben, also

$$\sigma = [3, 2, 7, 1, 8, 6, 4, 9, 5].$$

Es sei nun τ eine weitere Permutation, gegeben durch

$$\tau := \begin{pmatrix} 1 & 2 & 3 & 4 & 5 & 6 & 7 & 8 & 9 \\ 8 & 9 & 5 & 2 & 3 & 7 & 1 & 6 & 4 \end{pmatrix} \quad (4.6.2)$$

4.6 Exkurs: Darstellung von Permutationen

Exkurs ▶ Fortsetzung

bzw. $\tau = [8, 9, 5, 2, 3, 7, 1, 6, 4]$ in Kurzschreibweise. Was ist nun die Hintereinanderausführung $\tau \circ \sigma$ dieser beiden Abbildungen? Aufgrund der Regel $\tau \circ \sigma(i) := \tau(\sigma(i))$ erhält man leicht

$$\tau \circ \sigma = \begin{pmatrix} 1 & 2 & 3 & 4 & 5 & 6 & 7 & 8 & 9 \\ 5 & 9 & 1 & 8 & 6 & 7 & 2 & 4 & 3 \end{pmatrix}$$

bzw. $\tau \circ \sigma = [5, 9, 1, 8, 6, 7, 2, 4, 3]$.

B **Die Zykelschreibweise** Wir wollen nun als alternative Darstellungsform von Permutationen die sog. Zykelschreibweise diskutieren. Dazu betrachtet man, wie eine Permutation wirkt, wenn man sie mehrfach hintereinander anwendet. Gehen wir wieder von unserer Beispielpermutation σ aus, siehe (4.6.1). Was passiert mit dem Element 1 unter sukzessiver Anwendung von σ?

$$1 \to \sigma(1) = 3 \to \sigma(3) = 7 \to \sigma(7) = 4 \to \sigma(4) = 1$$

Nach vierfacher Anwendung von σ kehren wir also wieder an den Ausgangspunkt zurück, sodass man durch weitere Anwendung von σ eine periodische Folge $1 \to 3 \to 7 \to 4 \to 1 \to 3 \to 7 \to 4 \to \ldots$ mit Periode 4 erhalten würde. Man nennt das Objekt $(1, 3, 7, 4)$ die **Bahn** (oder den **Zyklus**) von 1 unter σ. Da $\sigma(2) = 2$ ist, ist die Bahn von 2 unter σ gleich (2). Die Bahn von 3 unter σ ist (bis auf den Anfang) die gleiche wie die Bahn von 1 unter σ, nämlich $(3, 7, 4, 1)$, und damit bereits vollständig durch $(1, 3, 7, 4)$ erfasst. Entsprechendes gilt für die Bahn von 4 und die Bahn von 7. Da 5 in noch keiner der bisher betrachteten Bahnen enthalten ist, untersuchen wir, was mit 5 unter σ passiert – wir erhalten die Bahn $(5, 8, 9)$. Es bleibt die Bahn von 6 zu untersuchen, die aber wegen $\sigma(6) = 6$ wie die Bahn von 2 nur aus einem Element besteht: (6).

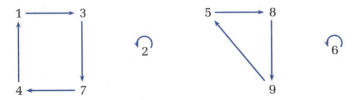

An diesem Beispiel sieht man, dass eine Permutation die Grundmenge, auf der sie definiert ist, in disjunkte Bahnen zerlegt; durch Angabe der Bahnen wiederum ist eine Permutation eindeutig festgelegt. Man kann daher σ auch kurz als

$$\sigma = (1, 3, 7, 4)(2)(5, 8, 9)(6)$$

schreiben, was durch obige Figur illustriert ist. Die Schreibweise wird in der Tat eindeutig, wenn man sich darauf einigt, zunächst die Bahn von 1, beginnend mit der 1 zu notieren; danach die Bahn des kleinsten Elementes i welches noch nicht in der Bahn von 1 erfasst wurde, beginnend mit i; und so fort. Dementsprechend erhält man bei τ aus (4.6) dann

$$\tau = (1, 8, 6, 7)(2, 9, 4)(3, 5).$$

C Multiplikation von Zyklen Was muss man nun tun, um die Zykeldarstellung von $\tau \circ \sigma$ zu erhalten? Dazu schreibt man sich die beiden Zykeldarstellungen zunächst nebeneinander, allerdings mit σ beginnend, weshalb es in diesem Zusammenhang sinnvoller ist, $\sigma\tau$ statt $\tau \circ \sigma$ zu schreiben.

$$\sigma\tau := (1, 3, 7, 4)(2)(5, 8, 9)(6)(1, 8, 6, 7)(2, 9, 4)(3, 5)$$

Man muss nun versuchen die Zyklen so umzuformen, dass disjunkte Zyklen entstehen. Das funktioniert wie folgt: Die 1 wird im Zyklus (1, 3, 7, 4) auf 3 bewegt; 3 wird erst wieder im letzten Zyklus (3, 5) bewegt, und zwar auf 5; insgesamt wird also 1 auf 5 bewegt. Man notiert (1, 5, ... Nun betrachtet man das Element 5. Es wird in (5, 8, 9) auf 8, die 8 in (1, 8, 6, 7) auf 6, die 6 wird danach nicht mehr bewegt; insgesamt wird 5 auf 6 abgebildet. Man notiert: (1, 5, 6, ... Fährt man auf diese Weise fort, so erhält man (1, 5, 6, 7, 2, 9, 3, ... Betrachten wir nun noch den Weg der 3. Sie wird zunächst nach 7, und die 7 im Zyklus (1, 8, 6, 7) auf 1 bewegt, sodass insgesamt 3 auf 1 abgebildet wird; hinter der 3 schließt sich also der Kreis: (1, 5, 6, 7, 2, 9, 3). Als weiteren Zyklus erhält man auf diese Weise (4, 8), sodass insgesamt $\tau \circ \sigma$ in Zykelschreibweise durch

$$\sigma\tau = (1, 5, 6, 7, 2, 9, 3)(4, 8)$$

beschrieben ist.

Nach ▶Satz 3.6.5 wissen wir, dass hinter einer jeden Zerlegung eine Äquivalenzrelation steht. In der Tat kann man das Phänomen der Zyklenzerlegung einer Permutation formal im Rahmen einer geeigneten Äquivalenzrelation studieren, deren Klassen genau den Bahnen bzw. Zyklen entsprechen. (Wir wollen diesen Ansatz hier allerdings nicht weiter verfolgen und belassen es bei obiger informativen Betrachtung.)

D Transpositionen – die einfachsten Permutationen Abgesehen von der identischen Abbildung auf N, die absolut nichts bewegt, sind die Transpositionen diejenigen Permutationen, die so wenig wie möglich bewegen, nämlich zwei Elemente vertauschen und sonst alles fest lassen. Ist etwa $n = 9$, so ist die Vertauschung von 4 und 8 in Zykelschreibweise gleich

$$(1)(2)(3)(4, 8)(5)(6)(7)(9).$$

4.6 Exkurs: Darstellung von Permutationen

Exkurs ▶ Fortsetzung

Bei festgelegtem n (hier $n = 9$) erscheint es zu umständlich, die Einerbahnen (das sind die Elemente, die nicht bewegt werden)[3] allesamt hinzuschreiben. Offensichtlich ist die Schreibweise $(4, 8)$ völlig ausreichend, um im Kontext von Permutationen die Vertauschung der Elemente 4 und 8 zu beschreiben. Nach Weglassen der Fixpunkte sieht unsere obige Beispielpermutation σ aus (4.6.1) dann wie folgt aus:

$$\sigma = (1, 3, 7, 4)(5, 8, 9)$$

Es seien nun $\sigma_1 := (1, 3, 7, 4)$ und $\sigma_2 := (5, 8, 9)$ die disjunkten Bahnen von σ mit mehr als einem Element. Im Rahmen der Kurzschreibweise, die das Weglassen von Fixpunkten erlaubt, handelt es sich bei σ_1 und σ_2 um eigenständige Permutationen. Es ist nun interessant zu sehen, dass sich σ_1 und σ_2 als Produkte von Transpositionen schreiben lassen,

$$\sigma_1 = (1, 3)(1, 7)(1, 4) \quad \text{und} \quad \sigma_2 = (5, 8)(5, 9),$$

wobei die einzelnen Zweierzyklen allerdings nicht mehr elementfremd sind. (Der Leser möge dies anhand der in Abschnitt C eingeführten Zyklenmultiplikation nachrechnen.) Insgesamt folgt daher, dass sich auch σ als Produkt von Transpositionen schreiben lässt, nämlich

$$\sigma = (1, 3)(1, 7)(1, 4)(5, 8)(5, 9).$$

Was hier exemplarisch mit σ gemacht wurde, kann man natürlich für jede beliebige Permutation machen. Wir halten dies (ohne rigorosen Beweis) als ▶Satz 4.6.1 fest und machen auf folgende Interpretation aufmerksam:

■ *Durch hinreichend häufiges Vertauschen von jeweils zwei Elementen kann man eine beliebig große Unordnung herstellen!*

Satz 4.6.1 Jede Permutation auf einer endlichen Menge N ist in der Zykelschreibweise als Produkt von Zweierzyklen, also Transpositionen, darstellbar. Anders ausgedrückt ist jede Permutation als Hintereinanderausführung von Transpositionen beschreibbar.

E Zur Eindeutigkeit der Darstellung von Permutationen Im Allgemeinen ist die Darstellung einer Permutation als Produkt von Transpositionen nicht eindeutig. So gilt beispielsweise (erneut mit σ aus (4.6.1)) auch

$$\sigma = (1, 4)(4, 7)(3, 7)(5, 9)(8, 9),$$

---

[3] Auch **Fixpunkte** genannt.

wie man leicht nachrechnet. Es ist nicht einmal die Anzahl der Transpositionen zur Darstellung einer Permutation eindeutig, denn beispielsweise gilt auch

$$\sigma = (2,5)(1,4)(4,7)(3,7)(5,9)(8,9)(2,8).$$

Dennoch hat jede Permutation ein wichtiges Merkmal, welches man anhand einer jeden Produktdarstellung von Transpositionen ablesen kann.

Satz 4.6.2 Die Anzahl der Transpositionen, die zur Darstellung einer gegebenen Permutation σ verwendet werden ist entweder stets gerade oder stets ungerade. Entsprechend bezeichnet man auch eine Permutation als gerade oder als ungerade.

Bei obigem σ handelt es sich um eine ungerade Permutation. Für $n = 3$ erhalten wir als gerade Permutationen die identische Abbildung (Produkt von null Transpositionen) und die beiden Dreierzyklen $(1,2,3) = (1,3)(2,3)$ und $(1,3,2) = (1,2)(2,3)$. Die ungeraden Permutationen sind die drei Transpositionen $(1,2)$ und $(1,3)$ sowie $(2,3)$. Zum Abschluss erwähnen wir das folgende Ergebnis (siehe auch Abschnitt 8.5-B).

Satz 4.6.3 Auf jeder n-Menge N mit $n \geq 2$ gibt es jeweils $\frac{n!}{2}$ gerade und $\frac{n!}{2}$ ungerade Permutationen.

Für die Einzelheiten der hier nicht bewiesenen Aussagen sei der Leser am besten auf ein einführendes Buch über **Gruppentheorie** verwiesen, siehe etwa das Buch von Rotman [46].

ZUSAMMENFASSUNG

1. **Abzählprinzipien** Als die vier Grundprinzipien des Zählens haben wir die Summenregel, die Gleichmächtigkeitsregel, die Produktregel und die Potenzregel hervorgehoben. Wir haben gesehen, dass diese Regeln alle aufeinander aufbauen, und sich (mithilfe der Induktion) letztendlich darauf zurückführen lassen, dass die Mächtigkeit der Vereinigung zweier endlicher disjunkter Mengen gleich der Summe der Mächtigkeiten der beiden beteiligten Mengen ist. Um die hierarchische Struktur dieser Regeln kenntlich zu machen, haben wir ganz bewusst streng formale Beweise geführt, selbst wenn die einzelnen Regeln unmittelbar einleuchtend sein mögen.

2. **Potenzmengen und Abbildungen** Diese Abzählprinzipien wurden sodann beim Studium von Potenzmengen endlicher Mengen verwendet. Es wurde mehrfach hervorgehoben, dass es beim Zählen nicht auf die konkrete Beschaffenheit der zugrunde gelegten Menge ankommt, sondern lediglich auf deren Mächtigkeit.
Die Anzahl der Teilmengen einer n-Menge ist gleich 2^n. Dies ist aber auch gleich der Anzahl der Abbildungen von einer n-Menge in die Menge $\{0, 1\}$. Wir haben anhand einer konkreten Bijektion gesehen, dass sich jede Teilmenge einer n-Menge durch die zugehörige charakteristische Funktion darstellen lässt, was insbesondere zu einer effektiven Darstellung von Teilmengen innerhalb eines Computers führt.
Die Anzahl der k-elementigen Teilmengen einer n-Menge ist per Definition gleich $\binom{n}{k}$, dem zu n und k gehörenden Binomialkoeffizienten. Neben einer rekursiven Formel für Binomialkoeffizienten, welche zum Pascal'schen Dreieck führt, haben wir gezeigt, dass $\binom{n}{k} = \frac{n!}{k! \cdot (n-k)!}$ gilt. Wie wir am Binomialsatz gesehen haben – und bei der Binomialverteilung im folgenden Kapitel 5 sowie bei der Kugelpackungsschranke für fehlerkorrigierende Codes (Abschnitt 7.4) noch sehen werden – tauchen die Binomialkoeffizienten an vielen Stellen auf.
Beim Binomialsatz geht es um die Berechnung der n-ten Potenz einer Summe $x + y$, wobei x und y reelle Zahlen sind (aber prinzipiell auch Objekte aus allgemeineren algebraischen Strukturen sein können). Die Potenz $(x + y)^n$ ist gleich einer Summe von Mischtermen der Form $x^k y^{n-k}$ mit $k = 0, 1, \ldots, n$ (man beachte, dass die Summe $k + (n - k)$ der beiden Exponenten jeweils konstant gleich n ist), wobei jeder Term $x^k y^{n-k}$ gerade mit der Vielfachheit $\binom{n}{k}$ auftritt.
Beim Betrachten der Anzahl der injektiven und der bijektiven Abbildungen in Abschnitt 4.3 sind wir ebenfalls nochmals recht formal vorgegangen. Die zugehörigen Formeln werden uns bei den stochastischen Kugel-Modellen in Abschnitt 5.2 wieder begegnen.

3. **Inklusion-Exklusion** Das Inklusions-Exklusions-Prinzip liefert eine Formel für die Mächtigkeit der Vereinigung aller Mengen aus einem System endlicher Mengen. Diese Mengen können im Gegensatz zur Summenregel (welche einen trivialen Spezialfall der Inklusions-Exklusions-Formel beschreibt) untereinander sehr wohl nichttriviale Schnitte haben. Zur Erschöpfung aller möglichen Kombinationen erstreckt sich die entsprechende Summenformel fast über die gesamte Potenzmenge der beteiligten Indexmenge, was die Angelegenheit komplex erscheinen lässt und daher im Rahmen einer Anfängervorlesung zugegebenermaßen etwas schwer verdaulich ist. Andererseits gehört sie zu den grundlegenden Ergebnissen der Kombinatorik und wird uns in etwas anderer Variation gleich zu Beginn des nächsten Kapitels wieder begegnen, wenn es um eine Formel für die Wahrscheinlichkeit einer Vereinigung beliebiger Ereignisse geht. Die Inklusions-Exklusions-Formel gilt nämlich allgemeiner für sog. additive Mengenfunktionen. Unter einer

solchen additiven Mengenfunktion auf einer Menge Ω verstehen wir dabei eine Abbildung $\Gamma: \mathcal{P}(\Omega) \to \mathbb{R}$ mit $\Gamma(A \cup B) = \Gamma(A) + \Gamma(B)$ für je zwei disjunkte Teilmengen A und B von Ω.
Die Siebformel erweist sich als eine Umformulierung der Inklusions-Exklusions-Formel. Man wendet sie immer dann an, wenn man die Elemente einer Menge abzählen will, die nicht von einem vorgegebenen Mengensystem überdeckt werden. Wir haben anhand der Siebformel die Eigenschaften der für die Zahlentheorie wichtigen Euler-Funktion (siehe auch Kapitel 7) studiert.

Übungsaufgaben

Aufgabe 1 Ist $a \in \{0,1\}^n$ ein n-Tupel, so nennt man die Anzahl der Einsen von a das **Gewicht** von a. Es sei $l \in \mathbb{N}$. Wie viele n-Tupel aus $\{0,1\}^n$ mit Gewicht l gibt es?

Aufgabe 2 Es seien $i, j, n \in \mathbb{N}$ mit $0 \le i \le j \le n$. Zeigen Sie, dass folgende Formel gilt:
$$\binom{n}{j} \cdot \binom{j}{i} = \binom{n}{i} \cdot \binom{n-i}{j-i}$$
Überlegen Sie sich auch, dass auf beiden Seiten der Gleichung die Menge aller Paare (X, Y) mit folgenden Eigenschaften gezählt wird: $X \subseteq Y \subseteq \{1, 2, \ldots, n\}$ und $|X| = i$ und $|Y| = j$.

Aufgabe 3 Es sei M eine endliche nichtleere Menge. Zeigen Sie, dass die Anzahl der Teilmengen von M mit gerader Mächtigkeit gleich der Anzahl der Teilmengen von M mit ungerader Mächtigkeit ist.

Aufgabe 4 Für $n \in \mathbb{N}$ sei $\Delta_n := \{(a,b,c) \in \mathbb{N}^3 : a+b+c = n\}$ die Menge aller **Dreierzerlegungen von** n. Beweisen Sie (durch Zurückführung auf den Binomialsatz) den folgenden **Trinomialsatz**: Sind $x, y, z \in \mathbb{R}$ und ist $n \in \mathbb{N}$, so gilt
$$(x+y+z)^n = \sum_{(u,v,w) \in \Delta_n} \frac{n!}{u! \cdot v! \cdot w!} \cdot x^u \cdot y^v \cdot z^w.$$

Aufgabe 5 Es seien M und N zwei endliche Mengen. Ferner seien K eine Teilmenge von M und L eine Teilmenge von N. Es gelte $1 \le |K| = k \le |M| = m$ sowie $1 \le |L| = l \le |N| = n$.

1. Leiten Sie eine Formel für die Anzahl aller Abbildungen $f: M \to N$ her, welche die Bedingung „$f(x) \in L$ für alle $x \in K$" erfüllen.

2. Finden Sie ein notwendiges und hinreichendes Kriterium für die Existenz einer injektiven Abbildung $f: M \to N$, welche die Bedingung „$f(x) \in L$ für alle $x \in K$" erfüllt. Wie viele verschiedene solcher injektiven Abbildungen gibt es bei Erfüllung des Kriteriums?

Aufgabe 6 Zu jeder binären Relation $R \subseteq K \times L$ zwischen zwei Mengen K und L sind zwei Abbildungen assoziiert, nämlich $\pi_1: R \to K, (x,y) \mapsto x$ und $\pi_2: R \to L, (x,y) \mapsto y$. Man nennt π_i die **Projektion von R auf die i-te Komponente** (für $i = 1, 2$). Beweisen Sie das folgende **Prinzip des doppelten Zählens**: Ist R eine endliche Menge, so gilt
$$\sum_{y \in L} |\pi_2^{-1}(y)| = \sum_{x \in K} |\pi_1^{-1}(x)|.$$

4 Kombinatorik

Übungsaufgaben

Aufgabe 7 Als Anwendung der vorherigen Aufgabe betrachten wir ein Beispiel aus der sog. **statistischen Versuchsplanung**. Gegeben seien v verschiedene Düngemittel, die auf b gleich beschaffenen Parzellen eines großen Feldes im Rahmen eines ausgewogenen Versuchsplanes mit Parametern (v, b, r, k) getestet werden sollen, und zwar so, dass

(i) jedes Düngemittel auf genau r verschiedenen Parzellen eingesetzt wird;

(ii) auf jeder Parzelle genau k verschiedene Düngemittel eingesetzt werden;

(iii) es aus Gründen der Vergleichbarkeit zu je zwei Düngemitteln genau eine Parzelle gibt, auf der beide Düngemittel eingesetzt werden.

Zur Aufgabenstellung:

1. Zeigen Sie, dass die beiden Bedingungen (i) und (ii) die Eigenschaft $bk = vr$ implizieren.

2. Beschreiben Sie konkret eine Relation zwischen Düngemitteln und Parzellen mit Parametern $(v, b, r, k) = (4, 6, 3, 2)$, die alle Eigenschaften (i), (ii) und (iii) erfüllt.

Aufgabe 8 Bestimmen Sie unter Verwendung der Siebformel die Anzahl aller $x \in \mathbb{N}$ mit $x \leq 1000$ und mit folgender Eigenschaft: x wird von keiner Zahl d aus $\{2, 3, 4, 5, 6, 7, 8, 9, 10\}$ geteilt.

Hinweis: Man kann die zweite Bedingung abschwächen und sich dadurch viel Arbeit sparen.

Aufgabe 9 Die klassische zahlentheoretische **Möbius-Funktion**[4] $\mu_{\mathbb{Z}}$ ist (auf $\mathbb{N}^*$) durch

$$\mu_{\mathbb{Z}}(n) := \begin{cases} 1, & \text{falls } n = 1 \\ 0, & \text{falls } p^2 | n \text{ für eine Primzahl } p \\ (-1)^l, & \text{falls } n \text{ Produkt von } l \text{ verschiedenen Primzahlen ist} \end{cases}$$

definiert.

1. Zeigen Sie, dass die Möbius-Funktion multiplikativ ist.

2. Weisen Sie die Formel
$$\varphi(n) = \sum_{\substack{d \in \mathbb{N}, \\ d | n}} \mu_{\mathbb{Z}}(d) \cdot \frac{n}{d}$$
für alle n der Form $n = p^2 q^2$ bzw. $n = pqr$ nach, wobei p, q und r verschiedene Primzahlen seien.

---

[4] August Möbius (1790–1868).

Übungsaufgaben

Aufgabe 10 Bestimmen Sie in der Zykelschreibweise das Produkt $\tau_1\tau_2\tau_3\tau_4\tau_5$ der folgenden Permutationen auf $\{0, 1, \ldots, 8, 9\}$:

$$\tau_1 = (012)(345)(67)(89)$$
$$\tau_2 = (0)(12345678)(9)$$
$$\tau_3 = (0246813579)$$
$$\tau_4 = (05)(16)(27)(38)(49)$$
$$\tau_5 = (0)(12)(3)(45)(6)(78)(9)$$

Aufgabe 11 Geben Sie sämtliche Permutationen der Menge $\{1, 2, 3, 4\}$ in Zykelschreibweise samt Vorzeichen an.

Aufgabe 12 Für ein $n \in \mathbb{N}^*$ sei $N := \{1, 2, 3, \ldots, n\}$ und $\mathcal{N}$ sei die Menge aller Abbildungen von $N \times N$ nach $\{0, 1\}$.

Im Falle $n = 3$ kann die Abbildung g aus $\mathcal{N}$ mit $g(i, j) = 1$ für $(i, j) \in \{(1, 1), (2, 3), (3, 3)\}$ und $g(i, j) = 0$ für $(i, j) \notin \{(1, 1), (2, 3), (3, 3)\}$ beispielsweise einfach durch nebenstehendes Brett mit Punkten visualisiert werden.

1. Es sei $\mathcal{M} := \{g \in \mathcal{N} : g(i, j) = 0 \text{ für alle } (i, j) \text{ mit } i < j\}$. Wie groß ist die Mächtigkeit von $\mathcal{M}$?

Wir definieren nun weiter eine Abbildung $S : \mathcal{N} \to \mathbb{N}$ durch $S(g) := \sum_{(i,j) \in N \times N} g(i, j)$. Beispielsweise gilt

$$S\left(\begin{array}{c}\text{Brett}\end{array}\right) = 3.$$

Mit dieser Abbildung wird auf $\mathcal{N}$ durch $g \sim h :\Leftrightarrow S(g) = S(h)$ eine Äquivalenzrelation definiert.

2. Wie viele Äquivalenzklassen gibt es? Geben Sie zu jeder Äquivalenzklasse deren Mächtigkeit an.

Gemäß Definition (siehe Abschnitt 3.7-E) nennt man eine Teilmenge $\mathcal{R}$ von $\mathcal{N}$ ein Repräsentantensystem bzgl. der Äquivalenzrelation $\sim$, wenn $\mathcal{R}$ von jeder Äquivalenzklasse **genau ein** Element enthält.

Übungsaufgaben

3. Geben Sie eine Formel für die Anzahl der verschiedenen Repräsentantensysteme an.

Für den Fall $n = 3$ gibt es bereits die enorme Zahl von 11 759 522 374 656 Repräsentantensysteme für $\sim$. Die meisten davon verdienen das Prädikat „kanonisch" (siehe Abschnitt 3.6-E) nicht!

4. Geben Sie im Falle $n = 3$ ein kanonisches Repräsentantensystem $\mathcal{R}$ für $\sim$ an. Visualisieren Sie dazu $\mathcal{N}$ durch $(3, 3)$-Boxen mit Punkten wie oben und verwenden Sie zur Eingrenzung von $\mathcal{R}$ symmetrische Eigenschaften, wie „Achsensymmetrie bzgl. den horizontalen bzw. vertikalen Mittelfeldern", „Punktsymmetrie bzgl. der mittleren Zelle", „Komplementarität", „die gleiche Belegungszahl innerhalb $\mathcal{R}$ von Punkten einer jeden Zelle".

Diskrete Wahrscheinlichkeitsrechnung

	Einführung	154
5.1	Grundbegriffe der Wahrscheinlichkeitsrechnung	156
5.2	Laplace-Modelle und vier Kugel-Modelle	162
5.3	Zufallsvariablen und induzierte Wahrscheinlichkeitsfunktionen	166
5.4	Mehrstufige Experimente und bedingte Wahrscheinlichkeiten	171
5.5	Stochastische Unabhängigkeit	176
5.6	Erwartungswert und Varianz	177
5.7	Binomialverteilungen	185
	Zusammenfassung	189
	Übungsaufgaben	190

5 Diskrete Wahrscheinlichkeitsrechnung

EINFÜHRUNG

>> Die Aufgabe der *Wahrscheinlichkeitstheorie* ist es, mathematische Modelle bereitzustellen, mit denen man Experimente mit zufälligem Ausgang beschreiben kann. Je nach der Beschaffenheit des zugrunde liegenden *Ergebnisraumes* unterscheidet man in **endliche**, in **abzählbar unendliche** und in **kontinuierliche** Wahrscheinlichkeitsrechnung. Wir behandeln in diesem Kapitel die Grundzüge der endlichen Wahrscheinlichkeitsrechnung, wenngleich viele Begriffe und Ansätze durchaus allgemein sinnvoll und gültig sind und an einigen anderen Stellen innerhalb dieses Buches wieder aufgegriffen werden (etwa mit den *Wartezeitproblemen* beim Rechnen mit Reihen in Kapitel 16).

Das mathematische Modell zur Beschreibung eines *Zufallsexperimentes* besteht aus einem Paar $(\Omega, \mathbb{P})$, wobei Ω meist die Menge aller Ergebnisse des Experimentes ist und $\mathbb{P}$ eine Abbildung von $\mathcal{P}(\Omega)$ nach $\{r \in \mathbb{R} : 0 \leq r \leq 1\}$ ist, die jedem *Ereignis* $A \subseteq \Omega$ eine *Wahrscheinlichkeit* für das Eintreten von A zuordnet. Man nennt $\mathbb{P}$ daher eine *Wahrscheinlichkeitsfunktion*. Die intuitive Vorstellung für die „Wahrscheinlichkeit", dass ein bestimmtes Phänomen eintritt bzw. nicht eintritt, kann durch sehr einfache Axiome festgeschrieben werden. Diese Axiome orientieren sich an Eigenschaften von *relativen Häufigkeiten*, von denen die *Additivität als Mengenfunktion* die wesentlichste ist. Die grundlegendsten Eigenschaften eines solchen Modells werden in Abschnitt 5.1 behandelt.

Wie jeder weiß, treten zufällige Experimente häufig in Form von Glücksspielen auf, wo jedes *Elementarereignis* die gleiche Wahrscheinlichkeit hat. Es handelt sich dabei um sog. *Laplace-Modelle*, welche in Abschnitt 5.2 studiert werden. Dort werden wir anhand der grundlegenden vier *Kugel-Modelle* unsere Kenntnisse aus der Kombinatorik anwenden können; bei Laplace-Modellen reduziert sich nämlich die Berechnung von Wahrscheinlichkeiten auf das Abzählen aller *günstiger* versus aller prinzipiell *möglicher* Ergebnisse des zugrunde liegenden Experimentes.

Bei manchen Experimenten liegt kein Laplace-Modell direkt zugrunde, weshalb die Berechnung von Wahrscheinlichkeiten schwieriger ist. Häufig kann man sich aber vorstellen, dass ein Laplace-Modell im Hintergrund wirkt und dass die Kopplung zum eigentlichen Experiment als eine *Transformation* durch eine sog. *Zufallsvariable* beschrieben wird. Formal ist eine solche Zufallsvariable eine Abbildung zwischen den beiden Ergebnisräumen (vom Hintergrundmodell in das eigentliche Modell), welches durch Betrachtung der Urbilder eine Überführung der Wahrscheinlichkeitsfunktion des eigentlichen Modells in die einfach zu handhabende Wahrscheinlichkeitsfunktion des Laplace-Modells im Hintergrund nach sich zieht. Die Beschreibung von Zufallsvariablen und der zugehörigen *induzierten Wahrscheinlichkeitsfunktion* sind Ziel von Abschnitt 5.3.

Die Untersuchung *mehrstufiger Experimente*, wobei das Ergebnis einer vorhergehenden Stufe die Wahrscheinlichkeitsverteilung für eine nachfolgende Stufe beeinflussen kann, ist Thema von Abschnitt 5.4. Solche Experimente beschreibt man durch Baumdiagramme und durch sog. *bedingte Wahrscheinlichkeiten*. In diesem Zusammenhang werden wir die für Anwendungen wichtigen Formeln von der *totalen Wahrscheinlichkeit* und von *Bayes* kennenlernen. Als Anwendung diskutieren wir in diesem Zusammenhang die *Spezifität* und die *Sensitivität* eines medizinischen Tests, wobei ebenfalls die Begriffe *a priori*- und *a posteriori*-Wahrscheinlichkeiten zur Sprache kommen.

Die *stochastische Unabhängigkeit* (Abschnitt 5.5) ist ein grundlegendes Prinzip, mit dem man bei Gültigkeit sehr einfach die Wahrscheinlichkeit des Schnittes zweier Ereignisse als das Produkt der Wahrscheinlichkeiten der einzelnen Ereignisse berechnen kann. Diese Unabhängigkeit liegt typischerweise bei identischen Versuchsreihen ein und desselben Experimentes vor. Die stochastische Unabhängigkeit ist daher auch für das asymptotische Verhalten zufälliger Größen von enormer Wichtigkeit.

Mit dem *Erwartungswert* und der *Varianz* werden wir in Abschnitt 5.6 dann die wichtigsten Kenngrößen einer Zufallsvariablen einführen und deren Gesetzmäßigkeiten herleiten, welche insbesondere beim Studium von Summen unabhängiger Zufallsvariablen immer wieder zum Einsatz kommen.

Mit der *Binomialverteilung* werden wir in Abschnitt 5.7 eine wichtige Klasse von Verteilungen kennenlernen, zu deren Beschreibung im Wesentlichen die Binomialkoeffizienten und der Binomialsatz aus dem letzten Kapitel herangezogen werden. Die Binomialverteilung liegt z. B. dem Grundmodell des gestörten Nachrichtenkanals bei fehlerkorrigierenden Codes (Kapitel 7) zugrunde.

Für Informatiker ist es wichtig zu wissen, dass stochastische Methoden insbesondere in Verbindung mit Algorithmen auftreten, nämlich bei der *probabilistischen* bzw. *Average-Case-Analyse* (hierbei werden mittlere Laufzeiten unter der Annahme zufällig verteilter Eingaben errechnet) sowie bei *randomisierten Algorithmen*, deren Verlauf im Gegensatz zu *deterministischen Algorithmen* zu gewissen Graden selbst vom Zufall abhängen. Des Weiteren ist die *Erzeugung von Zufallszahlen* von grundlegender Bedeutung für Simulationen.

Einen sehr guten Einstieg in die Stochastik vermittelt das Buch von Henze [27]. Als weiterführendes Buch sei Irle [28] genannt. Die Bücher von Dümbgen [15] und Mathar und Pfeifer [41] sowie Pflug [45] wenden sich insbesondere an Informatiker.

5 Diskrete Wahrscheinlichkeitsrechnung

Lernziele

- die Grundbegriffe der Wahrscheinlichkeitsrechnung: Ergebnisraum, Ereignisse, Wahrscheinlichkeitsfunktion, relative Häufigkeiten
- Laplace-Modelle und die vier grundlegenden Kugel-Modelle
- der Umgang mit Zufallsvariablen und deren induzierten Wahrscheinlichkeitsfunktion, insbesondere das Rechnen mit Urbildern von Abbildungen
- die Modellierung von mehrstufigen Experimenten, insbesondere der Umgang mit bedingten Wahrscheinlichkeiten sowie der Unabhängigkeit von Ereignissen bzw. von Zufallsvariablen
- Erwartungswert und Varianz von Zufallsvariablen, deren Gesetzmäßigkeiten und Berechnung
- der Aufbau von Binomialverteilungen aus einfachen $0 - 1$-Experimenten und deren Gesetzmäßigkeiten

5.1 Grundbegriffe der Wahrscheinlichkeitsrechnung

Die Aufgabe der Wahrscheinlichkeitstheorie besteht in der Entwicklung mathematischer Modelle, mit denen man Aspekte von Experimenten mit zufälligem Ausgang beschreiben kann. Die drei Grundkomponenten eines jeden solchen Modells sind der **Ergebnisraum**, die **Ereignisse** und eine **Wahrscheinlichkeitsfunktion**.

A Der Ergebnisraum Das erste Objekt innerhalb einer solchen Beschreibung ist der sog. Ergebnisraum (bzw. **Grundraum**), den wir mit Ω bezeichnen wollen. Es handelt sich dabei meist um die Menge aller möglichen Ergebnisse des Experimentes. Hierzu einige Beispiele:

- Münzwurf: $\Omega = \{\text{Kopf}, \text{Zahl}\}$

- Würfeln: $\Omega = \{1, 2, 3, 4, 5, 6\}$

- Ziehen einer Spielkarte:
  $\Omega = \{\diamondsuit, \heartsuit, \spadesuit, \clubsuit\} \times \{7, 8, 9, 10, \text{Bube}, \text{Dame}, \text{König}, \text{Ass}\}$

- so lange würfeln, bis erstmals die Augenzahl „6" erscheint:
  $\Omega = \{1, 2, 3, 4, \ldots\} = \mathbb{N}^*$

- Drehen eines Zeigers auf einer Scheibe:
  $\Omega = \{\omega \in \mathbb{R} : 0 \leq \omega < 2\pi\}$, parametrisiert durch den Winkel (im Bogenmaß), den der Zeiger mit der positiven x-Achse einnimmt.

5.1 Grundbegriffe der Wahrscheinlichkeitsrechnung

Diese Beispiele zeigen, dass der Ergebnisraum Ω von recht vielfältiger Natur sein kann: **endlich**, **abzählbar unendlich** oder gar **überabzählbar** (bzw. **kontinuierlich**). Je nach Beschaffenheit von Ω unterscheidet man daher zwischen

1. **diskreter Wahrscheinlichkeitsrechnung** sowie

2. **kontinuierlicher Wahrscheinlichkeitsrechnung**

Bei der diskreten Wahrscheinlichkeitsrechnung unterscheidet man weiter:

1a. Entweder ist Ω endlich, also $|\Omega| = n$ für ein $n \in \mathbb{N}^*$,

1b. oder Ω ist abzählbar unendlich, also $|\Omega| = |\mathbb{N}|$.

Bei der kontinuierlichen Wahrscheinlichkeitsrechnung ist Ω hingegen überabzählbar unendlich, also etwa $\Omega = \mathbb{R}$. Entsprechend dieser Unterscheidung benötigt man in den jeweiligen Kategorien recht unterschiedliche mathematische Methoden, im Wesentlichen

1a. die Kombinatorik (Kapitel 4) – bei endlichem Ω,

1b. das Rechnen mit Reihen (Kapitel 16) – bei abzählbar unendlichem Ω,

2. die Differential- und Integralrechnung (Kapitel 18, 19) – bei überabzählbar unendlichem Ω.

Wir beschränken uns in diesem Kapitel im Wesentlichen auf den kombinatorischen Teil der Wahrscheinlichkeitsrechnung. Allerdings sind viele der grundlegenden Definitionen auch allgemein brauchbar und werden später bisweilen auch in allgemeinerer Form verwendet.

B Ereignisse Neben dem Ergebnisraum Ω spielen auch die Teilmengen von Ω eine zentrale Rolle. Jede Teilmenge A von Ω heißt ein Ereignis. In der Notation zur Beschreibung von Zufallsexperimenten hat es sich eingebürgert, ein Ereignis mit seinen charakteristischen Eigenschaften gleichzusetzen. Bezogen auf die eingangs von Abschnitt A genannten Beispiele für Ω haben wir etwa folgende Ereignisse:

- $B = $ „Augenzahl beim Würfeln ist gerade" für $B = \{2, 4, 6\}$

- $C = $ „gezogene Spielkarte ist eine rote Zahl" für $C = \{\diamondsuit, \heartsuit\} \times \{7, 8, 9, 10\}$

- $D = $ „mindestens 9, höchstens 20 Würfe bis erstmals eine ‚6' erscheint" für $D = \{9, 10, \ldots, 20\}$

- $E = $ „Zeiger steht bei Drehscheibe in der oberen Hälfte" für $E = \{\omega \in \mathbb{R}: 0 < \omega \leq \pi\}$

Ist $\omega \in \Omega$, so heißt die einelementige Menge $\{\omega\}$ bzw. ω selbst ein **Elementarereignis**. Ist $A \subseteq \Omega$ und $\omega \in \Omega$ das Ergebnis (der Ausgang) des Experimentes, so sagt man „Ereignis A tritt ein", falls $\omega \in A$, bzw. „Ereignis A tritt nicht ein", falls $\omega \notin A$.

Die Menge aller Ereignisse ist $\mathcal{P}(\Omega)$, die Potenzmenge von Ω. Bei unendlichem, insbesondere bei überabzählbarem Ω ist das Mengensystem $\mathcal{P}(\Omega)$ dermaßen mächtig und entsprechend unüberschaubar, dass man sich in diesen Fällen auf geeignete Teilsysteme (sog. σ-**Algebren**, siehe etwa [28]) von $\mathcal{P}(\Omega)$ einschränkt. Diesen Ansatz werden wir hier aber nicht weiter verfolgen. Wichtig ist in diesem Zusammenhang das Rechnen mit Mengen wie in Kapitel 1 dargelegt, Stichwort: Boole'sche Mengenalgebra.

C Was versteht man unter einer Wahrscheinlichkeit? Neben „Ergebnisraum" und „Ereignis" kommen wir abschließend zum dritten zentralen Grundbegriff der Wahrscheinlichkeitsrechnung, nämlich der „Wahrscheinlichkeit". Was versteht man unter der Wahrscheinlichkeit, dass ein Ereignis $A \subseteq \Omega$ eintritt oder nicht? Man denke sich dazu, dass ein Experiment sehr oft (sagen wir n-mal) **unabhängig**, d. h. mit jeweils gleichen Versuchsbedingungen, durchgeführt werde. Dabei trete das Ereignis A genau $H_n(A)$-mal ein. Dann ist $H_n(A)$ die **absolute Häufigkeit** des Eintretens von A, während der Quotient $\rho_n(A) := \frac{H_n(A)}{n}$ die **relative Häufigkeit** des Eintretens von A beschreibt. Betrachten wir hierzu einige numerische Beispiele.

1. Eine Münze werde 1000-mal hintereinander geworfen; es komme 510-mal „Zahl" vor. Die relative Häufigkeit für „Zahl" ist dann $\frac{510}{1000} > \frac{1}{2}$.

2. Ein Würfel werde 12000-mal hintereinander geworfen:

Augenzahl	1	2	3	4	5	6
absolute Häufigkeit	2049	1991	2101	1956	2009	1894

   Die relative Häufigkeit des Eintretens von Augenzahl „6" ist dann

   $$\frac{1894}{12000} = 0,158\overline{3} < 0,1\overline{6} = \frac{1}{6}.$$

3. Ein Reißnagel werde 300-mal hintereinander geworfen. Davon trete das Ereignis „Spitze" genau 124-mal auf, während das Ereignis „Kopf" genau 176-mal auftrete. Die relative Häufigkeit für „Spitze" ist demnach $\frac{124}{300} = 0{,}413$.

Die relative Häufigkeit des Eintretens eines Ereignisses A ist nun intuitiv das, was man sich gemeinhin unter der Wahrscheinlichkeit von A vorstellt, wenn man die Versuchskette hinreichend lange durchführen würde. Es sei aber gleich gesagt (und die obigen Beispiele mögen dies belegen), dass dies viel zu vage ist, um es als Definition akzeptieren zu können! Sicherlich würde keiner auf die Idee kommen, die Wahrscheinlichkeit für „Zahl" beim Münzwurf als $\frac{51}{100}$ anzusetzen. Selbst wenn der Versuchsumfang n sehr

5.1 Grundbegriffe der Wahrscheinlichkeitsrechnung

groß ist, so könnte es im Extremfall passieren, dass A nie eintritt; bei einer anderen Durchführung der Versuchsreihe tritt A möglicherweise immer ein – die absolute und die relative Häufigkeit des Eintretens eines Ereignisses A hängen in der Regel nämlich selbst vom Zufall ab!

Mathematisch geht man daher so vor, dass man den Begriff der „Wahrscheinlichkeit" **axiomatisch** anhand einfacher Gesetzmäßigkeiten festmacht, welche von den relativen Häufigkeiten bei der Durchführung von n gleichen und unabhängigen Experimenten erfüllt werden. Mit Methoden der Analysis kann das sog. **schwache Gesetz der großen Zahlen** (siehe Abschnitt 17.7) bewiesen werden, wonach sich im Rahmen unabhängiger Versuchsketten die relativen Häufigkeiten asymptotisch (bei wachsendem Versuchsumfang n) in der Tat gegen einen Wert stabilisieren, der intuitiv der Wahrscheinlichkeit des entsprechenden Ereignisses entspricht.

Offensichtlich gelten bzgl. einem Ergebnisraum Ω und beliebigen Ereignissen A, A_1, $A_2 \subseteq \Omega$ die folgenden **Eigenschaften von Häufigkeiten**.

1. **Normiertheit**: $0 \leq \rho_n(A) \leq 1$ bzw. $0 \leq H_n(A) \leq n$

2. Für das **sicheres Ereignis** Ω gilt $\rho_n(\Omega) = 1$.

3. Für das **unmögliches Ereignis** $\emptyset$ gilt $\rho_n(\emptyset) = 0$.

4. **Additivität**: Ist $A_1 \cap A_2 = \emptyset$, sind also A_1 und A_2 disjunkte Ereignisse, so gilt $\rho_n(A_1 \dot\cup A_2) = \rho_n(A_1) + \rho_n(A_2)$.

Daher wird man zur Beschreibung eines zufälligen Experimentes jedem Ereignis eine Maßzahl aus dem Intervall

$$[0,1] := \{r \in \mathbb{R} : 0 \leq r \leq 1\}$$

zuordnen, die unsere Erwartungshaltung gegenüber der relativen Häufigkeit des Eintretens dieses Ereignisses im Rahmen eines hinreichend oft wiederholten Experimentes widerspiegelt. Das sichere Ereignis Ω tritt stets ein und hat die Wahrscheinlichkeit 1 verdient. Das unmögliche Ereignis $\emptyset$ tritt nie ein und bekommt daher die Wahrscheinlichkeit 0. Ist ein Ereignis A disjunkte Vereinigung von Ereignissen A_1 und A_2, so ist die Wahrscheinlichkeit von A gleich der Summe der Wahrscheinlichkeiten von A_1 und A_2. Diese minimalen Anforderungen genügen bereits für eine sinnvolle Definition, anhand der zumindest die endliche Wahrscheinlichkeitsrechnung aufgebaut werden kann. Die Notation $\mathbb{P}$ steht dabei für das englische Wort **probability**.

5 Diskrete Wahrscheinlichkeitsrechnung

Definition 5.1.1 Es sei Ω eine endliche Menge. Eine Abbildung

$$\mathbb{P}\colon \mathcal{P}(\Omega) \to [0,1]$$

von der Potenzmenge von Ω in das Intervall $[0,1]$ heißt eine **Wahrscheinlichkeitsfunktion**, falls die folgenden drei Eigenschaften erfüllt sind.

(1) $\mathbb{P}(\Omega) = 1$

(2) $\mathbb{P}(\emptyset) = 0$

(3) die Additivität: $\mathbb{P}(A \mathbin{\dot\cup} B) = \mathbb{P}(A) + \mathbb{P}(B)$ für je zwei disjunkte Teilmengen A, B von Ω.

Das Paar $(\Omega, \mathbb{P})$ nennt man einen **Wahrscheinlichkeitsraum**.

D Grundregeln für das Arbeiten mit Wahrscheinlichkeitsräumen Wir wollen die wichtigsten Konsequenzen dieser Definition zusammenfassen und erhalten dabei grundlegende Rechengesetze für Wahrscheinlichkeitsräume. Als Dreh- und Angelpunkt erweist sich dabei die Additivitäts-Eigenschaft, i. e. das dritte Axiom in ▶Definition 5.1.1. Wir wollen daher zunächst lediglich annehmen, dass $\mathbb{P}$ eine solche sog. **additive Mengenfunktion** von $\mathcal{P}(\Omega)$ nach $\mathbb{R}$ ist.

Der Leser wird bemerken, dass die folgenden Gesetzmäßigkeiten bereits früher bei der Betrachtung des Mächtigkeitsoperators $|\cdot|$ aufgetreten sind, welcher einer endlichen Menge X ihre Mächtigkeit $|X|$ zuordnet. Das liegt einfach daran, dass es sich bei $|\cdot|$ ebenfalls um eine additive Mengenfunktion handelt.

1. Sind $A_1, \ldots, A_n$ paarweise disjunkte Teilmengen von Ω (also $A_i \cap A_j = \emptyset$ für $i \neq j$), so folgt mit Induktion (über n) leicht

$$\mathbb{P}\left(\bigcup_{i=1}^n A_i\right) = \sum_{i=1}^n \mathbb{P}(A_i).$$

Es handelt sich hierbei um eine Verallgemeinerung der Summenregel auf additive Mengenfunktionen.

2. Insbesondere ist dann $\mathbb{P}(A) = \sum_{\omega \in A} \mathbb{P}(\omega)$, wobei $\mathbb{P}(\omega) := \mathbb{P}(\{\omega\})$ die zum Elementarereignis ω gehörende **Elementarwahrscheinlichkeit** ist (man beachte, dass wir Ω zunächst als endlich vorausgesetzt haben, weshalb die hier auftretenden Summen wirklich endlich sind).

Alternativ zur ▶Definition 5.1.1 kann man daher eine Wahrscheinlichkeitsfunktion $\mathbb{P}$ zunächst als Abbildung von Ω nach $[0,1]$ auffassen, die dann durch $\mathbb{P}(\emptyset) := 0$ und

$\mathbb{P}(\Omega) := 1$ sowie $\mathbb{P}(A) := \sum_{\omega \in A} \mathbb{P}(\omega)$ als Funktion von $\mathcal{P}(\Omega) \to [0, 1]$ interpretiert wird. Denn über die Zerlegung eines Ereignisses A in seine Elementarereignisse und die Summierung der Elementarwahrscheinlichkeiten ist $\mathbb{P}$ dann auf der Potenzmenge von Ω definiert und verhält sich additiv bei der Vereinigung zweier beliebiger disjunkter Ereignisse.

3. Ist $A \subseteq B$, so gilt $\mathbb{P}(B \setminus A) = \mathbb{P}(B) - \mathbb{P}(A)$, denn die beiden Mengen A und $B \setminus A$ bilden eine Partition von B, weshalb $\mathbb{P}(B) = \mathbb{P}(A) + \mathbb{P}(B \setminus A)$ ist. Falls also $\mathbb{P}$ in die nichtnegativen reellen Zahlen abbildet (was definitionsgemäß von Wahrscheinlichkeitsfunktionen erfüllt wird), so gilt insbesondere $\mathbb{P}(A) \leq \mathbb{P}(B)$ in diesem Fall.

   Sind A und B beides beliebige Ereignisse, so gilt wegen $B \setminus A = B \setminus A \cap B$ und $A \cap B \subseteq B$ dann allgemeiner $\mathbb{P}(B \setminus A) = \mathbb{P}(B) - \mathbb{P}(A \cap B)$.

4. Ist $A^c = \Omega \setminus A$ das Komplement von A (relativ zu Ω), so gilt speziell $\mathbb{P}(A^c) = \mathbb{P}(\Omega) - \mathbb{P}(A)$. Ist weiter speziell $A = \emptyset$ die leere Menge, so ergibt sich wegen $A^c = \Omega$ dann unmittelbar $\mathbb{P}(A) = \mathbb{P}(\Omega) - \mathbb{P}(A^c) = \mathbb{P}(\Omega) - \mathbb{P}(\Omega) = 0$, sodass das zweite Axiom in ▶Definition 5.1.1 eine Konsequenz aus der Additivität ist, und daher nicht unbedingt extra gefordert werden müsste. Mit dem ersten Axiom, nämlich $\mathbb{P}(\Omega) = 1$, und mit einem allgemeinen $A \subseteq \Omega$ gilt schließlich $\mathbb{P}(A^c) = 1 - \mathbb{P}(A)$.

Wir wollen nun noch die Vereinigung allgemeiner (also nicht notwendigerweise disjunkter) Ereignisse betrachten, und gehen dazu einmal mehr von einer allgemeinen additiven Mengenfunktion $\mathbb{P}$ von $\mathcal{P}(\Omega)$ nach $\mathbb{R}$ aus.

5. Sind A_1 und A_2 allgemeine Teilmengen von Ω, so gilt
$$\mathbb{P}(A_1 \cup A_2) = \mathbb{P}(A_1) + \mathbb{P}(A_2) - \mathbb{P}(A_1 \cap A_2),$$
   denn: Die drei Mengen $A_1 \setminus A_2$ und $A_2 \setminus A_1$ sowie $A_1 \cap A_2$ bilden eine disjunkte Zerlegung von $A_1 \cup A_2$, sodass $\mathbb{P}(A_1 \cup A_2) = \mathbb{P}(A_1 \setminus A_2) + \mathbb{P}(A_2 \setminus A_1) + \mathbb{P}(A_1 \cap A_2)$ ist. Weiter ist $\mathbb{P}(A_1 \setminus A_2) = \mathbb{P}(A_1) - \mathbb{P}(A_1 \cap A_2)$ und ebenso $\mathbb{P}(A_2 \setminus A_1) = \mathbb{P}(A_2) - \mathbb{P}(A_1 \cap A_2)$, woraus insgesamt die Formel folgt.

6. Hierbei handelt es sich um eine Verallgemeinerung von Punkt 5. Die Wahrscheinlichkeit für die Vereinigung $A_1 \cup \ldots \cup A_n$ von n beliebigen Ereignissen ist gleich
$$\mathbb{P}\left(\bigcup_{i=1}^n A_i\right) = \sum_{\substack{I : I \subseteq \{1, \ldots, n\}, \\ I \neq \emptyset}} (-1)^{1+|I|} \cdot \mathbb{P}\left(\bigcap_{i \in I} A_i\right).$$

Es handelt sich hierbei gleichermaßen um eine Verallgemeinerung der in Abschnitt 4.4 behandelten Inklusions-Exklusions-Formel (4.4.1). Letztere wurde für die additive Mengenfunktion $|\cdot|$, die jeder endlichen Menge ihre Mächtigkeit zuordnet, bewiesen. Die Argumentation des ersten Beweises der Inklusions-Exklusions-Formel lässt sich aber unmittelbar auf beliebige additive Mengenfunktionen, insbesondere auf Wahrscheinlichkeitsfunktionen verallgemeinern, weshalb wir hier auf eine nochmalige Ausführung der Argumente verzichten.

5.2 Laplace-Modelle und vier Kugel-Modelle

A Was ist ein Laplace-Modell? Bei vielen Experimenten (Glücksspielen) wünscht man sich (bzw. wird unterstellt), dass jedes Elementarereignis mit gleicher Wahrscheinlichkeit auftreten soll, weshalb es sich dann um sog. „faire" Spiele handelt. Dazu muss Ω endlich sein. In der Tat erwartet man bei einer fairen Münze, dass die Häufigkeiten von „Kopf" bzw. „Zahl" innerhalb einer langen Versuchsreihe ungefähr gleich sind. Die ideale Wahrscheinlichkeitsfunktion wäre in diesem Fall durch

$$\mathbb{P}(\text{Kopf}) = \mathbb{P}(\text{Zahl}) = \frac{1}{2}$$

definiert. Bei einem „fairen" Würfel erwartet man entsprechend, dass die Häufigkeiten des Auftretens einer jeden Zahl $i \in \{1, 2, 3, 4, 5, 6\}$ innerhalb einer langen Versuchsreihe ausgewogen sind, weshalb man hier $\mathbb{P}(i) = \frac{1}{6}$ für alle i wählt. Dies sind Beispiele, denen das sog. Laplace-Modell[1] zugrunde liegt.

> **Definition 5.2.1** Es seien Ω ein endlicher Ergebnisraum und $\mathbb{P}$ eine Wahrscheinlichkeitsfunktion. Dann nennt man das Paar $(\Omega, \mathbb{P})$ ein **Laplace-Modell**, falls für jedes Elementarereignis $\omega \in \Omega$ gilt:
>
> $$\mathbb{P}(\omega) = \frac{1}{|\Omega|}$$

Man spricht dann auch von **Laplace-Experimenten**.

> **Satz 5.2.2** Bei einem Laplace-Modell $(\Omega, \mathbb{P})$ gilt $\mathbb{P}(A) = \frac{|A|}{|\Omega|}$ für alle $A \subseteq \Omega$.

Beweis Dies ist eine Konsequenz aus der zweiten Bemerkung in Abschnitt 5.1-D, denn A ist disjunkte Vereinigung derjenigen Elementarereignisse $\{\omega\}$ mit ω aus A und daher folgt:

$$\mathbb{P}(A) = \sum_{\omega \in A} \mathbb{P}(\omega) = \sum_{\omega \in A} \frac{1}{|\Omega|} = \frac{|A|}{|\Omega|}.$$ ∎

---

[1] Pierre-Simon Laplace (1749–1827).

5.2 Laplace-Modelle und vier Kugel-Modelle

Umgangssprachlich wird das Phänomen aus ▶Satz 5.2.2 durch

$$\mathbb{P}(A) = \frac{\text{der Anzahl der für } A \text{ günstigen Fälle}}{\text{der Anzahl aller möglichen Fälle}}$$

beschrieben. Die Berechnung der Wahrscheinlichkeiten innerhalb eines Laplace-Modells ist damit auf die rein kombinatorische Aufgabe reduziert, die Mächtigkeit des Ergebnisraumes zu bestimmen und bei gegebenem A die Anzahl der günstigen Fälle abzuzählen.

Beispiel 5.2.3   Beim **Lottospiel „6 aus 49"** werden aus einer Menge von 49 Kugeln, die mit den Zahlen 1 bis 49 versehen sind, 6 Kugeln gezogen, und zwar nacheinander und ohne Zurücklegen. Anschließend werden die Kugeln in aufsteigender Nummerierung geordnet, wodurch die Reihenfolge ihres Ziehens hinfällig wird. Ein solches geordnetes 6-Tupel entspricht dann einem Elementarereignis beim Lotto, etwa

$$\omega = \text{„2, 3, 5, 7, 11, 13"}.$$

Beim Abzählen beachten wir nun, dass ein Elementarereignis aufgrund der Gleichgültigkeit der Reihenfolge auch einfach als Menge von sechs Zahlen aufgefasst werden kann ($\omega = \{2, 3, 5, 7, 11, 13\}$), während der Ergebnisraum dann der Menge aller 6-elementigen Teilmengen von $\{1, 2, \ldots, 49\}$ entspricht. Da es sich bei diesem Experiment um ein Laplace-Modell handelt (bzw. handeln sollte!), tritt jedes Elementarereignis mit der Wahrscheinlichkeit

$$\mathbb{P}(\omega) = \frac{1}{\binom{49}{6}} = \frac{6! \cdot 43!}{49!} = \frac{1}{13983816}$$

ein.

B Die vier grundlegenden Experimente als Kugel-Modelle   Bei der nun folgenden Betrachtung weiterer Zufallsexperimente behalten wir das Kugel-Modell bei, wonach aus einer Menge von n Kugeln (durchnummeriert von 1 bis n) zufällig m Kugeln gewählt werden. Neben den Parametern n und m unterscheiden sich die Experimente grundlegend je nachdem,

- ob die Reihenfolge des Ziehens
    - berücksichtigt oder
    - nicht berücksichtigt wird

- und ob die Kugeln nach jedem Ziehen
    - zurückgelegt oder
    - nicht zurückgelegt werden.

Insgesamt ergeben sich vier unterschiedliche Kategorien, die fast alle im Rahmen unserer früheren Ergebnisse aus Kapitel 4 behandelt werden können.

1. **Reihenfolge des Ziehens ist nicht relevant; Kugeln werden nicht zurückgelegt:**
   Dies entspricht (wie beim Lotto mit $m = 6$ und $n = 49$) der Wahl einer m-elementigen Teilmenge aus einer n-Menge (weshalb $m \leq n$ sein muss). Es gibt dazu genau $\binom{n}{m}$ Möglichkeiten (siehe ▶Definition 4.2.2 der Binomialkoeffizienten).

2. **Reihenfolge des Ziehens ist relevant; Kugeln werden zurückgelegt:**
   Ein Elementarereignis entspricht hier einfach einem m-Tupel über $\{1, 2, \ldots, n\}$ bzw. gleichbedeutend einer Abbildung von $\{1, 2, \ldots, m\}$ nach $\{1, 2, \ldots, n\}$ (weshalb m und n beliebig sein dürfen). Nach der Potenzregel (Abschnitt 4.1-D) gibt es dafür insgesamt n^m Möglichkeiten.

3. **Reihenfolge des Ziehens ist relevant; Kugeln werden nicht zurückgelegt:**
   Bei jedem Elementarereignis handelt es sich hier um ein m-Tupel über $\{1, 2, \ldots, n\}$ mit paarweise verschiedenen Komponenten bzw. gleichbedeutend um eine injektive Abbildung von $\{1, 2, \ldots, m\}$ nach $\{1, 2, \ldots, n\}$ (weshalb $m \leq n$ gelten muss). Nach ▶Satz 4.3.2 gibt es dafür genau $\frac{n!}{(n-m)!}$ Möglichkeiten.

4. **Reihenfolge des Ziehens ist nicht relevant; Kugeln werden zurückgelegt:**
   Auf dieses Experiment passt noch keines unserer bisherigen Ergebnisse, sodass hier noch etwas Arbeit investiert werden muss. Wir nehmen vorweg, dass m und n beliebig sein dürfen. Die Behauptung ist, dass es genau

$$\binom{n+m-1}{m}$$

   Elementarereignisse gibt.

Beweis der letzten Aussage im 4. Kugel-Modell

Das Ziehen mit Zurücklegen und Notieren der jeweiligen Nummern (Berücksichtigung der Reihenfolge) entspricht nach Modell 2 zunächst den Abbildungen von $\{1, 2, \ldots, m\}$ nach $\{1, 2, \ldots, n\}$. Da im vorliegenden Modell 4 nun die Reihenfolge der Zahlen keine Rolle mehr spielen soll, wird man sie durch Umsortieren in eine möglichst einfache Form bringen. Kanonisch ist sicher eine aufsteigende Reihenfolge. Eine solche geordnete Folge entspricht dann einer **monoton wachsenden** Abbildung f von $\{1, \ldots, m\}$ nach $\{1, 2, \ldots, n\}$; das ist eine Abbildung mit $f(i) \leq f(j)$ für $i \leq j$.

Im Unterschied zu Modell 1 handelt es sich hierbei deshalb nicht um Mengen, weil einzelne Zahlen mehrfach auftreten können und die Vielfachheit hier berücksichtigt werden muss; vielmehr liegen bei Modell 1 die **streng monoton wachsenden** Abbildungen G von $\{1, \ldots, m\}$ nach $\{1, 2, \ldots, n\}$ zugrunde, also Abbildungen mit $G(i) < G(j)$

für $i < j$. Zum Abzählen der monoton wachsenden Abbildungen von $\{1, 2, \ldots, m\}$ nach $\{1, 2, \ldots, n\}$ machen wir folgende Überlegungen:

- Aus jeder solchen monoton wachsenden Abbildung f erhält man durch

$$F: \{1, \ldots, m\} \to \{1, \ldots, n+m-1\}, \quad i \mapsto f(i) + i - 1$$

eine streng monoton wachsende Abbildung F von $\{1, \ldots, m\}$ nach $\{1, \ldots, n+m-1\}$, denn: Wegen $i \leq m$ und $f(i) \leq n$ ist zunächst $F(i) = f(i) + i - 1 \leq n + m - 1$. Ist $i < j$, so ist $f(i) \leq f(j)$ und daher

$$F(i) = f(i) + i - 1 \leq f(j) + i - 1 < f(j) + j - 1 = F(j).$$

Konkret kann man sich F als eine „Entzerrung" von f vorstellen, um gleiche Bilder zu unterscheiden, ohne die Monotonie zu verletzen. Mit $m = 4$ und $n = 7$ und $f = (2, 2, 6, 6)$ ist beispielsweise $F = (2, 3, 8, 9)$.

- Ist umgekehrt $G: \{1, \ldots, m\} \to \{1, \ldots, n + m - 1\}$ eine streng monoton wachsende Abbildung, so ist durch $g(i) := G(i) - i + 1$ eine Abbildung von $\{1, 2, \ldots, m\}$ nach $\{1, 2, \ldots, n\}$ definiert, denn aus $G(m) - G(i) \geq m - i$ und $G(m) \leq n + m - 1$ folgt

$$i \leq G(i) \leq n + m - 1 - (m - i) = n + i - 1$$

und daher $1 \leq g(i) \leq n$. Ferner ist diese Abbildung g monoton wachsend, denn aus $i < j$ folgt zunächst $G(j) - G(i) \geq j - i$ wegen der strengen Monotonie von G und daher unmittelbar

$$g(j) = G(j) - j + 1 \geq G(i) + j - i - j + 1 = G(i) - i + 1 = g(i).$$

Die beiden eben aufgezeigten Abbildungen $f \mapsto F$ und $G \mapsto g$ sind in der Tat Umkehrabbildungen zueinander. Die Überlegungen ergeben daher insgesamt, dass es sich um Bijektionen zwischen der Menge aller monoton wachsenden Abbildungen von $\{1, 2, \ldots, m\}$ nach $\{1, 2, \ldots, n\}$ und der Menge aller streng monoton wachsenden Abbildungen von $\{1, 2, \ldots, m\}$ nach $\{1, 2, \ldots, n + m - 1\}$ handelt. Letztere Menge entspricht aber, wie bei Modell 1 verwendet, den m-elementigen Teilmengen von $\{1, 2, \ldots, n + m - 1\}$. Unter Verwendung der Gleichmächtigkeitsregel (Abschnitt 4.1-B) ist damit die Behauptung über die Anzahl der Elementarereignisse beim vierten Kugel-Modell bewiesen.

C Die vier Kugel-Modelle nochmals im Überblick Es befinden sich n Kugeln in einer Urne; es werden m Kugeln gezogen. Je nach Unterscheidung gemäß Abschnitt B ergeben sich die folgenden vier Möglichkeiten für die Anzahl der möglichen Versuchsausgänge:

	Reihenfolge relevant	Reihenfolge nicht relevant
Kugel wird nicht zurückgelegt	Kugel-Modell 3 $\frac{n!}{(n-m)!}$, $m \leq n$	Kugel-Modell 1 $\binom{n}{m}$, $m \leq n$
Kugel wird zurückgelegt	Kugel-Modell 2 n^m	Kugel-Modell 4 $\binom{n+m-1}{m}$

Entsprechend ergibt sich in der Sprache der Abbildungen von einer m-Menge in eine n-Menge folgende Tabelle:

	Reihenfolge relevant	Reihenfolge nicht relevant
Kugel wird nicht zurückgelegt	Kugel-Modell 3 injektive Abbildungen	Kugel-Modell 1 streng monoton wachsende Abbildungen
Kugel wird zurückgelegt	Kugel-Modell 2 keine Einschränkung	Kugel-Modell 4 monoton wachsende Abbildung

5.3 Zufallsvariablen und induzierte Wahrscheinlichkeitsfunktionen

A **Laplace-Modelle im Hintergrund** Wir haben uns im letzten Abschnitt u. a. mit Laplace-Modellen beschäftigt. Diese spielen zwar einerseits bei vielen Zufallsexperimenten eine wichtige Rolle, allerdings muss darauf hingewiesen werden, dass beim Modellieren häufig Fehler unterlaufen, weil man fälschlicherweise ein Laplace-Modell unterstellt, obwohl gar keines zugrunde liegt. Wir wollen das in diesem Teilabschnitt anhand eines Beispiels demonstrieren und betrachten dazu das Experiment

„gleichzeitiges Werfen dreier nicht unterscheidbarer Würfel".

Zur Beschreibung der Elementarereignisse wird man nach einem Wurf die Augenzahlen in monoton aufsteigender Reihenfolge sortieren. Daher ergibt sich als Ergebnisraum die Menge

$$\Omega' = \{ijk : 1 \leq i \leq j \leq k \leq 6\}$$

5.3 Zufallsvariablen und induzierte Wahrscheinlichkeitsfunktionen

(mit vereinfachter Notation ijk statt (i, j, k) für die Elementarereignisse). Weiter passt hier das Kugel-Modell 4 (Ziehen mit Zurücklegen ohne Berücksichtigung der Reihenfolge), weshalb $|\Omega'| = \binom{6+3-1}{3} = \binom{8}{3} = 56$ ist. Es ist nun allerdings zu beachten, dass es hier unterschiedliche Kategorien von Elementarereignissen gibt! Die Wahrscheinlichkeitsfunktion $\mathbb{P}'$ ist nämlich, wie wir weiter unten gleich begründen werden, durch folgende Daten gegeben:

Elementarereignis vom Typ	Bereich	Anzahl dieser Ereignisse	Wahrscheinlichkeit
iii	$1 \leq i \leq 6$	6	$\frac{1}{216}$
ijj	$1 \leq i < j \leq 6$	$\binom{6}{2} = 15$	$\frac{3}{216}$
iij	$1 \leq i < j \leq 6$	$\binom{6}{2} = 15$	$\frac{3}{216}$
ijk	$1 \leq i < j < k \leq 6$	$\binom{6}{3} = 20$	$\frac{6}{216}$

In der Tat ergibt sich durch diese Aufteilung die Gesamtzahl aller Elementarereignisse zu $6 + 15 + 15 + 20 = 56$. Ist nun beispielsweise A das Ereignis „Augensumme ist gleich 10", so gilt
$$A = \{136, 145, 226, 235, 244, 334\}$$
und wir erhalten für die Wahrscheinlichkeit des Eintretens von A (nach obigem Muster, in der Reihenfolge innerhalb der Menge):
$$\mathbb{P}'(A) = \frac{6+6+3+6+3+3}{216} = \frac{27}{216} = \frac{1}{8} \neq \frac{6}{56} = \frac{|A|}{|\Omega'|}$$

Wie kommt man nun zur korrekten Wahrscheinlichkeitsfunktion für dieses Modell? Nun, um mit diesem Modell wirklich effektiv umgehen zu können, ist zu beachten, dass quasi im Hintergrund ein Laplace-Modell wirkt, nämlich

„dreifaches Werfen eines Würfels unter der Berücksichtigung der Reihenfolge",

was dem Kugel-Modell 2 des letzten Abschnitts entspricht. Wir wollen den entsprechenden Laplace-Raum mit $(\Omega, \mathbb{P})$ beschreiben. Es ist dann $|\Omega| = 6^3 = 216$, weshalb jedes Elementarereignis dort mit Wahrscheinlichkeit $\frac{1}{216}$ auftritt.

Ausgehend von diesem Hintergrund-Laplace-Modell $(\Omega, \mathbb{P})$ können wir uns das ursprüngliche und eigentliche Modell $(\Omega', \mathbb{P}')$ nun wie folgt vorstellen. Wir betrachten die Abbildung $\zeta: \Omega \to \Omega'$, die die Reihenfolge des 3-Tupels einfach vergisst und die einzelnen Wurfergebnisse monoton steigend sortiert. Beispielsweise ist $\zeta((1, 6, 2)) = 126$ und $\zeta((5, 1, 5)) = 155$. Diese Abbildung ζ induziert dann aber auch einen Zusammenhang zwischen den zugehörigen Wahrscheinlichkeitsfunktionen $\mathbb{P}$ und $\mathbb{P}'$. Es ist nämlich
$$\mathbb{P}'(\omega) = \mathbb{P}(\zeta^{-1}(\omega)) \quad \text{für jedes} \quad \omega \in \Omega',$$
wobei $\zeta^{-1}(\omega)$ die Urbildmenge von ω unter ζ bezeichnet. Beispielsweise ergibt sich $\mathbb{P}'(255) = \mathbb{P}(\{(2, 5, 5), (5, 2, 5), (5, 5, 2)\}) = \frac{3}{216}$. Allgemein gilt (mit vereinfachter Schreibweise uvw für $(u, v, w) \in \Omega$):

$$\mathbb{P}'(iii) = \mathbb{P}(\{iii\}) = 1/216 \text{ für } 1 \leq i \leq 6$$
$$\mathbb{P}'(iij) = \mathbb{P}(\{ijj, jij, jji\}) = 3/216 \text{ für } 1 \leq i < j \leq 6$$
$$\mathbb{P}'(iij) = \mathbb{P}(\{iij, iji, jii\}) = 3/216 \text{ für } 1 \leq i < j \leq 6$$
$$\mathbb{P}'(ijk) = \mathbb{P}(\{ijk, jik, ikj, kji, kij, jki\}) = 6/216 \text{ für } 1 \leq i < j < k \leq 6$$

Somit ergibt sich für ein allgemeines Ereignis $B \subseteq \Omega'$ dann

$$\mathbb{P}'(B) = \sum_{\omega \in B} \mathbb{P}'(\omega) = \sum_{\omega \in B} \mathbb{P}(\zeta^{-1}(\omega)) = \mathbb{P}(\zeta^{-1}(B)),$$

denn $\zeta^{-1}(B) = \{\alpha \in \Omega : \zeta(\alpha) \in B\}$ gemäß Definition von Urbildmengen – man beachte, dass die Urbildmengen $\zeta^{-1}(\omega)$ für $\omega \in B$ gerade eine Partition der Urbildmenge $\zeta^{-1}(B)$ liefern.

B Zufallsvariable und Transformation Die Abbildung ζ aus dem eben diskutierten Beispiel bewirkt also eine Transformation der Wahrscheinlichkeitsfunktion, die es (durch Betrachtung von Urbildern) ermöglicht, sich auf ein Laplace-Modell im Hintergrund zurückzuziehen, in dem man einfacher bzw. überhaupt rechnen kann. Abbildungen wie dieses ζ nennt man im Rahmen der Wahrscheinlichkeitsrechnung eine Zufallsvariable. Da dieser Begriff von grundlegender Bedeutung ist, wollen wir ihn anhand der folgenden Definition hervorheben.

Definition 5.3.1 Es sei $(\Omega, \mathbb{P})$ ein Wahrscheinlichkeitsraum. Unter einer **Zufallsvariablen** ζ versteht man einfach eine Abbildung $\zeta : \Omega \to M$. Dabei kann M eine beliebige Menge sein; häufig ist aber $M = \mathbb{R}$, weshalb man dann auch von einer **reellwertigen Zufallsvariablen** spricht.

Die durch eine Zufallsvariable induzierte Wahrscheinlichkeitsfunktion ist ebenfalls hervorzuheben.

Definition 5.3.2 Es sei $(\Omega, \mathbb{P})$ ein Wahrscheinlichkeitsraum und $\zeta : \Omega \to M$ sei eine Zufallsvariable. Ist $\Omega' = \{\zeta(\omega) : \omega \in \Omega\} = \text{Bild}(\zeta)$ das Bild von ζ, so ist die durch ζ **induzierte Wahrscheinlichkeitsfunktion** $\mathbb{P}_\zeta$ auf Ω' bzw. auf $\mathcal{P}(\Omega')$ definiert durch

$$\mathbb{P}_\zeta(X) := \mathbb{P}(\{\omega \in \Omega : \zeta(\omega) \in X\}) \quad \text{für } X \subseteq \Omega'. \tag{5.3.1}$$

Wegen $\{\omega \in \Omega : \zeta(\omega) \in X\} = \zeta^{-1}(X)$ gilt entsprechend $\mathbb{P}_\zeta(X) = \mathbb{P}(\zeta^{-1}(X))$.

5.3 Zufallsvariablen und induzierte Wahrscheinlichkeitsfunktionen

An dieser Stelle sollten wir uns überlegen, dass es sich bei der durch ζ induzierten „Wahrscheinlichkeitsfunktion" tatsächlich um eine Wahrscheinlichkeitsfunktion im Sinne von ▶Definition 5.1.1 handelt:

1. Es ist $\mathbb{P}_\zeta(\Omega') = \mathbb{P}(\zeta^{-1}(\Omega')) = \mathbb{P}(\Omega) = 1$.

2. Weiter ist $\mathbb{P}_\zeta(\emptyset) = \mathbb{P}(\zeta^{-1}(\emptyset)) = \mathbb{P}(\emptyset) = 0$.

3. Sind X und Y disjunkte Teilmengen von Ω', so sind auch die Urbildmengen $A := \zeta^{-1}(X)$ und $B := \zeta^{-1}(Y)$ disjunkt und überdies ist $\zeta^{-1}(X \cup Y) = A \cup B$, sodass $\mathbb{P}_\zeta(X \cup Y) = \mathbb{P}(A \cup B) = \mathbb{P}(A) + \mathbb{P}(B) = \mathbb{P}_\zeta(X) + \mathbb{P}_\zeta(Y)$ gilt.

Beispiel 5.3.3 Bei einem Experiment werden drei „faire" Würfel geworfen und als Ergebnis deren *Augensumme* notiert (siehe auch das Beispiel in Abschnitt A). Da die Augensumme mindestens 3 und höchstens gleich 18 ist, gilt $\Omega' = \{3, 4, \ldots, 18\}$ (in der Tat kann jeder Zwischenwert auftreten). Zur Beschreibung der zugehörigen Wahrscheinlichkeitsfunktion $\mathbb{P}'$ denken wir uns, dass die drei Würfel nacheinander geworfen wurden. Das muss nicht wirklich so der Fall gewesen sein; es könnte sich auch um farblich gekennzeichnete Würfel handeln, die gleichzeitig geworfen wurden und dann gemäß Farbe in eine entsprechende Reihenfolge gebracht werden. Wichtig ist lediglich, dass es sich hierbei um ein Laplace-Modell im Hintergrund handelt, mit dem wir unser eigentliches Modell per Transformation effektiv und vor allem korrekt beschreiben können.

Der Ergebnisraum des Laplace-Modells im Hintergrund ist in jedem Fall $\Omega = \{1, 2, 3, 4, 5, 6\}^3$. Entsprechend gilt mit der zugehörigen Laplace-Wahrscheinlichkeitsfunktion $\mathbb{P}$ dann $\mathbb{P}((i, j, k)) = \frac{1}{216}$ für jedes Tripel (i, j, k) aus Ω.

Die Kopplung des Hintergrundmodells mit dem eigentlichen Modell wird nun durch die Zufallsvariable $\zeta : \Omega \to \Omega'$ beschrieben, wobei

$$\zeta: \{1, 2, 3, 4, 5, 6\}^3 \to \{3, 4, \ldots, 18\}, \quad (i, j, k) \mapsto i + j + k.$$

Die gesuchte Wahrscheinlichkeitsfunktion $\mathbb{P}'$ ist dann die durch ζ induzierte, weshalb wir nun $\mathbb{P}_\zeta$ statt $\mathbb{P}'$ schreiben. Beispielsweise ist die Wahrscheinlichkeit für das Elementarereignis $A := $ „Augensumme gleich 10" dann

$$\mathbb{P}_\zeta(A) = \mathbb{P}_\zeta(10) = \mathbb{P}(\zeta^{-1}(10)) = \frac{|\zeta^{-1}(10)|}{|\Omega|} = \frac{|\zeta^{-1}(10)|}{216},$$

sodass sich die Berechnung von $\mathbb{P}'(10)$ auf das Abzählen der Urbildmenge $\zeta^{-1}(10)$ reduziert. Hier ist

$$\zeta^{-1}(10) = \{136, 145, 154, 163, 226, 235, 244, 253, 262, 316, 325, 334, 343, 352$$
$$361, 415, 424, 433, 442, 451, 514, 523, 532, 541, 613, 622, 631\},$$

wobei wir der Einfachheit halber wieder (i, j, k) mit ijk abgekürzt haben. Also ist die gesuchte Wahrscheinlichkeit $\mathbb{P}'(A)$ gleich $\frac{27}{216} = \frac{1}{8}$. ∎

Die Verwendung von Zufallsvariablen ermöglicht es insbesondere, Ergebnisse von zufälligen Experimenten als numerische Daten aufzufassen. So kann man die Ergebnisse eines Münzwurfs über eine Bijektion stets als 0 oder 1 notieren. Oft sind die erhoben Daten bereits Zahlen (wie etwa beim Würfeln), was dann einfach durch die identische Abbildung als Zufallsvariable beschrieben werden kann.

C **Schreibweisen beim Umgang mit Zufallsvariablen** Wir wollen an dieser Stelle auf die in der Wahrscheinlichkeitstheorie üblichen vereinfachten Schreibweisen eingehen. Beim häufigen Arbeiten mit Zufallsvariablen wird der (meist im Hintergrund stehende) Grundraum Ω (und dessen Elemente) weniger hervorgehoben, weil lediglich die messbaren Funktionswerte einer zugrunde liegenden Zufallsvariablen ζ von Interesse sind. So hatte in ▶Beispiel 5.3.3 der Laplace-Raum $(\Omega, \mathbb{P})$ lediglich Modellcharakter. Dieser Sachverhalt schlägt sich innerhalb der Wahrscheinlichkeitstheorie in einer vereinfachten (auf den ersten Blick etwas merkwürdigen) Schreibweise nieder. So notiert man, ausgehend von $(\Omega, \mathbb{P})$ und ζ, noch einfacher

$$\mathbb{P}(\zeta \in X) \quad \text{statt} \quad \mathbb{P}(\zeta^{-1}(X)).$$

Insgesamt haben wir deshalb nunmehr folgende Kette von Synonymen:

$$\mathbb{P}(\zeta \in X) = \mathbb{P}(\zeta^{-1}(X)) = \mathbb{P}(\{\omega \in \Omega : \zeta(\omega) \in X\}) = \mathbb{P}_\zeta(X) \tag{5.3.2}$$

Ist $y \in \text{Bild}(\zeta)$, so schreibt man $\mathbb{P}(\zeta = y)$ statt $\mathbb{P}(\zeta \in \{y\})$. Daher ergibt sich entsprechend

$$\mathbb{P}(\zeta = y) = \mathbb{P}(\zeta^{-1}(y)) = \mathbb{P}\left(\{\omega \in \Omega : \zeta(\omega) = y\}\right) = \mathbb{P}_\zeta(y). \tag{5.3.3}$$

D **Indikatorvariablen und relative Häufigkeiten** Wir wollen abschließend noch eine elementare und wichtige Klasse von Zufallsvariablen erwähnen, nämlich die Indikatorvariablen.

> **Definition 5.3.4** Die zu einer Teilmenge A eines Grundraumes Ω gehörende **Indikatorvariable** ist die Zufallsvariable 1_A, definiert durch
>
> $$1_A : \Omega \to \{0, 1\}, \quad \omega \mapsto \begin{cases} 1, & \text{falls } \omega \in A \\ 0, & \text{andernfalls.} \end{cases}$$

Ausgehend vom Wahrscheinlichkeitsraum $(\Omega, \mathbb{P})$ gilt für eine Indikatorvariable 1_A daher

$$\mathbb{P}(1_A = 1) = \mathbb{P}(A) \quad \text{und} \quad \mathbb{P}(1_A = 0) = 1 - \mathbb{P}(A) = \mathbb{P}(A^c). \tag{5.3.4}$$

Bei n-facher unabhängiger und gleicher Durchführung eines Experimentes mit Wahrscheinlichkeitsraum $(\Omega, \mathbb{P})$ notiert man als Gesamtergebnis am Ende ein Elementarereignis ω aus dem Produktraum Ω^n, dem n-Tupelraum über Ω. Für jedes $i = 1, \ldots, n$

beschreibt dann die Komponente ω_i von ω den Ausgang des i-ten Teilexperimentes. Mit $A \subseteq \Omega$ ist somit durch

$$\zeta_A : \Omega^n \to \mathbb{R}, \quad (\omega_1, \ldots, \omega_n) \mapsto \frac{1}{n} \sum_{i=1}^n 1_A(\omega_i) \tag{5.3.5}$$

eine Zufallsvariable erklärt. Diese beschreibt gerade die relative Häufigkeit $\rho_n(A)$ des Eintretens von A bei dieser n-fachen Versuchsreihe. Daran sieht man, dass (wie in Abschnitt 5.1-C erwähnt) die relative Häufigkeit des Eintretens eines Ereignisses eine spezielle Zufallsvariable ist.

5.4 Mehrstufige Experimente und bedingte Wahrscheinlichkeiten

A Was versteht man unter einer bedingten Wahrscheinlichkeit? In diesem Abschnitt wollen wir uns mit bedingten Wahrscheinlichkeiten befassen. Diese treten typischerweise bei Experimenten auf, die aus mehreren hintereinandergeschalteten (nicht notwendigerweise unabhängigen) Stufen bestehen.

> **Definition 5.4.1** Wir gehen von einem Wahrscheinlichkeitsraum $(\Omega, \mathbb{P})$ aus. Ist $B \subseteq \Omega$ ein Ereignis mit $\mathbb{P}(B) > 0$, so ist durch $\mathbb{P}(A|B) := \frac{\mathbb{P}(A \cap B)}{\mathbb{P}(B)}$ eine Abbildung
>
> $$\mathbb{P}(\cdot|B) : \mathcal{P}(\Omega) \to [0,1], \quad A \mapsto \frac{\mathbb{P}(A \cap B)}{\mathbb{P}(B)}$$
>
> definiert, deren Einschränkung auf $\mathcal{P}(B)$ (welche ebenfalls mit $\mathbb{P}(\cdot|B)$ bezeichnet wird) zusammen mit B einen Wahrscheinlichkeitsraum $(B, \mathbb{P}(\cdot|B))$ ergibt.
>
> Man nennt $\mathbb{P}(A|B)$ die **bedingte Wahrscheinlichkeit des Ereignisses A gegeben B**, während $(B, \mathbb{P}(\cdot|B))$ der **bedingte Wahrscheinlichkeitsraum gegeben B** heißt.

Mitunter wird sich die Wahrscheinlichkeit von A durch eine gegebene Zusatzbedingung B ändern, was einer zusätzlichen Information gleichkommt. Der Nachweis, dass es sich bei $\mathbb{P}(\cdot|B)$ tatsächlich um eine Wahrscheinlichkeitsfunktion handelt, sei als Übung gestellt. Ferner beachte man, dass $(B, \mathbb{P}(\cdot|B))$ ein Laplace-Modell ist, wenn $(\Omega, \mathbb{P})$ ein Laplace-Modell ist, denn

$$\mathbb{P}(A|B) = \frac{\mathbb{P}(A \cap B)}{\mathbb{P}(B)} = \frac{\frac{|A \cap B|}{|\Omega|}}{\frac{|B|}{|\Omega|}} = \frac{|A \cap B|}{|B|}.$$

Bedingte Wahrscheinlichkeiten liefern insbesondere eine Möglichkeit zur Berechnung der **Wahrscheinlichkeit für den Durchschnitt von Ereignissen**, denn aus der Definition ergibt sich durch

$$\mathbb{P}(A|B) \cdot \mathbb{P}(B) = \mathbb{P}(A \cap B) \tag{5.4.1}$$

sofort eine Formel für die Wahrscheinlichkeit, dass die beiden Ereignisse A und B gleichermaßen eingetreten sind.

B **Zwei Beispiele für den Umgang mit bedingten Wahrscheinlichkeiten** Wir wollen uns anhand von zwei Beispielen die Beschreibung **mehrstufiger Experimente** verdeutlichen.

Beispiel 5.4.2 In einer Urne mögen vier grüne, drei blaue und eine schwarze Kugel, also insgesamt 8 Kugeln liegen. Die Wahrscheinlichkeit, eine beliebige Kugel zu ziehen, sei jeweils $\frac{1}{8}$ (Laplace-Experiment). Ein mehrstufiges Experiment bestehe nun darin, nacheinander zwei Kugeln ohne Zurücklegen zu ziehen. Es seien A und B die folgendermaßen definierten Ereignisse:

$$A := \text{„die zweite Kugel ist grün"}$$
$$B := \text{„die erste Kugel ist blau"}$$

Das sog. bedingte Ereignis $A|B$ lautet dann „die zweite Kugel ist grün unter der Voraussetzung, dass die erste Kugel blau gewesen ist". Wenn also nach dem ersten Ziehen das Ereignis B eingetreten ist, so liegen in der Urne noch vier grüne, zwei blaue und eine schwarze Kugel. Demnach ist (Laplace-Experiment vor dem zweiten Ziehen) $\mathbb{P}(A|B) = \frac{4}{7}$. Wegen $\mathbb{P}(B) = \frac{3}{8}$ ergibt sich wegen (5.4.1) sodann

$$\mathbb{P}(A \cap B) = \frac{4}{7} \cdot \frac{3}{8} = \frac{3}{14}.$$

Beispiel 5.4.3 Die Anzahl und die Art der Kugeln sei die gleiche wie in ▶Beispiel 5.4.2. Wir ziehen nun nacheinander drei Kugeln ohne Zurücklegen. Wie groß ist dann die Wahrscheinlichkeit für das Ereignis

$$X := \text{„erste Kugel blau und zweite Kugel schwarz und dritte Kugel grün"?}$$

Mit $U := $ „erste Kugel blau" und $V := $ „zweite Kugel schwarz" sowie $W := $ „dritte Kugel grün" ist also $\mathbb{P}(U \cap V \cap W)$ gesucht. Nun ist $\mathbb{P}(U) = \frac{3}{8} > 0$ und $\mathbb{P}(V|U) = \frac{1}{7}$, sodass $\mathbb{P}(U \cap V) = \frac{1}{7} \cdot \frac{3}{8} = \frac{3}{56}$, also größer als null ist. Ferner ist $\mathbb{P}(W|U \cap V)$ gleich $\frac{2}{3}$, denn nach Eintreten des Ereignisses $U \cap V$ liegen in der Urne noch vier grüne und zwei blaue Kugeln, wodurch das Ereignis U dann in vier von sechs Fällen eintritt.

Aus der Gleichung $\mathbb{P}(W|U \cap V) = \frac{\mathbb{P}(U \cap V \cap W)}{\mathbb{P}(U \cap V)}$ erhalten wir sodann

$$\mathbb{P}(U \cap V \cap W) = \mathbb{P}(W|U \cap V) \cdot \mathbb{P}(U \cap V)$$
$$= \mathbb{P}(W|U \cap V) \cdot \mathbb{P}(V|U) \cdot \mathbb{P}(U),$$

was gleich $\frac{3}{8} \cdot \frac{1}{7} \cdot \frac{2}{3} = \frac{1}{28}$ ist.

5.4 Mehrstufige Experimente und bedingte Wahrscheinlichkeiten

Man kann diese Vorgehensweise in offensichtlicher Weise für allgemeine mehrstufige Experimente ausbauen und anschaulich die einzelnen Wahrscheinlichkeiten durch Verfolgung der Pfade eines entsprechenden Baumes ablesen, siehe auch das Beispiel in Abschnitt E.

C Die Formel von der totalen Wahrscheinlichkeit Bedingte Wahrscheinlichkeiten werden häufig zur Berechnung von Wahrscheinlichkeiten komplizierter Ereignisse verwendet, wobei man sich der sog. Formel von der totalen Wahrscheinlichkeit bedient. Diese lautet wie folgt:

Satz 5.4.4 Es sei $(\Omega, \mathbb{P})$ ein Wahrscheinlichkeitsraum und $A \subseteq \Omega$ ein Ereignis. Dann gilt, ausgehend von einer Zerlegung $B_1, \ldots, B_m$ von Ω mit $\mathbb{P}(B_i) > 0$ für alle i, die Formel
$$\mathbb{P}(A) = \sum_{i=1}^{m} \mathbb{P}(A|B_i) \cdot \mathbb{P}(B_i).$$

Beweis Da $B_1, \ldots, B_m$ eine Zerlegung von Ω ist, bilden die jeweiligen Schnittmengen $A \cap B_1, \ldots, A \cap B_m$ eine Zerlegung von A und daher folgt $\mathbb{P}(A) = \sum_{i=1}^{m} \mathbb{P}(A \cap B_i)$ aufgrund der Additivität von $\mathbb{P}$. Die Behauptung ergibt sich nun wegen $\mathbb{P}(A \cap B_i) = \mathbb{P}(B_i) \cdot \mathbb{P}(A|B_i)$ für alle i. ∎

Betrachten wir dazu ein Beispiel. In unserem Experiment aus ▶Beispiel 5.4.2 ist A das Ereignis, als Zweites eine grüne Kugel zu ziehen. Wir wollen die Wahrscheinlichkeit von A berechnen.

Mit $B_1 := $ „erste Kugel blau" und $B_2 := $ „erste Kugel schwarz" und $B_3 := $ „erste Kugel grün" erhalten wir eine Partition von Ω mit $\mathbb{P}(B_1) = \frac{3}{8}$ und $\mathbb{P}(B_2) = \frac{1}{8}$ sowie $\mathbb{P}(B_3) = \frac{1}{2}$. Also ergibt sich nach ▶Satz 5.4.4 wegen $\mathbb{P}(A|B_1) = \frac{4}{7}$ und $\mathbb{P}(A|B_2) = \frac{4}{7}$ und $\mathbb{P}(A|B_3) = \frac{3}{7}$ dann
$$\mathbb{P}(A) = \frac{3}{8} \cdot \frac{4}{7} + \frac{1}{8} \cdot \frac{4}{7} + \frac{1}{2} \cdot \frac{3}{7} = \frac{1}{2}.$$

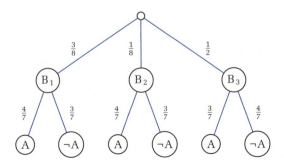

D Die Formel von Bayes Ist der Praxis will man häufig nach Beobachtung eines Ereignisses (also einer **Wirkung**, etwa einem Krankheitssymptom) Rückschlüsse auf eine mögliche **Ursache** ziehen. Nehmen wir dazu nochmals das Experiment aus ▶Beispiel 5.4.2 her (mit B_i wie im obigen Beispiel zu ▶Satz 5.4.4). Annahme, wir ziehen die zweite Kugel aus der Urne (Ergebnis sei grün), ohne zu wissen, was als Erstes gezogen wurde. Dann ist man an den Wahrscheinlichkeiten $\mathbb{P}(B_i|A)$ der möglichen Ursachen gegeben A interessiert. Welche der Ursachen B_i ist wahrscheinlicher? Die nun folgende Formel von Bayes[2] zeigt, wie man diese berechnen kann.

Satz 5.4.5 Es sei $B_1, \ldots, B_m$ eine Zerlegung des Ergebnisraumes Ω mit $\mathbb{P}(B_i) > 0$ für alle i und $A \subseteq \Omega$ sei ein Ereignis mit $\mathbb{P}(A) > 0$. Dann gilt für alle $i = 1, \ldots, m$:

$$\mathbb{P}(B_i|A) = \frac{\mathbb{P}(B_i) \cdot \mathbb{P}(A|B_i)}{\sum_{j=1}^{m} \mathbb{P}(B_j) \cdot \mathbb{P}(A|B_j)}$$

Beweis Es ist

$$\mathbb{P}(B_i|A) = \frac{\mathbb{P}(A \cap B_i)}{\mathbb{P}(A)} = \frac{\mathbb{P}(A|B_i) \cdot \mathbb{P}(B_i)}{\mathbb{P}(A)}.$$

Einsetzen der Formel für die totale Wahrscheinlichkeit für $\mathbb{P}(A)$ im Nenner liefert dann die Behauptung. ∎

Bei unserem Experiment in ▶Beispiel 5.4.2 (siehe auch das Ende von Paragraph C) ist

$$\mathbb{P}(B_2|A) = \frac{\frac{1}{8} \cdot \frac{4}{7}}{\frac{1}{2}} = \frac{1}{7},$$

während $\mathbb{P}(B_1|A) = \frac{3}{7}$ und $\mathbb{P}(B_3|A) = \frac{3}{7}$ sind. Für das Ereignis A, dass die zweite Kugel grün ist, ist die Ursache B_2, dass die erste Kugel schwarz ist, demnach unwahrscheinlicher als B_1 oder B_3 (erste Kugel blau oder erste Kugel grün). Man wird in der Praxis also das „Symptom" A auf eine der „Krankheiten" B_1 oder B_3 zurückführen (und entsprechende Maßnahmen einleiten).

Es sei bemerkt, dass die Formel von Bayes mit $\mathbb{P}(A|B_i) := 0$ richtig bleibt, wenn eines der $\mathbb{P}(B_i) = 0$ sein sollte.

E Ein Beispiel aus der Medizin Wir betrachten einen medizinischen Test, der zur Feststellung einer bestimmten Krankheit durchgeführt wird. Ist der Befund positiv, so geht man davon aus, dass die Krankheit vorliegt; ist der Befund hingegen negativ, so geht man davon aus, dass die Krankheit nicht vorliegt. Prinzipiell kann nun jeder der vier folgenden Fälle A, B, C, D auftreten:

---

[2] Thomas Bayes (1702–1761).

5.4 Mehrstufige Experimente und bedingte Wahrscheinlichkeiten

	Patient krank	Patient gesund
Befund positiv	A	B
Befund negativ	C	D

Und prinzipiell können dabei also zwei Fehler auftreten: Im Falle B nennt man den Befund **falsch positiv**, weil eine Krankheit diagnostiziert wurde, obwohl der Patient gesund ist. Im Falle C nennt man den Befund **falsch negativ**, weil keine Krankheit diagnostiziert wurde, obwohl der Patient krank ist. Die Verlässlichkeit bzw. die Güte des Testes wird nun anhand zweier Größen gemessen.

1. Die **Spezifität eines Testes** ist die Wahrscheinlichkeit p_{sp}, dass eine gesunde Person (richtigerweise) als gesund diagnostiziert wird (Fall D).

2. Die **Sensitivität des Testes** ist hingegen die Wahrscheinlichkeit p_{se}, dass eine kranke Person (richtigerweise) als krank diagnostiziert wird (Fall A).

Betrachten wir den konkreten Fall einer Krebsdiagnose. Abkürzend seien K = „krank" und + = „Befund positiv" sowie K^c = „nicht krank" und − = „Befund negativ". Der Test habe eine (recht hohe) Sensitivität von 0,96 und eine (ebenfalls recht hohe) Spezifität von 0,94. Eine Person unterzieht sich dem Test. Annahme, der Befund ist positiv. Wie groß ist dann die Wahrscheinlichkeit, dass die Person dann tatsächlich krank ist?

Um dies quantitativ untersuchen zu können, sind zuerst die sog. **a priori-Wahrscheinlichkeiten** festzulegen: Ist $0 < q < 1$ und liegt (vereinfacht gesehen) die Krankheit bei $100q$ Prozent aller Menschen (einer bestimmten Risikogruppe) vor, so beschreiben $\mathbb{P}(K) = q$ die Wahrscheinlichkeit überhaupt zu erkranken und $\mathbb{P}(K^c) = 1 - q$ die Wahrscheinlichkeit nicht zu erkranken. Die beiden Größen $\mathbb{P}(K)$ und $\mathbb{P}(K^c)$ nennt man in diesem Zusammenhang die a priori-Wahrscheinlichkeiten. Wir kennen nun die Sensitivität und die Spezifität des Testes. Es handelt sich dabei um bedingte Wahrscheinlichkeiten, nämlich $p_{se} = \mathbb{P}(+|K) = 0{,}96$ und $p_{sp} = \mathbb{P}(-|K^c) = 0{,}94$.

In der Situation des Patienten, bei dem der Test einen positiven Befund ergab, ist man nun an der Wahrscheinlichkeit $\mathbb{P}(K|+)$ interessiert, nämlich wirklich krank zu sein unter der Annahme, dass der Befund positiv war. Mit der Formel von Bayes erhält man bzgl. der Zerlegung K und K^c der Grundmenge (das sind alle Personen einer bestimmten Risikogruppe) dann

$$\mathbb{P}(K|+) = \frac{\mathbb{P}(K) \cdot \mathbb{P}(+|K)}{\mathbb{P}(K) \cdot \mathbb{P}(+|K) + \mathbb{P}(K^c) \cdot \mathbb{P}(+|K^c)} = \frac{q \cdot p_{se}}{q \cdot p_{se} + (1-q)(1-p_{sp})}.$$

Das gesuchte Ergebnis hängt also ganz wesentlich (wie sollte es auch anders sein) von der a priori-Wahrscheinlichkeit q ab.

Nehmen wir nun an, dass die Person einer Risikogruppe angehört, deren q (aufgrund vieler statistischer Erfahrungswerte) auf 1/145 geschätzt wird. Dann errechnet man

$$\mathbb{P}(K|+) = \frac{1}{10},$$

also ein relativ geringer Wert, weshalb trotz der Güte des Tests bei dem Patient noch kein Grund zur Panik bestehen müsste!

Ergänzend ist noch zu bemerken, dass man Größen wie $\mathbb{P}(+|K)$ und $\mathbb{P}(+|K^c)$ als **a posteriori-Wahrscheinlichkeiten** bezeichnet.

5.5 Stochastische Unabhängigkeit

A **Die stochastische Unabhängigkeit zweier Ereignisse** Wir kommen in diesem Abschnitt mit der (stochastischen) Unabhängigkeit zu einem weiteren zentralen Begriff der Wahrscheinlichkeitstheorie. Ausgehend von einem Wahrscheinlichkeitsraum $(\Omega, \mathbb{P})$ betrachten wir zunächst zwei Ereignisse A und B. Ist die bedingte Wahrscheinlichkeit $\mathbb{P}(A|B)$ gleich A, so nimmt das Ereignis B offenbar keinen wahrscheinlichkeitstheoretischen Einfluss auf das Ereignis A. Wegen $\mathbb{P}(A|B) = \frac{\mathbb{P}(A \cap B)}{\mathbb{P}(B)}$ bedeutet das dann $\mathbb{P}(A \cap B) = \mathbb{P}(A) \cdot \mathbb{P}(B)$. Entsprechend gilt dann aber auch

$$\mathbb{P}(B|A) = \frac{\mathbb{P}(A \cap B)}{\mathbb{P}(A)} = \frac{\mathbb{P}(A) \cdot \mathbb{P}(B)}{\mathbb{P}(A)} = \mathbb{P}(B),$$

weshalb das Ereignis A gleichfalls keinen wahrscheinlichkeitstheoretischen Einfluss auf das Ereignis B ausübt. Wir haben bei den eben durchgeführten Berechnungen unterstellt, dass $\mathbb{P}(A) \neq 0 \neq \mathbb{P}(B)$ gilt. Die folgende Definition schließt aber auch diese Randfälle mit ein.

> **Definition 5.5.1** Es sei $(\Omega, \mathbb{P})$ ein Wahrscheinlichkeitsraum. Zwei Ereignisse A und B heißen **(stochastisch) unabhängig**, falls $\mathbb{P}(A \cap B) = \mathbb{P}(A) \cdot \mathbb{P}(B)$ gilt.

Ist $\mathbb{P}(A) = 0$ oder $\mathbb{P}(B) = 0$, so sind die Ereignisse A und B stets unabhängig. Bei $\mathbb{P}(B) > 0$ ist (wie oben gesehen) die Unabhängigkeit von A und B gleichbedeutend mit $\mathbb{P}(A|B) = \mathbb{P}(A)$, entsprechend ist dazu auch $\mathbb{P}(B|A) = \mathbb{P}(B)$ äquivalent, wenn $\mathbb{P}(A) > 0$ ist. Das erklärt den Begriff „unabhängig", weil ja die Wahrscheinlichkeit für das Eintreten von A bzw. B trotz Vorgeschichte (B ist eingetreten bzw. A ist eingetreten) unverändert bleibt.

Die stochastische Unabhängigkeit tritt typischerweise bei mehrfacher Durchführung von einem Experiment mit jeweils gleichen Versuchsbedingungen auf. Man denke dabei an das Ziehen von Kugel mit Zurücklegen oder das mehrfache Werfen eines Würfels.

B **Stochastische Unabhängigkeit bei mehreren Ereignissen** Man dehnt den Unabhängigkeitsbegriff wie folgt auf mehrere Ereignisse aus.

> **Definition 5.5.2** Es sei $(\Omega, \mathbb{P})$ ein Wahrscheinlichkeitsraum. Dann heißen die Ereignisse $A_1, \ldots, A_m$ **unabhängig**, falls für jede nichtleere Teilmenge I der Indexmenge $\{1, 2, \ldots, m\}$ gilt
> $$\mathbb{P}\left(\bigcap_{i \in I} A_i\right) = \prod_{i \in I} \mathbb{P}(A_i).$$

Es muss erwähnt werden, dass die Unabhängigkeit mehrerer Ereignisse nicht unbedingt durch die paarweise Unabhängigkeit von je zwei Ereignissen impliziert wird. Dazu betrachte man beispielsweise ein Laplace-Modell mit $|\Omega| = 4$, etwa das Werfen zweier unterschiedlicher Münzen oder das Ziehen einer Kugel aus einer Urne mit vier unterscheidbaren Kugeln. Der Einfachheit halber sei $\Omega = \{1, 2, 3, 4\}$. Mit $A_1 = \{1, 2\}$ und $A_2 = \{1, 3\}$ und $A_3 = \{1, 4\}$ gilt dann $\mathbb{P}(A_i) = \frac{1}{2}$ (für jedes i) sowie $\mathbb{P}(A_i \cap A_j) = \frac{1}{4} = \mathbb{P}(A_i) \cdot \mathbb{P}(A_j)$ (für $i \neq j$), also die paarweise Unabhängigkeit von je zwei dieser drei Ereignisse. Es ist aber $\mathbb{P}(A_1 \cap A_2 \cap A_3) = \mathbb{P}(\{1\}) = \frac{1}{4} \neq \frac{1}{8} = \mathbb{P}(A_1) \cdot \mathbb{P}(A_2) \cdot \mathbb{P}(A_3)$, sodass insgesamt bei A_1, A_2 und A_3 keine Unabhängigkeit vorliegt.

C **Die Unabhängigkeit zweier Zufallsvariablen** Der Unabhängigkeitsbegriff wird auch bei Zufallsvariablen verwendet. Ausgehend von einem Wahrscheinlichkeitsraum $(\Omega, \mathbb{P})$ heißen zwei Zufallsvariablen $\alpha \colon \Omega \to M$ und $\beta \colon \Omega \to M$ **unabhängig**, falls für alle Teilmengen A von Bild(α) und B von Bild(β) die Unabhängigkeit erfüllt ist, falls also stets
$$\mathbb{P}(\alpha \in A, \beta \in B) = \mathbb{P}(\alpha \in A) \cdot \mathbb{P}(\beta \in B)$$
gilt. Dies wird auch entsprechend auf endlich viele Zufallsvariablen ausgedehnt.

5.6 Erwartungswert und Varianz

A **Der Erwartungswert einer Zufallsvariablen** Zu den wichtigsten charakteristischen Größen einer reellwertigen Zufallsvariable zählen der Erwartungswert und die Varianz. Die Definition und grundlegende Eigenschaften dieser beiden Größen bilden das Hauptthema in diesem Abschnitt. Wir beginnen mit der Definition des Erwartungswertes.

5 Diskrete Wahrscheinlichkeitsrechnung

Definition 5.6.1 Es sei $(\Omega, \mathbb{P})$ ein (endlicher) Wahrscheinlichkeitsraum und $\zeta \colon \Omega \to \mathbb{R}$ sei eine Zufallsvariable. Dann heißt die Zahl

$$\mathbb{E}(\zeta) := \sum_{y \in \mathrm{Bild}(\zeta)} y \cdot \mathbb{P}_\zeta(y)$$

der **Erwartungswert** von ζ. Häufig wird der Erwartungswert mit dem griechischen Buchstaben μ abgekürzt.

Gilt beispielsweise $\mathbb{P}_\zeta(x) = \frac{1}{|\mathrm{Bild}(\zeta)|}$ für jedes x, liegt also mit $(\mathrm{Bild}(\zeta), \mathbb{P}_\zeta)$ ein Laplace-Raum vor, so spricht man auch von einer **Gleichverteilung** bzw. einer **gleichverteilten Zufallsvariable**. In diesem Fall ist der Erwartungswert gleich

$$\frac{1}{|\mathrm{Bild}(\zeta)|} \cdot \sum_{y \in \mathrm{Bild}(\zeta)} y,$$

also gleich dem **arithmetischen Mittelwert** aller möglichen Ausgangswerte. Beim „fairen" Würfel ergibt sich beispielsweise der Erwartungswert $\frac{1}{6} \cdot (1 + 2 + 3 + 4 + 5 + 6) = \frac{7}{2}$. Beim „fairen" Münzwurf erhält man $\frac{1}{2} \cdot (0 + 1) = \frac{1}{2}$ als Erwartungswert.

Bei allgemeinen Zufallsvariablen ζ handelt es sich beim Erwartungswert um ein **durch die Wahrscheinlichkeitsfunktion $\mathbb{P}_\zeta$ gewichtetes Mittel**. Man kann sich daher den Erwartungswert als einen **Schwerpunkt** vorstellen.

Beispiel 5.6.2 Bei einem Gewinnspiel mit Einsatz 400 Euro wird viermal hintereinander eine Münze geworfen. Tritt viermal „Zahl" auf, so erhält man als Gewinn 2000 Euro; tritt genau dreimal Zahl auf, so erhält man als Gewinn 1000 Euro; bei allen anderen Ergebnissen erhält man keinen Gewinn. Lohnt sich dieses Gewinnspiel?

Wir modellieren der Einfachheit halber die Ereignisse „Zahl" mit „0" und „Kopf" mit „1", sodass der zugrunde liegende Grundraum Ω gleich $\{0, 1\}^4$ ist. Beim Wahrscheinlichkeitsraum $(\Omega, \mathbb{P})$ handelt es sich um ein Laplace-Experiment mit $\mathbb{P}(\omega) = \frac{1}{16}$ für jedes $\omega \in \Omega$. Im Hinblick auf die auszuzahlenden Gewinne bzw. den zu erleidenden Verlust beim Spiel führen wir die Zufallsvariable $\zeta \colon \Omega \to \mathbb{R}$ ein mit

$$\zeta(\omega) = \begin{cases} 2000 - 400 = 1600, & \text{falls } \omega = 0000 \\ 1000 - 400 = 600, & \text{falls } \omega \in \{1000, 0100, 0010, 0001\} \\ -400, & \text{in allen verbleibenden Fällen.} \end{cases}$$

Die Frage, ob sich das Gewinnspiel lohnt, wird durch die Größe des Erwartungswertes von ζ beantwortet. Gilt nämlich $\mathbb{E}(\zeta) > 0$, so ist im Mittel ein Gewinn zu erwarten, weshalb sich das Spielen lohnt; ist hingegen $\mathbb{E}(\zeta) < 0$, so tritt im Mittel ein Verlust auf und das Spiel lohnt sich nicht. Zur Berechnung von $\mathbb{E}(\zeta)$ ist zu beachten, dass das Bild von ζ gleich $\{-400, 600, 1600\}$ ist. Sodann ergibt sich gemäß Definition des Erwartungswertes

$$\mathbb{E}(\zeta) = -400 \cdot \mathbb{P}_\zeta(-400) + 600 \cdot \mathbb{P}_\zeta(600) + 1600 \cdot \mathbb{P}_\zeta(1600).$$

Nun ist $\mathbb{P}_\zeta(1600) = \mathbb{P}(0000) = \frac{1}{16}$ und $\mathbb{P}_\zeta(600) = \mathbb{P}(\{1000, 0100, 0010, 0001\}) = \frac{4}{16}$ sowie $\mathbb{P}_\zeta(-400) = \mathbb{P}(\text{„verbleibende Fälle"}) = \frac{16-5}{16} = \frac{11}{16}$. Einsetzen liefert somit

$$\mathbb{E}(\zeta) = \frac{-400 \cdot 11 + 600 \cdot 4 + 1600 \cdot 1}{16} = -25,$$

weshalb sich das „Gewinn"spiel nicht lohnt. ∎

B Eine alternative Formel zur Berechnung des Erwartungswertes Betrachten wir nochmals die Definition des Erwartungswertes einer Zufallsvariablen ζ. Es handelt sich dabei um einen Mittelwert, der durch die von ζ induzierte Wahrscheinlichkeitsfunktion $\mathbb{P}_\zeta$ gewichtet wird. Dieser lässt sich aber auch durch die auf dem Definitionsbereich von ζ definierte Wahrscheinlichkeitsfunktion $\mathbb{P}$ ausdrücken: Berücksichtigt man den Grundraum $(\Omega, \mathbb{P})$, so ergibt sich mit

$$\mathbb{E}(\zeta) = \sum_{\omega \in \Omega} \zeta(\omega) \mathbb{P}(\omega) \tag{5.6.1}$$

eine alternative Formel für den Erwartungswert von ζ. Um dies einzusehen, erinnere man sich daran, dass zunächst $\mathbb{P}_\zeta(y) = \mathbb{P}(\zeta = y) = \mathbb{P}(\zeta^{-1}(y))$ ist und dass $\mathbb{P}(\zeta^{-1}(y)) = \sum_{\omega \in \zeta^{-1}(y)} \mathbb{P}(\omega)$ gilt. Also erhält man

$$\mathbb{E}(\zeta) = \sum_{y \in \text{Bild}(\zeta)} y \cdot \left(\sum_{\omega \in \zeta^{-1}(y)} \mathbb{P}(\omega) \right).$$

Zieht man den Faktor y in die zweite Summe und beachtet man, dass $\zeta(\omega)$ für $\omega \in \zeta^{-1}(y)$ gerade gleich y ist, so ist dies gleich

$$\sum_{y \in \text{Bild}(\zeta)} \sum_{\omega \in \zeta^{-1}(y)} y \cdot \mathbb{P}(\omega) = \sum_{y \in \text{Bild}(\zeta)} \sum_{\omega \in \zeta^{-1}(y)} \zeta(\omega) \cdot \mathbb{P}(\omega).$$

Da weiter die Urbildmengen $\zeta^{-1}(y)$ für $y \in \text{Bild}(\zeta)$ eine Zerlegung des Grundraumes Ω bilden, können diese beiden Summen zu einer Summe mit gesamten Indexbereich Ω zusammengefasst werden, was die gewünschte Formel (5.6.1) liefert.

C Die Varianz einer Zufallsvariablen Wir kommen nun zur Varianz einer Zufallsvariablen.

> **Definition 5.6.3** Es sei $(\Omega, \mathbb{P})$ ein (endlicher) Wahrscheinlichkeitsraum und $\zeta \colon \Omega \to \mathbb{R}$ sei eine Zufallsvariable mit Erwartungswert $\mu = \mathbb{E}(\zeta)$. Dann heißt die Zahl
> $$\operatorname{Var}(\zeta) := \mathbb{E}((\zeta - \mu)^2)$$
> die **Varianz** von ζ. Die Quadratwurzel $\sigma := \sqrt{\operatorname{Var}(\zeta)}$ aus der Varianz heißt **Streuung** bzw. **Standardabweichung** von ζ.

Zur Definition der Varianz ist zunächst zu bemerken, dass mit ζ auch die Abbildung

$$\phi \colon \Omega \to \mathbb{R}, \quad \omega \mapsto (\zeta(\omega) - \mu)^2$$

eine Zufallsvariable ist, was sich in der Kurzschreibweise $\phi = (\zeta - \mu)^2$ niederschlägt. Der Erwartungswert dieser Zufallsvariablen ϕ ist nun gerade die Varianz von ζ. Nutzt man diesen Sachverhalt aus, so erhält man aus der Formel für den Erwartungswert letztendlich die folgende weitere Formel für die Varianz.

> **Satz 5.6.4** Sind $(\Omega, \mathbb{P})$ ein (endlicher) Wahrscheinlichkeitsraum und $\zeta \colon \Omega \to \mathbb{R}$ eine Zufallsvariable mit Erwartungswert $\mu = \mathbb{E}(\zeta)$, so gilt
> $$\operatorname{Var}(\zeta) = \sum_{y \in \operatorname{Bild}(\zeta)} (y - \mu)^2 \cdot \mathbb{P}_\zeta(y).$$

Beweis Es sei wieder $\phi = (\zeta - \mu)^2$. Diese Variable kann als Verkettung von Funktionen geschrieben werden, nämlich als $\phi = f \circ \zeta$ mit $f(y) := (y - \mu)^2$. Weiter ist nach Abschnitt B:

$$\operatorname{Var}(\zeta) = \mathbb{E}(\phi) = \sum_{\omega \in \Omega} \phi(\omega) \cdot \mathbb{P}(\omega) = \sum_{\omega \in \Omega} (\zeta(\omega) - \mu)^2 \cdot \mathbb{P}(\omega)$$

Zerlegt man Ω in die Urbilder von ζ, so ergibt sich

$$\operatorname{Var}(\zeta) = \sum_{y \in \operatorname{Bild}(\zeta)} \sum_{\omega \in \zeta^{-1}(y)} (\zeta(\omega) - \mu)^2 \cdot \mathbb{P}(\omega) = \sum_{y \in \operatorname{Bild}(\zeta)} \sum_{\omega \in \zeta^{-1}(y)} (y - \mu)^2 \cdot \mathbb{P}(\omega)$$
$$= \sum_{y \in \operatorname{Bild}(\zeta)} (y - \mu)^2 \sum_{\omega \in \zeta^{-1}(y)} \mathbb{P}(\omega).$$

Wegen $\sum_{\omega \in \zeta^{-1}(y)} \mathbb{P}(\omega) = \mathbb{P}(\zeta = y) = \mathbb{P}_\zeta(y)$ folgt die Behauptung. ∎

Gemäß Definition ist die Varianz einer Zufallsvariablen ζ stets nicht negativ. Die Varianz beschreibt die **mittlere quadratische Abweichung** der Variablen um ihren Erwartungswert und gibt damit an, wie stark die effektiven Werte der Variablen um den Erwartungswert fluktuieren können. Entsprechend erklärt sich der Begriff der „Streuung" bzw. Standardabweichung für $\sigma = \sqrt{\operatorname{Var}(\zeta)}$. Beim „fairen" Würfeln beträgt die Varianz beispielsweise

$$\sum_{y=1}^{6}\left(y-\frac{7}{2}\right)^{2}\cdot\frac{1}{6}=\frac{35}{12}.$$

D **Die wichtigsten Gesetzmäßigkeiten beim Bilden von Erwartungswerten** Wir kommen nun zu den wichtigsten Eigenschaften der Erwartungswertbildung. Diese sind die „Linearität" sowie die „Multiplikativität bei Unabhängigkeit".

Satz 5.6.5 **Linearität des Erwartungswertes**

Ausgehend von einem endlichen Wahrscheinlichkeitsraum $(\Omega, \mathbb{P})$ seien $\zeta: \Omega \to \mathbb{R}$ und $\eta: \Omega \to \mathbb{R}$ zwei Zufallsvariable. Ferner sei $a \in \mathbb{R}$ eine konstante Größe. Dann gelten:

(1) $\mathbb{E}(\zeta + \eta) = \mathbb{E}(\zeta) + \mathbb{E}(\eta)$

(2) $\mathbb{E}(a \cdot \zeta) = a \cdot \mathbb{E}(\zeta)$

Beweis Es ist zunächst zu bemerken, dass die Summe der Zufallsvariablen $\zeta + \eta$ *punktweise* definiert ist durch $[\zeta + \eta](\omega) := \zeta(\omega) + \eta(\omega)$. Ferner ist mit $a \in \mathbb{R}$ das Objekt $a \cdot \zeta$ ebenfalls punktweise definiert als die Abbildung $a \cdot \zeta: \Omega \to \mathbb{R}$, $\omega \mapsto a \cdot \zeta(\omega)$. Insofern handelt es sich bei $\zeta + \eta$ und bei $a \cdot \zeta$ um Zufallsvariable, was die Betrachtung von deren Erwartungswert erst sinnvoll macht. Wir verwenden zum Nachweis die alternative Formel (5.6.1) für Erwartungswerte.

(1) Der Erwartungswert von $\zeta + \eta$ ist gleich

$$\sum_{\omega \in \Omega}[\zeta + \eta](\omega) \cdot \mathbb{P}(\omega) = \sum_{\omega \in \Omega}(\zeta(\omega) + \eta(\omega)) \cdot \mathbb{P}(\omega) = \sum_{\omega \in \Omega}(\zeta(\omega)\mathbb{P}(\omega) + \eta(\omega)\mathbb{P}(\omega)).$$

Verteilt man die innere Summe auf zwei Summen, so erhält man

$$\sum_{\omega \in \Omega}\zeta(\omega)\mathbb{P}(\omega) + \sum_{\omega \in \Omega}\eta(\omega)\mathbb{P}(\omega),$$

was nach Formel (5.6.1) gleich $\mathbb{E}(\zeta) + \mathbb{E}(\eta)$ ist, womit die erste Behauptung bewiesen ist.

(2) Zum Nachweis der zweiten Behauptung gilt entsprechend

$$\mathbb{E}(a\zeta) = \sum_{\omega \in \Omega}[a\zeta](\omega) \cdot \mathbb{P}(\omega) = \sum_{\omega \in \Omega}a \cdot \zeta(\omega) \cdot \mathbb{P}(\omega).$$

Durch Herausziehen des Faktors a erhält man $a \cdot \sum_{\omega \in \Omega}\zeta(\omega) \cdot \mathbb{P}(\omega)$, was nach (5.6.1) gleich $a \cdot \mathbb{E}(\zeta)$ ist. ∎

Satz 5.6.6 Multiplikativität bei Unabhängigkeit

Ausgehend von einem endlichen Wahrscheinlichkeitsraum $(\Omega, \mathbb{P})$ seien $\zeta: \Omega \to \mathbb{R}$ und $\eta: \Omega \to \mathbb{R}$ zwei unabhängige Zufallsvariablen. Dann gilt:

$$\mathbb{E}(\zeta \cdot \eta) = \mathbb{E}(\zeta) \cdot \mathbb{E}(\eta)$$

Beweis Es ist zunächst wieder zu bemerken, dass das Produkt der Zufallsvariablen ζ und η punktweise durch $[\zeta \cdot \eta](\omega) := \zeta(\omega) \cdot \eta(\omega)$ definiert ist, weshalb es sich ebenfalls um eine Zufallsvariable handelt, deren Erwartungswert unter der Unabhängigkeitsvoraussetzung zu berechnen ist. Unter Verwendung der Formel (5.6.1) gilt hier zunächst

$$\mathbb{E}(\zeta\eta) = \sum_{\omega \in \Omega} [\zeta\eta](\omega) \cdot \mathbb{P}(\omega) = \sum_{\omega \in \Omega} \zeta(\omega) \cdot \eta(\omega) \cdot \mathbb{P}(\omega).$$

Da es sich um eine Produktbildung handelt, können wir diesen Term hier aber nicht so ohne Weiteres wie bei der Addition im Beweis zu ▶Satz 5.6.5 umformen. Der Trick, den man hier zur Vereinfachung des Terms wählt, ist, eine geeignete Zerlegung des Grundraumes Ω zu betrachten. Dazu folgende Zwischenüberlegung:

- Bei $\Gamma: \Omega \to \text{Bild}(\zeta) \times \text{Bild}(\eta)$, $\omega \mapsto (\zeta(\omega), \eta(\omega))$ handelt es sich um eine Abbildung. Entsprechend bilden die Mengen $\Gamma^{-1}((u, v))$ für $(u, v) \in \text{Bild}(\zeta) \times \text{Bild}(\eta)$ eine Partition des Grundraumes Ω. Nun ist $\Gamma^{-1}((u, v))$ gleich $\zeta^{-1}(u) \cap \eta^{-1}(v)$. Die geeignete Zerlegung von Ω ist damit das Mengensystem

$$\{\zeta^{-1}(u) \cap \eta^{-1}(v) : u \in \text{Bild}(\zeta), v \in \text{Bild}(\eta)\}.$$

Verwendet man dies, so lässt sich obige Formel umschreiben in

$$\mathbb{E}(\zeta\eta) = \sum_{\substack{u \in \text{Bild}(\zeta),\\ v \in \text{Bild}(\eta)}} \sum_{\omega \in \zeta^{-1}(u) \cap \eta^{-1}(v)} \zeta(\omega) \cdot \eta(\omega) \cdot \mathbb{P}(\omega).$$

Betrachten wir nun die innere Summe. Auf der Parzelle $\zeta^{-1}(u) \cap \eta^{-1}(v)$ ist $\zeta(\omega)\eta(\omega)$ gleich uv. Zieht man daher den im Bereich der inneren Summe konstanten Faktor uv nach vorne, so erhält man

$$\sum_{\omega \in \zeta^{-1}(u) \cap \eta^{-1}(v)} \zeta(\omega) \cdot \eta(\omega) \cdot \mathbb{P}(\omega) = uv \cdot \sum_{\omega \in \zeta^{-1}(u) \cap \eta^{-1}(v)} \mathbb{P}(\omega).$$

Weiter ist

$$\sum_{\omega \in \zeta^{-1}(u) \cap \eta^{-1}(v)} \mathbb{P}(\omega) = \mathbb{P}(\zeta^{-1}(u) \cap \eta^{-1}(v)).$$

An dieser Stelle bringen wir nun die Unabhängigkeit der Variablen ζ und η ins Spiel. Diese impliziert nämlich (siehe Abschnitt 5.5-C), dass

$$\mathbb{P}(\zeta^{-1}(u) \cap \eta^{-1}(v)) = \mathbb{P}(\zeta^{-1}(u)) \cdot \mathbb{P}(\eta^{-1}(v)) = \mathbb{P}_\zeta(u) \cdot \mathbb{P}_\eta(v)$$

gilt, weshalb wir die obige innere Summe letztendlich zu

$$\sum_{\omega \in \zeta^{-1}(u) \cap \eta^{-1}(v)} \zeta(\omega) \cdot \eta(\omega) \cdot \mathbb{P}(\omega) = u\mathbb{P}_\zeta(u) \cdot v\mathbb{P}_\eta(v)$$

vereinfachen können. Insgesamt ergibt dies für den Erwartungswert von $\zeta\eta$ dann

$$\mathbb{E}(\zeta\eta) = \sum_{\substack{u \in \text{Bild}(\zeta), \\ v \in \text{Bild}(\eta)}} (u\mathbb{P}_\zeta(u) \cdot v\mathbb{P}_\eta(v)).$$

Die Summe läuft dabei über ein kartesisches Produkt und kann daher, wie in Abschnitt 1.6-B beschrieben, wieder in eine Doppelsumme verwandelt werden, nämlich in

$$\mathbb{E}(\zeta\eta) = \sum_{u \in \text{Bild}(\zeta)} \sum_{v \in \text{Bild}(\eta)} (u\mathbb{P}_\zeta(u) \cdot v\mathbb{P}_\eta(v)).$$

Dies entspricht aber genau dem Produkt der beiden einzelnen Summen

$$\sum_{u \in \text{Bild}(\zeta)} u\mathbb{P}_\zeta(u) \quad \text{und} \quad \sum_{v \in \text{Bild}(\eta)} v\mathbb{P}_\eta(v),$$

sodass aus der Definition des Erwartungswertes dann

$$\mathbb{E}(\zeta\eta) = \left(\sum_{u \in \text{Bild}(\zeta)} u\mathbb{P}_\zeta(u) \right) \cdot \left(\sum_{v \in \text{Bild}(\eta)} v\mathbb{P}_\eta(v) \right) = \mathbb{E}(\zeta) \cdot \mathbb{E}(\eta)$$

folgt, was zu zeigen war. ∎

E Die wichtigsten Gesetzmäßigkeiten bei der Berechnung von Varianzen Die eben erzielten Ergebnisse werden wir – ebenso wie die nun folgenden wichtigsten Rechenregeln für die Varianz von Zufallsvariablen – insbesondere im nächsten Abschnitt beim Studium der Binomialverteilung verwenden können.

> **Satz 5.6.7** Ausgehend von einem endlichen Wahrscheinlichkeitsraum $(\Omega, \mathbb{P})$ sei $\zeta \colon \Omega \to \mathbb{R}$ eine Zufallsvariable mit Erwartungswert μ. Dann gilt:
>
> $$\text{Var}(\zeta) = \mathbb{E}(\zeta^2) - \mu^2$$

Beweis Gemäß Definition ist $\text{Var}(\zeta) = \mathbb{E}((\zeta - \mu)^2)$. Nun ist $(\zeta - \mu)^2 = \zeta^2 - 2\mu\zeta + \mu^2$, weshalb die Linearität der Erwartungswertbildung das Zwischenergebnis

$$\text{Var}(\zeta) = \mathbb{E}(\zeta^2) + \mathbb{E}(-2\mu\zeta) + \mathbb{E}(\mu^2) = \mathbb{E}(\zeta^2) - 2\mu\mathbb{E}(\zeta) + \mu^2\mathbb{E}(1)$$

liefert. Hierbei ist zu beachten, dass einerseits ζ eine Funktion ist und dass andererseits μ und damit auch -2μ und μ^2 Konstanten aus $\mathbb{R}$ sind, welche man aus dem Argument von $\mathbb{E}$ herausziehen kann. Fasst man das Argument von $\mathbb{E}(1)$ als konstante Funktion auf, so entspricht diese (deterministische Größe) der Indikatorvariablen 1_Ω, welche den Erwartungswert $\sum_{\omega \in \Omega} 1_\Omega(\omega)\mathbb{P}(\omega) = \sum_{\omega \in \Omega} \mathbb{P}(\omega) = \mathbb{P}(\Omega) = 1$ hat. Wegen $\mathbb{E}(\zeta) = \mu$ erhält man daher schließlich die Formel

$$\mathrm{Var}(\zeta) = \mathbb{E}(\zeta^2) - 2\mu^2 + \mu^2 = \mathbb{E}(\zeta^2) - \mu^2,$$

was zu zeigen war. ∎

Man beachte, dass der Term $\mathbb{E}(\zeta^2)$ im Allgemeinen nicht zu $\mathbb{E}(\zeta)^2$ umgeformt werden kann, weil eben die beiden gleichen Variablen ζ und ζ üblicherweise **nicht** unabhängig sind.

Satz 5.6.8 Ausgehend von einem endlichen Wahrscheinlichkeitsraum $(\Omega, \mathbb{P})$ sei $\zeta: \Omega \to \mathbb{R}$ eine Zufallsvariable mit Erwartungswert μ. Ferner sei $b \in \mathbb{R}$ eine reelle Zahl. Dann gelten:

(1) $\mathrm{Var}(\zeta + b) = \mathrm{Var}(\zeta)$

(2) $\mathrm{Var}(b \cdot \zeta) = b^2 \cdot \mathrm{Var}(\zeta)$

Beweis

(1) Hier ist zunächst zu beachten, dass es sich bei $\zeta + b$ um die durch $[\zeta + b](\omega) := \zeta(\omega) + b$ definierte Zufallsvariable handelt. Die zu beweisende Bedingung nennt man **Translationsinvarianz**; sie ist anschaulich klar, weil sich die mittlere quadratische Abweichung nicht ändert, wenn alle Daten gleichermaßen verschoben werden. Wir setzen $\mu := \mathbb{E}(\zeta)$, verwenden ▶Satz 5.6.7 und erhalten zunächst

$$\mathrm{Var}(\zeta + b) = \mathbb{E}((\zeta + b)^2) - \mathbb{E}(\zeta + b)^2.$$

Wegen $\mathbb{E}(\zeta + b) = \mathbb{E}(\zeta) + \mathbb{E}(b) = \mu + b$ ist $\mathbb{E}(\zeta + b)^2 = \mu^2 + 2\mu b + b^2$ (dabei beachte man, dass $\mathbb{E}(b) = b \cdot \mathbb{E}(1) = b$ ist). Weiter ist $\mathbb{E}((\zeta + b)^2) = \mathbb{E}(\zeta^2 + 2b\zeta + b^2) = \mathbb{E}(\zeta^2) + 2b\mathbb{E}(\zeta) + \mathbb{E}(b^2) = \mathbb{E}(\zeta^2) + 2b\mu + b^2$. Daraus folgt dann

$$\mathrm{Var}(\zeta + b) = \mathbb{E}(\zeta^2) + 2b\mu + b^2 - \mu^2 - 2\mu b - b^2 = \mathbb{E}(\zeta^2) - \mu^2,$$

was wegen $\mu = \mathbb{E}(\zeta)$ gleich der Varianz von ζ ist.

(2) Erneut mit ▶Satz 5.6.7 ergibt sich

$$\mathrm{Var}(b\zeta) = \mathbb{E}(b^2\zeta^2) - \mathbb{E}(b\zeta)^2.$$

Weiter ist $\mathbb{E}(b\zeta)^2 = (b\mathbb{E}(\zeta))^2 = b^2\mathbb{E}(\zeta)^2$ und $\mathbb{E}(b^2\zeta^2) = b^2\mathbb{E}(\zeta^2)$, sodass

$$\mathrm{Var}(b\zeta) = b^2 \cdot (\mathbb{E}(\zeta)^2 - \mathbb{E}(\zeta)^2)$$

folgt, was wegen ▶Satz 5.6.7 gleich $b^2 \cdot \mathrm{Var}(\zeta)$ ist. ∎

> **Satz 5.6.9** **Additivität bei Unabhängigkeit**
>
> Ausgehend von einem endlichen Wahrscheinlichkeitsraum $(\Omega, \mathbb{P})$ seien $\zeta\colon \Omega \to \mathbb{R}$ und $\eta\colon \Omega \to \mathbb{R}$ zwei Zufallsvariablen. Annahme, ζ und η sind unabhängig. Dann gilt:
> $$\mathrm{Var}(\zeta + \eta) = \mathrm{Var}(\zeta) + \mathrm{Var}(\eta)$$

Beweis Zur Abkürzung seien $\mathbb{E}(\zeta) = \mu$ und $\mathbb{E}(\eta) = \nu$. Dann ist $\mathbb{E}(\zeta + \eta) = \mu + \nu$. Mit ▶Satz 5.6.7 ist dann
$$\mathrm{Var}(\zeta + \eta) = \mathbb{E}((\zeta + \eta)^2) - (\mu + \nu)^2.$$
Aufgrund der Annahme der Unabhängigkeit von ζ und η erhält man weiter
$$\mathbb{E}((\zeta + \eta)^2) = \mathbb{E}(\zeta^2 + 2\zeta\eta + \eta^2) = \mathbb{E}(\zeta^2) + 2\mathbb{E}(\zeta)\mathbb{E}(\eta) + \mathbb{E}(\eta^2),$$
was man noch zu $\mathbb{E}(\zeta^2) + 2\mu\nu + \mathbb{E}(\eta^2)$ umschreiben kann. Wegen $(\mu + \nu)^2 = \mu^2 + 2\mu\nu + \nu^2$ erhält man sodann $\mathrm{Var}(\zeta + \eta) = \mathbb{E}(\zeta^2) + 2\mu\nu + \mathbb{E}(\eta^2) - \mu^2 - 2\mu\nu - \nu^2$, was erneut wegen ▶Satz 5.6.7 gleich $\mathbb{E}(\zeta^2) - \mu^2 + \mathbb{E}(\eta^2) - \nu^2 = \mathrm{Var}(\zeta) + \mathrm{Var}(\eta)$ ist. ∎

5.7 Binomialverteilungen

A **Bernoulli-Experimente und Bernoulli-Ketten** Bei einem sog. Bernoulli-Experiment[3] liegt ein Wahrscheinlichkeitsraum mit zwei möglichen Ergebnissen vor, $\Omega' = \{0, 1\}$, wobei die 1 mit Wahrscheinlichkeit p auftrete und die 0 mit Wahrscheinlichkeit $1 - p$. Dabei ist p eine reelle Zahl mit $0 \leq p \leq 1$. Beim „fairen" Münzwurf wäre etwa $p = \frac{1}{2} = 1 - p$. Wir bezeichnen die zugehörige Wahrscheinlichkeitsfunktion auf $\mathcal{P}(\Omega')$ mit π und nennen im Hinblick dessen, was noch kommt, den Raum (Ω', π) den **marginalen Wahrscheinlichkeitsraum**.

Führt man dieses Bernoulli-Experiment nun n-mal unabhängig durch, so spricht man von einer **Bernoulli-Kette der Länge n**. Der zugrunde liegende Wahrscheinlichkeitsraum $(\Omega, \mathbb{P})$ für diese Kette besteht dann aus dem kartesischen Produkt $\Omega := \Omega'^n = \{0, 1\}^n$ zusammen mit der Wahrscheinlichkeitsfunktion $\mathbb{P}$, welche durch
$$\mathbb{P}(\omega) := \prod_{i=1}^{n} \pi(\omega_i) \quad \text{für } \omega \in \Omega$$
definiert ist. Dabei beschreibt die Komponente $\omega_i \in \Omega'$ wieder den Ausgang des i-ten Teilexperimentes der Kette. Aufgrund der speziellen Art von (Ω', π) gilt nun
$$\pi(\omega_i) = p^{\omega_i} \cdot (1 - p)^{1 - \omega_i}.$$

---
[3] Jakob Bernoulli (1644–1705).

Ist nämlich $\omega_i = 1$, so ist $p^1(1-p)^{1-1} = p = \pi(\omega_i)$; ist andererseits $\omega_i = 0$, so ist erneut $p^0(1-p)^{1-0} = 1 - p = \pi(\omega_i)$. Damit folgt dann

$$\mathbb{P}(\omega) = \prod_{i=1}^n (p^{\omega_i} \cdot (1-p)^{1-\omega_i}) = p^{\sum_{i=1}^n \omega_i} \cdot (1-p)^{n-\sum_{i=1}^n \omega_i} \qquad (5.7.1)$$

für jedes ω aus Ω.

B Binomial-verteilte Zufallsvariablen Mit $(\Omega, \mathbb{P})$ wie im vorangegangenen Paragraphen betrachten wir nun die Zufallsvariable ζ, welche die Anzahl der Einsen in ω zählt, also $\zeta(\omega) = \sum_{i=1}^n \omega_i$. Dementsprechend ist Gleichung (5.7.1) dann gleichbedeutend mit

$$\mathbb{P}(\omega) = p^{\zeta(\omega)} \cdot (1-p)^{n-\zeta(\omega)} \quad \text{für } \omega \in \Omega. \qquad (5.7.2)$$

Die Variable ζ nimmt die Werte $0, 1, 2, \ldots, n$ an und für die zu ζ gehörende induzierte Verteilungsfunktion $\mathbb{P}_\zeta$ gilt

$$\mathbb{P}_\zeta(k) = \sum_{\omega \in \zeta^{-1}(k)} \mathbb{P}(\omega) = \sum_{\omega \in \zeta^{-1}(k)} p^k (1-p)^{n-k},$$

weil $\zeta(\omega) = k$ für $\omega \in \zeta^{-1}(k)$ ist. Da die Summanden für jedes ω aus $\zeta^{-1}(k)$ gleich sind, gilt weiter

$$\mathbb{P}_\zeta(k) = p^k (1-p)^{n-k} \cdot |\zeta^{-1}(k)|.$$

Zur weiteren Vereinfachung der letzten Formel berechnen wir nun die Mächtigkeit der Urbildmengen $\zeta^{-1}(k)$ für $k = 0, 1, \ldots, n$. Genau dann ist ω in $\zeta^{-1}(k)$ enthalten, wenn ω genau k Einsen enthält (und $n-k$ Nullen). Betrachtet man ω als charakteristische Funktion, so entspricht es in ein-eindeutiger Weise einer k-elementigen Teilmenge von $\{1, 2, \ldots, n\}$ (siehe den Beweis von ▶Satz 4.2.1). Deshalb ist $|\zeta^{-1}(k)|$ gleich dem Binomialkoeffizienten $\binom{n}{k}$, also der Anzahl aller k-Teilmengen von $\{1, 2, \ldots, n\}$. Insgesamt folgt daher

$$\mathbb{P}_\zeta(k) = \binom{n}{k} p^k (1-p)^{n-k} \quad \text{für } k = 0, 1, \ldots, n. \qquad (5.7.3)$$

Definition 5.7.1 Mit den Größen n und p nennt man die eben eingeführte Zufallsvariable ζ eine **binomial-verteilte Zufallsvariable mit Parametern** (n, p) und schreibt kurz $\zeta \sim Bin_{n,p}$. Die zugehörige Wahrscheinlichkeitsfunktion $\mathbb{P}_\zeta$ nennt man auch eine **Binomialverteilung**.

C Der Erwartungswert einer binomial-verteilten Zufallsvariablen Wir wollen als Nächstes den Erwartungswert einer binomial-verteilten Zufallsvariable berechnen.

5.7 Binomialverteilungen

Satz 5.7.2 Ist $\zeta \sim Bin_{n,p}$ eine binomial-(n, p)-verteilte Zufallsvariable, so gilt $\mathbb{E}(\zeta) = np$.

Beweis Zunächst ergibt sich nach Definition des Erwartungswertes und der Wahrscheinlichkeitsfunktion von ζ:

$$\mathbb{E}(\zeta) = \sum_{k=0}^{n} k \cdot \binom{n}{k} p^k (1-p)^{n-k}$$

Diesen Term kann man wie folgt vereinfachen: Aufgrund des Faktors k kann man die Summe zunächst von 1 an laufen lassen (bis n). Sodann rechnet man nach, dass für diese k gilt $k\binom{n}{k} = n\binom{n-1}{k-1}$, was $\mathbb{E}(\zeta) = \sum_{k=1}^{n} n \cdot \binom{n-1}{k-1} p^k (1-p)^{n-k}$ ergibt. Ausklammern von n und eine Indextransformation $k \to k+1$ liefern sodann

$$\mathbb{E}(\zeta) = n \sum_{k=0}^{n-1} \binom{n-1}{k} p^{k+1} (1-p)^{n-1-k}.$$

Klammert man nun noch einen Faktor p aus, so erhält man mithilfe des Binomialsatzes $\mathbb{E}(\zeta) = np \cdot (p + (1-p))^{n-1} = np \cdot 1^{n-1} = np$, was zu zeigen war. ∎

Durch die Verwendung geeigneter Indikatorvariable lässt sich der Beweis von ▶Satz 5.7.2 etwas eleganter gestalten, was wir nun ebenfalls vorführen wollen.

Ausgehend vom Ergebnisraum $\Omega = \{0, 1\}^n$ seien dazu $A_j := \{\omega \in \Omega : \omega_j = 1\}$ für $j = 1, \ldots, n$. Es ist also A_j das Ereignis, bei dem sich bei der Bernoulli-Versuchskette der Länge n beim j-ten Teilexperiment eine 1 ergibt. Es ist dann $1_{A_j}(\omega) = \omega_j$ für alle $\omega \in \Omega$. Das wiederum bewirkt, dass unsere zu untersuchende binomial-verteilte Zufallsvariable ζ gleich $\sum_{j=1}^{n} 1_{A_j}$, einer Summe von Indikatorvariablen ist, denn es gilt

$$\left[\sum_{j=1}^{n} 1_{A_j}\right](\omega) = \sum_{j=1}^{n} 1_{A_j}(\omega) = \sum_{j=1}^{n} \omega_j = \zeta(\omega)$$

für alle $\omega \in \Omega$. Aufgrund der Linearität des Erwartungswertes erhalten wir daher (induktiv) aus ▶Satz 5.6.5-(1) die Formel

$$\mathbb{E}(\zeta) = \mathbb{E}\left(\sum_{j=1}^{n} 1_{A_j}\right) = \sum_{j=1}^{n} \mathbb{E}(1_{A_j}).$$

Es bleibt somit, den **Erwartungswert der** einzelnen **Indikatorvariablen** 1_{A_j} zu berechnen. Dieser ist gleich

$$\mathbb{E}(1_{A_j}) = 1 \cdot \mathbb{P}(1_{A_j} = 1) + 0 \cdot \mathbb{P}(1_{A_j} = 0) = \mathbb{P}(1_{A_j} = 1) = \pi(\omega_j = 1) = p,$$

wobei π wie eingangs die Marginalverteilung des zugrunde liegenden Bernoulli-Experimentes beschreibt. Letzteres gilt für alle $j = 1, 2, \ldots, n$, sodass wir schließlich $\mathbb{E}(\zeta) = \sum_{j=1}^{n} p = np$ erhalten.

D Die Varianz einer binomial-verteilten Zufallsvariablen Abschließend wollen wir die Varianz einer binomial-verteilten Zufallsvariablen berechnen.

> **Satz 5.7.3** Ist $\zeta \sim Bin_{n,p}$ eine binomial-(n, p)-verteilte Zufallsvariable, so ist $\mathrm{Var}(\zeta) = np(1 - p)$.

Beweis Wie im obigen zweiten Beweis von ▶Satz 5.7.2 verwenden wir zunächst die Tatsache, dass sich ζ als Summe von Indikatorvariablen schreiben lässt:

$$\zeta = \sum_{j=1}^{n} 1_{A_j} \quad \text{mit } A_j := \{\omega \in \Omega : \omega_j = 1\}$$

Sind nun i und j verschiedene Indizes, so sind die beiden Variablen 1_{A_i} und 1_{A_j} unabhängig, eben aufgrund der Unabhängigkeit der Versuchskette. Die Unabhängigkeit der Versuchskette impliziert sogar noch stärker, dass für jede Zerlegung $I \dot\cup J$ der Indexmenge $\{1, 2, \ldots, n\}$ gilt, dass die beiden Teilsummen $\sum_{i \in I} 1_{A_i}$ und $\sum_{j \in J} 1_{A_j}$ unabhängige Variable sind, weshalb man aus ▶Satz 5.6.9 (der Additivität bei Unabhängigkeit) induktiv folgern kann:

$$\mathrm{Var}(\zeta) = \mathrm{Var}\left(\sum_{j=1}^{n} 1_{A_j}\right) = \sum_{j=1}^{n} \mathrm{Var}(1_{A_j})$$

Es bleibt also die **Varianz einer** jeden **Indikatorvariablen** 1_{A_j} zu berechnen. Mit der Formel aus ▶Satz 5.6.7 gilt diesbezüglich

$$\mathrm{Var}(1_{A_j}) = \mathbb{E}(1_{A_j}^2) - \mathbb{E}(1_{A_j})^2 = \mathbb{E}(1_{A_j}^2) - p^2,$$

weil ja, wie oben berechnet, $\mathbb{E}(1_{A_j}) = p$ gilt. Da eine Indikatorvariable aber nur die Werte 0 und 1 annimmt und da $x^2 = x$ für $x = 0$ oder $x = 1$ gilt, folgt $1_{A_j}^2 = 1_{A_j}$. Dies vereinfacht die letzte Formel zu

$$\mathrm{Var}(1_{A_j}) = \mathbb{E}(1_{A_j}) - p^2 = p - p^2 = p(1 - p),$$

was für jedes $j = 1, 2, \ldots, n$ gilt. Insgesamt ergibt sich daraus wie gewünscht dann $\mathrm{Var}(\zeta) = np(1 - p)$. ■

ZUSAMMENFASSUNG

1. **Wahrscheinlichkeitsräume** Die adäquate mathematische Beschreibung von zufälligen Experimenten erfolgt durch Wahrscheinlichkeitsräume. Diese bestehen aus einem Grundraum Ω und aus einer Wahrscheinlichkeitsfunktion $\mathbb{P}$.
Wir sind in diesem Kapitel stets von Experimenten mit endlichem Ergebnisraum Ω ausgegangen. Die Wahrscheinlichkeitsfunktion, deren wesentliche Eigenschaft die Additivität ist, ordnet jeder Teilmenge A von Ω eine Maßzahl aus dem Intervall $[0, 1]$ zu, welche als Wahrscheinlichkeit für das Eintreten von A angesehen wird.

2. **Zufallsvariable** Die einfachsten Modelle beim Rechnen mit Wahrscheinlichkeiten sind die sog. Laplace-Modelle. Wir haben vier grundlegende Kategorien anhand von vier Kugel-Modellen studiert und dabei sehr schön gesehen, wie unsere Ergebnisse aus Kapitel 4 (Kombinatorik) zum Einsatz kommen, insbesondere wenn man bestimmte Abbildungen auf endlichen Mengen studiert.
Wenn Laplace-Modelle nur (gedanklich) im Hintergrund eines eigentlichen Zufallsexperimentes ablaufen, so bedient man sich einer Zufallsvariablen, um Wahrscheinlichkeitsberechnungen durch eine entsprechende Transformation des eigentlichen Modells auf das Hintergrundmodell zu tätigen. Das eigentliche Modell wird dann durch die Zufallsvariable induziert. Dabei ist das formale Rechnen mit Urbildern von Abbildungen ganz entscheidend, was sich auch in einer stark vereinfachten Schreibweise innerhalb der Wahrscheinlichkeitstheorie auswirkt.
Der Erwartungswert einer (numerischen, also reellen) Zufallsvariablen ist ein mit Wahrscheinlichkeiten gewichtetes Mittel der möglichen annehmbaren Werte. Somit ist der Erwartungswert ein wichtiges Kennzeichen der Variablen. Die Varianz einer Zufallsvariablen beschreibt im Mittel die quadratische Abweichung der Variablen um ihren Erwartungswert und gibt damit an, wie stark die effektiven Werte der Variablen um den Erwartungswert fluktuieren können; es handelt sich dabei gewissermaßen auch um ein Maß für die Zufälligkeit.
Wir haben die wichtigsten Rechenregeln für Erwartungswerte bei Summen, Skalierungen und Produkten von Zufallsvariablen behandelt, wobei bei der Produktbildung die Unabhängigkeit vorauszusetzen ist. Für die Varianz haben wir einige alternative Formeln kennengelernt ebenso wie die wichtigsten Regeln, die die Behandlung von Skalierungen und Summen bei unabhängigen Variablen betreffen.

3. **Stufenförmige Experimente** Bei vielen Versuchen handelt es sich um Experimente, die stufenweise aufgebaut sind. Hier muss man wesentlich unterscheiden, ob beim Übergang zur nächsten Stufe eine stochastische Abhängigkeit zur Vorstufe oder ob stochastische Unabhängigkeit zur Vorstufe vorliegt.
Bei Abhängigkeiten beschreibt man die Zusammenhänge durch bedingte Wahrscheinlichkeiten, wobei die Formel von der totalen Wahrscheinlichkeit und die Formel von Bayes grundlegend sind. Bei Unabhängigkeiten können Wahrscheinlichkeiten von Durchschnitten von Ereignissen einfach als Produkte der Einzelwahrscheinlichkeiten berechnet werden.
Der Begriff der stochastischen Unabhängigkeit wird auch auf Zufallsvariable ausgebaut. Hierbei haben wir gesehen, dass sich kompliziertere Experimente wie binomial-verteilte Zufallsvariable häufig sehr elegant beschreiben lassen, wenn man sie als Summe einfacher und unabhängiger (meist identischer) Zufallsvariable darstellen kann. Bei der Binomialverteilung sind dies die Indikatorvariablen des zugrunde liegenden marginalen $0 - 1$-Bernoulli-Experimentes.

5 Diskrete Wahrscheinlichkeitsrechnung

Übungsaufgaben

Aufgabe 1   Geben Sie jeweils den Ergebnisraum für die folgenden Zufallsexperimente inklusive deren Mächtigkeiten an.

1. In einer Schachtel liegen sieben Kugeln, mit 1 bis 7 durchnummeriert. Es werden drei Kugeln gleichzeitig gezogen.

2. In einer Schachtel liegen zehn Kugeln, mit 1 bis 10 durchnummeriert. Es werden zunächst zwei Kugeln nacheinander und ohne Zurücklegen gezogen (dabei ist die Reihenfolge relevant); danach werden drei weitere Kugeln mit Zurücklegen gezogen (wobei die Reihenfolge erneut relevant ist).

3. Drei nicht unterscheidbare Euro-Münzen werden gleichzeitig geworfen.

4. Ein Würfel wird so lange geworfen, bis jede Augenzahl mindestens einmal aufgetreten ist.

5. Die Summe aller Augenzahlen, wenn ein Würfel viermal hintereinander geworfen wird.

Aufgabe 2   Aus einer Urne mit acht Kugeln (durchnummeriert von 1 bis 8) werden fünf Kugeln gezogen, jeweils einmal auf jede der vier Modellarten. Wie viele Möglichkeiten gibt es jeweils?

Aufgabe 3   Ein Supermarkt führt n verschiedene Artikel, von denen jeweils eine genügend große Anzahl vorhanden ist. Ein Kunde legt k nicht unbedingt verschiedene Artikel in einen Warenkorb. Welchem Kugel-Modell entspricht dies und wie viele verschiedene solcher Warenkörbe kann es geben?

Aufgabe 4   Ein Würfel wird 8-mal in unabhängiger Folge geworfen. Wie groß ist die Wahrscheinlichkeit, dass jede Augenzahl mindestens einmal auftritt?

Aufgabe 5   Wie groß ist die Wahrscheinlichkeit, beim Lotto „6 aus 49" höchstens vier Richtige zu haben?

Aufgabe 6   Die Spieler X und Y spielen mehrere Runden eines Spiels, bei dem jeder mit Wahrscheinlichkeit $\frac{1}{2}$ gewinnen kann. Jeder setzt zu Beginn 10 Euro ein. Wer zuerst sechs Runden des Spiels gewonnen hat, soll den Gesamteinsatz von 20 Euro erhalten. Nun muss das Spiel leider nach acht Runden bei einem Stand von 5 : 3 für X abgebrochen werden. Wie sind die 20 Euro gerecht aufzuteilen?

Übungsaufgaben

Aufgabe 7 In einer Urne befinden sich 10 Kugeln, die mit den Zahlen $-5, -4, -3, -2, -1, 1, 2, 3, 4, 5$ gekennzeichnet sind. Bei einem Zufallsexperiment werden zwei Kugeln nacheinander und ohne Zurücklegen gezogen. Ist es günstiger auf ein positives oder ein negatives Produkt der beiden Zahlen zu setzen?

Aufgabe 8 In einem Laden ist eine Alarmanlage eingebaut. Bei Einbruch gibt sie Alarm mit Wahrscheinlichkeit 0,99. Wenn in der Nacht kein Einbruch erfolgt, gibt sie mit Wahrscheinlichkeit 0,005 falschen Alarm. Die Einbruchswahrscheinlichkeit für eine Nacht sei 0,001. Wie groß ist die Wahrscheinlichkeit, dass tatsächlich ein Einbruch stattfindet, wenn Alarm gegeben wurde?

Aufgabe 9 Drei Maschinen M_1, M_2 und M_3 stellen Glühbirnen mit „Zuverlässigkeiten" p_1, p_2 bzw. p_3 her. Die Anteile der Gesamtproduktion seien q_1, q_2 bzw. q_3. (All diese Zahlen sind reell und liegen zwischen 0 und 1.)

1. Geben Sie eine Formel für die Wahrscheinlichkeit an, dass eine zufällig gewählte Glühbirne funktionsfähig ist.

2. Eine zufällig gewählte Glühbirne sei defekt. Geben Sie eine Formel für die Wahrscheinlichkeit an, dass diese Birne von Maschine M_3 gefertigt wurde.

Aufgabe 10 Zwei Zufallsvariable η und ζ mögen die in folgender Tabelle gekennzeichnete gemeinsame Verteilung haben:

(η, ζ)	0	1	2
2	1/12	1/6	1/12
3	1/6	0	1/6
4	0	1/3	0

1. Beurteilen Sie, ob η und ζ unabhängig sind.

2. Berechnen Sie die bedingte Wahrscheinlichkeit, dass $\eta + \zeta = 3$ gegeben $\zeta = 1$ ist.

Aufgabe 11 Gegeben seien zwei Urnen, U_1 und U_2. Urne U_1 enthält zwei weiße und sechs schwarze Kugeln; Urne U_2 enthält drei weiße und fünf schwarze Kugeln.

Bei einem zweistufigen Glücksspiel wird zunächst ein Würfel geworfen. Ist die Augenzahl aus der Menge $\{1, 2, 3, 4\}$, so wird aus U_1 zufällig eine Kugel gezogen; ist die Augenzahl gleich 5 oder 6, so wird aus U_2 zufällig eine Kugel gezogen.

5 Diskrete Wahrscheinlichkeitsrechnung

Übungsaufgaben

1. Berechnen Sie die Wahrscheinlichkeit, dass die gezogene Kugel weiß ist.

2. Berechnen Sie die bedingte Wahrscheinlichkeit, dass die gezogene Kugel aus U_2 stammt, unter der Voraussetzung, dass sie weiß ist.

3. Bei diesem Glücksspiel werden 40 Euro eingesetzt; ist die gezogene Kugel weiß, so erhält man 88 Euro; ist die gezogenen Kugel schwarz und stammt sie aus Urne U_2, so erhält man 64 Euro; in allen anderen Fällen erhält man nichts. Berechnen Sie den zu erwartenden Gewinn/Verlust.

Aufgabe 12 Peter würfelt 10-mal in unabhängiger Folge mit einem Würfel. Jedes Mal, wenn er eine Sechs würfelt, wirft Claudia eine Münze (Kopf oder Zahl). Welche Verteilung besitzt dabei die Anzahl der „Köpfe"?

Aufgabe 13 In einer Warenlieferung von n Stück eines Artikels sind genau k schlechte Stücke. Mit welcher Wahrscheinlichkeit enthält eine zufällige Stichprobe vom Umfang $l \leq n$ genau $j \leq k$ schlechte Stücke?

Aufgabe 14 Beim Skatspiel werden bekanntlich die 32 Karten wie folgt auf drei Spieler S_1, S_2 und S_3 verteilt: Jeder der drei Spieler erhält 10 Karten; die restlichen beiden Karten wandern in den „Skat". Berechnen Sie die Wahrscheinlichkeiten der folgenden beiden Ereignisse:

1. A = „Spieler S_1 erhält alle vier Buben"

2. B = „Jeder Spieler erhält genau einen Buben"

Aufgabe 15 Man berechne Erwartungswert und Varianz bei einer gleichverteilten Zufallsvariablen mit Werten $1, 2, 3, \ldots, n$.

Algebraische Strukturen

	Einführung	194
6.1	Monoide	196
6.2	Gruppen	203
6.3	Untergruppen und der Satz von Lagrange	208
6.4	Ringe und Körper	217
6.5	Der Körper der komplexen Zahlen	225
6.6	Der Schiefkörper der Quaternionen	234
6.7	Exkurs: Verbände und Boole'sche Algebren	237
	Zusammenfassung	243
	Übungsaufgaben	245

6 Algebraische Strukturen

EINFÜHRUNG

>> Wir haben ganz zu Anfang dieses Buches mit dem Studium von Mengen begonnen. Im Rahmen der *Algebra* studiert man nun Mengen zusammen mit einer oder mit mehreren *binären Verknüpfungen*. Musterbeispiele sind die aus der Schule bekannten Zahlbereiche mit den Verknüpfungen der Addition bzw. der Multiplikation.

Innerhalb der Mathematik haben sich gewisse Eigenschaften von Verknüpfungen als ganz wesentlich herausgestellt, weil diese zu *algebraischen Strukturen* führen, die u. a. in Anwendungen in vielfältigen Variationen auftreten. Wir führen in diesem Kapitel diese Eigenschaften schrittweise vor und zeigen, wie man durch die sukzessive Hinzunahme von jeweils neuen Eigenschaften zu immer reichhaltigeren Strukturen kommt.

Bei der Betrachtung von einer Grundmenge mit einer Verknüpfung gelangt man durch die Forderung des *Assoziativgesetzes* zunächst zu einer *Halbgruppe*. Die zusätzliche Existenz eines *neutralen Elementes* führt uns anschließend zu den *Monoiden*. Die uneingeschränkte *Invertierbarkeit* liefert sodann die *Gruppenstruktur*. Insofern sind Gruppen spezielle Monoide und Monoide sind wiederum spezielle Halbgruppen. Bei Gültigkeit des *Kommutativgesetzes* spricht man von kommutativen Gruppen (entsprechend von kommutativen Monoiden bzw. von kommutativen Halbgruppen). Der Aufbau von Halbgruppen zu (kommutativen) Gruppen wird in den ersten beiden Abschnitten vollzogen.

In Abschnitt 6.4 gehen wir von einer Grundmenge mit zwei Verknüpfungen aus, einer Addition und einer Multiplikation. Liegt bei der Addition eine kommutative Gruppenstruktur vor, liegt ferner bei der Multiplikation eine Monoidstruktur vor und sind Addition und Multiplikation durch die *Distributivgesetze* gekoppelt, so spricht man insgesamt von einer *Ringstruktur*. Durch die Spezialisierung der multiplikativen Monoidstruktur (etwa zu kommutativen Gruppen) gelangt man zu einer Vielzahl von recht unterschiedlichen Ringen, welche für Anwendungen allesamt sehr wichtig sind. Hervorzuheben wären die *Körper*, die auch in der Informatik eine grundlegende Rolle spielen.

Zur Verinnerlichung der einzelnen Axiome werden wir in diesem Kapitel zwar schon eine Fülle von Beispielen sehen, unser Fundus an unterschiedlichen algebraischen Strukturen wird im Laufe der nachfolgenden Kapitel aber noch weiter durch *Polynome*, durch *Matrizen* und durch *Potenzreihen* bereichert. Als bereits jetzt besonders hervorgehobene Beispiele für Körper werden wir die *komplexen Zahlen* in Abschnitt 6.5 und den *Schiefkörper der Quaternionen* in Abschnitt 6.6 vorstellen. Diese Zahlbereiche stellen Erweiterungen der reellen Zahlen dar und finden innerhalb der Computer-Graphik wichtige Anwendungen.

In Abschnitt 6.7 zeigen wir, welche algebraischen Strukturen entstehen können, wenn man von einer partiellen Ordnung ausgeht und fordert, dass je zwei Elemente ein Minimum und ein Maximum besitzen. Solche Strukturen nennt man *Verbände*, und die sukzessive Hinzunahme weiterer Eigenschaften führt zum axiomatischen Aufbau der *Boole'schen Algebren*, welche uns bereits in der Mengenlehre und der Aussagenlogik in Kapitel 1 begegnet sind.

In Abschnitt 6.3 behandeln wir mit den *Teilstrukturen* von Monoiden und Gruppen einen weiteren wichtigen Themenaspekt der Algebra. Es geht dabei generell um das Studium von Teilmengen der zugrunde liegenden Menge, welche unter den betrachteten Verknüpfungen *abgeschlossen* sind, wodurch sich sämtliche Eigenschaften der Verknüpfungen auf diese Teilstrukturen vererben. Als wichtiges Beispiel studieren wir die *Untergruppen* der additiven Gruppe $(\mathbb{Z}, +)$ der ganzen Zahlen, welche uns wieder beim modularen Rechnen begegnen werden. Weiter diskutieren wir auch *zyklische* Gruppen sowie bei endlichen Gruppen den Beweis des Satzes von *Lagrange* und die *Ordnung* von Gruppenelementen. Letzteres wird ebenfalls beim modularen Rechnen benötigt.

Als weiterführende Lektüre empfehlen wir das Buch von Cohn [11], die beiden Werke von Meyberg [43] sowie das Buch von Leutbecher [36]. Letzteres behandelt die algebraische Struktur von Zahlbereichen. Das von Scholz herausgegebene Buch [51] liefert eine Einführung in die Geschichte der Algebra.

6 Algebraische Strukturen

> **Lernziele**
>
> - das Verständnis von Gesetzmäßigkeiten, wie das Assoziativgesetz, die Existenz des neutralen Elementes, ggf. die Invertierbarkeit, ggf. die Kommutativität, die beim Aufbau algebraischer Strukturen eine fundamentale Rolle spielen
> - der Übergang von Halbgruppen über Monoiden zu abel'schen Gruppen bei einer binären Verknüpfung
> - Verständnis des Begriffes „Teilstruktur" einer algebraischen Struktur, insbesondere Teilmonoid und Untergruppe
> - der Übergang von allgemeinen Ringen über Integritätsbereichen zu Körpern bei zwei binären Verknüpfungen, nämlich einer Addition und einer Multiplikation, welche durch das Distributivgesetz gekoppelt sind
> - die Einführung des Körpers der komplexen Zahlen als Erweiterung des Körpers der reellen Zahlen
> - die Einführung des Schiefkörpers der Quaternionen als Erweiterung des Körpers der komplexen Zahlen
> - die Axiomatik von Verbänden und der Übergang von allgemeinen Verbänden zu Boole'schen Algebren

6.1 Monoide

Bei einer algebraischen Struktur handelt es sich um eine nichtleere Grundmenge, auf der eine oder auch mehrere Verknüpfungen gegeben sind. Unterschiedliche algebraische Strukturen werden sodann anhand von bestimmten Eigenschaften ihrer Verknüpfungen kategorisiert. In diesem Kapitel geht es uns darum, die wichtigsten und in vielen Bereichen der Mathematik immer wiederkehrenden Eigenschaften herauszuarbeiten und zu verinnerlichen.

 Was versteht man allgemein unter einer Verknüpfung? Wir starten also mit einer nichtleeren Menge M. Unter einer **binären Operation** bzw. einer **inneren Verknüpfung** (oder einfach kurz Verknüpfung) auf M versteht man formal eine Abbildung von $M \times M$ nach M. Das bedeutet, dass jedem Paar $(a, b) \in M \times M$ in eindeutiger Weise ein Element aus M zugeordnet wird.

Eine solche Verknüpfung wird, je nach Kontext, häufig mit dem Additionssymbol + oder dem Multiplikationssymbol · bezeichnet. Man spricht dann von **„additiver"** bzw. von **„multiplikativer" Schreibweise**. Als Musterbeispiele dienen nämlich zunächst einmal die aus der Schule bekannten Zahlbereiche der natürlichen, der ganzen, der rationalen oder der reellen Zahlen, in denen man allesamt addieren und multiplizieren kann.

Viele wohlbekannte Eigenschaften des Rechnens mit Zahlen, etwa das Kommutativgesetz (Vertauschungsgesetz) oder das Assoziativgesetz (Verbindungsgesetz) oder das Distributivgesetz (Verteilungsgesetz) kommen auch in vielen anderen Grundbereichen vor, etwa bei Matrizen oder bei Polynomen. Deshalb führt man sog. abstrakte algebraische Strukturen axiomatisch ein, indem man gerade die Gültigkeit gewisser Gesetzmäßigkeiten postuliert und aus diesen dann allgemeingültige Schlüsse zieht. Bei abstrakten Strukturen verwenden wir hier häufig Verknüpfungssymbole wie

$$*, \star, \circ, \diamond, \oplus, \text{ oder } \odot.$$

Wie in der Schule (und ähnlich wie bei Relationen) wird das Verknüpfungssymbol **zwischen** die zu verknüpfenden Elemente geschrieben. Man notiert also $a * b$ oder $a \diamond b$ anstelle der sonst bei Abbildungen geläufigen Notation $*(a, b)$ oder $\diamond(a, b)$. Bei Multiplikationen $\cdot$ lässt man aus Bequemlichkeitsgründen die Operationsbezeichnung üblicherweise meist ganz weg.

B **Assoziative und kommutative Verknüpfungen** Beginnen wir also mit dem ersten Verknüpfungsgesetz. Es ist dies hier das **Assoziativgesetz**, weil es in allen algebraischen Strukturen, die wir näher untersuchen werden, gültig ist.

> **Definition 6.1.1** Eine Verknüpfung $*$ auf einer Menge M heißt **assoziativ**, falls gilt:
> $$a * (b * c) = (a * b) * c \quad \text{für alle } a, b, c \in M$$
> In diesem Fall nennt man das Paar $(M, *)$, also die Grundmenge M zusammen mit der Verknüpfung $*$, eine **Halbgruppe**.

Zur Erläuterung des Assoziativgesetzes ist zu beachten, dass drei Elemente miteinander verknüpft werden, was in zwei Schritten abzuarbeiten ist: Beim ersten Schritt werden zwei der drei Elemente verknüpft, um danach im zweiten Schritt das Ergebnis des ersten Schrittes mit dem verbleibenden dritten Element zu verknüpfen. Prinzipiell stellt sich bei einer solchen Verknüpfungskette die Frage, welche der beiden Verknüpfungen man zuerst ausführen soll: Abarbeitung von links nach rechts oder von rechts nach links? Das Assoziativgesetz besagt nun einfach, dass die Reihenfolge dieser Abarbeitung egal ist; die Abarbeitung von links, hervorgehoben durch die Klammerung $(a * b) * c$, ist stets (für alle $a, b, c \in M$) gleich der Abarbeitung von rechts, hervorgehoben durch die Klammerung $a * (b * c)$.

6 Algebraische Strukturen

Das Assoziativgesetz impliziert insbesondere (was wir zwar nicht beweisen wollen, aber häufig verwenden werden), dass man auch bei komplizierteren (mit sinnvoller Klammerung versehenen) Termen, wie beispielsweise

$$A := ((((ab)(cd))e)(((fg)(((hi)(jk))l))(mn)))((o(pq))(r(st)))(((uv)w)((xy)z))$$

die Klammern einfach ignorieren und den Term von links nach rechts abarbeiten kann. Letzteres entspräche der Klammerung

$$A = ((((((((((((((((((((((((ab)c)d)e)f)g)h)i)j)k)l)m)n)o)p)q)r)s)t)u)v)w)x)y)z.$$

Das zweite Gesetz, auf das wir zu sprechen kommen, ist das **Kommutativgesetz**. Dieses ist in vielen hier zu betrachtenden Strukturen gültig, allerdings nicht in allen!

> **Definition 6.1.2** Eine Verknüpfung $*$ auf einer Menge M heißt **kommutativ**, falls gilt:
>
> $$a * b = b * a \quad \text{für alle } a, b \in M$$
>
> Gilt zudem das Assoziativgesetz, ist also $(M, *)$ eine Halbgruppe, so spricht man von einer **kommutativen Halbgruppe**.

C Das neutrale Element: von der Halbgruppe zum Monoid Für unsere Zwecke werden Halbgruppen (egal ob kommutativ oder nicht) erst dann interessant, wenn die Existenz eines neutralen Elementes gegeben ist, wodurch eine spezielle Klasse von Halbgruppen entstehen, nämlich die Monoide. Bei der dritten hervorzuhebenden Eigenschaft geht es dementsprechend um die Existenz eines solchen Elementes.

> **Definition 6.1.3** Gegeben sei eine Menge M mit einer assoziativen Verknüpfung $*$. Dann nennt man $(M, *)$ ein **Monoid**, falls gilt:
>
> es gibt ein Element $e \in M$ mit $e * a = a = a * e$ für alle $a \in M$
>
> Man nennt e das **neutrale Element** von M. Ist $*$ zudem kommutativ, so heißt $(M, *)$ ein **kommutatives Monoid**.

Bei Monoiden ist Folgendes zu beachten:

> **Satz 6.1.4** Innerhalb eines Monoids $(M, *)$ ist das neutrale Element eindeutig bestimmt.

Beweis Annahme, zwei Elemente f und g erfüllen beide die Eigenschaft eines neutralen Elementes in M. Dann gilt aufgrund der Neutralität von f nach Definition einerseits $f * g = g = g * f$ und aufgrund der Neutralität von g andererseits $g * f = f = f * g$. Aus diesen Gleichungen folgt aber unmittelbar $f = g$. ∎

In der additiven Schreibweise verwendet man für das neutrale Element eines Monoids die Bezeichnung 0; man nennt es dann das **Nullelement**. Bei der multiplikativen Schreibweise verwendet man für das neutrale Element eines Monoids die Bezeichnung 1; man nennt es dann das **Einselement**. In der abstrakten Schreibweise verwenden wir meist den Buchstaben e für das neutrale Element. Entsprechend notieren wir ein Monoid $(M, *)$ auch häufig als Tripel $(M, *, e)$.

D Beispiele von Monoiden Die folgenden Beispiele mögen belegen, dass uns innerhalb dieses Textes ebenso wie in der Schule bereits viele Monoide begegnet sind. Die Beispiele sind eingeordnet in Zahlbereiche, in Verkettung von Abbildungen, in kartesische Produktbildung von Monoiden, in die punktweise Addition auf n-Tupeln über Monoiden und in Monoidstrukturen bei Mengensystemen. Einige dieser Beispiele werden auch später nochmals aufgegriffen, wenn wir weitere Axiome zur Bildung algebraischer Strukturen betrachten.

Beispiel 6.1.5   **Zahlbereiche**

Wir betrachten die natürlichen, die ganzen, die rationalen und die reellen Zahlen zusammen mit deren Addition und deren Multiplikation. Aus dem aus der Schule bekannten Umgang mit diesen Zahlen können wir in Bezug auf die in diesem Abschnitt bereitgestellte Axiomatik Folgendes sagen:

1. Bei jedem der folgenden Tripel handelt es sich um ein kommutatives Monoid:

$$(\mathbb{N}, +, 0), \quad (\mathbb{Z}, +, 0), \quad (\mathbb{Q}, +, 0), \quad (\mathbb{R}, +, 0)$$

2. Ebenso handelt es sich bei den folgenden Tripeln jeweils um kommutative Monoide:

$$(\mathbb{N}, \cdot, 1), \quad (\mathbb{Z}, \cdot, 1), \quad (\mathbb{Q}, \cdot, 1), \quad (\mathbb{R}, \cdot, 1)$$

3. Wir erinnern uns an Abschnitt 1.2, wonach ein Produkt natürlicher, ganzer, rationaler oder reeller Zahlen genau dann gleich null ist, wenn wenigstens ein Faktor gleich null ist. Aus $a \neq 0$ und $b \neq 0$ folgt daher $ab \neq 0$. Das bedeutet wiederum, dass die Multiplikation eine innere Verknüpfung auf der Teilmenge $K^* := K \setminus \{0\}$ bewirkt, wobei $K \in \{\mathbb{N}, \mathbb{Z}, \mathbb{Q}, \mathbb{R}\}$. Dementsprechend handelt es sich auch bei den folgenden Tripeln jeweils um kommutative Monoide:

$$(\mathbb{N}^*, \cdot, 1), \quad (\mathbb{Z}^*, \cdot, 1), \quad (\mathbb{Q}^*, \cdot, 1), \quad (\mathbb{R}^*, \cdot, 1)$$

6 Algebraische Strukturen

Beispiel 6.1.6 Verkettung von Abbildungen

Ausgehend von einer nichtleeren Menge N betrachten wir die Menge N^N aller Abbildungen von N nach N. Auf N^N ist durch die Verkettung $\circ$ von Abbildungen eine Verknüpfung definiert (siehe (3.1.1) und Abschnitt 3.1-B). Wir werden nun nachweisen, dass es sich bei der algebraischen Struktur $(N^N, \circ)$ um ein Monoid handelt. In diesem Zusammenhang sei an die Gleichheit zweier Abbildungen erinnert, siehe die Bemerkung am Ende von Abschnitt 3.2-B.

Zum Assoziativgesetz: Sind f und g sowie h Abbildungen von N nach N und ist $x \in N$ beliebig, so gilt einerseits $f \circ (g \circ h)(x) = f(g \circ h(x)) = f(g(h(x))$ und andererseits $(f \circ g) \circ h(x) = f \circ g(h(x)) = f(g(h(x)))$. Demnach sind die beiden Abbildungen $(f \circ g) \circ h$ und $f \circ (g \circ h)$ gleich, womit die Gültigkeit des Assoziativgesetzes nachgewiesen ist (siehe auch die Bemerkung am Ende von Abschnitt 3.2-F).

Zur Existenz des neutralen Elementes: Wir behaupten, dass die identische Abbildung id_N auf N (siehe das fünfte Beispiel in Abschnitt 3.2-C) das neutrale Element von N^N bzgl. $\circ$ ist. Dazu sei f eine beliebige Abbildung von N nach N und x sei ein beliebiges Element aus N. Dann gilt einerseits $\mathrm{id}_N \circ f(x) = \mathrm{id}_N(f(x)) = f(x)$ und andererseits gilt auch $f \circ \mathrm{id}_N(x) = f(\mathrm{id}_N(x)) = f(x)$. Daraus folgt sowohl $\mathrm{id}_N \circ f = f$ als auch $f \circ \mathrm{id}_N = f$, womit die Neutralität der identischen Abbildung nachgewiesen ist.

Es bleibt zu bemerken, dass das Monoid $(N^N, \circ, \mathrm{id}_N)$ im Allgemeinen nicht kommutativ ist. Annahme, N hat wenigstens zwei verschiedene Elemente a und b. Wir betrachten dann die beiden „konstanten" Abbildungen α und β aus N^N, die durch $\alpha(x) := a$ und $\beta(x) := b$ für jedes $x \in N$ definiert seien. Ist nun $y \in N$ (beliebig), so gilt einerseits $\alpha \circ \beta(y) = \alpha(\beta(y)) = \alpha(b) = a$, während andererseits $\beta \circ \alpha(y) = \beta(\alpha(y)) = \beta(a) = b$ gilt. Wegen $a \neq b$ sind daher die beiden Abbildungen $\alpha \circ \beta$ und $\beta \circ \alpha$ verschieden, weshalb dann $(N^N, \circ, \mathrm{id}_N)$ kein kommutatives Monoid ist. ∎

Beispiel 6.1.7 Kartesische Produktbildung bei Monoiden

Wir gehen von zwei Monoiden $(M_1, *, e_1)$ und $(M_2, \star, e_2)$ (mit jeweiligen Verknüpfungen $*$ bzw. $\star$ und jeweiligen neutralen Elementen e_1 bzw. e_2) aus. Auf dem kartesischen Produkt $M_1 \times M_2$ der beiden Grundmengen lässt sich dann durch die Vorschrift

$$(a_1, a_2) \diamond (b_1, b_2) := (a_1 * b_1, a_2 \star b_2) \text{ für alle } a_1, b_1 \in M_1 \text{ und alle } a_2, b_2 \in M_2$$

eine Verknüpfung definieren; man spricht von einer **komponentenweisen** bzw. **punktweisen Verknüpfung**. Wir behaupten, dass dies die Struktur eines Monoids auf $M_1 \times M_2$ bewirkt.

Zum Assoziativgesetz: Es seien a_1, b_1, c_1 aus M_1 und a_2, b_2, c_2 aus M_2. Zunächst ist dann

$$(a_1, a_2) \diamond ((b_1, b_2) \diamond (c_1, c_2)) = (a_1, a_2) \diamond (b_1 * c_1, b_2 \star c_2) = (a_1 * (b_1 * c_1), a_2 \star (b_2 \star c_2)).$$

Wegen der Gültigkeit der Assoziativgesetze in jeder der beiden Komponenten ist Letzteres gleich $((a_1 * b_1) * c_1), (a_2 \star b_2) \star c_2))$, was sich wiederum weiter umformen lässt zu

$$(a_1 * b_1, a_2 \star b_2) \diamond (c_1, c_2) = ((a_1, a_2) \diamond (b_1, b_2)) \diamond (c_1, c_2).$$

Damit ist gezeigt, dass $\diamond$ assoziativ ist.

Zur Existenz des neutralen Elementes: Wir behaupten, dass das Paar (e_1, e_2) als neutrales Element fungiert. Sind $a_1 \in M_1$ und $a_2 \in M_2$ beliebig, so gilt

$$(e_1, e_2) \diamond (a_1, a_2) = (e_1 * a_1, e_2 \star a_2) \quad \text{sowie} \quad (a_1, a_2) \diamond (e_1, e_2) = (a_1 * e_1, a_2 \star e_2).$$

Aufgrund der jeweiligen Neutralität von e_1 und e_2 in den entsprechenden Komponenten, folgt $e_1 * a_1 = a_1 = a_1 * e_1$ sowie $e_2 \star a_2 = a_2 = a_2 \star e_2$ und deshalb

$$(e_1, e_2) \diamond (a_1, a_2) = (a_1, a_2) = (a_1, a_2) \diamond (e_1, e_2),$$

was zu zeigen war.

Bei $(M_1 \times M_2, \diamond, (e_1, e_2))$ handelt es sich also um ein Monoid, welches man das **Produktmonoid** aus $(M_1, *, e_1)$ und $(M_2, \star, e_2)$ nennt. Offenbar gilt genau dann $(a_1, a_2) \diamond (b_1, b_2) = (b_1, b_2) \diamond (a_1, a_2)$, wenn $a_1 * b_1 = b_1 * a_1$ und wenn $a_2 \star b_2 = b_2 \star a_2$ gilt. Folglich ist das Produktmonoid genau dann kommutativ, wenn beide Komponentenmonoide, also $(M_1, *, e_1)$ und $(M_2, \star, e_2)$, kommutativ sind. ∎

Analog zu den Abschnitten 1.6 und 1.7 kann der eben in ▶Beispiel 6.1.7 beschriebene Ansatz leicht für mehrfache bzw. sogar beliebige kartesische Produkte von Monoiden erweitert werden. Wir betrachten hier den Spezialfall, bei dem ein (additiv geschriebenes Monoid) $(M, +, 0)$ eine entsprechende Struktur auf M^n, dem n-fachen kartesischen Produkt von M mit sich selbst, bewirkt. Wir verwenden dabei additive Verknüpfungssymbole, weil dies später bei den **Vektorräumen** (Kapitel 9) auch so sein wird. Selbstverständlich kann man alternativ auch die multiplikative Schreibweise verwenden, weshalb man dann sinnvollerweise von der „punktweisen Multiplikation" spricht. Wir überlassen es dem Leser, die Einzelheiten nachzurechnen.

Beispiel 6.1.8 **Punktweise Addition bei Monoiden**

Es seien $n \in \mathbb{N}^*$ und $(M, +, 0)$ ein (additiv geschriebenes) Monoid (mit Addition $+$ und Nullelement 0). Auf dem n-fachen kartesischen Produkt M^n von M mit sich selbst ist dann durch

$$(a_1, \ldots, a_n) \oplus (b_1, \ldots, b_n) := (a_1 + b_1, \ldots, a_n + b_n)$$

eine assoziative Verknüpfung definiert; allgemein ergibt sich die i-te Komponente der M^n-Summe also durch die M-Summe der beiden i-ten Komponenten. Es ist $(M^n, \oplus)$ ein Monoid mit neutralem Element $(0, \ldots, 0)$, dem n-Tupel mit lauter Nullen als Komponente. Man nennt $\oplus$ die **komponentenweise** oder **punktweise Addition**. Es ist einfach zu sehen, dass $(M^n, \oplus, (0, \ldots, 0))$ genau dann kommutativ ist, wenn $(M, +, 0)$ kommutativ ist.

An dieser Stelle müssen wir noch auf einige übliche schreibtechnische Vereinfachungen hinweisen. Wenn man nämlich viel mit n-Tupeln rechnet, so tut man sich leichter, wenn man das Symbol $\oplus$ durch $+$ und das Null-n-Tupel $(0, \ldots, 0)$ einfach durch 0 ersetzt. Offensichtlich haben zwar die beiden Symbole $+$ und 0 dann zweierlei Bedeutungen, nämlich Addition in M und Addition in M^n bzw. neutrales Element in M und neutrales Element in M^n, aus dem Zusammenhang wird allerdings stets hervorgehen, welche Objekte gerade verknüpft werden und um welche Null es sich handelt, sodass eine Konfusion immer ausgeschlossen werden kann. ∎

Beispiel 6.1.9 **Monoidstrukturen bei Mengensystemen**

Es sei N eine Menge und $\mathcal{P}(N)$ die Potenzmenge von N.

1. Nach ▶Satz 1.3.4 ist die Schnittbildung $\cap$ eine assoziative und kommutative Verknüpfung auf $\mathcal{P}(N)$. Weiter gilt $X \cap N = X$ für alle $X \subseteq N$, weshalb die Menge N hier als neutrales Element fungiert. Also ist $(\mathcal{P}(N), \cap, N)$ ein kommutatives Monoid.

2. Nach ▶Satz 1.3.4 ist auch die Mengenvereinigung $\cup$ eine assoziative und kommutative Verknüpfung auf $\mathcal{P}(N)$. Weiter gilt $X \cup \emptyset = X$ für alle $X \subseteq N$, weshalb die leere Menge neutrales Element bzgl. der Vereinigung ist. Also ist auch $(\mathcal{P}(N), \cup, \emptyset)$ ein kommutatives Monoid.

3. Wir erinnern an die symmetrische Differenz zweier Mengen, welche durch $X \triangle Y := (X \cup Y) \setminus (X \cap Y)$ bzw. äquivalent durch $X \triangle Y := (X \setminus Y) \cup (Y \setminus X)$ erklärt ist. Zum Nachweis des Assozitivgesetzes bedienen wir uns hier einer Wahrheitstafel. Ausgehend von drei beliebigen Teilmengen X, Y und Z von N codieren wir die insgesamt acht Möglichkeiten für Elemente a aus N in Tripel aus $\{0, 1\}^3$. Beispielsweise bedeutet $(1, 0, 1)$, dass $a \in X$ und $a \notin Y$ und $a \in Z$ gilt. Daraus folgt dann $a \in X \triangle Y$ (gekennzeichnet durch 1) und $a \in Y \triangle Z$ (gekennzeichnet durch 1) sowie $a \notin (X \triangle Y) \triangle Z$ und $a \notin X \triangle (Y \triangle Z)$, jeweils gekennzeichnet durch 0.

X	Y	Z	$X \triangle Y$	$Y \triangle Z$	$X \triangle (Y \triangle Z)$	$(X \triangle Y) \triangle Z$
1	1	1	0	0	1	1
1	1	0	0	1	0	0
1	0	1	1	1	0	0
1	0	0	1	0	1	1
0	1	1	1	0	0	0
0	1	0	1	1	1	1
0	0	1	0	1	1	1
0	0	0	0	0	0	0

Die Gleichheit der beiden Spalten ganz rechts belegt, dass (in allen möglichen Szenarien) ein Element a genau dann in $X\Delta(Y\Delta Z)$ enthalten ist, wenn a in $(X\Delta Y)\Delta Z$ enthalten ist, sodass die Assoziativität nachgewiesen ist. Die Gültigkeit des Kommutativgesetzes erhält man aufgrund der Kommutativität der Vereinigung einfach durch

$$X\Delta Y = (X \setminus Y) \cup (Y \setminus X) = (Y \setminus X) \cup (X \setminus Y) = Y\Delta X.$$

Wegen

$$X\Delta \emptyset = (X \cup \emptyset) \setminus (X \cap \emptyset) = X \setminus \emptyset = X$$

für jedes $X \subseteq N$ ist $\emptyset$ neutrales Element bzgl. Δ und somit ist insgesamt $(\mathcal{P}(N), \Delta, \emptyset)$ ein kommutatives Monoid. ∎

6.2 Gruppen

A Invertierbarkeit Die sog. Gruppen, mit denen wir uns in diesem Abschnitt beschäftigen wollen, bilden eine besondere Klasse von Monoiden, weil dort per Definition uneingeschränkt die Inversenbildung möglich ist. Wir müssen also zuerst erklären, was unter der Eigenschaft der Invertierbarkeit eines Elementes innerhalb eines Monoids zu verstehen ist.

> **Definition 6.2.1** Es sei $(M, *, e)$ ein Monoid (mit abstrakter Verknüpfung $*$ und mit neutralem Element e). Ein Element u von M heißt **invertierbar** falls gilt:
>
> es gibt ein Element $v \in M$ mit $u * v = e = v * u$
>
> Man nennt v das **Inverse** zu u.

Bezüglich der Invertierbarkeit ist Folgendes zu beachten:

> **Satz 6.2.2** Es sei $(M, *, e)$ ein Monoid. Dann gelten:
>
> (1) Ist $u \in M$ invertierbar, so ist das Inverse v von u eindeutig bestimmt.
>
> (2) Ist $u \in M$ invertierbar mit Inversem v, so ist auch v invertierbar; invers zu v ist u.
>
> (3) Das neutrale Element e ist invertierbar; es ist zu sich selbst invers.

6 Algebraische Strukturen

Beweis

(1) Annahme, v und w sind beide invers zu u. Dann gilt aufgrund der Neutralität von e zunächst $v = v * e$. Wegen $e = u * w$ ergibt sich daraus $v = v * (u * w)$. Eine Anwendung des Assoziativgesetzes liefert sodann $v = (v * u) * w$. Weil nun auch v invers zu u ist, folgt weiter $v * u = e$, sodass wir insgesamt $v = e * w$ erhalten. Schließlich liefert die Neutralität von e dann die Gleichheit von v und w, also die Eindeutigkeit des inversen Elementes.

(2) Die zweite Aussage folgt unmittelbar aus der Symmetrie innerhalb der Definition der Invertierbarkeit.

(3) Das neutrale Element e ist stets invertierbar; es ist nämlich wegen $e * e = e$ zu sich selbst invers. ∎

Je nach Bezeichnung der Verknüpfung verwendet man auch für das zu u gehörende inverse Element eine besondere Notation. So wird dieses in der **additiven Schreibweise** mit $-u$ und in der **multiplikativen Schreibweise** mit u^{-1} bzw. mit $\frac{1}{u}$ bezeichnet. Solange wir es mit abstrakten Monoiden zu tun haben, also Verknüpfungssymbole wie $*$ oder $\star$ oder $\diamond$ verwenden, wollen wir das Inverse von u als $\overline{u}$ schreiben.

Aus der zweiten Aussage von ▶Satz 6.2.2 folgt, dass doppeltes Invertieren eines inversen Elementes u wieder zu u führt: Ist nämlich v das Inverse zu u, also $v = \overline{u}$, so ist auch v invertierbar und u invers zu v. Das bedeutet also $\overline{v} = u$ und daher insgesamt $\overline{(\overline{u})} = u$ in abstrakter Notation. In der additiven Schreibweise liest sich das als $-(-u) = u$ und in der multiplikativen Schreibweise ergibt sich $(u^{-1})^{-1} = u$ bzw., wenn man Brüche verwendet, $\frac{1}{\frac{1}{u}} = u$.

B Die Definition einer Gruppe und die Einheitengruppe eines Monoids Im Rahmen der Ringtheorie, auf die wir in Abschnitt 6.4 eingehen wollen, bezeichnet man (multiplikativ) invertierbare Elemente auch als **Einheiten**. Mit diesem Sachverhalt im Hinterkopf führen wir bereits an dieser Stelle den Begriff der Einheitengruppe ein, welcher speziell bei den multiplikativen Monoiden in Ringen von großer Bedeutung ist.

Definition 6.2.3 Ist $(M, *, e)$ ein Monoid, so nennt man die Menge aller invertierbaren Elemente, also

$$E(M) := \{u \in M : u \text{ ist invertierbar}\},$$

die **Einheitengruppe** von M.

6.2 Gruppen

Die Einheitengruppe eines Monoids ist wegen der Invertierbarkeit des neutralen Elementes niemals leer. Anschaulich gesehen ist ein Monoid M umso reichhaltiger, je mehr invertierbare Elemente es gibt, je größer also dessen Einheitengruppe ist. Der Extremfall $E(M) = M$, bei dem jedes Element invertierbar ist, verdient besondere Beachtung und führt uns zu den Gruppen.

Definition 6.2.4 Ein Monoid $(M, *, e)$ heißt eine **Gruppe**, wenn **jedes** u aus M invertierbar ist, wenn also $E(M) = M$ gilt. Ist außerdem $*$ kommutativ, so spricht man von einer **kommutativen** bzw. von einer **abelschen Gruppe**[1].

Bevor wir gleich einige konkrete Strukturen hinsichtlich der Gruppeneigenschaft untersuchen, wollen wir nachweisen, dass der Begriff Einheiten**gruppe** für $E(M)$ gerechtfertigt ist, weil nämlich $E(M)$ bzgl. der auf M definierten Verknüpfung selbst eine Gruppe bildet.

Satz 6.2.5 Es sei $(M, *, e)$ ein Monoid. Dann ist $(E(M), *, e)$ eine Gruppe.

Beweis Wir zeigen zunächst, dass mit je zwei Elementen a und b aus $E(M)$ auch deren Produkt, also das Element $x := a * b$, invertierbar ist. Dazu seien $\overline{a}$ bzw. $\overline{b}$ die zu a bzw. b gehörenden Inversen. Ferner sei $y := \overline{b} * \overline{a}$. Dann gilt aufgrund des Assoziativgesetzes einerseits $x * y = (a * b) * (\overline{b} * \overline{a}) = a * (b * \overline{b}) * \overline{a}$. Wegen $b * \overline{b} = e$ folgt also $x * y = a * e * \overline{a}$, was aufgrund der Neutralität von e gleich $a * \overline{a}$ ist. Wegen $a * \overline{a} = e$ erhalten wir insgesamt also $x * y = e$. Völlig analog ergibt sich

$$y * x = (\overline{b} * \overline{a}) * (a * b) = \overline{b} * (\overline{a} * a) * b = \overline{b} * e * b = \overline{b} * b = e.$$

Damit ist die Invertierbarkeit von $x = a * b$ nachgewiesen, genauer: $\overline{a * b} := \overline{b} * \overline{a}$.[2]

Das zeigt insgesamt, dass die Einschränkung der Verknüpfung $*$ auf $E(M)$ eine Verknüpfung auf $E(M)$ ist. Man sagt dazu auch, dass $E(M)$ **abgeschlossen unter** $*$ ist (siehe auch ▶Definition 6.3.1). Es macht daher überhaupt erst Sinn, die Notation $(E(M), *)$ zu verwenden. Die folgenden beiden Gedankengänge sind äußerst wichtig und daher hervorgehoben.

---

[1] Niels Henrik Abel (1802–1829).
[2] Man achte hier unbedingt auf die umgekehrte Reihenfolge bei der Invertierung. Das tritt im täglichen Leben sehr häufig auf. Packt man beispielsweise ein Buch in eine Tüte und diese in einen Koffer, so muss man, um wieder an das Buch zu gelangen, zuerst die Tüte aus dem Koffer und dann das Buch aus der Tüte holen.

- Die Assoziativität braucht man für $(E(M), *)$ nicht extra nachzuweisen, da sie in $(M, *)$ erfüllt ist und sich durch die Einschränkung auf $E(M)$ **vererbt**: Es gilt ja $a*(b*c) = (a*b)*c$ für alle $a, b, c \in M$ und damit erst recht für alle a, b, c aus $E(M)$. Essenziell ist hier, dass sich die gesamte Rechnung innerhalb des Teilbereiches $E(M)$ abspielt.

- Entsprechend ist klar, dass das neutrale Element e von M, welches ja in $E(M)$ enthalten ist, als neutrales Element von $E(M)$ fungiert, weshalb insgesamt die Schreibweise $(E(M), *, e)$ gerechtfertigt ist.

Wir wissen an dieser Stelle also, dass es sich bei $(E(M), *, e)$ um ein Monoid handelt. Gemäß Definition von $E(M)$ ist nun aber **jedes** Element aus $E(M)$ invertierbar und mit $u \in E(M)$ ist auch dessen Inverses $\bar{u}$ in $E(M)$ enthalten (siehe ▶Satz 6.2.2-(2)). Also ist insgesamt $E(M)$ eine Gruppe bzgl. $*$.

C Beispiele von Einheitengruppen und Gruppen Wir wollen nun die Einheitengruppen der Beispiele aus dem letzten Abschnitt 6.1 untersuchen und werden dabei auf einige Gruppen stoßen.

Beispiel 6.2.6 Zahlbereiche

Wir überlassen die Nachweise der Einzelheiten wieder dem Leser; es handelt sich hierbei ja im Wesentlichen um die elementaren Eigenschaften der Grundrechenarten.

1. Zur Addition: Die Einheitengruppe von $(\mathbb{N}, +, 0)$ enthält lediglich die Null. Allerdings sind die folgenden drei Monoide allesamt Gruppen:

$$(\mathbb{Z}, +, 0), \quad (\mathbb{Q}, +, 0), \quad (\mathbb{R}, +, 0)$$

   Das jeweils zu x gehörende (additive) Inverse ist $-x$.

2. Zur Multiplikation: Die Einheitengruppe von $(\mathbb{N}, \cdot, 1)$ besteht nur aus der Eins. Die Einheitengruppe von $(\mathbb{Z}, \cdot, 1)$ hingegen ist gleich $\{1, -1\}$.

   Die Einheitengruppe von $(\mathbb{Q}, \cdot, 1)$ ist $\mathbb{Q}^* = \mathbb{Q} \setminus \{0\}$. Die Einheitengruppe von $(\mathbb{R}, \cdot, 1)$ ist $\mathbb{R}^* = \mathbb{R} \setminus \{0\}$. Letzteres zeigt, dass die Entfernung der Null zu kommutativen Gruppen führt:

$$(\mathbb{Q}^*, \cdot, 1), \quad (\mathbb{R}^*, \cdot, 1)$$

   Das zu $x \in \mathbb{Q}^*$ bzw. $\mathbb{R}^*$ gehörende (multiplikative) Inverse ist $\frac{1}{x}$ bzw. x^{-1}.[3]

---

[3] Wir erinnern uns an dieser Stelle an den aus der Schule bekannten Sachverhalt, wonach eine Division durch null nicht erlaubt ist. Im Kontext dieses Abschnittes bedeutet das, dass die Null multiplikativ nicht invertierbar ist.

6.2 Gruppen

Beispiel 6.2.7 Verkettung von Abbildungen

Wir betrachten das Monoid $(N^N, \circ, \mathrm{id}_N)$ aller Abbildungen der Menge N in sich zusammen mit der Verkettung $\circ$ als Verknüpfung und der identischen Abbildung id_N als neutrales Element. In diesem Kontext ist eine Abbildung $f: N \to N$ invertierbar, wenn eine Abbildung $g: N \to N$ existiert mit $f \circ g = \mathrm{id}_N = g \circ f$. Wie wir anhand der Bemerkung am Ende von Abschnitt 3.2-F wissen, ist dies genau dann der Fall, wenn f eine Bijektion auf N ist; das zu f gehörende inverse Element g ist dann die Umkehrabbildung f^{-1} von f (was im Nachhinein nochmals die Schreibweise für die Umkehrabbildung rechtfertigt). Dementsprechend besteht die Einheitengruppe von $(N^N, \circ, \mathrm{id}_N)$ aus allen Bijektionen auf N.

Anstatt $E(N^N)$ schreibt man für diese Einheitengruppe oft auch $\mathrm{Sym}(N)$. Das Symbol *Sym* steht dabei für **symmetrische Gruppe**. Im Spezialfall $N = \{1, 2, \ldots, n\}$ schreibt man $\mathrm{Sym}(n)$. Wie wir aus Kapitel 4 wissen, hat die Menge N^N genau n^n Elemente, während $\mathrm{Sym}(n)$ genau $n!$ Elemente besitzt. Ist daher $n \geq 2$, so ist $E(N^N)$ eine von $\{\mathrm{id}_N\}$ verschiedene echte Teilmenge von N^N. Es bleibt zu bemerken, dass $\mathrm{Sym}(N)$ keine kommutative Gruppe ist, wenn N mindestens drei Elemente enthält. Den Nachweis überlassen wir dem Leser als Übungsaufgabe. ∎

Beispiel 6.2.8 Kartesische Produktbildung bei Gruppen

Sind $(M_1, *, e_1)$ und $(M_2, \star, e_2)$ zwei Monoide, so ist die Einheitengruppe des zugehörigen Produktmonoids $(M_1 \times M_2, \diamond, (e_1, e_2))$ gleich dem kartesischen Produkt $E(M_1) \times E(M_2)$ der beiden jeweiligen Einheitengruppen, denn genau dann gilt

$$(a_1, a_2) \diamond (b_1, b_2) = (e_1, e_2) = (b_1, b_2) \diamond (a_1, a_2),$$

wenn (komponentenweise) $a_1 * b_1 = e_1 = b_1 * a_1$ und $a_2 \star b_2 = e_2 = b_2 \star a_2$ gilt. Insbesondere ist $(M_1 \times M_2, \diamond, (e_1, e_2))$ genau dann eine Gruppe, wenn $(M_1, *, e_1)$ und $(M_2, \star, e_2)$ beides Gruppen sind. ∎

Beispiel 6.2.9 Punktweise Addition bei Gruppen

Ist $(M, +, 0)$ ein Monoid und $n \in \mathbb{N}^*$, so ist die Einheitengruppe von $(M^n, +, 0)$ gleich dem n-fachen kartesischen Produkt $E(M)^n$ der Einheitengruppe $E(M)$ mit sich selbst (versehen mit der punktweisen Addition). Denn: Genau dann gilt $(a_1, \ldots, a_n) + (b_1, \ldots, b_n) = (0, \ldots, 0)$, wenn $a_i + b_i = 0$ für alle $i = 1, \ldots, n$ erfüllt ist. Entsprechend ist $(M^n, +, 0)$ genau dann eine Gruppe, wenn $(M, +, 0)$ eine Gruppe ist.

Das zu $(a_1, \ldots, a_n)$ gehörende Inverse, nämlich $(-a_1, \ldots, -a_n)$ wird in diesem Zusammenhang der Einfachheit halber mit $-(a_1, \ldots, a_n)$ bezeichnet. Bei der Invertierung in M^n wird also komponentenweise invertiert. ∎

Beispiel 6.2.10 **Invertierbarkeit bei Verknüpfungen auf Mengensystemen**

Wir betrachten die Potenzmenge $\mathcal{P}(N)$ einer Menge N.

1. Das neutrale Element bzgl. der Schnittmengenbildung $\cap$ ist N. Wegen $X \cap Y \subseteq X$ für alle $X, Y \subseteq N$ ist $X \cap Y = N$ nur für $X = N = Y$ erfüllbar, sodass die Einheitengruppe des kommutativen Monoids $(\mathcal{P}(N), \cap, N)$ lediglich aus dem neutralen Element besteht.

2. Das neutrale Element bzgl. der Vereinigungsbildung $\cup$ ist $\emptyset$. Wegen $X \subseteq X \cup Y$ für alle $X, Y \subseteq N$ ist $X \cup Y = \emptyset$ nur für $X = \emptyset = Y$ erfüllbar, sodass die Einheitengruppe des kommutativen Monoids $(\mathcal{P}(N), \cup, \emptyset)$ ebenfalls lediglich aus dem neutralen Element besteht.

3. Betrachten wir abschließend $\mathcal{P}(N)$ zusammen mit der symmetrischen Differenz Δ. Das neutrale Element dieses Monoids ist die leere Menge. Wegen

$$X \Delta X = (X \cup X) \setminus (X \cap X) = X \setminus X = \emptyset$$

ist jedes $X \subseteq N$ bzgl. der symmetrischen Differenz zu sich selbst invers, insbesondere überhaupt invertierbar. Bei $(\mathcal{P}(N), \Delta, \emptyset)$ handelt es sich deshalb stets um eine abelsche Gruppe. ∎

6.3 Untergruppen und der Satz von Lagrange

A **Teilmonoide und Untergruppen** Wir haben im Beweis von ▶Satz 6.2.5 die Einschränkung der Verknüpfung $*$ auf die Einheitengruppe $E(M)$ eines Monoids M betrachtet. Die Konzepte der Teilmonoide eines Monoids bzw. der Untergruppen von Gruppen (generell der **Teilstrukturen einer** gegebenen **algebraischen Struktur**), die Gegenstand der Untersuchungen dieses Abschnittes sind, verallgemeinern diesen Sachverhalt.

Definition 6.3.1 Es sei $(M, *, e)$ ein (abstraktes) Monoid (mit Verknüpfung $*$ und mit neutralem Element e). Eine nichtleere Teilmenge T von M heißt ein **Teilmonoid** von M, falls die beiden folgenden Eigenschaften erfüllt sind:

(1) die **Abgeschlossenheit von** T **bzgl.** $*$:
 sind $a, b \in T$, so ist auch $a * b$ Element von T

(2) es ist $e \in T$

6.3 Untergruppen und der Satz von Lagrange

Unser Hauptaugenmerk liegt im Folgenden auf Gruppen, weil diese in den Anwendungen am meisten gebraucht werden. Die interessanten Teilstrukturen einer Gruppe sind nun diejenigen Teilmonoide, die auch unter der Inversenbildung abgeschlossen sind.

> **Definition 6.3.2** Es sei $(G, *, e)$ eine Gruppe. Eine nichtleere Teilmenge U von G heißt eine **Untergruppe** von G, falls die drei folgenden Eigenschaften erfüllt sind:
>
> (1) die **Abgeschlossenheit von U bzgl. $*$**:
>   sind $a, b \in U$, so ist auch $a * b \in U$
>
> (2) es ist $e \in U$
>
> (3) die **Abgeschlossenheit von U bzgl. der Inversenbildung**:
>   mit $c \in U$ ist auch $\overline{c}$, das zu c gehörende Inverse, in U enthalten

Wie bereits im Beweis von ▶ Satz 6.2.5 hervorgehoben, vererbt sich das Assoziativgesetz von $(G, *, e)$ auf eine Untergruppe U, sodass $(U, *, e)$ eine eigenständige Gruppe wird. Die Teilmengen $\{e\}$ sowie G sind stets Untergruppen von G. Man nennt sie deshalb die **trivialen Untergruppen**. Es folgen zwei Charakterisierungen der Untergruppeneigenschaft, welche bei konkreten Nachweisen meist verwendet werden.

> **Satz 6.3.3** Es sei $(G, *, e)$ eine Gruppe und U sei eine nichtleere Teilmenge von G. Dann sind die folgenden drei Aussagen äquivalent:
>
> (1) U ist eine Untergruppe von G.
>
> (2) Für alle $u, v \in U$ gilt $u * v \in U$ und für alle $w \in U$ gilt $\overline{w} \in U$.
>
> (3) Für alle $x, y \in U$ gilt $x * \overline{y} \in U$.

Beweis Die Implikation (1) $\Rightarrow$ (2) ist aufgrund ▶Definition 6.3.2 trivial. Betrachten wir also die Implikation (2) $\Rightarrow$ (3): Es seien $x, y \in U$. Unter Verwendung der Notation von Punkt (2) ist mit $w := y$ dann $\overline{w} = \overline{y}$ in U enthalten. Mit $u := x$ und mit $v := \overline{y}$ folgt wegen (2) sodann, dass auch $x * \overline{y} = u * v$ Element von U ist, womit (3) nachgewiesen ist.

Nun zur Implikation (3) $\Rightarrow$ (1): Da U nicht leer ist, existiert zunächst ein Element u in U. Mit $x := u$ und $y := u$ folgt aus (3) sodann, dass $x * \overline{y}$ gleich $u * \overline{u} = e$, dem neutralen Element e ist, weshalb dieses ebenfalls in U enthalten ist. Als Nächstes sei c irgendein Element von U. Nun setzen wir $x := e$ und $y := c$ und finden heraus, dass mit $e, c \in U$

dann auch $x * \bar{y} = e * \bar{c} = \bar{c}$ in U enthalten ist. Schließlich seien a und b beliebige Elemente aus U. Mit $c := b$ und dem eben Bewiesenen ist dann $\bar{c} = \bar{b}$ in U enthalten. Nun setzen wir $x := a$ und $y := \bar{b}$ und erhalten aus Bedingung (3), dass mit $x \in U$ und $y \in U$ dann auch $x * \bar{y} = a * \overline{(\bar{b})} = a * b$ in U enthalten ist. Damit ist auch diese Implikation bewiesen.

Aufgrund des Ringschlusses (1) $\Rightarrow$ (2) $\Rightarrow$ (3) $\Rightarrow$ (1) sind somit alle drei Aussagen äquivalent. ∎

Im dritten Punkt von ▶Satz 6.3.3 sind die drei definierenden Eigenschaften einer Untergruppe sehr elegant zu einer einzigen Eigenschaft zusammengefasst worden, weshalb man sie für einen konkreten Untergruppennachweis heranziehen wird.

- In der additiven Schreibweise liest sich diese Bedingung (3) wie folgt: Aus $x, y \in U$ folgt $x + (-y) \in U$; hier wird $x + (-y)$ auch einfach als $x - y$ geschrieben.

- In der multiplikativen Schreibweise lautet die Bedingung (3) hingegen: Aus $x, y \in U$ folgt $x \cdot y^{-1} \in U$ bzw. im Rahmen der Bruchschreibweise $x \cdot \frac{1}{y} \in U$; hier wird $x \cdot \frac{1}{y}$ auch einfach als $\frac{x}{y}$ geschrieben.

B Die Untergruppen von $(\mathbb{Z}, +, 0)$ Um nun einmal mit einer konkreten Gruppe umzugehen, werden wir nun sämtliche Untergruppen von $(\mathbb{Z}, +, 0)$, der sog. **additiven Gruppe der ganzen Zahlen**, bestimmen.

Satz 6.3.4 In Bezug auf die Untergruppen von $(\mathbb{Z}, +, 0)$ gelten die folgenden Aussagen.

(1) Ist U eine Untergruppe von $(\mathbb{Z}, +, 0)$, so gibt es ein $m \in \mathbb{N}$ mit $U = \mathbb{Z}m$, wobei $\mathbb{Z}m := \{zm : z \in \mathbb{Z}\}$ die Menge aller Vielfachen von m ist.

(2) Ist umgekehrt $l \in \mathbb{N}$, so ist die Menge $\mathbb{Z}l$ eine Untergruppe von $(\mathbb{Z}, +, 0)$.

(3) Sind $m, n \in \mathbb{N}$, so gilt $\mathbb{Z}m \subseteq \mathbb{Z}n$ genau dann, wenn n Teiler von m ist. Insbesondere gilt Gleichheit $\mathbb{Z}m = \mathbb{Z}n$ genau dann, wenn $m = n$ gilt.

Beweis

(1) Die erste Aussage trifft zunächst einmal für die triviale Untergruppe $\{0\}$ zu, weil nämlich $\{0\} = \mathbb{Z}0$ gilt. Wir betrachten daher eine Untergruppe U von $(\mathbb{Z}, +, 0)$, welche ein von 0 verschiedenes Element z enthält. Mit z ist dann auch $-z$ in U enthalten, und wegen $z \in \mathbb{N}^*$ oder $-z \in \mathbb{N}^*$ enthält U dann in jedem Fall eine von null verschiedene natürliche Zahl, i. e., $U \cap \mathbb{N}^*$ ist nicht leer. Es sei nun k das Minimum

der Menge $U \cap \mathbb{N}^*$. Wir behaupten, dass $U = \mathbb{Z}k$ gilt, womit die erste Behauptung bewiesen wäre. Dazu zwei Überlegungen:

- Mit $k \in U$ ist auch $k+k = 2k \in U$ und induktiv folgt dann auch $nk = \sum_{i=1}^{n} k \in U$ für jedes $n \in \mathbb{N}^*$. Ferner ist $-k \in U$, also auch $(-k)+(-k) = -k-k = -2k \in U$ und induktiv $-nk \in U$ für jedes $n \in \mathbb{N}^*$. Da auch $0 = 0 \cdot k$ Element von U ist, ist insgesamt $\mathbb{Z}k$, die Menge aller ganzzahligen Vielfachen von k, eine Teilmenge von U.

- Wir betrachten nun umgekehrt ein beliebiges Element u aus U. Wir dividieren u durch k mit Rest und erhalten $u = qk + r$ mit $0 \leq r < k$. Wegen $u \in U$ und $qk \in U$ ist nun auch $u - qk = r \in U$. Da aber k nach Annahme das kleinste Element von $U \cap \mathbb{N}^*$ ist, muss $r = 0$ gelten. Folglich ist $u = qk$ ein Vielfaches von k, womit auch bewiesen ist, dass U Teilmenge von $\mathbb{Z}k$ ist.

(2) Es sei $l \in \mathbb{N}$. Wir betrachten die Menge $\mathbb{Z}l$ aller Vielfachen von l. Sind x und y Elemente von $\mathbb{Z}l$, so gibt es ganze Zahlen w und z mit $x = wl$ und $y = zl$. Sodann sieht man, dass $x - y = wl - zl = (w - z)l$ ein ganzzahliges Vielfaches von l ist und damit selbst in $\mathbb{Z}l$ enthalten ist. Nach ▶Satz 6.3.3-(3) ist somit $\mathbb{Z}l$ in der Tat eine Untergruppe von $(\mathbb{Z}, +, 0)$.

(3) Annahme, $\mathbb{Z}m$ ist eine Teilmenge von $\mathbb{Z}n$. Wegen $m = 1 \cdot m \in \mathbb{Z}m$ ist dann $m \in \mathbb{Z}n$, sodass es ein $z \in \mathbb{Z}$ mit $m = zn$ gibt, weshalb n Teiler von m ist. Ist umgekehrt n Teiler von m, etwa $sn = m$ mit $s \in \mathbb{Z}$, so ist mit einem beliebigen zm aus $\mathbb{Z}m$ die Zahl $zm = z(sn) = (zs)n$ wegen $zs \in \mathbb{Z}$ auch in $\mathbb{Z}n$ enthalten. Fazit: $\mathbb{Z}m \subseteq \mathbb{Z}n \Leftrightarrow n|m$. Unter Verwendung des eben Gezeigten ist $\mathbb{Z}m = \mathbb{Z}n$ äquivalent zu $m|n$ und $n|m$, was wegen $n, m \in \mathbb{N}^*$ die Gleichheit von m und n ergibt. Damit ist alles bewiesen. ∎

C Zur Erzeugung von Teilmonoiden und zyklische Gruppen Die folgende Bemerkung greift einen Aspekt des ersten Teils des Beweises von ▶Satz 6.3.4 nochmal auf. Wir werden dabei eine bestimmte Klasse von Untergruppen kennenlernen, nämlich die zyklischen Untergruppen, welche in **jeder** Gruppe auftauchen.

Bemerkung 6.3.5 Das von einem Element erzeugte Teilmonoid

Wir betrachten zunächst ein multiplikativ geschriebenes Monoid $(M, \cdot, 1)$. Es sei $g \in M$ ein beliebiges Element. Ist T ein Teilmonoid von M, welches g enthält, so gilt nach ▶Definition 6.3.1, dass mit $a := g$ und $b := g$ auch $g \cdot g = a \cdot b$ Element von T ist. Betrachtet man weiter $a := g$ und $b := g \cdot g$, so folgt, dass auch $g \cdot g \cdot g = a \cdot b$ in T enthalten ist, und so fort. Wir setzen daher $g^1 := g$ und für $n \geq 2$ aus $\mathbb{N}$ definieren wir rekursiv

$$g^n := g \cdot g^{n-1}.$$

Schließlich sei $g^0 := 1$. Damit ist (per Induktion) g^n für jedes $n \in \mathbb{N}$ definiert; ferner gilt $g^n \in T$ für alle $n \in \mathbb{N}$, da ja nach ▶Definition 6.3.1 auch $1 = g^0$ in T enthalten ist. Fazit: Jedes Teilmonoid T von M, welches das Element g enthält, muss notwendigerweise die gesamte Menge

$$g^{\mathbb{N}} := \{g^n : n \in \mathbb{N}\}$$

aller natürlichen Potenzen von g enthalten. Andererseits ist die Menge $g^{\mathbb{N}}$ aber selbst ein Teilmonoid von M, denn $1 = g^0 \in g^{\mathbb{N}}$. Weiter gilt: Sind a und b beliebige Elemente aus $g^{\mathbb{N}}$, etwa $a = g^m$ und $b = g^n$ für geeignete $m, n \in \mathbb{N}$, so folgt (mit Induktion) leicht, dass $a \cdot b = g^m \cdot g^n$ gleich g^{m+n} und wegen $m + n \in \mathbb{N}$ somit ebenfalls in $g^{\mathbb{N}}$ enthalten ist. Damit ist ▶Definition 6.3.1 verifiziert.

Vergleicht man nun die Teilmonoide von M mit der Mengeninklusion $\subseteq$, so stellt man fest, dass $g^{\mathbb{N}} \subseteq T$ für alle Teilmonoide T von M mit $g \in T$ gilt. Insofern ist $g^{\mathbb{N}}$ das kleinste Teilmonoid, welches g enthält, und als solches wird es **das von g erzeugte Teilmonoid** genannt.

Man beachte, dass ein solches Teilmonoid $g^{\mathbb{N}}$ stets kommutativ ist, selbst wenn M nicht kommutativ ist, denn jedes g ist mit sich selbst und mit jeder seiner Potenzen vertauschbar.

Bei additiv geschriebenen Verknüpfungen, also $(M, +, 0)$, notiert man $g + g =: 2g$ sowie $g + g + g =: 3g$ und induktiv $ng := g + (n-1)g$ für die n-fache Summe von g mit sich selbst; entsprechend ist $1g := g$ und $0g := 0$. Das von g erzeugte Teilmonoid $g^{\mathbb{N}}$ enthält dann alle natürlichen Vielfachen von g, also $g^{\mathbb{N}} = \{ng : n \in \mathbb{N}\}$, weshalb in diesem Fall die Schreibweise $\mathbb{N}g$ angebrachter ist als $g^{\mathbb{N}}$. Sind $a, b \in \mathbb{N}g$, etwa $a = mg$ und $b = ng$, so ist auch $a + b = (m + n)g \in \mathbb{N}g$.

Bemerkung 6.3.6 Die von einem Element erzeugte Untergruppe

Wir kehren jetzt wieder zur multiplikativen Schreibweise zurück und nehmen nun an, dass $(G, \cdot, 1)$ eine Gruppe ist. Wieder sei $g \in G$. Nun sei U eine Untergruppe von G mit $g \in U$. Da U speziell ein Teilmonoid ist, folgt $g^n \in U$ für alle $n \in \mathbb{N}$, also $g^{\mathbb{N}} \subseteq U$. Weiterhin muss aber nach ▶Definition 6.3.2 auch das Inverse g^{-1} von g in U enthalten sein, und daraus folgt, dass dann auch sämtliche natürlichen Potenzen von g^{-1} in U enthalten sind, also $(g^{-1})^{\mathbb{N}} \subseteq U$. Nun ist aber $(g^{-1})^2$ invers zu g^2 und induktiv $(g^{-1})^n$ invers zu g^n für alle $n \in \mathbb{N}$. Man schreibt daher einfach g^{-m} für $(g^{-1})^m$ (wobei $m \in \mathbb{N}$), weshalb dann $(g^{-1})^{\mathbb{N}} = \{g^{-m} : m \in \mathbb{N}\}$ ist. Folglich ist $g^{\mathbb{N}} \cup (g^{-1})^{\mathbb{N}} = \{g^z : z \in \mathbb{Z}\}$, die Menge aller Potenzen von g mit ganzzahligem Exponenten, eine Teilmenge von U. Diese Menge wollen wir im Folgenden mit $g^{\mathbb{Z}}$ bezeichnen.

Analog zur Argumentation in ▶Bemerkung 6.3.5 sehen wir als Nächstes, dass es sich bei $g^{\mathbb{Z}}$ selbst um eine Untergruppe handelt! Sind nämlich $x, y \in g^{\mathbb{Z}}$, etwa $x = g^u$ und

$y = g^v$ für geeignete u, v aus $\mathbb{Z}$, so gilt $y^{-1} = g^{-v}$ und $x \cdot y^{-1} = g^u \cdot g^{-v} = g^{u-v} \in g^{\mathbb{Z}}$, wegen $u - v \in \mathbb{Z}$, womit das Untergruppenkriterium aus ▶Satz 6.3.3-(3) nachvollzogen ist.

Zusammenfassend können wir feststellen: Vergleicht man die Untergruppen von G mit der Mengeninklusion $\subseteq$, so gilt $g^{\mathbb{Z}} \subseteq U$ für alle Untergruppen U von G mit $g \in U$. Insofern ist $g^{\mathbb{Z}}$ die kleinste Untergruppe, welche g enthält, und als solche wird sie **die von g erzeugte Untergruppe** genannt. ∎

Schreibt man die Verknüpfung additiv, also $(G, +, 0)$, so notiert man entsprechend $(-n)g := -(ng)$ für das zu ng inverse Element (mit $n \in \mathbb{N}$). Noch einfacher schreibt man dafür $-ng$. Entsprechend besteht dann die von g erzeugte Untergruppe von G aus allen ganzen Vielfachen von g, was wir durch

$$\mathbb{Z}g := \{zg : z \in \mathbb{Z}\}$$

beschreiben. Das Nachrechnen des Untergruppenkriteriums aus ▶Satz 6.3.3 liest sich in dieser Schreibweise wie folgt: $ug + (-vg) = ug - vg = (u-v)g$ für $u, v \in \mathbb{Z}$.

> **Definition 6.3.7** Eine Gruppe G heißt eine **zyklische Gruppe**, falls ein $g \in G$ existiert mit $g^{\mathbb{Z}} = G$ (in multiplikativer Schreibweise) bzw. mit $\mathbb{Z}g = G$ (bei additiver Schreibweise). Jedes solche g nennt man einen **Erzeuger von G**.

Aufgrund von ▶Satz 6.3.4 ist $(\mathbb{Z}, +, 0)$ zyklisch, weil ja $\mathbb{Z} = \{z \cdot 1 : z \in \mathbb{Z}\}$ ist. Ebenso ist jede Untergruppe $\mathbb{Z}n$ von $(\mathbb{Z}, +, 0)$ (als eigenständige Gruppe betrachtet) zyklisch. Die Erzeuger von $\mathbb{Z}n$ sind n und $-n$. Die Einheitengruppe von $(\mathbb{Z}^*, \cdot, 1)$ ist ebenfalls zyklisch; sie enthält lediglich die Elemente 1 und -1 und wird von der -1 (multiplikativ) erzeugt.

D Linksnebenklassen von Untergruppen und der Satz von Lagrange Im weiteren Verlauf dieses Abschnittes wollen wir endliche Gruppen, also Gruppen mit endlich vielen Elementen betrachten. Der Satz von Lagrange[4] schränkt die Möglichkeiten für Untergruppen einer endlichen Gruppe stark ein; er besagt nämlich, dass die Mächtigkeit einer jeden Untergruppe notwendigerweise ein Teiler der Mächtigkeit der gesamten Gruppe sein muss. Um diesen Satz zu beweisen, benötigen wir zunächst noch ein Hilfsresultat, welches auch für beliebige (also nicht notwendigerweise endliche) Gruppen gilt und jede Untergruppe mit einer bestimmten Äquivalenzrelation in Verbindung bringt.

---

[4] Joseph Louis Lagrange (1736–1813).

6 Algebraische Strukturen

> **Lemma 6.3.8** Es sei U eine Untergruppe einer (abstrakt geschriebenen) Gruppe $(G, *, e)$. Davon ausgehend ist eine Relation $\equiv_U$ auf G durch
>
> $$x \equiv_U y :\Leftrightarrow \overline{x} * y \in U \qquad (6.3.1)$$
>
> definiert, wobei $x, y \in G$ und $\overline{x}$ wieder das Inverse von x bezeichnet. Es gelten:
>
> **(1)** $\equiv_U$ ist eine Äquivalenzrelation.
>
> **(2)** Die zu x gehörende Äquivalenzklasse ist gleich $x * U := \{x * u : u \in U\}$; man nennt sie die zu x gehörende *Linksnebenklasse* von U in G.

Beweis

(1) Der Nachweis zur Äquivalenzrelation vollzieht sich im Wesentlichen durch Übersetzen der drei Eigenschaften aus ▶Definition 6.3.2 in die Eigenschaften Reflexivität, Symmetrie und Transitivität von $\equiv_U$.

Nach ▶Definition 6.3.2-(2) gilt $e \in U$. Ist $x \in G$ beliebig, so gilt $\overline{x} * x = e$. Folglich ist $x \equiv_U x$, womit die Reflexivität von $\equiv_U$ gezeigt ist. Sind $x, y \in G$ mit $x \equiv_U y$, also mit $\overline{x} * y \in U$, so ist nach ▶Definition 6.3.2-(3) auch das zu $\overline{x} * y$ gehörende Inverse, also $\overline{\overline{x} * y}$ Element von U. Nun ist aber $\overline{\overline{x} * y} = \overline{y} * (\overline{\overline{x}}) = \overline{y} * x$, sodass wegen $\overline{y} * x \in U$ dann $y \equiv_U x$ folgt, was die Symmetrie von $\equiv_U$ beweist. Sind schließlich $x, y, z \in G$ mit $x \equiv_U y$ und $y \equiv_U z$, also mit $\overline{x} * y \in U$ und mit $\overline{y} * z \in U$, so folgt aufgrund von ▶Definition 6.3.2-(1), dass auch $(\overline{x} * y) * (\overline{y} * z)$ Element von U ist. Dieses ist aber gleich $\overline{x} * (y * \overline{y}) * z = \overline{x} * e * z = \overline{x} * z$, weshalb $x \equiv_U z$ folgt, i. e. die Transitivität von $\equiv_U$. Damit ist (1) gezeigt.

(2) Nach Definition ist $x \equiv_U y$ gleichbedeutend mit $\overline{x} * y \in U$. Also gibt es ein $u \in U$ mit $\overline{x} * y = u$. Multipliziert man diese Gleichung auf beiden Seiten von links mit x, so erhält man äquivalent dazu die Gleichung $y = x * u$, denn $x * (\overline{x} * y) = (x * \overline{x}) * y = e * y = y$. Das ist gleichbedeutend damit, dass y Element von $x * U$ ist, der zu x gehörenden Linksnebenklasse von U in G. Somit ist $x * U$ in der Tat die zu x gehörende Äquivalenzklasse bzgl. $\equiv_U$. ∎

Mit Hilfe dieser Relationen $\equiv_U$ können wir nun den angekündigten Satz von Lagrange beweisen.

> **Satz 6.3.9** **von Lagrange**
>
> Es sei $(G, *, e)$ eine (abstrakt geschriebene) endliche Gruppe und U sei eine Untergruppe von G. Dann ist die Anzahl der Elemente von U ein Teiler der Anzahl der Elemente von G.

Beweis Wir betrachten die zu U gehörende Äquivalenzrelation $\equiv_U$, welche die Menge G in die Linksnebenklassen von U zerlegt. Es sei $\mathcal{L}$ ein Repräsentantensystem dieser Klassen. Mit der Summenregel folgt dann die Gleichung

$$\sum_{g \in \mathcal{L}} |g * U| = |G|.$$

Ist nun $h \in G$ beliebig, so ist die Abbildung $\alpha_h \colon U \to h * U$, $u \mapsto h * u$ eine Bijektion: Aus $\alpha_h(u) = \alpha_h(v)$, also $h * u = h * v$, folgt durch Multiplikation von links mit dem Inversen $\overline{h}$ von h sofort $u = v$, also die Injektivität von α_h; ferner ist α_h auch surjektiv, denn für jedes $x \in h * U$ gibt es ein $u \in U$ mit $x = h * u$, sodass x das Bild von u unter α_h ist. Die Gleichmächtigkeitsregel impliziert nun, dass $|U| = |h * U|$ gilt, und zwar für jedes h aus G. Die obige Summe kann damit weiter vereinfacht werden zu

$$|G| = \sum_{g \in \mathcal{L}} |g * U| = \sum_{g \in \mathcal{L}} |U| = |\mathcal{L}| \cdot |U|,$$

woran man sieht, dass $|U|$ in der Tat ein Teiler von $|G|$ ist. ∎

In der Situation von ▶Satz 6.3.9 nennt man den Quotienten $|G|/|U| \in \mathbb{N}^*$ den **Index von U in G**. Dieser wird häufig auch mit $[G \colon U]$ bezeichnet.

E **Die Ordnung eines Gruppenelementes** Wir kommen nun noch einmal auf die von einem Element g erzeugte Untergruppe $g^{\mathbb{Z}}$ (bzw. $\mathbb{Z}g$) zu sprechen (siehe ▶Bemerkung 6.3.6), wobei wir eine endliche Gruppe G zugrunde legen. In diesem Fall ist selbstverständlich auch $g^{\mathbb{Z}}$ (bzw. $\mathbb{Z}g$) endlich. Aufgrund der Anwendungen im kommenden Kapitel legen wir hierzu die multiplikative Schreibweise zugrunde. Man kann die Ergebnisse freilich auch äquivalent in die additive Schreibweise übersetzen.

Definition 6.3.10 Es sei $(G, \cdot, 1)$ eine (multiplikativ geschriebene) Gruppe. Ist $g \in G$, so nennt man die Mächtigkeit $|g^{\mathbb{Z}}|$ der von g erzeugten Untergruppe von G die **Ordnung von g**. Diese Zahl wird meist mit $\mathrm{ord}(g)$ bezeichnet.

Das neutrale Element einer jeden Gruppe hat stets die Ordnung 1. Die wichtigsten Eigenschaften der Ordnung eines Gruppenelementes sind im Folgenden zusammengefasst.

Satz 6.3.11 Es sei $(G, \cdot, 1)$ eine (multiplikativ geschriebene) endliche Gruppe. Ferner sei $g \in G$ und $l := |g^{\mathbb{Z}}|$ sei die Ordnung von g. Dann gelten:

(1) l ist die kleinste Zahl aus $\mathbb{N}^*$ mit $g^l = 1$

(2) $g^z = g^{z \bmod l}$ für jedes z aus $\mathbb{Z}$

(3) $g^{\mathbb{Z}} = g^{\mathbb{N}} = \{g^n : 0 \leq n < l\} = \{1, g, g^2, \ldots, g^{l-1}\}$

Beweis Da G endlich ist, ist auch $g^{\mathbb{N}}$, das von g erzeugte Teilmonoid von G endlich. Andererseits hat $\mathbb{N}$ unendliche Mächtigkeit und daher muss es natürliche Zahlen m, n geben mit $m < n$ und mit $g^m = g^n$. Multipliziert man beide Seiten dieser Gleichung (von rechts) mit g^{-m}, dem Inversen von g^m, so ergibt sich $1 = g^{m-m} = g^{n-m}$. Es ist daher $n - m \geq 1$ eine natürliche Zahl mit $g^{n-m} = 1$.

Nun sei k die kleinste Zahl aus $\mathbb{N}^*$ mit $g^k = 1$. Wir werden die Behauptungen (2) und (3) mit dieser Größe k anstelle $l = \mathrm{ord}(g)$ nachweisen und dann die Behauptung (1), also $k = l$ zeigen, womit der gesamte Beweis vollbracht ist.

(2) Ist $z \in \mathbb{Z}$ beliebig, so dividieren wir z durch k mit Rest und erhalten $z = qk + r$ mit $0 \leq r < k$, also mit $r = z \bmod k$. Wegen $g^k = 1$ folgt $(g^k)^q = 1^q = 1$ und damit ergibt sich
$$g^z = g^{qk+r} = g^{qk} \cdot g^r = (g^k)^q \cdot g^r = 1 \cdot g^r = g^r,$$
also $g^z = g^{z \bmod k} \in \{g^n : 0 \leq n < k\}$, was (2) entspricht.

(3) Da dies für jedes $z \in \mathbb{Z}$ gilt, ergibt sich weiter
$$g^{\mathbb{N}} \subseteq g^{\mathbb{Z}} \subseteq \{g^n : 0 \leq n < k\} \subseteq g^{\mathbb{N}}.$$

In dieser Ungleichungskette muss daher überall die Gleichheit gelten. Offensichtlich ist $\{g^n : 0 \leq n < k\}$ wegen $g^0 = 1$ und $g^1 = g$ gleich $\{1, g, g^2, \ldots, g^{k-1}\}$, womit dann auch (3) bewiesen ist.

(1) Wir zeigen abschließend, dass $\{g^n : 0 \leq n < k\}$ genau k Elemente enthält, womit dann $l = k$ folgt, da l nach Voraussetzung die Ordnung von g ist. Mit dem bereits Gezeigten gilt auf alle Fälle $l = |g^{\mathbb{Z}}| \leq k$. Wäre $l < k$, so gäbe es Reste r und s modulo k mit $r < s$ und mit $g^r = g^s$. Multipliziert man beide Seiten von rechts mit g^{-r}, dem Inversen von g^r, so ergibt sich $1 = g^{r-r} = g^{s-r}$. Nun ist $s - r \in \mathbb{N}^*$ und nach Annahme ist $k \in \mathbb{N}^*$ minimal mit $g^k = 1$. Daher muss $k \leq s - r$ gelten. Das widerspricht aber wiederum der Annahme $0 \leq r < s < k$, also $s - r < k$. Fazit: $l = k$ und alle Behauptungen sind bewiesen. ∎

Korollar 6.3.12 Ist $(G, \cdot, 1)$ eine (multiplikativ geschriebene) endliche Gruppe und ist $g \in G$ mit Ordnung $\mathrm{ord}(g) = l$, so gelten:

(1) $g^z = 1$ genau dann, wenn l Teiler von $z \in \mathbb{Z}$ ist

(2) $g^{|G|} = 1$

Beweis

(1) Es sei $z \in \mathbb{Z}$. Es sei $r := z \bmod l$ der Rest bei Division von z durch l. Nach ▶Satz 6.3.11 gilt $g^z = g^r$. Weiter ist $l \in \mathbb{N}^*$ minimal mit $g^l = 1$. Wegen $r < l$ ist daher $g^r = 1$ äquivalent mit $r = 0$, was bedeutet, dass l Teiler von z ist.

(2) Eine Anwendung des Satzes von Lagrange besagt, dass $l = |g^{\mathbb{Z}}|$ ein Teiler von $|G|$ ist. Nach (1) gilt daher $g^{|G|} = 1$. ∎

Schauen wir uns zum Ende dieses Abschnittes zwei konkrete Beispiele an.

1. Es sei $N = \{1, 2, 3, 4\}$. Wir betrachten die Permutation σ auf N, welche durch die Vorschriften
$$\sigma: 1 \mapsto 2, \quad 2 \mapsto 3, \quad 3 \mapsto 4, \quad 4 \mapsto 1$$
definiert ist. Es sind dann:
$$\sigma^2: 1 \mapsto 3, \quad 2 \mapsto 4, \quad 3 \mapsto 1, \quad 4 \mapsto 2$$
$$\sigma^3: 1 \mapsto 4, \quad 2 \mapsto 1, \quad 3 \mapsto 2, \quad 4 \mapsto 3$$
$$\sigma^4: 1 \mapsto 1, \quad 2 \mapsto 2, \quad 3 \mapsto 3, \quad 4 \mapsto 4$$
Wir sehen, dass 4 die kleinste natürliche Zahl l mit $\sigma^l = \text{id}_N$ ist, weshalb dies die Ordnung von σ ist: $\text{ord}(\sigma) = 4$. Die von σ erzeugte Gruppe ist gleich $\{\text{id}_N, \sigma, \sigma^2, \sigma^3\}$ und enthält vier Elemente. Die Menge aller Bijektionen auf N bildet die symmetrische Gruppe Sym(4) mit $4! = 24$ Elementen. Invers zu σ ist σ^3, die beiden Elemente id_N und σ^2 sind zu sich selbst invers.

2. Es sei jetzt N eine beliebige Menge. Wir betrachten die Gruppe $(\mathcal{P}(N), \triangle, \emptyset)$, also die Potenzmenge von N zusammen mit der symmetrischen Differenz. Ist $X \subseteq N$, so gilt $X \triangle X = \emptyset$, sodass jedes X zu sich selbst invers ist, wie wir aus ▶Beispiel 6.2.10-(3) wissen. Ist nun $X \neq \emptyset$, so ist $\text{ord}(X) = 2$, und die von X erzeugte Untergruppe von $\mathcal{P}(N)$ ist gleich $\{\emptyset, X\}$. Die gesamte Gruppe $\mathcal{P}(N)$ hat in dem Falle, in dem N eine endliche Menge ist, genau $2^{|N|}$ Elemente.

6.4 Ringe und Körper

Nach diesem einführenden Studium von Untergruppen wenden wir uns nun wieder der allgemeinen Axiomatik algebraischer Strukturen zu und kommen in diesem Abschnitt zu den Ringen und speziell zu den Körpern.

A Was versteht man unter der algebraischen Struktur eines Ringes? Bei den Ringen treten zwei Verknüpfungen auf, eine sog. Addition und eine sog. Multiplikation. Beim Studium solcher Objekte ist also zu klären, welche Eigenschaften einerseits die additive

Struktur und andererseits die multiplikative Struktur besitzen sollen. Darüber hinaus muss geklärt werden, wie Terme zu vereinfachen sind, in denen sowohl Multiplikation als auch Addition auftreten. Letzteres wird durch die Distributivgesetze geregelt.

> **Definition 6.4.1** Es sei R eine Menge mit zwei Verknüpfungen, einer Addition + und einer Multiplikation $\cdot$. Wir setzen voraus, dass R mindestens zwei Elemente enthält. Dann heißt $(R, +, \cdot)$ ein **Ring**, falls die folgenden Eigenschaften erfüllt sind.
>
> (1) Es gibt ein Element $0 \in R$, sodass $(R, +, 0)$ **eine kommutative Gruppe** (mit neutralem Element 0) ist.
>
> (2) Es gibt ein Element $1 \in R$, sodass $(R, \cdot, 1)$ **ein Monoid** (mit neutralem Element 1) ist.
>
> (3) Es gelten die **Distributivgesetze**:
>
> - $a(b + c) = ab + ac$ für alle $a, b, c \in R$
> - $(a + b)c = ac + bc$ für alle $a, b, c \in R$

In einem Ring R nennt man das neutrale Element 0 bzgl. der Addition die **Null des Ringes**. Entsprechend nennt man das neutrale Element 1 bzgl. der Multiplikation die **Eins des Ringes**. Häufig werden wir einfach sagen „sei R ein Ring"; will man jedoch die neutralen Elemente hervorheben, so bietet sich an zu sagen „sei $(R, +, \cdot, 0, 1)$ ein Ring".

Die Addition + in einem Ring ist stets kommutativ! Die Multiplikation $\cdot$ kann, muss aber nicht notwendigerweise kommutativ sein. Falls das Kommutativgesetz bzgl. der Multiplikation erfüllt ist, so nennt man R entsprechend einen **kommutativen Ring**. Bei kommutativen Ringen sind die beiden Distributivgesetze aufgrund der Vertauschbarkeit bei der Multiplikation gleichwertig, weshalb man dann nur eines von beiden fordern muss.

Da der Addition eines Ringes eine Gruppenstruktur zugrunde liegt, ist **jedes** Ringelement bzgl. der Addition invertierbar! Das zu $u \in R$ gehörende additive Inverse ist gemäß unserer Schreibweisen aus den ersten drei Abschnitten dieses Kapitels gleich $-u$. Bezüglich der Multiplikation **kann** u invertierbar sein, das muss aber nicht zwingend so sein. Wenn man im Rahmen eines Ringes von der Inversenbildung redet, ist daher meist, sofern möglich, die multiplikative Invertierbarkeit gemeint. Insgesamt zeigt dies, dass die multiplikative Struktur eines Ringes viel Spielraum für eine Fülle von Variationen lässt, wie wir anhand von vielfältigen Beispielen noch sehen werden.

Zu den Distributivgesetzen wäre noch zu sagen, dass wir die Multiplikationsbezeichnung · der Einfachheit halber weggelassen haben. Ferner bedeutet etwa $ab + ac$ eigentlich $(ab) + (ac)$. Da aber (wie aus der Schule beim Rechnen mit reellen Zahlen bekannt) der Multiplikation auch bei abstrakten Ringen eine höhere Priorität als der Addition eingeräumt wird, können diese Klammern weggelassen werden. Im Term $(a + b)c$ sind Klammern freilich notwendig, um der Addition von a und b eine höhere Priorität als der Multiplikation mit c einzuräumen.

Beispiel 6.4.2 **Zahlbereiche**

Wir betrachten die natürlichen, die ganzen, die rationalen und die reellen Zahlen zusammen mit der üblichen Addition und der üblichen Multiplikation. Es ist $(\mathbb{N}, +, \cdot, 0, 1)$ kein Ring, weil $(\mathbb{N}, +, 0)$ keine Gruppe ist. Die folgenden drei Zahlbereiche sind aber allesamt Ringe:

$$(\mathbb{Z}, +, \cdot, 0, 1), \quad (\mathbb{Q}, +, \cdot, 0, 1), \quad (\mathbb{R}, +, \cdot, 0, 1)$$

B Allgemeine Rechengesetze bei Ringen Wir kommen nun zu den wichtigsten Rechengesetzen bei Ringen, welche uns durch den Umgang mit ganzen, rationalen oder reellen Zahlen sehr vertraut vorkommen werden. Der Grund, warum wir einen Nachweis führen ist der, dass diese Gesetze sich allein als Folgerungen der Ring-Axiome ergeben und daher in einem jeden (Modell für einen) Ring gelten, insbesondere bei den Zahlbereichen $\mathbb{Z}$ und $\mathbb{Q}$ und $\mathbb{R}$.

Satz 6.4.3 In einem Ring $(R, +, \cdot, 0, 1)$ gelten die folgenden Gesetze:

(1) $a \cdot 0 = 0 = 0 \cdot a$ für jedes $a \in R$

(2) $a(-b) = (-a)b = -(ab)$ für alle $a, b \in R$

(3) $(-a)(-b) = ab$ für alle $a, b \in R$

Beweis

(1) Da 0 das neutrale Element bzgl. der Addition ist, gilt $0 + 0 = 0$ und daher ist $0 \cdot a = (0 + 0) \cdot a$ für jedes $a \in R$. Das Distributivgesetz liefert somit $0 \cdot a = 0 \cdot a + 0 \cdot a$. Nun addiert man auf beiden Seiten mit $-(0 \cdot a)$, dem additiven Inversen von $0 \cdot a$, und erhält aufgrund der Neutralität von 0 sogleich $0 = 0 \cdot a$. Ganz analog zeigt man die Gültigkeit von $a \cdot 0 = 0$ für jedes $a \in R$.

(2) Aufgrund des Distributivgesetzes gilt $ab + a(-b) = a(b + (-b)) = a \cdot 0$. Nach (1) ist dies gleich 0. Das bedeutet aber, dass $a(-b)$ additiv invers zu ab und daher gleich $-(ab)$ ist. Ebenso gilt $ab + (-a)b = (a + (-a))b = 0 \cdot b = 0$, weshalb auch $(-a)b$ additiv

invers zu ab ist. Aufgrund der Eindeutigkeit von (additiven) Inversen folgt somit die Behauptung.[5]

(3) Unter erneuter Verwendung des Distributivgesetzes und (1) gilt $(-a)(-b) + (-a)b = (-a)((-b) + b) = (-a) \cdot 0 = 0$. Also ist $(-a)(-b)$ additiv invers zu $(-a)b$. Da Letzteres nach (2) aber gleich $-ab$ ist, folgt $(-a)(-b) = -(-ab) = ab$, die Behauptung. ∎

Es folgen einige Bemerkungen zu ▶Satz 6.4.3:

1. Wählt man in (2) speziell $a = 1$, so folgt $-b = 1 \cdot (-b) = (-1) \cdot b$ für alle $b \in R$.

2. Sind $a = 1$ und $b = 1$, so erhält man $(-1)^2 = 1$ aus (3).

3. Ist $R = \{x\}$ eine Menge, welche nur ein einziges Element x enthält, so sind trivialerweise durch $x \cdot x = x$ und $x + x = x$ zwei Verknüpfungen gegeben, welche alle Axiome aus ▶Definition 6.4.1 erfüllen. Hierbei ist x sowohl neutral bzgl. der Addition als auch neutral bzgl. der Multiplikation. Um diesen langweiligen Fall auszuschließen, haben wir in ▶Definition 6.4.1 gefordert, dass ein Ring wenigstens zwei verschiedene Elemente haben soll.

4. Ist also R ein Ring, so gibt es ein $a \in R$ mit $a \neq 0$. Aufgrund der Neutralität von 1 ist $1 \cdot a = a$. Wegen ▶Satz 6.4.3 ist weiter $0 \cdot a = 0$. Wegen $0 \neq a$ ist daher $1 \cdot a \neq 0 \cdot a$ und und die beiden neutralen Elemente, nämlich 0 und 1, müssen verschieden sein, i. e. $0 \neq 1$.

Ab jetzt bezeichne (ähnlich wie bei den Zahlbereichen) R^* die Teilmenge der von 0 verschiedenen Elemente aus R. Es ist also $1 \in R^* = R \setminus \{0\}$.

C Integritätsbereiche Wir werden im Verlaufe dieses Buches noch viele wichtige Beispiele von Ringen kennenlernen, u. a. sind Restklassenringe, Matrizenringe, Polynomringe und formale Potenzreihenringe zu nennen. Bevor wir zu einigen einfachen Beispielen kommen, fahren wir an dieser Stelle mit zwei Definitionen fort, um spezielle Ringe hervorzuheben.

Definition 6.4.4 Es sei $(R, +, \cdot, 0, 1)$ ein Ring. Ist $(R^*, \cdot, 1)$ ein Teilmonoid von $(R, \cdot, 1)$, so nennt man R einen **Integritätsbereich** (kurz: **Bereich**, engl.: *domain*).

Will man von einem Ring zeigen, dass es sich um einen Integritätsbereich handelt, so muss man nur nachweisen, dass $R^* = R \setminus \{0\}$ bzgl. der Multiplikation abgeschlossen ist (siehe ▶Definition 6.3.1, wir haben ja soeben gesehen, dass wegen $0 \neq 1$ das Element 1

---
[5] Man schreibt daher auch einfach $-ab$ für $-(ab)$.

in R^* enthalten ist). Das bedeutet wiederum: Sind $x, y \in R^*$, so ist auch $xy \in R^*$, d. h., ist $x \neq 0$ und ist $y \neq 0$, so ist auch $xy \neq 0$. Nochmals anders ausgedrückt bedeutet die Eigenschaft „Integritätsbereich":

- Sind $a, b \in R$ mit $ab = 0$, so folgt $a = 0$ oder $b = 0$, i. e., „ein Produkt ist genau dann gleich null, wenn wenigstens ein Faktor gleich null ist".

Somit sind die Zahlbereiche $(\mathbb{Z}, +, \cdot, 0, 1)$ und $(\mathbb{Q}, +, \cdot, 0, 1)$ sowie $(\mathbb{R}, +, \cdot, 0, 1)$ allesamt Integritätsbereiche. Wir werden später sowohl kommutative als auch nichtkommutative Ringe kennenlernen, die keine Bereiche sind.

Liegt ein Integritätsbereich zugrunde, so kann man aus $a \neq 0$ und der Gleichung $ab = ac$ folgern, dass $b = c$ ist. Diesen Vorgang bezeichnet man auch als **Kürzungsregel**. Es ist nämlich $ab = ac$ äquivalent zu $ab - ac = 0$, also zu $a(b - c) = 0$. Ist also $a \neq 0$, so muss $b - c = 0$ sein, was wiederum $b = c$ bedeutet. Liegt hingegen ein allgemeiner Ring zugrunde, so kann man aus $a \neq 0$ und $ab = ac$ nicht unbedingt $b = c$ folgern!

D **Die Einheitengruppe eines Ringes, Schiefkörper und Körper** Der Begriff „Einheitengruppe eines Ringes" bezieht sich auf die multiplikative Struktur.

> **Definition 6.4.5** Die **Einheitengruppe** $E(R)$ eines Ringes $(R, +, \cdot, 0, 1)$ ist die Menge der Elemente, die bzgl. der Multiplikation invertierbar sind, also
>
> $$E(R) := \{x \in R : \text{es gibt ein } y \in R \text{ mit } xy = 1 = yx\}.$$
>
> In diesem Zusammenhang nennt man die multiplikativ invertierbaren Elemente von R auch **Einheiten** von R.

Ist x eine Einheit von R, so ist x von 0 verschieden. Ist nämlich y multiplikativ invers zu x, so folgte aus $x = 0$ durch Multiplikation beider Seiten mit y, dass $xy = 0 \cdot y = 0$ ist. Nun ist aber $xy = 1$ sowie $0 \neq 1$, was einen Widerspruch liefert. Insofern ist die Einheitengruppe $E(R)$ eines Ringes stets eine Teilmenge von R^*.

So wie die vollkommensten Monoide die Gruppen sind, spielen die Ringe, in denen man (wie eben gesehen mit der notwendigen Ausnahme der Null) uneingeschränkt multiplikativ invertieren kann, eine wichtige Rolle. Es sind dies die Schiefkörper und, im kommutativen Fall, die Körper.

Definition 6.4.6 Es sei $(K, +, \cdot, 0, 1)$ ein Ring. Annahme, jedes $x \in K^*$ ist multiplikativ invertierbar,[6] was damit gleichbedeutend ist, dass $(K^*, \cdot, 1)$ eine Gruppe ist. Dann nennt man K einen **Schiefkörper**. Ist K zudem ein kommutativer Ring, was damit gleichbedeutend ist, dass $(K^*, \cdot, 1)$ eine kommutative bzw. abelsche Gruppe ist, so nennt man K einen **Körper**.

Es ist $(\mathbb{Z}, +, \cdot, 0, 1)$ kein Körper, da lediglich 1 und -1 Einheiten in $\mathbb{Z}$ sind. Allerdings bilden die rationalen Zahlen $(\mathbb{Q}, +, \cdot)$ ebenso wie die reellen Zahlen $(\mathbb{R}, +, \cdot)$ jeweils Körper. Mit den komplexen Zahlen $\mathbb{C}$ werden wir im nächsten Abschnitt einen weiteren Körper kennenlernen; es handelt sich dabei um eine Erweiterung der reellen Zahlen. Des Weiteren werden wir im übernächsten Abschnitt die komplexen Zahlen ihrerseits zum Zahlbereich der Quaternionen erweitern. Diese Quaternionen bilden einen Schiefkörper, welcher kein Körper ist; in einem solchen Fall spricht man von einem **echten Schiefkörper**.

E Grundlegende Beispiele von Ringen Nachdem wir nun alle wichtigsten grundlegenden Definitionen von Ringen beisammen haben, werden wir uns einigen einfachen Beispielen widmen.

Beispiel 6.4.7 n-Tupel über Ringe

Es sei $(R, +, \cdot, 0, 1)$ ein Ring und $n \in \mathbb{N}^*$. Versieht man R^n, die Menge aller n-Tupel über R mit der punktweisen Addition $\oplus$ und der punktweisen Multiplikation $\odot$, so erhält man einen Ring $(R^n, \oplus, \odot)$, dessen Null das n-Tupel $(0, 0, \ldots, 0)$ und dessen Eins das n-Tupel $(1, 1, \ldots, 1)$ ist. Mit diesen punktweisen Operationen ist R^n genau dann kommutativ, wenn R kommutativ ist. Wie wir ebenfalls aus dem Abschnitt über Monoide wissen, ist die Einheitengruppe dieses Ringes gleich $E(R)^n$, dem n-fachen kartesischen Produkt der Einheitengruppe von R (versehen mit der punktweisen Multiplikation).

Ist $n \geq 2$, so handelt es sich bei $(R^n, \oplus, \odot)$ nicht um einen Integritätsbereich, selbst wenn R ein Integritätsbereich ist (ja selbst, wenn R ein Körper sein sollte): Ist nämlich e^i das n-Tupel, welches an der i-ten Position eine 1 und an allen anderen Positionen einen 0-Eintrag hat, so gilt $e^i \odot e^j = (0, 0, \ldots, 0)$, falls $i \neq j$, also beispielsweise $e^1 \odot e^2 = (0, 0, \ldots, 0)$. ∎

Beispiel 6.4.8 Ringstrukturen bei Mengensystemen

Ausgehend von einer nichtleeren Menge N betrachten wir die Potenzmenge $\mathcal{P}(N)$ zusammen mit der symmetrischen Differenz $\triangle$ (als Addition) und der Schnittmengen-

---

[6] In diesem Fall ist, wie man als Übung nachrechnen möge, $(K, +, \cdot, 0, 1)$ automatisch ein Integritätsbereich!

6.4 Ringe und Körper

bildung ∩ (als Multiplikation). Aufgrund der entsprechenden Beispiele aus den beiden Abschnitten über Monoide und Gruppen wissen wir bereits, dass $(\mathcal{P}(N), \Delta, \emptyset)$ eine kommutative Gruppe und $(\mathcal{P}(N), \cap, N)$ ein kommutatives Monoid darstellen. Durch den nun folgenden Nachweis des Distributivgesetzes $X \cap (Y \Delta Z) = X \cap Y \Delta X \cap Z$ erhalten wir sodann, dass es sich bei $(\mathcal{P}(N), \Delta, \cap, \emptyset, N)$ um einen kommutativen Ring handelt. Dazu bedienen wir uns, ähnlich wie bei der Assoziativität von Δ in ▶Beispiel 6.1.9, einer Wahrheitstafel.

X	Y	Z	$Y \Delta Z$	$X \cap Y$	$X \cap Z$	$X \cap (Y \Delta Z)$	$X \cap Y \Delta X \cap Z$
1	1	1	0	1	1	0	0
1	1	0	1	1	0	1	1
1	0	1	1	0	1	1	1
1	0	0	0	0	0	0	0
0	1	1	0	0	0	0	0
0	1	0	1	0	0	0	0
0	0	1	1	0	0	0	0
0	0	0	0	0	0	0	0

Es ist zu bemerken, dass dieser Ring kein Integritätsbereich ist, wenn N mehr als ein Element enthält. Sind nämlich x und y zwei verschiedene Elemente von N und wählt man beispielsweise $X = \{x\}$ und $Y = \{y\}$, so gilt $X \cap Y = \emptyset$. Das bedeutet, dass das Produkt von X und Y hier gleich null ist, ohne dass einer der Faktoren gleich null ist. Hat N hingegen nur ein Element, so ist $\mathcal{P}(N) = \{\emptyset, N\}$, und in diesem Fall liegt dann ein Körper vor, den wir aufgrund seiner Wichtigkeit als eigenes Beispiel gleich anschließend nochmals betrachten wollen. ∎

Beispiel 6.4.9 **Der binäre Körper**

Ausgehend von einer einelementigen Menge N betrachten wir nochmals den Ring $(\mathcal{P}(N), \Delta, \cap, \emptyset, N)$ aus dem letzten Beispiel. (Allgemeiner könnte man, ausgehend von einer beliebigen nichtleeren Menge N, anstatt $\mathcal{P}(N)$ auch das zweielementige Mengensystem $\{\emptyset, N\}$ betrachten.)

Schauen wir uns ebenfalls nochmals alternativ die Menge $\{w, f\}$ der beiden logischen Wahrheitswerte, versehen mit den Verknüpfungen xor (als Addition) und der Konjunktion $\wedge$ (als Multiplikation), siehe Abschnitt 1.4, an. Wir übersetzen nun Elemente samt Operationen gemäß folgender Tabelle

$\{w, f\}$	$\{\emptyset, N\}$	$\mathbb{F}_2$
$\wedge$	$\cap$	$\cdot$
xor	Δ	$+$
f	$\emptyset$	0
w	N	1

und erhalten eine Struktur $(\mathbb{F}_2, +, \cdot, 0, 1)$ mit Verknüpfungen

$$
\begin{array}{c|cc}
+ & 0 & 1 \\
\hline
0 & 0 & 1 \\
1 & 1 & 0
\end{array}
\quad \text{und} \quad
\begin{array}{c|cc}
\cdot & 0 & 1 \\
\hline
0 & 0 & 0 \\
1 & 0 & 1
\end{array},
\qquad (6.4.1)
$$

welche man die **binäre Addition** (bzw. die **Addition modulo** 2) und die **binäre Multiplikation** (bzw. die **Multiplikation modulo 2**) nennt. Diese Struktur ist sicher eine der grundlegendsten Objekte der Informatik. Es handelt sich dabei in der Tat um einen Körper, nämlich den sog. binären Körper bzw. den **Restklassenkörper modulo** 2, welcher uns im nächsten Kapitel 7 u. a. im Rahmen der Grundlagen der Codierungstheorie als Komponentenbereich von (binären) Codes begegnen wird.

Obwohl die Menge $\mathbb{F}_2$ als Grundmenge für einen Körper kleinstmöglich ist, erweist sich das Nachrechnen sämtlicher Axiome der Körpereigenschaft von $\mathbb{F}_2$ allein anhand der obigen Verknüpfungstafeln (6.4.1) als recht mühsam. Glücklicherweise wissen wir aber aufgrund der Herkunft bereits, dass es sich bei $(\mathbb{F}_2, +, \cdot, 0, 1)$ um einen kommutativen Ring handelt, weil dies allgemein bei $(\mathcal{P}(N), \triangle, \cap, \emptyset, N)$ der Fall ist. Ferner ist $\mathbb{F}_2^* = \{1\}$ und die 1 stets invertierbar, womit dann sämtliche Körperaxiome erfüllt sind.

In Verallgemeinerung zum binären Körper werden wir im folgenden Kapitel mit der Addition und der Multiplikation modulo $n \in \mathbb{N}$ (mit $n \geq 2$) weitere Ringe kennenlernen, die sog. Restklassenringe.

F **Eine Übersicht verschiedener Kategorien von Ringen** Zum Ausklang dieses Abschnittes folgt eine kleine Übersicht über die verschiedenen Kategorien von Ringen zusammen mit Beispielklassen, die im weiteren Verlauf des vorliegenden Textes noch vorkommen werden.

[1]: Matrixringe bzw. Matrixalgebren
[2]: ganze Zahlen,
Polynomringe,
formale Potenzreihenringe
[3]: Restklassenring modulo n, wobei n keine Primzahl,
Folgen über einem Körper mit punktweiser Addition/Multiplikation
[4]: rationale Zahlen,
reelle Zahlen,
komplexe Zahlen,
Restklassenring modulo p mit p Primzahl,
rationale Funktionen
[5]: der Quaternionenschiefkörper

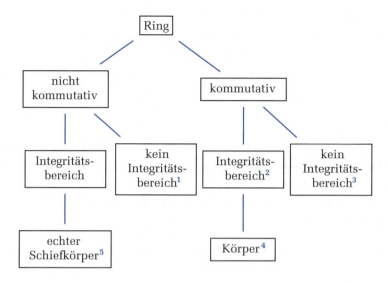

6.5 Der Körper der komplexen Zahlen

In diesem Abschnitt wollen wir zeigen, wie man den Zahlbereich $\mathbb{R}$ der reellen Zahlen zum Zahlbereich $\mathbb{C}$ der komplexen Zahlen erweitern kann. Unter dem Gesichtspunkt dieses Kapitels ist dann $\mathbb{C}$ ein weiteres Beispiel für einen Körper. Im Rahmen der Analysis (Teil IV) werden wir weitere spezifische Eigenschaften von $\mathbb{C}$ kennenlernen und damit unser Wissen über die komplexen Zahlen vertiefen.

A Grundmenge, Verknüpfungen und Nachweis der Körpereigenschaft Wir beginnen mit der Menge $C := \mathbb{R} \times \mathbb{R}$ aller Paare reeller Zahlen. Darauf werden wie folgt zwei Verknüpfungen, eine Addition und eine Multiplikation eingeführt:

$$\text{Addition:} \quad (a, b) + (c, d) := (a + c, b + d) \tag{6.5.1}$$

$$\text{Multiplikation:} \quad (a, b)(c, d) := (ac - bd, ad + bc) \tag{6.5.2}$$

Bei der Addition handelt es sich um die bereits bekannte komponentenweise Addition. Die Multiplikation sieht auf den ersten Blick etwas merkwürdig aus, wir werden dies aber später rückwirkend motivieren können. Momentan mag der folgende Satz als Existenzberechtigung dieser Multiplikation genügen, wonach es sich bei C zusammen mit diesen beiden Operationen um einen Körper handelt. Man beachte auch, dass die punktweise Multiplikation zwar näherliegt, aber hier nicht zu einem Integritätsbereich und damit auch nicht zu einem Körper führen kann, wie wir anhand von ▶Beispiel 6.4.7 wissen.

6   Algebraische Strukturen

> **Satz 6.5.1**   Bezüglich der beiden eben eingeführten Verknüpfungen bildet C einen Körper. Man nennt C den **Körper der komplexen Zahlen**.

Beweis   Zum Beweis dieses Satzes sind die drei Bedingungen aus Definition 6.4.1 nachzuweisen.

(1) Wir beginnen mit der additiven Struktur. Wegen $C = \mathbb{R}^2$ handelt es sich bei der Addition (wie gesagt) um die komponentenweise (bzw. punktweise) Addition. Da der Komponentenbereich $(\mathbb{R}, +, 0)$ eine kommutative Gruppe ist, ist auch C bzgl. $+$ eine kommutative Gruppe. Das Nullelement ist $(0, 0)$; das additive Inverse zu (a, b) ist $-(a, b) := (-a, -b)$.

(2) Für die multiplikative Struktur ist nachzuweisen, dass es sich bei $C^* = C \setminus \{(0, 0)\}$ um eine kommutative Gruppe bzgl. der Multiplikation handelt. Im Einzelnen bedeutet das den Nachweis

- des Assoziativgesetzes der Multiplikation,
- des Kommutativgesetzes der Multiplikation,
- der Existenz eines neutralen Elementes bzgl. der Multiplikation,
- der multiplikativen Invertierbarkeit eines jeden Elementes aus C^*.

Beim Nachweis des Assoziativgesetzes der Multiplikation berechnet man zunächst

$$((a, b)(c, d))(e, f) = (ac - bd, ad + bc)(e, f)$$
$$= ((ac - bd)e - (ad + bc)f, (ac - bd)f + (ad + bc)e)$$
$$= (ace - bde - adf - bcf, acf - bdf + ade + bce)$$

unter Verwendung der üblichen Rechengesetze reeller Zahlen. Entsprechend gilt aber auch

$$(a, b)((c, d)(e, f)) = (a, b)(ce - df, cf + de)$$
$$= (a(ce - df) - b(cf + de), a(cf + de) + b(ce - df))$$
$$= (ace - adf - bcf - bde, acf + ade + bce - bdf).$$

Eine kleine Änderung der Reihenfolge zeigt, dass die beiden Endpaare gleich sind, womit die Gültigkeit des Assoziativgesetzes gezeigt ist. Entsprechend gilt das Kommutativgesetz:

$$(a, b)(c, d) = (ac - bd, ad + bc) = (ca - db, cb + da) = (c, d)(a, b)$$

Wir machen uns als Nächstes auf die Suche nach einem Einselement (u, v). Ein solches Element muss für alle $(a, b) \in C$ die Gleichung $(a, b) = (a, b)(u, v)$ erfüllen (aufgrund der bereits nachgewiesenen Kommutativität ergibt sich dann $(u, v)(a, b) = (a, b)$ für alle

$a, b \in \mathbb{R}$ automatisch). Ausmultiplizieren liefert $(a, b)(u, v) = (au - bv, av + bu)$, was somit zur Bedingung

$$au - bv = a \text{ und } av + bu = b \text{ für alle } a, b \in \mathbb{R}$$

führt. Wählen wir nun speziell $(a, b) = (0, 1)$, so liefert die erste Gleichung $-v = 0$, also $v = 0$, während die zweite Gleichung $u = 1$ ergibt. Demnach ist $(1, 0)$ der einzige Kandidat für eine Eins in C. In der Tat ist

$$(a, b)(1, 0) = (a \cdot 1 - b \cdot 0, a \cdot 0 + b \cdot 1) = (a - 0, 0 + b) = (a, b) \quad \text{für alle } (a, b) \in C,$$

sodass $(C, \cdot, (1, 0))$ insgesamt ein kommutatives Monoid ist.

Als Nächstes zeigen wir, dass jedes $(a, b) \neq (0, 0)$ multiplikativ invertierbar ist. Wir nehmen dazu an, dass (a, b) eine Einheit in C ist, und versuchen über die Beziehung $(a, b)(x, y) = (1, 0)$ einerseits Bedingungen für (a, b) und andererseits Formeln für (x, y) in Abhängigkeit von (a, b) zu finden. (Wegen der Kommutativität der Multiplikation gilt dann automatisch auch $(x, y)(a, b) = (1, 0)$.) Ausmultiplizieren liefert zunächst $(a, b)(x, y) = (ax - by, ay + bx)$, sodass ein komponentenweiser Vergleich mit $(1, 0)$ zu den beiden Gleichungen

$$ax - by = 1 \text{ und } ay + bx = 0$$

führt. An dieser Stelle ist eine Fallunterscheidung sinnvoll.

- Ist $b = 0$, so ist $a \neq 0$ wegen $(a, b) \neq (0, 0)$. Mit $b = 0$ folgt aus der ersten Gleichung dann $ax = 1$, also $x = \frac{1}{a}$. Aus der zweiten Gleichung folgt $ay = 0$ und somit $y = 0$, da ja $a \neq 0$ ist.

- Wir nehmen nun an, dass $b \neq 0$ ist. Dann liefert das Auflösen der zweiten Gleichung $ay + bx = 0$ nach x, dass $x = -\frac{ay}{b}$ ist. Setzt man dies in die erste Gleichung $ax - by = 1$ ein, so ergibt sich $-\frac{a^2 y}{b} - by = 1$. Löst man dies wiederum nach y auf, so erhält man:

$$y = \left(-\frac{a^2}{b} - b\right)^{-1} = \left(-\frac{a^2}{b} - \frac{b^2}{b}\right)^{-1} = (-1)^{-1} \cdot \left(\frac{a^2 + b^2}{b}\right)^{-1} = -\frac{b}{a^2 + b^2}$$

Dabei erinnere man sich an den aus der Schule bekannten Sachverhalt, wonach u^2 für jede von 0 verschiedene reelle Zahl echt größer als 0 ist, weshalb $a^2 + b^2 \neq 0$ für $(a, b) \neq (0, 0)$ folgt. Setzt man dies wiederum in die erste nach x aufgelöste Gleichung ein, so ergibt sich $x = \frac{a}{a^2 + b^2}$. Damit sind die Zahlen x und y ganz in den Eingangszahlen a und b ausgedrückt.

Es ist zu erwähnen, dass die beiden eben berechneten Terme auch für $b = 0$ sinnvoll sind, denn dann erhält man $x = \frac{1}{a}$ und $y = 0$ wie im ersten Fall. Rein vom Ergebnis her wäre also keine Fallunterscheidung notwendig gewesen; allein der Rechenweg hat diese benötigt.

Zusammenfassend erhalten wir also: Ist $(a, b) \neq (0, 0)$, so ist (a, b) multiplikativ invertierbar und es gilt

$$(a, b)^{-1} = \left(\frac{a}{a^2 + b^2}, -\frac{b}{a^2 + b^2} \right), \tag{6.5.3}$$

was man im Nachhinein nochmals direkt durch

$$(a, b)\left(\frac{a}{a^2 + b^2}, -\frac{b}{a^2 + b^2} \right) = \left(\frac{a^2 + b^2}{a^2 + b^2}, \frac{-ab + ba}{a^2 + b^2} \right) = (1, 0)$$

verifizieren kann. Damit ist dann insgesamt erkannt, dass $(C^*, \cdot, (1, 0))$ eine kommutative Gruppe ist.

(3) Schließlich rechnet man das Distributivgesetz nach (aufgrund der Kommutativität der Multiplikation genügt es, ein Distributivgesetz zu zeigen). Dazu seien (a, b) und (c, d) sowie (e, f) drei beliebige Paare aus C. Dann gilt (unter Verwendung des Distributivgesetzes in $\mathbb{R}$):

$$\begin{aligned}
(a, b)((c, d) + (e, f)) &= (a, b)(c + e, d + f) \\
&= (a(c + e) - b(d + f), a(d + f) + b(c + e)) \\
&= (ac + ae - bd - bf, ad + af + bc + be) \\
&= ((ac - bd) + (ae - bf), (ad + bc) + (af + be)) \\
&= (ac - bd, ad + bc) + (ae - bf, af + be) \\
&= (a, b)(c, d) + (a, b)(e, f)
\end{aligned}$$

Damit ist alles bewiesen. ∎

B Die reellen Zahlen als Teilkörper der komplexen Zahlen Wir haben eingangs bemerkt, dass es sich bei C um eine Erweiterung der reellen Zahlen handelt, was wir nun genauer begründen wollen. Dazu betrachten wir die Abbildung

$$\Psi: \mathbb{R} \to C, \quad a \mapsto (a, 0). \tag{6.5.4}$$

Diese ist injektiv und darüber hinaus sowohl mit der Addition als auch mit der Multiplikation auf $\mathbb{R}$ vertauschbar, es gilt nämlich $\Psi(a+b) = (a+b, 0) = (a, 0) + (b, 0) = \Psi(a) + \Psi(b)$ sowie $\Psi(ab) = (ab, 0) = (a, 0)(b, 0) = \Psi(a)\Psi(b)$ für alle $a, b \in \mathbb{R}$. Damit überträgt sich bijektiv die Körperstruktur von $\mathbb{R}$ auf die Teilmenge $R := \{(a, 0) : a \in \mathbb{R}\}$ von C (welche gleich dem Bild von Ψ ist), weshalb man $\mathbb{R}$ mit R einfach **identifizieren** kann[7]. In diesem Sinne ist dann $\mathbb{R}$ ein **Teilkörper** von C.[8]

C Imaginäre Einheit, Real- und Imaginärteil Ein wesentlicher Unterschied zwischen den reellen Zahlen $\mathbb{R}$ und den komplexen Zahlen C besteht darin, dass man in C (im

---

[7] Siehe auch Kapitel 8 zum Thema „Homomorphismen".
[8] Unter einem Teilkörper F eines Körpers K versteht man allgemein eine nichtleere Teilmenge F von K, welche unter der Addition und der Multiplikation abgeschlossen ist und diesbezüglich einen eigenständigen Körper bildet.

Gegensatz zu $\mathbb{R}$) **jede** quadratische Gleichung lösen kann (siehe Abschnitt F). Wir betrachten hier die spezielle Gleichung $X^2 = -1$. Diese hat in $\mathbb{R}$ keine Lösung, da ja $X^2 \geq 0 > -1$ für alle $X \in \mathbb{R}$ ist. In C hat die Gleichung hingegen die Lösung $X = (0, 1)$, denn

$$(0, 1)(0, 1) = (-1, 0) = \Psi(-1),$$

was vermöge der Abbildung Ψ aus (6.5.4) ja der Zahl -1 aus $\mathbb{R}$ entspricht. Neben $(0, 1)$ ist auch noch $(0, -1)$ eine weitere komplexe Lösung dieser quadratischen Gleichung. Die erste Lösung $(0, 1)$ ist eine ausgezeichnete komplexe Zahl, welche dementsprechend einen eigenen Namen erhält.

Definition 6.5.2 Man nennt die komplexe Zahl $(0, 1)$ die **imaginäre Einheit** von C und schreibt diese einfach als i bzw. als $\sqrt{-1}$.

Es sei nun i die imaginäre Einheit von C. Sind weiter $a, b \in \mathbb{R}$ beliebig, so ist

$$(a, 0) + (b, 0)i = (a, 0) + (b, 0)(0, 1) = (a, 0) + (0, b) = (a, b).$$

Definiert man daher $a \cdot (x, y) := (ax, ay)$ für $a \in \mathbb{R}$ und $(x, y) \in C$, identifiziert man $(u, 0)$ mit u für $u \in \mathbb{R}$ wie oben vermöge Ψ und schreibt man schließlich $\mathbb{C}$ für C, so ergibt sich insgesamt

$$(a, b) = (a, 0) + (0, b) = a(1, 0) + b(0, 1) = a + bi$$

und damit

$$\mathbb{C} = \{a + bi : a, b \in \mathbb{R}\}, \tag{6.5.5}$$

was der üblichen Schreibweise für die komplexen Zahlen entspricht. In der Tat gilt $a + bi = c + di$ für $a, b, c, d \in \mathbb{R}$ ausschließlich, wenn $a = c$ und $b = d$ gilt! Aus dieser Gleichung folgt nämlich $a - c = (d - b)i$ und bei $d \neq b$ erhielte man, dass $i = \frac{a-c}{d-b}$ reell wäre, ein Widerspruch. Also ist $b = d$ und damit auch $a = c$.

Definition 6.5.3 Es seien $a, b \in \mathbb{R}$ und z sei die komplexe Zahl $a + bi$. Dann heißt $a =: \Re(z)$ der **Realteil** von z und $b =: \Im(z)$ der **Imaginärteil** von z.

Wir wollen nun nochmals die arithmetischen Operationen der komplexen Zahlen anhand der verkürzten Schreibweise rekapitulieren. Dazu seien $a + bi$ und $c + di$ zwei komplexe Zahlen.

1. **Addition**: $(a + bi) + (c + di) = (a + c) + (b + d)i$

   Der Realteil der Summe ist also gleich der Summe der beiden Realteile, während der Imaginärteil der Summe gleich der Summe der beiden Imaginärteile ist.

2. **Multiplikation**: Die Frage ist, wie Real- und Imaginärteil des Produktes $(a+bi)(c+di)$ aussehen. Wenn uns die Multiplikationsregel für komplexe Zahlen entfallen sein sollte, so ist dies nicht weiter tragisch, weil wir sie jetzt durch Termvereinfachung wiederentdecken werden. Dazu multiplizieren wir, unter Anwendung des Distributivgesetzes, das Produkt $(a + bi)(c + di)$ aus zu

$$ac + bci + adi + bdi^2.$$

Das Quadrat der imaginären Einheit ist aber gleich $i^2 = -1$, sodass sich dies vereinfacht zu

$$ac + bci + adi - bd = (ac - bd) + (ad + bc)i.$$

Entsprechend ist der Realteil des Produktes gleich $ac - bd$ und der Imaginärteil des Produktes gleich $ad + bc$.

3. Betrachten wir auch nochmals das **multiplikative Invertieren**. Wie sehen Real- und Imaginärteil von $(a + bi)^{-1}$ bei $(a, b) \neq (0, 0)$ aus? Multipliziert man die komplexe Zahl $a + bi$ mit $a - bi$, so ergibt sich wegen $i^2 = -1$ aufgrund der dritten binomischen Formel

$$(a + bi)(a - bi) = a^2 - (bi)^2 = a^2 - b^2 i^2 = a^2 + b^2,$$

eine rein reelle Zahl. Entsprechend ist dann

$$(a + bi) \cdot \left[\frac{1}{a^2 + b^2} \cdot (a - bi) \right] = (a + bi) \cdot \left(\frac{a}{a^2 + b^2} - \frac{b}{a^2 + b^2} i \right) = 1,$$

weshalb $\frac{a}{a^2+b^2} - \frac{b}{a^2+b^2} \cdot i$ multiplikativ invers zu $a + bi$ ist.

D **Die konjugiert Komplexe und der Betrag einer komplexen Zahl** Zum Abschluss dieses Abschnittes wollen wir auf einige wichtige geometrische Eigenschaften der komplexen Zahlen eingehen. Dazu erinnern wir nochmals an den Ausgangspunkt unserer Untersuchungen, wonach jede komplexe Zahl $a + bi$ dem Punkt (a, b) der euklidschen Ebene $\mathbb{R} \times \mathbb{R}$ entspricht.

> **Definition 6.5.4** Es seien $a, b \in \mathbb{R}$ und $z = a + bi$ sei die komplexe Zahl mit Realteil a und Imaginärteil b. Die zu z gehörende **konjugiert komplexe Zahl** ist $\overline{z} := a - bi$.

Mit $z = a + bi$ und der zugehörigen konjugiert komplexen Zahl $\overline{z} = a - bi$ erhält man folgende nützliche Formeln für den Real- und den Imaginärteil von z (wie man leicht nachrechnet):

$$a = \Re(z) = \frac{z + \overline{z}}{2} \quad \text{und} \quad b = \Im(z) = \frac{z - \overline{z}}{2i}. \tag{6.5.6}$$

> **Definition 6.5.5** Ist $z = a + bi \in \mathbb{C}$ mit $a = \Re(z)$ und $b = \Im(z)$ wie oben, so ist $z\bar{z} = (a+bi)(a-bi) = a^2 + b^2 \in \mathbb{R}$ eine nichtnegative reelle Zahl. Man nennt
>
> $$|z| := \sqrt{z\bar{z}} = \sqrt{a^2 + b^2}$$
>
> den **Betrag der komplexen Zahl** z.

Ist speziell $z \in \mathbb{R}$, also $b = 0$, so ist $|z| = \sqrt{a^2} = |a|$, weshalb $|.|$ die auf $\mathbb{R}$ definierte Betragsfunktion erweitert. Dies wird später in der Analysis wichtig sein. Elementargeometrisch handelt es sich nach dem Satz von Pythagoras bei $|z|$ um den (euklidischen) Abstand des Punktes $(a,b) \in \mathbb{R}^2$ zum Nullpunkt $(0,0)$.

Ist $z \neq 0$, so ist $\frac{1}{|z|^2} \cdot \bar{z}$ multiplikativ invers zu z. Der Betrag der imaginären Einheit i ist gleich $|i| = \sqrt{0^2 + 1^2} = 1$.

E Die Darstellung komplexer Zahlen durch Polarkoordinaten Ist erneut $z = a+bi$ und $z \neq 0$, so ist $\frac{z}{|z|}$ die komplexe Zahl mit Realteil $\frac{a}{|z|} =: a'$ und mit Imaginärteil $\frac{b}{|z|} =: b'$. Der Betrag von $z' := a' + b'i$ ist nun gleich 1, weshalb z' auf dem Rand des Einheitskreises im $\mathbb{R}^2$ liegt.

Alternativ zu seinen Koordinaten kann der Punkt (a', b') aber auch eindeutig durch den Winkel φ beschrieben werden, den die x-Achse (das ist hier die reelle Achse) mit der Geraden durch $(0,0)$ und (a', b') einschließt. Wir erinnern an dieser Stelle an Schulwissen über Trigonometrie und nehmen an, dass dieser Winkel φ im Bogenmaß gegeben ist, also $\varphi \in \mathbb{R}$ mit $0 \leq \varphi < 2\pi$ gilt. Es ist dann (a', b') gleich $(\cos(\varphi), \sin(\varphi))$, wobei cos bzw. sin die aus der Schule bekannten trigonometrischen Funktionen Cosinus und Sinus bezeichnen.[9]

Insgesamt ergibt sich daher für die eingangs betrachtete komplexe Zahl z Folgendes:

$$z = |z| \cdot z' = |z| \cdot (a' + b'i) = |z| \cdot (\cos(\varphi) + \sin(\varphi)i), \qquad (6.5.7)$$

weshalb z durch die beiden Daten $(|z|, \varphi)$ aus $\mathbb{R}^+ \times [0, 2\pi)$ eindeutig gegeben ist, wobei $[0, 2\pi) := \{\alpha : 0 \leq \alpha < 2\pi\}$ sei. Man nennt das Paar $(|z|, \varphi)$ die **Polarkoordinaten** der komplexen Zahl z. In der Tat handelt es sich bei der Zuordnung

$$\mathbb{C}^* \to \mathbb{R}^+ \times [0, 2\pi), \quad z \mapsto (|z|, \varphi)$$

um eine bijektive Abbildung, die durch $0 \mapsto (0,0)$ zu einer bijektiven Abbildung von $\mathbb{C}$ nach $\{(0,0)\} \cup \mathbb{R}^+ \times [0, 2\pi)$ fortgesetzt werden kann.

---

[9] Wir werden Cosinus und Sinus in Teil IV unter dem Blickwinkel der Exponentialfunktion einführen; momentan erinnere man sich an Schulkenntnisse.

F Die Additionstheoreme für Sinus und Cosinus Wir betrachten einmal mehr die komplexe Zahl $z = a + bi \neq 0$. Wegen $z \cdot 1 = z = |z| \cdot (\cos(\varphi) + \sin(\varphi)i)$ wie in Abschnitt E entsteht diese Zahl z elementargeometrisch aus dem Einselement 1, indem man den zur komplexen Zahl 1 gehörenden Punkt $(1, 0)$ aus $\mathbb{R}^2$ um den Winkel φ im Gegenuhrzeigersinn dreht und danach mit dem Faktor $|z|$ staucht bzw. streckt, je nachdem, ob $|z| \leq 1$ oder $|z| \geq 1$ ist.

Dieser Sachverhalt kann wie folgt verallgemeinert werden. Dazu sei $y = c + di$ eine weitere komplexe Zahl mit Realteil c und Imaginärteil d; die Polarkoordinaten von y mögen (s, θ) sein. Die Polarkoordinaten von z schreiben wir nun als (r, φ). Dann gilt:

$$zy = r \cdot (\cos(\varphi) + \sin(\varphi)i) \cdot s \cdot (\cos(\theta) + \sin(\theta)i)$$
$$= rs \cdot [\cos(\varphi)\cos(\theta) - \sin(\varphi)\sin(\theta) + (\sin(\varphi)\cos(\theta) + \cos(\varphi)\sin(\theta))i]$$

Nun besagen die **Additionstheoreme der Trigonometrie**[10], dass

$$\cos(\varphi)\cos(\theta) - \sin(\varphi)\sin(\theta) = \cos(\varphi + \theta) \tag{6.5.8}$$

und dass

$$\sin(\varphi)\cos(\theta) + \cos(\varphi)\sin(\theta) = \sin(\varphi + \theta) \tag{6.5.9}$$

gelten. Die Polarkoordinaten von zy sind somit gleich

$$(r \cdot s, \varphi + \theta \bmod 2\pi) = (|z| \cdot |y|, \varphi + \theta \bmod 2\pi),$$

wobei zur Einschränkung auf den Winkelbereich $[0, 2\pi)$ gelte

$$\varphi + \theta \ \bmod 2\pi := \begin{cases} \varphi + \theta, & \text{wenn } \varphi + \theta < 2\pi \\ \varphi + \theta - 2\pi, & \text{wenn } \varphi + \theta \geq 2\pi. \end{cases} \tag{6.5.10}$$

Das zeigt insgesamt, dass zy durch eine z entsprechende Drehstreckung bzw. Drehstauchung aus y hervorgeht, wodurch insgesamt die Multiplikation komplexer Zahlen geometrisch erklärt ist. Überdies sieht man daran, dass der Betrag eines Produktes gleich dem Produkt der Beträge ist, $|zy| = |z| \cdot |y|$ (siehe die Graphik am Ende dieses Abschnittes).

Der Vollständigkeit halber ist zu bemerken, dass die Addition komplexer Zahlen $y = c + di$ und $z = a + bi$ wegen $z + y = (a + c) + (b + d)i$ der Addition der Vektoren (a, b) und (c, d) (siehe auch Teil III) entspricht, was wie in der Schule im Rahmen der analytischen Geometrie durch Addition der entsprechenden Vektorpfeile geschieht (siehe die Graphik am Ende dieses Abschnittes).

Abschließend zeigen wir, dass jede quadratische Gleichung über den komplexen Zahlen lösbar ist.

---

[10] Zwei verschiedene Beweise werden in Abschnitt 9.5 bzw. in Abschnitt 17.6 gegeben.

6.5 Der Körper der komplexen Zahlen

Satz 6.5.6 Es seien $a, b, c \in \mathbb{C}$ mit $a \neq 0$. Dann ist die quadratische Gleichung $ax^2 + bx + c = 0$ über dem Körper $\mathbb{C}$ der komplexen Zahlen lösbar.

Beweis Wie verfolgen den Beweis von ▶Satz 1.2.3 in Abschnitt 1.2-E wortwörtlich bis zur Formel (1.2.2) und erkennen, dass sämtliche Umformungen auch im Rahmen des Rechnens mit komplexen Zahlen Gültigkeit haben. Somit ist $ax^2 + bx + c = 0$ genau dann, wenn $\left[2a \cdot \left(x + \frac{b}{2a}\right)\right]^2 = b^2 - 4ac$. Auch hier nennt man $\Delta := b^2 - 4ac$ die Diskriminante der Gleichung $ax^2 + bx + c = 0$. Falls $\Delta = 0$, so ist (wie im reellen Fall) $x = -\frac{2b}{a}$ die einzige Lösung der Gleichung. Falls $\Delta \neq 0$, so schreiben wir diese komplexe Zahl Δ in Polarkoordinaten: $\Delta = r \cdot (\cos(\varphi) + \sin(\varphi)i)$ mit $r \in \mathbb{R}^+$ und $0 \leq \varphi < 2\pi$. Es sei

$$\Gamma := \sqrt{r} \cdot \left(\cos\left(\frac{\varphi}{2}\right) + \sin\left(\frac{\varphi}{2}\right)i\right).$$

Eine Anwendung der Additionstheoreme ergibt dann, dass $\Gamma^2 = \Delta$ ist. Und dies wiederum liefert, dass

$$u := \frac{-b + \Gamma}{2a} \quad \text{und} \quad v := \frac{-b - \Gamma}{2a}$$

die beiden Lösungen der quadratischen Ausgangsgleichung sind, womit die Behauptung bewiesen ist. ■

Addition komplexer Zahlen

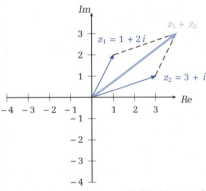

Skalierung komplexer Zahlen

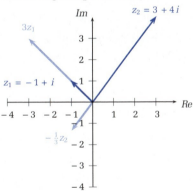

Multiplikation komplexer Zahlen

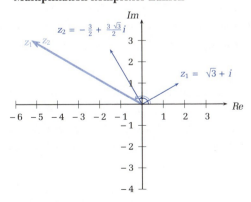

6.6 Der Schiefkörper der Quaternionen

In diesem Abschnitt wollen wir den von William Rowan Hamilton (1805–1865) entdeckten Quaternionenschiefkörper vorstellen, dessen Elemente man **Quaternionen** nennt. Es handelt sich dabei um eine Erweiterung der komplexen Zahlen zu einem Schiefkörper, welcher kein Körper ist. Im Rahmen dieses Kapitels handelt es sich also um ein Beispiel eines **echten Schiefkörpers**. Dieser Schiefkörper ist insbesondere für Informatiker von großem Interesse, weil man mit Quaternionen (ähnlich wie bei den komplexen Zahlen in der Ebene) u. a. Drehungen im dreidimensionalen Raum beschreiben kann und damit eine wichtige Grundstruktur für den Bereich der **Computer-Graphik** besitzt. Wir werden in Kapitel 9 auf diesen Aspekt zurückkommen.

A Die Grundmenge und die Verknüpfungen bei Quaternionen Wir definieren auf der Menge

$$\mathbb{H} := \mathbb{C} \times \mathbb{C}$$

aller Paare **komplexer** Zahlen wie folgt eine Addition und eine Multiplikation:

$$\text{Addition:} \quad (a, b) + (c, d) := (a + c, b + d) \tag{6.6.1}$$

$$\text{Multiplikation:} \quad (a, b) * (c, d) := (ac - \overline{b}d, \overline{a}d + bc) \tag{6.6.2}$$

Hierbei sind also a, b, c und d beliebig aus $\mathbb{C}$, und zu $x \in \mathbb{C}$ bezeichnet $\overline{x}$ die zu x gehörende konjugiert komplexe Zahl (▶Definition 6.5.4). Bei der Addition handelt es sich wieder um die punktweise Addition. Ähnlich zum Übergang von den reellen zu den komplexen Zahlen ergibt sich ein interessanter erweiterter Zahlbereich im Wesentlichen durch eine geschickte Multiplikation von Paaren. Im Gegensatz zur Addition ist die punktweise Multiplikation hier (erneut) nicht geeignet, weil diese nicht zu einem Integritätsbereich führt.

Man fragt sich an dieser Stelle vielleicht, warum hier so viel Wert auf das Attribut „schief" gelegt wird und warum man keine kommutative Körpererweiterung von $\mathbb{C}$ anstrebt. Die Antwort darauf lautet ganz einfach, dass es keine kommutative Körpererweiterung von $\mathbb{C}$ dieser Art geben kann (weder durch Paare noch durch Tripel noch durch irgendwelche n-Tupel mit $n \geq 2$). Die Begründung dafür liegt freilich viel tiefer und kann erst später im Rahmen der Behandlung von Polynomen genauer erklärt werden (Stichwort: **Fundamentalsatz der Algebra**, siehe Ebbinghaus et al. [17]).

B Der Nachweis der Schiefkörpereigenschaft Da man auf den Paaren komplexer Zahlen keine Körperstruktur definieren kann, man aber an der multiplikativen Invertierbarkeit festhalten will, muss man notgedrungen den Verzicht der Gültigkeit des Kommutativgesetzes der Multiplikation in Kauf nehmen. Dass dies mit den in Abschnitt A

6.6 Der Schiefkörper der Quaternionen

definierten Verknüpfungen tatsächlich funktioniert und erfolgreich gestaltet werden kann, ist gerade der große Verdienst von Hamilton.

> **Satz 6.6.1** Bezüglich der beiden oben eingeführten Verknüpfungen bildet $\mathbb{H}$ einen Schiefkörper, der kein Körper ist. Man nennt $\mathbb{H}$ den **Schiefkörper der Quaternionen**.

Dem Beweis schicken wir ein nützliches Lemma über das komplexe Konjugieren voraus, welches leicht nachgerechnet werden kann.

> **Lemma 6.6.2** Es seien x und y komplexe Zahlen. Dann gelten:
>
> (1) $\overline{x+y} = \overline{x} + \overline{y}$
>
> (2) $\overline{x \cdot y} = \overline{x} \cdot \overline{y}$
>
> (3) $\overline{\overline{x}} = x$
>
> (4) Ist $y \neq 0$, so ist $\overline{\left(\frac{x}{y}\right)} = \overline{x}/\overline{y}$.

Beweis von ▶Satz 6.6.1

(1) Wir wissen bereits, dass $(\mathbb{H}, +, (0, 0))$ bzgl. der punktweisen Addition + eine abelsche Gruppe ist.

(2) Zur Multiplikation: Diese ist assoziativ, weil einerseits

$$[(a, b) * (c, d)] * (e, f) = (ac - \overline{b}d, \overline{a}d + bc) * (e, f)$$
$$= ((ac - \overline{b}d)e - \overline{(\overline{a}d + bc)}f, \overline{(ac - \overline{b}d)}f + (\overline{a}d + bc)e)$$
$$= (ace - \overline{b}de - \overline{a}\overline{d}f - \overline{b}\overline{c}f, \overline{ac}f - b\overline{d}f + \overline{a}de + bce)$$

gilt (hierbei ist zu beachten, dass

$$\overline{\overline{a}d + bc} = a\overline{d} + \overline{b}\overline{c} \text{ sowie } \overline{ac - \overline{b}d} = \overline{ac} - b\overline{d}$$

aufgrund des komplexen Konjugierens aus ▶Lemma 6.6.2 gilt); andererseits ist

$$(a, b) * [(c, d) * (e, f)] = (a, b) * (ce - \overline{d}f, \overline{c}f + de)$$
$$= (a(ce - \overline{d}f) - \overline{b}(\overline{c}f + de), \overline{a}(\overline{c}f + de) + b\overline{(ce - \overline{d}f)})$$
$$= (ace - a\overline{d}f - \overline{b}\overline{c}f - \overline{b}de, \overline{a}\overline{c}f + \overline{a}de + bce - b\overline{d}f).$$

Ein einfacher Vergleich der beiden Endterme zeigt nun, dass das Assoziativgesetz bzgl. $*$ in der Tat gültig ist.

Das neutrale Element bzgl. der Multiplikation ist $(1, 0)$, denn $(a, b) * (1, 0) = (a \cdot 1 - \overline{b} \cdot 0, \overline{a} \cdot 0 + b \cdot 1) = (a, b)$ und ebenso ist $(1, 0) * (a, b) = (a, b)$.

Zur Existenz von multiplikativen Inversen sind die beiden Gleichungen

$$(a, b) * (x, y) = (1, 0) = (x, y) * (a, b)$$

zu lösen, wobei $(a, b) \neq (0, 0)$ gegeben sei. Wir konzentrieren uns nur auf die linke der beiden Gleichungen und werden im Falle der Lösbarkeit sehen, dass auch die rechte Gleichung (automatisch) erfüllt ist. Aus $(a, b) * (x, y) = (1, 0)$ ergibt sich zunächst

$$ax - \overline{b}y = 1 \text{ und } \overline{a}y + bx = 0.$$

Falls $b = 0$, so ergibt sich daraus $x = \frac{1}{a}$ und $y = 0$. In der Tat ist $(a, 0) * (\frac{1}{a}, 0) = (1, 0) = (\frac{1}{a}, 0) * (a, 0)$. Falls $b \neq 0$, so erhält man aus der zweiten Gleichung $x = -\frac{\overline{a}y}{b}$. Setzt man dies in die erste Gleichung ein und löst man diese nach y auf, so erhält man

$$y = -\frac{b}{a\overline{a} + b\overline{b}}.$$

Dies wiederum in die obige Gleichung für x eingesetzt, ergibt

$$x = \frac{\overline{a}}{a\overline{a} + b\overline{b}}.$$

In der Tat rechnet man nach, dass

$$(a, b) * \left(\frac{\overline{a}}{a\overline{a} + b\overline{b}}, -\frac{b}{a\overline{a} + b\overline{b}} \right) = (1, 0) = \left(\frac{\overline{a}}{a\overline{a} + b\overline{b}}, -\frac{b}{a\overline{a} + b\overline{b}} \right) * (a, b)$$

ist. Hierbei ist zu beachten, dass $a\overline{a} + b\overline{b} = |a|^2 + |b|^2 > 0$ gilt, wenn $(a, b) \neq (0, 0)$.

Insgesamt ist damit bewiesen, dass es sich bei $(\mathbb{H}^*, *, (1, 0))$ um eine Gruppe handelt. Allerdings ist diese Gruppe nicht kommutativ, wie das folgende Gegenbeispiel zum Kommutativgesetz belegt:

$$(1, i) * (i, 1) = (2i, 0) \neq (0, 2) = (i, 1) * (1, i)$$

(3) Es bleibt der Nachweis der beiden Distributivgesetze. Beim ersten Gesetz rechnet man unter Verwendung von ▶Lemma 6.6.2 nach, dass $(a, b) * [(c, d) + (e, f)]$ und $(a, b) * (c, d) + (a, b) * (e, f)$ in beiden Fällen den Term

$$(ac + ae - \overline{b}d - \overline{b}f, \overline{a}d + \overline{a}f + bc + be)$$

ergeben. Analog verhält es sich, wenn eine Summe $(a, b) + (c, d)$ von rechts mit (e, f) multipliziert wird. Insgesamt ist damit der Beweis vollbracht, wonach es sich bei $(\mathbb{H}, +, *)$ um einen echten Schiefkörper handelt. ∎

6.7 Exkurs: Verbände und Boole'sche Algebren

Die Ergebnisse dieses Abschnittes spielen für den weiteren Verlauf des Buches zwar eine untergeordnete Rolle, nichtsdestotrotz handelt es sich bei Verbänden, insbesondere bei Boole'schen Algebren, aber um wichtige Gebilde, wie wir anhand der Mengen und der Aussagen bereits in Kapitel 1 exemplarisch festgestellt haben. Es ist daher sehr sinnvoll, diese algebraischen Strukturen unter dem abstrakten Blickwinkel zu betrachten, den wir in diesem Kapitel eingenommen haben.

Interessant ist hierbei auch, dass diese algebraischen Verknüpfungsgebilde mit einer Ordnungsstruktur zusammenhängen. Von den beiden prinzipiell möglichen Zugängen wählen wir als Ausgangspunkt eine partiell geordnete Menge $(M, \preceq)$ (siehe ▶ Definition 3.5.2) und gelangen durch geeignete Axiome dann zu den sog. Verbänden, von denen die Boole'schen Algebren eine besondere Klasse bilden.

A Die Definition eines Verbandes Wir starten mit einer partiell geordneten Menge $(M, \preceq)$. Die Definition eines Verbandes erfordert im Vorfeld einige weitere Begriffsbildungen.

1. Ist $U \subseteq M$ nicht leer, so heißt $x \in M$ eine **untere Schranke** von U, falls $x \preceq u$ für jedes $u \in U$ gilt. Entsprechend heißt $y \in M$ eine **obere Schranke** von U, falls $u \preceq y$ für jedes $u \in U$ gilt.

2. Ist x untere Schranke von U und gilt $r \preceq x$ für **jede** weitere untere Schranke r von U, so nennt man x ein **Infimum** oder eine **größte untere Schranke** von U, Notation $x = \inf(U)$. Ist y obere Schranke von U und gilt $y \preceq s$ für **jede** weitere obere Schranke s von U, so nennt man y ein **Supremum** oder eine **kleinste obere Schranke** von U, Notation $y = \sup(U)$.

Aufgrund der Antisymmetrie von $\preceq$ sind Infimum und Supremum (sofern sie existieren) eindeutig bestimmt.

Definition 6.7.1 Eine partiell geordnete Menge $(M, \preceq)$ heißt ein **Verband**, falls Teilmengen U von M der Form $\{u, v\}$ mit beliebigen $u, v \in M$ sowohl ein Infimum als auch ein Supremum haben. Man schreibt vereinfachend $u \wedge v := \inf(\{u, v\})$ und $u \vee v := \sup(\{u, v\})$.

B Gesetzmäßigkeiten bei allgemeinen Verbänden Ist $u \preceq v$, so ist die Existenz eines Infimums und eines Supremums für die Menge $\{u, v\}$ klar, denn hier ist $u \wedge v = u$ und

Exkurs ▶ Fortsetzung

$u \vee v = v$. Aufgrund der Reflexivität von $\preceq$ ergibt dies im Spezialfall $u = v$ die sog. **Idempotenzgesetze**:

1. $u \wedge u = u$ für alle $u \in M$
2. $u \vee u = u$ für alle $u \in M$

Der zentrale Punkte von ▶Definition 6.7.1 ist, dass das Infimum und Supremum auch bei Mengen $\{u, v\}$ existieren, für die u und v nicht bzgl. $\preceq$ vergleichbar sind. Allgemein gilt aber stets $u \wedge v \preceq u \preceq u \vee v$ sowie $u \wedge v \preceq v \preceq u \vee v$ für alle $u, v \in M$. Daraus erhält man dann leicht die sog. **Absorptionsgesetze**:

1. $(a \vee b) \wedge a = a$ für alle $a, b \in M$
2. $(a \wedge b) \vee a = a$ für alle $a, b \in M$

Als weitere Gesetzmäßigkeiten bei allgemeinen Verbänden sind die **Kommutativgesetze**

1. $u \wedge v = v \wedge u$ für alle $u, v \in M$
2. $u \vee v = v \vee u$ für alle $u, v \in M$

und die **Assoziativgesetze**

1. $(u \wedge v) \wedge w = u \wedge (v \wedge w)$ für alle $u, v, w \in M$
2. $(u \vee v) \vee w = u \vee (v \vee w)$ für alle $u, v, w \in M$

hervorzuheben. Zum Nachweis der Assoziativität: Sind u, v, w Elemente eines Verbandes $(M, \preceq)$, so sind $u \wedge (v \wedge w)$ und $(u \wedge v) \wedge w$ beides untere Schranken von $\{u, v, w\}$. Ist x untere Schranke von $\{u, v, w\}$, so ist x auch untere Schranke von $\{u, v \wedge w\}$ bzw. von $\{u \wedge v, w\}$, weshalb dann x auch untere Schranke von $u \wedge (v \wedge w)$ und von $(u \wedge v) \wedge w$ ist. Folglich sind $u \wedge (v \wedge w)$ und $(u \wedge v) \wedge w$ beides Infima von $\{u, v, w\}$ und damit gleich. Also ist $\wedge$ assoziativ. Analog zeigt man, dass $\vee$ assoziativ ist. Wir fassen zusammen:

Satz 6.7.2 Ist $(M, \preceq)$ ein Verband, so sind mit $\wedge$ und $\vee$ zwei kommutative und assoziative Verknüpfungen auf M definiert, welche die Idempotenz- und die Absorptionsgesetze erfüllen.

6.7 Exkurs: Verbände und Boole'sche Algebren

Exkurs ▶ Fortsetzung

Umgekehrt kann Folgendes gezeigt werden, was wir dem Leser als Übungsaufgabe überlassen.

Satz 6.7.3 Es sei $(L, \wedge, \vee)$ eine Menge zusammen mit zwei kommutativen und assoziativen Verknüpfungen $\wedge$ und $\vee$. Diese beiden Verknüpfungen mögen ferner die Idempotenz- und die Absorptionsgesetze erfüllen. Definiert man dann die Relation $\sqsubseteq$ auf L durch

$$a \sqsubseteq b : \Leftrightarrow a \wedge b = a, \qquad (6.7.1)$$

so ist $\sqsubseteq$ eine partielle Ordnung auf L und $(L, \sqsubseteq)$ ein Verband mit $\inf(\{a, b\}) = a \wedge b$ und $\sup(\{a, b\}) = a \vee b$ für alle $a, b \in L$.

Aufgrund der durch die beiden Sätze gegebenen Äquivalenz dürfen wir einen Verband $(M, \preceq)$ ab jetzt auch alternativ als $(M, \wedge, \vee)$ schreiben.

C Einige Beispiele von Verbänden Ist N eine nichtleere Menge, so ist die Potenzmenge $\mathcal{P}(N)$ zusammen mit der Teilmengenbeziehung $\subseteq$ ein Verband. Die zugehörigen Operatoren $\wedge$ und $\vee$ sind der Durchschnitt $\cap$ und die Vereinigung $\cup$ von Mengen.

Ähnliches gilt für den Verband innerhalb der Aussagenlogik. Die partielle Ordnung ist $\Rightarrow$ (hier muss die Äquivalenz $\Leftrightarrow$ allerdings als Gleichheit interpretiert werden); die Operatoren $\wedge$ und $\vee$ sind wie in Abschnitt 1.4 das logische und und das logische oder.

Beispiel 6.7.4 Teilerverband der natürlichen Zahlen

Die Menge $\mathbb{N}^*$ bildet zusammen mit der Teilbarkeitsrelation $|$ den sog. Teilerverband. Die Operationen $\wedge$ und $\vee$ sind hierbei die ggT- und die kgV-Bildung. ■

Beispiel 6.7.5 Natürlicher Verband auf $\mathbb{N}$

Die natürliche Ordnung $\leq$ auf $\mathbb{N}$ liefert ebenfalls einen Verband. Hier entsprechen $\wedge$ bzw. $\vee$ der Minimumbildung min bzw. der Maximumbildung max. ■

D Die Vollständigkeit eines Verbandes sowie kleinstes und größtes Element Bevor wir im weiteren Verlauf dieses Abschnittes zu Boole'schen Algebren kommen, wollen wir kurz über den Begriff der Vollständigkeit bei Verbänden sprechen. Wir erinnern zunächst daran, dass bei einem Verband gefordert wird, dass sämtliche Mengen der Form $\{u, v\}$ sowohl ein Infimum als auch ein Supremum haben. Mit Induktion erhält

Exkurs ▶ Fortsetzung

man dann leicht, dass **jede endliche** Teilmenge U von M sowohl ein Infimum als auch ein Supremum hat (beim Nachweis der Assoziativgesetze haben wir dies oben exemplarisch für dreielementige Mengen nachgewiesen). Für beliebige (insbesondere nicht endliche) Teilmengen von M muss dies aber nicht mehr gelten.

Hat nun aber innerhalb eines (speziellen) Verbandes $(M, \preceq)$ **jede beliebige** nichtleere Teilmenge U von M ein Infimum und ein Supremum, so nennt man diesen Verband **vollständig**. Das sog. **Vollständigkeitsaxiom** wird uns später nochmals beim axiomatischen Aufbau der reellen Zahlen begegnen. Im weiteren Verlauf dieses Abschnittes spielt die Vollständigkeit eines Verbandes keine Rolle mehr. Wichtig ist jedoch, wenn innerhalb von M ein größtes bzw. kleinstes Element existiert.

- Ist M ein Verband und hat M ein Supremum (also ein **größtes Element**), so wird dieses meist mit $\hat{1}$ bezeichnet. Es gilt also $u \preceq \hat{1}$ für jedes $u \in M$.

- Falls M ein Infimum (also ein **kleinstes Element**) hat, so wird dieses meist mit $\hat{0}$ bezeichnet. Es gilt also $\hat{0} \preceq u$ für jedes $u \in M$.

Betrachten wir also einen Verband M mit einem größten Element $\hat{1}$ und mit einem kleinsten Element $\hat{0}$. Wegen $u \preceq \hat{1}$ für alle $u \in M$ gilt dann $u \wedge \hat{1} = u$ für alle u, sodass $(M, \wedge, \hat{1})$ ein kommutatives Monoid mit $\hat{1}$ als neutralem Element ist. Analog gilt $u \vee \hat{0} = u$ für alle $u \in M$, weshalb $(M, \vee, \hat{0})$ ein kommutatives Monoid mit $\hat{0}$ als neutralem Element ist. Wegen $u \wedge u = u \preceq \hat{1}$ und wegen $\hat{0} \preceq u = u \vee u$ für alle u sieht man, dass die beiden Einheitengruppen dieser Monoide jeweils nur aus den neutralen Elementen bestehen können.

E Komplementarität und Distributivität Im Gegensatz zur Invertierbarkeit bei Gruppen spielt bei Verbänden eine andere Eigenschaft eine wichtige Rolle, die sog. Komplementaritätsbedingung.

Definition 6.7.6 Es sei $(M, \preceq)$ ein Verband, welcher ein kleinstes Element $\hat{0}$ und ein größtes Element $\hat{1}$ habe. Dann heißt dieser Verband **komplementär**, falls gilt:

Für jedes $u \in M$ gibt es ein $u' \in M$ mit $u \vee u' = \hat{1}$ und mit $u \wedge u' = \hat{0}$.

Das Element u' heißt das **Komplement** zu u und u entsprechend das *Komplement* zu u'.

6.7 Exkurs: Verbände und Boole'sche Algebren

Exkurs ▶ Fortsetzung

Bezüglich der Komplementbildung ist Folgendes zu sagen (Beweis als Übung):

Satz 6.7.7 Es sei $(M, \preceq)$ bzw. $(M, \wedge, \vee)$ ein komplementärer Verband. Dann ist das Komplement u' eines Elementes u eindeutig bestimmt. Ferner gelten:

(1) **doppelte Komplementbildung**:
$(u')' = u$ für jedes $u \in M$

(2) **die de Morgan'schen Gesetze**:
$(u \wedge v)' = u' \vee v'$ und $(u \vee v)' = u' \wedge v'$ für alle $u, v \in M$

Zur Definition eines Boole'schen Verbandes fehlt uns nun noch eine einzige Eigenschaft, nämlich die Distributivität.

Definition 6.7.8 Ein Verband $(M, \preceq)$ bzw. $(M, \wedge, \vee)$ heißt **distributiv**, falls die beiden **Distributivgesetze** gelten:

(1) $a \wedge (b \vee c) = (a \wedge b) \vee (a \wedge c)$ für alle $a, b, c \in M$

(2) $a \vee (b \wedge c) = (a \vee b) \wedge (a \vee c)$ für alle $a, b, c \in M$

Wir bemerken, dass es sich bei allen in Abschnitt C diskutierten Beispiele um distributive Verbände handelt. Einzelheiten des Nachweises überlassen wir dem Leser.

F Boole'sche Verbände Wir sind nun also in der Lage, einen Boole'schen Verband zu definieren; man beachte, dass die Existenz von $\hat{0}$ und $\hat{1}$ in der Komplementaritätsbedingung enthalten ist.

Definition 6.7.9 Ein Verband $(M, \preceq)$ bzw. $(M, \vee, \wedge)$ heißt ein **Boole'scher Verband** oder eine **Boole'sche Algebra**, falls er distributiv und komplementär ist.

Aus dem Blickwinkel dieses Abschnitts bedeutet die Aussage von ▶Satz 1.3.4 nichts anderes, als dass die Potenzmenge einer Menge N zusammen mit der Teilmengenrelation $\subseteq$ (bzw. mit der Durchschnittsbildung $\cap$ und der Vereinigungsbildung $\cup$) eine Boole'sche Algebra bildet (mit größtem Element N und kleinstem Element $\emptyset$).

Ebenso verhält es sich mit den durch logisches und und logisches oder verknüpften Aussagen innerhalb der Aussagenlogik.

> **Exkurs ▶ Fortsetzung**

Da die total geordnete Menge $(\mathbb{N}, \leq)$ an dieser Stelle nichts Interessantes hervorbringt, konzentrieren wir uns abschließend nochmals auf Teilerverbände von natürlichen Zahlen (vgl. mit ▶Beispiel 6.7.4).

Beispiel 6.7.10 **Teilerverbände bei natürlichen Zahlen**

Zu einer natürlichen Zahl $n \in \mathbb{N}^*$ sei

$$T_n := \{m \in \mathbb{N}^* : m|n\}$$

die Menge aller Teiler von n. Bezüglich der partiellen Ordnung | (teilt) ist dann T_n ein Verband (genannt Teilerverband). Dabei ist, wie bereits oben bemerkt, das Infimum zweier Elemente deren ggT und das Supremum zweier Elemente deren kgV (kleinstes gemeinsames Vielfaches). Dieser Verband ist distributiv (was man am besten anhand der Primfaktorzerlegungen der Argumente nachweist) und enthält mit n ein größtes Element und mit 1 ein kleinstes Element. (Hier ist also $\hat{1} = n$ und $\hat{0} = 1$.) Würde man statt T_n die gesamte Menge $\mathbb{N}^*$ betrachten, so hätte man kein größtes Element.

Zur Beurteilung, ob es sich hierbei um eine Boole'sche Algebra handelt, bleibt die Komplementarität zu diskutieren. Ist m Teiler von n, so kommt als Komplement m' von m nur ein Kandidat in Frage, nämlich $\frac{n}{m}$, denn ggT$(m, m') = 1$ und kgV$(m, m') = n$ implizieren kgV$(m, m') = mm' = n$, also notwendigerweise $m' = \frac{n}{m}$. Genauer kann man sagen, dass m genau dann ein Komplement hat, wenn ggT$(m, \frac{n}{m}) = 1$ ist. Wird nun n durch das Quadrat p^2 einer Primzahl p geteilt, so hat p kein Komplement! Andererseits ist T_n komplementär, wenn jeder Primfaktor von n nur mit Vielfachheit 1 auftritt (in diesem Fall nennt man n **quadratfrei**). Insgesamt ergibt sich daher folgendes Resultat:

■ *Genau dann ist der distributive Teilerverband $(T_n, |)$ eine Boole'sche Algebra, wenn n quadratfrei ist.* Ist $n = p_1 \cdot \ldots \cdot p_k \in \mathbb{N}^*$ quadratfrei, also mit verschiedenen Primteilern $p_1, \ldots, p_k$, so ist ferner durch

$$T_n \to \mathcal{P}(\{1, 2, \ldots, k\}), \quad d \mapsto \{i : p_i | d\}$$

eine Bijektion gegeben, die die Ordnung | auf die Ordnung $\subseteq$ sowie die Verknüpfung ggT auf $\cap$ und die Verknüpfung kgV auf $\cup$ überträgt. In diesem Sinne handelt es sich bei $(T_n, |)$ und $(\mathcal{P}(\{1, 2, \ldots, k\}), \subseteq)$ um **isomorphe Boole'sche Verbände**.[11]

---

[11] Siehe Kapitel 8 für den Isomorphiebegriff bei algebraischen Strukturen.

ZUSAMMENFASSUNG

Das Grundthema bei „Algebraischen Strukturen" ist das Studium von Mengen zusammen mit einer oder mit mehreren binären Verknüpfungen. Bei der Kategorisierung solcher Strukturen haben sich einige grundlegende Eigenschaften herauskristallisiert, die zu vielfältigen Variationen führen. Wir haben in diesem Kapitel diese Eigenschaften schrittweise vorgeführt und an verschiedenen Kategorien gezeigt, wie man durch sukzessive Hinzunahme neuer Eigenschaften zu immer reichhaltigeren Strukturen kommt. Im Einzelnen:

1. **Von Halbgruppen über Monoiden zu abelschen Gruppen** Allen von uns betrachteten Strukturen liegt zumindest eine assoziative binäre Verknüpfung zugrunde – hierbei spricht man von Halbgruppen. Fordert man die Existenz eines neutralen Elementes, so gelangt man zu den Monoiden. Ist überdies jedes Element invertierbar, so handelt es sich um eine Gruppe. Diese heißt abelsch, wenn zudem das Kommutativgesetz gilt.
   Im Rahmen des Studiums der Axiomatik von Monoiden und Gruppen haben wir eine Fülle elementarer Beispiele kennengelernt, nämlich
   - Zahlbereiche zusammen mit der Addition bzw. der Multiplikation,
   - Abbildungen zusammen mit der Verkettung,
   - kartesische Produkte zusammen mit punktweisen Operationen,
   - Mengensysteme mit Mengenoperationen.

2. **Von Ringen über Integritätsbereiche zu Schiefkörpern und Körpern** Bei Ringen treten zwei binäre Verknüpfungen auf, eine Addition und eine Multiplikation. Bei der Addition liegt stets eine kommutative Gruppenstruktur vor. Addition und Multiplikation sind immer durch die Distributivgesetze gekoppelt. Der Spielraum tritt bei Ringen daher stets durch Axiome zur multiplikativen Struktur auf.
   Integritätsbereiche sind dadurch gekennzeichnet, dass ein Produkt genau dann gleich null ist, wenn wenigstens ein Faktor gleich null ist. Schiefkörper sind spezielle Integritätsbereiche, bei denen jedes von null verschiedene Element multiplikativ invertierbar ist. Gilt zudem das Kommutativgesetz bzgl. der Multiplikation, so spricht man von einem Körper. Neben
   - den rationalen Zahlen $\mathbb{Q}$ und
   - den reellen Zahlen $\mathbb{R}$

   haben wir mit
   - dem binären Körper $\mathbb{F}_2$ und
   - dem Körper der komplexen Zahlen $\mathbb{C}$

   zwei weitere wichtige konkrete Körper kennengelernt. Die komplexen Zahlen bilden dabei eine Erweiterung der reellen Zahlen. Neben der üblichen Darstellung komplexer Zahlen durch Real- und Imaginärteil haben wir auch die Polarkoordinaten komplexer Zahlen betrachtet. Beim Umgang mit komplexen Zahlen sind Real- und Imaginärteil sowie der Betrag und das komplexe Konjugieren wichtige elementare Aspekte. Mit dem
   - Schiefkörper der Quaternionen $\mathbb{H}$

   haben wir gar eine Erweiterung der komplexen Zahlen kennengelernt, bei der allerdings das Kommutativgesetz der Multiplikation nicht allgemein gültig ist (weshalb es sich um einen echten Schiefkörper handelt).

3. **Von allgemeinen Verbänden zu Boole'schen Algebren** Der Aufbau algebraischer Strukturen wurde im abschließenden Exkurs dann im Rahmen von allgemeinen Verbänden zu Boole'schen Algebren nochmals vorgeführt. Ausgangspunkt ist dabei eine partiell geordnete Menge, bei der je zwei Elemente ein Infimum und ein Supremum haben – ein sog. Verband. Die Infimumbildung und die Supremumbildung erweisen sich jeweils als kommutative und assoziative Verknüpfungen, die zudem die Idempotenz- und die Absorptionsgesetze erfüllen. Durch Hinzunahme der Komplementaritätsbedingung (die zu den de Morgan'schen Gesetzen führt) sowie der Distributivität gelangt man zu den Boole'schen Algebren. Neben den bekannten Beispielen aus der Mengenlehre und der Aussagenlogik haben wir die Teilerverbände bei natürlichen Zahlen diesbezüglich genauer untersucht.

4. **Teilstrukturen** Im Rahmen des Themenkomplexes „Teilstrukturen" haben wir Teilmonoide und Untergruppen studiert. Neben den Untergruppen der additiven Gruppe der ganzen Zahlen haben wir allgemein auch Teilmonoide bzw. Untergruppen betrachtet, die von einem Element erzeugt werden. In diesem Zusammenhang ist die Ordnung eines Gruppenelementes ein bedeutender Begriff. Der Satz von Lagrange besagt, dass die Mächtigkeit der Untergruppe einer endlichen Gruppe notwendigerweise stets ein Teiler der Mächtigkeit der gesamten Gruppe ist.

Übungsaufgaben

Aufgabe 1 Es sei $G := \mathbb{R} \setminus \{-1\}$ die Menge der von -1 verschiedenen reellen Zahlen. Für x, y aus G definieren wir
$$x * y := xy + x + y.$$
Dabei bezeichnen xy das übliche Produkt und $x + y$ die übliche Summe der reellen Zahlen x und y. Zeigen Sie, dass $*$ eine kommutative binäre Verknüpfung auf G ist und dass G bzgl. $*$ eine Gruppe bildet.

Aufgabe 2 Auf der Menge $\mathbb{N} \times \mathbb{Z}$ sei wie folgt eine Verknüpfung $*$ definiert:
$$(a, b) * (c, d) := (a \cdot c, b \cdot c + d)$$
Dabei bezeichnet $\cdot$ die übliche Multiplikation auf $\mathbb{N}$ bzw. $\mathbb{Z}$ und $+$ die Addition auf $\mathbb{Z}$.

1. Zeigen Sie, dass $\mathbb{N} \times \mathbb{Z}$ bzgl. dieser Verknüpfung ein Monoid bildet.
2. Zeigen Sie, dass dieses Monoid **nicht** kommutativ ist.
3. Bestimmen Sie die Einheitengruppe dieses Monoids und zeigen Sie, dass diese kommutativ ist.
4. Zu einem Element $(m, z) \in \mathbb{N} \times \mathbb{Z}$ sei $(m, z)^{\mathbb{N}} = \{(m, z)^n : n \in \mathbb{N}\}$ das von (m, z) erzeugte Teilmonoid (siehe ▶Bemerkung 6.3.5); hierbei ist
$$(m, z)^n := \underbrace{(m, z) * (m, z) * \ldots * (m, z)}_{n\text{-mal}}.$$
Zeigen Sie $(m, z)^{\mathbb{N}} = \left\{ \left(m^n, z \cdot \frac{m^n - 1}{m - 1}\right) : n \in \mathbb{N} \right\}$, falls $m \neq 1$.

Aufgabe 3 Bestimmen Sie jeweils die Ordnungen der Gruppenelemente g in den folgenden Situationen.

1. G ist die Menge aller bijektiven Abbildungen auf $\{1, 2, 3, 4, 5\}$, die Verknüpfung ist die Hintereinanderausführung $\circ$ und g ist die Abbildung mit $1 \mapsto 3$, $2 \mapsto 5$, $3 \mapsto 4$, $4 \mapsto 1$ und $5 \mapsto 2$.

2. $G := \mathbb{Z}_2^n$ ist die Menge aller n-Tupel über den Restklassen modulo 2, versehen mit der komponentenweisen Addition modulo 2.

3. Es sei $G := \{r \in \mathbb{Q} : 0 \leq r < 1\}$. Auf G definieren wir die Verknüpfung $\oplus$ durch:
$$r \oplus s := \begin{cases} r + s, & \text{falls } r + s < 1 \\ r + s - 1, & \text{falls } r + s \geq 1 \end{cases}$$

Übungsaufgaben

Es ist dann $(G, \oplus, 0)$ eine Gruppe (dies müssen Sie nicht nachweisen). Obwohl nun G unendlich viele Elemente enthält, gibt es für jedes $g \in G$ ein $m \in \mathbb{N}^*$, sodass die m-fache Verknüpfung von g mit sich selbst gleich 0 ist. Der Begriff **Ordnung** ist daher auch in diesem Kontext noch sinnvoll. Bestimmen Sie Ordnung von $g = \frac{7}{31}$.

Aufgabe 4 Es sei $\mathbb{Q}^* := \mathbb{Q} \setminus \{0\}$ und $(\mathbb{Q}^*, \cdot, 1)$ sei die multiplikative Gruppe der rationalen Zahlen. Weiter seien $U := \mathbb{Q}^+ = \{r \in \mathbb{Q} : r > 0\}$ und $V := \{2^i \cdot 5^j : i, j \in \mathbb{Z}\}$ sowie $W := \{10^k : k \in \mathbb{Z}\}$. Zeigen Sie, dass gilt: U ist Untergruppe von $\mathbb{Q}^*$, V ist Untergruppe von U, W ist Untergruppe von V.

Aufgabe 5 Es sei $(\mathbb{K}, +, \cdot, 0, 1)$ ein Körper. Weiter sei $\mathbb{L} \subseteq \mathbb{K}$ mit $\mathbb{L} \cap \mathbb{K}^* \neq \emptyset$, wobei $\mathbb{K}^* := \mathbb{K} \setminus \{0\}$. Man nennt $\mathbb{L}$ einen **Teilkörper** von $\mathbb{K}$, falls $\mathbb{L}$ eine Untergruppe von $(\mathbb{K}, +, 0)$ ist und falls $\mathbb{L}^* := \mathbb{L} \setminus \{0\}$ eine Untergruppe von $(\mathbb{K}^*, \cdot, 1)$ ist. Beispielsweise ist $\mathbb{Q}$ ein Teilkörper von $\mathbb{R}$.

Zeigen Sie die Äquivalenz der beiden folgenden Aussagen:

(1) $\mathbb{L}$ ist ein Teilkörper von $\mathbb{K}$.

(2) Für alle $x, y, z \in \mathbb{L}$ mit $z \neq 0$ ist $\frac{x-y}{z} \in \mathbb{L}$.

Aufgabe 6 Gegeben sei eine Primzahl p. Wie in der Schule bezeichnet man mit $\sqrt{p}$ die eindeutige reelle Zahl $s > 0$ mit $s^2 = p$. Die Zahl $\sqrt{p}$ ist irrational (siehe Abschnitt 14.5). Ausgehend von p sei

$$\mathbb{Q}(\sqrt{p}) := \{r \in \mathbb{R} : \text{es gibt } a, b \in \mathbb{Q} \text{ mit } r = a + b \cdot \sqrt{p}\}.$$

Zeigen Sie unter Verwendung der vorherigen Aufgabe, dass $\mathbb{Q}(\sqrt{p})$ ein Teilkörper des Körpers $(\mathbb{R}, +, \cdot, 0, 1)$ der reellen Zahlen ist und begründen Sie, warum $\sqrt{q}$ nicht in $\mathbb{Q}(\sqrt{p})$ enthalten ist, wenn q eine von p verschiedene Primzahl ist.

Aufgabe 7 Wir betrachten die Menge $\mathbb{K} := \mathbb{Q} \times \mathbb{Q}$ zusammen mit den beiden wie folgt definierten Verknüpfungen $+$ und $\cdot$:

$$(a, b) + (c, d) := (a + c, b + d) \quad \text{und}$$
$$(a, b) \cdot (c, d) := (ac - bd, ad + bc - bd)$$

Die folgenden beiden Angaben brauchen Sie nicht zu beweisen: $(\mathbb{K}, +, (0, 0))$ ist eine kommutative Gruppe; $(\mathbb{K} \setminus \{(0, 0)\}, \cdot, (1, 0))$ ist ein Monoid. Zeigen Sie aber unter Verwendung dieser Angaben, dass $(\mathbb{K}, +, \cdot, (0, 0), (1, 0))$ ein Körper ist.

Aufgabe 8 Bestimmen Sie jeweils den Real- und den Imaginärteil der folgenden komplexen Zahlen z (hier ist $i = \sqrt{-1}$ die imaginäre Einheit):

Übungsaufgaben

1. $z := (1 - 2i + 3i^2 - 4i^3 + 5i^4)^{-1}$

2. z ist implizit gegeben durch $(5 - 2i) \cdot z + (3 - 4i) = 2 - \frac{13}{2}i$

3. z ist implizit gegeben durch $z^3 = 1$ (es gibt drei verschiedene komplexe Zahlen z mit dieser Eigenschaft)

Aufgabe 9 Wir betrachten den Rand $\mathbb{F}$ des Einheitskreises innerhalb $\mathbb{C}$, also die Menge $\mathbb{F} = \{z \in \mathbb{C} : |z| = 1\}$ bzw. $\mathbb{F} = \{\cos(\phi) + \sin(\phi) \cdot i : 0 \leq \phi < 2\pi\}$. Zeigen Sie, dass $(\mathbb{F}, \cdot)$ eine Untergruppe der multiplikativen Gruppe von $\mathbb{C}$ ist.

Aufgabe 10 Gegeben seien die drei Quaternionen $U := (1 + i, 2 - i)$ und $V := (i, 5 - i)$ sowie $W := (6i + 7, 2 + 8i)$. Berechnen Sie das Quaternion $U^{-1} \cdot (V + W)$.

Aufgabe 11 Beweisen Sie ▶Satz 6.7.3.

Aufgabe 12 Beweisen Sie ▶Satz 6.7.7.

Aufgabe 13 Wir betrachten die Menge $G := \{0, 1\}^4$ aller 4-Tupel über $\{0, 1\}$, die bzgl. der komponentenweisen Addition modulo 2 eine Gruppe bildet:

$$(a_1, a_2, a_3, a_4) \oplus (b_1, b_2, b_3, b_4) :=$$
$$(a_1 + b_1 \bmod 2, a_2 + b_2 \bmod 2, a_3 + b_3 \bmod 2, a_4 + b_4 \bmod 2).$$

Geben Sie vier Untergruppen U_0, U_1, U_3, U_4 und drei weitere Untergruppen $U_{2,0}, U_{2,1}$ sowie $U_{2,2}$ von G mit all den folgenden Eigenschaften (veranschaulicht durch ein Hasse-Diagramm) an:

- $|U_i| = 2^i$ für $i = 0, 1, 3, 4$
- $|U_{2,j}| = 4$ für $j = 0, 1, 2$
- $U_0 \subseteq U_1 \subseteq U_{2,j} \subseteq U_3 \subseteq U_4$ für alle $j = 0, 1, 2$
- $U_{2,j} \neq U_{2,k}$ für $j \neq k$

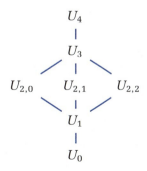

Aufgabe 14 Es sei $(G, +, 0)$ eine (additiv geschriebene) Gruppe; weiter seien a und b Elemente von G mit $a + b = b + a$ (man sagt, dass a und b **kommutieren**). Wir setzen

$$\langle a, b \rangle_{Grp} := \{ua + vb : u, v \in \mathbb{Z}\}.$$

Algebraische Strukturen

Übungsaufgaben

1. Zeigen Sie, dass $\langle a, b \rangle_{Grp}$ eine Untergruppe von G ist, die die Elemente a und b enthält, und dass $\langle a, b \rangle_{Grp} \subseteq U$ für jede Untergruppe U von G mit $a, b \in U$ gilt. Man nennt $\langle a, b \rangle_{Grp}$ daher **die von a und b erzeugte Untergruppe** von G.

2. Konkret sei nun G die Gruppe $\mathbb{Z}_8 \times \mathbb{Z}_{12}$ mit der Addition

$$(x_1, x_2) + (y_1, y_2) := (x_1 + y_1 \bmod 8, x_2 + y_2 \bmod 12).$$

Geben Sie alle Elemente der Untergruppe $\langle a, b \rangle_{Grp}$ an, wobei $a := (2, 3)$ und $b := (0, 6)$.

Hinweis: Berechnen Sie dazu die Ordnungen von a und b und beachten Sie, dass a und b kommutieren.

Wie beschreibt man $\langle a, b \rangle_{Grp}$, wenn $(G, \cdot, 1)$ multiplikativ geschrieben wird und a und b kommutieren?

Restklassenringe und Anwendungen

	Einführung	250
7.1	Modulares Rechnen	252
7.2	Das RSA-Public-Key-Cryptosystem	262
7.3	Das Grundmodell bei fehlerkorrigierenden Codes	270
7.4	Kugelpackungsschranke und (7,4)-Hamming-Code	277
7.5	Prüfzeichencodierung	283
7.6	Exkurs: Der Chinesische Restsatz	287
	Zusammenfassung	294
	Übungsaufgaben	296

7 ...und Anwendungen

EINFÜHRUNG

》 Nachdem wir im Großteil des letzten Kapitels algebraische Strukturen in recht allgemeiner und abstrakter Weise betrachtet haben, geht es im nun vorliegenden Kapitel um die spezielle Situation der *Restklassenringe*, die aus dem Ring $\mathbb{Z}$ der ganzen Zahlen durch Betrachtung der Äquivalenzrelation $\equiv_n$ für ein $n \in \mathbb{N}^*$ entstehen. Dabei ist entscheidend, dass $\equiv_n$ die Addition und die Multiplikation in $\mathbb{Z}$ respektiert, weshalb es sich um eine sog. *Kongruenzrelation* handelt und weshalb man eine Addition und eine Multiplikation von *Restklassen modulo n* (also auf $\mathbb{Z}_n$) einführen kann, indem man die Operationen auf entsprechende Repräsentanten der Klassen zurückführt.

Des Weiteren werden wir die multiplikativ invertierbaren Elemente im Restklassenring $\mathbb{Z}_n$ charakterisieren und damit zeigen, dass es sich bei $\mathbb{Z}_n$ genau dann um einen Körper handelt, wenn n eine Primzahl ist. Neben der Berechnung von multiplikativen Inversen (mithilfe des erweiterten Euklidischen Algorithmus) werden wir mit dem Algorithmus „Square-and-Multiply" eine effiziente Methode zum Potenzieren in Restklassenringen kennenlernen. Alle in Abschnitt 7.1 behandelten Resultate finden sodann in Abschnitt 7.2 ihre Anwendung, wenn es darum geht, die Grundbegriffe der *Kryptographie* im Allgemeinen und die Funktionsweise des *RSA-Public-Key-Cryptosystems* im Besonderen zu besprechen.

In der Kryptographie geht es allgemein um die Geheimhaltung von Daten gegenüber nicht autorisierten Personen. Bei Daten handelt es sich üblicherweise um Zahlenkolonnen, welche innerhalb eines Netzwerkes transportiert werden. Die Geheimhaltung erfolgt durch eine geeignete Verschlüsselung (Chiffrierung) der Daten. Bei einem Public-Key-Cryptosystem können innerhalb eines Rechnerverbundes mehrere Teilnehmer (paarweise) miteinander Nachrichten austauschen. Dem Verschlüsseln und Entschlüsseln (Dechiffrieren) liegt beim RSA-System der effiziente Algorithmus „Square-and-Multiply" zugrunde, während die Sicherheit des Systems auf der Schwierigkeit der Herstellung der Primfaktorzerlegung bei bestimmten großen Zahlen beruht.

Im Gegensatz zur Kryptographie besteht die Hauptaufgabe der *Codierungstheorie* in der Gewährleistung der Informationsübertragung über einen Nachrichtenkanal, bei dem zufällige Störungen auftreten. Konkrete Anwendungsbereiche sind Compact Discs und Bildübertragungen aus dem Weltall. Die zu sendenden (oder zu lesenden) Daten können durch Überlagerung der Störung verfälscht werden, weshalb man Vorsorge zur Rekonstruktion der ursprünglich gesendeten Daten treffen muss. In den Abschnitten 7.3 und 7.4 besprechen wir das Grundmodell der Codierungstheorie, insbesondere die Begriffe „Codieren" und „Decodieren", und diskutieren die notwendigen Anforderungen an gute *fehlererkennende* bzw. *fehlerkorrigierende* Codes, wobei auch der speziellen Klasse von *linearen Codes über endlichen Ringen* Beachtung geschenkt wird.

Mit dem (7, 4)-*Hamming-Code* werden wir als Beispiel einen guten Code kennenlernen, welcher die sog. *Kugelpackungsschranke* mit Gleichheit erfüllt und daher das Prädikat „perfekt" verdient. Mit den *Prüfzeichensystemen* behandeln wir in Abschnitt 7.5 eine spezielle Sorte von (guten) Codes, welche neben der Erkennung eines Fehlers üblicherweise auch fehlerhafte Nachbartranspositionen erkennen können.

Im abschließenden Exkurs stellen wir mit dem *Chinesischen Restsatz* ein Resultat vor, welches sich als wichtiges Werkzeug im Rahmen der Computer-Algebra erwiesen hat. Es geht dabei um das simultane Lösen von Kongruenzen bzgl. verschiedener Moduli. Neben der theoretischen Beschreibung der Lösungsmenge, was uns in ähnlicher Form beim Lösen von linearen Gleichungssystemen in Kapitel 10 wieder begegnen wird, bieten wir zwei Lösungswege an: zum einen über die Berechnung von sog. *orthogonalen Idempotenten* und zum anderen eine *iterative Methode*. Beide lassen sich auch auf das analoge Problem im Rahmen von Polynomringen (anstelle des Ringes $\mathbb{Z}$ der ganzen Zahlen) übertragen, wobei es um das sog. *Interpolationsproblem* geht (siehe Abschnitt 12.4).

Bezüglich einer Einführung in die algorithmische Zahlentheorie weisen wir nochmals auf das Buch von Forster [20] hin. Über vielfältige Anwendungen der Zahlen in Technik und Kommunikation berichtet Schroeder in [52]. Eine Einführung in die Theorie endlicher Körper und deren Anwendungen vermitteln Lidl und Niederreiter in [37]. Für Einführungen in die Kryptographie verweisen wir auf die Bücher von Bauer [4], von Schneier [50] und von Stinson [55]. Wer einen Überblick über das interessante Gebiet der Codierungstheorie gewinnen möchte, dem sei das Werk von Bossert [6] empfohlen.

》

7 Restklassenringe und Anwendungen

> **Lernziele**
>
> - das modulare Rechnen, insbesondere das Invertieren modulo n und das effiziente Potenzieren modulo n durch „Square-and-Multiply"
> - das Verständnis für die Anforderungen innerhalb der modernen Public-Key-Kryptographie, insbesondere die Funktionsweise und Sicherheitsaspekte beim RSA-System
> - das allgemeine Grundmodell der Codierungstheorie (was ist ein Code?, was versteht man unter Codieren und Decodieren?) sowie Kenntnis der Begriffe Minimalabstand und Fehlerkorrekturleistung eines Codes
> - die Beschreibung des binären 1-fehlerkorrigierenden (7,4)-Hamming-Codes sowie die Beschreibung von Prüfzeichensystemen anhand einer (linearen) Kontrollgleichung
> - die strukturelle Beschreibung von Lösungen bei simultanen Kongruenzen im Rahmen des Chinesischen Restsatzes sowie die effektive Herstellung einer Lösung

7.1 Modulares Rechnen

A Die Kongruenz modulo n und Restklassenarithmetik Wir erinnern zunächst einmal daran, dass bei gegebenem $n \in \mathbb{N}^*$ durch

$$a \equiv_n b :\Leftrightarrow n \mid (a - b) \tag{7.1.1}$$

eine Äquivalenzrelation auf dem Ring $\mathbb{Z}$ der ganzen Zahlen erklärt ist, die sog. Kongruenz modulo n (siehe ▶Beispiel 3.6.2 incl. Fußnote). Anstelle von $a \equiv_n b$ schreiben wir meist auch $a \equiv b \bmod n$. Für die weitere Betrachtung ist es wichtig zu sehen, dass $\equiv_n$ neben der Reflexivität, der Symmetrie und der Transitivität, welche zusammen ja die Eigenschaft „Äquivalenzrelation" ausmachen, noch zwei weitere wichtige Eigenschaften hat, nämlich die **Verträglichkeit mit der Addition auf $\mathbb{Z}$** und die **Verträglichkeit mit der Multiplikation auf $\mathbb{Z}$**, was wir gleich in ▶Satz 7.1.1 genau formulieren und beweisen wollen. Es ist diese strukturelle Eigenschaft, die $\equiv_n$ zu einer sog. **Kongruenzrelation** werden lässt, was ja bereits in die Namensgebung „Kongruenz modulo n" eingeflossen ist.

> **Satz 7.1.1** Es sei $n \in \mathbb{N}^*$. Sind a, b, c und d ganze Zahlen mit $a \equiv_n b$ und mit $c \equiv_n d$, so gelten:
>
> (1) $a + c \equiv_n b + d$
>
> (2) $ac \equiv_n bd$

7.1 Modulares Rechnen

Beweis Nach Voraussetzung gilt $a \equiv_n b$ und $c \equiv_n d$, was gleichbedeutend zu $n|(a-b)$ und $n|(c-d)$ ist. Es seien daher r und s ganze Zahlen mit $nr = a-b$ und mit $ns = c-d$. Dann folgen:

(1) $n(r+s) = nr+ns = (a-b)+(c-d) = (a+c)-(b+d)$, also $n|((a+c)-(b+d))$ (wegen $r+s \in \mathbb{Z}$), was $a+c \equiv_n b+d$ bedeutet.

(2) Ferner ist wegen $ac-bd = ac-ad+ad-bd = a(c-d)+(a-b)d = ans+nrd = n(as+rd)$ auch $ac - bd$ durch n teilbar (denn $as+rd \in \mathbb{Z}$), was $ac \equiv_n bd$ bedeutet. ∎

Wir erinnern daran, dass die zu $a \in \mathbb{Z}$ gehörende Äquivalenzklasse modulo n mit $[a]_n$ bezeichnet wurde (▶Definition 3.6.6). Diese Klasse wurde **Restklasse modulo** n genannt, weil $[a]_n = [a \bmod n]_n$ für alle a gilt (siehe ▶Satz 3.6.7). Des Weiteren haben wir mit $\mathbb{Z}_n$ (bzw. auch mit $\mathbb{Z}/\mathbb{Z}n$) die Menge aller Restklassen modulo n bezeichnet.[1] Die in ▶Satz 7.1.1 nachgewiesene Verträglichkeit von $\equiv_n$ mit der Addition und der Multiplikation ganzer Zahlen, also die Eigenschaft eine „Kongruenzrelation" zu sein, erlaubt es nun auf der Menge der Restklassen $\mathbb{Z}_n$ eine Addition und eine Multiplikation einzuführen.

> **Definition 7.1.2** Es sei $n \in \mathbb{N}^*$. Auf der Menge $\mathbb{Z}_n$ der Restklassen modulo n definiert man
>
> (1) die **Restklassenaddition**: $[x]_n + [y]_n := [x+y]_n$ für alle $x, y \in \mathbb{Z}$,
>
> (2) die **Restklassenmultiplikation**: $[x]_n \cdot [y]_n := [x \cdot y]_n$ für alle $x, y \in \mathbb{Z}$.
>
> Man nennt dann $(\mathbb{Z}_n, +, \cdot)$ den **Restklassenring modulo** n.

Diese Definition bedarf einer generellen Erläuterung. Wir müssen nämlich begründen, dass die eben definierten Verknüpfungen **wohldefiniert** sind. Was heißt das? Betrachten wir uns dazu, was bei der Verknüpfung zweier Klassen $X = [x]_n$ und $Y = [y]_n$ aus $\mathbb{Z}_n$ getan wird. Diese sind zunächst durch Repräsentanten x aus X und y aus Y gegeben. Sodann werden die beiden Repräsentanten x und y innerhalb $\mathbb{Z}$ miteinander verknüpft, sagen wir zu $z \in \mathbb{Z}$. Schließlich wird die zu z gehörende Klasse Z als das Ergebnis der Verknüpfung zwischen X und Y hergenommen, insgesamt also $X * Y = Z$ (wobei $*$ für die Addition oder die Multiplikation steht). Die gesamte Verknüpfung wurde also letztendlich auf die Verknüpfung der Repräsentanten zurückgeführt. Da eine Klasse nun aber sehr viele Repräsentanten hat, ist es wichtig, dass diese Rechnung unabhängig von der Wahl der Repräsentanten stets das gleiche Ergebnis liefert! Dies ist aber genau aufgrund der Eigenschaft „Kongruenzrelation zu sein" der Fall. Sind nämlich $x' \in [x]_n =$

---

[1] Bei unserer Notation ist etwas aufzupassen! $\mathbb{Z}n$ und $\mathbb{Z}_n$ sind unterschiedliche Objekte.

X und $y' \in [y]_n = Y$ irgendwelche (zu x bzw. zu y alternativen) Repräsentanten, so gilt $x+y \equiv_n x'+y'$, also $[x+y]_n = [x'+y']_n$, ebenso wie $xy \equiv_n x'y'$, also $[xy]_n = [x'y']_n$ (nach ▶Satz 7.1.1). Das ist es, was man hier unter **Wohldefiniertheit** versteht.

B **Der Restklassenring** $\mathbb{Z}_n$ Als Nächstes wollen wir begründen, dass $\mathbb{Z}_n$ zu Recht den Namen Restklassen*ring* modulo n trägt.

Satz 7.1.3 Es sei $n \in \mathbb{N}^*$ mit $n \geq 2$. Dann ist $(\mathbb{Z}_n, +, \cdot)$ ein kommutativer Ring mit genau n Elementen.

Beweis

1. Wir rechnen zuerst nach, dass $(\mathbb{Z}_n, +)$ eine kommutative Gruppe ist. Zum Nachweis des Assoziativgesetzes betrachten wir beliebige Elemente x, y und z aus $\mathbb{Z}$. Aufgrund der Assoziativität in $(\mathbb{Z}, +)$ gilt dann

$$\begin{aligned}[x]_n + ([y]_n + [z]_n) &= [x]_n + [y+z]_n &= [x+(y+z)]_n \\ &= [(x+y)+z]_n &= [x+y]_n + [z]_n \\ &= ([x]_n + [y]_n) + [z]_n.\end{aligned}$$

Aufgrund der Kommutativität von $(\mathbb{Z}, +)$ gilt weiter

$$[x]_n + [y]_n = [x+y]_n = [y+x]_n = [y]_n + [x]_n$$

für alle $x, y \in \mathbb{Z}$, sodass die Restklassenaddition auch kommutativ ist. Die Restklasse $[0]_n$ von 0 ist neutrales Element bzgl. der Restklassenaddition, denn

$$[x]_n + [0]_n = [x+0]_n = [x]_n \quad \text{für alle } x \in \mathbb{Z}.$$

Schließlich ist auch jede Restklasse additiv invertierbar, denn für jedes x aus $\mathbb{Z}$ gilt

$$[x]_n + [n-x]_n = [x+(n-x)]_n = [n]_n = [0]_n.$$

Additiv invers zu $[x]_n$ ist also $[n-x]_n$, was wegen $[n]_n = [0]_n$ gleich $[-x]_n$ ist und daher auch mit $-[x]_n$ bezeichnet wird.

2. Als Zweites ist nachzurechnen, dass es sich bei $\mathbb{Z}_n$ zusammen mit der Restklassenmultiplikation um ein kommutatives Monoid handelt. Nun, die Assoziativität und die Kommutativität folgen ganz analog wie bei der Restklassenaddition, denn

$$\begin{aligned}[x]_n \cdot ([y]_n \cdot [z]_n) &= [x]_n \cdot [y \cdot z]_n &= [x \cdot (y \cdot z)]_n \\ &= [(x \cdot y) \cdot z]_n &= [x \cdot y]_n \cdot [z]_n \\ &= ([x]_n \cdot [y]_n) \cdot [z]_n\end{aligned}$$

und $[x]_n \cdot [y]_n = [x \cdot y]_n = [y \cdot x]_n = [y]_n \cdot [x]_n$. Weiter ist die Restklasse $[1]_n$ von 1 das neutrale Element bzgl. der Restklassenmultiplikation, denn

$$[x]_n \cdot [1]_n = [x \cdot 1]_n = [x]_n \quad \text{für alle } x \in \mathbb{Z}.$$

3. Als Letztes ist das Distributivgesetz nachzurechnen. Dazu seien x, y und z wieder beliebige ganze Zahlen. Dann gilt

$$\begin{aligned}
[x]_n \cdot ([y]_n + [z]_n) &= [x]_n \cdot [y + z]_n &&= [x \cdot (y + z)]_n \\
&= [x \cdot y + x \cdot z]_n &&= [x \cdot y]_n + [x \cdot z]_n \\
&= [x]_n \cdot [y]_n + [x]_n \cdot [z]_n
\end{aligned}$$

aufgrund der Gültigkeit des Distributivgesetzes in $\mathbb{Z}$. ∎

Beim konkreten Rechnen mit Restklassen wird natürlich eine **vereinfachte Schreibweise** verwendet. Wir wollen das anhand eines Beispiels demonstrieren. Annahme, wir rechnen modulo $n = 17$. Wir berechnen $[15]_{17} \cdot [3]_{17} + [9]_{17}$. Gemäß Definition ist zunächst

$$[15]_{17} \cdot [3]_{17} + [9]_{17} = [45]_{17} + [9]_{17} = [54]_{17}.$$

Wegen $[x]_n = [x \bmod n]_n$ werden wir wie bereits früher bemerkt das einfache Repräsentantensystem $0, 1, \ldots, n-1$ zugrunde legen und entsprechend $[54]_{17}$ zu $[3]_{17}$ auswerten. Bei längeren Rechnungen ist nun wichtig zu sehen, dass man auch in Zwischenschritten immer wieder modulo n reduzieren darf und das auch tun sollte, um die Größe der Zwischenergebnisse stets kontrollieren zu können. So ergibt sich oben wegen $[45]_{17} = [11]_{17}$ etwa

$$[15]_{17} \cdot [3]_{17} + [9]_{17} = [45]_{17} + [9]_{17} = [11]_{17} + [9]_{17} = [20]_{17} = [3]_{17}.$$

Auf die Dauer gesehen ist auch die Klammerschreibweise plus Index sehr umständlich. Daher notiert man obige Rechnung viel einfacher als

$$15 \cdot 3 + 9 = 45 + 9 = 54 \equiv 3 \bmod 17.$$

Man rechnet also häufig in $\mathbb{Z}$ (was durch Gleichungsumformungen „=" angedeutet ist) und reduziert hin und wieder modulo n (was durch die entsprechende Kongruenzumformung „≡" klargemacht wird), um die Größe der Zwischenergebnisse zu kontrollieren. Den „Modul" n sollte man am Ende der Rechnung notieren, „$\bmod n$". Alternativ würde man also auch

$$15 \cdot 3 + 9 = 45 + 9 \equiv 11 + 9 = 20 \equiv 3 \bmod 17$$

schreiben. Fazit: Die Bezeichnungen „x modulo n" und „$[x]_n$" sind Synonyme; die Klassen $[x]_n$ werden häufig durch ihre kanonischen Repräsentanten ersetzt. Aus dem Zusammenhang geht hervor, ob eine Zahl oder eine Restklasse gemeint ist.

C Einheiten modulo n Wir wollen die Restklassenringe $\mathbb{Z}_n$ nun noch etwas genauer untersuchen und beginnen mit der Charakterisierung der Einheiten in $\mathbb{Z}_n$. Wir sollten in diesem Zusammenhang an den Begriff der „Einheit" erinnern.

> **Definition 7.1.4** Es seien $n \in \mathbb{N}^*$ und $x \in \mathbb{Z}$. Dann nennt man x eine **Einheit modulo n**, wenn die zu x gehörende Restklasse $[x]_n$ im Restklassenring $\mathbb{Z}_n$ multiplikativ invertierbar ist. Das bedeutet wiederum, dass ein $y \in \mathbb{Z}$ existiert mit $[x]_n \cdot [y]_n = [1]_n$.

Der nächste Satz liefert eine Charakterisierung der Einheiten modulo n, welche man im konkreten Fall mit dem Euklidischen Algorithmus (Abschnitt 2.4) effizient überprüfen kann.

> **Satz 7.1.5** Es sei x eine ganze Zahl. Genau dann ist x eine Einheit modulo n, wenn n und x teilerfremd sind, also wenn $\mathrm{ggT}(x, n) = 1$ ist.

Beweis Annahme, x ist eine Einheit modulo n. Sei $y \in \mathbb{Z}$ mit $[x]_n \cdot [y]_n = [1]_n$, also mit $[xy]_n = [1]_n$. Das bedeutet, dass $xy \equiv 1$ modulo n, bzw. dass $xy - 1$ ein Vielfaches von n ist. Daher gibt es ein $l \in \mathbb{Z}$ mit $xy - 1 = ln$, was sich äquivalent zu $1 = xy - ln$ umformen lässt.

Ist nun $d = \mathrm{ggT}(x, n) \in \mathbb{N}$ der größte gemeinsame Teiler von x und n, etwa $x = dx'$ und $n = dn'$, so folgt

$$1 = xy - ln = (dx')y - l(dn') = d(x'y - ln').$$

Daran sieht man, dass d Teiler von 1 ist. Das kann aber nur sein, wenn $d = \mathrm{ggT}(x, n)$ gleich 1 ist, und das bedeutet wiederum, dass x und n teilerfremd sind.

Gilt umgekehrt $\mathrm{ggT}(x, n) = 1$, die Teilerfremdheit von x und n, so findet man mit dem erweiterten ▶Euklidischen Algorithmus 2.4.5 ganze Zahlen a, b mit $ax + bn = 1$ (eine Vielfachsummendarstellung des größten gemeinsamen Teilers). Diese Gleichung ist äquivalent zu $bn = 1 - ax$, also $n | (1 - ax)$, sodass $ax \equiv 1$ modulo n ist. In anderer Schreibweise ist dies $[a]_n \cdot [x]_n = [1]_n$, sodass in der Tat x modulo n eine Einheit im Restklassenring $\mathbb{Z}_n$ ist. ∎

Beim Rechnen mit Einheiten möchte man natürlich das (multiplikative) Invertieren algorithmisch beherrschen. Bei Restklassenringen kann man dazu, wie im Beweis von ▶Satz 7.1.5 demonstriert, den erweiterten Euklidischen Algorithmus anwenden. Im Körper $\mathbb{Z}_2$ ist das Invertieren natürlich eine Trivialität; in der Praxis arbeitet man allerdings mit sehr großen Primzahlen (siehe Abschnitt 7.2), weshalb eine effiziente Restklassenarithmetik gefragt ist.

Algorithmus 7.1.6 **Invertieren in $\mathbb{Z}_n$**

- Eingabe: $n \in \mathbb{N}^*$ und $a \in \mathbb{Z}$ mit ggT$(a, n) = 1$
- Ausgabe: $y \in \{1, \ldots, n-1\}$ mit $ay \equiv 1 \bmod n$
- wende den erweiterten Euklidischen Algorithmus auf (a, n) an und erhalte eine Vielfachsummendarstellung $\alpha a + \beta n = 1$ mit $(\alpha, \beta) \in \mathbb{Z} \times \mathbb{Z}$, setze $y := \alpha \bmod n$,
gib y aus.

Mit Hilfe der Euler-Funktion aus ▶Definition 4.5.1 erhalten wir mit ▶Satz 7.1.5 auch die Anzahl der Einheiten modulo n.

Satz 7.1.7 Die Anzahl der Einheiten modulo n ist gleich $\varphi(n)$, wobei φ die Euler-Funktion ist.

Beweis Wir nehmen Bezug auf ▶Satz 3.6.7 und auf ▶Satz 2.4.3. Zu $x \in \mathbb{Z}$ sei $r := x \bmod n$. Dann ist $[x]_n = [r]_n$ und ggT$(x, n) = $ ggT(r, n). Also ist x genau dann Einheit modulo n, wenn r Einheit modulo n ist. Anhand des kanonischen Repräsentantensystems $0, 1, \ldots, n-1$ der Restklassen sieht man nun, dass die Einheiten in $\mathbb{Z}_n$ genau von denjenigen $r \in \{0, 1, \ldots, n-1\}$ repräsentiert werden, die teilerfremd zu n sind. Das ist die Behauptung, i. e. $\varphi(n) = |E(\mathbb{Z}_n)|$. ∎

Bei der folgenden Tabelle handelt es sich beispielsweise um die **Verknüpfungstafel der Einheitengruppe modulo 9**.

·	1	2	4	5	7	8
1	1	2	4	5	7	8
2	2	4	8	1	5	7
4	4	8	7	2	1	5
5	5	1	2	7	8	4
7	7	5	1	8	4	2
8	8	7	5	4	2	1

Betrachten wir $n = 18$ als weiteres Beispiel. Es ist $\varphi(18) = 6$ und die Einheiten modulo 18 sind 1, 5, 7, 11, 13, 17. Dabei sind 5 und 11 invers zueinander; 7 und 13 sind invers zueinander; 17 und 1 sind jeweils zu sich selbst invers.

D **Welche Restklassenringe sind Körper?** Als weitere interessante Folgerung aus ▶Satz 7.1.5 erhalten wir eine Charakterisierung derjenigen Restklassenringe $\mathbb{Z}_n$, welche Körper sind, und daher **Restklassenkörper** modulo n genannt werden.

> **Satz 7.1.8** Es sei $p \in \mathbb{N}^*$ mit $p \geq 2$. Dann gelten:
>
> (1) Ist p eine Primzahl, so ist der Restklassenring $\mathbb{Z}_p$ ein Körper.
>
> (2) Ist p keine Primzahl, so ist der Restklassenring $\mathbb{Z}_p$ kein Integritätsbereich, insbesondere kein Körper.

Beweis

(1) Es sei zunächst p eine Primzahl. Dann gilt $|E(\mathbb{Z}_p)| = \varphi(p) = p-1 = |\mathbb{Z}_p|-1$, weil p in $\mathbb{N}$ nur die Teiler 1 und p hat und somit alle Zahlen aus $\{1, 2, \ldots, p-1\}$ relativ prim zu p sind. Das bedeutet $E(\mathbb{Z}_p) = \mathbb{Z}_p^*$, i. e., jedes von null verschiedene Element aus $\mathbb{Z}_p$ ist multiplikativ invertierbar. Daher ist $\mathbb{Z}_p$ ein Körper, siehe ▶Definition 6.4.6.

(2) Ist p hingegen keine Primzahl, so gibt es $a, b \in \{2, 3, \ldots, p-1\}$ mit $p = ab$. Deshalb gilt $a \not\equiv 0 \bmod p$ und $b \not\equiv 0 \bmod p$, aber $ab \equiv 0 \bmod p$ bzw. in anderer Notation

$$[a]_p \neq [0]_p \text{ und } [b]_p \neq [0]_p, \text{ aber } [a]_p \cdot [b]_p = [ab]_p = [0]_p,$$

sodass $\mathbb{Z}_p$ nicht einmal ein Integritätsbereich und daher erst recht kein Körper ist. ∎

Ist p eine Primzahl, so schreibt man für den Restklassenkörper $\mathbb{Z}_p$ auch $\mathbb{F}_p$. Bei $\mathbb{Z}_2$ bzw. $\mathbb{F}_2$ handelt es sich natürlich um den binären Körper aus ▶Beispiel 6.4.9. Der englische Fachausdruck für „Körper" im algebraischen Sinne ist *field*; das rechtfertigt die Verwendung des Buchstabens $\mathbb{F}$. Sehr gebräuchlich ist auch die Bezeichnung GF(p) für $\mathbb{Z}_p$; dabei steht GF zu Ehren des Mathematikers Évariste Galois (1811–1832) für **Galois field**.

E **Effizientes Potenzieren in Restklassenringen** Zum Thema effiziente Arithmetik in Restklassenringen gehört neben dem Invertieren auch das **Potenzieren modulo** n. Dies ist eine weitere wichtige Operation, die in der Kryptographie Anwendung findet. Der folgende Algorithmus Square-and-Multiply berechnet zu $g \in \mathbb{Z}$ und $n, m \in \mathbb{N}^*$ die Potenz $g^m \bmod n$ unter (impliziter) Verwendung der Binärdarstellung des Exponenten m.

Algorithmus 7.1.9 **Square-and-Multiply**

- Eingabe: $g \in \mathbb{Z}$ und $n, m \in \mathbb{N}^*$

- Ausgabe: $g^m \bmod n$

■ $x := 1, y := g, k := m$,
   (* $g^m = xy^k$ und $g^m \equiv xy^k \bmod n$ *)
   while $k > 0$ do
       if $k \bmod 2 = 1$
       then
           (* k ist ungerade *)
           $x := xy \bmod n, k := k - 1$
           (* $g^m \equiv xy^k \bmod n$ *)
       end-if,
       (* k ist gerade *)
       $y := y^2 \bmod n, k := k \,\mathrm{div}\, 2$
       (* $g^m \equiv xy^k \bmod n$ *)
   end-while,
   (* $g^m \equiv xy^k \bmod n, k = 0$ *)
   Ausgabe von x.

Beweis Zur Korrektheit: Aufgrund der Anfangsbelegung der Variablen gilt der erste Kommentar vor erstmaligem Eintritt in die *while*-Schleife. Wir nehmen (induktiv) an, dass bei irgendeinem Eintritt in die *while*-Schleife die Beziehung $g^m \equiv xy^k \bmod n$ gilt. Ist k ungerade, so tritt der *if*-Fall ein und wir betrachten diese Beziehung als $g^m \equiv (xy)y^{k-1} \bmod n$. Durch den Update

$$x_{neu} := xy \bmod n \text{ und } k_{neu} := k - 1$$

ist k nach dem *if*-Fall eine gerade Zahl und die Beziehung $g^m \equiv xy^k \bmod n$ gültig. Bei einem geraden k betrachten wir diese Beziehung nun als $g^m \equiv x(y^2)^{k\,\mathrm{div}\,2}$. Das führt entsprechend zu den Updates

$$y_{neu} := y^2 \bmod n \text{ und } k_{neu} := k \,\mathrm{div}\, 2.$$

Insgesamt bleibt damit die grundlegende Beziehung $g^m \equiv xy^k \bmod n$ auch nach jedem Durchlauf der *while*-Schleife gültig.

Zur Terminierung: Der Algorithmus endet, da sich k, wie anhand der Update-Regeln ersichtlich, bei jedem Schleifendurchlauf echt verringert, dabei aber stets eine natürliche Zahl bleibt. Der Endpunkt $k = 0$ wird somit erreicht, und dann gilt $g^m \equiv xy^k = xy^0 = x \bmod n$, sodass korrekterweise x auszugeben ist.

Zur **Komplexität** ist zu sagen, dass in jedem Schleifendurchlauf schlimmstenfalls (**worst case**, wenn k bei Eintritt in die Schleife ungerade ist) zwei Multiplikationen modulo n durchgeführt werden (ist k bei Schleifeneintritt gerade, so kommt man mit einer Multiplikation aus). Die Änderung des Exponenten k bewirkt jedoch, dass bei jedem Schleifendurchlauf eine Stelle der Binärdarstellung des eingegebenen Exponenten m abgearbeitet wird, weshalb die Anzahl der Schleifendurchläufe gleich der Anzahl der Binärstellen von m ist. Dies ist ungefähr gleich $\log_2(m)$, weshalb sich im Rahmen der O-Notation die Komplexität des Algorithmus zu $O(\log_2(m))$ ergibt (siehe Abschnitt 2.3-D und Abschnitt 15.5). ∎

Um den Algorithmus richtig würdigen zu können, berechne man als Übung die letzten drei Dezimalziffern von $123^{13896251}$. Hier berechnen wir als Beispiel den Rest von 3^{100} modulo 19. Dabei werden die Größen x, y und k während der Schleifendurchläufe protokolliert. Zur Veranschaulichung dessen, was bei der Komplexitätsanalyse gesagt wurde, wird ebenfalls jeweils die Binärdarstellung des jeweiligen verbleibenden Exponenten k angegeben.

x	y	k	Binärdarstellung von k	Modul n
1	3	100	1100100	19
1	9	50	110010	
1	5	25	11001	
5	6	12	1100	
5	17	6	110	
5	4	3	11	
1	16	1	1	
16	9	0	0	

Also ist $3^{100} \equiv 16$ modulo 19.

F Die Sätze von Euler und Fermat Wir stellen nun zwei weitere wichtige Ergebnisse aus der elementaren Zahlentheorie vor, die ebenfalls im kommenden Abschnitt benötigt werden. Als Anwendung von ▶Korollar 6.3.12 auf die Einheitengruppe von $\mathbb{Z}_n$ erhalten wir zunächst den folgenden Satz von Euler.

Satz 7.1.10 von Euler

Ist $n \in \mathbb{N}^*$ und ist $a \in \mathbb{Z}$ teilerfremd zu n, so gilt

$$a^{\varphi(n)} \equiv 1 \bmod n.$$

Beweis Ist $(G, *, e)$ eine endliche Gruppe und $g \in G$, so ist $g^{|G|}$, also die $|G|$-fache Verknüpfung mit sich selbst, gleich e, dem neutralen Element von G (siehe ▶Korollar 6.3.12-(2)). Mit $G = E(\mathbb{Z}_n)$ ist $|G| = \varphi(n)$. Ist also a relativ prim zu n, so ist a eine Einheit modulo n, also $[a]_n \in E(\mathbb{Z}_n)$, sodass in dieser Situation $[a]_n^{\varphi(n)} = [1]_n$ gilt. In vereinfachter Schreibweise lautet dies $a^{\varphi(n)} \equiv 1 \bmod n$, was zu zeigen war. ∎

7.1 Modulares Rechnen

Der sog. kleine Satz von Fermat behandelt den Spezialfall des Satzes von Euler, wobei es sich bei n um eine Primzahl handelt.

Satz 7.1.11 Kleiner Satz von Fermat

Ist p eine Primzahl und ist $a \in \mathbb{Z}$ eine ganze Zahl, die nicht durch p teilbar ist, so gilt
$$a^{p-1} \equiv 1 \bmod p.$$

Beweis Da p Primzahl und kein Teiler von a ist, gilt ggT$(a, p) = 1$, sodass a Einheit modulo p ist. Nach dem Satz von Euler ist daher $a^{\varphi(p)} \equiv 1 \bmod p$. Mit $\varphi(p) = p - 1$ folgt die Behauptung. ∎

G Die Ordnung modulo n und primitive Elemente in Restklassenkörpern Der Begriff der „multiplikativen Ordnung modulo n", bei dem es sich um einen Spezialfall von ▶Definition 6.3.10 handelt, verbindet in gewisser Weise das modulare Potenzieren und das modulare Invertieren, denn mit $x^l \equiv 1 \bmod n$ ist $x \cdot x^{l-1} \equiv 1 \bmod n$, sodass x^{l-1} modulo n invers zu x ist.

Definition 7.1.12 Ist x eine Einheit modulo n, so nennt man die kleinste Zahl $l \in \mathbb{N}^*$ mit $x^l \equiv 1 \bmod n$ die **multiplikative Ordnung von x modulo n** (Bezeichnung: ord$_n(x)$).

Beispielsweise gilt ord$_{19}(3) = 18$, denn: Zunächst ist $3^{18} \bmod 19 = 1$, sodass ord$_{19}(3)$ ein Teiler von 18 sein muss (siehe ▶Korollar 6.3.12-(1)). Allerdings ist $3^l \bmod 19 \neq 1$ für $l = 1, 2, 3, 6, 9$, denn $3^1 \equiv 3 \bmod 19$ und $3^2 \equiv 9 \bmod 19$ und $3^3 = 27 \equiv 8 \bmod 19$ und $3^6 \equiv 8^2 = 64 \equiv 7 \bmod 19$ und $3^9 \equiv 8^3 \equiv 7 \cdot 8 = 56 \bmod 19$.

Mit Kenntnis von ord$_{19}(3)$ kann man $3^{100} \bmod 19$ (siehe obiges Beispiel zu ▶Algorithmus 7.1.9) auch wie folgt ausrechnen:

$$3^{100} \equiv 3^{100 \bmod 18} \equiv 3^{10} \equiv 16 \bmod 19$$

Im letzten Schritt wird man allerdings wieder Square-and-Multiply anwenden.

Es sei abschließend erwähnt, dass es in der Einheitengruppe modulo einer Primzahl p stets ein Element u mit ord$_p(u) = p - 1 = \varphi(p)$ gibt. Ein solches u erzeugt dann die gesamte multiplikative Gruppe $E(\mathbb{Z}_p) = \mathbb{Z}_p^*$. Das bedeutet, dass die multiplikative Gruppe des Restklassenkörpers $\mathbb{Z}_p$ zyklisch ist (siehe ▶Definition 6.3.7). Zum Beweis dieser Tatsache benötigt man allerdings einiges aus der Theorie der Polynome, die wir erst in Kapitel 12 studieren werden.

Jeden Erzeuger einer multiplikativen Gruppe eines Restklassenkörpers nennt man ein **primitives Element**. Es gilt, dass die Anzahl der primitiven Elemente des Restklassenkörpers $\mathbb{Z}_p$ gleich $\varphi(p-1)$ ist. Beispielsweise ist, wie oben gesehen, 3 ein primitives Element modulo 19, denn $\text{ord}_{19}(3) = 18 = 19 - 1$, und somit muss jede von null verschiedene Restklasse innerhalb der Menge $\{3^l \bmod 19 : l = 0, 1, \ldots, 17\}$ genau einmal vorkommen. Schließlich bemerken wir für diesen Spezialfall, dass (neben 3) die Potenz $3^l \bmod 19$ genau dann ein primitives Element modulo 19 ist, wenn l und $|\mathbb{Z}_{19}^*| = 18$ teilerfremd sind.

7.2 Das RSA-Public-Key-Cryptosystem

Als Anwendung der Ergebnisse des letzten Abschnitts wollen wir anhand des berühmten RSA-Public-Key-Verfahrens (von Rivest, Shamir und Adleman) diskutieren, wie das modulare Rechnen und die zahlentheoretischen Probleme **Primzahltest** und **Faktorisierung von Zahlen** für kryptographische Zwecke ausgenutzt werden können.

A Grundbegriffe der Kryptographie Wir beginnen dazu mit der Erläuterung der wichtigsten Grundbegriffe der Kryptographie.

1. Im Gegensatz zur Codierungstheorie (deren Grundlagen wir in den nachfolgenden Abschnitten behandeln wollen) geht es in der Kryptographie um die **Geheimhaltung von Daten** (die üblicherweise innerhalb eines Netzwerkes transportiert werden) gegenüber nicht autorisierten Personen. Die Geheimhaltung erfolgt durch eine geeignete **Verschlüsselung** (**Chiffrierung**) der Daten.

2. Bei einem **Public-Key-Cryptosystem** können mehrere Teilnehmer (paarweise, in einem Rechnerverbund) miteinander Nachrichten austauschen. Wir nehmen dabei an, dass es sich bei den Nachrichten um Zahlenkolonnen handelt. Man identifiziert jeden Teilnehmer mit einem (abstrakten) **Schlüssel** K. Jeder Schlüssel K besteht aus einem **öffentlichen Teil** e_K und einem **geheimen Teil** d_K.

   ■ Der öffentliche Teil ist jedem anderen Teilnehmer L zugänglich und ermöglicht ein schnelles Chiffrieren, denn e_K ist nichts anderes als eine **Chiffrierabbildung**: Will L dem Teilnehmer K eine Nachricht zukommen lassen, so wird die gesamte Nachricht X zunächst in Blöcke $X_1, \ldots, X_l$ geeigneter Länge zerlegt; danach werden $e_K(X_1), \ldots, e_K(X_l)$ berechnet und damit X unkenntlich gemacht. Übermittelt wird die chiffrierte Nachricht $e_K(X_1), \ldots, e_K(X_l)$.

7.2 Das RSA-Public-Key-Cryptosystem

■ Der geheime Teil d_K des Schlüssels ist nur dem autorisierten Teilnehmer K zugänglich und dient zum **Dechiffrieren** empfangener Nachrichten. Entsprechend muss $d_K = e_K^{-1}$ die inverse Abbildung von e_K sein.

Es ist angebracht, sich unter d_K und e_K nicht unbedingt nur formale Abbildungen, sondern Algorithmen oder gar Implementierungen vorzustellen, die diese Abbildungen auch konkret ausführen.

3. Die Sicherheit des Systems beruht auf dem Begriff der **Einwegfunktion mit Falltür** (engl.: **trap door function**). Darunter versteht man formal eine bijektive Abbildung f (auf dem Zahlbereich, der den Nachrichten zugrunde liegt) mit folgenden Eigenschaften.

(a) $f(x)$ kann für jeden Benutzer effizient (in der Praxis bedeutet das *schnell* bzw. *mit vertretbarem Aufwand*) berechnet werden.

(c) $f^{-1}(y)$ kann für nicht autorisierte Benutzer praktisch nicht berechnet werden (Einbahnstraße).

(c) $f^{-1}(y)$ kann für autorisierte Benutzer effizient berechnet werden.
Dabei ist die effiziente Berechnung von f^{-1} für einen autorisierten Benutzer möglich, weil er gegenüber einem nicht autorisierten Benutzer im Besitz von Zusatzinformationen ist (Falltür).

Beispielsweise kann man sich unter einer Einwegfunktion ein offenes Vorhängeschloss vorstellen. Die Nachricht wird dabei in einen Kasten verpackt und mit dem Vorhängeschloss verriegelt. Der autorisierte Empfänger hat den (wirklich physikalischen) Schlüssel, um das Schloss zu öffnen. Ein nicht autorisierter Empfänger kann den Kasten nur mit erheblichem Aufwand (gewaltsam) öffnen.

4. Bei einem Public-Key-Cryptosystem verlangt man, dass jede Chiffrierfunktion e_K eine Einwegfunktion mit Falltür ist. Der zu K gehörende Benutzer kann für das empfangene $y = e_K(x)$ die unverschlüsselte Nachricht $x = e_K^{-1}(y)$ schnell berechnen, weil er in Besitz von $d_K = e_K^{-1}$ ist, d. h., er besitzt einen effizienten Algorithmus und eine effiziente Implementierung, um x zu berechnen. Selbstverständlich sollte der den Nachrichten zugrunde liegende Zahlenraum so groß sein, dass eine vollständige Suche nach dem Urbild von $e_K(x)$ unter d_K absurd ist.

B **Beschreibung der Schlüssel beim RSA-System** Nach diesen allgemeinen Beschreibungen zu den Anforderungen eines Public-Key-Systems betrachten wir nun speziell das RSA-System und gehen dabei die einzelnen Punkte nochmals durch. Im Rahmen des RSA-Systems hat jeder Schlüssel K die Form $K = (n, a, b, p, q)$. Dabei gelten zunächst:

1. $n = pq$

2. p und q sind zwei verschiedene Primzahlen.

3. $ab \equiv 1 \bmod \varphi(n)$, wobei φ die Euler-Funktion ist (demnach müssen a und b invertierbar und zueinander invers modulo $\varphi(n)$ sein).[2]

Ferner wird Folgendes festgelegt:

4. Der **öffentliche Teil** e_K des Schlüssels K entspricht dem Paar (n, b).

5. Der **geheime Teil** d_K des Schlüssels K entspricht dem Tripel (p, q, a).

6. Bei der Kommunikation mit dem Benutzer K ist der Nachrichtenraum gleich dem Restklassenring $\mathbb{Z}_n$ (weshalb n groß sein sollte, d. h., mindestens 200 Dezimalstellen haben sollte). Will man K eine Nachricht $x \in \mathbb{Z}_n$ zukommen lassen, so sendet man (mithilfe von (n, b)) die Zahl $y \in \mathbb{Z}_n$ mit

$$y = e_K(x) := x^b \bmod n.$$

7. Der Empfänger K, welcher in Besitz des geheimen Teils (p, q, a) ist, entschlüsselt die empfangene Nachricht $y \in \mathbb{Z}_n$ zu

$$d_K(y) := y^a \bmod n.$$

Es gilt also $d_K(y) \equiv e_k(x)^a = (x^b)^a = x^{ab} \bmod n$.

Dies beendet die Beschreibung des RSA-Systems.

C Die korrekte Arbeitsweise des RSA-Systems Um die Korrektheit des Systems zu erhalten, müssen wir nachweisen, dass die beiden Abbildungen e_K und d_K tatsächlich invers zueinander sind, dass also $d_k(e_k(x)) \equiv x^{ab} \equiv x \bmod n$ für alle $x \in \mathbb{Z}_n$ gilt. Das ist Inhalt des nächsten Satzes.

Satz 7.2.1 Ist $K = (n, a, b, p, q)$ ein Schlüssel eines RSA-Systems, so sind die beiden Abbildungen $e_K : \mathbb{Z}_n \to \mathbb{Z}_n$, $x \mapsto x^b \bmod n$ und $d_K : \mathbb{Z}_n \to \mathbb{Z}_n$, $y \mapsto y^a \bmod n$ invers zueinander.

---

[2] Hier liegt also die Einheitengruppe modulo $\varphi(n)$ zugrunde und diese hat $|E(\mathbb{Z}_{\varphi(n)})| = \varphi(\varphi(n))$ Elemente.

Beweis Nach Voraussetzung über das RSA-System gilt $ab \equiv 1 \bmod \varphi(n)$, also $\varphi(n)$ teilt $ab - 1$, weshalb $l\varphi(n) = ab - 1$, also $ab = 1 + l\varphi(n)$ für ein $l \in \mathbb{Z}$ ist. Damit ergibt sich

$$x^{ab} = x^{1+l\varphi(n)} = x \cdot x^{l\varphi(n)} = x \cdot (x^{\varphi(n)})^l.$$

An dieser Stelle ist es sinnvoll, eine Fallunterscheidung durchzuführen.

1. Annahme, x ist relativ prim zu n. Nach dem ▶Satz von Euler 7.1.10 ist dann $x^{\varphi(n)} \equiv 1 \bmod n$, sodass $x^{l\varphi(n)} = (x^{\varphi(n)})^l \equiv 1^l = 1 \bmod n$ folgt. Daher ergibt sich $x^{ab} \equiv x \cdot (x^{\varphi(n)})^l \equiv x \cdot 1 = x \bmod n$.

2. Ist x durch n teilbar, so gilt natürlich ebenfalls $x^{ab} \equiv x \bmod n$, da dann ja $x \equiv 0 \bmod n$ ist.

3. Es bleibt der Fall zu untersuchen, bei dem genau eine der beiden Primzahlen p bzw. q ein Teiler von n ist. Ohne Einschränkung sei p ein Teiler von n und q sei relativ prim zu n. Wir nutzen an dieser Stelle die Multiplikativität der Euler-Funktion φ (▶Satz 4.5.4) aus, wonach

$$\varphi(n) = \varphi(p \cdot q) = \varphi(p) \cdot \varphi(q) = (p-1) \cdot (q-1)$$

gilt. Nun betrachten wir die Potenz $x^{\varphi(n)}$ modulo q. Es ist

$$x^{\varphi(n)} = x^{(p-1)(q-1)} = (x^{q-1})^{p-1} \equiv 1^{p-1} = 1 \bmod q,$$

weil $x^{q-1} \equiv 1 \bmod q$ nach dem kleinen ▶Satz von Fermat 7.1.11 gilt. Folglich ist auch $x^{l\varphi(n)} = (x^{\varphi(n)})^l \equiv 1^l = 1 \bmod q$ und daher $x^{ab} \equiv x \cdot x^{l\varphi(n)} \equiv x \cdot 1 = x \bmod q$.

Betrachtet man entsprechend die Kongruenz modulo p, so ergibt sich wegen $p|x$ trivialerweise $x \equiv 0 \bmod p$, also $x^{ab} \equiv 0^{ab} = 0 \equiv x \bmod p$. Insgesamt folgern wir daher $x^{ab} \equiv x \bmod q$ und $x^{ab} \equiv x \bmod p$, also $q|(x^{ab} - x)$ sowie $p|(x^{ab} - x)$. Da nun p und q verschiedene Primzahlen und damit relativ prim sind, folgt daraus $n = pq|(x^{ab} - x)$, also wie gewünscht auch hier $x^{ab} \equiv x \bmod n$. ∎

Schauen wir uns als konkretes Beispiel die Zahl $n = 2773$ an. Es ist n das Produkt der beiden Primzahlen 47 und 59 und entsprechend ist $\varphi(n) = 46 \cdot 58 = 2668$. Mit $a = 157$ ist $b = 17$, denn $ab = 2669 \equiv 1 \bmod 2668$, sodass es sich bei (a, b) um ein Paar multiplikativ inverser Reste modulo $\varphi(n)$ handelt. Es sei nun $x = 31$ die zu vermittelnde Nachricht. Dann ist $y = x^b = 31^{17} \equiv 587 \bmod 2773$ die chiffrierte, zu sendende Zahl. Weiter ist $y^a \equiv 587^{157} \equiv 31 \equiv x \bmod 2773$ die dechiffrierte Zahl, wie man jeweils mit Square-and-Multiply nachrechnet.

D Schlüsselgenerierung und Sicherheit beim RSA-System Natürlich ist zu diskutieren, ob das RSA-System wirklich ein Public-Key-Cryptosystem im Sinne der in Abschnitt A getroffenen informellen Definition ist. Dazu sind folgende Fragen zu klären:

1. Wie kann ein neuer Teilnehmer des Verbundsystems seinen Schlüssel $K = (n, a, b, p, q)$ wählen bzw. generieren?

2. Ist die Berechnung von $e_K(x)$ und $d_K(y)$ überhaupt effizient durchführbar?

3. Wie steht es mit der Sicherheit? Ist e_K eine Einwegfunktion mit Falltür?

Zu 1., der **Schlüsselgenerierung**:

(a) Man bestimmt zunächst zwei große Primzahlen p und q. Aus Sicherheitsgründen bedeutet dabei „groß", dass jede der beiden Zahlen p, q ungefähr 100 Dezimalstellen haben sollte. In der Praxis verwendet man Zahlen n mit etwa 512 Binärstellen. Auf längere Sicht, d. h. im Hinblick auf Erfolge bei der Faktorisierung großer Zahlen (siehe dazu auch Punkt (3)), sind 1024 Binärstellen angebrachter. Für die gesamten hier angesprochenen Rechnungen benötigt man daher eine entsprechende Langzahlarithmetik.

Konkret startet man zur Berechnung einer großen Primzahl mit einer zufälligen ungeraden Zahl k (mit etwa 100 Dezimalstellen) und testet mit einem gängigen Primzahltest (etwa dem von Solovay und Strassen, siehe etwa Forster [20] oder von zur Gathen und Gerhard [24]), ob k wirklich prim ist. Bei Misserfolg testet man $k + 2$, dann $k + 4$ und so fort. Es gibt gute zahlentheoretische Gründe dafür, dass dieser Ansatz recht schnell zum Erfolg führt (Stichwort: Primzahlverteilung, siehe etwa Hardy[3] und Wright [25]). Insgesamt ist daher das Auffinden der Primzahlen p und q effizient durchführbar (siehe auch das Beispiel am Ende dieses Abschnittes).

(b) Die Berechnung von $n = pq$ und $\varphi(n) = (p-1)(q-1)$ aus p und q kann als Trivialität angesehen werden.

(c) Man benötigt für den öffentlichen Teil des Schlüssels weiter eine Einheit b modulo $\varphi(n)$. Dazu wählt man b zunächst zufällig und testet mit dem Euklidischen Algorithmus, ob $\mathrm{ggT}(b, \varphi(n)) = 1$ ist. Ist das nicht der Fall, so ersetze man b durch $b + 1$ und so fort. Aufgrund der hohen „Dichte" der Einheiten modulo $\varphi(n)$ geht das Auffinden eines Kandidaten für b sehr schnell vonstatten.

Nach Festlegung von b ergibt sich die Potenz a beim geheimen Schlüssel automatisch, es handelt sich ja um das multiplikative Inverse von b modulo $\varphi(n)$, und kann mithilfe des erweiterten Euklidischen Algorithmus effizient berechnet werden (siehe wieder das Beispiel am Ende dieses Abschnittes).

Zu 2., der **Chiffrierung und Dechiffrierung**: Für eine Nachricht $x \in \mathbb{Z}_n$ sind $y := e_K(x) = x^b \bmod n$ und $d_K(y) = y^a \bmod n$. Beide Funktionen sind effizient mit dem ▶Algorithmus Square-and-Multiply 7.1.9 berechenbar.

---

[3] Godfrey Harold Hardy (1877–1947).

7.2 Das RSA-Public-Key-Cryptosystem

Zu 3., dem **Sicherheitsaspekt**: Im Rahmen der sog. **Kryptoanalyse** versetzt man sich in die Situation eines Angreifers, also eines nicht autorisierten Benutzers, welcher die für K bestimmte chiffrierte Nachricht $y = e_K(x) = x^b \bmod n$ abhört. Wie gelingt es ihm, allein mithilfe des öffentlichen Schlüssels (n, b) die unverschlüsselte Nachricht x aus y zu berechnen?

Er wird natürlich versuchen, die geheime Dechiffrierfunktion, also a, das Inverse von b modulo $\varphi(n)$ zu bestimmen. Dazu bietet sich, wie in (2) gesehen, der (effiziente) erweiterte Euklidische Algorithmus an. Diesen kann er allerdings erst dann anwenden, wenn er neben b auch $\varphi(n)$ kennt.

Der Angreifer wird also versuchen, $\varphi(n)$ zu berechnen. Nun ist die prinzipielle Funktionsweise des RSA-Systems ja jedem bekannt. Der Angreifer weiß daher, dass n sich aus zwei verschiedenen Primzahlen p und q zusammensetzt, weshalb unter Verwendung der Multiplikativität der Euler-Funktion wie oben

$$\varphi(n) = (p-1)(q-1) = pq - p - q + 1 = n - p - q + 1$$

folgt. In der Gleichung $\varphi(n) = (n+1) - p - q$ sind nun die Größen p, q und $\varphi(n)$ unbekannt. Man erhält die gesuchte Zahl $\varphi(n)$ also nach der Bestimmung der Primfaktoren p und q von n. Da liegt nun aber genau die Schwierigkeit, die letztendlich zur Sicherheit des Systems führt!

Wir können also zusammenfassen, dass das Brechen des RSA-Systems höchstens so schwer ist, wie die Berechnung der Faktorisierung von n. Man vermutet nun umgekehrt, dass es auch mindestens so schwer ist, also dass „Faktorisierung von n" und die „Bestimmung von a" im Sinne der Komplexitätstheorie gleich schwer sind. Deshalb hängt die Einwegeigenschaft der Chiffrierfunktion von der Schwierigkeit ab, große Zahlen zu faktorisieren – ein Problem, welches bis heute nicht effizient gelöst werden kann!

E Ein Beispiel zum RSA-System Zur besseren Anschauung der eben durchgeführten Diskussion betrachten wir folgendes Beispiel, welches mit dem Computer-Algebra-System *Maple* gerechnet wurde. Die Kommunikation mit *Maple* ist dabei in Schreibmaschinenschrift gekennzeichnet.

> `with(numtheory):` (das Zahlentheorie-Paket wird geladen)

> `X:=rand(100..1000):` (dieser Befehl dient zur Erzeugung von zufälligen Zahlen)

> `p:=1: while evalf(log[10](p))<100 do p:=p*X()+1 od: print(p):`

p =

6124941361905666123210693296985365038292896225524424749801769297
8135800732294023677398960607406952169

7 Restklassenringe und Anwendungen

p ist zufällig generiert und hat mindestens 100 Dezimalstellen. Es folgt die Berechnung der kleinsten Primzahl, die größer als p ist; diese wird wieder in die Variable p abgespeichert.

```
> if (p mod 2)=0 then p:=p+1 fi;
> while not(isprime(p)) do p:=p+2 od: print(p):
p =
6124941361905666123210693296985365038292896225524424749801769297
8135800732294023677398960607406952293
```

Das angegebene p ist nun eine Primzahl.

Entsprechend wird eine zufällige Primzahl q mit mindestens 100 Dezimalstellen generiert.

```
...
q =
3245057695556188083405861687269565823986061744445749758116299387
0353767730662121595136010390536572637l7
```

Setze nun $n := pq$; dann hat n mindestens 200 Dezimalstellen. Dies stellt keinerlei Schwierigkeit dar, weil die Langzahlarithmetik ein grundlegendes Werkzeug in Computer-Algebra-Systemen ist.

```
n :=
1987578810128238111427727909314406248256102635894704713022O
6875946065504574763429379766163507351587614283459690359l7
47419169040970055358673147367197371222159897013619802532 42
5505054244156176972473885308l
```

Der nächste Befehl zeigt, dass man n mit dem in *Maple* implementierten Faktorisierungsalgorithmus (von Lenstra) nicht zerlegen kann:

```
> ifactors(n);
Error, (in ifactor/lenstra) non-integer ranges in array/table creation
```

Der in *Maple* implementierte Algorithmus zur Berechnung von $\varphi(n)$ erwartet offenbar ebenfalls die Faktorisierung von n:

```
> phi(n);
Error, (in ifactor/lenstra) non-integer ranges in array/table creation
```

Als „Erschaffer" der Primzahlen p und q kennen wir natürlich $\varphi(n)$, sodass wir mit der Schlüsselgenerierung fortfahren können:

7.2 Das RSA-Public-Key-Cryptosystem

```
> phi-von-n:=(p-1)*(q-1);
phi-von-n =
19875788101282381114277279093144062482561026358947047
13022068759460655045747634293797666163507351587581220388598
60672729553721789461134112362482965272718215984653056184512
7504565443592505617700636746370722
```

Wir suchen nun eine Einheit modulo $\varphi(n)$ alias „phi-von-n" und generieren dazu als Startpunkt eine zufällige, etwa 100-stellige Zahl b:

```
> b:=1: while evalf(log[10](b))<99 do b:=b*X()+1 od:
```

Die eben bestimmte (aber nicht ausgedruckte) Zahl b wird nun so lange um eins erhöht, bis Teilerfremdheit zu $\varphi(n)$ vorliegt.

```
> while not(igcd(b,phi-von-n)=1) do b:=b+1 od: print(b):
b =
1203304337614052867182590572145883349127685567098071836786953779
8692563180215155153740925822970417575555
```

Dieses b ist nun in der Tat teilerfremd zu $\varphi(n)$, wie die folgende ggT-Berechnung zeigt:

```
> igcd(b,phi-von-n);
1
```

Mit dem erweiterten Euklidischen Algorithmus berechnet man das multiplikative Inverse a von b modulo $\varphi(n)$:

```
> igcdex(b,phi-von-n,'a','s'): a:=a mod phi-von-n;
a =
15838085198007219182180167638006899773464252417588484616823
80800300891701449592243005300921172469440719977612013635452
86756683463526953826225890737115448981527381036024943065933
00620125501588733917399945477
```

In der Tat gilt $ab \equiv 1 \bmod \varphi(n)$, wie man in *Maple* leicht nachrechnen kann:

```
> a*b mod phi-von-n;
1
```

Damit ist die Generierung des Schlüssels (n, a, b, p, q) erfolgreich beendet.

Zur Anwendung der Chiffrier- und der Dechiffrierabbildung generieren wir zunächst eine zufällige Nachricht x:

```
> x:=X()*X()+X();
x = 74621
```

Diese wird beim Chiffrieren mit Square-and-Multiply zu $y = x^b \bmod n$ verschlüsselt:

```
> ...
y =
143232909207832220156456703688339767560481870294503275697884
201004623581501295852620533268489103512320786100413334935
077633558708166896664355664071606650466362052041815100474
2076799421720500858902626227800
```

Die Berechnung von $y^a \bmod n$, also das Dechiffrieren, ergibt in der Tat das ursprüngliche x:

```
> ...
> 74621
```

7.3 Das Grundmodell bei fehlerkorrigierenden Codes

A Grundbegriffe der Codierungstheorie Im Gegensatz zur Kryptographie besteht die Hauptaufgabe der Codierungstheorie in der Gewährleistung der Informationsübertragung über einen Nachrichtenkanal, bei dem die zu sendenden Daten durch Überlagerung einer Störung verfälscht werden können. Man muss daher Vorsorge zur Rekonstruktion der ursprünglich gesendeten Daten treffen.

Wir stellen uns beispielsweise vor, dass zur Navigation eines Schiffes durch enge Wasserstraßen anhand von Gitterpunkten eine Folge von Richtungen übermittelt wird, wobei die vier Himmelsrichtungen Nord (= 00), Ost (= 01), Süd (= 10) und West (= 11) in binärer Codierung zur Verfügung stehen. Beispielsweise bedeutet

$$01 - 01 - 10 - 01 - 00 - 01 - 00 - 11,$$

dass zunächst zwei Einheiten nach Osten, dann eine Einheit nach Süden, eine nach Osten, eine nach Norden usw. zu navigieren ist. Bei einer Sendung von (beispielsweise) 00 (eine Einheit nach Norden) könnte nun das zweite Bit fehlerhaft übertragen oder interpretiert worden sein und damit 01 (Osten) beim Empfänger ankommen, was fatale Folgen nach sich ziehen würde.

Um ein solches Szenario weitestgehend auszuschließen, wird im Rahmen der Codierungstheorie die zu sendende Information durch Ergänzung eines **redundanten** Teils abgesichert. Je nach Größe und Wahl des redundanten Teils ermöglicht dieser die **Fehlererkennung** bzw. sogar die **Fehlerkorrektur**. Die grundlegende Idee der Codierungs-

7.3 Das Grundmodell bei fehlerkorrigierenden Codes

theorie ist somit, dass das Kommunikationssystem auf **drei** und nicht nur auf **einer** Menge beruht. Im obigen Beispiel ist die zugrunde liegende **Nachrichtenmenge** gleich $\{00, 01, 10, 11\}$; diese Menge entspricht aber auch dem, was wirklich gesendet wird (**Sendermenge**), und sie enthält schließlich auch genau die Elemente, die empfangen werden (**Empfängermenge**).

$$\text{Nachrichtenmenge} = \text{Sendermenge} = \text{Empfängermenge}$$

Zur Absicherung (durch Redundanz) könnte man die Nachricht sinnvollerweise durch ein sog. **Paritätsbit** ergänzen: Die Nachricht ab wird dabei durch abc mit $c := (a+b) \bmod 2$ ersetzt. Die Nachrichtenmenge ist dann nach wie vor gleich $\{00, 01, 10, 11\}$. Hingegen ist die Sendermenge gleich $\{000, 011, 101, 110\}$, der mit Redundanz versehenen Nachrichtenmenge. Der Begriff „Paritätsbit" erklärt sich dadurch, dass jedes 3-Tupel der Sendermenge eine gerade Anzahl von Einsen enthält. Will man etwa die Nachricht 01 (Osten) übermitteln, so wird 011 gesendet.

Aufgrund von Störungen könnte nun aber beispielsweise 001 beim Empfänger ankommen. Da dieses Tripel 001 nicht in der Sendermenge enthalten ist, ist gewiss, dass hier eine fehlerhafte Übertragung stattgefunden haben muss. Die Empfängermenge ist hier also potenziell die Menge **aller** 3-Tupel über $\{0, 1\}$, also gleich $\{000, 001, 010, 011, 100, 101, 110, 111\}$ (während die Sendermenge bijektiv der Nachrichtenmenge entspricht).

$$\text{Nachrichtenmenge} \leftrightarrow \text{Sendermenge} \subset \text{Empfängermenge}$$
$$\{00, 01, 10, 11\} \leftrightarrow \{000, 011, 101, 110\} \subset \{000, 001, 010, 011, 100, 101, 110, 111\}$$

Anstelle des Begriffs „Sendermenge" verwendet man innerhalb der Codierungstheorie das Wort **Code**. Die Elemente eines Codes heißen **Codeworte**. Beim obigen Code beträgt die **Informationsrate** $\frac{2}{3}$, denn zwei von drei Bits tragen Information, das letzte Bit ist redundant und dient der Fehlererkennung.

Wir wollen das Ganze nun formalisieren. Ausgangspunkt ist zunächst eine Menge A von Symbolen, das sog. **Alphabet**, aus denen die Nachrichten geformt sind.

- Ist eine Nachricht ein k-Tupel über A, so ist der Nachrichtenraum N gleich A^k, dem k-fachen kartesischen Produkt von A mit sich selbst; die Elemente des Nachrichtenraumes nennt man auch **Worte der Länge k über A**. Anstelle eines k-Tupels schreiben wir häufig auch einfach das entsprechende Wort der Länge k hin, also etwa

    010001100111101 anstelle von $(0, 1, 0, 0, 0, 1, 1, 0, 0, 1, 1, 1, 1, 0, 1)$.

- Bei der Codierung des Nachrichtenraumes N, also bei der Definition des Codes, wählt man zunächst ein $n \geq k$, um dann jedes x aus N durch ein n-Tupel $\gamma(x)$ aus

A^n zu ersetzen. Formal ist $\gamma: A^k \to A^n$ eine injektive Abbildung, deren Bild gerade der Code C ist. Dieser besteht also aus genau $|A|^k$ Worten der Länge n über dem Alphabet A.

- Die Empfängermenge ist hingegen potenziell gleich A^n, der Menge aller Worte der Länge n über A.

Im obigen Beispiel sind $A = \{0, 1\}$ das binäre Alphabet sowie $k = 2$ und $n = 3$.

Definition 7.3.1 Es seien A ein Alphabet mit $q \geq 2$ Elementen und $k, n \in \mathbb{N}^*$ mit $n \geq k$. Dann versteht man unter einem (n, k)-**Code über** A eine q^k-elementige Teilmenge von A^n. Die **Informationsrate** des Codes ist $\frac{k}{n}$. Im Falle $A = \{0, 1\}$ spricht man von einem **binären Code**.

B Die Eigenschaft der „Linearität" bei Codes Bei vielen Anwendungen verwendet man binäre Codes. Dabei ist nun ganz wichtig zu sehen, dass es sich beim Alphabet $\{0, 1\}$ um die Symbole des binären Körpers $\mathbb{Z}_2$ (bzw. $\mathbb{F}_2$) handelt und dass beim Entwurf von Codes ganz entscheidend die algebraische Struktur von $\mathbb{F}_2^n$, nämlich die einer kommutativen Gruppe bzgl. der punktweisen Addition modulo 2, zum Tragen kommt.

In der Codierungstheorie werden neben $\mathbb{F}_2$ häufig auch andere Restklassenkörper $\mathbb{Z}_p$ (bzw. $\mathbb{F}_p$) oder allgemeinere Restklassenringe $\mathbb{Z}_q$, wie wir in Abschnitt 7.5 sehen werden, verwendet und dabei die n-Tupelräume $\mathbb{F}_p^n$ bzw. $\mathbb{Z}_q^n$ betrachtet. Meist legt man auch noch allgemeinere endliche Ringe R als Koordinatenstruktur zugrunde. Basierend auf einem endlichen Ring R kommt man sodann zu einer speziellen Klasse von Codes, nämlich zu den linearen Codes.

Definition 7.3.2 Es sei R ein endlicher Ring und C sei ein (n, k)-Code über R. Dann heißt C ein **linearer Code über** R bzw. ein **R-linearer Code**, falls die folgenden beiden Eigenschaften erfüllt sind.

(1) C ist eine Untergruppe von $(R^n, +)$, der mit der punktweisen Addition versehenen Gruppe der n-Tupel über R.

(2) Für jedes $c \in C$ und für jedes $\lambda \in R$ ist auch λc Element von C, wobei

$$\lambda c := (\lambda c_1, \lambda c_2, \ldots, \lambda c_n),$$

das Codewort c also komponentenweise mit $\lambda \in R$ multipliziert wird.

Es ist zu bemerken, dass die zweite Bedingung der Abgeschlossenheit unter der sog. „Skalarmultiplikation" entspricht, welche auch Grundlage für die Theorie der Vektorräume ist, mit denen wir uns in Teil III beschäftigen werden. Wir bemerken sogleich weiter, dass im Falle $R = \mathbb{F}_2$, allgemeiner im Falle $R = \mathbb{Z}_q$, die Bedingung (2) bereits durch die erste Bedingung abgedeckt ist, weil dort eine „Multiplikation mit λ" durch sukzessives λ-faches Aufsummieren von c zustande kommt. Da wir uns im weiteren Verlauf auf Restklassenringe $\mathbb{Z}_q$ beschränken werden, ist die Linearität eines Codes daher gleichbedeutend mit der Untergruppeneigenschaft in ▶Definition 7.3.2-(1).

C Weitere Aspekte des Grundmodells der Codierungstheorie Mit diesen Festlegungen wollen wir das bisherige Grundmodell der Codierungstheorie nochmals rekapitulieren und um weitere wichtige Aspekte ergänzen. Dazu sei zunächst ganz allgemein C ein (n, k)-Code über einem endlichen Ring R.

1. Wie bereits erwähnt, erhält man C als das Bild einer injektiven Abbildung $\gamma: R^k \to R^n$, deren Ausführung mit dem Verb „**codieren**" bezeichnet wird. Im einführenden Beispiel ist $\{000, 011, 101, 110\}$ ein binärer $(3, 2)$-Code, der als Bild der Abbildung

$$\gamma: \{0, 1\}^2 \to \{0, 1\}^3, \ (a, b) \mapsto (a, b, (a + b) \bmod 2)$$

gewonnen wird. Die Menge R^k ist die Nachrichtenmenge, während R^n die Empfängermenge ist.

2. Gesendet wird immer ein Codewort, aber, wie oben bereits erwähnt, wollen wir uns vorstellen, dass durch Fehleranfälligkeit des Übertragungskanals prinzipiell jedes Wort aus R^n empfangen werden kann. Den Übergang vom gesendeten Wort in das empfangene Wort kann man allerdings nicht als gewöhnliche Abbildung $C \to R^n$ beschreiben, weil diese ja surjektiv sein müsste, was für $n > k$, dem Regelfall in der Codierungstheorie, nicht geht (siehe ▶Satz 3.3.1). Zur Modellierung verwendet man daher besser die Wahrscheinlichkeitsrechnung, wobei sich aber auch die Ringstruktur des zugrunde liegenden Alphabets auszahlt.

Wir führen dazu eine weitere Menge ein, nämlich den **Fehlerraum** $\Omega = R^n$, welcher formal mit dem Empfängerraum übereinstimmt. Wir stellen uns weiter vor, dass bei Übertragung des Codewortes $c \in C$ dieses von einem zufälligen Fehler $\omega \in \Omega$ „überlagert" wird. Das bedeutet ganz einfach, dass das Element

$$c + \omega := (c_1 + \omega_1, \ldots, c_n + \omega_n)$$

empfangen wird, wobei komponentenweise in R addiert wird, also komponentenweise modulo 2, wenn $R = \mathbb{F}_2$ der binäre Körper ist. Das **Fehlerwort** $\omega \in \Omega$ tritt dabei **zufällig** auf. Wegen

$$\{c + \omega : \omega \in \Omega\} = R^n = \Omega \quad \text{für jedes } c \in R^n$$

kann dann, wie oben bemerkt, prinzipiell jedes n-Tupel über R empfangen werden. In diesem Sinne ist Ω als Ergebnisraum Bestandteil eines Wahrscheinlichkeitsraumes. Zur konkreten Beschreibung des zugrunde liegenden Wahrscheinlichkeitsraumes gehört nun noch die Wahrscheinlichkeitsfunktion $\mathbb{P}$. Man nimmt hierbei an, dass $\mathbb{P}$ einer Binomialverteilung (siehe Abschnitt 5.7) mit Parametern n und $p < \frac{1}{2}$ entspricht, wobei $1 - p$ die Wahrscheinlichkeit dafür ist, dass $\omega_i = 0$ ist und entsprechend p die Wahrscheinlichkeit dafür ist, dass $\omega_i \neq 0$ ist – insbesondere wird angenommen, dass Fehler in den einzelnen Koordinaten unabhängig voneinander und mit gleicher Marginalwahrscheinlichkeit auftreten.

Wir unterbrechen den Punkt 2 an dieser Stelle, um eine weitere wichtige Definition einzuführen, welche für allgemeine Codes sinnvoll ist.

> **Definition 7.3.3** Ist R ein Ring und $y \in R^n$ ein Wort der Länge n, so versteht man unter dem **Hamming-Gewicht**[4] (kurz: **Gewicht**) $w_H(y)$ von y die Anzahl der von null verschiedenen Komponenten von y.[5] Der **Hamming-Abstand** $d_H(y, z)$ zweier Worte y und z aus R^n ist definiert als $w_H(y - z)$.[6] Der Hamming-Abstand von y und z ist demnach die Anzahl der Koordinaten, an denen sich y und z unterscheiden.

Beispielsweise ist $w_H(010001100111101) = 8$ und $d_H(001110, 101000) = 3$.

2. (Fortsetzung) Beschränken wir uns einmal auf den (überaus wichtigen) binären Fall. Dann ist (mit den obigen Bezeichnungen) p also die Wahrscheinlichkeit dafür, dass $\omega_i \neq 0$ ist (für jedes i). Die Wahrscheinlichkeit dafür, dass das gesendete Wort c von einem bestimmten Fehlerwort ω überlagert wird, ist demnach gleich $p^l(1-p)^{n-l}$, wobei l die Anzahl der Einsen von ω ist. Diese Wahrscheinlichkeit ist unabhängig von c, dem gesendeten Codewort. Man beachte hierbei auch, dass die i-te Komponente des empfangenen Wortes $y := c + \omega$ genau dann falsch ist, wenn $y_i = (c_i + \omega_i) \neq c_i$ $(\mod 2)$ ist, also genau dann, wenn $\omega_i = 1$ ist. Die Anzahl $d_H(c, y)$ der aufgetretenen Fehler ist daher gleich der Anzahl $w_H(c + y) = w_H(\omega)$ der Einsen des Fehlerwortes, denn

$$c + y = c + (c + \omega) = (c + c) + \omega = 0 + \omega = \omega \quad (\text{modulo } 2).$$

Man beachte, dass jedes Element aus $(\mathbb{F}_2^n, +)$ zu sich selbst additiv invers ist. Die Annahme $p < \frac{1}{2}$ impliziert nun

$$p^l(1-p)^{n-l} < p^m(1-p)^{n-m} \text{ für } m < l.$$

---

[4] Richard Wesley Hamming (1915–1998).
[5] Im binären Fall ist dies die Anzahl der Einsen von y.
[6] Was im binären Fall gleichbedeutend mit $w_H(y + z)$ ist.

Demnach ist ein Fehlerwort umso unwahrscheinlicher, je mehr Einsen es enthält, also je mehr Koordinatenfehler aufgetreten sind. Am wahrscheinlichsten ist das „Fehlerwort" $(0, 0, \ldots, 0)$, was einer korrekten Übertragung entspricht.

Ein Übertragungskanal mit $p > \frac{1}{2}$ würde dazu tendieren, mehr Fehler zu produzieren als korrekte Symbole zu übertragen, was in der Praxis sicher nicht auftritt; es wäre aber auch theoretisch nicht weiter tragisch, weil man dann durch Einführen der Zufallsvariablen
$$\zeta := \omega \oplus (1, 1, \ldots, 1)$$
(also zusätzliche Überlagerung des „All-One-Wortes") auf ein Binomialmodell vom Typ $(n, 1 - p)$ kommt (wo die Welt wegen $1 - p < \frac{1}{2}$ dann wieder in Ordnung ist).

Ist hingegen $p = \frac{1}{2}$, so liegt bei $(\Omega, \mathbb{P})$ (im binären Fall) ein Laplace-Modell vor, weil dann jedes Fehlerwort mit gleicher Wahrscheinlichkeit $(\frac{1}{2})^n$ auftritt. Dies führte dazu, dass jedes Wort $y \in \{0, 1\}^n$ beim Senden irgendeines $c \in C$ mit gleicher Wahrscheinlichkeit $(\frac{1}{2})^n$ empfangen werden könnte. In dieser Situation könnte man **keinerlei** Information aus der Nachricht y herauslesen. Ein solcher Kanal eignet sich daher denkbar schlecht zur Informationsübertragung, sondern (quasi als perfekter „fairer" Münzwurfgenerator) eher zur Erzeugung von gleichverteilten Zufallsvariablen, was für andere Bereiche (wie Computersimulationen) von höchstem Interesse wäre. Bei einem solchen Kanal dürfte es sich aber um ein „Perpetuum Mobile" handeln.

3. So viel zum unsicheren Übertragungsmedium. Kommen wir nun zu dem Problem, mit dem der Empfänger konfrontiert wird. Es sei also $y = c + \omega$ empfangen worden, wobei c gesendet wurde. Der Empfänger muss versuchen, das Fehlerwort ω zu bestimmen, um dann c durch
$$y - \omega = c + \omega - \omega = c + (0, 0, \ldots, 0) = c$$
zu erhalten. Er muss also von der Wirkung y auf die Ursache c (gleichbedeutend ω) schließen. Unter der Annahme, dass jedes Codewort gleichhäufig auftritt (also mit gleicher Wahrscheinlichkeit gesendet wurde), wird man daher dasjenige c' als gesendete Nachricht ansehen, für das die bedingte Wahrscheinlichkeit $\mathbb{P}(c'|y)$ am größten ist; dabei steht $\mathbb{P}(c'|y)$ gemäß ▶Definition 5.4.1 für die Wahrscheinlichkeit, dass c' gesendet wurde, unter der Voraussetzung, dass y empfangen wurde.

Konzentrieren wir uns nochmals auf den binären Fall. Dann ist dies nichts anderes als die Wahrscheinlichkeit, das Wort $y + c'$ als Ergebnis eines binomial-(n, p)-verteilten Zufallsexperimentes zu bekommen; diese Wahrscheinlichkeit ist gleich $p^l (1 - p)^{n-l}$, wobei $l = w_H(y + c')$ der Hamming-Abstand von y zu c' ist. Die Wahrscheinlichkeit, dass (gegeben y) das Wort c' gesendet wurde, ist daher umso größer, je **näher** c' an y liegt, d. h., je kleiner der Hamming-Abstand l dieser beiden Worte ist.

Unter der **Decodierung** versteht man deshalb (auch bei nicht notwendigerweise binären Codes) das Auffinden eines **nächsten Nachbarn** von y innerhalb C. Wenn es mehrere Codeworte $c' \in C$ gibt, die den Hamming-Abstand zu y minimieren, so muss man sich aus den Kandidaten einen auswählen.

Im Hinblick auf gute codierungstheoretische Eigenschaften ist bei der Suche nach q^k-elementigen Teilmengen von R^n (mit $q = |R|$) daher insbesondere zu berücksichtigen, dass möglichst viele y aus R^n einen *eindeutigen* nächsten Nachbarn in C haben. Wir werden im nächsten Abschnitt ein in dieser Hinsicht „perfektes" Beispiel angeben, den sog. **binären (7, 4)-Hamming-Code**.

4. Hat man einen nächsten Nachbarn $c' \in C$ zum empfangenen Wort y gefunden und sich damit dafür entschieden, c' als gesendetes Wort anzuerkennen, so muss man zum Erhalt der eigentlichen Nachricht, welche ja aus R^k stammt, noch die Umkehrabbildung der Codierung γ (aus Punkt 1) auf $c' \in C$ anwenden. Dies stellt allerdings kein wirkliches Problem dar.

Damit ist unsere formale Beschreibung des Grundmodells der Codierungstheorie beendet.

D Anforderungen an gute Codes Wir wollen zusammenfassend erwähnen, dass man sich beim Entwurf von guten Codes von den folgenden Ansprüchen leiten lässt, wobei die ersten beiden gegenläufig sind und daher optimal ausgewogen werden müssen.

1. **Hohe Sicherheit**: Das entspricht der Möglichkeit, viele Fehler zu korrigieren. Es ist intuitiv klar, dass dies damit gleichbedeutend ist, dass die Hamming-Abstände zwischen **je** zwei verschiedenen Codeworten möglichst groß sein müssen, was man sicher stets durch ein hohes Maß an Redundanz erreichen kann.

2. **Hohe Informationsrate**: Dies ist wiederum gleichbedeutend mit geringer Redundanz.

3. **Schnelle Codierung**: Da man in der Praxis meist lineare Codes verwendet, ist dies, ebenso wie die in Punkt 4 von Abschnitt C angesprochene Umkehrung der Codierabbildung, mit Methoden der Linearen Algebra (siehe Teil III) stets machbar, sodass wir an späterer Stelle auf diesen Punkt zurückkommen werden.

4. **Schnelle Decodierung**: Dies ist ein schwieriges Problem, zu dessen Lösung je nach Struktur des Codes eine Vielfalt von Ideen und algorithmische Ansätze eingehen. Wir werden uns hier diesbezüglich auf ein einfaches Beispiel beschränken müssen, für das wir aber die Kenntnisse aus der Linearen Algebra aus Teil III brauchen und daher auf einen späteren Zeitpunkt (siehe Abschnitt 11.5) verschieben.

7.4 Kugelpackungsschranke und (7,4)-Hamming-Code

A Minimalabstand und Korrekturleistung eines Codes Wir betrachten nochmals Punkt 1 von Paragraph D des letzten Abschnittes und untersuchen zunächst die Fehlerkorrektureigenschaften eines Codes in Abhängigkeit zum Hamming-Abstand seiner Codeworte. Dabei gehen entscheidend die folgenden beiden Größen ein.

> **Definition 7.4.1** Es sei R ein endlicher Ring und C ein (n, k)-Code über R. Der **Minimalabstand** d_C von C ist der kleinste Abstand $d_H(c, c')$, den zwei verschiedene Codeworte c und c' aus C haben können:
>
> $$d_C := \min\{d_H(c, c') : c, c' \in C, \ c \neq c'\}$$
>
> Die Größe
>
> $$t_C := \left\lfloor \frac{d_C - 1}{2} \right\rfloor$$
>
> nennen wir die **Korrekturleistung** von C (dabei bedeutet $\lfloor \cdot \rfloor$ das Abrunden zur nächstkleineren ganzen Zahl).

Bei linearen Codes kann der Minimalabstand alternativ als das Minimalgewicht eines vom Nullwort 0 verschiedenen Codewortes beschrieben werden.

> **Satz 7.4.2** Es sei C ein linearer Code über dem Ring R. Dann gilt
>
> $$d_C = \min\{w_H(c) : c \in C, c \neq 0\}.$$

Beweis Sind c und c' zwei verschiedene Codeworte, so gilt $d_H(c, c') = w_H(c - c')$. Da mit c und c' aufgrund der Linearität von C auch $c - c'$ ein Codewort ist, folgt $d_C \leq \min\{w_H(c) : c \in C, c \neq 0\}$. Ist andererseits c ein von null verschiedenes Codewort, so ist $w_H(c) = d_H(c, 0)$, weshalb umgekehrt auch $\min\{w_H(c) : c \in C, c \neq 0\} \leq d_C$ gilt, da ja $0 \in C$. ∎

Für die weiteren Überlegungen ist es wichtig zu sehen, dass der Hamming-Abstand d_H ähnliche Eigenschaften wie der aus der Elementargeometrie bekannte euklidische Abstand hat.

> **Lemma 7.4.3** Es sei R wieder ein endlicher Ring, etwa der binäre Körper. Für den Hamming-Abstand auf R^n gilt (mit $x, y, z \in R^n$):

(1) $d_H(x, y) \geq 0$, mit Gleichheit genau dann, wenn $x = y$ ist

(2) **Symmetrie**: $d_H(x, y) = d_H(y, x)$

(3) **Dreiecksungleichung**: $d_H(x, z) \leq d_H(x, y) + d_H(y, z)$

Beweis Die Aussagen (1) und (2) sind aufgrund der Definition von d_H sofort klar. Es bleibt somit der Nachweis von (3). Dazu sei $U \subseteq \{1, 2, \ldots, n\}$ die Menge der Koordinaten i mit $x_i \neq z_i$. Diese Menge wird durch $S := \{i \in U : x_i = y_i\}$ und $T := \{i \in U : x_i \neq y_i\}$ in zwei Teilmengen S und T zerlegt. Es gilt daher

$$d_H(x, z) = |U| = |S| + |T|.$$

Wegen $x_i \neq y_i$ für alle i aus T ist $|T| \leq d_H(x, y)$. Wegen $y_i \neq z_i$ für alle i aus S ist $|S| \leq d_H(y, z)$. Damit ist die Aussage bewiesen. ∎

Satz 7.4.4 Wieder sei R ein endlicher Ring (etwa der binäre Körper) und C sei ein (n, k)-Code über R mit Minimalabstand d_C. Es werde das Codewort $c \in C$ gesendet und das Wort $y \in R^n$ empfangen. Dann gelten (mit den Notationen aus ▶Definition 7.4.1):

(1) Ist $d_H(c, y) \leq d_C - 1$, so wird die Fehlerhaftigkeit des empfangenen Wortes y erkannt.

(2) Ist $d_H(c, y) \leq t_C$, so kann die Fehlerhaftigkeit des empfangenen Wortes y sogar korrigiert werden.

Beweis Bevor wir ins Detail gehen, eine grundsätzliche Bemerkung: Genau dann ist y fehlerhaft, wenn $y \neq c$ ist. Ist dies der Fall, so wird die Fehlerhaftigkeit von y genau dann erkannt, wenn y nicht in C liegt.

(1) Annahme, $y \neq c$ und $d_H(y, c) \leq d_C - 1$. Dann gilt $d_H(y, c) < d_C$, weshalb aufgrund der Definition von d_C das Wort y nicht in C liegen kann (es sei denn $y = c$, was aber ausgeschlossen wurde). Aufgrund der Vorbemerkung wird die Fehlerhaftigkeit von y also erkannt.

(2) Annahme, $y \neq c$ und $d_H(y, c) \leq t_C$. Nach dem zugrunde liegenden Decodierprinzip des nächsten Nachbarn entspricht die Decodierung von y der Lösung des Problems „suche ein $c' \in C$, welches minimalen Hamming-Abstand zu y hat".

Der Fehler wird daher definitiv behoben, wenn das tatsächlich gesendete c das **eindeutige** Minimum dieses Problems sein sollte. Dies ist unter der getroffenen Annahme aufgrund der Dreiecksungleichung auch wirklich der Fall. Ist nämlich $b \in C$ mit $b \neq c$,

7.4 Kugelpackungsschranke und (7,4)-Hamming-Code

so gilt
$$d_C \leq d_H(c, b) \leq d_H(c, y) + d_H(y, b) \leq t_C + d_H(y, b),$$
weshalb $d_H(y, b) \geq d_C - t_C \geq d_C - \frac{d_C - 1}{2} = \frac{d_C + 1}{2} > t_C \geq d_H(c, y)$ ist. ■

Betrachten wir zwei einfache Beispiele zu diesem Sachverhalt.

1. Zunächst zur **Paritätsbit-Erweiterung** von {00, 01, 10, 11} zu C = {000, 011, 101, 110} (siehe das einführende Beispiel in Abschnitt 7.3-A). Es handelt sich um einen binären (3, 2)-Code. Hier ist $d_C = 2$, sodass Einzelfehler erkannt werden können. Der Code eignet sich aber nicht zur Korrektur: Hier ist $t_C = 0$ und jedes nicht in C liegende Wort hat genau drei nächste Nachbarn in C. Beispielsweise sind die nächsten Nachbarn von 010 die Codeworte 000, 011 und 110.

2. Ist die Nachrichtenmenge gleich {0, 1} und ist der (binäre) Code die **dreifache Wiederholung** C = {000, 111}, so ist $d_C = 3$ und $t_C = 1$, sodass Einzelfehler korrigiert werden können. In der Tat handelt es sich hier um einen perfekten Code in dem Sinne, dass jedes nicht in C liegende Wort y **genau einen** nächsten Nachbarn in C hat, und dieser hat Abstand 1 zu y. Ist beispielsweise 011 empfangen worden, so wird dieses aufgrund der mehrheitlich auftretenden Einsen zu 111 decodiert.

B Die Kugelpackungsschranke und perfekte Codes Als Nächstes beweisen wir eine Schranke (siehe ▶Satz 7.4.5), mit der man einerseits die Güte eines Codes messen kann und die andererseits zu einer konkreten Fassung des Adjektivs „perfekt" führt. Wir betrachten dazu einen (n, k)-Code C über dem Ring R mit Korrekturleistung t_C. Der Ring habe $q \geq 2$ Elemente. Zu $s, t \in \mathbb{N}$ und $c \in C$ seien

■ $K_t(c) := \{x \in R^n : d_H(c, x) \leq t\}$ die **(diskrete) Kugel um c mit Radius t**, und

■ $O_s(c) := \{x \in R^n : d_H(c, x) = s\}$ die **(diskrete) Kugeloberfläche um c mit Radius s**.

Sind $c, c' \in C$ verschieden und ist $t \leq t_C$, so sind die beiden Kugeln $K_t(c)$ und $K_t(c')$ disjunkt, denn ein y im Schnitt würde zusammen mit der Dreiecksungleichung den Widerspruch

$$2t \leq 2t_C \leq d_C - 1 < d_C \leq d_H(c, c') \leq d_H(c, y) + d_H(y, c') \leq t + t = 2t$$

liefern. Aus der Summenregel erhält man daher

$$\sum_{c \in C} |K_t(c)| = \left| \dot\bigcup_{c \in C} K_t(c) \right| \leq |R^n| = q^n.$$

Da weiterhin das Mengensystem $\{O_s(c) : s = 0, \ldots, t\}$ eine Zerlegung von $K_t(c)$ bildet, folgt

$$|K_t(c)| = \sum_{s=0}^{t} |O_s(c)|.$$

Die Menge $O_s(c)$ kann nun noch feiner zerlegt werden. Dazu betrachten wir zu jeder s-elementigen Teilmenge S der Koordinaten $N = \{1, 2, \ldots, n\}$ (also S aus $\mathcal{P}_s(N)$ in der Notation aus Abschnitt 4.2) die Menge $O_S(c)$ aller Worte aus R^n, die sich von c in genau den zu S gehörenden Koordinaten unterscheiden. Es ist dann

$$|O_s(c)| = \sum_{S \in \mathcal{P}_s(N)} |O_S(c)|.$$

Nun enthält $O_S(c)$ genau $(q-1)^{|S|} = (q-1)^s$ Elemente, weil es für jedes $i \in S$ genau $q-1$ Möglichkeiten gibt, die i-te Koordinate c_i zu ändern. Das ergibt dann wegen $|\mathcal{P}_s(N)| = \binom{n}{s}$ insgesamt

$$|K_t(c)| = \sum_{s=0}^{t} \sum_{S \in \mathcal{P}_s(N)} (q-1)^s = \sum_{s=0}^{t} \binom{n}{s} \cdot (q-1)^s.$$

Im binären Fall ist $q - 1 = 1$, weshalb sich die letzte Formel entsprechend zu

$$|K_t(c)| = \sum_{s=0}^{t} \binom{n}{s}$$

vereinfacht. Im Allgemeinen haben wir das folgende Resultat bewiesen.

Satz 7.4.5 **Kugelpackungsschranke**

Ist C ein (n, k)-Code mit Korrekturleistung t_C über einem Ring R der Mächtigkeit q, so besteht zwischen den Parametern k und n sowie t_C folgender Zusammenhang:

$$q^k \cdot \sum_{s=0}^{t_C} \binom{n}{s}(q-1)^s \leq q^n$$

Im binären Fall reduziert sich dies zu

$$2^k \cdot \sum_{s=0}^{t_C} \binom{n}{s} \leq 2^n.$$

Definition 7.4.6 Ein (n, k)-Code C über einem Ring R mit $|R| = q$ heißt **perfekt**, falls er die Kugelpackungsschranke mit Gleichheit erfüllt, falls also

$$q^k \cdot \left(\sum_{s=0}^{t_C} \binom{n}{s}(q-1)^s \right) = q^n$$

gilt.

Fazit: Ist C ein perfekter Code, so gibt es zu **jedem** $y \in R^n$ **genau ein** Codewort $c \in C$, sodass y in der Kugel vom Radius t_C um c enthalten ist. Dieses c ist dann **der** nächste Nachbar von y und wird bei Empfang von y als das gesendete Wort angenommen.

7.4 Kugelpackungsschranke und (7,4)-Hamming-Code

C Beispiele perfekter Codes Nach Behandlung der Linearen Algebra in Teil III werden wir eine ganze Beispielserie perfekter 1-fehlerkorrigierender Codes vorstellen können. An dieser Stelle müssen wir uns auf einige sporadische Beispiele beschränken, wobei der binäre (7, 4)-Hamming-Code dennoch ein nichttriviales und interessantes Beispiel liefert.

Beispiel 7.4.7 Der **dreifache binäre Wiederholungscode** $\{000, 111\}$ ist ein perfekter Code. Allgemeiner sei für ein beliebiges $t \in \mathbb{N}^*$ die Zahl d durch $d := 2t + 1$ definiert sowie $n := d$. Ist dann $k = 1$, so ist der n-**fache binäre Wiederholungscode**, bestehend aus dem All-Zero-Wort $00\ldots 0$ und dem All-One-Wort $11\ldots 1$, ein perfekter Code, weil ja dann $d_C = n$ und $t_C = \frac{n-1}{2} = t$ (sowie $R = \mathbb{F}_2$) ist und

$$|C| \cdot \sum_{i=0}^{t} \binom{n}{i} = 2 \cdot \left(1 + \binom{n}{1} + \ldots + \binom{n}{\frac{n-1}{2}}\right) = 2^n$$

erfüllt ist. Dabei gilt die letzte Gleichung, weil aufgrund der Symmetrie $\binom{n}{k} = \binom{n}{n-k}$ die Summe einer halben Zeile im Pascal'schen Dreieck gleich der Hälfte der Summe der gesamten Zeile ist; die gesamte Zeilensumme ist aber nach ▶Satz 4.2.3 gleich 2^n. ∎

Die folgende Graphik veranschaulicht den dreifachen Wiederholungscode als Teilmenge des Raumes $\{0, 1\}^3$; die Codeworte sind fett gezeichnet. Die Kugel um 000 vom Radius 1 ist die Menge $\{000, 001, 010, 100\}$ und die Kugel um 111 mit Radius 1 ist die Menge $\{111, 110, 101, 011\}$.

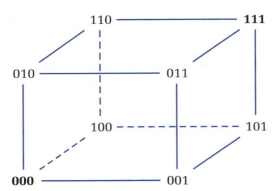

Aufgrund ihrer miserablen Informationsrate sind lange Wiederholungscodes allerdings unbrauchbar in der Praxis. Dazu eine weitere Überlegung: Der Nachrichtenraum sei $\{0, 1\}^4$, also $k = 4$. Wir suchen einen Code C, mit dem man einen Fehler korrigieren kann (also $t_C = 1$ und $d_C = 3$ oder 4). Da wir an einer möglichst hohen Informationsrate $\frac{k}{n}$ interessiert sind, suchen wir ein minimales n, bei dem sich $t_C = 1$ realisieren lässt, was auf $d_C = 3$ hinausläuft. Würden wir jedes Symbol eines Wortes dreimal wiederholen, etwa

$$0110 \mapsto 000111111000,$$

so hätten wir $t_C = 1$ mit Informationsrate $\frac{1}{3}$ realisiert. Ein binärer perfekter 1-fehlerkorrigierender Code C hätte hingegen eine Länge n, die implizit durch die Gleichung

$$2^4 \cdot \left(1 + \binom{n}{1}\right) = 2^n$$

gegeben ist. Daraus folgt die Gleichung $n = 2^{n-4} - 1$, die lediglich die Lösung $n = 7$ zulässt. Ein binärer perfekter $(7, 4)$-Code hätte also die Informationsrate $\frac{4}{7} > \frac{1}{2}$, was gegenüber dem Dreifach-Wiederholungscode auf $\{0, 1\}^4$ erheblich besser (nahezu doppelt so gut) ist.

Wir wollen nun zeigen, dass ein solcher perfekter Code in der Tat existiert. Man nennt ihn den binären $(7, 4)$-Hamming-Code.

Beispiel 7.4.8 **Binärer $(7, 4)$-Hamming-Code**

Wir definieren eine Codierabbildung γ durch

$$\gamma: \mathbb{F}_2^4 \to \mathbb{F}_2^7, \quad (x_1, x_2, x_3, x_4) \mapsto (x_1, x_2, x_3, x_4, x_5, x_6, x_7)$$

mit
$$x_5 := (x_2 + x_3 + x_4) \bmod 2$$
$$x_6 := (x_1 + x_3 + x_4) \bmod 2$$
$$x_7 := (x_1 + x_2 + x_4) \bmod 2.$$

Es folgt die Liste aller Codeworte samt Kugeloberfläche mit Radius 1 um jedes Codewort. Bei $K_1(c) = \{c\} \cup O_1(c)$ handelt um die Menge der Worte, die c als eindeutigen Nachbarn haben. Die jeweiligen Kugeloberflächen sind zeilenweise angegeben.

$\mathbb{F}_2^4$	$c \in C$	$O_1(c)$
0000	0000000	0000001, 0000010, 0000100, 0001000, 0010000, 0100000, 1000000
0001	0001111	0001110, 0001101, 0001011, 0000111, 0011111, 0101111, 1001111
0010	0010110	0010111, 0010100, 0010010, 0011110, 0000110, 0110110, 1010110
0011	0011001	0011000, 0011011, 0011101, 0010001, 0001001, 0111001, 1011001
0100	0100101	0100100, 0100111, 0100001, 0101101, 0110101, 0000101, 1100101
0101	0101010	0101011, 0101000, 0101110, 0100010, 0111010, 0001010, 1101010
0110	0110011	0110010, 0110001, 0110111, 0111011, 0100011, 0010011, 1110011
0111	0111100	0111101, 0111110, 0111000, 0110100, 0101100, 0011100, 1111100
1000	1000011	1000010, 1000001, 1000111, 1001011, 1010011, 1100011, 0000011
1001	1001100	1001101, 1001110, 1001000, 1000100, 1011100, 1101100, 0001100
1010	1010101	1010100, 1010111, 1010001, 1011101, 1000101, 1110101, 0010101
1011	1011010	1011011, 1011000, 1011110, 1010010, 1001010, 1111010, 0011010
1100	1100110	1100111, 1100100, 1100010, 1101110, 1110110, 1000110, 0100110
1101	1101001	1101000, 1101011, 1101101, 1100001, 1111001, 1001001, 0101001
1110	1110000	1110001, 1110010, 1110100, 1111000, 1100000, 1010000, 0110000
1111	1111111	1111110, 1111101, 1111011, 1110111, 1101111, 1011111, 0111111

Nach Definition ist der Hamming-Abstand $d_H(c, c')$ zweier Codeworte gleich $w_H(c+c')$. Der Hamming-Code hat nun die schöne Eigenschaft der Linearität, wonach mit je zwei Codeworten auch deren (punktweise) Summe (modulo 2) wieder ein Codewort ist: Ist nämlich $c = \gamma(x)$ und $c' = \gamma(x')$, so ist in der Tat $c + c' = \gamma(x + x')$ als Bild von $x + x'$ ebenfalls ein Codewort, wie man leicht nachrechnet:

$$(x + x')_5 = (x + x')_2 + (x + x')_3 + (x + x')_4 \mod 2$$
$$(x + x')_6 = (x + x')_1 + (x + x')_3 + (x + x')_4 \mod 2$$
$$(x + x')_7 = (x + x')_1 + (x + x')_2 + (x + x')_4 \mod 2$$

Die Konsequenz daraus ist, dass nach ▶Satz 7.4.2 der Minimalabstand d_C dem minimalen Gewicht entspricht, welches ein von 0000000 verschiedenes Codewort haben kann. Wir sehen daher anhand der Liste aller Codeworte, dass $d_C = 3$ und damit $t_C = 1$ ist, weshalb in der Tat ein perfekter 1-fehlerkorrigierender (binärer) Code vorliegt.

Zu einem Codewort $c \in C$ ist, wie oben allgemein diskutiert, $K_1(c) = \{c\} \cup O_1(c)$ genau die Menge der Worte aus $\{0, 1\}^7$, welche gerade c als nächsten Nachbarn haben. Ist beispielsweise 1010111 empfangen worden und nur ein Fehler aufgetreten, so muss wegen $1010111 \in K_1(1010101)$ das Codewort 1010101 gesendet worden sein. Die Decodierung ist damit durch das Auffinden der Zeile erreicht, in dem das empfangene Wort steht. Für kleine Codes ist ein solches Durchsuchen ganzer Tabellen durchaus noch praktikabel, für größere Codes ist es alles andere als effizient. Deshalb muss man sich dort tiefere Gedanken machen, wozu aber in vielen Fällen die Algebra erfolgreiche Hilfsmittel zur Verfügung stellt. ■

Wir wollen es an dieser Stelle mit der Einführung in die Codierungstheorie belassen und werden in Abschnitt 11.5 im Rahmen der angewandten Linearen Algebra nochmals auf einige Aspekte der Codierungstheorie, insbesondere auf allgemeinere 1-fehlerkorrigierende Hamming-Codes zurückkommen. Im Rahmen der Übungsaufgaben wird der Leser noch einiges zur Existenz von perfekten 2- bzw. 3-fehlerkorrigierenden Codes erfahren. Leider weiß man heute, dass es sich dabei nur um sporadische Beispiele handelt (siehe van Lint [38]). Dennoch halten wir die Betrachtung perfekter Codes zur Erläuterung der Grundprinzipien der Codierungstheorie für angemessen.

7.5 Prüfzeichencodierung

A Der ISBN-Code In diesem Abschnitt werden wir mit der Prüfzeichencodierung eine weitere Anwendung des modularen Rechnens diskutieren. Dieses Themengebiet gehört ebenfalls zur Codierungstheorie. Wir beginnen mit der Beschreibung des ISBN-Codes. Die **internationale Standardbuchnummer** (kurz: ISBN) ist sicher jedem geläufig. Dabei

7 Restklassenringe und Anwendungen

wird jedes Buch mit einer 10-elementigen Folge

$$c_1 - c_2c_3c_4c_5 - c_6c_7c_8c_9 - c_{10}$$

mit Zahlen c_i aus dem Restklassenring $\mathbb{Z}_{11}$ gekennzeichnet, wobei X für die Restklasse von 10 steht. Beispielsweise ist 3−7966−0705−5 die ISBN-Nummer des Buches

- „*Die Bibel – mit Bildern von Sieger Köder*, Schwabenverlag AG, Ostfildern, 7. Auflage (1997), Leinen-Ausgabe".

Hierbei steht die „Gruppennummer" c_1 im Wesentlichen für das Land, die „Verlagsnummer" $c_2c_3c_4c_5$ für den Verlag, während $c_6c_7c_8c_9$ die sog. „Titelnummer" ist. Die letzte Zahl c_{10} ist schließlich die **Prüfziffer**. Die Prüfziffer ist bei Vorgabe der ersten neun Ziffern $c_1, \ldots, c_9$ eindeutig durch die Formel

$$c_{10} := \left(\sum_{i=1}^{9} ic_i\right) \bmod 11 \tag{7.5.1}$$

bestimmt. Sie ist daher redundant, weil sich die gesamte Information auf die ersten neun Koordinaten konzentriert. In unserem Beispiel ergibt sich (modulo 11) in der Tat

$$\sum_{i=1}^{9} ic_i = 3 + 3 + 5 + 2 + 8 + 0 + 5 + 0 + 1 = 27 \equiv 5 \bmod 11.$$

Wegen $-1 \equiv 10 \bmod 11$ ist (7.5.1) dazu äquivalent, dass die ISBN-Nummer $c \in \mathbb{Z}_{11}^{10}$ die Kontrollgleichung $\kappa(c) \equiv 0 \bmod 11$ erfüllt, wobei κ durch

$$\kappa(c) := \left(\sum_{i=1}^{10} ic_i\right) \bmod 11 \tag{7.5.2}$$

definiert ist. Der ISBN-Code ist nun die Menge C aller 10-Tupel c aus $\mathbb{Z}_{11}^{10}$ mit $\kappa(c) = 0$ (modulo 11).

B Eigenschaften des ISBN-Codes Aufgrund der eben angegebenen Beschreibung enthält der ISBN-Code C offenbar genau 11^9 Elemente, da ja die ersten neun Ziffern frei wählbar sind. Die Informationsrate dieses Codes ist daher gleich $\frac{9}{10}$. Die Eigenschaften der Fehlererkennung des ISBN-Codes sind in den beiden folgenden Sätzen zusammengefasst.

Satz 7.5.1 Der ISBN-Code ist ein linearer Code über dem Körper $\mathbb{Z}_{11}$ mit Minimalabstand 2.

Beweis Wir haben den ISBN-Code in (7.5.2) anhand seiner Kontrollgleichung charakterisiert. Annahme, c und c' sind zwei ISBN-Codeworte, also $\kappa(c) = 0$ und $\kappa(c') = 0$.

Dann gilt

$$\kappa(c + c') = \sum_{i=1}^{10} i(c_i + c'_i) = \sum_{i=1}^{10} ic_i + \sum_{i=1}^{10} ic'_i = \kappa(c) + \kappa(c') = 0;$$

ebenso gilt für $c \in C$ und $\lambda \in \mathbb{Z}_{11}$, dass

$$\kappa(\lambda c) = \sum_{i=1}^{10} i\lambda c_i = \lambda \sum_{i=1}^{10} ic_i = \lambda \kappa(c) = \lambda \cdot 0 = 0$$

ist, womit die Linearität (siehe ▶Definition 7.3.2) des ISBN-Codes nachgewiesen ist.

Wir zeigen weiter, dass der Minimalabstand d höchstens gleich 2 ist. Wäre er nämlich mindestens gleich 3, so folgte mit $t = 1$ aus der Kugelpackungsschranke (▶Satz 7.4.5 mit $n = 10$ und $k = 9$ und $q = 11$)

$$q^{n-k} \geq \sum_{s=0}^{t} \binom{n}{s} (q-1)^s,$$

also $11 \geq 1 + 10 \cdot 10$, ein Widerspruch. Dass der Minimalabstand des ISBN-Codes tatsächlich gleich 2 ist, ergibt sich aus dem folgenden Satz, in dem wir die Fehlererkennungseigenschaften des ISBN-Codes noch genauer analysieren werden. ∎

Die häufigsten Fehler, die beim Umgang mit ISBN-Nummern vorkommen, sind eine fehlerhafte Eingabe von genau einer Ziffer (79 % aller Fehler) sowie das Vertauschen zweier Nachbarziffern (10,2 % aller Fehler). Der ISBN-Code ist nun so beschaffen, dass Fehler dieser Art erkennbar sind, was gerade durch die redundante Ziffer c_{10} möglich gemacht wird. Der genaue theoretische Sachverhalt dieser Aussage ist in folgendem Satz erläutert (der Minimalabstand $d = 2$ ergibt sich aufgrund der ersten Aussage).

Satz 7.5.2 Es sei C der ISBN-Code. Weiter seien $c \in C$ und $x, y \in \mathbb{Z}_{11}^{10}$ mit $x \neq c$ und $y \neq c$. Annahme,

(1) x geht aus c durch Ändern von genau einer Ziffer hervor und

(2) y geht aus c durch Vertauschen zweier benachbarter Ziffern hervor.

Dann sind x und y keine Elemente von C und erfüllen damit die Kontrollgleichung κ nicht.

Beweis

(1) Wir nehmen an, dass c und x an der i-ten Stelle verschieden und sonst gleich sind. Wegen $\kappa(c) = 0$ (in $\mathbb{Z}_{11}$) gilt dann (modulo 11)

7 Restklassenringe und Anwendungen

$$\kappa(x) = \kappa(x) - \kappa(c) = \sum_{k=1}^{10} k x_k - \sum_{k=1}^{10} k c_k$$

$$= \sum_{k=1}^{10} k(x_k - c_k) = i(x_i - c_i).$$

Es ist nun 11 eine Primzahl und daher $\mathbb{Z}_{11}$ ein Körper (▶Satz 7.1.8), insbesondere ein Integritätsbereich. Es ist ferner $i \neq 0$ modulo 11 und $x_i \neq c_i$. Daraus folgt $\kappa(x) = i(x_i - c_i) \neq 0$, sodass x nicht in C liegt.

(2) Das Gleiche weist man für y nach. Annahme, $c_i = y_{i+1}$ und $c_{i+1} = y_i$ (für ein $i \leq 9$) und $c_k = y_k$ für alle von i und $i+1$ verschiedenen k. Dann ist

$$\kappa(y) = \kappa(y) - \kappa(c) = \sum_{k=1}^{10} k y_k - \sum_{k=1}^{10} k c_k$$

$$= \sum_{k=1}^{10} k(y_k - c_k) = i(y_i - c_i) + (i+1)(y_{i+1} - c_{i+1})$$

$$= i(c_{i+1} - c_i) + (i+1)(c_i - c_{i+1}) = c_i - c_{i+1}.$$

Nach Annahme ist $c \neq y$, also $c_i \neq c_{i+1}$. Damit ist $\kappa(y) \neq 0$ und y kein Element von C. ∎

Betrachten wir dazu noch ein konkretes Beispiel. Annahme, man ändert die siebte Ziffer des ISBN-Codewortes $c = 3 - 7966 - 0705 - 5$ von 7 zu 8. Das entsprechende Wort sei x. Einsetzen in die Kontrollgleichung liefert dann

$$\kappa(x) = \sum_{i=1}^{10} i c_i = 3 + 3 + 5 + 2 + 8 + 0 + 1 + 0 + 1 + 6 \equiv 7 \bmod 11.$$

Vertauscht man die zweite und die dritte Ziffer, so ergibt sich aus c das Wort $y = 3 - 9766 - 0705 - 5$. Hier ergibt sich durch Einsetzen in die Kontrollgleichung dann

$$\kappa(y) = \sum_{i=1}^{10} i c_i = 3 + 7 + 10 + 2 + 8 + 0 + 5 + 0 + 1 + 6 \equiv 9 \bmod 11.$$

C Der EAN-Code Neben der oben beschriebenen Fehlererkennung bei Buchnummern treten Prüfzeichencodes auch in anderen Bereichen auf. So ist die **europäische Artikelnummer** (EAN, Strichcode) eines Warenartikels ein spezielles Element c aus $\mathbb{Z}_{10}^{13}$; dabei identifizieren die ersten zwölf Ziffern den Artikel in eindeutiger Weise, während c_{13} als Kontrollsymbol fungiert. Definitionsgemäß ist

$$c_{13} := -(c_1 + c_3 + c_5 + c_7 + c_9 + c_{11}) - 3(c_2 + c_4 + c_6 + c_8 + c_{10} + c_{12}) \bmod 10.$$

Der EAN-Code besteht daher aus genau den 13-Tupeln c mit Komponenten aus dem Restklassenring $\mathbb{Z}_{10}$, die $\kappa(c) = 0$ erfüllen, wobei κ jetzt die Kontrollgleichung

$$\kappa(c) := \sum_{\substack{i=1,\\2|i-1}}^{13} c_i + 3 \sum_{\substack{i=1,\\2|i}}^{13} c_i \pmod{10} \tag{7.5.3}$$

ist. Dieser Code ist ebenfalls linear (über $\mathbb{Z}_{10}$). Als Übung beweise man, dass der Minimalabstand des EAN-Codes gleich 2 ist, weshalb Einzelfehler stets erkennbar sind. Allerdings gilt hingegen **nicht**, dass jede Nachbartransposition erkennbar ist. (Das liegt im Wesentlichen daran, dass $\mathbb{Z}_{10}$ kein Körper, nicht einmal ein Integritätsbereich ist!)

Mehr zum Thema Prüfzeichencodierung findet der Leser im Buch von Ralph-Hardo Schulz [53].

7.6 Exkurs: Der Chinesische Restsatz

Im letzten Abschnitt dieses Kapitels werden wir uns mit einem weiteren wichtigen Resultat aus dem Bereich des modularen Rechnens beschäftigen, nämlich mit dem Chinesischen Restsatz, welcher in der Computer-Algebra eine wichtige Rolle spielt. Es geht dabei um das simultane Lösen von Kongruenzen bezüglich verschiedenen Moduli. Nach Vorstellung des allgemeinen Problems und nach Herleitung einiger allgemeiner struktureller Resultate werden wir uns dann auf den üblichen Fall beschränken, in dem die Moduli paarweise relativ prim sind.

Der Chinesische Restsatz wird im Rahmen der Algebra auch für allgemeine Ringe formuliert. Wir belassen es in diesem Abschnitt bei dem Ring $\mathbb{Z}$ der ganzen Zahlen, werden in Kapitel 10 allerdings mit der Interpolation noch das Analogon für Polynomringe kennenlernen.

A Einführendes Beispiel und allgemeine Problemstellung Wir beginnen mit einem Beispiel und betrachten dazu das folgende Problem.

- Gibt es eine ganze Zahl x, welche die folgenden vier Eigenschaften erfüllt?

$$x \equiv 2 \mod 3$$
$$x \equiv 3 \mod 5$$
$$x \equiv 1 \mod 7$$
$$x \equiv 4 \mod 11$$

Wenn ja, ist die Lösung eindeutig? Wie viele Lösungen gibt es?

Im vorliegenden Beispiel ist $x = 323$ eine Lösung, wie man einfach durch Division mit Rest verifiziert:

7 Restklassenringe und Anwendungen

Exkurs ▶ Fortsetzung

$$323 = 107 \cdot 3 + 2$$
$$323 = 64 \cdot 5 + 3$$
$$323 = 46 \cdot 7 + 1$$
$$323 = 29 \cdot 11 + 4$$

Ausgehend von einer Lösung kann man sich dann aber leicht unendlich viele Lösungen verschaffen: Die Zahl 1155 ist das Produkt der vier Moduli 3, 5, 7 und 11 und daher kongruent zu null modulo jeder dieser vier Zahlen. Entsprechend ist dann aber auch jede Zahl der Form $323 + \alpha \cdot 1155$ mit α aus $\mathbb{Z}$ eine Lösung des Kongruenzsystems, also beispielsweise 1478, 2633, 3788, 4943, 6098 usw.

Die allgemeine Problemstellung lautet wie folgt:

■ Es seien $m_1, \ldots, m_k$ gegebene ganze Zahlen, die sog. Moduli. Ebenso seien $a_1, \ldots, a_k$ gegebene ganze Zahlen. Gesucht sind alle $x \in \mathbb{Z}$ mit

$$x \equiv a_i \bmod m_i \quad \text{für jedes } i = 1, \ldots, k.$$

Im Folgenden wollen wir diese Probleminstanz einfach mit

$$(a_1, \ldots, a_k; m_1, \ldots, m_k)$$

bezeichnen. Ferner sei $m := \mathrm{kgV}(m_1, \ldots, m_k)$ das kleinste gemeinsame Vielfache der Moduli $m_1, \ldots, m_k$.[7]

B Die Beschreibung der Lösungsmenge Die nun folgende Strategie zur Beschreibung der Lösungsmenge zu einer Probleminstanz ist völlig analog zu der Untersuchung der Lösungsmengen von linearen Gleichungssystemen, die wir in Kapitel 10 führen werden. Wir betrachten als erstes sog. **homogene Systeme**. Das sind diejenigen Probleminstanzen, bei denen alle a_i gleich 0 sind. Danach beweisen wir einen Satz, der die Struktur allgemeiner Lösungsmengen beschreibt.

Satz 7.6.1 Mit den obigen Bezeichnungen ist die Menge der Lösungen des homogenen Kongruenzsystems $(0, \ldots, 0; m_1, \ldots, m_k)$ gleich $\mathbb{Z}m$, der Menge aller Vielfachen von $m = \mathrm{kgV}(m_1, \ldots, m_k)$.

---

[7] In Kapitel 2 haben wir den ggT und das kgV zwar jeweils nur für zwei Zahlen definiert, man kann dies aber leicht für eine allgemeine endliche Folge ganzer Zahlen verallgemeinern. Die theoretische Grundlage hierfür ist im Rahmen der Boole'schen Algebren in Abschnitt 6.7 geliefert worden.

7.6 Exkurs: Der Chinesische Restsatz

Exkurs ▶ Fortsetzung

Beweis Genau dann ist x eine Lösung des homogenen Systems, wenn $x \bmod m_i = 0$ für jedes i, wenn also m_i (für jedes i) ein Teiler von x ist. Aufgrund der Definition des kleinsten gemeinsamen Vielfachen ist dies dazu äquivalent, dass $m = \mathrm{kgV}(m_1, \ldots, m_k)$ die Zahl x teilt, womit bereits alles bewiesen ist. ∎

Satz 7.6.2 Die Probleminstanz $(a_1, \ldots, a_k; m_1, \ldots, m_k)$ habe eine Lösung. Es sei $y \in \mathbb{Z}$ irgendeine Lösung dieses Systems. Dann ist die Menge aller Lösungen des Systems gleich der Menge $[y]_m$, der Restklasse von y modulo $m = \mathrm{kgV}(m_1, \ldots, m_k)$.

Beweis Wegen $m_i | m$ und $y \equiv a_i \bmod m_i$ für alle i ist $y + mu \equiv a_i \bmod m_i$ für jedes $u \in \mathbb{Z}$ und alle i, sodass die Menge $\{y + mu: u \in \mathbb{Z}\} = y + \mathbb{Z}m = [y]_m$, also die Restklasse von y modulo m (siehe ▶Satz 3.6.7) Teilmenge der Lösungsmenge des Systems ist. Umgekehrt sei z eine beliebige Lösung des Systems. Dann gilt $z - y \equiv 0 \bmod m_i$ für alle i, was gleichbedeutend dazu ist, dass $z - y$ durch m teilbar ist und daher in der Menge $\mathbb{Z}m$ enthalten ist. Das bedeutet aber $z \in y + \mathbb{Z}m = [y]_m$, womit dann auch gezeigt ist, dass die Lösungsmenge Teilmenge von $[y]_m$ ist. ∎

Als unmittelbare Folgerung erhalten wir:

Korollar 7.6.3 Annahme, das zu den Daten $(a_1, \ldots, a_k; m_1, \ldots, m_k)$ gehörende Kongruenzsystem ist lösbar. Dann gibt es genau eine Lösung aus der Menge $\{0, 1, \ldots, m - 1\}$.[8]

C Die Lösbarkeit bei relativ primen Restsystemen Wir müssen nun also die Lösbarkeit entscheiden. Dazu führen wir die folgenden Bezeichnungen ein:

- Es seien $m_{ij} := \mathrm{ggT}(m_i, m_j)$ für alle Indizes i, j mit $i < j$.

Falls $x \equiv a_i$ modulo m_i und $x \equiv a_j$ modulo m_j, so gibt es ganze Zahlen q_i und q_j mit $x = q_i m_i + a_i$ sowie $x = q_j m_j + a_j$. Weiter seien $a_i \bmod m_{ij} = s_i$ und $a_j \bmod m_{ij} = s_j$. Betrachtet man x modulo m_{ij}, so ergibt sich einmal $x = q_i m_i + a_i \equiv s_i \bmod m_{ij}$ wegen $m_{ij} | m_i$ und andererseits $x = q_j m_j + a_j \equiv s_j \bmod m_{ij}$ wegen $m_{ij} | m_j$. Daher folgt $s_i = s_j$, i. e. $a_i \equiv a_j \bmod m_{ij}$. Dies führt zur folgenden notwendigen Bedingung für die Existenz einer Lösung.

---

[8] Wir sagen dazu, dass die Lösung modulo m eindeutig bestimmt ist.

7 Restklassenringe und Anwendungen

Exkurs ▶ Fortsetzung

Lemma 7.6.4 Notwendig für die Existenz einer Lösung des zu $(a_1, \ldots, a_k; m_1, \ldots, m_k)$ gehörenden Kongruenzsystems sind die Bedingungen $a_i \equiv a_j \bmod m_{ij}$ für alle i, j mit $i < j$.

Im Spezialfall $m_{ij} = \text{ggT}(m_i, m_j) = 1$ für alle $i < j$ ist die notwendige Bedingung aus ▶Lemma 7.6.4 trivialerweise erfüllt. Wir werden uns von nun an auf diesen Spezialfall beschränken und kommen sodann zum grundlegenden Ergebnis aus diesem Abschnitt.

Definition 7.6.5 Ein Kongruenzsystem $(a_1, \ldots, a_k; m_1, \ldots, m_k)$ heißt **relativ prim**, falls $m_{ij} = \text{ggT}(m_i, m_j) = 1$ für alle $i < j$ ist.

Satz 7.6.6 Chinesischer Restsatz

Es sei $(a_1, \ldots, a_k; m_1, \ldots, m_k)$ ein relativ primes Kongruenzsystem. Dann hat dieses System eine Lösung, und diese ist modulo $m = \prod_{i=1}^{k} m_i$ eindeutig bestimmt.

Beweis Zunächst ist zu beachten, dass bei einem relativ primen Kongruenzsystem die Zahl $m = \text{kgV}(m_1, \ldots, m_k)$ in der Tat gleich $\prod_{i=1}^{k} m_i$, dem Produkt über alle Moduli ist. Für je zwei Indizes $i \neq j$ erhält man weiter durch Anwendung des erweiterten Euklidischen Algorithmus ganze Zahlen α_{ij} und β_{ij} mit $\alpha_{ij} m_i + \beta_{ij} m_j = 1$. Für jedes $l = 1, \ldots, k$ definieren wir nun

$$\lambda_l := \left(\prod_{\substack{i=1 \\ i \neq l}}^{k} \beta_{li} m_i \right) \bmod m. \tag{7.6.1}$$

Bei fest gewähltem l läuft das Produkt dabei über alle i, welche von l verschieden sind. Für alle Indizes l, i mit $l \neq i$ gilt dann also $m_i | \lambda_l$, also $\lambda_l \equiv 0 \bmod m_i$. Schließlich sei

$$x := \left(\sum_{i=1}^{k} \lambda_i a_i \right) \bmod m. \tag{7.6.2}$$

Dann ist $x \in \{0, 1, \ldots, m-1\}$ und für jeden Index l gilt (wegen $m_i | \lambda_l$ für $i \neq l$)

$$x \equiv \lambda_l a_l \bmod m_l.$$

7.6 Exkurs: Der Chinesische Restsatz

Exkurs ▶ Fortsetzung

In der Darstellung (7.6.1) von λ_l ersetzen wir nun jedes $\beta_{li}m_i$ durch $1-\alpha_{li}m_l$ und erhalten

$$\lambda_l \equiv \prod_{\substack{i=1 \\ i \neq l}}^{k} \beta_{li}m_i \equiv \prod_{\substack{i=1 \\ i \neq l}}^{k} (1 - \alpha_{li}m_l) \equiv 1 \bmod m_l.$$

Insgesamt haben wir daher bewiesen, dass $x \equiv \lambda_l a_l \equiv a_l \bmod m_l$ für alle l gilt, sodass x in der Tat eine Lösung des Kongruenzsystems ist. Die Eindeutigkeit der Lösung modulo m ist bereits mit ▶Korollar 7.6.3 bewiesen. ■

Die im Beweis von ▶Satz 7.6.6 aufgetretenen Zahlen $\lambda_1, \ldots, \lambda_k$ nennt man **ein System paarweise orthogonaler Idempotenter, die die Eins zerlegen**. Jede Zahl λ_l entspricht dabei gerade der eindeutigen Lösung des Systems $(0, \ldots, 1, \ldots, 0; m_1, \ldots, m_k)$, wobei die Eins an der l-ten Stelle steht und sonst lauter Nullen auftreten. Es gelten also:

- $\lambda_i \lambda_j \equiv 0 \bmod m$ für alle $i \neq j$
- $\lambda_i^2 \equiv \lambda_i \bmod m$ für alle i
- $\sum_{i=1}^{k} \lambda_i \equiv 1 \bmod m$

Entsprechend erhält man bei einer allgemeinen Probleminstanz $(a_1, \ldots, a_k; m_1, \ldots, m_k)$, wie bewiesen, die Lösung x durch **Kombination** dieser Idempotente: $x = \sum_{i=1}^{k} \lambda_i a_i \pmod{m}$. In der Linearen Algebra (Teil III) treten, ähnlich zu den Idempotenten die sog. **kanonischen Basisvektoren** auf; dort spielen dann **Linearkombinationen** eine wichtige Rolle.

Beispiel 7.6.7 Wir wollen den eben geführten Beweis auf das eingangs betrachtete Beispiel anwenden, bei dem es sich ja um ein relativ primes Kongruenzsystem handelt. Zunächst ist $m = \prod_{i=1}^{k} m_i = 3 \cdot 5 \cdot 7 \cdot 11 = 1155$. Mit dem erweiterten Euklidischen Algorithmus erhält man dann die folgenden Daten für (α_{ij}) und (β_{ij}) (offensichtlich ist $\alpha_{ij} = \beta_{ji}$ für alle i, j).

α_{ij}	1	2	3	4
1	*	2	−2	4
2	−1	*	3	−2
3	1	−2	*	−3
4	−1	1	2	*

β_{ij}	1	2	3	4
1	*	−1	1	−1
2	2	*	−2	1
3	−2	3	*	2
4	4	−2	−3	*

Daraus erhält man die folgenden Idempotente:

$$\lambda_1 = (-5) \cdot 7 \cdot (-11) \quad = \quad 385 \equiv 385 \bmod m$$
$$\lambda_2 = 6 \cdot (-14) \cdot 11 \quad = \quad -924 \equiv 231 \bmod m$$
$$\lambda_3 = (-6) \cdot 15 \cdot 22 \quad = \quad -1980 \equiv 330 \bmod m$$
$$\lambda_4 = 15 \cdot (-10) \cdot (-21) = \quad 2520 \equiv 210 \bmod m$$

7 Restklassenringe und Anwendungen

Exkurs ▶ Fortsetzung

Die eindeutige Lösung modulo 1155 ist daher $x = 323$, denn

$$2\lambda_1 + 3\lambda_2 + \lambda_3 + 4\lambda_4 = 6098 \equiv 323 \bmod 1155.$$

D Die iterative Berechnung der Lösung Das folgende (zum effizienten ▶Algorithmus 7.6.9 führende) Ergebnis beinhaltet eine dynamische Variante von ▶Satz 7.6.6. Diese kann zur iterativen Berechnung einer Lösung verwendet werden.

Satz 7.6.8 Es sei x eine Lösung des relativ primen Kongruenzsystems $(a_1, \ldots, a_k; m_1, \ldots, m_k)$. Es seien ferner $m_{k+1} \in \mathbb{N}^*$ ein weiterer Modul und a_{k+1} eine weitere ganze Zahl. Es gelte $\gcd(m, m_{k+1}) = 1$, wobei wieder $m = \prod_{i=1}^{k} m_i$ sei. Ist dann $M := m \cdot m_{k+1}$, sind weiter $\alpha, \beta \in \mathbb{Z}$ mit $\alpha m + \beta m_{k+1} = 1$ und setzt man schließlich

$$y := (x + (a_{k+1} - x) \cdot \alpha m) \bmod M,$$

dann ist y eine Lösung des um das Paar (a_{k+1}, m_{k+1}) erweiterten relativ primen Kongruenzsystems $(a_1, \ldots, a_k, a_{k+1}; m_1, \ldots, m_k, m_{k+1})$.

Beweis Wegen $\gcd(m, m_{k+1}) = 1$ findet man mithilfe des erweiterten Euklidischen Algorithmus ganze Zahlen α und β mit $\alpha m + \beta m_{k+1} = 1$. Wegen $m_i | m$ für $i \leq k$ ist zunächst $y \equiv x \equiv a_i \bmod m_i$ für alle $i \leq k$. Wegen $\alpha m \equiv 1 \bmod m_{k+1}$ ist ferner $y \equiv x + a_{k+1} - x \equiv a_{k+1} \bmod m_{k+1}$. Damit ist alles bewiesen. ∎

Die Formulierung des Satzes führt uns unmittelbar zu folgendem Algorithmus.

Algorithmus 7.6.9 Chinese

- Eingabe: ein relativ primes Kongruenzsystem $(a_1, \ldots, a_k; m_1, \ldots, m_k)$
- Ausgabe: die eindeutige Lösung x modulo m
- $l := 1$, $m := m_1$, $x := a_1 \bmod m_1$,
  (∗ $x \equiv a_i \bmod m_i$ für alle $i = 1, \ldots, l$ ∗)
  while $l < k$ do
      $l := l + 1$,
      finde (α, β) mit $\alpha m + \beta m_l = 1$,
      (∗ mit dem erweiterten Euklidischen Algorithmus ∗)
      $x := x + (a_l - x) \cdot \alpha \cdot m$,
      $m := m \cdot m_l$,

7.6 Exkurs: Der Chinesische Restsatz

Exkurs ▶ Fortsetzung

$x := x \bmod m$

($* \ x \equiv a_i \bmod m_i$ für alle $i = 1, \ldots, l \ *$)

end-while,

Ausgabe von x.

Betrachten wir abschließend noch ein konkretes Beispiel zu ▶Algorithmus 7.6.9. Gesucht sei eine Lösung zum Kongruenzsystem

$$(a_1, \ldots, a_4; m_1, \ldots, m_4) = (1, 2, 3, 4; 3, 5, 11, 13).$$

Mit dem Algorithmus Chinese errechnet man sukzessive folgende Werte für x:

l	α	m	x
1	3		1
2	2	15	7
3	3	165	157
4	3	2145	1642

Nach ▶Satz 7.6.2 ist die Menge aller Lösungen daher gleich $1642 + \mathbb{Z}2145$.

ZUSAMMENFASSUNG

1. **Rechnen modulo** n Wir haben gesehen, dass es sich bei der Kongruenz modulo n um eine Äquivalenzrelation handelt, welche die Addition und die Multiplikation ganzer Zahlen respektiert (daher auch der Name „Kongruenzrelation"). Diese Eigenschaft erlaubt die Einführung einer Addition sowie einer Multiplikation auf Restklassen modulo n, welche im konkreten Fall auf die entsprechende Verknüpfung von Repräsentanten in Kombination mit der Division durch n mit Rest zurückgeführt wird. In diesem Sinne handelt es sich bei $(\mathbb{Z}_n, +, \cdot)$ um einen endlichen kommutativen Ring.
Solche Ringe sind, wie die späteren Anwendungen gezeigt haben, für die Informatik von fundamentaler Bedeutung. Neben der bereits erwähnten elementaren Division mit Rest (Abschnitt 2.3) gehören zum modularen Rechnen unbedingt auch

   - das multiplikative Invertieren (von Einheiten modulo n), welches mithilfe des erweiterten Euklidischen Algorithmus bewerkstelligt wird,

   - sowie das effiziente Potenzieren modulo n, was mit dem Algorithmus „Square-and-Multiply" erreicht wird.

2. **Grundlagen der Public-Key-Kryptographie** Im Rahmen eines Public-Key-Cryptosystems können sich innerhalb eines Rechnerverbundes mehrere Teilnehmer (paarweise) Nachrichten zusenden, welche gegenüber nicht autorisierten Personen geheim zu halten sind. Dabei identifiziert man jeden Teilnehmer mit einem (abstrakten) Schlüssel K, welcher aus einem öffentlichen Teil e_K und einem geheimen Teil d_K besteht. Der jedem Teilnehmer öffentlich zugängliche Teil e_K ermöglicht ein schnelles Chiffrieren, während der nur dem autorisierten Teilnehmer K zugängliche geheime Teil d_K ein schnelles Dechiffrieren empfangener Nachrichten ermöglicht. Die Sicherheit des Systems beruht darauf, dass es sich bei der geheimen (formal zur e_K inversen) Abbildung d_K um eine sog. „Einwegfunktion mit Falltür" (engl.: *trap door function*) handelt.
Beim RSA-System bewirken die Ausführungen der Abbildungen d_K und e_K spezielle Potenzierungen modulo n, wobei der vom jeweiligen Benutzer abhängige Modul n das Produkt zweier großer (mind. 100-stelliger) Primzahlen p und q ist. Die Sicherheit beruht darauf, dass man bis heute keine effizienten Faktorisierungsalgorithmen kennt und die Zerlegung von n in das Produkt $p \cdot q$ damit praktisch nicht möglich ist.

3. **Das Grundmodell bei fehlerkorrigierenden Codes** Nach Behandlung von Grundlagen der Public-Key-Kryptographie haben wir uns mit den grundlegenden Problemstellungen der Codierungstheorie beschäftigt. Hierbei geht es prinzipiell um die Gewährleistung der Informationsübertragung über einen Nachrichtenkanal, bei dem zufällige Störungen auftreten können.
In einem allgemeinen Modell geht man vom Nachrichtenraum R^k aus, wobei es sich beim Alphabet R meist um einen endlichen Ring handelt – dem binären Fall $R = \mathbb{F}_2$ kommt in der Codierungstheorie eine zentrale Bedeutung zu. Bei einem (n, k)-Code C über R handelt es sich dann um eine $|R|^k$-elementige Teilmenge von R^n. Die Wahl von C ist dabei so zu arrangieren, dass je zwei verschiedene Codeworte einen möglichst großen Hamming-Abstand haben, um bei fehlerhafter Übertragung möglichst viele Fehler erkennen bzw. sogar korrigieren zu können; andererseits sollte zwecks effizienter Datenübertragung die Informationsrate $\frac{k}{n}$ möglichst groß sein. Die Kunst des Entwurfs guter Codes besteht gerade in der Abwägung dieser beiden gegen-

sätzlichen Ziele, wobei man in der Praxis aufgrund der zusätzlichen Anforderung von schnellen Codier- und Decodierverfahren meist lineare Codes über endlichen Ringen verwendet.

Die Güte von Codes wird anhand von theoretischen oberen Schranken für die Anzahl der Codeworte beurteilt. Wir haben mit der Kugelpackungsschranke eine der bekanntesten Schranken hergeleitet. Diese führt zur Klasse der (optimalen) perfekten Codes, von denen wir den binären (linearen) (7, 4)-Hamming-Code als nichttriviales Beispiel näher untersucht haben.

Mit der Prüfzeichencodierung, speziell dem ISBN- und dem EAN-Code haben wir weitere konkrete Beispiele von (linearen) Codes kennengelernt und deren Fehlererkennungseigenschaften studiert.

4. **Die Lösung simultaner Kongruenzen** Der im Exkurs zu diesem Kapitel behandelte Chinesische Restsatz liefert die Lösung eines relativ primen Kongruenzsystems. Diese lässt sich anhand eines iterativen, auf der Verwendung des erweiterten Euklidischen Algorithmus basierenden Verfahrens effizient berechnen.

Bei der Beschreibung der Lösungsmenge von linearen Gleichungssystemen werden wir in Kapitel 10 eine ähnliche Herangehensweise verfolgen wie bei den Kongruenzsystemen. Die prinzipielle Struktur hinter dem Chinesischen Restsatz lässt sich auch auf Polynome übertragen (Kapitel 12), wobei man, wie wir später sehen werden, zum sog. Interpolationsproblem gelangt.

7 Restklassenringe und Anwendungen

Übungsaufgaben

Aufgabe 1 Sei $n \in \mathbb{N}^*$. Zeigen Sie, dass für alle $x, y \in \mathbb{Z}$ Folgendes gilt:

1. $(x + y) \bmod n = [(x \bmod n) + (y \bmod n)] \bmod n$

2. $(xy) \bmod n = [(x \bmod n) \cdot (y \bmod n)] \bmod n$

Bemerkung. Dies zeigt erneut, dass man kompliziertere Terme modulo n reduzieren darf, indem man jederzeit bereits bei Zwischenschritten reduziert. Das ist wichtig, um die **Kontrolle über die „Größe" der Zwischenergebnisse** zu behalten!

3. Wenden Sie dies an, um die folgenden beiden Ausdrücke zu berechnen:

$$\left(\sum_{k=1}^{6}\sum_{l=1}^{4} k! \cdot l\right) \bmod 11 \quad \text{und} \quad \sum_{k=1}^{6}\sum_{l=1}^{5} (k! + 2l^3 + 1)^2 \bmod 11.$$

Aufgabe 2 Gegeben sei die Gleichung $57x - 5 \equiv -3x + 24 \bmod n$.

1. Charakterisieren Sie diejenigen $n \in \mathbb{N}^*$, für die diese Gleichung eine Lösung x hat. Beispielsweise ist $x = 8$ eine Lösung modulo $n = 11$, weil $57 \cdot 8 - 5 = 451 = 41 \cdot 11 \equiv 0 \bmod 11$ ist, ebenso ist $(-3) \cdot 8 + 24 \equiv 0 \bmod 11$.

2. Geben Sie explizit **alle** Lösungen dieser Gleichung für die Fälle $n = 23$, $n = 31$ und $n = 77$ an.

Aufgabe 3 Verwenden Sie den Algorithmus Square-and-Multiply zur Berechnung

1. von $2^{2006} \bmod 29$,

2. von den letzten beiden Dezimalziffern von 1013^{376},

3. von $9^{-23} \bmod 55$.

Aufgabe 4 Beweisen Sie den **Satz von Wilson**[9], wonach für jede Primzahl p gilt $(p - 1)! \equiv -1 \bmod p$.

Aufgabe 5 Es seien $n \in \mathbb{N}^*$ und $u \in \mathbb{Z}$. Wir betrachten die zu u gehörende Multiplikation von links mit u modulo n, also

$$\lambda_u : \mathbb{Z}_n \to \mathbb{Z}_n, \quad x \mapsto ux \bmod n.$$

---

[9] John Wilson (1741–1793).

Übungsaufgaben

Zeigen Sie die Äquivalenz der beiden folgenden Aussagen:

(1) λ_u ist bijektiv

(2) u ist Einheit modulo n

Aufgabe 6 Gegeben sei der (unvollständige) RSA-Schlüssel (siehe Abschnitt 7.2-B)

$$(n, a, b, p, q) = (7081, 55, b, p, q).$$

1. Bestimmen Sie (unter anderem unter Verwendung des erweiterten Euklidischen Algorithmus) die fehlenden Daten b, p und q.

2. Entschlüsseln Sie die gesendete Nachricht $y := 2520$ mit diesem Schlüssel (unter Verwendung des Algorithmus Square-and-Multiply).

Aufgabe 7 Gegeben sei der unvollständige RSA-Schlüssel

$$(n, a, b, p, q) = (n, 53, 17, p, 31).$$

Die Anzahl $\varphi(n)$ der Einheiten im Restklassenring $\mathbb{Z}_n$ ist gleich 180. Bestimmen Sie aus dieser Angabe zunächst die fehlenden Daten p und n. Verwenden Sie danach den Algorithmus Square-and-Multiply, um mit diesem Schlüssel die gesendete Nachricht $y = 15$ zu dechiffrieren.

Aufgabe 8 Bei dieser Aufgabe sollte man einen Rechner einsetzen. Finden Sie für $t_C = 3$ alle Paare (n, k) natürlicher Zahlen mit $1 \leq k < n \leq 100$, die die binäre Kugelpackungsschranke mit Gleichheit erfüllen:

$$2^k = \frac{2^n}{1 + \binom{n}{1} + \binom{n}{2} + \binom{n}{3}}$$

Aufgabe 9 Bei der Verwendung des (7, 4)-Hamming-Codes soll die Nachricht

$$0011, 1011, 1010, 0010, 0001, 1101$$

vermittelt werden. Welche Codeworte werden gesendet?

Aufgabe 10 Bei der Verwendung des (7, 4)-Hamming-Codes mögen beim Empfänger die folgenden Worte angekommen sein:

$$1100111, 1110101, 0011101, 0011111, 0101001, 1111110$$

Welche Codeworte wurden aller Wahrscheinlichkeit nach gesendet und wie lauten die ursprünglichen Nachrichten?

7 Restklassenringe und Anwendungen

Übungsaufgaben

Aufgabe 11 Zeigen Sie, dass $3 - 540 - 67599 - X$ ein ISBN-Codewort ist und dass $3 - 215 - 82748 - X$ kein ISBN-Codewort ist.

Aufgabe 12 Bei der Übermittlung des ISBN-Codewortes $3 - 5284 - 6u94 - 7$ ist die 7. Ziffer u unlesbar. Rekonstruieren Sie u.

Aufgabe 13 Bestimmen Sie das System $(\lambda_i)_{i=1,2,3,4}$ paarweise orthogonaler Idempotenter zum Kongruenzsystem $(m_1, m_2, m_3, m_4) = (3, 5, 11, 13)$. Berechnen Sie anhand der λ_i die eindeutige Lösung $y \bmod 2145$ des zugehörigen Problems mit $(a_1, a_2, a_3, a_4) = (1, 2, 3, 4)$.

Aufgabe 14 Es sei p eine Primzahl und $k \in \mathbb{N}^*$. Wir betrachten den Restklassenring $\mathbb{Z}_{p^k}$ aller ganzen Zahlen modulo p^k. Zu $a \in \{0, 1, \ldots, p^k - 1\}$ sei

$$\alpha_0 + \alpha_1 p + \ldots + \alpha_{k-1} p^{k-1}$$

die p-adische Darstellung von a (also $\alpha_i \in \{0, 1, \ldots, p-1\}$ für alle i).

1. Zeigen Sie, dass a genau dann eine Einheit modulo p^k ist, wenn $\alpha_0 \neq 0$ gilt.

2. Leiten Sie daraus eine Formel für $\varphi(p^k)$, der Anzahl der Einheiten im Restklassenring $\mathbb{Z}_{p^k}$, ab.

Aufgabe 15 Bestimmen Sie (mit dem Algorithmus Square-and-Multiply) die letzten drei Dezimalstellen der Zahl

$$123^{13896251}.$$

Homomorphismen und Faktorstrukturen

	Einführung	300
8.1	Homomorphismen bei Gruppen	302
8.2	Normalteiler und Faktorgruppen	308
8.3	Homomorphismen bei Ringen und Ideale	314
8.4	Kongruenzen bei Ringen, Ideale und Faktorringe	318
8.5	Exkurs: Homomorphiesätze	322
	Zusammenfassung	326
	Übungsaufgaben	328

8 Homomorphismen und Faktorstrukturen

EINFÜHRUNG

>> Im ersten Teil dieses Buches haben wir nach der Einführung von Mengen und kartesischen Produkten (Kapitel 1) auch Relationen auf Mengen betrachtet, um dann u. a. die Abbildungen und Äquivalenzrelationen eingehend zu studieren (Kapitel 3). Nachdem wir in Kapitel 6 nun die grundlegenden algebraischen Strukturen wie Monoide und Gruppen sowie Ringe und Körper betrachtet haben, greifen wir hier die Grundkonzepte von Abbildungen und Äquivalenzrelationen nochmals auf und studieren solche Relationen, die die zugrunde liegende(n) Verknüpfung(en) respektieren.

Bei strukturerhaltenden Abbildungen spricht man von *Homomorphismen*, während man bei strukturerhaltenden Äquivalenzrelationen von *Kongruenzrelationen* spricht. Wir beginnen in Abschnitt 8.1 mit den Gruppen-Homomorphismen, werden den wichtigen Begriff des *Kernes* eines Gruppen-Homomorphismus kennenlernen und anhand dieses Kernes die Urbildpartition eines Gruppen-Homomorphismus beschreiben. Bei Kernen handelt es sich um eine spezielle Klasse von Untergruppen, nämlich um *Normalteiler*.

In Abschnitt 8.2 werden wir die Theorie der Kongruenzrelationen auf Gruppen erläutern. Es stellt sich heraus, dass die *neutralen Klassen* von Kongruenzrelationen ebenfalls zu Normalteilern führen. Des Weiteren kann man auf den *Kongruenzklassen* einer solchen Relation eine Verknüpfung definieren bzgl. der die Klassen eine Gruppe bilden, die sog. *Faktorgruppe*. Anhand des *natürlichen Homomorphismus* von einer Gruppe in die Faktorgruppe erkennt man letztendlich, dass die drei Aspekte

- Kerne von Gruppen-Homomorphismen
- Kongruenzrelationen auf Gruppen
- Normalteiler in Gruppen

Variationen eines Themas sind.

In den Abschnitten 8.3 und 8.4 übertragen wir die Begriffsbildungen und Konzepte aus den Abschnitten 8.1 und 8.2 von Gruppen auf Ringe. Zunächst klären wir in Abschnitt 8.3, was unter einem *Ring-Homomorphismus* zu verstehen ist, um sodann den *Kern eines Ring-Homomorphismus* zu definieren. Da ein Ring-Homomorphismus insbesondere einen Gruppen-Homomorphismus zwischen den additiven Gruppen der zugrunde liegenden Ringe induziert, können alle Ergebnisse aus den Abschnitten 8.1 und 8.2 verwendet werden; es ist lediglich zu studieren, wie sich die multiplikative Struktur in dieses Konzept einfügt. Dabei stellt sich heraus, dass der Begriff eines *Teilringes* hier eher von geringer Bedeutung ist; viel wesentlicher ist das Konzept der *Ideale* in Ringen, welches sich als die richtige Verallgemeinerung der Normalteiler innerhalb der Gruppentheorie herausstellt. So ergibt sich, dass

- Kerne von Ring-Homomorphismen
- Kongruenzrelationen auf Ringen
- Ideale in Ringen

Variationen eines Themas sind. Im Kontext von Ringen kann man neben der Addition auch eine Multiplikation auf den Kongruenzklassen einführen, bzgl. der die Menge der Kongruenzklassen dann ein Ring wird, der sog. *Faktorring*. Betrachtet man speziell den Ring $\mathbb{Z}$ der ganzen Zahlen, dessen Ideale genau die Teilmengen der Form $\mathbb{Z}n$ mit $n \in \mathbb{N}$ sind, so erhält man (bei $n \neq 0, 1$) als zugehörige Faktorringe gerade die Restklassenringe modulo n. Bei diesen speziellen Restklassenringen hatten wir gesehen, dass die Primzahlen zu Restklassenkörpern führen. Bei allgemeinen Ringen kann man sagen, dass genau die Faktorringe nach *maximalen Idealen* zu Körpern führen. Dieses Konzept ist auch speziell bei *Polynomringen* (Kapitel 12) sehr wichtig, insbesondere für Anwendungen in der Informatik.

Im letzten Abschnitt stellen wir schließlich die *Homomorphiesätze* für Gruppen bzw. für Ringe vor und diskutieren als interessante Anwendungsbeispiele die Ordnung eines Gruppenelementes sowie den Chinesischen Restsatz aus diesem neuen Blickwinkel.

Lernziele

- der Begriff des Gruppen-Homomorphismus sowie die begleitenden Begriffe des Kernes, des Bildes und der Urbildpartition einer solchen Abbildung
- der Begriff der Kongruenzrelation auf Gruppen, verbunden mit der Tatsache, dass man auf den Klassen eine Verknüpfung einführen kann, welche zu einer Faktorgruppe führt
- die Einsicht, dass Kerne von Gruppen-Homomorphismen, Kongruenzrelationen auf Gruppen und die Normalteiler als spezielle Untergruppen Variationen eines Themas sind
- die Begriffe des Ring-Homomorphismus, des Kernes einer solchen Abbildung sowie der Kongruenzrelation auf Ringen, verbunden mit der Tatsache, dass man auf den Klassen einer solchen Relation eine Addition und eine Multiplikation definieren kann, welche zu einem Faktorring führen
- die Einsicht, dass Kerne von Ring-Homomorphismen, Kongruenzrelationen auf Ringen sowie die Ideale in Ringen Variationen eines Themas sind
- die Ordnung eines Gruppenelementes und der Chinesische Restsatz aus dem Blickwinkel der Homomorphiesätze gesehen

8.1 Homomorphismen bei Gruppen

A Strukturerhaltende Abbildungen auf Monoiden und Gruppen Wir beginnen mit zwei Monoiden $(M_1, *, e_1)$ und $(M_2, \star, e_2)$, und nennen eine Relation $R \subseteq M_1 \times M_2$ **verträglich** bzw. **strukturerhaltend**, falls aus $(a_1, a_2) \in R$ und $(b_1, b_2) \in R$ auch $(a_1 * b_1, a_2 \star b_2) \in R$ folgt. Eine verträgliche Relation R mit $(e_1, e_2) \in R$ ist demnach nichts anderes als ein Teilmonoid des aus M_1 und M_2 gebildeten Produktmonoids $(M_1 \times M_2, \diamond, (e_1, e_2))$, wobei $\diamond$ wie in ▶Beispiel 6.1.7 und ▶Beispiel 6.2.8 über die komponentenweise Verknüpfung definiert ist.

Das liefert zwar nichts Neues, allerdings ist die Betrachtungsweise sehr nützlich, um die Definition eines Homomorphismus (i. e. einer strukturerhaltenden Abbildung) zwischen zwei Monoiden bzw. zwei Gruppen zu motivieren. Wir gehen also von einer Abbildung $\psi: M_1 \to M_2$ eines Monoids $(M_1, *, e_1)$ in ein Monoid $(M_2, \star, e_2)$ mit $\psi(e_1) = e_2$ aus. Als Relation gesehen entspricht eine solche Abbildung der Menge aller Paare $(x, \psi(x)) \in M_1 \times M_2$ mit x aus M_1. Die Verträglichkeit von ψ (als Relation gesehen) bedeutet dann, dass mit $(x, \psi(x))$ und $(y, \psi(y))$ auch $(x * y, \psi(x) \star \psi(y))$ ein zu ψ gehörendes Paar ist. Nun gehört aber per Definition auch $(x * y, \psi(x * y))$ zu ψ, sodass aufgrund der Rechtseindeutigkeit von ψ folgt, dass $\psi(x * y) = \psi(x) \star \psi(y)$ gelten muss, und zwar für alle $x, y \in M_1$.

8.1 Homomorphismen bei Gruppen

Definition 8.1.1 Es seien $(M_1, *, e_1)$ und $(M_2, \star, e_2)$ zwei Monoide. Eine Abbildung $\psi: M_1 \to M_2$ heißt ein **Monoid-Homomorphismus**, falls gilt:

(1) $\psi(a * b) = \psi(a) \star \psi(b)$ für alle $a, b \in M_1$

(2) $\psi(e_1) = e_2$

Sind speziell $(M_1, *, e_1)$ und $(M_2, \star, e_2)$ beides Gruppen, so nennt man ψ einen **Gruppen-Homomorphismus**.

Bekanntlich sind Gruppen spezielle Monoide, nämlich solche, in denen uneingeschränkt invertiert werden kann. Von einem Gruppen-Homomorphismus $\psi: G_1 \to G_2$ zwischen zwei Gruppen $(G_1, *, e_1)$ und $(G_2, \star, e_2)$ würde man daher erwarten, dass das Inverse $\overline{u}$ von $u \in G_1$ auf das Inverse $\overline{\psi(u)}$ von $\psi(u) \in G_2$ abgebildet wird. Das ist in der Tat der Fall, denn es ist ja

$$e_2 = \psi(e_1) = \psi(u * \overline{u}) = \psi(u) \star \psi(\overline{u})$$

und ebenso $e_2 = \psi(\overline{u}) \star \psi(u)$, sodass $\psi(\overline{u})$ tatsächlich invers zu $\psi(u)$ ist. Es gilt also $\psi(\overline{u}) = \overline{\psi(u)}$.

B Spezielle Eigenschaften bei Gruppen-Homomorphismen Wir werden uns im weiteren Verlauf dieses Abschnitts auf Gruppen-Homomorphismen konzentrieren und diese meist einfach kurz als Homomorphismen bezeichnen. Wie auch bei Abbildungen auf unstrukturierten Mengen, gibt es für spezielle Eigenschaften eines Homomorphismus wieder eigene Begriffe. Da diese in der mathematischen Literatur (nicht nur bei der Untersuchung von Gruppen) recht häufig auftreten, haben wir sie im Folgenden kurz zusammengefasst.

spezielle Eigenschaften des Homomorphismus	Begriff
injektiv	**Monomorphismus**
surjektiv	**Epimorphismus**
bijektiv	**Isomorphismus**
$G_1 = G_2$	**Endomorphismus**
$G_1 = G_2$ und bijektiv	**Automorphismus**

Speziell hervorzuheben wäre der **Isomorphiebegriff**.

Definition 8.1.2 Zwei Gruppen G_1 und G_2 heißen **isomorph**, falls es einen bijektiven Homomorphismus (also einen Isomorphismus) $\psi: G_1 \to G_2$ gibt.

8 Homomorphismen und Faktorstrukturen

Die Tatsache, dass zwei Gruppen isomorph sind, bedeutet, dass die beiden Gruppen die gleiche Struktur haben und sich lediglich durch eine Umbenennung ihrer Elemente unterscheiden. Betrachten wir dazu ein konkretes Beispiel.

Beispiel 8.1.3 Es sei $N = \{1, 2, \ldots, n\}$ die Standard-n-Menge und

$$(G_1, *, e_1) = (\mathcal{P}(N), \Delta, \emptyset)$$

sei die mit der symmetrischen Differenz als Verknüpfung versehene Potenzmenge von N. Weiter sei

$$(G_2, \star, e_2) = (\mathbb{F}_2^n, +, (0, \ldots, 0))$$

die Menge aller n-Tupel über dem binären Körper $\mathbb{F}_2$ versehen mit der punktweisen Addition (modulo 2). Wir haben in Abschnitt 4.2 gesehen, dass die Abbildung χ, die jeder Teilmenge U von N ihren charakteristischen Vektor χ_U zuordnet, bijektiv ist (woraus wir geschlossen haben, dass die Potenzmenge einer n-Menge genau 2^n Elemente hat, siehe ▶Satz 4.2.1). Zur Erinnerung: Es ist $\chi_U(i) = 1$, falls $i \in U$ und $\chi_U(i) = 0$, sonst.

Nun ist $\chi_\emptyset$ das n-Tupel mit lauter Nullen, also das neutrale Element von $(\mathbb{F}_2^n, +)$. Weiter folgt aus der nachstehenden Tabelle, dass $\chi_{U\Delta V} = \chi_U + \chi_V$ gilt, weshalb es sich bei χ auch um einen Homomorphismus handelt.

$i \in U$	$i \in V$	$\chi_U(i)$	$\chi_V(i)$	$i \in U\Delta V$	$\chi_{U\Delta V}(i)$	$\chi_U(i) + \chi_V(i)$
ja	ja	1	1	nein	0	0
ja	nein	1	0	ja	1	1
nein	ja	0	1	ja	1	1
nein	nein	0	0	nein	0	0

Insgesamt liefert die charakteristische Funktion χ also einen Gruppen-Isomorphismus von $(\mathcal{P}(N), \Delta, \emptyset)$ nach $(\mathbb{F}_2^n, +, (0, \ldots, 0))$. ∎

C Kern und Bild bei Gruppen-Homomorphismen Als Nächstes wollen wir zeigen, dass zu jedem Homomorphismus $\psi \colon G_1 \to G_2$ (zweier Gruppen) stets zwei Untergruppen assoziiert sind, nämlich der Kern und das Bild.

Definition 8.1.4 Es sei $\psi \colon G_1 \to G_2$ ein Homomorphismus von der Gruppe $(G_1, *, e_1)$ in die Gruppe $(G_2, \star, e_2)$.

(1) Die Menge aller Elemente von G_1, die unter ψ auf das neutrale Element e_2 von G_2 abgebildet werden, nennt man den **Kern von** ψ.

$$\mathrm{Kern}(\psi) := \{x \in G_1 : \psi(x) = e_2\}$$

8.1 Homomorphismen bei Gruppen

(2) Wie zu Beginn von Abschnitt 3.2-D ist das **Bild von** ψ die Menge aller Elemente von G_2 der Form $\psi(x)$ für ein x aus G_1.

$$\text{Bild}(\psi) := \{\psi(x) : x \in G_1\}$$

Satz 8.1.5 Ist $\psi : (G_1, *, e_1) \to (G_2, \star, e_2)$ ein Gruppen-Homomorphismus, so gelten:

(1) Kern(ψ) ist eine Untergruppe von G_1.

(2) Bild(ψ) ist eine Untergruppe von G_2.

Beweis

(1) Wegen $\psi(e_1) = e_2$ ist $e_1 \in \text{Kern}(\psi)$ und damit Kern(ψ) nicht leer. Sind $a, b \in \text{Kern}(\psi)$, so gilt

$$\psi(a * \overline{b}) = \psi(a) \star \overline{\psi(b)} = e_2 \star \overline{\psi(b)} = e_2 \star \overline{e_2} = e_2 \star e_2 = e_2.$$

Das bedeutet, dass mit a und b auch $a * \overline{b}$ im Kern von ψ enthalten ist, weshalb es sich bei Kern(ψ) um eine Untergruppe von G_1 handelt (siehe ▶Satz 6.3.3-(3)).

(2) Zunächst ist $e_2 = \psi(e_1) \in \text{Bild}(\psi)$. Sind weiter $x, y \in \text{Bild}(\psi)$, etwa $x = \psi(u)$ und $y = \psi(v)$, so gilt

$$x \star \overline{y} = \psi(u) \star \overline{\psi(v)} = \psi(u) \star \psi(\overline{v}) = \psi(u * \overline{v}),$$

sodass auch $x \star \overline{y}$ in Bild(ψ) enthalten ist. Mit ▶Satz 6.3.3-(3) ist daher Bild(ψ) eine Untergruppe von G_2. ∎

D Urbilder bei Gruppen-Homomorphismen Wir erinnern daran, dass die Urbilder einzelner Elemente bei Abbildungen zur sog. Urbildpartition des Definitionsbereiches geführt haben (siehe Abschnitt 3.2-D). Speziell bei Gruppen-Homomorphismen ist es nun so, dass man die Urbildpartition recht einfach beschreiben kann. Dazu erinnern wir in der folgenden Definition zunächst noch an den Begriff der Linksnebenklasse einer Untergruppe (siehe ▶Lemma 6.3.8) und führen analog den Begriff der Rechtsnebenklasse einer Untergruppe ein.

8 Homomorphismen und Faktorstrukturen

> **Definition 8.1.6** Es seien $(G, *, e)$ eine Gruppe und U eine Untergruppe von G.
>
> (1) Dann nennt man zu jedem $g \in G$ die Menge $g * U := \{g * u : u \in U\}$ die zu g gehörende **Linksnebenklasse von** U **in** G.
>
> (2) Entsprechend heißt die Menge $U * g := \{u * g : u \in U\}$ die zu g gehörende **Rechtsnebenklasse von** U **in** G.

Es erweist sich, dass bei Kernen von Homomorphismen die zu einem jeden g gehörende Links- und Rechtsnebenklasse übereinstimmen und darüber hinaus die Urbildpartition eines Gruppen-Homomorphismus liefern.

> **Satz 8.1.7** Es sei $\psi: (G_1, *, e_1) \to (G_2, \star, e_2)$ ein Gruppen-Homomorphismus. Ferner sei y ein Element aus G_1 und $z = \psi(y)$. Dann gelten:
>
> (1) $y * \mathrm{Kern}(\psi) = \mathrm{Kern}(\psi) * y$
>
> (2) $\psi^{-1}(z) = y * \mathrm{Kern}(\psi)$

Beweis Wir zeigen zunächst, dass die beiden Mengen $y * \mathrm{Kern}(\psi)$ und $\mathrm{Kern}(\psi) * y$ jeweils Teilmengen vom Urbild von z unter ψ sind. Ist $v \in \mathrm{Kern}(\psi)$ beliebig, so gilt nämlich $\psi(y * v) = \psi(y) \star \psi(v) = z \star e_2 = z$, ebenso wie $\psi(v * y) = \psi(v) \star \psi(y) = e_2 \star z = z$. Ist andererseits $u \in \psi^{-1}(z)$, so folgt

$$\psi(u * \overline{y}) = \psi(u) \star \overline{\psi(y)} = z \star \overline{z} = e_2,$$

weshalb $u * \overline{y}$ im Kern von ψ enthalten ist. Nun ist aber $u * \overline{y} \in \mathrm{Kern}(\psi)$ äquivalent zu $u = u * \overline{y} * y \in \mathrm{Kern}(\psi) * y$. Das beweist die Inklusion $\psi^{-1}(z) \subseteq \mathrm{Kern}(\psi) * y$, mit dem eingangs Gezeigten also insgesamt die Gleichheit $\psi^{-1}(z) = \mathrm{Kern}(\psi) * y$. Analog zeigt man, dass auch $\overline{y} * u$ im Kern von ψ liegt, woraus $u \in y * \mathrm{Kern}(\psi)$ und damit entsprechend $\psi^{-1}(z) = y * \mathrm{Kern}(\psi)$ folgt. Damit sind beide Behauptungen bewiesen. ∎

Der Spezialfall, bei dem der Kern nur aus dem neutralen Element des Definitionsbereiches besteht, führt zu einer Charakterisierung der Monomorphismen unter den Homomorphismen.

> **Satz 8.1.8** Ein Gruppen-Homomorphismus $\psi: (G_1, *, e_1) \to (G_2, \star, e_2)$ ist genau dann injektiv, wenn $\mathrm{Kern}(\psi) = \{e_1\}$ ist.

Beweis Nach ▶Lemma 3.2.7-(2) ist ψ genau dann injektiv, wenn $|\psi^{-1}(z)| \leq 1$ für jedes $z \in G_2$ gilt. Ist also ψ injektiv, so gilt insbesondere $|\psi^{-1}(e_2)| \leq 1$ und wegen $\psi(e_1) = e_2$ dann $\psi^{-1}(e_2) = \{e_1\}$. Gemäß Definition ist aber $\psi^{-1}(e_2)$ gerade der Kern von ψ, weshalb bei einem Monomorphismus der Kern notwendigerweise nur aus dem neutralen Element e_1 von G_1 bestehen kann.

Das ist aber auch bereits hinreichend, denn mit ▶Satz 8.1.7 gilt dann für jedes $z \in \text{Bild}(\psi)$, dass $\psi^{-1}(z) = y * \{e_1\} = \{y\}$ einelementig ist (wobei $\psi(y) = z$). ∎

E Nochmals zur Ordnung eines Gruppenelementes Im Zusammenhang zu Abschnitt 6.3-E wollen wir hier eine wichtige Beispielklasse von Homomorphismen untersuchen, die uns nochmals zur Begriffsbildung der „Ordnung" eines Gruppenelementes führen wird. Wir betrachten dazu die additive Gruppe $(\mathbb{Z}, +, 0)$ der ganzen Zahlen und eine (abstrakte) multiplikativ geschriebene Gruppe $(G, \cdot, 1)$. Für jedes $g \in G$ ist dann die Abbildung

$$\Gamma_g: (\mathbb{Z}, +, 0) \to (G, \cdot, 1), \ z \mapsto g^z$$

ein Gruppen-Homomorphismus, wie wir anhand der Rechnungen in ▶Bemerkung 6.3.6 wissen:

$$\Gamma_g(z + z') = g^{z+z'} = g^z \cdot g^{z'} = \Gamma_g(z) \cdot \Gamma_g(z')$$

Beim Bild von Γ_g handelt es sich aber gerade um $g^{\mathbb{Z}}$, der von g erzeugten Untergruppe von G.[1] Der Kern von Γ_g ist nun eine Untergruppe von $(\mathbb{Z}, +, 0)$, also nach ▶Satz 6.3.4 von der Form $\mathbb{Z}n$ für ein eindeutiges $n \in \mathbb{N}$. Dabei ist Γ_g genau dann injektiv, wenn dieses n gleich 0 ist, denn $\mathbb{Z}0 = \{0\}$. In diesem Falle ist $g^z \neq g^{z'}$ für $z \neq z'$. Ist hingegen $n \geq 1$, so ist $g^z = 1$ genau dann, wenn z Vielfaches von n ist; in diesem Falle besteht das Bild von Γ_g genau aus den n verschiedenen Elementen $1 = g^0, g = g^1, g^2, \ldots, g^{n-1}$.

Weiter kann Folgendes gesagt werden: Genau dann ist G zyklisch und g ein Erzeuger von G, wenn Γ_g surjektiv ist. Das bedeutet, dass jede zyklische Gruppe als epimorphes Bild eines von $(\mathbb{Z}, +, 0)$ ausgehenden Homomorphismus erhalten wird.

F Beispiele von Gruppen-Homomorphismen Es folgen zum Abschluss noch einige weitere Beispiele von Homomorphismen.

Beispiel 8.1.9 Wir betrachten die Abbildung $\kappa: \mathbb{Z}_{11}^{10} \to \mathbb{Z}_{11}, \ x \mapsto \sum_{i=1}^{10} ix_i$. Es handelt sich dabei um die Kontrollgleichung des ISBN-Codes (Abschnitt 7.5-A). Diese Abbildung ist ein Gruppen-Homomorphismus zwischen den (additiv geschriebenen) Grup-

---

[1] Würde man bei G die additive Schreibweise verwenden, also $(G, +, 0)$, so erhielte man entsprechend $\text{Bild}(\Gamma_g) = \mathbb{Z}g$.

pen $\mathbb{Z}_{11}^{10}$ und $\mathbb{Z}_{11}$. Diese Abbildung ist surjektiv, aber nicht injektiv. Der Kern besteht gerade aus dem ISBN-Code, also aus allen Worten c aus $\mathbb{Z}_{11}^{10}$ mit $\kappa(c) = 0$.

Entsprechend liefert die Kontrollgleichung beim EAN-Code (Abschnitt 7.5-C) einen Epimorphismus von $\mathbb{Z}_{10}^{13}$ nach $\mathbb{Z}_{10}$, dessen Kern gerade der EAN-Code ist.

Beispiel 8.1.10 Als weiteres Beispiel gehen wir von der multiplikativen Gruppe $(\mathbb{K}^*, \cdot, 1)$ eines Körpers $\mathbb{K}$ und der Abbildung „Quadrieren" aus:

$$Q\colon \mathbb{K}^* \to \mathbb{K}^*, \quad x \mapsto x^2$$

Da $Q(x) = 1$ äquivalent ist zu $x^2 - 1 = 0$, also zu $(x-1)(x+1) = 0$, gilt $x \in \mathrm{Kern}(Q)$ genau dann, wenn $x = 1$ oder $x = -1$ ist. Folglich ist $\mathrm{Kern}(Q) = \{1, -1\}$. Betrachten wir nun einige Spezialfälle von Körpern $\mathbb{K}$.

- Falls $\mathbb{K} = \mathbb{Z}_2$ der binäre Körper ist, so ist $-1 = 1$ und Q daher injektiv. Da K eine endliche Menge ist, ist Q dann bereits bijektiv. In der Tat ist das Quadrieren in $\mathbb{Z}_2$ nichts Besonderes, da es sich um die identische Abbildung handelt.

- Ist $\mathbb{K} = \mathbb{Z}_p$ hingegen ein Restklassenkörper bzgl. einer ungeraden Primzahl p, so gilt $1 \neq -1 \equiv p - 1 \bmod p$, weshalb Q nicht injektiv und damit auch nicht bijektiv sein kann. Da es sich bei $\mathbb{K}$ wieder um eine endliche Menge handelt, ist Q dann auch nicht surjektiv. Das Bild von Q ist dann eine echte Untergruppe von $\mathbb{Z}_p^*$, deren Elemente man die **Quadrate modulo p** nennt. Ist $z \in \mathrm{Bild}(Q)$, etwa $z = Q(y)$, so ist $Q^{-1}(z) = y \cdot \{1, -1\} = \{y, -y\}$ die Lösungsmenge der Gleichung $x^2 = z$.

- Ist $\mathbb{K} = \mathbb{R}$, der Körper der reellen Zahlen, so ist wegen $1 \neq -1$ der Kern von Q erneut zweielementig. Das Bild von Q besteht aus allen positiven reellen Zahlen (wie wir aus der Schule wissen, später im Rahmen von Teil IV aber auch beweisen werden), sodass Q in diesem Fall ebenfalls kein Epimorphismus ist.

- Ist $\mathbb{K} = \mathbb{C}$ hingegen der Körper der komplexen Zahlen, so handelt es sich bei Q um einen Epimorphismus mit zweielementigen Kern $\{1, -1\}$. Die Surjektivität folgt hier unmittelbar aus ▶Satz 6.5.6; jedes z aus $\mathbb{C}$ ist ein Quadrat in $\mathbb{C}$.

8.2 Normalteiler und Faktorgruppen

A **Äquivalenzen modulo einer Untergruppe und Normalteiler** Wir erinnern zunächst daran, dass **jede** Untergruppe U einer (abstrakt geschriebenen) Gruppe $(G, *, e)$ eine Äquivalenzrelation auf G bewirkt, nämlich $\equiv_U$, definiert durch

$$x \equiv_U y \;:\Longleftrightarrow\; \bar{x} * y \in U \quad (\text{für } x, y \in G) \tag{8.2.1}$$

(siehe ►Lemma 6.3.8). Ferner ist die zu $x \in G$ gehörende Äquivalenzklasse gleich der Menge $x * U = \{x * u : u \in U\}$ der Linksnebenklassen von U in G ist. Völlig analog rechnet man nach, dass durch

$$x \approx_U y :\Leftrightarrow x * \overline{y} \in U \quad \text{(für } x, y \in G\text{)} \tag{8.2.2}$$

eine weitere Äquivalenzrelation auf G gegeben ist. Hierbei ist die zu x gehörende Äquivalenzklasse gleich der zu x gehörenden Rechtsnebenklasse $U * x = \{u * x : u \in U\}$ von U in G.

Es ist unbedingt darauf hinzuweisen, dass die beiden zu einem Element $x \in G$ gehörenden Klassen $x * U$ und $U * x$ durchaus verschieden sein können! Als Beispiel sei hier die symmetrische Gruppe $\text{Sym}(3) = \{\text{id}, (12), (13), (23), (123), (132)\}$ mit sechs Elementen genannt (wir verwenden die Zykelschreibweise aus Abschnitt 4.6). Ist $\tau = (12)$ die Transposition, die 1 und 2 vertauscht, so ist $U := \{\text{id}, \tau\}$ die von τ erzeugte (zyklische) Untergruppe von $\text{Sym}(3)$ (denn τ hat wegen $\tau^2 = \text{id}$ die Ordnung 2). Mit $\sigma := (13)$ gilt weiter

$$U\sigma = \{\sigma, (123)\} \neq \sigma U = \{\sigma, (132)\}.$$

In abelschen Gruppen gilt freilich

$$x * U = \{x * u : u \in U\} = \{u * x : u \in U\} = U * x$$

für alle Untergruppen U und alle x. Das eben erwähnte Phänomen $x * U \neq U * x$ tritt also allenfalls bei nichtabelschen Gruppen auf. Weiter darf U dann nicht Kern eines Gruppen-Homomorphismus ψ mit Definitionsbereich G sein, weil ja auch

$$y * \text{Kern}(\psi) = \text{Kern}(\psi) * y \quad \text{für alle } y \in G$$

gilt, wie wir aus ►Satz 8.1.7 wissen. Dies zeigt wiederum, dass es sich bei Kernen von Gruppen-Homomorphismen um spezielle Untergruppen handelt, nämlich um sog. Normalteiler.

Definition 8.2.1 Eine Untergruppe U einer Gruppe $(G, *, e)$ heißt ein **Normalteiler** von G, falls $g * U = U * g$ für jedes $g \in G$ gilt.

Fazit: Eine Untergruppe U von G ist also genau dann ein Normalteiler, wenn die beiden Äquivalenzrelationen $\equiv_U$ und $\approx_U$ übereinstimmen. Wir beenden diesen Paragraphen mit einer nützlichen Charakterisierung von Normalteilern.

8 Homomorphismen und Faktorstrukturen

Satz 8.2.2 Es sei U eine Untergruppe einer Gruppe $(G, *, e)$. Dann sind äquivalent:

(1) U ist Normalteiler.

(2) Es gilt $\overline{z} * u * z \in U$ für alle $z \in G$ und alle $u \in U$.

Beweis

(1) $\Rightarrow$ (2): Es seien $z \in G$ und $u \in U$ beliebig. Wegen $z * U = U * z$ folgt $u * z \in z * U$, und somit gibt es ein $v \in U$ mit $z * v = u * z$. Multipliziert man diese Gleichung von links mit $\overline{z}$, so erhält man $v = \overline{z} * u * z \in U$.

(2) $\Rightarrow$ (1): Es sei $z \in G$. Weiter sei $u \in U$, also $u * z \in U * z$. Nach Voraussetzung ist $\overline{z} * u * z \in U$, etwa $\overline{z} * u * z = v \in U$. Multiplikation von links mit z ergibt sodann $z * v = z * \overline{z} * u * z = e * u * z = u * z$, weshalb $u * z = z * v$ Element von $z * U$ ist. Das beweist die Inklusion $U * z \subseteq z * U$. Die umgekehrte Inklusion zeigt man ebenso. ∎

B Kongruenzrelationen auf Gruppen, neutrale Klassen und Normalteiler In Bezug auf Gruppen kommen wir nun zu den strukturerhaltenden Äquivalenzrelationen, den sog. Kongruenzrelationen. Diese werden uns ebenfalls zu den Normalteilern führen.

Definition 8.2.3 Es sei $(G, *, e)$ eine Gruppe und $\equiv$ eine Äquivalenzrelation auf G. Dann nennt man $\equiv$ eine **Kongruenzrelation**, falls gilt:

$$\text{aus } a \equiv b \text{ und } x \equiv y \text{ folgt } a * x \equiv b * y$$

Die Äquivalenzklassen nennt man in diesem Zusammenhang **Kongruenzklassen**.

Ausgehend von einer Untergruppe U von G stellt sich die Frage, wann die Äquivalenzrelationen $\equiv_U$ bzw. $\approx_U$ sogar Kongruenzrelationen sind. Eine befriedigende Antwort gibt der folgende Satz.

Satz 8.2.4 Für eine Untergruppe U einer Gruppe $(G, *, e)$ sind die folgenden drei Aussagen äquivalent:

(1) $\equiv_U$ ist eine Kongruenzrelation.

(2) $\equiv_U$ respektiert die Inversenbildung, d.h., aus $x \equiv_U y$ folgt $\overline{x} \equiv_U \overline{y}$.

(3) U ist Normalteiler.

8.2 Normalteiler und Faktorgruppen

Beweis

(1) $\Rightarrow$ (2): Es seien $\equiv_U$ eine Kongruenzrelation auf $(G, *, e)$ und $x, y \in G$. Aufgrund der Reflexivität von $\equiv_U$ gilt zunächst $\overline{x} \equiv_U \overline{x}$ und $\overline{y} \equiv_U \overline{y}$. Falls nun $x \equiv_U y$, so liefert die Eigenschaft „Kongruenzrelation" Folgendes: $\overline{y} * x \equiv_U \overline{y} * y = e$. Sodann folgt aus $e \equiv_U \overline{y} * x$ und $\overline{x} \equiv_U \overline{x}$, dass $e * \overline{x} = \overline{x} \equiv_U \overline{y} * x * \overline{x} = \overline{y}$ ist, insgesamt also $\overline{x} \equiv_U \overline{y}$, womit (2) bewiesen ist.

(2) $\Rightarrow$ (3): Die Eigenschaft $y \in x * U$ ist gleichbedeutend mit $x \equiv_U y$. Aufgrund der Annahme von (2) gilt in diesem Fall auch $\overline{x} \equiv_U \overline{y}$, also $\overline{\overline{x}} * \overline{y} = x * \overline{y} \in U$. Da U Untergruppe ist, folgt dann auch $\overline{x * \overline{y}} = y * \overline{x} \in U$, also $y \in U * x$. Aus dieser Argumentation folgt insgesamt $x * U = U * x$ für alle x aus G.

(3) $\Rightarrow$ (1): Es gelte $a \equiv_U b$ und $x \equiv_U y$, was gemäß Definition $\overline{a} * b \in U$ und $\overline{x} * y \in U$ bedeutet. Es ist nun zu zeigen, dass $a * x \equiv_U b * y$ gilt, was gleichbedeutend zu $\overline{a * x} * b * y \in U$ ist. Nun gilt

$$\overline{a * x} * b * y = \overline{x} * \overline{a} * b * y = \overline{x} * \overline{a} * b * x * \overline{x} * y.$$

Da U Normalteiler ist, folgt $\overline{z} * u * z \in U$ für alle $u \in U$ und alle $z \in G$ ($\blacktriangleright$ Satz 8.2.2). Daher ist wegen $\overline{a} * b \in U$ auch $\overline{x} * \overline{a} * b * x \in U$. Wegen $\overline{x} * y \in U$ folgt dann aber auch $(\overline{x} * \overline{a} * b * x) * (\overline{x} * y) \in U$, was gemäß obiger Rechnung mit $a * x \equiv b * y$ gleichbedeutend ist. $\blacksquare$

Als Nächstes wollen wir zeigen, dass **jede** Kongruenzrelation $\equiv$ auf einer Gruppe G von der Form $\equiv_U$ ist, also von einem Normalteiler U von G herkommt. Für die zu $x \in G$ gehörende Kongruenzklasse $[x]_\equiv$ schreiben wir hier einfacher $[x]$, also

$$[x] := \{y \in G : x \equiv y\}.$$

In diesem Zusammenhang nennt man die Klasse $[e]$ des neutralen Elements von G die **neutrale Klasse**.

Satz 8.2.5 Es sei $\equiv$ eine Kongruenzrelation auf einer Gruppe $(G, *, e)$. Dann gelten:

(1) Die neutrale Klasse $[e]$ ist ein Normalteiler von G.

(2) $x * [e] = [x] = [e] * x$ für jedes x aus G.

(3) $\equiv$ ist gleich der Relation $\equiv_{[e]}$.

Beweis Wir weisen zunächst nach, dass die neutrale Klasse eine Untergruppe von G ist. Aufgrund der Reflexivität gilt $e \equiv e$, also $e \in [e]$. Sind $x, y \in [e]$, also $x \equiv e$ und

$y \equiv e$, so gilt $x * y \equiv e * e = e$, also $x * y \in [e]$. Weiter folgt aus $x \equiv e$, dass $\overline{x} \equiv \overline{e} = e$ ist, weshalb auch $\overline{x}$ in $[e]$ liegt und demnach $[e]$ eine Untergruppe von G ist.

Als Nächstes zeigen wir für jedes x, dass sowohl $x * [e]$ als auch $[e] * x$ mit der Kongruenzklasse $[x]$ von x übereinstimmen und somit gleich sind, also Aussage (2), woraus dann auch die Normalteilereigenschaft von $[e]$ folgt, also Aussage (1). Dazu sei $u \in [e]$. Wegen $u \equiv e$ und $x \equiv x$ ist dann $x * u \equiv x$ und $u * x \equiv x$, sodass beide Mengen $x * [e]$ und $[e] * x$ Teilmengen von $[x]$ sind. Ist umgekehrt $v \in [x]$, so ist $v \equiv x$ und daher $e \equiv v * \overline{x}$, ebenso wie $e \equiv \overline{x} * v$. Nun ist aber $v * \overline{x} \in [e]$ gleichbedeutend mit $v \in [e] * x$ und $\overline{x} * v \in [e]$ gleichbedeutend mit $v \in x * [e]$, sodass die Behauptung bewiesen ist.

Schließlich bedeutet $x \equiv y$, dass y in $[x] = x * [e]$ enthalten ist, was wiederum äquivalent zu $\overline{x} * y \in [e]$, also $x \equiv_{[e]} y$ ist, womit auch (3) gezeigt ist. ∎

C Kerne von Homomorphismen als neutrale Klassen Wir haben anhand des letzten Satzes gesehen, dass Kongruenzrelationen und Normalteiler im Wesentlichen das gleiche Konzept beinhalten. Wir wollen nun begründen, dass die Kerne von Homomorphismen eine weitere Variation dieses Themas sind, sodass in Wirklichkeit eine **Trilogie** vorliegt. In diesem Zusammenhang werden wir mit den **Faktorgruppen** ein weiteres wichtiges algebraisches Konzept kennenlernen.

Wir setzen zunächst Gruppen-Homomorphismen mit Kongruenzrelationen in Verbindung. Dazu seien G und H zunächst zwei Mengen. Ist $\psi: G \to H$ eine Abbildung, so erinnern wir daran, dass durch

$$x \sim_\psi y \quad :\Leftrightarrow \quad \psi(x) = \psi(y)$$

eine Äquivalenzrelation auf G gegeben ist. Die Äquivalenzklassen entsprechen hierbei den Mengen der Urbildpartition von ψ. Sind nun $(G, *, e)$ und $(H, \star, e')$ speziell Gruppen und handelt es sich bei ψ um einen Gruppen-Homomorphismus, so ist $\sim_\psi$ eine Kongruenzrelation, denn aus $a \sim_\psi b$ und $x \sim_\psi y$, also aus $\psi(a) = \psi(b)$ und $\psi(x) = \psi(y)$, folgt

$$\psi(a * x) = \psi(a) \star \psi(x) = \psi(b) \star \psi(y) = \psi(b * y),$$

also $a * x \sim_\psi b * y$. Überdies ist die neutrale Klasse $[e]$ dieser Relation genau der Kern von ψ, denn $x \in [e]$ genau dann, wenn $\psi(x) = \psi(e) = e'$ ist. Folglich ist jeder Kern eines Homomorphismus ψ mit der neutralen Klasse der zugehörigen Kongruenzrelation $\sim_\psi$ identisch.

D Verknüpfung von Klassen und Faktorgruppen Wir wollen nun umgekehrt zeigen, dass die neutrale Klasse $[e]$ einer beliebigen Kongruenzrelation $\equiv$ auf $(G, *, e)$ auch Kern eines geeigneten Gruppen-Homomorphismus ist. Dies ist allerdings nicht ganz so einfach, weil man sich ja zunächst einen Bildbereich H beschaffen muss. Dieser wird die sog. Faktorgruppe von G nach der Relation $\equiv$ sein.

Satz 8.2.6 Es sei $\equiv$ eine Kongruenzrelation auf einer Gruppe $(G, *, e)$. Dann ist auf der Menge $G/\!\equiv$ aller Kongruenzklassen durch

$$[x] * [y] := [x * y]$$

eine Verknüpfung definiert, bezüglich der $G/\!\equiv$ zu einer Gruppe mit der neutralen Klasse $[e]$ als neutralem Element wird.

Beweis Wir begründen zunächst, warum diese Klassenverknüpfung wohldefiniert ist. Sind $u \in [x]$ und $v \in [y]$ beliebig, also $x \equiv u$ und $y \equiv v$, so folgt $x * y \equiv u * v$, weshalb $[x * y] = [u * v]$ gilt, sodass die Klassenverknüpfung unabhängig von der Wahl der Repräsentanten und damit in der Tat wohldefiniert ist.

Wegen $[u] * ([v] * [w]) = [u * (v * w)] = [(u * v) * w] = ([u] * [v]) * [w]$ ist die Klassenverknüpfung assoziativ. Wegen $[u] * [e] = [u * e] = [u]$ und $[e] * [u] = [e * u] = [u]$ ist $[e]$ neutrales Element. Schließlich ist $[\overline{x}]$ invers zu $[x]$, wie man anhand $[x] * [\overline{x}] = [x * \overline{x}] = [e]$ und $[\overline{x}] * [x] = [\overline{x} * x] = [e]$ sieht. ∎

Definition 8.2.7 Die zu einer Kongruenzrelation $\equiv$ auf einer Gruppe $(G, *, e)$ gehörende Gruppe $G/\!\equiv$ nennt man die **Faktorgruppe von G nach $\equiv$**. Die darauf definierte Verknüpfung $[x] * [y] = [x * y]$ nennen wir (wie oben) die **Klassenverknüpfung**.

Ist $(G, *, e)$ kommutativ, so ist auch die Faktorgruppe $(G/\!\equiv, *, [e])$ kommutativ. Umgekehrt kann es durchaus passieren, dass die Faktorgruppe kommutativ ist, ohne dass die Ausgangsgruppe selbst kommutativ ist.

Wir wollen die eben eingeführte Klassenverknüpfung nun auch noch mengentheoretisch begründen. Für zwei Teilmengen A und B einer Gruppe $(G, *, e)$ sei dazu

$$A *' B := \{a * b : a \in A \text{ und } b \in B\}.$$

Proposition 8.2.8 Es sei $\equiv$ eine Kongruenzrelation auf einer Gruppe $(G, *, e)$. Sind $x, y \in G$, so gilt $[x] *' [y] = [x * y]$, also $[x] *' [y] = [x] * [y]$.

Beweis Annahme, $u \in [x]$ und $v \in [y]$, also $u \equiv x$ und $v \equiv y$. Dann folgt $u*v \equiv x*y$, sodass $[x]*[y] \subseteq [x*y]$ nachgewiesen ist. Ist umgekehrt $w \in [x*y]$, so stellt sich die Frage, ob sich w als $u*v$ mit geeigneten $u \in [x]$ und $v \in [y]$ zerlegen lässt. Wir versuchen es mit $u := x$ und $v = \overline{x}*w$. Dann ist $u*v = w$ und $u \in [x]$. Ferner ist wegen $w = u*v \equiv x*y$ und $\overline{x} \equiv \overline{x}$ auch $v = \overline{x}*w \equiv \overline{x}*x*y = y$, also $v \in [y]$. ∎

E **Neutrale Klassen als Kerne von Homomorphismen** Wir kommen zu unserem Problem zurück, eine neutrale Klasse als Kern eines Homomorphismus darzustellen. Mit der Faktorgruppe $G/\equiv$ ist dies nun aber recht einfach. Dazu betrachten wir die zu $\equiv$ gehörende sog. **natürliche Abbildung**

$$v: G \to G/\equiv, \quad x \mapsto [x].$$

Man rechnet leicht nach, dass es sich dabei um einen Homomorphismus handelt, dessen Kern gleich $[e]$, der neutralen Klasse ist. Man nennt v deshalb den durch $\equiv$ gegebenen **kanonischen** bzw. **natürlichen Homomorphismus**.

Abschließend noch einige Bemerkungen zur Notation. Ist U ein Normalteiler von $(G, *, e)$, so schreibt man auch G/U für die von $\equiv_U$ induzierte Faktorgruppe. Die Klassenmultiplikation sieht dann wie folgt aus:

$$(x*U)*(y*U) = (x*y)*U \quad \text{für alle } x, y \in U$$

Ist G insbesondere eine endliche Gruppe, so folgt aus dem ▶Satz von Lagrange 6.3.9 (und dessen Beweis), dass die Mächtigkeit der Faktorgruppe $|G/U|$ gleich $\frac{|G|}{|U|}$ ist.

8.3 Homomorphismen bei Ringen und Ideale

Die algebraischen Konzepte der Gruppen-Homomorphismen, Kongruenzrelationen und Faktorgruppen, die wir in den beiden vergangenen Abschnitten entwickelt haben, lassen sich allesamt auf Ringe erweitern. Darüber wollen wir hier und im nächsten Abschnitt berichten.

A **Was ist ein Teilring von R?** Wir gehen dazu von einem Ring $(R, +, \cdot, 0, 1)$ aus und klären zunächst die Frage, was man unter einem Teilring versteht. Zunächst wird vereinbart, dass die nur aus dem Nullelement bestehende Menge $\{0\}$ ein Teilring von R sein soll. Abgesehen davon heißt eine Teilmenge R' von R ein Teilring von R, falls $(R', +, 0)$ Untergruppe von $(R, +, 0)$ ist und falls $(R', \cdot, 1)$ Teilmonoid von $(R, \cdot, 1)$ ist. Zusammengefasst ergibt dies (vgl. mit ▶Satz 6.3.3, abgesehen vom Randfall $R' = \{0\}$) die folgenden Bedingungen:

- $0, 1 \in R'$
- aus $a, b \in R'$ folgen $a - b \in R'$ und $ab \in R'$

Da sich die Assoziativgesetze und Distributivgesetze vererben, ist R' (abgesehen vom Fall $R' = \{0\}$) dann zusammen mit den auf R definierten Verknüpfungen ein eigenständiger Ring. Trivialerweise ist R ein Teilring von sich selbst.

B Was ist ein Ring-Homomorphismus? Neben R sei $(S, +, \cdot, 0, 1)$ ein weiterer Ring.[2] Unter einem Ring-Homomorphismus versteht man eine Abbildung $\omega \colon R \to S$ mit

1. $\omega(0) = 0$ und $\omega(a + b) = \omega(a) + \omega(b)$ für alle $a, b \in R$ sowie
2. $\omega(1) \in \{0, 1\}$ und $\omega(ab) = \omega(a)\omega(b)$ für alle $a, b \in R$.

Ist $\omega(1) = 0$, so ist $\omega(a) = \omega(a \cdot 1) = \omega(a) \cdot \omega(1) = \omega(a) \cdot 0 = 0$ für alle $a \in R$, weshalb ω die Nullabbildung ist. Sieht man von diesem Randfall einmal ab, so wird die Eins von R unter einem Ring-Homomorphismus per Definition stets auf die Eins von S abgebildet. In diesem Fall liefert ω einen Gruppen-Homomorphismus von $(R, +, 0)$ nach $(S, +, 0)$ und gleichzeitig einen Monoid-Homomorphismus von $(R, \cdot, 1)$ nach $(S, \cdot, 1)$.

C Was ist der Kern eines Ring-Homomorphismus? Da wir zwei Verknüpfungen und zwei neutrale Elemente haben, muss der Kern eines Ring-Homomorphismus $\omega \colon R \to S$ erst definiert werden! Es ist

$$\operatorname{Kern}(\omega) := \{x \in R \colon \omega(x) = 0\};$$

d. h., der Kern von ω ist der Kern des von ω induzierten Gruppen-Homomorphismus $(R, +, 0) \to (S, +, 0)$.

D Ideale Betrachten wir nochmals den Kern I eines Ring-Homomorphismus $\omega \colon R \to S$. Wäre I ein Teilring von R, so folgte gemäß unserer obigen Teilring-Definition, dass $I = \{0\}$ oder $1 \in I$ gilt. Im letzteren der beiden Fälle ist dann aber $\omega(a) = \omega(a \cdot 1) = \omega(a) \cdot \omega(1) = \omega(a) \cdot 0 = 0$, also ω die Nullabbildung und daher $R = I$. Man kann also sagen, dass der Kern eines Ring-Homomorphismus ω nur im Extremfall ein Teilring von R ist, nämlich dann, wenn ω die Nullabbildung oder injektiv ist. Und dies zeigt, dass der Blickwinkel „Kern als Teilring" nicht sinnvoll ist. Erinnern wir uns nun daran, dass die entscheidende Eigenschaft des Kerns eines Gruppen-Homomorphismus die Normalteilereigenschaft ist (Abschnitt 8.2), so kommen wir zu folgender Fragestellung:

---

[2] In diesem fortgeschrittenen Stadium werden wir nicht mehr zwischen den Verknüpfungen und den neutralen Elementen in R bzw. S unterscheiden.

■ *Welche Eigenschaften zeichnen den Kern eines Ring-Homomorphismus aus?*

Nun, zunächst ist klar, dass Kern(ω) eine Untergruppe von $(R, +, 0)$, ja sogar ein Normalteiler von $(R, +, 0)$ ist. Da aber $(R, +, 0)$ stets kommutativ ist, braucht man zwischen Untergruppen und Normalteilern hier nicht zu unterscheiden. Bezogen auf die Multiplikation hat der Kern eines Ring-Homomorphismus die folgende, entscheidende weitere Eigenschaft.

■ *Sind $x \in $ Kern(ω) und $r \in R$ beliebig, so gilt auch $rx \in $ Kern(ω) und $xr \in $ Kern(ω).*

Es ist nämlich $\omega(rx) = \omega(r)\omega(x) = \omega(r) \cdot 0 = 0$ und ebenso ist $\omega(xr) = 0$. Diese Eigenschaft ist so wichtig, dass man dafür einen eigenen Begriff einführt.

Definition 8.3.1 Es sei $(R, +, \cdot, 0, 1)$ ein Ring. Eine Untergruppe I von $(R, +, 0)$ heißt ein **Ideal** des Ringes R, falls gilt:

■ Für jedes $x \in I$ und jedes $r \in R$ sind rx und xr Elemente von I.

Wir haben bereits erkannt, dass die Kerne von Ring-Homomorphismen stets Ideale sind. Die Teilmengen $\{0\}$ und R eines Ringes R sind ebenfalls stets Ideale; man nennt sie die **trivialen Ideale** des Ringes. Es gibt außer den trivialen Fällen keine Ideale, die gleichzeitig Teilringe sind.

E Hauptidealbereiche Im Folgenden beschränken wir uns meist auf kommutative Ringe. Ähnlich wie bei den zyklischen Untergruppen gibt es in kommutativen Ringen eine besondere Klasse von Idealen, die sog. *Hauptideale*.

Proposition 8.3.2 Es sei R ein kommutativer Ring. Dann ist die zu jedem $a \in R$ gehörende Menge $Ra := \{ra : r \in R\}$ ein Ideal in R.

Beweis Wegen $0 = 0 \cdot a \in Ra$ ist Ra nicht leer. Mit $ra, sa \in R$ ist auch $ra - sa = (r-s)a \in Ra$, sodass Ra eine Untergruppe von $(R, +, 0)$ ist. Ist nun $ra \in Ra$ und $s \in R$ beliebig, so gilt $s(ra) = (sr)a \in Ra$, ebenso gilt aufgrund der hier vorausgesetzten Kommutativität auch $(ra)s = r(as) = r(sa) = (rs)a \in Ra$, womit alles gezeigt ist. ■

Definition 8.3.3 Es sei R ein kommutativer Ring. Jedes Ideal der Form Ra heißt ein **Hauptideal**. R heißt ein **Hauptidealring**, wenn jedes seiner Ideale ein Hauptideal ist. Ist R zusätzlich ein Integritätsbereich, so nennt man R einen **Hauptidealbereich**.

8.3 Homomorphismen bei Ringen und Ideale

Die trivialen Ideale $R \cdot 0 = \{0\}$ und $R \cdot 1 = R$ sind stets Hauptideale. Als konkretes Beispiel untersuchen wir nun die Ideale des Integritätsbereiches $\mathbb{Z}$ der ganzen Zahlen.

Satz 8.3.4 Ist I ein Ideal von $(\mathbb{Z}, +, \cdot)$, so gibt es ein $n \in \mathbb{N}$ mit $I = \mathbb{Z}n$, d. h., I ist die Menge aller Vielfachen einer geeigneten natürlichen Zahl n. Insbesondere ist $\mathbb{Z}$ ein Hauptidealbereich.

Beweis Definitionsgemäß ist jedes Ideal eine Untergruppe der additiven Gruppe des zugrunde liegenden Ringes. Die Untergruppen von $(\mathbb{Z}, +, 0)$ haben nach ▶Satz 6.3.4 alle die Form $\mathbb{Z}n$ mit $n \in \mathbb{N}$. Nach ▶Proposition 8.3.2 sind dies aber auch alles Ideale. ■

F Die Charakteristik eines Körpers Im Rahmen der abstrakten Gruppentheorie haben wir in Abschnitt 8.1-E die Homomorphismen Γ_g von $(\mathbb{Z}, +, 0)$ nach $(G, *, e)$ betrachtet und dabei die Ordnung eines Gruppenelementes wiederentdeckt. Wir betrachten hier gewissermaßen nun nochmals einen Spezialfall davon.

Dazu sei $(\mathbb{K}, +, \cdot, 0, 1)$ ein Körper. Wir wählen $g = 1$, das Einselement von $\mathbb{K}$, und betrachten den Gruppen-Homomorphismus

$$\Gamma_1 : (\mathbb{Z}, +, 0) \to (\mathbb{K}, +, 0), \quad z \mapsto z \cdot 1$$

von der additiven Gruppe von $\mathbb{Z}$ in die additive Gruppe von $\mathbb{K}$. Bei diesem Spezialfall handelt es sich nun sogar um einen Ring-Homomorphismus, denn

$$\Gamma_1(zz') = (zz') \cdot 1 = (z \cdot 1)(z' \cdot 1) = \Gamma_1(z) \cdot \Gamma_1(z').$$

Die eindeutige Zahl $p \in \mathbb{N}$ mit $\mathrm{Kern}(\Gamma_1) = \mathbb{Z}p$ nennt man die **Charakteristik des Körpers** $\mathbb{K}$. Beispielsweise haben die Körper $\mathbb{Q}$ und $\mathbb{R}$ sowie $\mathbb{C}$ alle Charakteristik 0, denn $n \cdot 1 = n \neq 0$ für alle $n \in \mathbb{N}^*$ in diesen Fällen. Für Körper, deren Charakteristik nicht null ist – dazu gehören sämtliche Restklassenkörper der Form $\mathbb{Z}_q$ –, kann Folgendes gesagt werden.

Satz 8.3.5 Es sei $\mathbb{K}$ ein Körper, dessen Charakteristik p nicht gleich 0 ist. Dann ist p eine Primzahl.

Beweis Annahme, p ist keine Primzahl. Dann gibt es natürliche Zahlen a, b mit $1 < a < p$ und $1 < b < p$ und mit $ab = p$. Aufgrund der Definition von p gilt $\Gamma_1(p) = 0$ sowie $\Gamma_1(a) \neq 0$ und $\Gamma_1(b) \neq 0$. Andererseits ist aber $\Gamma_1(a) \cdot \Gamma_1(b) = \Gamma_1(ab) = \Gamma_1(p) = 0$, was der Tatsache widerspricht, dass es sich bei $\mathbb{K}$ um einen Körper, insbesondere um einen Integritätsbereich handelt. ■

Der Restklassenkörper $\mathbb{Z}_p$ hat Charakteristik p.

8.4 Kongruenzen bei Ringen, Ideale und Faktorringe

A **Kongruenzrelationen auf Ringen** Wir haben in Abschnitt 8.2 gezeigt, dass Kerne von Gruppen-Homomorphismen, neutrale Klassen von Kongruenzrelationen auf Gruppen sowie Normalteiler in Gruppen Variationen ein und desselben Themas sind. Wir wollen nun nachweisen, dass es sich in der Ringtheorie genauso mit den Idealen anstelle der Normalteiler verhält. Dazu erweitern wir zunächst den Begriff der Kongruenzrelation auf beliebige Ringe.

Definition 8.4.1 Es sei $(R, +, \cdot, 0, 1)$ ein Ring. Eine Äquivalenzrelation $\equiv$ auf R heißt eine **Kongruenzrelation**, falls gilt:

- Aus $a \equiv b$ und $x \equiv y$ folgt $a + x \equiv b + y$ und $ax \equiv by$.

In Analogie zur Gruppentheorie erhalten wir sodann das folgende Resultat für Ringe.

Satz 8.4.2 Für einen Ring R gelten:

(1) Ist $\equiv$ eine Kongruenzrelation auf dem Ring R, so ist die neutrale Klasse $[0] := \{x \in R : x \equiv 0\}$ ein Ideal in R.

(2) Ist umgekehrt I ein Ideal in R, so ist die durch

$$x \equiv_I y :\Leftrightarrow x - y \in I$$

definierte Relation $\equiv_I$ eine Kongruenzrelation auf R, deren neutrale Klasse gleich I ist.

Beweis

(1) Eine Kongruenzrelation auf einem Ring ist insbesondere eine Kongruenzrelation der additiven Gruppe des Ringes, sodass $[0]$ Untergruppe von $(R, +, 0)$ ist. Sind $r \in R$ und $x \in [0]$ beliebig, so folgt aus $x \equiv 0$ und $r \equiv r$, dass $rx \equiv 0$ und $xr \equiv 0$ gilt, also $rx, xr \in [0]$, weshalb $[0]$ Ideal in R ist.

(2) Da I eine Untergruppe, also ein Normalteiler der kommutativen Gruppe $(R, +, 0)$ ist und da $x - y \in I$ genau dann, wenn $-(x - y) = -x + y \in I$, handelt es sich bei $\equiv_I$ um die gleiche Relation, die in Abschnitt 8.2-A im Rahmen der Gruppentheorie studiert wurde (siehe auch ▶Lemma 6.3.8). Wir müssen daher lediglich noch nachweisen, dass $\equiv_I$ mit der Multiplikation von R verträglich ist. Dazu seien also $a - b$ und $x - y$

Elemente von I. Dann ist auch $ax - by \in I$, denn es ist ja

$$ax - by = ax - ay + ay - by = a(x - y) + (a - b)y,$$

und mit $x - y$ und $a - b$ sind auch $r := a(x - y)$ und $s := (a - b)y$ Elemente des Ideals I. Schließlich ist auch $r + s$ Element von I, womit alles gezeigt ist. ∎

B Faktorringe und die Klassenmultiplikation Wir wissen nun, dass die Ideale in Ringen das Gleiche wie die neutralen Klassen von Kongruenzrelationen auf Ringen sind. Ferner wissen wir, dass die Kerne von Ring-Homomorphismen auch Ideale sind. Jedes Ideal ist umgekehrt auch Kern eines geeigneten Ring-Homomorphismus. Um dies einzusehen betrachten wir die Faktorgruppe $(R/I, +, I)$ der additiven Gruppe $(R, +, 0)$ nach dem Ideal I (welches ja insbesondere ein Normalteiler ist). Die zu $x \in R$ gehörende Klasse $[x]$ bzgl. der Relation $\equiv_I$ ist gleich $x + I$ (bzw. gleich $I + x$). In die additive Schreibweise übertragen erhalten wir

$$(x + I) + (y + I) = [x] + [y] = [x + y] = (x + y) + I,$$

welches der Klassenaddition innerhalb R/I entspricht. Analog dazu definiert man die Klassenmultiplikation auf R/I durch

$$(x + I) \odot (y + I) := (xy) + I,$$

was gleichbedeutend mit $[x] \odot [y] := [xy]$ ist. Man multipliziert also zwei Klassen, indem man die Repräsentanten dieser Klasse in R multipliziert und danach die Klasse des Produktes bestimmt. Da nun aber jedes Element einer Klasse als Repräsentant seiner Klasse dienen kann, muss man sich hier wieder überlegen, dass die Definition der Klassenmultiplikation unabhängig von der Wahl der Repräsentanten und damit wohldefiniert ist. Sind also $a \in [x]$ und $b \in [y]$ beliebig, gilt dann $[a] \odot [b] = [xy]$? Nun, das ist in der Tat der Fall, denn aus $x \equiv_I a$ und $y \equiv_I b$ folgt ja $xy \equiv_I ab$, da $\equiv_I$ eine Kongruenzrelation ist.

Satz 8.4.3 Ist I ein von R verschiedenes Ideal[3] des Ringes $(R, +, \cdot, 0, 1)$, so ist $(R/I, +, \cdot)$ bzgl. der Klassenaddition und der Klassenmultiplikation ein Ring mit Nullelement $I = 0 + I$ und Einselement $1 + I$. Ist R kommutativ, so ist auch R/I kommutativ.

---

[3] Wir müssen den trivialen Fall $I = R$ formal ausschließen, weil die Faktorgruppe R/R nur ein Element enthält und wir von einem Ring fordern, dass er wenigstens zwei Elemente enthält.

Beweis Wir wissen, dass $(R/I, +)$ bzgl. der Additionen von Klassen eine Gruppe (mit Nullelement I) ist. Wegen[4]

$$((x + I) \cdot (y + I)) \cdot (z + I) = ((xy)z) + I$$

und der Assoziativität von $\cdot$ auf R ist die Klassenmultiplikation $\cdot$ assoziativ. Ferner ist $(x + I) \cdot (1 + I) = x + I = (1 + I) \cdot (x + I)$, sodass $(R/I, \cdot, 1 + I)$ ein Monoid ist. Schließlich folgt aus

$$(x + I) \cdot ((y + I) + (z + I)) = (x(y + z)) + I$$

und der Distributivität in R auch die Distributivität in R/I. Ebenso erhält man die Kommutativität von R/I aus der Kommutativität von R. ∎

Definition 8.4.4 Ist $(R, +, \cdot, 0, 1)$ ein Ring und I ein Ideal in R, so nennt man $(R/I, +, \cdot, I, 1 + I)$ den **Faktorring** von R nach I.

In ▶Proposition 8.2.8 haben wir die Klassenaddition anhand rein mengentheoretischer Überlegungen nachvollziehen können. Im Gegensatz dazu kommt man allerdings nicht weit, wenn man das Produkt von Klassen mengentheoretisch begründen will! Das mengentheoretische Produkt von $x + I$ und $y + I$ entspricht der Menge $\{(x + i)(y + j) : i, j \in I\}$. Wegen $(x + i)(y + j) = xy + iy + xj + ij$ und $iy + xj + ij \in I$ gilt dann zumindest

$$\{(x + i)(y + j) : i, j \in I\} \subseteq (xy) + I.$$

Die Gleichheit anstelle der Inklusion $\subseteq$ lässt sich jedoch im Allgemeinen nicht beweisen.

C Maximale Ideale und Körper als Faktorringe Der Leser wird bemerkt haben, dass man beim Rechnen im Faktorring R/I im Falle $R = \mathbb{Z}$ und $I = \mathbb{Z}n$ gerade zur Restklassenarithmetik modulo n kommt, welche wir in Kapitel 7 eingehend untersucht haben; der Faktorring ist hierbei gleich $\mathbb{Z}_n$. Wir beenden diesen Abschnitt mit weiteren interessanten Resultaten, welche bekannte Ergebnisse über Restklassenringe verallgemeinern. Zunächst charakterisieren wir die Körper unter den Ringen anhand der Existenz von Idealen.

Proposition 8.4.5 Es sei $(R, +, \cdot, 0, 1)$ ein kommutativer Ring. Dann sind die beiden folgenden Aussagen äquivalent:

(1) R hat nur die trivialen Ideale $\{0\}$ und R.

(2) R ist ein Körper.

---

[4] Ab jetzt ersetzen wir das Symbol $\odot$ durch das übliche Multiplikationssymbol.

Beweis

(1) ⇒ (2): Annahme, R besitzt als Ideale nur die trivialen Ideale. Es sei $x \in R$ von null verschieden. Wir müssen zeigen, dass x multiplikativ invertierbar ist. Wir betrachten dazu das Hauptideal $I := Rx$. Da R nach Annahme nur die trivialen Ideale enthält und da $I \neq \{0\}$ ist, muss $I = R$ gelten. Das bedeutet insbesondere, dass 1 in I enthalten ist. Also gibt es ein $y \in R$ mit $yx = 1$ (und daher $xy = 1$ aufgrund der hier vorausgesetzten Kommutativität). Folglich ist x multiplikativ invertierbar und R ein Körper.

(2) ⇒ (1): Umgekehrt sei R ein Körper und I ein Ideal in R. Falls $I \neq \{0\}$, so gibt es ein $x \in I$ mit $x \neq 0$. Da R ein Körper ist, ist x multiplikativ invertierbar. Es sei x^{-1} das Inverse zu x. Mit $r := x^{-1}$ ist dann $1 = rx \in I$. Dann ist aber auch $y = y \cdot 1 \in I$ für jedes y aus R, weshalb $I = R$ gilt. ∎

Wir wissen, dass die Restklassenringe $\mathbb{Z}_n$ in gewissen Fällen Körper sind, nämlich genau dann, wenn n eine Primzahl ist. Wir wollen einen entsprechenden Sachverhalt auch für allgemeine kommutative Ringe beweisen und führen dazu eine wichtige Begriffsbildung ein.

> **Definition 8.4.6** Es sei R ein kommutativer Ring und I ein Ideal in R mit $I \neq R$. Dann heißt I ein **maximales Ideal** von R, falls gilt: Die einzigen Ideale J von R mit $I \subseteq J$ sind $J = I$ und $J = R$.

> **Satz 8.4.7** Es sei R ein kommutativer Ring und I sei ein Ideal in R. Dann sind die beiden folgenden Aussagen äquivalent:
>
> (1) Der Faktorring R/I ist ein Körper.
>
> (2) I ist ein maximales Ideal.

Beweis

(1) ⇒ (2): Annahme, R/I ist ein Körper und J ist ein Ideal in R mit $I \subseteq J$ und $I \neq J$. Wir betrachten die Menge $J/I := \{j + I : j \in J\}$. Es handelt sich dabei um ein Ideal im Faktorring R/I, welches wegen $I \neq J$ vom Nullideal $\{I\}$ von R/I verschieden ist. Da R/I als Körper nur die Ideale $\{I\}$ und R/I enthält (▶Proposition 8.4.5), muss J/I gleich R/I sein. Ist nun $r \in R$ beliebig, so ist $r + I \in J/I$, sodass ein $j \in J$ mit $r + I = j + I$ existiert. Demnach ist $r \equiv_I j$, also $r - j \in I$. Wegen $I \subseteq J$ ist dann aber auch $r - j \in J$ und aus $j \in J$ folgt dann $(r - j) + j = r \in J$, also insgesamt $R = J$. Demnach ist I ein maximales Ideal von R.

(2) ⇒ (1): Es sei umgekehrt I ein maximales Ideal von R. Damit R/I ein Körper ist, muss jedes von I verschiedene $x + I$ in R/I multiplikativ invertierbar sein. Nun ist $x + I \neq I$ gleichbedeutend mit $x \notin I$. Ausgehend von einem solchen x betrachten wir nun die Menge $J := \{rx + i : r \in R, i \in I\}$. Es ist dann J ein Ideal in R mit $I \subseteq J$ und $I \neq J$. Aufgrund der Maximalität von I ist daher $J = R$. Folglich gibt es ein $y \in R$ und ein $i \in I$ mit $yx + i = 1$, also $yx - 1 = i \in I$, was $yx \equiv_I 1$ bedeutet. Damit ist $(y + I)(x + I) = 1 + I$ und $x + I$ als Einheit in R/I erkannt. Da dies für jedes x mit $x + I \neq I$ gilt, ist die Einheitengruppe von R/I ganz $(R/I)^*$, also ist R/I ein Körper. ∎

Abschließend wollen wir noch auf die maximalen Ideale im Ring $\mathbb{Z}$ der ganzen Zahlen zu sprechen kommen und die Aussage von ▶Satz 7.1.8 wiederentdecken.

Satz 8.4.8 Genau dann ist $\mathbb{Z}p$ ein maximales Ideal in $\mathbb{Z}$, und damit $\mathbb{Z}/\mathbb{Z}p = \mathbb{Z}_p$ ein Körper, wenn p eine Primzahl ist.

Beweis Sind $m, n \in \mathbb{N}$, so gilt $\mathbb{Z}m \subseteq \mathbb{Z}n$ genau dann, wenn n Teiler von m ist. Daraus folgt bereits die Behauptung. ∎

8.5 Exkurs: Homomorphiesätze

A Der Homomorphiesatz für Gruppen Es seien G und H zwei multiplikativ geschriebene Gruppen und $\psi: G \to H$ sei ein Gruppen-Homomorphismus. Es sei N der Kern von ψ und $\nu: G \to G/N$, $x \mapsto xN$ sei der natürliche Homomorphismus. Der Homomorphiesatz für Gruppen besagt nun Folgendes.

Satz 8.5.1 Ausgehend von der eben beschriebenen Situation gibt es genau einen Gruppen-Homomorphismus $\theta: G/N \to H$ mit $\psi = \theta \circ \nu$. Ferner gelten:

(1) θ ist injektiv.

(2) Genau dann ist θ bijektiv, wenn ψ surjektiv ist.

Beweis Zur Existenz des Homomorphismus θ definieren wir einfach $\theta(xN) := \psi(x)$. Dies ist wohldefiniert. Ist nämlich $xN = yN$, also $y \in xN$, etwa $y = xu$ mit $u \in N$, so ist $\psi(y) = \psi(xu) = \psi(x)\psi(u) = \psi(x) \cdot 1 = \psi(x)$. Ferner ist dann $\theta \circ \nu(x) = \theta(xN) = \psi(x)$ für alle $x \in G$, was die Existenz ergibt.

8.5 Exkurs: Homomorphiesätze

Exkurs ▶ Fortsetzung

Die Eindeutigkeit bereitet ebenfalls keine Schwierigkeiten. Falls auch $\theta': G/N \to H$ ein Gruppen-Homomorphismus mit $\theta' \circ \nu = \psi$ ist, so gilt

$$\theta(xN) = \theta \circ \nu(x) = \psi(x) = \theta' \circ \nu(x) = \theta'(xN)$$

für jedes $x \in G$, weshalb $\theta = \theta'$ ist, also die Eindeutigkeit. Nun zu den beiden zusätzlichen Aussagen.

(1) θ ist injektiv: Annahme $\theta(xN) = \theta(yN)$. Dann gilt $\psi(x) = \psi(y)$ und damit ist $x^{-1}y$ im Kern von ψ, also in N enthalten. Das ist aber gleichbedeutend mit $xN = yN$, womit die Injektivität von θ bewiesen ist.

(2) Es ist ψ surjektiv genau dann, wenn θ surjektiv ist. Da θ in jedem Fall injektiv ist, folgt, dass θ genau dann ein Isomorphismus ist, wenn ψ surjektiv ist. ∎

Betrachten wir als Beispiel eine multiplikativ geschriebene Gruppe $(G, \cdot, 1)$, ein g in G und den Gruppen-Homomorphismus

$$\Gamma_g: (\mathbb{Z}, +, 0) \to (G, \cdot, 1), \quad z \mapsto g^z,$$

siehe Abschnitt 8.1-E. Es sei $\mathbb{Z}n$ der Kern von Γ_g. Aufgrund des Homomorphiesatzes ist das Bild von Γ_g, also die von g erzeugte Untergruppe von G, dann isomorph zur Faktorgruppe $\mathbb{Z}/\mathbb{Z}n$.

B Ein weiteres Beispiel: Alternierende Gruppen Wir gehen von der symmetrischen Gruppe Sym(n) für $n \geq 2$ aus. In Abschnitt 4.6 haben wir erwähnt, dass sich jede Permutation σ aus Sym(n) als Produkt von Transpositionen schreiben lässt und dass die Anzahl der Transpositionen einer solchen Darstellung in Abhängigkeit von σ entweder stets gerade oder stets ungerade ist. Wir definieren nun das **Vorzeichen sgn einer Permutation** σ wie folgt:

$$\operatorname{sgn}(\sigma) := \begin{cases} 1, & \text{falls } \sigma \text{ gerade} \\ -1, & \text{falls } \sigma \text{ ungerade} \end{cases}$$

Bei dieser Abbildung sgn handelt es sich nun um einen Gruppen-Homomorphismus von Sym(n) nach $\{1, -1\} \subseteq \mathbb{Z}$, also in die Einheitengruppe des Ringes $\mathbb{Z}$. Wegen $n \geq 2$ ist diese Abbildung surjektiv (denn jede Transposition ist ungerade). Den Kern von sgn nennt man (bei gegebenem n) die **alternierende Gruppe** Alt(n). Es gilt also, dass Sym(n)/Alt(n) isomorph zur zyklischen Gruppe $(\{1, -1\}, \cdot, 1)$ ist. Die alternierende Gruppe Alt(n) hat genau $\frac{n!}{2}$ Elemente und ist ein Normalteiler von Sym(n).

8 Homomorphismen und Faktorstrukturen

Exkurs ▶ Fortsetzung

C Der Homomorphiesatz für Ringe Nun seien R und S zwei Ringe und $\psi: R \to S$ sei ein Ring-Homomorphismus. Es sei I der Kern von ψ und $\nu: R \to R/I$, $x \mapsto x + I$ sei der natürliche Homomorphismus. Der Homomorphiesatz für Ringe besagt Folgendes:

> **Satz 8.5.2** Ausgehend von der eben beschriebenen Situation gibt es genau einen Ring-Homomorphismus $\theta: R/I \to S$ mit $\psi = \theta \circ \nu$. Ferner gelten:
>
> (1) θ ist injektiv.
>
> (2) Genau dann ist θ bijektiv, wenn ψ surjektiv ist.

Beweis Wir können ψ speziell als Gruppen-Homomorphismus bzgl. der additiven Strukturen betrachten und erhalten dann die Existenz eines entsprechenden Gruppen-Homomorphismus θ direkt aus dem Homomorphiesatz für Gruppen. Nun ist aber ν auch ein Ring-Homomorphismus und das führt dazu, dass auch θ ein Ring-Homomorphismus ist, womit bereits alles bewiesen ist. ∎

D Nochmals der Chinesische Restsatz Betrachten wir auch hierzu ein Beispiel, wobei wir nochmals den Chinesischen Restsatz aufgreifen (Abschnitt 7.6). Es seien m_1, m_2, ..., m_k natürliche Zahlen ≥ 1. Wir betrachten einmal den Ring $\mathbb{Z}$ der ganzen Zahlen und einmal das kartesische Produkt $\times_{i=1}^{k} \mathbb{Z}_{m_i}$ der Restklassenringe $\mathbb{Z}_{m_i}$ versehen mit der komponentenweisen Addition und der komponentenweisen Multiplikation. Des Weiteren betrachten wir die Abbildung

$$\Gamma: \mathbb{Z} \to \times_{i=1}^{k} \mathbb{Z}_{m_i}, \quad x \mapsto (x \bmod m_1, x \bmod m_2, \ldots, x \bmod m_k).$$

Dabei handelt es sich um einen Ring-Homomorphismus. Genau dann liegt x im Kern dieses Homomorphismus, wenn $x \bmod m_i = 0$ für alle i gilt, wenn also $\text{kgV}(m_1, \ldots, m_k) =: m$ ein Teiler von x ist. Nach dem Homomorphiesatz für Ringe ist der Faktorring $\mathbb{Z}/\mathbb{Z}m$ daher isomorph zum Bild von Γ, sodass das Bild von Γ genau m Elemente enthält, während das kartesische Produkt $\times_{i=1}^{k} \mathbb{Z}_{m_i}$ wie wir wissen genau $\prod_{i=1}^{k} m_i$ Elemente enthält. Insbesondere ist m ein Teiler von $\prod_{i=1}^{k} m_i$.

Wir sehen weiter: Genau dann ist Γ surjektiv, wenn $m = \prod_{i=1}^{k} m_i$, also wenn die m_i paarweise relativ prim sind, und das ergibt insbesondere die Aussage des Chinesischen Restsatzes.

8.5 Exkurs: Homomorphiesätze

Exkurs ▶ Fortsetzung

Bleiben wir nochmals bei diesem Fall des relativ primen Restsystems. Nach dem Homomorphiesatz von Ringen ist dann

$$\Theta: \mathbb{Z}/\mathbb{Z}m \to \times_{i=1}^{k} \mathbb{Z}_{m_i}, \quad x + \mathbb{Z}m \mapsto \Gamma(x)$$

ein Isomorphismus zwischen den Ringen $\mathbb{Z}/\mathbb{Z}m$ und $\times_{i=1}^{k} \mathbb{Z}_{m_i}$. Insofern induziert Θ auch einen Isomorphismus zwischen den jeweiligen Einheitengruppen dieser Ringe. Die Einheitengruppe von $\mathbb{Z}/\mathbb{Z}m$ hat genau $\varphi(m)$ Elemente (wobei φ der Euler-Funktion ist, siehe Abschnitt 7.1-C). Die Einheitengruppe von $\times_{i=1}^{k} \mathbb{Z}_{m_i}$ ist gleich dem kartesischen Produkt der Einheitengruppen der $\mathbb{Z}/\mathbb{Z}m_i$ und hat demnach $\prod_{i=1}^{k} \varphi(m_i)$ Elemente. Aufgrund der Gleichmächtigkeit dieser beiden Mengen erhalten wir einmal mehr **die Multiplikativität der Euler-Funktion**, i. e.

$$\varphi\left(\prod_{i=1}^{k} m_i\right) = \prod_{i=1}^{k} \varphi(m_i),$$

wenn die m_i paarweise relativ prim sind (▶ Satz 4.5.4).

8 Homomorphismen und Faktorstrukturen

ZUSAMMENFASSUNG

1. **Allgemeine Abbildungen als Ausgangspunkt** Ist $f: M \to N$ eine allgemeine Abbildung zwischen zwei allgemeinen (nichtleeren) Mengen, so ist durch

$$x \sim_f y :\Leftrightarrow f(x) = f(y)$$

eine Äquivalenzrelation auf dem Definitionsbereich M gegeben, dessen Äquivalenzklassen genau den Urbildmengen von f entsprechen.

2. **Gruppen-Homomorphismen** Sind nun G und H zwei (abstrakt geschriebene) Gruppen und ist $\psi: G \to H$ ein Gruppen-Homomorphismus, so ist $\text{Kern}(\psi) := \{x \in G : \psi(x) = e\}$ eine Untergruppe von G, die die Normalteiler-Eigenschaft erfüllt, i. e.

$$x * \text{Kern}(\psi) = \text{Kern}(\psi) * x \text{ für alle } x \in G.$$

Diese Eigenschaft ist äquivalent dazu, dass die zur Abbildung ψ gehörende Äquivalenzrelation $\sim_\psi$ eine Kongruenzrelation auf G ist. Genau dann gilt $x \sim_\psi y$, wenn $\overline{x} * y \in \text{Kern}(\psi)$ gilt. Die Mengen $x * \text{Kern}(\psi)$ sind genau die Klassen dieser Relation und auf der Menge aller Klassen kann weiter durch

$$(x * \text{Kern}(\psi)) * (y * \text{Kern}(\psi)) := (x * y) * \text{Kern}(\psi)$$

eine Verknüpfung definiert werden, bzgl. der die Menge der Kongruenzklassen eine Gruppe wird. Diese heißt die Faktorgruppe $G/\text{Kern}(\psi)$.

Dieses Konzept kann man in der Tat für jeden Normalteiler N von G durchführen. Man erhält dann die Faktorgruppe G/N. Da ein Normalteiler N gleich dem Kern des zugehörigen natürlichen Homomorphismus $\nu: G \to G/N, x \mapsto x * N$ ist, erweisen sich die Kerne von Gruppen-Homomorphismen genau als die Normalteiler von Gruppen. Überdies passt jede beliebige Kongruenzrelation $\equiv$ auf G in dieses Konzept, weil nämlich die neutrale Klasse ein Normalteiler N von G ist und $x \equiv y$ gleichbedeutend mit $\overline{x} * y \in N$ ist.

3. **Ring-Homomorphismen** Da ein Ring-Homomorphismus sowohl die Addition als auch die Multiplikation respektiert, handelt es sich insbesondere um einen Gruppen-Homomorphismus der zugrunde liegenden additiven Gruppen. Der Kern eines Ring-Homomorphismus $\psi: R \to S$ ist dann der Kern des entsprechenden Gruppen-Homomorphismus der additiven Gruppen, also

$$\text{Kern}(\psi) = \{x \in R : \psi(x) = 0\}.$$

Die zu ψ gehörende Kongruenzrelation $\equiv$ erfüllt aufgrund der multiplikativen Struktur die zusätzliche Eigenschaft

$$a \equiv x \text{ und } b \equiv y \Rightarrow ab \equiv xy.$$

Aufgrund dessen ist neben der Klassenaddition

$$(x + \text{Kern}(\psi)) + (y + \text{Kern}(\psi)) = (x + y) + \text{Kern}(\psi)$$

auch eine Multiplikation von Klassen (wohl)definiert, nämlich

$$(x + \text{Kern}(\psi)) \cdot (y + \text{Kern}(\psi)) = (x \cdot y) + \text{Kern}(\psi).$$

Zusammenfassung

Auf der Menge der Äquivalenzklassen $R/\text{Kern}(\psi)$ ergibt sich dadurch eine Ringstruktur, welche der Faktorring von R nach $\text{Kern}(\psi)$ genannt wird. Die Kerne von Ring-Homomorphismen entsprechen genau denjenigen Untergruppen I von $(R, +, 0)$, welche ein Ideal sind, d. h., aus $x \in I$ und $r \in R$ folgt $rx \in I$ und $xr \in I$.

Beim Ring der ganzen Zahlen stellt sich heraus, dass sämtliche Untergruppen bereits Ideale sind, nämlich genau die Mengen $\mathbb{Z}n$ mit $n \in \mathbb{N}$. Als Faktorringe kommen hier (bei $n \neq 0, 1$) die Restklassenringe zustande. Ist R ein allgemeiner kommutativer Ring und I ein Ideal, so ist R/I genau dann ein Körper, wenn I ein maximales Ideal ist. Bei den ganzen Zahlen $\mathbb{Z}$ führt dies einmal mehr zu den Restklassenkörpern $\mathbb{Z}/\mathbb{Z}p$ (alias $\mathbb{Z}_p$), wobei p eine Primzahl ist.

8 Homomorphismen und Faktorstrukturen

Übungsaufgaben

Aufgabe 1 Es sei G eine endliche Gruppe und U eine Untergruppe vom Index 2, also $|U| = \frac{|G|}{2}$. Zeigen Sie, dass U ein Normalteiler von G ist.

Aufgabe 2 Das **Zentrum einer Gruppe** $(G, *, e)$ ist die Menge aller $u \in G$, die mit **jedem** weiteren Element aus G vertauschbar sind, also mit $u * x = x * u$ für alle $x \in G$. Zeigen Sie, dass das Zentrum $Z(G)$ einer jeden Gruppe G ein Normalteiler von G ist.

Aufgabe 3 Geben Sie alle Normalteiler der symmetrischen Gruppe Sym(3) an.

Aufgabe 4 Es sei G eine multiplikativ geschriebene Gruppe und $a \in G$. Zeigen Sie, dass die Abbildung $\kappa_a : G \to G, x \mapsto a^{-1}xa$ ein Gruppen-Automorphismus ist.

Aufgabe 5 Ist G eine (multiplikativ geschriebene) Gruppe und sind U und N Untergruppen von G, so sei $UN := \{ux : u \in U, x \in N\}$. Zeigen Sie, dass UN eine Untergruppe von G ist, wenn N ein Normalteiler von G ist.

Aufgabe 6 Es sei $\mathbb{K}$ ein Körper. Für jedes $a \in \mathbb{K}^*$ und jedes $b \in \mathbb{K}$ nennt man die Abbildung $\gamma_{a,b} : \mathbb{K} \to \mathbb{K}, x \mapsto ax + b$ eine **affine Transformation**. Es sei Γ die Menge aller affinen Transformationen auf $\mathbb{K}$. Zeigen Sie, dass Γ eine Gruppe ist und dass Γ einen Normalteiler N hat, der zur additiven Gruppe $(\mathbb{K}, +)$ isomorph ist.

Aufgabe 7 Es sei G eine multiplikativ geschriebene Gruppe. Zeigen Sie, dass die Abbildung $G \to G, x \mapsto x^{-1}$ genau dann ein Automorphismus ist, wenn G abelsch ist.

Aufgabe 8 Ist $(M, *)$ eine Menge mit einer binären Verknüpfung $*$ mit **endlicher** Grundmenge $M = \{a_1, \ldots, a_n\}$, so ist die zu $*$ gehörende **Verknüpfungstafel** die Tabelle mit n Zeilen und n Spalten und Einträgen aus M, wobei der (i, j)-Eintrag gleich $a_i * a_j$ ist.

Zur Aufgabenstellung: Für jedes n aus der Menge $\{5, 8, 10, 12\}$ gilt $\varphi(n) = 4$, wobei φ die Euler-Funktion ist. Bilden Sie für jedes n aus dieser Menge die Verknüpfungstafel der Einheitengruppe modulo n, also die Verknüpfungstafel von $E(\mathbb{Z}_n)$ bzgl. der Restklassenmultiplikation, und beurteilen Sie anhand dieser Daten, welche dieser Einheitengruppen als Gruppen isomorph bzw. nicht isomorph sind.

Aufgabe 9 Der Einfachheit halber wollen wir zunächst jede Permutation der Menge $\{1, 2, 3, 4\}$ als Wort der Länge vier schreiben (vgl. mit Abschnitt 4.6-A): Es sei $abcd$ die Permutation, die 1 auf a, die 2 auf b, die 3 auf c und die 4 auf d abbildet. Ausgehend von einem Quadrat Q mit den Ecken 1, 2, 3 und 4 betrachten wir nun die Menge D der **acht** Permutationen, die der Symmetrie**gruppe** des Quadrates entsprechen. Dazu gehören

Übungsaufgaben

die Drehungen (um den Mittelpunkt des Quadrates und gegen den Uhrzeigersinn) um 90, 180, 270 und 360 Grad sowie die Spiegelungen an den beiden Seitenhalbierenden und den beiden Diagonalen. Man nennt D die **Diedergruppe** mit acht Elementen.

1. Ordnen Sie jeder dieser Symmetrien das entsprechende Wort zu und stellen Sie eine Verknüpfungstafel (siehe vorhergehende Aufgabe) für $(D, \circ, 1234)$ auf, wobei $\circ$ die Verkettung ist. (Diese Tafel ist auch für die folgenden Teilaufgaben sehr nützlich.)

2. Welche Unterschiede bestehen zwischen D und der Gruppe $(\mathbb{Z}_8, +)$, der Restklassen modulo 8 zusammen mit der Restklassenaddition?

3. Geben Sie zu jedem Element aus D dessen Ordnung an.

4. Geben Sie das Zentrum von D an (siehe Aufgabe 2).

5. Geben Sie eine echte Untergruppe von D an, die **nicht** zyklisch ist.

Aufgabe 10 Geben Sie die Multiplikationstafel von $E(\mathbb{Z}_{24})$, der Einheitengruppe modulo 24, an. Es handelt sich dabei um eine Gruppe mit 8 Elementen. Begründen Sie kurz, inwiefern sich $(E(\mathbb{Z}_{24}), \cdot)$ von der Gruppe $(\mathbb{Z}_8, +)$ und der Symmetriegruppe $(D, \circ)$ des Quadrates Q (die Diedergruppe, siehe Aufgabe 9), welche ebenfalls jeweils 8 Elemente haben, unterscheidet. Geben Sie außerdem die Ordnung eines jeden Elementes der Gruppe $E(\mathbb{Z}_{24})$ an.

Aufgabe 11 Zeigen Sie, dass es sich bei der folgenden Abbildung um einen Ring-Homomorphismus handelt:

$$\Gamma: \mathbb{Z} \times \mathbb{Z} \to \mathbb{Z}_{24} \times \mathbb{Z}_{20} \times \mathbb{Z}_{75} \times \mathbb{Z}_{30}, \quad (x, y) \mapsto (x \bmod 24, y \bmod 20, x \bmod 75, y \bmod 30)$$

Bestimmen Sie den Kern von Γ. Ist Γ ein Ring-Epimorphismus?

Aufgabe 12 Es sei R ein kommutativer Ring. Ein Ideal P von R mit $P \neq R$ heißt ein **Primideal**, falls gilt: Sind $a, b \in R$ mit $ab \in P$, so ist $a \in P$ oder $b \in P$. Zeigen Sie:

1. Ist P ein Primideal, so ist R/P ein Integritätsbereich.

2. Jedes maximale Ideal von R ist ein Primideal.

Homomorphismen und Faktorstrukturen

Übungsaufgaben

Aufgabe 13 Es sei R ein kommutativer Integritätsbereich. Dieser heißt ein **euklidischer Bereich**, wenn eine Abbildung $\delta\colon R^* \to \mathbb{N}$ mit folgender Eigenschaft existiert: *Zu jedem Paar $(a, b) \in R^2$ mit $b \neq 0$ gibt es Elemente $q, r \in R$ mit $a = qb + r$ und mit $r = 0$ oder mit $\delta(r) < \delta(b)$.* In diesem Zusammenhang nennt man δ eine **Gradfunktion** auf R.

Zeigen Sie, dass jeder euklidische Bereich ein Hauptidealbereich ist.

TEIL III

Grundlagen der Linearen Algebra

9	Vektoren und Matrizen	333
10	Lineare Gleichungssysteme	375
11	Abstrakte Vektorräume und Anwendungen	417
12	Polynome	461
13	Formale Potenzreihen und rationale Funktionen	513

Vektoren und Matrizen

	Einführung	334
9.1	Vektorräume	336
9.2	Teilräume und deren Erzeugung	343
9.3	Matrixalgebren	348
9.4	Lineare Abbildungen	357
9.5	Komplexe Zahlen und Quaternionen als Matrixalgebren	361
9.6	Exkurs: Kerne von linearen Abbildungen und Faktorräume	367
	Zusammenfassung	369
	Übungsaufgaben	371

9 Vektoren und Matrizen

EINFÜHRUNG

>> Im vorliegenden Teil III dieses Buches geht es um Grundlagen und Anwendungen der *Linearen Algebra*. Unter dem Begriff „Lineare Algebra" versteht man im weitesten Sinne das Studium von *Vektorräumen*. Diese sind u. a. für die Beschreibung und das Lösen von *linearen Gleichungssystemen* unentbehrlich.

Wir haben in Kapitel 6 mit Gruppen, Ringen und Körpern bereits sehr wichtige algebraische Strukturen kennengelernt. Im vorliegenden Kapitel 9 werden wir mit den *Vektorräumen* und den *Algebren* zwei weitere Grundstrukturen behandeln, welche in Form von *n-Tupelräumen* und *Matrixalgebren* die Grundbausteine der Linearen Algebra bilden.

Neben einer additiven (inneren) Verknüpfung, wobei es sich um eine abelsche Gruppenstruktur handelt, ist das Charakteristikum eines Vektorraumes eine zusätzliche (äußere) *Skalarmultiplikation*, wobei der Skalarbereich ein Körper ist. Zum Verständnis der Vektorraum-Axiome in Abschnitt 9.1 ist es also wichtig, mit abelschen Gruppen und mit Körpern vertraut zu sein.[1] Die Standardbeispiele, welche innerhalb der Linearen Algebra einen breiten Raum einnehmen, sind die sog. *n-Tupelräume* $\mathbb{K}^n$, wobei $\mathbb{K}$ ein Körper ist. Eine weitere wichtige Klasse von Vektorräumen bilden die Räume $\mathbb{K}^{m,n}$ aller (m, n)-*Matrizen*, die wir ebenfalls in Abschnitt 9.1 unter Hervorhebung einiger spezieller Typen von Matrizen bereitstellen werden.

Im darauf folgenden Abschnitt 9.2 definieren wir zunächst, was man unter einem *Teilraum* eines Vektorraumes versteht, um uns dann dem wichtigen Aspekt der *Erzeugung* von Vektorräumen zuzuwenden. Hierbei geht es um die Beschreibung allgemeiner Elemente eines Vektorraumes durch *Linearkombinationen* bzgl. einer gegebenen Auswahl von Vektoren. Die n-Tupelräume lassen sich ebenso wie die Menge aller (m, n)-Matrizen in den jeweiligen *kanonischen Basen* endlich erzeugen.

In Abschnitt 9.3 werden wir Matrizen näher untersuchen und dabei auf die äußerst reichhaltige Struktur einer $\mathbb{K}$-*Algebra* stoßen, von der die *quadratischen* (n, n)-*Matrizen* eine spezielle Beispielklasse bilden. Zuvor werden wir die *Multiplikation bei Matrizen* definieren und die wichtigsten Eigenschaften dieser Verknüpfung nachweisen. Bezüglich der Addition und der Multiplikation von Matrizen stellt sich heraus, dass $\mathbb{K}^{n,n}$ für $n \geq 2$ ein Ring ist, der kein Integritätsbereich und nicht kommutativ ist.

In Analogie zur Vorgehensweise bei Gruppen und Ringen betrachten wir in Abschnitt 9.4 dann die strukturerhaltenden Abbildungen auf Vektorräumen, die sog. *linearen Abbildungen*. Wir erklären, dass sich jede lineare Abbildung zwischen den Tupelräumen

---

[1] Legt man anstelle eines Körpers einen allgemeinen Ring als Skalarbereich zugrunde, so spricht man von einem *Modul*.

$\mathbb{K}^n$ und $\mathbb{K}^m$ als eine (m, n)-Matrix darstellen lässt, wobei wir die jeweiligen kanonischen Basen zugrunde legen. Die Beschreibung der Anwendung bzw. der konkreten Ausführung einer linearen Abbildung motiviert dann rückblickend nochmals die Definition der Matrixmultiplikation.

Nach Klärung des Begriffes der *Teilalgebra* werden wir in Abschnitt 9.5 zeigen, dass sich die komplexen Zahlen ebenso wie die Quaternionen als Matrix-Algebren über dem Körper $\mathbb{R}$ der reellen Zahlen darstellen lassen. Als Matrizen (bzw. lineare Abbildungen) kann man mit den komplexen Zahlen bzw. mit den Quaternionen u. a. Drehungen und Spiegelungen in der Ebene bzw. im dreidimensionalen Raum beschreiben, was wichtige Anwendungen in der Computer-Graphik findet.

Im abschließenden Exkurs dieses Kapitels betrachten wir (analog zur Vorgehensweise bei Gruppen und Ringen) Kongruenzrelationen auf Vektorräumen und die zugehörigen *Faktorräume* ebenso wie die *Kerne* von linearen Abbildungen.

Als weitere Einführungsliteratur zur Linearen Algebra empfehlen wir die Bücher von Fischer [18] und von Lüneburg [40]. Einen Zugang zur Linearen Algebra, der den *polynomialen* Aspekt besonders hervorhebt, findet man im Buch von Fuhrmann [23].

》

9 Vektoren und Matrizen

Lernziele

- die Skalarmultiplikation in Verbindung mit der punktweisen Addition auf den n-Tupelräumen $\mathbb{K}^n$ über einem Körper $\mathbb{K}$
- davon ausgehend die abstrakte Definition eines Vektorraumes und dann wiederum die Spezialisierung auf den Raum $\mathbb{K}^{m,n}$ aller (m, n)-Matrizen über $\mathbb{K}$
- die Erkenntnis, dass man Matrizen als Vektoren auffassen kann und dass umgekehrt Zeilen- bzw. Spaltenvektoren spezielle Matrizen sind
- die Bedeutung von Linearkombinationen und der linearen Erzeugung (bzw. der linearen Hüllenbildung) im Zusammenhang mit dem Begriff des Teilraumes eines Vektorraumes
- die Multiplikation von Matrizen und die Erkenntnis, dass speziell der Raum aller quadratischen (n, n)-Matrizen über $\mathbb{K}$ die reichhaltige Struktur einer $\mathbb{K}$-Algebra trägt
- die Axiomatik einer allgemeinen $\mathbb{K}$-Algebra
- lineare Abbildungen als Homomorphismen zwischen Vektorräumen und deren Darstellung als Matrizen
- die Erkenntnis, dass komplexe Zahlen und Quaternionen sich als gewisse Teilalgebren darstellen lassen, was deren geometrische Bedeutung als lineare Abbildungen hervorhebt

9.1 Vektorräume

Das primäre Ziel dieses Abschnittes ist es, mit den Vektorräumen eine weitere wichtige algebraische Struktur einzuführen, welche u. a. zur Beschreibung linearer Gleichungssysteme (Kapitel 10) unentbehrlich ist. Zum anderen werden wir in diesem Abschnitt auch definieren, was man unter Matrizen versteht, und sodann die wichtigsten speziellen Klassen von Matrizen ansprechen.

 ***n*-Tupelräume als Vektorräume** Bevor wir zur abstrakten Definition eines Vektorraumes kommen, beginnen wir zur Einführung mit dem Standardbeispiel, nämlich dem n-Tupelraum. Wir starten mit einem Körper $\mathbb{K}$ und betrachten also die Menge $\mathbb{K}^n$ aller n-Tupel über $\mathbb{K}$, wobei $n \in \mathbb{N}^*$ sei.

Da die additive Gruppe $(\mathbb{K}, +, 0)$ von $\mathbb{K}$ eine abelsche Gruppe ist, trägt auch $\mathbb{K}^n$ eine kommutative Gruppenstruktur, nämlich die komponenten- bzw. punktweise Addition, wie wir etwa in ▶Beispiel 6.2.9 gesehen haben. Es sei daran erinnert, dass wir die punktweise Addition ebenfalls mit dem Symbol + schreiben und das Nullelement $(0, \ldots, 0)$ von $\mathbb{K}^n$ der Einfachheit halber mit 0 abkürzen. Für $v = (v_1, \ldots, v_n)$ und $w = (w_1, \ldots, w_n) \in \mathbb{K}^n$ ist dann

$$v + w = (v_1 + w_1, \ldots, v_n + w_n).$$
Das additive Inverse zu v ist $-v = (-v_1, \ldots, -v_n)$.

Der Ausgangspunkt für die sog. **Skalarmultiplikation**, dem weiteren zentralen Aspekt eines Vektorraumes, ist, dass man jedem Paar (λ, v) mit $\lambda \in \mathbb{K}$ und $v = (v_1, \ldots, v_n) \in \mathbb{K}^n$ ein weiteres Element aus $\mathbb{K}^n$ zuordnen kann, nämlich

$$\lambda v := (\lambda v_1, \ldots, \lambda v_n).$$

Der Leser wird sich erinnern, dass wir dies im Rahmen der linearen Codes einmal allgemeiner über Ringen erwähnt haben (siehe Abschnitt 7.3-B). Formal handelt es sich bei dieser Skalarmultiplikation um eine Abbildung von $\mathbb{K} \times \mathbb{K}^n$ nach $\mathbb{K}^n$. Diese erfüllt (wie man leicht nachrechnet) die folgenden vier Eigenschaften, wobei $\lambda, \mu \in \mathbb{K}$ und $v, w \in \mathbb{K}^n$ beliebig seien.

1. $(\lambda + \mu)v = \lambda v + \mu v$
2. $\lambda(v + w) = \lambda v + \lambda w$
3. $\lambda(\mu v) = (\lambda \mu)v$
4. $1v = v$

Wie bei Multiplikationen üblich, räumt man der Skalarmultiplikation höhere Priorität als der Addition ein, sodass man in Termen wie $(\lambda f)+(\mu f)$ oder $(\lambda f)+(\lambda g)$ die Klammern einfach weglässt.

B Die Axiomatik abstrakter Vektorräume Abstrakt werden nun Vektorräume über Körpern (bzw. allgemeiner Moduln über Ringen) wie folgt definiert, woran man sieht, dass es sich bei den n-Tupelräumen $\mathbb{K}^n$ um eine spezielle Beispielklasse handelt.

Definition 9.1.1 Es seien $(V, \oplus, 0_V)$ eine kommutative Gruppe und $(\mathbb{K}, +, \cdot, 0, 1)$ ein Ring. Ferner sei

$$*: \mathbb{K} \times V \to V, \quad (\lambda, v) \mapsto \lambda * v$$

eine Abbildung, die für alle $\lambda, \mu \in \mathbb{K}$ und alle $u, v \in V$ die folgenden vier Eigenschaften erfüllt:

(1) $(\lambda + \mu) * u = \lambda * u \oplus \mu * u$

(2) $\lambda * (u \oplus v) = \lambda * u \oplus \lambda * v$

(3) $\lambda * (\mu * u) = (\lambda \mu) * u$

(4) $1 * u = u$

Dann nennt man $(V, \oplus, 0_V, *)$ einen $\mathbb{K}$-**Modul** bzw. einen **Modul über** $\mathbb{K}$. Ist $\mathbb{K}$ speziell ein Körper, so spricht man von einem $\mathbb{K}$-**Vektorraum** bzw. einem **Vektorraum über** $\mathbb{K}$. Die Elemente von V nennt man dann **Vektoren**. Die Verknüpfung $*$ nennt man eine **Skalarmultiplikation**.

Aufgrund der höheren Priorität der Skalarmultiplikation gegenüber der Vektoraddition ist $\lambda * u \oplus \mu * u$ mit $(\lambda * u) \oplus (\mu * u)$ gleichbedeutend. Wenn nichts anderes gesagt wird, sei $\mathbb{K}$ im Folgenden stets ein Körper. Bevor wir die üblichen vereinfachenden Schreibweisen diskutieren, beweisen wir zwei grundlegende Eigenschaften von Vektorräumen.

Lemma 9.1.2 Es sei $(V, \oplus, 0_V, *)$ ein Vektorraum über $(\mathbb{K}, +, \cdot, 0, 1)$ bzw. ein $\mathbb{K}$-Modul, wenn von $\mathbb{K}$ nur verlangt wird, ein Ring zu sein. Dann gelten:

(1) $r * 0_V = 0_V$ für alle $r \in \mathbb{K}$

(2) $0 * v = 0_V$ für alle $v \in V$

Beweis

(1) Wegen $0_V = 0_V \oplus 0_V$ in V ist $r * 0_V = r * (0_V \oplus 0_V)$. Mit der zweiten Regel zur Skalarmultiplikation erhält man somit $r * 0_V = r * 0_V \oplus r * 0_V$, und Addition auf beiden Seiten mit dem (additiven) Inversen zu $r * 0_V$ (aus V) liefert $0_V = r * 0_V$.

(2) Analog ist $0 * v = (0 + 0) * v$ wegen $0 + 0 = 0$ in $\mathbb{K}$. Nun zeigt die erste Regel der Skalarmultiplikation, dass $0 * v = 0 * v \oplus 0 * v$ ist. Addition auf beiden Seiten mit dem (additiven) Inversen von $0 * v$ (aus V) ergibt $0_V = 0 * v$. ∎

Im Folgenden verwenden wir für die Skalarmultiplikation anstelle von $*$ das gleiche Symbol wie für die Multiplikation in $\mathbb{K}$ (so wie wir es auch in Abschnitt A bei den n-Tupelräumen gemacht haben). Ferner verwenden wir für die Addition in V anstelle von $\oplus$ das gleiche Additionssymbol wie im Skalarbereich $\mathbb{K}$, nämlich +. Schließlich verwenden wir auch für das neutrale Element von V statt 0_V das gleiche Symbol wie für das neutrale Element bzgl. der Addition in $\mathbb{K}$, nämlich 0. Eine Konfusion kann deshalb nicht entstehen, weil aus dem Zusammenhang stets hervorgeht, wann die (innere) Multiplikation in $\mathbb{K}$ und wann die (äußere) Skalarmultiplikation gemeint ist, wann zwei Vektoren addiert werden, wann zwei Skalare addiert werden.

Es ist an dieser Stelle noch zu bemerken, dass mit $r \in \mathbb{K}$ und $v \in V$ das additive Inverse von rv (innerhalb V) gleich $(-r)v$ ist, denn mit der ersten Regel der Skalarmultiplikation erhält man $rv + (-r)v = (r + (-r))v = 0v = 0$. Daher ist $-(rv)$ gleich $(-r)v$ und darf kurz als $-rv$ geschrieben werden.

C Matrixräume Wir wollen nun neben dem n-Tupelraum $\mathbb{K}^n$ eine weitere wichtige Klasse von Vektorräumen einführen, nämlich die sog. Matrixräume. Beginnen wir also mit der Definition einer Matrix über $\mathbb{K}$.

> **Definition 9.1.3** Es seien $m \in \mathbb{N}^*$ und $n \in \mathbb{N}^*$. Eine (m, n)-**Matrix** A über $\mathbb{K}$ mit m Zeilen und mit n Spalten ist ein rechteckiges Zahlenschema der Form
>
> $$A = \begin{pmatrix} A_{11} & A_{12} & \ldots & A_{1n} \\ A_{21} & A_{22} & \ldots & A_{2n} \\ \vdots & \vdots & \ldots & \vdots \\ A_{m1} & A_{m2} & \ldots & A_{mn} \end{pmatrix}$$
>
> mit Komponenten A_{ij} aus $\mathbb{K}$ für $i = 1, \ldots, m$ und $j = 1, \ldots, n$. Als Kurzschreibweise verwendet man auch
>
> $$A = (A_{ij})_{\substack{i=1,\ldots,m \\ j=1,\ldots,n}}$$
>
> bzw. noch einfacher $A = (A_{ij})$. Man nennt A_{ij} den (i, j)-**Eintrag** der Matrix A. Manchmal schreibt man auch $A_{i,j}$ statt A_{ij}. Schließlich bezeichnet $\mathbb{K}^{m,n}$ die Menge aller (m, n)-Matrizen über $\mathbb{K}$.

Betrachten wir hierzu einige einfache Beispiele.

1. Ist $\mathbb{K} = \mathbb{R}$ und $m = n = 3$ und $A_{ij} := (i - j)^2$, so ist

$$A = \begin{pmatrix} 0 & 1 & 4 \\ 1 & 0 & 1 \\ 4 & 1 & 0 \end{pmatrix}.$$

2. Für $\mathbb{K} = \mathbb{Q}$, $m = 2$ und $n = 5$ und $A_{ij} := \frac{i}{j}$ erhält man

$$A = \begin{pmatrix} 1 & \frac{1}{2} & \frac{1}{3} & \frac{1}{4} & \frac{1}{5} \\ 2 & 1 & \frac{2}{3} & \frac{1}{2} & \frac{2}{5} \end{pmatrix}.$$

Natürlich kann man (m, n)-Matrizen komponentenweise addieren. Sind $A, B \in \mathbb{K}^{m,n}$ zwei solche Matrizen, so ist

$$A + B := \begin{pmatrix} A_{11} + B_{11} & A_{12} + B_{12} & \ldots & A_{1n} + B_{1n} \\ A_{21} + B_{21} & A_{22} + B_{22} & \ldots & A_{2n} + B_{2n} \\ \vdots & \vdots & \ldots & \vdots \\ A_{m1} + B_{m1} & A_{m2} + B_{m2} & \ldots & A_{mn} + B_{mn} \end{pmatrix} = (A_{ij} + B_{ij})_{\substack{i=1,\ldots,m \\ j=1,\ldots,n}}.$$

Entsprechend definiert man eine Skalarmultiplikation auf $\mathbb{K}^{m,n}$ durch

$$\lambda A := \begin{pmatrix} \lambda A_{11} & \lambda A_{12} & \ldots & \lambda A_{1n} \\ \lambda A_{21} & \lambda A_{22} & \ldots & \lambda A_{2n} \\ \vdots & \vdots & \ldots & \vdots \\ \lambda A_{m1} & \lambda A_{m2} & \ldots & \lambda A_{mn} \end{pmatrix} = (\lambda A_{ij})_{\substack{i=1,\ldots,m \\ j=1,\ldots,n}}$$

(für $\lambda \in \mathbb{K}$), sodass auch $\mathbb{K}^{m,n}$, die Menge aller (m, n)-Matrizen über $\mathbb{K}$, zu einem $\mathbb{K}$-Vektorraum wird, wie man routinemäßig nachrechnet. Das neutrale Element bzgl. der Addition von $\mathbb{K}^{m,n}$ ist natürlich die **Nullmatrix**, also die Matrix N mit $N_{ij} = 0$ für alle i und alle j (die bisweilen einfach als 0 bzw. als O geschrieben wird).

D Spezielle Klassen quadratischer Matrizen Der Fall $m = n$ spielt in der Theorie der Matrizen eine Sonderrolle, wie wir später noch reichlich sehen werden. Daher wollen wir gleich an dieser Stelle auf einige Begriffsbildungen hinweisen, die sich allesamt auf (n, n)-Matrizen beziehen.

1. Jede Matrix $Q \in \mathbb{K}^{n,n}$ heißt eine **quadratische Matrix**. Die **Diagonaleinträge** von Q sind $Q_{11}, Q_{22}, \ldots, Q_{nn}$.

2. Ist $D \in \mathbb{K}^{n,n}$ eine quadratische Matrix und gilt $D_{ij} = 0$ für $i \neq j$, so heißt D eine **Diagonalmatrix**. Man schreibt für D auch einfach $\mathrm{diag}(D_{11}, \ldots, D_{nn})$. Eine ganz spezielle Diagonalmatrix ist die (n, n)-**Einheitsmatrix**

$$E := \mathrm{diag}(1, 1, \ldots, 1).$$

3. Es sei $\Delta \in \mathbb{K}^{n,n}$. Gilt $\Delta_{ij} = 0$ für $i > j$, so heißt Δ eine **obere Dreiecksmatrix**; gilt $\Delta_{ij} = 0$ für $i < j$, so heißt Δ eine **untere Dreiecksmatrix**. Jede Diagonalmatrix ist daher sowohl eine obere als auch eine untere Dreiecksmatrix. Eine Dreiecksmatrix heißt **normiert**, falls alle ihre Diagonaleinträge gleich 1 sind.

4. Jeder Permutation σ der Menge $\{1, 2, \ldots, n\}$ kann man die **Permutationsmatrix** $P(\sigma) \in \mathbb{K}^{n,n}$ zuordnen. Diese ist durch

$$P(\sigma)_{ij} := \begin{cases} 1, & \text{falls } \sigma(i) = j \\ 0, & \text{sonst} \end{cases}$$

definiert. Die (n, n)-Einheitsmatrix ist die Permutationsmatrix, die zur identischen Abbildung auf $\{1, 2, \ldots, n\}$ gehört.

9.1 Vektorräume

Betrachten wir hierzu einige konkrete Beispiele, wobei $n = 4$ und $\mathbb{K} = \mathbb{Q}$ gelte.

1. Bei der folgenden Matrix X handelt es sich um eine quadratische $(4, 4)$-Matrix mit Diagonaleinträgen $4, 9, -7$ und $-\frac{1}{2}$.

$$X = \begin{pmatrix} 4 & 2 & -7 & 8 \\ \frac{1}{2} & 9 & 0 & -3 \\ 0 & 2 & -7 & 9 \\ 1 & 1 & \frac{1}{3} & -\frac{1}{2} \end{pmatrix}$$

2. Die Diagonalmatrix $\text{diag}(4, 9, -7, -\frac{1}{2})$ und die Einheitsmatrix des $\mathbb{Q}^4$ sind gleich

$$\begin{pmatrix} 4 & 0 & 0 & 0 \\ 0 & 9 & 0 & 0 \\ 0 & 0 & -7 & 0 \\ 0 & 0 & 0 & -\frac{1}{2} \end{pmatrix} \quad \text{bzw.} \quad \begin{pmatrix} 1 & 0 & 0 & 0 \\ 0 & 1 & 0 & 0 \\ 0 & 0 & 1 & 0 \\ 0 & 0 & 0 & 1 \end{pmatrix}.$$

3. Die Matrizen Y bzw. Z sind eine obere bzw. eine untere Dreiecksmatrix.

$$Y = \begin{pmatrix} 4 & 2 & -7 & 8 \\ 0 & 9 & 0 & -3 \\ 0 & 0 & -7 & 9 \\ 0 & 0 & 0 & -\frac{1}{2} \end{pmatrix} \quad \text{bzw.} \quad Z = \begin{pmatrix} 4 & 0 & 0 & 0 \\ \frac{1}{2} & 9 & 0 & 0 \\ 0 & 2 & -7 & 0 \\ 1 & 1 & \frac{1}{3} & -\frac{1}{2} \end{pmatrix}$$

4. Ist σ die Permutation auf $\{1, 2, 3, 4\}$ mit $1 \mapsto 2, 2 \mapsto 4, 3 \mapsto 3$ und $4 \mapsto 1$, so ist die zu σ gehörende Permutationsmatrix gleich

$$P(\sigma) = \begin{pmatrix} 0 & 1 & 0 & 0 \\ 0 & 0 & 0 & 1 \\ 0 & 0 & 1 & 0 \\ 1 & 0 & 0 & 0 \end{pmatrix}.$$

E Zeilen- und Spaltenvektoren als Matrizen Wir kehren nochmals zu den n-Tupelräumen zurück, weil diese in Form von zwei weiteren wichtigen speziellen Klassen von Matrizen auftreten.

1. Ist $m = 1$ und $n \in \mathbb{N}^*$, so handelt es sich bei $\mathbb{K}^{1,n}$ um den *n-Tupel-Zeilenvektorraum*. In Abschnitt A haben wir den n-Tupelraum $\mathbb{K}^n$ als Zeilenraum geschrieben. Die Elemente von $\mathbb{K}^{1,n}$ nennt man in diesem Zusammenhang auch **Zeilenvektoren** der Länge n.

2. Ist $n = 1$ und $m \in \mathbb{N}^*$, so handelt es sich bei $\mathbb{K}^{m,1}$ um den *m*-**Tupel-Spaltenvektorraum**. Die Vektoren werden dann als **Spaltenvektoren** notiert:

$$\begin{pmatrix} v_1 \\ v_2 \\ \vdots \\ v_m \end{pmatrix}$$

Sind $v, w \in \mathbb{K}^{m,1}$ und $\lambda \in \mathbb{K}$, so gelten also

$$v + w := \begin{pmatrix} v_1 + w_1 \\ v_2 + w_2 \\ \vdots \\ v_m + w_m \end{pmatrix} \quad \text{und} \quad \lambda v := \begin{pmatrix} \lambda v_1 \\ \lambda v_2 \\ \vdots \\ \lambda v_m \end{pmatrix}.$$

Häufig schreibt man sowohl für den Spaltenvektorraum $\mathbb{K}^{m,1}$ als auch für den Zeilenvektorraum $\mathbb{K}^{1,m}$ einfach $\mathbb{K}^m$. Aus dem Zusammenhang sollte dann immer hervorgehen, ob es sich um Zeilen- oder Spaltenvektoren handelt. Da Spaltenvektoren innerhalb eines Textes sehr viel Platz beanspruchen, erweist sich die Schreibweise

$$(v_1, v_2, \ldots, v_m)' := \begin{pmatrix} v_1 \\ v_2 \\ \vdots \\ v_m \end{pmatrix}$$

als sehr nützlich. Formal handelt es sich bei $'$ dann um eine (bijektive) Abbildung von $\mathbb{K}^{1,m}$ nach $\mathbb{K}^{m,1}$, die jedem Zeilenvektor einen eindeutigen Spaltenvektor zuordnet. Man nennt $'$ das **Transponieren** von Vektoren. Allgemeiner wird das Transponieren aber auch auf beliebigen Matrizen angewendet, nämlich wie folgt:

$$': \mathbb{K}^{m,n} \to \mathbb{K}^{n,m}, \quad A = (A_{ij})_{\substack{i=1,\ldots,m \\ j=1,\ldots,n}} \mapsto A' = (A'_{kl})_{\substack{k=1,\ldots,n \\ l=1,\ldots,m}} \tag{9.1.1}$$

mit $A'_{kl} := A_{lk}$ für alle k, l

Beispielsweise ist

$$\begin{pmatrix} 7 & 9 & 1 & -3 & 8 \\ -4 & 17 & 2 & 0 & 9 \\ -5 & 13 & 3 & 26 & 6 \end{pmatrix}' = \begin{pmatrix} 7 & -4 & -5 \\ 9 & 17 & 13 \\ 1 & 2 & 3 \\ -3 & 0 & 26 \\ 8 & 9 & 6 \end{pmatrix}.$$

Offensichtlich gilt $(A')' = A$ für jede Matrix A.

F Eine Übersicht über Vektoren und Matrizen Wir beenden diesen Abschnitt mit einer zusammenfassenden Übersicht über verschiedene Typen von Matrizen. Anhand unserer Darstellung sollte auf alle Fälle klar geworden sein, dass Matrizen als Elemente eines Vektorraumes auch Vektoren sind und dass andererseits Zeilen- bzw. Spaltenvektoren auch spezielle Matrizen sind.

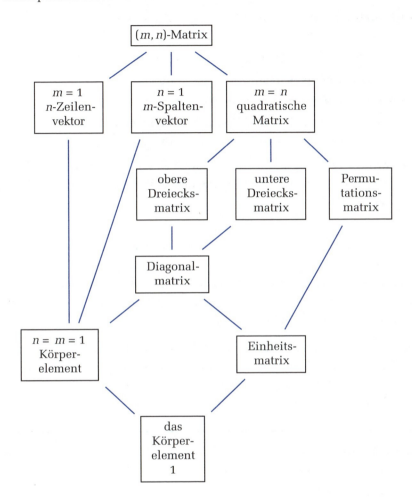

9.2 Teilräume und deren Erzeugung

Mit Untergruppen haben wir in Abschnitt 6.3 die relevanten Teilstrukturen von Gruppen untersucht. Im Hinblick auf die Beschreibung von Lösungsmengen linearer Gleichungssysteme in Kapitel 10 wollen wir in diesem Abschnitt dieses Konzept auf die Teilstrukturen von $\mathbb{K}$-Vektorräumen erweitern, wobei unser Augenmerk zusätzlich auf die sog. Erzeugung von Teilräumen gerichtet ist.

A **Was versteht man unter einem Teilraum?** Beginnen wir also mit der Definition eines Teilraumes.

> **Definition 9.2.1** Es sei V ein Vektorraum über dem Körper $\mathbb{K}$. Ist U eine nichtleere Teilmenge von V, so heißt U ein **$\mathbb{K}$-Teilraum von V** (oder einfach kurz ein **Teilraum** von V), falls die beiden folgenden Eigenschaften erfüllt sind:
>
> (1) die **Abgeschlossenheit unter der Vektoraddition**:
> sind $u, w \in U$ beliebig, so ist auch $u + w \in U$
>
> (2) die **Abgeschlossenheit unter der Skalarmultiplikation**:
> sind $u \in U$ und $\lambda \in \mathbb{K}$ beliebig, so ist auch $\lambda u \in U$
>
> Ist allgemeiner $\mathbb{K}$ ein Ring und V ein $\mathbb{K}$-Modul und ist U eine nichtleere Teilmenge von V, welche die beiden obigen Eigenschaften erfüllt, so nennt man U einen **$\mathbb{K}$-Teilmodul** von V.

Man beachte, dass ein Teilraum U von V insbesondere eine Untergruppe von $(V, +, 0)$ ist, denn mit $u \in U$ beliebig (U ist nicht leer) ist $0 = 0 \cdot u$ Element von U, ebenso wie $-u = -(1u) = (-1)u$. Da sich aufgrund der Abgeschlossenheit auch sämtliche Gesetzmäßigkeiten des Vektorraumes auf U vererben, ist jeder Teilraum U eines $\mathbb{K}$-Vektorraumes V insbesondere ein eigenständiger Vektorraum.

Wir geben nun eine Charakterisierung von Teilräumen an, bei der die beiden Punkte aus ▶Definition 9.2.1 kompakt zusammengefasst werden, weshalb man dies zum konkreten Nachweis der Teilraumeigenschaft heranführen wird. Analoges gilt entsprechend auch bei Teilmoduln.

> **Satz 9.2.2** Es seien V ein $\mathbb{K}$-Vektorraum und $U \subseteq V$ nicht leer. Dann sind die beiden folgenden Aussagen äquivalent:
>
> (1) U ist ein $\mathbb{K}$-Teilraum von V.
>
> (2) Sind $u, w \in U$ und $\lambda, \mu \in \mathbb{K}$ beliebig, so gilt $\lambda u + \mu w \in U$.

Beweis

(1) $\Rightarrow$ (2): Mit $u, w \in U$ und $\lambda, \mu \in \mathbb{K}$ sind wegen der Abgeschlossenheit unter der Skalarmultiplikation zunächst auch λu und μw Elemente von U und sodann aufgrund der Abgeschlossenheit unter der Vektoraddition auch deren Summe $\lambda u + \mu w$.

(2) $\Rightarrow$ (1): Es seien $u, w \in U$ beliebig. Setzt man $\lambda = \mu = 1$, so folgt $u + w = \lambda u + \mu w \in U$, also die Abgeschlossenheit von U unter der Vektoraddition. Ist $u \in U$ beliebig, setzt

man $w = u$ und wählt man $\lambda \in \mathbb{K}$ beliebig sowie $\mu = 0$, so folgt $\lambda u = \lambda u + \mu w \in U$, sodass U auch unter der Skalarmultiplikation abgeschlossen ist. Damit ist U insgesamt als $\mathbb{K}$-Teilraum von V erkannt. ∎

Es folgen einige konkrete Beispiele von Teilräumen.

1. Die Menge der komplexen Zahlen $\mathbb{C}$ ist ein $\mathbb{R}$-Vektorraum und $\mathbb{R}$ ist ein Teilraum von $\mathbb{C}$.

2. Entsprechend ist auch die Menge der reellen Zahlen $\mathbb{R}$ ein $\mathbb{Q}$-Vektorraum und $\mathbb{Q}$ ist ein Teilraum von $\mathbb{R}$. Es ist beispielsweise aber auch $\mathbb{Q}(\sqrt{2}) := \{a + b\sqrt{2} : a, b \in \mathbb{Q}\}$ ein $\mathbb{Q}$-Teilraum von $\mathbb{R}$.

3. Aufgrund des Mangels an Skalaren ist sofort ersichtlich, dass jede Untergruppe von $\mathbb{F}_2^n$ bereits ein Teilraum von $\mathbb{F}_2^n$ ist. Allgemeiner gilt sogar, dass jede Untergruppe von $\mathbb{Z}_p^n$ bereits ein $\mathbb{Z}_p$-Teilraum ist, wobei p eine Primzahl sei. Ist nämlich $\lambda \in \mathbb{Z}_p$ ein Skalar, so gibt es ein $r \in \{0, 1, \ldots, p-1\}$ mit $\lambda v = rv = \sum_{i=1}^{r} v$ für alle $v \in \mathbb{Z}_p^n$. Speziell:

   - der ISBN-Code aus Abschnitt 7.5-A ist ein $\mathbb{Z}_{11}$-Teilraum von $\mathbb{Z}_{11}^{10}$;
   - der EAN-Code aus Abschnitt 7.5-C ist hingegen ein $\mathbb{Z}_{10}$-Teilmodul von $\mathbb{Z}_{10}^{13}$; es ist ja $\mathbb{Z}_{10}$ kein Körper.

Wir werden später sehen, dass die Menge aller homogenen Lösungen eines linearen Gleichungssystems ebenfalls ein Teilraum des zugrunde liegenden n-Tupelraumes ist.

B **Linearkombinationen, lineare Hülle und Erzeugung von Vektorräumen** Sind u, w Vektoren und λ, μ Skalare, so nennt man den Vektor $\lambda u + \mu w$ eine **Linearkombination in u und w**. Wir haben im letzten Paragraphen also gesehen, dass Teilräume diejenigen nichtleeren Teilmengen sind, welche unter der Bildung von Linearkombinationen in *zwei* Elementen abgeschlossen sind. Dies lässt sich auf Linearkombinationen mit beliebig endlich vielen Elementen ausdehnen.

Definition 9.2.3 Ist V ein $\mathbb{K}$-Vektorraum und sind $v^1, v^2, \ldots, v^k$ Vektoren[2] aus V, so nennt man jeden Vektor y der Form $y = \sum_{i=1}^{k} \lambda_i v^i$ (mit $\lambda_i \in \mathbb{K}$ für alle i) eine **Linearkombination in $v^1, v^2, \ldots, v^k$**. Die Menge **aller** Linearkombinationen in $v^1, v^2, \ldots, v^k$ wird mit

$$\langle v^1, v^2, \ldots, v^k \rangle$$

---

[2] Da wir meist das Standardbeispiel $V = \mathbb{K}^n$ im Hinterkopf haben und auf die Komponenten eines Vektors v aus $\mathbb{K}^n$ mit Indizes $v_1, v_2, \ldots$ zugreifen, werden wir bei einer Aufzählung von Vektoren die Zählindizes als Exponenten schreiben. So ist dann v_j^l der j-te Komponente des l-ten Vektors innerhalb der Aufzählung.

bezeichnet; man nennt sie die **lineare Hülle** der v^i bzw. **den von den v^i aufgespannten** oder **erzeugten Vektorraum**.

Insbesondere ist zu bemerken, dass bei nur einem Vektor v die lineare Hülle $\langle v \rangle$ gleich der Menge $\{\lambda v : \lambda \in \mathbb{K}\}$ aller skalaren Vielfachen des Vektors v ist. Weiter vereinbart man, dass die lineare Hülle der leeren Menge der nur aus dem Nullvektor bestehende sog. **Nullraum** ist: $\langle \emptyset \rangle = \{0\}$. Wir werden im folgenden Satz nachweisen, dass die Namensgebung aufgespannter bzw. erzeugter „Vektorraum" am Ende von ▶Definition 9.2.3 gerechtfertigt ist. Die zweite Bedingung dieses Satzes besagt, dass jeder Teilraum U auch unter der Bildung aller Linearkombinationen in jeweils endlich vielen seiner Elemente abgeschlossen ist.

Satz 9.2.4   Es sei $k \in \mathbb{N}^*$ und $v^1, \ldots, v^k$ seien Elemente des $\mathbb{K}$-Vektorraumes V. Dann gelten:

(1) $\langle v^1, \ldots, v^k \rangle$ ist ein $\mathbb{K}$-Teilraum von V.

(2) Ist U ein $\mathbb{K}$-Teilraum von V mit $v^1, \ldots, v^k \in U$, so ist $\langle v^1, \ldots, v^k \rangle \subseteq U$.

Beweis

(1) Sind $u := \sum_{i=1}^{k} \lambda_i v^i$ und $w := \sum_{j=1}^{k} \mu_j v^j$ Linearkombinationen in den v^i und sind $\alpha, \beta \in \mathbb{K}$, so ist auch $\alpha u + \beta w$ in $\langle v^1, \ldots, v^k \rangle$ enthalten, denn

$$\alpha u + \beta w = \alpha \cdot \sum_{i=1}^{k} \lambda_i v^i + \beta \cdot \sum_{j=1}^{k} \mu_j v^j = \sum_{i=1}^{k} \alpha \lambda_i v^i + \sum_{j=1}^{k} \beta \mu_j v^j = \sum_{i=1}^{k} (\alpha \lambda_i + \beta \mu_i) v^i.$$

Nach ▶Satz 9.2.2 ist $\langle v^1, \ldots, v^k \rangle$ daher selbst ein Teilraum von V.

(2) Es sei U ein $\mathbb{K}$-Teilraum von V. Aufgrund der Abgeschlossenheit unter der Skalarmultiplikation, ▶Definition 9.2.1-(2), ist die Aussage für $k = 1$ erfüllt, und nach ▶Satz 9.2.2 ist die Aussage auch für $k = 2$ korrekt. Die allgemeine Aussage folgt nun mit Induktion über k. Wir vollziehen den Induktionsschritt von k nach $k + 1$. Sind $\lambda_1, \ldots, \lambda_k, \lambda_{k+1}$ aus $\mathbb{K}$ beliebig sowie $v^1, \ldots, v^k, v^{k+1}$ aus U (wobei $k \geq 2$ sei), so ist mit Induktionsvoraussetzung $u := \sum_{i=1}^{k} \lambda_i v^i$ ein Element von U. Entsprechend ist dann auch $1 \cdot u + \lambda_{k+1} v^{k+1} = \sum_{i=1}^{k+1} \lambda_i v^i$ ein Element von U, womit bereits alles bewiesen ist. ∎

9.2 Teilräume und deren Erzeugung

C Endlich erzeugte Vektorräume und kanonische Basen Der überaus wichtige Spezialfall, in dem die lineare Hülle einer endlichen Anzahl von Vektoren bereits den gesamten Vektorraum ausmacht, wird durch die nun folgende Definition hervorgehoben.

> **Definition 9.2.5** Ein $\mathbb{K}$-Vektorraum V heißt **endlich erzeugt**, falls ein $t \in \mathbb{N}^*$ und Vektoren $w^1, \ldots, w^t \in V$ existieren mit $V = \langle w^1, \ldots, w^t \rangle$. Die Vektoren $w^1, \ldots, w^t$ nennt man dann ein **Erzeugersystem von** V.

Beispiel 9.2.6 Jeder n-Tupelraum $\mathbb{K}^n$ (egal ob Zeilen- oder Spaltenvektorraum) ist endlich erzeugt. Um dies einzusehen, sei $e^l \in \mathbb{K}^n$, für $l = 1, \ldots, n$ der durch

$$e^l_i := \begin{cases} 1, & \text{falls } i = l \\ 0, & \text{falls } i \neq l \end{cases} \tag{9.2.1}$$

definierte Vektor. Ist $v = (v_1, \ldots, v_n) \in \mathbb{K}^n$ beliebig, so ist $v = \sum_{l=1}^{n} v_l e^l$, denn an jeder Komponente i gilt

$$\left(\sum_{l=1}^{n} v_l e^l \right)_i = \sum_{l=1}^{n} v_l e^l_i = v_i e^i_i = v_i.$$

Also ist $\mathbb{K}^n = \langle e^1, \ldots, e^n \rangle$. Man nennt die Vektoren e^l die **kanonischen Einheitsvektoren** und $e^1, e^2, \ldots, e^n$ die **kanonische Basis von** $\mathbb{K}^n$. Für $n = 4$ beispielsweise sind diese Vektoren (als Spaltenvektoren) gleich

$$\begin{pmatrix} 1 \\ 0 \\ 0 \\ 0 \end{pmatrix}, \begin{pmatrix} 0 \\ 1 \\ 0 \\ 0 \end{pmatrix}, \begin{pmatrix} 0 \\ 0 \\ 1 \\ 0 \end{pmatrix}, \begin{pmatrix} 0 \\ 0 \\ 0 \\ 1 \end{pmatrix}.$$

Den Begriff „Basis" werden wir in Kapitel 11 genau klären. Für den Moment ist es ausreichend zu bemerken, dass sich jedes $v = (v_1, \ldots, v_n) \in \mathbb{K}^n$ eindeutig als Linearkombination in den e^i schreiben lässt, nämlich lediglich durch $v = \sum_{i=1}^{n} v_i e^i$. Aufgrund letzter Darstellung erklärt sich das Prädikat „kanonisch" von selbst.

Natürlich ist es möglich, dass ein endlich erzeugter Vektorraum mehrere Erzeugersysteme hat. So wird der $\mathbb{K}^4$ beispielsweise auch von

$$f^1 := \begin{pmatrix} 1 \\ 0 \\ 0 \\ 0 \end{pmatrix}, f^2 := \begin{pmatrix} 1 \\ 1 \\ 0 \\ 0 \end{pmatrix}, f^3 := \begin{pmatrix} 1 \\ 1 \\ 1 \\ 0 \end{pmatrix}, f^4 := \begin{pmatrix} 1 \\ 1 \\ 1 \\ 1 \end{pmatrix}$$

erzeugt, denn für jedes $v = (v_1, v_2, v_3, v_4)' \in \mathbb{K}^4$ gilt

$$v = (v_1 - v_2)f^1 + (v_2 - v_3)f^2 + (v_3 - v_4)f^3 + v_4 f^4,$$

wie man als Übung nachrechnen möge.

Beispiel 9.2.7 Ist $E^{i,j}$ die Matrix des $\mathbb{K}^{m,n}$, deren (i,j)-Eintrag gleich 1 ist und die sonst lauter Null-Einträge hat, so ist $\langle E^{i,j} : i = 1, \ldots, m, \ j = 1, \ldots, n \rangle = \mathbb{K}^{m,n}$. Dieses Erzeugersystem nennt man die **kanonische Basis des Matrixraumes** $\mathbb{K}^{m,n}$. Im Falle $m = 2$ und $n = 3$ sind diese **kanonischen Matrizen** gleich

$$\begin{pmatrix} 1 & 0 & 0 \\ 0 & 0 & 0 \end{pmatrix}, \begin{pmatrix} 0 & 1 & 0 \\ 0 & 0 & 0 \end{pmatrix}, \begin{pmatrix} 0 & 0 & 1 \\ 0 & 0 & 0 \end{pmatrix},$$

$$\begin{pmatrix} 0 & 0 & 0 \\ 1 & 0 & 0 \end{pmatrix}, \begin{pmatrix} 0 & 0 & 0 \\ 0 & 1 & 0 \end{pmatrix}, \begin{pmatrix} 0 & 0 & 0 \\ 0 & 0 & 1 \end{pmatrix}.$$

Die komplexen Zahlen $\mathbb{C}$ werden als $\mathbb{R}$-Vektorraum von der reellen Einheit 1 und der imaginären Einheit i endlich erzeugt, denn jede komplexe Zahl hat einen Real- und einen Imaginärteil.

9.3 Matrixalgebren

In diesem Abschnitt wollen wir zunächst die Multiplikation von Matrizen einführen und deren Gesetzmäßigkeiten studieren. Die Untersuchung quadratischer Matrizen führt uns das dann zu einer weiteren Klasse algebraischer Strukturen, zu den sog. $\mathbb{K}$-Algebren.

A Die Matrixmultiplikation Beginnen wir also mit der Multiplikation zweier Matrizen. An dieser Stelle müssen wir allerdings gleich zugeben, dass die nun folgende Definition keineswegs offensichtlich ist. Viel einfacher als diese auf den ersten Blick technisch komplizierte Art und Weise der Matrixmultiplikation wäre doch die *punktweise Multiplikation* zweier gleich proportionierter Matrizen, also $(AB)_{ij} := A_{ij}B_{ij}$ für alle i, j bei $A, B \in \mathbb{K}^{m,n}$.

Das ist ohne Zweifel richtig, und die punktweise Multiplikation mag auch ihre Existenzberechtigung haben, der tiefere Grund für die unten dargelegte Definition der Matrixmultiplikation liegt jedoch in den sog. **linearen Abbildungen** verborgen, auf die wir erst im nächsten Abschnitt eingehen wollen. Jede lineare Abbildung zwischen zwei endlich erzeugten Vektorräumen lässt sich durch eine Matrix darstellen und die Darstellungsmatrix der Hintereinanderausführung zweier linearer Abbildungen wird gerade aus dem Matrixprodukt der Darstellungen der jeweils einzelnen linearen Abbildung gewonnen.

9.3 Matrixalgebren

Definition 9.3.1 Es seien $k, l, m \in \mathbb{N}^*$ sowie $A \in \mathbb{K}^{k,l}$ und $B \in \mathbb{K}^{l,m}$ zwei Matrizen. Hierbei ist zu beachten, dass die Anzahl der Spalten von A gleich der Anzahl der Zeilen von B ist, nämlich l. Das **Matrixprodukt AB dieser beiden Matrizen** ist die wie folgt definierte Matrix C aus $\mathbb{K}^{k,m}$:

$$(C_{ij})_{\substack{i=1,\ldots,k \\ j=1,\ldots,m}} = \left(\sum_{s=1}^{l} A_{is} B_{sj}\right)_{\substack{i=1,\ldots,k \\ j=1,\ldots,m}}$$

Das bedeutet, dass sich für jedes $i = 1, \ldots, k$ und jedes $j = 1, \ldots, m$ der C_{ij}-Eintrag von C durch folgende Formel berechnet:

$$C_{ij} := \sum_{s=1}^{l} A_{is} B_{sj}$$

Die Anzahl der Zeilen von $C = AB$ ist gleich der Anzahl der Zeilen von A; die Anzahl der Spalten von C ist gleich der Anzahl der Spalten von B.

Betrachten wir gleich ein konkretes Beispiel, um diese abstrakte Definition näher zu bringen. Mit $\mathbb{K} = \mathbb{Q}$ seien

$$A = \begin{pmatrix} 2 & -1 & 0 & 4 \\ 3 & 1 & -2 & 1 \end{pmatrix} \quad \text{und} \quad B = \begin{pmatrix} 1 & 7 & 6 \\ 0 & 2 & -12 \\ -3 & 0 & 1 \\ 6 & -4 & 8 \end{pmatrix}.$$

Dann ergibt sich beispielsweise für den $(1, 3)$-Eintrag von $C := AB$

$$C_{1,3} = \sum_{s=1}^{4} A_{1s} B_{s3} = 2 \cdot 6 + (-1) \cdot (-12) + 0 \cdot 1 + 4 \cdot 8 = 56.$$

Insgesamt ergibt sich $C = AB = \begin{pmatrix} 26 & -4 & 56 \\ 15 & 19 & 12 \end{pmatrix}$.

B **Spezialfälle bei der Matrixmultiplikation** Die Parameter k, l und m mögen die gleiche Bedeutung wie in ▶Definition 9.3.1 haben.

1. Der Fall $m = 1$. Ist $A \in \mathbb{K}^{k,l}$ und $v \in \mathbb{K}^{l,1}$ ein Spaltenvektor, so ist $Av \in \mathbb{K}^{k,1}$ der Spaltenvektor w mit Einträgen $w_i = \sum_{j=1}^{k} A_{ij} v_j$ für $i = 1, \ldots, l$. Konkret ist beispielsweise (über $\mathbb{Q}$):

$$\begin{pmatrix} 2 & 4 & -1 \\ 3 & 0 & 2 \end{pmatrix} \begin{pmatrix} 1 \\ -7 \\ 2 \end{pmatrix} = \begin{pmatrix} -28 \\ 7 \end{pmatrix}$$

Wir werden diesen eng mit linearen Abbildungen zusammenhängenden Sachverhalt nochmals am Ende dieses Kapitels aufgreifen.

2. Der Fall $k = 1$. Ist $B \in \mathbb{K}^{l,m}$ und $u \in \mathbb{K}^{1,l}$ ein Zeilenvektor, so ist $uB \in \mathbb{K}^{1,m}$ ein Zeilenvektor w mit Einträgen $w_j = \sum_{i=1}^{l} u_i B_{ij}$ für $j = 1, \ldots, m$. Konkret ist beispielsweise (über $\mathbb{Q}$):

$$(1, 3, 9) \begin{pmatrix} 2 & 8 \\ 4 & -1 \\ 3 & 6 \end{pmatrix} = (41, 59)$$

3. Betrachten wir auch noch den Fall $k = m = 1$. Sind $v \in \mathbb{K}^{l,1}$ und $w \in \mathbb{K}^{l,1}$ Spaltenvektoren, so ist $v' \in \mathbb{K}^{1,l}$ ein Zeilenvektor und $v'w$ ist das Körperelement $\sum_{j=1}^{l} v_j w_j$. Hierbei wird natürlich $\mathbb{K}^{1,1}$ als $\mathbb{K}$ aufgefasst. Konkret ist beispielsweise (über $\mathbb{Q}$):

$$(7, 8, -1, 5) \begin{pmatrix} 10 \\ -5 \\ 10 \\ 2 \end{pmatrix} = 30$$

Die Abbildung $\mathbb{K}^l \times \mathbb{K}^l \to \mathbb{K}$, $(v, w) \mapsto v'w$ nennt man auch ein **Skalarprodukt**. Bei der Multiplikation zweier Matrizen A aus $\mathbb{K}^{k,l}$ und B aus $\mathbb{K}^{l,m}$ wird also das Skalarprodukt einer jeden Zeile von A mit einer jeden Spalten von B gebildet; ist a'_i die i-te Zeile von A und ist b_j die j-te Spalte von B, so ist $a'_i b_j$ gleich C_{ij}, wobei $C = AB$ das Produkt dieser beiden Matrizen sei.

4. Als letzten Spezialfall betrachten wir die Situation, in der $l = 1$ ist. Es sei daher $v \in \mathbb{K}^{k,1}$ ein k-Spalten- und $w \in \mathbb{K}^{1,m}$ ein m-Zeilenvektor. Dann ist $v \cdot w$ gemäß ▶Definition 9.3.1 die (k, m)-Matrix

$$\left(v_i w_j \right)_{\substack{i=1,\ldots,k \\ j=1,\ldots,m}}.$$

Konkret ist beispielsweise (über $\mathbb{Q}$ und mit $k = 4$ und $m = 6$):

$$\begin{pmatrix} 1 \\ 2 \\ 3 \\ 4 \end{pmatrix} (-1, -2, -3, -4, 0, 2) = \begin{pmatrix} -1 & -2 & -3 & -4 & 0 & 2 \\ -2 & -4 & -6 & -8 & 0 & 4 \\ -3 & -6 & -9 & -12 & 0 & 6 \\ -4 & -8 & -12 & -16 & 0 & 8 \end{pmatrix}$$

C Gesetzmäßigkeiten bei der Matrixmultiplikation Wir kommen zu den wichtigsten Rechengesetzen der Matrixmultiplikation.

Satz 9.3.2 Es seien $A \in \mathbb{K}^{k,l}$ und $B, D \in \mathbb{K}^{l,m}$ sowie $C \in \mathbb{K}^{m,n}$ und $\lambda \in \mathbb{K}$ beliebig. Dann gelten folgende Regeln:

(1) $A(B + D) = AB + AD$ und $(B + D)C = BC + DC$

(2) $(\lambda A)B = \lambda(AB) = A(\lambda B)$

(3) $(AB)C = A(BC)$

Beweis

(1) Es sei $X := A(B + D)$. Wir vergleichen jeden Eintrag der Matrix X mit jedem Eintrag der Matrix $AB + AD$. Es ist

$$X_{ij} = \sum_{s=1}^{l} A_{is}(B + D)_{sj} = \sum_{s=1}^{l} A_{is}(B_{sj} + D_{sj})$$
$$= \sum_{s=1}^{l} A_{is} B_{sj} + \sum_{s=1}^{l} A_{is} D_{sj} = (AB)_{ij} + (AD)_{ij}.$$

Da dies für jedes $i \in \{1, 2, \ldots, k\}$ und jedes $j \in \{1, 2, \ldots, l\}$ gilt, folgt die Behauptung, dass $X = A(B + D)$ und $AB + AD$ gleich sind.

(2) Entsprechend verfahren wir bei der zweiten Behauptung. Der (i, j)-Eintrag von $(\lambda A)B$ ist gleich $\sum_{s=1}^{l}(\lambda A_{is})B_{sj}$. Dieser ist offenbar sowohl gleich $\lambda \sum_{s=1}^{l} A_{is}B_{sj}$, dem (i, j)-Eintrag von $\lambda(AB)$, als auch gleich $\sum_{s=1}^{l} A_{is}\lambda B_{sj}$, dem (i, j)-Eintrag von $A(\lambda B)$, womit (2) bewiesen ist.

(3) Es seien $X := (AB)C$ und $Y := A(BC)$. Für jedes i aus $\{1, 2, \ldots, k\}$ und jedes j aus $\{1, 2, \ldots, n\}$ gilt dann

$$X_{ij} = \sum_{s=1}^{m} (AB)_{is} C_{sj} = \sum_{s=1}^{m} \left(\sum_{r=1}^{l} A_{ir} B_{rs} \right) C_{sj}$$
$$= \sum_{r=1}^{l} A_{ir} \left(\sum_{s=1}^{m} B_{rs} C_{sj} \right) = \sum_{r=1}^{l} A_{ir} (BC)_{rj} = Y_{ij}.$$

Also ist $X = Y$ und alles ist bewiesen. ∎

Im Hinblick auf das Transponieren von Matrizen wäre noch zu ergänzen, dass für $A \in \mathbb{K}^{k,l}$ und $B \in \mathbb{K}^{l,m}$ gilt:

$$(AB)' = B'A' \tag{9.3.1}$$

Der Nachweis dieses Gesetzes sei als Übung gestellt.

D Die quadratischen Matrizen als $\mathbb{K}$-Algebra Das Produkt zweier (quadratischer) (n, n)-Matrizen ist gemäß Definition wieder eine (n, n)-Matrix. Daher bewirkt die Matrixmultiplikation eine innere Verknüpfung auf $\mathbb{K}^{n,n}$. Die strukturellen Eigenschaften des $\mathbb{K}$-Vektorraumes $\mathbb{K}^{n,n}$ zusammen mit der Multiplikation von Matrizen als weitere innere Verknüpfung sind im folgenden Satz zusammengefasst.

Satz 9.3.3 Es seien $n \in \mathbb{N}^*$ und $\mathbb{K}$ ein Körper. Die Menge $\mathbb{K}^{n,n}$ aller (n, n)-Matrizen über $\mathbb{K}$ erfüllt dann folgende Eigenschaften.

(1) $\mathbb{K}^{n,n}$ ist ein $\mathbb{K}$-Vektorraum.

(2) Bezüglich der komponentenweisen Addition und der Matrixmultiplikation bildet $\mathbb{K}^{n,n}$ einen Ring mit der Einheitsmatrix als Einselement.

(3) Die Matrixmultiplikation und die Skalarmultiplikation sind im Sinne der Gleichung

$$\lambda(AB) = (\lambda A)B = A(\lambda B) \quad \text{für alle } A, B \in \mathbb{K}^{n,n} \text{ und alle } \lambda \in \mathbb{K}$$

verträglich.

Beweis

(1) Die erste Aussage ist nach Abschnitt 9.1-C klar.

(2) Bezüglich der Multiplikation von Matrizen aus $\mathbb{K}^{n,n}$ gilt das Assoziativgesetz (siehe ▶Satz 9.3.2-(3)). Ist $E = \mathrm{diag}(1, \ldots, 1)$ die Einheitsmatrix des $\mathbb{K}^{n,n}$ und $A \in \mathbb{K}^{n,n}$ beliebig, so gilt ferner (für alle i, j):

$$(AE)_{i,j} = \sum_{k=1}^{n} A_{ik} E_{kj} = A_{ij} E_{jj} = A_{ij}$$

und analog $(EA)_{i,j} = \sum_{k=1}^{n} E_{ik} A_{kj} = E_{ii} A_{ij} = A_{ij}$, sodass $EA = A = AE$ ist. Demnach ist $(\mathbb{K}^{n,n}, \cdot, E)$ ein Monoid mit E als Einselement. Schließlich sind die Distributivgesetze mit ▶Satz 9.3.2-(1) abgedeckt, sodass es sich bei $(\mathbb{K}^{n,n}, +, \cdot, 0, E)$ um einen Ring handelt (mit der Nullmatrix als Nullelement, die hier einfach wieder als 0 geschrieben ist).

(3) Die letzte Behauptung über die Verbindung zwischen Skalar- und Matrixmultiplikation folgt schließlich aus ▶Satz 9.3.2-(2). ∎

Die Aussage von ▶Satz 9.3.3 lässt sich im Sinne der folgenden Definition prägnant zur Aussage „$\mathbb{K}^{n,n}$ **ist eine $\mathbb{K}$-Algebra**" zusammenfassen. Man nennt $\mathbb{K}^{n,n}$ daher auch eine **Matrixalgebra** über $\mathbb{K}$.

9.3 Matrixalgebren

Definition 9.3.4 Es seien $\mathbb{K}$ ein Körper und $(\mathcal{A}, +, *)$ ein Ring mit Eins. Annahme, $\mathcal{A}$ ist gleichfalls ein $\mathbb{K}$-Vektorraum und bzgl. der Skalarmultiplikation und der Multiplikation in $\mathcal{A}$ gilt folgendes Gesetz:

$$\mu(a * b) = (\mu a) * b = a * (\mu b) \text{ für alle } a, b \in \mathcal{A} \text{ und jedes } \mu \in \mathbb{K}.$$

Dann heißt $\mathcal{A}$ eine **$\mathbb{K}$-Algebra** bzw. eine **Algebra über dem Körper** $\mathbb{K}$.

Die Multiplikation in $\mathbb{K}$, die Skalarmultiplikation und die Multiplikation in einer $\mathbb{K}$-Algebra werden im Folgenden meist mit ein und demselben Symbol bezeichnet. Im Hinblick auf Abschnitt 9.5 erwähnen wir an dieser Stelle den Begriff der Teilalgebra. Beispielsweise bildet die Menge der oberen Dreiecksmatrizen eine Teilalgebra der quadratischen Matrizen.

Definition 9.3.5 Ist $\mathcal{A}$ eine $\mathbb{K}$-Algebra und ist $\mathcal{U} \subseteq \mathcal{A}$ eine nichtleere Teilmenge, so nennt man $\mathcal{U}$ eine **$\mathbb{K}$-Teilalgebra** (kurz: **Teilalgebra**) von $\mathcal{A}$, falls die beiden folgenden Eigenschaften gelten:

(1) $\mathcal{U}$ ist ein $\mathbb{K}$-Teilraum des $\mathbb{K}$-Vektorraumes $\mathcal{A}$.

(2) $\mathcal{U}$ ist ein Teilmonoid des Monoids $(\mathcal{A}, *)$.

Der allgemeinen Strukturaussage über $\mathbb{K}^{n,n}$ aus ▶Satz 9.3.3 wollen wir noch folgendes Resultat hinzufügen:

Satz 9.3.6 Es seien $\mathbb{K}$ ein beliebiger Körper und $n \in \mathbb{N}$ mit $n \geq 2$. Dann gelten:

(1) $\mathbb{K}^{n,n}$ ist kein kommutativer Ring.

(2) $\mathbb{K}^{n,n}$ ist kein Integritätsbereich.

Beweis

(1) Zum Nachweis, dass bei der Matrixmultiplikation auf $\mathbb{K}^{n,n}$ das Kommutativgesetz im Allgemeinen nicht gültig ist, betrachten wir zunächst den Fall $n = 2$. Es seien

$$A := \begin{pmatrix} 1 & 1 \\ 0 & 1 \end{pmatrix} \quad \text{und} \quad B := \begin{pmatrix} 0 & 1 \\ 1 & 0 \end{pmatrix}.$$

Dann gilt

$$A \cdot B = \begin{pmatrix} 1 & 1 \\ 1 & 0 \end{pmatrix} \neq \begin{pmatrix} 0 & 1 \\ 1 & 1 \end{pmatrix} = B \cdot A.$$

Dabei ist zu beachten, dass die eben durchgeführten skalaren Rechnungen in **jedem** Körper $\mathbb{K}$ gültig sind. In der Tat kann dieses Gegenbeispiel auch zum Nachweis der Nicht-Kommutativität für $n \geq 3$ verwendet werden (bei beliebigen Körpern $\mathbb{K}$). Ausgehend von A und B wie eben seien dann E die Einheitsmatrix des $\mathbb{K}^{n-2,n-2}$ und $\overline{A}$ und $\overline{B}$ die wie folgt definierten **Blockmatrizen** des $\mathbb{K}^{n,n}$:

$$\overline{A} = \begin{pmatrix} A & O \\ O' & E \end{pmatrix} \quad \text{und} \quad \overline{B} = \begin{pmatrix} B & O \\ O' & E \end{pmatrix},$$

wobei $O \in \mathbb{K}^{2,n-2}$ die Matrix mit lauter Null-Einträgen sei und O' die zu O gehörende transponierte Matrix. Man rechnet dann nach, dass

$$\overline{A} \cdot \overline{B} = \begin{pmatrix} AB & O \\ O' & E \end{pmatrix} \neq \begin{pmatrix} BA & O \\ O' & E \end{pmatrix} = \overline{B} \cdot \overline{A}$$

gilt, womit die erste Behauptung bewiesen ist.

(2) Zum Nachweis, dass $\mathbb{K}^{n,n}$ für $n \geq 2$ kein Integritätsbereich ist, betrachten wir zunächst wieder den Fall $n = 2$. Es seien

$$C = \begin{pmatrix} 1 & 0 \\ 0 & 0 \end{pmatrix} \quad \text{und} \quad D = \begin{pmatrix} 0 & 0 \\ 0 & 1 \end{pmatrix}.$$

Dann gilt (wieder für jeden Körper $\mathbb{K}$):

$$C \cdot D = \begin{pmatrix} 0 & 0 \\ 0 & 0 \end{pmatrix}$$

Ist $n \geq 3$, so betrachten wir neben C und D wie eben die Nullmatrix N des $\mathbb{K}^{n-2,n-2}$ sowie die wie folgt definierten **Blockmatrizen** $\overline{C}$ und $\overline{D}$ des $\mathbb{K}^{n,n}$:

$$\overline{C} = \begin{pmatrix} C & O \\ O' & N \end{pmatrix} \quad \text{und} \quad \overline{D} = \begin{pmatrix} D & O \\ O' & N \end{pmatrix},$$

wobei $O \in \mathbb{K}^{2,n-2}$ die Matrix mit lauter Null-Einträgen sei und O' die zu O gehörende transponierte Matrix sei. Man rechnet dann nach, dass gilt

$$\overline{C} \cdot \overline{D} = \begin{pmatrix} CD & O \\ O' & N \end{pmatrix}.$$

Da nun CD die Nullmatrix des $\mathbb{K}^{2,2}$ ist, ist $\overline{CD}$ die Nullmatrix des $\mathbb{K}^{n,n}$ (ohne dass die beiden Faktoren gleich der Nullmatrix sind). Damit ist auch die zweite Behauptung bewiesen. ∎

Im Falle $n = 1$ entspricht $\mathbb{K}^{1,1}$ natürlich dem Körper $\mathbb{K}$, welcher kommutativ und ein Integritätsbereich ist.

E **Invertierbare Matrizen** Wir haben uns bei der Untersuchung von Ringen insbesondere für die multiplikativ invertierbaren Elemente interessiert. Dies wollen wir hier zum Ende dieses Abschnittes auch kurz bei den Matrixalgebren $\mathbb{K}^{n,n}$ aufgreifen. Das effektive Testen auf Invertierbarkeit und ggf. die Bestimmung der Inversen einer Matrix werden im Rahmen der linearen Gleichungssysteme dann im nächsten Kapitel intensiver behandelt.

Aufgrund der Rolle der Einheitsmatrix E als neutrales Element einer Matrixalgebra $\mathbb{K}^{n,n}$ ist zunächst zu beachten, dass eine Matrix A aus $\mathbb{K}^{n,n}$ **invertierbar** heißt, wenn es eine Matrix $B \in \mathbb{K}^{n,n}$ mit

$$AB = E = BA$$

gibt, wenn also A eine Einheit in Ring $(\mathbb{K}^{n,n}, +, \cdot, 0, E)$ ist. Man bezeichnet dann die zu A gehörende inverse Matrix wie üblich mit A^{-1} im Sinne der Gruppentheorie. Die Einheitengruppe von $\mathbb{K}^{n,n}$ wird häufig mit $\mathbf{GL}_n(\mathbb{K})$ bezeichnet. Dabei steht GL für **general linear group**.

Obwohl nun $\mathbb{K}^{n,n}$ für $n \geq 2$ (wie gesehen) nicht kommutativ ist, folgt aus der speziellen Gleichung $AB = E$ dennoch bereits automatisch, dass auch (in der umgekehrten Reihenfolge der Faktoren) $BA = E$ ist. Letzteres werden wir erst in Abschnitt 10.5 beweisen. Betrachten wir zwei konkrete Beispiele invertierbarer Matrizen (der Leser möge dies als Übung verifizieren).

1. Über dem Körper $\mathbb{Q}$ der rationalen Zahlen ist

$$\begin{pmatrix} 1 & -1 & 2 \\ 0 & 3 & 4 \\ -2 & 1 & 1 \end{pmatrix}^{-1} = \frac{1}{19} \begin{pmatrix} -1 & 3 & -10 \\ -8 & 5 & -4 \\ 6 & 1 & 3 \end{pmatrix}.$$

2. Über dem binären Körper $\mathbb{F}_2$ ist

$$\begin{pmatrix} 1 & 0 & 0 & 1 \\ 1 & 1 & 1 & 0 \\ 0 & 1 & 0 & 1 \\ 0 & 0 & 1 & 1 \end{pmatrix}^{-1} = \begin{pmatrix} 0 & 1 & 1 & 1 \\ 1 & 1 & 0 & 1 \\ 1 & 1 & 1 & 0 \\ 1 & 1 & 1 & 1 \end{pmatrix}.$$

Abschließend wollen wir die invertierbaren Matrizen innerhalb der Matrixalgebra $\mathbb{K}^{2,2}$ aller $(2,2)$-Matrizen über einem beliebigen Körper $\mathbb{K}$ charakterisieren.

Satz 9.3.7 Es sei $\mathbb{K}$ ein Körper. Dann gilt:

$$\begin{pmatrix} a & b \\ c & d \end{pmatrix} \text{ ist invertierbar in } \mathbb{K}^{2,2} \quad \Leftrightarrow \quad ad - bc \neq 0$$

Beweis

„$\Rightarrow$": Annahme, $\begin{pmatrix} a & b \\ c & d \end{pmatrix}$ ist invertierbar und $\begin{pmatrix} u & v \\ w & x \end{pmatrix}$ ist die zugehörige Inverse. Aufgrund der Definition der Matrixmultiplikation erhält man dann

$$\begin{pmatrix} 1 & 0 \\ 0 & 1 \end{pmatrix} = \begin{pmatrix} a & b \\ c & d \end{pmatrix} \begin{pmatrix} u & v \\ w & x \end{pmatrix} = \begin{pmatrix} au+bw & av+bx \\ cu+dw & cv+dx \end{pmatrix}.$$

Komponentenweise betrachtet führt dies zu folgendem Gleichungssystem:

$$\begin{aligned}(1)\ & au+bw = 1 \\ (2)\ & av+bx = 0 \\ (3)\ & cu+dw = 0 \\ (4)\ & cv+dx = 1\end{aligned}$$

Zur Analyse dieses Gleichungssystems machen wir eine Fallunterscheidung.

1. Falls $a = 0$, so impliziert (1), dass $b \neq 0$ ist. Sodann impliziert (2), dass $x = 0$ ist. Aus (4) folgt dann, dass $c \neq 0$ ist. Daraus ergibt sich insgesamt $ad - bc = -bc \neq 0$.

2. Falls $c = 0$, so impliziert (4), dass $d \neq 0$ ist. Sodann impliziert (3), dass $w = 0$ ist. Aus (1) folgt dann, dass $a \neq 0$ ist. Daraus ergibt sich insgesamt wieder $ad - bc = ad \neq 0$.

3. Es bleibt der Fall zu untersuchen, bei dem sowohl $a \neq 0$ als auch $c \neq 0$ gilt. Multipliziert man beide Seiten von (3) mit $\frac{a}{c}$, so erhält man die Gleichung

$$(3')\quad au + \frac{ad}{c} \cdot w = 0.$$

Wäre nun $ad - bc = 0$, also $ad = bc$, so folgte aus (3') durch Ersetzen von ad zu bc

$$0 = au + \frac{bc}{c} \cdot w = au + bw,$$

was aber der Gleichung (1) widerspricht. Daher muss $ad - bc \neq 0$ gelten.

„$\Leftarrow$": Wir multiplizieren die Matrix $U := \begin{pmatrix} a & b \\ c & d \end{pmatrix}$ mit der Matrix $\begin{pmatrix} d & -b \\ -c & a \end{pmatrix}$ und erhalten

$$U \cdot \begin{pmatrix} d & -b \\ -c & a \end{pmatrix} = \begin{pmatrix} ad-bc & -ab+ba \\ cd-dc & -cb+da \end{pmatrix} = \begin{pmatrix} ad-bc & 0 \\ 0 & ad-bc \end{pmatrix},$$

was nach Herausziehen des Skalars $ad - bc$ gleich

$$(ad-bc) \cdot \begin{pmatrix} 1 & 0 \\ 0 & 1 \end{pmatrix},$$

einem skalaren Vielfachen der Einheitsmatrix ist. Ist also $ad - bc \neq 0$, so sei

$$W := \frac{1}{ad-bc} \cdot \begin{pmatrix} d & -b \\ -c & a \end{pmatrix} = \begin{pmatrix} \frac{d}{ad-bc} & -\frac{b}{ad-bc} \\ -\frac{c}{ad-bc} & \frac{a}{ad-bc} \end{pmatrix}.$$

Dann ergibt sich
$$U \cdot W = \frac{ad - bc}{ad - bc} \cdot \begin{pmatrix} 1 & 0 \\ 0 & 1 \end{pmatrix} = \begin{pmatrix} 1 & 0 \\ 0 & 1 \end{pmatrix}.$$
Ebenso rechnet man nach, dass WU die Einheitsmatrix des $\mathbb{K}^{2,2}$ ist, womit die Invertierbarkeit von U nachgewiesen ist. ∎

Es ist zu bemerken, dass man die zur Matrix $\begin{pmatrix} a & b \\ c & d \end{pmatrix}$ gehörende Zahl $ad - bc$ die **Determinante** dieser Matrix nennt. Für die allgemeine Theorie von Determinanten bei (n, n)-Matrizen verweisen wir auf die in der Einführung zitierten Bücher [18] und [40].

9.4 Lineare Abbildungen

A **Was ist eine $\mathbb{K}$-lineare Abbildung?** Entsprechend zum Vorgehen in Kapitel 8 wollen wir nun die zu den $\mathbb{K}$-Vektorräumen gehörenden strukturerhaltenden Abbildungen studieren. Man nennt sie die $\mathbb{K}$-Vektorraum-Homomorphismen bzw. die $\mathbb{K}$-linearen Abbildungen. Erinnern wir uns daran, dass ein $\mathbb{K}$-Vektorraum eine kommutative Gruppe zusammen mit einer Skalarmultiplikation ist, und erinnern wir uns auch noch an die Philosophie des letzten Kapitels, wo wir bereits Homomorphismen für verschiedene algebraische Strukturen betrachtet haben, so kommt man unweigerlich zu der folgenden Definition.

> **Definition 9.4.1** Es seien V und W zwei $\mathbb{K}$-Vektorräume. Eine Abbildung $\tau: V \to W$ heißt eine **$\mathbb{K}$-lineare Abbildung** (kurz: **lineare Abbildung**) bzw. ein **$\mathbb{K}$-Vektorraum-Homomorphismus**, falls die beiden folgenden Eigenschaften erfüllt sind:
>
> (1) τ ist ein Gruppen-Homomorphismus von $(V, +, 0)$ nach $(W, +, 0)$.
>
> (2) τ **respektiert die Skalarmultiplikation**, d. h.:
>   Für jedes $v \in V$ und jedes $\lambda \in \mathbb{K}$ gilt $\tau(\lambda v) = \lambda \tau(v)$.

Für eine $\mathbb{K}$-lineare Abbildung τ zwischen zwei Vektorräumen gilt insbesondere $\tau(0) = 0$. Entsprechend zum Beweis von ▶Satz 9.2.2 erhält man folgende (kompakte) Charakterisierung für $\mathbb{K}$-lineare Abbildungen, die man beim konkreten Nachweis verwendet.

> **Satz 9.4.2** Es seien V und W zwei $\mathbb{K}$-Vektorräume und $\tau: V \to W$ sei eine Abbildung. Dann sind die beiden folgenden Aussagen äquivalent:
>
> (1) τ ist $\mathbb{K}$-linear.
>
> (2) Für alle $u, v \in V$ und alle $\lambda, \mu \in \mathbb{K}$ gilt $\tau(\lambda u + \mu v) = \lambda \tau(u) + \mu \tau(v)$.

9 Vektoren und Matrizen

B **Matrizen als $\mathbb{K}$-lineare Abbildungen** Der folgende Satz bietet eine Fülle von linearen Abbildungen; er besagt nämlich, dass jede Matrix lineare Abbildungen induziert.

> **Satz 9.4.3** Es sei $A \in \mathbb{K}^{m,n}$ eine Matrix. Für jedes $l \in \mathbb{N}^*$ ist dann die Abbildung
> $$\Psi_{l,A}: \mathbb{K}^{n,l} \to \mathbb{K}^{m,l}, \ X \mapsto AX,$$
> also die Multiplikation von links mit A, eine $\mathbb{K}$-lineare Abbildung von $\mathbb{K}^{n,l}$ nach $\mathbb{K}^{m,l}$.

Beweis Es seien X und Y zwei beliebige Matrizen aus $\mathbb{K}^{n,l}$ und $\lambda, \mu \in \mathbb{K}$ seien zwei Skalare. Aufgrund der Rechenregeln für das Multiplizieren mit Matrizen gilt daher
$$\Psi_{l,A}(\lambda X + \mu Y) = A(\lambda X + \mu Y) = \lambda AX + \mu AY = \lambda \Psi_{l,A}(X) + \mu \Psi_{l,A}(Y),$$
sodass $\Psi_{l,A}$ nach ▶Satz 9.4.2 in der Tat eine $\mathbb{K}$-lineare Abbildung ist. ∎

Im Falle $l = 1$ erhält man speziell eine $\mathbb{K}$-lineare Abbildung zwischen den Spaltenvektorräumen $\mathbb{K}^n$ und $\mathbb{K}^m$. Anstatt $\Psi_{1,A}$ werden wir diese Abbildung im Folgenden einfach mit Ψ_A bezeichnen.

> **Definition 9.4.4** Ist $A \in \mathbb{K}^{m,n}$ eine Matrix, so nennt man
> $$\Psi_A: \mathbb{K}^n \to \mathbb{K}^m, \ x \mapsto Ax$$
> **die zu A gehörende assoziierte lineare Abbildung**.

Aufgrund der Ergebnisse des folgenden Abschnittes C werden wir zwischen A und Ψ_A überhaupt nicht mehr zu unterscheiden brauchen.

C **Darstellung linearer Abbildungen als Matrizen** Wir bleiben thematisch bei den linearen Abbildungen und zeigen, dass diese bei endlich erzeugten Vektorräumen bereits durch ihre Wirkung auf einem Erzeugersystem eindeutig bestimmt sind, was letztendlich auch zur Darstellung solcher Abbildungen durch Matrizen führt.

Wir bemerken zuerst, dass man mit Induktion über die Anzahl der Summanden innerhalb einer Linearkombination ähnlich zu ▶Satz 9.2.4-(1) Folgendes erhält:
$$\tau\left(\sum_{i=1}^{k} \lambda_i v^i\right) = \sum_{i=1}^{k} \tau(\lambda_i v^i) = \sum_{i=1}^{k} \lambda_i \tau(v^i)$$
für jede lineare Abbildung $\tau: V \to W$, für jedes $k \in \mathbb{N}^*$ sowie Vektoren $v^1, \ldots, v^k \in V$ und Skalaren $\lambda_1, \ldots, \lambda_k \in \mathbb{K}$.

9.4 Lineare Abbildungen

Proposition 9.4.5 Es seien V und W zwei $\mathbb{K}$-Vektorräume und $V = \langle v^1, \ldots, v^k \rangle$ sei endlich erzeugt. Weiter sei $\tau\colon V \to W$ eine $\mathbb{K}$-lineare Abbildung. Dann ist τ durch die Angabe der Vektoren $\tau(v^1), \ldots, \tau(v^k)$ bereits eindeutig bestimmt.

Beweis Annahme, neben τ ist auch $\phi\colon V \to W$ eine $\mathbb{K}$-lineare Abbildung mit $\tau(v^i) = \phi(v^i)$ für alle $i = 1, \ldots, k$. Es sei $u \in V$ (beliebig). Wegen $V = \langle v^1, \ldots, v^k \rangle$ gibt es dann Skalare $\lambda_1, \ldots, \lambda_k$ mit $u = \sum_{i=1}^{k} \lambda_i v^i$. Sodann gilt aufgrund der Linearität von τ und ϕ die Gleichung

$$\tau(u) = \sum_{i=1}^{k} \lambda_i \tau(v^i) = \sum_{i=1}^{k} \lambda_i \phi(v^i) = \phi(u),$$

weshalb τ und ϕ übereinstimmen. ∎

Nachdem wir in Paragraph B gesehen haben, dass jede Matrix A aus $\mathbb{K}^{m,n}$ zu einer linearen Abbildung Ψ_A von $\mathbb{K}^n$ nach $\mathbb{K}^m$ (als Spaltenvektorräume) vermöge der Multiplikation von links mit A führt, können wir nun umgekehrt zeigen, dass man eine lineare Abbildung $\tau\colon \mathbb{K}^n \to \mathbb{K}^m$ durch eine (m, n)-Matrix über $\mathbb{K}$ *darstellen* kann.

Definition 9.4.6 Ohne Einschränkung fassen wir die Räume $\mathbb{K}^n$ und $\mathbb{K}^m$ jeweils als Spaltenvektorräume auf und legen diesen die jeweiligen kanonischen Basen zugrunde. Es sei $e^1, \ldots, e^n$ die kanonische Basis des $\mathbb{K}^n$. Nachdem wir die Bezeichnungen e^i bereits verbraucht haben, sei $f^1, f^2, \ldots, f^m$ die kanonische Basis von $\mathbb{K}^m$. Es sei $\tau\colon \mathbb{K}^n \to \mathbb{K}^m$ eine lineare Abbildung. Für jedes $j = 1, \ldots, n$ gibt es (eindeutige) Skalare $\alpha_{ij} \in \mathbb{K}$ mit

$$\tau(e^j) = \sum_{i=1}^{m} \alpha_{ij} f^i.$$

Man nennt dann die Matrix

$$\mathcal{D}(\tau) = (\alpha_{ij})_{\substack{i=1,\ldots,m \\ j=1,\ldots,n}} \in \mathbb{K}^{m,n}$$

die Darstellungsmatrix von τ bzgl. der kanonischen Basen.

Der Grund für diese Namensgebung liegt in folgendem Resultat begründet.

Satz 9.4.7 Es sei $\tau\colon \mathbb{K}^n \to \mathbb{K}^m$ eine $\mathbb{K}$-lineare Abbildung und $A := \mathcal{D}(\tau) = (\alpha_{ij})$ sei die Darstellungsmatrix von τ bzgl. der kanonischen Basen. Dann gilt $\tau(v) = Av$ für jeden Vektor v aus $\mathbb{K}^n$, weshalb τ gleich der zu A gehörenden assoziierten linearen Abbildung Ψ_A ist.

Beweis Ist $v \in \mathbb{K}^n$, so gilt $v = \sum_{i=1}^{n} v_i e^i \in \mathbb{K}^n$, weshalb $\tau(v) = \sum_{j=1}^{n} v_j \tau(e^j)$ ist. Wegen $\tau(e^j) = \sum_{i=1}^{m} \alpha_{ij} f^i$ für jedes $j = 1, \ldots, n$ ergibt sich weiter (gemäß dem Vertauschen zweier Summen)

$$\tau(v) = \sum_{j=1}^{n} v_j \left(\sum_{i=1}^{m} \alpha_{ij} f^i \right) = \sum_{i=1}^{m} \left(\sum_{j=1}^{n} \alpha_{ij} v_j \right) f^i.$$

Für die einzelnen Koordinaten des Bildvektors $\tau(v)$ bedeutet dies

$$\tau(v)_i = \sum_{j=1}^{n} \alpha_{ij} v_j \quad \text{für } i = 1, \ldots, m.$$

Fazit: Der i-te Koeffizient des Bildes von v unter τ ist gleich dem i-ten Koeffizienten von Av, des Vektors der durch Multiplikation von A mit v entsteht. Da dies für jede Koordinate i gilt, folgt die Behauptung. ■

D Die Matrixmultiplikation als Hintereinanderausführung linearer Abbildungen

Wir beenden diesen Abschnitt mit einigen weiteren Bemerkungen zu linearen Abbildungen und erhalten dabei rückwirkend eine Motivation für die Definition der Matrixmultiplikation.

Wir betrachten zunächst drei $\mathbb{K}$-Vektorräume V, W und X sowie zwei $\mathbb{K}$-lineare Abbildungen $\tau \colon V \to W$ und $\sigma \colon W \to X$. Deren Verkettung $\sigma \circ \tau \colon V \to X$ ist dann ebenfalls eine $\mathbb{K}$-lineare Abbildung (Übung). Als Nächstes konzentrieren wir uns auf die Fälle, in denen $V = \mathbb{K}^n$ und $W = \mathbb{K}^m$ sowie $X = \mathbb{K}^k$ jeweils Spaltenvektorräume sind. Diesen Räumen legen wir als Erzeugersysteme jeweils die kanonischen Basen zugrunde. In diesem Zusammenhang stellt sich die Frage nach der Darstellungsmatrix von $\mathcal{D}(\sigma \circ \tau)$ bei gegebenen Darstellungsmatrizen $A := \mathcal{D}(\tau) \in \mathbb{K}^{m,n}$ und $B := \mathcal{D}(\sigma) \in \mathbb{K}^{k,m}$. Hier zeigt eine ähnliche Rechnung wie der Nachweis von ▶Satz 9.3.2-(3), dass

$$\mathcal{D}(\sigma \circ \tau) = BA$$

ist. Dabei beachte man, dass $BA \in \mathbb{K}^{k,m}$ ist. Aufgrund ▶Satz 9.4.7 kann dieser Sachverhalt alternativ auch durch folgende Formel beschrieben werden:

$$\sigma \circ \tau = \Psi_B \circ \Psi_A = \Psi_{BA}.$$

Fazit: Die Verkettung linearer Abbildungen kann bei den Spaltenvektorräumen durch das Produkt von Matrizen beschrieben werden. Wir werden in Abschnitt 11.3 sehen, dass dies auch noch für beliebige endlich erzeugte Vektorräume V und W der Fall ist.

9.5 Komplexe Zahlen und Quaternionen als Matrixalgebren

A **Veranschaulichung linearer Abbildungen auf** $\mathbb{R}^2$ Ausgehend von der Betrachtung umkehrbarer linearer Abbildungen auf $\mathbb{R}^2$ wollen wir in diesem Abschnitt die komplexen Zahlen sowie die Quaternionen als Matrixalgebren beschreiben. Wir beginnen zunächst mit der Veranschaulichung einiger linearer Abbildungen auf $\mathbb{R}^2$.

Sind $r, s \in \mathbb{R}^*$, so nennt man die zur Matrix

$$S_{r,s} := \begin{pmatrix} r & 0 \\ 0 & s \end{pmatrix}$$

gehörende lineare Abbildung eine **Skalierung**. Diese heißt **gleichförmig**, wenn $r = s$ ist. Wegen $rs \neq 0$ ist jede dieser Matrizen nach ▶Satz 9.3.7 invertierbar. Der Begriff „Skalierung" ist hier sehr weit gefasst; bei $(r, s) = (-1, 1)$ liegt eine **Spiegelung** an der y-Achse, bei $(r, s) = (1, -1)$ liegt eine Spiegelung an der x-Achse vor.

Für jedes $t \in \mathbb{R}$ nennt man die zur Matrix

$$T_t := \begin{pmatrix} 1 & t \\ 0 & 1 \end{pmatrix}$$

gehörende lineare Abbildung eine **Scherung**. Eine Scherung lässt die x-Achse, also den Teilraum $\langle e^1 \rangle$ punktweise fest; ebenso werden alle Geraden, die parallel zur x-Achse sind, unter dieser Scherung auf sich selbst abgebildet. Nach ▶Satz 9.3.7 ist auch jede der Matrizen T_t invertierbar.

Neben den Skalierungen und den Scherungen bilden die **Drehungen** eine weitere wichtige Klasse von linearen Abbildungen des $\mathbb{R}^2$ in sich. Zur Beschreibung dieser Abbildungen verwenden wir wieder unsere Schulkenntnisse über Trigonometrie. Bei einer Drehung D_α um den im Bogenmaß gegebenen Winkel α (mit $0 \leq \alpha < 2\pi$) im Gegenuhrzeigersinn wird der erste kanonische Einheitsvektor e^1 auf $(\cos(\alpha), \sin(\alpha))'$ abgebildet, während der zweite kanonische Einheitsvektor e^2 auf $(-\sin(\alpha), \cos(\alpha))'$ abgebildet wird. Man macht sich geometrisch leicht klar, dass ein Summenvektor $u + v$ unter D_α auf die Summe der gedrehten Vektoren $D_\alpha(u) + D_\alpha(v)$ abgebildet wird. Ebenso wird ein mit λ skalierter Vektor v, also λv, unter D_α auf die entsprechende Skalierung $\lambda D_\alpha(v)$ des Bildvektors $D_\alpha(v)$ abgebildet. Dies zeigt, dass es sich bei D_α tatsächlich um eine lineare Abbildung auf $\mathbb{R}^2$ handelt. Nach Abschnitt 9.4-C ist D_α als Matrix aufzufassen; bzgl. der kanonischen Basis des $\mathbb{R}^2$ gilt

$$D_\alpha = \begin{pmatrix} \cos(\alpha) & -\sin(\alpha) \\ \sin(\alpha) & \cos(\alpha) \end{pmatrix}.$$

Wegen $\cos(\alpha)^2 + \sin(\alpha)^2 = 1 \neq 0$ ist jede der Matrizen D_α nach ▶Satz 9.3.7 invertierbar. Ein allgemeiner Vektor $(s, t)' \in \mathbb{R}^2$ wird unter D_α auf

$$\begin{pmatrix} \cos(\alpha) & -\sin(\alpha) \\ \sin(\alpha) & \cos(\alpha) \end{pmatrix} \cdot \begin{pmatrix} s \\ t \end{pmatrix} = \begin{pmatrix} s\cos(\alpha) - t\sin(\alpha) \\ s\sin(\alpha) + t\cos(\alpha) \end{pmatrix}$$

abgebildet. Die Hintereinanderausführung zweier Drehungen D_α und D_β um die Winkel D_α bzw. D_β ergibt insgesamt die Drehung um den Winkel $\alpha + \beta$ ($\mod 2\pi$, siehe Formel (6.5.10) in Abschnitt 6.5-F), also $D_{\alpha+\beta}$. Nach Abschnitt 9.4-D ist $D_{\alpha+\beta}$ gleich dem Produkt der beiden Matrizen D_α und D_β, also

$$\begin{aligned} D_{\alpha+\beta} &= \begin{pmatrix} \cos(\alpha) & -\sin(\alpha) \\ \sin(\alpha) & \cos(\alpha) \end{pmatrix} \cdot \begin{pmatrix} \cos(\beta) & -\sin(\beta) \\ \sin(\beta) & \cos(\beta) \end{pmatrix} \\ &= \begin{pmatrix} \cos(\alpha)\cos(\beta) - \sin(\alpha)\sin(\beta) & -\cos(\alpha)\sin(\beta) - \sin(\alpha)\cos(\beta) \\ \sin(\alpha)\cos(\beta) + \cos(\alpha)\sin(\beta) & -\sin(\alpha)\sin(\beta) + \cos(\alpha)\cos(\beta) \end{pmatrix}. \end{aligned}$$

Andererseits gilt aber auch

$$D_{\alpha+\beta} = \begin{pmatrix} \cos(\alpha + \beta) & -\sin(\alpha + \beta) \\ \sin(\alpha + \beta) & \cos(\alpha + \beta) \end{pmatrix}.$$

Durch Vergleich der $(1, 1)$- bzw. der $(2, 1)$-Einträge der letzten beiden Formeln für $D_{\alpha+\beta}$ haben wir damit (aus der Eigenschaft der Linearität der Drehungen) die **Additionstheoreme der Trigonometrie** gewonnen, nämlich (siehe auch ▶Satz 17.6.4 bzw. (6.5.8) sowie (6.5.9)):

$$\cos(\alpha + \beta) = \cos(\alpha)\cos(\beta) - \sin(\alpha)\sin(\beta)$$
$$\sin(\alpha + \beta) = \sin(\alpha)\cos(\beta) + \cos(\alpha)\sin(\beta)$$

Wir bemerken weiter, dass jede invertierbare Matrix A aus $\mathbb{R}^{2,2}$ (äquivalent dazu jede umkehrbare lineare Abbildung auf $\mathbb{R}^2$) als Produkt (äquivalent dazu Hintereinanderausführung) aus einer Scherung, einer Skalierung und einer Drehung geschrieben werden kann:

$$A = D_\alpha \cdot S_{r,s} \cdot T_t \text{ mit geeigneten } r, s \in \mathbb{R}^*, t \in \mathbb{R} \text{ und } 0 \le \alpha < 2\pi$$

Nach ▶Proposition 9.4.5 ist eine lineare Abbildung τ (alias A) auf $\mathbb{R}^2$ nämlich durch die Angabe von $\tau(e^1)$ und $\tau(e^2)$ bereits eindeutig festgelegt. Entscheidend ist also die Lage der beiden Vektoren $\tau(e^1)$ und $\tau(e^2)$ im Vergleich zur Lage der beiden kanonischen Einheitsvektoren e^1 und e^2. Durch die Scherung T_t erhält man den korrekten Winkel φ zwischen $\tau(e^1)$ und $\tau(e^2)$, sofern dieser zwischen 0 und π liegt; die Skalierung $S_{r,s}$ liefert die korrekten Längen von $\tau(e^1)$ und $\tau(e^2)$, wobei durch negative Werte für r bzw. s auch noch nicht berücksichtigte Winkel zwischen π und 2π erfasst werden; die Drehung ergibt schließlich die korrekte Position von $\tau(e^1)$ und $\tau(e^2)$.

B **Die komplexen Zahlen als Matrixalgebra** Wir haben in Abschnitt 6.5 die komplexen Zahlen als einen Körper eingeführt, der den Körper der reellen Zahlen erweitert. Insofern trägt $\mathbb{C}$ insbesondere die Struktur einer Algebra über dem Körper $\mathbb{R}$. Im vorliegenden Unterabschnitt wollen wir nun zeigen, wie man die komplexen Zahlen als gewisse Matrizen des $\mathbb{R}^{2,2}$ darstellen kann. Wir beginnen mit der zu einer komplexen Zahl z gehörenden Abbildung

$$\Gamma_z \colon \mathbb{C} \to \mathbb{C}, \quad x \mapsto zx,$$

der Multiplikation von links mit z. Aufgrund der elementaren Rechenregeln im Körper $\mathbb{C}$ gilt (für alle $x, y \in \mathbb{C}$ und alle $r, s \in \mathbb{R}$)

$$\Gamma_z(rx + sy) = z(rx + sy) = r(zx) + s(zy) = r\Gamma_z(x) + s\Gamma_z(y),$$

weshalb es sich bei Γ_z um eine $\mathbb{R}$-lineare Abbildung handelt. Wir legen dem $\mathbb{R}$-Vektorraum $\mathbb{C}$ nun das kanonische Erzeugersystem $1, i$ (die reelle und die imaginäre Einheit) zugrunde und stellen Γ_z diesbezüglich als lineare Abbildung dar. Ist $z = a + bi$ mit Realteil a und Imaginärteil b, so ist $\Gamma_z(1) = a + bi$ und $\Gamma_z(i) = (a + bi)i = -b + ai$. Fasst man $\mathbb{C}$ wie eingangs von Abschnitt 6.5 als $\mathbb{R}^2$ auf (durch $1 \mapsto e^1$ und $i \mapsto e^2$), so erhält man für Γ_z die Darstellungsmatrix

$$\begin{pmatrix} a & -b \\ b & a \end{pmatrix},$$

die wir ebenfalls als Γ_z bzw. als Γ_{a+bi} bezeichnen wollen. Ist $z \neq 0$, also $(a, b) \neq (0, 0)$, so ist $a^2 + b^2 \neq 0$, und somit ist die zu z gehörende Matrix Γ_z nach ▶Satz 9.3.7 invertierbar. Ist also $\mathrm{GL}_2(\mathbb{R})$ die Menge aller invertierbaren $(2, 2)$-Matrizen über $\mathbb{R}$, die Einheitengruppe von $\mathbb{R}^{2,2}$, so ergibt sich insgesamt eine Abbildung

$$\Gamma \colon \mathbb{C}^* \to \mathrm{GL}_2(\mathbb{R}), \quad z = a + bi \mapsto \Gamma_z = \begin{pmatrix} a & -b \\ b & a \end{pmatrix}.$$

Diese Abbildung ist injektiv. Ferner handelt es sich bei Γ um einen Gruppen-Homomorphismus von $(\mathbb{C}^*, \cdot)$ nach $\mathrm{GL}_2(\mathbb{R})$, denn für $a + bi$ und $c + di$ aus $\mathbb{C}$ gilt $(a + bi)(c + di) = (ac - bd) + (ad + bc)i$ sowie

$$\Gamma_{a+bi} \cdot \Gamma_{c+di} = \begin{pmatrix} a & -b \\ b & a \end{pmatrix} \cdot \begin{pmatrix} c & -d \\ d & c \end{pmatrix} = \begin{pmatrix} ac - bd & -ad - bc \\ ad + bc & ac - bd \end{pmatrix},$$

also $\Gamma_{a+bi} \cdot \Gamma_{c+di} = \Gamma_{(a+bi)(c+di)}$. Ferner ist $\Gamma_1 = \mathrm{diag}(1, 1)$ die Einheitsmatrix des $\mathbb{R}^{2,2}$; allgemeiner ist $\Gamma_r = \mathrm{diag}(r, r)$ für jede reelle Zahl $r \neq 0$. Erweitert man die Abbildung Γ, indem man die Zahl 0 auf die Nullmatrix des $\mathbb{R}^{2,2}$ abbildet, so ergibt sich insgesamt eine Abbildung $\Gamma \colon \mathbb{C} \to \mathbb{R}^{2,2}$, welche eine injektive $\mathbb{R}$-lineare Abbildung ist. Wir können daher folgendes Resultat festhalten:

Satz 9.5.1 Die Menge aller Matrizen aus $\mathbb{R}^{2,2}$ der Form

$$\begin{pmatrix} a & -b \\ b & a \end{pmatrix} \quad \text{mit } a, b \in \mathbb{R}$$

bildet eine $\mathbb{R}$-Teilalgebra von $\mathbb{R}^{2,2}$, die isomorph zu $\mathbb{C}$, dem Körper der komplexen Zahlen, ist.

In Abschnitt 6.5-E haben wir gezeigt, wie man eine komplexe Zahl durch Polarkoordinaten beschreiben kann. Sind (r, ϕ) die Polarkoordinaten von $z \in \mathbb{C}^*$ (mit $r \in \mathbb{R}^+$ und $0 \leq \phi < 2\pi$), so gilt $z = r \cdot (\cos(\phi) + \sin(\phi)i)$. Für die zu z gehörende Matrix Γ_z gilt dann

$$\Gamma_z = \begin{pmatrix} r\cos(\phi) & -r\sin(\phi) \\ r\sin(\phi) & r\cos(\phi) \end{pmatrix} = \begin{pmatrix} r & 0 \\ 0 & r \end{pmatrix} \cdot \begin{pmatrix} \cos(\phi) & -\sin(\phi) \\ \sin(\phi) & \cos(\phi) \end{pmatrix}.$$

Also ist Γ_z das Produkt aus der gleichförmigen Skalierung $S_{r,r}$ und der Drehung D_ϕ (gemäß Abschnitt A). Das zeigt einmal mehr die geometrische Bedeutung der Multiplikation komplexer Zahlen, die auch in Abschnitt 6.5-F erläutert wurde. Ein Großteil der umkehrbaren linearen Abbildungen des $\mathbb{R}^2$ kann also durch die komplexen Zahlen beschrieben werden.

C Die Quaternionen als Matrixring über $\mathbb{C}$ Wir haben in Abschnitt 6.6 den Schiefkörper $\mathbb{H}$ der Quaternionen als Beispiel eines echten Schiefkörpers kennengelernt. Wir wollen diesen nun als Matrixring mit Einträgen aus $\mathbb{C}$ beschreiben. Zu einer komplexen Zahl $z = c + di$ sei dazu $\overline{z} = c - di$ wieder die zugehörige konjugiert komplexe Zahl. Zu jedem Paar (w, z) komplexer Zahlen sei $\Omega(w, z) \in \mathbb{C}^{2,2}$ die wie folgt definierte Matrix:

$$\Omega(w, z) := \begin{pmatrix} w & -\overline{z} \\ z & \overline{w} \end{pmatrix}$$

Sind nun (x, y) und (w, z) aus $\mathbb{H}$, so gilt nach Definition der Multiplikation zweier Quaternionen $(x, y) * (w, z) = (xw - \overline{y}z, \overline{x}z + yw)$ (siehe (6.6.2)). Man rechnet nach, dass diese Multiplikation mit der Multiplikation der entsprechenden Matrizen verträglich ist, d. h.:

$$\Omega((x, y)) * \Omega((w, z)) = \begin{pmatrix} x & -\overline{y} \\ y & \overline{x} \end{pmatrix} \cdot \begin{pmatrix} w & -\overline{z} \\ z & \overline{w} \end{pmatrix}$$

$$= \begin{pmatrix} xw - \overline{y}z & -x\overline{z} - \overline{yw} \\ \overline{x}z + yw & \overline{xw} - y\overline{z} \end{pmatrix} = \Omega((xw - \overline{y}z, \overline{x}z + yw))$$

Die Abbildung Ω ist auch mit der Addition verträglich, sodass Ω insgesamt einen Ring-Homomorphismus von $\mathbb{H}$ nach $\mathbb{C}^{2,2}$ beschreibt. Dieser ist überdies injektiv und das ergibt insgesamt das folgende Resultat.

Satz 9.5.2 Die Menge aller Matrizen aus $\mathbb{C}^{2,2}$ der Form

$$\begin{pmatrix} w & -\overline{z} \\ z & \overline{w} \end{pmatrix} \quad \text{mit } w, z \in \mathbb{C}$$

bildet einen Teilring von $\mathbb{C}^{2,2}$, der isomorph zu $\mathbb{H}$, dem Schiefkörper der Quaternionen ist.

Des Weiteren entspricht die Einschränkung von Ω auf $\mathbb{R}^2$ genau der Abbildung Γ aus Abschnitt B.

D Die Quaternionen als Matrixalgebra über $\mathbb{R}$ Wenn wir die jeweiligen komplexen Zahlen in $\Omega((w, z))$ durch deren Darstellungsmatrix mittels Γ ersetzen, also

$$\begin{pmatrix} w & -\overline{z} \\ z & \overline{w} \end{pmatrix} \quad \text{mit} \quad \begin{pmatrix} \Gamma_w & -\Gamma_{\overline{z}} \\ \Gamma_z & \Gamma_{\overline{w}} \end{pmatrix}$$

identifizieren, so wird letztendlich jedem Quaternion eine (4, 4)-Matrix über $\mathbb{R}$ zugeordnet. Es seien $w = a + bi$ und $z = c + di$ mit $a, b, c, d \in \mathbb{R}$. Dann sind $\overline{w} = a - bi$ und $-\overline{z} = -c + di$. Das ergibt dann konkret die Abbildung

$$\Omega': \mathbb{H} \to \mathbb{R}^4, \quad (a + bi, c + di) \mapsto \begin{pmatrix} a & -b & -c & -d \\ b & a & d & -c \\ c & -d & a & b \\ d & c & -b & a \end{pmatrix}.$$

Hierbei handelt es sich um eine injektive Abbildung mit folgenden Eigenschaften (wobei $x, y, w, z \in \mathbb{C}$ und $r \in \mathbb{R}$ beliebig sind):

$$\Omega'((x, y) * (w, z)) = \Omega'((x, y)) \cdot \Omega'((w, z))$$
$$\Omega'((x, y) + (w, z)) = \Omega'((x, y)) + \Omega'((w, z))$$
$$\Omega'(r(x, y)) = r\Omega'((x, y))$$

Es handelt sich somit um eine $\mathbb{R}$-lineare Abbildung, die gleichzeitig ein Ring-Homomorphismus, also ein $\mathbb{R}$-Algebra-Homomorphismus ist. Das Bild von Ω' ergibt eine Darstellung des Quaternionenschiefkörpers $\mathbb{H}$ als Menge von (4, 4)-Matrizen über $\mathbb{R}$.

9 Vektoren und Matrizen

Satz 9.5.3 Die Menge aller Matrizen aus $\mathbb{R}^{4,4}$ der Form

$$\begin{pmatrix} a & -b & -c & -d \\ b & a & d & -c \\ c & -d & a & b \\ d & c & -b & a \end{pmatrix} \quad \text{mit } a,b,c,d \in \mathbb{R}$$

bildet eine $\mathbb{R}$-Teilalgebra von $\mathbb{R}^{4,4}$, die isomorph zu $\mathbb{H}$, dem Schiefkörper der Quaternionen, ist.

Die eben besprochenen Darstellungen der Quaternionen sind ebenfalls für die Computer-Graphik, insbesondere 3D-Animationen sehr wichtig, weil man mit gewissen Teilräumen der Quaternionen auch Bewegungen im dreidimensionalen Raum beschreiben kann. Für ein weiterführendes Studium der Quaternionen verweisen wir auf das Buch [17] von Ebbinghaus et al. Das Buch von Bender und Brill [8] liefert einen anwendungsorientierten Zugang zur Computer-Graphik.

Wir bemerken abschließend, dass die vier Quaternionen $(1,0)$, $(i,0)$, $(0,1)$ und $(0,i)$ ein **kanonisches Erzeugersystem von $\mathbb{H}$ als $\mathbb{R}$-Vektorraum** bilden. In der Darstellung aus Abschnitt C als Matrixring über $\mathbb{C}$ werden diese unter Ω auf die vier Matrizen

$$E = \begin{pmatrix} 1 & 0 \\ 0 & 1 \end{pmatrix}, \quad I = \begin{pmatrix} i & 0 \\ 0 & -i \end{pmatrix}, \quad J = \begin{pmatrix} 0 & -1 \\ 1 & 0 \end{pmatrix}, \quad K = \begin{pmatrix} 0 & i \\ i & 0 \end{pmatrix}$$

abgebildet. Ersetzt man ein Quaternion $(a+bi, c+di)$ nach Trennung von Real- und Imaginärteil durch das 4-Tupel (a,b,c,d), so ergeben die vier Quaternionen $(1,0)$, $(i,0)$, $(0,1)$ und $(0,i)$ gerade die kanonische Basis des $\mathbb{R}^4$. Deren Bild unter der Abbildung Ω' bildet daher ein entsprechendes kanonisches Erzeugersystem des Quaternionenschiefkörpers im Rahmen seiner reellen Darstellung. Wir verwenden dafür die gleichen Bezeichnungen:

$$E = \begin{pmatrix} 1 & 0 & 0 & 0 \\ 0 & 1 & 0 & 0 \\ 0 & 0 & 1 & 0 \\ 0 & 0 & 0 & 1 \end{pmatrix}, \quad I = \begin{pmatrix} 0 & -1 & 0 & 0 \\ 1 & 0 & 0 & 0 \\ 0 & 0 & 0 & 1 \\ 0 & 0 & -1 & 0 \end{pmatrix},$$

$$J = \begin{pmatrix} 0 & 0 & -1 & 0 \\ 0 & 0 & 0 & -1 \\ 1 & 0 & 0 & 0 \\ 0 & 1 & 0 & 0 \end{pmatrix}, \quad K = \begin{pmatrix} 0 & 0 & 0 & -1 \\ 0 & 0 & 1 & 0 \\ 0 & -1 & 0 & 0 \\ 1 & 0 & 0 & 0 \end{pmatrix}$$

9.6 Exkurs: Kerne von linearen Abbildungen und Faktorräume

A Der Kern einer linearen Abbildung Da es sich bei einer $\mathbb{K}$-linearen Abbildung $\tau: V \to W$ um einen speziellen Gruppen-Homomorphismus handelt, ist bereits klar, was der Kern von τ ist, nämlich

$$\mathrm{Kern}(\tau) := \{v \in V : \tau(v) = 0\}.$$

Die Besonderheit bei $\mathbb{K}$-Vektorräumen ist nun, dass der Kern von τ ein Teilraum von V ist. Dies und weitere Eigenschaften sind in folgendem Satz zusammengefasst.

Satz 9.6.1 Es seien V und W zwei $\mathbb{K}$-Vektorräume und $\tau: V \to W$ sei eine $\mathbb{K}$-lineare Abbildung. Dann gelten:

(1) Der Kern von τ ist ein Teilraum von V.

(2) Das Bild von τ ist ein Teilraum von W.

(3) Ist $w \in W$ im Bild von τ enthalten, etwa $\tau(v) = w$, so ist $\tau^{-1}(w) = v + \mathrm{Kern}(\tau)$.

Beweis Wir wissen bereits, dass der Kern von τ und das Bild von τ Untergruppen von $(V, +, 0)$ bzw. von $(W, +, 0)$ sind, sodass bei (1) und (2) lediglich die Eigenschaft über die Skalarmultiplikation gezeigt werden muss. Zur dritten Aussage braucht nichts mehr gezeigt zu werden, weil dies bereits aufgrund der Eigenschaft „Gruppen-Homomorphismus" richtig ist.

(1) Ist $v \in \mathrm{Kern}(\tau)$ und $\lambda \in \mathbb{K}$, so folgt $\tau(\lambda v) = \lambda \tau(v) = \lambda \cdot 0 = 0$, sodass auch $\lambda v \in \mathrm{Kern}(\tau)$ ist.

(2) Das Bild von τ ist definitionsgemäß die Menge $\mathrm{Bild}(\tau) := \{\tau(v) : v \in V\}$. Ist $w \in \mathrm{Bild}(\tau)$, etwa $w = \tau(v)$, und ist $\lambda \in \mathbb{K}$, so gilt $\tau(\lambda v) = \lambda \tau(v) = \lambda w$, sodass auch λw im Bild von τ liegt. ∎

B Faktorräume und Kongruenzrelationen bei Vektorräumen Es sei wieder V ein $\mathbb{K}$-Vektorraum. Ist U ein Teilraum von V, so ist U speziell eine Untergruppe der kommutativen Gruppe $(V, +, 0)$, also auch ein Normalteiler. Daher handelt es sich bei $\equiv_U$, der Kongruenz modulo U, um eine Kongruenzrelation auf der Gruppe $(V, +, 0)$. (Zur Erinnerung: $x \equiv_U y :\Leftrightarrow y - x \in U$.)

Da es sich bei U als Teilraum um eine spezielle Untergruppe handelt, folgt aus $y - x \in U$ und $\lambda \in \mathbb{K}$ auch $\lambda(y - x) \in U$, was $\lambda x \equiv_U \lambda y$ nach sich zieht, i. e., $\equiv_U$ respektiert auch die Skalarmultiplikation, weshalb es sich um eine **Kongruenzrelation auf dem Vektorraum** V handelt. Die Kongruenzklassen sind die Linksnebenklassen von U in

Exkurs ▶ Fortsetzung

V, also $V/U = \{x + U : x \in V\}$. Aufgrund der Teilraumeigenschaft von U ist daher die folgende Verknüpfung (von Skalaren mit Kongruenzklassen) wohldefiniert:

$$\lambda(x + U) := \lambda x + U \quad (\lambda \in \mathbb{K} \text{ und } x \in V)$$

Dabei handelt es sich in der Tat um eine Skalarmultiplikation, weshalb es sich bei der Faktorgruppe V/U sogar um einen $\mathbb{K}$-Vektorraum handelt, welcher der **Faktorraum von V nach U** genannt wird.

Insgesamt übertragen sich damit die Konzepte „Kongruenzrelation", „Kern von Homomorphismen", „Normalteiler" allesamt von Gruppen auf Vektorräume.

ZUSAMMENFASSUNG

1. **Abstrakte und spezielle Vektorräume** Wir haben zu Beginn dieses Kapitels den abstrakten Begriff eines $\mathbb{K}$-Vektorraumes eingeführt, um uns dann den n-Tupelräumen und den Matrixräumen zuzuwenden. Diese Vektorräume erhalten wir aber auch als Spezialisierung aus der folgenden Beispielklasse: Ausgehend von einem Körper $\mathbb{K}$ und einer nichtleeren Menge L betrachten wir die Menge $\mathbb{K}^L$ aller Abbildungen von L nach $\mathbb{K}$. Versieht man diese mit der sog. punktweisen Addition,
$$f \oplus g: L \to \mathbb{K}, \ x \mapsto f(x) + g(x) \quad (f, g \in \mathbb{K}^L),$$
so handelt es sich bei $(\mathbb{K}^L, \oplus, \eta)$ um eine kommutative Gruppe (wobei $\eta: L \to \mathbb{K}, x \mapsto 0$ die Nullabbildung ist). Additiv invers zu $f \in \mathbb{K}^L$ ist $-f: L \to \mathbb{K}, x \mapsto -f(x)$. Ist nun $\lambda \in \mathbb{K}$ und $f \in \mathbb{K}^L$ und definiert man
$$\lambda * f: L \to \mathbb{K}, \ x \mapsto \lambda f(x),$$
so liefert dies eine Skalarmultiplikation, weshalb $\mathbb{K}^L$ insgesamt zu einem $\mathbb{K}$-Vektorraum wird.

- Ist $L = \{1, 2, \ldots, n\}$, so ist $\mathbb{K}^L$ der n-Tupelraum $\mathbb{K}^n$.
- Ist $L = \{1, 2, \ldots, m\} \times \{1, 2, \ldots, n\}$, so ist $\mathbb{K}^L$ der Raum $\mathbb{K}^{m,n}$ aller (m, n)-Matrizen über $\mathbb{K}$.

2. **Linearkombinationen, Teilräume und deren Erzeugung** Im Einklang mit der bisherigen Theorie von Teilstrukturen zu algebraischen Strukturen versteht man unter einem Teilraum eines Vektorraumes eine nichtleere Teilmenge, welche unter der Addition von Vektoren und der Skalarmultiplikation abgeschlossen ist. Die Addition von Vektoren und die Skalarmultiplikation können durch die Bildung von Linearkombinationen zusammengefasst werden.
Die n-Tupelräume $\mathbb{K}^n$ sind ebenso wie die Matrixräume $\mathbb{K}^{m,n}$ endlich erzeugt. Das heißt, dass sich sämtliche ihrer Elemente als die lineare Hülle einer gegebenen endlichen Menge darstellen lassen, etwa durch Linearkombinationen in den jeweiligen kanonischen Basen.

3. **Matrixmultiplikation und die Struktur der Matrixalgebra $\mathbb{K}^{n,n}$** Beim Matrixprodukt wird jedem Paar (A, B) von Matrizen mit $A \in \mathbb{K}^{m,l}$ und $B \in \mathbb{K}^{l,n}$ eine Matrix $C = AB$ aus dem Raum $\mathbb{K}^{m,n}$ zugeordnet, wobei das Skalarprodukt von jedem Zeilenvektor der Matrix A mit jedem Spaltenvektor der Matrix B zu bilden ist.
Wir haben die wichtigsten Rechengesetze, die dieser Multiplikation unterliegen, kennengelernt und im Spezialfall $m = l = n$ festgestellt, dass es sich bei $(\mathbb{K}^{n,n}, \cdot, E)$ (mit E der (n, n)-Einheitsmatrix über $\mathbb{K}$) um ein Monoid handelt. Zusammen mit der Vektorraumstruktur von $\mathbb{K}^{n,n}$ und wegen der Verträglichkeit der Matrixmultiplikation mit der Skalarmultiplikation, nämlich
$$\lambda(AB) = (\lambda A)B = A(\lambda B) \quad \text{für } A, B \in \mathbb{K}^{n,n} \text{ und } \lambda \in \mathbb{K},$$
handelt es sich bei $\mathbb{K}^{n,n}$ daher um eine Algebra über $\mathbb{K}$. Neben Gruppen, Ringen, Körpern und Vektorräumen treten auch Algebren in vielfältiger Weise innerhalb der Mathematik auf. In Bezug auf die Matrixalgebren haben wir im Falle $n \geq 2$ festgestellt, dass $\mathbb{K}^{n,n}$ nicht kommutativ und kein Integritätsbereich ist. Im Falle $n = 2$ haben wir die invertierbaren Matrizen charakterisiert. Des Weiteren haben wir die komplexen Zahlen und die Quaternionen als spezielle Teilalgebren von $\mathbb{R}^{2,2}$ bzw. $\mathbb{R}^{4,4}$ dargestellt und deren geometrische Bedeutung als lineare Abbildungen angesprochen.

9 Vektoren und Matrizen

4. **Lineare Abbildungen und Matrizen** Eine zentrale Eigenschaft von Matrizen ist es, dass sie lineare Abbildungen zwischen zwei endlich erzeugten Vektorräumen beschreiben. Definitionsgemäß respektieren die linearen Abbildungen die Bildung von Linearkombinationen und sind daher die strukturerhaltenden Abbildungen auf Vektorräumen. In diesem Zusammenhang entspricht die Matrixmultiplikation gerade der Hintereinanderausführung solcher linearer Abbildungen.

Wir haben auch den Kern und die Urbilder linearer Abbildungen von einem abstrakten Standpunkt aus betrachtet. Dies werden wir aber im kommenden Kapitel sogleich konkretisieren, wenn es um das effektive Lösen von linearen Gleichungssystemen geht.

Übungsaufgaben

Aufgabe 1 Wir betrachten den Raum $\mathbb{K}^{3,3}$ aller $(3,3)$-Matrizen über einem Körper $\mathbb{K}$. Es sei V die Menge aller oberen Dreiecksmatrizen aus $\mathbb{K}^{3,3}$. Zeigen Sie, dass V ein $\mathbb{K}$-Teilraum von $\mathbb{K}^{3,3}$ ist und geben Sie ein endliches Erzeugersystem für diesen Teilraum an.

Aufgabe 2 Wir betrachten die beiden Körper $\mathbb{Q}$ und $\mathbb{C}$ der rationalen bzw. der komplexen Zahlen.

1. Begründen Sie, warum $\mathbb{C}$ ein $\mathbb{Q}$-Vektorraum ist.

2. Es sei $U := \langle v^1, v^2, v^3 \rangle$ der von v^1, v^2, v^3 erzeugte $\mathbb{Q}$-Teilraum von $\mathbb{C}$, wobei $v^1 = 1$ und $v^2 = \sqrt{2}$ und $v^3 = i$ (die imaginäre Einheit). Zeigen Sie, dass $\sqrt{2}i$ nicht in U enthalten ist.

Aufgabe 3 Es liege der Körper $\mathbb{Q}$ der rationalen Zahlen zugrunde. Gegeben seien die beiden Teilräume U und V des Vektorraumes $\mathbb{Q}^4$, definiert durch

$$U := \left\langle \begin{pmatrix} 1 \\ 0 \\ 2 \\ -1 \end{pmatrix}, \begin{pmatrix} 3 \\ 1 \\ -1 \\ 5 \end{pmatrix} \right\rangle \quad \text{und} \quad V := \left\langle \begin{pmatrix} -7 \\ -3 \\ 7 \\ -17 \end{pmatrix}, \begin{pmatrix} 11 \\ 4 \\ -6 \\ 21 \end{pmatrix} \right\rangle.$$

Zeigen Sie, dass $U = V$ gilt.

Aufgabe 4 Sind A eine (k, l)-Matrix und B eine (l, m)-Matrix über dem Körper $\mathbb{K}$, so benötigt man gemäß Definition der Matrixmultiplikation bei der Berechnung eines Eintrages $(AB)_{ij}$ genau l Multiplikationen und $l - 1$ Additionen in $\mathbb{K}$. Die Bestimmung von AB erfordert daher genau $k(l-1)m$ Additionen und klm Multiplikationen, also insgesamt $km(2l-1)$ arithmetische Operationen in $\mathbb{K}$.

Wir betrachten nun eine Folge von vier Matrizen A, B, C, D mit $A \in \mathbb{K}^{3,5}$, $B \in \mathbb{K}^{5,4}$, $C \in \mathbb{K}^{4,7}$ und $D \in \mathbb{K}^{7,2}$. Man berechne in Abhängigkeit aller möglichen Klammerungen – also beispielsweise $(AB)(CD)$ oder $A((BC)D)$ – die jeweilige notwendige Anzahl arithmetischer Operationen zur Bestimmung der $(3,2)$-Matrix $ABCD$.

Aufgabe 5 Es seien $\mathbb{K}$ ein Körper und $n \in \mathbb{N}^*$. Zu einer vorgegebenen (n,n)-Matrix A über $\mathbb{K}$ sei

$$\mathcal{Z}_A := \{B \in \mathbb{K}^{n,n} : AB = BA\}$$

die Menge aller mit A bzgl. der Multiplikation vertauschbaren Matrizen B. Zeigen Sie, dass $\mathcal{Z}_A$ eine $\mathbb{K}$-Teilalgebra von $\mathbb{K}^{n,n}$ ist.

Übungsaufgaben

Aufgabe 6 Gegeben seien zwei Matrizen

$$A := \begin{pmatrix} a & b \\ c & d \end{pmatrix} \quad \text{und} \quad B := \begin{pmatrix} e & f \\ g & h \end{pmatrix}$$

mit Einträgen aus einem Körper $\mathbb{K}$. Wir definieren die Größen $p_1, p_2, \ldots, p_7$ sowie r, s, t, u durch

$$p_1 := a(f - h), \quad p_2 := (a + b)h, \quad p_3 := (c + d)e,$$
$$p_4 := d(g - e), \quad p_5 := (a + d)(e + h), \quad p_6 := (b - d)(g + h),$$
$$p_7 := (a - c)(e + f),$$

$$r := p_5 + p_4 - p_2 + p_6, \quad s := p_1 + p_2,$$
$$t := p_3 + p_4, \quad u := p_5 + p_1 - p_3 - p_7.$$

1. Zeigen Sie, dass AB gleich $\begin{pmatrix} r & s \\ t & u \end{pmatrix}$ ist.

2. Vergleichen Sie ferner die Anzahl der hier benötigten arithmetischen Operationen in $\mathbb{K}$ mit dem Rechenaufwand der herkömmlichen Methode zur Bildung des Matrixproduktes AB.

Bemerkung: Die hier beschriebene Multiplikation ist Grundlage für die **schnelle Matrixmultiplikation von Strassen** (siehe auch Abschnitt 15.5).

Aufgabe 7 Wir betrachten den Spaltenraum $\mathbb{R}^3$ mit der kanonischen Basis e^1, e^2, e^3. Es sei $\Delta_\alpha : \mathbb{R}^3 \to \mathbb{R}^3$ die Drehung der $\langle e^1, e^2 \rangle$-Ebene um den Winkel α (im Gegenuhrzeigersinn) mit Achse $\langle e^3 \rangle$. Dabei handelt es sich um eine $\mathbb{R}$-lineare Abbildung.

1. Geben Sie die Darstellungsmatrix M_α von Δ_α bzgl. der kanonischen Basis an.

2. Neben α sei β ein weiterer Winkel. Zeigen Sie durch Multiplikation der beiden Darstellungsmatrizen M_β und M_α und unter Verwendung der Additionstheoreme, dass $\Delta_\beta \circ \Delta_\alpha = \Delta_{\alpha+\beta}$ gilt.

Aufgabe 8 Zu einer Matrix $A \in \mathbb{K}^{n,n}$ sei wieder Ψ_A die Abbildung $\Psi_A : \mathbb{K}^n \to \mathbb{K}^n$, $x \mapsto Ax$. Weisen Sie die Äquivalenz der folgenden vier Aussagen nach:

(1) A ist invertierbar.

(2) Ψ_A ist injektiv.

(3) Ψ_A ist surjektiv.

(4) Ψ_A ist bijektiv.

Anleitung:

$$(1) \Rightarrow (4) \Rightarrow (3)$$
$$\Downarrow \qquad \Downarrow$$
$$(2) \Rightarrow (1)$$

Aufgabe 9 Wir betrachten die komplexen Zahlen $\mathbb{C}$ als Vektorraum über $\mathbb{R}$. Zeigen Sie, dass die Abbildung $\omega \colon \mathbb{C} \to \mathbb{C},\ x \mapsto \overline{x}$ (konjugiert komplex) eine $\mathbb{R}$-lineare Abbildung ist und geben Sie die Darstellungsmatrix dieser Abbildung bzgl. dem Erzeugersystem $1, i$ von $\mathbb{C}$ an.

Aufgabe 10 Gegeben seien die beiden Quaternionen $U := (1-i, 2+i)$ und $V := (i, 2+3i)$ gemäß Abschnitt 6.6. Bilden Sie das Produkt $U * V$ nach (6.6.2). Bilden Sie ebenfalls die Matrixprodukte $\Omega(A) \cdot \Omega(B)$ und $\Omega'(A) \cdot \Omega'(B)$, wobei Ω und Ω' die Abbildungen aus Abschnitt 9.5-C bzw. 9.5-D seien.

Aufgabe 11 Wir legen hier einmal den Restklassenkörper $\mathbb{Z}_7$ zugrunde (Arithmetik modulo 7) und einmal den Restklassenkörper $\mathbb{Z}_5$ (Arithmetik modulo 5). Berechnen Sie jeweils das Produkt $ABCD$ für die folgenden Matrizen:

$$A := \begin{pmatrix} 1 & 0 & 3 & 4 & 1 \\ 0 & 4 & 3 & 3 & 0 \\ 2 & 1 & 1 & 0 & 3 \end{pmatrix}, \qquad B := \begin{pmatrix} 3 & 1 & 0 & 1 \\ 1 & 2 & 1 & 0 \\ 3 & 0 & 0 & 2 \\ 1 & 2 & 3 & 4 \\ 0 & 4 & 2 & 1 \end{pmatrix},$$

$$C := \begin{pmatrix} 1 & 1 & 2 & 0 & 3 & 0 & 1 \\ 2 & 1 & 3 & 3 & 0 & 4 & 0 \\ 0 & 1 & 1 & 1 & 2 & 0 & 4 \\ 3 & 2 & 0 & 3 & 3 & 1 & 1 \end{pmatrix}, \qquad D := \begin{pmatrix} 0 & 1 \\ 1 & 2 \\ 3 & 3 \\ 4 & 1 \\ 2 & 2 \\ 3 & 0 \\ 2 & 4 \end{pmatrix}.$$

Übungsaufgaben

Aufgabe 12 Gegeben seien die folgenden drei Matrizen mit Einträgen aus $\mathbb{Q}$:

$$A := \begin{pmatrix} -1 & 0 \\ 5 & 6 \\ -4 & 3 \end{pmatrix}, \quad B := \begin{pmatrix} 0 & 4 & 0 & 11 & -2 \\ 1 & 0 & 3 & -6 & 5 \end{pmatrix}, \quad C := \begin{pmatrix} 2 & -1 & 1 \\ -2 & 0 & 4 \\ 5 & -3 & 1 \\ 2 & 11 & 4 \\ -3 & 0 & 1 \end{pmatrix}.$$

Berechnen Sie die folgenden Matrizen: $X := AB$, $Y := BC$, $Z := XC$ und $W := AY$.

Aufgabe 13 Es seien V, W und X drei $\mathbb{K}$-Vektorräume und $\tau: V \to W$ und $\sigma: W \to X$ seien zwei $\mathbb{K}$-lineare Abbildungen. Zeigen Sie, dass auch die Verkettung $\sigma \circ \tau: V \to X$ eine $\mathbb{K}$-lineare Abbildung ist.

Aufgabe 14 Es sei e^1, e^2, e^3, e^4 die kanonische Basis des $\mathbb{K}^4$ und f^1, f^2, f^3, f^4, f^5 die kanonische Basis des $\mathbb{K}^5$. Bestimmen Sie die Darstellungsmatrix bzgl. dieser Basen der durch

$$e^1 \mapsto f^1 + f^2 + f^5,$$
$$e^2 \mapsto f^3 + f^4 + f^5,$$
$$e^3 \mapsto f^1 + f^3 + f^5,$$
$$e^4 \mapsto f^2 + f^4 + f^5$$

gegebenen linearen Abbildung von $\mathbb{K}^4$ nach $\mathbb{K}^5$ und bestimmen Sie das Bild der beiden Vektoren $(1, 1, -1, -1)'$ und $(2, -1, 0, 1)'$.

Lineare Gleichungssysteme

	Einführung	376
10.1	Die Struktur der Lösungsmenge	378
10.2	Die Lösungsmenge bei einer Gleichung	381
10.3	Elementare Zeilenumformungen	389
10.4	Treppenmatrizen und der Gauß-Algorithmus	393
10.5	Die Lösungsmenge bei allgemeinen Problemen	400
10.6	Invertierbare Matrizen	406
	Zusammenfassung	413
	Übungsaufgaben	414

10 Lineare Gleichungssysteme

EINFÜHRUNG

>> Nachdem wir uns im letzten Kapitel mit Vektoren und Matrizen in einem abstrakten Rahmen vertraut gemacht haben, wenden wir uns nun der konkreten Problemstellung des *Lösens linearer Gleichungssysteme* zu, eines der wichtigsten Aufgaben der Linearen Algebra. Wir werden dabei die Ergebnisse für beliebige Körper $\mathbb{K}$ formulieren. Gegeben sind dabei eine Matrix $A \in \mathbb{K}^{m,n}$ und ein Spaltenvektor $b \in \mathbb{K}^m$; gesucht sind alle Spaltenvektoren $x \in \mathbb{K}^n$ mit $Ax = b$.

In Abschnitt 10.1 verschaffen wir uns zunächst einen Überblick über die Struktur der Lösungsmenge eines solchen linearen Gleichungssystems. Aufgrund der bereits im letzten Kapitel erzielten Ergebnisse ist allerdings klar, dass die Lösungsmenge gleich $\Psi_A^{-1}(b)$, dem Urbild der zu A assoziierten linearen Abbildung Ψ_A ist, und deshalb eine Nebenklasse des Kernes von Ψ_A darstellt, sofern das System überhaupt lösbar ist.

Anhand einiger einfacher ausgewählter Probleme wollen wir in Abschnitt 10.2 eine Vorstellung davon bekommen, wie eine Beschreibung der gesamten Lösungsmenge eines linearen Gleichungssystems auszusehen hat. Insbesondere werden wir die Lösungsmenge vollständig beschreiben, wenn das System aus nur einer Gleichung besteht, wenn die Matrix A also nur eine Zeile hat. Dabei zeichnet sich bereits folgender Sachverhalt ab, der sich auch für allgemeine Gleichungssysteme als gültig erweisen wird: Ist die Lösungsmenge nicht leer, so besteht sie aus zwei Teilen,

- einer speziell gewählten Lösung y, dem sog. *Verankerungsvektor*,

- und einem *endlichen* Erzeugersystem des zugehörigen *homogenen Lösungsraumes*, i. e. des Lösungsraumes der Gleichung $Ax = 0$.

Von den Erfahrungen anhand des Beispielmaterials ausgehend formulieren wir zu Beginn von Abschnitt 10.3 dann die Zielsetzung, die Daten $(A|b)$ des gegebenen Systems so umzuformen, dass ein äquivalentes „einfaches" System $(T|b^*)$ entsteht, welches die gleiche Lösungsmenge wie das Ausgangssystem hat. Die zulässigen Regeln des Umformens bestehen dabei aus drei Arten von *elementaren Zeilenumformungen*, die in ihrer Gesamtheit und abstrakt gesehen eine bestimmte Äquivalenzrelation $\overset{*}{\leadsto}$ auf den Matrizen über $\mathbb{K}$ induzieren.

In Abschnitt 10.4 werden wir mit dem Begriff „normierte Treppengestalt" zunächst formalisieren, was im Sinne der Lösbarkeit von linearen Gleichungen unter einem „einfachen" System zu verstehen ist. Eine *normierte Treppenmatrix* wird durch zwei Parameter beschrieben, den *Rang r* und die *charakteristische Spaltenfunktion* χ. Sodann werden wir anhand des *Gauß-Algorithmus* nachweisen, dass jede Matrix durch eine Kette von endlich vielen elementaren Zeilenumformungen in normierte Treppengestalt

Einführung

gebracht werden kann, wobei der wichtige Teilaspekt des *Pivotierens* hervorgehoben wird.

Nach der Transformation des Ausgangssystems $(A|b)$ in normierte Treppengestalt $(T|b^*)$ bleibt die Aufgabe, die vollständige Information über die Lösungsmenge aus dem einfachen System $(T|b^*)$ herauszulesen. Dies geschieht in Abschnitt 10.5.

■ Zunächst entscheidet sich die Lösbarkeit des Systems anhand eines Vergleichs der Ränge von T bzw. von $(T|b^*)$.

■ Bei Lösbarkeit lässt sich aus der charakteristischen Spaltenfunktion χ zur Treppenmatrix T und aus der rechten Seite b^* ein Verankerungsvektor y gewinnen. Des Weiteren beinhalten die nichtcharakteristischen Spalten von T ein Erzeugersystem für den homogenen Lösungsraum.

Im abschließenden Abschnitt 10.6 zeigen wir, wie man den Gauß-Algorithmus anwendet, um die *Invertierbarkeit* einer quadratischen Matrix zu testen und diese gegebenenfalls auch zu invertieren. Dabei lernen wir einige Charakterisierungen von invertierbaren Matrizen kennen und sehen außerdem, dass sich jede invertierbare Matrix als Produkt von sog. *elementaren* (invertierbaren) *Matrizen* schreiben lässt, welche wiederum den elementaren Zeilenumformungen entsprechen. Wir können auch beweisen, dass in der $\rightsquigarrow$-Äquivalenzklasse einer jeden Matrix genau eine normierte Treppenmatrix enthalten ist, weshalb der Gauß-Algorithmus auch bei Offenhalten der Pivotauswahl definitiv ein eindeutiges Ergebnis produziert.

》

10 Lineare Gleichungssysteme

Lernziele

- Verständnis der Struktur der Lösungsmenge eines linearen Gleichungssystems
- die Angabe der gesamten Lösungsmenge bei einem System mit nur einer Gleichung
- die drei Arten von elementaren Zeilenumformungen mit der Zielsetzung, ein allgemeines (in der Regel kompliziertes) lineares Gleichungssystem $Ax = b$ in ein äquivalentes (einfaches) lineares Gleichungssystem $Tx = b^*$ zu überführen
- Verständnis dafür, was man formal unter „einfach" versteht – normierte Treppenmatrix
- die Handhabe des Gauß-Algorithmus, insbesondere die Pivotierung als wichtigen Teilaspekt
- die Technik des Ablesens der Lösungsmenge unter Verwendung von Rang und charakteristischer Spaltenfunktion der zu $(A|b)$ gehörenden Treppen-Normalform $(T|b^*)$
- Charakterisierungen der Invertierbarkeit von Matrizen und ggf. die effektive Berechnung der Inversen

10.1 Die Struktur der Lösungsmenge

A **Was ist ein lineares Gleichungssystem?** Ein **lineares Gleichungssystem mit** m **Gleichungen und** n **Variablen** $x_1, \ldots, x_n$ hat die Form

$$
\begin{aligned}
A_{11}x_1 + \ldots + A_{1n}x_n &= b_1 \\
A_{21}x_1 + \ldots + A_{2n}x_n &= b_2 \\
\vdots \quad\quad \vdots \quad\quad \vdots & \\
A_{m1}x_1 + \ldots + A_{mn}x_n &= b_m.
\end{aligned}
\tag{10.1.1}
$$

Bei den vorgegebenen Koeffizienten A_{ij} handelt es sich um Elemente eines zugrunde liegenden Körpers $\mathbb{K}$. Sie bilden zusammen die **Koeffizientenmatrix** A des Systems; es ist also $A \in \mathbb{K}^{m,n}$. Die ebenfalls vorgegebenen Elemente b_i bilden den Spaltenvektor $b \in \mathbb{K}^m$ der **rechten Seite**. Ist $b = 0$ (der Nullvektor des $\mathbb{K}^m$), so heißt das System **homogen**, andernfalls **inhomogen**.

Unter dem Lösen eines (über dem Körper $\mathbb{K}$) durch (A, b) gegebenen linearen Gleichungssystems wie in (10.1.1) versteht man die Bestimmung aller n-(Spalten)-Tupel $(x_1, \ldots, x_n)'$ des $\mathbb{K}^n$, die das System (also sämtliche Gleichungen) erfüllen. Fasst man daher x als Variable des Spaltenvektorraumes $\mathbb{K}^n$ auf, so hat das Gleichungssystem (10.1.1) die Kurzform

$$Ax = b. \tag{10.1.2}$$

10.1 Die Struktur der Lösungsmenge

Die Matrix $(A|b) \in \mathbb{K}^{m,n+1}$, die aus A entsteht, indem man die rechte Seite b als zusätzliche Spalte hinzunimmt, bezeichnet man als **erweiterte Koeffizientenmatrix** des Systems $Ax = b$.

B **Grundproblemstellungen** Ausgehend von $(A|b) \in \mathbb{K}^{m,n+1}$ bezeichne im Folgenden

$$\mathbb{L}_{A,b} := \{v \in \mathbb{K}^n : Av = b\} \qquad (10.1.3)$$

die **Lösungsmenge des linearen Gleichungssystems**. Die Bestimmung von $\mathbb{L}_{A,b}$ ist eine der grundlegendsten Aufgaben der Linearen Algebra. Dabei stellen sich folgende Teilprobleme.

- Gibt es überhaupt eine Lösung? (Ist $\mathbb{L}_{A,b}$ nicht leer?)
- Gibt es im Falle der Lösbarkeit eine *eindeutige* Lösung?
- Wenn es mehr als eine Lösung, ja möglicherweise unendlich viele Lösungen gibt, wie kann man die gesamte Lösungsmenge *einfach* beschreiben?

All diese Fragen werden in diesem Kapitel algorithmisch und vollständig beantwortet.

C **Eine erste Analyse der Lösungsmenge** Im weiteren Verlauf dieses einleitenden Abschnittes geht es um eine erste Analyse der Lösungsmenge. Die Ergebnisse sind sehr ähnlich zu denen aus Abschnitt 7.6 über den Chinesischen Restsatz. Wir beginnen mit der Untersuchung homogener Systeme.

Satz 10.1.1 Die Lösungsmenge eines homogenen linearen Gleichungssystems $Ax = 0$ in n Variablen ist ein $\mathbb{K}$-Teilraum des $\mathbb{K}^n$.

Beweis Wegen $A0 = 0$ ist der Nullvektor stets Lösung des homogenen Systems $Ax = 0$, sodass $\mathbb{L}_{A,0}$ nicht leer ist. Annahme, u und w sind nun irgendwelche Lösungen von $Ax = 0$. Sind dann λ und μ beliebige Skalare aus $\mathbb{K}$, so gilt

$$A(\lambda u + \mu v) = A(\lambda u) + A(\mu w) = \lambda Au + \mu Aw = \lambda \cdot 0 + \mu \cdot 0 = 0 + 0 = 0,$$

sodass auch $\lambda u + \mu w$ im Lösungsraum $\mathbb{L}_{A,0}$ enthalten ist. Nach ▶Satz 9.2.2 ist damit gezeigt, dass es sich bei einem homogenen Lösungsraum um einen Teilraum von $\mathbb{K}^n$ handelt. ∎

In der Tat haben wir diesen Sachverhalt bereits in ▶Satz 9.6.1-(1) bewiesen, weil die Menge $\mathbb{L}_{A,0}$ gleich dem Kern der zu A assoziierten linearen Abbildung $\Psi_A : \mathbb{K}^n \to \mathbb{K}^m$, $x \mapsto Ax$ (▶Definition 9.4.4) und somit ein $\mathbb{K}$-Teilraum von $\mathbb{K}^n$ ist. Wir haben es als sinnvoll erachtet, dies hier nochmals auf elementare Weise klarzumachen.

Lineare Gleichungssysteme

In Abschnitt 10.5 werden wir einerseits sehen, dass der Lösungsraum eines homogenen linearen Gleichungssystems **endlich erzeugt** ist. Weiterhin werden wir dort auch zeigen, wie man ein **minimales Erzeugersystem** für $\mathbb{L}_{A,0}$ angeben kann – minimal in dem Sinne, dass die Anzahl der Vektoren, deren lineare Hülle gleich $\mathbb{L}_{A,0}$ ist, kleinstmöglich ist. Dies ist auch für die Beschreibung aller Lösungen von inhomogenen Systemen sehr wichtig, wie das nächste Resultat zeigt.

Satz 10.1.2 Es seien $A \in \mathbb{K}^{m,n}$ und $b \in \mathbb{K}^m$. Annahme, das Gleichungssystem $Ax = b$ hat eine Lösung y. Dann gilt:

$$\mathbb{L}_{A,b} = y + \mathbb{L}_{A,0}, \text{ also } \mathbb{L}_{A,b} = \{y + h : h \in \mathbb{L}_{A,0}\}$$

Mit anderen Worten: Die Menge der inhomogenen Lösungen bildet eine Linksnebenklasse des Teilraums der homogenen Lösungen, sofern überhaupt eine Lösung existiert.

Beweis Die Aussage folgt sofort aus ▶Satz 9.6.1-(3), wenn man von A zur assoziierten linearen Abbildung Ψ_A übergeht. Wir wollen diesen Sachverhalt aber trotzdem auch nochmals elementar beweisen. Dazu nehmen wir an, dass $h \in \mathbb{L}_{A,0}$ eine beliebige homogene Lösung ist. Dann gilt

$$A(y + h) = Ay + Ah = b + 0 = b,$$

sodass mit der einen gegebenen Lösung y auch $y + h$ eine Lösung von $Ax = b$ ist. Damit ist gezeigt, dass $y + \mathbb{L}_{A,0}$ Teilmenge von $\mathbb{L}_{A,b}$ ist. Wir nehmen umgekehrt an, dass $z \in \mathbb{L}_{A,b}$ irgendeine Lösung von $Ax = b$ ist. Dann folgt

$$A(z - y) = Az - Ay = b - b = 0,$$

weshalb $z - y \in \mathbb{L}_{A,0}$ eine homogene Lösung ist. Nun ist $z = y + (z - y)$. Also ist z Element von $y + \mathbb{L}_{A,0}$. Damit ist auch die umgekehrte Mengeninklusion gezeigt, nämlich $\mathbb{L}_{A,b} \subseteq y + \mathbb{L}_{A,0}$. ∎

Eine Lösung y wie in ▶Satz 10.1.2 nennt man einen **Verankerungsvektor**. Zusammenfassend lässt sich also sagen, dass die Lösung eines linearen Gleichungssystems $Ax = b$ auf die folgenden beiden Grundprobleme zurückgeführt ist:

1. das Entscheiden der Lösbarkeit

2. im Falle der Lösbarkeit:

    - die Bestimmung eines (möglichst einfachen) Verankerungsvektors

- die Angabe eines (minimalen) Erzeugersystems (einfacher Form) für die Menge aller homogenen Lösungen.

10.2 Die Lösungsmenge bei einer Gleichung

Im vorliegenden Abschnitt diskutieren wir die Lösung linearer Gleichungssysteme anhand einiger einfacher Beispiele. Unser Hauptaugenmerk liegt dabei auf der Beschreibung der Lösungsmenge bei **einer einzigen Gleichung**. Wir werden aber auch einige konkrete Beispiele mit mehreren Gleichungen betrachten, bei denen die Koeffizientenmatrix eine besonders einfache Form hat. Wie im ersten Abschnitt bezeichne n die Anzahl der Variablen und m die Anzahl der Gleichungen.

A Der einfachste Fall Wir beginnen mit dem denkbar einfachsten Fall, nämlich $m = n = 1$, also eine Gleichung mit einer Unbekannten. In diesem Fall hat das System die Form $\alpha x = \beta$ mit $\alpha, \beta \in \mathbb{K}$, und x ist die einzige Variable.

Falls $\alpha = 0$, ein uninteressanter Sonderfall, so ist die Gleichung unlösbar, wenn $\beta \neq 0$ ist, während im Falle $\beta = 0$ jedes Körperelement eine Lösung ist (hierbei ist zu erwähnen, dass $\mathbb{K} = \langle 1 \rangle$ als $\mathbb{K}$-Vektorraum endlich erzeugt ist). Es sei nun $\alpha \neq 0$. Durch Multiplikation beider Seiten mit α^{-1} ergibt sich sodann die eindeutige Lösung $x = \frac{\beta}{\alpha}$. Dies ist wegen

$$\mathbb{L}_{\alpha,\beta} = \left\{\frac{\beta}{\alpha}\right\} = \frac{\beta}{\alpha} + \{0\} = \frac{\beta}{\alpha} + \langle 0 \rangle$$

konsistent mit ▶Satz 10.1.2.

Es mag auf den ersten Blick vielleicht etwas lächerlich aussehen, dass wir den Fall $m = n = 1$ explizit behandelt haben. Allerdings sei dazu angemerkt, dass man zur tatsächlichen Lösung eines solchen Systems das Invertieren innerhalb des Körpers $\mathbb{K}$ bewerkstelligen muss. Liegt also beispielsweise ein Restklassenkörper $\mathbb{Z}_p$ zugrunde, so ist α^{-1} mit dem erweiterten Euklidischen Algorithmus zu berechnen. Ist $\mathbb{K}$ der Körper $\mathbb{C}$ der komplexen Zahlen, so muss man sich daran erinnern, dass $(a + bi)^{-1} = \frac{a}{a^2+b^2} - \frac{b}{a^2+b^2}i$ ist, sofern $a + bi \neq 0$.

Weiter wollen wir bemerken, dass dieses (triviale) Beispiel im Falle $\alpha \neq 0$ folgendermaßen verallgemeinert werden kann: Es sei dazu $m = n$, sodass die Koeffizientenmatrix A quadratisch ist. Die Bedingung „$\alpha \neq 0$" übersetzt sich dann in die Eigenschaft „A ist invertierbar". Multipliziert man in diesem Fall die Gleichung $Ax = b$ von links mit der zu A gehörenden inversen Matrix, so ergibt sich $A^{-1}(Ax) = A^{-1}b$, was wegen $A^{-1}(Ax) = (A^{-1}A)x = Ex = x$ (mit E der Einheitsmatrix des $\mathbb{K}^{n,n}$) zu $x = A^{-1}b$ führt. In der Tat ist $z := A^{-1}b$ auch eine Lösung des Systems $Ax = b$ (und damit die einzige

Lösung), denn $Az = A(A^{-1}b) = (AA^{-1})b = Eb = b$. Also ist die gesamte Lösungsmenge gleich $\{A^{-1}b\} = A^{-1}b + \{0\} = A^{-1}b + \langle 0 \rangle$, da der Nullvektor die einzige Lösung des zugehörigen homogenen Systems ist.

B **Eine Gleichung mit zwei Variablen** Wir untersuchen nun den nächsteinfachen Fall, nämlich $m = 1$ und $n = 2$. Die Gleichung laute

$$\alpha_1 x_1 + \alpha_2 x_2 = \beta.$$

Falls $\alpha_1 = \alpha_2 = 0$, so ist die Lösungsmenge ganz $\mathbb{K}^2 = \langle e^1, e^2 \rangle$, wenn $\beta = 0$, und leer, wenn $\beta \neq 0$ ist. Wir nehmen nun an, dass wenigstens einer der beiden Koeffizienten α_i von 0 verschieden ist. Ohne Einschränkung sei $\alpha_1 \neq 0$, sonst führt man einfach eine Vertauschung der Indizes durch. Setzt man dann $y_2 := 0$ und $y_1 := \frac{\beta}{\alpha_1}$, so ist

$$y = (y_1, y_2)' = \left(\frac{\beta}{\alpha_1}, 0\right)' \in \mathbb{K}^2$$

eine Lösung, denn $\alpha_1 y_1 + \alpha_2 y_2 = \alpha_1 \cdot \frac{\beta}{\alpha_1} = \beta$. Also ist das System überhaupt lösbar und wir wählen y als Verankerungsvektor.

Es bleibt, das homogene System zu betrachten. Dazu sei $h \in \mathbb{K}^2$ definiert durch $h_2 := 1$ und $h_1 := -\frac{\alpha_2}{\alpha_1}$, also

$$h = \left(-\frac{\alpha_2}{\alpha_1}, 1\right)' \in \mathbb{K}^2.$$

Dann ist $\alpha_1 h_1 + \alpha_2 h_2 = \alpha_1 \cdot (-\frac{\alpha_2}{\alpha_1}) + \alpha_2 = -\alpha_2 + \alpha_2 = 0$, sodass h eine homogene Lösung ist. Wir behaupten weiter, dass $\langle h \rangle = \{\lambda h : \lambda \in \mathbb{K}\}$, also das, was von h erzeugt wird, bereits die Menge **aller** homogenen Lösungen ist. Ist nämlich u irgendeine homogene Lösung, so folgt aus der Bedingung $\alpha_1 u_1 + \alpha_2 u_2 = 0$, dass $u_1 = -\frac{\alpha_2}{\alpha_1} u_2$ und daher

$$u = \begin{pmatrix} u_1 \\ u_2 \end{pmatrix} = \begin{pmatrix} -\frac{\alpha_2}{\alpha_1} u_2 \\ u_2 \end{pmatrix} = u_2 \cdot \begin{pmatrix} -\frac{\alpha_2}{\alpha_1} \\ 1 \end{pmatrix} = u_2 h$$

ist. Also folgt $u = u_2 h \in \langle h \rangle$. Damit ist insgesamt gezeigt, dass die gesamte Lösungsmenge gleich $y + \langle h \rangle$ ist.

C **Ein konkretes Zahlenbeispiel** Es folgt zur Abwechslung ein konkretes Zahlenbeispiel. Es seien $m = 1$ und $n = 4$. Wir betrachten eine Gleichung mit vier Variablen über dem Körper $\mathbb{K} = \mathbb{Q}$ der rationalen Zahlen, nämlich die Gleichung

$$2x_1 + 3x_2 - x_3 - 2x_4 = 1.$$

Zur Konstruktion einer Verankerungslösung y setzen wir drei der vier Variablen gleich null, etwa $y_2 = y_3 = y_4 = 0$, um dann aus der Bedingung $2y_1 = 1$ die Belegung der ersten Komponente von y zu erhalten: $y_1 = \frac{1}{2}$. Es ist also

10.2 Die Lösungsmenge bei einer Gleichung

$$y = \left(\frac{1}{2}, 0, 0, 0\right)'$$

eine Lösung der Gleichung. Als Nächstes untersuchen wir das zugehörige homogene System

$$2h_1 + 3h_2 - h_3 - 2h_4 = 0.$$

Geht man so vor wie eben beim inhomogenen System, so erhält man lediglich die (triviale) Lösung $(0, 0, 0, 0)'$. Um die Gesamtheit aller homogenen Lösungen anzugeben, muss man daher eine etwas andere Strategie verfolgen. Man setzt dazu zwei der drei Variablen h_2, h_3, h_4 gleich null und verfährt dann jeweils wie im Falle einer Gleichung mit zwei Variablen, um eine von null verschiedene homogene Lösung zu erhalten. Das liefert insgesamt $\binom{3}{2} = 3$ homogene Lösungen, die wir mit h^2, h^3 und h^4 bezeichnen wollen, wobei der als Exponent geschriebene Index i anzeigt, welche der Variablen nicht null gesetzt wurde.

■ Bei $i = 3$ beispielsweise ist $h_2^3 := 0$ und $h_3^3 := 1$ sowie $h_4^3 := 0$ zu setzen, weshalb sich die Gleichung zu $2h_1^3 - 1 = 0$ reduziert. Daraus ergibt sich $h_1^3 = \frac{1}{2}$, und das liefert sodann die homogene Lösung $h^3 = (\frac{1}{2}, 0, 1, 0)'$.

Auf diese Weise erhält man insgesamt bei Variation von i drei verschiedene homogene Lösungen, nämlich:

$$h^2 = \begin{pmatrix} -3/2 \\ 1 \\ 0 \\ 0 \end{pmatrix} \text{ und } h^3 = \begin{pmatrix} 1/2 \\ 0 \\ 1 \\ 0 \end{pmatrix} \text{ und } h^4 = \begin{pmatrix} 1 \\ 0 \\ 0 \\ 1 \end{pmatrix}.$$

Mit h^2, h^3 und h^4 sind dann auch wieder alle Linearkombinationen dieser Vektoren Lösungen des homogenen Systems, sodass insgesamt $y + \langle h^2, h^3, h^4 \rangle$ Teilmenge der Lösungsmenge des inhomogenen Systems ist.

Wir zeigen nun umgekehrt, dass keine weiteren Lösungen existieren, was anschaulich klar sein sollte, da wir die drei **Freiheitsgrade**, die sich durch den Überschuss an Variablen gegenüber Gleichungen ergeben, bei der Konstruktion der h^i ausgeschöpft haben. Zum Nachweis betrachten wir daher eine beliebige homogene Lösung u. Aus der Bedingung $2u_1 + 3u_2 - u_3 - 2u_4 = 0$ erhält man die Abhängigkeit der ersten Koordinate von den übrigen:

$$u_1 = -\frac{3}{2}u_2 + \frac{1}{2}u_3 + u_4$$

Das bedeutet aber

$$u = \begin{pmatrix} -\frac{3}{2}u_2 + \frac{1}{2}u_3 + u_4 \\ u_2 \\ u_3 \\ u_4 \end{pmatrix} = u_2 \begin{pmatrix} -3/2 \\ 1 \\ 0 \\ 0 \end{pmatrix} + u_3 \begin{pmatrix} 1/2 \\ 0 \\ 1 \\ 0 \end{pmatrix} + u_4 \begin{pmatrix} 1 \\ 0 \\ 0 \\ 1 \end{pmatrix}$$

und damit $u = u_2 h^2 + u_3 h^3 + u_4 h^4$, sodass jede beliebige homogene Lösung in der linearen Hülle der Vektoren h^2, h^3 und h^4 liegt. Anhand der Darstellung von u als Linearkombination im Erzeugersystem h^2, h^3, h^4 sehen wir auch, warum die Wahl der Indizierung bei den speziell gewählten homogenen Lösungen so sinnvoll war.

Es folgt noch eine Bemerkung zu diesem Beispiel. Wir haben bei der Bestimmung des Verankerungsvektors $y = (\frac{1}{2}, 0, 0, 0)'$ alle Variablen außer der ersten gleich null gesetzt. Wir nennen diesen Vektor hier nun y^1. Hätte man alle außer der i-ten Variable gleich null gesetzt, so hätte man entsprechend eine alternative inhomogene Lösungen y^i erhalten:

$$y^2 = \begin{pmatrix} 0 \\ 1/3 \\ 0 \\ 0 \end{pmatrix} \quad \text{bzw.} \quad y^3 = \begin{pmatrix} 0 \\ 0 \\ -1 \\ 0 \end{pmatrix} \quad \text{bzw.} \quad y^4 = \begin{pmatrix} 0 \\ 0 \\ 0 \\ -1/2 \end{pmatrix}$$

Anschaulich bilden die Lösungen y^1, y^2, y^3, y^4 die Schnittpunkte der Lösungsmenge mit den Geraden, die durch die kanonischen Einheitsvektoren (also den Koordinatenachsen) gehen, denn es ist ja $y^i \in \langle e^i \rangle$ für alle i.

Aus einem Paar inhomogener Lösungen erhält man durch Differenzbildung homogene Lösungen. So sind dann beispielsweise $y^2 - y^1$, $y^3 - y^1$, $y^4 - y^1$ alles homogene Lösungen. Das oben konstruierte Erzeugersystem h^2, h^3, h^4 aller homogenen Lösungen entspricht aber gerade diesen Vektoren, nachdem man jeweils die i-te Position von $y^i - y^1$ zu 1 normiert hat:

$$h^2 = 3(y^2 - y^1) \quad \text{und} \quad h^3 = -(y^3 - y^1) \quad \text{und} \quad h^4 = -2(y^4 - y^1)$$

D Die Lösungsmenge bei (1, n)-Systemen Wir können unsere Erfahrungen der bisherigen Spezialfälle nun mühelos zur vollständigen Lösung eines $(1, n)$-Systems mit beliebigem $n \in \mathbb{N}^*$ ausdehnen. Gesucht ist also die gesamte Lösungsmenge der Gleichung

$$\sum_{i=1}^{n} \alpha_i x_i = \beta.$$

Der Vollständigkeit halber betrachten wir erst wieder den wenig interessanten Randfall. Falls $\alpha_i = 0$ für jedes i, so ist die Lösungsmenge bei $\beta \neq 0$ leer und bei $\beta = 0$ der gesamte Raum $\mathbb{K}^n = \langle e^1, \ldots, e^n \rangle$.

Wir nehmen nun an, dass wenigstens eines der α_i von null verschieden ist. Ohne Einschränkung sei dies α_1, sonst führt man eine entsprechende Umbenennung der Variablen durch. Wir konstruieren nun einen Verankerungsvektor y, indem wir $y_i := 0$ für $i = 2, \ldots, n$ setzen und y_1 aus der Bedingung $\alpha_1 y_1 = \beta$ zu $y_1 = \frac{\beta}{\alpha_1}$ bestimmen:

10.2 Die Lösungsmenge bei einer Gleichung

$$y = \left(\frac{\beta}{\alpha_1}, 0, 0, \ldots, 0\right)$$

In der Tat ist dieses y dann eine Lösung, weshalb das System überhaupt lösbar ist. Zur Beschreibung aller homogenen Lösungen definieren wir für jedes $j = 2, \ldots, n$ einen Vektor h^j durch

$$h^j_1 := -\frac{\alpha_j}{\alpha_1} \quad \text{und} \quad h^j_j := 1 \quad \text{sowie} \quad h^j_i := 0 \text{ falls } i \neq 1 \text{ und } i \neq j.$$

Mit anderen Worten ist

$$h^j = -\frac{\alpha_j}{\alpha_1} e^1 + e^j,$$

wobei $e^1, \ldots, e^n$ die kanonische Basis des $\mathbb{K}^n$ sei. Es ist dann tatsächlich jeder Vektor h^j eine homogene Lösung, wie man durch Einsetzen verifiziert:

$$\sum_{i=1}^{n} \alpha_i h^j_i = \sum_{i=1}^{n} \alpha_i \left(-\frac{\alpha_j}{\alpha_1} e^1 + e^j\right)_i = \left(-\frac{\alpha_j}{\alpha_1}\right) \cdot \sum_{i=1}^{n} \alpha_i e^1_i + \sum_{i=1}^{n} \alpha_i e^j_i$$

$$= \left(-\frac{\alpha_j}{\alpha_1}\right) \cdot \alpha_1 e^1_1 + \alpha_j e^j_j = \left(-\frac{\alpha_j}{\alpha_1}\right) \cdot \alpha_1 + \alpha_j = 0$$

Insgesamt ist somit $y + \langle h^2, \ldots, h^n \rangle$ Teilmenge des gesuchten Lösungsraumes. Umgekehrt werden wir sehen, dass dies bereits die gesamte Lösungsmenge ist. Dazu genügt der Nachweis, dass sich *jede* homogene Lösung u linear in den h^j kombinieren lässt. Es sei daher u eine beliebige homogene Lösung, also $\sum_{i=1}^{n} \alpha_i u_i = 0$. Wegen $\alpha_1 \neq 0$ kann man diese Gleichung wieder nach u_1 auflösen:

$$u_1 = \sum_{j=2}^{n} -\frac{\alpha_j}{\alpha_1} u_j$$

Sodann folgt

$$u = \sum_{i=1}^{n} u_i e^i = u_1 e^1 + \sum_{i=2}^{n} u_i e^i = \left(\sum_{j=2}^{n} (-\frac{\alpha_j}{\alpha_1}) u_j\right) e^1 + \sum_{i=2}^{n} u_i e^i$$

$$= \sum_{j=2}^{n} u_j \cdot \left(-\frac{\alpha_j}{\alpha_1} e^1 + e^j\right) = \sum_{j=2}^{n} u_j h^j,$$

also $u \in \langle h^2, \ldots, h^n \rangle$, womit alles bewiesen ist. Man beachte erneut die Indizierung des homogenen Lösungssystems.

E Einige einfache Beispiele Nachdem wir nun ein System mit nur einer Gleichung vollständig lösen können, betrachten wir im weiteren Verlauf dieses Abschnittes einige einfache Beispiele, um die strukturellen Ergebnisse aus Abschnitt 10.1 weiter zu untermauern.

Beispiel 10.2.1 Es seien $m = 2$ und $n = 4$ sowie $\mathbb{K} = \mathbb{Q}$. Wir lösen das System

$$\begin{pmatrix} 1 & -3 & 0 & 6 \\ 0 & 0 & 1 & -7 \end{pmatrix} \begin{pmatrix} x_1 \\ x_2 \\ x_3 \\ x_4 \end{pmatrix} = \begin{pmatrix} -1 \\ 8 \end{pmatrix}.$$

Zur Konstruktion eines Verankerungsvektors y setzen wir zunächst $y_4 := 0$; aus der zweiten Gleichung ergibt sich dann $y_3 = 8$. Setzt man diese beiden Komponenten in die erste Gleichung ein, so erhält man die Gleichung $y_1 - 3y_2 = -1$. Wir setzen nun $y_2 := 0$ und erhalten danach $y_1 = -1$. Dies liefert insgesamt die Verankerungslösung

$$y = (-1, 0, 8, 0)',$$

womit das System also lösbar ist. Zur Bestimmung aller homogenen Lösungen gehen wir von einer beliebigen homogenen Lösung u aus. Einsetzen von u in das homogene System liefert aus der ersten Gleichung $u_1 = 3u_2 - 6u_4$ und aus der zweiten Gleichung $u_3 = 7u_4$. Das bedeutet

$$u = \begin{pmatrix} 3u_2 - 6u_4 \\ u_2 \\ 7u_4 \\ u_4 \end{pmatrix} = u_2 \cdot \begin{pmatrix} 3 \\ 1 \\ 0 \\ 0 \end{pmatrix} + u_4 \cdot \begin{pmatrix} -6 \\ 0 \\ 7 \\ 1 \end{pmatrix}.$$

Mit $h^2 = (3, 1, 0, 0)'$ und $h^4 = (-6, 0, 7, 1)'$ ist also $u = u_2 h^2 + u_4 h^4$, weshalb der gesamte homogene Lösungsraum in $\langle h^2, h^4 \rangle$, der linearen Hülle von h^2 und h^4 enthalten ist. Durch Einsetzen verifiziert man, dass umgekehrt h^2 und h^4 Lösungen des homogenen Systems sind, sodass $y + \langle h^2, h^4 \rangle$ die gesuchte Lösungsmenge des Gleichungssystems ist. ■

Wir werden in den kommenden Abschnitten sehen, wie man generell die Lösungsmenge von (m, n)-Systemen von so einfacher Gestalt wie im letzten Beispiel **ablesen** kann. Ebenso werden wir den Gauß-Algorithmus behandeln, mit dem man allgemeine (m, n)-Systeme durch Elementarumformungen auf (m, n)-Systeme einfacher Gestalt bringen kann, ohne dabei die Lösungsmenge zu verändern.

Beispiel 10.2.2 Es sei $m = 4 = n$. Wir betrachten das System

$$\begin{array}{rcrcrcrcr} 2x_1 & - & 3x_2 & + & 6x_3 & - & 4x_4 & = & 1 \\ & & 2x_2 & - & x_3 & - & x_4 & = & -1 \\ & & & & x_3 & + & 8x_4 & = & -2 \\ & & & & & - & x_4 & = & 3 \end{array}$$

über dem Körper $\mathbb{Q}$ der rationalen Zahlen. Ist y eine Lösung, so muss aufgrund der letzten Gleichung notwendigerweise $y_4 = -3$ gelten. Diesen Wert setzt man in die drei

10.2 Die Lösungsmenge bei einer Gleichung

ersten Gleichungen ein und erhält dadurch:

$$\begin{aligned} 2y_1 - 3y_2 + 6y_3 &= -11 \\ 2y_2 - y_3 &= -4 \\ y_3 &= 22 \end{aligned}$$

Aus der dritten Gleichung ergibt sich dann eindeutig $y_3 = 22$. Einsetzen dieses y_3 in die beiden ersten Gleichungen liefert das System

$$\begin{aligned} 2y_1 - 3y_2 &= -143 \\ 2y_2 &= 18, \end{aligned}$$

aus dessen zweiter Gleichung sich (eindeutig) $y_2 = 9$ ergibt. Setzt man dies wiederum in die verbleibende erste Gleichung ein, so ergibt sich

$$2y_1 = -126,$$

weshalb $y_1 = -58$ ist. Diese Vorgehensweise zeigt insgesamt, dass die Gesamtlösung eindeutig ist und die Lösungsmenge lediglich aus dem Vektor

$$y = (-58, 9, 22, -3)'$$

besteht. Das zugehörige homogene System enthält nur die triviale Lösung, den Nullvektor. ■

Beispiel 10.2.3   Über $\mathbb{K} = \mathbb{Q}$ betrachten wir nun das Gleichungssystem

$$\begin{aligned} 2x_1 - 3x_2 + 6x_3 - 4x_4 &= 1 \\ -8x_1 + x_2 - 2x_3 + 4x_4 &= 12 \\ 2x_2 - x_3 - x_4 &= -1 \\ x_3 + 8x_4 &= -2 \\ -x_4 &= 3. \end{aligned}$$

Die Anzahl m der Gleichungen ist also jetzt größer als die Anzahl n der Variablen. Da sämtliche Gleichungen von ▶Beispiel 10.2.2 auch in diesem System enthalten sind, gibt es höchstens eine Lösung, nämlich $(-58, 9, 22, -3)'$. Wir setzen diesen Vektor in die zweite (neu hinzugekommene) Gleichung ein und erhalten

$$(-8) \cdot (-58) + 9 - 2 \cdot 22 + 4 \cdot (-3) = 417 \neq 12.$$

Also ist die zweite Gleichung verletzt und das System ist deshalb unlösbar. ■

Beispiel 10.2.4   Wir betrachten das gleiche System wie in ▶Beispiel 10.2.3, allerdings wählen wir nun als Körper einen Restklassenkörper $\mathbb{Z}_p$ modulo einer Primzahl p. Die Koeffizienten und die rechte Seite des Systems in ▶Beispiel 10.2.3 sind daher modulo p zu reduzieren. Prinzipiell kann dies für jedes fest gewählte p konkret durchgeführt werden. Wir gehen so allgemein wie möglich vor und schränken p gegebenenfalls weiter ein.

Betrachten wir zunächst das (4, 4)-System aus ▶Beispiel 10.2.2, welches ja ein Teilsystem des vorliegenden (5, 4)-Systems ist (und im Falle $\mathbb{K} = \mathbb{Q}$ durch seine Dreiecksgestalt eindeutig gelöst werden konnte). Wir vollziehen diesen Lösungsweg nun nochmals für einen zugrunde liegenden Restklassenkörper $\mathbb{Z}_p$.

Ist y eine Lösung, so ergibt sich aus der letzten Gleichung $y_4 \equiv -3 \bmod p$. Einsetzen in die dritte Gleichung liefert $y_3 - 24 \equiv -2 \bmod p$, also $y_3 \equiv 22 \bmod p$. Setzt man y_4 und y_3 in die zweite Gleichung ein, so erhält man $2y_2 - 22 + 3 \equiv -1 \bmod p$, also $2y_2 \equiv 18 \bmod p$. An dieser Stelle ist eine Fallunterscheidung zu treffen:

■ Falls $p = 2$, so ist $2 \equiv 0$, weshalb man nicht nach y_2 auflösen kann.

Wir stellen diesen Fall zurück und nehmen ab jetzt $p \neq 2$ an. Dann ist 2 invertierbar modulo p. Allerdings hängt die Restklasse von 2^{-1} modulo p natürlich von p ab, so ist etwa $2^{-1} \equiv 2 \bmod 3$ und $2^{-1} \equiv 3 \bmod 5$ und $2^{-1} \equiv 4 \bmod 7$ etc. Das Invertieren von 2 modulo p ist dennoch auch in voller Allgemeinheit recht einfach, denn $p + 1$ ist ja eine gerade Zahl und $2 \cdot \frac{p+1}{2} = p + 1 \equiv 1 \bmod p$, sodass

$$2^{-1} \equiv \frac{p+1}{2} \bmod p$$

ist. Also gilt $y_2 \equiv 18 \cdot \frac{p+1}{2} \equiv 9(p+1) = 9p+9 \equiv 9 \bmod p$. Wir setzen nun die drei erhaltenen Komponenten y_4 und y_3 sowie y_2 in die verbleibende erste Gleichung ein und erhalten $2y_1 - 27 + 132 + 12 \equiv 1 \bmod p$, woraus

$$y_1 \equiv 2^{-1} \cdot (-116) \equiv -116 \cdot \frac{p+1}{2} \equiv -58(p+1) \equiv -58 \bmod p$$

folgt. Fazit: Für jede Primzahl $p \neq 2$ ist

$$y := \begin{pmatrix} -58 \bmod p \\ 9 \bmod p \\ 22 \bmod p \\ -3 \bmod p \end{pmatrix}$$

die eindeutige Lösung des Systems aus ▶Beispiel 10.2.2, wenn man den Restklassenkörper $\mathbb{Z}_p$ mit p ungerade anstelle von $\mathbb{Q}$ zugrunde legt.

Was passiert nun im Falle $p = 2$ bezogen auf das (4, 4)-System? Zur Lösung reduzieren wir die Daten (also Koeffizienten und rechte Seite) modulo 2 und erhalten das System

$$\begin{aligned} x_2 &\equiv 1 \bmod 2 \\ x_3 + x_4 &\equiv 1 \bmod 2 \\ x_3 &\equiv 0 \bmod 2 \\ x_4 &\equiv 1 \bmod 2. \end{aligned}$$

Also ist (modulo 2): $x_2 = 1$ und $x_3 = 0$ und $x_4 = 1$, was auch die zweite Gleichung nicht verletzt. Die erste Variable taucht in diesem System nicht mehr auf und wir können sie daher setzen, wie wir wollen. Das ergibt modulo 2 die beiden Lösungsvektoren

$$(0, 1, 0, 1)' \quad \text{und} \quad (1, 1, 0, 1)'.$$

Die Differenz $h = e^1$ dieser beiden Vektoren ist eine homogene Lösung. Wählt man $y = (0, 1, 0, 1)'$, so ist die gesamte Lösungsmenge gleich $y + \langle h \rangle$. Man beachte dabei, dass $\langle h \rangle$ wegen $\mathbb{Z}_2 = \{0, 1\}$ lediglich die beiden Vektoren 0 und e^1 enthält.

Wir kommen abschließend zum System in ▶Beispiel 10.2.3 zurück und fragen uns, über welchen Restklassenkörpern dieses lösbar ist.

- Ist p ungerade, so setzen wir die eindeutige Lösung y des $(4, 4)$-Systems in die neu hinzugekommene zweite Gleichung ein und erhalten die Bedingung $417 \equiv 12 \bmod p$, was äquivalent zu $405 \equiv 0 \bmod p$ ist. Dies ist aber lediglich für alle Primteiler der Zahl 405 erfüllt, also für $p = 3$ und $p = 5$, da $405 = 3^4 \cdot 5$ ist.

  Zusammenfassend kann man sagen, dass das System in ▶Beispiel 10.2.3 über $\mathbb{Z}_3$ die eindeutige Lösung $(2, 0, 1, 0)'$ hat und über $\mathbb{Z}_5$ die eindeutige Lösung $(2, 4, 2, 2)'$ hat. Ist hingegen p eine ungerade Primzahl mit $p > 5$, so hat das System über dem Restklassenkörper $\mathbb{Z}_p$ keine Lösung.

- Abschließend sei nochmals der Fall $p = 2$ betrachtet. Reduziert man alle Koeffizienten der fünf Gleichungen modulo 2, so erkennt man, dass bereits die ersten beiden Gleichungen widersprüchlich sind. Also hat das System in diesem Fall ebenfalls keine Lösung. ■

10.3 Elementare Zeilenumformungen

A **Zielsetzung** Das Gleichungssystem in ▶Beispiel 10.2.1 hatte eine sehr spezielle Form, die sog. **Treppen-Normalform**[1], weshalb die durch einen Verankerungsvektor und ein Erzeugersystem des homogenen Lösungsraumes beschriebene Lösungsmenge sehr einfach bestimmt werden konnte, im Wesentlichen nämlich durch **Ablesen** der Daten aus dem gegebenen System – dazu vergleiche man nochmals die Einträge der Vektoren y, sowie h^2 und h^4 mit denen der erweiterten Koeffizientenmatrix.

Beim Lösen eines allgemeinen linearen Gleichungssystems $Ax = b$ verfolgt man das Ziel, dieses in ein (sog. äquivalentes) Gleichungssystem $Tx = b^*$ zu transformieren, dessen erweiterte Koeffizientenmatrix $(T|b^*)$

- einerseits **normierte Treppengestalt** hat
- und dessen Lösungsmenge andererseits gleich der Lösungsmenge des Ausgangssystems ist, $\mathbb{L}_{A,b} = \mathbb{L}_{T,b^*}$, sodass man die Lösungen von $Ax = b$ nur noch aus $(T|b^*)$ abzulesen braucht.

---
[1] Auch **Stufen-Normalform**.

Zu einer solchen Transformation verwendet man **elementare Zeilenumformungen**, die wir in diesem Abschnitt diskutieren werden. Die Formalisierung des Begriffs „normierte Treppengestalt" erfolgt in ▶Definition 10.4.1 des nächsten Abschnitts. Der ebenfalls in Abschnitt 10.4 zu behandelnde Gauß-Algorithmus zeigt dann, wie durch geschickte Aneinanderreihung elementarer Zeilenumformungen das System $Ax = b$ in ein System $Tx = b^*$ transformierbar ist, dessen erweiterte Koeffizientenmatrix $(T|b^*)$ normierte Treppengestalt hat. Das Ablesen der gesamten Lösungsmenge $\mathbb{L}_{A,b}$ aus den Daten $(T|b^*)$ wird dann in Abschnitt 10.5 diskutiert.

B Die drei Arten elementarer Zeilenumformungen Es seien wieder $\mathbb{K}$ ein Körper und $A \in \mathbb{K}^{m,n}$ und $b \in \mathbb{K}^m$. Für jedes $i = 1, \ldots, m$ sei $a'_i := (A_{i1}, A_{i2}, \ldots, A_{in})$ die i-te Zeile von A. Dementsprechend ist

$$\mathbb{L}_{A,b} = \bigcap_{i=1}^{m} \mathbb{L}_{a'_i, b_i},$$

wobei $\mathbb{L}_{a'_i, b_i} = \{x \in \mathbb{K}^n : a'_i x = b_i\}$ die Lösungsmenge zur i-ten Gleichung ist. Wir nehmen im Folgenden $m \geq 2$ an, da der Fall $m = 1$ im letzten Abschnitt in vollster Allgemeinheit behandelt wurde. Wir stellen nun die drei Arten elementarer Zeilenumformungen innerhalb der folgenden drei Lemmata vor. Diese involvieren jeweils nur eine bzw. zwei Gleichungen des aktuell vorliegenden Systems.

Lemma 10.3.1 Ist $\lambda \in \mathbb{K}$ mit $\lambda \neq 0$, so ist $\mathbb{L}_{a'_i, b_i} = \mathbb{L}_{\lambda a'_i, \lambda b_i}$.

Beweis Wegen $\lambda \neq 0$ ist $a'_i x = b_i$ genau dann, wenn $\lambda b_i = \lambda(a'_i x) = (\lambda a_i)' x$ ist. ■

Lemma 10.3.2 Es seien $\lambda \in \mathbb{K}$ (diesmal ist $\lambda = 0$ erlaubt) und $s, t \in \{1, 2, \ldots, m\}$ Zeilenindizes mit $s \neq t$. Sind dann $u := \lambda a_s + a_t$ und $\beta := \lambda b_s + b_t$, so gilt

$$\mathbb{L}_{a'_s, b_s} \cap \mathbb{L}_{a'_t, b_t} = \mathbb{L}_{a'_s, b_s} \cap \mathbb{L}_{u', \beta}.$$

Beweis Wir zeigen zunächst die Inklusion $\subseteq$. Annahme, $v \in \mathbb{L}_{a'_s, b_s} \cap \mathbb{L}_{a'_t, b_t}$, also $a'_s v = b_s$ und $a'_t v = b_t$. Dann ist

$$u'v = (\lambda a_s + a_t)'v = \lambda a'_s v + a'_t v = \lambda b_s + b_t = \beta.$$

Daher ist $v \in \mathbb{L}_{u', \beta}$ und die Inklusion $\subseteq$ gezeigt. Ist umgekehrt $w \in \mathbb{L}_{a'_s, b_s} \cap \mathbb{L}_{u', \beta}$, so gilt $u'w = \beta$ und $a'_s w = b_s$. Daraus folgt

$$b_t = \beta - \lambda b_s = u'w - \lambda a'_s w = (u - \lambda a_s)'w = a'_t w,$$

sodass $w \in \mathbb{L}_{a'_t, b_t}$ ist. Damit ist auch die Inklusion $\supseteq$ und insgesamt die Gleichheit der beiden Mengen nachgewiesen. ∎

Offensichtlich gilt $\mathbb{L}_{a'_s, b_s} \cap \mathbb{L}_{a'_t, b_t} = \mathbb{L}_{a'_t, b_t} \cap \mathbb{L}_{a'_s, b_s}$, also:

Lemma 10.3.3 Das Vertauschen der Reihenfolge zweier Gleichungen eines linearen Gleichungssystems ändert die Lösungsmenge nicht.

Die elementaren Zeilenumformungen sind aufgrund der eben bewiesenen Ergebnisse wie folgt definiert.

1. **Elementare Zeilenumformungen erster Art**:
   Multiplikation einer Gleichung (inklusive der rechten Seite) mit einem von null verschiedenen Skalar

2. **Elementare Zeilenumformungen zweiter Art**:
   Addition eines skalaren Vielfachen einer Gleichung (etwa zum Zeilenindex r) zu einer anderen Gleichung (etwa zum Zeilenindex s mit $s \neq r$)

3. **Elementare Zeilenumformungen dritter Art**:
   Vertauschen zweier Zeilen

Wegen der ▶Lemmata 10.3.1, 10.3.2 und 10.3.3 gilt mit Induktion über die Anzahl der vorgenommenen elementaren Zeilenumformungen der folgende Satz.

Satz 10.3.4 Das Gleichungssystem $Cx = d$ gehe aus dem Gleichungssystem $Ax = b$ durch eine Folge von endlich vielen elementaren Zeilenumformungen hervor. Dann gilt $\mathbb{L}_{A,b} = \mathbb{L}_{C,d}$.

Betrachten wir hierzu ein Beispiel. Es seien $m = 2$, $n = 4$ und $\mathbb{K} = \mathbb{Q}$. Wir lösen das System

$$(1) \quad 2x_1 + 3x_2 - x_3 - 2x_4 = 1$$
$$(2) \quad -4x_1 - 6x_2 + x_3 - 5x_4 = -2.$$

Dazu ersetzen wir zunächst Gleichung (2) durch $2 \cdot (1) + (2)$ (eine elementare Zeilenumformung der zweiten Art) und erhalten

$$(1) \quad 2x_1 + 3x_2 - x_3 - 2x_4 = 1$$
$$(2') \quad -x_3 - 9x_4 = 0.$$

Als Nächstes ersetzen wir Gleichung (1) durch (1)−(2′) (wieder eine elementare Zeilenumformung der zweiten Art) und erhalten

$$(1')\quad 2x_1 + 3x_2 + 7x_4 = 1$$
$$(2')\quad -x_3 - 9x_4 = 0.$$

Schließlich ersetzen wir (1′) durch $\frac{1}{2} \cdot (1')$ und (2′) durch $-(2')$ (zwei elementare Zeilenumformung der ersten Art). Das ergibt

$$(1'')\quad x_1 + \tfrac{3}{2}x_2 + \tfrac{7}{2}x_4 = \tfrac{1}{2}$$
$$(2'')\quad x_3 + 9x_4 = 0.$$

Es liegt nun ein Gleichungssystem von gleicher Gestalt wie in ▶Beispiel 10.2.1 vor, welches analog zu lösen ist. Nach ▶Satz 10.3.4 erhalten wir sodann, dass

$$\begin{pmatrix} 1/2 \\ 0 \\ 0 \\ 0 \end{pmatrix} + \left\langle \begin{pmatrix} -3/2 \\ 1 \\ 0 \\ 0 \end{pmatrix}, \begin{pmatrix} -7/2 \\ 0 \\ -9 \\ 1 \end{pmatrix} \right\rangle$$

die gesuchte Lösungsmenge für das Ausgangsproblem ist.

C Die zu Zeilenumformungen gehörende Äquivalenzrelation Im Rest dieses Abschnittes wollen wir das Wesentliche der Elementarumformungen nochmals unter einem etwas anderen Blickwinkel zusammenfassen. Dabei fassen wir die elementaren Zeilenumformungen als Operationen auf, die auf Matrizen wirken; im Rahmen von ▶Satz 10.3.4 ist dies die erweiterte Koeffizientenmatrix $(A|b)$.

Allgemein seien X und Y Matrizen des $\mathbb{K}^{k,l}$. Wir schreiben $X \leadsto Y$, falls Y aus X durch Anwendung einer elementaren Zeilenoperation hervorgeht. Gibt es hingegen eine Folge $X_0, \ldots, X_j$ von Matrizen des $\mathbb{K}^{k,l}$ mit

$$X = X_0 \leadsto X_1 \leadsto X_2 \leadsto \ldots \leadsto X_{j-1} \leadsto X_j = Y,$$

so schreiben wir $X \stackrel{*}{\leadsto} Y$. Das bedeutet, dass Y aus X durch Anwendung einer endlichen Folge von elementaren Zeilenumformungen – hier sind es j Stück – hervorgeht.

Man rechnet leicht nach, dass die Relation $\leadsto$ reflexiv und symmetrisch und die Relation $\stackrel{*}{\leadsto}$ zudem transitiv, also gar eine Äquivalenzrelation ist. In diesem Zusammenhang liest sich ▶Satz 10.3.4 dann folgendermaßen (hier sind $X = (A|b)$ und $Y = (C, d)$).

■ *Gegeben sei ein lineares Gleichungssystem $Ax = b$ mit $A \in \mathbb{K}^{m,n}$ und $b \in \mathbb{K}^m$. Es seien $C \in \mathbb{K}^{m,n}$ und $d \in \mathbb{K}^m$ mit $(A|b) \stackrel{*}{\leadsto} (C|d)$. Dann gilt $\mathbb{L}_{A,b} = \mathbb{L}_{C,d}$.*

Die in Abschnitt A formulierte Zielsetzung übersetzt sich dementsprechend wie folgt:

- der Nachweis, dass in der Äquivalenzklasse $[A|b]_{\leftrightarrow}$ der erweiterten Koeffizientenmatrix $(A|b)$ des Ausgangssystems eine **einfache** Matrix liegt, bei der man die Lösbarkeit und gegebenenfalls die gesamte Lösungsmenge einfach **ablesen** kann

- die Angabe eines Algorithmus, der die **einfachste** Matrix einer Äquivalenzklasse findet

Die Formalisierung des Adjektivs „einfach" und das Erreichen dieser Ziele sind, wie gesagt, die Themen der nächsten beiden Abschnitte.

10.4 Treppenmatrizen und der Gauß-Algorithmus

A **Normierte Treppenmatrizen** Wir beginnen diesen Abschnitt mit der Formalisierung dessen, was wir unter einer „einfachen" Matrix verstehen wollen. Die folgende Definition ist recht komplex, aber ungemein wichtig, weil sie sich als Dreh- und Angelpunkt für die Theorie der linearen Gleichungssysteme erweisen wird.

Definition 10.4.1 Es sei $\Gamma \in \mathbb{K}^{k,l}$ zunächst eine von der Nullmatrix verschiedene Matrix. Dann heißt Γ eine **normierte Treppenmatrix**, falls es eine natürliche Zahl r mit $1 \leq r \leq \min\{k, l\}$ sowie eine Abbildung χ von $\{1, 2, \ldots, r\}$ nach $\{1, 2, \ldots, l\}$ mit $\chi(1) < \chi(2) < \ldots < \chi(r)$ gibt, welche die folgenden Eigenschaften erfüllen.

(1) Falls $r < k$, so sind die $(r+1)$-te, die $(r+2)$-te, ..., die k-te Zeile von Γ allesamt Nullzeilen; formal:
$$\Gamma_{ij} = 0 \text{ für alle } i > r \text{ und alle } j = 1, \ldots, l.$$

(2) Für jedes $s \in \{1, \ldots, r\}$ ist die $\chi(s)$-te Spalte von Γ gleich dem s-ten Einheitsvektor e^s des $\mathbb{K}^k$; formal: Für alle s aus $\{1, 2, \ldots, r\}$ ist
$$\Gamma_{i,\chi(s)} = \begin{cases} 0, & \text{falls } i \neq s \\ 1, & \text{falls } i = s. \end{cases}$$
Anders ausgedrückt ist die zur Indexmenge $\{1, \ldots, r\} \times \text{Bild}(\chi)$ gehörende Teilmatrix von Γ gleich der (r, r)-Einheitsmatrix des $\mathbb{K}^{r,r}$.

(3) Für jedes $s \in \{1, \ldots, r\}$ und jedes $j < \chi(s)$ ist $\Gamma_{s,j} = 0$, d. h., vor dem $(s, \chi(s))$-Eintrag stehen in der s-ten Zeile von Γ nur Nullen.

Die (offensichtlich eindeutig bestimmte) Zahl r heißt der **Rang von** Γ und wird daher auch mit rang(Γ) bezeichnet. Die (ebenfalls eindeutig bestimmte) Abbildung χ heißt die **charakteristische Spaltenfunktion von** Γ. Eine Spalte von Γ mit Spaltenindex aus $\{\chi(1), \ldots, \chi(r)\}$ heißt eine **charakteristische Spalte**, andernfalls eine **nichtcharakteristische Spalte**.

Schließlich vereinbaren wir, dass auch die Nullmatrix eine normierte Treppenmatrix ist, und zwar mit Rang 0 und der leeren Menge als charakteristische Spaltenfunktion.

Wir werden im Folgenden die charakteristische Spaltenfunktion χ, welche ja eine streng monoton wachsende Abbildung beschreibt, stets auch mit ihrem Bild, also der Menge der charakteristischen Spaltenindizes, identifizieren; dabei handelt es sich um eine r-elementige Teilmenge von $\{1, 2, \ldots, l\}$. Betrachten wir einige Beispiele zu ▶Definition 10.4.1.

1. Jede Matrix der Form

$$\begin{pmatrix} 0 & 0 & 1 & * & * & * & 0 & 0 & * & * & * & 0 & 0 & * \\ 0 & 0 & 0 & 0 & 0 & 0 & 1 & 0 & * & * & * & 0 & 0 & * \\ 0 & 0 & 0 & 0 & 0 & 0 & 0 & 1 & * & * & * & 0 & 0 & * \\ 0 & 0 & 0 & 0 & 0 & 0 & 0 & 0 & 0 & 0 & 0 & 1 & 0 & * \\ 0 & 0 & 0 & 0 & 0 & 0 & 0 & 0 & 0 & 0 & 0 & 0 & 1 & * \\ 0 & 0 & 0 & 0 & 0 & 0 & 0 & 0 & 0 & 0 & 0 & 0 & 0 & 0 \\ 0 & 0 & 0 & 0 & 0 & 0 & 0 & 0 & 0 & 0 & 0 & 0 & 0 & 0 \end{pmatrix}$$

(mit nicht näher spezifizierten Einträgen $*$ aus $\mathbb{K}$) ist eine normierte Treppenmatrix $\Gamma \in \mathbb{K}^{7,15}$ mit rang(Γ) = 5 und mit charakteristischer Spaltenfunktion $\chi(1) = 3$, $\chi(2) = 8$, $\chi(3) = 9$, $\chi(4) = 13$ und $\chi(5) = 14$. Betrachtet man χ als Teilmenge von $\{1, 2, \ldots, 15\}$, so ist $\chi = \{3, 8, 9, 13, 14\}$.

2. Im Beispiel zu ▶Satz 10.3.4 haben wir die erweiterte Koeffizientenmatrix

$$(A|b) = \left(\begin{array}{cccc|c} 2 & 3 & -1 & -2 & 1 \\ -4 & -6 & 1 & -5 & -2 \end{array}\right)$$

durch elementare Zeilenumformungen in die normierte Treppenmatrix

$$\Gamma = \left(\begin{array}{cccc|c} 1 & \frac{3}{2} & 0 & \frac{7}{2} & \frac{1}{2} \\ 0 & 0 & 1 & 9 & 0 \end{array}\right)$$

transformiert. Diese hat Rang 2 und die charakteristische Spaltenfunktion χ, die 1 auf 1 und 2 auf 3 abbildet, weshalb wir wie vereinbart auch $\chi = \{1, 3\}$ schreiben.

10.4 Treppenmatrizen und der Gauß-Algorithmus

B Pivotierung und Transformation in Treppengestalt Wir werden nun zeigen, dass jede Matrix M durch endlich viele elementare Zeilenumformungen in eine normierte Treppenmatrix transformiert werden kann. Zuvor fassen wir noch eine bestimmte Menge von Elementaroperationen zur sog. Pivotierung an einem bestimmten Matrixeintrag zusammen.

> **Definition 10.4.2** Es sei M eine (k, l)-Matrix über $\mathbb{K}$. Weiter seien r und j Indizes mit $M_{r,j} \neq 0$. Dann nennt man die Zusammenfassung der folgenden elementaren Zeilenumformungen die **Pivotierung von M an der Stelle (r, j)** (bzw. **am (r, j)-Eintrag**):
>
> ■ Für jeden Zeilenindex $i \neq r$ mit $M_{i,j} \neq 0$ wird das $(-\frac{M_{ij}}{M_{rj}})$-fache der r-ten Zeile von M zur i-ten Zeile hinzuaddiert.
>
> ■ Danach wird die r-te Zeile der resultierenden Matrix mit $\frac{1}{M_{rj}}$ multipliziert.

Zu dieser Definition ist Folgendes zu bemerken: Es sei M' die Matrix, die aus M durch Pivotierung an der Stelle (r, j) entsteht. Ist $i \neq r$ ein Zeilenindex mit $M_{ij} \neq 0$, so ist

$$M'_{ij} = -\frac{M_{ij}}{M_{rj}} \cdot M_{rj} + M_{ij} = -M_{ij} + M_{ij} = 0.$$

Weiter gilt

$$M'_{rj} = \frac{1}{M_{rj}} \cdot M_{rj} = 1,$$

sodass nach der Pivotierung in der j-ten Spalte von M' der r-te kanonische Einheitsvektor e^r steht.

Ferner ist zu erwähnen, dass es weniger Rechenaufwand ist, wenn man die beiden Schritte in der obigen Definition vertauscht, d.h. erst die r-te Zeile von M mit $\frac{1}{M_{rj}}$ multipliziert, um M'' zu erhalten, und dann für jedes $i \neq r$ mit $M_{ij} \neq 0$ (gleichbedeutend mit $M''_{ij} \neq 0$) das $(-M''_{ij})$-fache der r-ten Zeile von M'' zur i-ten Zeile von M'' hinzuaddiert. Allerdings haben wir im Hinblick auf das Rechnen per Hand an kleineren Beispielen bewusst die andere Variante vorgezogen, weil wir der Meinung sind, dass dabei die Rechenschritte mitunter übersichtlicher dokumentiert werden können.

> **Satz 10.4.3** Es sei $M \in \mathbb{K}^{k,l}$ eine Matrix. Dann kann M durch endlich viele elementare Zeilenumformungen in eine normierte Treppenmatrix überführt werden. Anders ausgedrückt liegt in der zu M bzgl. $\overset{*}{\leadsto}$ gehörenden Äquivalenzklasse stets eine normierte Treppenmatrix.

Beweis Wenn M die Nullmatrix ist, so gibt es nichts zu zeigen. Es sei daher M von der Nullmatrix verschieden. Wir betrachten den kleinsten Spaltenindex j, für den es ein i mit $M_{ij} \neq 0$ gibt. Durch eine elementare Zeilenumformung dritter Art tauschen wir die erste Zeile von M mit der i-ten Zeile von M (sofern $i \neq 1$ ist). Die daraus resultierende Matrix pivotieren wir am $(1, j)$-Eintrag und erhalten sodann eine Matrix M' der Form

$$\left(\begin{array}{ccc|c} 0 & \ldots & 0\ 1 & d \\ \hline 0 & \ldots & 0\ 0 & \\ \vdots & \ldots & \vdots\ \vdots & B \\ 0 & \ldots & 0\ 0 & \end{array} \right),$$

wobei der erste Einheitsvektor e^1 in der j-ten Spalte steht. Ferner ist d ein Zeilenvektor aus $\mathbb{K}^{l-j}$.

Ist die $(k-1)$-zeilige Matrix B die Nullmatrix, so hat M' normierte Treppengestalt (mit Rang $r = 1$ und charakteristischer Spaltenfunktion $\chi = \{j\}$). Andernfalls, wenn B also nicht die Nullmatrix ist, können wir mit Induktion (über die Anzahl der Zeilen) annehmen, dass B durch elementare Zeilenumformungen äquivalent in eine normierte Treppenmatrix S transformiert werden kann. Diese Umformungen wirken in der Tat auf der gesamten Matrix M' (und nicht nur auf B), da die führenden Nullen vor der Matrix B keinerlei Änderungen bewirken.

Durch elementare Zeilenumformungen zweiter Art kann man sodann schließlich diejenigen Einträge von d zu null machen, welche an den charakteristischen Spalten von S auftreten. Danach liegt in der Tat eine normierter Treppenmatrix vor, welche $\overset{*}{\leadsto}$-äquivalent zur Ausgangsmatrix M ist. ∎

C Der Gauß-Algorithmus Wir werden die wesentliche Beweisidee des letzten Satzes, nämlich die sukzessive Pivotierung an Einträgen, deren Spaltenindizes die charakteristischen Indizes werden, nun nochmals algorithmisch aufarbeiten. Es handelt sich dabei um den Gauß-Algorithmus, dessen korrekte Arbeitsweise die Aussage von ▶Satz 10.4.3 erneut belegen wird.

Algorithmus 10.4.4 **Gauß-Algorithmus**

- Eingabe: eine Matrix $M \in \mathbb{K}^{k,l}$, etwa die erweiterte Matrix $(A|b)$ eines linearen Gleichungssystems

- Ausgabe: eine normierte Treppenmatrix Γ mit $M \overset{*}{\leadsto} \Gamma$ sowie deren Rang r und deren charakteristische Spaltenfunktion χ

- Initialisierung: $\Gamma := M$, $r := 0$, $j := 1$ und $\chi := \emptyset$.
  Es ist $\operatorname{rang}(\Gamma) \geq r$. Die folgenden elementaren Zeilenumformungen wirken stets

auf die Matrix Γ, welche am Ende des Algorithmus dann die gewünschte Gestalt haben wird.

- while $j \leq l$ oder $r < k$ do
    if $\Gamma_{ij} = 0$ für alle i mit $r < i \leq k$
        then (∗ das aktuelle j wird kein charakteristischer Spaltenindex ∗)
            $j := j + 1$
        else (∗ das aktuelle j wird ein charakteristischer Spaltenindex ∗)
            (∗ der Rangzähler wird um eins erhöht ∗)
            $r := r + 1$, (∗ rang(Γ) $\geq r$ ∗)
            $\chi := \chi \cup \{j\}$, (∗ bzw. $\chi(r) := j$ ∗)
            wähle einen Zeilenindex s mit $r \leq s \leq k$ und mit $\Gamma_{sj} \neq 0$,
            (∗ etwa den kleinstmöglichen Index s mit dieser Eigenschaft ∗)
            if $r \neq s$
                then tausche Zeile s mit Zeile r in Γ
            fi, (∗ $\Gamma_{rj} \neq 0$ ∗)
            Pivotiere an der (r, j)-Stelle in Γ,
            (∗ in der j-ten Spalte von Γ steht nach dieser Operation ∗)
            (∗ nun der r-te kanonische Einheitsvektor des $\mathbb{K}^l$ ∗)
            $j := j + 1$
        fi
    end-while,
    Ausgabe von Γ, von r und von χ.

Beweis Der Algorithmus endet sicherlich, weil j in jedem Schleifendurchlauf um 1 erhöht wird, also maximal l Schleifendurchläufe stattfinden. Da jede Pivotierung aus einer Menge bestimmter elementarer Zeilenumformungen besteht, liegt am Ende eine Matrix Γ vor, welche $\overset{*}{\leadsto}$-äquivalent zur Ausgangsmatrix M ist.

Es bleibt zur Korrektheit zu zeigen, dass es sich bei Γ um eine normierte Treppenmatrix mit Rang r und charakteristischer Spaltenfunktion χ handelt. Hierzu rekapitulieren wir ▶Definition 10.4.1.

- Die am Ende auszugebende Menge χ enthält genau r Elemente in aufsteigend sortierter Reihenfolge; für jedes $s = 1, \ldots, r$ ist in dieser Reihenfolge an der $(s, \chi(s))$-Stelle des jeweils vorliegenden Γ pivotiert worden, weshalb am Ende an jeder $\chi(s)$-ten Spalte von Γ der s-te kanonische Einheitsvektor des $\mathbb{K}^l$ steht.

- Für jedes $s = 1, \ldots, r$, jedes $j < \chi(s)$ und jedes $i \geq s$ ist am Ende $\Gamma_{ij} = 0$ (dies gilt trivialerweise auch für den Randfall $s = 1 = \chi(s)$).

- Schließlich gilt bzgl. des auszugebenden r, dass $\Gamma_{ij} = 0$ für alle i mit $r < i \leq k$ und alle $j \geq \chi(r)$, sodass Γ ab der $(r + 1)$-ten Zeile nur noch Nullzeilen enthält (sofern $r < k$). ∎

An dieser Stelle ist zu bemerken, dass der hier formulierte Gauß-Algorithmus insofern nur **generisch** ist, als wir die Auswahl der Pivotzeile nicht rigoros festgelegt haben. Bei praktischen Problemen ist die Auswahl der Pivotelemente im Hinblick auf die Größe der in den Zwischenrechnungen vorkommenden Zahlen allerdings ein sehr wichtiger Gesichtspunkt. Auf die numerischen Feinheiten werden wir aber hier nicht weiter eingehen; stattdessen sei auf das Buch von Deuflhard und Hohmann [14] verwiesen. Um beim Rechnen der Beispiele unnötig komplizierte Terme zu vermeiden, lassen wir uns bei der Auswahl der Pivotelemente stets von unserem Gefühl leiten. Wir verzichten auf irgendeine strikte Festlegung, die in eigens dazu konstruierten Beispielen zu unangenehmen Zwischenergebnissen führen könnte.

In Erweiterung zu ▶Satz 10.4.3 bzw. zu ▶Algorithmus 10.4.4 werden wir in Abschnitt 10.6 außerdem beweisen, dass in jeder Äquivalenzklasse bzgl. $\overset{*}{\leadsto}$ **genau eine** normierte Treppenmatrix liegt. Insofern ist die Ausgabe des Gauß-Algorithmus eindeutig bestimmt, unabhängig davon, welchen Kurs der Algorithmus nimmt.

D **Ein Beispiel zum Gauß-Algorithmus** Zu lösen sei $Ax = b$ mit

$$(A|b) = \begin{pmatrix} \mathbf{1} & 2 & 1 & 1 & 1 & 2 \\ -1 & -2 & -2 & 2 & 1 & 1 \\ 2 & 4 & 3 & -1 & 0 & -1 \\ 1 & 2 & 2 & -2 & 1 & 1 \end{pmatrix} \in \mathbb{Q}^{4,6}.$$

In der ersten Spalte tritt eine Pivotmöglichkeit auf, und wir wählen hier den (1, 1)-Eintrag als erstes Pivotelement (fett gedruckt) und erhalten nach der Pivotierung die Matrix

$$\Gamma = \begin{pmatrix} 1 & 2 & 1 & 1 & 1 & 2 \\ 0 & 0 & -\mathbf{1} & 3 & 2 & 3 \\ 0 & 0 & 1 & -3 & -2 & -5 \\ 0 & 0 & 1 & -3 & 0 & -1 \end{pmatrix}.$$

Dabei wurde die erste Zeile zur zweiten addiert, das (−2)-fache der ersten Zeile zur dritten addiert, das Negative der ersten Zeile zur vierten addiert.

Der Gauß-Algorithmus überspringt nun die zweite Spalte, weil dort unterhalb der ersten Zeile nur Nullen und damit keine Pivotpositionen mehr auftreten. Die nächste Pivotspalte ist die dritte Spalte. Wir wählen wieder den kleinstmöglichen Zeilenindex (hier 2) und pivotieren an der Position (2, 3) (fett gedruckt). Nach dieser Pivotierung erhält man die äquivalente Matrix

$$\Gamma = \begin{pmatrix} 1 & 2 & 0 & 4 & 3 & 5 \\ 0 & 0 & 1 & -3 & -2 & -3 \\ 0 & 0 & 0 & 0 & 0 & -2 \\ 0 & 0 & 0 & 0 & 2 & 2 \end{pmatrix}.$$

Dabei wurde die zweite Zeile zur ersten, zur dritten und zur vierten Zeile addiert und anschließend die zweite Zeile mit -1 multipliziert.

Der nächste Pivoteintrag ist dann gemäß Gauß-Algorithmus an der Position $(4,5)$, weil die vierte Spalte übersprungen wird und sich in der fünften Spalte jenseits der zweiten Zeile nur noch ein von null verschiedener Eintrag befindet, nämlich an besagter Position $(4,5)$ (fett gedruckt). Nun wird aber die vierte Zeile erst mit der dritten Zeile vertauscht, und dann am $(3,5)$-Eintrag pivotiert:

$$\Gamma = \left(\begin{array}{ccccc|c} 1 & 2 & 0 & 4 & 3 & 5 \\ 0 & 0 & 1 & -3 & -2 & -3 \\ 0 & 0 & 0 & 0 & \mathbf{2} & 2 \\ 0 & 0 & 0 & 0 & 0 & -2 \end{array}\right) \overset{*}{\rightsquigarrow} \left(\begin{array}{ccccc|c} 1 & 2 & 0 & 4 & 0 & 2 \\ 0 & 0 & 1 & -3 & 0 & -1 \\ 0 & 0 & 0 & 0 & 1 & 1 \\ 0 & 0 & 0 & 0 & 0 & -2 \end{array}\right).$$

Hierbei wurde die dritte Zeile zur zweiten addiert und das $(-\frac{3}{2})$-fache der dritten Zeile zur ersten Zeile addiert, bevor die dritte Zeile durch 2 dividiert wurde.

Schließlich wird am Eintrag $(4, 6)$ pivotiert, um die Ausgabematrix

$$\Gamma = \left(\begin{array}{ccccc|c} 1 & 2 & 0 & 4 & 0 & 0 \\ 0 & 0 & 1 & -3 & 0 & 0 \\ 0 & 0 & 0 & 0 & 1 & 0 \\ 0 & 0 & 0 & 0 & 0 & 1 \end{array}\right)$$

zu bekommen. Der Vollständigkeit halber notieren wir, dass wir bei der letzten Pivotierung die letzte Zeile erst durch 2 geteilt haben und sodann das (-1)-fache der letzten Zeile zur dritten, die letzte Zeile zur zweiten und das (-2)-fache der letzten Zeile zur ersten addiert haben. In der Tat sind hier keinerlei Rechnungen mehr erforderlich, da die führenden Nullen in der Pivotzeile keine Änderungen bewirken und weil die Pivotspalte die letzte Spalte der Matrix ist und zum Einheitsvektor wird – wirklich zu berechnende Änderungen ergeben sich allenfalls rechts von der aktuellen Pivotspalte, wie man am gesamten Beispiel gut sehen kann.

Insgesamt ist also $(T|b^*) := \Gamma$ eine zu $(A|b)$ äquivalente normierte Treppenmatrix mit Rang $r = 4$ und charakteristischen Spalten $\{1, 3, 5, 6\}$. Die letzte Zeile von Γ, nämlich „$0x_1 + 0x_2 + 0x_3 + 0x_4 + 0x_5 = 1$" belegt, dass das System $Tx = b^*$ und (nach ▶Satz 10.3.4) damit auch das Ausgangssystem $Ax = b$ unlösbar ist. Das liegt im Endeffekt daran, dass der Rang der erweiterten Matrix $(T|b^*)$ mit 4 größer als der Rang 3 der Matrix T ist, welche ihrerseits eine normierte Treppenmatrix ist. Das allgemeine Ergebnis hinter diesem Sachverhalt wird im nächsten Abschnitt bewiesen.

Zum Verständnis des überaus wichtigen Gauß-Algorithmus sollte der Leser möglichst viele Beispiele rechnen.

10.5 Die Lösungsmenge bei allgemeinen Problemen

Es bleibt, die im ersten Abschnitt angesprochenen grundlegenden Teilprobleme zur Lösung eines linearen Gleichungssystems für den Spezialfall zu handhaben, bei dem die erweiterte Matrix in normierter Treppengestalt vorliegt. Wir stellen uns also vor, dass $\Gamma = (T|b^*)$ eine normierte Treppenmatrix mit $(A|b) \rightsquigarrow (T|b^*)$ ist, welche mithilfe des Gauß-Algorithmus berechnet wurde. Die einzelnen Teilaspekte dieser Aufgabe sind durch die Ergebnisse der folgenden Paragraphen B und C abgedeckt.

A Ein vorbereitendes Resultat Wir benötigen zunächst noch eine Notation sowie ein Hilfsresultat, welches in den später folgenden Sätzen die Betrachtung der Indizes vereinfachen soll. Zu einer normierten Treppenmatrix T aus $\mathbb{K}^{m,n}$ mit charakteristischen Spalten χ sei χ^c das Komplement von χ in $\{1, 2, \ldots, n\}$, also die Menge der nichtcharakteristischen Spalten.

> **Lemma 10.5.1** Es sei $T \in \mathbb{K}^{m,n}$ eine normierte Treppenmatrix mit Rang r und charakteristischer Spaltenfunktion χ. Sind dann $v \in \mathbb{K}^n$ und $s \in \{1, \ldots, r\}$ beliebig, so ist $(Tv)_s$ zu jedem der folgenden drei Terme gleich:
>
> (1) $v_{\chi(s)} + \sum_{j:j>\chi(s)} T_{sj}v_j$ (2) $v_{\chi(s)} + \sum_{j \in \chi^c} T_{sj}v_j$ (3) $v_{\chi(s)} + \sum_{j:j\in\chi^c, j>\chi(s)} T_{sj}v_j$
>
> Die Summation erstreckt sich bei der dritten Summe über alle nichtcharakteristischen Spaltenindizes, welche größer als $\chi(s)$ sind.[2]

Beweis Zunächst ist $(Tv)_s = \sum_{j=1}^{n} T_{sj}v_j$. Da aber in der s-ten Zeile vor der Spalte $\chi(s)$ nur Nullen stehen und weil $T_{s\chi(s)} = 1$ ist, gilt $(Tv)_s = v_{\chi(s)} + \sum_{j:j>\chi(s)} T_{sj}v_j$. Die zweite und die dritten Gleichung gelten nun, weil zusätzlich $T_{sj} = 0$ für jede charakteristische Spalte j mit $j \neq \chi(s)$; es genügt also auch, Spalten aus χ^c zu betrachten. ∎

B Die Entscheidung der Lösbarkeit Wir kommen nun zur Beantwortung der Frage, ob zum System $(T|b^*)$ überhaupt eine Lösung existiert. Dabei ist, wie im Beispiel in Abschnitt 10.4-D erwähnt, zu beachten, dass mit $\Gamma = (T|b^*)$ auch T eine normierte Treppenmatrix ist.

> **Satz 10.5.2** Es sei $S \in \mathbb{K}^{m,n}$ eine normierte Treppenmatrix mit Rang r und charakteristischer Spaltenfunktion χ. Weiter sei $c \in \mathbb{K}^m$ eine rechte Seite. Dann sind die beiden folgenden Aussagen äquivalent:

---

[2] Sollte eine der Indexmengen leer sein, so ist die entsprechende Summe als null zu interpretieren, sodass $(Tv)_s = v_{\chi(s)}$ ist.

10.5 Die Lösungsmenge bei allgemeinen Problemen

(1) Das lineare Gleichungssystem $Sx = c$ ist lösbar.

(2) Einer der beiden folgenden Fälle liegt vor:

- entweder $r = m$

- oder $r < m$ und $c_i = 0$ für jedes i mit $r + 1 \leq i \leq m$.

Beweis

(1) $\Rightarrow$ (2): Wir setzen zunächst die Lösbarkeit des Systems voraus und nehmen an, dass $Sy = c$ für ein $y \in \mathbb{K}^n$ gilt. Da an den Fall $r = m$ keinerlei Bedingungen mehr geknüpft sind, nehmen wir an, dass $r < m$ ist. Ist dann $i \geq r + 1$, so folgt

$$c_i = (Sy)_i = \sum_{j=1}^{n} S_{ij} y_j = 0,$$

da (nach ▶Definition 10.4.1) $S_{ij} = 0$ für alle $i > r$ und alle j gilt. Damit ist (unter der Annahme $r < m$) die Bedingung $c_i = 0$ für $i > r$ notwendig für die Lösbarkeit von $Sx = c$.

(2) $\Rightarrow$ (1): Umgekehrt gelte $r = m$ oder $r < m$ und $c_{r+1} = \ldots = c_m = 0$ (man beachte, dass im Falle $r = m$ die rechte Seite c keinerlei Einschränkungen unterliegt). Davon ausgehend definieren wir $y \in \mathbb{K}^n$ durch

$$y_k := \begin{cases} c_i, & \text{falls } k = \chi(i) \text{ für ein } i \in \{1, 2, \ldots, r\} \\ 0, & \text{sonst.} \end{cases}$$

Wir behaupten, dass $Sy = c$ gilt. Dies verifizieren wir für jeden Eintrag i. Ist $i > r$ (was nur im Falle $r < m$ auftreten kann), so ist

$$(Sy)_i = \sum_{j=1}^{n} S_{ij} y_j = 0 = c_i,$$

da ja die i-te Zeile von S für jedes $i > r$ die Nullzeile ist. Ist hingegen $i \leq r$, so rechnen wir

$$(Sy)_i = y_{\chi(i)} + \sum_{j : j \in \chi^c, j > \chi(s)} S_{ij} y_j$$

mit ▶Lemma 10.5.1. Da aber gemäß Definition $y_j = 0$ für jedes $j \in \chi^c$ gilt, enthält die große Summe nur Summanden mit Wert 0. Daher gilt $(Sy)_i = y_{\chi(i)}$. Nun ist aber $y_{\chi(i)} = c_i$ nach Definition von y und damit gilt in der Tat auch $(Sy)_i = c_i$ für diese i, womit alles bewiesen ist. ∎

Wir wollen im Falle der Lösbarkeit die im Beweis von ▶Satz 10.5.2 angegebene Lösung y nochmals herausstellen, wobei wir gleich ein allgemeines Gleichungssystem $(A|b)$ zugrunde legen.

10 Lineare Gleichungssysteme

Satz 10.5.3 Nach Angabe von $(A|b)$ aus $\mathbb{K}^{m,n+1}$ sei $(T|b^*)$ die (mit dem Gauß-Algorithmus bestimmte) normierte Treppenmatrix mit $(A|b) \stackrel{*}{\leadsto} (T|b^*)$. Ferner seien $r \leq m$ der Rang und χ die charakteristische Spaltenfunktion von T. Dann gelten:

(1) Falls $r < m$ und $b_i^* \neq 0$ für ein $i > r$, so ist das System $Ax = b$ unlösbar.

(2) Andernfalls ist $y \in \mathbb{K}^n$, definiert durch

$$y_k := \begin{cases} b_i^*, & \text{falls } k = \chi(i) \text{ für ein } i \in \{1, 2, \ldots, r\} \\ 0, & \text{sonst} \end{cases} \qquad (10.5.1)$$

eine Lösung von $Ax = b$; diese nennen wir die *Standardlösung*.

Es folgt eine Charakterisierung der Lösbarkeit anhand des Rangbegriffes.

Korollar 10.5.4 Unter Verwendung der gleichen Bezeichnungen wie in ▶Satz 10.5.3 gelten:

(1) $Ax = b$ ist lösbar $\Leftrightarrow \operatorname{rang}(T|b^*) = \operatorname{rang}(T)$.

(2) Ist $Ax = b$ nicht lösbar, so ist $\operatorname{rang}(T|b^*) = \operatorname{rang}(T) + 1$.

Beweis Es sei r der Rang von T, sodass der Rang von Γ entweder gleich r oder gleich $r + 1$ ist. In jedem Fall ist $b_j^* = 0$ für $j > r + 1$. Nun gilt $\operatorname{rang}(\Gamma) = r$ genau dann, wenn $b_{r+1}^* = 0$ ist, womit die Bedingung aus ▶Satz 10.5.3 erfüllt ist. Andernfalls ist b^* der $(r + 1)$-te Einheitsvektor des $\mathbb{K}^m$. ∎

C Die Beschreibung des homogenen Lösungsraumes Wir kommen zur Beschreibung der Lösungsmenge eines homogenen Systems in normierter Treppenform.

Satz 10.5.5 Es sei $T \in \mathbb{K}^{m,n}$ eine normierte Treppenmatrix mit Rang r und charakteristischer Spaltenfunktion χ. Weiter sei χ^c das Komplement von χ in $\{1, 2, \ldots, n\}$. Für jedes $k \in \chi^c$ definieren wir einen Vektor $h^k \in \mathbb{K}^n$ wie folgt:

- $h_k^k := 1$

- $h_{\chi(i)}^k := -T_{ik}$ für jedes $i \in \{1, 2, \ldots, r\}$

- $h_l^k := 0$ für jedes $l \in \{1, \ldots, n\}$ mit $l \neq k$ und mit $l \notin \chi$

10.5 Die Lösungsmenge bei allgemeinen Problemen

Dann gilt für das homogene System $Tx = 0$ Folgendes:

$$\mathbb{L}_{T,0} = \langle h^k : k \in \chi^c \rangle = \left\{ \sum_{k \in \chi^c} \lambda_k h^k : \lambda_k \in \mathbb{K} \text{ für alle } k \in \chi^c \right\}$$

Beweis Wir zeigen zunächst, dass jedes der angegebenen Vektoren h^k eine homogene Lösung ist, also $Th^k = 0$ erfüllt. Dazu müssen wir $(Th^k)_i = 0$ für alle $i = 1, \ldots, m$ zeigen. Dies ist für $i > r$ erfüllt (sofern $r < m$), denn $T_{ij} = 0$ für alle $i > r$ und alle $j = 1, \ldots, n$. Es sei also $i \leq r$. Nach ▶Lemma 10.5.1 ist zunächst

$$(Th^k)_i = h^k_{\chi(i)} + \sum_{j : j \in \chi^c, j > \chi(i)} T_{ij} h^k_j.$$

Weiter ist $h^k_j = 0$ für $j \in \chi^c$ mit $j \neq k$. Daher reduziert sich die Summe zu

$$(Th^k)_i = h^k_{\chi(i)} + T_{ik} h^k_k = -T_{ik} + T_{ik} = 0,$$

da $h^k_k = 1$ und $h^k_{\chi(i)} = -T_{ik}$. Damit ist gezeigt, dass jedes h^k (für $k \in \chi^c$) eine homogene Lösung ist. Ist nun $\lambda_k \in \mathbb{K}$ für jedes $k \in \chi^c$ ein beliebiger Skalar, so ist

$$T \left(\sum_{k \in \chi^c} \lambda_k h^k \right) = \sum_{k \in \chi^c} \lambda_k (Th^k) = \sum_{k \in \chi^c} \lambda_k \cdot 0 = 0,$$

womit insgesamt $\mathbb{L}_{T,0} \supseteq \langle h^k : k \in \chi^c \rangle$ gezeigt ist.

Zum Nachweis der umgekehrten Inklusion sei u eine beliebige homogene Lösung, also $Tu = 0$. Wir behaupten, dass $u = \sum_{k \in \chi^c} u_k h^k$ ist, womit dann alles bewiesen wäre. Dazu setzen wir $z := \sum_{k \in \chi^c} u_k h^k$ und zeigen $z_j = u_j$ für alle $j = 1, \ldots, n$.

- Sei zunächst $j \in \chi^c$. Dann ist $h^k_j = 0$ für $j \neq k$ und $h^k_j = 1$ für $j = k$. Folglich ist

$$z_j = \left(\sum_{k \in \chi^c} u_k h^k \right)_j = \sum_{k \in \chi^c} u_k h^k_j = u_j h^j_j = u_j.$$

- Nun sei $j \in \chi$, etwa $j = \chi(s)$ für ein $s \in \{1, 2, \ldots, r\}$. Dann ist

$$z_j = z_{\chi(s)} = \sum_{k \in \chi^c} u_k h^k_{\chi(s)}.$$

Wegen $h^k_{\chi(s)} = -T_{sk}$ ergibt sich $z_{\chi(s)} = -\sum_{k \in \chi^c} T_{sk} u_k$. Andererseits ist mit ▶Lemma 10.5.1 aber $0 = (Tu)_{\chi(s)} = u_{\chi(s)} + \sum_{k \in \chi^c} T_{sk}$. Das liefert sodann $0 = u_{\chi(s)} - z_{\chi(s)}$, also $u_{\chi(s)} = z_{\chi(s)}$, i. e. $u_j = z_j$. ∎

D Zusammenfassung und Beispiele Gegeben sei ein lineares Gleichungssystem $Ax = b$ mit $A \in \mathbb{K}^{m,n}$ und $b \in \mathbb{K}^m$. Zur Bestimmung der vollständigen Lösungsmenge geht man wie folgt vor.

Lineare Gleichungssysteme

1. Wir führen (innerhalb des Gauß-Algorithmus) elementare Zeilenumformungen auf der erweiterten Matrix $(A|b)$ durch, bis diese Matrix auf die normierte Treppengestalt $\Gamma = (T|b^*)$ gebracht worden ist. Das resultierende äquivalente Gleichungssystem ist $Tx = b^*$. Hierbei ist auch T eine normierte Treppenmatrix, deren Rang gleich r und deren charakteristische Spaltenfunktion gleich χ sei.

2. Falls $r = m$ oder $b_i^* = 0$ für alle $i > r$, so ist das System lösbar. Man konstruiert dann den Standardvektor y gemäß (10.5.3) durch

$$y_k := \begin{cases} b_i^*, & \text{falls } k = \chi(i) \text{ für ein } i \in \{1, 2, \dots, r\} \\ 0, & \text{sonst.} \end{cases}$$

Ist $r < m$ und $b_i^* \neq 0$ für ein $i > r$, so ist das System nicht lösbar. (In diesem Fall ist b^* gleich e^{r+1}, dem $(r+1)$-ten Einheitsvektor des $\mathbb{K}^m$, siehe ▶Korollar 10.5.4.)

3. Im Falle der Lösbarkeit ist die gesamte Lösungsmenge $\mathbb{L}_{A,b}$ gleich

$$y + \langle h^k : k \in \chi^c \rangle,$$

wobei χ^c das Komplement von χ ist und wobei die Vektoren h^k wie in ▶Satz 10.5.5 definiert sind, nämlich:

$$h_l^k := \begin{cases} 1, & \text{falls } l = k \\ -T_{ik}, & \text{falls } l = \chi(i) \text{ für ein } i \in \{1, 2, \dots, r\} \\ 0, & \text{sonst} \end{cases}$$

Beispiel 10.5.6 Betrachten wir ein Beispiel über dem binären Körper $\mathbb{F}_2$. Die Ausgangssituation sei

$$(A|b) = \begin{pmatrix} 1 & 0 & 1 & 1 & 0 \\ 1 & 0 & 0 & 0 & 1 \\ 0 & 0 & 1 & 1 & 0 \\ 1 & 0 & 0 & 0 & 1 \end{pmatrix} \begin{array}{|c} 0 \\ 1 \\ 1 \\ 1 \end{array}.$$

Nach Anwendung des Gauß-Algorithmus erhält man die normierte Treppenmatrix

$$\Gamma := (T|b^*) = \begin{pmatrix} 1 & 0 & 0 & 0 & 1 \\ 0 & 0 & 1 & 1 & 0 \\ 0 & 0 & 0 & 0 & 0 \\ 0 & 0 & 0 & 0 & 0 \end{pmatrix} \begin{array}{|c} 1 \\ 1 \\ 0 \\ 0 \end{array}.$$

Die normierte Treppenmatrix T hat Rang $r = 2$, charakteristische Spalten $\chi = \{1, 3\}$ und Komplement $\chi^c = \{2, 4, 5\}$. Das System ist lösbar und als Beschreibung der Lösungsmenge erhalten wir (wegen $1 = -1$ in $\mathbb{F}_2$):

10.5 Die Lösungsmenge bei allgemeinen Problemen

$$y + \langle h^2, h^4, h^5 \rangle = \begin{pmatrix} 1 \\ 0 \\ 1 \\ 0 \\ 0 \end{pmatrix} + \left\langle \begin{pmatrix} 0 \\ 1 \\ 0 \\ 0 \\ 0 \end{pmatrix}, \begin{pmatrix} 0 \\ 0 \\ 1 \\ 1 \\ 0 \end{pmatrix}, \begin{pmatrix} 1 \\ 0 \\ 0 \\ 0 \\ 1 \end{pmatrix} \right\rangle.$$

Die Lösungsmenge umfasst daher insgesamt 8 Vektoren. ∎

Beispiel 10.5.7 Über dem Körper $\mathbb{K} = \mathbb{Q}$ betrachten wir das Gleichungssystem $Ax = b$ mit erweiterter Koeffizientenmatrix

$$(A|b) = \begin{pmatrix} 0 & 2 & 4 & 13 & 70 & 37 & -1 & | & -14 \\ 0 & 4 & 8 & 2 & -4 & 2 & -3 & | & -7 \\ 0 & 7 & 14 & 6 & 8 & 11 & 11 & | & 34 \\ 0 & 1 & 2 & -2 & -16 & -7 & -9 & | & -24 \end{pmatrix}.$$

Eine Anwendung des Gauß-Algorithmus liefert das äquivalente System in normierter Treppenform:

$$(A|b) \stackrel{*}{\leadsto} (T|b^*) = \begin{pmatrix} 0 & 1 & 2 & 0 & -4 & -1 & 0 & | & 1 \\ 0 & 0 & 0 & 1 & 6 & 3 & 0 & | & -1 \\ 0 & 0 & 0 & 0 & 0 & 0 & 1 & | & 3 \\ 0 & 0 & 0 & 0 & 0 & 0 & 0 & | & 0 \end{pmatrix}.$$

Die Matrix T hat Rang $r = 3$ und charakteristische Spalten $\chi = \{2, 4, 7\}$, woraus $\chi^c = \{1, 3, 5, 6\}$ folgt. Das System ist lösbar und die Menge $\mathbb{L}_{A,b}$ aller Lösungen ist gleich $y + \langle h^1, h^3, h^5, h^6 \rangle$ mit der Standardlösung

$$y = (0, 1, 0, -1, 0, 0, 3)'$$

und den homogenen Lösungen

$$h^1 = \begin{pmatrix} 1 \\ 0 \\ 0 \\ 0 \\ 0 \\ 0 \\ 0 \end{pmatrix}, \quad h^3 = \begin{pmatrix} 0 \\ -2 \\ 1 \\ 0 \\ 0 \\ 0 \\ 0 \end{pmatrix}, \quad h^5 = \begin{pmatrix} 0 \\ 4 \\ 0 \\ -6 \\ 1 \\ 0 \\ 0 \end{pmatrix} \quad \text{und} \quad h^6 = \begin{pmatrix} 0 \\ 1 \\ 0 \\ -3 \\ 0 \\ 1 \\ 0 \end{pmatrix}.$$

∎

10.6 Invertierbare Matrizen

Wir haben im letzten Abschnitt gesehen, dass in der $\overset{*}{\leadsto}$-Äquivalenzklasse einer jeden Matrix M des $\mathbb{K}^{m,l}$ eine normierte Treppenmatrix liegt und eine solche mithilfe des Gauß-Algorithmus bestimmt werden kann. In diesem Abschnitt werden wir u. a. zeigen, dass die zu einer Matrix M äquivalente normierte Treppenmatrix **eindeutig** bestimmt ist. Man nennt sie daher **die Treppen-Normalform von** M. Beim Beweis werden wir einige wichtige Dinge über invertierbare Matrizen erfahren.

A Elementarmatrizen Wir starten mit der nochmaligen Betrachtung der elementaren Zeilenumformungen an einer Matrix und zeigen, dass diese Manipulationen durch Multiplikation von links durch bestimmte invertierbare Matrizen beschrieben werden können. In den folgenden drei Lemmata sei M eine Matrix über $\mathbb{K}$ mit m Zeilen.

Lemma 10.6.1 Für $\lambda \in \mathbb{K}$ sei $D_k(\lambda)$ die Diagonalmatrix des $\mathbb{K}^{m,m}$ mit (k,k)-Eintrag λ und mit (i,i)-Eintrag 1 für $i \neq k$. Dann gelten:

(1) Die Matrix $D_k(\lambda)M$ entsteht aus M, indem die k-te Zeile von M mit λ multipliziert wird.

(2) Ist $\lambda \neq 0$, so ist $D_k(\lambda)$ invertierbar und es gilt $D_k(\lambda)^{-1} = D_k(\frac{1}{\lambda})$.

Beweis

(1) Für jedes j ist
$$(D_k(\lambda)M)_{i,j} = \sum_{s=1}^{m} D_k(\lambda)_{is} M_{sj}$$
$$= D_k(\lambda)_{ii} M_{ij} = \begin{cases} M_{ij}, & \text{falls } i \neq k \\ \lambda M_{ij}, & \text{falls } i = k. \end{cases}$$

(2) Man erhält die Aussage (2), indem man in (1) $M = D_k(\lambda^{-1})$ setzt. Es ist dann $D_k(\lambda)D_k(\lambda^{-1})$ die Einheitsmatrix; ebenso ist $D_k(\lambda^{-1})D_k(\lambda)$ die Einheitsmatrix. ∎

Lemma 10.6.2 Für $s, t \in \{1, 2, \ldots, m\}$ mit $s \neq t$ und $\lambda \in \mathbb{K}$ sei $E_{st}(\lambda)$ die Matrix des $\mathbb{K}^{m,m}$ mit (s,t)-Eintrag λ und mit (i,j)-Eintrag 0, falls $(i,j) \neq (s,t)$. Ferner sei E die Einheitsmatrix des $\mathbb{K}^{m,m}$. Dann gelten:

(1) Die Matrix $(E + E_{st}(\lambda))M$ entsteht aus M, indem das λ-fache der t-ten Zeile von M zur s-ten Zeile von M hinzuaddiert wird.

(2) Die Matrix $E + E_{st}(\lambda)$ ist invertierbar.

Beweis

(1) Zunächst ist (für jedes j)

$$(E_{st}(\lambda)M)_{i,j} = \sum_{r=1}^{m} E_{st}(\lambda)_{ir} M_{rj} = \begin{cases} 0, & \text{falls } i \neq s \\ \lambda M_{tj}, & \text{falls } i = s. \end{cases}$$

Wegen $(E + E_{st}(\lambda))M = M + E_{st}(\lambda)M$ folgt dann die erste Behauptung.

(2) Betrachtet man in (1) speziell die Matrix $E + E_{st}(-\lambda)$ für M, so folgt

$$(E + E_{st}(\lambda))(E + E_{st}(-\lambda)) = E.$$

Ebenso ist $(E + E_{st}(-\lambda))(E + E_{st}(\lambda)) = E$, womit auch (2) bewiesen ist. ∎

Lemma 10.6.3 Es sei τ die Permutation auf $\{1, 2, \ldots, m\}$, die die Zahlen s und t vertauscht und sonst alles fest lässt (also eine Transposition). Es sei P_τ die zugehörige Permutationsmatrix (siehe Abschnitt 9.1-D). Dann gelten:

(1) Die Matrix $P_\tau M$ entsteht aus der Matrix M, indem die Zeilen s und t vertauscht werden.

(2) P_τ ist invertierbar.

Beweis

(1) Es ist zunächst $(P(\tau)M)_{ij} = \sum_{k=1}^{m} P(\tau)_{ik} M_{kj}$. Für $i \neq s, t$ ist dies gleich $P(\tau)_{ii} M_{ij} = M_{ij}$ (für alle j). Ist $i = s$, so ergibt sich $P(\tau)_{st} M_{tj} = M_{tj}$ (für alle j). Ist $i = t$, so ergibt sich $P(\tau)_{ts} M_{sj} = M_{sj}$ (für alle j). Damit ist (1) gezeigt.

(2) Setzt man $M := P(\tau)$ in (1), so erhält man $P(\tau)P(\tau) = E$, also die Invertierbarkeit von $P(\tau)$. ∎

Aufgrund der eben durchgeführten Diskussion nennen wir die Matrizen der Form

1. $D_k(\lambda)$ ($\lambda \in \mathbb{K}$, $\lambda \neq 0$) bzw.

2. $E + E_{st}(\lambda)$ ($\lambda \in \mathbb{K}$ beliebig, $s \neq t$) bzw.

3. $P(\tau)$ (τ Transposition)

Elementarmatrizen erster bzw. **zweiter** bzw. **dritter Art**. Mit den Ergebnissen aus Abschnitt 10.4 können wir dann folgern, dass für jedes $M \in \mathbb{K}^{m,l}$ eine Folge $F_1, \ldots, F_a$ von Elementarmatrizen existiert, sodass

$$F_a(F_{a-1} \ldots (F_2(F_1 M)) \ldots) = (F_a F_{a-1} \ldots F_1)M$$

eine normierte Treppenmatrix ist. Das Produkt invertierbarer Matrizen ist wieder invertierbar, sodass insbesondere $F := F_a F_{a-1} \ldots F_1$ invertierbar ist. Die inverse Matrix zu F ist übrigens gleich $F^{-1} = F_1^{-1} \ldots F_{a-1}^{-1} F_a^{-1}$. Wir fassen zusammen:

> **Satz 10.6.4** Ist $M \in \mathbb{K}^{m,l}$, so gibt es eine invertierbare Matrix F aus $\mathbb{K}^{m,m}$ mit $M \overset{*}{\leadsto} FM$ und derart, dass FM eine normierte Treppenmatrix ist.

Zur Illustration der Modellierung von Elementarumformungen durch Matrixmultiplikationen von links betrachten wir in folgendem Beispiel nochmals die Wirkung einer Pivotierung. Gegeben sei die Matrix

$$C = \begin{pmatrix} 4 & 1/2 & 1 \\ -3 & 3 & 0 \\ 6 & 7 & 6 \end{pmatrix} \in \mathbb{Q}^{3,3}.$$

Wir führen die Pivotierung am $(2, 2)$-Eintrag durch, welche sich aus drei elementaren Zeilenumformungen zusammensetzt. Diese sind zusammen mit ihren zugehörigen Elementarmatrizen in der folgenden Tabelle eingetragen.

elementare Zeilenumformung	zugehörige Elementarmatrix
Zeile 1 $\leftarrow (-\frac{1}{6}) \cdot$ Zeile 2 + Zeile 1	$F_1 = \begin{pmatrix} 1 & -1/6 & 0 \\ 0 & 1 & 0 \\ 0 & 0 & 1 \end{pmatrix}$
Zeile 3 $\leftarrow (-\frac{7}{3}) \cdot$ Zeile 2 + Zeile 3	$F_2 = \begin{pmatrix} 1 & 0 & 0 \\ 0 & 1 & 0 \\ 0 & -7/3 & 1 \end{pmatrix}$
Zeile 2 $\leftarrow (\frac{1}{3}) \cdot$ Zeile 2	$F_3 = \begin{pmatrix} 1 & 0 & 0 \\ 0 & 1/3 & 0 \\ 0 & 0 & 1 \end{pmatrix}$

Mit $F := F_3 F_2 F_1 = \begin{pmatrix} 1 & -1/6 & 0 \\ 0 & 1/3 & 0 \\ 0 & -7/3 & 1 \end{pmatrix}$ ist dann $FC = \begin{pmatrix} 9/2 & 0 & 1 \\ -1 & 1 & 0 \\ 13 & 0 & 6 \end{pmatrix}$.

10.6 Invertierbare Matrizen

B Die Eindeutigkeit des Ergebnisses beim Gauß-Algorithmus Wie eingangs erwähnt, wollen wir nun zeigen, dass es zu jeder Matrix M genau eine äquivalente normierte Treppenmatrix gibt. Der Schlüssel zu diesem Ergebnis ist das folgende Lemma.

Lemma 10.6.5 Es seien S und T normierte Treppenmatrizen des $\mathbb{K}^{m,l}$. Annahme, es gibt eine invertierbare Matrix $U \in \mathbb{K}^{m,m}$ mit $UT = S$. Dann sind S und T gleich.

Beweis Wir führen den Beweis induktiv über die Anzahl l der Spalten von T (bzw. S). Ist $l = 1$, so ist $T = 0$ der Nullvektor oder $T = e^1$ der erste kanonische Einheitsvektor des $\mathbb{K}^m$; Entsprechendes gilt für S. Falls $T = 0$, so ist $S = UT = U0 = 0 = T$. Falls $T = e^1$, so ist $S = UT$ die erste Spalte von U. Annahme, $S = 0$. Betrachte die Inverse U^{-1} von U. Da die erste Spalte von U der Nullvektor ist, ist auch die erste Spalte von $U^{-1}U$ der Nullvektor. Das widerspricht aber der Tatsache, dass $U^{-1}U$ die (m,m)-Einheitsmatrix ist. Folglich ist $S \neq 0$, sodass $S = e^1 = T$ ist.

Induktionsschritt $l \to l+1$: Es seien $T = (T', w)$ und $S = (S', v)$ normierte Treppenmatrizen (wobei $w, v \in \mathbb{K}^m$). Dann sind $T', S' \in \mathbb{K}^{m,l}$ ihrerseits normierte Treppenmatrizen. Ferner sei $U \in \mathbb{K}^{m,m}$ invertierbar mit $UT = S$. Dies ist gleichbedeutend mit $UT' = S'$ und $Uw = v$. Nach Induktionsannahme gilt daher $S' = T'$, sodass nunmehr $v = w$ zu zeigen ist. Es seien dazu r und s die Ränge von T bzw. S und r' und s' die Ränge von T' bzw. S'. Annahme, $r' = r$. Dann hat das System $T'x = w$ nach ▶Korollar 10.5.4 eine Lösung, etwa y. Wegen $T'y = w$ folgt $UT'y = Uw = v$. Andererseits ist $UT' = S'$ und $S' = T'$ nach Induktionsannahme, sodass $v = Uw = UT'y = S'y = T'y = w$ folgt, was insgesamt $T = S$ liefert. Zum gleichen Schluss kommt man, wenn $s' = s$ ist; man argumentiert dann mit der invertierbaren Matrix U^{-1} anstelle von U, die $U^{-1}S = U^{-1}UT = ET = T$ erfüllt. Wir dürfen daher abschließend annehmen, dass $r = r' + 1 = s' + 1 = s$ ist. Dann gilt aber (gemäß Definition einer normierten Treppenmatrix), dass w und v beide gleich e^r sind, dem r-ten kanonischen Einheitsvektor, womit erneut $S = T$ bewiesen ist. ∎

Satz 10.6.6 Es sei $\overset{*}{\leadsto}$ die in Abschnitt 10.3-C eingeführte Äquivalenzrelation. Ist $M \in \mathbb{K}^{m,l}$ irgendeine Matrix, so liegt in der Äquivalenzklasse $[M]_{\overset{*}{\leadsto}}$ von M **genau eine** normierte Treppenmatrix.

Beweis Annahme, S und T sind normierte Treppenmatrizen mit $M \overset{*}{\leadsto} T$ und mit $M \overset{*}{\leadsto} S$. Dann gibt es invertierbare Matrizen V und W aus $\mathbb{K}^{m,m}$ mit $VM = T$ und mit $WM = S$. Dann ist $U := WV^{-1}$ ebenfalls eine invertierbare Matrix. Ferner ist

$$UT = WV^{-1}T = WV^{-1}VM = WM = S.$$

Nach ▶Lemma 10.6.5 muss daher $S = T$ sein, was die Eindeutigkeit zeigt. ∎

Definition 10.6.7 Es sei $A \in \mathbb{K}^{m,n}$. Dann nennt man die eindeutige normierte Treppenmatrix $T \in \mathbb{K}^{m,n}$ mit $A \stackrel{*}{\leadsto} T$ die **Treppen-Normalform von** A. Ferner ist der **Rang von** A definiert als $\operatorname{rang}(A) := \operatorname{rang}(T)$.

C Invertierbarkeitskriterien für Matrizen Wir wollen nochmals einige Ergebnisse dieses Abschnittes für den Fall quadratischer Matrizen reflektieren und werden dabei viele Kriterien für die Invertierbarkeit solcher Matrizen erhalten.

Satz 10.6.8 Es sei $A \in \mathbb{K}^{n,n}$. Die Treppen-Normalform von A sei $T \in \mathbb{K}^{n,n}$. Ferner sei E die Einheitsmatrix des $\mathbb{K}^{n,n}$. Dann sind die folgenden Aussagen äquivalent:

(1) Es gibt eine Matrix $F \in \mathbb{K}^{n,n}$ mit $AF = E$.

(2) Der Rang von T ist gleich n (gleichbedeutend: der Rang von A ist gleich n).

(3) $T = E$.

(4) A ist invertierbar.

Beweis Zunächst gibt es eine invertierbare Matrix $U \in \mathbb{K}^{n,n}$ mit $UA = T$. Das weitere Beweisschema entspricht einem „Ringschluss" gemäß folgendem Diagramm:

$$(1) \Rightarrow (2)$$
$$\Uparrow \qquad \Downarrow$$
$$(4) \Leftarrow (3)$$

(1) $\Rightarrow$ (2): Es gebe eine Matrix $F \in \mathbb{K}^{n,n}$ mit $AF = E$. Die Matrix FU^{-1} ist aus $\mathbb{K}^{n,n}$. Es sei f die n-te Spalte dieser Matrix. Wegen

$$(UA)(FU^{-1}) = U(AF)U^{-1} = UEU^{-1} = UU^{-1} = E$$

ist $(UA)f = e^n$, der n-te kanonische Einheitsvektor. Wegen $UA = T$ ist also $Tf = e^n$. Damit ist die Gleichung $Tx = e^n$ lösbar und nach ▶Satz 10.5.2 muss also $\operatorname{rang}(T) = n$ sein, denn sonst wäre $\operatorname{Rang}(T) \le n-1$ und die n-te Zeile von T wäre die Nullzeile, also $(Tf)_n = 0 \neq 1 = e_n^n$, ein Widerspruch.

(2) $\Rightarrow$ (3): Wenn der Rang von T gleich n ist, so sind alle Spalten von T charakteristisch, und daraus folgt $T = E$, die Einheitsmatrix.

(3) $\Rightarrow$ (4): Es ist $UA = T$ und nach Voraussetzung $T = E$. Also ist $UA = E$. Multipliziert man diese Gleichung von links mit U^{-1}, so ergibt sich $U^{-1}(UA) = U^{-1}E$. Wegen

$U^{-1}(UA) = (U^{-1}U)A = EA = A$ und $U^{-1}E = U^{-1}$ ergibt sich weiter $A = U^{-1}$. Damit ist A gleich der zu U gehörenden inversen Matrix und damit selbst invertierbar.

(4) $\Rightarrow$ (1): Ist A invertierbar und $F = A^{-1}$ die zu A gehörende inverse Matrix, so gilt $AF = E$. ∎

Aus der Äquivalenz von (1) und (4) folgt aus $AF = E$ also die Invertierbarkeit von A, i. e. die Existenz von A^{-1}. Multiplikation von links mit A^{-1} ergibt aus der Gleichung $AF = E$ dann $F = A^{-1}$. Also folgt (auch im nichtkommutativen Matrixring) aus $AF = E$ automatisch $FA = E$, ein Sachverhalt, auf den wir früher bereits einmal hingewiesen haben, siehe Abschnitt 9.3-E.

D Test auf Invertierbarkeit und Berechnung der Inversen

Aus ▶Satz 10.6.8 folgt insbesondere, dass man die Invertierbarkeit einer Matrix A aus $\mathbb{K}^{m,m}$ mithilfe des Gauß-Algorithmus entscheiden kann. Dies wollen wir noch etwas näher untersuchen.

Während der Ausführung des Gauß-Algorithmus wird implizit eine Folge $F_1, \ldots, F_a$ von Elementarmatrizen generiert, die $F_a \ldots F_1 A = T$ erfüllen, wobei T die Treppen-Normalform von A ist. Genau dann ist A invertierbar, wenn $T = E$ ist. In diesem Fall folgt aus $F_a \ldots F_1 A = T = E$, dass $F_a \ldots F_1 = A^{-1}$ ist. Will man also die inverse Matrix zu A berechnen, so sind Vorkehrungen zu treffen, damit am Ende das Produkt $F_a \ldots F_1$ vorliegt. Man führt daher eine neue Matrix F ein, die zu Beginn des Algorithmus auf die Einheitsmatrix E gesetzt wird. Ersetzt man (sukzessive) bei der i-ten Elementarumformung F durch $F_i F$, so hat man am Ende des Gauß-Algorithmus die Matrix

$$F = F_a \ldots F_1 E = F_a \ldots F_1 = A^{-1}.$$

Es ist zu bemerken, dass die einzelnen Matrizen F_i dabei aber nicht explizit gegeben sind, sondern lediglich deren Wirkung auf die zu manipulierende Matrix A. Um nun wirklich das Produkt F und damit am Ende A^{-1} zu erhalten, wendet man den Gauß-Algorithmus auf die Matrix $(A|E)$ des $\mathbb{K}^{m,2m}$ an. Die zugehörige Treppen-Normalform hat bei Invertierbarkeit von A dann die Gestalt $(E|X)$. Ferner gilt für die (zunächst implizit berechnete) Matrix F mit $F(A|E) = (E|X)$, dass $FA = E$ und $FE = X$ ist. Daraus folgt aber $X = FE = F$, sodass $F = A^{-1}$ dann explizit vorliegt.

Beispiel 10.6.9 Als Beispiel betrachten wir nochmals die Matrix C vom Ende des Paragraphen A (die aus $\mathbb{Q}^{3,3}$ stammt). Eine Anwendung des Gauß-Algorithmus auf

$$(C|E) = \begin{pmatrix} 4 & 1/2 & 1 & | & 1 & 0 & 0 \\ -3 & 3 & 0 & | & 0 & 1 & 0 \\ 6 & 7 & 6 & | & 0 & 0 & 1 \end{pmatrix}$$

liefert die Treppen-Normalform

$$\begin{pmatrix} 1 & 0 & 0 & | & 3/7 & 2/21 & -1/14 \\ 0 & 1 & 0 & | & 3/7 & 3/7 & -1/14 \\ 0 & 0 & 1 & | & -13/14 & -25/42 & 9/28 \end{pmatrix}.$$

Daran lesen wir ab, dass C invertierbar ist und dass

$$C^{-1} = \begin{pmatrix} 3/7 & 2/21 & -1/14 \\ 3/7 & 3/7 & -1/14 \\ -13/14 & -25/42 & 9/28 \end{pmatrix}$$

ist. ∎

Beispiel 10.6.10 Als weiteres Beispiel betrachten wir eine Invertierung über dem Restklassenkörper $\mathbb{Z}_5$. Dazu betrachten wir die Matrix

$$A = \begin{pmatrix} 4 & 2 & 1 \\ 0 & 3 & 2 \\ 1 & 4 & 4 \end{pmatrix}.$$

Bei der folgenden Umformungskette sind die Pivoteinträge jeweils fett gedruckt.

$$(A|E) = \begin{pmatrix} \mathbf{4} & 2 & 1 & | & 1 & 0 & 0 \\ 0 & 3 & 2 & | & 0 & 1 & 0 \\ 1 & 4 & 4 & | & 0 & 0 & 1 \end{pmatrix} \stackrel{*}{\rightsquigarrow} \begin{pmatrix} 0 & \mathbf{1} & 0 & | & 1 & 0 & 1 \\ 0 & 3 & 2 & | & 0 & 1 & 0 \\ 1 & 4 & 4 & | & 0 & 0 & 1 \end{pmatrix}$$

$$\stackrel{*}{\rightsquigarrow} \begin{pmatrix} 0 & 1 & 0 & | & 1 & 0 & 1 \\ 0 & 0 & \mathbf{2} & | & 2 & 1 & 2 \\ 1 & 0 & 4 & | & 1 & 0 & 2 \end{pmatrix} \stackrel{*}{\rightsquigarrow} \begin{pmatrix} 0 & 1 & 0 & | & 1 & 0 & 1 \\ 0 & 0 & 1 & | & 1 & 3 & 1 \\ 1 & 0 & 0 & | & 2 & 3 & 3 \end{pmatrix}$$

Ein abschließender Zeilentausch liefert die Normalform

$$\begin{pmatrix} 1 & 0 & 0 & | & 2 & 3 & 3 \\ 0 & 1 & 0 & | & 1 & 0 & 1 \\ 0 & 0 & 1 & | & 1 & 3 & 1 \end{pmatrix},$$

woran die Invertierbarkeit von A ebenso wie A^{-1} abzulesen sind, nämlich

$$A^{-1} = \begin{pmatrix} 2 & 3 & 3 \\ 1 & 0 & 1 \\ 1 & 3 & 1 \end{pmatrix}.$$

ZUSAMMENFASSUNG

1. **Lineare Gleichungssysteme** Einem linearen Gleichungssystem liegt zunächst ein Körper $\mathbb{K}$ zugrunde. Gegeben sind eine Koeffizientenmatrix $A \in \mathbb{K}^{m,n}$ und eine rechte Seite $b \in \mathbb{K}^m$. Gesucht ist die Lösungsmenge $\mathbb{L}_{A,b} := \{v \in \mathbb{K}^n : Av = b\}$ des Systems $Ax = b$. Wenn die Lösungsmenge nicht leer ist, so gilt

$$\mathbb{L}_{A,b} = y + \mathbb{L}_{A,0} = \{y + h : h \in \mathbb{L}_{A,0}\},$$

   wobei y irgendeine Lösung und $\mathbb{L}_{A,0}$ die (definitiv nichtleere) Menge aller zugehöriger homogenen Lösungen ist. Als Kern der zu A assoziierten linearen Abbildung $\Psi_A : \mathbb{K}^n \to \mathbb{K}^m$ handelt es sich beim homogenen Lösungsraum $\mathbb{L}_{A,0}$ um einen $\mathbb{K}$-Teilraum von $\mathbb{K}^n$. Dieser ist endlich erzeugt.

2. **Normierte Treppenmatrizen** Der Begriff der „normierten Treppenmatrix" formalisiert das, was man unter einer einfachen Matrix im Hinblick auf das Lösen von $Ax = b$ versteht. Die zwei wesentlichen Parameter einer normierten Treppenmatrix sind deren Rang und deren charakteristische Spaltenfunktion. Betrachtet man die Äquivalenzrelation $\stackrel{*}{\leadsto}$, welche von den elementaren Zeilenumformungen induziert wird, so gibt es zu jeder Matrix M genau eine normierte Treppenmatrix S mit $M \stackrel{*}{\leadsto} S$. Man nennt S deshalb die Treppen-Normalform von M.

3. **Der Gauß-Algorithmus** Der Gauß-Algorithmus erhält als Eingabe eine Matrix M und überführt diese durch (endlich viele) gezielte und zu Pivotschritten zusammengefasste elementare Zeilenumformungen in die (eindeutige) normierte Treppenmatrix, welche äquivalent zur Ausgangsmatrix M ist.

   - Bei Eingabe von $M = (A|b)$ liefert der Gauß-Algorithmus also die Treppen-Normalform $(T|b^*)$ von $(A|b)$. Dabei ist gleichzeitig T die Treppen-Normalform von A. Genau dann ist das System $Ax = b$ lösbar, wenn der Rang von T gleich dem Rang von $(T|b^*)$ ist. Stets gilt $\mathbb{L}_{A,b} = \mathbb{L}_{T,b^*}$. Im Falle der Lösbarkeit kann man aus den Einträgen von b^* leicht einen Verankerungsvektor y ablesen, während man aus den nichtcharakteristischen Spalten von T jeweils eine Lösung des homogenen Systems ablesen kann. Die so gewonnenen homogenen Lösungen erzeugen den gesamten homogenen Lösungsraum durch die lineare Hüllenbildung.

   - Ist A eine quadratische (n, n)-Matrix und T die Treppen-Normalform von A, so ist A genau dann invertierbar, wenn der Rang von T gleich n ist. Gleichbedeutend dazu ist, dass T die Einheitsmatrix E des $\mathbb{K}^{n,n}$ ist. In diesem Fall ist außerdem die Treppen-Normalform der Matrix $(A|E)$ gleich $(E|A^{-1})$, was die Invertierbarkeit durch Anwendung des Gauß-Algorithmus ermöglicht.

10 Lineare Gleichungssysteme

Übungsaufgaben

Aufgabe 1 Es seien $m, n, l \in \mathbb{N}^*$ und $A \in \mathbb{K}^{m,n}$ sowie $B \in \mathbb{K}^{m,l}$ zwei gegebene Matrizen. Gesucht ist die Menge $\mathbb{L}_{A,B}$ aller Matrizen X mit $AX = B$. Geben Sie eine theoretische Beschreibung der Lösungsmenge $\mathbb{L}_{A,B}$ an.

Aufgabe 2 Es liege der Restklassenkörper $\mathbb{Z}_{23}$ zugrunde. Bestimmen Sie alle Lösungen der Gleichung
$$18x_1 - 7x_2 + 9x_3 - 4x_4 + 3x_5 = -11.$$

Aufgabe 3 Gegeben sei das folgende lineare Gleichungssystem über dem Körper $\mathbb{C}$ der komplexen Zahlen (mit $i := \sqrt{-1}$ als komplexer Einheit):

$$\begin{aligned}
(1+i)x_1 + (2-i)x_2 - (1+2i)x_3 &= 2-i \\
(-1+i)x_2 + (2+2i)x_3 &= 1+4i \\
(1-i)x_3 &= 2+2i
\end{aligned}$$

Bestimmen Sie die eindeutige Lösung dieses Systems.

Aufgabe 4 Gegeben sei die folgende Matrix über dem Körper $\mathbb{Q}$ der rationalen Zahlen:

$$M := \begin{pmatrix} 1 & -3 & 1 & 1 & -9 & 2 & 4 & 10 & -1 \\ 0 & 0 & 1 & -5 & -7 & 0 & -1 & -5 & 1 \\ -1 & 3 & 0 & -6 & 2 & 1 & 1 & 3 & 5 \\ 2 & -6 & 0 & 12 & -4 & -1 & 0 & 0 & 1 \\ 0 & 0 & -2 & 10 & 14 & 1 & 4 & 16 & 1 \end{pmatrix}$$

Transformieren Sie M mithilfe des Gauß-Algorithmus in eine normierte Treppenmatrix Γ. Protokollieren Sie dazu alle Elementarumformungen und geben Sie nach jeder Pivotierung die aktuelle Matrix Γ an. Geben Sie nach Beendigung des Gauß-Algorithmus den Rang und die charakteristische Spaltenfunktion von Γ an.

Aufgabe 5 Gegeben seien die beiden Teilmengen $\mathbb{E}$ und $\mathbb{G}$ von $\mathbb{R}^3$. Bestimmen Sie die Schnittmenge $\mathbb{P} := \mathbb{E} \cap \mathbb{G}$. Welche geometrische Bedeutung haben $\mathbb{P}$, $\mathbb{E}$ und $\mathbb{G}$?

$$\mathbb{E} := \left\{ \begin{pmatrix} 1 \\ 2 \\ -4 \end{pmatrix} + \lambda \begin{pmatrix} 1 \\ 2 \\ -1 \end{pmatrix} + \mu \begin{pmatrix} 1 \\ 2 \\ 3 \end{pmatrix} : \lambda, \mu \in \mathbb{R} \right\}$$

$$\mathbb{G} := \left\{ \begin{pmatrix} 2 \\ 9 \\ -1 \end{pmatrix} + \tau \begin{pmatrix} 3 \\ -6 \\ 3 \end{pmatrix} : \tau \in \mathbb{R} \right\}$$

Übungsaufgaben

Aufgabe 6 Gegeben sei das folgende lineare Gleichungssystem $Ax = b$ über $\mathbb{Q}$, wobei die rechte Seite von einem Parameter t abhängt:

$$\begin{aligned} x_1 - 3x_2 + 4x_3 + 2x_4 + 5x_5 &= t \\ -4x_1 + 12x_2 - 16x_3 - 7x_4 - 18x_5 &= 1 - 2t \\ 7x_1 - 21x_2 + 28x_3 + 15x_4 + 37x_5 &= 3 - t \end{aligned}$$

1. Wenden Sie den Gauß-Algorithmus auf die erweiterte Koeffizientenmatrix $(A|b)$ an, um die Treppen-Normalform T **von A** zu berechnen.

2. Bestimmen Sie alle Lösungen des homogenen linearen Gleichungssystems $Ax = 0$.

3. Berechnen Sie das $t \in \mathbb{Q}$, für welches das System $Ax = b$ lösbar ist, und geben Sie in diesem Falle die Standardlösung an.

Aufgabe 7 Gegeben sei die erweiterte Matrix $(A|b)$ über den rationalen Zahlen $\mathbb{Q}$:

$$(A|b) := \begin{pmatrix} -1 & -3 & 19 & -5 & -2 & -40 & 5 \\ 2 & 7 & -45 & 12 & 5 & 96 & -2 \\ -3 & -8 & 50 & -14 & -7 & -110 & 10 \end{pmatrix}$$

1. Berechnen Sie die Treppen-Normalform Γ von $(A|b)$.

2. Geben Sie die Standardlösung für das Gleichungssystem $Ax = b$ und ein Erzeugersystem des homogenen Lösungsraumes an.

3. Beurteilen Sie, ob die zu A gehörende lineare Abbildung $\Psi_A : x \mapsto Ax$ injektiv bzw. surjektiv ist.

Aufgabe 8 Es sei

$$A := \begin{pmatrix} 3 & -1 \\ -2 & 2 \end{pmatrix} \in \mathbb{Q}^{2,2}.$$

Die Menge $\mathcal{Z}_A := \{B \in \mathbb{Q}^{2,2} : AB = BA\}$ aller mit A bzgl. der Matrixmultiplikation vertauschbaren Matrizen B ist eine $\mathbb{Q}$-Teilalgebra von $\mathbb{Q}^{2,2}$ (siehe Aufgabe 5 in Kapitel 9). Berechnen Sie ein endliches Erzeugersystem für $\mathcal{Z}_A$.

Aufgabe 9 Es sei $\mathbb{K} = \mathbb{Z}_3$ der Restklassenkörper modulo 3. Gegeben seien die beiden Abbildungen

$$f : \mathbb{K}^2 \to \mathbb{K}^3, \ x \mapsto Bx + c \quad \text{und} \quad g : \mathbb{K}^3 \to \mathbb{K}^2, \ y \mapsto Dy + e,$$

wobei

$$B := \begin{pmatrix} 0 & 2 \\ 1 & 1 \\ 2 & 1 \end{pmatrix}, \quad c := \begin{pmatrix} 1 \\ 0 \\ 2 \end{pmatrix}, \quad D := \begin{pmatrix} 1 & 2 & 0 \\ 1 & 1 & 2 \end{pmatrix}, \quad e := \begin{pmatrix} 2 \\ 1 \end{pmatrix}.$$

Berechnen Sie die Matrix A mit der Eigenschaft, dass

$$\Psi_A : \mathbb{K}^2 \to \mathbb{K}^2, x \mapsto Ax$$

die zu $g \circ f$ gehörende **Umkehr**abbildung ist.

Aufgabe 10 Gegeben seien die beiden Matrizen $A \in \mathbb{Q}^{4,4}$ und $B \in \mathbb{F}_2^{4,4}$ (wobei $\mathbb{F}_2$ den binären Körper bezeichnet). Zeigen Sie, dass A und B invertierbar sind, und bestimmen Sie die Inversen A^{-1} und B^{-1}.

$$A := \begin{pmatrix} 2 & -2 & 3 & 1 \\ 2 & -3 & 1 & 2 \\ 3 & -1 & 1 & 0 \\ 1 & 1 & 2 & -1 \end{pmatrix} \in \mathbb{Q}^{4,4} \quad \text{und} \quad B := \begin{pmatrix} 1 & 0 & 1 & 1 \\ 1 & 1 & 1 & 1 \\ 0 & 0 & 1 & 1 \\ 0 & 1 & 1 & 0 \end{pmatrix} \in \mathbb{F}_2^{4,4}.$$

Aufgabe 11 Beweisen Sie: Ist $\Delta \in \mathbb{K}^{n,n}$ eine obere Dreiecksmatrix, deren Diagonaleinträge sämtlich ungleich null sind, so ist Δ invertierbar.

Aufgabe 12 Es sei $\mathbb{K}$ ein beliebiger Körper. Bestimmen Sie zu jeder oberen Dreiecksmatrix

$$\begin{pmatrix} a & d & e \\ 0 & b & f \\ 0 & 0 & c \end{pmatrix} \text{ aus } \mathbb{K}^{3,3} \text{ mit } abc \neq 0$$

explizit die zugehörige inverse Matrix.

Abstrakte Vekторräume und Anwendungen

	Einführung	418
11.1	Basen	420
11.2	Die Dimension eines Vektorraumes	427
11.3	Zur Darstellung linearer Abbildungen	432
11.4	Eigenwerte und Eigenvektoren	437
11.5	Orthogonalität und Decodieren bei Hamming-Codes	444
11.6	Exkurs: Nicht endlich erzeugbare Vektorräume	451
	Zusammenfassung	456
	Übungsaufgaben	457

11 Abstrakte Vektorräume und Anwendungen

EINFÜHRUNG

>> Nachdem wir mit der Lösung linearer Gleichungssysteme über beliebigen Körpern im letzten Kapitel ein wichtiges Problem der Linearen Algebra umfassend behandelt haben, wenden wir uns in diesem Kapitel zunächst einigen wichtigen theoretischen Aspekten über Vektorräume zu. So werden wir in Abschnitt 11.1 die zentralen Begriffe der *linearen Abhängigkeit* und der *linearen Unabhängigkeit* (welche wir bis dato noch nicht verwendet haben) kennenlernen. Die lineare Unabhängigkeit von Vektoren $v^1, \ldots, v^n$ (eines $\mathbb{K}$-Vektorraumes V) bedeutet, dass es kein von $(0, 0, \ldots, 0)$ verschiedenes n-Tupel $(\lambda_1, \ldots, \lambda_n)$ aus $\mathbb{K}^n$ gibt mit $\sum_{i=1}^n \lambda_i v^i = 0$, dem Nullvektor. Gleichbedeutend dazu ist, dass jeder Vektor aus $\langle v^1, \ldots, v^n \rangle$ auf genau eine Weise als Linearkombination in den v^i ausgedrückt werden kann. Gilt zudem, dass der betrachtete Vektorraum V von den $v^1, \ldots, v^n$ erzeugt wird, so nennt man $v^1, \ldots, v^n$ eine *Basis* von V. Beim n-Tupelraum $\mathbb{K}^n$ bilden beispielsweise die kanonischen Vektoren $e^1, \ldots, e^n$ eine Basis, eben die *kanonische* Basis.

Wir werden sehen, dass jeder endlich erzeugte Vektorraum eine Basis hat, und als weitere Anwendung des Gauß-Algorithmus zeigen, wie eine Basis des zu einer Matrix A gehörenden *Spaltenraumes* berechnet werden kann. Ein endlich erzeugter Vektorraum V hat üblicherweise sehr viele verschiedene Basen, die Anzahl der Elemente einer jeden Basis von V ist aber eine konstante Zahl, die man die *Dimension* von V nennt (Abschnitt 11.2).

Die in den Abschnitten 11.1 und 11.2 erzielten Ergebnisse deuten darauf hin, dass ein endlich erzeugter Vektorraum V im Wesentlichen von seiner Dimension und vom zugrunde liegenden Körper abhängt. Dies wird in Abschnitt 11.3 bestätigt, wenn wir uns nochmals mit den linearen Abbildungen zwischen endlich erzeugten $\mathbb{K}$-Vektorräumen V und W befassen. Nach Festlegung einer Basis $b^1, \ldots, b^n$ von V erweist sich die Abbildung $\mathbb{K}^n \to V$, $(\lambda_1, \ldots, \lambda_n) \mapsto \sum_{i=1}^n \lambda_i b^i$ als bijektive $\mathbb{K}$-lineare Abbildung, weshalb $\mathbb{K}^n$ und V isomorph als $\mathbb{K}$-Vektorräume sind. Die zugehörige Umkehrabbildung ordnet jedem Vektor $v \in V$ den *Koordinatenvektor* bzgl. der gewählten Basis B zu. Ist weiterhin die Dimension von W gleich m, wählt man eine Basis $C = w^1, \ldots, w^m$ von W und identifiziert man die Vektorräume V und W (über deren Basen B und C) durch $\mathbb{K}^n$ und $\mathbb{K}^m$, so kann man, wie in Abschnitt 9.4-C, eine lineare Abbildung $\phi: V \to W$ als Matrix aus $\mathbb{K}^{m,n}$ darstellen; diese Darstellung hängt allerdings von den gewählten Basen B und C ab. Die Herleitung von zwei *Dimensionsformeln* und die Betrachtung von *direkten Summenzerlegungen* eines Vektorraumes runden Abschnitt 11.3 ab.

In Abschnitt 11.4 greifen wir nochmals die linearen Abbildungen auf dem n-Tupelraum $\mathbb{K}^n$ auf, die, wie wir wissen, durch quadratische (n, n)-Matrizen dargestellt werden. Bei einer solchen Abbildung ϕ interessiert man sich für Unterräume von $\mathbb{K}^n$, welche von ϕ

Einführung

invariant gelassen werden. Wenn es gelingt, den Raum $\mathbb{K}^n$ ausgehend von ϕ in eine *direkte Summe von ϕ-invarianten Teilräumen* zu zerlegen, so hat die Darstellungsmatrix von ϕ bzgl. einer von der Zerlegung herkommenden Basis eine *Blockdiagonalgestalt*. Die denkbar einfachste Form wäre tatsächliche *Diagonalgestalt*, was einer Zerlegung von $\mathbb{K}^n$ in eine direkte Summe von eindimensionalen ϕ-invarianten Unterräumen entspricht. Solche eindimensionale Teilräume hängen stark mit den sog. *Eigenwerten* von ϕ zusammen, welche ebenfalls wichtige Objekte im Rahmen der Linearen Algebra sind. Wir werden einiges über Eigenwerte und die zugehörigen *Eigenräume* beweisen und anhand eines Beispiels sehen, wie man Eigenwerte prinzipiell berechnen kann. Dieses Thema wird im nächsten Kapitel bei der Untersuchung von *Polynomen* nochmals aufgegriffen.

In Abschnitt 11.5 werden wir ausgehend vom *Standard-Skalarprodukt* auf dem $\mathbb{K}^n$ mit der *Dualität* und dem *Orthogonalraum* zu einem Unterraum des $\mathbb{K}^n$ weitere wichtige Aspekte der Linearen Algebra betrachten und in diesem Zusammenhang neben der *inneren* bzw. *erzeugenden* Darstellung von Teilräumen auch eine *äußere* Darstellung derselben kennenlernen. Diese beiden Betrachtungsweisen (innere und äußere Darstellung) finden insbesondere bei *linearen Codes* eine wichtige Anwendung: Die *Generatormatrix* eines Codes liefert eine innere Beschreibung desselben und wird beim Codieren verwendet; die *Kontrollmatrix* eines Codes ergibt eine äußere Beschreibung und ist beim Decodieren von großer Bedeutung.

In diesem Zusammenhang studieren wir auch nochmals den binären (7, 4)-*Hamming-Code*. Die Möglichkeit einer speziellen Wahl der Kontrollmatrix eröffnet ein einfaches Decodierverfahren für diesen Code, was darüber hinaus zu einem einfachen Konstruktionsprinzip für eine ganze Familie von 1-*fehlerkorrigierenden perfekten, binären Codes* führt, der Familie der linearen *Hamming-Codes*.

Der letzte Abschnitt 11.6 dient dem Nachweis von Vektorräumen, die *nicht endlich erzeugt* werden können und der Ausdehnung der Begriffe lineare Unabhängigkeit und Basis auf beliebige Vektorräume. Dieser Abschnitt bereitet aber gleichsam das Studium der *Polynome* und *formalen Potenzreihen* vor, welche Gegenstand des nächsten Kapitels 12 sind.

《

11 orräume und Anwendungen

> **Lernziele**
>
> - der Umgang mit den Begriffen lineare Abhängigkeit, lineare Unabhängigkeit, Basis und Dimension
> - die Erkenntnis, dass jeder $\mathbb{K}$-Vektorraum der Dimension n nach Festlegung einer Basis dem $\mathbb{K}^n$ entspricht
> - die Erkenntnis, dass nach Festlegung von Basen für den Definitions- und den Bildbereich, eine lineare Abbildung als Matrix dargestellt werden kann
> - die Definition von Eigenwerten und Eigenräumen und Grundkenntnisse über die Diagonalisierbarkeit linearer Abbildungen bzw. Matrizen
> - das Konzept des Orthogonalraumes und als Anwendung die Beschreibung von linearen Codes durch Generatormatrizen sowie durch Kontrollmatrizen
> - Beispiele für nicht endlich erzeugbare Vektorräume und die Übertragung der Begriffe der linearen Unabhängigkeit und der Erzeugung (also insgesamt der Basis) auf beliebige Vektorräume

11.1 Basen

Zur Erinnerung: Sind $v^1, \ldots, v^l$ und w Elemente eines $\mathbb{K}$-Vektorraumes V, so nennt man w **linear kombinierbar in** $v^1, \ldots, v^l$, falls Skalare $\lambda_1, \ldots, \lambda_l \in \mathbb{K}$ existieren mit $w = \sum_{i=1}^{l} \lambda_i v^i$ (▶Definition 9.2.3). Mit $\langle v^1, \ldots, v^l \rangle$ bezeichnen wir die Menge aller Linearkombinationen in den v^i. Dabei handelt es sich nach ▶Satz 9.2.4 um einen $\mathbb{K}$-Teilraum von V, den man **den von** $v^1, \ldots, v^l$ **erzeugten Raum** bzw. **die lineare Hülle der** v^i nennt. Nach ▶Definition 9.2.5 heißt ein Vektorraum V **endlich erzeugt**, falls Vektoren $w^1, \ldots, w^t \in V$ mit $V = \langle w^1, \ldots, w^t \rangle$ existieren. Beispielsweise ist die Lösungsmenge eines homogenen linearen Gleichungssystems endlich erzeugt (siehe ▶Satz 10.5.5).

A Lineare Unabhängigkeit und lineare Abhängigkeit Natürlich ist man bei Angabe eines Erzeugersystems daran interessiert, dass keine überflüssigen Elemente vorkommen, dass also das System so klein wie möglich ist. Dieser Sachverhalt wird mit dem Begriff der linearen Unabhängigkeit von Vektoren erfasst. Für die Definition führen wir folgende Bezeichnungen ein.

Es sei $t \in \mathbb{N}^*$. Zu je t Vektoren $w^1, \ldots, w^t$ aus V ist die folgende Abbildung vom t-Tupelraum $\mathbb{K}^t$ nach V assoziiert,

$$\Psi_{w^1,\ldots,w^t} : \mathbb{K}^t \to V, \quad (\zeta_1, \ldots, \zeta_t) \mapsto \sum_{i=1}^{t} \zeta_i w^i, \tag{11.1.1}$$

die wir bisweilen auch einfach als Ψ schreiben. Den Raum $\mathbb{K}^t$ wollen wir hierbei als Zeilenvektorraum verstehen. Das Bild von $\zeta = (\zeta_1, \ldots, \zeta_t)$ unter Ψ ist somit einfach die zu ζ gehörende Linearkombination in den w^i. Von daher ist offensichtlich, dass das Bild von Ψ gleich dem von $w^1, \ldots, w^t$ erzeugten Teilraum $\langle w^1, \ldots, w^t \rangle$ von V ist. Weiter handelt es sich bei Ψ offensichtlich um eine $\mathbb{K}$-lineare Abbildung. Es sind die Eigenschaften des Kerns von Ψ, die uns zur ▶Definition 11.1.1 der linearen Unabhängigkeit bzw. der linearen Abhängigkeit führen werden. In diesem Zusammenhang sei ausdrücklich darauf hingewiesen, dass die Liste $w^1, \ldots, w^t$ im Allgemeinen nicht der Menge $\{w^1, \ldots, w^t\}$ entspricht, da bei der Definition von Ψ die Reihenfolge eine Rolle spielt und da die w^i nicht unbedingt alle verschieden sein müssen!

Definition 11.1.1 Die Vektoren $w^1, \ldots, w^t \in V$ heißen **linear unabhängig** über $\mathbb{K}$, falls die zugehörige Abbildung $\Psi_{w^1, \ldots, w^t}: \mathbb{K}^t \to V$ injektiv ist. Andernfalls heißen $w^1, \ldots, w^t$ **linear abhängig** über $\mathbb{K}$.

Die Injektivität von Ψ bedeutet hier, dass sich jeder Vektor v aus $\langle w^1, \ldots, w^t \rangle$, dem Bild von Ψ, auf **genau eine** Art als Linearkombination in den w^i darstellen lässt, denn: Annahme $\Psi(\zeta) = \Psi(\lambda)$ für ζ und λ aus $\mathbb{K}^t$, also $\sum_{i=1}^{t} \zeta_i w^i = \sum_{i=1}^{t} \lambda_i w^i$, dann gilt bei Injektivität von Ψ, dass $\zeta = \lambda$, also $\zeta_i = \lambda_i$ für alle $i = 1, \ldots, t$.

Da es sich bei Ψ um eine lineare Abbildung handelt, wissen wir aufgrund ▶Satz 9.6.1-(3) weiter, dass Ψ genau dann injektiv ist, wenn der Kern von Ψ nur aus dem Nullvektor besteht. Dieser Sachverhalt führt zu den nun folgenden Charakterisierungen der linearen Unabhängigkeit bzw. der linearen Abhängigkeit, welche beim konkreten Nachweisen dieser Eigenschaften verwendet werden.

Satz 11.1.2 Es sei V ein $\mathbb{K}$-Vektorraum und $w^1, \ldots, w^t$ seien Vektoren aus V. Dann sind äquivalent:[1]

(1) $w^1, \ldots, w^t \in V$ sind linear abhängig.

(2) Es gibt Skalare $\lambda_1, \ldots, \lambda_t \in \mathbb{K}$, die nicht alle gleich null sind, mit $\sum_{i=1}^{t} \lambda_i w^i = 0$.

(3) Es gibt ein j mit $w^j \in \langle w^1, \ldots, w^{j-1}, w^{j+1}, \ldots, w^t \rangle$.

---

[1] Bei der zweiten Eigenschaft sagt man, dass sich der Nullvektor „auch nichttrivial in den w^i kombinieren lässt".

11 Abstrakte Vektorräume und Anwendungen

Beweis

(1) $\Rightarrow$ (2): Annahme, $w^1, \ldots, w^t$ sind linear abhängig. Dann ist $\Psi = \Psi_{w^1,\ldots,w^t}$ nicht injektiv, also besteht der Kern von Ψ nicht nur aus dem Nullvektor, also gibt es ein t-Tupel $\lambda \neq 0$ (d. h. $(\lambda_1, \ldots, \lambda_t) \neq (0, \ldots, 0)$) mit $0 = \Psi((\lambda_1, \ldots, \lambda_t)) = \sum_{i=1}^{t} \lambda_i w^i$.

(2) $\Rightarrow$ (3): Es gebe $(\lambda_1, \ldots, \lambda_t) \in \mathbb{K}^t$ mit $(\lambda_1, \ldots, \lambda_t) \neq 0$ und mit $\sum_{i=1}^{t} \lambda_i w^i = 0$. Es sei etwa die j-te Komponente $\lambda_j \neq 0$. Dann kann man die Gleichung $\sum_{i=1}^{t} \lambda_i w^i = 0$ nach w_j auflösen und man erhält

$$w^j = \sum_{i=1, i \neq j}^{t} -\frac{\lambda_i}{\lambda_j} w^i.$$

Das bedeutet aber, dass w^j in der linearen Hülle $\langle w^1, \ldots, w^{j-1}, w^{j+1}, \ldots, w^t \rangle$ der übrigen Vektoren enthalten ist.

(3) $\Rightarrow$ (1): Aus $w^j \in \langle w^1, \ldots, w^{j-1}, w^{j+1}, \ldots, w^t \rangle$, etwa $w^j = \sum_{i=1, i \neq j}^{t} \mu_i w^i$, folgt $\Psi((\lambda_1, \ldots, \lambda_t)) = 0$, wenn $\lambda_i = -\mu_i$ für $i \neq j$ und wenn $\lambda_j = 1$ ist. Also ist $\Psi(\lambda) = 0$, aber $\lambda \neq 0$, weshalb Ψ nicht injektiv ist und daher $w^1, \ldots, w^t$ linear abhängig sind. ∎

Beispielsweise sind die drei Vektoren $w^1 := (-2, 1)$, $w^2 := (3, 2)$ und $w^3 := (1, 6)$ aus $\mathbb{Q}^2$ linear abhängig, weil $w^3 = \frac{16}{7} w^1 + \frac{13}{7} w^2 \in \langle w^1, w^2 \rangle$ ist.

Es ist zu bemerken, dass die in ▶Satz 11.1.2-(3) vorkommende Eigenschaft $w^j \in \langle w^1, \ldots, w^{j-1}, w^{j+1}, \ldots, w^t \rangle$ äquivalent ist zu

$$\langle w^1, \ldots, w^{j-1}, w^j, w^{j+1}, \ldots, w^t \rangle = \langle w^1, \ldots, w^{j-1}, w^{j+1}, \ldots, w^t \rangle,$$

was bedeutet, dass bei der linearen Hüllenbildung durch $w^1, \ldots, w^t$ auf den Vektor w^j verzichtet werden kann.

Durch Negation der Aussagen in ▶Satz 11.1.2 erhält man unmittelbar die entsprechenden Charakterisierungen der linearen Unabhängigkeit.

Satz 11.1.3 Es sei V ein $\mathbb{K}$-Vektorraum und $w^1, \ldots, w^t$ seien Vektoren aus V. Dann sind äquivalent:[2]

(1) $w^1, \ldots, w^t \in V$ sind linear unabhängig.

(2) Aus $0 = \sum_{i=1}^{t} \lambda_i w_i$ mit $\lambda_1, \ldots, \lambda_t \in \mathbb{K}$ folgt, dass $\lambda_i = 0$ ist für jedes i.

(3) Für jedes i ist w^i nicht im Raum $\langle w^1, \ldots, w^{i-1}, w^{i+1}, \ldots, w^t \rangle$ enthalten.

---

[2] Bei der zweiten Eigenschaft sagt man, dass sich der Nullvektor „nur trivial in den w^i kombinieren lässt".

11.1 Basen

B Beispiele zur linearen (Un-)Abhängigkeit Es folgen einige weitere Beispiele zur linearen Unabhängigkeit bzw. zur linearen Abhängigkeit. Dazu seien wieder V ein $\mathbb{K}$-Vektorraum und $w^1, \ldots, w^t$ Vektoren aus V. Weiter sei $\Psi = \Psi_{w^1, \ldots, w^t}$.

1. Ist $w^i = 0$ (der Nullvektor) für ein i, so sind $w^1, \ldots, w^t$ linear abhängig, denn dann wird der i-te kanonische Basisvektor e^i des $\mathbb{K}^t$ unter Ψ auf den Nullvektor 0 abgebildet, sodass Ψ einen nichttrivialen Kern hat, also nicht injektiv ist:

$$\Psi(e^i) = \sum_{j=1}^{t} e^i_j w^j = e^i_i w^i = 1 \cdot w^i = 1 \cdot 0 = 0$$

2. Gilt $w^i = w^j$ für zwei Indizes $i \neq j$, so sind $w^1, \ldots, w^t$ linear abhängig, denn es ist $\Psi(e^i - e^j) = \Psi(e^i) - \Psi(e^j) = w^i - w^j = 0$ und $e^i - e^j \neq 0$, also Ψ nicht injektiv.

3. Es sei $t = 1$ und $w = w^1$. Falls $w = 0$, so ist w nach (1) linear abhängig. Falls $w \neq 0$, so ist w linear unabhängig, denn aus $\psi(\lambda) = \lambda w = 0$ und $\lambda \neq 0$ folgt $w = \Psi(1) = \Psi(\lambda^{-1} \cdot \lambda) = \lambda^{-1} \Psi(\lambda) = \lambda^{-1} \cdot 0 = 0$, ein Widerspruch.

4. Es sei σ eine Permutation der Menge $\{1, \ldots, t\}$. Dann sind $w^1, \ldots, w^t$ genau dann linear unabhängig, wenn $w^{\sigma(1)}, \ldots, w^{\sigma(t)}$ linear unabhängig sind, denn für alle $\lambda_1, \ldots, \lambda_t \in \mathbb{K}$ ist

$$\sum_{i=1}^{t} \lambda_i w^i = \sum_{i=1}^{t} \lambda_{\sigma(i)} w^{\sigma(i)}.$$

5. Wir betrachten $V = \mathbb{K}^t$ und $w^1 = e^1, \ldots, w^t = e^t$, die kanonischen Basisvektoren des $\mathbb{K}^t$. Diese sind linear unabhängig, denn bei Ψ handelt es sich in diesem Fall um die identische Abbildung von $\mathbb{K}^t$ nach $\mathbb{K}^t$. (Diese ist bijektiv, insbesondere injektiv.)

6. Ist $Ax = b$ ein lineares Gleichungssystem (mit $A \in \mathbb{K}^{m,n}$ und mit $b \in \mathbb{K}^m$), so ist das in ▶Satz 10.5.5 angegebene Erzeugersystem $\{h^k : k \in \chi^c\}$ des homogenen Lösungsraumes linear unabhängig. Zum Nachweis verwenden wir ▶Satz 11.1.3-(3). Ist nämlich $\sum_{j \in \chi^c} \lambda_j h^j = 0$, so gilt für jede Komponente l, dass $\sum_{j \in \chi^c} \lambda_j h^j_l = 0$ ist. Wählt man insbesondere l aus χ^c, so folgt wegen $h^j_l = 0$ für $j \in \chi^c \setminus \{l\}$, dass $0 = \sum_{j \in \chi^c} \lambda_j h^j_l = \lambda_l h^l_l$ gilt. Wegen $h^l_l = 1$ ist daher $\lambda_l = 0$. Das gilt für alle $l \in \chi^c$, weshalb sich der Nullvektor nur trivial in den h^k kombinieren lässt.

7. Annahme, $w^1, \ldots, w^t$ sind linear unabhängig. Ist $s \leq t$ und ist $\tau : \{1, \ldots, s\} \to \{1, \ldots, t\}$ injektiv, so sind auch $v^1 := w^{\tau(1)}, \ldots, v^s := w^{\tau(s)}$ linear unabhängig, denn $\Psi_{v^1, \ldots, v^s}$ entspricht der Einschränkung von $\Psi_{w^1, \ldots, w^t}$ auf die Koordinaten, die zum Bild von τ gehören, weshalb die Injektivität von $\Psi_{w^1, \ldots, w^t}$ die Injektivität von $\Psi_{v^1, \ldots, v^s}$ impliziert.

C Minimale Erzeugersysteme alias Basen ▶Satz 11.1.3 besagt insbesondere, dass im Falle der linearen Unabhängigkeit von $w^1, \ldots, w^t$ keiner dieser Vektoren bei der Erzeugung von $\langle w^1, \ldots, w^t \rangle$ weggelassen werden darf, weshalb es sich um ein sog. minimales Erzeugersystem handelt. Für solche Erzeugersysteme gibt es einen eigenen Begriff, der in der Linearen Algebra eine zentrale Rolle spielt.

> **Definition 11.1.4** Ist $V = \langle v^1, \ldots, v^l \rangle$ ein endlich erzeugter $\mathbb{K}$-Vektorraum, so heißt $v^1, \ldots, v^l$ eine **$\mathbb{K}$-Basis** von V oder einfach nur eine **Basis von V**, falls $v^1, \ldots, v^l$ linear unabhängig sind.

Beispielsweise ist die kanonische Basis $e^1, \ldots, e^n$ eine Basis des $\mathbb{K}^n$ (wie der Name schon sagt). Weiterhin ist $\{h^k : k \in \chi^c\}$ eine Basis des homogenen Lösungsraumes eines linearen Gleichungssystems $Ax = b$ (wie anhand des sechsten Beispiels des letzten Paragraphen ersichtlich). Die Aussage des folgenden Satzes ist aufgrund der Annahme der endlichen Erzeugbarkeit mehr oder weniger offensichtlich.

> **Satz 11.1.5** Jeder endlich erzeugte $\mathbb{K}$-Vektorraum V hat eine Basis.

Beweis Wir vereinbaren zunächst, dass die leere Menge eine Basis des (trivialen) Vektorraumes ist, der nur aus dem Nullvektor besteht. Es sei nun $V \neq \{0\}$. Nach Voraussetzung gibt es Vektoren $w^1, \ldots, w^t \in V$ mit $V = \langle w^1, \ldots, w^t \rangle$. Falls diese Vektoren linear unabhängig sind, so ist nichts weiter zu zeigen. Ansonsten kann man ein überflüssiges Element entfernen (siehe ▶Satz 11.1.2-(3)), d. h., es gibt ein j, ohne Einschränkung $j = t$, mit $w^t \in \langle w^1, \ldots, w^{t-1} \rangle$, was

$$\langle w^1, \ldots, w^{t-1} \rangle = \langle w^1, \ldots, w^{t-1}, w^t \rangle = V$$

bedeutet. Sind nun die Vektoren $w^1, \ldots, w^{t-1}$ linear unabhängig, so bilden diese eine Basis von V. Andernfalls entfernt man (wie eben) einen weiteren (für die Erzeugung von V überflüssigen) Vektor aus dieser Liste. Fährt man auf diese Weise fort, so erhält man nach endlich vielen Schritten ein linear unabhängiges Erzeugersystem, also eine Basis von V. ∎

D Spaltenraum und Zeilenraum einer Matrix Wir wollen den Beweis dieses Satzes gleich algorithmisch konkretisieren und betrachten deshalb, ausgehend von einer Matrix A, zwei spezielle endlich erzeugte Vektorräume, welche zu A assoziiert sind.

> **Definition 11.1.6** Es sei A aus $\mathbb{K}^{m,n}$ mit Spalten $v^1, v^2, \ldots, v^n \in \mathbb{K}^m$ und mit Zeilen $u^1, u^2, \ldots, u^m \in \mathbb{K}^n$. Dann nennt man

(1) $S_A := \langle v^1, v^2, \ldots, v^n \rangle \subseteq \mathbb{K}^m$ den **Spaltenraum von** A und

(2) $Z_A := \langle u^1, u^2, \ldots, u^m \rangle \subseteq \mathbb{K}^n$ den **Zeilenraum von** A.

Ist $A \in \mathbb{K}^{m,n}$ mit Spalten $v^1, \ldots, v^n$ und ist $V = \mathbb{K}^m$ der m-Tupel-Spaltenvektorraum über $\mathbb{K}$, so handelt es sich bei $\Psi_{v^1,\ldots,v^n}$ gerade um die durch A induzierte lineare Abbildung $\Psi_A: \mathbb{K}^n \to \mathbb{K}^m$, $x \mapsto Ax$, wobei allerdings $\mathbb{K}^n$ dann als Spaltenvektorraum aufzufassen ist:

$$\Psi_A(x) = Ax = \sum_{i=1}^n x_i v^i = \Psi_{v^1,\ldots,v^n}(x)$$

Insofern ist der Spaltenraum S_A von A gleich dem Bild von Ψ_A. Betrachtet man stattdessen die Zeilen $u^1, u^2, \ldots, u^m$ von A und ist $V = \mathbb{K}^n$ der n-Tupel-Zeilenvektorraum über $\mathbb{K}$, so handelt es sich bei $\Psi_{u^1,\ldots,u^m}$ um eine andere von A induzierte lineare Abbildung, nämlich

$$\Omega_A: \mathbb{K}^m \to \mathbb{K}^n, \quad x \mapsto xA,$$

der Multiplikation von A mit rechts, wobei $\mathbb{K}^m$ wieder als Zeilenvektorraum aufzufassen ist. Das Bild von Ω_A ist gerade gleich Z_A, dem Zeilenraum von A.

E Berechnung einer Basis des Spaltenraumes einer Matrix Wir wollen nun wie angekündigt den Beweis des ▶Satzes 11.1.5 für den Fall $V = \mathbb{K}^m$, den m-Tupel-Spaltenvektorraum, konkretisieren und dabei das folgende Problem lösen:

■ *Gegeben seien Vektoren $v^1, \ldots, v^n \in \mathbb{K}^m$. Gesucht ist eine natürliche Zahl $l \leq n$ und eine injektive Abbildung $\tau: \{1, \ldots, l\} \to \{1, \ldots, n\}$, sodass $v^{\tau(1)}, \ldots, v^{\tau(l)}$ eine Basis von $\langle v^1, \ldots, v^n \rangle$ bilden.*

Wir werden ferner berechnen, wie die Vektoren $v^1, \ldots, v^n$ als Linearkombinationen in den $v^{\tau(i)}$ darzustellen sind. Die Lösung dieses Problems erfolgt durch eine Anwendung des Gauß-Algorithmus, dem die Matrix $A := (v^1, \ldots, v^n)$ des $\mathbb{K}^{m,n}$ eingegeben wird.

Satz 11.1.7 Gegeben seien die Vektoren $v^1, \ldots, v^n$ aus $\mathbb{K}^m$, die wir in dieser Reihenfolge als Spalten einer Matrix $A \in \mathbb{K}^{m,n}$ schreiben. Es sei T die Treppen-Normalform von A, mit Rang r und charakteristischer Spaltenfunktion χ. Dann gelten:

(1) $v^{\chi(1)}, \ldots, v^{\chi(r)}$ ist eine Basis des Spaltenraumes S_A von A.

(2) Für jedes k aus χ^c hat v^k die Darstellung $v^k = \sum_{i=1}^r T_{ik} v^{\chi(i)}$.

Beweis Wir haben den Beweis in vier Schritte unterteilt.

Schritt 1: Es sei $F \in \mathbb{K}^{m,m}$ eine invertierbare Matrix. Dann ist die Gleichung $Fx = 0$ äquivalent zu $x = 0$, wie man durch Multiplikation von links mit der Inversen F^{-1} von F sieht. Sind nun $w^1, \ldots, w^l$ aus $\mathbb{K}^m$, so sind diese Vektoren genau dann linear unabhängig, wenn die Vektoren $Fw^1, \ldots, Fw^l$ linear unabhängig sind, denn aufgrund der Invertierbarkeit von F ist $\sum_{i=1}^m \lambda_i w^i = 0$ äquivalent zu $F \cdot \left(\sum_{i=1}^m \lambda_i w^i\right) = \sum_{i=1}^m \lambda_i F w^i = 0$.

Schritt 2: Es sei nun F eine nach Abschnitt 10.6 existierende invertierbare Matrix aus $\mathbb{K}^{m,m}$, die A nach T transformiert: $FA = T$. Betrachtet man nur die charakteristischen Spalten von A, so gilt $Fv^{\chi(i)} = e^i$ für jedes $i = 1, \ldots, r$. Wegen der linearen Unabhängigkeit der kanonischen Basisvektoren e^i folgt mit der in Schritt 1 gemachten Bemerkung, dass die charakteristischen Spalten $v^{\chi(i)}$ (für $i = 1, \ldots, r$) von A linear unabhängig sind.

Schritt 3: Es sei nun $k \in \chi^c$. Dann ist Fv^k die k-te Spalte von T, sodass bzgl. der kanonischen Basis $e^1, \ldots, e^m$ des $\mathbb{K}^m$ gilt:

$$Fv^k = \sum_{i=1}^m T_{ik} e^i = \sum_{i=1}^r T_{ik} e^i$$

Man beachte dabei, dass in den letzten $m - r$ Zeilen von T lediglich Nullen stehen, weshalb die Summation wirklich nur bis r, dem Rang von T, laufen muss. Daher folgt (durch Multiplikation von links mit F^{-1}):

$$v^k = F^{-1} F v^k = \sum_{i=1}^r T_{ik} F^{-1} e^i = \sum_{i=1}^r T_{ik} v^{\chi(i)}$$

Das entspricht der zweiten Behauptung des Satzes.

Schritt 4: In Schritt 3 wurde insbesondere gezeigt, dass der Vektor v^k für jedes $k \in \chi^c$ in $\langle v^{\chi(1)}, \ldots, v^{\chi(r)} \rangle$ enthalten ist. Daraus folgt aber

$$\langle v^{\chi(1)}, \ldots, v^{\chi(r)} \rangle = \langle v^1, \ldots, v^n \rangle = S_A.$$

Aufgrund der in Schritt 2 nachgewiesenen linearen Unabhängigkeit von $v^{\chi(1)}, \ldots, v^{\chi(r)}$ bilden diese Vektoren somit eine Basis des Spaltenraumes von A. ∎

Betrachten wir ein konkretes Beispiel zu ▶Satz 11.1.7. Der Spaltenraum der Matrix

$$A := \begin{pmatrix} 1 & 1 & 2 & 0 & 1 & 3 \\ 0 & 1 & 1 & -1 & 1 & 2 \\ 1 & 0 & 1 & 1 & 1 & 2 \end{pmatrix} \in \mathbb{Q}^{3,6}$$

hat als Basis die erste, die zweite und die fünfte Spalte von A, also

$$S_A = \left\langle \begin{pmatrix} 1 \\ 0 \\ 1 \end{pmatrix}, \begin{pmatrix} 1 \\ 1 \\ 0 \end{pmatrix}, \begin{pmatrix} 1 \\ 1 \\ 1 \end{pmatrix} \right\rangle.$$

Das erkennt man an der Treppen-Normalform von A, welche gleich

$$T = \begin{pmatrix} 1 & 0 & 1 & 1 & 0 & 1 \\ 0 & 1 & 1 & -1 & 0 & 1 \\ 0 & 0 & 0 & 0 & 1 & 1 \end{pmatrix}$$

ist. Die konkreten Abhängigkeiten lassen sich nach ▶Satz 11.1.7 ebenfalls anhand von T ablesen. Ist v^i die i-te Spalte von A, so gilt $v^3 = v^1 + v^2$ und $v^4 = v^1 - v^2$ sowie $v^6 = v^1 + v^2 + v^5$.

11.2 Die Dimension eines Vektorraumes

Neben dem Begriff der **Basis** ist der in diesem Abschnitt einzuführende Begriff der **Dimension** der grundlegendste in der Theorie abstrakter Vektorräume.

A **Die Gleichmächtigkeit von je zwei Basen** Wir haben im letzten Abschnitt gesehen, dass jeder endlich erzeugte Vektorraum eine Basis, also ein linear unabhängiges und damit minimales Erzeugersystem hat. Ein Vektorraum kann nun sehr viele verschiedene Basen haben; aber eines haben alle Basen gemeinsam: Je zwei Basen haben nämlich die gleiche Anzahl von Elementen.

> **Definition 11.2.1** Die **Dimension** V eines endlich erzeugten $\mathbb{K}$-Vektorraumes ist die Anzahl der Elemente einer **jeden** Basis von V. Diese Zahl wird mit $\dim(V)$ abgekürzt.

Den Nachweis des Satzes, der dieser Definition zugrunde liegt, beginnen wir mit dem folgenden Hilfsresultat.

> **Lemma 11.2.2** Sind $v^1, \ldots, v^l$ Vektoren und sind die Vektoren $b^1, \ldots, b^k$ aus $\langle v^1, \ldots, v^l \rangle$ linear unabhängig, so gilt $k \leq l$.

Beweis Wir zeigen die Behauptung durch Induktion über l. Ist $l = 0$, so ist die Sache wegen $\langle \emptyset \rangle = \{0\}$ klar. Betrachten wir aber auch den Fall $l = 1$. Sind $x, y \in \langle v^1 \rangle$, so gibt es $\alpha, \beta \in \mathbb{K}$ mit $x = \alpha v^1$ und $y = \beta v^1$. Annahme, $x \neq 0 \neq y$. Dann ist $x = \alpha \beta^{-1} y$. Also sind x und y linear abhängig.

Wir vollziehen den Induktionsschritt von $l-1$ nach l. Dazu sei $l \geq 2$ und $b^1, \ldots, b^k$ seien linear unabhängige Vektoren aus $\langle v^1, \ldots, v^l \rangle$. Für jeden Vektor b^j (mit $j = 1, \ldots, k$) gibt es Skalare μ_{js} (mit $s = 1, \ldots, l$) mit $b^j = \sum_{s=1}^{l} \mu_{js} v^s$.

- Falls $\mu_{jl} = 0$ für jedes $j = 1, \ldots, k$, so sind $b^1, \ldots, b^k$ in $\langle v^1, \ldots, v^{l-1}\rangle$ enthalten. Mit der Induktionsvoraussetzung folgt dann $k \leq l-1 < l$.

- Wir nehmen daher an, dass ein j mit $\mu_{jl} \neq 0$ existiert. Ohne Einschränkung sei $j = k$. Für $i = 1, \ldots, k-1$ definieren wir nun

$$c^i := b^i - \frac{\mu_{il}}{\mu_{kl}} b^k.$$

Dann gilt natürlich $c^i \in \langle b^i, b^k \rangle \subseteq \langle v^1, \ldots, v^l \rangle$ für jedes $i = 1, \ldots, k-1$. Andererseits erhält man unter Verwendung der Linearkombinationen in den v^i zur Darstellung der b^j aber

$$c^j = b^j - \frac{\mu_{jl}}{\mu_{kl}} b^k = \sum_{s=1}^{l} \left(\mu_{js} - \frac{\mu_{jl}}{\mu_{kl}} \mu_{ks} \right) v^s = \sum_{s=1}^{l-1} \left(\mu_{js} - \frac{\mu_{jl}}{\mu_{kl}} \mu_{ks} \right) v^s.$$

Dabei fällt der letzte Summand zum Index $s = k$ weg, weil der Koeffizient von v^l gleich $\mu_{jl} - \frac{\mu_{jl}}{\mu_{kl}} \mu_{kl} = 0$ ist. Daraus folgt also sogar

$$c^1, \ldots, c^{k-1} \in \langle v^1, \ldots, v^{l-1} \rangle.$$

Wir zeigen weiter, dass $c^1, \ldots, c^{k-1}$ linear unabhängig sind. Zum Nachweis verwenden wir ▶Satz 11.1.3-(2). Es sei dazu $\lambda \in \mathbb{K}^{k-1}$ mit $0 = \sum_{j=1}^{k-1} \lambda_j c^j$. Einsetzen der Darstellungen der $c^i = b^i - \frac{\mu_{il}}{\mu_{kl}} b^k$ ergibt dann

$$0 = \sum_{j=1}^{k-1} \lambda_j b^j - \left(\sum_{j=1}^{k-1} \lambda_j \frac{\mu_{jl}}{\mu_{kl}} \right) b^k.$$

Wegen der vorausgesetzten linearen Unabhängigkeit von $b^1, \ldots, b^k$ folgt daraus insbesondere $\lambda_1 = \ldots = \lambda_{k-1} = 0$ und daher die lineare Unabhängigkeit von $c^1, \ldots, c^{k-1}$. Mit der Induktionsannahme erhalten wir nun $k - 1 \leq l - 1$. Also gilt auch $k \leq l$, was zu beweisen war. ∎

Satz 11.2.3 Ist V ein endlich erzeugter $\mathbb{K}$-Vektorraum, so haben je zwei Basen von V gleich viele Elemente.

Beweis Es seien $c^1, \ldots, c^l$ und $b^1, \ldots, b^k$ zwei Basen von V. Wegen $c^1, \ldots, c^l \in V = \langle b^1, \ldots, b^k \rangle$ und der linearen Unabhängigkeit der c^i folgt aus ▶Lemma 11.2.2 dann $l \leq k$. Analog folgt wegen $b^1, \ldots, b^k \in V = \langle c^1, \ldots, c^l \rangle$ und der linearen Unabhängigkeit der b^i aus ▶Lemma 11.2.2 auch $k \leq l$. Fazit: $k = l$. ∎

11.2 Die Dimension eines Vektorraumes

B Beispiele zum Dimensionsbegriff

1. Die Dimension des m-Tupelraumes $\mathbb{K}^m$ ist gleich m, wie man anhand der kanonischen Basis sieht (▶Beispiel 9.2.6).

2. Entsprechend ist die Dimension des Raumes $\mathbb{K}^{m,n}$ aller (m, n)-Matrizen über $\mathbb{K}$ gleich $m \cdot n$ (siehe ▶Beispiel 9.2.7).

3. Die Menge der komplexen Zahlen $\mathbb{C}$ ist ein 2-dimensionaler $\mathbb{R}$-Vektorraum, wie man anhand der Basis $1, i$ sieht (i ist die imaginären Einheit, siehe Abschnitt 6.5).

4. Der Schiefkörper der Quaternionen $\mathbb{H}$ ist ein 4-dimensionaler $\mathbb{R}$-Vektorraum; dies sieht man anhand seiner Darstellung als Matrixalgebra über $\mathbb{R}$ (siehe Abschnitt 9.5-D). Die vier Matrizen E, I, J und K bilden eine Basis von $\mathbb{H}$.

5. Sind U und W Vektorräume, so ist auch das kartesische Produkt $U \times W$ ein Vektorraum (bzgl. komponentenweiser Addition/Skalarmultiplikation). Sind $b_1, \ldots, b_s$ und $c_1, \ldots, c_t$ Basen von U bzw. W, so ist

$$(b_1, 0), \ldots, (b_s, 0), (0, c_1), \ldots, (0, c_t)$$

eine Basis von $U \times W$. Daher ist $\dim(U \times W) = \dim(U) + \dim(W)$.

6. Ist $Ax = 0$ ein homogenes lineares Gleichungssystem mit m Gleichungen und n Variablen, so ist die Dimension des Lösungsraumes $\mathbb{L}_{A,0}$ gleich $n - \mathrm{rang}(A)$, was der Anzahl der nichtcharakteristischen Spalten entspricht (▶Satz 10.5.5).

7. Ist $A \in \mathbb{K}^{m,n}$ eine Matrix, so ist die Dimension des Spaltenraumes S_A von A gleich $\mathrm{rang}(A)$, wie man anhand von ▶Satz 11.1.7 sieht.

8. Wie sieht es mit dem Zeilenraum Z_A einer Matrix A aus? Es ist zunächst zu beachten, dass die elementaren Zeilenumformungen den Zeilenraum unverändert lassen, weswegen $Z_A = Z_T$ gilt, wobei T die Treppen-Normalform von A sei. Nun sind aber die ersten $r = \mathrm{rang}(T) = \mathrm{rang}(A)$ Zeilen von T linear unabhängig, während die letzten $m - r$ Zeilen von T aus lauter Nullen bestehen. Daher ist $\dim(Z_A) = \dim(Z_T) = r$.

Wir fassen die beiden letzten Beispiele zu folgendem Satz zusammen:

Satz 11.2.4 Ist $A \in \mathbb{K}^{m,n}$ eine Matrix, so stimmen die Dimension des Spaltenraumes S_A von A, die Dimension des Zeilenraumes Z_A von A und der Rang von A überein.

11 Abstrakte Vektorräume und Anwendungen

C Charakterisierungen von Basen und die Dimension von Teilräumen Das folgende Resultat impliziert, dass man jede Folge $b^1, \ldots, b^k$ linear unabhängiger Vektoren eines endlich erzeugten Vektorraumes V durch Hinzunahme geeigneter weiterer Vektoren zu einer Basis von V ergänzen kann.

> **Lemma 11.2.5** Es sei V ein $\mathbb{K}$-Vektorraum, $b^1, \ldots, b^k \in V$ seien linear unabhängig und $W = \langle b^1, \ldots, b^k \rangle$ sei der von den b^i erzeugte $\mathbb{K}$-Teilraum von V. Wir nehmen an, dass $W \neq V$, also dass W ein echter Teilraum von V ist. Ist dann $b^0 \in V \setminus W$ irgendein nicht in W enthaltener Vektor, so sind $b^0, b^1, \ldots, b^k$ linear unabhängig.

Beweis Es seien $\lambda_0, \ldots, \lambda_k \in \mathbb{K}$ mit $\sum_{i=0}^{k} \lambda_i b^i = 0$. Falls $\lambda_0 \neq 0$, so ist $b^0 = -\sum_{i=1}^{k} \frac{\lambda_i}{\lambda_0} b^i \in W$, ein Widerspruch. Also ist $\lambda_0 = 0$. Dann ist aber auch $\sum_{i=1}^{k} \lambda_i b^i = 0$. Nach ▶Satz 11.1.3-(2) impliziert die lineare Unabhängigkeit von $b^1, \ldots, b^k$ somit $\lambda_1 = \ldots = \lambda_k = 0$. Insgesamt sind daher auch $b^0, b^1, \ldots, b^k$ linear unabhängig (erneut mit ▶Satz 11.1.3-(2)). ∎

Wir kommen nun zu Charakterisierungen von Basen eines endlich erzeugten Vektorraumes V.

> **Satz 11.2.6** Es sei V ein endlich erzeugter $\mathbb{K}$-Vektorraum der Dimension n. Weiter seien $b^1, \ldots, b^k \in V$. Dann implizieren je zwei der folgenden drei Aussagen die dritte und damit die Basiseigenschaft der b^i:
>
> (1) $\langle b^1, \ldots, b^k \rangle = V$.
>
> (2) $b^1, \ldots, b^k$ sind linear unabhängig.
>
> (3) $k = n$.

Beweis

(1) ∧ (2) ⇒ (3): Gelten (1) und (2), so ist $b^1, \ldots, b^k$ eine Basis von V, sodass $k = \dim(V) = n$ folgt.

(1) ∧ (3) ⇒ (2): Es gelte $\langle b^1, \ldots, b^n \rangle = V$ mit $\dim(V) = n$. Wäre $b^1, \ldots, b^n$ nicht linear unabhängig, so gäbe es ein j mit $\langle b^1, \ldots, b^{j-1}, b^{j+1}, \ldots, b^n \rangle = V$, ohne Einschränkung etwa $j = n$. Dann folgte aus ▶Lemma 11.2.2 aber $n \leq n - 1$, ein Widerspruch.

(2) ∧ (3) ⇒ (1): Es sei $U := \langle b^1, \ldots, b^n \rangle$ der von den b^i erzeugte Teilraum von V. Falls U echte Teilmenge von V ist, so gibt es ein $b^0 \in V \setminus U$. Nach ▶Lemma 11.2.5 sind dann

$b^0, b^1, \ldots, b^n$ linear unabhängig und ▶Lemma 11.2.2 impliziert sodann $n + 1 \leq n$, ein Widerspruch. ∎

Als Folgerung aus ▶Lemma 11.2.2 ist weiter Folgendes festzuhalten:

Satz 11.2.7 Es sei V ein endlich erzeugter $\mathbb{K}$-Vektorraum. Ist U ein Teilraum von V, so ist auch U endlich erzeugt. Ferner gilt $\dim(U) \leq \dim(V)$, und $\dim(U) = \dim(V)$ gilt genau dann, wenn $U = V$ ist.

Beweis Sei U ein Teilraum von V. Ist $U = \{0\}$, so ist nichts zu zeigen. Also sei $u^1 \in U$ mit $u^1 \neq 0$. Dann ist u^1 linear unabhängig. Ist $U_1 := \langle u^1 \rangle$ echter Teilraum von U, so gibt es ein $u^2 \in U \setminus U_1$. Nach ▶Lemma 11.2.5 ist dann $U_2 := \langle u^1, u^2 \rangle$ ein Teilraum von U der Dimension 2. Ist U_2 echter Teilraum von U, so gibt es ein $u^3 \in U \setminus U_2$, weshalb u^1, u^2, u^3 linear unabhängig bleiben, usw. Dieser Prozess endet aber wegen ▶Lemma 11.2.2 spätestens, wenn man eine Folge von n linear unabhängigen Vektoren $u^1, \ldots, u^n$ gefunden hat. In diesem Fall liegt nach ▶Satz 11.2.6 aber eine Basis von V vor, sodass $U = V$ ist. Allgemein ist also U endlich erzeugt und $\dim(U) \leq n = \dim(V)$. ∎

Betrachten wir zwei Beispiele, um uns eine Übersicht über die Teilräume von Vektorräumen der Dimension höchstens 2 zu verschaffen.

1. Die einzigen Teilräume eines eindimensionalen Raumes W sind $\{0\}$ und W.

2. Ist V ein zweidimensionaler Raum und sind $u, w \in V$ linear unabhängig (also eine Basis von V), so ist $U_\lambda := \langle u + \lambda w \rangle$ für jedes $\lambda \in \mathbb{K}$ ein eindimensionaler Teilraum. Ferner gilt $U_\lambda \neq U_\mu$ für $\lambda \neq \mu$ (Übung!). Neben diesen eindimensionalen Teilräumen gibt es genau einen weiteren eindimensionalen Teilraum von V, nämlich $\langle w \rangle$ (Übung!). Ist $\mathbb{K}$ unendlich, so enthält V demnach unendlich viele eindimensionale Teilräume. Ist $\mathbb{K}$ hingegen endlich, so enthält V genau $|\mathbb{K}| + 1$ eindimensionale Teilräume.

Als weitere Folgerung aus ▶Lemma 11.2.5 und ▶Satz 11.2.6 halten wir fest:

Satz 11.2.8 Basisergänzungssatz

Es sei V ein n-dimenionaler $\mathbb{K}$-Vektorraum. Annahme, $k < n$ und die Vektoren $b^1, \ldots, b^k$ sind linear unabhängig. Dann gibt es Vektoren $b^{k+1}, \ldots, b^n$, sodass $b^1, \ldots, b^k, b^{k+1}, \ldots, b^n$ eine Basis von V bilden.

11.3 Zur Darstellung linearer Abbildungen

In diesem Abschnitt setzen wir unser in Abschnitt 9.4 begonnenes Studium fort und betrachten nochmals die zu den Vektorräumen gehörenden strukturerhaltenden Abbildungen. Der zugrunde liegende Körper sei wieder mit $\mathbb{K}$ bezeichnet.

A Zur Existenz von injektiven, surjektiven, bijektiven linearen Abbildungen Es seien V und W zwei $\mathbb{K}$-Vektorräume und $\phi: V \to W$ sei eine $\mathbb{K}$-lineare Abbildung. Wir nehmen an, dass V endlich erzeugt und dass $b^1, \ldots, b^n$ eine Basis von V ist. Nach ▶Proposition 9.4.5 ist ϕ (via der Bildung von Linearkombinationen) durch seine Wirkung auf $b^1, \ldots, b^n$ bereits eindeutig bestimmt. Ist $c^i := \phi(b^i)$ für $i = 1, \ldots, n$, so folgt Bild(ϕ) = $\langle c^1, \ldots, c^n \rangle \subseteq W$. Die in den vorangegangen beiden Abschnitten 11.1 und 11.2 bewiesenen Ergebnisse führen nun unmittelbar zu folgenden Charakterisierungen:

1. ϕ ist injektiv $\Leftrightarrow c^1, \ldots, c^n$ sind linear unabhängig.

2. ϕ ist surjektiv $\Leftrightarrow c^1, \ldots, c^n$ erzeugen ganz W.

3. ϕ ist bijektiv $\Leftrightarrow c^1, \ldots, c^n$ ist Basis von W.

In Analogie zu den Ergebnissen aus Abschnitt 3.3 können wir nun Folgendes beweisen.

Satz 11.3.1 Es seien V und W endlich erzeugte $\mathbb{K}$-Vektorräume mit $n = \dim(V)$ und $m = \dim(W)$. Dann gelten:

(1) Es gibt eine injektive lineare Abbildung $\phi: V \to W \Leftrightarrow n \leq m$.

(2) Es gibt eine surjektive lineare Abbildung $\phi: V \to W \Leftrightarrow n \geq m$.

(3) Es gibt eine bijektive lineare Abbildung $\phi: V \to W \Leftrightarrow n = m$.

Beweis Es sei $b^1, \ldots, b^n$ Basis von V und $\phi: V \to W$ sei eine lineare Abbildung. Setze $c^i := \phi(b^i)$ für jedes $i = 1, \ldots, n$. Ist ϕ injektiv, so sind die c^i linear unabhängig; nach ▶Lemma 11.2.2 folgt dann $n \leq \dim(W) = m$. Ist ϕ surjektiv, so erzeugen die c^i den Raum W, was $m = \dim(W) \leq n$ impliziert (eine Folgerung aus ▶Lemma 11.2.2). Ist ϕ bijektiv, so ist bilden die c^i eine Basis von W, was $n = \dim(W) = m$ impliziert. Damit sind alle Implikationen „$\Rightarrow$" bewiesen.

Umgekehrt sei nun $d^1, \ldots, d^m$ eine Basis von W. Falls $n \leq m$, so sei $\tau(b^i) := d^i$ für alle $i = 1, \ldots, n$, wodurch eine Abbildung von $\{b^1, \ldots, b^n\}$ nach $\{d^1, \ldots, d^m\}$ definiert ist. Aufgrund der Annahme, dass $b^1, \ldots, b^n$ eine Basis von V ist, kann τ durch $\phi\left(\sum_{i=1}^n \lambda_i b^i\right) := \sum_{i=1}^n \lambda_i \tau(b^i)$ in eindeutiger Weise zu einer $\mathbb{K}$-linearen Abbildung $\phi: V \to$

W fortgesetzt werden. Aufgrund der linearen Unabhängigkeit von $d^1, \ldots, d^n$ ist diese injektiv. Im Spezialfall $n = m$ ist diese sogar bijektiv. Ist hingegen $m \leq n$, so wählt man eine surjektive Abbildung von $\{b^1, \ldots, b^n\}$ nach $\{d^1, \ldots, d^m\}$ und setzt diese ganz analog zu einer linearen Abbildung $\sigma: V \to W$ fort; dieses σ ist dann ebenfalls surjektiv. ■

> **Satz 11.3.2** Annahme, $\phi: V \to W$ ist eine $\mathbb{K}$-lineare Abbildung und $\dim(V) = \dim(W)$. Dann sind die drei folgenden Aussagen äquivalent:
>
> (1) ϕ ist injektiv.
>
> (2) ϕ ist surjektiv.
>
> (3) ϕ ist bijektiv.

Beweis Es seien $n = \dim(V)$ und $b^1, \ldots, b^n$ eine Basis von V. Falls ϕ injektiv ist, so ist $\phi(b^1), \ldots, \phi(b^n)$ linear unabhängig in W, also ist Letzteres nach ▶Satz 11.2.6 eine Basis von W. Daher ist ϕ auch surjektiv und somit bijektiv. Falls ϕ surjektiv, so ist $\phi(b^1), \ldots, \phi(b^n)$ ein Erzeugersystem von W. Wegen $\dim(W) = n$ muss dies aber linear unabhängig sein, sodass ϕ auch injektiv und damit erneut bijektiv ist. ■

B Koordinatisierung allgemeiner Vektorräume Als Folgerung von ▶Satz 11.3.1 ergibt sich, dass es für jeden n-dimensionalen $\mathbb{K}$-Vektorraum V einen Vektorraum-Isomorphismus κ von V nach $\mathbb{K}^n$, dem n-Tupelraum über $\mathbb{K}$, gibt. Das bedeutet, dass ein endlich erzeugter Vektorraum V im Wesentlichen durch seine Dimension n und den Grundkörper $\mathbb{K}$ festgelegt ist. Zur Angabe eines konkreten Isomorphismus benötigt man allerdings eine Basis von V, weshalb man dann von einem **basisabhängigen Isomorphismus** spricht. Dies wollen wir etwas genauer ausführen.

Ist $b^1, \ldots, b^n$ eine Basis von V, so gibt es zu jedem $v \in V$ einen eindeutigen Vektor $(\lambda_1, \ldots, \lambda_n) \in \mathbb{K}^n$ mit $v = \sum_{i=1}^n \lambda_i b^i$. Man nennt $(\lambda_1, \ldots, \lambda_n)$ den **Koordinatenvektor von v bzgl. B**, Schreibweise: $\kappa_B(v)$. Es ist dann

$$\kappa_B: V \to \mathbb{K}^n, \quad v \mapsto \kappa_B(v) \tag{11.3.1}$$

ein Vektorraum-Isomorphismus, dessen Umkehrabbildung gerade $\Psi_{b^1, \ldots, b^n}$ ist (siehe (11.1.1) in Abschnitt 11.1-A). Durch κ_B werden abstrakte n-dimensionale Vektorräume V als n-Tupelräume **dargestellt** bzw. **koordinatisiert**.

C Darstellung allgemeiner linearer Abbildungen als Matrizen In Abschnitt 9.4 haben wir gesehen, dass jede lineare Abbildung von $\mathbb{K}^n$ nach $\mathbb{K}^m$ durch eine (m, n)-Matrix dargestellt werden kann. Gleiches gilt, wenn man $\mathbb{K}^n$ bzw. $\mathbb{K}^m$ durch abstrakte n- bzw.

m-dimensionale Vektorräume V bzw. W ersetzt. Dazu wählt man zunächst eine Basis $B = b^1, \ldots, b^n$ von V und eine Basis $C = c^1, \ldots, c^m$ von W. Ist $\phi\colon V \to W$ eine $\mathbb{K}$-lineare Abbildung, so ist ϕ durch das Bild von B bereits eindeutig festgelegt. Es gibt nun Skalare A_{ij} (für $i = 1, \ldots, m$ und $j = 1, \ldots, n$) mit $\phi(b^j) = \sum_{i=1}^m A_{ij} c^i$ (für jedes j). Die so konstruierte Matrix A aus $\mathbb{K}^{m,n}$ hängt (neben ϕ) von den gewählten Basen B und C ab. Wir schreiben daher

$$A =: \mathcal{D}_C^B(\phi) \qquad (11.3.2)$$

und nennen es die **Darstellungsmatrix von ϕ bzgl. der Basen B und C**.

Nun stellt sich die Frage, wie man die Wirkung von ϕ als Abbildung beschreiben kann. Dazu bringen wir an dieser Stelle nochmals die Koordinatenvektoren (11.3.1) durch die Isomorphismen $\kappa_B\colon V \to \mathbb{K}^n$ und $\kappa_C\colon W \to \mathbb{K}^m$ ins Spiel. Man erhält dann analog zu den Berechnungen im Beweis von ▶Satz 9.4.7, dass

$$\kappa_C(\phi(v)) = \mathcal{D}_C^B(\phi) \cdot \kappa_B(v) \qquad (11.3.3)$$

gilt. Das bedeutet, dass im Endeffekt **jede** lineare Abbildung durch die Multiplikation von links mit einer Matrix beschrieben werden kann, wenn man die zugrunde liegenden Bereiche als Tupelräume darstellt. Es ist also ϕ im Wesentlichen das Gleiche wie Ψ_A, wenn $A = \mathcal{D}_C^B(\phi)$ ist. Diesen Sachverhalt veranschaulicht man sich an einem sog. **kommutativen Diagramm**:

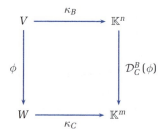

Die Kommutativität bedeutet dabei, dass, wie in Gleichung (11.3.3) dargelegt, beide Wege von V nach $\mathbb{K}^m$ zum gleichen Ergebnis führen.

D **Verkettung allgemeiner linearer Abbildungen** Wir wollen den eben ausgeführten Sachverhalt noch etwas weiter untersuchen. Dazu sei X (neben V und W wie oben) ein weiterer $\mathbb{K}$-Vektorraum mit $\dim(X) = k$ und mit Basis $D = d^1, \ldots, d^k$. Ferner sei $\eta\colon W \to X$ (neben $\phi\colon V \to W$) eine weitere lineare Abbildung. Dann ist die Hintereinanderausführung $\eta \circ \phi$ eine lineare Abbildung von V nach X. Bezüglich der ausgezeichneten Basen B und C sowie D gilt dann

$$\mathcal{D}_D^B(\eta \circ \phi) = \mathcal{D}_D^C(\eta) \cdot \mathcal{D}_C^B(\phi). \qquad (11.3.4)$$

11.3 Zur Darstellung linearer Abbildungen

Das heißt, die Verkettung von linearen Abbildungen führt über die Darstellungsmatrizen zur Multiplikation von Matrizen. Das entsprechende kommutative Diagramm sieht hier wie folgt aus:

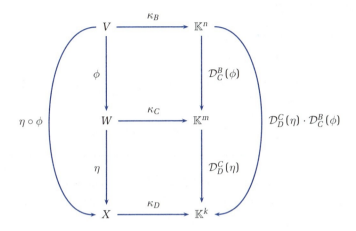

Zum Nachweis ist eine ähnliche Rechnung wie bei ▶Satz 9.3.2-(3) durchzuführen. Wir machen noch auf folgenden Spezialfall aufmerksam. Wenn $V = X$ und $B = D$ sowie $\eta \circ \phi = \mathrm{id}_V$ die identische Abbildung ist, so folgt aus (11.3.4) wegen $\mathcal{D}_B^B(\mathrm{id}_V) = E$, der Einheitsmatrix, dass

$$E = \mathcal{D}_B^B(\mathrm{id}_V) = \mathcal{D}_B^B(\eta \circ \phi) = \mathcal{D}_B^C(\eta) \cdot \mathcal{D}_C^B(\phi)$$

gilt, weshalb die beiden Darstellungsmatrizen $\mathcal{D}_B^C(\eta)$ und $\mathcal{D}_C^B(\phi)$ invers zueinander sind. Ist zudem $V = W$ und $\eta = \mathrm{id}_V = \phi$, so handelt es sich bei $\mathcal{D}_C^B(\mathrm{id}_V)$ und $\mathcal{D}_B^C(\mathrm{id}_V)$ gerade um die sog. **Transformationsmatrizen von einer Basis in die andere Basis**. Betrachten wir als Beispiel die durch

$$\phi: \mathbb{Q}^2 \to \mathbb{Q}^2, \quad \begin{pmatrix} \alpha \\ \beta \end{pmatrix} \mapsto \begin{pmatrix} 2\alpha + \beta \\ \alpha - \beta \end{pmatrix}$$

gegebene lineare Abbildung. Bezüglich der kanonischen Basis $E = e^1, e^2$ des $\mathbb{Q}^2$ hat diese Abbildung die Darstellungsmatrix

$$\mathcal{D}_E^E(\phi) = \begin{pmatrix} 2 & 1 \\ 1 & -1 \end{pmatrix}.$$

Wählt man hingegen die beiden Basen B und C des $\mathbb{Q}^2$, gegeben durch

$$B := \begin{pmatrix} 1 \\ 1 \end{pmatrix}, \begin{pmatrix} -3 \\ 2 \end{pmatrix} \quad \text{und} \quad C := \begin{pmatrix} -1 \\ 2 \end{pmatrix}, \begin{pmatrix} -2 \\ -2 \end{pmatrix},$$

so ist die Darstellungsmatrix von ϕ bzgl. B und C gleich

$$\mathcal{D}_C^B(\phi) = \begin{pmatrix} -1 & -1/3 \\ -1 & 13/6 \end{pmatrix}.$$

11 Abstrakte Vektorräume und Anwendungen

E Dimensionsformeln und die Summenbildung bei Vektorräumen Zum Ende dieses Abschnittes wollen wir nochmals auf den Kern und das Bild einer linearen Abbildung zu sprechen kommen und deren Dimensionen mit der Dimension des Definitionsbereiches in Verbindung bringen.

Satz 11.3.3   **1. Dimensionsformel**

Es sei $\phi\colon V \to W$ eine lineare Abbildung von V nach W, wobei $\dim(V) = n$ und $\dim(W) = m$ seien. Dann gilt:

$$n = \dim(\operatorname{Kern}(\phi)) + \dim(\operatorname{Bild}(\phi))$$

Beweis   Nach Festlegung zweier Basen B (von V) und C (von W) ersetzen wir V mittels κ_B durch $\mathbb{K}^n$ und entsprechend W mittels κ_C durch $\mathbb{K}^m$ und stellen ϕ durch die Matrix $A := \mathcal{D}_C^B(\phi) \in \mathbb{K}^{m,n}$ dar. Dann ist der Kern von ϕ gleich dem Lösungsraum $\mathbb{L}_{A,0}$ des zugehörigen homogenen Systems $Ax = 0$, während das Bild von ϕ dem Spaltenraum S_A von A entspricht. Wegen $\dim(S_A) = \operatorname{rang}(A)$ (▶Satz 11.2.4) und $\dim(\mathbb{L}_{A,0}) = n - \operatorname{rang}(A) = \dim(V) - \operatorname{rang}(A)$ (▶Satz 10.5.5) folgt daher die Behauptung. ∎

Satz 11.3.4   **2. Dimensionsformel**

Es seien U und W zwei endlich erzeugte Teilräume eines Vektorraumes V. Dann ist auch $U + W := \{u + w : u \in U, w \in W\}$ ein endlich erzeugter Teilraum von V und es gilt

$$\dim(U + W) = \dim(U) + \dim(W) - \dim(U \cap W).$$

Beweis   Wir betrachten die lineare Abbildung

$$\phi\colon U \times W \to U + W, \quad (u, w) \mapsto u + w.$$

Diese Abbildung ist surjektiv, sodass $\dim(\operatorname{Bild}(\phi)) = \dim(U + W)$ ist. Weiterhin liegt das Paar (u, w) genau dann im Kern von ϕ, wenn $u + w = 0$ ist, also wenn $u = -w$ ist. In diesem Fall ist aber $u = -w$ in $U \cap W$ enthalten, woraus folgt, dass $\operatorname{Kern}(\phi) = \{(y, -y) : y \in U \cap W\}$ ist. Mithilfe der ersten Dimensionsformel erhalten wir nun

$$\begin{aligned}\dim(U \times W) &= \dim(\operatorname{Kern}(\phi)) + \dim(\operatorname{Bild}(\phi)) \\ &= \dim(U \cap W) + \dim(U + W).\end{aligned}$$

Wegen $\dim(U \times W) = \dim(U) + \dim(W)$ (siehe das fünfte Beispiel in Abschnitt 11.2-B) ergibt dies aber dann sofort die zweite Dimensionsformel. ∎

Der Spezialfall $U \cap W = \{0\}$ verdient besondere Aufmerksamkeit. In diesem Fall ist nämlich $\dim(U + W) = \dim(U) + \dim(W)$. Die entsprechende Vektorraumsumme $U + W$ heißt dann **direkt** (Schreibweise: $U \oplus W$). Summen von Vektorräumen werden natürlich auch für mehr als zwei Summanden betrachtet: Sind $U_1, \ldots, U_k$ Teilräume von V, so ist auch

$$U_1 + \ldots + U_k := \{u_1 + \ldots + u_k : u_i \in U_i \text{ für jedes } i\}$$

ein Teilraum von V. Für $i \in \{1, 2, \ldots, k\}$ sei nun $i^c := \{1, 2, \ldots, k\} \setminus \{i\}$. Gilt dann

$$U_i \cap \left(\sum_{j \in i^c} U_j \right) = \{0\} \quad \text{für jedes } i,$$

so nennt man die Summe $\sum_{i=1}^{k} U_i$ **direkt** und schreibt $U_1 \oplus \ldots \oplus U_k$ bzw. $\bigoplus_{i=1}^{k} U_i$. So ist beispielsweise $V = \bigoplus_{i=1}^{s} \langle b^i \rangle$ für jede Basis $b^1, \ldots, b^s$ von V. Ist allgemeiner $V = \bigoplus_{i=1}^{k} U_i$, so spricht man von einer **direkten Summenzerlegung von** V.

11.4 Eigenwerte und Eigenvektoren

A **Was versteht man unter einem ϕ-invarianten Teilraum?** Wenn man eine lineare Abbildung ϕ auf dem n-Tupelraum $\mathbb{K}^n$ betrachtet, so ist diese durch eine quadratische Matrix $A \in \mathbb{K}^{n,n}$ dargestellt, wobei man sich üblicherweise auf die kanonische Basis $E := e^1, \ldots, e^n$ bezieht, also $A = \mathcal{D}_E^E(\phi)$. Wir haben anhand von Abschnitt 11.3-C andererseits gesehen, dass **jede** Basis B von $\mathbb{K}^n$ zu einer Darstellungsmatrix $\mathcal{D}_B^B(\phi)$ von ϕ führt. Diese wird im Allgemeinen von A verschieden sein! Ein zentraler Teil der Linearen Algebra beschäftigt sich nun mit der Gesamtheit aller Darstellungsmatrizen $\mathcal{D}_B^B(\phi)$ bei Variation der Basis B. Dabei ist man besonders an der Bestimmung von solchen Basen interessiert, für die die zugehörige Matrix eine möglichst „einfache Gestalt" hat.

Beispiel 11.4.1 Betrachten wir hierzu ein Beispiel, auf das wir im gesamten Abschnitt immer wieder zurückkehren wollen. Für die Matrix

$$A = \begin{pmatrix} 5 & -6 & -6 \\ -1 & 4 & 1 \\ 3 & -6 & -4 \end{pmatrix} = \mathcal{D}_E^E(\phi) \in \mathbb{Q}^{3,3}$$

gibt es eine Basis B mit

$$\mathcal{D}_B^B(\phi) = \begin{pmatrix} -1 & 0 & 0 \\ 0 & 2 & 0 \\ 0 & 0 & 4 \end{pmatrix}.$$

Das Auffinden von B wird am Ende dieses Abschnittes erläutert. ∎

Die Präzisierung des Begriffes „einfache Gestalt" und Ansätze zur Suche solcher Basen sind das Thema dieses Abschnittes.

11 Abstrakte Vektorräume und Anwendungen

Sind B und C zwei Basen des $\mathbb{K}^n$ und ist ϕ eine lineare Abbildung auf $\mathbb{K}^n$, so besteht aufgrund der Ergebnisse von Abschnitt 11.3-D folgender Zusammenhang zwischen den Darstellungsmatrizen $\mathcal{D}_B^B(\phi)$ und $\mathcal{D}_C^C(\phi)$:

$$\mathcal{D}_C^C(\phi) = \mathcal{D}_C^C(\mathrm{id}) \cdot \mathcal{D}_B^B(\phi) \cdot \mathcal{D}_C^B(\mathrm{id}),$$

also $\mathcal{D}_C^C(\phi) = F^{-1} \cdot \mathcal{D}_B^B(\phi) \cdot F$ mit der invertierbaren Matrix $F = \mathcal{D}_C^B(\mathrm{id})$, welche die Transformation der Basis B in die Basis C beschreibt.

Im Folgenden sei nun $A = \mathcal{D}_E^E(\phi)$. Wegen $\Psi_A = \phi$ (siehe ▶Definition 9.4.4) werden wir A und ϕ synonym verwenden. Für die l-fache Hintereinanderausführung von ϕ, was dem l-fachen Produkt A^l von A mit sich selbst entspricht, schreiben wir ϕ^l.

> **Definition 11.4.2** Ein Teilraum U von $\mathbb{K}^n$ heißt **invariant unter** ϕ (bzw. **unter** A), falls $\phi(u) \in U$ für jedes $u \in U$ gilt (bzw. $Au \in U$ für jedes $u \in U$).

Beispielsweise sind der Nullraum $\{0\}$ und der gesamte Raum $\mathbb{K}^n$ stets invariant unter ϕ. Weiterhin sind der Kern von ϕ und das Bild von ϕ stets ϕ-invariant: Falls nämlich $Au = 0$, so ist $A^2u = A(Au) = A0 = 0$, also $Au \in \mathrm{Kern}(\phi)$, falls $u \in \mathrm{Kern}(\phi)$. Ist $u \in \mathrm{Bild}(\phi)$, etwa $u = \phi(v)$, so ist $\phi(u) = \phi^2(v) = \phi(\phi(v))$ und damit ebenfalls im Bild von ϕ enthalten.

B **Darstellungen unter Berücksichtigung ϕ-invarianter Teilräume** Wir wollen nun den Zweck von ϕ-invarianten Teilräumen im Hinblick auf Darstellungsmatrizen näher untersuchen. Dazu sei U, etwa mit Basis $u^1, \ldots, u^m$, ein unter ϕ invarianter Teilraum von $\mathbb{K}^n$. Ergänzt man diese Basis etwa durch $w^1, \ldots, w^{n-m}$ zu einer Basis $B := u^1, \ldots, u^m, w^1, \ldots, w^{n-m}$ von $\mathbb{K}^n$ (siehe ▶Satz 11.2.8), so hat die Darstellungsmatrix von ϕ bzgl. B die Gestalt

$$\mathcal{D}_B^B(\phi) = \begin{pmatrix} X & Y \\ O & Z \end{pmatrix}.$$

Dabei ist X die Darstellungsmatrix von der Einschränkung von ϕ auf U, und zwar bzgl. der Basis $u^1, \ldots, u^m$. Ferner ist O die $(n-m, m)$-Nullmatrix. Beispielsweise hat die in ▶Beispiel 11.4.1 angegebene Matrix A bzgl. der Basis

$$c^1 := \begin{pmatrix} 1 \\ 0 \\ 1 \end{pmatrix}, \quad c^2 := \begin{pmatrix} 3 \\ 1 \\ 1 \end{pmatrix}, \quad c^3 := \begin{pmatrix} 5 \\ -6 \\ 7 \end{pmatrix}$$

die Darstellungsmatrix

$$\mathcal{D}_C^C(\phi) = \begin{pmatrix} -1 & -3 & -7 \\ 0 & 2 & 2 \\ 0 & 0 & 4 \end{pmatrix}.$$

Die obere Dreiecksgestalt bedeutet hier, dass die gesamte Kette

$$\langle c^1 \rangle \subseteq \langle c^1, c^2 \rangle \subseteq \langle c^1, c^2, c^3 \rangle = \mathbb{Q}^3$$

invariant gelassen wird. Kehren wir zurück zum allgemeinen Fall. Es sei nun W der von $w^1, \ldots, w^{n-m}$ erzeugte Teilraum des $\mathbb{K}^n$. Dann gilt $U \oplus W = \mathbb{K}^n$. Im Allgemeinen wird W nicht auch noch invariant unter ϕ sein. Wenn dies allerdings durch spezielle Wahl der w^i doch der Fall sein sollte, so hat $\mathcal{D}_B^B(\phi)$ gar die Gestalt

$$\begin{pmatrix} X & O' \\ O & Z \end{pmatrix},$$

wobei Y durch die $(m, n-m)$-Nullmatrix O' ersetzt wurde. Diese Darstellung entspricht dann einer Zerlegung $U \oplus W$ des Raumes $\mathbb{K}^n$ in eine direkte Summe von zwei ϕ-invarianten Teilräumen. Allgemeiner können wir Folgendes festhalten:

Satz 11.4.3 Es sei $\phi: \mathbb{K}^n \to \mathbb{K}^n$ eine $\mathbb{K}$-lineare Abbildung und $U_1, \ldots, U_k$ seien ϕ-invariante Teilräume von $\mathbb{K}^n$, die den $\mathbb{K}^n$ ganz und direkt zerlegen, also $\oplus_{i=1}^{k} U_i = \mathbb{K}^n$. Mit $\dim(U_i) = l_i \geq 1$ sei weiter $B_i = u^{i,1}, \ldots, u^{i,l_i}$ eine Basis von U_i (für $i = 1, \ldots, k$). Die Aneinanderreihung $B_1, \ldots, B_k$ dieser Basen bildet dann eine Basis B von $\mathbb{K}^n$ bzgl. der ϕ eine Darstellung in Blockgestalt der Form

$$\mathcal{D}_B^B(\phi) = \begin{pmatrix} A_1 & 0 & 0 & \ldots & 0 \\ 0 & A_2 & 0 & \ldots & 0 \\ \vdots & \vdots & \ldots & \ldots & \vdots \\ 0 & 0 & \ldots & 0 & A_k \end{pmatrix}$$

hat. Dabei ist A_i die Darstellungsmatrix der Einschränkung von ϕ auf U_i, und zwar bzgl. der Basis B_i.

C Zur Diagonalisierbarkeit von ϕ Je feiner nun die direkte Zerlegung von $\mathbb{K}^n$ ist, desto mehr nähert sich die Blockgestalt einer Diagonalmatrix an, welches die einfachste denkbare Form einer Darstellungsmatrix ist.

Definition 11.4.4 Eine lineare Abbildung ϕ auf $\mathbb{K}^n$ heißt **diagonalisierbar**, falls eine Basis B existiert, sodass $\mathcal{D}_B^B(\phi)$ eine Diagonalmatrix ist.

Die in ▶Beispiel 11.4.1 angegebene Matrix A hat bzgl. der Basis

$$b^1 := \begin{pmatrix} 1 \\ 0 \\ 1 \end{pmatrix}, \quad b^2 := \begin{pmatrix} 2 \\ 1 \\ 0 \end{pmatrix}, \quad b^3 := \begin{pmatrix} 1 \\ -5/6 \\ 1 \end{pmatrix} \tag{11.4.1}$$

die eingangs angegebene Diagonalgestalt $\mathrm{diag}(-1, 2, 4)$.

11 Abstrakte Vektorräume und Anwendungen

Es sei gleich bemerkt, dass eine Diagonalisierung nicht für jedes ϕ erreicht werden kann. Neben der konkreten Beschaffenheit von ϕ hängt dies auch entscheidend vom zugrunde liegenden Körper $\mathbb{K}$ ab. Dennoch gibt es einen allgemeinen Ansatz zur Suche einer Basis, die zumindest die **Tendenz zu einer Diagonalgestalt** hat. Zur Erklärung dieses Phänomens führen wir die folgenden Begriffe ein, welche in der Linearen Algebra von großer Bedeutung sind.

> **Definition 11.4.5** Es sei $\phi : \mathbb{K}^n \to \mathbb{K}^n$ eine $\mathbb{K}$-lineare Abbildung. Ein vom Nullvektor verschiedener Vektor $v \in \mathbb{K}^n$ heißt ein **Eigenvektor von** ϕ, falls ein Skalar $\lambda \in \mathbb{K}$ existiert mit $\phi(v) = \lambda v$. Man nennt λ den **Eigenwert von** v **bzgl.** ϕ.

Die Eigenschaft von v, Eigenvektor zu sein, ist gleichbedeutend dazu, dass der von v erzeugte eindimensionale Raum $\langle v \rangle$ invariant unter ϕ ist.

> **Definition 11.4.6** Es sei $\phi : \mathbb{K}^n \to \mathbb{K}^n$ eine $\mathbb{K}$-lineare Abbildung. Für einen Eigenwert λ von ϕ heißt die Menge $E_\lambda(\phi) := \{v \in \mathbb{K}^n : \phi(v) = \lambda v\}$ der **Eigenraum von** λ **bzgl.** ϕ.

Es ist zu betonen, dass λ nur dann Eigenwert von ϕ sein kann, wenn ein von 0 verschiedener Vektor v existiert mit $\phi(v) = \lambda v$. Insbesondere ist die Zahl 0 genau dann Eigenwert von ϕ, wenn der Kern von ϕ ungleich $\{0\}$ ist, also wenn ϕ nicht injektiv ist. Der Kern von ϕ ist dann der Eigenraum zum Eigenwert 0. Man rechnet leicht nach, dass es sich bei $E_\lambda(\phi)$ wirklich um einen Teilraum von $\mathbb{K}^n$ handelt.

Im obigen Beispiel ist $\langle b^1 \rangle = E_{-1}(\phi)$ der Eigenraum zum Eigenwert -1. Weiter ist $\langle b^2 \rangle = E_2(\phi)$ der Eigenraum zum Eigenwert 2. Schließlich ist $\langle b^3 \rangle = E_4(\phi)$ der Eigenraum zum Eigenwert 4. Weitere Eigenwerte hat diese lineare Abbildung nicht, wie auch durch die folgende weitere Theorie untermauert wird.

> **Satz 11.4.7** Eine lineare Abbildung ϕ auf $\mathbb{K}^n$ ist genau dann diagonalisierbar, wenn es eine Basis von $\mathbb{K}^n$ gibt, die aus lauter Eigenvektoren besteht.

Beweis Es sei $v^1, \ldots, v^n$ eine Basis B von $\mathbb{K}^n$. Genau dann gibt es Skalare $\mu_1, \ldots, \mu_n \in \mathbb{K}$ mit $\phi(v^i) = \mu_i v^i$ für alle i, wenn $\mathcal{D}_B^B(\phi)$ gleich der Diagonalmatrix $\mathrm{diag}(\mu_1, \ldots, \mu_n)$ ist. ∎

Das folgende Resultat liefert eine partielle Umkehrung dieses ▶Satzes 11.4.7.

11.4 Eigenwerte und Eigenvektoren

Satz 11.4.8 Es seien $v^1, \ldots, v^m$ Eigenvektoren einer linearen Abbildung ϕ auf $\mathbb{K}^n$, und zwar zu paarweise verschiedenen Eigenwerten $\mu_1, \ldots, \mu_m$. Dann sind $v^1, \ldots, v^m$ linear unabhängig.

Beweis Wir beweisen die Aussage mit Induktion über die Anzahl m der verschiedenen Eigenwerte. Für $m = 1$ ist die Aussage klar, da ja v^1 nach Definition eines Eigenvektors nicht der Nullvektor sein kann (gleichwohl kann $\mu_1 = 0$ sein). Überzeugen wir uns auch noch davon, dass die Aussage für $m = 2$ richtig ist. Falls v^1 und v^2, zwei Eigenvektoren zu verschiedenen Eigenwerten μ_1 und μ_2 linear abhängig wären, so gäbe es ein $\lambda \in \mathbb{K}$ mit $v^2 = \lambda v^1$. Daraus folgte

$$\mu_2 v^2 = \phi(v^2) = \phi(\lambda v^1) = \lambda \phi(v^1) = \lambda \mu_1 v^1 = \mu_1 \lambda v^1 = \mu_1 v^2,$$

woraus sich wegen $v^2 \neq 0$ sofort $\mu_1 = \mu_2$ ergäbe, ein Widerspruch zur Annahme.

Nun zum Induktionsschritt (von m nach $m+1$). Es seien also $v^1, \ldots, v^m, v^{m+1}$ Eigenvektoren zu paarweise verschiedenen Eigenwerten $\mu_1, \ldots, \mu_m, \mu_{m+1}$. Annahme, $\sum_{i=1}^{m+1} \lambda_i v^i = 0$. Wir machen eine Fallunterscheidung.

1. Falls $\lambda_{m+1} = 0$, so ergibt sich $\sum_{i=1}^{m} \lambda_i v^i = 0$. Aufgrund der Induktionsannahme, also der linearen Unabhängigkeit von m Eigenvektoren zu paarweise verschiedenen Eigenwerten, folgt, dass auch $\lambda_1, \ldots, \lambda_m$ alle gleich null sind.

2. Wir nehmen daher an, dass $\lambda_{m+1} \neq 0$ ist, und führen dies zu einem Widerspruch. Anwendung von ϕ auf die Gleichung $0 = \sum_{i=1}^{m+1} \lambda_i v^i$ ergibt

$$0 = \phi(0) = \phi\left(\sum_{i=1}^{m+1} \lambda_i v^i\right) = \sum_{i=1}^{m+1} \lambda_i \phi(v^i) = \sum_{i=1}^{m+1} \lambda_i \mu_i v^i.$$

An dieser Stelle machen wir eine weitere Fallunterscheidung.

(a) Wäre $\mu_{m+1} = 0$, so folgte daraus $\sum_{i=1}^{m} \lambda_i \mu_i v^i = 0$ und daher $\lambda_i \mu_i = 0$ für alle $i = 1, \ldots, m$ aufgrund der Induktionsannahme der linearen Unabhängigkeit von $v^1, \ldots, v^m$. Wegen der paarweise Verschiedenheit von $\mu_1, \ldots, \mu_m, \mu_{m+1}$ und wegen $\mu_{m+1} = 0$ müssen $\mu_1, \ldots, \mu_m$ allesamt ungleich null sein. Daraus folgt dann aber wiederum $\lambda_i = 0$ für alle $i = 1, \ldots, m$. Also reduziert sich die Gleichung $\sum_{i=1}^{m+1} \lambda_i v^i = 0$ auf $\lambda_{m+1} v^{m+1} = 0$. Nach Annahme ist $\lambda_{m+1} \neq 0$. Also muss $v^{m+1} = 0$ sein, der Nullvektor. Das ist ein Widerspruch, da v^{m+1} ein Eigenvektor ist.

(b) Wir betrachten also den Fall $\mu_{m+1} \neq 0$. Multipliziert man die Gleichung $\sum_{i=1}^{m+1} \lambda_i v^i = 0$ mit μ_{m+1}, so erhält man daraus $\sum_{i=1}^{m+1} \mu_{m+1} \lambda_i v^i = 0$. Oben haben wir bereits die Gleichung $\sum_{i=1}^{m+1} \lambda_i \mu_i v^i = 0$ hergeleitet. Durch Differenzbildung ergibt sich aus diesen beiden Gleichungen eine weitere Gleichung, nämlich

$$0 = \sum_{i=1}^{m+1}(\mu_{m+1}\lambda_i - \mu_i\lambda_i)v^i = \sum_{i=1}^{m}(\mu_{m+1}\lambda_i - \mu_i\lambda_i)v^i$$

(der Koeffizient des Summanden zum letzten Index $m+1$ ist gleich null und fällt somit weg). Man benötigt nun einmal mehr die nach Induktionsannahme geltende lineare Unabhängigkeit der $v^1, \ldots, v^m$. Die impliziert nämlich

$$0 = \mu_{m+1}\lambda_i - \mu_i\lambda_i = (\mu_{m+1} - \mu_i)\lambda_i \text{ für } i = 1, \ldots, m.$$

Wegen $\mu_i \neq \mu_{m+1}$ für alle diese i ergibt dies $\lambda_i = 0$ für $i = 1, \ldots, m$. Nun impliziert $\sum_{i=1}^{m+1} \lambda_i v^i = 0$ wieder $\lambda_{m+1} v^{m+1} = 0$. Unter der Annahme $\lambda_{m+1} \neq 0$ führt dies erneut zum Widerspruch $v^{m+1} = 0$, da ein Eigenvektor per Definition nicht der Nullvektor ist.

Fazit: Der Fall $\lambda_{m+1} \neq 0$ führt generell zu einem Widerspruch. Der Induktionsschritt ist insgesamt vollzogen. ∎

Da die Dimension von $\mathbb{K}^n$ gleich n ist, erhalten wir unmittelbar nachstehende Folgerungen aus ▶Satz 11.4.8.

Korollar 11.4.9 Es sei ϕ eine lineare Abbildung auf $\mathbb{K}^n$. Dann gelten:

(1) ϕ hat höchstens n verschiedene Eigenwerte.

(2) Wenn ϕ die maximale Anzahl von n verschiedenen Eigenwerten hat, so ist ϕ diagonalisierbar.

Wie bereits oben erwähnt liegt dieser Sachverhalt beim eingangs angegebenen ▶Beispiel 11.4.1 vor. Die Eigenwerte sind hier -1 und 2 und 4, wie man an der Diagonalen sieht. Es ist zu bemerken, dass die in ▶Korollar 11.4.9 angegebene hinreichende Bedingung zur Diagonalisierbarkeit nicht unbedingt notwendig ist. Beispielsweise beschreibt die Diagonalmatrix ωE mit konstanten Diagonaleinträgen $\omega \in \mathbb{K}$ trivialerweise eine diagonalisierbare Abbildung mit einem einzigen Eigenwert, nämlich ω, und mit dem gesamten Raum $\mathbb{K}^n$ als Eigenraum von ω. In jedem Fall aber führen die hier bereits erzielten Ergebnisse zu folgenden Charakterisierungen der Diagonalisierbarkeit.

Satz 11.4.10 Es seien $\mu_1, \ldots, \mu_k$ sämtliche, also insbesondere paarweise verschiedenen Eigenwerte der linearen Abbildung $\phi: \mathbb{K}^n \to \mathbb{K}^n$. Der zu μ_i gehörende Eigenraum sei $E_{\mu_i}(\phi)$. Dann sind äquivalent:

(1) ϕ ist diagonalisierbar.

(2) $\sum_{i=1}^{k} \dim(E_{\mu_i}(\phi)) = n$

(3) $\oplus_{i=1}^{k} E_{\mu_i}(\phi) = \mathbb{K}^n$

D **Die Suche nach Eigenwerten** Bei einer konkret durch eine Matrix A gegebene lineare Abbildung ϕ stellt sich natürlich die Frage nach der Suche aller Eigenwerte. Ferner geht es bei einem gegebenen Eigenwert μ sodann um die Bestimmung einer Basis von $E_{\mu}(\phi)$. Hierzu ist an dieser Stelle Folgendes zu sagen.

1. Zum systematischen Auffinden aller Eigenwerte benötigt man Grundlegendes aus der Theorie der **Polynome**, genauer den Begriff des **Minimalpolynoms** einer Matrix A bzw. einer linearen Abbildung ϕ. Polynome werden wir im nächsten Kapitel durchnehmen, sodass wir das Problem der Eigenwertbestimmung einer Matrix bis dahin zurückstellen (Abschnitt 12.7). Gleichwohl werden wir das eingangs gegebene ▶Beispiel 11.4.1 weiter unten mit elementaren Methoden behandeln.

2. Genau dann ist μ Eigenwert der Matrix A, wenn ein von 0 verschiedener Vektor v existiert mit $(A - \mu E)v = 0$, denn mit der Einheitsmatrix E ist $0 = (A - \mu E)v = Av - \mu Ev = Av - \mu v$ äquivalent zu $Av = \mu v$. Ausgehend von μ ist zur Bestimmung des Eigenraumes $E_{\mu}(\phi)$ von μ daher einfach (mithilfe des Gauß-Algorithmus) das homogene lineare Gleichungssystem $Cx = 0$ mit $C = A - \mu E$ zu lösen.

In Bezug auf den ersten Punkt, die Bestimmung aller Eigenwerte, betrachten wir aber abschließend nochmals die in ▶Beispiel 11.4.1 angegebene Matrix A. Anhand des obigen Punktes (2) wissen wir, dass μ genau dann Eigenwert von A ist, wenn $A - \mu E$ keinen vollen Rang hat, hier also $\text{rang}(A - \mu E) < 3$ gilt. Es ist nun

$$A - \mu E = \begin{pmatrix} 5 - \mu & -6 & -6 \\ -1 & 4 - \mu & 1 \\ 3 & -6 & -4 - \mu \end{pmatrix}.$$

Wir wenden den Gauß-Algorithmus auf diese Matrix (mit μ als Variable) an und pivotieren dazu zunächst am fett gedruckten $(2, 1)$-Eintrag. Das Ergebnis ist (nach Tauschen der ersten und zweiten Zeile) gleich

$$\begin{pmatrix} 1 & \mu - 4 & -1 \\ 0 & \mu^2 - 9\mu + 14 & -\mu - 1 \\ 0 & -3\mu + 6 & -\mu - 1 \end{pmatrix}.$$

Wir sehen nun, dass für $\mu = -1$ die letzte Spalte linear von der ersten Spalte abhängt, weshalb der Rang dann nicht 3 sein kann und daher $\mu = -1$ als Eigenwert erkannt ist.

Addiert man weiter das Negative der zweiten Zeile zur dritten Zeile, so ergibt sich die neue dritte Zeile als

$$(0, \ -\mu^2 + 6\mu - 8, \ 0).$$

Wir sehen daher, dass der Rang der entsprechenden Matrix auch kleiner gleich 2 ist, wenn μ die Gleichung $\mu^2 - 6\mu + 8 = 0$ löst. Die Formel zur Lösung quadratischer Gleichungen (▶Satz 1.2.3) liefert hier

$$\mu = \frac{6 + \sqrt{36-32}}{2} \quad \text{bzw.} \quad \mu = \frac{6 - \sqrt{36-32}}{2},$$

also $\mu = 4$ oder $\mu = 2$, was insgesamt die maximal mögliche Anzahl von drei verschiedenen Eigenwerten und damit die Diagonalisierbarkeit der Matrix A ergibt.

Mit $\mu = -1$ ergibt sich

$$A - \mu E = \begin{pmatrix} 6 & -6 & -6 \\ -1 & 5 & 1 \\ 3 & -6 & -3 \end{pmatrix} \overset{*}{\rightsquigarrow} \begin{pmatrix} 1 & 0 & -1 \\ 0 & 1 & 0 \\ 0 & 0 & 0 \end{pmatrix},$$

was $b^1 = (1, 0, 1)'$ in (11.4.1) liefert. Bei $\mu = 2$ erhält man

$$A - \mu E = \begin{pmatrix} 3 & -6 & -6 \\ -1 & 2 & 1 \\ 3 & -6 & -6 \end{pmatrix} \overset{*}{\rightsquigarrow} \begin{pmatrix} 1 & -2 & 0 \\ 0 & 0 & 1 \\ 0 & 0 & 0 \end{pmatrix},$$

was $b^2 = (2, 1, 0)'$ in (11.4.1) liefert. Schließlich erhält man bei $\mu = 4$:

$$A - \mu E = \begin{pmatrix} 1 & -6 & -6 \\ -1 & 0 & 1 \\ 3 & -6 & -8 \end{pmatrix} \overset{*}{\rightsquigarrow} \begin{pmatrix} 1 & 0 & -1 \\ 0 & 1 & 5/6 \\ 0 & 0 & 0 \end{pmatrix}$$

Dies liefert den Vektor $b^3 = (1, -\frac{5}{6}, 1)$ in (11.4.1).

11.5 Orthogonalität und Decodieren bei Hamming-Codes

Mit der Orthogonalität wollen wir in diesem Abschnitt auf ein weiteres wichtiges Thema der Linearen Algebra eingehen. Als Anwendungsbeispiel werden wir die Klasse der binären Hamming-Codes konstruieren und diese mit den in Kapitel 7 entwickelten Methoden der Codierungstheorie untersuchen.

A **Standard-Skalarprodukt und Orthogonalität** Wir starten mit dem n-Tupel-Spaltenvektorraum $\mathbb{K}^n$ über dem Körper $\mathbb{K}$. Zu jedem Spaltenvektor v aus $\mathbb{K}^n$ bezeichnet v' den zugehörigen Zeilenvektor, also eine Matrix vom Typ $(1, n)$. Zu dieser gehört bekanntlich die lineare Abbildung $\Psi_{v'}$, die $w \in \mathbb{K}^n$ auf den Skalar $v'w = \sum_{i=1}^{n} v_i w_i$ abbildet. Wie bereits in Abschnitt 9.3-B erwähnt, nennt man die Abbildung

$$\mathbb{K}^n \times \mathbb{K}^n \to \mathbb{K}, \quad (v, w) \mapsto v'w$$

das Standard-Skalarprodukt. Wir kommen nun zur Definition der Orthogonalität.

> **Definition 11.5.1** Zu $v \in \mathbb{K}^n$ heißt $v^\perp := \operatorname{Kern}(\Psi_{v'}) = \{w \in \mathbb{K}^n : v'w = 0\}$ **der zu v gehörende Orthogonalraum**. Sind v und w Vektoren mit $v'w = 0$ (äquivalent dazu ist $w'v = 0$), so heißen diese beiden **orthogonal** oder **senkrecht** zueinander. Ist allgemeiner $S \subseteq \mathbb{K}^n$ nicht leer, so nennt man $S^\perp := \bigcap_{v \in S} v^\perp$ den **Orthogonalraum von S**.

Da der Durchschnitt von (beliebig vielen) Teilräumen von V wieder ein Teilraum ist, handelt es sich bei $S^\perp$ in der Tat um einen Teilraum von V. Wir werden anhand des folgenden Satzes sehen, dass im Falle $v \neq 0$ die Dimension von $v^\perp$ gleich $n-1$ ist. Insofern handelt es sich bei $v^\perp$ um eine **Hyperebene**.

> **Satz 11.5.2** Es sei $U = \langle u^1, \ldots, u^k \rangle$ ein Teilraum von $\mathbb{K}^n$. Dann gelten:
>
> (1) $U^\perp = \bigcap_{i=1}^{k} (u^i)^\perp$
>
> (2) $\dim(U^\perp) = n - \dim(U)$
>
> (3) $(U^\perp)^\perp = U$

Beweis

(1) Gemäß Definition ist sicherlich $U^\perp$ eine Teilmenge von $\bigcap_{i=1}^{k} (u^i)^\perp$. Umgekehrt sei $w \in \bigcap_{i=1}^{k} (u^i)^\perp$, also $w'u^i = 0$ für jedes $i = 1, \ldots, k$. Ist nun $u \in U$ beliebig, etwa $u = \sum_{i=1}^{k} \lambda_i u^i$, so ist

$$w'u = \sum_{i=1}^{k} \lambda_i w'u^i = \sum_{i=1}^{k} \lambda_i \cdot 0 = 0.$$

Demnach ist w auch in $U^\perp$ enthalten.

(2) Es seien $k = \dim(U)$ und $u^1, \ldots, u^k$ eine Basis von U. Nach (1) ist $U^\perp$ gleich dem Kern der linearen Abbildung von $\mathbb{K}^n$ nach $\mathbb{K}^k$, die durch die Matrix A beschrieben wird, deren Zeilen die Vektoren $(u^i)'$ für $i = 1, \ldots, k$ sind. Aufgrund der linearen Unabhängigkeit der u^i hat A den Zeilenrang k, sodass $U^\perp$ als Kern von A nach ▶Satz 11.3.3 die Dimension $n - k$ hat.

(3) Sind $u \in U$ und $w \in U^\perp$ beliebig, so gilt $u'w = (w'u)' = 0$, weshalb u in $(U^\perp)^\perp$ enthalten ist. Da dies für jedes $u \in U$ gilt, ist U Teilraum von $(U^\perp)^\perp$. Mit (2) folgt weiter

$$\dim((U^\perp)^\perp) = n - \dim(U^\perp) = n - (n - \dim(U)) = \dim(U).$$

Aus $U \subseteq (U^\perp)^\perp$ und $\dim((U^\perp)^\perp) = \dim(U)$ folgt dann aber sofort $(U^\perp)^\perp = U$ nach ▶Satz 11.2.7. ∎

B **Innere versus äußere Darstellung bei Teilräumen** Durch den in ▶Definition 11.5.1 und ▶Satz 11.5.2 beschriebenen Übergang zum Orthogonalraum eines Teilraumes U von $\mathbb{K}^n$ hat man alternativ zum Konzept der Erzeugung von U (was einer sog. „inneren Darstellung" entspricht) eine weitere Möglichkeit zur Darstellung von U, nämlich als Durchschnitt von endlich vielen Räumen der Form $v^\perp$ (hierbei spricht man von einer „äußeren Darstellung"). Beide Darstellungen sind für Anwendungen innerhalb der Codierungstheorie, über die wir gleich berichten wollen, sehr nützlich.

- **Innere Darstellung**: Ist $u^1, \ldots, u^m$ Erzeugersystem von U, so entspricht U dem Bild der linearen Abbildung $\Psi_A: \mathbb{K}^m \to \mathbb{K}^n$, $y \mapsto Ay$, wobei $A = (u^1, \ldots, u^m)$ die Matrix des $\mathbb{K}^{n,m}$ mit Spalten $u^1, \ldots, u^m$ ist. Jedes $u \in U$ kann als Linearkombination in den u^i ausgedrückt (erzeugt) werden.

- **Äußere Darstellung**: Es werde $U^\perp$ von den Vektoren $v^1, \ldots, v^l$ erzeugt. Ist $B = (v^1, \ldots, v^l)$ die Matrix des $\mathbb{K}^{n,l}$, dessen Spalten gleich $v^1, \ldots, v^l$ sind, so sei B' die Matrix des $\mathbb{K}^{l,n}$ dessen Zeilen die Vektoren $(v^1)', \ldots, (v^l)'$ sind (man nennt B' die zu B gehörende transponierte Matrix, siehe (9.1.1) in Abschnitt 9.1-E). Es ist dann U gleich dem Kern der zu B' gehörenden linearen Abbildung $\Psi_{B'}: \mathbb{K}^n \to \mathbb{K}^l$, $x \mapsto B'x$. ∎

Beispielsweise haben wir den ISBN-Code (ebenso wie den EAN-Code) jeweils durch lineare Kontrollgleichungen und damit als Orthogonalraum des zur Kontrollgleichung gehörenden Vektors beschrieben, siehe Abschnitt 7.5.

C **Generator- und Kontrollmatrix beim (7, 4)-Hamming-Code** Wir haben in ▶Beispiel 7.4.8 den (7, 4)-Hamming-Code eingeführt, indem wir jedes 4-Tupel über $\{0, 1\}$ durch drei Kontrollbits ergänzt haben. Der Hamming-Code C ist eine 16-elementige Teilmenge von $\{0, 1\}^7$ mit minimalem Hamming-Abstand 3, was die Möglichkeit der Korrektur eines Fehlers ergibt. Außerdem ist dieser Code in dem Sinne perfekt, als er unter allen 1-fehlerkorrigierenden Codes der Länge 7 die größte Informationsrate hat. Da es sich bei diesem Code darüber hinaus um einen linearen Code handelt, kann man aus dem Blickwinkel der Linearen Algebra weiter Folgendes sagen.

11.5 Orthogonalität und Decodieren bei Hamming-Codes

1. Betrachtet man die Bildungsgesetze für die Kontrollbits, so sieht man, dass C gleich dem Bild der $\mathbb{F}_2$-linearen Abbildung

$$\Psi_G: \mathbb{F}_2^4 \mapsto \mathbb{F}_2^7, \quad x \mapsto Gx$$

mit

$$G = \begin{pmatrix} 1 & 0 & 0 & 0 \\ 0 & 1 & 0 & 0 \\ 0 & 0 & 1 & 0 \\ 0 & 0 & 0 & 1 \\ 0 & 1 & 1 & 1 \\ 1 & 0 & 1 & 1 \\ 1 & 1 & 0 & 1 \end{pmatrix}$$

ist. Man nennt G eine **Generatormatrix** für C, weil C gerade der von den Spalten von G erzeugte Teilraum des $\mathbb{F}_2^7$, also gleich dem Bild von Ψ_G ist.

2. Der zu C gehörende Orthogonalraum $C^\perp$ heißt der **duale Code von** C. Man kann diesen als Kern der zu G' gehörenden Abbildung erhalten, wobei G' die zu G gehörende transponierte Matrix ist:

$$G' = \begin{pmatrix} 1 & 0 & 0 & 0 & 0 & 1 & 1 \\ 0 & 1 & 0 & 0 & 1 & 0 & 1 \\ 0 & 0 & 1 & 0 & 1 & 1 & 0 \\ 0 & 0 & 0 & 1 & 1 & 1 & 1 \end{pmatrix}$$

Da G' bereits eine normierte Treppenmatrix mit Rang 4 und charakteristischen Spalten $\chi = \{1, 2, 3, 4\}$ ist, können wir ein Erzeugersystem des dreidimensionalen Raumes $C^\perp$ anhand von G' recht einfach ablesen, nämlich

$$h^5 = \begin{pmatrix} 0 \\ 1 \\ 1 \\ 1 \\ 1 \\ 0 \\ 0 \end{pmatrix}, \quad h^6 = \begin{pmatrix} 1 \\ 0 \\ 1 \\ 1 \\ 0 \\ 1 \\ 0 \end{pmatrix} \quad \text{und} \quad h^7 = \begin{pmatrix} 1 \\ 1 \\ 0 \\ 1 \\ 0 \\ 0 \\ 1 \end{pmatrix}.$$

Wegen $(C^\perp)^\perp = C$ ist C demnach gleichzeitig der Kern der Matrix H (bestehend aus den Zeilen $h^{5\prime}$, $h^{6\prime}$ und $h^{7\prime}$), welche man eine **Kontrollmatrix für** C nennt:

$$H = \begin{pmatrix} 0 & 1 & 1 & 1 & 1 & 0 & 0 \\ 1 & 0 & 1 & 1 & 0 & 1 & 0 \\ 1 & 1 & 0 & 1 & 0 & 0 & 1 \end{pmatrix} \tag{11.5.1}$$

11 Abstrakte Vektorräume und Anwendungen

D Grundlagen zur Theorie allgemeiner linearer Codes Ausgehend vom Beispiel des (7, 4)-Hamming-Codes folgen nun einige Bemerkungen zu allgemeinen linearen Codes, worunter man (wie wir bereits aus Abschnitt 7.3-B wissen) Teilräume von $\mathbb{K}^n$ über einem Körper $\mathbb{K}$ versteht (bisweilen verwendet man als Koordinatenbereiche allgemeiner auch Ringe). Die Verwendung von linearen Codes bringt für die Praxis enorm viele Vorteile!

1. So handelt es sich bei der Codierabbildung Ψ_G um eine lineare Abbildung, die durch eine Generatormatrix beschrieben wird.

2. Das Testen auf eine fehlerhafte Übertragung eines Codewortes kann sehr einfach durch Anwenden der Kontrollmatrix H durchgeführt werden, deren Kern ja gerade gleich C ist. Ist c gesendet und das vom Fehlervektor e überlagerte Wort $y = c + e$ empfangen worden, so wird der Vektor $s := Hy$ berechnet, welcher gleich $H(c+e) = Hc + He = He$ ist und das **Fehlersyndrom** genannt wird. Man kennt also He und muss mit dieser Information unter dem Decodierprinzip des nächsten Nachbarn versuchen, den Vektor e und damit auch das gesendete Wort $c = y - e$ zu berechnen. Wir werden dies im nächsten Paragraphen beim (7, 4)-Hamming-Code und bei Verallgemeinerungen desselben näher erläutern.

Nach ▶Satz 7.4.2 wissen wir, dass der Minimalabstand d_C eines linearen Codes C gleich dem minimalen Gewicht ist, welches ein von 0 verschiedenes Codewort haben kann. Wir wollen nun zeigen, wie man anhand einer Kontrollmatrix eines linearen Codes prinzipiell entscheiden kann, was d_C ist.

Per Definition ist dies zunächst die minimale Zahl $l \in \mathbb{N}^*$, sodass ein $c \in C$ mit Hamming-Gewicht $\omega_H(c) = l$ existiert. Dies ist allerdings gleichbedeutend damit, dass die zum Träger von c gehörenden Spalten von H linear abhängig sind, denn: Zunächst ist der **Träger von** c als die Menge $\mathrm{Tr}(c) := \{i : c_i \neq 0\}$ definiert. Sind $h^1, \ldots, h^n$ die Spalten der Kontrollmatrix H, so gilt $Hc = 0$, also $\sum_{i \in \mathrm{Tr}(c)} c_i h^i = 0$, sodass die Spalten h^i für $i \in \mathrm{Tr}(c)$ linear abhängig sind. Ist umgekehrt $I \subseteq \{1, 2, \ldots, n\}$, sodass die h^i für $i \in I$ linear abhängig sind, so gibt es Skalare λ_i, die nicht alle gleich null sind mit der Eigenschaft $\sum_{i \in I} \lambda_i h^i = 0$. Setzt man $\lambda_j := 0$ für $j \notin I$, so folgt $H\lambda = 0$, weshalb λ dann ein Codewort ist, dessen Träger eine Teilmenge von I ist. Insgesamt erhält man daraus die folgende Charakterisierung des Minimalabstands eines linearen Codes.

> **Satz 11.5.3** Es sei C ein linearer Code. Ist dann H eine Kontrollmatrix für C, so ist der Minimalabstand d_C von C gleich der minimalen Anzahl linear abhängiger Spalten von H.

E Ein Decodierverfahren für den (7, 4)-Hamming-Code Wir betrachten einmal mehr den (7, 4)-Hamming-Code, und zwar unter dem im letzten Satz aufgezeigten Aspekt. Die Spalten von H (siehe (11.5.1)) sind gerade sämtliche (sieben) vom Nullvektor verschiedenen Vektoren des $\mathbb{F}_2^3$. Je zwei verschiedene dieser Vektoren sind linear unabhängig, während es aber drei linear abhängige gibt. Das liefert nach ▶Satz 11.5.3 somit den Minimalabstand 3 für den Hamming-Code, also der Eigenschaft der 1-Fehler-Korrigierbarkeit.

Nun also zur Decodierung. Ist das Syndrom $s = Hy = He$ des empfangenen Vektors y ungleich dem Nullvektor, so liegt eine fehlerhafte Übertragung vor. Wir gehen dann anhand des in Abschnitt 7.3-C skizzierten Prinzips davon aus, dass mit größter Wahrscheinlichkeit genau ein Fehler auftrat. Demnach ist der Fehlervektor e gleich einer der kanonischen Basisvektoren e^i, und zur Beseitigung des Fehlers ist nur noch die Position i ausfindig zu machen. Nun ist aber $s = He = He^i$ gleich der i-ten Spalte von H, sodass wir lediglich schauen müssen, als welche Spalte das bekannte Syndrom s innerhalb der Matrix H auftaucht. Wird also beispielsweise

$$y' = (1, 0, 1, 0, 1, 1, 1)$$

empfangen, so berechnen wir das Syndrom $s = Hy$ zu

$$s = Hy = \begin{pmatrix} 0 \\ 1 \\ 0 \end{pmatrix},$$

weshalb der Fehler an der sechsten Position aufgetreten ist (siehe (11.5.1)) und

$$(y + e^6)' = (1, 0, 1, 0, 1, 0, 1)$$

gesendet wurde.

Beim Hamming-Code führt man nun noch folgende Vereinfachung durch. Man permutiert die Spalten von H so, dass die i-te Spalte von H mit der Binärdarstellung der Zahl i übereinstimmt. Man erhält dann die folgende Matrix:

$$\overline{H} = \begin{pmatrix} 0 & 0 & 0 & 1 & 1 & 1 & 1 \\ 0 & 1 & 1 & 0 & 0 & 1 & 1 \\ 1 & 0 & 1 & 0 & 1 & 0 & 1 \end{pmatrix}$$

Führt man entsprechende Vertauschungen an den Zeilen der Generatormatrix des (7, 4)-Hamming-Codes durch, so erhält man mit

$$\overline{G} = \begin{pmatrix} 1 & 1 & 0 & 1 \\ 1 & 0 & 1 & 1 \\ 1 & 0 & 0 & 0 \\ 0 & 1 & 1 & 1 \\ 0 & 1 & 0 & 0 \\ 0 & 0 & 1 & 0 \\ 0 & 0 & 0 & 1 \end{pmatrix}$$

die Generatormatrix eines Codes $\overline{C}$, der ebenfalls als (7, 4)-Hamming-Code bezeichnet wird, weil er **äquivalent** zu C im Sinne der Koordinatenpermutation ist. Bei einer solchen Äquivalenz werden die maßgeblichen Parameter „Dimension" und „Minimalabstand" natürlich nicht verändert, weshalb sämtliche Korrektureigenschaften beibehalten werden. Der Vorteil an $\overline{C}$ ist allerdings, dass man die Fehlerposition nicht extra durch Suchen des Syndroms s in der Kontrollmatrix bestimmen muss, sondern durch s **bereits gegeben hat**, weil ja s die binäre Codierung der Position ist.

F Die Familie der binären Hamming-Codes Ein weiterer Vorteil der zuletzt angegebenen Sichtweise des Hamming-Codes ist, dass man 1-fehlerkorrigierende Codes auch für größere Längen leicht konstruieren kann. Die Matrix

$$\overline{H_4} := \begin{pmatrix} 0 & 0 & 0 & 0 & 0 & 0 & 0 & 1 & 1 & 1 & 1 & 1 & 1 & 1 & 1 \\ 0 & 0 & 0 & 1 & 1 & 1 & 1 & 0 & 0 & 0 & 0 & 1 & 1 & 1 & 1 \\ 0 & 1 & 1 & 0 & 0 & 1 & 1 & 0 & 0 & 1 & 1 & 0 & 0 & 1 & 1 \\ 1 & 0 & 1 & 0 & 1 & 0 & 1 & 0 & 1 & 0 & 1 & 0 & 1 & 0 & 1 \end{pmatrix}$$

ist beispielsweise die Kontrollmatrix eines perfekten, linearen, binären, 1-fehlerkorrigierenden (15, 11)-Codes: Der Rang von $\overline{H_4}$ ist 4, sodass der Kern $\overline{C_4}$ dieser Matrix die Dimension $15 - 4 = 11$ hat. Die minimale Anzahl linear abhängiger Spalten von $\overline{H_4}$ ist drei, sodass $\overline{C_4}$ Minimalgewicht und Minimalabstand 3 hat. Wegen

$$2^{11} \cdot \left(\binom{15}{0} + \binom{15}{1} \right) = 2^{15}$$

ist die Kugelpackungsschranke (▶Satz 7.4.5) mit Gleichheit erfüllt. In den Spalten von $\overline{H_4}$ treten sämtliche Zahlen von 1 bis $15 = 2^4 - 1$ in Binärdarstellung auf.

Man kann diese Konstruktion induktiv zu einer ganzen Serie $\overline{C_m}$ von Codes mit $m \geq 3$ ausdehnen: Ist $\overline{H_m}$ die Kontrollmatrix eines perfekten, linearen, binären, 1-fehlerkorrigierenden Codes mit den Parametern $(2^m - 1, 2^m - 1 - m)$, so ist nämlich

$$\overline{H_{m+1}} := \left(\begin{array}{c|c|c} 0 \ldots 0 & 1 & 1 \ldots 1 \\ \hline & 0 & \\ \overline{H_m} & \vdots & \overline{H_m} \\ & 0 & \end{array} \right)$$

die Kontrollmatrix eines perfekten, linearen, binären, 1-fehlerkorrigierenden Codes mit den Parametern $(2^{m+1}-1, 2^{m+1}-1-(m+1))$. In den Spalten von $\overline{H}_{m+1}$ treten dann sämtliche Zahlen von 1 bis $2^{m+1}-1$ in Binärdarstellung auf. Die eben konstruierten Codes nennt man die Familie der binären Hamming-Codes. Das oben diskutierte Decodierverfahren zum $(7, 4)$-Hamming-Code überträgt sich auch auf diese Codes.

11.6 Exkurs: Nicht endlich erzeugbare Vektorräume

Wir haben die Begriffe der „linearen Erzeugung" und der „linearen Unabhängigkeit" und somit den Begriff der „Basis" eines Vektorraumes bisher lediglich für **endlich** erzeugte Vektorräume eingeführt. In diesem Abschnitt wollen wir u. a. eine Verallgemeinerung auf nicht notwendigerweise endlich erzeugbare Vektorräume diskutieren.

A Der Vektorraum aller Abbildungen von L nach $\mathbb{K}$ Wir beginnen mit einer allgemeinen nichtleeren Menge L und mit einem Körper $\mathbb{K}$ und betrachten die Menge $\mathbb{K}^L$ aller Abbildungen von L nach $\mathbb{K}$. Diese Menge $\mathbb{K}^L$ trägt eine Vektorraumstruktur (siehe die Zusammenfassung von Kapitel 9, was wir nun nochmals wiederholen wollen):

1. Sind $f, g \in \mathbb{K}^L$, so ist durch
$$f \oplus g : L \to \mathbb{K}, \ l \mapsto f(l) + g(l)$$
eine weitere Abbildung von L nach $\mathbb{K}$ definiert, die **punktweise Addition** von f und g. Bezüglich $\oplus$ ist $\mathbb{K}^L$ eine abelsche Gruppe, in der die **Nullabbildung** $\eta : L \to \mathbb{K}$, $l \mapsto 0$ als neutrales Element fungiert. Die zu $f \in \mathbb{K}^L$ gehörende inverse Abbildung ist
$$-f : L \to \mathbb{K}, \ l \mapsto -f(l).$$

2. Für jedes $\lambda \in \mathbb{K}$ und jede Abbildung $f \in \mathbb{K}^L$ ist eine weitere Abbildung $\lambda * f$ aus $\mathbb{K}^L$ definiert, nämlich durch
$$\lambda * f : L \to \mathbb{K}, \ l \mapsto \lambda f(l).$$

Man rechnet routinemäßig nach, dass $(\mathbb{K}^L, \oplus, \eta)$ zusammen mit $*$ als Skalarmultiplikation ein $\mathbb{K}$-Vektorraum ist. Der Einfachheit halber schreiben wir ab jetzt wieder $+$ für $\oplus$ und $\cdot$ bzw. gar kein Symbol für $*$. Die Nullabbildung η wird häufig auch selbst als 0 bezeichnet.

In der Zusammenfassung von Kapitel 9 hatten wir auch bereits die beiden speziellen Klassen dieses Vektorraumes erwähnt, nämlich $\mathbb{K}^L = \mathbb{K}^n$, wenn $L = \{1, 2, \ldots, n\}$, und $\mathbb{K}^L = \mathbb{K}^{m,n}$, wenn $L = \{1, 2, \ldots, m\} \times \{1, 2, \ldots, n\}$. Als weiteres wichtiges Beispiel wird sich der Fall $L = \mathbb{N}$ erweisen. Dann nennt man die Elemente von $\mathbb{K}^{\mathbb{N}}$ die **Folgen mit Werten in $\mathbb{K}$**.

Abstrakte Vektorräume und Anwendungen

Exkurs ▶ Fortsetzung

Wir werden in diesem Abschnitt u. a. nachweisen, dass $\mathbb{K}^L$ nicht endlich erzeugt werden kann, wenn L eine unendliche Menge ist. In diesem Zusammenhang werden wir einen interessanten Teilraum von $\mathbb{K}^L$ kennenlernen, der im Spezialfall $L = \mathbb{N}$ zu den Polynomen führt, welche Gegenstand des nächsten Kapitels sind.

B **Der Teilraum der Abbildungen mit endlichem Träger** Die folgende Definition verallgemeinert den Begriff des Trägers, den wir im letzten Abschnitt innerhalb der Codierungstheorie verwendet haben.

Definition 11.6.1 Ist $f \in \mathbb{K}^L$, so heißt die Menge

$$\operatorname{Tr}(f) := \{l \in L : f(l) \neq 0\}$$

der **Träger** von f. Ist $\operatorname{Tr}(f)$ eine endliche Menge, so sagen wir, dass f einen **endlichen Träger** hat bzw. dass f **fast überall gleich null** ist. Mit $\mathbb{K}^L_{endl}$ sei die Menge aller Abbildungen mit endlichem Träger bezeichnet.

Ist L endlich, so ist natürlich $\mathbb{K}^L = \mathbb{K}^L_{endl}$. Interessant wird das Ganze also erst bei unendlichen Mengen L. In jedem Fall gilt aber der folgende Satz.

Satz 11.6.2 $\mathbb{K}^L_{endl}$ ist ein $\mathbb{K}$-Teilraum von $\mathbb{K}^L$.

Beweis Die Nullabbildung $\eta : L \to \mathbb{K}$, $l \mapsto 0$ hat die leere Menge als Träger und ist somit in $\mathbb{K}^L_{endl}$ enthalten, weshalb $\mathbb{K}^L_{endl}$ nicht leer ist. Es seien $f, g \in \mathbb{K}^L_{endl}$ und $\lambda, \mu \in \mathbb{K}$. Ist $l \in L$ nicht enthalten in $\operatorname{Tr}(f) \cup \operatorname{Tr}(g)$, so ist

$$(\lambda f + \mu g)(l) = \lambda f(l) + \mu g(l) = \lambda \cdot 0 + \mu \cdot 0 = 0,$$

sodass $\operatorname{Tr}(\lambda f + \mu g)$ Teilmenge von $\operatorname{Tr}(f) \cup \operatorname{Tr}(g)$ und damit endlich ist. ■

Zu jedem $s \in L$ gehört nun die sog. **kanonische Abbildung**, die durch

$$e^s : L \to \mathbb{K}, \ l \mapsto \begin{cases} 1, & \text{falls } l = s \\ 0, & \text{falls } l \neq s \end{cases} \quad (11.6.1)$$

definiert ist. Im Falle $L = \{1, 2, \ldots, n\}$ entspricht e^s gerade dem s-ten kanonischen Einheitsvektor. Für eine beliebige Menge L wird nun $\mathbb{K}^L_{endl}$ in folgendem Sinne von allen kanonischen Abbildungen e^s mit $s \in L$ erzeugt.

11.6 Exkurs: Nicht endlich erzeugbare Vektorräume

Exkurs ▶ Fortsetzung

Proposition 11.6.3 Für jedes $f \in \mathbb{K}_{endl}^{L}$ ist $f \in \langle e^s : s \in \mathrm{Tr}(f) \rangle$.

Beweis Es sei $g := \sum_{s \in \mathrm{Tr}(f)} f(s) e^s$. Dann ist $g \in \langle e^s : s \in \mathrm{Tr}(f) \rangle$. Wir behaupten, dass $g = f$ ist, womit die Aussage bewiesen ist. Es sei dazu $l \in L$. Ist l nicht im Träger von f enthalten, so gilt $f(l) = 0$ und ebenso $g(l) = 0$, da $e^s(l) = 0$ für jedes $s \in \mathrm{Tr}(f)$ ist. Für $l \in \mathrm{Tr}(f)$ gilt hingegen

$$g(l) = \sum_{s \in \mathrm{Tr}(f)} f(s) e^s(l) = f(l) e^l(l) = f(l)$$

und daher in der Tat $f = g$. ∎

Ferner sind die kanonischen Abbildungen e^l für $l \in L$ in folgendem Sinne linear unabhängig.

Proposition 11.6.4 Für jede endliche Teilmenge M von L ist $e^s, s \in M$ linear unabhängig.

Beweis Es sei M eine endliche Teilmenge von L. Ferner seien λ_k für $k \in M$ Skalare. Annahme, $\sum_{k \in M} \lambda_k e^k = \eta$ ist die Nullabbildung. Dann gilt für jedes m aus M:

$$0 = \eta(m) = \sum_{k \in M} \lambda_k e^k(m) = \lambda_m e^m(m) = \lambda_m$$

Damit ist nach ▶Satz 11.1.3-(2) die Behauptung über die lineare Unabhängigkeit der e^k für $k \in M$ bewiesen. ∎

Im Sinne der ▶Propositionen 11.6.3 und 11.6.4 ist dann $\{e^s : s \in L\}$ eine Basis von $\mathbb{K}_{endl}^{L}$, die (in Analogie zum Fall endlicher Mengen) die **kanonische Basis von** $\mathbb{K}_{endl}^{L}$ genannt wird.

Ist nun speziell $L = \mathbb{N}^*$, so ist für jedes $n \in \mathbb{N}^*$ die Menge $e^1, \ldots, e^n$ linear unabhängig, sodass $\mathbb{K}_{endl}^{\mathbb{N}^*}$ nicht endlich erzeugt werden kann. Für ein allgemeines unendliches L gibt es eine injektive Abbildung ι von $\mathbb{N}^*$ nach L, sodass auch $\mathbb{K}_{endl}^{L}$ nicht endlich erzeugt werden kann, weil man nämlich zu jedem $n \in \mathbb{N}^*$ mit $\langle e^{\iota(1)}, \ldots, e^{\iota(n)} \rangle$ einen Teilraum der Dimension n angeben kann. Daraus ergibt sich insgesamt eine Fülle von Beispielen nicht endlich erzeugbarer Vektorräume.

Exkurs ▶ Fortsetzung

C Basen für allgemeine Vektorräume Wir wollen abschließend die Begriffe „lineare Unabhängigkeit" sowie „Erzeugung" und „Basis" für beliebige $\mathbb{K}$-Vektorräume V einführen. In diesem Zusammenhang sei daran erinnert: Ist $F \subseteq V$ endlich, etwa bestehend aus den Vektoren $f^1, \ldots, f^k$, so nennt man den zu $\alpha \in \mathbb{K}^k$ gehörenden Vektor $\sum_{i=1}^{k} \alpha_i f^i$ eine Linearkombination in den f^i, während die lineare Hülle $\langle F \rangle$ der Teilraum aller Linearkombinationen in den f^i ist.

> **Definition 11.6.5** Es sei V ein $\mathbb{K}$-Vektorraum. Ist $M \subseteq V$ nicht leer, so definiert man $\langle M \rangle$ als die Menge aller Linearkombinationen in F, wobei für F sämtliche endlichen Teilmengen von M zugelassen werden, also:
> $$\langle M \rangle := \bigcup_{\substack{F \subseteq M, \\ F \text{ endlich}}} \langle F \rangle$$
> Man nennt $\langle M \rangle$ den von M erzeugten Teilraum von V. Ist $\langle M \rangle = V$, so heißt M ein **Erzeugersystem von** V.

Wie man leicht nachprüft, handelt es sich bei $\langle M \rangle$ tatsächlich um einen Teilraum von V. Bezüglich des Vergleichs der Mengeninklusion ist dieser Teilraum (in Analogie zu ▶Satz 9.2.4) minimal unter der Bedingung, dass er M als Teilmenge enthält.

> **Definition 11.6.6** Eine nichtleere Menge M eines Vektorraumes V heißt **linear unabhängig**, falls gilt: Ist $F \subseteq M$ eine endliche Teilmenge von M, etwa bestehend aus den paarweise verschiedenen Vektoren $f^1, \ldots, f^k$, so sind diese linear unabhängig im Sinne der ursprünglichen ▶Definition 11.1.1.
>
> Entsprechend heißt M **linear abhängig**, falls eine endliche Teilmenge F von M existiert, etwa bestehend aus den paarweise verschiedenen Vektoren $f^1, \ldots, f^k$, welche linear abhängig im Sinne von ▶Definition 11.1.1 sind.

Da sich der Basisbegriff aus den Eigenschaften „lineare Erzeugung" und „lineare Unabhängigkeit" zusammensetzt, ergibt sich aus den beiden vorangegangenen Definitionen die folgende Definition.

> **Definition 11.6.7** Ist V ein allgemeiner Vektorraum, so nennt man ein linear unabhängiges Erzeugersystem von V eine **Basis** von V.

11.6 Exkurs: Nicht endlich erzeugbare Vektorräume

Exkurs ▶ Fortsetzung

Nach dieser Definition stellt sich natürlich die Frage, ob **jeder beliebige** Vektorraum eine Basis hat. Die Antwort darauf ist keineswegs offensichtlich. So benötigt man zum Nachweis, dass tatsächlich **jeder** Vektorraum eine Basis hat, das sogenannte **Lemma von Zorn**[3], ein Resultat aus der Mengenlehre, welches äquivalent zum **Auswahlaxiom** ist (siehe Friedrichsdorf und Prestel [22]). Wer also bereit ist, dass Auswahlaxiom (siehe Abschnitt 1.8) in vollster Allgemeinheit zu akzeptieren, der kann über das Lemma von Zorn beweisen, dass jeder Vektorraum eine Basis hat. Betrachten wir daher nochmals die Klasse der Vektorräume der Form $\mathbb{K}^L$ mit unendlichem L. Das, was von den kanonischen Abbildungen erzeugt wird, ist lediglich der Teilraum der Abbildungen mit endlichem Träger. Wie daher eine (einfache) Basis des $\mathbb{K}^L$ aussehen soll, ist völlig unklar.

---

[3] Max August Zorn (1906–1993).

Abstrakte Vektorräume und Anwendungen

ZUSAMMENFASSUNG

1. **Zur inneren Darstellung von Vektorräumen** Gemäß Definition kann man einen endlich erzeugten Vektorraum V anhand eines endlichen Erzeugersystems $v^1, \ldots, v^n$ beschreiben und zwar durch die Bildung von Linearkombinationen in den Erzeugern, also $V = \langle v^1, \ldots, v^n \rangle$; man spricht auch von einer inneren Darstellung von V.
   Bei linearer Unabhängigkeit der Vektoren $v^1, \ldots, v^n$ liegt ein minimales Erzeugersystem vor (keiner der Vektoren darf weggelassen werden). Linear unabhängige Erzeugersysteme nennt man Basen. Jeder endlich erzeugte Vektorraum hat eine Basis. Die Dimension eines endlich erzeugten Vektorraumes ist die Anzahl der Elemente, die eine jede Basis des Vektorraumes hat. Durch eine Anwendung des Gauß-Algorithmus haben wir gesehen, wie man aus den Spalten einer Matrix A eine Basis des Spaltenraumes S_A extrahieren kann. Bei linearen Codes entspricht die innere Darstellung einer Generatormatrix, welche zum Codieren verwendet wird.

2. **Zur Darstellung von linearen Abbildungen** Sind V und W zwei endlich erzeugte Vektorräume, gegeben durch zwei Basen $B = b^1, \ldots, b^n$ bzw. $C = c^1, \ldots, c^m$, so ist jede lineare Abbildung $\phi: V \to W$ bereits durch ihre Wirkung auf der Basis B eindeutig bestimmt. Die Darstellungen der Bilder $\phi(b^i)$ im Bezugsystem C liefern dann die von B und C abhängige Darstellungsmatrix $\mathcal{D}_C^B(\phi)$ aus $\mathbb{K}^{m,n}$. Des Weiteren liefert der Koordinatenvektor $\kappa_B(v)$ von $v \in V$ eine bijektive $\mathbb{K}$-lineare Abbildung von V nach $\mathbb{K}^n$ (denn $\dim(V) = n$), weshalb V und $\mathbb{K}^n$ miteinander identifiziert werden können.
   Ist speziell $V = W = \mathbb{K}^n$ und $\phi = \Psi_A$ für eine quadratische Matrix A, so interessiert man sich insbesondere für Darstellungsmatrizen der Form $\mathcal{D}_B^B(\phi)$, welche die Tendenz zu einer Diagonalmatrix (also zumindest Blockdiagonalgestalt) haben, was einer direkten Summenzerlegung von V in ϕ-invariante Unterräume entspricht. Die wichtigsten (und einfachsten) ϕ-invarianten Unterräume sind die Eigenräume, welche aus den Eigenwerten einer Matrix A resultieren.
   Die Berechnung von Eigenräumen anhand gegebener Eigenwerte erfolgt durch Anwendung des Gauß-Algorithmus. Die Berechnung der Eigenwerte ist schwieriger und erfordert zumindest Kenntnisse über Polynome – das Thema des nächsten Kapitels.

3. **Zur äußeren Darstellung von Vektorräumen** Alternativ zu den inneren Darstellungen gewinnt man, ausgehend vom Standard-Skalarprodukt über den Orthogonalraum, auch eine äußere Darstellung eines Teilraumes, nämlich als Kern einer zum Orthogonalraum gehörenden Matrix. Im Rahmen der Codierungstheorie nennt man solche Matrizen Kontrollmatrizen. Wir haben die Kontrollmatrix des binären (7, 4)-Hamming-Codes betrachtet und anhand deren spezieller Form ein einfaches Decodierverfahren beschreiben können. Die Struktur dieser Kontrollmatrizen führte auch zur Konstruktion einer ganzen Familie von linearen, perfekten, 1-fehlerkorrigierenden Codes, nämlich der Familie der Hamming-Codes.

Übungsaufgaben

Aufgabe 1 Gegeben seien die folgenden drei Vektoren des $\mathbb{K}^3$:

$$\begin{pmatrix} -1 \\ 2 \\ 1 \end{pmatrix}, \begin{pmatrix} 3 \\ 1 \\ 4 \end{pmatrix}, \begin{pmatrix} 2 \\ 2 \\ 2 \end{pmatrix}.$$

Untersuchen Sie diese Vektoren auf lineare Abhängigkeit bzw. lineare Unabhängigkeit, und zwar für die Fälle $\mathbb{K} = \mathbb{Q}$ und $\mathbb{K} = \mathbb{Z}_7$.

Aufgabe 2 Es sei W der von den folgenden fünf Vektoren v^1, v^2, v^3, v^4, v^5 erzeugte Teilraum des $\mathbb{R}^3$:

$$W := \left\langle \begin{pmatrix} 3 \\ -1 \\ 1 \end{pmatrix}, \begin{pmatrix} -6 \\ 2 \\ -2 \end{pmatrix}, \begin{pmatrix} 1 \\ 2 \\ -1 \end{pmatrix}, \begin{pmatrix} 4 \\ 1 \\ 0 \end{pmatrix}, \begin{pmatrix} 1 \\ -5 \\ 3 \end{pmatrix} \right\rangle$$

Berechnen Sie eine Basis von W und stellen Sie jeden Vektor v^i als Linearkombination bezüglich dieser Basis dar.

Aufgabe 3 Sind $w^1, w^2, \ldots, w^t$ Vektoren des Spaltenvektorraumes $\mathbb{K}^m$ und ist $W = (w^1\ w^2\ \ldots\ w^t) \in \mathbb{K}^{m,t}$ die Matrix mit den w^i als Spalten, so gilt:

$w^1, w^2, \ldots, w^t$ sind linear unabhängig $\Leftrightarrow$ der Rang von W ist gleich t

Verwenden Sie dieses Kriterium, um die lineare Unabhängigkeit der folgenden drei „Vektoren" des $\mathbb{K}^{2,2}$ nachzuweisen, wobei einmal $\mathbb{K} = \mathbb{Q}$ und einmal $\mathbb{K} = \mathbb{Z}_7$ sei.

$$w^1 = \begin{pmatrix} -1 & 0 \\ 2 & 1 \end{pmatrix}, \quad w^2 = \begin{pmatrix} 3 & 7 \\ 1 & 4 \end{pmatrix}, \quad w^3 = \begin{pmatrix} 2 & -1 \\ 2 & 2 \end{pmatrix}.$$

Aufgabe 4 Gegeben sei ein Körper $\mathbb{K}$. Die zu $\mathbb{K}$ gehörende **projektive Ebene** $\mathrm{PG}_2(\mathbb{K})$ hat zwei Arten von Objekten: die **Punkt**emenge P und die **Geraden**menge G. Dabei ist (per Definition, innerhalb der „**Projektiven Geometrie**") P die Menge aller **ein**dimensionalen Teilräume von $\mathbb{K}^3$ und G die Menge aller **zwei**dimensionalen Teilräume von $\mathbb{K}^3$. Definitionsgemäß **liegt** ein Punkt p **auf** einer Geraden g, wenn $p \subseteq g$ ist. Weisen Sie die folgenden beiden Sachverhalte (unter Verwendung der 2. Dimensionsformel) nach:

1. Durch je zwei verschiedene Punkte geht genau eine Gerade.

2. Je zwei verschiedene Geraden schneiden sich in genau einem Punkt.

Abstrakte Vektorräume und Anwendungen

Übungsaufgaben

Aufgabe 5 Gegeben sei die $\mathbb{R}$-lineare Abbildung ϕ durch

$$\phi\colon \mathbb{R}^3 \to \mathbb{R}^3,\ \begin{pmatrix}\alpha\\ \beta\\ \gamma\end{pmatrix} \mapsto \begin{pmatrix}\alpha-\beta\\ \beta-\gamma\\ \gamma-\alpha\end{pmatrix}.$$

Bestimmen Sie die Darstellungsmatrix $M_C^B(\phi)$ von ϕ bzgl. den Basen B und C des $\mathbb{R}^3$, wobei

$$B := \begin{pmatrix}1\\0\\0\end{pmatrix}, \begin{pmatrix}1\\2\\0\end{pmatrix}, \begin{pmatrix}0\\-1\\1\end{pmatrix} \text{ und } C := \begin{pmatrix}-1\\0\\1\end{pmatrix}, \begin{pmatrix}0\\2\\1\end{pmatrix}, \begin{pmatrix}-1\\1\\1\end{pmatrix}.$$

Aufgabe 6 Gegeben sei die folgende Matrix des $\mathbb{R}^{3,3}$:

$$A := \begin{pmatrix}5/2 & 5 & -7/2\\ 2 & 4 & -2\\ 1/2 & 5 & -3/2\end{pmatrix}$$

Bestimmen Sie analog zum Vorgehen am Ende von Abschnitt 11.4 alle Eigenwerte von A (bzw. von Ψ_A) sowie die zugehörigen Eigenvektoren und diagonalisieren Sie A, falls möglich.

Aufgabe 7 Wir betrachten die folgende Matrix über dem Körper $\mathbb{Z}_5$ der Restklassen modulo 5:

$$A := \begin{pmatrix}4 & 1 & 3 & 1\\ 0 & 3 & 1 & 0\\ 0 & 0 & 2 & 1\\ 0 & 0 & 0 & 1\end{pmatrix}$$

Bestimmen Sie alle Eigenwerte von A, die zugehörigen Eigenvektoren und diagonalisieren Sie A, falls möglich.

Aufgabe 8 Es sei $H := \begin{pmatrix}1 & 0 & 1 & 1 & 1\\ 0 & 1 & 1 & 2 & 3\end{pmatrix}$ die Kontrollmatrix eines linearen Codes über dem Körper $\mathbb{Z}_5$. Bestimmen Sie eine Generatormatrix für diesen Code und zeigen Sie, dass der Code Minimalgewicht 3 hat.

Aufgabe 9 Bestimmen Sie (über $\mathbb{Q}$) den Orthogonalraum des Zeilenraumes der folgenden Matrix:

$$\begin{pmatrix}2 & -3 & 4 & -1 & 5\\ -3 & 2 & 1 & 0 & -4\\ -5 & 3 & 3 & 2 & -3\end{pmatrix}$$

Übungsaufgaben

Aufgabe 10 Für jede reelle Zahl r bezeichne $\lfloor r \rfloor$ die **Abrundung von r zur nächstkleineren ganzen Zahl** (beispielsweise ist $\lfloor \sqrt{2} \rfloor = 1$ und $\lfloor -\sqrt{2} \rfloor = -2$). Die Folge f mit Werten in $\mathbb{R}$ sei nun durch $f_n := \lfloor \frac{1000n+1000}{2^n} \rfloor$ definiert. Geben Sie den Träger von f an.

Aufgabe 11 Es seien $\mathbb{K}$ ein beliebiger Körper und L eine beliebige nichtleere Menge. Für jede Teilmenge M von L sei $U_M := \{f \in \mathbb{K}^L : \mathrm{Tr}(f) \subseteq M\}$. Weisen Sie die folgenden Aussagen nach, wobei N und M Teilmengen von L sind:

1. U_M ist ein $\mathbb{K}$-Teilraum von $\mathbb{K}^L$.
2. $U_N \subseteq U_M \Leftrightarrow N \subseteq M$
3. $U_N \cap U_M = U_{N \cap M}$
4. Mit $U_N + U_M := \{x + y : x \in U_N, y \in U_M\}$ gilt $U_N + U_M = U_{N \cup M}$.

Aufgabe 12 Jeder Matrix $A \in \mathbb{K}^{m,n}$ wurde gemäß ▶Definition 10.6.7 ein Rang $r \leq \min\{m, n\}$ zugewiesen. Wir betrachten hier die folgende Situation: $\mathbb{K} = \mathbb{F}_2$ (der binäre Körper), $m = n$ (quadratische Matrizen), $m = 3$ oder $m = 4$. Für $i = 0, 1, 2, 3$ sei a_i die Anzahl der Matrizen A aus $\mathbb{F}_2^{3,3}$ mit $\mathrm{Rang}(A) = i$. Zeigen Sie:

$$a_0 = 1, \quad a_1 = 49, \quad a_2 = 294, \quad a_3 = 168.$$

Für $i = 0, 1, 2, 3, 4$ sei b_i die Anzahl der Matrizen A aus $\mathbb{F}_2^{4,4}$ mit $\mathrm{Rang}(A) = i$. Zeigen Sie:

$$b_0 = 1, \quad b_1 = 225, \quad b_2 = 7350, \quad b_3 = 37800, \quad b_4 = 20160.$$

Aufgabe 13 Für welche komplexe Zahl t sind die folgenden drei Vektoren linear unabhängig über $\mathbb{C}$?

$$\begin{pmatrix} t \\ 3 \\ 2t \end{pmatrix}, \begin{pmatrix} t \\ 5 \\ t+1 \end{pmatrix}, \begin{pmatrix} t^2 \\ 4 \\ 1 \end{pmatrix}$$

Aufgabe 14 Gegeben sei die folgende Matrix aus $\mathbb{Q}^{3,6}$:

$$A = \begin{pmatrix} 1 & -2 & 5 & 2 & 3 & 4 \\ -1 & 2 & 1 & 4 & 0 & 8 \\ 4 & -8 & -2 & -14 & 1 & -28 \end{pmatrix}$$

Bestimmen Sie

1. eine Basis des Spaltenraumes S_A von A sowie die Darstellung einer jeden Spalte von A als Linearkombination in dieser Basis;

Übungsaufgaben

2. eine Basis des Zeilenraumes Z_A von A sowie die Darstellung einer jeden Zeile von A als Linearkombination in dieser Basis;

3. eine Basis des Bildes der zu A gehörenden linearen Abbildung $\Psi_A: \mathbb{Q}^6 \to \mathbb{Q}^3, x \mapsto Ax$.

Aufgabe 15 Es sei $\mathbb{K} := \mathbb{Z}_p$ ein Restklassenkörper und $\omega \in \mathbb{K}^k$. Es sei weiter $n := k + 1$ und $C \subseteq \mathbb{K}^n$ sei durch

$$C := \{(x, \omega' x) : x \in \mathbb{K}^k\}$$

definiert. Überlegen Sie sich zunächst, dass C ein linearer Code ist. Zeigen Sie weiter:

1. Genau dann ist der Minimalabstand von C gleich 2, wenn $\omega_i \neq 0$ für alle i gilt.

2. Genau dann können mit C alle Nachbartransformationen auf den ersten $n - 1$ Koordinaten bemerkt werden, wenn $\omega_i \neq \omega_{i+1}$ für alle $i = 1, \ldots, k - 1$ gilt.

Polynome

	Einführung	462
12.1	Polynomringe	464
12.2	Arithmetische Eigenschaften von Polynomen	473
12.3	Auswertung und Nullstellen	481
12.4	Interpolation	487
12.5	Polynom-Restklassen und zyklische Codes	493
12.6	Diskrete und schnelle Fourier-Transformation	497
12.7	Anwendungen in der Linearen Algebra	503
	Zusammenfassung	506
	Übungsaufgaben	509

12 Polynome

EINFÜHRUNG

>> Mit den Kapiteln 12 und 13 erreichen wir das Ende von Teil III dieses Buches. Wir werden dabei mit den *Polynomen*, den *rationalen Funktionen* und den (formalen) *Potenzreihen* weitere mathematische Objekte behandeln, welche sowohl in der Algebra als auch in der Analysis eingehend studiert werden und in vielen Anwendungen eine wichtige Rolle spielen. Im vorliegenden Teil III betrachten wir diese Objekte unter dem algebraischen Gesichtspunkt, was man hauptsächlich daran erkennt, dass der Koeffizientenbereich ein beliebiger Körper ist. Das Stichwort „algebraischer Gesichtspunkt" bedeutet weiterhin, dass wir an den strukturellen Eigenschaften von Polynomringen und formalen Potenzreihen interessiert sind. „Konvergenzbetrachtungen", „topologische" und „approximative" Eigenschaften von Polynomfunktionen oder analytischen Potenzreihenfunktionen gehören in die Analysis.

Wir beginnen dieses Kapitel 12 mit der Einführung der *Algebra der formalen Potenzreihen* über einem Körper $\mathbb{K}$. Bei der Grundmenge handelt es sich um die Menge $\mathbb{K}^{\mathbb{N}}$ aller *Folgen* mit Werten in $\mathbb{K}$. Neben der (bereits im letzten Abschnitt des letzten Kapitels behandelten) $\mathbb{K}$-Vektorraum-Struktur auf $\mathbb{K}^{\mathbb{N}}$ spielt weiter die *Faltung* als Multiplikation die entscheidende Rolle, um deren Eigenschaften es in Abschnitt 12.1 geht. Zusammen mit dieser Faltung wird $\mathbb{K}^{\mathbb{N}}$ zu einer kommutativen $\mathbb{K}$-Algebra, die sog. *Algebra der formalen Potenzreihen über* $\mathbb{K}$, die mit $\mathbb{K}[[x]]$ bezeichnet wird.

Die Menge aller Folgen mit *endlichem Träger* erweist sich als Teilalgebra von $\mathbb{K}[[x]]$; man nennt sie *die Algebra der Polynome* über $\mathbb{K}$ und bezeichnet sie mit $\mathbb{K}[x]$. Bei der Erklärung des Symbols x und bei der Durchführung einiger schreibtechnischer Vereinfachungen erkennen wir, dass es sich bei den Elementen aus $\mathbb{K}[x]$ in der Tat um die aus der Schule bekannten Polynome handelt (wobei wir uns hier wie gesagt nicht auf den Körper $\mathbb{K} = \mathbb{R}$ der reellen Zahlen beschränken werden).

In Abschnitt 12.2 untersuchen wir die *arithmetischen Eigenschaften* von Polynomen. Dahinter verbirgt sich insbesondere das Studium der *Teilbarkeit* bei Polynomen sowie die Möglichkeit der *Zerlegung* von Polynomen in das Produkt *irreduzibler* (also unzerlegbarer) Polynome. Wir werden dabei sehen, dass sich viele arithmetische Eigenschaften des Rings $\mathbb{Z}$ der ganzen Zahlen auch auf einen Polynomring $\mathbb{K}[x]$ mit allgemeinem Körper $\mathbb{K}$ übertragen lassen: *Division mit Rest, eindeutige Faktorisierung, größte gemeinsame Teiler* und (erweiterter) *Euklidischer Algorithmus*.

Ein wichtiger Teilaspekt der Faktorisierung von Polynomen befasst sich mit der *Nullstellenbestimmung*. In diesem Zusammenhang behandeln wir in Abschnitt 12.3 das *Auswerten* von Polynomen aus $\mathbb{K}[x]$ an Elementen aus dem Körper $\mathbb{K}$ und allgemeiner an Elementen aus einer $\mathbb{K}$-Algebra $\mathcal{A}$. Mit dem *Horner-Schema* lernen wir eine Methode kennen, mit der man Polynome effizient auswerten kann.

Mit der *Interpolation* betrachten wir in Abschnitt 12.4 sodann ein Problem, welches gewissermaßen der Umkehrung der Auswertung entspricht. Gegeben sind l Punkte $(\alpha_1, \beta_1), \ldots, (\alpha_l, \beta_l)$ des $\mathbb{K}^2$, wobei die α_i paarweise verschieden sind; gesucht ist ein Polynom $g(x)$ kleinsten Grades mit $g(\alpha_i) = \beta_i$ für jedes i. Wir werden sehen, dass es genau ein solches Polynom mit Grad höchstens $l - 1$ gibt, und verschiedene Verfahren zur Berechnung dieses sog. *Interpolationspolynoms* diskutieren.

Die Analogie von Eigenschaften der ganzen Zahlen $\mathbb{Z}$ einerseits und der Polynomringe $\mathbb{K}[x]$ andererseits führt uns in Abschnitt 12.5 zu *Restklassenringen*, insbesondere also zum modularen Rechnen bei Polynomen. Bei einem *Faktorring* modulo einem irreduziblen Polynom handelt es sich dabei um einen Körper. So werden wir neben anderen Beispielen einmal mehr auf die komplexen Zahlen stoßen, wenn wir den Polynomring $\mathbb{R}[x]$ modulo dem Polynom $x^2 + 1$ betrachten. Des Weiteren werden wir zeigen, das Polynom-Restklassen innerhalb der Codierungstheorie in Form von *zyklischen Codes* eine wichtige Rolle spielen.

In Abschnitt 12.6 diskutieren wir mit der *diskreten* und der *schnellen Fourier-Transformation* ein Thema, welches in der Bild- und der Signalverarbeitung eine wichtige Rolle spielt. Bei der diskreten Fourier-Transformation (DFT) handelt es sich um die Auswertung von Polynomen an *Einheitswurzeln* innerhalb der komplexen Zahlen; anhand der schnellen Fourier-Transformation (FFT) wollen wir erklären, wie man Polynome effizienter als mit der Faltungsformel multiplizieren kann.

Im Zusammenhang zur Berechnung der *Eigenwerte* von (quadratischen) Matrizen A werden wir das zu einer solchen Matrix A gehörende *Minimalpolynom* $\mu_A(x)$ einführen und zeigen, dass die Eigenwerte von A aus $\mathbb{K}^{n,n}$ genau den Nullstellen von $\mu_A(x)$ aus $\mathbb{K}$ entsprechen. Wir werden ebenfalls diskutieren, wie man das zu A gehörende Minimalpolynom mithilfe des Gauß-Algorithmus berechnen kann.

《

12 Polynome

Lernziele

- die Faltungsformel, die zur Algebra der formalen Potenzreihen und der Teilalgebra der Polynome führt
- das konkrete Rechnen mit Polynomen, insbesondere die Polynomdivision mit Rest und die Auswertung an Stellen aus einer $\mathbb{K}$-Algebra
- zwei verschiedene Interpolationsformeln zur Berechnung des Interpolationspolynoms für eine Liste vorgegebener Punkte des $\mathbb{K}^2$
- Restklassen bei Polynomen, insbesondere die Möglichkeit der Konstruktion von Körpern bei Restklassen modulo irreduziblen Polynomen
- eine kurze Vorstellung zyklischer Codes
- die diskrete Fourier-Transformation und deren schnelle Version, die FFT, sowie deren Umkehrung
- das Minimalpolynom einer quadratischen Matrix A im Zusammenhang mit der Berechnung der Eigenwerte von A

12.1 Polynomringe

Nachdem wir in Abschnitt 11.6 die Vektorräume $\mathbb{K}^L$ und $\mathbb{K}^L_{endl}$ für beliebige, also nicht notwendigerweise endliche Mengen L betrachtet haben, gehen wir in diesem Kapitel auf die Vektorräume $\mathbb{K}^\mathbb{N}$ und $\mathbb{K}^\mathbb{N}_{endl}$ näher ein, weil sie die Ausgangspunkte für die formalen Potenzreihen und für die Polynome sind. Zur Erinnerung sei gesagt, dass die Elemente von $\mathbb{K}^\mathbb{N}$ **Folgen mit Werten in** $\mathbb{K}$ heißen. Für $f \in \mathbb{K}^\mathbb{N}$ und $n \in \mathbb{N}$ sei $f_n := f(n)$ das n-te **Folgenglied der Folge** f.

A Faltung versus punktweise Multiplikation Es sei also $\mathbb{K}$ wieder ein Körper. Wir haben gesehen, dass auf $\mathbb{K}^L$ durch die punktweise Addition und eine entsprechende Skalarmultiplikation eine Vektorraumstruktur erklärt ist. Nimmt man zu diesen Operationen noch die **punktweise Multiplikation** hinzu, die wir hier mit $\odot$ bezeichnen wollen, also

$$f \odot g : L \to \mathbb{K}, \quad l \mapsto f(l)g(l),$$

so erhält man gar eine $\mathbb{K}$-Algebra-Struktur auf $\mathbb{K}^L$. Das Ziel dieses Kapitels ist nun in der Tat das Studium einer $\mathbb{K}$-Algebra-Struktur auf $\mathbb{K}^\mathbb{N}$ bzw. $\mathbb{K}^\mathbb{N}_{endl}$, allerdings **nicht** bzgl. der punktweisen Multiplikation[1], sondern bzgl. einer anderen Verknüpfung, die man die Faltung bzw. die Konvolution nennt. Im Gegensatz zur punktweisen Multiplikation

---

[1] Die punktweise Multiplikation wird uns beim Studium konvergenter Folgen im Rahmen der Grenzwertsätze in Abschnitt 15.2 wieder begegnen.

funktioniert das Konzept der Faltung allerdings nur für spezielle Mengen L, von denen die natürlichen Zahlen $\mathbb{N}$ ein außerordentlich wichtiges Beispiel sind.

> **Definition 12.1.1** **Faltungsformel**
>
> Sind f und g aus $\mathbb{K}^{\mathbb{N}}$, so ist auch $f \star g$, definiert durch
>
> $$f \star g_n := \sum_{k=0}^{n} f_k g_{n-k} \quad \text{für } n \in \mathbb{N}$$
>
> eine Folge mit Werten in $\mathbb{K}$. Man nennt $f \star g$ die **Faltung** bzw. die **Konvolution** von f mit g.

Selbstverständlich ist die punktweise Multiplikation viel einfacher zu verstehen als die Faltung. Wir werden im Laufe dieses Kapitels aber die Faltung zu schätzen lernen, weil diese gerade zu den Polynomen sowie den formalen Potenzreihen führt, welche in Theorie und Praxis (etwa der Signalverarbeitung oder der Codierungstheorie) enorm wichtig sind. Weiter bemerken wir, dass $\mathbb{K}^L$ (bei $|L| \geq 2$) zusammen mit der punktweisen Multiplikation kein Integritätsbereich ist, ganz im Gegensatz zu $\mathbb{K}^{\mathbb{N}}$ mit der Faltung. Betrachten wir zur Einstimmung ein Beispiel.

Beispiel 12.1.2 Es seien $\mathbb{K} = \mathbb{Q}$ und $f, g \in \mathbb{Q}^{\mathbb{N}}$ mit $f_n := 2n - 1$ und $g_n := n + 1$ für alle $n \in \mathbb{N}$. Die punktweise Multiplikation von f mit g ergibt einfach

$$f \odot g_n = f_n \cdot g_n = (2n-1)(n+1) = 2n^2 + n - 1.$$

Für die Faltung von f mit g gilt hingegen:

$$f \star g_n = \sum_{k=0}^{n}(2k-1)(n-k+1) = \sum_{k=0}^{n}(2kn - 2k^2 + 2k - n + k - 1)$$

$$= 2n \cdot \sum_{k=0}^{n} k - 2 \cdot \sum_{k=0}^{n} k^2 + 3 \cdot \sum_{k=0}^{n} k - \sum_{k=0}^{n}(n+1)$$

Wegen $\sum_{k=0}^{n} k = \frac{1}{2}n(n+1)$ und $\sum_{k=0}^{n} k^2 = \frac{1}{6}n(n+1)(2n+1)$ ergibt sich daraus weiter

$$n^2(n+1) - \frac{1}{3}n(n+1)(2n+1) + \frac{3}{2}n(n+1) - (n+1)^2.$$

Ausmultiplizieren liefert dann für die Faltung von f mit g den Term

$$f \star g_n = \frac{1}{3}n^3 + \frac{1}{2}n^2 - \frac{5}{6}n - 1. \qquad \blacksquare$$

Bei der punktweisen Multiplikation wird also für jedes $n \in \mathbb{N}$ lediglich f_n mit g_n multipliziert, um $f \odot g_n$ zu erhalten. Im Gegensatz dazu geht in die gesamte Faltung $f \star g$ für jedes Paar $(m, n) \in \mathbb{N}^2$ das Produkt $f_m g_n$ ein; diejenigen $k+1$ Produkte $f_i g_j$ mit fester

Indexsumme $i + j = k \in \mathbb{N}$, also $f_0 g_k, f_1 g_{k-1}, \ldots, f_i g_{k-i}, \ldots, f_k g_0$, werden aufaddiert, um das k-te Folgenglied $f \star g_k$ der Faltung zu bestimmen. Man kann dies anhand der Diagonalen der folgenden unendlichen Tabelle veranschaulichen.

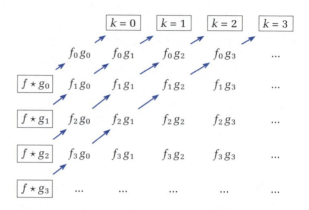

B Die Algebra der formalen Potenzreihen Wir werden nun zeigen, dass sich hinter der Faltung (als Multiplikation auf $\mathbb{K}^\mathbb{N}$) zusammen mit der punktweisen Addition von Folgen über $\mathbb{K}$ eine reichhaltige Struktur verbirgt, nämlich die Algebra der formalen Potenzreihen über dem Körper $\mathbb{K}$.

> **Satz 12.1.3** Mit der punktweisen Addition und der Faltung ist $\mathbb{K}^\mathbb{N}$ ein kommutativer Integritätsbereich. Zusammen mit der Skalarmultiplikation bildet $\mathbb{K}^\mathbb{N}$ eine kommutative $\mathbb{K}$-Algebra.

Beweis Wir wissen bereits, dass $(\mathbb{K}^\mathbb{N}, +, \eta)$ ein $\mathbb{K}$-Vektorraum ist, wobei η analog zu Abschnitt 11.6 die Nullfolge $\eta \colon \mathbb{N} \to \mathbb{K}, n \mapsto 0$ bezeichnet. Bezüglich der multiplikativen Struktur wird sich herausstellen, dass $(\mathbb{K}^\mathbb{N}, \star)$ ein kommutatives Monoid ist.

1. Wir zeigen dazu zunächst, dass die Faltung assoziativ ist. Es seien $f, g, h \in \mathbb{K}^\mathbb{N}$. Dann gilt

$$(f \star g) \star h_n = \sum_{k=0}^{n} (f \star g)_k h_{n-k} = \sum_{k=0}^{n} \left(\sum_{l=0}^{k} f_l g_{k-l} \right) h_{n-k}.$$

Auflösen der großen Klammer liefert $(f \star g) \star h_n = \sum_{k=0}^{n} \sum_{l=0}^{k} f_l g_{k-l} h_{n-k}$. Betrachtet man die Indizes der einzelnen Summanden, so stellt man fest, dass deren Indexsumme $l + (k-l) + (n-k)$ konstant gleich n ist, und dass über alle Tripel $(a, b, c) \in \mathbb{N}^3$ mit $a + b + c = n$ summiert wird, also gilt:

$$(f \star g) \star h_n = \sum_{\substack{(a,b,c) \in \mathbb{N}^3, \\ a+b+c=n}} f_a g_b h_c.$$

Entsprechendes rechnet man für $f \star (g \star h)$ nach:

$$f \star (g \star h)_n = \sum_{k=0}^{n} f_k (g \star h)_{n-k} = \sum_{k=0}^{n} f_k \sum_{l=0}^{n-k} g_l h_{n-k-l} = \sum_{k=0}^{n} \sum_{l=0}^{n-k} f_k g_l h_{n-k-l}$$

Letzteres ist ebenfalls gleich $\sum_{\substack{(a,b,c)\in\mathbb{N}^3 \\ a+b+c=n}} f_a g_b h_c$, womit das Assoziativgesetz bewiesen ist.

2. Die Faltung ist auch kommutativ. Es sind nämlich $f \star g_n = \sum_{k=0}^{n} f_k g_{n-k}$ und $g \star f_n = \sum_{k=0}^{n} g_k f_{n-k}$ beide gleich

$$\sum_{\substack{(a,b)\in\mathbb{N}^2, \\ a+b=n}} f_a g_b.$$

3. Wir müssen nun noch ein Einselement ausfindig machen. Es ist dies die zu $0 \in \mathbb{N}$ gehörende kanonische Abbildung (bzw. der kanonische Basisvektor) e^0 (siehe Abschnitt 11.6-B), also

$$e_n^0 = \begin{cases} 1, & \text{falls } n = 0 \\ 0, & \text{falls } n \neq 0, \end{cases}$$

denn für jede Folge $f \in \mathbb{K}^{\mathbb{N}}$ gilt $f \star e_n^0 = \sum_{k=0}^{n} f_k e_{n-k}^0 = f_n \cdot e_0^0 = f_n$, also $f \star e^0 = f$.

Damit ist insgesamt gezeigt, dass es sich bei $(\mathbb{K}^{\mathbb{N}}, \star, e^0)$ zusammen mit der Faltung um ein kommutatives Monoid handelt. Zum Nachweis des Distributivgesetzes seien f, g und h aus $\mathbb{K}^{\mathbb{N}}$. Wir berechnen

$$f \star (g + h)_n = \sum_{k=0}^{n} f_k (g + h)_{n-k} = \sum_{k=0}^{n} f_k (g_{n-k} + h_{n-k}).$$

Durch Ausmultiplizieren erhält man

$$f \star (g + h)_n = \left(\sum_{k=0}^{n} f_k g_{n-k} \right) + \left(\sum_{k=0}^{n} f_k h_{n-k} \right),$$

was gleich $f \star g_n + f \star h_n = (f \star g + f \star h)_n$ ist. Damit ist dann insgesamt bewiesen, dass $\mathbb{K}^{\mathbb{N}}$ bzgl. der punktweisen Addition und der Faltung einen kommutativen Ring bildet.

Wir weisen als Nächstes nach, dass es sich bei diesem Ring um einen Integritätsbereich handelt. Annahme, $f, g \in \mathbb{K}^{\mathbb{N}}$ mit $f \star g = \eta$, der Nullfolge. Dann gilt also $\sum_{k=0}^{n} f_k g_{n-k} = 0$ für jedes n aus $\mathbb{N}$. Annahme, f ist nicht die Nullfolge. Dann ist zu zeigen, dass g die Nullfolge ist. Es sei dazu $l \in \mathbb{N}$ der kleinste Index mit $f_l \neq 0$. Aus $0 = \eta_l = \sum_{i=0}^{l} f_i g_{l-i} = f_l g_0$ folgt dann $g_0 = 0$. Induktiv nehmen wir an, dass $g_i = 0$ für $i = 0, 1, \ldots, n$ gilt. Zum Induktionsschritt (von n nach $n + 1$) betrachten wir die Faltung $f \star g$ an der Stelle $l + n + 1$. Hier gilt zunächst

$$0 = \eta_{l+n+1} = \sum_{i=0}^{l+n+1} f_i g_{l+n+1-i} = \sum_{i=0}^{l} f_i g_{l+n+1-i} + \sum_{i=l+1}^{l+n+1} f_i g_{l+n+1-i}.$$

Die erste Summe ist wegen $f_i = 0$ für $i < l$ gleich $f_l g_{n+1}$. Bei der zweiten Summe durchlaufen die Indizes bei g den Bereich $l+n+1-(l+1), l+n+1-(l+2), \ldots, l+n+1-(l+n+1)$, also $n, n-1, \ldots, 0$. Wegen der Induktionsannahme ist also die gesamte zweite Summe gleich null. Insgesamt ergibt sich $0 = \eta_{l+n+1} = f_l g_{n+1}$ und damit $g_{n+1} = 0$, da $f_l \neq 0$. Mit Induktion folgt also $g_j = \eta_j = 0$ für jedes $j \in \mathbb{N}$, also $g = \eta$, die Nullfolge.

Damit ist nun die erste Aussage des Satzes bewiesen. Zum Nachweis der zweiten Aussage bleibt die Verträglichkeit der Skalarmultiplikation mit der Faltung zu untersuchen. In der Tat gilt $\lambda(f \star g) = (\lambda f) \star g = f \star (\lambda g)$ für alle $\lambda \in \mathbb{K}$ und alle $f, g \in \mathbb{K}^\mathbb{N}$, denn für jedes $n \in \mathbb{N}$ gilt ja

$$\lambda\left(\sum_{k=0}^n f_k g_{n-k}\right) = \sum_{k=0}^n (\lambda f_k) g_{n-k} = \sum_{k=0}^n f_k (\lambda g_{n-k}).$$

Definition 12.1.4 Wenn man mit der $\mathbb{K}$-Algebra $(\mathbb{K}^\mathbb{N}, +, \star, \eta, e^0)$ arbeitet, so schreibt man dafür $\mathbb{K}[[x]]$ und nennt es den **Ring** bzw. die **Algebra der formalen Potenzreihen über** $\mathbb{K}$.[2]

C Die Teilalgebra der Polynome Wir kommen nun auf den $\mathbb{K}$-Teilraum $\mathbb{K}^\mathbb{N}_{endl}$ von $\mathbb{K}^\mathbb{N}$, bestehend aus den Abbildungen mit endlichem Träger, zurück und führen dazu zunächst einige wichtige Bezeichnungen ein.

Definition 12.1.5 Ein Element f aus $\mathbb{K}[[x]]$ mit endlichem Träger nennt man ein **Polynom**. Falls f ungleich der Nullfolge η ist, so sei der **Grad von** f (Notation $\deg(f)$) als das maximale Element seines Trägers definiert:[3]

$$\deg(f) := \max\{n \in \mathbb{N} : n \in \mathrm{Tr}(f)\} = \max\{n \in \mathbb{N} : f_n \neq 0\}$$

Die Nullabbildung η nennt man das **Nullpolynom** und es bekommt den Grad -1. Ist $f \neq \eta$ und $d = \deg(f)$, so nennt man $\mathrm{Lc}(f) := f_d$ den **Leitkoeffizienten von** f. Ist $\mathrm{Lc}(f) = 1$, so nennt man f ein **monisches** bzw. ein **normiertes Polynom**.

Für jedes $f \neq \eta$ mit endlichem Träger ist also $\mathrm{Tr}(f) \subseteq \{0, 1, \ldots, \deg(f)\}$. Bezüglich der Faltung ist über $\mathbb{K}^\mathbb{N}_{endl}$ Folgendes zu sagen.

---

[2] Die Bedeutung des Symbols x werden wir in Abschnitt E erläutern.
[3] Die Bezeichnung „deg" kommt vom englischen Wort *degree*.

12.1 Polynomringe

Satz 12.1.6 $\mathbb{K}_{endl}^{\mathbb{N}}$ ist eine $\mathbb{K}$-Teilalgebra von $\mathbb{K}[[x]] = (\mathbb{K}^{\mathbb{N}}, +, \star, \eta, e^0)$. Das bedeutet:

(1) $\mathbb{K}_{endl}^{\mathbb{N}}$ ist ein $\mathbb{K}$-Teilraum von $\mathbb{K}[[x]]$.

(2) Aus $f, g \in \mathbb{K}_{endl}^{\mathbb{N}}$ folgt $f \star g \in \mathbb{K}_{endl}^{\mathbb{N}}$.

(3) e^0, das neutrale Element bzgl. der Faltung, ist in $\mathbb{K}_{endl}^{\mathbb{N}}$ enthalten.

Darüber hinaus gilt:

(4) Sind $f, g \in \mathbb{K}_{endl}^{\mathbb{N}}$ beide verschieden von η, dem Nullpolynom, so ist $\deg(f \star g) = \deg(f) + \deg(g)$ und $\mathrm{Lc}(f \star g) = \mathrm{Lc}(f) \cdot \mathrm{Lc}(g)$; insbesondere ist das Produkt zweier monischer Polynome wieder monisch.

Beweis Die Aussage (1) wurde allgemeiner bereits in Abschnitt 11.6 bewiesen. Ebenso wissen wir aus Abschnitt 11.6, dass e^0 mit Träger $\{0\}$ in $\mathbb{K}_{endl}^{\mathbb{N}}$ enthalten ist, also (3). Zum Nachweis von (2) betrachten wir zwei beliebige Folgen f und g mit endlichem Träger. Es stellt sich die Frage nach dem Träger von $f \star g$. Für $n \in \mathbb{N}$ ist $f \star g_n = \sum_{k=0}^{n} f_k g_{n-k}$. Falls $f_k g_{n-k} \neq 0$, so ist $f_k \neq 0$ und $g_{n-k} \neq 0$, also $k \in \mathrm{Tr}(f)$ und $n - k \in \mathrm{Tr}(g)$, was wiederum $k \leq \deg(f)$ und $n - k \leq \deg(g)$ impliziert. Das ergibt

$$n = k + n - k \leq \deg(f) + \deg(g).$$

Für $m > \deg(f) + \deg(g)$ ist demnach $f_k g_{m-k} = 0$ für jedes $k = 0, \ldots, m$ und daher $f \star g_m = 0$, weshalb $f \star g$ ebenfalls einen endlichen Träger hat, womit auch (2) bewiesen ist.

Aus dem Beweis des Punktes (2) kann nun noch etwas mehr herausgeholt werden, nämlich die Gradformel in Punkt (4): Wir haben oben gesehen, dass $f \star g_m = 0$ für $m > \deg(f) + \deg(g)$ ist. Es sei nun $n := \deg(f) + \deg(g)$. Ist dann $k \leq n$, so impliziert $f_k g_{n-k} \neq 0$ (wie gesehen) $k \leq \deg(f)$ und $n - k \leq \deg(g)$. Also muss in diesem Fall sogar Gleichheit gelten: $k = \deg(f)$ und $n - k = \deg(g)$. Folglich ist

$$f \star g_n = f_{\deg(f)} \cdot g_{\deg(g)} = \mathrm{Lc}(f) \cdot \mathrm{Lc}(g) \neq 0,$$

womit dann alle Behauptungen, insbesondere auch die über den Leitkoeffizienten von $f \star g$, bewiesen sind. ∎

Definition 12.1.7 Wenn man mit der $\mathbb{K}$-Algebra $(\mathbb{K}_{endl}^{\mathbb{N}}, +, \star, \eta, e^0)$ arbeitet, so schreibt man dafür $\mathbb{K}[x]$ und nennt es den **Polynomring** bzw. die **Polynomalgebra in der Unbestimmten** x über dem Körper $\mathbb{K}$.

Betrachten wir ein Beispiel zur Faltung bei Polynomen. Der zugrunde liegende Körper sei $\mathbb{Q}$. Es sei $f \in \mathbb{Q}[x]$ mit $\mathrm{Tr}(f) = \{0, 1, 3\}$ und $f_0 = -12$ und $f_1 = 7$ sowie $f_3 = 4$. Weiter sei $g \in \mathbb{Q}[x]$ mit $\mathrm{Tr}(g) = \{0, 1, 2, 3, 4\}$ und mit $(g_0, g_1, g_2, g_3, g_4) = (-9, 1, -4, 5, 2)$. Dann ist $\deg(f \star g) = 3 + 4 = 7$. Die Faltung der beiden Polynome ergibt $h := f \star g$ mit

$$(h_0, h_1, h_2, h_3, h_4, h_5, h_6, h_7) = (108, -75, 55, -124, 15, -2, 20, 8).$$

D Eine „Herleitung" der Faltungsformel Nach der Behandlung der Struktur von formalen Potenzreihen und Polynomen wollen wir durch einen anderen Blickwinkel nochmals auf die Faltungsformel zu sprechen kommen und dabei insbesondere näher auf die Bedeutung des Symbols x eingehen. Wir betrachten $\mathbb{K}[x]$ als $\mathbb{K}$-Vektorraum und legen, wie in Abschnitt 11.6 erläutert, die kanonische Basis $e^0, e^1, \ldots, e^n, \ldots$ zugrunde. Ist $f \in \mathbb{K}[x]$ ein Polynom, so lautet die Darstellung von f bzgl. dieser Basis:

$$f = \sum_{k \in \mathrm{Tr}(f)} f_k e^k = \sum_{k=0}^{\deg(f)} f_k e^k$$

(Im Falle des Nullpolynoms ist die leere Summe als 0 zu interpretieren.) Ist nun $g = \sum_{k=0}^{\deg(g)} g_k e^k$ ein weiteres Polynom, so gilt durch Anwendung des Distributivgesetzes sowie der Verbindung von Skalarmultiplikation und Faltung für das Faltungsprodukt von f mit g Folgendes:

$$f \star g = \sum_{k=0}^{\deg(f)} \sum_{l=0}^{\deg(g)} (f_k e^k) \star (g_l e^l) = \sum_{k=0}^{\deg(f)} \sum_{l=0}^{\deg(g)} f_k g_l (e^k \star e^l)$$

Damit ist die Faltung von f mit g auf die Faltung zweier kanonischer Basiselemente zurückgeführt. (In der Tat tritt dieses Phänomen auch bei allgemeinen $\mathbb{K}$-Algebren auf; letztendlich ist die allgemeine Produktbildung auf die Multiplikation von je zwei Basiselementen zurückzuführen.) Wir werden nun also die Faltung von e^k mit e^l berechnen. Wegen $\deg(e^k) = k$ und $\deg(e^l) = l$ ist zunächst $\deg(e^k \star e^l) = k + l$. Weiter ist der Leitkoeffizient von $e^k \star e^l$ gleich $\mathrm{Lc}(e^k)\mathrm{Lc}(e^l) = 1 \cdot 1 = 1$, weil ja beides normierte Polynome sind (siehe ▶Satz 12.1.6-(4)). Ist $n < k + l$, so erhält man

$$e^k \star e^l_n = \sum_{i=0}^{n} e^k_i e^l_{n-i} = 0,$$

denn im Falle $i \leq n < k$ ist $e^k_i = 0$ und im Fall $n \geq k$ ist $0 \leq n - k < k + l - k = l$ und damit $e^l_{n-k} = 0$. Folglich gilt

$$e^k \star e^l = e^{k+l} \quad \text{für alle } k, l \in \mathbb{N}.$$

(Das steht in starkem Kontrast zur punktweisen Multiplikation, bei der $e^k \odot e^l = \eta$ für $k \neq l$ und $e^k \odot e^k = e^k$ für jedes k gilt.) Insbesondere ist für jedes $n \in \mathbb{N}^*$ bezüglich der Faltung

$$e^n = \underbrace{e^1 \star \ldots \star e^1}_{n},$$

in Worten: e^n ist das n-fache Faltungsprodukt von e^1 mit sich selbst. Ferner ist $e^0 = (e^1)^0$ per Konvention. Für die Faltung der oben betrachteten allgemeinen Polynome f und g erhalten wir daher

$$f \star g = \sum_{k=0}^{\deg(f)} \sum_{l=0}^{\deg(g)} f_k g_l (e^k \star e^l) = \sum_{k=0}^{\deg(f)} \sum_{l=0}^{\deg(g)} f_k g_l e^{k+l}.$$

Um daraus nun die Darstellung von $f \star g$ bzgl. der kanonischen Basis abzulesen, muss man die Koeffizienten zum jeweils gleichen Basisterm zusammenfassen. Dies läuft dann gerade auf die allgemeine Faltungsformel hinaus; wir erhalten nämlich

$$f \star g = \sum_{m=0}^{\deg(f)+\deg(g)} \alpha_m e^m \quad \text{mit} \quad \alpha_m = \sum_{\substack{(i,j) \in \mathbb{N}^2 \\ i+j=m}} f_i g_j = \sum_{j=0}^{m} f_j g_{m-j}.$$

E Schreibtechnische Vereinfachungen und die Bedeutung des Symbols x An dieser Stelle wollen wir nun die allgemein üblichen schreibtechnischen Vereinfachungen einführen, die beim Umgang mit Polynomen verwendet werden.

1. Die Faltung $\star$ wird mit dem Multiplikationssymbol $\cdot$ bezeichnet, welches meistens auch ganz weggelassen wird. Man spricht dann auch einfach von der **Multiplikation von Polynomen** oder auch der **Multiplikation von Potenzreihen**.

2. Man bezeichnet das spezielle Element e^1 mit x und nennt es (aus Gründen, die bei der Auswertung von Polynomen deutlich werden) die **Unbestimmte** oder **Variable**. Insbesondere ist $x^n = \prod_{i=1}^n x$, das n-fache Produkt von x mit sich selbst.

3. Zur weiteren Hervorhebung von x wird ein Polynom f auch als $f(x)$ geschrieben. Wir erhalten dann

$$f(x) = \sum_{i=0}^{\deg(f)} f_i x^i.$$

Da der Träger von f sich auf der Menge $\{0, 1, \ldots, \deg(f)\}$ konzentriert, darf man ruhig auch $f(x) = \sum_{i=0}^{N} f_i x^i$ für $N \geq \deg(f)$ schreiben. Insbesondere sind auch

$$f(x) = \sum_{k \in \mathbb{N}} f_k x^k \quad \text{sowie} \quad f(x) = \sum_{k=0}^{\infty} f_k x^k$$

zulässige Schreibweisen. Aus Bequemlichkeitsgründen findet man oft auch einfach die Form $f(x) = \sum_i f_i x^i$. Die Addition zweier Polynome $f(x)$ und $g(x)$ ist in dieser Schreibweise dann einfach

$$f(x) + g(x) = \sum_i (f_i + g_i) x^i.$$

4. Ist $F \in \mathbb{K}[[x]]$ eine formale Potenzreihe, so schreibt man dafür entsprechend

$$F(x) = \sum_{n=0}^{\infty} F_n x^n,$$

denn (man erinnere sich an die Herkunft von x) für jedes $m \in \mathbb{N}$ ist (wegen $x_m^n = e_m^n = 0$ für $n \neq m$)

$$\left(\sum_{n=0}^{\infty} F_n x^n\right)_m = \sum_{n=0}^{\infty} F_n x_m^n = F_m x_m^m = F_m.$$

5. Die Eins $e^0 = x^0$ wird einfach mit 1 bezeichnet; das Nullpolynom wird einfach mit 0 bezeichnet.

Zu ergänzen ist ferner, dass man ein Polynom $f(x)$ ein **konstantes Polynom** nennt, falls sein Grad gleich 0 oder falls $f = 0$ ist. In diesem Fall ist $f(x) = f_0 x^0 = f_0$ ein Körperelement. In diesem Sinne ist jedes Element aus $\mathbb{K}$ auch ein Polynom, nämlich ein konstantes Polynom. Das rechtfertigt einmal mehr die Schreibweise 0 für das Nullpolynom und 1 für das Einselement in $\mathbb{K}[[x]]$, diese stimmen jetzt über die Identifizierung von $\mathbb{K}$ mit konstanten Polynomen mit der Null und der Eins in $\mathbb{K}[x]$ überein. Man beachte auch, dass $\mathbb{K}$ in diesem Sinne eine Teilalgebra von $\mathbb{K}[[x]]$ bzw. von $\mathbb{K}[x]$ ist. Wir beenden diesen Abschnitt mit einigen weiteren Begriffen und Bezeichnungen für den Umgang mit Polynomen.

Definition 12.1.8 Die Terme x^i, welche in $\mathbb{K}[x]$ den kanonischen Basiselementen entsprechen, nennt man **Monome**. Bei einem Polynom $f(x) = \sum_i f_i x^i \in \mathbb{K}[x]$ nennt man die Körperelemente f_i die **Koeffizienten** des Polynoms. Ist $\deg(f) = m$, so heißt $f_m x^m$ der **Leitterm von** f, Bezeichnung: $\mathrm{Lt}(f)$, während x^m das **Leitmonom von** f ist, Bezeichnung: $\mathrm{Lm}(f)$.

Betrachten wir abschließend nochmals das Beispiel vom Ende von Paragraph C. In der ab jetzt zu verwendenden Schreibweise sind $f(x) = 4x^3 + 7x - 12$ und $g(x) = 2x^4 + 5x^3 - 4x^2 + x - 9$ (aus $\mathbb{Q}[x]$). Es gilt $\deg(f) = 3$ und $\mathrm{Lt}(f) = 4x^3$ sowie $\deg(g) = 4$ und $\mathrm{Lt}(g) = 2x^4$. Die Summe von f und g ist gleich

$$f(x) + g(x) = 2x^4 + 9x^3 - 4x^2 + 8x - 21.$$

Weiter ist das Produkt von $f(x)$ mit $g(x)$ gleich $8x^7 + 20x^6 + (-16+14)x^5 + (4+35-24)x^4 + (-36-28-60)x^3 + (7+48)x^2 + (-12-63)x + 108$, was sich zu

$$f(x)g(x) = 8x^7 + 20x^6 - 2x^5 + 15x^4 - 124x^3 + 55x^2 - 75x + 108$$

zusammenfassen lässt. Insbesondere sieht man daran auch, dass $\mathrm{Lt}(f(x) \cdot g(x)) = \mathrm{Lt}(f(x)) \cdot \mathrm{Lt}(g(x))$ gilt.

Beispiel 12.1.9 Betrachten wir auch nochmals eine Faltung formaler Potenzreihen im Rahmen der neuen Schreibweise. Dazu seien $F(x) := \sum_{m=0}^{\infty}(-1)^n x^n$ und $G(x) := \sum_{n=0}^{\infty} x^n$ aus $\mathbb{Q}[[x]]$. Dann folgt

$$F(x) \cdot G(x) = \sum_{n=0}^{\infty}\left(\sum_{k=0}^{n} F_k G_{n-k}\right) x^n = \sum_{n=0}^{\infty}\left(\sum_{k=0}^{n}(-1)^k \cdot 1^{n-k}\right) x^n$$

$$= \sum_{n=0}^{\infty}\left(\sum_{k=0}^{n}(-1)^k\right) x^n = \sum_{m=0}^{\infty} x^{2m},$$

denn

$$\sum_{k=0}^{n}(-1)^k = \begin{cases} 0, & \text{falls } n \text{ ungerade} \\ 1, & \text{falls } n \text{ gerade.} \end{cases}$$

12.2 Arithmetische Eigenschaften von Polynomen

Hinter dem Begriff „arithmetische Eigenschaften" eines kommutativen Ringes verbirgt sich im Allgemeinen das Studium von Einheiten, von Teilbarkeit, von sog. irreduziblen (bzw. unzerlegbaren) Elementen sowie die Möglichkeit der Zerlegung von Ringelementen in irreduzible Bausteine (also die Faktorisierung). Wir wollen diese Aspekte in diesem Abschnitt für einen Polynomring $\mathbb{K}[x]$ (über einem allgemeinen Körper $\mathbb{K}$) untersuchen und werden dabei große Analogien zum Ring $\mathbb{Z}$ der ganzen Zahlen herausarbeiten.

A Die Einheiten von $\mathbb{K}[x]$ Wir haben nachgewiesen, dass es sich bei der Algebra $\mathbb{K}[[x]]$ der formalen Potenzreihen um einen Integritätsbereich handelt, weshalb auch die Teilalgebra $\mathbb{K}[x]$ der Polynome ein Integritätsbereich ist. Letzteres folgt aber auch unmittelbar aus der Gradformel $\deg(u(x) \cdot v(x)) = \deg(u(x)) + \deg(v(x))$ (für $u \neq 0$ und $v \neq 0$). Darüber hinaus liefert die Gradformel Information über die Einheiten von $\mathbb{K}[x]$.

Satz 12.2.1 Ist $\mathbb{K}$ ein Körper, so sind die Einheiten in $\mathbb{K}[x]$, also die multiplikativ invertierbaren Polynome, die vom Nullpolynom verschiedenen konstanten Polynome, also die Polynome vom Grad 0.

Beweis Ist $f(x) \cdot g(x) = 1$, so gilt $\deg(f) + \deg(g) = \deg(1) = 0$. Daher muss gelten $\deg(f) = 0 = \deg(g)$, weshalb $f(x), g(x) \in \mathbb{K}^*$ konstante Polynome sind. Ist andererseits $f(x) = \lambda \in \mathbb{K}^*$, so ist $g(x) = \frac{1}{\lambda} \in \mathbb{K}^*$ invers zu $f(x)$. ∎

B Teilbarkeit und Assoziiertheit bei Polynomen Sind $f(x)$ und $g(x)$ zwei Polynome aus $\mathbb{K}[x]$, so sagen wir $f(x)$ *teilt* $g(x)$ (kurz: $f(x)|g(x)$) bzw. $f(x)$ ist **Teiler** von $g(x)$ bzw. $g(x)$ ist **Vielfaches** von $f(x)$, falls ein Polynom $h(x)$ mit $f(x)h(x) = g(x)$ existiert. Hierzu zwei Beispiele.

1. Ist $\mathbb{K} = \mathbb{R}$, so ist $x^2 + \sqrt{2}x + 1$ ein Teiler von $x^4 + 1$, denn

$$(x^2 + \sqrt{2}x + 1)(x^2 - \sqrt{2}x + 1) = x^4 + 1.$$

2. Ist $\mathbb{K} = \mathbb{F}_2$, so ist $x^3 + x^2 + 1$ ein Teiler von $x^7 + 1$, denn

$$(x^3 + x^2 + 1)(x^4 + x^3 + x^2 + 1)$$
$$= x^7 + (1+1)x^6 + (1+1)x^5 + (1+1)x^4 + (1+1)x^3 + (1+1)x^2 + 1$$
$$= x^7 + 1.$$

Man verifiziert leicht, dass die Teilbarkeitsrelation bei Polynomen reflexiv und transitiv, also eine Quasi-Ordnung ist. Definiert man daher

$$f(x) \sim g(x) :\Leftrightarrow f(x)|g(x) \text{ und } g(x)|f(x),$$

so erhält man eine Äquivalenzrelation auf $\mathbb{K}[x]$. Im Falle $f(x) \sim g(x)$ nennt man die beiden Polynome $f(x)$ und $g(x)$ **assoziiert**. Sind also $f(x)$ und $g(x)$ assoziierte Polynome, so gibt es Polynome $u(x)$ und $v(x)$ mit $f(x) \cdot u(x) = g(x)$ und $g(x) \cdot v(x) = f(x)$. Dann folgt aber $f(x) \cdot u(x) \cdot v(x) = f(x)$, woraus sich

$$f(x) \cdot (u(x)v(x) - 1) = 0$$

ergibt. Ist nun $f(x) \neq 0$, so folgt daraus wiederum $u(x)v(x) = 1$, sodass $u(x), v(x) \in \mathbb{K}^*$ konstante Polynome sind. Daher ist die zu $f(x)$ gehörende Äquivalenzklasse $[f(x)]_\sim$ gleich $\{\lambda f(x) : \lambda \in \mathbb{K}^*\}$. Freilich besteht diese Klasse nur aus dem Nullpolynom, wenn $f(x) = 0$ ist. Ist hingegen $f(x) \neq 0$, so gibt es genau ein normiertes Polynom in der Klasse $[f(x)]_\sim$, nämlich $\frac{1}{\text{Lc}(f)} f(x)$. Die Menge $\mathbb{K}[x]_{mon}$ aller monischen (insbesondere von null verschiedenen) Polynome ist daher ein vollständiges Repräsentantensystem von $\sim$ auf $\mathbb{K}[x]^* = \mathbb{K}[x] \setminus \{0\}$.

Es ist besonders vorteilhaft, dass $(\mathbb{K}[x]_{mon}, \cdot, 1)$ ein Teilmonoid von $(\mathbb{K}[x], \cdot, 1)$ ist, in dem die Teilbarkeit eine partielle Ordnung ist. Bei vielen Problemstellungen (Faktorisierung, Nullstellenbestimmung) kann man sich daher auf monische Polynome beschränken. Dies steht in Analogie zum Ring $\mathbb{Z}$ der ganzen Zahlen; hier führt eine entsprechende Relation $\sim$ zu den Klassen $[z]_\sim = \{z, -z\}$ für $z \in \mathbb{Z}$. Ist $z \neq 0$, so enthält die Klasse $[z]_\sim$ genau ein positives (und genau ein negatives) Element, sodass $\mathbb{N}$ ein Repräsentantensystem für diese Äquivalenzklassen ist. Bei der Teilbarkeit in $\mathbb{Z}$ bzw. der Faktorisierung ganzer Zahlen haben wir uns in Kapitel 2 daher meist auf $\mathbb{N}$ beschränkt.

12.2 Arithmetische Eigenschaften von Polynomen

C Die Polynomdivision Die weitere Vorgehensweise dieses Abschnittes verläuft nun analog zu den Abschnitten 2.2, 2.3 und 2.4 über die Arithmetik ganzer Zahlen. So ist es für viele Anwendungen von zentraler Bedeutung, dass $\mathbb{K}[x]$ mit einer **Division mit Rest** ausgestattet ist, durch die $\mathbb{K}[x]$ zu einem sog. **Euklidischen Bereich** wird. Der entsprechende Sachverhalt ist in folgendem Satz (inklusive Beweis) zusammengefasst.

> **Satz 12.2.2** Sind $f(x)$ und $g(x)$ Polynome aus $\mathbb{K}[x]$ mit $g(x) \neq 0$, so gibt es eindeutige Polynome $q(x)$ und $r(x)$ aus $\mathbb{K}[x]$ mit $f(x) = q(x)g(x) + r(x)$ und mit $r(x) = 0$ oder $\deg(r) < \deg(g)$.

Beweis Die Existenz wird durch den anschließenden ▶Divisionsalgorithmus 12.2.3 gezeigt, sodass hier der Nachweis der Eindeutigkeit bleibt. Annahme,

$$f(x) = q_1(x)g(x) + r_1(x) = q_2(x)g(x) + r_2(x)$$

mit $r_i(x) = 0$ oder $0 \leq \deg(r_i(x)) < \deg(g(x))$ für $i = 1, 2$. Dann ist $q(x)g(x) = r_1(x) - r_2(x)$, wobei $q(x) := q_2(x) - q_1(x)$. Falls $q(x) \neq 0$, so ist auch $q(x)g(x) \neq 0$ und daher

$$\begin{aligned}\deg(q(x)g(x)) &= \deg(q(x)) + \deg(g(x)) \\ &\geq \deg(g(x)) \\ &> \max(\deg(r_1(x)), \deg(r_2(x))) \\ &\geq \deg(r_1(x) - r_2(x)).\end{aligned}$$

Das steht im Widerspruch zur Gleichheit von $q(x)g(x)$ und $r_1(x) - r_2(x)$. Also ist $q(x)$ doch das Nullpolynom, was $q_1(x) = q_2(x)$ bedeutet. Daraus folgt dann aber auch sofort $r_1(x) = r_2(x)$, also die Eindeutigkeit der Darstellung. ∎

Algorithmus 12.2.3 **Polynomdivision mit Rest**

- Eingabe: $f(x), g(x) \in \mathbb{K}[x]$ mit $g(x) \neq 0$
- Ausgabe: $q(x), r(x) \in \mathbb{K}[x]$ mit $f(x) = q(x)g(x) + r(x)$ und mit $r(x) = 0$ oder $\deg(r) < \deg(g)$
- $q(x) := 0$, $r(x) := f(x)$,
  $(* \ f(x) = q(x)g(x) + r(x) \ *)$
  while $\deg(r) \geq \deg(g)$ do
      $h(x) := \frac{\text{Lc}(r)}{\text{Lc}(g)} \cdot x^{\deg(r) - \deg(g)}$, $(* \ h(x) = \frac{\text{Lt}(r)}{\text{Lt}(g)} \ *)$
      $q(x) := q(x) + h(x)$,
      $s(x) := r(x) - h(x)g(x)$,
      $(* \ f(x) = q(x)g(x) + s(x), \ \deg(s) < \deg(r) \ *)$
      $r(x) := s(x)$
  end-while.
  $(* \ f(x) = q(x)g(x) + r(x) \ *)$

Beweis Zur Korrektheit: Es ist zu zeigen, dass bei jedem Ein- und jedem Austritt aus der Schleife die Beziehung $f(x) = q(x)g(x) + r(x)$ gültig ist. Das ist zunächst einmal nach der Initialisierung richtig. Annahme, die Beziehung gilt zu Beginn irgendeines Schleifendurchlaufes. Wegen

$$\begin{aligned} q_{neu}(x)g(x) + r_{neu}(x) &= (q_{alt}(x) + h(x))g(x) + s(x) \\ &= (q_{alt}(x) + h(x))g(x) + r_{alt}(x) - h(x)g(x) \\ &= q_{alt}(x)g(x) + h(x)g(x) + r_{alt}(x) - h(x)g(x) \\ &= q_{alt}(x)g(x) + r_{alt}(x) \\ &= f(x) \end{aligned}$$

gilt die Beziehung auch nach der Schleife.

Zur Terminierung: In jedem Schleifendurchlauf findet eine Gradverminderung für $r(x)$ statt, denn mit $m := \deg(g)$ und $n := \deg(r_{alt})$ gilt

$$\text{Lt}(gh) = \text{Lt}(g)\text{Lt}(h) = g_m x^m \cdot \frac{r_n}{g_m} x^{n-m} = r_n x^n = \text{Lt}(r_{alt})$$

und daher

$$\deg(r_{neu}) = \deg(s) = \deg(r_{alt} - gh) < \deg(r_{alt}).$$

Der Algorithmus endet, wenn erstmals $\deg(r) < \deg(g)$ ist. Dann erfüllen die Polynome $q(x)$ und $r(x)$ die gewünschte Eigenschaft. ∎

In Analogie zu den ganzen Zahlen schreibt man $f(x) \operatorname{div} g(x)$ für den **Quotienten** $q(x)$ und $f(x) \bmod g(x)$ für den **Rest** $r(x)$. Insbesondere ist $f(x) \bmod g(x)$ genau dann gleich 0, wenn $g(x)$ ein Teiler von $f(x)$ ist. Betrachten wir hierzu zwei Beispiele.

1. Es seien $\mathbb{K} = \mathbb{Q}$ und $f(x) = x^4 - x^3 + x + 1$ und $g(x) = x^3 - 1$. Dann ergeben sich im Laufe des Algorithmus folgende Belegungen der Variablen.

nach	$r(x)$	$q(x)$	$h(x)$	$h(x) \cdot g(x)$
Initialisierung	$x^4 - x^3 + x + 1$	0		
1. Durchlauf	$-x^3 + 2x + 1$	x	x	$x^4 - x$
2. Durchlauf	$2x$	$x - 1$	-1	$-x^3 - 1$

   Damit ist $r(x) = 2x$ und $q(x) = x - 1$.

2. Nun seien $\mathbb{K} = \mathbb{F}_2$ und $f(x) = x^7 + x^6 + x^4 + x^2 + 1$ und $g(x) = x^4 + x + 1$. Dann ergeben sich im Laufe des Algorithmus folgende Belegungen der Variablen.

nach	$r(x)$	$q(x)$	$h(x)$	$h(x) \cdot g(x)$
Initialisierung	$f(x)$	0		
1. Durchlauf	$x^6 + x^3 + x^2 + 1$	x^3	x^3	$x^7 + x^4 + x^3$
2. Durchlauf	1	$x^3 + x^2$	x^2	$x^6 + x^3 + x^2$

   Damit ist $r(x) = 1$ und $q(x) = x^3 + x^2$.

12.2 Arithmetische Eigenschaften von Polynomen

Anhand der Division mit Rest erkennt man leicht, dass es sich bei $\mathbb{K}[x]$ (wie auch bei $\mathbb{Z}$) um einen Hauptidealbereich (siehe ▶Definition 8.3.3) handelt.

Satz 12.2.4 Im Polynomring $\mathbb{K}[x]$ ist jedes Ideal ein Hauptideal.

Beweis Es sei $I \subseteq \mathbb{K}[x]$ ein vom Nullideal $\{0\}$ verschiedenes Ideal. Wir betrachten ein Polynom $g(x)$ aus I mit kleinstmöglichem Grad. Dann ist auf jeden Fall $\mathbb{K}[x]g(x) = \{f(x)g(x): f(x) \in \mathbb{K}[x]\}$, also das von $g(x)$ erzeugte Hauptideal, eine Teilmenge von I. Wir zeigen, dass diese beiden Mengen sogar gleich sind. Dazu sei $h(x) \in I$ beliebig. Wir führen eine Division mit Rest mit $h(x)$ durch $g(x)$ durch, um $h(x) = g(x)q(x) + r(x)$ mit $r(x) = 0$ oder $\deg(r) < \deg(g)$ zu erhalten. Mit $h(x) \in I$ und $q(x)g(x) \in I$ ist aber auch $r(x) = h(x) - q(x)g(x) \in I$. Wegen der Minimalität des Grades von g innerhalb I muss daher $r(x) = 0$ gelten. Folglich ist jedes $h(x)$ aus I ein Vielfaches von $g(x)$ und die Behauptung ist bewiesen. ■

Da je zwei Erzeuger eines von $\{0\}$ verschiedenen Ideals von $\mathbb{K}[x]$ assoziiert sind (siehe Abschnitt B), gibt es für jedes solche Ideal genau einen **monischen Erzeuger**. Dieser ist stets gemeint, wenn man von dem Erzeuger eines Ideals aus $\mathbb{K}[x]$ spricht.

D Größte gemeinsame Teiler bei Polynomen Gilt $a(x)|f(x)$ und $a(x)|g(x)$, so heißt $a(x)$ ein **gemeinsamer Teiler** von f und g. Gilt ferner $b(x)|a(x)$ für jeden gemeinsamen Teiler $b(x)$ von f und g, so heißt $a(x)$ ein **größter gemeinsamer Teiler** (kurz: ggT) von $f(x)$ und $g(x)$. Aufgrund der Assoziiertheit je zweier größter gemeinsamer Teiler von f und g, gibt es genau einen monischen größten gemeinsamen Teiler von f und g, und diesen bezeichnet man als $\mathrm{ggT}(f, g)$.

Wie bereits bei den ganzen Zahlen gilt folgende Aussage auch für Polynome, welche die Grundlage zur Bestimmung des größten gemeinsamen Teilers ist.

Lemma 12.2.5 Sind $f(x)$ und $g(x)$ Polynome aus $\mathbb{K}[x]$, so gilt $\mathrm{ggT}(f(x), g(x)) = \mathrm{ggT}(g(x), f(x) \bmod g(x))$.

Daher kann der für ganze Zahlen behandelte ▶Euklidische Algorithmus 2.4.4 analog für Polynome adaptiert werden.[4]

---

[4] Allerdings muss man am Ende noch eine Normierung vornehmen, weil im Allgemeinen sonst kein monisches Polynom ausgegeben wird.

Algorithmus 12.2.6 Euklidischer Algorithmus für Polynome

- Eingabe: $f(x), g(x) \in \mathbb{K}[x]$ mit $f(x)g(x) \neq 0$
- Ausgabe: $d(x) = \mathrm{ggT}(f(x), g(x))$
- $s(x) := f(x)$, $t(x) := g(x)$,
  $(*\ \mathrm{ggT}(f(x), g(x)) = \mathrm{ggT}(s(x), t(x))\ *)$
  while $t(x) \neq 0$ do
  $\qquad r(x) := s(x) \bmod t(x)$,
  $\qquad s(x) := t(x)$, $t(x) := r(x)$
  $\qquad (*\ \mathrm{ggT}(f(x), g(x)) = \mathrm{ggT}(s(x), t(x))\ *)$
  end-while,
  $(*\ \mathrm{ggT}(f(x), g(x)) = \mathrm{ggT}(s(x), t(x)),\ t(x) = 0\ *)$
  $d(x) := \frac{1}{\mathrm{Lc}(s(x))} \cdot s(x)$,
  $(*\ d(x) = \mathrm{ggT}(f(x), g(x))\ *)$
  Ausgabe von $d(x)$.

Aufgrund der Gradverminderung bei der Division mit Rest ist die Anzahl der Schleifendurchläufe hier einfach durch den kleineren Grad der beiden Polynome beschränkt.

Beispiel 12.2.7
Betrachten wir als Beispiel über $\mathbb{Q}$ die beiden Polynome $f(x) = x^3 - 1$ und $g(x) = x^2 - 2x + 1$. Bei der ersten Division mit Rest erhält man

$$x^3 - 1 = (x + 2)(x^2 - 2x + 1) + (3x - 3).$$

Bei der zweiten Division mit Rest erhält man

$$x^2 - 2x + 1 = \left(\frac{1}{3}x - \frac{1}{3}\right)(3x - 3),$$

also den Rest 0, sodass der ggT von $f(x)$ und $g(x)$ gleich $\frac{1}{\mathrm{Lt}(3x-3)} \cdot (3x - 3) = x - 1$ ist.

Auch der erweiterte ▶Euklidische Algorithmus 2.4.5 lässt sich (unter der Beachtung der Normierung am Ende) mühelos auf $\mathbb{K}[x]$ übertragen. Er liefert bei Eingabe von $f(x)$ und $g(x)$ eine **Vielfachsummendarstellung** von deren ggT, also zwei Polynome $a(x)$ und $b(x)$ mit

$$a(x)f(x) + b(x)g(x) = \mathrm{ggT}(f(x), g(x)).$$

Mit $f(x) = x^3 - 1$ und $g(x) = x^2 - 2x + 1$ aus $\mathbb{Q}[x]$ wie im obigen ▶Beispiel 12.2.7 ergeben sich $a(x) := \frac{1}{3}$ und $b(x) = -(\frac{1}{3}x + \frac{2}{3})$. Da der erweiterte Euklidische Algorithmus auf $\mathbb{K}[x]$ u. a. für das Invertieren in Polynom-Restklassenringen (siehe Abschnitt 12.5) essenziell ist, sei er an dieser Stelle ebenfalls aufgeführt.

12.2 Arithmetische Eigenschaften von Polynomen

Algorithmus 12.2.8 **Erweiterter Euklidischer Algorithmus für Polynome**

- Eingabe: $f(x), g(x) \in \mathbb{K}[x]$ mit $f(x)g(x) \neq 0$
- Ausgabe: $d(x) = \mathrm{ggT}(f(x), g(x))$ und $a(x), b(x) \in \mathbb{K}[x]$ mit $a(x)f(x) + b(x)g(x) = d(x)$
- $s(x) := f(x), t(x) := g(x)$,
  $a(x) := 1, b(x) := 0, u(x) := 0, v(x) := 1$,
  $(* \; a(x)f(x) + b(x)g(x) = s(x), u(x)f(x) + v(x)g(x) = t(x) \; *)$
  while $t(x) \neq 0$ do
  $\quad q(x) := s(x) \operatorname{div} t(x)$,
  $\quad \rho(x) := s(x) - q(x)t(x), \; (* \; \rho(x) = s(x) \bmod t(x) \; *)$
  $\quad \xi(x) := a(x) - q(x)u(x)$,
  $\quad \eta(x) := b(x) - q(x)v(x)$,
  $\quad s(x) := t(x), t(x) := \rho(x)$,
  $\quad a(x) := u(x), b(x) := v(x), u(x) := \xi(x), v(x) := \eta(x)$
  $\quad (* \; a(x)f(x) + b(x)g(x) = s(x), u(x)f(x) + v(x)g(x) = t(x) \; *)$
  end-while,
  $(* \; s(x) = a(x)f(x) + b(x)g(x), u(x)f(x) + v(x)g(x) = t(x), \; *)$
  $(* \; t(x) = 0, s(x) = \mathrm{Lt}(s(x)) \cdot \mathrm{ggT}(f(x), g(x)) \; *)$
  $d(x) := \frac{1}{\mathrm{Lt}(s(x))} \cdot s(x), a(x) := \frac{1}{\mathrm{Lt}(s(x))} \cdot a(x), b(x) := \frac{1}{\mathrm{Lt}(s(x))} \cdot b(x)$,
  Ausgabe von $a(x), b(x), d(x)$.

E Irreduzibilität und Faktorisierbarkeit Wir betrachten nun die Zerlegung von Polynomen in das Produkt unzerlegbarer Bausteine. Dazu definieren wir zuerst die Analoga von Primzahlen im Ring der Polynome.

Definition 12.2.9 Ein Polynom $f(x)$ mit $\deg(f) \geq 1$ heißt **irreduzibel** oder **unzerlegbar**, wenn aus $f(x) = a(x)b(x)$ folgt, dass $a(x) \in \mathbb{K}^*$ oder $b(x) \in \mathbb{K}^*$, also a oder b konstant ist.

Ein spezieller Typ von irreduziblen Polynomen sind diejenigen vom Grade 1. Ein normiertes Polynom vom Grade 1 nennt man einen **Linearfaktor**. Diese haben also die Form $x - \lambda$ mit $\lambda \in \mathbb{K}$. Aus $a(x)b(x) = x - \lambda$ folgt nämlich $\deg(f) = 0$ oder $\deg(g) = 0$, also $f \in \mathbb{K}^*$ oder $g \in \mathbb{K}^*$.

In Analogie zu ▶Proposition 2.2.4 (welches den Ring $\mathbb{Z}$ der ganzen Zahlen betrifft) gilt, dass jedes nicht konstante Polynom aus $\mathbb{K}[x]$ wenigstens einen irreduziblen (monischen) Teiler hat. Diese Aussage folgt durch Induktion über den Grad des zugrunde liegenden Polynoms. Entsprechend zu ▶Satz 2.2.10 zeigt man dann weiter die Existenz und Eindeutigkeit einer **Zerlegung von Polynomen in irreduzible Faktoren**, welches man auch die *Faktorisierung von Polynomen* nennt.

> **Satz 12.2.10   Faktorisierung von Polynomen**
>
> Ist $f(x) \in \mathbb{K}[x]$ ein Polynom mit Grad mindestens 1, so gibt es eindeutige, paarweise verschiedene, monische und irreduzible Polynome $s_1(x), \ldots, s_l(x)$ sowie natürliche Zahlen $a_1, \ldots, a_l \geq 1$ mit
>
> $$f(x) = \mathrm{Lc}(f) \cdot \prod_{j=1}^{l} s_j(x)^{a_j}.$$

Es ist zu bemerken, dass die Gestalt der Faktorisierung, also die Grade bzw. die Anzahl der irreduziblen Faktoren und deren Vielfachheiten, im Wesentlichen vom zugrunde liegenden Körper abhängen. Hierzu geben wir ohne Beweise einige Beispiele.

1. Beim Körper $\mathbb{C}$ der komplexen Zahlen sind die monischen irreduziblen Polynome genau die Linearfaktoren; das bedeutet, dass jedes Polynom aus $\mathbb{C}[x]$ mit Grad mindestens 1 eine Nullstelle in $\mathbb{C}$ hat. Man sagt dazu, dass $\mathbb{C}$ **algebraisch abgeschlossen** ist. Letzteres findet man in der Literatur auch unter dem Stichwort „Fundamentalsatz der Algebra", siehe [17], worauf wir schon zu Beginn von Abschnitt 6.6 hingewiesen haben.

2. Neben den Linearfaktoren gibt es über dem Körper $\mathbb{R}$ der reellen Zahlen auch (monische) irreduzible Polynome vom Grade 2, etwa $x^2 + 1$. Es gibt aber keine irreduziblen Polynome in $\mathbb{R}[x]$, deren Grad mindestens 3 ist.

3. In $\mathbb{Q}[x]$ gibt es zu jedem $n \in \mathbb{N}^*$ irreduzible Polynome vom Grade n. Beispielsweise ist $x^n - p$ irreduzibel in $\mathbb{Q}[x]$ für jede Primzahl p.

4. Liegt der binäre Körper $\mathbb{Z}_2$ zugrunde (oder ein anderer Restklassenkörper $\mathbb{Z}_p$), so gibt es ebenfalls zu jedem $n \in \mathbb{N}^*$ irreduzible Polynome vom Grade n.

Beispiel 12.2.11   Betrachten wir das Polynom $f(x) = x^4 - 4$ als konkretes Beispiel.

- Über $\mathbb{Q}$ zerfällt $f(x)$ vollständig in

$$f(x) = (x^2 - 2)(x^2 + 2).$$

Die beiden Polynome $x^2 - 2$ und $x^2 + 2$ sind irreduzibel über $\mathbb{Q}$, weil $\sqrt{2}$ nicht rational ist und weil $x^2 \geq 0$ für alle $x \in \mathbb{Q}$ gilt. Nun kann man wegen $\mathbb{Q} \subseteq \mathbb{R}$ aber $f(x)$ auch als Polynom aus $\mathbb{R}[x]$ ansehen, als solches kann es weiter in

$$f(x) = (x - \sqrt{2})(x + \sqrt{2})(x^2 + 2)$$

faktorisiert werden. Das Polynom $x^2 + 2$ bleibt auch über $\mathbb{R}$ irreduzibel, weil ja auch $x^2 \geq 0$ für jedes x aus $\mathbb{R}$ ist. Fassen wir schließlich $f(x)$ als Polynom aus $\mathbb{C}[x]$ auf (denn $\mathbb{R} \subseteq \mathbb{C}$), so erhalten wir als vollständige Faktorisierung

$$f(x) = (x - \sqrt{2})(x + \sqrt{2})(x - \sqrt{2}i)(x + \sqrt{2}i),$$

wobei $i = \sqrt{-1}$ die imaginäre Einheit ist.

■ Betrachtet man $f(x)$ als Polynom über dem Restklassenkörper $\mathbb{Z}_3$, so ist dies nach Reduktion der Koeffizienten zunächst gleich $x^4 - 1$ bzw. gleich $x^4 + 2$. Hier faktorisiert $f(x)$ daher in

$$f(x) = (x - 1)(x + 1)(x^2 + 1) \text{ bzw. } (x + 2)(x + 1)(x^2 + 1),$$

weil $x^2 + 1 = 0$ keine Lösung in $\mathbb{Z}_3$ hat, zerfällt dieses Polynom nicht weiter. ■

12.3 Auswertung und Nullstellen

A **Was versteht man unter der Auswertung eines Polynoms?** In diesem Abschnitt werden wir einen wichtigen Spezialfall der Division mit Rest diskutieren, nämlich das Auswerten von Polynomen an Elementen aus $\mathbb{K}$.

Allgemeiner wird das Konzept des Auswertens von Polynomen aber auch an Elementen aus einer $\mathbb{K}$-Algebra $\mathcal{A}$ ausgeführt. Ist nämlich $\mathcal{A}$ eine $\mathbb{K}$-Algebra mit Einselement e und ist $a \in \mathcal{A}$, so ist (für jedes $n \in \mathbb{N}$) auch a^n, das n-fache Produkt von a mit sich selbst, wieder ein Element von $\mathcal{A}$ (dabei ist $a^0 = e$ und $a^1 = a$). Sind ferner $\lambda_k \in \mathbb{K}$ irgendwelche Koeffizienten, so ist auch $\sum_{k=0}^{n} \lambda_k a^k$ in $\mathcal{A}$ enthalten. Dies führt uns zu folgender Definition.

Definition 12.3.1 Es sei $\mathcal{A}$ eine $\mathbb{K}$-Algebra und $a \in \mathcal{A}$. Für jedes Polynom $f(x) = \sum_{i=0}^{\deg(f)} f_i x^i$ aus $\mathbb{K}[x]$ ist dann das Element $f(a)$ aus $\mathcal{A}$ definiert durch

$$f(a) := \sum_{i=0}^{\deg(f)} f_i a^i.$$

Man nennt $f(a)$ die **Auswertung** bzw. die **Evaluation** von f an der Stelle a. Ist $f(a) = 0$, so nennt man a eine **Nullstelle von f in $\mathcal{A}$**.

Beim Nullpolynom (welches wir früher mit η bezeichnet haben) ist $\eta(a) := 0$ für jedes $a \in \mathcal{A}$. Ist $f(x) = f_0 = f_0 x^0$ ein konstantes Polynom, so ist $f(a) = f_0 a^0 = f_0 e$ für jedes

$a \in \mathcal{A}$. Aufgrund der Möglichkeit einer Auswertung induziert also *jedes* Polynom $f(x)$ aus $\mathbb{K}[x]$ für *jede* $\mathbb{K}$-Algebra $\mathcal{A}$ die durch

$$\Gamma_{\mathcal{A},f}: \mathcal{A} \to \mathcal{A}, \quad a \mapsto f(a) \tag{12.3.1}$$

definierte Abbildung. Häufig ist aber eine andere Art von **Auswertungs-** bzw. **Evaluationsabbildung** von Interesse, nämlich die „Variation des Polynoms bei festgehaltenem $a \in \mathcal{A}$":

$$\Omega_a: \mathbb{K}[x] \to \mathcal{A}, \quad f(x) \mapsto f(a) \tag{12.3.2}$$

Bezüglich der Auswertung diskutieren wir nun die wichtigsten Spezialfälle.

1. Zunächst ist $\mathbb{K}$ selbst eine $\mathbb{K}$-Algebra, sodass jedes $f(x)$ durch Auswertung an Stellen aus $\mathbb{K}$ eine Abbildung von $\mathbb{K}$ nach $\mathbb{K}$ beschreibt: $\Gamma_{\mathbb{K},f}(a) := f(a)$ für jedes $a \in \mathbb{K}$. In diesem Zusammenhang nennt man $\Gamma_{\mathbb{K},f}$ auch eine **Polynomfunktion**. Diese schreibt man, insbesondere in der Analysis bei $\mathbb{K} = \mathbb{R}$ oder $\mathbb{K} = \mathbb{C}$, einfach ebenfalls als $f(x)$.

2. In Verallgemeinerung zum ersten Punkt sei $\mathbb{L}$ ein Körper mit $\mathbb{K} \subseteq \mathbb{L}$. Dann ist $\mathbb{L}$ insbesondere eine $\mathbb{K}$-Algebra, weshalb man jedes Polynom aus $\mathbb{K}[x]$ an Stellen aus $\mathbb{L}$ auswerten kann. Ein solches $\mathbb{L}$ nennt man einen **Erweiterungskörper** von $\mathbb{K}$. So ist beispielsweise $\mathbb{C}$ eine $\mathbb{R}$-Algebra und ebenso eine $\mathbb{Q}$-Algebra, weshalb man komplexe Zahlen in Polynome mit Koeffizienten aus $\mathbb{Q}$ oder $\mathbb{R}$ einsetzen kann. Wegen $\mathbb{Q}[x] \subseteq \mathbb{R}[x]$ ist $\mathbb{R}$ natürlich auch eine $\mathbb{Q}$-Algebra.

3. Der Polynomring $\mathbb{K}[x]$ ist eine $\mathbb{K}$-Algebra. Zum Auswerten von $f(x)$ an einem Polynom $g(x)$ sagt man auch die **Verkettung von** $f(x)$ **mit** $g(x)$, also $f(g(x))$, was man auch als $f \circ g(x)$ bezeichnet. In diesem Zusammenhang sei erwähnt, dass die Schreibweise konsistent mit der Verkettung von Abbildungen ist, es gilt nämlich $\Gamma_{\mathbb{K}[x],f} \circ \Gamma_{\mathbb{K}[x],g} = \Gamma_{\mathbb{K}[x],f \circ g}$.

4. Für jedes $m \in \mathbb{N}^*$ ist die Matrix-Algebra $\mathbb{K}^{m,m}$ eine $\mathbb{K}$-Algebra. Man kann daher jedes Polynom $f(x)$ an jeder quadratischen Matrix A auswerten. Auf diesen Sachverhalt werden wir in Abschnitt 12.7 nochmals zu sprechen kommen, weil dies für das Studium linearer Abbildungen von besonderem Interesse ist.

Beispiel 12.3.2 Betrachten wir einige Beispiele zu diesen Bemerkungen. Es seien dazu $\mathbb{K} = \mathbb{Q}$ und $f(x) := x^2 + 3x - 7$.

1. Auswertung an der Stelle $\frac{3}{19} \in \mathbb{Q}$ ergibt

$$f\left(\frac{3}{19}\right) = \left(\frac{3}{19}\right)^2 + 3 \cdot \frac{3}{19} - 7 = -\frac{2347}{361}.$$

2. Auswertung von f an der Stelle $i + 1 \in \mathbb{C}$ liefert

$$f(i+1) = (i+1)^2 + 3(i+1) - 7 = i^2 + 2i + 1 + 3i + 3 - 7 = 5i - 4.$$

3. Es sei $g(x) := 2x^3 - 5x + 3 \in \mathbb{Q}[x]$. Dann liefert die Auswertung von f an g das Polynom

$$f(g(x)) = (2x^3 - 5x + 3)^2 + 3 \cdot (2x^3 - 5x + 3) - 7$$
$$= 4x^6 - 20x^4 + 18x^3 + 25x^2 - 45x + 11.$$

4. Es sei A die folgende Matrix aus $\mathbb{Q}^{3,3}$:

$$A = \begin{pmatrix} 3 & 1 & -2 \\ 0 & 4 & 1 \\ 5 & 2 & -1 \end{pmatrix}$$

Wertet man f an dieser Matrix A aus, so erhält man wegen $A^0 = E$, der Einheitsmatrix, $f(A) = A^2 + 3A - 7E$, also

$$f(A) = \begin{pmatrix} -1 & 3 & -3 \\ 5 & 18 & 3 \\ 10 & 11 & -7 \end{pmatrix} + \begin{pmatrix} 9 & 3 & -6 \\ 0 & 12 & 3 \\ 15 & 6 & -3 \end{pmatrix} - \begin{pmatrix} 7 & 0 & 0 \\ 0 & 7 & 0 \\ 0 & 0 & 7 \end{pmatrix}$$
$$= \begin{pmatrix} 1 & 6 & -9 \\ 5 & 23 & 6 \\ 25 & 17 & -17 \end{pmatrix}.$$

B Nullstellen bei Polynomen Die folgenden Ergebnisse sind sehr wichtig, da es um die **Auswertung von Polynomen an Elementen eines Körpers** geht, etwa an Stellen aus $\mathbb{K}$ selbst oder an Stellen aus einer Erweiterung $\mathbb{L}$ von $\mathbb{K}$.

Satz 12.3.3 Genau dann ist $\alpha \in \mathbb{K}$ eine Nullstelle von $f(x)$, wenn der Linearfaktor $x - \alpha$ ein Teiler von $f(x)$ ist.

Beweis Es seien $g(x) = x - \alpha$ der zu α gehörende Linearfaktor und $f(x) \in \mathbb{K}[x]$. Wir dividieren f durch g mit Rest und erhalten $f(x) = q(x) \cdot (x - \alpha) + r(x)$ mit $r(x) = 0$ oder $\deg(r(x)) < \deg(x - \alpha)$, also ist $r(x) \in \mathbb{K}$ ein konstantes Polynom. Ferner ist

$$f(\alpha) = q(\alpha) \cdot (\alpha - \alpha) + r(\alpha) = r(\alpha) = r(x),$$

sodass insgesamt $f(x) \bmod (x - \alpha) = r(x) = f(\alpha)$ ist, woraus die Behauptung folgt. ∎

Auch das folgende Ergebnis bezieht sich ausschließlich auf Nullstellen innerhalb eines **Körpers**.

Satz 12.3.4 Es sei $f(x) \in \mathbb{K}[x]$ ein Polynom, aber nicht das Nullpolynom. Dann hat f höchstens $\deg(f)$ Nullstellen in $\mathbb{K}$.

Beweis Man führt Induktion über den Grad des zu betrachtenden Polynoms durch. Die Behauptung ist sicher richtig, wenn f den Grad null hat, denn dann ist f ein konstantes Polynom aus $\mathbb{K}^*$ und hat somit keine Nullstellen, wegen $f(a) = f_0 \neq 0$ für alle a aus $\mathbb{K}$. Ist $\deg(f) = 1$, so hat f die Form $f(x) = \lambda x + \mu$ mit $\lambda \neq 0$ (und $\lambda, \mu \in \mathbb{K}$). Aus $f(a) = 0$ folgt dann eindeutig $a = -\frac{\mu}{\lambda}$, sodass f genau eine Nullstelle in $\mathbb{K}$ hat.

Es sei nun $\deg(f) \geq 1$ und $a \in \mathbb{K}$ sei eine Nullstelle von f. Nach ▶Satz 12.3.3 ist dann $f(x) = q(x)(x-a)$ mit $q(x) \in \mathbb{K}[x]$ und $\deg(q) = \deg(f) - 1$. Ist $b \in \mathbb{K}$ eine weitere Nullstelle von $f(x)$, so ist $0 = q(b)(b-a)$. Falls $b \neq a$, so muss $q(b) = 0$ sein, denn ein Körper ist ein Integritätsbereich (zur Erinnerung: ein Produkt ist dort genau dann gleich null, wenn wenigstens ein Faktor gleich null ist). Also ist b Nullstelle von $q(x)$. Mit Induktion über den Grad des zu betrachtenden Polynoms darf man annehmen, dass $q(x)$ höchstens $\deg(q)$ Nullstellen in $\mathbb{K}$ hat. Daher hat f maximal $\deg(q) + 1 = \deg(f)$ Nullstellen in $\mathbb{K}$. ∎

Man beachte, dass man in der Aussage des Satzes den Körper $\mathbb{K}$ durch einen beliebigen Körper $\mathbb{L}$ mit $\mathbb{K} \subseteq \mathbb{L}$ ersetzen kann, weil ja dann $\mathbb{K}[x] \subseteq \mathbb{L}[x]$ ist. Wir greifen in diesem Zusammenhang nochmals ▶Beispiel 12.2.11 auf:

$$f(x) = x^4 - 4 \in \mathbb{Q}[x]$$

Über $\mathbb{Q}$ zerfällt $f(x)$ vollständig in $(x^2 - 2)(x^2 + 2)$ und hat daher keine Nullstellen in $\mathbb{Q}$. Als Polynom aus $\mathbb{R}[x]$ hat f die Nullstellen $\sqrt{2}$ und $-\sqrt{2}$ und zerfällt daher in $f(x) = (x - \sqrt{2})(x + \sqrt{2})(x^2 + 2)$. Das Polynom $x^2 + 2$ bleibt auch über $\mathbb{R}$ irreduzibel. Über $\mathbb{C}$ hat schließlich auch dieses Polynom Nullstellen, nämlich $\sqrt{2}i$ und $-\sqrt{2}i$, weshalb dort $f(x) = (x - \sqrt{2})(x + \sqrt{2})(x - \sqrt{2}i)(x + \sqrt{2}i)$ die vollständige Faktorisierung von $f(x)$ ist. Daran erkennt man insbesondere sämtliche Nullstellen von $f(x)$.

> **Definition 12.3.5** Es sei $\mathbb{L}$ ein Erweiterungskörper von $\mathbb{K}$ und $a \in \mathbb{L}$ sei eine Nullstelle des Polynoms $f(x) \in \mathbb{K}[x]$, wobei $f(x)$ nicht das Nullpolynom sei. Dann nennt man die Zahl $k \in \mathbb{N}^*$, für die gilt $(x - a)^k$ teilt $f(x)$, aber $(x - a)^{k+1}$ teilt $f(x)$ nicht, die **Vielfachheit der Nullstelle** a in $f(x)$.

Allgemein ist die Anzahl der paarweise verschiedenen Nullstellen von $f(x)$ in $\mathbb{K}$ also höchstens gleich der Anzahl der paarweise verschiedenen irreduziblen Faktoren von $f(x)$ in $\mathbb{K}[x]$. Sie ist genau gleich der Anzahl der paarweise verschiedenen irreduziblen Linearfaktoren von $f(x)$ in $\mathbb{K}[x]$. Beispielsweise hat das Polynom

$$f(x) = x^{14} + 17x^{13} + 127x^{12} + 541x^{11} + 1409x^{10} + 2143x^9 + 1221x^8 - 1929x^7$$
$$- 4782x^6 - 3988x^5 - 248x^4 + 2384x^3 + 2144x^2 + 832x + 128$$

aus $\mathbb{Q}[x]$ wegen

$$f(x) = (x + 1)^5 \cdot (x - 1)^2 \cdot (x + 2)^7$$

nur drei paarweise verschiedene Nullstellen, nämlich −1 und 1 sowie −2, allerdings mit Vielfachheiten 5 bzw. 2 bzw. 7, was in der Summe dem Grad 14 von $f(x)$ entspricht.

C Zur Gleichheit zweier Polynome Zwei Polynome $f(x)$ und $g(x)$ aus $\mathbb{K}[x]$ sind (definitionsgemäß) gleich, wenn ihr Grad und sämtliche ihrer Koeffizienten übereinstimmen. In diesem Fall gilt natürlich auch $f(a) = g(a)$ für alle $a \in \mathbb{K}$ (bzw. für alle Elemente a einer $\mathbb{K}$-Algebra $\mathcal{A}$). Betrachtet man die Auswertung zweier Polynome $f(x)$ und $g(x)$ an Stellen eines Körpers, so gilt umgekehrt bereits Gleichheit $f(x) = g(x)$, falls die Auswertungen beider Polynome **an hinreichend endlich vielen Stellen** von $\mathbb{K}$ übereinstimmen. Das entsprechende Ergebnis nennen wir die Polynom-Methode. In der Aussage des folgenden Satzes darf die Menge S auch aus einem Erweiterungskörper $\mathbb{L}$ von $\mathbb{K}$ gewählt werden.

Satz 12.3.6   Polynom-Methode

Es sei $\mathbb{K}$ ein Körper. Es seien ferner $S \subseteq \mathbb{K}$ und $f(x), g(x) \in \mathbb{K}[x]$ und es gelte $f(s) = g(s)$ für jedes $s \in S$. Gilt weiter $\deg(f) < |S|$ und $\deg(g) < |S|$, so folgt $f(x) = g(x)$ und damit $f(a) = g(a)$ für alle $a \in \mathbb{K}$.

Beweis Das Polynom $f(x) - g(x)$ hat nach Voraussetzung höchstens den Grad $|S| - 1$ und andererseits mindestens die Nullstellenmenge S. Nach ▶Satz 12.3.4 muss dann $f(x) - g(x)$ das Nullpolynom sein, was $f(x) = g(x)$ bedeutet. ■

D Effiziente Auswertung: das Horner-Schema Wir wollen nun an das aus der Schule bekannte Horner-Schema[5] erinnern, mit dem das Auswerten von Polynomen effizient durchgeführt wird.

Algorithmus 12.3.7   Horner-Schema

- Eingabe: ein Polynom $f(x) = \sum_{i=0}^{k} f_i x^i \in \mathbb{K}[x]$ und $\alpha \in \mathbb{K}$
- Ausgabe: $f(\alpha)$
- $\lambda := f_k$, $l := 0$,
  $(* \ \lambda = \sum_{i=0}^{l} f_{k-i} \alpha^{l-i} \ *)$
  while $l < k$ do
      $l := l + 1$,
      $\lambda := \lambda \cdot \alpha + f_{k-l}$
      $(* \ \lambda = \sum_{i=0}^{l} f_{k-i} \alpha^{l-i} \ *)$
  end-while,
  $(* \ \lambda = \sum_{i=0}^{l} f_{k-i} \alpha^{l-i}, l = k, \lambda = f(\alpha) \ *)$
  Ausgabe von λ.

---

[5] William George Horner (1786–1837).

Beweis Es sind wieder die Kommentare zu verifizieren. Der erste Kommentar ist aufgrund der Initialisierung richtig. Annahme, bei irgendeinem Eintritt in die Schleife gilt die Beziehung $\lambda = \sum_{i=0}^{l} f_{k-i}\alpha^{l-i}$. Für den neuen Wert von λ ergibt sich dann

$$\begin{aligned}\lambda_{neu} = \alpha\lambda_{alt} + f_{k-(l+1)} &= \alpha \cdot \sum_{i=0}^{l} f_{k-i}\alpha^{l-i} + f_{k-(l+1)} \\ &= \sum_{i=0}^{l} f_{k-i}\alpha^{l+1-i} + f_{k-(l+1)}\alpha^{l+1-(l+1)} = \sum_{i=0}^{l+1} f_{k-i}\alpha^{l+1-i}.\end{aligned}$$

Damit gilt der Kommentar auch nach dem Schleifendurchlauf, womit die Korrektheit gezeigt ist. Die Terminierung ist ebenfalls klar, weil die Anzahl der Schleifendurchläufe durch den Grad des auszuwertenden Polynoms begrenzt ist. ∎

Im Hinblick auf die Komplexität ist zu bemerken, dass die eben beschriebene Auswertung auf der Formel

$$f(x) = (\ldots((f_k \cdot x + f_{k-1}) \cdot x + f_{k-2}) \cdot x + \ldots + f_1) \cdot x + f_0$$

beruht. In jedem der $k+1$ Schleifendurchgänge wird also eine Addition und eine Multiplikation in $\mathbb{K}$ durchgeführt.

Es folgt ein Beispiel zu ▶Algorithmus 12.3.7. Es sei $f(x) = 3x^5 - 2x^4 + 3 \in \mathbb{Q}[x]$. Wir wollen f an der Stelle $\alpha = 2$ auswerten. Dazu schreiben wir die Koeffizienten von f (beginnend beim Leitkoeffizienten) in eine Tabelle:

$f(x)$	3	−2	0	0	0	3
$\alpha = 2$						
	3					

Man multipliziert nun den unten stehenden Eintrag 3 mit $\alpha = 2$, was 6 ergibt und in der mittleren Zeile notiert wird. Im nächsten Schritt addiert man das Zwischenergebnis 6 zum nächsten Koeffizienten −2 und schreibt das Ergebnis 4 in die untere Zeile.

$f(x)$	3	−2	0	0	0	3
$\alpha = 2$		6				
	3	4				

Auf diese Weise fährt man fort und man erhält:

$f(x)$	3	−2	0	0	0	3
$\alpha = 2$		6	8	16	32	64
	3	4	8	16	32	67

Es folgt $f(2) = 67$, dem zuletzt berechneten Eintrag der Tabelle.

12.4 Interpolation

A Was versteht man unter Interpolation? Die Interpolation ist gewissermaßen die Umkehrung der Auswertung. Konkret geht es bei der Interpolation um die Lösung des folgenden Problems:

■ Gegeben seien l Punkte $(\alpha_1, \beta_1), \ldots, (\alpha_l, \beta_l)$ aus $\mathbb{K} \times \mathbb{K}$, wobei $\alpha_i \neq \alpha_j$ für $i \neq j$ gelte. Gesucht ist ein Polynom $g(x) \in \mathbb{K}[x]$ mit möglichst kleinem Grad und mit $g(\alpha_i) = \beta_i$ für alle $i = 1, \ldots, l$.

Die folgende Graphik zeigt das **Interpolationspolynom** (siehe ▶Definition 12.4.2 und ▶Satz 12.4.1)

$$-\frac{2}{15}x^4 + \frac{1}{6}x^3 + \frac{79}{30}x^2 - \frac{2}{3}x + 1$$

aus $\mathbb{R}[x]$ durch die fünf vorgegebenen (und als kleine Kreise eingezeichneten) Punkte

$(-4, 1), (-1, 4), (0, 1), (1, 3)$ und $(5, 1)$.

Dieses Polynom ist das eindeutige Polynom kleinsten Grades, welches durch diese Punkte geht.

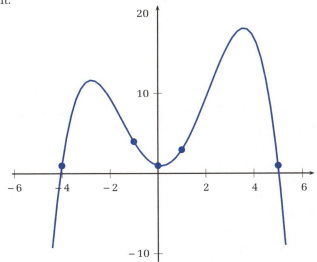

Betrachten wir in diesem Zusammenhang einen Sachverhalt aus der elementaren Geometrie.

1. Ist $l = 1$ und (α_1, β_1) der einzige zu interpolierende Punkt, so geschieht dies einfach durch das konstante Polynom $g(x) = \beta_1$, welches Grad null hat (bzw. -1, falls $\beta_1 = 0$).

2. Ist $l = 2$, so weiß man aus der Schule, dass durch je zwei Punkte genau eine Gerade geht. Es seien (α_1, β_1) sowie (α_2, β_2) die beiden zu interpolierenden Punkte. Der Ansatz $g(x) = \lambda x + \mu$ (mit „Steigung" λ und y-Achsenabschnitt μ) führt wegen

$g(\alpha_1) = \lambda\alpha_1 + \mu = \beta_1$ und $g(\alpha_2) = \lambda\alpha_2 + \mu = \beta_2$ zu

$$\lambda = \frac{\beta_2 - \beta_1}{\alpha_2 - \alpha_1} \quad \text{und} \quad \mu = \frac{\beta_1\alpha_2 - \beta_2\alpha_1}{\alpha_2 - \alpha_1}.$$

Man beachte bei diesen beiden Formeln die Symmetrie in den beiden Punkten (α_1, β_1) und (α_2, β_2) sowie die notwendige Voraussetzung $\alpha_1 \neq \alpha_2$. Der Grad von $g(x)$ ist höchstens gleich eins.

B Das Interpolationspolynom Es wird sich gleich herausstellen, dass solche Polynome g (wie in den eben betrachteten Beispielen bzw. Spezialfällen) stets existieren; man kann das Ganze als Problem der Linearen Algebra ansehen.

Satz 12.4.1 Es seien $\alpha_1, \ldots, \alpha_l \in \mathbb{K}$ paarweise verschieden und $\beta_1, \ldots, \beta_l \in \mathbb{K}$. Dann gibt es genau ein Polynom $g(x) \in \mathbb{K}[x]$ vom Grade höchstens $l - 1$ mit $g(\alpha_i) = \beta_i$ für jedes $i = 1, \ldots, l$.

Beweis Es bezeichne $\mathbb{K}[x]_{<l}$ die Menge aller Polynome $h(x)$ aus $\mathbb{K}[x]$ vom Grade höchstens $l - 1$. Diese bilden einen l-dimensionalen $\mathbb{K}$-Vektorraum, welcher von den Monomen $1, x, \ldots, x^{l-1}$ erzeugt wird. Die Abbildung

$$\Omega: \mathbb{K}[x]_{<l} \to \mathbb{K}^l, \quad h(x) \mapsto (h(\alpha_1), \ldots, h(\alpha_l)) \tag{12.4.1}$$

ist eine $\mathbb{K}$-lineare Abbildung, da ja $u(\alpha) + v(\alpha) = (u + v)(\alpha)$ und $\lambda u(\alpha) = (\lambda u)(\alpha)$ für alle Polynome u, v und jedes $\alpha \in \mathbb{K}$ gilt. Nun liegt $h(x)$ genau dann im Kern von Ω, d. h. $\Omega(h(x)) = (0, \ldots, 0)$, wenn jedes α_i Nullstelle von $h(x)$ ist. Wegen $\deg(h) \leq l - 1$ und da die α_i paarweise verschieden sind, kommt nach ▶Satz 12.3.4 nur das Nullpolynom als Element des Kerns von Ω in Frage. Das bedeutet wiederum, dass Ω injektiv ist.

Wegen $\dim(\mathbb{K}[x]_{<l}) = l = \dim(\mathbb{K}^l)$ ist Ω dann bereits bijektiv, also insbesondere surjektiv (siehe ▶Satz 11.3.2). Das bedeutet, dass es zu jedem l-Tupel $(\beta_1, \ldots, \beta_l)$ aus $\mathbb{K}^l$ ein Polynom $h(x)$ vom Grade höchstens $l - 1$ mit $\Omega(h(x)) = (\beta_1, \ldots, \beta_l)$ gibt, was $h(\alpha_i) = \beta_i$ für jedes $i = 1, \ldots, l$ bedeutet. Dieses Polynom $h(x)$ ist aufgrund der Bijektivität von Ω eindeutig. ∎

Definition 12.4.2 Man nennt das in der Situation von ▶Satz 12.4.1 existierende und eindeutige Polynom kleinsten Grades das **Interpolationspolynom** durch die angegebenen Punkte.

Schauen wir uns nochmals den Beweis von ▶Satz 12.4.1 an. Bezeichnet W die Darstellungsmatrix von Ω bzgl. der kanonischen Basen $1, x, \ldots, x^{l-1}$ von $\mathbb{K}[x]_{<l}$ und $e^1, \ldots, e^l$

12.4 Interpolation

von $\mathbb{K}^l$, so ist das Interpolationspolynom gleich $W^{-1}b$ mit $b = (\beta_1, \ldots, \beta_l)'$. Man könnte zur Lösung des Interpolationsproblems daher prinzipiell den Gauß-Algorithmus auf die Situation $(W|b)$ anwenden. Hierbei ist W zudem von besonderer Form, nämlich eine sog. **Vandermonde-Matrix**[6]:

$$W = \begin{pmatrix} 1 & \alpha_1 & \alpha_1^2 & \cdots & \alpha_1^{l-1} \\ 1 & \alpha_2 & \alpha_2^2 & \cdots & \alpha_2^{l-1} \\ \vdots & \vdots & \cdots & \vdots & \vdots \\ 1 & \alpha_l & \alpha_l^2 & \cdots & \alpha_l^{l-1} \end{pmatrix}$$

Jede Zeile einer Vandermonde-Matrix besteht aus fortlaufenden Potenzen eines Körperelementes α, beginnend bei $\alpha^0 = 1$. Beispielsweise ergibt sich über $\mathbb{Q}$ mit $l = 4$ und $(\alpha_1, \alpha_2, \alpha_3, \alpha_4) = (1, 2, 3, 4)$ die Matrix W zu

$$W = \begin{pmatrix} 1 & 1 & 1 & 1 \\ 1 & 2 & 4 & 8 \\ 1 & 3 & 9 & 27 \\ 1 & 4 & 16 & 64 \end{pmatrix}.$$

Weiter findet man zu $b' := (\beta_1, \beta_2, \beta_3, \beta_4) = (1, 4, 1, 7)$ die eindeutige Lösung g des Gleichungssystems $Wg = b$ durch

$$g = W^{-1}b = \begin{pmatrix} 4 & -6 & 4 & -1 \\ -13/3 & 19/2 & -7 & 11/6 \\ 3/2 & -4 & 7/2 & -1 \\ -1/6 & 1/2 & -1/2 & 1/6 \end{pmatrix} \cdot \begin{pmatrix} 1 \\ 4 \\ 1 \\ 7 \end{pmatrix} = \begin{pmatrix} -23 \\ 79/2 \\ -18 \\ 5/2 \end{pmatrix},$$

was aufgrund der Reihenfolge $1, x, x^2, x^3$ der Monombasis dem Interpolationspolynom $\frac{5}{2}x^3 - 18x^2 + \frac{79}{2}x - 23$ durch die vier Punkte $(1, 1), (2, 4), (3, 1)$ und $(4, 7)$ aus $\mathbb{Q}^2$ entspricht.

C Die Interpolationsformel nach Lagrange Für die Bestimmung des Interpolationspolynoms gibt es nun aber zwei alternative Ansätze, die nicht vom Gauß-Algorithmus Gebrauch machen und die wir beide diskutieren werden. Der erste ist die sog. Lagrange-Interpolationsformel. Es werden hierbei die Urbilder der kanonischen Basisvektoren $e^1, \ldots, e^l$ explizit angegeben, allerdings nicht anhand deren Koeffizienten, was der Darstellung bzgl. der Monombasis $1, x, \ldots, x^{l-1}$ entspräche, sondern in **faktorisierter Form**. Die genaue Aussage ist wie folgt:

Satz 12.4.3 Lagrange-Interpolationsformel

Es seien $\alpha_1, \ldots, \alpha_l$ paarweise verschiedene Stellen aus $\mathbb{K}$. Für $k = 1, \ldots, l$ sei das Polynom $\lambda_k(x) \in \mathbb{K}[x]$ vom Grade $l - 1$ definiert durch

$$\lambda_k(x) := \prod_{\substack{t=1 \\ t \neq k}}^{l} \frac{x - \alpha_t}{\alpha_k - \alpha_t}. \qquad (12.4.2)$$

---

[6] Alexandre-Théophile Vandermonde (1735–1796).

Dann gelten:

(1) Mit Ω aus (12.4.1) ist $\Omega(\lambda_k(x)) = e^k$ für jedes $k = 1, \ldots, l$.

(2) Sind $\beta_1, \ldots, \beta_l$ Elemente aus $\mathbb{K}$, so ist

$$g(x) = \sum_{k=1}^{l} \beta_k \lambda_k(x)$$

das Interpolationspolynom durch die Punkte $(\alpha_1, \beta_1), \ldots, (\alpha_l, \beta_l)$.

Beweis

(1) Gemäß Definition der Polynome $\lambda_k(x)$ gilt $\lambda_k(\alpha_t) = 0$ falls $t \neq k$, und $\lambda_k(\alpha_k) = 1$ (für jedes $k = 1, \ldots, t$). Das ist gleichbedeutend mit $\Omega(\lambda_k(x)) = e^k$ für jedes k.

(2) Aufgrund der Linearität von Ω aus (12.4.1), dem Beweis von ▶Satz 12.4.1, ist daher

$$\Omega(g(x)) = \Omega\left(\sum_{k=1}^{l} \beta_k \lambda_k(x)\right) = \sum_{k=1}^{l} \beta_k \Omega(\lambda_k(x)) = \sum_{k=1}^{l} \beta_k e^k = (\beta_1, \ldots, \beta_l).$$

Man beachte weiter, dass der Grad von $g(x)$ höchstens gleich $l-1$ ist, weil der Grad eines jeden $\lambda_k(x)$ gleich $l-1$ ist. Damit ist $g(x)$ in der Tat das gesuchte Interpolationspolynom. ∎

Definition 12.4.4 Im Zusammenhang mit dem Interpolationsproblem nennt man bei gegebenen Stellen $\alpha_1, \ldots, \alpha_l$ aus $\mathbb{K}$ die Polynome $\lambda_k(x)$ (für $k = 1, \ldots, l$) die zugehörigen **Lagrange-Polynome**.

Die Lagrange-Polynome bilden (wie auch $1, x, \ldots, x^{l-1}$) eine Basis des Raumes $\mathbb{K}[x]_{<l}$. Betrachten wir als Beispiel zu ▶Satz 12.4.3 nochmals die vier zu interpolierenden Punkte $(1, 1), (2, 4), (3, 1)$ und $(4, 7)$ des $\mathbb{Q}^2$. Die zugehörigen Lagrange-Polynome entsprechen hier gerade den Spalten der am Ende von Paragraph B berechneten Matrix W^{-1}, nämlich:

$$\lambda_1(x) = \frac{x-2}{1-2} \cdot \frac{x-3}{1-3} \cdot \frac{x-4}{1-4} = -\frac{1}{6} \cdot (x^3 - 9x^2 + 26x - 24)$$
$$= -\frac{1}{6}x^3 + \frac{3}{2}x^2 - \frac{13}{3}x + 4$$

$$\lambda_2(x) = \frac{x-1}{3-1} \cdot \frac{x-2}{3-2} \cdot \frac{x-4}{3-4} = \frac{1}{2} \cdot (x^3 - 8x^2 + 19x - 12)$$

$$\lambda_3(x) = \frac{x-1}{2-1} \cdot \frac{x-3}{2-3} \cdot \frac{x-4}{2-4} = -\frac{1}{2} \cdot (x^3 - 7x^2 + 14x - 8)$$

$$\lambda_4(x) = \frac{x-1}{4-1} \cdot \frac{x-2}{4-2} \cdot \frac{x-3}{4-3} = \frac{1}{6} \cdot (x^3 - 6x^2 + 11x - 6)$$

Als Interpolationspolynom erhält man bei diesem Beispiel daher erneut

$$g(x) = \beta_1 \lambda_1(x) + \beta_2 \lambda_2(x) + \beta_3 \lambda_3(x) + \beta_4 \lambda_4(x)$$
$$= \lambda_1(x) + 4\lambda_2(x) + \lambda_3(x) + 7\lambda_4(x)$$
$$= \frac{5}{2}x^3 - 18x^2 + \frac{79}{2}x - 23.$$

Bei der Interpolation zweier Punkte (α_1, β_1) und (α_2, β_2) ergibt sich

$$\lambda_1(x) = \frac{x - \alpha_2}{\alpha_1 - \alpha_2} \quad \text{und} \quad \lambda_2(x) = \frac{x - \alpha_1}{\alpha_2 - \alpha_1}$$

und daher

$$g(x) = \frac{-\beta_1(x - \alpha_2) + \beta_2(x - \alpha_1)}{\alpha_2 - \alpha_1}.$$

D Die Interpolation nach Newton Alternativ kann das Interpolationsproblem mithilfe der Newton-Interpolationsformel[7] gelöst werden. Hierbei wird das Interpolationspolynom iterativ bestimmt, indem sukzessive ein weiterer Punkt interpoliert wird, bis alle Punkte berücksichtigt sind. Wir formulieren das Hauptergebnis als Algorithmus.

Algorithmus 12.4.5   Newton-Interpolationsformel

- Eingabe: $\alpha_1, \ldots, \alpha_l \in \mathbb{K}$ paarweise verschieden sowie $\beta_1, \ldots, \beta_l \in \mathbb{K}$

- Ausgabe: das Interpolationspolynom $g(x)$

- Setze $h(x) := x - \alpha_1$,
  setze $k := 1$ und $g(x) := \beta_k$,
  (* $h(x) = \prod_{j=1}^{k}(x - \alpha_j)$ sowie $g(\alpha_j) = \beta_j$ für alle $j \le k$ und $\deg(g) < k$ *)
  while $k < l$ do
      setze $g(x) := g(x) + \frac{\beta_{k+1} - g(\alpha_{k+1})}{h(\alpha_{k+1})} \cdot h(x)$,
      setze $h(x) := h(x) \cdot (x - \alpha_{k+1})$,
      setze $k := k + 1$
  end-while,
  (* $h(x) = \prod_{j=1}^{l}(x - \alpha_j)$ sowie $g(\alpha_j) = \beta_j$ für alle $j \le l$ und $\deg(g) < l$ *)
  Ausgabe von $g(x)$.

---

[7] Isaac Newton (1643–1727).

Beweis Zum Nachweis der Korrektheit sind wieder die Kommentare zu verifizieren. Gemäß Initialisierung gilt der erste Kommentar. Wir nehmen (induktiv) an, dass der Kommentar bei irgendeinem Eintritt in die Schleife gültig ist, i. e. $h(x) = \prod_{j=1}^{k}(x - \alpha_j)$ und $g(\alpha_j) = \beta_j$ für alle $j \leq k$ sowie $\deg(g) < k$. Es sei nun

$$g_{neu}(x) := g_{alt}(x) + \frac{\beta_{k+1} - g_{alt}(\alpha_{k+1})}{h_{alt}(\alpha_{k+1})} \cdot h_{alt}(x).$$

Wegen $h_{alt}(\alpha_j) = 0$ für jedes $j \leq k$ ist dann $g_{neu}(\alpha_j) = g_{alt}(\alpha_j) = \beta_j$ für jedes $j \leq k$. An der Stelle α_{k+1} ist weiter

$$\begin{aligned} g_{neu}(\alpha_{k+1}) &= g_{alt}(\alpha_{k+1}) + \frac{\beta_{k+1} - g_{alt}(\alpha_{k+1})}{h_{alt}(\alpha_{k+1})} \cdot h_{alt}(\alpha_{k+1}) \\ &= g_{alt}(\alpha_{k+1}) + \beta_{k+1} - g_{alt}(\alpha_{k+1}) \\ &= \beta_{k+1}. \end{aligned}$$

Damit ist die Korrektheit erwiesen. Die Terminierung ist offensichtlich. ■

Zur Verdeutlichung des Algorithmus betrachten wir nochmals die Daten $\alpha_1 = 1$, $\alpha_2 = 2$, $\alpha_3 = 3$ und $\alpha_4 = 4$ sowie $\beta_1 = 1$, $\beta_2 = 4$, $\beta_3 = 1$ und $\beta_4 = 7$ über $\mathbb{Q}$. Die Anwendung der Newton-Interpolationsformel liefert sukzessive folgende Polynome:

$$g_1(x) = 1$$

$$\begin{aligned} g_2(x) &= g_1(x) + \frac{\beta_2 - g_1(\alpha_2)}{h_1(\alpha_2)} \cdot h_1(x) = 1 + \frac{4-1}{2-1} \cdot (x-1) \\ &= 1 + 3(x-1) = 3x - 2 \end{aligned}$$

$$\begin{aligned} g_3(x) &= g_2(x) + \frac{\beta_3 - g_2(\alpha_3)}{h_2(\alpha_3)} \cdot h_2(x) \\ &= 3x - 2 + \frac{1-7}{(3-1)(3-2)} \cdot (x-1)(x-2) \\ &= 3x - 2 + -3(x-1)(x-2) = -3x^2 + 12x - 8 \end{aligned}$$

$$\begin{aligned} g_4(x) &= g_3(x) + \frac{\beta_4 - g_3(\alpha_4)}{h_3(\alpha_4)} \cdot h_3(x) \\ &= -3x^2 + 12x - 8 + \frac{7-(-8)}{(4-1)(4-2)(4-3)} \cdot (x-1)(x-2)(x-3) \\ &= -3x^2 + 12x - 8 + \frac{5}{2}(x-1)(x-2)(x-3) \\ &= \frac{5}{2}x^3 - 18x^2 + \frac{79}{2}x - 23 \end{aligned}$$

E Interpolation und Chinesischer Restsatz Zum Ende dieses Abschnitts wollen wir auf die Analogie zwischen dem Chinesischen Restsatz (siehe Abschnitt 7.6) und der Interpolation aufmerksam machen. Für paarweise verschiedene $\alpha_1, \ldots, \alpha_l$ aus $\mathbb{K}$ sind nämlich die Linearfaktoren $x - \alpha_i$ und $x - \alpha_j$ für $i \neq j$ teilerfremd, sodass mit $x - \alpha_1, \ldots, x - \alpha_l$ ein **relativ primes Polynom-Restsystem** vorliegt. Die Abbildung

$$\hat{\Omega} \colon \mathbb{K}[x] \to \mathbb{K}^l, \quad f(x) \mapsto (f(\alpha_1), \ldots, f(\alpha_l))$$

erfüllt (siehe den Beweis von ▶Satz 12.3.3) gerade

$$\hat{\Omega}(f(x)) = (f(x) \bmod (x - \alpha_1), \ldots, f(x) \bmod (x - \alpha_l)),$$

woran man sieht, dass es sich bei $\hat{\Omega}$ sogar um einen Homomorphismus von $\mathbb{K}$-Algebren handelt, wenn man $\mathbb{K}^l$ mit der punktweisen Multiplikation versieht. Dieser Homomorphismus ist surjektiv und der Kern von $\hat{\Omega}$ ist das Ideal, welches vom kleinsten gemeinsamen Vielfachen der Polynome $x - \alpha_1, \ldots, x - \alpha_l$ erzeugt wird. Da diese Polynome paarweise relativ prim sind, ist deren kleinstes gemeinsames Vielfache gleich $h(x) := \prod_{i=1}^{l}(x - \alpha_i)$. Ist nun $g(x)$ das Interpolationspolynom durch die Punkte $(\alpha_1, \beta_1), \ldots, (\alpha_l, \beta_l)$, so ist weiter

$$\hat{\Omega}^{-1}((\beta_1, \ldots, \beta_l)) = \{g(x) + f(x)h(x) \colon f(x) \in \mathbb{K}[x]\}$$

die Menge aller Polynome, die die vorgegebenen Punkte interpolieren.

12.5 Polynom-Restklassen und zyklische Codes

A Rechnen modulo einem Polynom Mit dem Ende des letzten Abschnitts wurde das Thema des hiesigen Abschnitts, nämlich das Rechnen mit Restklassen von Polynomen, bereits vorweggenommen. Nach ▶Satz 8.4.2 aus Abschnitt 8.4-A wissen wir, dass die Ideale eines allgemeinen Ringes den Kongruenzrelationen auf diesem Ring entsprechen. Der uns zugrunde liegende Ring ist hier nun der Hauptidealbereich $\mathbb{K}[x]$. Für ein Ideal I von $\mathbb{K}[x]$ ist die zugehörige Relation zunächst durch

$$f(x) \equiv_I g(x) \colon \Leftrightarrow f(x) - g(x) \in I$$

gegeben. Da hier jedes I von der Form $\mathbb{K}[x]u(x)$, also ein Hauptideal ist, bedeutet die Kongruenz von f und g modulo I, dass $u(x)$ Teiler von $f(x) - g(x)$ ist. Das ist wiederum damit gleichbedeutend, dass $f(x) \bmod u(x) = g(x) \bmod u(x)$ gilt. Der ▶Divisionsalgorithmus 12.2.3 bietet daher (wie bereits im Ring $\mathbb{Z}$ der ganzen Zahlen) die konkrete Handhabung des Rechnens mit Äquivalenzklassen modulo I, wobei es sich erneut um **Restklassen** handelt.

Ist weiter $n = \deg(u(x))$, so ist $\mathbb{K}[x]_{<n}$, die Menge aller Polynome mit Grad $< n$, ein kanonisches Repräsentantensystem, auf dem durch Addition und Multiplikation modulo $u(x)$ eine Ringstruktur gegeben ist. Dieser Ring wird auch mit $\mathbb{K}[x]/(u(x))$ bezeichnet; die aus dem modularen Rechnen mit ganzen Zahlen gebräuchlichen Schreibweisen übertragen sich auch auf diese Situation.

Polynome

B Restklassenkörper bei Polynomen Wir erinnern daran, dass Primzahlen in $\mathbb{Z}$ zu den Restklassenkörpern $\mathbb{Z}_p$ geführt haben (▶Satz 7.1.8). Wir wollen hier nun die entsprechende Situation für Polynome betrachten. Für zwei Ideale $I = \mathbb{K}[x]u(x)$ und $J = \mathbb{K}[x]v(x)$ gilt $I \subseteq J$ genau dann, wenn $v(x)$ Teiler von $u(x)$ ist. Das heißt, dass die durch $\subseteq$ gegebene partielle Ordnung auf Idealen von $\mathbb{K}[x]$ genau der Umkehrung der Teilbarkeitsordnung auf der Menge der monischen Polynome entspricht. Insbesondere gilt:

> **Satz 12.5.1** Genau dann ist $I = \mathbb{K}[x]u(x)$ ein maximales Ideal in $\mathbb{K}[x]$ und damit der Restklassenring $\mathbb{K}[x]/(u(x))$ ein Körper, wenn $u(x)$ irreduzibel ist.

Ist $u(x)$ monisch und irreduzibel vom Grade n in $\mathbb{K}[x]$, so nennt man den Restklassenkörper $\mathbb{L} := \mathbb{K}[x]/(u(x))$ eine **n-dimensionale Körpererweiterung** von $\mathbb{K}$. Dies ist dadurch gerechtfertigt, dass $\mathbb{L}$ einerseits als $\mathbb{K}$-Vektorraum die Dimension n hat und andererseits mit den Restklassen von konstanten Polynomen einen zu $\mathbb{K}$ isomorphen Teilkörper enthält (der einfach mit $\mathbb{K}$ identifiziert wird).

Fazit: Durch das Auffinden von irreduziblen Polynomen in $\mathbb{K}[x]$ kann man über die Restklassenbildung Erweiterungskörper und damit insbesondere Beispiele von Körpern konstruieren. Betrachten wir also hierzu einige Beispiele.

1. Das Polynom $x^2 + 1$ ist irreduzibel in $\mathbb{R}[x]$, sodass $\mathbb{R}[x]/(x^2 + 1)$ eine zweidimensionale Körpererweiterung ist. In diesem Körper rechnet man wie folgt: Die Elemente entsprechen den Polynomen mit Grad höchstens 1. Sind $bx + a$ und $dx + c$ zwei solche Polynome, so ist

$$(bx + a) + (dx + c) = (b + d)x + (a + c)$$
$$\equiv (b + d)x + (a + c) \bmod (x^2 + 1)$$

und

$$(bx + a)(dx + c) = bdx^2 + (ad + bc)x + ac$$
$$\equiv (ad + bc)x + (ac - bd) \bmod (x^2 + 1),$$

da ja $x^2 \equiv -1 \bmod (x^2 + 1)$ ist. Bezüglich der kanonischen Basis $1, x$ von $\mathbb{R}[x]/(x^2 + 1)$ liest sich die Multiplikationsregel wie folgt:

$$(a, b)(c, d) = (ac - bd, ad + bc)$$

Das entspricht genau der Multiplikation komplexer Zahlen; in der Tat handelt es sich bei $\mathbb{R}[x]/(x^2 + 1)$ um einen Körper, der isomorph zum Körper $\mathbb{C}$ der komplexen Zahlen ist! Ist nämlich i die imaginäre Einheit von $\mathbb{C}$, so liefert die Auswertung an der Stelle i einen surjektiven Ring-Homomorphismus

$$\Omega_i \colon \mathbb{R}[x] \to \mathbb{C}, \quad f(x) \mapsto f(i),$$

dessen Kern von $x^2 + 1$ erzeugt wird. Die induzierte Abbildung

$$\mathbb{R}[x]/(x^2 + 1) \to \mathbb{C}, \ f(x) \bmod (x^2 + 1) \mapsto f(i)$$

ist nach dem Homomorphiesatz für Ringe (Abschnitt 8.5-C) dann ein Ring-Isomorphismus.

2. Da das Polynom $x^2 + 1$ rationale Koeffizienten hat, kann man, ausgehend von $\mathbb{Q}$, entsprechend eine zweidimensionale Erweiterung $\mathbb{Q}[x]/(x^2 + 1)$ von $\mathbb{Q}$ konstruieren. Dabei handelt es sich um den sog. **Gauß'schen Zahlkörper**.

3. Ist p eine Primzahl mit $p \equiv 3 \bmod 4$, so ist $x^2 + 1$ irreduzibel in $\mathbb{Z}_p[x]$ (der Nachweis sei als Übung gestellt). Für all diese p ist dann $\mathbb{Z}_p[x]/(x^2 + 1)$ eine zweidimensionale Körpererweiterung von $\mathbb{Z}_p$, also ein endlicher Körper mit p^2 Elementen.[8]

4. Als weiteres Beispiel sei (ohne Beweis) erwähnt, dass für jede Primzahl p das Polynom

$$\Phi_p(x) := x^{p-1} + x^{p-2} + \ldots + x^2 + x + 1$$

irreduzibel über den rationalen Zahlen $\mathbb{Q}$ ist, sodass $\mathbb{Q}[x]/(\Phi_p(x))$ eine $(p-1)$-dimensionale Erweiterung von $\mathbb{Q}$ ergibt. Man nennt $\Phi_p(x)$ das *p*-te **Kreisteilungspolynom** und $\mathbb{Q}[x]/(\Phi_p(x))$ den *p*-ten **Kreisteilungskörper**.

C Zyklische Codes Die Anwendungen des modularen Rechnens mit Polynomen sind ebenso weitreichend wie das Pendant mit ganzen Zahlen, wobei insbesondere wieder der Bereich der **algebraischen Codierungstheorie** zu nennen ist. Wir wollen diesbezüglich hier kurz die zyklischen Codes erwähnen, die besonders bei der Codierung von Compact Discs und bei der Datenübertragung in Computer-Netzwerken verwendet werden, weil sie nämlich fähig sind, gewisse **Fehlerbündel** zu erkennen (wie sie etwa bei Kratzern auf CDs auftreten). Dazu sei $\mathbb{F}$ ein Körper mit endlich vielen Elementen.

Definition 12.5.2 Es sei C ein Teilraum von $\mathbb{F}^n$, also ein linearer Code der Länge n über $\mathbb{F}$. Man nennt C einen **zyklischen Code**, falls gilt:
Aus $(c_0, c_1, c_2, \ldots, c_{n-1}) \in C$ folgt $(c_{n-1}, c_0, c_1, \ldots, c_{n-2}) \in C$.

Das bedeutet, dass ein zyklischer Code invariant unter der zyklischen Rechtsverschiebung der Koordinaten ist, wobei die letzte Koordinate nach der Verschiebung zur ersten Koordinate wird. Beispielsweise liefert eine solche Verschiebung bei $(4, 2, 5, 6, -3)$ das Resultat $(-3, 4, 2, 5, 6)$. Im Rahmen des Studiums zyklischer Codes ist es überaus sinnvoll, die Koordinaten von 0 an bis $n - 1$ durchzunummerieren, weil nämlich jeder

---

[8] Es sei ausdrücklich betont, dass es sich dabei **nicht** um den Restklassenring $\mathbb{Z}_{p^2}$ handelt, denn Letzterer ist **kein** Körper.

Vektor c des $\mathbb{F}^n$ einfach als entsprechendes Polynom $c(x)$ vom Grade höchstens $n-1$ angesehen wird:

$$\mathbb{F}^n \to \mathbb{F}[x]_{<n}, \quad (c_0, c_1, \ldots, c_{n-1}) \mapsto c_0 + c_1 x + \ldots + c_{n-1} x^{n-1}$$

Der Vektorraum $\mathbb{F}[x]_{<n}$ aller Polynome aus $\mathbb{F}[x]$ von Grad kleiner als n wird nun weiter als Faktorring

$$R := \mathbb{F}[x]/(x^n - 1)$$

nach dem von $x^n - 1$ erzeugten Ideal betrachtet. Jedes $c(x)$ vom Grade höchstens $n-1$ ist entsprechend ein kanonischer Repräsentant modulo dem von $x^n - 1$ erzeugten Ideal in $\mathbb{F}[x]$. Ein zyklischer Code C ist insofern ein $\mathbb{F}$-Teilraum von R, der die Eigenschaft

$$c(x) \in C \implies x \cdot c(x) \bmod x^n - 1 \in C$$

erfüllt, denn eine Multiplikation mit x modulo $x^n - 1$ bewirkt wegen $x^n \equiv 1 \bmod x^n - 1$ nichts anderes als eine zyklische Rechtsverschiebung der Koordinaten gemäß ▶Definition 12.5.2. Man sieht leicht, dass aufgrund dieser Bedingung sogar gilt:

$$c(x) \in C, f(x) \in \mathbb{F}[x] \implies f(x) \cdot c(x) \bmod x^n - 1 \in C,$$

sodass ein solcher zyklischer Code ein Ideal in dem Restklassenring R ist.

Ein grundlegendes Ergebnis der Algebra besagt, dass jedes Ideal $\hat{I}$ in R ein-eindeutig einem Ideal I in $\mathbb{F}[x]$ entspricht, welches das Polynom $x^n - 1$ enthält. Diese Ideale I werden genau von den monischen Teilern von $x^n - 1$ aus $\mathbb{F}[x]$ erzeugt, sodass also insgesamt die zyklischen Codes der Länge n über $\mathbb{F}$ durch die monischen Teiler von $x^n - 1$ aus $\mathbb{F}[x]$ beschrieben werden. Der zu $g(x) | x^n - 1$ gehörende zyklische Code ist

$$C_g := \{f(x) g(x) \bmod x^n - 1 : f(x) \in \mathbb{F}[x]\}.$$

Die Dimension von C_g ist gleich $n - \deg(g)$. Man nennt $g(x)$ das **Generatorpolynom des Codes** C_g.

Beispiel 12.5.3 Betrachten wir als Beispiel den binären Körper $\mathbb{F}_2[x]$ und die Länge $n = 7$. Die Faktorisierung von $x^7 - 1$ über $\mathbb{F}_2$ ist gleich

$$x^7 - 1 = (x - 1)(x^3 + x + 1)(x^3 + x^2 + 1).$$

Es sei $g(x) = x^3 + x + 1$. Dann bilden die Polynome $g(x), xg(x) = x^4 + x^2 + x, x^2 g(x) = x^5 + x^3 + x^2$ und $x^3 g(x) = x^6 + x^4 + x^3$ eine Basis von C_g als $\mathbb{F}_2$-Vektorraum, was zu einer zyklischen Generatormatrix führt:

$$\begin{pmatrix} 1 & 1 & 0 & 1 & 0 & 0 & 0 \\ 0 & 1 & 1 & 0 & 1 & 0 & 0 \\ 0 & 0 & 1 & 1 & 0 & 1 & 0 \\ 0 & 0 & 0 & 1 & 1 & 0 & 1 \end{pmatrix}$$

Dieser Code ist in der Tat äquivalent zum (7, 4)-Hamming-Code aus ▶Beispiel 7.4.8 bzw. aus Abschnitt 11.5-E.

Zyklische Codes können leicht codiert werden und eignen sich sehr gut zur Fehlererkennung. Ist der Nachrichtenraum gleich $\mathbb{F}^l$ (alias $\mathbb{F}[x]_{<l}$), so wählt man ein Generatorpolynom $g(x)$ vom Grade $n - l$. Die Codierung ist dann einfach eine Multiplikation mit $g(x)$, nämlich

$$\mathbb{F}[x]_{<l} \to C_g, \quad f(x) \mapsto f(x)g(x).$$

Man beachte, dass hier $\deg(f(x)g(x)) < n$ gilt, weshalb $f(x)g(x)$ ein kanonischer Repräsentant modulo $x^n - 1$ ist.

Die Fehlererkennung ist ebenso denkbar einfach: Ist $c(x)$ aus C_g gesendet worden und ist $y(x) \in \mathbb{F}[x]_{<n}$ empfangen worden, so dividiert man $y(x)$ durch $g(x)$. Genau dann liegt $y(x)$ in C_g, wenn der Rest gleich 0 ist. Ist der Rest nicht das Nullpolynom, so war die Übertragung fehlerhaft. Alternativ kann zur Fehlererkennung auch das zu $g(x)$ gehörende **Kontrollpolynom** $h(x) := \frac{x^n-1}{g(x)}$ verwendet werden, denn es gilt $y(x) \in C_g$ genau dann, wenn $h(x)y(x) \equiv 0 \bmod x^n - 1$ (denn $g(x) | y(x)$, falls $y(x) \in C_g$ und dann ist $x^n - 1 = g(x)h(x)$ Teiler von $h(x)y(x)$). Beim obigen (zyklischen) (7, 4)-Hamming-Code ist das Kontrollpolynom gleich $(x - 1)(x^3 + x^2 + 1) = x^4 + x^2 + x + 1$.

Im Rahmen der Fehlererkennung spricht man bei zyklischen Codes auch von **CRC-Codes** (dabei steht CRC für „Cyclic Redundancy Check").

12.6 Diskrete und schnelle Fourier-Transformation

A Die Auswertungs-Interpolations-Methode Wir haben im Beweis zu ▶Satz 12.4.1 gesehen, dass ein Interpolationspolynom mit Methoden der Linearen Algebra berechnet werden kann; bei der Koeffizientenmatrix handelt es sich um eine Vandermonde-Matrix, in deren Zeile sukzessive die Potenzen der zu interpolierenden Stellen stehen. Im Rahmen der in diesem Abschnitt zu behandelnden **diskreten Fourier-Transformation**[9] greifen wir diesen Sachverhalt nochmals auf. Es seien dazu $\alpha_1, \ldots, \alpha_n$ paarweise verschiedene Stellen des Körpers $\mathbb{K}$. Die zugehörige Vandermonde-Matrix nennen wir hier W_α; sie ist gleich

$$W_\alpha = \begin{pmatrix} 1 & \alpha_1 & \alpha_1^2 & \ldots & \alpha_1^{n-1} \\ 1 & \alpha_2 & \alpha_2^2 & \ldots & \alpha_2^{n-1} \\ \vdots & \vdots & \ldots & \vdots & \vdots \\ 1 & \alpha_n & \alpha_n^2 & \ldots & \alpha_n^{n-1} \end{pmatrix} = \left(\alpha_j^k\right)_{\substack{j=1,\ldots,n \\ k=0,\ldots,n-1}}. \tag{12.6.1}$$

---

[9] Jean Baptiste Joseph Fourier (1768–1830).

12 Polynome

Die Multiplikation von W_α mit dem Spaltenvektor $(f_0, f_1, \ldots, f_{n-1})'$ ergibt den Spaltenvektor $(f(\alpha_1), \ldots, f(\alpha_n))'$, wobei $f(x) = f_0 + f_1 x + \ldots + f_{n-1} x^{n-1}$ das zu $(f_0, f_1, \ldots, f_{n-1})'$ gehörende Polynom ist. Es handelt sich dabei also insgesamt gesehen um eine Auswertung von f an den n Stellen $\alpha_1, \ldots, \alpha_n$. Das Interpolationsproblem behandelt (wie in Abschnitt 12.4 erklärt) das Umkehrproblem, i. e., zu einer gegebenen rechten Seite $\beta := (\beta_1, \ldots, \beta_n)'$ ist ein Polynom g vom Grade kleiner n zu finden mit $W_\alpha g = \beta$, also mit $g(\alpha_j) = \beta_j$ für jedes $j = 1, \ldots, n$. Die Tatsache, dass es genau ein solches Polynom gibt, ist gleichbedeutend mit der Invertierbarkeit der quadratischen Matrix W_α, denn $g = W_\alpha^{-1} \beta$.

Wir wollen nun begründen, wie man zwei Polynome alternativ zur Faltungsformel mithilfe des Auswertens und der Interpolation multiplizieren kann. Dazu seien $u(x) = \sum_{j=0}^{k} u_j x^j$ und $v(x) = \sum_{j=0}^{l} v_j x^j$ zwei Polynome aus $\mathbb{K}[x]$ mit $\deg(u(x)) + \deg(v(x)) < n$ (und n wie oben).

1. Man wertet $u(x)$ an den Stellen $\alpha_1, \ldots, \alpha_n$ aus (das entspricht der Berechnung von $W_\alpha u$, wobei $u_j := 0$ für $k < j < n$).

2. Man wertet $v(x)$ an den Stellen $\alpha_1, \ldots, \alpha_n$ aus (das entspricht der Berechnung von $W_\alpha v$, wobei $v_j := 0$ für $l < j < n$).

3. Es sei $\beta \in \mathbb{K}^n$ der Vektor, der aus $W_\alpha u$ und $W_\alpha v$ durch punktweise Multiplikation entsteht:
$$\beta_j := (W_\alpha u)_j \cdot (W_\alpha v)_j = u(\alpha_j) \cdot v(\alpha_j) \text{ für } j = 1, \ldots, n$$

4. Schließlich sei $w(x)$ das Interpolationspolynom durch die Punkte $(\alpha_1, \beta_1), \ldots, (\alpha_n, \beta_n)$; also ist $\deg(w(x)) < n$ und $w = W_\alpha^{-1} \beta$. Wegen $\deg(u(x) \cdot v(x)) < n$ und $w(\alpha_j) = u(\alpha_j) \cdot v(\alpha_j)$ für $j = 1, \ldots, n$ folgt dann $w(x) = u(x) \cdot v(x)$ aus ▶Satz 12.3.6.

Auf den ersten Blick sieht diese Auswertungs-Interpolations-Methode sehr umständlich und wesentlich komplizierter aus als die Faltungsformel. Allerdings kann durch eine spezielle Wahl der Stützstellen α_j ein Verfahren zur Multiplikation zweier Polynome entwickelt werden, das effizienter als die Faltung ist, wie wir im weiteren Verlauf dieses Abschnittes erklären wollen.

B Was ist die diskrete Fourier-Transformation? Die diskrete Fourier-Transformation ist nun eine lineare Abbildung, die zu einer Vandermonde-Matrix spezieller Form gehört. Wir legen zunächst wieder einen allgemeinen Körper $\mathbb{K}$ zugrunde, werden uns dann aber auf den Körper $\mathbb{C}$ der komplexen Zahlen beschränken, welcher (im Gegensatz zu den reellen Zahlen $\mathbb{R}$) stets Stellen α_j der gewünschten Form enthält.

> **Definition 12.6.1** Ist $n \in \mathbb{N}^*$ und $\omega \in \mathbb{K}$ mit $\omega^n = 1$, so nennt man ω eine *n-te Einheitswurzel*. Gilt ferner $\omega^k \neq 1$ für jedes k mit $1 \leq k < n$, so heißt ω eine **primitive n-te Einheitswurzel**.

Die Menge S_n aller n-ten Einheitswurzeln aus $\mathbb{K}$ ist genau die Nullstellenmenge des Polynoms $x^n - 1$, weshalb es höchstens n verschiedene n-te Einheitswurzeln gibt. Diese Nullstellenmenge ist eine Untergruppe von $(\mathbb{K}^*, \cdot, 1)$. Existiert in $\mathbb{K}$ eine primitive n-te Einheitswurzel ω, so hat diese Untergruppe genau n Elemente und ist gleich $\{1, \omega, \omega^2, \ldots, \omega^{n-1}\}$; sie ist also zyklisch der Ordnung n und wird von ω erzeugt.

> **Definition 12.6.2** Es seien $n \in \mathbb{N}^*$ und $\mathbb{K}$ ein Körper, der eine primitive n-te Einheitswurzel ω enthält. Dann nennt man die Vandermonde-Matrix
> $$\begin{pmatrix} 1 & 1 & 1 & \ldots & 1 & 1 \\ 1 & \omega & \omega^2 & \ldots & \omega^{n-2} & \omega^{n-1} \\ 1 & \omega^2 & \omega^4 & \ldots & \omega^{2n-4} & \omega^{2n-2} \\ \ldots & \ldots & \ldots & \ldots & \ldots & \ldots \\ 1 & \omega^{n-1} & \omega^{2n-2} & \ldots & \omega^{(n-2)(n-1)} & \omega^{(n-1)(n-1)} \end{pmatrix} = \left(\omega^{ij}\right)_{\substack{i=0,\ldots,n-1 \\ j=0,\ldots,n-1}}$$
> die zu ω gehörende **diskrete Fourier-Transformation**; sie wird mit DFT_ω bezeichnet.

Für jedes Polynom $f(x) \in \mathbb{K}[x]$ vom Grade höchstens $n - 1$ ist also $\text{DFT}_\omega(f)$ gleich $(F_0, F_1, \ldots, F_{n-1})'$ mit $F_j = f(\omega^j)$.

An dieser Stelle stellt sich die Frage, zu welchem $n \in \mathbb{N}^*$ ein Körper $\mathbb{K}$ eine primitive Einheitswurzel haben kann. Anhand von Methoden aus der Analysis werden wir in Abschnitt 14.5 sehen, dass der Körper $\mathbb{R}$ der reellen Zahlen nur die Einheitswurzeln 1 und -1 hat; dies sind zweite Einheitswurzeln, -1 ist die einzige primitive zweite Einheitswurzel. Der Körper $\mathbb{C}$ der komplexen Zahlen hat jedoch für jedes $n \in \mathbb{N}^*$ eine primitive n-te Einheitswurzel.

> **Satz 12.6.3** Es sei $n \in \mathbb{N}^*$ und ω sei die komplexe Zahl mit den Polarkoordinaten $(1, \frac{2\pi}{n})$, also $\omega := \cos(\frac{2\pi}{n}) + \sin(\frac{2\pi}{n}) \cdot i$ (mit $i = \sqrt{-1}$ der imaginären Einheit). Dann ist ω eine primitive n-te Einheitswurzel. Weiter gilt $\omega^m = \cos(\frac{2\pi m}{n}) + \sin(\frac{2\pi m}{n}) \cdot i$ für jedes m aus $\mathbb{N}$.

Beweis Die Formel für ω^m folgt aus der geometrischen Interpretation der Multiplikation komplexer Zahlen zusammen mit den Additionstheoremen, wie in Abschnitt 6.5-F dargelegt.[10] Insofern ist $\omega^n = \cos(2\pi) + \sin(2\pi) \cdot i = 1$, sodass ω eine endliche multiplikative Ordnung hat, die Teiler von n ist. Wegen $0 < \frac{2\pi m}{n} < 2\pi$ für $0 < m < n$ aus $\mathbb{N}$ ist

---

[10] Wir werden auf diese Formel in Abschnitt 17.6-F nach der Einführung der **Exponentialfunktion** aber nochmals explizit eingehen.

$\omega^m \neq 1$ für diese m. Damit ist n die exakte Ordnung von ω, was dazu gleichbedeutend ist, dass ω eine primitive n-te Einheitswurzel ist. ∎

Beispielsweise ist die imaginäre Einheit i eine primitive 4-te Einheitswurzel und es gilt

$$\mathrm{DFT}_i = \begin{pmatrix} 1 & 1 & 1 & 1 \\ 1 & i & -1 & -i \\ 1 & -1 & 1 & -1 \\ 1 & -i & -1 & i \end{pmatrix}.$$

Die komplexen n-ten Einheitswurzeln liegen auf dem Rand des Einheitskreises und zerlegen diesen in n gleichmäßig große Sektoren. Primitive n-te Einheitswurzeln treten (für gewisse n) auch in endlichen Körpern auf, weshalb die diskrete Fourier-Transformation auch bei solchen Körpern verwendet wird; hier ist insbesondere wieder die Codierungstheorie als Anwendungsfeld zu nennen. Die DFT ist ebenfalls ein wichtiges Werkzeug der Signalverarbeitung.

C Die schnelle Fourier-Transformation Bei der schnellen Fourier-Transformation handelt es sich nun um ein Verfahren, das bei der Anwendung der Matrix DFT_ω auf f (gleichbedeutend das Auswerten von f an den Stellen ω^j) die Struktur der Stützstellenmenge S_n ausnutzt. Wir erklären dies anhand des folgenden Resultates, welches bei der algorithmischen Umsetzung den Namen **binärer Zerlegungsschritt** trägt.

Satz 12.6.4 Es sei $n \in \mathbb{N}^*$ eine gerade Zahl und $m = \frac{n}{2}$. Weiter sei $f = \sum_{j=0}^{n-1} f_j x^j \in \mathbb{C}[x]$ ein Polynom vom Grade $< n$ und ω sei die primitive n-te Einheitswurzel mit Polarkoordinaten $(1, \frac{2\pi}{n})$. Die Polynome G_f und U_f seien wie folgt definiert:

$$G_f(x) := \sum_{i=0}^{m-1} f_{2i} x^i \quad \text{und} \quad U_f(x) := \sum_{i=0}^{m-1} f_{2i+1} x^i.$$

Dann kann $\mathrm{DFT}_\omega(f)$ aus den beiden Vektoren $\mathrm{DFT}_{\omega^2}(G_f)$ und $\mathrm{DFT}_{\omega^2}(U_f)$ und mit einem weiteren Rechenaufwand von m Additionen, m Subtraktionen und $2m$ Multiplikationen in $\mathbb{C}$ gewonnen werden.

Beweis Da ω eine primitive n-te Einheitswurzel ist, gilt $\omega^n = (\omega^m)^2 = 1$ und $\omega^m \neq 1$, also $\omega^m = -1$. Aufgrund dieser Tatsache zerlegt sich die Menge S_n der n-ten Einheitswurzeln wie folgt:

$$\begin{aligned} S_n &= \{1, \omega, \ldots, \omega^{n-1}\} \\ &= \{1, \omega, \ldots, \omega^{m-1}\} \,\dot\cup\, \{\omega^m, \ldots, \omega^{n-1}\} \\ &= \{1, \omega, \ldots, \omega^{m-1}\} \,\dot\cup\, \omega^m \cdot \{1, \omega, \ldots, \omega^{m-1}\} \\ &= \{1, \omega, \ldots, \omega^{m-1}\} \,\dot\cup\, \{-1, -\omega, \ldots, -\omega^{m-1}\} \end{aligned}$$

Die Elemente aus S_n gehören durch Negation also paarweise zusammen: $(\omega^j, -\omega^j)$ für $j = 0, \ldots, m - 1$. Aufgrund der Definition von G_f und U_f handelt es sich jeweils um Polynome vom Grade $< m$ und es gilt

$$f(x) = G_f(x^2) + x \cdot U_f(x^2).$$

Zu jedem Paar $(\omega^j, -\omega^j)$ berechnet man die beiden Auswertungen $f(\omega^j)$ und $f(-\omega^j)$ wie folgt:

- bestimme $\sigma := \omega^{2j}$ (eine Multiplikation)
- bestimme $G_f(\sigma)$ und $U_f(\sigma)$
- bestimme $\omega^j \cdot U_f(\sigma)$ (eine Multiplikation)
- bestimme $f(\omega^j)$ als $G_f(\sigma) + \omega^j \cdot U_f(\sigma)$ (eine Addition)
- bestimme $f(-\omega^j)$ als $G_f(\sigma) - \omega^j \cdot U_f(\sigma)$ (eine Subtraktion)

Für die Gesamtheit aller Paare $(\omega^j, -\omega^j)$ erhält man dann $\mathrm{DFT}_\omega(f)$ aus $\mathrm{DFT}_{\omega^2}(G_f)$ und $\mathrm{DFT}_{\omega^2}(U_f)$ mit weiteren $4m$ Rechenoperationen in $\mathbb{C}$. ∎

Ist nun $m = \frac{n}{2}$ seinerseits durch 2 teilbar, so kann der binäre Zerlegungsschritt auch für m angewandt werden. Daher rechnet man die diskrete Fourier-Transformation vorzugsweise iterativ für Größen n der Form 2^N mit $N \in \mathbb{N}$ aus, und dann spricht man von der sog. **schnellen Fourier-Transformation** (**FFT**, für „**Fast Fourier Transformation**").

Satz 12.6.5 Ist ω eine primitive n-te Einheitswurzel in $\mathbb{C}$, wobei $n = 2^N$, so kann die Anwendung von DFT_ω durch die FFT mit $T(2^N) := 2 \cdot 2^N \cdot N$ Rechenoperationen in $\mathbb{C}$ errechnet werden.

Beweis Dies ist zunächst für $N = 0$ gültig, weil hier $n = 1$ ist und das Auswerten konstanter Polynome nichts kostet, also $T(1) = 0$ ist. Weiter ist $T(2) = 2T(1) + 4 = 4 = 2 \cdot 2^1 \cdot 1$, was die Gültigkeit für $N = 1$, also $n = 2$ ergibt. Die Behauptung folgt nun induktiv (von N nach $N + 1$). Nach ▶Satz 12.6.4 gilt $T(2^{N+1}) = 2T(2^N) + 4 \cdot 2^N$. Mit Induktionsannahme ist dies gleich

$$2 \cdot (2 \cdot 2^N \cdot N) + 4 \cdot 2^N = 4 \cdot 2^N \cdot (N + 1) = 2 \cdot 2^{N+1} \cdot (N + 1),$$

woraus die Behauptung folgt. ∎

Unter Verwendung des Landau-Symbols O (siehe Abschnitt 15.5) kann die Komplexitätsaussage des letzten Satzes für $n \in \mathbb{N}^*$ allgemeiner wie folgt zusammengefasst werden:

- *Bei einer primitiven n-ten Einheitswurzel ω kann die Anwendung der Matrix DFT$_\omega$ mit dem Verfahren der schnellen Fourier-Transformation mit Komplexität $O(n \cdot \log_2(n))$ berechnet werden.*

Im Vergleich dazu würde das n-fache Auswerten eines Polynoms f vom Grade $n-1$ mit dem Horner-Schema größenordnungsmäßig n^2 arithmetische Operationen in $\mathbb{C}$ erfordern. Da eine Logarithmusfunktion log wesentlich langsamer wächst als eine lineare Funktion n (siehe erneut Abschnitt 15.5), ist die schnelle Fourier-Transformation asymptotisch gesehen wesentlich effizienter als die herkömmliche, auf der Definition beruhende Methode. Der Erfolg der FFT beruht nämlich auf der Möglichkeit, das **Prinzip des „Divide-and-Conquer"** anzuwenden, welches durch die Untergruppenstruktur der 2^N-ten Einheitswurzeln gegeben ist. Deren Untergruppen bilden bzgl. der Inklusion eine Kette und haben die Mächtigkeiten $1, 2, 2^2, \ldots, 2^{N-1}, 2^N$.

Wir greifen an dieser Stelle nochmals die Auswertungs-Interpolations-Methode aus Abschnitt A auf. Es wäre zu klären, ob man zwei Polynome schneller als mit der herkömmlichen Methode multiplizieren kann, wenn man die schnelle Fourier-Transformation verwendet. Die Multiplikation zweier Polynome vom Grad $m = \frac{n}{2}$ benötigt mit der herkömmlichen Methode größenordnungsmäßig m^2 Rechenoperationen (in $\mathbb{C}$). Die beiden diskreten Fourier-Transformationen in den Schritten 1 und 2 können mit Aufwand $2n\log_2(n)$ berechnet werden; die punktweise Multiplikation in Schritt 3 erfordert n Multiplikationen. Somit bleibt die Interpolation in Schritt 4 zu diskutieren. Auch hier liefert die zugrunde liegende Struktur der Einheitswurzeln eine erhebliche Vereinfachung, wie wir gleich in Unterabschnitt D argumentieren wollen. Es stellt sich heraus, dass dieser Schritt 4 ebenfalls mit größenordnungsmäßig $n\log_2(n)$ Schritten berechnet werden kann (anstelle von n^2 Operationen), sodass die Auswertungs-Interpolations-Methode aus Abschnitt A insgesamt mit einer Komplexität von $O(n\log_2(n))$ veranschlagt werden kann (siehe nochmals Abschnitt 15.5). Dies ist erheblich schneller als die herkömmliche Methode der Polynom-Multiplikation, die mit $O(n^2)$ Operationen veranschlagt wird.

D Die inverse Fourier-Transformation Wir kommen abschließend zur **Umkehrung der diskreten Fourier-Transformation**, also zur Berechnung von DFT$_\omega^{-1}$, wobei ω wieder eine komplexe primitive n-te Einheitswurzel sei. Es stellt sich heraus, dass die DFT aufgrund der Gruppenstruktur der Menge der n-ten Einheitswurzeln fast zu sich selbst invers ist.

Satz 12.6.6 Es sei $\omega = \cos(\frac{2\pi}{n}) + \sin(\frac{2\pi}{n})i \in \mathbb{C}$. Dann ist ω^{-1} ebenfalls eine primitive n-te Einheitswurzel. Weiterhin gilt

$$\mathrm{DFT}_\omega^{-1} = \frac{1}{n} \cdot \mathrm{DFT}_{\omega^{-1}}.$$

Beweis Zunächst ist $\omega^{-1} = \omega^{n-1}$, denn $\omega \cdot \omega^{n-1} = \omega^n = 1$. Wegen $\omega^k = (\omega^{-1})^{n-k}$ ist auch ω^{-1} ein Erzeuger der Gruppe der n-ten Einheitswurzel, also eine primitive n-te Einheitswurzel. Wir multiplizieren nun die beiden Matrizen DFT_ω und $\mathrm{DFT}_{\omega^{-1}}$. Gemäß Definition ist der (j, l)-Eintrag des Produktes gleich

$$(\mathrm{DFT}_\omega \cdot \mathrm{DFT}_{\omega^{-1}})_{j,l} = \sum_{k=0}^{n-1} \omega^{jk} \cdot \omega^{-kl} = \sum_{k=0}^{n-1} \omega^{k(j-l)}.$$

Ist $j = l$, so ist $\omega^{k(j-l)} = 1$ und daher $(\mathrm{DFT}_\omega \cdot \mathrm{DFT}_{\omega^{-1}})_{l,l} = n$ für jedes $l = 0, \ldots, n-1$. Ist $j \neq l$, so ist $\sigma := \omega^{j-l}$ eine von 1 verschiedene Einheitswurzel aus S_n. Nun gilt

$$x^n - 1 = \prod_{\lambda \in S_n} (x - \lambda) = (x - 1) \cdot \prod_{\substack{\lambda \in S_n \\ \lambda \neq 1}} (x - \lambda)$$

sowie

$$\prod_{\substack{\lambda \in S_n \\ \lambda \neq 1}} (x - \lambda) = \frac{x^n - 1}{x - 1} = x^{n-1} + x^{n-2} + \ldots + x + 1 = \sum_{k=0}^{n-1} x^k.$$

Wegen $\sigma \neq 1$ ist σ also Nullstelle von $\sum_{k=0}^{n-1} x^k$ und daher

$$(\mathrm{DFT}_\omega \cdot \mathrm{DFT}_{\omega^{-1}})_{j,l} = \sum_{k=0}^{n-1} \sigma^k = 0 \text{ für } j \neq l.$$

Wir haben bewiesen, dass $\mathrm{DFT}_\omega \cdot \mathrm{DFT}_{\omega^{-1}}$ das n-fache der Einheitsmatix E des $\mathbb{C}^{n,n}$ ist, was der Behauptung entspricht. ∎

Bis auf den Faktor $\frac{1}{n}$ ist die inverse Fourier-Transformation also gleich der diskreten Fourier-Transformation zur inversen Einheitswurzel. Die in Abschnitt C durchgeführte Komplexitätsanalyse wird durch den Faktor $\frac{1}{n}$ nicht beeinflusst.

Für Weiterführendes zum Thema Fourier-Transformation und deren Anwendungen in der Bild- und der Signalverarbeitung verweisen wir auf die Bücher von Blahut [5] und Jähne [30].

12.7 Anwendungen in der Linearen Algebra

A Das Minimalpolynom einer Matrix Es sei $A \in \mathbb{K}^{n,n}$ eine quadratische Matrix. Eine solche stellt, wie wir wissen, eine $\mathbb{K}$-lineare Abbildung von $\mathbb{K}^n$ in sich dar. Wir wollen in diesem Abschnitt nochmals auf die in (12.3.2) (siehe Abschnitt 12.3-A) eingeführte Auswertungsabbildung eingehen, die hier die Form

$$\Omega_A \colon \mathbb{K}[x] \to \mathbb{K}^{n,n}, \quad f(x) \mapsto f(A) \tag{12.7.1}$$

annimmt. Wegen $\dim(\mathbb{K}^{n,n}) = n^2$ sind zunächst einmal die Matrizen

$$E = A^0, \quad A = A^1, \quad A^2, \quad \ldots, \quad A^{n^2}$$

linear abhängig über $\mathbb{K}$. Es gibt daher Skalare λ_i, die nicht alle gleich null sind, mit $\sum_{i=0}^{n^2} \lambda_i A^i = 0$, die Nullmatrix. Setzt man $h(x) := \sum_{i=0}^{n^2} \lambda_i x^i$, so ist demnach $\Omega_A(h(x)) = h(A) = 0$. Folglich ist der Kern von Ω_A ein nichttriviales Ideal in $\mathbb{K}[x]$. Dies führt uns zu folgender Definition:

> **Definition 12.7.1** Den monischen Erzeuger $\mu_A(x)$ des Ideals Kern(Ω_A) nennt man das **Minimalpolynom der Matrix** A.

Als Beispiel betrachten wir nochmals (siehe ▶Beispiel 11.4.1) die Matrix

$$A = \begin{pmatrix} 5 & -6 & -6 \\ -1 & 4 & 1 \\ 3 & -6 & -4 \end{pmatrix} \quad \text{aus } \mathbb{Q}^{3,3}.$$

Nun erweisen sich die vier Matrizen $E = A^0$ und $A = A^1$ sowie A^2 und A^3, explizit

$$\begin{pmatrix} 1 & 0 & 0 \\ 0 & 1 & 0 \\ 0 & 0 & 1 \end{pmatrix}, \begin{pmatrix} 5 & -6 & -6 \\ -1 & 4 & 1 \\ 3 & -6 & -4 \end{pmatrix}, \begin{pmatrix} 13 & -18 & -12 \\ -6 & 16 & 6 \\ 9 & -18 & -8 \end{pmatrix}, \begin{pmatrix} 47 & -78 & -48 \\ -28 & 64 & 28 \\ 39 & -78 & -40 \end{pmatrix},$$

als linear abhängig über $\mathbb{Q}$. Weiter ist die natürliche Zahl 3 der minimale Exponent, bei dem dieses Ereignis eintritt (was bedeutet, dass die drei Matrizen E, A und A^2 noch linear unabhängig sind). Aus der konkreten linearen Abhängigkeit

$$A^3 - 5A^2 + 2A + 8E = \begin{pmatrix} 0 & 0 & 0 \\ 0 & 0 & 0 \\ 0 & 0 & 0 \end{pmatrix}$$

erhält man $\mu_A(x) = x^3 - 5x^2 + 2x + 8$ als Minimalpolynom von A.

B **Eigenwerte als Nullstellen des Minimalpolynoms** Gemäß Definition ist also $\mu_A(x)$ das Polynom kleinsten Grades, welches A als Nullstelle hat. Im Kontext der Eigenwertbestimmung (Abschnitt 11.4) kann anhand des Minimalpolynoms Folgendes gesagt werden:

> **Satz 12.7.2** Genau dann ist $\lambda \in \mathbb{K}$ ein Eigenwert zur Matrix A, wenn λ Nullstelle des Minimalpolynoms $\mu_A(x)$ von A ist.

Beweis Es sei zunächst λ eine Nullstelle von $\mu_A(x)$. Dann ist der Linearfaktor $x - \lambda$ Teiler von $\mu_A(x)$ und es gibt ein Polynom $h(x)$ mit $\deg(h) = \deg(\mu_A) - 1$ und mit $\mu_A(x) = (x - \lambda) \cdot h(x)$. Aufgrund der Minimalität von $\mu_A(x)$ ist $h(A)$ nicht die Nullmatrix, sodass ein Vektor $w \in \mathbb{K}^n$ existiert mit $v := h(A)w \neq 0$. Andererseits ist $\mu(A)$ die Nullmatrix, weshalb insbesondere $\mu(A)w = 0$ ist. Nun ist aber (mit E, der Einheitsmatrix des $\mathbb{K}^{n,n}$)

$$0 = \mu(A)w = (A - \lambda E)h(A)w = (A - \lambda E)v = Av - \lambda v,$$

also $Av = \lambda v$, weshalb v Eigenvektor von A zum Eigenwert λ ist.

Für die Umkehrung betrachten wir eine etwas allgemeinere Situation. Zu einem Vektor $w \in \mathbb{K}^n$ sei die Abbildung $\Omega_{A,w}$ durch

$$\Omega_{A,w}: \mathbb{K}[x] \to \mathbb{K}^n, \quad f(x) \mapsto f(A)w \tag{12.7.2}$$

definiert. Das bedeutet, dass man bei gegebenem $f(x)$ aus $\mathbb{K}[x]$ zunächst die quadratische Matrix $f(A)$ des $\mathbb{K}^{n,n}$ bestimmt und diese dann von links mit dem Spaltenvektor $w \in \mathbb{K}^n$ multipliziert. Der Kern dieser Abbildung $\Omega_{A,w}$ ist wieder ein Ideal in $\mathbb{K}[x]$. Den monischen Erzeuger dieses Ideals nennt man das **Minimalpolynom des Vektors w bzgl. A**; es wird mit $\mu_{A,w}(x)$ bezeichnet. Man beachte, dass dieses Polynom höchstens den Grad n hat, weil die Dimension von $\mathbb{K}^n$ gleich n ist und weil daher die Bilder w, Aw, $A^2 w, \ldots, A^n w$ der Monome $1, x, x^2, \ldots, x^n$ unter $\Omega_{A,w}$ linear abhängig sein müssen.

Jedes Polynom $f(x)$ mit $f(A)w = 0$ wird von jenem Minimalpolynom $\mu_{A,w}(x)$ geteilt. Das gilt daher insbesondere für das Minimalpolynom $\mu_A(x)$ von A, denn es ist ja $\mu_A(A)v = 0$ für jedes $v \in \mathbb{K}^n$. Ist nun speziell w ein Eigenvektor von A zum Eigenwert λ, so ist

$$0 = Aw - \lambda w = (A - \lambda E)w,$$

was $\mu_{A,w}(x) | x - \lambda$ bedeutet. Da aber $w \neq 0$ und damit $\mu_{A,w}(x) \neq 1$ ist, muss $\deg(\mu_{A,w}(x)) \geq 1$ und daher $\mu_{A,w}(x) = x - \lambda$ gelten (wir hatten ja bereits erwähnt, dass man bei der Erzeugung von Idealen stets monische Polynome betrachtet). Aus der Tatsache, dass $x - \lambda$ Teiler von $\mu_A(x)$ ist, folgt dann, dass λ Nullstelle von $\mu_A(x)$ ist. ■

Im obigen Beispiel (siehe das Ende von Paragraph A bzw. ▶Beispiel 11.4.1) ist

$$\mu_A(x) = x^3 - 5x^2 + 2x + 8 = (x - 2)(x - 4)(x + 1),$$

woraus wir (erneut) die Eigenwerte 2, 4 und -1 von A erhalten.

C Zum Grad des Minimalpolynoms einer Matrix Greifen wir nochmals den zweiten Teil des Beweises von ▶Satz 12.7.2 auf. Es sei $v \in \mathbb{K}^n$ beliebig. Wegen $\dim(\mathbb{K}^n) = n$ sind die Vektoren

$$v = Ev = A^0 v, \quad Av, \quad A^2 v, \quad \ldots, \quad A^n v$$

linear abhängig. Daher gibt es Skalare λ_i, nicht alle gleich null, mit $\sum_{i=0}^{n} \lambda_i A^i v = 0$, dem Nullvektor. Folglich ist $\mu_{A,v}(x)$ Teiler des Polynoms $h(x) := \sum_{i=0}^{n} \lambda_i x^i$. Wegen $h(x) \neq 0$ ist der Grad von $\mu_{A,v}(x)$ höchstens gleich n. Ausgehend von diesen auf einzelne v bezogene Polynome lässt sich für das Minimalpolynom von A Folgendes sagen.

1. Es ist $\mu_A(x)$ das kleinste gemeinsame Vielfache von Polynomen $\mu_{A,b^1}(x), \ldots, \mu_{A,b^n}(x)$, wobei $b^1, \ldots, b^n$ eine (beliebige) Basis von $\mathbb{K}^n$ ist.

2. Ferner kann gezeigt werden (hier ohne Beweis), dass es mindestens einen Vektor $v \in \mathbb{K}^n$ mit
$$\mu_{A,v}(x) = \mu_A(x)$$
gibt. Bei unserem ▶Beispiel 11.4.1 ist dies etwa für den ersten kanonischen Einheitsvektor e^1 der Fall.

Allgemein folgt aus diesem Sachverhalt, dass der Grad des Minimalpolynoms von A höchstens n ist, was unsere eingangs (Abschnitt A) bewiesene Gradschranke n^2 ganz erheblich verbessert.

3. Durch eine Variante des Gauß-Algorithmus kann man $\mu_{A,v}(x)$ für jedes v bestimmen: Dazu testet man sukzessive die Vektoren $v, Av, A^2 v, \ldots$, bis erstmals eine lineare Abhängigkeit auftritt, aus der man die Koeffizienten von $\mu_{A,v}(x)$ bestimmt. Für diesen Schritt eignet sich besonders eine dynamische Variante von ▶Satz 11.1.7. Lässt man nun v eine Basis von $\mathbb{K}^n$ durchlaufen, so erhält man, wie in Punkt 1 bemerkt, das Minimalpolynom von A durch eine abschließende kgV-Berechnung. Für weitere Einzelheiten und mehr zum Themenbereich **rationale Normalformen von Matrizen** sei auf das Buch von Heinz Lüneburg [40] verwiesen.

Zur Faktorisierung von $\mu_A(x)$, was ja insbesondere die Nullstellenbestimmung beinhaltet, benötigt man tiefer gehende Methoden der Computer-Algebra (siehe etwa [24]), die über das hier Besprochene hinausgehen. Wie bereits im Beispiel zu ▶Satz 12.3.4 erwähnt, spielt hierbei insbesondere die Beschaffenheit des zugrunde gelegten Körpers $\mathbb{K}$ eine entscheidende Rolle.

ZUSAMMENFASSUNG

1. **Von der Faltungsformel zum Polynomring $\mathbb{K}[x]$** Ausgehend vom Vektorraum $\mathbb{K}^\mathbb{N}$ aller Folgen mit Werten in einem Körper $\mathbb{K}$ haben wir zu je zwei solchen Folgen das Faltungsprodukt eingeführt: Zu $f, g \in \mathbb{K}^\mathbb{N}$ ist die Faltung $f \star g$ definiert durch

    $$f \star g_n := \sum_{k=0}^{n} f_k g_{n-k} \quad \text{für } n \in \mathbb{N}.$$

    Zusammen mit dieser Faltung wird der Vektorraum $\mathbb{K}^\mathbb{N}$ zu einer $\mathbb{K}$-Algebra $\mathbb{K}[[x]]$, welche man den Ring bzw. die Algebra der formalen Potenzreihen über $\mathbb{K}$ nennt. Es handelt sich dabei um einen Integritätsbereich. Jedes f aus $\mathbb{K}[[x]]$ wird in diesem Zusammenhang als $f(x) = \sum_{i=0}^{\infty} f_i x^i$ bezeichnet.
    Hat $f(x)$ einen endlichen Träger, so nennt man f ein Polynom und die Zahl $\deg(f) := \max\{n : f_n \neq 0\}$ den Grad von f; man schreibt entsprechend $f(x) = \sum_{i=0}^{d} f_i x^i$ bei $d = \deg(f)$. Die Menge aller Polynome $f(x)$ bildet eine Teilalgebra von $\mathbb{K}[[x]]$ und wird als solche mit $\mathbb{K}[x]$ bezeichnet: Man nennt diese Menge den Polynomring bzw. die Polynomalgebra in der Unbestimmten x.
    Zu dieser vereinfachten (konform mit der aus der Schule bekannten) Schreibweise sind wir nach der Behandlung der Grundstruktur bei Polynomen übergegangen und haben dabei insbesondere über die Bedeutung des Symbols x aufgeklärt.

2. **Das Rechnen mit Polynomen** Zum Thema Rechnen mit Polynomen haben wir zwischen $\mathbb{K}[x]$ und dem Ring $\mathbb{Z}$ der ganzen Zahlen viele Analogien festgestellt.

    - Zunächst ist $\mathbb{K}[x]$ mit einer Division mit Rest ausgestattet, der Polynomdivision.
    - Jedes Polynom kann eindeutig in ein Produkt von irreduziblen Polynomen zerlegt werden.
    - Je zwei Polynome haben einen größten gemeinsamen Teiler, welcher mit dem Euklidischen Algorithmus für Polynome berechnet werden kann.
    - Der Ring $\mathbb{K}[x]$ ist ein Hauptidealbereich. Das Rechnen in den zugehörigen Faktorringen entspricht daher dem modularen Rechnen bzgl. eines Polynoms und basiert im Wesentlichen auf der Polynomdivision mit Rest.
    - Für das multiplikative Invertieren in Restklassenringen, insbesondere in Restklassenkörpern wird der erweiterte Euklidische Algorithmus für Polynome herangezogen.
    - Faktorringe modulo einem irreduziblen Polynom liefern die Polynomrestklassenkörper. Hierzu haben wir einige Beispiele betrachtet.

    Eine wichtige Klasse von irreduziblen Polynomen bilden die Linearfaktoren. Diese hängen eng mit der Auswertung von Polynomen an Körperelementen zusammen. In diesem Zusammenhang werden Polynome auch als Funktionen betrachtet. Das Auswerten wird effizient mit dem Horner-Schema durchgeführt.

Beim Interpolieren geht es darum, ein Polynom zu finden, welches als Funktion betrachtet, bei l vorgegebenen Punkten $(a_1, \beta_1), \ldots, (a_l, \beta_l)$ des $\mathbb{K}^2$, die ersten Koordinaten a_i durch Auswerten auf die zweiten Koordinaten β_i abbildet (weshalb die a_i als paarweise verschieden angenommen werden müssen). Wir haben gesehen, dass es zu je l solchen Punkten genau ein Polynom mit Grad höchstens $l - 1$ gibt, welches dies bewerkstelligt, das sog. Interpolationspolynom. Die Berechnung eines solchen Polynoms kann prinzipiell als Problem der Linearen Algebra aufgeführt werden; wir haben dazu mit der Langrange- und der Newton-Interpolation zwei alternative Methoden kennengelernt. Eine weitere Analogie mit den ganzen Zahlen hat uns im Rahmen der Interpolation nochmals zum Chinesischen Restsatz geführt.

3. **Polynome in der Linearen Algebra** Das Auswerten eines Polynoms haben wir nicht nur an Körperelementen betrachtet, sondern allgemeiner an den Elementen einer (beliebigen) $\mathbb{K}$-Algebra. Von besonderem Interesse ist in diesem Zusammenhang das Auswerten an quadratischen Matrizen. Jeder Matrix $A \in \mathbb{K}^{n,n}$ wurde das Minimalpolynom $\mu_A(x) \in \mathbb{K}[x]$ zugeordnet. Es ist dies das monische Polynom kleinsten Grades, welches A als Nullstelle hat. Wir haben gezeigt, dass die Nullstellen von $\mu_A(x)$ genau den Eigenwerten der Matrix entsprechen, was letztendlich eine direkte Verbindung zu Abschnitt 11.4 liefert.

Zum Thema „Polynome in der Linearen Algebra" gehört auch die für viele Anwendungen wichtige diskrete Fourier-Transformation. Bei der Ausführung der DFT werden Polynome an bestimmten komplexen Einheitswurzeln ausgewertet. Die algebraische Struktur der auszuwertenden Stellen führt zur schnellen Fourier-Transformation (FFT) und dazu, dass die Umkehrung der DFT (die inverse Fourier-Transformation) nahezu identisch mit der DFT selbst ist. Als eine der Anwendungen der FFT haben wir die effiziente Multiplikation von Polynomen betrachtet.

Übungsaufgaben

Aufgabe 1 Gegeben seien die beiden Folgen f und g aus $\mathbb{Q}^{\mathbb{N}}$ mit $f_n := 3n+2$ und $g_n := n-5$ für alle $n \in \mathbb{N}$. Berechnen Sie die Faltung $f \star g$ dieser beiden Folgen.
Hinweis: Es gibt rationale Zahlen a, b, c und d mit $f \star g_n = an^3 + bn^2 + cn + d$ für alle $n \in \mathbb{N}$.

Aufgabe 2 Es sei $e(x)$ die formale Potenzreihe $\sum_{n=0}^{\infty} x^n$ aus $\mathbb{Q}[[x]]$. Bestimmen Sie eine Formel für die Koeffizienten f_n des dreifachen Faltungsproduktes $f(x) := e(x) \cdot e(x) \cdot e(x)$ (alias $e(x) \star e(x) \star e(x)$) von $e(x)$ mit sich selbst.
Hinweis: Es gibt rationale Zahlen a, b und c mit $f_n = an^2 + bn + c$ für alle $n \in \mathbb{N}$.

Aufgabe 3 Gegeben seien die vier Polynome $a(x) := x^2 + x - 1$, $b(x) := 5x - 2$, $c(x) := 4x^2 - 3x + 2$ und $d(x) := x^3 - x^2 + x + 1$ aus $\mathbb{K}[x]$. Bestimmen Sie das Produkt $P(x) := a(x)b(x)c(x)d(x)$ dieser vier Polynome für folgende Koeffizientenkörper $\mathbb{K}$:

$$\mathbb{Q}, \mathbb{R}, \mathbb{C}, \mathbb{Z}_2, \mathbb{Z}_3, \mathbb{Z}_5 \text{ und } \mathbb{Z}_7$$

Aufgabe 4 Angegeben sind jeweils ein Körper $\mathbb{K}$ und zwei Polynome $f(x)$ und $g(x)$ aus $\mathbb{K}[x]$. Führen Sie jeweils eine Polynomdivision mit Rest zur Bestimmung von $q(x) = f(x) \operatorname{div} g(x)$ und $r(x) = f(x) \operatorname{mod} g(x)$ durch (also $f(x) = q(x)g(x)+r(x)$ und $r(x) = 0$ oder $\deg(r) < \deg(g)$).

1. $\mathbb{K} = \mathbb{Q}$
   $f(x) = 2x^7 + 5x^6 - 14x^5 + 20x^4 - x^3 - 6x^2 + 6x + 4$
   $g(x) = x^4 + 4x^3 - 2x^2 + 2x + 1$

2. $\mathbb{K} = \mathbb{Z}_2$
   $f(x) = x^7 + x^6 + x^4 + x^3 + x + 1$
   $g(x) = x^4 + x^2 + x + 1$

Aufgabe 5 Es sei $g(x) = \sum_{i=0}^{n} g_i x^i \in \mathbb{Q}[x]$ ein Polynom vom Grade $n \geq 1$. Die Koeffizienten $g_0, g_1, \ldots, g_n$ seien alle **ganzzahlig**, also aus $\mathbb{Z}$. Zeigen Sie: Ist a eine **ganzzahlige** Nullstelle von g, so ist a notwendigerweise ein Teiler von g_0.

Aufgabe 6 Verwenden Sie vorhergehende Aufgabe, um das folgende Polynom $g(x)$ vollständig zu faktorisieren, und zwar zuerst über $\mathbb{Q}$, dann über $\mathbb{R}$ und schließlich über $\mathbb{C}$.

$$g(x) := x^9 - 8x^8 - 23x^7 + 134x^6 + 477x^5 + 384x^4 - 23x^3 + 134x^2 + 476x + 392$$

12 Polynome

Übungsaufgaben

Hinweise: Um das Polynom $g(x)$ schnell an vielen verschiedenen Stellen auszuwerten, kann man das Horner-Schema implementieren und zur Suche der ganzzahligen Nullstellen von $g(x)$ verwenden. Man kann die Aufgabe aber auch per Hand rechnen, wenn man die folgenden Angaben geschickt verwendet: g hat genau zwei verschiedene ganzzahlige Nullstellen, nennen wir sie u und v; eine davon ist negativ (diese sei u) und die andere (also v) ist positiv; es gilt $-u < v$. Dividieren Sie, nachdem Sie u und v gefunden haben, das Polynom $g(x)$ durch $(x-u)(x-v) = x^2 - (u+v)x + uv$ und testen Sie, ob u und v noch Nullstellen des Quotientenpolynoms sind. Fährt man so fort, erhält man die Vielfachheiten dieser beiden Nullstellen. Man muss danach ggf. noch ein Restpolynom untersuchen.

Aufgabe 7 Wir haben in Abschnitt 9.5-D den Quaternionenschiefkörper $\mathbb{H}$ als Matrixalgebra über $\mathbb{R}$ dargestellt. Bestimmen Sie jeweils das Minimalpolynom zu den drei Matrizen I, J und K. Begründen Sie, warum das Ergebnis kein Widerspruch zu ▶Satz 12.3.4 darstellt.

Aufgabe 8 Gegeben seien die drei Punkte

$$(1, -2), (-2, -5) \text{ und } (-3, 6)$$

des $\mathbb{R}^2$. Bestimmen Sie das Interpolationspolynom zu diesen drei Punkten auf die folgenden drei Arten:

1. Lösen Sie das zugehörige lineare Gleichungssystem (mit einer Vandermonde-Matrix als Koeffizientenmatrix gemäß Beweis von ▶Satz 12.4.1) unter Verwendung des Gauß-Algorithmus.

2. Wenden Sie die Lagrange-Interpolationsformel (▶Satz 12.4.3) an und berechnen Sie dabei die Lagrange-Polynome $\lambda_1(x)$, $\lambda_2(x)$ und $\lambda_3(x)$.

3. Wenden Sie die Newton-Interpolationsformel (▶Algorithmus 12.4.5) an.

Aufgabe 9 Die Polynome $a(x) := x^2 + x + 1$ und $b(x) := x^3 + x + 1$ sind irreduzibel über dem binären Körper $\mathbb{Z}_2$. Geben Sie jeweils die Additions- und die Multiplikationstafeln der beiden Restklassenkörper $\mathbb{Z}_2[x]/(a(x))$ und $\mathbb{Z}_2[x]/(b(x))$ an. Im ersten Fall erhält man einen Körper mit 4 Elementen, im zweiten Fall einen Körper mit 8 Elementen.

Aufgabe 10 Es sei $\mathbb{F} = \mathbb{Z}_3$ der Restklassenkörper modulo 3. Zeigen Sie, dass das Polynom $g(x) := x^5 + 2x^3 + x^2 + 2x + 2$ einen zyklischen Code C_g der Länge 11 über $\mathbb{F}$ erzeugt. Dieser Code hat Minimalgewicht $d = 5$ (dies müssen Sie nicht beweisen). Zeigen Sie, dass C_g ein perfekter Code ist.

Übungsaufgaben

Aufgabe 11 Wenden Sie die diskrete Fourier-Transformation DFT_i auf den Vektor $v:= (-3, 5, 1, -2)'$ an und berechnen Sie danach die diskrete Fourier-Transformation von $w:= \text{DFT}_i(v)$.

Aufgabe 12 Bestimmen Sie den Real- und den Imaginärteil der primitiven 8-ten Einheitswurzel ω mit den Polarkoordinaten $(1, \frac{\pi}{4})$ explizit und geben Sie die Matrix DFT_ω der zugehörigen diskreten Fourier-Transformation an.

Aufgabe 13 Gegeben sei die folgende Matrix A aus $\mathbb{R}^{3,3}$. Bestimmen Sie analog zum Beispiel zu ▶Definition 12.7.1 das Minimalpolynom dieser Matrix.

$$A = \begin{pmatrix} -13 & 6 & -3 \\ -45 & 20 & -9 \\ -30 & 12 & -4 \end{pmatrix}$$

Aufgabe 14 Bestimmen Sie alle Matrizen der Form $\begin{pmatrix} a & b \\ 0 & c \end{pmatrix}$ aus $\mathbb{Q}^{2,2}$, deren Minimalpolynom gleich $x^2 - 1$ ist.

Aufgabe 15 Es seien l, m, n natürliche Zahlen mit $l \leq \min(m, n)$. Beweisen Sie die Gültigkeit der folgenden Identität für Binomialkoeffizienten:

$$\sum_{k=0}^{l} \binom{n}{k}\binom{m}{l-k} = \binom{n+m}{l}.$$

Hinweise: Man konzentriere sich zunächst auf den Spezialfall mit $m = l = n$. Ferner betrachte man das Polynom $h(x) = (1 + x)^{2n} = (1 + x)^n \cdot (1 + x)^n$ aus $\mathbb{Q}[x]$ und berechne unter Verwendung des Binomialsatzes den Koeffizienten zum Monom x^n in $h(x)$ auf zwei Arten: einmal für $h(x) = (1 + x)^{2n}$ und einmal für $h(x) = (1 + x)^n(1 + x)^n$. Sodann beweise man die allgemeine Behauptung.

Aufgabe 16 Gegeben sei das Polynom $h(x):= 5x^4 - 8x^3 + 3x^2 - 4x + 1 \in \mathbb{Q}[x]$. Werten Sie dieses Polynom an den Stellen $-2, -1, 0, 1, 2$ mit dem Horner-Schema aus.

Aufgabe 17 Gegeben seien $l \geq 1$ Punktepaare $(\alpha_1, \beta_1), (\alpha_2, \beta_2), \ldots, (\alpha_l, \beta_l)$ aus $\mathbb{K} \times \mathbb{K}$ mit paarweise verschiedenen ersten Komponenten, also $\alpha_i \neq \alpha_j$ für $i \neq j$ (dabei ist $\mathbb{K}$ ein Körper). Beweisen Sie, dass es genau ein **monisches** Polynom $G(x)$ mit $\deg(G) = l$ gibt, welches diese l Punkte interpoliert, welches also $G(\alpha_i) = \beta_i$ für alle $i = 1, \ldots, l$ erfüllt.

Polynome

Übungsaufgaben

Aufgabe 18 Das Polynom $f(x) := x^4 - x^3 + 3x^2 - 2x + 1$ ist irreduzibel über dem Körper $\mathbb{Q}$ der rationalen Zahlen. Das müssen Sie nicht beweisen, weil es lediglich als Angabe zur eigentlichen Aufgabenstellung dient. Es sei weiter $\mathbb{L}$ die Menge aller Polynome aus $\mathbb{Q}[x]$, deren Grad höchstens gleich 3 ist.

1. Begründen Sie, warum $\mathbb{L}$ bzgl. der Addition und der Multiplikation modulo $f(x)$ zu einem Körper wird, welcher ein vierdimensionaler Vektorraum über $\mathbb{Q}$ ist.

2. Wir identifizieren nun $\mathbb{L}$ mit dem Zeilenraum $\mathbb{Q}^4$, indem jedes Polynom $a + bx + cx^2 + dx^3$ durch (a, b, c, d) ersetzt wird. Geben Sie zu zwei allgemeinen 4-Tupeln (a, b, c, d) und $(\alpha, \beta, \gamma, \delta)$ aus $\mathbb{Q}^4$ das 4-Tupel des zugehörigen Produktes in $\mathbb{L}$ an.

Aufgabe 19 Es sei $\mu_A(x) = \sum_{k=0}^{m} \mu_k x^k$ das Minimalpolynom einer quadratischen Matrix A über einem Körper $\mathbb{K}$. Zeigen Sie, dass A genau dann invertierbar ist, wenn der Koeffizient μ_0 von $\mu_A(x)$ ungleich 0 ist. Versuchen Sie in diesem Fall, ausgehend von $\mu_A(x)$ und von A, eine Formel für die Inverse A^{-1} von A anzugeben.

Formale Potenzreihen und rationale Funktionen

13

	Einführung	514
13.1	Der Ring der formalen Potenzreihen	516
13.2	Der Körper der rationalen Funktionen	518
13.3	Partialbruchzerlegung	520
13.4	Exkurs: Schieberegisterfolgen und lineare Rekursionen	527
	Zusammenfassung	534
	Übungsaufgaben	535

ÜBERBLICK

13 Formale Potenzreihen und rationale Funktionen

EINFÜHRUNG

>> Im vorliegenden letzten Kapitel von Teil III über Grundlagen der Linearen Algebra untersuchen wir *formale Potenzreihen* und *rationale Funktionen*. Dabei handelt es sich um zwei weitere wichtige Strukturen, die auch innerhalb der Analysis untersucht werden. Wir betrachten sie hier aber, wie auch die Polynome im letzten Kapitel, als algebraische Objekte.

Zu Beginn von Kapitel 12 haben wir die formalen Potenzreihen als Elemente der Menge $\mathbb{K}^\mathbb{N}$ der Folgen mit Werten in einem Körper $\mathbb{K}$ zusammen mit der Faltung als Multiplikation eingeführt, um uns dann eingehend der Teilalgebra aller Polynome zu widmen. In Abschnitt 13.1 kehren wir nun nochmals an den Anfang von Kapitel 12 zurück, um *arithmetische Eigenschaften* der Algebra $\mathbb{K}[[x]]$ der formalen Potenzreihen über $\mathbb{K}$ zu studieren. Das Hauptergebnis ist eine einfache Kennzeichnung aller bzgl. der Faltung *invertierbaren Potenzreihen*. Sodann werden wir eine konkrete Formel für die Inversen von Linearfaktoren herleiten, was zu *geometrischen Reihen* und Verallgemeinerungen derselben führt.

In Abschnitt 13.2 betrachten wir den *Körper $\mathbb{K}(x)$ der rationalen Funktionen*. Wir tun dies allerdings recht informell, weil der Übergang vom Polynomring $\mathbb{K}[x]$ zu $\mathbb{K}(x)$ analog dem wohlbekannten Übergang vom Ring der ganzen Zahlen $\mathbb{Z}$ zum Körper der rationalen Zahlen $\mathbb{Q}$ entspricht. Insofern ist $\mathbb{K}(x)$ der kleinste Körper, der $\mathbb{K}[x]$ als Teil enthält und in dem alle von null verschiedenen Polynome dann durch Kehrwertbildung invertierbar sind. Beim konkreten „Bruchrechnen" mit rationalen Funktion benötigt man wieder elementare Konzepte wie Polynomdivision mit Rest und größte gemeinsame Teiler.

Bei der *Partialbruchzerlegung*, dem Thema in Abschnitt 13.3, geht es darum, eine rationale Funktion aus $\mathbb{K}(x)$, also einen Bruch $\frac{f(x)}{g(x)}$ mit Zählerpolynom $f(x)$ und Nennerpolynom $g(x)$ in eine Summe kleinerer Brüche zu zerlegen, wobei die „Größe" eines Bruches am Grad seines Nennerpolynoms gemessen wird. Als Nenner der kleineren Brüche kommen nur Faktoren von $g(x)$ in Frage, und so hat diese Partialbruchzerlegung ganz wesentlich mit der Faktorisierung des Nennerpolynoms $g(x)$ zu tun. Wir vollziehen die Partialbruchzerlegung in zwei Schritten. Zunächst wird eine Faktorisierung von $g(x)$ in relativ prime Teile zugrunde gelegt, wobei der Spezialfall des Zerfalls in paarweise verschiedene Linearfaktoren hervorgehoben wird. In einem zweiten Schritt wird gezeigt, wie die erste Zerlegung durch genauere Betrachtung von Nennerpolynomen der Form $v(x)^a$ mit $a \in \mathbb{N}^*$ evtl. verfeinert werden kann. In der Tat kann die gesamte Problemstellung als lineares Gleichungssystem formuliert und daher prinzipiell mit den besprochenen Methoden der Linearen Algebra behandelt werden. Die von uns zu besprechenden alternativen Algorithmen sind aber auf die spezielle Problemstellung zugeschnitten und machen vom erweiterten Euklidischen Algorithmus für Polynome Gebrauch.

Im letzten Abschnitt 13.4 dieses Kapitels widmen wir uns den *linearen Schieberegisterfolgen*. Als theoretisches Ausgangsproblem kann hierbei die Frage nach dem Aussehen des Durchschnitts $\mathbb{K}[[x]] \cap \mathbb{K}(x)$ der Algebra der formalen Potenzreihen mit dem Körper der rationalen Funktionen über $\mathbb{K}$ gesehen werden. Welche formale Potenzreihe (abgesehen von den Polynomen, wo dies ja immer möglich ist) lässt sich als rationale Funktion schreiben? Die Antwort ist, dass dies im Wesentlichen für Potenzreihen funktioniert, die *erzeugende Funktionen* von linearen Schieberegisterfolgen sind, die also durch eine *lineare Rekursionsgleichung* erzeugt werden.

In diesem Zusammenhang ist es ein interessantes Problem, eine explizite Formel für eine Folge zu berechnen, die durch eine lineare Rekursionsvorschrift gegeben ist (etwa für die Folge der Fibonacci-Zahlen). Die Lösung dieses Problems ist eine geschickte Anwendung der zuvor behandelten Partialbruchzerlegung. Mit der Integration rationaler Funktionen werden wir im letzten Teil IV dann eine weitere Anwendung der Partialbruchzerlegung ansprechen.

13 Formale Potenzreihen und rationale Funktionen

> **Lernziele**
> - die Kennzeichnung derjenigen formalen Potenzreihen, die bzgl. der Faltung invertierbar sind
> - die konkrete Invertierung bei Linearfaktoren, was formal zu geometrischen Reihen führt
> - das Rechnen mit rationalen Funktionen in Analogie zum Rechnen mit rationalen Zahlen
> - die allgemeine Durchführung der Partialbruchzerlegung in zwei Schritten und in dem Spezialfall, wenn das Nennerpolynom in paarweise verschiedene Linearfaktoren zerfällt
> - die theoretische Beschreibung linearer Schieberegisterfolgen und das explizite Berechnen von Formeln für Folgen, die durch eine lineare Rekursionsvorschrift gegeben sind

13.1 Der Ring der formalen Potenzreihen

Wir haben in Abschnitt 12.1 den Polynomring $\mathbb{K}[x]$, alias $(\mathbb{K}^{\mathbb{N}}_{endl}, +, \star, \eta, e^0)$, als Teilalgebra der Algebra $\mathbb{K}[[x]]$, alias $(\mathbb{K}^{\mathbb{N}}, +, \star, \eta, e^0)$, der formalen Potenzreihen über dem Körper $\mathbb{K}$ eingeführt, um dann die arithmetischen Eigenschaften und Anwendungen von Polynomen zu studieren. In diesem Abschnitt kehren wir quasi an den Ausgangspunkt, also zu den formalen Potenzreihen, zurück. Es geht hier um die Charakterisierung von Einheiten in $\mathbb{K}[[x]]$ und um Formeln für die Inversen von Linearfaktoren, was zu den formalen geometrischen Reihen führt. Für eine Folge $f \in \mathbb{K}^{\mathbb{N}}$ mit Werten in $\mathbb{K}$ (alias eine formale Potenzreihe) schreiben wir wieder $f(x) = \sum_{n=0}^{\infty} f_n x^n$ und das ursprüngliche Symbol $\star$ für die Faltung ersetzen wir wieder durch das übliche Multiplikationssymbol.

 Die Einheiten von $\mathbb{K}[[x]]$ Unser erstes Resultat besteht in der Charakterisierung der bzgl. der Faltung invertierbaren Elementen in $\mathbb{K}[[x]]$. Während $\mathbb{K}[x]$ relativ arm an Einheiten ist (siehe ▶Satz 12.2.1), ist $\mathbb{K}[[x]]$ diesbezüglich sehr reichhaltig. Wir erinnern daran, dass das Einselement e^0 in $\mathbb{K}[[x]]$ formal diejenige Abbildung von $\mathbb{N}$ nach $\mathbb{K}$ ist, die 0 auf 1 und jedes n aus $\mathbb{N}^*$ auf 0 abbildet.

> **Satz 13.1.1** Genau dann ist $f(x) \in \mathbb{K}[[x]]$ eine Einheit, also multiplikativ invertierbar, wenn $f_0 \neq 0$ ist.

Beweis Es sei zunächst $f(x)$ eine Einheit in $\mathbb{K}[[x]]$ und $g(x)$ sei die zu $f(x)$ gehörende multiplikative inverse Potenzreihe. Dann ist gemäß Faltungsformel

$$1 = e^0(x) = f(x) \cdot g(x) = \sum_{n=0}^{\infty} \left(\sum_{k=0}^{n} f_k g_{n-k} \right) x^n,$$

sodass $f(x)$ und $g(x)$ die Bedingungen

$$f_0 g_0 = 1 \quad \text{und} \quad \sum_{k=0}^{n} f_k g_{n-k} = 0 \text{ für } n \geq 1$$

erfüllen müssen. Aus $f_0 g_0 = 1$ folgt dann sofort, dass $f_0 \neq 0$, also invertierbar in $\mathbb{K}$ ist. Umgekehrt ist diese letzte Bedingung aber sogar bereits hinreichend für die Invertierbarkeit der Potenzreihe $f(x)$. Ist nämlich $f_0 \neq 0$, so ist $f_0 g_0 = 1$ für $g_0 := \frac{1}{f_0}$. Weiter sei $g_1 := -\frac{1}{f_0} \cdot f_1 g_0$, sodass $f_0 g_1 + f_1 g_0 = 0$ ist. Wir nehmen induktiv an, dass Körperelemente $g_1, \ldots, g_n$ aus $\mathbb{K}$ mit $\sum_{k=0}^{l} f_k g_{l-k} = 0$ für alle $l = 1, \ldots, n$ existieren. Definiert man dann

$$g_{n+1} := -\frac{1}{f_0} \cdot \sum_{l=1}^{n+1} f_l g_{n+1-l},$$

so ist

$$\sum_{k=0}^{n+1} f_k g_{n+1-k} = \sum_{k=1}^{n+1} f_k g_{n+1-k} + f_0 g_{n+1} = \sum_{k=1}^{n+1} f_k g_{n+1-k} - \sum_{l=1}^{n+1} f_l g_{n+1-l} = 0.$$

Insgesamt ist damit per Induktion die Existenz einer Potenzreihe $g(x) = \sum_{n=0}^{\infty} g_n x^n$ gesichert, die $f(x)g(x) = 1$ erfüllt, weshalb $f(x)$ invertierbar ist. ∎

B Invertieren von Linearfaktoren – Geometrische Reihen Aufgrund ▶Satz 13.1.1 ist damit insbesondere auch jedes Polynom $h(x) \in \mathbb{K}[x]$ mit $h_0 \neq 0$ innerhalb $\mathbb{K}[[x]]$ invertierbar. Abgesehen von den konstanten Polynomen λ aus $\mathbb{K}^*$ sind $h(x) := \lambda x + \mu$ mit $\mu \neq 0$ die einfachsten invertierbaren Polynome aus $\mathbb{K}[[x]]$. Diese wollen wir nun genauer untersuchen.

Satz 13.1.2 Es seien $\lambda, \mu \in K$ mit $\mu \neq 0$. Dann gilt innerhalb der Algebra $\mathbb{K}[[x]]$ der formalen Potenzreihen über $\mathbb{K}$:

$$(\lambda x + \mu)^{-1} = \sum_{k=0}^{\infty} (-1)^k \cdot \frac{\lambda^k}{\mu^{k+1}} \cdot x^k$$

Beweis Die Formel ist richtig, wenn $\lambda = 0$ ist, denn dann sind die linke und die rechte Seite beide gleich $\frac{1}{\mu}$. Wir nehmen daher $\lambda \neq 0$ an. Zunächst ist dann $\lambda x + \mu = \mu \cdot (1 - \alpha x)$ mit $\alpha = -\frac{\lambda}{\mu}$, sodass

$$(\lambda x + \mu)^{-1} = \frac{1}{\mu} \cdot (1 - \alpha x)^{-1}$$

gilt und man sich auf die Invertierung des Terms $1 - \alpha x$ beschränken kann. Ist also $\alpha \in \mathbb{K}^*$ beliebig, so behaupten wir, dass (in $\mathbb{K}[[x]]$)

$$(1 - \alpha x)^{-1} = \frac{1}{1 - \alpha x} = \sum_{k \geq 0} \alpha^k x^k$$

gilt. Um das einzusehen, multiplizieren (d. h. falten) wir $u(x) := 1 - \alpha x$ mit $v(x) := \sum_{k \geq 0} \alpha^k x^k$. Für $n = 0$ erhält man $u_0 v_0 = 1$. Ist $n \geq 1$, so ergibt sich (wegen $u_l = 0$ für $l \geq 2$):

$$\sum_{l=0}^{n} u_l v_{n-l} = u_0 v_n + u_1 v_{n-1} = \alpha^n - \alpha \cdot \alpha^{n-1} = 0$$

Also folgt insgesamt

$$(\lambda x + \mu)^{-1} = \frac{1}{\mu} \cdot \sum_{k \geq 0} \alpha^k x^k = \frac{1}{\mu} \cdot \sum_{k \geq 0} \left(-\frac{\lambda}{\mu}\right)^k x^k = \sum_{k=0}^{\infty} (-1)^k \cdot \frac{\lambda^k}{\mu^{k+1}} \cdot x^k,$$

was zu zeigen war. ∎

Es sind zwei wichtige Spezialfälle hervorzuheben: Bei $\lambda = 1$ und $\mu = -1$ ergibt sich formal die **geometrische Reihe**

$$\frac{1}{1-x} = \sum_{k=0}^{\infty} x^k.$$

Für $\lambda = 1$ und $\mu = 1$ erhält man formal die **alternierende geometrische Reihe**

$$\frac{1}{1+x} = \sum_{k=0}^{\infty} (-1)^k x^k.$$

In Ergänzung zu ▶Satz 13.1.2 formulieren wir noch eine Verallgemeinerung, dessen Beweis wir auf die Übungsaufgaben verlagern.

Satz 13.1.3 Es seien $\alpha \in \mathbb{K}$ mit $\alpha \neq 0$. Weiter sei $a \in \mathbb{N}^*$. Dann gilt innerhalb der Algebra $\mathbb{K}[[x]]$ der formalen Potenzreihen über $\mathbb{K}$:

$$(1 - \alpha x)^{-a} = \sum_{n=0}^{\infty} \binom{a+n-1}{n} \alpha^n x^n$$

13.2 Der Körper der rationalen Funktionen

A **Der Quotientenkörper von $\mathbb{K}[x]$** Aus Abschnitt 12.2 wissen wir, dass der Polynomring $\mathbb{K}[x]$ zwar ein Integritätsbereich, aber kein Körper ist; lediglich die von null verschiedenen konstanten Polynome sind multiplikativ invertierbar. Mit den formalen Potenzreihen $\mathbb{K}[[x]]$ liegt ein $\mathbb{K}[x]$ umfassender Integritätsbereich vor, in dem jedes Polynom invertierbar ist, welches nicht von x geteilt wird (siehe ▶Satz 13.1.1). Im Rahmen der abstrakten Algebra stellt sich, ausgehend von einem (kommutativen) Ring R, allgemeiner die Frage nach der Existenz eines Körpers, der den Ring R als Teilring enthält. Die Nullteilerfreiheit (also die Eigenschaft, Integritätsbereich zu sein) ist dabei natürlich eine wesentliche Voraussetzung für R. In der Tat ist diese Voraussetzung aber auch

13.2 Der Körper der rationalen Funktionen

schon hinreichend für die Existenz eines R umfassenden Körpers K. Es gibt nämlich ein algebraisches Konzept, welches die Konstruktion eines *kleinsten* Körpers $Q(R)$ erlaubt, der den Ausgangsbereich R enthält. Man nennt $Q(R)$ den **Quotientenkörper** von R (siehe etwa [43]). Die Konstruktion entspricht dabei völlig dem aus der Schule bekannten Übergang des Integritätsbereiches $\mathbb{Z}$ der ganzen Zahlen zu dem Körper $\mathbb{Q}$ der rationalen Zahlen.

Wir konzentrieren uns im vorliegenden Abschnitt auf den Fall des Polynomringes $R = \mathbb{K}[x]$, ohne dabei auf Einzelheiten der eben erwähnten algebraischen Konstruktion einzugehen.

> **Definition 13.2.1** Den Quotientenkörper von $\mathbb{K}[x]$ nennt man den **Körper der rationalen Funktionen in der Unbestimmten** x; Bezeichnung: $\mathbb{K}(x)$. Formal ist $\mathbb{K}(x)$ also die Menge aller Brüche, deren Zähler und Nenner Polynome sind, wobei das Nennerpolynom vom Nullpolynom verschieden sein muss:
>
> $$\mathbb{K}(x) := \left\{ \frac{f(x)}{g(x)} : f(x) \in \mathbb{K}[x], g(x) \in \mathbb{K}[x]^* \right\}$$
>
> Die Elemente aus $\mathbb{K}(x)$ nennt man **rationale Funktionen**.

Wegen $f(x) = \frac{f(x)}{1}$ ist wirklich jedes Polynom f in $\mathbb{K}(x)$ enthalten. Ferner ist $\frac{f(x)}{g(x)} = 0$, wenn $f(x) = 0$ ist.

B **Das Rechnen mit rationalen Funktionen** Beim Rechnen mit rationalen Funktionen gelten im Wesentlichen die gleichen Regeln wie beim Rechnen mit rationalen Zahlen. Wir fassen die Grundregeln zusammen.

1. **Gleichheit:** Zwei rationale Funktionen $\frac{a(x)}{b(x)}$ und $\frac{c(x)}{d(x)}$ sind genau dann gleich, wenn $a(x)d(x) = b(x)c(x)$ ist.

2. **Kürzen/Erweitern:** Ist $\frac{f(x)}{g(x)} \in \mathbb{K}(x)$ und ist $t(x)$ größter gemeinsamer Teiler von $f(x)$ und $g(x)$, so gilt $\frac{f(x)}{g(x)} = \frac{f^*(x)}{g^*(x)}$ mit $f^*(x)t(x) = f(x)$ und $g^*(x)t(x) = g(x)$. Wie bei rationalen Zahlen nennt man $\frac{f^*(x)}{g^*(x)}$ die gekürzte Darstellung des Bruches $\frac{f(x)}{g(x)}$.

3. **Multiplikation:** Sind $\frac{a(x)}{b(x)}$ und $\frac{c(x)}{d(x)}$ rationale Funktionen, so ist

$$\frac{a(x)}{b(x)} \cdot \frac{c(x)}{d(x)} = \frac{a(x)c(x)}{b(x)d(x)}.$$

4. **Addition:** Ferner ist

$$\frac{a(x)}{b(x)} + \frac{c(x)}{d(x)} = \frac{a(x)d(x) + b(x)c(x)}{b(x)d(x)}.$$

Sind über $\mathbb{Q}$ beispielsweise $a(x) = x^2 + 1$ und $b(x) = x^4 - x^3 + x^2 - 1$ und $c(x) = x$ und $d(x) = x^4 - x^3 + x - 1$, so gilt

$$\frac{a(x)}{b(x)} \cdot \frac{c(x)}{d(x)} = \frac{x^3 + x}{x^8 - 2x^7 + 2x^6 - 3x^4 + 3x^3 - x^2 - x + 1}$$

sowie, wegen $\operatorname{ggT}(b(x), d(x)) = x - 1$,

$$\frac{a(x)}{b(x)} + \frac{c(x)}{d(x)} = \frac{x^5 + x^4 + x^3 + 2x^2 + x + 1}{x^7 - x^6 + x^5 + x^4 - 2x^3 + x^2 - 1}.$$

Das folgende Ergebnis ist offensichtlich; Einzelheiten des Beweises seien dem Leser als Übung gestellt.

> **Satz 13.2.2** Zusammen mit der eben definierten Addition und Multiplikation ist $\mathbb{K}(x)$ ein Körper. Das zur rationalen Funktion $\frac{a(x)}{b(x)} \in \mathbb{K}(x)^*$ gehörende multiplikative Inverse ist $\frac{b(x)}{a(x)}$.

13.3 Partialbruchzerlegung

In diesem Abschnitt werden wir die Partialbruchzerlegung von rationalen Funktionen durchnehmen. Diese hat u. a. bei der Lösung linearer Rekursionen (Abschnitt 13.4) oder bei der Integration rationaler Funktionen (Abschnitt 19.4-C in Teil IV) wichtige Anwendungen. Wir beschreiben die vollständige Partialbruchzerlegung in zwei Teilen und schieben dazwischen den Spezialfall ein, in dem das Nennerpolynom in paarweise verschiedene Linearfaktoren zerfällt.

A Erster Teil der Partialbruchzerlegung Ziel des ersten Teils der Partialbruchzerlegung ist die **additive Zerlegung eines Bruches** $\frac{f(x)}{g(x)}$ in eine Summe der Form $\sum_{i=1}^{l} \frac{f_i(x)}{g_i(x)}$, wobei eine **multiplikative Zerlegung des Nennerpolynoms** $g(x)$ in relativ prime Faktoren $g_1(x), \ldots, g_l(x)$ gegeben sein muss. Sind $f(x), g(x) \in \mathbb{K}[x]^*$, so ist zunächst (nach einer Polynomdivision mit Rest)

$$\frac{f(x)}{g(x)} = q(x) + \frac{r(x)}{g(x)},$$

wobei $q(x) = f(x) \operatorname{div} g(x)$ und $r(x) = f(x) \operatorname{mod} g(x)$, also insbesondere $\deg(r(x)) < \deg(g(x))$. Man kann sich daher auf den Fall beschränken, wo $\deg(f) < \deg(g)$ ist (in welchem Fall $f(x)$ mit $f(x) \operatorname{mod} g(x)$ übereinstimmt). Ferner nehmen wir an, dass der Bruch $\frac{f(x)}{g(x)}$ gekürzt ist, also $\operatorname{ggT}(f(x), g(x)) = 1$ gilt.

13.3 Partialbruchzerlegung

Satz 13.3.1 Es seien $f(x), g(x) \in \mathbb{K}[x]^*$ mit $\deg(f) < \deg(g)$ und mit $\text{ggT}(f, g) = 1$. Annahme, $g(x) = \prod_{j=1}^{l} g_j(x)$, wobei $\text{ggT}(g_i(x), g_k(x)) = 1$ für $i \neq k$. Dann gibt es eindeutige Polynome $f_1(x), \ldots, f_l(x)$ mit $\deg(f_i(x)) < \deg(g_i(x))$ für jedes i und mit

$$\frac{f(x)}{g(x)} = \sum_{i=1}^{l} \frac{f_i(x)}{g_i(x)}.$$

Beweis Zunächst zur **Eindeutigkeit**, welche induktiv über die Anzahl l der gegebenen Faktoren von $g(x)$ bewiesen wird. Falls $l = 1$, so folgt aus $\frac{f_1(x)}{g_1(x)} = \frac{f_1^*(x)}{g_1(x)}$, dass $f_1 g_1 = f_1^* g_1$ und daher $f_1 = f_1^*$ ist. Mit $l \geq 2$ vollziehen wir nun den Induktionsschritt von $l - 1$ nach l. Annahme,

$$\sum_{i=1}^{l} \frac{f_i(x)}{g_i(x)} = \sum_{i=1}^{l} \frac{f_i^*(x)}{g_i(x)}$$

mit $\deg(f_i)$ und $\deg(f_i^*)$ beide echt kleiner als $\deg(g_i)$ (für jedes i). Man betrachtet dann für jedes $i = 1, \ldots, l$ die Polynome

$$G_i(x) := \frac{g(x)}{g_i(x)} = \prod_{j=1, j \neq i}^{l} g_j(x) \in \mathbb{K}[x].$$

Wegen $g(x) \cdot \sum_{i=1}^{l} \frac{f_i(x)}{g_i(x)} = \sum_{i=1}^{l} f_i(x) G_i(x)$ folgt $\sum_{i=1}^{l} f_i(x) G_i(x) = \sum_{i=1}^{l} f_i^*(x) G_i(x)$ und daher

$$(f_1(x) - f_1^*(x)) G_1(x) = \sum_{i=2}^{l} (f_i(x) - f_i^*(x)) G_i(x).$$

Da $g_1(x)$ Teiler von $G_i(x)$ für jedes $i \geq 2$ ist, erkennt man $g_1(x)$ als Teiler der rechten Seite. Also ist $g_1(x)$ auch Teiler der linken Seite $(f_1(x) - f_1^*(x)) G_1(x)$. Da aber $g_1(x)$ und $G_1(x)$ relativ prim sind, ist $g_1(x)$ Teiler von $f_1(x) - f_1^*(x)$. Nun haben aber beide Polynome, $f_1(x)$ und $f_1^*(x)$ einen Grad, der echt kleiner als der von $g_1(x)$ ist. Deshalb muss $f_1 = f_1^*$ gelten. Daraus folgt dann wiederum

$$\sum_{i=2}^{l} \frac{f_i(x)}{g_i(x)} = \sum_{i=2}^{l} \frac{f_i^*(x)}{g_i(x)}.$$

Das Anwenden der Induktionsvoraussetzung auf diese $l - 1$ Brüche liefert dann $f_i = f_i^*$ für alle i, die Eindeutigkeit der Zerlegung.

Nun zur **Existenz**: Wir beweisen diese zunächst für den Fall $l = 2$. Alles Weitere folgt dann wieder induktiv. Wegen $\text{ggT}(g_1(x), g_2(x)) = 1$ gibt es Polynome $a(x)$ und $b(x)$ mit $a(x) g_1(x) + b(x) g_2(x) = 1$ (erweiterter ▶Euklidischer Algorithmus 12.2.8). Mit $F_1(x) := b(x) f(x)$ und $F_2(x) := a(x) f(x)$ folgt dann

Formale Potenzreihen und rationale Funktionen

$$\frac{F_1(x)}{g_1(x)} + \frac{F_2(x)}{g_2(x)} = \frac{F_1(x)g_2(x) + F_2(x)g_1(x)}{g(x)}$$
$$= \frac{f(x)\,(b(x)g_2(x) + a(x)g_1(x))}{g(x)} = \frac{f(x)}{g(x)},$$

also eine additive Darstellung von $\frac{f(x)}{g(x)}$ durch zwei Brüche mit Nenner $g_1(x)$ bzw. $g_2(x)$. Sollten nun $F_1(x)$ oder $F_2(x)$ noch einen zu großen Grad haben, so reduziert man diese einfach zu

$$f_1(x) := F_1(x) \bmod g_1(x) = b(x)f(x) \bmod g_1(x)$$

und

$$f_2(x) := F_2(x) \bmod g_2(x) = a(x)f(x) \bmod g_2(x).$$

Danach ergibt sich wie gewünscht $\frac{f(x)}{g(x)} = \frac{f_1(x)}{g_1(x)} + \frac{f_2(x)}{g_2(x)}$ mit Zählergraden echt kleiner als die jeweiligen Nennergrade. Falls $l \geq 2$, so setzt man $G_2(x) := \frac{g(x)}{g_1(x)}$ und findet mit dem eben gezeigten Ansatz Polynome $f_1(x)$ und $h(x)$ mit $\deg(f_1) < \deg(g_1)$ und $\deg(h) < \deg(G_2)$, sodass

$$\frac{f(x)}{g(x)} = \frac{f_1(x)}{g_1(x)} + \frac{h(x)}{G_2(x)}$$

gilt. Wegen $G_2(x) = \prod_{k=2}^{l} g_k(x)$ kann die Induktionsvoraussetzung auf den Term $\frac{h(x)}{G_2(x)}$ angewendet werden, was insgesamt zur gewünschten Partialbruchzerlegung führt. ∎

Zum Beweis von ▶Satz 13.3.1 ist Folgendes zu bemerken: Der Hauptpunkt des Existenzbeweises der postulierten Partialbruchzerlegung entspricht dem Auffinden einer Vielfachsummendarstellung des Zählers $f(x)$ in den Kofaktoren $G_i(x)$ bzgl. der Zerlegung $\prod_{i=1}^{l} g_i(x)$ des Nenners $g(x)$. Ist nämlich $\sum_{i=1}^{l} h_i(x)G_i(x) = f(x)$, so ist

$$\frac{f(x)}{g(x)} = \sum_{i=1}^{l} \frac{h_i(x)}{g_i(x)}.$$

Eventuell sind dann noch die $h_i(x)$ durch $h_i(x) \bmod g_i(x)$ zu ersetzen, um die gewünschte Gradbedingung zu erfüllen.

Beispiel 13.3.2 Wir wollen die rationale Funktion

$$\frac{x^6 - x^4 - x^2}{x^4 - 1} \in \mathbb{R}(x)$$

in Partialbrüche zerlegen und führen dazu zunächst eine Division mit Rest durch, um $x^6 - x^4 - x^2 = (x^2 - 1)(x^4 - 1) - 1$ zu erhalten, sodass

$$\frac{x^6 - x^4 - x^2}{x^4 - 1} = x^2 - 1 - \frac{1}{x^4 - 1}$$

ist. Wir setzen nun $f(x) := 1$ und $g(x) := x^4 - 1$ und gehen zur Zerlegung des Bruches $\frac{1}{x^4-1}$ wie im Beweis von ▶Satz 13.3.1 vor. Zunächst ist

$$g(x) = x^4 - 1 = (x^2 - 1)(x^2 + 1)$$

eine Faktorisierung des Nenners $g(x)$ über den reellen Zahlen in zwei relativ prime Faktoren. Die einzelnen Faktoren $g_i(x)$ sind samt Kofaktoren $G_i(x)$ in der folgenden Tabelle angegeben:

i	$g_i(x)$	$G_i(x)$
1	$x^2 - 1$	$x^2 + 1$
2	$x^2 + 1$	$x^2 - 1$

Weiter ist $-\frac{1}{2} \cdot g_1(x) + \frac{1}{2} \cdot g_2(x) = 1$. Daraus erhalten wir (wortwörtlich dem Beweis von ▶Satz 13.3.1 entsprechend)

$$\frac{1}{x^4 - 1} = \frac{\frac{1}{2}}{x^2 - 1} + \frac{-\frac{1}{2}}{x^2 + 1}.$$

Zur vollständigen Faktorisierung von $g(x)$ über $\mathbb{R}$ kann $g_1(x) = x^2 - 1$ noch in $h_1(x)h_2(x)$ mit $h_1(x) = x - 1$ und $h_2(x) = x + 1$ zerlegt werden. Bezüglich dieser Faktorisierung können wir den Bruch $\frac{1}{x^2-1}$ weiter zerlegen. Nun ist (analog zur ersten Teilzerlegung) $-\frac{1}{2} \cdot h_1(x) + \frac{1}{2} \cdot h_2(x) = 1$, woraus sich

$$\frac{1}{x^2 - 1} = \frac{\frac{1}{2}}{x - 1} + \frac{-\frac{1}{2}}{x + 1}$$

ergibt. Setzt man dies in die erste (gröbere) Zerlegung ein, so erhält man insgesamt

$$\frac{1}{x^4 - 1} = \frac{\frac{1}{4}}{x - 1} + \frac{-\frac{1}{4}}{x + 1} + \frac{-\frac{1}{2}}{x^2 + 1}.$$

Wir bemerken anhand dieses Beispiels noch, dass man, allgemein und alternativ zum Beweis zu ▶Satz 13.3.1, die Partialbruchzerlegung auch als Lösung eines zugehörigen linearen Gleichungssystems erhält. Ausgehend von der vollständigen Faktorisierung $(x - 1)(x + 1)(x^2 + 1)$ von $x^4 - 1 = g(x)$ startet man dazu mit dem Ansatz

$$\frac{f(x)}{g(x)} = \frac{1}{x^4 - 1} = \frac{A}{x - 1} + \frac{B}{x + 1} + \frac{Cx + D}{x^2 + 1}.$$

Zusammenfassen der Brüche liefert wiederum

$$\frac{1}{x^4 - 1} = \frac{A(x^3 + x^2 + x + 1) + B(x^3 - x^2 + x - 1) + (Cx + D)(x^2 - 1)}{x^4 - 1}.$$

Multipliziert man nun den Zähler aus und fasst die entsprechenden Koeffizienten zusammen, so erhält man das Zählerpolynom

$$(A + B + C)x^3 + (A - B + D)x^2 + (A + B - C)x + (A - B - D).$$

Dieses ist aber nach Voraussetzung gleich dem Polynom $f(x) = 1$, sodass ein Koeffizientenvergleich das lineare Gleichungssystem

$$A + B + C = 0$$
$$A - B + D = 0$$
$$A + B - C = 0$$
$$A - B - D = 1$$

liefert. Die eindeutige Lösung dieses Systems ist $A = \frac{1}{4}$, $B = -\frac{1}{4}$, $C = 0$ und $D = -\frac{1}{2}$, was mit dem oben gewonnenen Ergebnis übereinstimmt. ∎

B **Der Spezialfall bei Zerfall in Linearfaktoren** Wir wollen nun einen wichtigen Spezialfall hervorheben, nämlich den, in dem sämtliche Faktoren $g_i(x)$ Linearfaktoren von $g(x)$, also von der Form $g_i(x) = x - \alpha_i$ sind. In diesem Fall sind alle $f_i(x)$ Skalare aus dem zugrunde liegenden Körper $\mathbb{K}$. Zur Formulierung des Ergebnisses benötigen wir allerdings die formale Ableitung eines Polynoms.[1]

Definition 13.3.3 Ist $h(x) = \sum_{i=0}^{m} h_i x^i$ ein Polynom vom Grade $m \geq 1$, so ist die **formale Ableitung** $h'(x)$ von $h(x)$ das Polynom

$$h'(x) := \sum_{i=1}^{m} i h_i x^{i-1}.$$

Die formale Ableitung eines konstanten Polynoms sei gleich dem Nullpolynom.

Die nun folgenden Formel beschreibt die formale Ableitung eines Produktes von Polynomen.

Lemma 13.3.4 Sind $h_1(x), \ldots, h_l(x)$ Polynome und sind $H_i(x) := \prod_{j=1, j \neq i}^{n} h_j(x)$ für $i = 1, \ldots, l$, so ergibt sich für die Ableitung des Produktes der Polynome $h_i(x)$ Folgendes:

$$\left(\prod_{i=1}^{l} h_i(x) \right)' = \sum_{i=1}^{l} h_i'(x) H_i(x)$$

Beweisskizze (Einzelheiten als Übung). Man zeigt zunächst, dass der Ableitungsoperator $'$ eine $\mathbb{K}$-lineare Abbildung auf $\mathbb{K}[x]$ ist. Das bedeutet, dass für alle Polynome $u(x)$ und $v(x)$ und alle Skalare λ, μ aus $\mathbb{K}$ gilt:

$$(\lambda u(x) + \mu v(x))' = \lambda u'(x) + \mu v'(x)$$

---

[1] Diese formale Ableitung entspricht für die Klasse der Polynomfunktionen in der Tat der aus der Schule bekannten Differenzierung von Funktionen, welche wir im Rahmen der Analysis ebenfalls noch behandeln werden. Hier liegt aber ein beliebiger Körper vor, was den Begriff „formal" erklärt.

Danach verifiziert man die Formel

$$\left(x^k \cdot h(x)\right)' = (x^k)'h(x) + x^k h'(x).$$

Aufgrund der Linearität gilt dann allgemeiner für zwei beliebige Polynome $g(x)$ und $h(x)$ die **Produktformel**

$$\left(g(x)h(x)\right)' = g'(x)h(x) + g(x)h'(x),$$

was der Aussage für $l = 2$ Polynome entspricht. Schließlich führt man für $l \geq 2$ einen Induktionsbeweis, wobei ähnlich zum Existenzbeweis in ▶Satz 13.3.1 der allgemeine Fall durch Induktion und Rückführung auf den Fall $l = 2$ erledigt wird. ∎

Wir kommen zum angekündigten Spezialfall der Partialbruchzerlegung.

Satz 13.3.5 Es sei $g(x) = \prod_{j=1}^{l}(x - \alpha_j)$, wobei die α_j paarweise verschieden seien. Weiter sei $f(x) \in \mathbb{K}[x]$ mit $\deg(f) < \deg(g)$ und $\mathrm{ggT}(f(x), g(x)) = 1$. Dann ist

$$\frac{f(x)}{g(x)} = \sum_{j=1}^{l} \frac{f(\alpha_j)}{g'(\alpha_j)(x - \alpha_j)}$$

die Partialbruchzerlegung von $\frac{f(x)}{g(x)}$.

Beweis Mit $G_i(x) := \frac{g(x)}{x - \alpha_i}$ (für jedes i) ist also zu zeigen, dass

$$f(x) = \sum_{i=1}^{l} \frac{f(\alpha_i)}{g'(\alpha_i)} \cdot G_i(x)$$

gilt. Es sei daher $h(x) := \sum_{i=1}^{l} \frac{f(\alpha_i)}{g'(\alpha_i)} G_i(x)$. Wegen $g'_i(x) = 1$ für jedes i erhält man mit der Formel aus ▶Lemma 13.3.4, dass

$$g'(x) = \sum_{i=1}^{l} G_i(x)$$

ist. Wegen $G_i(\alpha_k) = 0$ für $i \neq k$ (denn $g_k(x) = x - \alpha_k$ teilt $G_i(x)$ in diesem Fall) folgt daher $g'(\alpha_k) = G_k(\alpha_k)$ und deshalb $h(\alpha_k) = f(\alpha_k)$. Da dies für jedes k gilt, folgt $f(x) = h(x)$ aus ▶Satz 12.3.6, denn beide Polynome $f(x)$ und $h(x)$ haben einen Grad echt kleiner als l. ∎

Betrachten wir auch hierzu ein Beispiel. Wir wollen die Partialbruchzerlegung von

$$\frac{f(x)}{g(x)} = \frac{3x^2 + 2x - 4}{x^3 - x} \text{ über } \mathbb{R}$$

bestimmen. Hier zerfällt $g(x)$ in die paarweise verschiedenen Linearfaktoren x, $x - 1$ und $x + 1$. Es seien daher $\alpha_1 = 0$ und $\alpha_2 = 1$ und $\alpha_3 = -1$. Dann ergibt sich wegen

$g'(x) = 3x^2 - 1$ sofort, dass $\frac{f(x)}{g(x)}$ gleich

$$\frac{f(0)}{g'(0) \cdot x} + \frac{f(1)}{g'(1) \cdot (x-1)} + \frac{f(-1)}{g'(-1) \cdot (x+1)}$$

ist, was zu

$$\frac{4}{x} + \frac{\frac{1}{2}}{x-1} + \frac{-\frac{3}{2}}{x+1}$$

ausgewertet wird.

C Zweiter Teil der Partialbruchzerlegung Wir kommen abschließend zum zweiten Teil der Partialbruchzerlegung, welche sich mit der additiven Zerlegung von rationalen Funktionen beschäftigt, deren Nenner gleich der Potenz eines Polynoms ist.

Satz 13.3.6 Es seien $f(x), g(x) \in \mathbb{K}[x]^*$ und $a \in \mathbb{N}^*$ mit $\deg(f) < a \cdot \deg(g)$. Dann gibt es eindeutige Polynome $f_1(x), \ldots, f_a(x)$ mit $\deg(f_i(x)) < \deg(g(x))$ für $i = 1, \ldots, a$ und mit

$$\frac{f(x)}{g(x)^a} = \sum_{i=1}^{a} \frac{f_i(x)}{g(x)^i}.$$

Beweis Wir dividieren $f(x)$ durch $g(x)^{a-1}$ mit Rest, um $f(x) = \gamma_1(x)g(x)^{a-1} + \rho_1(x)$ zu erhalten. Dabei sind $\deg(\gamma_1) < \deg(g)$ und $\deg(\rho_1) < \deg(g^{a-1})$. Es folgt

$$\frac{f(x)}{g(x)^a} = \frac{\gamma_1(x)}{g(x)} + \frac{\rho_1(x)}{g(x)^a} = \frac{\gamma_1(x)}{g(x)} + \frac{1}{g(x)} \cdot \frac{\rho_1(x)}{g(x)^{a-1}}.$$

Mit dem Bruch $\rho_1(x)/g(x)^{a-1}$ verfahren wir so, wie im ersten Schritt mit $f(x)/g(x)^a$. Man erhält dann induktiv die gewünschte Zerlegung. Der Nachweis der Eindeutigkeit folgt ähnlich wie im Beweis von ▶Satz 13.3.1 und sei in Einzelheiten als Übung gestellt. ■

Auch hierzu ein Beispiel (über dem Körper $\mathbb{Q}$ der rationalen Zahlen): Die Eingangsdaten seien $f(x) = x^2 + x + 1$ und $g(x) = x - 2$ sowie $a = 3$, sodass eine Zerlegung von

$$\frac{f(x)}{g(x)^a} = \frac{x^2 + x + 1}{(x-2)^3}$$

gesucht ist. Aus $(x^2 + x + 1) \operatorname{div} (x-2)^2 = 1$ und $(x^2 + x + 1) \operatorname{mod} (x-2)^2 = 5x - 3$ erhält man zunächst

$$\frac{x^2 + x + 1}{(x-2)^3} = \frac{1}{x-2} + \frac{5x-3}{(x-2)^3} = \frac{1}{x-2} + \frac{1}{x-2} \cdot \frac{5x-3}{(x-2)^2}.$$

Also ist $\gamma_1(x) = 1$ und $\rho_1(x) = 5x - 3$. Weiter ist $(5x - 3) \operatorname{div} (x - 2) = 5$ und $(5x - 3) \operatorname{mod} (x - 2) = 7$, sodass

$$\frac{5x-3}{(x-2)^2} = \frac{5}{x-2} + \frac{1}{x-2} \cdot \frac{7}{x-2}.$$

folgt. Insgesamt ergibt sich dann mit
$$\frac{x^2+x+1}{(x-2)^3} = \frac{1}{x-2} + \frac{5}{(x-2)^2} + \frac{7}{(x-2)^3},$$
die gesamte Partialbruchzerlegung des Bruches $\frac{f(x)}{g(x)^a}$.

13.4 Exkurs: Schieberegisterfolgen und lineare Rekursionen

Wir haben in Abschnitt 12.1 Polynome als spezielle formale Potenzreihen eingeführt. In Abschnitt 13.2 haben wir andererseits gesehen, dass Polynome spezielle rationale Funktionen sind. Insgesamt erhalten wir daraus formal die Teilmengenbeziehung $\mathbb{K}[x] \subseteq \mathbb{K}[[x]] \cap \mathbb{K}(x)$. Davon ausgehend stellt sich die Frage, was genau die Schnittmenge $\mathbb{K}[[x]] \cap \mathbb{K}(x)$ ist. Welche formale Potenzreihen lassen sich als rationale Funktionen schreiben? Wir werden diese Frage hier beantworten und in diesem Zusammenhang die wichtige Technik des „**Lösens linearer Rekursionsgleichungen**" diskutieren, wobei die Partialbruchzerlegung des letztes Abschnittes zur Anwendung kommt.

A **Was versteht man unter einer linearen Schieberegisterfolge?** Es geht in diesem Abschnitt um das Studium von Folgen, die durch eine **lineare Rekursionsvorschrift** definiert sind. Als klassisches Beispiel ist die Folge der **Fibonacci-Zahlen**[2] $(F_n)_{n \in \mathbb{N}}$, definiert durch

$$F_0 := 0, \quad F_1 := 1, \quad F_{n+2} := F_{n+1} + F_n \text{ für } n \in \mathbb{N} \tag{13.4.1}$$

zu nennen. Wir beginnen mit einigen grundlegenden Begriffen. Ausgehend von einer nichtleeren Menge M und einer natürliche Zahl $d \geq 1$ sei

$$R: M^d \to M, \quad (u_{d-1}, \ldots, u_1, u_0) \mapsto R(u_{d-1}, \ldots, u_1, u_0)$$

eine Abbildung. Durch R und einen Startpunkt $v = (v_{d-1}, \ldots, v_0) \in M^d$ ist eine eindeutige Folge $f = f_{R,v}$ aus $M^{\mathbb{N}}$ definiert durch

$$\begin{aligned} f_k &= v_k \quad \text{für } 0 \leq k \leq d-1 \text{ und rekursiv} \\ f_{n+d} &= R(f_{n+d-1}, f_{n+d-2}, \ldots, f_n) \quad \text{für } n \in \mathbb{N}. \end{aligned} \tag{13.4.2}$$

Man nennt R eine **Rekursionsabbildung der Länge** d bzw. einen **Rückkopplungsmechanismus** und $f = f_{R,v}$ die zu R und v gehörende **Schieberegisterfolge**. Der Parameter d heißt die **Tiefe** der Folge.

Ebenso wie der Begriff „Rückkopplungsmechanismus", stammt auch der Ausdruck „Schieberegisterfolge" aus technischen Anwendungen. Assoziiert zu R ist nämlich eine weitere Abbildung $T: M^d \to M^d$, der sog. **Taktgeber**, der durch

---
[2] Fibonacci, Leonardo von Pisa (1170–1250).

Exkurs ▶ Fortsetzung

$$T((u_{d-1}, \ldots, u_1, u_0)) := (R((u_{d-1}, \ldots, u_1, u_0)), u_{d-1}, \ldots, u_1)$$

definiert ist. Lädt man ein Wort v aus M^d in ein Register der Länge d, so berechnet man nach einem Takt das Element $R(v) = v_d$ und somit $T(v)$, welches wiederum im gleichen Register abgespeichert wird: Dabei rückt $R(v)$ an die Stelle, wo v_{d-1} stand; die Elemente $v_{d-1}, \ldots, v_1$ wandern alle eine Stelle nach rechts, während v_0 das Register verlässt. Nach l Takten ist der Inhalt des Registers also gleich $(v_{l+d-1}, \ldots, v_l)$. Formal versteht man unter einem **Schieberegister** ein Paar (R, T) bestehend aus Rückkopplungsmechanismus und Taktgeber. Wir beschränken uns im Weiteren auf den Spezialfall, in dem $M = \mathbb{K}$ ein Körper und R eine $\mathbb{K}$-lineare Abbildung sind. Dies ist beispielsweise für die eingangs erwähnte Fibonacci-Folge erfüllt. Hier ist $d = 2$ und $R: \mathbb{Q}^2 \to \mathbb{Q}$, $(u_1, u_0) \mapsto u_1 + u_0$. Mit $v = (1, 0)$ ist $f_{R,v}$ die Fibonacci-Folge.

Definition 13.4.1 Eine Folge f aus $\mathbb{K}^\mathbb{N}$ heißt eine **lineare Schieberegisterfolge** über $\mathbb{K}$, falls gilt: Es gibt ein $d \in \mathbb{N}^*$ sowie Skalare $\gamma_1, \ldots, \gamma_d \in \mathbb{K}$ mit $\gamma_d \neq 0$ und mit

$$f_{n+d} = \sum_{i=1}^{d} \gamma_i f_{n+d-i} \text{ für jedes } n \in \mathbb{N}. \tag{13.4.3}$$

Man nennt d die **Tiefe** von f.

Man beachte, dass eine solche Folge f durch Festlegung der ersten d Folgenglieder $f_0, \ldots, f_{d-1}$ eindeutig bestimmt ist. Ein Folgenglied f_{n+d} hängt linear von seinen d Vorgängern ab, wobei wegen $\gamma_d \neq 0$ der d-te Vorgänger relevant ist, was den Begriff „Tiefe" erklärt. Ausgehend von der in ▶Definition 13.4.1 verwendeten Notation setzen wir nun $\rho_0 := 1$ sowie $\rho_i := -\gamma_i$ für $i = 1, \ldots, d$. Sodann ist (13.4.1) äquivalent zu

$$\sum_{i=0}^{d} \rho_i f_{n+d-i} = 0 \text{ für alle } n \in \mathbb{N}. \tag{13.4.4}$$

Definition 13.4.2 In der eben beschriebenen Situation heißen $\rho(x) := \sum_{j=0}^{d} \rho_j x^j$ das **Rückkopplungspolynom** und $f(x) := \sum_{j=0}^{\infty} f_j x^j$ die **erzeugende Funktion** zur linearen Schieberegisterfolge f.

Bei der Fibonacci-Folge ist das Rückkopplungspolynom beispielsweise gleich $1 - x - x^2$.

13.4 Exkurs: Schieberegisterfolgen und lineare Rekursionen

Exkurs ▶ Fortsetzung

B Lineare Schieberegisterfolgen als rationale Funktionen Der (schreibtechnische) Übergang von einer Folge $f \in \mathbb{K}^\mathbb{N}$ zu ihrer erzeugenden Funktion $f(x)$ aus $\mathbb{K}[[x]]$ ergibt eine Darstellung von f als formale Potenzreihe. Wir werden nun sehen, dass eine lineare Schieberegisterfolge sich alternativ als rationale Funktion schreiben lässt.

Satz 13.4.3 Es sei $f(x)$ die erzeugende Funktion einer linearen Schieberegisterfolge f der Tiefe d mit Rückkopplungspolynom $\rho(x)$. Dann ist $\rho(x)f(x)$ ein Polynom vom Grade höchstens $d - 1$.

Beweis Es sei $g(x) := \rho(x)f(x)$. Dann ist $g(x)$ zunächst eine formale Potenzreihe aus $\mathbb{K}[[x]]$. Aufgrund der Faltungsformel gilt $g_m = \sum_{j=0}^{m} \rho_j f_{m-j}$ für jedes $m \in \mathbb{N}$. Ist nun $m \geq d$, etwa $m = n + d$ für ein $n \in \mathbb{N}$, so folgt

$$g_m = \sum_{j=0}^{m} \rho_j f_{n+d-j} = \sum_{j=0}^{d} \rho_j f_{n+d-j} = 0$$

wegen $\deg(\rho) = d$ und wegen (13.4.4). Damit ist die Behauptung bewiesen. ∎

In der Situation des eben bewiesenen Satzes ist also $f(x) = \frac{g(x)}{\rho(x)}$ mit $\deg(g) < \deg(\rho)$. Das nächste Ergebnis liefert im Wesentlichen die Umkehrung von ▶Satz 13.4.3, weshalb, abgesehen von einem „**Störpolynom**", jedes Objekt aus $\mathbb{K}[[x]] \cap \mathbb{K}(x)$ eine lineare Schieberegisterfolge ist.

Satz 13.4.4 Es sei $h(x) \in \mathbb{K}[[x]]$ eine formale Potenzreihe. Es gebe ein vom Nullpolynom verschiedenes Polynom $\rho(x)$ aus $\mathbb{K}[x]$ mit $h(x)\rho(x) \in \mathbb{K}[x]$. Dann gibt es ein Polynom $u(x) \in \mathbb{K}[x]$, sodass $h(x) - u(x)$ erzeugende Funktion einer linearen Schieberegisterfolge ist.

Beweis Es sei $a(x)$ das Polynom $h(x)\rho(x)$, weshalb $h(x) = \frac{a(x)}{\rho(x)}$ sowohl formale Potenzreihe als auch rationale Funktion ist. Wir dividieren $a(x)$ durch $\rho(x)$ mit Rest und erhalten $a(x) = u(x)\rho(x) + g(x)$ mit $g(x) = 0$ oder mit $\deg(g) < \deg(\rho)$. Sodann ist $h(x) = u(x) + \frac{g(x)}{\rho(x)}$. Ist $g(x)$ das Nullpolynom, so ist $h(x)$ ein Polynom und nichts weiter zu zeigen, weil die Aussage des Satzes trivialerweise für Polynome gültig ist. Es sei daher g nicht das Nullpolynom. Wir setzen $f(x) = h(x) - u(x)$, sodass $f(x) = \frac{g(x)}{\rho(x)}$ gilt. Wir dürfen annehmen, dass $a(x)$ und $\rho(x)$ teilerfremd sind, weshalb dies dann auch für $g(x)$ und $\rho(x)$ zutrifft. Mit dem erweiterten Euklidischen Algorithmus findet man Polynome $b(x), c(x) \in \mathbb{K}[x]$ mit

$$1 = b(x)g(x) + c(x)\rho(x).$$

Wegen $f(x) \cdot \rho(x) = g(x)$ folgt
$$1 = (b(x)f(x) + c(x))\rho(x).$$

Das zeigt, dass das Polynom $\rho(x) \in \mathbb{K}[x] \subseteq \mathbb{K}[[x]]$ eine Einheit in $\mathbb{K}[[x]]$ ist. Nach ▶Satz 13.1.1 ist $\rho_0 = \rho(0) \neq 0$. Ohne Einschränkung darf man nun annehmen, dass $\rho_0 = 1$ ist (sonst erweitert man den Bruch $\frac{g(x)}{\rho(x)}$ mit einem entsprechenden Skalar). Wegen $\deg(g) < d = \deg(\rho)$ und wegen $\rho(x)f(x) = g(x)$ folgt

$$0 = g_{n+d} = \sum_{j=0}^{n+d} \rho_j f_{n+d-j} = \sum_{j=0}^{d} \rho_j f_{n+d-j}$$

für jedes $n \in \mathbb{N}$. Also ist f eine lineare Schieberegisterfolge der Tiefe d mit $\rho(x)$ als Rückkopplungspolynom. ■

Betrachten wir als abschließendes Beispiel nochmals die Fibonacci-Folge $(F_n)_{n\in\mathbb{N}}$ aus (13.4.1) zu Anfang von Abschnitt A, deren erzeugende Funktion gleich $F(x) = \sum_{n=0}^{\infty} F_n x^n = x + x^2 + 2x^3 + 3x^4 + \ldots$ ist. Hier ist $d = 2$ und das Rückkopplungspolynom ist gleich $\rho(x) = 1 - x - x^2$. Folglich ist $F(x)\rho(x) =: g(x)$ ein Polynom vom Grade ≤ 1. Es ist $g_0 = F_0 c_0 = 0$ und $g_1 = F_0 c_1 + F_1 c_0 = 1$. Also entspricht die Folge der Fibonacci-Zahlen der rationalen Funktion

$$F(x) = \frac{x}{1 - x - x^2}.$$

Man kann dies wie folgt auch direkt nachweisen, denn es ist

$$F(x) = \sum_{n \geq 0} F_n x^n$$
$$= F_0 + F_1 x + \sum_{m \geq 0} F_{m+2} x^{m+2}$$
$$= F_0 + F_1 x + \sum_{m \geq 0} (F_{m+1} + F_m) x^{m+2}$$
$$= F_0 + F_1 x + x \left(\sum_{m \geq 0} F_m x^m\right) + x^2 \left(\sum_{m \geq 0} F_m x^m\right)$$
$$= x + xF(x) + x^2 F(x),$$

woraus einmal mehr $F(x) = \frac{x}{1-x-x^2}$ folgt.

C Das Lösen linearer Rekursionen Nach der Behandlung der Partialbruchzerlegung und dem Studium von linearen Schieberegisterfolgen werden wir in diesem Paragraphen das explizite Lösen von linearen Rekursionen diskutieren. Das bedeutet, dass man zu einer rekursiv definierten linearen Schieberegisterfolge f mit Rückkopplungspolynom $\rho(x)$ (welches der Rekursionsvorschrift entspricht) eine rekursionsfreie Formel

13.4 Exkurs: Schieberegisterfolgen und lineare Rekursionen

Exkurs ▶ Fortsetzung

findet. Wir erinnern daran, dass x kein Teiler von $\rho(x)$ ist und dass $\rho(x)$ durch $\rho_0 = 1$ normiert ist. Bei der zur Lösung des Problems notwendigen Faktorisierung von $\rho(x)$ ist es sinnvoll, sich ebenfalls auf diesen Typ normierter Polynome zu beschränken. Insbesondere ist beim Zerfall in Linearfaktoren eine Zerlegung der folgenden Form angestrebt (siehe die Bemerkung nach ▶Satz 13.1.2):

$$\rho(x) = \prod_{j=1}^{m}(1 - \alpha_j x)^{a_j} \qquad (13.4.5)$$

Die Nullstellen von ρ sind also in diesem Fall die Punkte $\alpha_1^{-1}, \ldots, \alpha_m^{-1}$, während die Punkte $\alpha_1, \ldots, \alpha_m$ die Nullstellen des zu ρ gehörenden reziproken Polynoms sind.

Definition 13.4.5 Es sei $u(x) \in \mathbb{K}[x]$ ein von null verschiedenes Polynom. Das zu u gehörende **reziproke Polynom** ist definiert als

$$u^{\text{rez}}(x) := x^{\deg(u)} \cdot u\left(\frac{1}{x}\right).$$

Beispielsweise ist das reziproke Polynom von $x^5 + x^2$ gleich $x^3 + 1$. Offenbar ist $\deg(u^{\text{rez}}(x)) \leq \deg(u(x))$, mit Gleichheit genau dann, wenn $u(0) \neq 0$ ist. Ist ferner $u(0) = 1$, so ist $u^{\text{rez}}(x)$ ein monisches Polynom. Die folgenden Aussagen über das elementare Rechnen mit reziproken Polynomen sind offensichtlich.

Lemma 13.4.6 Für $u, v \in \mathbb{K}[x]$ ist $u^{\text{rez}} v^{\text{rez}} = (uv)^{\text{rez}}$. Ist $u(0) \neq 0$, so sind die Nullstellen von u genau die Inversen der Nullstellen von u^{rez} und umgekehrt.

Unter Verwendung der Ergebnisse der letzten beiden Abschnitte können wir das explizite Lösen von Rekursionen nun zu folgendem Algorithmus informell zusammenfassen.

Algorithmus 13.4.7 Gegeben sei $\rho(x) \in \mathbb{K}[x]$ mit $\deg(\rho) = d$ und $\rho_0 = 1$. Ferner sei $v = (f_{d-1}, \ldots, f_1, f_0) \in \mathbb{K}^d$ gegeben. Berechnet wird die zum Rückkopplungspolynom $\rho(x)$ und zum Startpunkt v gehörende lineare Schieberegisterfolge $f(x)$ der Tiefe d in expliziter Form. Dazu nehmen wir an, dass $\rho(x)$ (eventuell durch Übergang zu einem Erweiterungskörper $\mathbb{L}$ von $\mathbb{K}$) in Linearfaktoren zerfällt.

1. Man bestimme die Nullstellen $\alpha_1, \ldots, \alpha_m$ samt ihrer Vielfachheiten $a_1, \ldots, a_m$ des zu $\rho(x)$ gehörenden reziproken Polynoms $\rho^{\text{rez}}(x)$:

$$\rho^{\text{rez}}(x) = x^{\deg(\rho)} \rho\left(\frac{1}{x}\right) = \prod_{j=1}^{m}(x - \alpha_j)^{a_j}$$

(Wir können hier nicht ausführen, wie man diese fundamentale Problemstellung der Computer-Algebra konkret löst. Im Falle $d = 2$ und $\mathbb{K} = \mathbb{R}$ erinnere man sich an das Lösen quadratischer Gleichungen, siehe ▶Satz 1.2.3.)

2. Berechne
$$g_k = \sum_{i=0}^{k} \rho_i f_{k-i} \quad \text{für jedes } k \in \{0, 1, \ldots, d-1\}.$$
Sodann gilt $f(x) = \frac{g(x)}{\rho(x)}$.

3. Die Durchführung der Partialbruchzerlegung für $g(x)/\rho(x)$ gemäß Abschnitt 13.3 liefert Skalare aus $\mathbb{K}$ bzw. aus einer Erweiterung von $\mathbb{K}$, nämlich
$$\lambda_{1,1}, \ldots, \lambda_{1,a_1},$$
$$\lambda_{2,1}, \ldots, \lambda_{2,a_2},$$
$$\ldots$$
$$\lambda_{m,1}, \ldots, \lambda_{m,a_m}$$
mit
$$\frac{g(x)}{\rho(x)} = \sum_{i=1}^{m} \sum_{j=1}^{a_i} \frac{\lambda_{i,j}}{(1 - \alpha_i x)^j}.$$

4. An dieser Stelle kommt nun die explizite Reihenentwicklung für Terme der Form $\lambda/(1 - \alpha x)^a$ aus ▶Satz 13.1.3 zum Zuge, wonach
$$\frac{\lambda}{(1 - \alpha x)^a} = \sum_{n \geq 0} \lambda \binom{a + n - 1}{n} \alpha^n x^n$$
gilt. Setzt man eine entsprechende Entwicklung für jedes Paar (i, j) in die obige Formel für $\frac{g(x)}{\rho(x)}$ ein, so erhält man insgesamt die folgende explizite Formel für die lineare Schieberegisterfolge f, nämlich
$$f_n = \sum_{i=1}^{m} \sum_{j=1}^{a_i} \lambda_{i,j} \binom{j + n - 1}{n} \alpha_i^n \quad \text{für jedes } n \in \mathbb{N}. \tag{13.4.6}$$

■

Betrachten wir als Beispiel hierzu nochmals die Fibonacci-Folge $(F_n)_{n \in \mathbb{N}}$, die sich ja in $\mathbb{Q}$ zum Rückkopplungspolynom $\rho(x) = 1 - x - x^2$ realisiert. Zur Bestimmung der Nullstellen von $\rho(x)$ muss aber der Skalarbereich $\mathbb{R}$ herangezogen werden. So ergibt sich hierbei
$$\rho(x) = 1 - x - x^2 = (1 - \alpha_1 x)(1 - \alpha_2 x)$$
mit
$$\alpha_1 = \frac{1 + \sqrt{5}}{2} \quad \text{und} \quad \alpha_2 = \frac{1 - \sqrt{5}}{2}.$$

13.4 Exkurs: Schieberegisterfolgen und lineare Rekursionen

Exkurs ▶ Fortsetzung

Wegen $F(x) = \frac{x}{1-x-x^2}$ (siehe das Ende von Abschnitt C) erhält man als Partialbruchzerlegung für diese rationale Funktion

$$F(x) = \frac{\lambda}{1 - \alpha_1 x} + \frac{\mu}{1 - \alpha_2 x}, \quad \text{wobei} \quad \lambda = \frac{1}{\sqrt{5}} \quad \text{und} \quad \mu = -\frac{1}{\sqrt{5}}.$$

Daraus folgt dann mit Formel (13.4.6) insgesamt

$$F_n = \lambda \sum_{k=0}^{\infty} \alpha_1^k x^k + \mu \sum_{k=0}^{\infty} \alpha_2^k x^k = \frac{\left(\frac{1+\sqrt{5}}{2}\right)^n - \left(\frac{1-\sqrt{5}}{2}\right)^n}{\sqrt{5}}.$$

Der Leser möge sich davon überzeugen, dass der angegebene Ausdruck wirklich eine Folge in $\mathbb{N}$ beschreibt, obwohl in der Formel irrationale Größen auftreten.

Weiterführendes zum Thema „Lösen von Rekursionsgleichungen" im Zusammenhang zur Analyse von Algorithmen findet der Leser im Buch von Steger [54].

13 Formale Potenzreihen und rationale Funktionen

ZUSAMMENFASSUNG

1. **Rechnen mit formalen Potenzreihen** Die grundlegende Rechenart bei formalen Potenzreihen ist die Faltung, welche bereits zu Beginn von Kapitel 12 eingeführt wurde. Zum Studium formaler Potenzreihen gehört aber auch die Kennzeichnung derjenigen Potenzreihen, welche bzgl. der Faltung invertierbar sind. Die Invertierung von Linearfaktoren der Form $\lambda x + \mu$ mit $\mu \neq 0$ hat uns zu den wichtigen Formeln für geometrische Reihen geführt, die uns auch im nächsten Teil dieses Buches wieder begegnen werden.
   In Verallgemeinerung zu den geometrischen Reihen haben wir auch eine Formel für die inverse Potenzreihe eines Polynoms der Form $(\lambda x + \mu)^a$ mit $\mu \neq 0$ und mit $a \in \mathbb{N}^*$ angegeben.

2. **Rechnen mit rationalen Funktionen** Formal handelt es sich bei rationalen Funktionen um Objekte der Form $\frac{f(x)}{g(x)}$ mit Polynomen $f(x)$ und $g(x)$ aus $\mathbb{K}[x]$ (und g nicht das Nullpolynom). Der Übergang vom Polynomring $\mathbb{K}[x]$ zum rationalen Funktionenkörper $\mathbb{K}(x)$ vollzieht sich formal wie der Übergang von $\mathbb{Z}$ nach $\mathbb{Q}$ (allgemein: von einem kommutativen Integritätsbereich zu seinem Quotientenkörper), weshalb das Rechnen in $\mathbb{K}(x)$ (Addition, Subtraktion, Multiplikation und Division von Brüchen) keinerlei Schwierigkeiten bietet. Zum Kürzen bzw. zur Bestimmung von Hauptnennern benötigt man (wie auch bei den ganzen Zahlen) die Grundwerkzeuge der ggT- bzw. der kgV-Berechnung bezogen auf Polynome.
   Zum Rechnen mit formalen Potenzreihen gehört aber auch die für viele Anwendungen wichtige Partialbruchzerlegung von Brüchen $\frac{f(x)}{g(x)}$ in eine Summe der Form $\sum_i \frac{f_i(x)}{g_i(x)}$, wobei die $g_i(x)$ Faktoren von $g(x)$ sind. Wir haben die Eindeutigkeit einer solchen Zerlegung sowie deren konkrete Berechnung in zwei Schritten abgehandelt und dabei den Fall, in dem die Nenner $g_i(x)$ der Partialbrüche von der Form $\lambda x + \mu$ sind, gesondert hervorgehoben.

3. **Rechnen mit linearen Schieberegisterfolgen** Eine lineare Schieberegisterfolge entsteht aus einem Startvektor, sagen wir $v = (v_0, \ldots, v_{d-1})$ aus $\mathbb{K}^d$, indem die weiteren Folgenglieder v_d, $v_{d+1}, \ldots$ aus den jeweils d vorhergehenden Folgengliedern durch eine lineare Rekursionsvorschrift berechnet werden. Die zu einer solchen Folge f gehörende erzeugende Funktion ist die formale Potenzreihe $f(x)$. Codiert man die Koeffizienten der linearen Rekursionsvorschrift in ein Polynom $\rho(x)$, das sog. Rückkopplungspolynom, so lässt sich $f(x)$ alternativ als rationale Funktion mit Nennerpolynom $\rho(x)$ schreiben. In der Tat entspricht die Menge aller linearen Schieberegisterfolgen (bis auf eventuelle Störpolynome) gerade dem Durchschnitt von $\mathbb{K}[[x]]$ mit $\mathbb{K}(x)$.
   Zum Rechnen mit linearen Schieberegisterfolgen gehört auch die Bestimmung einer expliziten Formel für eine solche Folge, welche durch eine lineare Rekursionsvorschrift zunächst nur implizit gegeben ist. Dies entspricht gerade der Transformation eines als rationaler Funktion gegebenen Objektes aus $\mathbb{K}[[x]] \cap \mathbb{K}(x)$ in die Darstellung als formale Potenzreihe; man spricht vom „Lösen linearer Rekursionsgleichungen". Zur konkreten Durchführung dieser Transformation benötigt man im Wesentlichen die Partialbruchzerlegung sowie als weiteres elementares Hilfswerkzeug die geometrischen Reihen (welche Teile einer solchen Transformation durch die Gleichung $\frac{1}{1-ax} = \sum_{n=0}^{\infty} a^n x^n$ beschreiben) sowie deren Verallgemeinerungen, wie zum Ende des ersten Abschnittes 13.1 dieses Kapitels bereitgestellt.

Übungsaufgaben

Aufgabe 1 Beweisen Sie ▶Satz 13.1.3 mit Induktion über den Parameter $a \in \mathbb{N}^*$.

Aufgabe 2 Es sei $\mathbb{K}$ ein Körper. Eine Folge f aus $\mathbb{K}^{\mathbb{N}}$ heißt (rein) **periodisch**, falls ein $p \in \mathbb{N}^*$ existiert mit $f_n = f_{n+p}$ für alle $n \in \mathbb{N}$. Anders ausgedrückt gilt $f_m = f_{m \bmod p}$ für alle $m \in \mathbb{N}$. Man nennt p dann **eine Periode** von f.

1. Zeigen Sie: Sind p_1 und p_2 jeweils Perioden von f und ist $r := p_1 \bmod p_2$ ungleich 0, so ist auch r eine Periode von f. Folgern Sie daraus, dass mit p_1 und p_2 auch $\mathrm{ggT}(p_1, p_2)$ eine Periode von f ist.

2. Die kleinste Zahl aus $\mathbb{N}^*$, welche eine Periode von f ist, heißt **die** Periode von f; Bezeichnung: $\mathrm{per}(f)$. Zeigen Sie, dass jede weitere Periode von f von $\mathrm{per}(f)$ geteilt wird.

Aufgabe 3 Zu jedem Paar (α, β) aus $\mathbb{R}^2$ sei durch folgende (lineare) Rekursionsvorschrift eine Folge F aus $\mathbb{R}^{\mathbb{N}}$ definiert:

$$F_0 := \alpha, \quad F_1 := \beta, \quad F_{n+2} := F_{n+1} - F_n \text{ für } n \in \mathbb{N}.$$

Es sei $F(x) := \sum_{k=0}^{\infty} F_k x^k$ die zu dieser Folge gehörende formale Potenzreihe aus $\mathbb{R}[[x]]$.

1. Zeigen Sie, dass die Folge F periodisch mit Periode 6 ist (siehe die vorhergehende Aufgabe).

2. Es sei $r(x)$ das Polynom $x^2 - x + 1$. Zeigen Sie, dass (für jede Wahl von α und β) das Faltungsprodukt $r(x) F(x)$ ein Polynom vom Grade höchstens 1 ist.

3. Verwenden Sie Teil 2 dieser Aufgabe, um für den Fall $\alpha = 1$ und $\beta = 2$ die zu $F(x)$ gehörende inverse Potenzreihe zu bestimmen.

4. Es sei nun speziell $\alpha = 0$ und $\beta = 1$. Berechnen Sie komplexe Zahlen a, b und c mit $F_n = c(b^n - a^n)$ für alle $n \in \mathbb{N}$.

5. Nun gelte $\alpha = i$ und $\beta = 1 + i$ (wobei $i = \sqrt{-1}$). Berechnen Sie auch in diesem Fall die zu $F(x)$ gehörende inverse Potenzreihe.

Aufgabe 4 Man überlege sich, dass die periodischen Folgen f mit Periode p (siehe Aufgabe 2) genau den formalen Potenzreihen $f(x) = \sum_{n=0}^{\infty} f_n x^n$ entsprechen, die sich als

$$\frac{\phi(x)}{x^p - 1}$$

mit $\phi(x) \in \mathbb{K}[x]$ vom Grade höchstens $p - 1$ schreiben lassen.

Übungsaufgaben

Aufgabe 5 Ist $f(x) = \sum_{n=0}^{\infty} f_n x^n$ eine allgemeine, von null verschiedene Potenzreihe aus $\mathbb{K}[[x]]$, so gibt es einen minimalen Index $l \in \mathbb{N}$ mit $f_l \neq 0$. Wir nennen l den **Vorlauf** von $f(x)$ und bezeichnen ihn mit $v(f)$. Entsprechend gilt $f(x) = x^{v(f)} \cdot h(x)$ mit $h(x) = \sum_{n=0}^{\infty} f_{v(f)+n} x^n$. Wegen $h_0 = f_{v(f)} \neq 0$ ist $h(x)$ invertierbar. Das gibt Auskunft über die Faktorisierbarkeit in $\mathbb{K}[[x]]$, insbesondere auch über die Teilbarkeit zweier formaler Potenzreihen. Beweisen Sie in diesem Zusammenhang folgende Aussagen.

1. Für zwei Potenzreihen $f(x) \neq 0$ und $g(x) \neq 0$ gelten:

    (a) Genau dann ist $f(x)$ Teiler von $g(x)$, wenn $v(f) \leq v(g)$ ist.

    (b) $f(x)$ ist Teiler von $g(x)$ oder $g(x)$ ist Teiler von $f(x)$.

2. Ist I ein Ideal in $\mathbb{K}[[x]]$ mit $I \neq \{0\}$, so gibt es ein $n \in \mathbb{N}$ mit $I = \mathbb{K}[[x]]x^n$. Insbesondere ist $\mathbb{K}[[x]]$ ein Hauptidealbereich.

Aufgabe 6 Gegeben seien die Polynome $g(x) := x^6 - 1$ und $f(x) := x^4 - x^3 + x^2 + x + 1$. Gesucht ist die Partialbruchzerlegung von $\frac{f(x)}{g(x)}$, und zwar einerseits bzgl. dem Körper $\mathbb{Q}$ der rationalen Zahlen und andererseits bzgl. dem binären Körper $\mathbb{Z}_2$. Bestimmen Sie dazu zunächst die vollständige Faktorisierung von $g(x)$ über dem jeweiligen Grundkörper.

Hinweise: Das Zerlegungsmuster von $g(x)$ über $\mathbb{Q}$ ist $g_1(x)g_2(x)g_3(x)g_4(x)$, wobei $\deg(g_i) = 1$ für $i = 1, 2$ und $\deg(g_i(x)) = 2$ für $i = 3, 4$. Bestimmen Sie die $g_i(x)$ und deren Kofaktoren $G_i(x) := g(x)/g_i(x)$. Betrachten Sie dann $G_1(x) - G_2(x)$ und $G_3(x) - G_4(x)$, um ad hoc eine Vielfachsummendarstellung von $h(x)$ in den $G_i(x)$ angeben zu können. Das Zerlegungsmuster von $g(x)$ über $\mathbb{F}_2$ ist $\gamma_1(x)^2 \gamma_2(x)^2$ mit $\deg(\gamma_1) = 1$ und $\deg(\gamma_2) = 2$.

Aufgabe 7 Das Polynom $g(x) = x^5 + 3x^4 - 15x^3 - 19x^2 + 30x$ zerfällt über $\mathbb{Q}$ in paarweise verschiedene Linearfaktoren. Bestimmen Sie unter Zuhilfenahme von ▶Satz 13.3.5 die Partialbruchzerlegung von $\frac{f(x)}{g(x)}$ mit $f(x) = x^4 - 2x^3 + 8x - 11$.

Aufgabe 8 Führen Sie die Partialbruchzerlegung von

$$\frac{x^3 + x^2 - x - 1}{(x+1)^4}$$

über dem Körper $\mathbb{Q}$ der rationalen Zahlen durch.

Übungsaufgaben

Aufgabe 9 Die lineare Schieberegisterfolge L über den rationalen Zahlen sei definiert durch
$$L_0 := 0,\ L_1 := 1,\ \text{und}\ L_{n+2} := 6L_{n+1} - L_n \text{ für } n \geq 0.$$
Berechnen Sie eine explizite Formel für diese Folge.

Aufgabe 10 Wir betrachten lineare Schieberegisterfolgen $(f_n)_{n\in\mathbb{N}}$ über $\mathbb{Q}$ der Form
$$f_{n+3} - 2f_{n+2} - 5f_{n+1} + 6f_n = 0 \text{ für } n \geq 0.$$

Berechnen Sie (explizit) die jeweiligen erzeugenden Funktionen der resultierenden Schieberegisterfolgen, die

1. mit $f_0 = 1, f_1 = -2, f_2 = 8$
2. mit $f_0 = 0, f_1 = 0, f_2 = 1$

starten.

TEIL IV

Grundlagen der Analysis

14	Die Axiomatik reeller Zahlen	541
15	Folgen	573
16	Reihen	613
17	Stetige Funktionen	653
18	Differentialrechnung	697
19	Integralrechnung	739

Die Axiomatik reeller Zahlen

	Einführung	542
14.1	Angeordnete Körper	544
14.2	Absolutbetrag und Bewertungen	550
14.3	Archimedisch angeordnete Körper	554
14.4	Vollständig angeordnete Körper	557
14.5	Wurzeln und die Unvollständigkeit der rationalen Zahlen	562
14.6	Exkurs: Die reellen Zahlen als Dedekind-Schnitte	565
	Zusammenfassung	569
	Übungsaufgaben	570

14 Die Axiomatik reeller Zahlen

EINFÜHRUNG

>> Zum Auftakt des vorliegenden letzten Teils IV ist zu bemerken, dass wir im Rahmen dieses Buches nur die Grundzüge der *Analysis einer Veränderlichen* behandeln können. Für weiterführende Themen aus der Analysis, etwa *Differentialgleichungen* oder das Studium von Funktionen in *mehreren Veränderlichen*, verweisen wir auf die in der Lehre sehr bewährten mehrbändigen Werke von Barner und Flohr [3] und von Forster [19] sowie von Königsberger [33]. Eine gute Einführung bietet auch das Buch von Scheid [49].

Die reellen Zahlen bilden das Grundgerüst der *Analysis* (bzw. der *Infinitesimalrechnung*). Im vorliegenden einleitenden Kapitel des vierten Teils wollen wir daher diejenigen Eigenschaften der reellen Zahlen vorstellen, die die treibende Kraft für das Funktionieren der Analysis sind. Neben den arithmetischen Eigenschaften eines allgemeinen Körpers sind diese durch vier weitere Axiome beschrieben, nämlich zwei **Anordnungsaxiome**, das **archimedische Axiom** und das **Vollständigkeitsaxiom**.

Wir werden diese Axiome im Laufe des Kapitels sukzessive vorführen und deren Konsequenzen ausloten. In Abschnitt 14.1 starten wir dazu mit einem Körper $\mathbb{K}$, auf dem eine totale Ordnung $\preceq$ definiert ist. Die beiden *Anordnungsaxiome* beschreiben sodann inwiefern die Ordnung $\preceq$ mit der Addition und der Multiplikation auf $\mathbb{K}$ verträglich ist. Bei Gültigkeit dieser beiden Axiome nennt man $(\mathbb{K}, \preceq)$ einen *angeordneten Körper*. Wir werden sehen, dass eine Anordnung $\preceq$ den Körper in die *positiven* Zahlen, die Null und die *negativen* Zahlen zerlegt.

Aus der Schule weiß man, dass die rationalen Zahlen $\mathbb{Q}$ mit der natürlichen Ordnung $\leq$ versehen angeordnet sind; ebenso ist $(\mathbb{R}, \leq)$ ein angeordneter Körper. In der Tat erweist sich $(\mathbb{Q}, \leq)$ als Teil eines jeden angeordneten Körpers $(\mathbb{K}, \preceq)$ (weshalb wir $\mathbb{Q} \subseteq \mathbb{K}$ annehmen dürfen und das abstrakte Ordnungssymbol $\preceq$ bisweilen einfach durch $\leq$ ersetzen); weiter ist die natürliche Ordnung $\leq$ die einzige Anordnung von $\mathbb{Q}$. Wir werden zeigen, dass sich Körper mit positiver Charakteristik nicht anordnen lassen. Ebenso lassen sich auch die komplexen Zahlen $\mathbb{C}$ nicht anordnen.

In Abschnitt 14.2 werden wir aber sehen, dass man den Körper $\mathbb{C}$ dennoch in das Boot der Analysis holen kann. Das liegt daran, dass man auf jedem angeordneten Körper $(\mathbb{K}, \leq)$ zunächst einen *Absolutbetrag* definieren kann, der wie im Falle reeller oder rationaler Zahlen die Abstände misst. Wir lernen die wichtigsten Eigenschaften eines solchen Absolutbetrages kennen und abstrahieren dies dann zum Begriff der *Bewertung* eines Körpers. Die komplexen Zahlen $\mathbb{C}$ lassen sich durch $|z| := \sqrt{z\bar{z}} = \sqrt{\Re(z)^2 + \Im(z)^2}$ reell bewerten. Körper mit positiver Charakteristik lassen sich hingegen nicht bewerten, und das bedeutet, dass wir uns an dieser Stelle von den Restklassenkörpern verabschieden müssen.

Abschnitt 14.3 ist dem archimedischen Axiom gewidmet. Ein angeordneter Körper $(\mathbb{K}, \leq)$ erfüllt dieses Axiom, wenn es zu jedem $a \in \mathbb{K}$ eine natürliche Zahl n mit $a < n$ gibt. Die beiden Körper $(\mathbb{Q}, \leq)$ und $(\mathbb{R}, \leq)$ sind archimedisch geordnet. Die wesentliche Konsequenz aus dem archimedischen Axiom ist, dass die rationalen Zahlen $\mathbb{Q}$ *dicht* in $\mathbb{K}$ liegen, d. h., zu je zwei Zahlen a, b aus $\mathbb{K}$ mit $a < b$ gibt es eine rationale Zahl q, die zwischen a und b liegt: $a < q < b$. Die Zahlen eines archimedischen Körpers können damit beliebig genau durch rationale Zahlen angenähert werden. Im Rahmen von Abschnitt 14.3 lernen wir auch die sehr nützliche *Bernoulli-Ungleichung* kennen, die in allgemeinen angeordneten Körpern gültig ist.

In Abschnitt 14.4 studieren wir als letztes Axiom schließlich das *Vollständigkeitsaxiom*, welches, bezogen auf einen angeordneten Körper $(\mathbb{K}, \leq)$, besagt, dass jede nach oben beschränkte Teilmenge B von $\mathbb{K}$ einen kleinste obere Schranke, i. e. ein *Supremum*, in $\mathbb{K}$ hat. Wir werden zeigen, dass ein vollständig angeordneter Körper auch archimedisch angeordnet ist.

Das Vollständigkeitsaxiom markiert den zentralen Unterschied zwischen den rationalen und den reellen Zahlen. Die rationalen Zahlen $(\mathbb{Q}, \leq)$ sind archimedisch, aber nicht vollständig geordnet; die reellen Zahlen $(\mathbb{R}, \leq)$ sind hingegen vollständig geordnet. Durch das Studium von *Wurzeln* belegen wir in Abschnitt 14.5 die erste dieser beiden Behauptungen. Wegen der Irrationalität von $\sqrt{2}$ hat beispielsweise die nach oben beschränkte Menge $\{x \in \mathbb{Q} : x^2 < 2\}$ kein Supremum in $\mathbb{Q}$. Der Nachweis, dass $(\mathbb{R}, \leq)$ vollständig geordnet ist, erweist sich als recht schwierig, denn im Prinzip geht es bei der Konstruktion von $\mathbb{R}$ aus $\mathbb{Q}$ gerade darum, einen größeren Zahlbereich zu finden, in dem der Defekt der Unvollständigkeit aufgehoben ist. Im letzten Abschnitt 14.6 skizzieren wir daher mithilfe der *Dedekind-Schnitte* ein Modell der reellen Zahlen, bei dem in der Tat die natürliche, archimedische, aber nicht vollständige Ordnung $\leq$ der rationalen Zahlen zu einer vollständigen Ordnung erweitert wird. Wir beenden dieses Kapitel (ohne Beweis) mit der Tatsache, dass es bis auf Isomorphie genau einen vollständig angeordneten Körper gibt, nämlich den Körper $\mathbb{R}$ der reellen Zahlen. Der Körper $\mathbb{C}$ der komplexen Zahlen lässt sich durch $\mathbb{R}$ immerhin vollständig bewerten, sodass neben der reellen auch eine komplexe Analysis möglich ist.

Das Buch von Ebbinghaus et al. [17] bietet einen sehr guten Überblick über das interessante Thema des „Aufbaus von Zahlsystemen".

Lernziele

- die Anordnungsaxiome, die eine Verbindung zwischen der Arithmetik und der Ordnung eines Körpers herstellen
- das archimedische Axiom, welches impliziert, dass die rationalen Zahlen dicht in den reellen Zahlen liegen
- die Begriffe Supremum und Infimum, die mit dem Vollständigkeitsaxiom einhergehen
- die Unvollständigkeit der rationalen Zahlen, die man u. a. daran erkennt, dass nicht jede positive rationale Zahl eine Quadratwurzel hat
- die aus der Schule bekannten Wurzelgesetze verbunden mit der Tatsache, dass jede positive reelle Zahl für jedes $k \in \mathbb{N}$ mit $k \geq 2$ eine eindeutige, positive k-te Wurzel hat
- die Vorstellung eines Modells der reellen Zahlen als Dedekind-Schnitte und die Vermittlung der Tatsache, dass die reellen Zahlen als vollständig angeordneter Körper einzigartig sind
- die Erkenntnis, dass die komplexen Zahlen $\mathbb{C}$ zwar nicht angeordnet werden können, dass diese durch den Betrag bei komplexen Zahlen aber zu einem vollständig bewerteten Körper werden, weshalb eine komplexe Analysis möglich ist
- die Grundgesetze beim Rechnen mit Absolutbeträgen bzw. mit Bewertungen

14.1 Angeordnete Körper

A **Was versteht man unter einer Anordnung eines Körpers?** Wir beginnen mit dem Begriff der Anordnung eines Körpers. Ausgangspunkt ist dabei ein Körper $\mathbb{K}$, auf dem eine totale Ordnung $\preceq$ erklärt ist. Wir erinnern daran, dass es sich bei einer totalen Ordnung um eine reflexive, transitive und antisymmetrische Relation handelt, bzgl. der je zwei Elemente $a, b \in \mathbb{K}$ in Relation stehen, d. h. $a \preceq b$ oder $b \preceq a$. Ist $a \preceq b$, aber $a \neq b$, so schreibt man $a \prec b$. Aufgrund der Antisymmetrie gilt für je zwei Elemente a und b des zugrunde liegenden Bereiches demnach genau eine der drei Bedingungen:

| $a \prec b$ | $a = b$ | $b \prec a$ |

Wir verwenden hier zunächst $\preceq$ als abstraktes Ordnungssymbol; später werden wir dann das übliche kleiner-gleich-Symbol $\leq$ gebrauchen, weil im Rahmen der Analysis die Fortsetzung der auf $\mathbb{Q}$ gegebenen natürlichen Ordnung $\leq$ (siehe unten bzw. Abschnitt 2.1-A) zu einer Ordnung auf den reellen Zahlen $\mathbb{R}$ interessiert.

Wie wir wissen, ist ein Körper $\mathbb{K}$ eine algebraische Struktur mit zwei Verknüpfungen, einer Addition + und einer Multiplikation $\cdot$. Die nun folgenden Anordnungsaxiome stellen eine Verbindung zwischen diesen beiden Verknüpfungen und der Ordnung $\preceq$

14.1 Angeordnete Körper

her und besagen, inwiefern diese Ordnung durch die Multiplikation und die Addition respektiert werden.

> **Definition 14.1.1** Es sei $\mathbb{K}$ ein Körper. Eine totale Ordnung $\preceq$ auf $\mathbb{K}$ heißt eine **Anordnung von** $\mathbb{K}$, falls die folgenden beiden **Anordnungsaxiome** gelten:
>
> **(A1)** Sind $y, z \in \mathbb{K}$ mit $y \prec z$, so gilt $x + y \prec x + z$ für jedes $x \in \mathbb{K}$.
>
> **(A2)** Sind $x, y \in \mathbb{K}$ mit $0 \prec x$ und $0 \prec y$, so folgt $0 \prec xy$.
>
> Das Paar $(\mathbb{K}, \preceq)$ nennt man einen **angeordneten** bzw. einen **geordneten Körper**.

Bei der **natürlichen Ordnung $\leq$ auf** $\mathbb{Q}$, gegeben durch

$$x \leq y :\Leftrightarrow \text{ es gibt ein } m \in \mathbb{N} \text{ und ein } n \in \mathbb{N}^* \text{ mit } x + \frac{m}{n} = y, \qquad (14.1.1)$$

handelt es sich selbstverständlich um eine Anordnung im Sinne von ▶Definition 14.1.1, wie man durch den Umgang mit rationalen Zahlen weiß. Wir werden im letzten Abschnitt dieses Kapitels argumentieren, wie man die reellen Zahlen $\mathbb{R}$ aus den rationalen Zahlen gewinnt, und dass sich dabei die natürliche Ordnung $\leq$ zu einer Anordnung auf $\mathbb{R}$ fortsetzt (die wir wie üblich ebenfalls mit $\leq$ bezeichnen werden), sodass auch $(\mathbb{R}, \leq)$ ein angeordneter Körper ist. Wenn wir im Folgenden also mit $(\mathbb{K}, \preceq)$ arbeiten, sollten wir an die aus der Schule bekannten Strukturen $(\mathbb{Q}, \leq)$ und $(\mathbb{R}, \leq)$ denken.

Alternativ zur ▶Definition 14.1.1 eines angeordneten Körpers kann man auch fordern, dass die folgenden beiden Axiome (A1') und (A2'), welche man aus (A1) und (A2) durch Ersetzen von $\prec$ zu $\preceq$ erhält, erfüllt sind:

(A1') Sind $y, z \in \mathbb{K}$ mit $y \preceq z$, so gilt $x + y \preceq x + z$ für jedes $x \in \mathbb{K}$.

(A2') Sind $x, y \in \mathbb{K}$ mit $0 \preceq x$ und $0 \preceq y$, so folgt $0 \preceq xy$.

Gilt $a \preceq b$ und $c \preceq d$, so folgt auch $a + c \preceq b + d$ aufgrund der Transitivität von $\preceq$, denn $a + c \preceq b + c \preceq c + d$. Ist dabei $a \neq b$ oder $c \neq d$, so ist $a + b \neq c + d$, also $a + b \prec c + d$. Insbesondere folgt aus $0 \prec x$ und $0 \prec y$, dass auch $0 \prec x + y$ ist.

B Der zu einer Anordnung gehörende Positivbereich Wir betrachten wieder einen angeordneten Körper $(\mathbb{K}, \preceq)$. Ist $a \in \mathbb{K}^*$, also ein von null verschiedenes Element, so folgt aus $0 \prec a$, dass $-a \prec 0$ ist, denn $-a = (-a) + 0 \prec -a + a = 0$. Folglich gilt für jedes a aus $\mathbb{K}$ genau eine der drei Beziehungen:

$a \prec 0$	$a = 0$	$-a \prec 0$

14 Die Axiomatik reeller Zahlen

So gesehen bewirkt eine Anordnung eines Körpers $\mathbb{K}$, dass man die in $\mathbb{K}$ befindlichen Zahlen auf einem Zahlenstrahl der Größe nach von links nach rechts ordnen kann, wobei die Zahl 0 quasi in der Mitte zu liegen kommt, denn zu jeder Zahl a mit $0 \prec a$ gilt für das additive Inverse $-a$ die Beziehung $-a \prec 0$. Insofern spaltet das neutrale Element bzgl. der Addition den gesamten Zahlbereich $\mathbb{K}$ in **positive** und **negative** Zahlen. Beim Studium eines angeordneten Körpers erweist sich nämlich die Menge $P_\prec := \{x \in \mathbb{K}: 0 \prec x\}$ aller „positiven" Zahlen als sehr nützlich. Es handelt sich dabei um einen Positivbereich im Sinne der folgenden Definition.

Definition 14.1.2 Es sei $\mathbb{K}$ ein Körper und $P \subseteq \mathbb{K}^*$ sei eine Teilmenge mit den folgenden drei Eigenschaften:

(P1) Für jedes x aus $\mathbb{K}^*$ gilt entweder $x \in P$ oder $-x \in P$.

(P2) As $x, y \in P$ folgt $x + y \in P$.

(P3) Aus $x, y \in P$ folgt $xy \in P$.

Dann heißt P ein **Positivbereich von** $\mathbb{K}$.

Man beachte, dass ein Positivbereich durch rein arithmetische Eigenschaften definiert ist: Die Axiome (P2) und (P3) besagen, dass P sowohl bzgl. der Addition als auch bzgl. der Multiplikation abgeschlossen ist. Das Axiom (P1) ist eine Aussage über die Reichhaltigkeit eines Positivbereiches und beinhaltet quasi das Gegenteil der Abgeschlossenheit unter der additiven Inversenbildung. Im folgenden Satz (dessen Beweis als Übung gestellt sei) werden wir sehen, dass sich die Begriffe „Positivbereich" und „Anordnung" als äquivalent erweisen. Zuvor bemerken wir, dass die rationalen Zahlen, ausgehend von der natürlichen Ordnung $\leq$, selbstverständlich den Positivbereich

$$\left\{\frac{m}{n}: m, n \in \mathbb{N}^*\right\} = \{q \in \mathbb{Q}: q > 0\}$$

haben, den wir (statt mit $\mathbb{Q}_<$) wie früher und wie auch in der Schule üblich mit $\mathbb{Q}^+$ bezeichnen. Entsprechend ist die Menge $\mathbb{R}^+$ der positiven reellen Zahlen der Positivbereich zu $(\mathbb{R}, \leq)$.

Satz 14.1.3 Die möglichen Anordnungen eines Körpers $\mathbb{K}$ entsprechen eineindeutig den Positivbereichen von $\mathbb{K}$. Genauer ausformuliert gilt Folgendes:

(1) Ist $\preceq$ eine Anordnung auf $\mathbb{K}$, so ist die Menge $P_\prec := \{x \in \mathbb{K}: 0 \prec x\}$ ein Positivbereich von $\mathbb{K}$.

(2) Ist umgekehrt $P \subseteq \mathbb{K}$ ein Positivbereich auf $\mathbb{K}$, so ist die Relation $\preceq_P$, definiert durch $x \preceq_P y :\Leftrightarrow y - x \in P \cup \{0\}$, eine Anordnung auf $\mathbb{K}$.

14.1 Angeordnete Körper

Im Folgenden schreiben wir meist einfach P für den zu einer Anordnung $\preceq$ gehörenden Positivbereich $P_\preceq$.

C Grundregeln bei angeordneten Körpern Für das Vergleichen von Elementen in angeordneten Körpern ergeben sich einige Grundregeln, welche wir nun hervorheben wollen. Beim Beweis verwenden wir auch den zu $\preceq$ gehörenden Positivbereich P. Die ersten drei Bedingungen lassen sich unter Beachtung von (P3) zur Aussage zusammenfassen, dass $(P, \cdot, 1)$ eine Untergruppe von $(\mathbb{K}^*, \cdot, 1)$ vom Index 2 ist (die Nebenklassenzerlegung von P in $\mathbb{K}^*$ besteht gerade aus den positiven Elementen P und den negativen Elementen $-P$).

Satz 14.1.4 Es sei $(\mathbb{K}, \preceq)$ ein angeordneter Körper. Dann gelten:

(1) Ist $x \in \mathbb{K}$, so ist $0 \preceq x^2$; Gleichheit gilt dabei nur, wenn $x = 0$ ist.

(2) Ist $x \in \mathbb{K}$ mit $0 \prec x$, so gilt auch $0 \prec \frac{1}{x}$.

(3) Das Einselement von $\mathbb{K}$ ist positiv, i. e. $0 \prec 1$.

(4) Sind $x, y \in \mathbb{K}$ mit $x \preceq y$ und ist $a \in \mathbb{K}$ mit $0 \preceq a$, so folgt $ax \preceq ay$.

(5) Sind $x, y \in \mathbb{K}$ mit $x \preceq y$ und ist $a \in \mathbb{K}$ mit $a \preceq 0$, so folgt $ay \preceq ax$.

(6) Sind $x, y \in \mathbb{K}$ mit $0 \prec x \preceq y$, so gilt $0 \prec \frac{1}{y} \preceq \frac{1}{x}$.

Beweis

(1) Falls $x \in P$, so ist $x^2 = x \cdot x \in P$ nach (P3). Falls $x \notin P$, so ist $-x \in P$ nach (P1) und daher $x^2 = (-x)(-x) \in P$ erneut mit (P3). Klar ist, dass $x^2 = 0$ nur für $x = 0$ gelten kann.

(2) Nach (1) ist $1/x^2 = (1/x)^2 \in P$. Da nach Voraussetzung auch $x \in P$ ist, folgt aus (P3), dass $1/x = x \cdot (1/x^2)$ Element von P ist.

(3) Es ist $1 \neq 0$ und $1 = 1^2 \in P$ nach (1).

(4) In der angegebenen Situation gilt $0 \preceq y - x$ und $0 \preceq a$, also $0 \preceq a(y - x) = ay - ax$ nach (A2'), was wiederum $ax \preceq ay$ ergibt.

(5) Aus $a \preceq 0$ folgt $0 \preceq -a$, woraus unter der Voraussetzung $x \preceq y$ dann $-ax \preceq -ay$ nach (4) folgt. Das ist wiederum gleichbedeutend mit $ay \preceq ax$.

(6) Unter den getroffenen Annahmen liefert (P3), dass $xy \in P$ gilt, und nach (3) ist dann $\frac{1}{xy} \in P$. Aus (4) folgt somit $\frac{1}{y} = x \cdot \frac{1}{xy} \preceq y \cdot \frac{1}{xy} = \frac{1}{x}$. ∎

D Konsequenzen aus der Anordnung eines Körpers Die erste der eben bewiesenen Bedingungen besagt, dass innerhalb eines angeordneten Körpers $(\mathbb{K}, \preceq)$ jedes Quadrat nicht negativ ist. Dies hat weitreichende Konsequenzen für die Lösbarkeit quadratischer Gleichungen, nämlich dass ein Polynom der Form $x^2 + a$ aus $\mathbb{K}[x]$ mit $0 \prec a$ keine Nullstelle in $\mathbb{K}$ haben kann, weil eine solche Nullstelle y die widersprüchliche Kette

$$-a \prec 0 \preceq y^2 = -a$$

liefern würde. Insbesondere ergibt sich daraus der folgende Satz.

Satz 14.1.5 Der Körper $\mathbb{C}$ der komplexen Zahlen kann nicht angeordnet werden.

Beweis. Wir argumentieren im Prinzip nochmals genau wie eben, wobei wir speziell $a = 1$ wählen. Innerhalb der komplexen Zahlen erfüllt die imaginäre Einheit $i = \sqrt{-1}$ die Gleichung $i^2 = -1$. Wäre nun P ein Positivbereich für $\mathbb{C}$, so wäre $1 \in P$ nach ▶Satz 14.1.4-(3). Nach ▶Satz 14.1.4-(1) wäre aber auch $-1 = i^2 \in P$. Das ergibt einen Widerspruch zu (P1), da entweder 1 oder -1 in P enthalten sind. ∎

Ausgehend von einem angeordneten Körper $(\mathbb{K}, \preceq)$ haben wir in ▶Satz 14.1.4-(3) weiter gesehen, dass $0 \prec 1$ gilt. In Worten: Das neutrale Element 1 bzgl. der Multiplikation ist größer als das neutrale Element 0 bzgl. der Addition. Die Eins liegt auf dem durch $\mathbb{K}$ beschriebenen Zahlenstrahl also rechts von der Null. Wegen $0 \prec 1$ ergibt sich aus (A1) sodann $1 = 0 + 1 \prec 1 + 1$ sowie $1 + 1 \prec 1 + 1 + 1$ usw. Dies führt letztendlich dazu, dass jede Summe der Form $\sum_{i=1}^{n} 1$ für $n \in \mathbb{N}^*$ echt größer als 0, insbesondere ungleich 0 ist. Fazit:

Satz 14.1.6 Ein angeordneter Körper hat die Charakteristik[1] null.

Das impliziert, dass kein Restklassenkörper $\mathbb{Z}_p$, allgemeiner kein endlicher Körper angeordnet werden kann. Ferner liefert das obige Argument auch, dass es in jedem angeordneten Körper $(\mathbb{K}, \preceq)$ einen Teilkörper $\mathbb{Q}'$ gibt, der zusammen mit der von $\mathbb{K}$ induzierten Ordnung $\preceq$ mit $(\mathbb{Q}, \leq)$ übereinstimmt. Wir fassen diesen Sachverhalt präzise in folgendem Satz zusammen.

---

[1] Siehe Abschnitt 8.3-F.

Satz 14.1.7 Es sei $(\mathbb{K}, \preceq)$ ein angeordneter Körper mit zugehörigem Positivbereich P. Dann gibt es einen injektiven Ring-Homomorphismus $\iota: \mathbb{Q} \to \mathbb{K}$, unter dem $\mathbb{Q}^+$ nach P abgebildet wird und der die Anordnungen respektiert. Letzteres bedeutet, dass $\iota(x) \preceq \iota(y)$ aus $x \leq y$ folgt.

Beweis Wir schreiben vorübergehend $1'$ für das Einselement von $\mathbb{K}$. Nach ▶Satz 14.1.4-(3) ist $1' \in P$. Nach (P2) ist dann auch $1' + 1' \in P$ und induktiv $\sum_{i=1}^{n} 1' = n \cdot 1' \in P$ für jedes $n \in \mathbb{N}^*$. Insbesondere ist $n \cdot 1' \neq 0$ für alle $n \in \mathbb{N}^*$. Die Abbildung $n \mapsto n \cdot 1'$ bewirkt daher eine injektive Abbildung von $\mathbb{N}^*$ nach P. Wir identifizieren nun $\mathbb{N}^*$ mit dem Bild dieser Abbildung (und werden insbesondere das Einselement von $\mathbb{K}$ nun wieder mit dem gleichen Symbol 1 wie die Eins in $\mathbb{Q}$ bezeichnen) und erhalten somit, dass $\mathbb{N}^*$ in jedem Positivbereich eines Körpers enthalten ist.

Nach ▶Satz 14.1.4-(2) ist weiter $\frac{1}{n} \in P$ für jedes $n \in \mathbb{N}^*$ und aus (P3) folgt sodann $\frac{m}{n} \in P$ für alle $m, n \in \mathbb{N}^*$, was $\mathbb{Q}^+ \subseteq P$ bedeutet. Damit ist dann $(\mathbb{Q}^+, \cdot, 1)$ Untergruppe von $(P, \cdot, 1)$ und $\mathbb{Q}^- := -\mathbb{Q}^+$ Teilmenge von $-P$, sodass insgesamt eine Injektion $\iota: \mathbb{Q} \to \mathbb{K}$ gegeben ist, die $\mathbb{Q}^+$ in den Bereich P abbildet. Diese Abbildung ist offensichtlich ein Ring-Homomorphismus, da ja Addition und Multiplikation respektiert werden.

Falls nun $x \leq y$ in $\mathbb{Q}$, so ist $y - x \geq 0$, also $y - x \in \mathbb{Q}^+ \cup \{0\}$, sodass $\iota(y - x)$ in $P \cup \{0\}$ liegt. Wegen $\iota(y - x) = \iota(y) - \iota(x)$ ist dies gleichbedeutend mit $\iota(x) \preceq \iota(y)$, und dies besagt insgesamt, dass ι auch die Anordnung respektiert. ∎

Als Korollar ergibt sich aus dem eben bewiesenen Resultat noch folgendes interessante Ergebnis über die möglichen Anordnungen der rationalen Zahlen.

Korollar 14.1.8 Der Körper $\mathbb{Q}$ der rationalen Zahlen lässt sich auf genau eine Weise anordnen, nämlich durch die natürliche Ordnung $\leq$. Insbesondere hat $\mathbb{Q}$ dann nur einen Positivbereich, nämlich $\mathbb{Q}^+$.

Beweis Wir haben gesehen, dass ein angeordneter Körper $(\mathbb{K}, \preceq)$ eine Erweiterung von $\mathbb{Q}$ ist, mit der Eigenschaft, dass $\mathbb{Q}^+$ im zugehörigen Positivbereich P enthalten ist. Aus (P1) folgt dann aber $P \cap \mathbb{Q} = \mathbb{Q}^+$. Im Falle $\mathbb{K} = \mathbb{Q}$ ergibt sich weiterhin, dass $\{-P, \{0\}, P\}$ und $\{\mathbb{Q}^-, \{0\}, \mathbb{Q}^+\}$ die gleichen Partitionen sind, was wegen $1 \in \mathbb{Q}^+ \cap P$ dann $P = \mathbb{Q}^+$ bedeutet. Damit gibt es nur einen Positivbereich auf $\mathbb{Q}$ und wegen ▶Satz 14.1.3 auch nur eine Anordnung von $\mathbb{Q}$, nämlich die natürliche. ∎

14.2 Absolutbetrag und Bewertungen

A **Der Absolutbetrag bei angeordneten Körpern** Sehr viele Eigenschaften, die im Rahmen der Analysis gebraucht werden, basieren auf dem zentralen Begriff des Absolutbetrages, den wir in diesem Abschnitt einführen und untersuchen wollen. Ausgangspunkt dazu ist ein angeordneter Körper ($\mathbb{K}$, $\leq$), wobei wir uns wieder die rationalen oder die reellen Zahlen vorstellen sollten.

> **Definition 14.2.1** Ist ($\mathbb{K}$, $\leq$) ein angeordneter Körper, so definiert man für $x \in \mathbb{K}$ den (von $\leq$ abhängigen) **Absolutbetrag** $|x|$ von x durch
> $$|x| := \begin{cases} x, & \text{falls } x \geq 0 \\ -x, & \text{falls } x < 0. \end{cases}$$

Bei $\mathbb{Q}$ bzw. $\mathbb{R}$ handelt es sich dabei selbstverständlich um den aus der Schule bekannten Absolutbetrag, der geometrisch den Abstand von x zum Nullpunkt beschreibt. Ist ($\mathbb{K}$, $\leq$) angeordnet und sind $x, a \in \mathbb{K}$, so erhält man unmittelbar aus der Definition folgende Eigenschaften des Absolutbetrages:

1. $|x| = |-x| \geq x$

2. $|x| \geq 0$, und Gleichheit gilt genau dann, wenn $x = 0$ ist.

3. Ist $a \geq 0$, so gilt $|x| \leq a$ genau dann, wenn $-a \leq x \leq a$ gilt.

4. $\{x, -x\} = \{|x|, -|x|\}$

B **Grundregeln für das Rechnen mit Beträgen** Diese und auch die nun folgenden einfachen Eigenschaften werden beim Rechnen mit Absolutbeträgen immer wieder verwendet. Beim Nachweis dieser Regeln machen wir wieder häufig von ▶Satz 14.1.4 Gebrauch.

> **Satz 14.2.2** Ist $|\cdot|$ der Absolutbetrag eines angeordneten Körpers ($\mathbb{K}$, $\leq$), so gelten für alle $x, y \in \mathbb{K}$ die folgenden Eigenschaften:
>
> (1) (a) $|xy| = |x| \cdot |y|$
>   (b) ist $y \neq 0$, so ist $\left|\frac{x}{y}\right| = \frac{|x|}{|y|}$
>
> (2) die Dreiecksungleichung: $|x + y| \leq |x| + |y|$
>
> (3) $|x| - |y| \leq |x - y|$

14.2 Absolutbetrag und Bewertungen

(4) $|x| - |y| \leq |x + y|$

(5) $\big||x| - |y|\big| \leq |x - y|$

Beweis

(1a) folgt einfach durch Unterscheidung der vier Fälle, je nachdem ob $x \leq 0$ oder $0 < x$ bzw. $y \leq 0$ oder $0 < y$ ist: Falls $x > 0$ und $y > 0$, so ist auch $xy > 0$ und daher $|xy| = xy$ sowie $|x| \cdot |y| = xy$. Falls $x \leq 0$ und $y > 0$, so ist $xy \leq 0$ und daher $|xy| = -xy$ sowie $|x| \cdot |y| = (-x) \cdot y = -xy$. Entsprechendes folgt, wenn $y \leq 0$ und $x > 0$ ist. Falls schließlich $x \leq 0$ und $y \leq 0$, so ist $xy \geq 0$ und daher $|xy| = xy$ sowie $|x| \cdot |y| = (-x)(-y) = xy$.

(1b) ist eine einfache Konsequenz von (1a): Ist $y > 0$, so ist $\frac{1}{y} > 0$ und daher $\left|\frac{1}{y}\right| = \frac{1}{y} = \frac{1}{|y|}$. Ist $y < 0$, so ist auch $\frac{1}{y} < 0$ und daher $\left|\frac{1}{y}\right| = -\frac{1}{y} = \frac{1}{-y} = \frac{1}{|y|}$. Schließlich ist $\left|\frac{x}{y}\right| = \left|x \cdot \frac{1}{y}\right| = |x| \cdot \left|\frac{1}{y}\right| = |x| \cdot \frac{1}{|y|} = \frac{|x|}{|y|}$.

(2) Es ist $x, -x \leq |x|$ und $y, -y \leq |y|$. Daraus folgt $x+y \leq |x|+|y|$ und $-(x+y) \leq |x|+|y|$ und somit $|x+y| \leq |x| + |y|$ nach Punkt 3 am Ende von Abschnitt A.

(3) Aus $|x| = |x - y + y| \leq |x - y| + |y|$ folgt $|x| - |y| \leq |x - y|$.

(4) Aus (3) folgt $|x + y| = |x - (-y)| \geq |x| - |-y| = |x| - |y|$.

(5) Es ist $|x| - |y| \leq |x - y|$ und $|y| - |x| \leq |y - x| = |x - y|$ (gemäß (3)). Daraus folgt $\big||x| - |y|\big| \leq |x - y|$, siehe wieder Punkt 3 am Ende von Abschnitt A. ∎

C Die komplexen Zahlen als bewerteter Körper Wir wissen aus ▶Satz 14.1.5, dass der Körper $\mathbb{C}$ der komplexen Zahlen nicht angeordnet werden kann. Nichtsdestotrotz gibt es eine Abbildung von $\mathbb{C}$ nach $\mathbb{R}^+$, die ganz ähnliche Eigenschaften wie die eines Absolutbetrages hat und daher ebenfalls mit $|\cdot|$ bezeichnet wird. Wir erinnern in diesem Zusammenhang an die Grundlagen über komplexe Zahlen aus Abschnitt 6.5.

Für eine komplexe Zahl $z = a+bi$ mit Realteil $a = \Re(z) \in \mathbb{R}$ und Imaginärteil $b = \Im(z) \in \mathbb{R}$ (und wobei $i = \sqrt{-1}$ wieder die imaginäre Einheit ist) heißt $|z| := \sqrt{a^2 + b^2} \in \mathbb{R}_0^+$ der **Betrag von** z oder die **Norm von** z. Ist $\bar{z} = \Re(z) - \Im(z)i = a - bi$ die zu z gehörende konjugiert komplexe Zahl, so ergibt sich $|z| = \sqrt{z\bar{z}}$. Beim Betrag von komplexen Zahlen handelt es geometrisch gesehen um den euklidischen Abstand zum Nullpunkt. Ist speziell $z = a \in \mathbb{R}$, also der Imaginärteil b gleich 0, so stimmt $|z|$ mit dem (reellen) Betrag $|a|$ überein. Beim Betrag $|\cdot|$ auf $\mathbb{C}$ handelt es sich, wie wir anschließend nachrechnen werden, um eine Bewertung im Sinne der folgenden Definition.

Definition 14.2.3 Es sei $\mathbb{L}$ ein Körper und $(\mathbb{K}, \leq)$ ein angeordneter Körper. Eine Abbildung abs: $\mathbb{L} \to \mathbb{K}$ heißt eine **Bewertung** (oder ein **Absolutbetrag**) **von** $\mathbb{L}$ **mit Werten in** $\mathbb{K}$, falls die folgenden vier Eigenschaften gelten:

(B1) $\mathrm{abs}(x) \geq 0$ für jedes x aus $\mathbb{L}$, und $\mathrm{abs}(x) = 0$ genau dann, wenn $x = 0$ ist

(B2) $\mathrm{abs}(xy) = \mathrm{abs}(x)\mathrm{abs}(y)$ für alle $x, y \in \mathbb{L}$

(B3) die Dreiecksungleichung: $\mathrm{abs}(x + y) \leq \mathrm{abs}(x) + \mathrm{abs}(y)$ für alle $x, y \in \mathbb{L}$

(B4) Zur Vermeidung von Trivialitäten fordert man die Existenz eines $x \in \mathbb{L}^*$ mit $\mathrm{abs}(x) \neq 1$.

Das Paar $(\mathbb{L}, \mathrm{abs})$ nennt man einen **bewerteten Körper**.

Selbstverständlich ist jeder angeordnete Körper $(\mathbb{K}, \leq)$ bzgl. dem zugehörigen Absolutbetrag $|\cdot|$ aus ▶Definition 14.2.1 ein bewerteter Körper (mit Werten in $\mathbb{K}$). Andererseits lassen sich auch gewisse Körper bewerten, die nicht angeordnet werden können, wie der folgende Satz zeigt.

Satz 14.2.4 Es ist $(\mathbb{C}, |\cdot|)$ ein bewerteter Körper mit Werten in $\mathbb{R}$.

Beweis

(B1) Ist $z = a + bi$ mit Realteil a und Imaginärteil b, so ist $a^2 + b^2 \geq 0$, und Gleichheit gilt genau dann, wenn $a = b = 0$, also wenn $z = 0$ ist. Somit ist $|z| = \sqrt{a^2 + b^2} \geq 0$, mit Gleichheit genau dann, wenn $z = 0$ ist.

(B2) Es seien $z = a + bi$ und $z' = c + di$ zwei komplexe Zahlen. Dann gilt

$$\begin{aligned}
|zz'|^2 &= (ac - bd)^2 + (ad + bc)^2 \\
&= a^2c^2 - 2abcd + b^2d^2 + a^2d^2 + 2abcd + b^2c^2 \\
&= a^2c^2 + b^2d^2 + a^2d^2 + b^2c^2 = (a^2 + b^2)(c^2 + d^2) \\
&= |z|^2 \cdot |z'|^2.
\end{aligned}$$

Daraus folgt sodann $|zz'| = |z| \cdot |z'|$.

(B3) Zum Nachweis der Dreiecksungleichung seien z und z' wie eben. Unter Verwendung konjugiert komplexer Zahlen (siehe ▶Lemma 6.6.2) erhält man

$$|z + z'|^2 = (z + z')(\overline{z} + \overline{z'}) = z\overline{z} + z\overline{z'} + z'\overline{z} + z'\overline{z'}.$$

Wegen $z\overline{z'} + z'\overline{z} = z\overline{z'} + \overline{z\overline{z'}} = 2\Re(z\overline{z'}) \leq 2|z\overline{z'}| = 2|z| \cdot |z'|$ folgt sodann

$$|z + z'|^2 \leq z\overline{z} + 2|z| \cdot |z'| + z'\overline{z'} = (|z| + |z'|)^2,$$

woraus die Dreiecksungleichung resultiert.

(B4) ist offensichtlich. ∎

D Grundregeln für das Rechnen mit Bewertungen Ergänzend geben wir einige einfache Folgerungen aus den Bewertungsaxiomen an.

Satz 14.2.5 Es sei ($\mathbb{L}$, abs) ein bewerteter Körper mit Werten in einem angeordneten Körper ($\mathbb{K}$, $\leq$). Es sei $|\cdot|$ der zu $\leq$ gehörende Absolutbetrag. Dann gelten:

(1) $\text{abs}(1) = 1$

(2) $\text{abs}(x) = \text{abs}(-x)$ für jedes x aus $\mathbb{L}$

(3) $\text{abs}(\frac{x}{y}) = \frac{\text{abs}(x)}{\text{abs}(y)}$ für alle $x, y \in \mathbb{L}$ mit $y \neq 0$

(4) $\left|\text{abs}(x) - \text{abs}(y)\right| \leq \text{abs}(x + y)$ für alle $x, y \in \mathbb{L}$

(5) $\left|\text{abs}(x) - \text{abs}(y)\right| \leq \text{abs}(x - y)$ für alle $x, y \in \mathbb{L}$

Beweis

(1) Es ist $\text{abs}(1) = \text{abs}(1 \cdot 1) = \text{abs}(1) \cdot \text{abs}(1)$, also $\text{abs}(1)(\text{abs}(1) - 1) = 0$. Wegen $\text{abs}(1) \neq 0$ folgt daher $\text{abs}(1) = 1$.

(2) Es ist $\text{abs}(-x) = \text{abs}(-1)\text{abs}(x)$. Ferner ist $1 = \text{abs}(1) = \text{abs}((-1)(-1)) = \text{abs}(-1)\text{abs}(-1)$ und daher $\text{abs}(-1) = 1$, da ja $\text{abs}(-1) > 0$ ist. Also folgt (2).

(3) Aus (B2) folgt $\text{abs}(\frac{x}{y}) = \text{abs}(x)\text{abs}(\frac{1}{y})$. Weiter ist $1 = \text{abs}(1) = \text{abs}(\frac{y}{y}) = \text{abs}(y)\text{abs}(\frac{1}{y})$, sodass $\text{abs}(\frac{1}{y}) = \frac{1}{\text{abs}(y)}$ gilt.

(4) Es ist $\text{abs}(x) = \text{abs}(x + y + (-y)) \leq \text{abs}(x + y) + \text{abs}(-y) = \text{abs}(x + y) + \text{abs}(y)$. Also ist $\text{abs}(x) - \text{abs}(y) \leq \text{abs}(x + y)$. Aus Symmetriegründen ist auch $\text{abs}(y) - \text{abs}(x) \leq \text{abs}(x + y)$. Daraus folgt $|\text{abs}(x) - \text{abs}(y)| \leq \text{abs}(x + y)$.

(5) Es ist $\text{abs}(x) = \text{abs}(x - y + y) \leq \text{abs}(x - y) + \text{abs}(y)$, woraus $\text{abs}(x) - \text{abs}(y) \leq \text{abs}(x - y)$ folgt. Die Behauptung folgt nun wie (3) wegen Symmetrie. ∎

Aufgrund dieser Eigenschaften werden Bewertungen häufig mit dem gleichen Symbol $|\cdot|$ wie der Absolutbetrag des zugrunde liegenden Körpers bezeichnet, in dem sich die Werte realisieren (wie ja auch bei den komplexen Zahlen).

E Die p-adischen Bewertungen

Wir haben gesehen, dass eine Anordnung eines Körpers über den Absolutbetrag zu einer Bewertung dieses Körpers führt. Die umgekehrte Richtung kann man im Allgemeinen aber nicht einschlagen, wie wir bei den komplexen Zahlen gesehen haben. Auf dem Körper $\mathbb{Q}$ gibt es nur eine Anordnung, und diese führt zu der Bewertung $|\cdot|$. Andererseits gibt es auf $\mathbb{Q}$ aber viele weitere nicht äquivalente (also wesentlich verschiedene) Bewertungen. Diese wollen wir hier kurz vorstellen, auch wenn sie im weiteren Verlauf des Buches keine Rolle spielen.

Es seien $\mathbb{L} = \mathbb{K} = \mathbb{Q}$ und $p \in \mathbb{N}$ eine Primzahl. Für $r = \frac{a}{b} \in \mathbb{Q}^*$ definieren wir $\mathrm{abs}_p(r) := \left(\frac{1}{2}\right)^k$, wobei $r = p^k \cdot \frac{a'}{b'}$ mit $a', b' \in \mathbb{Z}$ und wobei p kein Teiler von $a'b'$ ist. Mit $\mathrm{abs}_p(0) := 0$ ist dann abs_p eine Bewertung von $\mathbb{Q}$ (Übung). Man nennt sie die **p-adische Bewertung**. In der Tat ändert sich daran nichts, wenn man $\frac{1}{2}$ durch eine beliebige Zahl ρ mit $0 < \rho < 1$ ersetzt.

14.3 Archimedisch angeordnete Körper

Neben den Anordnungsaxiomen des ersten Abschnittes benötigt man in der Analysis noch zwei weitere Axiome, nämlich das **archimedische**[2] **Axiom** (AA) und das **Vollständigkeitsaxiom** (VA). Um diese geht es im vorliegenden und dem nächsten Abschnitt.

A Die Bernoulli-Ungleichung

Wir beginnen hier mit einer Ungleichung, die in beliebigen angeordneten Körpern gültig ist und recht häufig gebraucht wird.

> **Satz 14.3.1** Sei $(\mathbb{K}, \leq)$ ein angeordneter Körper. Ist $x \in \mathbb{K}$ mit $-1 \leq x$, so gilt für jedes $n \in \mathbb{N}^*$ die folgende Ungleichung:
> $$(1 + x)^n \geq 1 + nx$$

Beweis Wegen $(1+x)^0 = 1$ und $(1+x)^1 = 1+x$ ist die Aussage für $n = 0$ und $n = 1$ richtig, sogar für jedes $x \in \mathbb{K}$. Alles Weitere folgt mit Induktion. Es ist zunächst $(1 + x)^{n+1} = (1 + x)^n (1 + x)$. Wegen der Annahme $-1 \leq x$ ist $0 \leq 1 + x$, und nach Induktionsannahme gilt $(1 + x)^n \geq 1 + nx$. Aus dem Anordnungsaxiom (A2') erhält man daher

$$(1 + x)^{n+1} \geq (1 + nx)(1 + x).$$

Die rechte Seite ist dabei gleich $1 + (n+1)x + nx^2$. Wegen $x^2 \geq 0$ (nach ▶Satz 14.1.4-(1)) und $n \geq 0$ ist $nx^2 \geq 0$ nach (P3). Aus (P2) folgt daher $1 + (n + 1)x + nx^2 \geq 1 + (n + 1)x$, also insgesamt die Behauptung. ∎

---

[2] Archimedes von Syrakus (um 287 v. Chr. – 212 v. Chr.).

14.3 Archimedisch angeordnete Körper

B Das archimedische Axiom Wir gelangen nun zum archimedischen Axiom und starten dazu wieder mit einem abstrakten angeordneten Körper $(\mathbb{K}, \leq)$. Nach ▶Satz 14.1.7 dürfen wir annehmen, dass $\mathbb{Q}$ in $\mathbb{K}$ enthalten und $\leq$ eine Fortsetzung der auf $\mathbb{Q}$ gegebenen natürlichen Ordnung ist. Wir werden auch, ohne ständig darauf hinzuweisen, die einzelnen Aussagen von ▶Satz 14.1.4 verwenden.

Definition 14.3.2 Ein angeordneter Körper $(\mathbb{K}, \leq)$ heißt **archimedisch geordnet** (kurz: **archimedisch**), falls gilt:

(AA) Für jedes $a \in \mathbb{K}$ gibt es ein $n \in \mathbb{N}$ mit $a < n$.

Das archimedische Axiom macht also eine Aussage über die Lage der natürlichen Zahlen $\mathbb{N}$ innerhalb $\mathbb{K}$. Wegen $\frac{a}{b} \leq a$ für alle $a, b \in \mathbb{N}^*$ ist klar, dass $(\mathbb{Q}, \leq)$ archimedisch ist. Weiter ist $(\mathbb{R}, \leq)$ ebenfalls archimedisch und deshalb nennt man das Paar $(\mathbb{C}, |\cdot|)$ auch einen archimedisch bewerteten Körper.

C Konsequenzen des archimedischen Axioms Es folgen einige grundlegende Eigenschaften archimedischer Körper, für deren Beweis u. a. die Bernoulli-Ungleichung benötigt wird.

Satz 14.3.3 Es sei $(\mathbb{K}, \leq)$ archimedisch. Dann gelten:

(1) Für jedes $x \in \mathbb{K}$ mit $0 < x$ gibt es ein $n \in \mathbb{N}^*$ mit $\frac{1}{n} < x$.

(2) Für jedes $a \in \mathbb{K}$ und jedes $x \in \mathbb{K}$ mit $0 < x$ gibt es ein $n \in \mathbb{N}$ mit $a < nx$.

(3) Ist $b \in \mathbb{K}$ mit $1 < b$, so gibt es für jedes $y \in \mathbb{K}$ ein $n \in \mathbb{N}$ mit $y < b^n$.

(4) Ist $q \in \mathbb{K}$ mit $0 < q < 1$, so gibt es für jedes $\varepsilon \in \mathbb{K}$ mit $0 < \varepsilon$ ein $n \in \mathbb{N}$ mit $q^n < \varepsilon$.

Beweis

(1) Das ist sicher richtig, wenn $1 \leq x$ ist, denn dann kann man $n = 2$ wählen. Wir dürfen uns daher auf den Fall $0 < x < 1$ einschränken. Es ist dann aber $\frac{1}{x} > 1$. Wegen (AA) gibt es ein $n \in \mathbb{N}$ mit $\frac{1}{x} < n$. Es ist $n \neq 0$ und daher $\frac{1}{n} < x$.

(2) Zunächst gibt es nach Definition ein $l \in \mathbb{N}$ mit $a < l$. Ist $1 \leq x$, so folgt $l \leq lx$ und daher $a < lx$. Daher gelte $0 < x < 1$. Nach (1) gibt es nun ein $m \in \mathbb{N}^*$ mit $\frac{1}{m} < x$,

also mit $1 < mx$. Folglich existiert ein $l \in \mathbb{N}$ mit $a < l(mx) = (lm)x$. Wegen $lm \in \mathbb{N}$ folgt die Behauptung.

(3) Wegen $b > 1$ ist $x := b - 1 > 0$. Nach (2) gibt es ein $n \in \mathbb{N}$ mit $y < nx$. Mit der Bernoulli-Ungleichung erhält man $b^n = (1 + x)^n \geq 1 + nx > nx$, also $y < nx \leq b^n$.

(4) Wir setzen $b := \frac{1}{q}$ und $y := \frac{1}{\varepsilon}$. Nach (3) gibt es ein $n \in \mathbb{N}$ mit $b^n > y$. Wegen $b, y > 0$ folgt $\frac{1}{b^n} < \frac{1}{y}$. Das ist aber äquivalent zu $q^n < \varepsilon$. ∎

Wir bemerken, dass die in den Aussagen von ▶Satz 14.3.3 als existent nachgewiesenen natürlichen Zahlen n in der Regel von den Eingabedaten, also in (1) von x, in (2) von a und x, in (3) von b und y, in (4) von q und ε, abhängen. Streng genommen müsste man also n_x bzw. $n_{a,x}$ bzw. $n_{b,y}$ bzw. $n_{q,\varepsilon}$ schreiben, was man aber der Einfachheit halber unterlässt.

Korollar 14.3.4 Es sei $(\mathbb{K}, \leq)$ archimedisch. Für jedes $x \in \mathbb{K}$ gibt es ein eindeutiges $n \in \mathbb{Z}$ mit $n \leq x < n + 1$. Dieses n bezeichnet man als **Abrundung von** x, Notation $\lfloor x \rfloor$.

Beweis Die Eindeutigkeit ist offensichtlich, weil es für $n \in \mathbb{Z}$ keine ganze Zahl z mit $n < z < n + 1$ gibt. Zum Nachweis der Existenz sei zunächst $x \geq 0$. Aufgrund des archimedischen Axioms (AA) gibt es ein $m \in \mathbb{N}$ mit $x < m$. Die Menge $\{k \in \mathbb{N} : x < k\}$ ist daher eine nichtleere Teilmenge von $\mathbb{N}$ und enthält aufgrund der Wohlordnungseigenschaft von $\mathbb{N}$ ein kleinstes Element, sagen wir t. Sodann ist $t - 1 \leq x < t$ sowie $t - 1, t \in \mathbb{Z}$. Ist hingegen $x < 0$, so gibt es nach dem eben Bewiesenen ein $l \in \mathbb{N}$ mit $l \leq -x < l + 1$. Ist $x \in \mathbb{Z}$, so muss $x = -l$ sein. Ist x kein Element von $\mathbb{Z}$, so gilt $l < -x < l + 1$, woraus $-(l + 1) < x < -l$ folgt. ∎

Entsprechend gibt es zu jedem $x \in \mathbb{K}$ eine eindeutige ganze Zahl m mit $m - 1 < x \leq m$. Dieses m nennt man die **Aufrundung von** x, Notation $\lceil x \rceil$ (siehe auch Abschnitt 2.2-E).

Im Folgenden verwenden wir wieder, dass man $(\mathbb{Q}, \leq)$ als Teil eines angeordneten Körpers $(\mathbb{K}, \leq)$ betrachten kann. Das archimedische Axiom impliziert dann eine wichtige Aussage über die Lage von $\mathbb{Q}$ innerhalb $\mathbb{K}$.

Definition 14.3.5 Ist $(\mathbb{K}, \leq)$ ein angeordneter Körper, so sagt man, dass $\mathbb{Q}$ **dicht in** $\mathbb{K}$ **liegt**, falls gilt:

■ Für alle $x, y \in \mathbb{K}$ mit $x < y$ gibt es ein $q \in \mathbb{Q}$ mit $x < q < y$.

Umgangssprachlich ausgedrückt heißt das: *Zwischen je zwei verschiedenen Zahlen aus $\mathbb{K}$ passt noch eine rationale Zahl.*[3]

Satz 14.3.6 Ist $(\mathbb{K}, \leq)$ archimedisch, so liegt $\mathbb{Q}$ dicht in $\mathbb{K}$.

Beweis Es seien $x, y \in \mathbb{K}$ verschieden mit $x < y$. Dann ist $0 < y - x$, sodass nach
▶Satz 14.3.3-(1) ein $n \in \mathbb{N}^*$ mit $\frac{1}{n} < y - x$ existiert. Aufgrund des Axioms (AA) gibt es ferner ein $m \in \mathbb{N}$ mit $nx < m$. Es sei nun l die durch $l := \lfloor nx \rfloor + 1$ definierte ganze Zahl. Dann ist $l - 1 = \lfloor nx \rfloor \leq nx < l$ und daher

$$x < \frac{l}{n} = \frac{l-1}{n} + \frac{1}{n} \leq x + \frac{1}{n} < x + (y - x) = y.$$

Also ist $q := \frac{l}{n}$ eine rationale Zahl, die zwischen x und y liegt: $x < \frac{l}{n} < y$. ∎

Insbesondere folgt auch, dass $\mathbb{Q}$ selbst dicht in $\mathbb{Q}$ liegt. Da auch $(\mathbb{R}, \leq)$ archimedisch ist, folgt weiter:

Satz 14.3.7 Die rationalen Zahlen $\mathbb{Q}$ liegen dicht in den reellen Zahlen $\mathbb{R}$.

Das bedeutet insbesondere, dass man jede irrationale Zahl beliebig gut durch eine rationale Zahl annähern kann, was ja auch durch die Darstellung mittels Dezimalbrüchen deutlich wird und worauf wir beim Studium von Reihen in Kapitel 16 eingehen werden.

14.4 Vollständig angeordnete Körper

Zur Definition der **Vollständigkeit einer Anordnung** erinnern wir an einige Begriffe (aus Abschnitt 6.7-A), die man für ganz allgemeine partielle Ordnungen verwendet, weshalb wir kurzfristig wieder auf das Symbol $\preceq$ zurückgreifen.

A Beschränkte und unbeschränkte Mengen Es sei also $(M, \preceq)$ eine partiell geordnete Menge. Weiter sei $B \subseteq M$ eine nichtleere Teilmenge.

1. Die Menge B heißt **nach oben beschränkt**, falls es ein $x \in M$ gibt mit $b \preceq x$ für jedes $b \in B$. In diesem Zusammenhang nennt man x eine **obere Schranke** von B.

---

[3] Und damit in der Tat sogar unendlich viele rationale Zahlen.

2. Im Gegensatz dazu heißt B **nach oben unbeschränkt**, wenn gilt: Für jedes $y \in M$ gibt es ein $b \in B$ mit $y \preceq b$.

3. Entsprechend heißt B nach **unten beschränkt**, falls ein $x \in M$ existiert mit $x \preceq b$ für jedes b aus B. In diesem Zusammenhang nennt man x eine **untere Schranke** von B.

4. Im Gegensatz dazu heißt B **nach unten unbeschränkt**, wenn gilt: Für jedes $y \in M$ gibt es ein $b \in B$ mit $b \preceq y$.

5. Ist B sowohl nach unten als auch nach oben beschränkt, so heißt B **beschränkt**.

B **Intervalle in angeordneten Körpern** Wir führen nun die üblichen Notationen für Intervalle ein. Dabei handelt es sich um spezielle Teilmengen eines angeordneten Körpers $(\mathbb{K}, \leq)$. Wir wollen weiter voraussetzen, dass diese Anordnung archimedisch ist. Wir beginnen mit den sog. **beschränkten Intervallen**. Dazu seien $a, b \in \mathbb{K}$ mit $a < b$.

- $[a, b] := \{x \in \mathbb{K} : a \leq x \leq b\}$ heißt ein **abgeschlossenes Intervall**.
- $(a, b) := \{x \in \mathbb{K} : a < x < b\}$ heißt ein **offenes Intervall**.
- $(a, b] := \{x \in \mathbb{K} : a < x \leq b\}$ heißt ein **links offenes und rechts abgeschlossenes Intervall**.
- $[a, b) := \{x \in \mathbb{K} : a \leq x < b\}$ heißt ein **links abgeschlossenes und rechts offenes Intervall**.

Die Elemente (oder auch Punkte) a und b nennt man **Intervallgrenzen** bzw. **linker** und **rechter Randpunkt**. Die Zahl $b - a$ heißt die **Länge** der jeweiligen Intervalle. Das abgeschlossene und beschränkte Intervall $[a, b]$ nennt man auch **kompakt**. Im Gegensatz dazu betrachtet man aber auch sog. **unbeschränkte Intervalle**. Es seien dazu $-\infty$ und ∞ zwei Symbole, genannt **minus unendlich** und **plus unendlich**, die keine Elemente aus $\mathbb{K}$ bezeichnen. Dann definiert man:

- $(-\infty, a] := \{x \in \mathbb{K} : x \leq a\}$
- $(-\infty, a) := \{x \in \mathbb{K} : x < a\}$
- $[a, \infty) := \{x \in \mathbb{K} : a \leq x\}$
- $(a, \infty) := \{x \in \mathbb{K} : a < x\}$

Entsprechend dieser Bezeichnungen vereinbart man auf der Menge $\mathbb{K} \cup \{-\infty, \infty\}$ folgende Gesetze (dabei sei $a \in \mathbb{K}$ beliebig):

- $-\infty < a < \infty$
- $-\infty + a := -\infty$

- $a + \infty := \infty$
- Ist ferner $0 < a$, so seien $a \cdot \infty := \infty$ und $-\infty \cdot a = -\infty$.
- Ist $a < 0$, so vereinbart man $a \cdot \infty := -\infty$ und $-\infty \cdot a = \infty$.

Die Terme $-\infty + \infty$ und $\infty \cdot (-\infty)$ sowie $0 \cdot \infty$ oder $0 \cdot (-\infty)$ sind nicht definiert.

C Supremum und Infimum, Maximum und Minimum Es sei wieder $(M, \preceq)$ eine (allgemeine) partiell geordnete Menge. Weiter sei $B \subseteq M$ nicht leer.

1. Annahme, B ist nach oben beschränkt.

   (a) Ist s eine obere Schranke von B und gilt $s \preceq x$ für **jede** weitere obere Schranke x von B, so nennt man s ein **Supremum** oder eine **kleinste obere Schranke** von B, Notation $s = \sup(B)$.

   (b) Hat B ein Supremum $\sup(B)$ und ist dieses in B enthalten, so nennt man es auch das **Maximum** von B und schreibt $\max(B)$.

2. Es sei B nach unten beschränkt.

   (a) Ist r eine untere Schranke von B und gilt $y \preceq r$ für **jede** weitere untere Schranke y von B, so nennt man r ein **Infimum** oder eine **größte untere Schranke** von B, Notation $r = \inf(B)$.

   (b) Hat B ein Infimum $\inf(B)$ und ist dieses in B enthalten, so nennt man es auch das **Minimum** von B und schreibt $\min(B)$.

Ist beispielsweise I eines der beschränkten Intervalle aus Abschnitt B mit linkem Randpunkt a und rechtem Randpunkt b, dann ist $\sup(I) = b$ und $\inf(I) = a$. Ist I rechts abgeschlossen, so ist b sogar Maximum von I; entsprechend ist a Minimum von I, wenn I links abgeschlossen ist.

Beispiel 14.4.1 Wir betrachten die Teilmenge $B := \{\frac{n}{n+1} : n \in \mathbb{N}^*\}$ von $\mathbb{Q}$. Ist $n \leq m$, so ist $n(m+1) = nm + n \leq nm + m = m(n+1)$ und damit auch $\frac{n}{n+1} \leq \frac{m}{m+1}$. Folglich hat die Menge B ein Minimum, nämlich $\frac{1}{2}$, welches man durch Setzen von $n := 1$ erhält, also $\inf(B) = \min(B) = \frac{1}{2}$.

Da $\frac{n}{n+1} < 1$ für alle $n \in \mathbb{N}^*$ gilt, ist B durch 1 nach oben beschränkt. Wir behaupten, dass 1 Supremum von B ist. Andernfalls gäbe es eine rationale Zahl q aus dem offenen Intervall $(0, 1)$, welche ebenfalls obere Schranke von B ist. Da $\mathbb{Q}$ dicht in sich selbst liegt, gibt es eine rationale Zahl r mit $q < r < 1$. Es sei $r = \frac{a}{b}$ mit $a, b \in \mathbb{N}^*$. Wegen $r < 1$ ist $a < b$ und daher $r = \frac{a}{b} \leq \frac{b-1}{b}$, also auch $q < \frac{b-1}{b}$. Nun ist aber $\frac{b-1}{b}$ ein Element aus B.

Wir erhalten daher einen Widerspruch dazu, dass q obere Schranke von B ist. Also folgt insgesamt $1 = \sup(B)$. Allerdings ist 1 nicht Maximum von B, weil ja $\frac{n}{n+1} < 1$ für alle $n \in \mathbb{N}^*$ gilt. ∎

> **Definition 14.4.2** Es sei $(M, \preceq)$ eine partiell geordnete Menge. Man sagt:
>
> (1) $(M, \preceq)$ erfüllt die **Supremum-Eigenschaft**, falls jede nichtleere nach oben beschränkte Teilmenge B von M ein Supremum hat.
>
> (2) $(M, \preceq)$ erfüllt die **Infimum-Eigenschaft**, falls jede nichtleere nach unten beschränkte Teilmenge B von M ein Infimum hat.

Für unsere momentane Betrachtung halten wir Folgendes fest, was uns schließlich zur Definition der Vollständigkeit einer Anordnung führt.

> **Satz 14.4.3** Es sei $(M, \preceq)$ eine partiell geordnete Menge. Genau dann ist die Supremum-Eigenschaft erfüllt, wenn die Infimum-Eigenschaft erfüllt ist.

Beweis Es gelte die Supremum-Eigenschaft. Ist $B \subseteq M$ nicht leer und nach unten beschränkt, so ist U_B, die Menge der unteren Schranken von B, nicht leer und nach oben beschränkt (durch jedes Element von B). Nach Annahme hat U_B ein Supremum, sagen wir s. Es ist dann s gleichzeitig Infimum von B, denn: Wäre $b \prec s$ für ein $b \in B$, so wäre s zwar obere Schranke von U_B, jedoch nicht kleinste obere Schranke, weil ja auch b obere Schranke von U_B ist; also ist $s \preceq b$ für alle $b \in B$, sodass s untere Schranke von B ist; schließlich ist $u \preceq s$ für alle $u \in U_B$, i. e. für alle unteren Schranken von B, sodass insgesamt $s = \inf(B)$ ist. Da B beliebig war, folgt die Infimum-Eigenschaft. Die umgekehrte Richtung beweist man ganz analog. ∎

> **Definition 14.4.4** Man nennt eine partiell geordnete Menge $(M, \preceq)$ **vollständig geordnet**, falls bzgl. $\preceq$ die Supremum-Eigenschaft bzw. die Infimum-Eigenschaft[4] erfüllt ist.

---

[4] Und damit nach ▶Satz 14.4.3 beide Eigenschaften.

14.4 Vollständig angeordnete Körper

D **Das Vollständigkeitsaxiom** Wenn als Grundmenge ein Körper $\mathbb{K}$ gegeben ist und $\preceq$ eine Anordnung ist, so gelangt man zum Vollständigkeitsaxiom.

> **Definition 14.4.5** Einen angeordneten Körper $(\mathbb{K}, \leq)$ nennt man **vollständig angeordnet** (kurz: **vollständig**), falls das folgende **Vollständigkeitsaxiom** erfüllt ist:
>
> (VA) Jede nichtleere und nach oben beschränkte Teilmenge B von $\mathbb{K}$ hat ein Supremum.

Das nun folgende Resultat bringt das archimedische Axiom mit dem Vollständigkeitsaxiom in Verbindung und besagt, dass das Vollständigkeitsaxiom stärker als das archimedische Axiom ist.

> **Satz 14.4.6** Ist $(\mathbb{K}, \leq)$ ein vollständig angeordneter Körper, so ist die Anordnung archimedisch, also: $(VA) \Rightarrow (AA)$.

Beweis Es ist die Eigenschaft in ▶Definition 14.3.2 nachzuweisen, also: Für jedes $a \in \mathbb{K}$ gibt es ein $n \in \mathbb{N}$ mit $a < n$. Es sei dazu $a \in \mathbb{K}$ beliebig. Falls $a \leq 0$, so ist $a < 1$. Wir nehmen daher an, dass $0 < a$ ist. Gibt es kein $n \in \mathbb{N}$ mit $a < n$, so ist $n < a$ für alle n. Folglich ist $\mathbb{N}$ Teilmenge von $\{x \in \mathbb{K} : x < a\}$. Das bedeutet, dass $\mathbb{N}$ innerhalb $\mathbb{K}$ nach oben beschränkt ist. Aufgrund der vorausgesetzten Vollständigkeit von $(\mathbb{K}, \leq)$ hat $\mathbb{N}$ dann ein Supremum in $\mathbb{K}$, nennen wir es y. Wegen $y - 1 < y = \sup(\mathbb{N})$ kann dann $y - 1$ keine obere Schranke von $\mathbb{N}$ in $\mathbb{K}$ sein. Das bedeutet, dass ein $m \in \mathbb{N}$ mit $y - 1 < m$ existiert. Dann ist aber $y = (y - 1) + 1 < m + 1$, ein Widerspruch dazu, dass y innerhalb $\mathbb{K}$ größer als jede natürliche Zahl ist. ∎

Betrachten wir die aus der Schule bekannten Zahlbereiche hinsichtlich der Vollständigkeit. Die Mengen $\mathbb{N}$ und $\mathbb{Z}$ haben bzgl. der natürlichen Ordnung die Supremum- und die Infimum-Eigenschaft. Diese beiden Eigenschaften gehen allerdings beim Übergang zu den rationalen Zahlen $\mathbb{Q}$ (das ist der kleinste Körper, der $\mathbb{Z}$ enthält) verloren, wie wir im kommenden Abschnitt beweisen werden. Wir halten an dieser Stelle aber bereits fest:

> **Satz 14.4.7** $(\mathbb{Q}, \leq)$ ist kein vollständig angeordneter Körper.

Im Gegensatz dazu gilt für die reellen Zahlen:

Satz 14.4.8 $(\mathbb{R}, \leq)$ ist ein vollständig angeordneter Körper.

In der Tat werden die reellen Zahlen gerade unter dem Blickwinkel der Fortsetzung der natürlichen Anordnung „konstruiert", nämlich derart, dass sich der Defekt der Unvollständigkeit der natürlichen Ordnung $\leq$ auf $\mathbb{Q}$ beheben lässt. Wir werden im letzten Abschnitt dieses Kapitels einen Überblick über diese Konstruktion geben.

14.5 Wurzeln und die Unvollständigkeit der rationalen Zahlen

A Zur Existenz von Wurzeln Wir haben bereits in Abschnitt 14.1 erwähnt, dass die Anordnung eines Körpers auch Konsequenzen für gewisse arithmetische Eigenschaften hat. Beispielsweise gibt es in einem solchen Körper keine Lösung der Gleichung $x^2 = b$, wenn b negativ ist. Neben der archimedischen Eigenschaft haben aber vollständige Körper die Eigenschaft, dass man andererseits die k-te Wurzel aus jedem positiven Element ziehen kann. Dies wollen wir in diesem Abschnitt beweisen. Wir beginnen mit der Definition dessen, was man unter einer k-ten Wurzel versteht.

Definition 14.5.1 Ist $k \in \mathbb{N}$ mit $k \geq 2$ und $a \in \mathbb{K}$, so heißt jedes $y \in \mathbb{K}$ mit $y^k = a$ eine k**-te Wurzel aus** a.

Satz 14.5.2 Es sei $(\mathbb{K}, \leq)$ ein archimedisch angeordneter Körper. Ferner seien $n \in \mathbb{N}^*$ und $a \in \mathbb{K}$ mit $0 < a$. Dann gelten:

(1) Es gibt höchstens ein $y \in \mathbb{K}$ mit $0 < y$ und $y^n = a$.

(2) Ein solches y existiert genau dann, wenn die Menge $\{x \in \mathbb{K} : x^n \leq a\}$ ein Supremum s in $\mathbb{K}$ hat; in diesem Fall ist $s > 0$ und $s^n = a$.

Beweis

(1) Sind $y_1, y_2 \in \mathbb{K}$ mit $0 < y_1 < y_2$, so ist $0 < y_1^n < y_2^n$. Also kann die Gleichung $\zeta^n = a$ höchstens eine positive Lösung haben, womit die erste Behauptung bereits bewiesen ist.

(2) Wir betrachten die Menge $B := \{x \in \mathbb{K} : 0 \leq x,\ x^n \leq a\}$. Wegen $a > 0$ ist $0 \in B$, also ist B nicht leer. Wir zeigen als Nächstes, dass B nach oben beschränkt ist. Falls $a \geq 1$, so ist $a^n \geq a$ und damit $a^n \geq a \geq x^n$ für alle x aus B, sodass $a \geq x$ für alle x aus B gilt und somit a obere Schranke von B ist. Ist $a \leq 1$, so ist $\frac{1}{a} \geq 1$ und daher (mit dem soeben Bewiesenen) $\frac{1}{a}$ obere Schranke von B.

Wir nehmen nun an, dass ein $y > 0$ in $\mathbb{K}$ mit $y^n = a$ existiert. Dann ist $y \in B$ und $y \geq x$ für alle $x \in B$, wie die eben ausgeführte Argumentation zeigt, sodass y Supremum in B ist. Also impliziert die Lösbarkeit die Existenz einer kleinsten oberen Schranke.

Umgekehrt nehmen wir jetzt an, dass B ein Supremum hat, welches wir (wieder) y nennen wollen. Es ist dann zu zeigen, dass $y^n = a$ gilt. Annahme, $y^n > a$. Setze $\eta := \frac{1}{n}\left(1 - \frac{a}{y^n}\right)$. Dann liegen η und $1 - \eta$ beide im Intervall $(0, 1)$. Demnach ist $(1 - \eta)y < y$, sodass $(1 - \eta)y$ keine obere Schranke von B sein kann. Folglich gibt es ein $b \in B$ mit $(1 - \eta)y < b$. Daraus folgt $(1 - \eta)^n y^n < b^n \leq a$. Mit der ▶Bernoulli-Ungleichung 14.3.1 erhält man sodann

$$a > (1 - \eta)^n y^n \geq (1 - n\eta) y^n = a,$$

ein Widerspruch. Annahme, $y^n < a$. Setze nun $\eta := \frac{1}{n}\left(1 - \frac{y^n}{a}\right)$. Dann liegen η und $1 - \eta$ wieder beide im Intervall $(0, 1)$. Demnach ist $\frac{y}{1-\eta} > y$, sodass $\frac{y}{1-\eta}$ kein Element von B sein kann, da ja B durch y nach oben beschränkt ist. Folglich gilt

$$\left(\frac{y}{1-\eta}\right)^n > a > y^n,$$

woraus man, erneut unter Verwendung der ▶Bernoulli-Ungleichung 14.3.1,

$$y^n > a(1-\eta)^n \geq a(1-n\eta) = a\left(1 - (1 - \frac{y^n}{a})\right) = y^n$$

folgert, ein erneuter Widerspruch. Insgesamt ergibt dies $y^n = a$, womit alles bewiesen ist. ∎

B **Konsequenzen für die Existenz vollständiger Anordnungen** Ist $(\mathbb{K}, \leq)$ ein vollständig angeordneter Körper, so gibt es nach ▶Satz 14.5.2 zu jedem $a \in \mathbb{K}$ mit $0 < a$ und zu jedem $n \in \mathbb{N}^*$ ein eindeutiges $y \in \mathbb{K}$ mit $0 < y$ und mit $y^n = a$. Für dieses y schreibt man

$$a^{1/n} \quad \text{bzw.} \quad \sqrt[n]{a}$$

und nennt y **die n-te Wurzel von a**. Bevor wir die aus der Schule bekannten Wurzelgesetze rekapitulieren, wollen wir einige interessante Folgerungen aus ▶Satz 14.5.2 ziehen.

14 Die Axiomatik reeller Zahlen

Beweis von ▶Satz 14.4.7

Es sei $p \in \mathbb{N}^*$ eine Primzahl und $k \in \mathbb{N}^*$ mit $k \geq 2$. Wäre $(\mathbb{Q}, \leq)$ vollständig geordnet, so hätte nach ▶Satz 14.5.2 jede der Mengen $\{\zeta \in \mathbb{Q} : \zeta^k \leq p\}$ ein Supremum in $\mathbb{Q}$. Ein solches Supremum s wäre aber dann eine rationale Lösung der Gleichung $x^k = p$. Unter Verwendung der eindeutigen Primfaktorzerlegung kann man (wie im Falle $k = 2 = p$, siehe ▶Beispiel 1.2.1) andererseits zeigen, dass $x^k = p$ keine rationale Lösung hat (der Nachweis der Einzelheiten sei als Übung gestellt). Durch diesen Widerspruch ist die Aussage des ▶Satzes 14.4.7 bewiesen. ∎

Satz 14.5.3 Für einen Körper $\mathbb{K}$ gibt es höchstens eine Anordnung $\preceq$ bzgl. der er vollständig ist.

Beweis. Es sei $(\mathbb{K}, \preceq)$ ein vollständig angeordneter Körper. Wir behaupten zunächst, dass $0 \preceq a$ genau dann gilt, wenn ein $x \in \mathbb{K}$ mit $x^2 = a$ existiert. Ist nämlich $x^2 = a$, so ist $0 \preceq a$ nach ▶Satz 14.1.4-(1). Ist umgekehrt $0 \preceq a$, so folgt aus ▶Satz 14.5.2 die Existenz eines x mit $0 \preceq x$ und mit $x^2 = a$.

Demnach ist der zu $\preceq$ gehörende Positivbereich $P_\preceq$ von $\mathbb{K}$ gleich $\{x^2 : x \in \mathbb{K}^*\}$, also gleich der Menge aller Quadrate von Elementen aus $\mathbb{K}^*$. Das bedeutet, dass „Positivität" durch **eine rein arithmetische Eigenschaft** des Körpers charakterisiert werden kann, womit klar ist, dass **jede** vollständige Anordnung von $\mathbb{K}$ zum gleichen Positivbereich führt. Nach ▶Satz 14.1.3 kann $\mathbb{K}$ daher nur eine vollständige Anordnung haben. ∎

Fazit: Insbesondere können die reellen Zahlen auf nur eine Art vollständig angeordnet werden, und diese Ordnung muss eine Erweiterung der natürlichen Ordnung auf $\mathbb{Q}$ sein.

C Gesetzmäßigkeiten beim Rechnen mit Wurzeln Aus der Eindeutigkeit der positiven Lösung einer Gleichung $x^n = a$ mit $0 < a$ bei vollständig angeordneten Körpern ergeben sich leicht die aus der Schule bekannten **Potenz-** bzw. **Wurzelgesetze** für reelle Zahlen, die wir an dieser Stelle zusammenfassen wollen.

1. Sind $a \geq 0$ und $m, n \in \mathbb{N}^*$, so gilt zunächst $\sqrt[n]{a}^m = \sqrt[n]{a^m}$. Ferner ist $\sqrt[n]{\sqrt[m]{a}} = \sqrt[nm]{a} = \sqrt[m]{\sqrt[n]{a}}$. Für $q \in \mathbb{Q}^+$ kann man daher $a^q := \sqrt[n]{a^m}$ definieren, wobei $q = \frac{m}{n}$ ein nicht notwendigerweise gekürzter Bruch ist (Wohldefiniertheit).

2. Ist $q \in \mathbb{Q}$ mit $q < 0$, so definiert man $a^q := \frac{1}{a^{-q}}$.

3. Sodann gilt $(ab)^q = a^q \cdot b^q$ für alle $a, b \geq 0$ und alle $q \in \mathbb{Q}$.

4. Ferner gilt für $p, q \in \mathbb{Q}$ und $a > 0$, dass $(a^q)^p = a^{qp}$ und dass $a^q \cdot a^p = a^{q+p}$ ist.

5. Schließlich ist $a^q < b^q$ für alle a, b mit $0 \leq a < b$ und alle $q \in \mathbb{Q}^+$. Ist hingegen $q < 0$, so ist $a^q > b^q$ für alle a, b mit $0 < a < b$.

Wir wollen exemplarisch Behauptung 4 beweisen. Dazu seien $q = \frac{m}{n}$ und $p = \frac{k}{l}$. Dann ist $p + q = \frac{ml+nk}{nl}$. Daher ist a^{p+q} die eindeutige Lösung x der Gleichung $x^{nl} = a^{ml+nk}$. Da aber auch
$$(a^q \cdot a^p)^{nl} = a^{qnl} \cdot a^{pnl} = a^{ml} \cdot a^{nk} = a^{ml+nk}$$
ist, folgt die Behauptung.

14.6 Exkurs: Die reellen Zahlen als Dedekind-Schnitte

In diesem Abschnitt werden wir abschließend diskutieren, wie man, ausgehend vom natürlich geordneten Körper $(\mathbb{Q}, \leq)$ der rationalen Zahlen, einen vollständig angeordneten Körper R konstruieren kann. Dieser Körper R ist dann (per Definition) ein Modell für den **Körper der reellen Zahlen**. Die Konstruktion ist sehr technisch und umfasst viele Einzelschritte. Bei unseren Ausführungen belassen wir es daher im Wesentlichen bei einer Zusammenfassung; für die Einzelheiten verweisen wir auf den Anhang zu Kapitel 1 des Buches von Walter Rudin [47], welches wir als Quelle verwendet haben.

A **Was versteht man unter einem Dedekind-Schnitt?** Jede reelle Zahl wird durch eine bestimmte Teilmenge von $\mathbb{Q}$ repräsentiert, ein sogenannter Dedekind-Schnitt[5].

Definition 14.6.1 Eine Teilmenge α von $\mathbb{Q}$ mit $\emptyset \neq \alpha \neq \mathbb{Q}$ heißt ein **Dedekind-Schnitt** (kurz: **Schnitt**), falls gilt:

(DS) Für jedes $p \in \alpha$ ist $\{q \in \mathbb{Q} : q \leq p\}$ eine **echte** Teilmenge von α.

Man beachte, dass in der Formulierung von (DS) zwei Eigenschaften stecken, nämlich

(DSa) **die Abgeschlossenheit nach unten**:
ist $p \in \alpha$ und $q \in \mathbb{Q}$ mit $q \leq p$, so ist auch $q \in \alpha$

(DSb) **die Nichtexistenz des Maximums**:
ist $p \in \alpha$, so gibt es ein $r \in \alpha$ mit $p < r$

Weiter beachte man folgenden Sachverhalt: Ist α ein Schnitt, so ist α nach oben beschränkt. Wäre nämlich α nicht nach oben beschränkt, so gäbe es zu jedem $n \in \mathbb{N}$ ein

---
[5] Julius Wilhelm Richard Dedekind (1831–1916).

$q \in \alpha$ mit $n \leq q$. Wegen der Abgeschlossenheit nach unten, wäre dann $(-\infty, n] \subseteq \alpha$ für alle $n \in \mathbb{N}$ und daher $\mathbb{Q} = \alpha$, was von vornherein verboten wurde. Beispielsweise sind die folgenden drei Mengen Schnitte:

$$\left(-\infty, \frac{1}{2}\right) \quad \text{und} \quad \{x \in \mathbb{Q}: x^3 < 2\} \quad \text{und} \quad \{x \in \mathbb{Q}^+: x^2 < 2\} \cup (-\infty, 0]$$

B **Die reellen Zahlen als die Menge aller Dedekind-Schnitte** Unter den Schnitten befinden sich daher insbesondere auch Mengen, die kein Supremum in $\mathbb{Q}$ haben, etwa $\{x \in \mathbb{Q}: x^3 < 2\}$. Dies ist ein Mangel, der bei der angestrebten Erweiterung von $\mathbb{Q}$ gerade abgestellt werden soll. Die Grundidee ist nun einerseits, dass jeder Dedekind-Schnitt als eine abstrakte Zahl angesehen wird, und andererseits, dass man auf der Menge aller Dedekind-Schnitte die Vollständigkeit verwirklichen kann. Ab jetzt sei daher R die Menge aller Dedekind-Schnitte. Das zentrale Ergebnis lautet wie folgt:

> **Satz 14.6.2** Man kann auf R eine Addition $\oplus$, eine Multiplikation $\odot$ und eine Anordnung $\preceq$ erklären, bezüglich der R ein vollständig angeordneter Körper wird, der eine isomorphe Kopie des Körpers $(\mathbb{Q}, +, \cdot)$ der rationalen Zahlen enthält. Bezüglich der Einbettung von $\mathbb{Q}$ in R setzt $\preceq$ die natürliche Ordnung $\leq$ von $\mathbb{Q}$ fort.

Beweisskizze. Wir zeigen zunächst, dass man eine **Ordnung auf R** definieren kann, welche die natürliche Ordnungsstruktur von $\mathbb{Q}$ fortsetzt.

1. Zuerst weisen wir nach, dass R bzgl. der Mengeninklusion $\subseteq$ total geordnet ist. Es seien dazu $\alpha, \beta \in R$ verschiedene Schnitte. Dann gibt es ein $q \in \mathbb{Q}$ mit $q \in \beta \setminus \alpha$ oder mit $q \in \alpha \setminus \beta$. Im ersten Fall (also $q \in \beta \setminus \alpha$) ist dann $(-\infty, q] \subseteq \beta$; ebenso ist $\alpha \subseteq (-\infty, q]$, denn mit $r \in \alpha$ und $r > q$ wäre nach (DSa) auch $q \in \alpha$, was nicht vorausgesetzt wurde. Daraus folgt $\alpha \subseteq \beta$. Im anderen Fall erhält man entsprechend $\beta \subseteq \alpha$. In jedem Fall sind α und β vergleichbar, weshalb die Ordnung $\subseteq$ total auf R ist.

2. Wir weisen als Nächstes nach, dass $(R, \subseteq)$ die Supremum-Eigenschaft erfüllt. Dazu sei $B \subseteq R$ nicht leer und nach oben beschränkt, etwa durch $\gamma \in R$. Dann gilt $\beta \subseteq \gamma$ für alle $\beta \in B$ und damit $b := \cup_{\beta \in B} \beta \subseteq \gamma$. Es ist $\emptyset \neq b \neq \mathbb{Q}$; ist $q \in B$, so gibt es ein $\beta \in B$ mit $q \in \beta$, sodass $(-\infty, q] \subseteq \beta$ und daher auch $(-\infty, q] \subseteq b$ ist; wäre r Maximum von B, so wäre $r \in \beta$ für ein $\beta \in B$ und damit wäre r erst recht Maximum von β, was (DSb) widerspricht; insgesamt folgt daraus, dass b selbst ein Dedekind-Schnitt ist.

14.6 Exkurs: Die reellen Zahlen als Dedekind-Schnitte

Exkurs ▶ Fortsetzung

Das bedeutet nun wiederum, dass b kleinste obere Schranke von B, also Supremum von B ist. Insgesamt ist damit gezeigt, dass $(R, \subseteq)$ die Supremum-Eigenschaft erfüllt und damit vollständig geordnet ist.

3. Die Abbildung $\phi: \mathbb{Q} \to R, q \mapsto (-\infty, q)$ ist injektiv mit $\phi(p) \subseteq \phi(q)$ genau dann, wenn $p \leq q$. Identifiziert man $\mathbb{Q}$ mit dem Bild $\phi(\mathbb{Q})$, so ist $\subseteq$ eine Fortsetzung der natürlichen Ordnung $\leq$ von $\mathbb{Q}$ nach R. Es ist also $\phi(\mathbb{Q})$ die in der Aussage des Satzes angesprochene Kopie von $\mathbb{Q}$ in R.

Wir schreiben ab jetzt einfach $\leq$ für $\subseteq$. Bis hierher haben wir also erkannt, dass $(R, \leq)$ eine Erweiterung von $(\mathbb{Q}, \leq)$ ist, sodass die natürliche Ordnungsstruktur von $\mathbb{Q}$ zu einer vollständigen Ordnung auf R fortgesetzt wurde. Es ist nun noch zu klären, in welchem Sinne es sich dabei um eine „Anordnung" handelt, d. h., man muss auf R eine Addition und eine Multiplikation erklären, die einerseits die arithmetischen Operationen von $\mathbb{Q}$ fortsetzen, andererseits die Anordnungsaxiome erfüllen und bzgl. denen schließlich R selbst ein Körper ist. Während die Addition noch relativ übersichtlich ist, wird die Angelegenheit bei der Multiplikation zunehmend technischer, sodass wir von nun an auf Einzelheiten verzichten.

4. Es seien $\alpha, \beta \in R$. Durch

$$\alpha \oplus \beta := \{a + b : a \in \alpha, b \in \beta\}$$

ist dann eine **Addition auf** R erklärt, die die Addition rationaler Zahlen fortsetzt (Letzteres wegen $\phi(a) \oplus \phi(b) = \phi(a+b)$). Weiterhin ist $(R, \oplus)$ eine kommutative Gruppe. Das neutrale Element ist $(-\infty, 0) = \phi(0)$, und additiv invers zu α ist die Menge

$$\{p \in \mathbb{Q} : \exists r \in \mathbb{Q}^+ \text{ mit } -p - r \notin \alpha\},$$

bei der es sich um einen Schnitt handelt, welcher mit $-\alpha$ bezeichnet wird. Schließlich ist $\oplus$ mit der Anordnung auf R verträglich, d. h., dass das Anordnungsaxiom (A1) erfüllt ist (siehe ▶Definition 14.1.1).

5. Zur Definition der **Multiplikation auf** R betrachtet man zunächst die Menge $R^+ := \{\alpha \in R : \phi(0) < \alpha\}$, die sich später als Positivbereich zur Anordnung $\leq$ herausstellt. Auf R^+ kann wie folgt eine Multiplikation erklärt werden:

$$\alpha \odot \beta := \{p \in \mathbb{Q} : \exists r \in \alpha \cap \mathbb{Q}^+, \exists s \in \beta \cap \mathbb{Q}^+ \text{ mit } p \leq rs\}$$

Ist wenigstens einer der Faktoren α oder β nicht in R^+ enthalten, so ist zu deren Multiplikation eine Fallunterscheidung durchzuführen:

14 Die Axiomatik reeller Zahlen

Exkurs ▶ Fortsetzung

$$\alpha \odot \beta := \begin{cases} (-\alpha) \odot (-\beta), & \text{falls } \alpha < \phi(0), \beta < \phi(0) \\ -((-\alpha) \odot \beta), & \text{falls } \alpha < \phi(0), \beta > \phi(0) \\ -(\alpha \odot (-\beta)), & \text{falls } \alpha > \phi(0), \beta < \phi(0) \end{cases}$$

Es sei $R^* := R \setminus \{\phi(0)\}$. Es ist dann $(R^*, \odot)$ eine kommutative Gruppe. Neutrales Element ist $\phi(1)$. Invers zu $\alpha > \phi(0)$ ist $\{\frac{1}{r} : r \in \alpha \cap \mathbb{Q}^+\}$, in der Tat ein Schnitt, welcher mit $\frac{1}{\alpha}$ bezeichnet wird. Wegen $\phi(a) \odot \phi(b) = \phi(ab)$ setzt $\odot$ die Multiplikation von $\mathbb{Q}$ auf R fort, und zwar so, dass sie verträglich mit der Anordnung ist. Das heißt, dass auch (A2) in R erfüllt ist.

6. Bezüglich Addition und Multiplikation gilt das **Distributivgesetz**, sodass es sich bei $(R, \oplus, \odot)$ einen Körper handelt. Dieser ist bzgl. $\leq$ (alias $\subseteq$) vollständig angeordnet und enthält $(\mathbb{Q}, +, \cdot, \leq)$ vermöge der Einbettung ϕ als angeordneten Teilkörper. ∎

C Die Ausnahmestellung der reellen Zahlen Ohne Beweis bemerken wir abschließend das folgende Resultat, welches die Ausnahmestellung der reellen Zahlen belegt und unsere Grundlagenbetrachtung dieser Zahlen vorerst abschließt.

Satz 14.6.3 Sind S und T zwei vollständig angeordnete Körper, so sind sie isomorph, d. h., dass es einen Körper-Isomorphismus von S nach T gibt, der die Anordnungen auf S bzw. auf T respektiert.

Ab jetzt schreiben wir (wieder) $\mathbb{R}$ für R. Trotz der hier aufgezeigten abstrakten Konstruktion werden wir uns im Folgenden (wie auch bisher) in $\mathbb{R}$ so bewegen, wie wir es von der Schule her gewohnt sind.

ZUSAMMENFASSUNG

1. **Anordnungsaxiome, Absolutbetrag und Bewertung** Neben den bei einem jeden Körper gegebenen arithmetischen Operationen spielt in der Analysis zusätzlich die Anordnung eines Körpers, beschrieben durch die beiden Anordnungsaxiome (A1) und (A2) aus Abschnitt 14.1, eine wesentliche Rolle. Wir haben gelernt, dass die rationalen Zahlen mit der uns aus der Schule vertrauten natürlichen Ordnung diese beiden Anordnungsaxiome erfüllen und dass jeder angeordnete Körper $(\mathbb{K}, \preceq)$ als Erweiterung von $(\mathbb{Q}, \leq)$ aufgefasst werden kann. Das gilt insbesondere für die reellen Zahlen $\mathbb{R}$. Jeder angeordnete Körper liefert einen Absolutbetrag, dessen Grundgesetze wir kennengelernt haben, wobei insbesondere die fundamentale Dreiecksungleichung zu nennen ist. Neben der Dreiecksungleichung gilt auch die Bernoulli-Ungleichung in jedem angeordneten Körper.

    Die komplexen Zahlen $\mathbb{C}$ können nicht angeordnet werden, denn innerhalb eines angeordneten Körpers ist jedes von null verschiedene Quadrat, insbesondere die Eins, positiv, und damit das additive Inverse der Eins negativ; innerhalb $\mathbb{C}$ widerspricht die Tatsache $i^2 = -1$ daher jeder Anordnung. Mithilfe des auf den komplexen Zahlen definierten Betrages wird $\mathbb{C}$ aber bewertet. Der damit verbundene Abstandsbegriff auf den komplexen Zahlen ermöglicht eine komplexe Analysis.

2. **Das archimedische Axiom** Dieses Axiom besagt im Wesentlichen, dass die natürlichen Zahlen als Bestandteil eines archimedisch angeordneten Körpers nicht nach oben beschränkt sind. Eine weitreichende Konsequenz daraus ist, dass die rationalen Zahlen als Bestandteil eines archimedisch angeordneten Körpers $\mathbb{K}$ dicht in demselben liegen: Zu je zwei Zahlen $a, b \in \mathbb{K}$ mit $a < b$ gibt es eine rationale Zahl q (und damit in der Tat unendlich viele solcher rationaler Zahlen) mit $a < q < b$. Die rationalen Zahlen und die reellen Zahlen bilden zusammen mit der aus der Schule bekannten Ordnung $\leq$ jeweils archimedische Körper. Insbesondere bedeutet das, dass die rationalen Zahlen dicht in den reellen Zahlen liegen, ein wichtiges Phänomen, wenn es um die Approximation von reellen Zahlen durch rationale Zahlen (etwa durch endliche Dezimalbrüche) geht.

3. **Das Vollständigkeitsaxiom** Dieses Axiom stellt den Unterschied zwischen den rationalen Zahlen und den reellen Zahlen heraus. Die Ordnung $\leq$ auf den reellen Zahlen ist vollständig, und das bedeutet, dass jede nach oben beschränkte nichtleere Menge reeller Zahlen eine kleinste obere Schranke, i. e. ein Supremum, in $\mathbb{R}$ hat. Dies impliziert weiter, dass jede positive reelle Zahl a eine eindeutige positive k-te Wurzel hat (mit $k \in \mathbb{N}$, $k \geq 2$), welche wie üblich mit $\sqrt[k]{a}$ bzw. mit $a^{\frac{1}{k}}$ bezeichnet wird. In diesem Zusammenhang haben wir an die aus der Schule bekannten Wurzelgesetze, also das Rechnen mit rationalen Exponenten, erinnert. Der Körper $\mathbb{Q}$ der rationalen Zahlen ist nicht vollständig geordnet und der grundlegende Sinn einer jeden Konstruktion der reellen Zahlen aus den rationalen Zahlen besteht in der Schaffung eines vollständig angeordneten Körpers. Wir haben anhand von Dedekind-Schnitten eine mögliche Konstruktion von $\mathbb{R}$ aus $\mathbb{Q}$ skizziert.

    Das Vollständigkeitsaxiom hat weitreichende Konsequenzen. Dies werden wir u. a. im folgenden Kapitel sehen, wenn wir auf viele äquivalente Bedingungen zur Vollständigkeit eines angeordneten Körpers treffen.

Die Axiomatik reeller Zahlen

Übungsaufgaben

Aufgabe 1 Es sei S die Menge aller Punkte $(x, y) \in \mathbb{R}^2$, die die folgenden drei Eigenschaften erfüllen:

$$3x - 2y \geq -6, \quad x - 3y \leq 3, \quad -2x - 3y \geq -12.$$

Fertigen Sie eine Skizze der Menge S an. Es sei weiter

$$A := \{(x + 4)^2 + (y - 3)^2 : (x, y) \in S\}.$$

Versuchen Sie durch anschauliche Argumentation nachzuweisen, dass A ein Minimum hat. An welchem Punkt $(x, y) \in S$ wird das Minimum von A angenommen?

Aufgabe 2 Beweisen Sie ▶ Satz 14.1.3.

Aufgabe 3 Es sei $(\mathbb{K}, \leq)$ ein angeordneter Körper mit zugehörigem Absolutbetrag $|\cdot|$. Weiter seien $a, b \in \mathbb{K}$. Zeigen Sie, dass gilt:

$$\max\{a, b\} = \frac{a + b + |b - a|}{2} \quad \text{und} \quad \min\{a, b\} = \frac{a + b - |b - a|}{2}$$

Aufgabe 4 Bestimmen Sie die reelle Zahl a mit

$$\left\{ x \in \mathbb{R} : |2x + 7| \leq 3x + \frac{23}{2} \right\} = [a, \infty).$$

Aufgabe 5 Bestimmen Sie die beiden reellen Zahlen a, b mit $a < b$ und mit

$$\left\{ x \in \mathbb{R} : \left| \frac{1}{2}x - 3 \right| \leq |1 - 5x| \right\} = (-\infty, a] \cup [b, \infty).$$

Aufgabe 6 Bestimmen Sie die vier reellen Zahlen a, b, c und d mit $a < b < c < d$ und mit

$$\left\{ x \in \mathbb{R} : |x^2 - 3x - 10| \geq \frac{15}{4} \right\} = (-\infty, a] \cup [b, c] \cup [d, \infty).$$

Aufgabe 7 Eine Bewertung η eines Körpers $\mathbb{L}$ (mit Werten in $(\mathbb{K}, \leq)$) heißt eine **ultrametrische Bewertung**, falls die folgende sog. **ultrametrische Ungleichung** erfüllt ist:

$$\eta(x + y) \leq \max\{\eta(x), \eta(y)\} \text{ für alle } x, y \in \mathbb{L}$$

Zeigen Sie, dass die ultrametrische Ungleichung die Dreiecksungleichung impliziert.

Übungsaufgaben

Aufgabe 8 Für eine Primzahl p sei η_p die p-adische Bewertung auf $\mathbb{Q}$ (siehe Abschnitt 14.2-E). Zeigen Sie, dass η_p eine ultrametrische Bewertung mit Werten in $\mathbb{Q}$ ist.

Aufgabe 9 Es sei p eine Primzahl und $\mathbb{Z}_p$ der Restklassenkörper mit p Elementen. Warum kann man $\mathbb{Z}_p$ nicht bewerten?

Aufgabe 10 Zeigen Sie, dass jedes Intervall $[a, b] \subseteq \mathbb{R}$ mit $a < b$ eine irrationale Zahl enthält.

Aufgabe 11 Gegeben seien die beiden Mengen S und T rationaler Zahlen:

$$S := \left\{ \frac{-4m + 7}{3m - 2} : m \in \mathbb{N} \right\} \text{ und } T := \left\{ \frac{3m - 2n + 1}{m + n + 4} : m, n \in \mathbb{N} \right\}$$

Zeigen Sie zunächst, dass S und T sowohl nach oben als auch nach unten beschränkt sind. Berechnen Sie dann jeweils das Supremum und das Infimum dieser beiden Mengen. Beurteilen Sie ferner, welche dieser beiden Mengen ein Minimum bzw. ein Maximum besitzen.

Aufgabe 12 Es sei $(M, \leq)$ eine total geordnete Menge. Zeigen Sie: Wenn $(M, \leq)$ die Infimum-Eigenschaft erfüllt, so erfüllt $(M, \leq)$ auch die Supremum-Eigenschaft.

Aufgabe 13 Wir betrachten zunächst einen beliebigen Körper $\mathbb{K}$. Zu jedem $a \in \mathbb{K}$ und jedem $n \in \mathbb{N}^*$ sei $\mathbb{L}_{a,n}$ die Menge aller $x \in \mathbb{K}$ mit $x^n = a$.

1. Warum hat $\mathbb{L}_{a,n}$ höchstens n Elemente?

2. Zeigen Sie: Ist $a \neq 0$ und ist $\mathbb{L}_{a,n}$ nicht leer, so gibt es eine Bijektion zwischen $\mathbb{L}_{1,n}$ und $\mathbb{L}_{a,n}$.

3. Es sei nun $\mathbb{K}$ ein bzgl. $\leq$ vollständig angeordneter Körper. Bestimmen Sie $\mathbb{L}_{a,n}$ für jedes a und jedes n.

Hinweis: Hierbei sind einige Fallunterscheidungen notwendig ($a > 0$, $a = 0$ bzw. $a < 0$; n gerade bzw. n ungerade).

Aufgabe 14 Beschreiben Sie alle Tripel (k, m, n) aus $(\mathbb{N}^*)^3$ mit $\text{ggT}(k, m) = 1$, für die die Menge

$$\left\{ x \in \mathbb{Q} : 0 \leq x, x^n \leq \frac{k}{m} \right\}$$

ein Supremum **innerhalb der rationalen Zahlen** hat.

Die Axiomatik reeller Zahlen

Übungsaufgaben

Hinweis: Man verwende ▶Satz 14.5.2 und die eindeutige Primfaktorzerlegung bei ganzen Zahlen.

Aufgabe 15 Zu einer gegebenen positiven rationalen Zahl $a \in \mathbb{Q}$ und einer gegebenen natürlichen Zahl $m \in \mathbb{N}$ sei

$$\alpha := \{x \in \mathbb{Q} : x^m < a\}.$$

Zeigen Sie: Genau dann ist α ein Dedekind-Schnitt, wenn m ungerade ist.

Hinweise: Schließen Sie den Fall $m = 0$ aus; analysieren Sie (DSa), wenn m gerade bzw. ungerade ist; verwenden Sie Ideen aus dem Beweis von ▶Satz 14.5.2 zum Nachweis von (DSb) bei beliebigem $m \geq 1$.

Folgen

	Einführung	574
15.1	Häufungspunkte und Grenzwerte	576
15.2	Grenzwertsätze	583
15.3	Beschränktheit, Monotonie und Teilfolgen	587
15.4	Konvergenzkriterien und Charakterisierungen der Vollständigkeit	591
15.5	Landau-Symbole	600
15.6	Exkurs: Cauchy-Folgen	605
	Zusammenfassung	608
	Übungsaufgaben	610

15 Folgen

EINFÜHRUNG

>> Bisher haben wir *Folgen* über einem Körper $\mathbb{K}$ als algebraische Objekte betrachtet und dabei beispielsweise den Polynomring in einer Unbestimmten eingeführt (Kapitel 12). Im Rahmen der Analysis interessieren wir uns nun für das *asymptotische Verhalten* von Folgen.

Die Analysis entwickelt sich aus den grundlegenden Körpern $\mathbb{Q}$, $\mathbb{R}$ und $\mathbb{C}$, die zusammen mit der Anordnung $\leq$ bzw. dem Absolutbetrag $|\cdot|$ betrachtet werden. Wir werden in diesem Kapitel dennoch häufig das allgemeine Körpersymbol $\mathbb{K}$ beibehalten, weil wir beim Studium von Folgen auf viele Charakterisierungen der Vollständigkeit eines angeordneten bzw. bewerteten Körpers stoßen und diese dann auch allgemein formulieren. Vom abstrakten Standpunkt aus gesehen ist es daher wichtig, dass der hier zugrunde liegende Körper $\mathbb{K}$ zumindest *archimedisch angeordnet* bzw. *archimedisch bewertet* ist, was ja bei $\mathbb{Q}$, $\mathbb{R}$ und $\mathbb{C}$ wie wir aus Kapitel 14 wissen der Fall ist.

Zu den Grundlagen der Analysis zählt vor allem das Studium von *Häufungspunkten* und von *Grenzwerten*. Um die Einführung dieser beiden Begriffe geht es dann auch gleich im ersten Abschnitt dieses Kapitels. Ein Häufungspunkt einer Folge ist eine Zahl, in deren Nähe sich die Folge immer wieder aufhält; hält sich die Folge ab einem bestimmten Zeitpunkt sogar ausschließlich in der Nähe einer solchen Zahl auf, so spricht man von einem *Grenzwert*. Die „Nähe" zu einem Punkt wird dabei durch eine beliebig kleine Zahl $\varepsilon > 0$ gemessen. Eine Folge mit Grenzwert heißt *konvergent*; in diesem Fall ist der Grenzwert eindeutig bestimmt und der einzige Häufungspunkt der Folge. Eine *divergente* (d. h. nicht konvergente) Folge kann mehrere Häufungspunkte haben.

Das Ziel von Abschnitt 15.1 ist auch die Bereitstellung eines Grundrepertoires an konvergenten Folgen und deren Grenzwerten. Dies bildet zusammen mit den *Grenzwertsätzen* aus Abschnitt 15.2 die wichtigsten Grundlagen zur Berechnung von Grenzwerten bei Folgen, welche sich durch algebraische Verknüpfungen aus elementaren Folgen zusammenbauen.

Die wichtigsten Begriffsbildungen bei der *Beschränktheit* und der *Monotonie* von Folgen werden in Abschnitt 15.3 bereitgestellt. Dort behandeln wir auch den Begriff der *Teilfolge*, der im Zusammenhang mit der Bestimmung von Häufungspunkten bei Folgen wesentlich ist.

Einen weiteren Höhepunkt dieses Kapitels markiert dann Abschnitt 15.4, in dem wir einige wichtige *Konvergenzkriterien für Folgen* behandeln und dabei viele *Charakterisierungen der Vollständigkeit* eines Körpers vorstellen werden. Dazu gehört beispielsweise auch das *Intervallschachtelungsprinzip*. Die theoretischen Erkenntnisse werden dabei durch wichtige Beispiele ergänzt. So werden wir die *Euler'sche Zahl* als Grenzwert einer

Folge, deren Ursprung in der Zinseszinsrechnung liegt, kennenlernen. Ferner werden wir auch Grenzwerte bei *rekursiv definierten* Folgen betrachten und dabei zeigen, wie man effizient k-te Wurzeln approximieren kann.

Die wichtigsten *Landau-Symbole*, welche zur Beschreibung des Wachstumsverhaltens von Folgen herangezogen werden, sind Thema von Abschnitt 15.5. Diese sind insbesondere für Informatiker von Interesse, weil sie bei der Komplexitätsanalyse von Algorithmen gebraucht werden.

Wir beenden dieses Kapitel mit einem Exkurs über *Cauchy-Folgen* und einer weiteren Kennzeichnung der Vollständigkeit.

15 Folgen

> **Lernziele**
>
> - die fundamentalen Begriffe „Grenzwert" und „Konvergenz" sowie „Häufungspunkt" bei Folgen
> - der Umgang mit grundlegenden konvergenten Folgen und mit den Grenzwertsätzen zur Berechnung von Grenzwerten
> - der Umgang mit Folgen, bei denen uneigentliche Konvergenz vorliegt
> - der Umgang mit Teilfolgen zur Berechnung von Häufungspunkten
> - die wichtigsten Konvergenzkriterien bei Folgen und damit verbundene Charakterisierungen der Vollständigkeit
> - das Intervallschachtelungsprinzip
> - der Limes superior und der Limes inferior bei beschränkten Folgen
> - die Einführung der Euler'schen Zahl als Grenzwert einer speziellen Folge
> - ein Gespür für die verschiedenen Wachstumsraten bei Folgen und der Umgang mit Landau-Symbolen

15.1 Häufungspunkte und Grenzwerte

Im vorliegenden Kapitel sei $(\mathbb{K}, \leq)$ zumindest ein archimedisch angeordneter Körper oder $(\mathbb{K}, |\cdot|)$ sei ein archimedisch bewerteter Körper. Wir interessieren uns stets für eine der drei Situationen

$$(\mathbb{Q}, \leq) \quad \text{oder} \quad (\mathbb{R}, \leq) \quad \text{oder} \quad (\mathbb{C}, |\cdot|).$$

Wir erinnern zunächst daran, dass eine Folge f mit Werten im Körper $\mathbb{K}$ formal ein Element aus $\mathbb{K}^{\mathbb{N}}$ ist. Eine Folge ist meist durch eine (konkrete) Funktionsvorschrift gegeben, etwa

$$f(n) = \sqrt[3]{n^2} - \sqrt[7]{n+4} \quad \text{für ein } f \in \mathbb{R}^{\mathbb{N}}.$$

Die Folgenglieder $f(n)$ von f werden allgemein auch mit f_n bezeichnet, während f selbst mit $(f_n)_{n \in \mathbb{N}}$ bezeichnet wird.

 Fast überall geltende Eigenschaften bei Folgen In der Analysis geht es grob gesprochen um **die Untersuchung des asymptotischen Verhaltens einer Folge**, d. h., man interessiert sich für Eigenschaften, die von unendlich vielen Folgengliedern oder gar von fast allen Folgengliedern erfüllt werden.

15.1 Häufungspunkte und Grenzwerte

Definition 15.1.1 Es sei E eine Eigenschaft, die sich auf die Elemente des Körpers $\mathbb{K}$ bezieht. Dann sagt man, dass die Folge $(f_n)_{n\in\mathbb{N}}$ aus $\mathbb{K}^{\mathbb{N}}$ die Eigenschaft E **fast überall** erfüllt, falls die Menge $\{n \in \mathbb{N}: f_n \text{ erfüllt } E \text{ nicht}\}$ eine endliche Menge ist.

Betrachten wir hierzu einige Beispiele.

1. Man sagt, dass $(f_n)_{n\in\mathbb{N}}$ **fast überall gleich null** ist, wenn der Träger von f (siehe ▶Definition 11.6.1) endlich ist. So ist etwa die Folge f mit $f_n := \lfloor \frac{3n+2}{n^2+1} \rfloor$ fast überall gleich null, weil der Träger von f wegen $f_0 = 2, f_1 = 2, f_2 = f_3 = 1$ und $f_n = 0$ für $n \geq 4$ gleich $\{0, 1, 2, 3\}$ ist.

2. Zwei Folgen f und g heißen **fast überall gleich**, wenn $\{n \in \mathbb{N}: f_n \neq g_n\}$ endlich ist.

3. Häufig kann eine Funktionsvorschrift nur auf einer echten Teilmenge D von $\mathbb{N}$ erklärt werden, die fast alle natürlichen Zahlen enthält. Beispielsweise ist die durch die Funktionsvorschrift

$$g_n := \frac{n^2 - 7n + 8}{(n-1)(n-3)(n-888)}$$

gegebene Folge g nur auf $D = \mathbb{N} \setminus \{1, 3, 888\}$ definiert. Man fasst dann g trotzdem als Folge auf und sagt, dass g **fast überall definiert** ist. Das erweist sich als legitim, da man g auch außerhalb von D irgendwie willkürlich festlegen kann, ohne dabei das asymptotische Verhalten von g zu beeinträchtigen.

B **Was ist ein Häufungspunkt, was ein Grenzwert?** Wir werden nun mit Häufungspunkten und Grenzwerten zwei ganz zentrale Begriffe kennenlernen. Die Zahl ε ist dabei stets als Element des zugrunde liegenden Körpers $\mathbb{K}$ aufzufassen.

Definition 15.1.2 Es sei $f \in \mathbb{K}^{\mathbb{N}}$ eine Folge, wobei $(\mathbb{K}, |\cdot|)$ archimedisch bewertet sei.

(1) Ein Punkt $a \in \mathbb{K}$ heißt **Häufungspunkt von** f, falls gilt: Für jedes $\varepsilon > 0$ und jedes $N \in \mathbb{N}$ gibt es ein $n \in \mathbb{N}$ mit $n \geq N$ und mit $|f_n - a| < \varepsilon$; in Formeln

$$\forall_{\varepsilon > 0} \ \forall_{N \in \mathbb{N}} \ \exists_{\substack{n \in \mathbb{N} \\ n \geq N}} \ |f_n - a| < \varepsilon.$$

(2) Ein Punkt $a \in \mathbb{K}$ heißt **Grenzwert von** f oder **Limes von** f, falls gilt: Für jedes $\varepsilon > 0$ gibt es ein $N \in \mathbb{N}$ mit $|f_n - a| < \varepsilon$ für alle $n \geq N$; in Formeln

$$\forall_{\varepsilon > 0} \; \exists_{N \in \mathbb{N}} \; \forall_{\substack{n \in \mathbb{N} \\ n \geq N}} \; |f_n - a| < \varepsilon.$$

Eine Folge, die einen Grenzwert hat, nennt man **konvergent**. Eine Folge, die keinen Grenzwert hat, nennt man **divergent**.

Bei der Definition des Häufungspunktes hängt n in der Regel von ε und von N ab; in der Definition des Grenzwertes hängt N von ε ab. Der Einfachheit halber verzichtet man auf die exakteren Bezeichnungen $n_{\varepsilon, N}$ bzw. N_ε.

Wir wollen uns diese beiden Begriffe, Grenzwert und Häufungspunkt, mithilfe der Menge

$$B_\varepsilon(a) := \{x \in \mathbb{K} : |x - a| < \varepsilon\} \tag{15.1.1}$$

veranschaulichen, wobei $a \in \mathbb{K}$ und $\varepsilon > 0$ sei. Bei dieser Menge handelt es sich um diejenigen Zahlen x, deren Abstand zur vorgegebenen Zahl a kleiner als ε ist. Falls $\mathbb{K} = \mathbb{R}$, so ist die Bedingung $x \in B_\varepsilon(a)$ gleichbedeutend mit $a - \varepsilon < x < a + \varepsilon$, sodass $B_\varepsilon(a)$ dem offenen Intervall $(a - \varepsilon, a + \varepsilon)$ in $\mathbb{R}$ entspricht. Ist hingegen $\mathbb{K} = \mathbb{C}$, so ist $B_\varepsilon(a)$ der **offenen Kreis um** a **mit Radius** ε (also der Kreis ohne den Rand). Um den Unterschied zwischen einem Häufungspunkt und einem Grenzwert deutlich zu machen, formulieren wir die definierenden Eigenschaften etwas um.

1. Genau dann ist a Häufungspunkt der Folge f, wenn (für jedes $\varepsilon > 0$) die Menge $\{n \in \mathbb{N} : f_n \in B_\varepsilon(a)\}$ **unendlich** ist.

2. Genau dann ist a Grenzwert der Folge f, wenn (für jedes $\varepsilon > 0$) die Menge $\{n \in \mathbb{N} : f_n \in B_\varepsilon(a)\}$ **fast alle** natürlichen Zahlen enthält.

Insofern ist klar, dass jeder Grenzwert insbesondere auch ein Häufungspunkt ist. Die Umkehrung gilt allerdings nicht, wie wir anhand vieler Beispiele deutlich machen werden. Bei der Definition von Grenzwert und Häufungspunkt ist besonders darauf hinzuweisen, dass eine Aussage für alle $\varepsilon > 0$ getroffen wird. Wenn wir uns unter ε eine sehr kleine Zahl vorstellen,[1] so bedeutet $|f_n - a| < \varepsilon$ anschaulich, dass das Folgenglied f_n sehr dicht bei a liegt. Ist also a ein Häufungspunkt der Folge f, so kommt die Folge immer wieder in die Nähe des Punktes a, und zwar, in Abhängigkeit vom Maß ε, **beliebig** nah. Ist a sogar ein Grenzwert von f, so bedeutet dies, dass sich die Folge f ab einem gewissen Zeitpunkt (N) **ausschließlich** ($\forall n \geq N$) in der Nähe von a aufhält. Das nächste Ergebnis macht weiter deutlich, welch starke Eigenschaft die Konvergenz ist.

---

[1] In der Tat liest man im Rahmen der Analysis die Bedingung „für jedes $\varepsilon > 0$" häufig „für ein beliebig kleines positives ε".

> **Satz 15.1.3** Ist f eine konvergente Folge, so hat sie genau einen Häufungspunkt, nämlich den Grenzwert.

Beweis Wir nehmen durch Widerspruch an, dass b ein Grenzwert von f und a ein von b verschiedener Häufungspunkt von f ist. Anschaulich gesehen bedeutet das, dass bei einem gegebenem $\varepsilon > 0$ die Folge f ab einem gewissen Zeitpunkt N ganz in $B_\varepsilon(b)$ verläuft und dabei immer wieder in die Nähe von a, also nach $B_\varepsilon(a)$ gelangt. Wegen $a \neq b$ führt dies aber zu einem Widerspruch, wenn man das ε nur klein genug wählt. Wir betrachten daher $\varepsilon := \frac{1}{2}|b-a| > 0$, also die Hälfte des Abstandes zwischen a und b. Zu diesem ε gibt es ein $N = N_\varepsilon \in \mathbb{N}$ mit $|f_n - b| < \varepsilon$ für jedes $n \geq N$, denn b ist Grenzwert von f. Ferner gibt es ein $m \geq N$ mit $|f_m - a| < \varepsilon$, denn a ist Häufungspunkt von f. Für dieses m folgt dann aber (unter Verwendung der Dreiecksungleichung)

$$|b-a| = |b - f_m + f_m - a| \leq |b - f_m| + |f_m - a| < \varepsilon + \varepsilon = |b-a|,$$

ein Widerspruch. ∎

Den nach ▶Satz 15.1.3 eindeutigen Grenzwert (Limes) einer konvergenten Folge f bezeichnet man mit

$$\lim(f) \quad \text{bzw. mit} \quad \lim_{n \to \infty}(f_n) \quad \text{oder auch mit} \quad \lim_n(f_n).$$

Ist f eine konvergente Folge und speziell $\lim(f) = 0$, so nennt man f eine **Nullfolge**. Bei dieser Namensgebung ist etwas Vorsicht geboten, da mit dem Begriff Nullfolge hier nicht unbedingt die Folge gemeint ist, deren Folgenglieder alle gleich null sind; vielmehr handelt es sich bei $(0)_{n \in \mathbb{N}}$ um eine spezielle Nullfolge, die wir ab jetzt die **konstante Nullfolge** nennen wollen.

Die einfachste Klasse konvergenter Folgen besteht aus den konstanten Folgen: Ist $a \in \mathbb{K}$, so ist $\mathrm{const}(a)$ die durch

$$\mathrm{const}(a)_n = a \text{ für alle } n \in \mathbb{N}$$

definierte Folge. Deren Limes stimmt natürlich mit dem Wert a überein, denn $|\mathrm{const}(a)_n - a| = |a - a| = 0 < \varepsilon$ für jedes $\varepsilon > 0$ und jedes $n \in \mathbb{N}$.

In Kontrast zu ▶Satz 15.1.3 betrachten wir das folgende Beispiel, welches belegt, dass eine Folge mehrere, ja sogar unendlich viele, ja sogar **überabzählbar viele Häufungspunkte** haben kann.

Beispiel 15.1.4 Jede natürliche Zahl $n \in \mathbb{N}^*$ lässt sich aufgrund der Primfaktorzerlegung eindeutig als $2^p \cdot (2q+1)$ mit (von n abhängigen) Zahlen $p = p(n)$ und $q = q(n)$ aus $\mathbb{N}$ schreiben. Beispielsweise liefert $n = 120$ die Zahlen $p(n) = 3$ und $q(n) = 7$, denn $2^3 \cdot (2 \cdot 7 + 1) = 8 \cdot 15 = 120$. Wir definieren nun eine Folge f durch

15 Folgen

$$f: \mathbb{N}^* \to \mathbb{Q}_0^+, \quad n \mapsto \frac{p(n)}{q(n)+1}.$$

Beispielsweise ist also $f_{120} = \frac{3}{8}$. Ist etwa $n = 768$, so ist wegen $768 = 2^8 \cdot 3$ dann $f_n = \frac{8}{2} = 4$, denn $p(n) = 8$ und $q(n) = 1$ in diesem Fall.

Offenbar ist weiter $\{f_n : n \in \mathbb{N}^*\} = \mathbb{Q}_0^+$, also beschreibt die Folge f eine surjektive Abbildung von $\mathbb{N}^*$ nach $\mathbb{Q}_0^+$, denn die (gekürzte) rationale Zahl $\frac{a}{b}$ (mit $a \in \mathbb{N}$ und $b \in \mathbb{N}^*$) ist gleich f_n mit $n = 2^a \cdot (2b-1) = 2^a \cdot (2(b-1)+1)$. Beispielsweise wird die rationale Zahl $\frac{17}{301}$ durch die Zahl $2^{17} \cdot 601$ unter f angenommen.

Es sei nun $x \in \mathbb{R}_0^+$. Weiter seien $\varepsilon > 0$ und $N \in \mathbb{N}$ beliebig. Da $\mathbb{Q}$ dicht in $\mathbb{R}$ liegt (▶Satz 14.3.6), enthält die Menge $\mathbb{Q}^+ \cap B_\varepsilon(x)$ unendlich viele Elemente. Daher gibt es unendliche viele $n \in \mathbb{N}$ mit $f_n \in B_\varepsilon(x)$. Insbesondere gibt es ein $n \geq N$ mit $f_n \in B_\varepsilon(x)$, also mit $|f_n - x| < \varepsilon$ (dieses n hängt natürlich von x, von ε und von N ab). Also ist x Häufungspunkt der Folge f. Diese Behauptung gilt aber für jedes x aus $\mathbb{R}_0^+$, sodass die Folge f in der Tat überabzählbar viele Häufungspunkte hat. ∎

C Ein Grundrepertoire an konvergenten Folgen Im weiteren Verlauf dieses Abschnittes behandeln wir zur Einübung des Konvergenzbegriffes einige konkrete Beispiele konvergenter Folgen mit Werten in $\mathbb{R}$ bzw. $\mathbb{C}$. Zusammen mit den im nächsten Abschnitt zu behandelnden Grenzwertsätzen bilden diese Beispiele das Grundgerüst für das Studium und den Umgang mit komplizierteren Folgen.

Beispiel 15.1.5 Für jedes $s \in \mathbb{Q}^+$ ist $(\frac{1}{n^s})_{n \in \mathbb{N}^*}$ eine Nullfolge, also $\lim_n(\frac{1}{n^s}) = 0$.

Beweis Es sei $\varepsilon > 0$. Dann ist auch $\eta := \varepsilon^{1/s} > 0$. Es gibt daher aufgrund des archimedischen Axioms ein $N \in \mathbb{N}^*$ mit $\frac{1}{N} < \eta$. Also gilt für jedes $n \geq N$:

$$\left|\frac{1}{n^s} - 0\right| = \frac{1}{n^s} \leq \frac{1}{N^s} < \eta^s = \varepsilon$$

Insgesamt ist damit die Behauptung bewiesen. ∎

Beispiel 15.1.6 Für jedes fest gewählte $a \in \mathbb{R}^+$ konvergiert die Folge $(\sqrt[n]{a})_{n \in \mathbb{N}^*}$ gegen 1.

Beweis Wir führen eine Fallunterscheidung durch.

■ Es sei zunächst $a \geq 1$. Dann ist auch $\sqrt[n]{a} \geq 1$ und daher $x_n := \sqrt[n]{a} - 1 \geq 0$. Umstellen der letzten Formel liefert $a = (1 + x_n)^n$. Mithilfe der ▶Bernoulli-Ungleichung 14.3.1 gewinnen wir nun die folgende Abschätzung nach unten:

$$a = (1 + x_n)^n \geq 1 + n x_n$$

Es folgt daraus $x_n \leq \frac{a-1}{n} < \frac{a}{n}$. Ist also $\varepsilon > 0$, so wählen wir ein $N \in \mathbb{N}^*$ mit $\frac{a}{N} < \varepsilon$. Dann gilt für jedes $n \geq N$:

$$\left|\sqrt[n]{a}-1\right|=|x_n|=x_n<\frac{a}{n}\leq\frac{a}{N}<\varepsilon,$$

was die Konvergenz von $(\sqrt[n]{a})_{n\in\mathbb{N}^*}$ gegen 1 zeigt.

- Ist hingegen $0<a<1$, so ist $\frac{1}{a}>1$ und daher $\lim_n(\sqrt[n]{\frac{1}{a}})=1$ mit der Erkenntnis aus dem ersten Fall. Daraus folgt aber auch bereits die Konvergenz von $(\sqrt[n]{a})_n$ gegen 1. Bei diesem letzten Schritt benötigt man zugegebenermaßen den ▶Grenzwertsatz 15.2.3 des nächsten Abschnitts; es gilt nämlich

$$1=\lim_n\left(\sqrt[n]{\frac{1}{a}}\right)=\lim_n\left(\frac{1}{\sqrt[n]{a}}\right)=\frac{1}{\lim_n(\sqrt[n]{a})},$$

woraus man tatsächlich $\lim_n(\sqrt[n]{a})=\frac{1}{1}=1$ gewinnt. ∎

Beispiel 15.1.7 Die Folge $(\sqrt[n]{n})_{n\in\mathbb{N}^*}$ konvergiert gegen 1.

Beweis Wir versuchen zunächst ähnlich wie in ▶Beispiel 15.1.6 vorzugehen. Dazu sei $x_n:=\sqrt[n]{n}-1$. Wegen $\sqrt[n]{n}\geq\sqrt[n]{1}=1$ ist dann $x_n\geq 0$ für jedes $n\geq 1$. Ferner ist $n=(1+x_n)^n$. Nun liefert die Bernoulli-Ungleichung, dass $n=(1+x_n)^n\geq 1+nx_n$ und daher $x_n\leq\frac{n-1}{n}<1$ ist. Dieses Argument zeigt lediglich, dass die Menge $\{x_n:n\in\mathbb{N}^*\}$ der Folgenglieder nach oben beschränkt ist, aber nicht, dass x_n mit wachsendem n beliebig nahe an 0 liegt. Die Bernoulli-Ungleichung ist somit hier zu grob. Für $n\geq 2$ können wir den Term $(1+x_n)^n$ aber besser wie folgt abschätzen:

$$n=(1+x_n)^n=(x_n+1)^n=\sum_{k=0}^{n}\binom{n}{k}x_n^k\geq 1+nx_n+\binom{n}{2}x_n^2$$

Dabei haben wir in der Summe einfach alle Summanden weggelassen, die zu $n>2$ gehören. Die Abschätzung geht korrekterweise nach unten, da jeder dieser Summanden nicht negativ ist. Wegen $\binom{n}{2}=\frac{n(n-1)}{2}$ gilt weiter

$$n=(1+x_n)^n\geq 1+nx_n+\frac{n(n-1)}{2}x_n^2\geq 1+\frac{n(n-1)}{2}x_n^2.$$

Hierbei wurde also auch noch der nichtnegative Summand nx_n fallen gelassen. Die gültige Ungleichung $n\geq 1+\frac{n(n-1)}{2}x_n^2$ ist äquivalent zur Ungleichung $x_n\leq\sqrt{\frac{2}{n}}$. Diese verwenden wir nun zum Nachweis, dass 1 der Grenzwert der Folge $(\sqrt[n]{n})_{n\in\mathbb{N}^*}$ ist. Dazu sei jetzt $\varepsilon>0$ gegeben. Dann gibt es ein $N\in\mathbb{N}^*$ mit $N>\frac{2}{\varepsilon^2}$ (aufgrund des archimedischen Axioms). Diese Ungleichung ist wiederum äquivalent zu $\varepsilon>\sqrt{\frac{2}{N}}$. Für jedes $n\geq N$ gilt damit

$$\left|\sqrt[n]{n}-1\right|=x_n\leq\sqrt{\frac{2}{n}}\leq\sqrt{\frac{2}{N}}<\varepsilon,$$

womit $\lim_n(\sqrt[n]{n})=1$ insgesamt bewiesen ist. ∎

Beispiel 15.1.8 Es sei $z\in\mathbb{C}$ mit $z\neq 0$ und $|z|<1$, so ist $(z^n)_{n\in\mathbb{N}}$ eine Nullfolge.

Beweis Das folgt im Wesentlichen aus ▶Satz 14.3.3-(4). Wir setzen dazu $b:=\frac{1}{|z|}$. Für ein $\varepsilon>0$ betrachten wir weiter die Zahl $y=\frac{1}{\varepsilon}$. Es ist $b>1$. Daher existiert ein $N\in\mathbb{N}$

mit $b^N > y$. Also ist auch $b^n > y$ für jedes $n \geq N$. Das bedeutet aber

$$|z^n - 0| = |z^n| = \frac{1}{b^n} < \frac{1}{y} < \varepsilon,$$

woraus sich Behauptung über die Konvergenz der Folge ergibt. ∎

Beispiel 15.1.9 Es sei $k \in \mathbb{N}$ (fest gegeben) und $z \in \mathbb{C}$ mit $|z| > 1$ (ebenfalls fest). Dann ist $\lim_n (\frac{n^k}{z^n}) = 0$.

Beweis Wir schreiben $|z| = 1 + x$ mit einer positiven reellen Zahl x. Sodann wählen wir ein $p \in \mathbb{N}$ mit $p > k$ und ein $n \in \mathbb{N}$ mit $\lfloor \frac{n}{2} \rfloor > p$, also mit $n > 2p$. Dann ist zunächst

$$|z|^n = (1+x)^n = \sum_{l=0}^{n} \binom{n}{l} x^l > \binom{n}{p} x^p.$$

(Dabei ist die Abschätzung gültig, weil jeder Summand der Summe positiv ist und wir alle bis auf einen ignoriert haben.) Weiter ist

$$\binom{n}{p} = \frac{n(n-1)\ldots(n-p+1)}{p!} > \frac{n(n-1)\ldots(n-\lfloor \frac{n}{2} \rfloor + 1)}{p!}$$

aufgrund der Wahl von n und p. Jeder einzelne Faktor des Zählers des letzten Bruches ist dabei größer als $\frac{n}{2}$. Das ergibt (wegen $n > 2p$) also

$$\binom{n}{p} > \frac{1}{p!} \cdot \left(\frac{n}{2}\right)^{n/2} > \frac{1}{p!} \cdot \left(\frac{n}{2}\right)^p = \frac{n^p}{2^p \cdot p!}.$$

Insgesamt haben wir somit die Ungleichung

$$|z|^n > \frac{n^p}{2^p \cdot p!} \cdot x^p$$

bewiesen. Dementsprechend folgt dann

$$\left|\frac{n^k}{z^n}\right| = \frac{n^k}{|z|^n} < \frac{n^k}{n^p} \cdot \frac{2^p \cdot p!}{x^p} \leq \frac{1}{n} \cdot \mu$$

mit der Konstanten $\mu = \frac{2^p \cdot p!}{x^p}$, denn $p > k$. Nun ist $(\frac{1}{n})_n$ eine Nullfolge (siehe ▶Beispiel 15.1.5 mit $s = 1$). Daher ist auch $(\frac{\mu}{n})_n$ eine Nullfolge (siehe dazu auch ▶Satz 15.2.2-(1)). Daraus folgt dann aber die Behauptung, nämlich dass $(\frac{n^k}{z^n})_{n \in \mathbb{N}}$ eine Nullfolge ist, denn mit $\frac{\mu}{n}$ wird auch $\frac{n^k}{z^n}$ beliebig klein. ∎

D Uneigentliche Konvergenz In der Analysis findet man häufig Formulierungen wie „eine Folge konvergiert gegen ∞" oder „f strebt gegen $-\infty$". Was es genau damit auf sich hat, klärt folgende Definition.

> **Definition 15.1.10** Es sei f eine Folge über $\mathbb{R}$.
>
> (1) Man nennt f **uneigentlich konvergent gegen** ∞, falls gilt: Für jedes $K \in \mathbb{R}$ gibt es ein $N \in \mathbb{N}$ mit $f_n > K$ für alle $n \geq N$; in Formeln
>
> $$\forall_{K \in \mathbb{R}} \; \exists_{N \in \mathbb{N}} \; \forall_{\substack{n \in \mathbb{N} \\ n \geq N}} \; f_n > K.$$
>
> (2) Entsprechend heißt f **uneigentlich konvergent gegen** $-\infty$, falls gilt: für jedes $K \in \mathbb{R}$ gibt es ein $N \in \mathbb{N}$ mit $f_n < K$ für alle $n \geq N$; in Formeln
>
> $$\forall_{K \in \mathbb{R}} \; \exists_{N \in \mathbb{N}} \; \forall_{\substack{n \in \mathbb{N} \\ n \geq N}} \; f_n < K.$$
>
> Symbolisch werden diese Sachverhalte durch die Schreibweisen $\lim_n(f_n) = \infty$ bzw. $\lim_n(f_n) = -\infty$ ausgedrückt.

Bei $\lim_n(f_n) = \infty$ gibt es also zu jedem (noch so großen) $K \in \mathbb{R}$ einen Zeitpunkt (N), ab dem ($n \geq N$) die Folge f ganz oberhalb von K verläuft. Es ist zu bemerken, dass die Symbole ∞ und $-\infty$ durch ▶Definition 15.1.10 überhaupt erst konkretisiert werden. Betrachten wir hierzu einige Beispiele.

1. Ist $(f_n)_n$ eine Nullfolge mit $f_n > 0$ für jedes $n \in \mathbb{N}$, so ist die Folge $(g_n)_n$ mit $g_n := \frac{1}{f_n}$ uneigentlich konvergent gegen ∞. Für jedes $K \in \mathbb{R}^+$ gibt es nämlich ein $N \in \mathbb{N}$ mit $f_n < \frac{1}{K}$ für alle $n \geq N$. Das bedeutet aber $g_n > K$ für alle $n \geq N$. Die Umkehrung gilt gleichermaßen. Ist g_n eine Folge, die uneigentlich gegen ∞ konvergiert, und ist $g_n \neq 0$ für jedes n, so ist die Folge $(\frac{1}{g_n})_{n \in \mathbb{N}}$ eine Nullfolge.

2. Betrachten wir in diesem Zusammenhang nochmals ▶Beispiel 15.1.9, so folgt $\lim_n(\frac{z^n}{n^k}) = \infty$ für jedes $z \in \mathbb{R}$ mit $z > 1$ und jedes $k \in \mathbb{N}^*$. Das bedeutet insbesondere, dass die Folge $(z^n)_n$ für $z > 1$ schneller wächst als die Folge $(n^k)_n$, und zwar für jedes $k \in \mathbb{N}^*$, kurz:

■ *Exponentielles Wachstum ist schneller als jedes polynomiale Wachstum.*

Wir werden diesen Sachverhalt nochmals in Abschnitt 15.5 aufgreifen.

15.2 Grenzwertsätze

In diesem Abschnitt geht es um die Untersuchung der Menge aller konvergenten Folgen aus $\mathbb{K}^\mathbb{N}$, wobei $\mathbb{K}$ wieder zumindest ein archimedisch angeordneter oder ein archimedisch bewerteter Körper sei. In diesem Zusammenhang sei daran erinnert, dass $\mathbb{K}^\mathbb{N}$

bzgl. der punktweisen Addition und der Skalarmultiplikation einen $\mathbb{K}$-Vektorraum bildet. Darüber hinaus bildet $\mathbb{K}^\mathbb{N}$ zusammen mit der **punktweisen Multiplikation**[2] eine $\mathbb{K}$-Algebra. Der erste Teil des Grenzwertsatzes besagt nun, dass die Menge aller konvergenten Folgen eine $\mathbb{K}$-Teilalgebra dieser **punktweisen Algebra** $\mathbb{K}^\mathbb{N}$ ist. Zuvor benötigen wir noch ein Hilfsresultat, welches besagt, dass die Menge der Folgenglieder einer konvergenten Folge beschränkt ist (siehe Abschnitt 15.3).

Lemma 15.2.1 Ist $(f_n)_{n\in\mathbb{N}}$ eine konvergente Folge aus $\mathbb{K}^\mathbb{N}$, so gibt es ein $K \in \mathbb{K}$ mit $|f_n| \leq K$ für alle $n \in \mathbb{N}$.

Beweis Es sei $\lim(f) = a$. Betrachtet man $\varepsilon = 1$, so existiert ein $N \in \mathbb{N}$ mit $|f_n - a| < 1$ für alle $n \geq N$. Für diese n gilt daher (unter Verwendung der Dreiecksungleichung)

$$|f_n| = |f_n - a + a| \leq |f_n - a| + |a| < 1 + |a|.$$

Daher ist $\max\{|f_0|, \ldots, |f_{N-1}|, 1 + |a|\}$ eine obere Schranke für $\{|f_n| : n \in \mathbb{N}\}$. ∎

Satz 15.2.2 **Grenzwertsatz, erster Teil**

Es seien $f, g \in \mathbb{K}^\mathbb{N}$ konvergente Folgen mit $\lim(f) = a$ und $\lim(g) = b$. Dann gelten:

(1) Sind $\lambda, \mu \in \mathbb{K}$, so ist die Folge $\lambda f + \mu g$ konvergent und hat den Grenzwert $\lambda a + \mu b$.

(2) Die (punktweise) Produktfolge fg ist konvergent und hat den Grenzwert $a \cdot b$.

Beweis

(1) Falls $\mu = \lambda = 0$, so ist $\lambda f + \mu g = \text{const}(0)$ die konstante Nullfolge, also gegen null konvergent. Wir nehmen daher an, dass $|\lambda| + |\mu| > 0$ ist. Es sei $\varepsilon > 0$ gegeben. Setze $\delta := \frac{\varepsilon}{|\lambda|+|\mu|}$. Dann ist $\delta > 0$. Nach Voraussetzung über die Konvergenz der Folgen f bzw. g gibt es daher natürliche Zahlen M, N mit $|f_n - a| < \delta$ und $|g_n - b| < \delta$ für alle $n \geq \max\{M, N\}$. Also folgt für diese n:

$$\begin{aligned}|(\lambda f + \mu g)_n - (\lambda a + \mu b)| &= |\lambda(f_n - a) + \mu(g_n - b)| \\ &\leq |\lambda| \cdot |f_n - a| + |\mu| \cdot |g_n - b| \\ &< (|\lambda| + |\mu|)\delta \\ &= \varepsilon,\end{aligned}$$

womit (1) bewiesen ist.

---

[2] Das „punktweise Produkt" von f und g aus $\mathbb{K}^\mathbb{N}$ ist die Folge fg, die durch $fg(n) := f(n)g(n)$ definiert ist; diese ist **nicht** mit der Faltung zu verwechseln (vgl. mit dem Beginn von Abschnitt 10.1)!

15.2 Grenzwertsätze

(2) Es sei $K \in \mathbb{K}$ mit $K > 0$ und $|f_n| \leq K$ für alle $n \in \mathbb{N}$ (siehe ▶Lemma 15.2.1). Ferner sei $\varepsilon > 0$ gegeben. Setze $\delta_1 := \frac{\varepsilon}{2K}$ und $\delta_2 := \frac{\varepsilon}{2(1+|b|)}$. Es gibt dann $M, N \in \mathbb{N}$ mit $|f_n - a| < \delta_2$ und $|g_n - b| < \delta_1$ für alle $n \geq \max\{N, M\}$. Für diese n gilt dann

$$\begin{aligned}
|f_n g_n - ab| &= |f_n g_n - bf_n + bf_n - ab| \\
&\leq |g_n - b| \cdot |f_n| + |b| \cdot |f_n - a| \\
&< |g_n - b| \cdot K + (1 + |b|) \cdot |f_n - a| \\
&< \delta_1 K + (1 + |b|)\delta_2 \\
&= \frac{\varepsilon}{2} + \frac{\varepsilon}{2} = \varepsilon,
\end{aligned}$$

womit auch Behauptung (2) bewiesen ist. ∎

Satz 15.2.3 **Grenzwertsatz, zweiter Teil**

Es seien $f, g \in \mathbb{K}^\mathbb{N}$ konvergente Folgen mit $\lim(f) = a$ und $\lim(g) = b$, wobei $b \neq 0$. Dann gelten:

(3) Die Menge $D := \{m \in \mathbb{N} : g_m \neq 0\}$ enthält fast alle natürlichen Zahlen; ferner ist die Folge $\left(\frac{1}{g_n}\right)_{n \in D}$ konvergent mit Grenzwert $\frac{1}{b}$.

(4) Mit D wie in (3) ist die Folge $\left(\frac{f_n}{g_n}\right)_{n \in D}$ konvergent mit Grenzwert $\frac{a}{b}$.

Beweis

(3) Aufgrund der Konvergenz von g und der Annahme, dass $b \neq 0$ ist, gibt es ein $N_1 \in \mathbb{N}$ mit $|g_n - b| < \frac{|b|}{2}$ für alle $n \geq N_1$. Daraus folgt $|g_n| > \frac{|b|}{2}$, denn sonst wäre $|g_n| \leq \frac{|b|}{2}$ und deshalb

$$\frac{|b|}{2} > |g_n - b| \geq ||g_n| - |b|| = |b| - |g_n| \geq \frac{|b|}{2},$$

ein Widerspruch. (Hierbei wurde ▶Satz 14.2.2-(5) verwendet.) Also ist insbesondere $\{m \in \mathbb{N} : g_m = 0\}$ als Teilmenge von $\{0, 1, 2, \dots, N_1\}$ eine endliche Menge. Des Weiteren notieren wir $\frac{1}{|g_n|} < \frac{2}{|b|}$ für alle $n \geq N_1$.

Es sei nun $\varepsilon > 0$ gegeben. Aufgrund der Konvergenz von g gegen b gibt es ein $N_2 \in \mathbb{N}$ mit $|g_n - b| < \frac{\varepsilon |b|^2}{2}$ für alle $n \geq N_2$. Daraus folgt dann für jedes n mit $n \geq N := \max\{N_1, N_2\}$:

$$\left|\frac{1}{g_n} - \frac{1}{b}\right| = \left|\frac{b - g_n}{g_n b}\right| = \frac{|b - g_n|}{|g_n| \cdot |b|} < \frac{2}{|b|^2} \cdot |b - g_n| < \varepsilon$$

Damit ist (3) nachgewiesen.

(4) ist schließlich eine Anwendung von ▶Satz 15.2.2-(2) und von (3). ∎

Beispiel 15.2.4 Als Beispiel zur Anwendung der Grenzwertsätze fragen wir nach dem Grenzwert der durch

$$f_n := \frac{1}{\sqrt[17]{n^5}} + \sqrt[n]{3n} + (-1)^n \cdot \frac{1}{n} + 2 \cdot \left(1 + \frac{1}{n^{3/2}}\right)$$

gegebenen Folge f, sofern diese Folge überhaupt konvergiert. Eine direkte Anwendung der Definition des Grenzwertes ist aussichtslos, zumal wir dazu erst einmal einen Kandidaten für einen Grenzwert bräuchten! Als Anwendung der Grenzwertsätze schauen wir, wie sich der gesamte Term algebraisch aus einfacheren konvergenten Termen zusammensetzt, deren Grenzwert wir aufgrund unseres in Abschnitt 15.1 bereitgestellten Repertoires kennen.

- Mit $s := \frac{5}{17}$ ist $\left(\frac{1}{n^s}\right)_n$ konvergent gegen 0 nach Beispiel 15.1.6.

- Weiter ist $\sqrt[n]{3n} = \sqrt[n]{3} \cdot \sqrt[n]{n}$. Der erste Faktor konvergiert nach ▶Beispiel 15.1.6 gegen 1; der zweite Faktor konvergiert nach ▶Beispiel 15.1.7 ebenfalls gegen 1. Mit ▶Satz 15.2.2-(2) konvergiert die Produktfolge $(\sqrt[n]{3n})_n$ daher ebenfalls gegen 1.

- Wegen $|(-1)^n \cdot \frac{1}{n}| = |\frac{1}{n}|$ ist $((-1)^n \cdot \frac{1}{n})_n$ eine Nullfolge.

- Weiter ist nach ▶Beispiel 15.1.5 die Folge $\left(\frac{1}{n^{3/2}}\right)_n$ eine Nullfolge, weshalb nach ▶Satz 15.2.2-(1) die Folge $\left(1 + \frac{1}{n^{3/2}}\right)_n = (\text{const}(1))_n + \left(\frac{1}{n^{3/2}}\right)_n$ gegen 1 konvergiert. Also ist (erneut mit ▶Satz 15.2.2-(1)) die Folge $(2 \cdot (1 + \frac{1}{n^{3/2}}))_n$ gegen 2 konvergent.

Insgesamt ist also f eine Summe von konvergenten Folgen. Eine nochmalige Anwendung von ▶Satz 15.2.2-(1) liefert daher die Konvergenz von f und weiter

$$\lim(f) = \lim_n \left(\frac{1}{\sqrt[17]{n^5}}\right) + \lim_n (\sqrt[n]{3n}) + \lim_n \left((-1)^n \cdot \frac{1}{n}\right) + \lim_n \left(2 \cdot \left(1 + \frac{1}{n^{3/2}}\right)\right),$$

also $\lim(f) = 0 + 1 + 0 + 2 = 3$.

Beispiel 15.2.5 Wir betrachten die überall auf $\mathbb{N}$ definierte Folge

$$f_n := \frac{3n^3 + 5n^2 - 8n + 1}{7n^3 - 9n + 12}.$$

Für jedes $n \neq 0$ ist nach Herausziehen der jeweils größten n-Potenz aus Zähler bzw. Nenner die Folge gleich

$$\frac{n^3}{n^3} \cdot \frac{3 - \frac{5}{n} - \frac{8}{n^2} + \frac{1}{n^3}}{7 - \frac{9}{n^2} + \frac{12}{n^3}} = \frac{3 - \frac{5}{n} - \frac{8}{n^2} + \frac{1}{n^3}}{7 - \frac{9}{n^2} + \frac{12}{n^3}}.$$

Da es sich bei $\left(\frac{5}{n}\right)$ und $\left(\frac{8}{n^2}\right)$ und $\left(\frac{1}{n^3}\right)$ sowie $\left(\frac{9}{n^2}\right)$ und $\left(\frac{12}{n^3}\right)$ allesamt um Nullfolgen handelt, konvergiert der Zähler gegen 3 und der Nenner gegen 7. Mit ▶Satz 15.2.3-(4) folgt somit $\lim(f_n) = \frac{3}{7}$.

15.3 Beschränktheit, Monotonie und Teilfolgen

Satz 15.2.6 Es sei $f \in \mathbb{K}^{\mathbb{N}}$ eine Folge. Eine weitere Folge g entstehe aus f, indem man f an nur **endlich vielen** Stellen abändert. (Beispielsweise könnte man die ersten
$$10^{100^{1000^{10000^{100000}}}}$$
Folgenglieder von f auf null setzen.) Ist f konvergent, so ist auch g konvergent und es gilt $\lim(f) = \lim(g)$.

Beweis Ist $l \in \mathbb{N}$ maximal mit $f_l \neq g_l$, so gilt für alle $\varepsilon > 0$ und alle $n > l$ nämlich $|(f - g)_n - 0| = 0 < \varepsilon$, sodass $f - g$ eine Nullfolge ist. Aus der Konvergenz von f und der Konvergenz von $f - g$ folgt daher auch die Konvergenz von $f - (f - g) = g$ und für deren Grenzwert gilt:
$$\lim(g) = \lim(f) - \lim(f - g) = \lim(f) - 0 = \lim(f)$$
∎

15.3 Beschränktheit, Monotonie und Teilfolgen

In diesem Abschnitt betrachten wir beschränkte und monotone Folgen, welche wir im kommenden Abschnitt für Konvergenzkriterien benötigen werden. Des Weiteren studieren wir den Zusammenhang zwischen konvergenten Teilfolgen und den Häufungspunkten einer Folge.

A Beschränktheit bei Folgen Es sei $\mathbb{K}$ ein zumindest archimedisch angeordneter Körper, also etwa $\mathbb{Q}$ oder $\mathbb{R}$. Es sei weiter $(f_n)_{n \in \mathbb{N}}$ eine Folge mit Werten in $\mathbb{K}$.

1. f heißt **nach oben beschränkt**, wenn die Menge der Folgenglieder $\{f_n : n \in \mathbb{N}\}$ nach oben beschränkt ist (äquivalent dazu ist die Existenz eines $M \in \mathbb{K}$ mit $f_n \leq M$ für alle n).

2. Entsprechend heißt f **nach oben unbeschränkt**, wenn es zu jedem $M \in \mathbb{K}$ ein $n \in \mathbb{N}$ mit $f_n > M$ gibt.

3. f heißt **nach unten beschränkt**, wenn $\{f_n : n \in \mathbb{N}\}$ nach unten beschränkt ist (äquivalent dazu ist die Existenz eines $M \in \mathbb{K}$ mit $f_n \geq M$ für alle n).

4. Entsprechend heißt f **nach unten unbeschränkt**, wenn es zu jedem $M \in \mathbb{K}$ ein $n \in \mathbb{N}$ mit $f_n < M$ gibt.

5. Ist f nach oben und nach unten beschränkt, so heißt f **beschränkt**.

Betrachten wir beispielsweise die Folge f mit $f_n := (-1)^n \cdot \frac{n}{n^2+1}$. Diese ist beschränkt. Für $n \geq 1$ ist nämlich
$$f_n \leq \frac{n}{n^2+1} \leq \frac{n}{n^2} = \frac{1}{n} \leq 1$$
sowie
$$f_n \geq -\frac{n}{n^2+1} \geq -\frac{n}{n^2} = -\frac{1}{n} \geq -1,$$
also insgesamt $|f_n| \leq 1$.

Allgemein ist eine Folge f innerhalb eines archimedisch angeordneten Körpers $\mathbb{K}$ genau dann beschränkt, wenn die Folge $(|f_n|)_{n \in \mathbb{N}}$ der Absolutbeträge von f beschränkt ist. ▶Lemma 15.2.1 besagt also nichts anderes, als dass jede konvergente Folge beschränkt ist. Den Begriff der Beschränktheit kann man über eine Bewertung allerdings auch für Folgen in nicht angeordneten Körpern ausdehnen. Genauer:

6. Ist $\mathbb{K}$ ein bzgl. $|\cdot|$ bewerteter Körper (etwa $\mathbb{C}$), dann heißt eine Folge f aus $\mathbb{K}^{\mathbb{N}}$ **beschränkt**, falls die Folge $(|f_n|)_{n \in \mathbb{N}}$ der Werte beschränkt ist.

Ist beispielsweise $z \in \mathbb{C}$ eine komplexe Zahl mit $|z| \leq 1$, so ist die Folge $(z^n)_{n \in \mathbb{N}}$ beschränkt.

B Monotonie bei Folgen Neben der Beschränktheit ist die Monotonie eine weitere wichtige Eigenschaft, die bei Folgen studiert wird. Wir betrachten hierbei einen angeordneten Körper $\mathbb{K}$. Sei weiter $(f_n)_{n \in \mathbb{N}}$ eine Folge mit Werten in $\mathbb{K}$.

1. f heißt **monoton wachsend**, falls $f_n \leq f_{n+1}$ für jedes $n \in \mathbb{N}$ gilt.
   Gilt gar $f_n < f_{n+1}$ für jedes $n \in \mathbb{N}$, so heißt f **streng monoton wachsend**.

2. Entsprechend heißt f **monoton fallend**, falls $f_n \geq f_{n+1}$ für jedes $n \in \mathbb{N}$ gilt.
   Gilt gar $f_n > f_{n+1}$ für jedes $n \in \mathbb{N}$, so heißt f **streng monoton fallend**.

Hierzu einige Beispiele:

- Die Folge $(n^2)_n$ ist streng monoton wachsend wegen $(n+1)^2 = n^2 + 2n + 1 > n^2$ für alle $n \in \mathbb{N}$.

- Ebenso ist die Folge $(\sqrt{n})_n$ streng monoton wachsend, denn aus $\sqrt{n+1} \leq \sqrt{n}$ folgte nämlich $n+1 \leq n$, ein Widerspruch.

Die beiden eben betrachteten Folgen sind auch nach oben unbeschränkt. Folglich liegt in beiden Fällen eine uneigentliche Konvergenz gegen ∞ vor.

- Als weiteres Beispiel betrachten wir die Folge $(\frac{n}{2^n})_n$. Diese ist ab $n \geq 1$ monoton fallend, denn $\frac{n}{2^n} \geq \frac{n+1}{2^{n+1}}$ ist äquivalent zu $n \geq 1$. Für $n \geq 2$ ist diese Folge sogar streng monoton fallend.

15.3 Beschränktheit, Monotonie und Teilfolgen

C Der Begriff der Teilfolge Der Begriff der Teilfolge ist ein weiteres unverzichtbares Mittel, um Häufungspunkte und insbesondere Konvergenzfragen bei Folgen zu untersuchen.

> **Definition 15.3.1** Es sei $f \in \mathbb{K}^{\mathbb{N}}$ eine Folge und $\phi: \mathbb{N} \to \mathbb{N}$ eine streng monoton wachsende Folge. Dann nennt man die (verkettete) Folge $f \circ \phi \in \mathbb{K}^{\mathbb{N}}$ eine **Teilfolge** von f.[3]

Betrachten wir beispielsweise die Folge $f \in \mathbb{R}^{\mathbb{N}}$ mit $f_n := 1 + \sqrt{n}$. Mit $\phi_n := 3n + 2$ für $n \in \mathbb{N}$ erhalten wir die Teilfolge $f \circ \phi$ von f mit $f \circ \phi_n = 1 + \sqrt{3n+2}$. Die Funktion ϕ filtert uns also einen Teil der Folge f aus:

$$f_0, f_1, \boxed{f_2}, f_3, f_4, \boxed{f_5}, f_6, f_7, \boxed{f_8}, f_9, \ldots$$

Wir kommen zu einem wichtigen Ergebnis, welches bei der Bestimmung von Grenzwerten ebenfalls sehr nützlich sein kann.

> **Satz 15.3.2** Ist f eine konvergente Folge, so ist jede Teilfolge $f \circ \phi$ von f konvergent und es gilt $\lim(f) = \lim(f \circ \phi)$.

Beweis Es sei $a = \lim(f)$ und $\varepsilon > 0$. Dann gibt es ein $N \in \mathbb{N}$ mit $|f_n - a| < \varepsilon$ für alle $n \geq N$. Da ϕ streng monoton wachsend ist, folgt $\phi(m) \geq m$ für alle $m \in \mathbb{N}$ und daher insbesondere $|f_{\phi(n)} - a| < \varepsilon$ für alle $n \geq N$, also $|f \circ \phi_n - a| < \varepsilon$ für alle $n \geq N$. ∎

Betrachten wir als Anwendungsbeispiel die Folge

$$\left(\frac{(n^2 + 3n + 4)^k}{r^{n^2+3n+4}} \right)_{n \in \mathbb{N}} \text{ aus } \mathbb{R}^{\mathbb{N}},$$

wobei $r \in \mathbb{R}$ mit $r > 1$ und $k \in \mathbb{N}^*$ feste Zahlen seien. Diese, auf den ersten Blick kompliziert erscheinende Folge konvergiert gegen 0. Es ist nämlich $\phi: n \to n^2 + 3n + 4$ eine streng monoton wachsende Folge mit Werten in $\mathbb{N}$, sodass es sich bei der zu untersuchenden Folge um eine Teilfolge von $(\frac{n^k}{r^n})_{n \in \mathbb{N}}$ handelt, welche nach ▶Beispiel 15.1.9 gegen null konvergiert.

Als nächste Anwendung des Begriffs der Teilfolge charakterisieren wir die Häufungspunkte einer Folge als die möglichen Grenzwerte ihrer konvergenten Teilfolgen.

---
[3] Man beachte, dass eine solche Verkettung nur sinnvoll ist, wenn die Werte von ϕ in $\mathbb{N}$ liegen.

Satz 15.3.3 Es sei $(\mathbb{K}, |\cdot|)$ ein zumindest archimedisch bewerteter Körper. Dann sind die beiden folgenden Aussagen äquivalent:

(1) $a \in \mathbb{K}$ ist Häufungspunkt der Folge f.

(2) Es gibt eine Teilfolge $f \circ \phi$ von f, die gegen a konvergiert.

Beweis

(1) $\Rightarrow$ (2): Es sei zunächst a ein Häufungspunkt von f. Wir setzen $\phi(0) := 0$ und betrachten $\varepsilon_1 := 1$. Es gibt dann ein $n_1 > 0$ mit $|f_{n_1} - a| < \varepsilon_1$. Als Nächstes setzen wir $\phi(1) := n_1$. Mit Induktion nehmen wir an, dass ϕ auf der Menge $\{0, 1, 2, \ldots, k\}$ definiert ist und darauf streng monoton wachsend ist sowie die Eigenschaft $|f \circ \phi_l - a| < \varepsilon_l := \frac{1}{l}$ für jedes l mit $0 \leq l \leq k$ erfüllt. Man wählt dann ein $m > \phi(k)$ mit $|f_m - a| < \frac{1}{k+1}$ und setzt $\phi(k+1) := m$. Damit ist induktiv eine streng monoton wachsende Abbildung ϕ von $\mathbb{N}$ nach $\mathbb{N}$ definiert. Ferner ist $f \circ \phi$ eine Teilfolge von f, die gegen a konvergiert. Ist nämlich $\varepsilon > 0$, so wähle $N \in \mathbb{N}^*$ mit $\frac{1}{N} < \varepsilon$; dann ist

$$|f \circ \phi_n - a| \leq \frac{1}{n} \leq \frac{1}{N} < \varepsilon$$

für jedes $n \geq N$.

(2) $\Rightarrow$ (1): Ist umgekehrt $f \circ \phi$ eine Teilfolge von f, die gegen a konvergiert, so gibt es für jedes $\varepsilon > 0$ ein $N \in \mathbb{N}$ mit $|f \circ \phi_n - a| < \varepsilon$ für alle $n \geq N$. Also ist $\{\phi(n): n \geq N\}$ eine Teilmenge von $\{l: |f_l - a| < \varepsilon\}$. Da ϕ streng monoton wachsend ist, haben diese beiden Mengen unendlich viele Elemente. Daher ist a gemäß Definition ein Häufungspunkt von f. ∎

Betrachten wir auch zu diesem Resultat einige Beispiele über $\mathbb{R}$ bzw. über $\mathbb{C}$.

1. Es sei $g_n := 1 + (-1)^n$. Dann ist $g_{2m} = 2$ und $g_{2m+1} = 0$ für alle m, sodass 2 und 0 Häufungspunkte von g sind. Da g neben 2 und 0 keine weiteren Werte annimmt, sind dies die einzigen Häufungspunkte von g.

2. Es sei $h_n := 1 + \frac{1}{n} + (-1)^n$ für $n \geq 1$. Dann ist $(h_{2m})_{m \in \mathbb{N}} = (2 + \frac{1}{2m})_{m \in \mathbb{N}}$ eine Teilfolge, die gegen 2 konvergiert, und $(h_{2m+1})_{m \in \mathbb{N}} = (\frac{1}{2m+1})_{m \in \mathbb{N}}$ eine Teilfolge, die gegen 0 konvergiert. Demnach sind 2 und 0 Häufungspunkte der Folge h. Ist weiter $\varepsilon > 0$ gegeben, so gibt es ein $N \in \mathbb{N}$ mit $\frac{1}{N} < \varepsilon$. Für jedes $n \geq N$ ist dann $|h_n - 2| = \frac{1}{n} < \varepsilon$, falls n gerade, und $|h_n - 0| = \frac{1}{n} < \varepsilon$, falls n ungerade. Deshalb sind 2 und 0 die einzigen Häufungspunkte der Folge h.

3. Für das nächste Beispiel betrachten wir die imaginäre Einheit $i = \sqrt{-1}$ innerhalb der komplexen Zahlen. Es geht um die Folge $(i^n)_{n \in \mathbb{N}}$. Diese nimmt sukzessive die Werte 1,

$i, -1, -i$ an, denn $i^n = i^{n \bmod 4}$. Diese vier Werte sind genau die Häufungspunkte der Folge. Entsprechende Teilfolgen, die gegen diese einzelnen Häufungspunkte konvergieren, sind durch die streng monoton wachsenden Funktionen $n \mapsto 4n$ sowie $n \mapsto 4n + 1$ und $n \mapsto 4n + 2$ sowie $n \mapsto 4n + 3$ gegeben.

15.4 Konvergenzkriterien und Charakterisierungen der Vollständigkeit

A **Intervallschachtelungen** In diesem Abschnitt werden wir mithilfe monotoner Folgen viele äquivalente Bedingungen zum Vollständigkeitsaxiom kennenlernen. Diese garantieren die Konvergenz bzw. die Existenz von Häufungspunkten bei gewissen Folgen. Wir starten mit dem Prinzip der Intervallschachtelungen und legen hierbei wieder einen zumindest archimedisch angeordneten Körper $\mathbb{K}$ zugrunde.

> **Definition 15.4.1** Es seien $(a_n)_{n \in \mathbb{N}}$ und $(b_n)_{n \in \mathbb{N}}$ zwei Folgen aus $\mathbb{K}^{\mathbb{N}}$. Dann nennt man das Paar (a, b) eine **Intervallschachtelung** über $\mathbb{K}$, falls folgende Bedingungen gelten:
>
> (1) $a_n \leq a_{n+1} \leq b_{n+1} \leq b_n$ für jedes $n \in \mathbb{N}$.
>
> (2) Die Differenzfolge $b - a$ ist eine Nullfolge.

Die erste Bedingung besagt dreierlei, nämlich dass b eine monoton fallende Folge ist, dass a eine monoton wachsende Folge ist und dass jedes Folgenglied von a untere Schranke eines jeden Folgenglieds von b ist (folglich ist auch jedes Folgenglied von b eine obere Schranke eines jeden Folgenglieds von a). Für jedes $n \in \mathbb{N}$ ist aufgrund dieser Bedingungen das Intervall $[a_{n+1}, b_{n+1}]$ eine Teilmenge des Intervalls $[a_n, b_n]$. Die zweite Bedingung besagt nun, dass sich die Intervalle beim Übergang von $n \to \infty$ immer mehr zusammenziehen.

Der zu einer Intervallschachtelung (a, b) gehörende Schnitt ist nun die Menge $S_{a,b} := \bigcap_{n \in \mathbb{N}}[a_n, b_n]$. Offensichtlich enthält ein solcher Schnitt höchstens ein Element. Wären nämlich $x, y \in S_{a,b}$ mit $x < y$, so betrachten wir $\varepsilon := y - x$ und finden aufgrund der Konvergenz von $b - a$ gegen 0 ein $N \in \mathbb{N}$ mit $|b_n - a_n| < \varepsilon$ für alle $n \geq N$. Ist daher $n \geq N$ beliebig, so folgt wegen $S_{a,b} \subseteq [a_n, b_n]$ sofort

$$y - x \leq b_n - a_n = |b_n - a_n| < \varepsilon = y - x,$$

ein Widerspruch. Ob der zu einer Intervallschachtelung (a, b) gehörende Schnitt tatsächlich ein Element enthält, hängt entscheidend von der Beschaffenheit des zugrunde liegenden Körpers $\mathbb{K}$ ab.

Beispiel 15.4.2 Betrachten wir eine Intervallschachtelung für die Zahl $\sqrt{2}$. Wir starten dazu mit $a_0 := 1$ und mit $b_0 := 2$. Es ist dann $a_0^2 = 1 < 2 < 4 = b_0^2$. Die Intervallmitte ist $\frac{3}{2}$. Wir vergleichen das Quadrat dieser Zahl mit 2. Es ist $\frac{9}{4} > 2$. Daher setzen wir $a_1 := a_0$ und $b_1 := \frac{3}{2}$ und erhalten ein Intervall der halben Länge mit $a_1^2 < 2 < b_1^2$.

Wir nehmen nun induktiv an, dass wir auf diese Weise Intervalle $[a_0, b_0], [a_1, b_1], \ldots, [a_n, b_n]$ konstruiert haben mit $b_n - a_n = \frac{1}{2^n}$ und mit $a_n^2 < 2 < b_n^2$. Sodann sei x die Mitte des Intervalls $[a_n, b_n]$. Ist $x^2 > 2$, so seien $b_{n+1} := x$ und $a_{n+1} := a_n$; ist hingegen $x^2 < 2$, so seien $a_{n+1} := x$ und $b_{n+1} := b_n$. Der Fall $x^2 = 2$ kann nicht eintreten, weil die Intervallgrenzen und damit auch die Intervallmitten stets rational sind. Auf diese Weise erhält man eine Intervallschachtelung (a, b). Hier ergibt sich

$$[a_2, b_2] = [\tfrac{5}{4}, \tfrac{3}{2}] \text{ und } [a_3, b_3] = [\tfrac{11}{8}, \tfrac{3}{2}] \text{ sowie } [a_4, b_4] = [\tfrac{11}{8}, \tfrac{23}{16}]$$

und so fort. Das letzte von uns explizit angegebene Intervall hat eine Länge von $\frac{1}{16}$.

Betrachten wir nun den Schnitt $S_{a,b}$ zu dieser Intervallschachtelung. Nach Konstruktion ist $a_n^2 < 2 < b_n^2$ für jedes $n \in \mathbb{N}$. Weiter ist $b_n^2 - a_n^2 = (b_n - a_n)(b_n + a_n)$ eine Nullfolge, denn $b_n - a_n$ ist eine Nullfolge und $b_n + a_n$ ist nach oben beschränkt (durch $2b_0 = 4$). Wenn also $y \in S_{a,b}$ liegt, so muss $y^2 = 2$ gelten. Aufgrund der Irrationalität von $\sqrt{2}$ zeigt dies, dass der Schnitt leer ist, wenn man den Körper $\mathbb{Q}$ zugrunde legt, während der Schnitt nicht leer ist, wenn man den Körper $\mathbb{R}$ zugrunde legt. Im letzten Fall nennt man $\sqrt{2}$ die **Schnittzahl** dieser Intervallschachtelung. Mit $[a_4, b_4]$ haben wir die Zahl $\sqrt{2}$ bis auf einen maximalen Fehler von $\frac{1}{16}$ (der Intervalllänge $b_4 - a_4$) bestimmt. ∎

Wir kommen nun zur ersten Charakterisierung eines vollständigen Körpers.

Satz 15.4.3 Es sei $(\mathbb{K}, \leq)$ ein archimedisch angeordneter Körper. Dann sind die beiden folgenden Aussagen äquivalent.

(1) $(\mathbb{K}, \leq)$ ist vollständig angeordnet.

(2) Der Schnitt einer jeden Intervallschachtelung über $\mathbb{K}$ ist nicht leer und enthält damit genau ein Element.

Beweis

(1) $\Rightarrow$ (2): Es sei $\mathbb{K}$ vollständig geordnet und (a, b) sei eine Intervallschachtelung über $\mathbb{K}$. Dann ist die Menge $A := \{a_n : n \in \mathbb{N}\}$ nach oben beschränkt, nämlich durch jedes b_i. Aufgrund der Vollständigkeit der Anordnung von $\mathbb{K}$ hat die Menge A somit ein Supremum, etwa $\omega \in \mathbb{K}$. Dies ist eine obere Schranke von jedem a_n, also $a_n \leq \omega$ für jedes n; ferner ist es die kleinste obere Schranke von A und daher gilt auch $\omega \leq b_n$

15.4 Konvergenzkriterien und Charakterisierungen der Vollständigkeit

für jedes n. Das ergibt $\omega \in S_{a,b}$, sodass der Schnitt der Intervallschachtelung (a, b) nicht leer ist.

(2) $\Rightarrow$ (1): Wir betrachten eine nichtleere und nach oben beschränkte Teilmenge A von $\mathbb{K}$. Es sei B die nichtleere Menge der oberen Schranken von A, also $v \in B$ genau dann, wenn $v \geq u$ für jedes $u \in A$ erfüllt ist. Ausgehend von dieser Situation konstruieren wir nun zunächst eine Intervallschachtelung (a, b) über $\mathbb{K}$, wobei die untere Folge a ganz in A und die obere Folge b ganz in B verläuft.

Wir wählen $a_0 \in A$ und $b_0 \in B$ beliebig. Dann gilt $a_0 \leq b_0$. Wir nehmen ferner (mit Induktion an), dass Elemente $a_0, \ldots, a_m$ aus A und $b_0, \ldots, b_m$ aus B gegeben sind mit
$$a_0 \leq a_1 \leq \ldots \leq a_m \leq b_m \leq b_{m-1} \leq \ldots \leq b_0$$
und mit
$$b_m - a_m \leq \frac{1}{2^m}(b_0 - a_0).$$

Ausgehend davon sei $z := \frac{1}{2}(a_m + b_m)$. Dann ist
$$z = a_m + \frac{1}{2}(b_m - a_m) = b_m - \frac{1}{2}(b_m - a_m)$$
genau die *Mitte* des Intervalls $[a_m, b_m]$. Ist nun $z \in B$, so setzen wir $b_{m+1} := z$ und $a_{m+1} := a_m$. Ist hingegen z kein Element von B, also keine obere Schranke von A, so gibt es ein $u \in A$ mit $z < u$. In diesem Fall setzen wir $a_{m+1} := u$ und $b_{m+1} := b_m$. Stets ergibt sich damit $a_m \leq a_{m+1} \leq b_{m+1} \leq b_m$ und ferner ist wenigstens eine dieser Abschätzungen strikt, denn nach Konstruktion gilt weiter $b_{m+1} - a_{m+1} \leq \frac{1}{2}(b_m - a_m)$, i. e., die Intervalllänge hat sich mindestens halbiert.

In der Tat erhalten wir also wie gewünscht eine Intervallschachtelung. Nach Voraussetzung enthält der zu (a, b) gehörende Schnitt $S_{a,b}$ eine Zahl aus $\mathbb{K}$; diese sei α.

- Wir zeigen nun, dass α eine obere Schranke von A ist. Andernfalls gäbe es ein $y \in A$ mit $\alpha < y$. Ist dann m hinreichend groß mit $b_m - a_m < y - \alpha$, so folgt $b_m - y < a_m - \alpha \leq 0$, andererseits aber $0 \leq b_m - y$, ein Widerspruch.

- Ferner ist α eine kleinste obere Schranke von A. Andernfalls gäbe es ein $y \in B$ mit $y < \alpha$. Wählt man daher m hinreichend groß mit $b_m - a_m < \alpha - y$, so erhält man entsprechend wegen $0 \geq a_m - y > b_m - \alpha \geq 0$ erneut einen Widerspruch.

Damit ist nachgewiesen, dass α Supremum der Menge A ist. ∎

B Konvergenz bei monotonen und beschränkten Folgen

Wir betrachten nun die Eigenschaften „Monotonie" und „Beschränktheit" bei Folgen und gelangen dabei zu einem wichtigen Konvergenzkriterium für Folgen sowie zu einer weiteren Charakterisierung der Vollständigkeit eines archimedisch angeordneten Körpers.

Satz 15.4.4 Es sei $(\mathbb{K}, \leq)$ ein archimedisch angeordneter Körper. Dann sind die beiden folgenden Aussagen äquivalent:

(1) $(\mathbb{K}, \leq)$ ist vollständig angeordnet.

(2) Jede monoton wachsende, nach oben beschränkte Folge aus $\mathbb{K}^\mathbb{N}$ ist konvergent.

Beweis

(1) $\Rightarrow$ (2): Annahme, $(\mathbb{K}, \leq)$ ist vollständig und $(f_n)_{n \in \mathbb{N}}$ ist eine monoton wachsende und nach oben beschränkte Folge mit Werten in $\mathbb{K}$. Es sei ω das (nach Voraussetzung existierende) Supremum der Menge $F := \{f_n : n \in \mathbb{N}\}$ aller Folgenglieder von f. Deshalb gilt $f_n \leq \omega < \omega + \varepsilon$ für alle $\varepsilon > 0$. Wir behaupten, dass ω Grenzwert von f ist, womit (2) dann bewiesen ist. Es sei dazu $\varepsilon > 0$. Dann ist $\omega - \varepsilon < \omega$ und daher ist $\omega - \varepsilon$ keine obere Schranke von F. Das bedeutet, dass es ein $N \in \mathbb{N}$ gibt mit $f_N > \omega - \varepsilon$. Aufgrund des monotonen Wachstums von f ist dann $f_n > \omega - \varepsilon$ für alle $n \geq N$. Insgesamt ergibt sich dann $|f_n - \omega| < \varepsilon$ für alle $n \geq N$, sodass f konvergiert mit $\lim(f) = \omega$.

(2) $\Rightarrow$ (1): Es sei A eine nichtleere und nach oben beschränkte Teilmenge von $\mathbb{K}$ und B sei die (nichtleere) Menge aller oberen Schranken von A. Wie im Beweis von ▶Satz 15.4.3 gezeigt, existiert dann eine Intervallschachtelung (a, b) über $\mathbb{K}$, wobei a in A und b in B verläuft. Die Folge a ist monoton wachsend und (durch B) nach oben beschränkt. Nach Voraussetzung ist die Folge a also konvergent, etwa gegen den Grenzwert α. Wie im Beweis von ▶Satz 15.4.3 zeigt man weiter, dass dieses α das Supremum der Menge A ist. ∎

Der Beweis (1) $\Rightarrow$ (2) zeigt insbesondere: Ist $\mathbb{K}$ vollständig angeordnet und $f \in \mathbb{K}^\mathbb{N}$ monoton wachsend und beschränkt, so gilt

$$\lim(f) = \sup\{f_n : n \in \mathbb{N}\}.$$

Durch Umkehrung des Vorzeichens der entsprechenden Folge erhält man aus ▶Satz 15.4. unmittelbar:

Satz 15.4.5 Es sei $(\mathbb{K}, \leq)$ ein archimedisch angeordneter Körper. Genau dann ist $(\mathbb{K}, \leq)$ vollständig angeordnet, wenn jede monoton fallende, nach unten beschränkte Folge aus $\mathbb{K}^\mathbb{N}$ konvergiert.

Analog zur obigen Bemerkung ergibt sich: Ist $\mathbb{K}$ vollständig angeordnet und $f \in \mathbb{K}^\mathbb{N}$ monoton fallend und beschränkt, so gilt

$$\lim(f) = \inf\{f_n : n \in \mathbb{N}\}.$$

15.4 Konvergenzkriterien und Charakterisierungen der Vollständigkeit

C Die Euler'sche Zahl Im Zusammenhang zu den eben bewiesenen Sätzen betrachten wir ein wichtiges Beispiel, welches zur Euler'schen Zahl e führt, der **Basis der natürlichen Logarithmusfunktion** (siehe Abschnitt 17.5).

Legt man einen Kapitalbetrag K zu einem Jahreszinssatz von p Prozent an, so erhält man nach einem Jahr die Zinsen $K \cdot \frac{p}{100}$, sodass sich das Kapital zu $K + K \cdot \frac{p}{100} = K(1 + \frac{p}{100})$ erhöht. Verzinst man dieses ein weiteres Jahr, so erhält man nach insgesamt zwei Jahren das Kapital $K(1 + \frac{p}{100})^2$ und entsprechend nach m Jahren das Kapital $K(1 + \frac{p}{100})^m$.

Wir nehmen nun an, dass der Zins nicht nur am Ende eines Jahres, sondern bereits zu den Zwischenzeitpunkten $\frac{1}{n}, \frac{2}{n}, \ldots, \frac{n}{n}$ gutgeschrieben (und dann weiter verzinst) wird, und zwar zum n-ten Teil des Zinssatzes, also mit $\frac{p}{n}$ Prozent (dabei ist $n \in \mathbb{N}^*$). Zum Zeitpunkt $\frac{1}{n}$ beträgt das Kapital dann $K_1 = K(1 + \frac{p}{100n})$; zum Zeitpunkt $\frac{2}{n}$ beträgt es $K_2 = K(1 + \frac{p}{100n})^2$; entsprechend wächst das Kapital nach einem Jahr auf

$$K_n = K \left(1 + \frac{p}{100n}\right)^n$$

an. Wählt man immer größere Werte für n, also immer kleinere Zinsintervalle $\frac{1}{n}$, so stellt sich die Frage nach dem Verhalten der Folge $K(1 + \frac{p}{100n})^n$ bei n gegen unendlich.

Bei K und $\frac{p}{100}$ handelt es sich um Parameter. Wir konzentrieren uns daher auf das Kernproblem, nämlich die Konvergenz der Folge f, die durch

$$f_n := \left(1 + \frac{1}{n}\right)^n, \quad \text{für } n \geq 1$$

definiert ist. Zum Nachweis der Konvergenz von f verwenden wir das Kriterium aus ▶Satz 15.4.4, indem wir die Vollständigkeit von $\mathbb{R}$ ausnutzen und zeigen, dass f (streng) monoton wachsend und nach oben beschränkt ist.

1. Zum monotonen Wachstum von f: Genau dann ist $f_n < f_{n+1}$ (für alle n), wenn $\frac{f_{n+1}}{f_n} > 1$, also wenn

$$\frac{(1 + \frac{1}{n+1})^{n+1}}{(1 + \frac{1}{n})^n} > 1 \tag{15.4.1}$$

ist. Wegen $1 + \frac{1}{n+1} = \frac{n+2}{n+1}$ und $1 + \frac{1}{n} = \frac{n+1}{n}$ ergibt sich

$$\frac{f_{n+1}}{f_n} = \frac{n+2}{n+1} \cdot \left(\frac{(n+2) \cdot n}{(n+1)^2}\right)^n.$$

Hierbei ist der erste Faktor gleich $1 + \frac{1}{n+1}$; der zweite Faktor ist $\left(1 - \frac{1}{(n+1)^2}\right)^n$. Die Verwendung der Bernoulli-Ungleichung zeigt, dass der zweite Faktor größer gleich $1 - \frac{n}{(n+1)^2}$ ist. Insgesamt ergibt sich daraus

$$\frac{f_{n+1}}{f_n} \geq \left(1 + \frac{1}{n+1}\right) \cdot \left(1 - \frac{n}{(n+1)^2}\right).$$

Folgen

Ausmultiplizieren liefert

$$\frac{f_{n+1}}{f_n} \geq 1 + \frac{1}{n+1} - \frac{n}{(n+1)^2} - \frac{n}{(n+1)^3} = 1 + \frac{1}{(n+1)^3}.$$

Daraus folgt $\frac{f_{n+1}}{f_n} > 1$ und daher das streng monotone Wachstum von f.

2. Zur Beschränktheit von f: Es ist

$$f_n = \left(1 + \frac{1}{n}\right)^n = \sum_{k=0}^{n} \binom{n}{k} \frac{1}{n^k} = 1 + \sum_{k=1}^{n} \binom{n}{k} \frac{1}{n^k}.$$

Nun gilt

$$\binom{n}{k} \cdot \frac{1}{n^k} = \frac{n \cdot (n-1) \cdot \ldots \cdot (n-k+1)}{k! \cdot n^k} = \frac{1}{k!} \cdot \frac{n}{n} \cdot \frac{n-1}{n} \cdot \ldots \cdot \frac{n-k+1}{n}.$$

Für $k \geq 2$ ist daher $\binom{n}{k} \cdot \frac{1}{n^k} < \frac{1}{k!} \leq \frac{1}{2^{k-1}}$, wobei bei der letzten Abschätzung $k! = 1 \cdot 2 \cdot \ldots \cdot k \geq 2^{k-1}$ verwendet wurde. Insgesamt erhalten wir daher (für $n \geq 2$):

$$f_n = \left(1 + \frac{1}{n}\right)^n = 1 + 1 + \sum_{k=2}^{n} \binom{n}{k} \cdot \frac{1}{n^k} < 2 + \sum_{k=2}^{n} \frac{1}{2^{k-1}}$$

Auswertung der rechts stehenden (geometrischen) Summe (siehe Abschnitt 2.1-E) liefert

$$\sum_{k=2}^{n} \frac{1}{2^{k-1}} = \frac{1}{2} \cdot \sum_{l=0}^{n-2} \frac{1}{2^l} = 1 - \left(\frac{1}{2}\right)^{n-1}$$

und damit $f_n = \left(1 + \frac{1}{n}\right)^n < 3 - \left(\frac{1}{2}\right)^{n-1} < 3$, also die Beschränktheit von f.

Insgesamt folgt damit die Konvergenz der Folge f. Der Grenzwert von f wird mit e bezeichnet. Es handelt sich hierbei um die sog. **Euler'sche Zahl**. Diese ist irrational und hat die Dezimalbruchentwicklung 2.7182818285... An dieser Stelle wissen wir jedoch nur, dass e im Intervall $(2, 3)$ liegt. Die Euler'sche Zahl werden wir in den nachfolgenden Kapiteln noch häufig antreffen.

D Limes superior und Limes inferior Es folgt eine weitere wichtige Charakterisierung der Vollständigkeit, diesmal über die Beschränktheit im Zusammenhang mit der Existenz von Häufungspunkten bei Folgen.

Satz 15.4.6 Es sei $(\mathbb{K}, \leq)$ ein archimedisch angeordneter Körper. Dann sind die beiden folgenden Aussagen äquivalent:

(1) $(\mathbb{K}, \leq)$ ist vollständig angeordnet.

(2) Jede beschränkte Folge aus $\mathbb{K}^{\mathbb{N}}$ hat einen Häufungspunkt.

15.4 Konvergenzkriterien und Charakterisierungen der Vollständigkeit

Beweis

(1) $\Rightarrow$ (2): Annahme, $(\mathbb{K}, \leq)$ ist vollständig angeordnet und $(f_n)_{n\in\mathbb{N}}$ ist eine beschränkte Folge mit Werten in $\mathbb{K}$. Für jedes $k \in \mathbb{N}$ seien

$$F_k := \{f_n : n \geq k\} \quad \text{und} \quad \beta_k := \sup(F_k). \tag{15.4.2}$$

Man beachte, dass die $\beta_k \in \mathbb{K}$ aufgrund der Beschränktheit von f und der Vollständigkeit von $\mathbb{K}$ existieren. Ist $k < l$, so ist $F_l \subseteq F_k$ und daher $\beta_l \leq \beta_k$. Das bedeutet, dass die Folge $(\beta_n)_{n\in\mathbb{N}}$ monoton fallend ist. Diese ist aber auch nach unten beschränkt, da jede untere Schranke von f auch untere Schranke von β ist. Nach ▶Satz 15.4.5 ist damit $(\beta_n)_{n\in\mathbb{N}}$ konvergent, etwa mit Grenzwert $c = \lim(\beta)$.

Wir behaupten nun, dass c Häufungspunkt von f ist. Ist $\varepsilon > 0$, so gibt es ein $N \in \mathbb{N}$ mit $c - \varepsilon < \beta_n < c + \varepsilon$ für alle $n \geq N$. Für jedes solche n gilt $f_n \leq \beta_n < c + \varepsilon$. Sei $l \geq N$. Wäre nun $f_k \leq c - \varepsilon$ für alle $k \geq l$, so folgte auch $\beta_k \leq c - \varepsilon$, ein Widerspruch. Also gibt es für alle $l \geq N$ ein $k(l) \geq l \geq N$ mit $c - \varepsilon < f_{k(l)} < c + \varepsilon$. Das bedeutet insgesamt $|f_m - c| < \varepsilon$ für unendlich viele m. Also ist c Häufungspunkt von f und damit (2) gezeigt.

(2) $\Rightarrow$ (1): Zum Beweis der Rückrichtung verwenden wir die in ▶Satz 15.4.4 dargelegte Charakterisierung. Es sei $(f_n)_{n\in\mathbb{N}}$ eine monoton wachsende und beschränkte Folge. Diese hat aufgrund der Beschränktheit und der Voraussetzung in (2) einen Häufungspunkt, etwa α. Wir behaupten, dass α sogar Grenzwert von f ist, womit dann Aussage (2) von ▶Satz 15.4.4 verifiziert ist und die Behauptung folgt. Es sei dazu $\varepsilon > 0$. Dann gibt es zu jedem $N \in \mathbb{N}$ ein $n \geq N$ mit $|f_n - \alpha| < \varepsilon$. Wäre $f_m > \alpha$ für ein $m \in \mathbb{N}$, so auch $f_k \geq f_m > \alpha$ für alle $k \geq m$, sodass mit $\varepsilon := \frac{1}{2}(f_m - \alpha)$ kein $n \geq m$ mit $|f_n - \alpha| < \varepsilon$ existiert. Daher muss $f_m \leq \alpha$ für alle m gelten. Ist nun $\varepsilon > 0$ beliebig, so sei $N \in \mathbb{N}$ gegeben mit $|f_N - \alpha| < \varepsilon$. Ist dann $m \geq N$ beliebig, so gilt $|f_m - \alpha| = \alpha - f_m \leq \alpha - f_N = |f_N - \alpha| < \varepsilon$, woraus die Konvergenz von $(f_n)_{n\in\mathbb{N}}$ gegen α folgt. ∎

Es folgen einige wichtige Bemerkungen zum Beweis der Implikation (1) $\Rightarrow$ (2) von ▶Satz 15.4.6. Dazu sei $\mathbb{K}$ vollständig und f sei eine beschränkte Folge in $\mathbb{K}$.

1. Wie oben sei $\beta_k := \sup(F_k)$, wobei $F_k := \{f_n : n \geq k\}$. Die Folge β ist monoton fallend, nach unten beschränkt und damit konvergent. Weiter ist der Grenzwert von β dann $\lim(\beta) = \inf(\{\beta_n : n \in \mathbb{N}\})$. Dieser Grenzwert ist als Häufungspunkt der Folge f erkannt worden. Man nennt ihn den **Limes superior** (also den **oberen Limes von** f), Schreibweise: $\limsup(f)$. Es ist also insgesamt

$$\limsup(f) = \inf\left\{\sup\{f_n : n \geq k\} : k \in \mathbb{N}\right\}. \tag{15.4.3}$$

2. Analog kann man für die beschränkte Folge f auch einen **unteren Limes** finden. Die Folge

$$\alpha_k := \inf\{f_n : n \geq k\} \tag{15.4.4}$$

ist zunächst aufgrund der Vollständigkeit von $\mathbb{K}$ und der Beschränktheit von f überhaupt definiert. Bei der Folge α handelt es sich um eine monoton steigende und nach oben beschränkte Folge. Diese ist also konvergent und deren Grenzwert $\lim(\alpha)$ ist gleich $\sup(\{\alpha_k : k \in \mathbb{N}\})$. Dieser Grenzwert erweist sich ebenfalls als Häufungspunkt von f, genannt der **Limes inferior von** f, Schreibweise: $\liminf(f)$. Hier gilt also insgesamt

$$\liminf(f) = \sup\{\inf\{f_n : n \geq k\} : k \in \mathbb{N}\}. \tag{15.4.5}$$

Die Bezeichnungen Limes superior und Limes inferior sind definitiv gerechtfertigt! Der Limes inferior ist nämlich der kleinste Häufungspunkt und der Limes superior der größte Häufungspunkt der betrachteten Folge f (der Nachweis sei als Übung gestellt).

Beispiel 15.4.7 Es sei $f \in \mathbb{R}^{\mathbb{N}}$ mit

$$f_n := 2 \cdot (-1)^n + \frac{1}{n} \quad \text{für } n \geq 1.$$

Die Teilfolge $(f_{2m})_{m \in \mathbb{N}^*}$ ist monoton fallend; die Teilfolge $(f_{2m+1})_{m \in \mathbb{N}}$ ist monoton wachsend. Außerdem gilt $f_{2m+1} < f_{2m}$ für jedes m. Daraus ergibt sich

$$\beta_k := \sup\{f_n : n \geq k\} = \begin{cases} 2 \cdot (-1)^k + \frac{1}{k}, & \text{falls } k \text{ gerade} \\ 2 \cdot (-1)^{k+1} + \frac{1}{k+1}, & \text{falls } k \text{ ungerade} \end{cases}$$

$$= \begin{cases} 2 + \frac{1}{k}, & \text{falls } k \text{ gerade} \\ 2 + \frac{1}{k+1}, & \text{falls } k \text{ ungerade}. \end{cases}$$

Daher ist $\limsup(f) = \lim(\beta) = 2$ der Limes superior von f. Weiter gilt

$$\alpha_k := \inf\{f_n : n \geq k\} = \begin{cases} 2 \cdot (-1)^{k+1} + \frac{1}{k+1}, & \text{falls } k \text{ gerade} \\ 2 \cdot (-1)^k + \frac{1}{k}, & \text{falls } k \text{ ungerade} \end{cases}$$

$$= \begin{cases} -2 + \frac{1}{k+1}, & \text{falls } k \text{ gerade} \\ -2 + \frac{1}{k}, & \text{falls } k \text{ ungerade}. \end{cases}$$

Daher ist $\liminf(f) = \lim(\alpha) = -2$ der Limes inferior von f. ■

Betrachtet man speziell die Körper $\mathbb{R}$ und $\mathbb{C}$, welche vollständig angeordnet bzw. vollständig bewertet sind, so erhält man ausgehend von ▶Satz 15.4.6 die folgenden beiden Ergebnisse.

15.4 Konvergenzkriterien und Charakterisierungen der Vollständigkeit

Satz 15.4.8 **von Bolzano[4]-Weierstraß[5]**

Jede beschränkte Folge aus $\mathbb{R}^{\mathbb{N}}$ hat einen Häufungspunkt. Jede beschränkte Folge aus $\mathbb{C}^{\mathbb{N}}$ hat einen Häufungspunkt.

Beweis Aufgrund der Vollständigkeit von $\mathbb{R}$ ist die erste Aussage eine unmittelbare Konsequenz aus ▶Satz 15.4.6. Es bleibt daher der Nachweis der zweiten Aussage. Dazu sei $f \in \mathbb{C}^{\mathbb{N}}$ eine beschränkte Folge. Wir schreiben $f_n = r_n + s_n i$ mit Realteil $r_n = \Re(f_n)$ und Imaginärteil $s_n = \Im(f_n)$. Wegen $|s_n|, |r_n| \leq \sqrt{r_n^2 + s_n^2} = |f_n|$ sind die beiden reellwertigen Folgen (r_n) und (s_n) beschränkt und besitzen daher aufgrund des ersten Teils dieses Satzes jeweils Häufungspunkte. Es sei ρ ein Häufungspunkt der Folge r. Weiter sei $\phi : \mathbb{N} \to \mathbb{N}$ monoton wachsend, sodass die Teilfolge $r \circ \phi$ gegen den Häufungspunkt ρ von r konvergiert (siehe ▶Satz 15.3.2). Die entsprechende Teilfolge $s \circ \phi$ von s ist ebenso wie s beschränkt. Also existiert ihrerseits ein Häufungspunkt dieser Folge, sagen wir σ. Nun sei $\mu : \mathbb{N} \to \mathbb{N}$ monoton wachsend, sodass die Teilfolge $s \circ \phi \circ \mu$ von $s \circ \phi$ gegen σ konvergiert. Die Teilfolge $r \circ \phi \circ \mu$ der konvergenten Folge $r \circ \phi$ konvergiert nach wie vor gegen ρ (siehe ▶Satz 15.3.2), es ist nämlich $\phi \circ \mu : \mathbb{N} \to \mathbb{N}$ streng monoton wachsend. Insgesamt konvergiert dann aber auch die komplexwertige Folge

$$f \circ \phi \circ \mu = (r \circ \phi \circ \mu) + i \cdot (s \circ \phi \circ \mu)$$

aufgrund der Grenzwertsätze, und zwar gegen den Grenzwert $\rho + i\sigma$. Mit ▶Satz 15.3.2 folgt daraus wiederum, dass f einen Häufungspunkt hat. ∎

E **Zur Approximation k-ter Wurzeln** Wir betrachten zum Abschluss dieses Abschnittes ein weiteres wichtiges Beispiel, in dem es um die effiziente Approximation von k-ten Wurzeln geht. Dazu seien $a \in \mathbb{R}$ mit $a > 0$ und $k \in \mathbb{N}^*$ fest vorgegeben. Nach ▶Satz 14.5.2 existiert genau eine positive Zahl $y \in \mathbb{R}$ mit $y^k = a$, nämlich $y = \sqrt[k]{a}$. Um die annäherungsweise Berechnung dieser k-ten Wurzel $\sqrt[k]{a}$ geht es in diesem Beispiel.

Wir definieren dazu eine reellwertige Folge f rekursiv durch

$$f_0 := a + 1 \quad \text{und} \quad f_{n+1} := f_n \cdot \left(1 + \frac{a - f_n^k}{k f_n^k}\right) \quad \text{für } n \geq 0. \tag{15.4.6}$$

Damit diese Folge wohldefiniert ist, muss $f_n \neq 0$ für alle n gelten. Dazu zeigen wir, dass $f_n^k \geq a$ für jedes n gilt, woraus sogar $f_n > 0$ für alle n folgt. Das ist sicher richtig für $n = 0$. Ist $f_n^k \geq a$, so liefert die Bernoulli-Ungleichung

$$f_{n+1}^k = f_n^k \cdot \left(1 + \frac{a - f_n^k}{k f_n^k}\right)^k \geq f_n^k \cdot \left(1 + \frac{a - f_n^k}{f_n^k}\right) = a,$$

---

[4] Bernard Bolzano (1781–1848).
[5] Karl Weierstraß (1815–1897).

wie gewünscht. Aus $f_n^k \geq a$ folgt aus der Rekursionsvorschrift nun weiterhin leicht, dass $f_{n+1} \leq f_n$ für alle n gilt. Insgesamt ist also f monoton fallend und nach unten (durch 0) beschränkt. Aufgrund der Vollständigkeit von $\mathbb{R}$ ist f nach ▶Satz 15.4.5 konvergent, etwa gegen den Grenzwert α.

Wir wollen nun α bestimmen. Zunächst ist $\alpha > 0$, denn sonst wäre f und damit auch f^k eine Nullfolge, und daher $f_m^k < a$ ab einem bestimmten m, was aufgrund der Voraussetzung $a > 0$ und des oben Bewiesenen nicht sein kann. Zur Bestimmung von α beachte man nun, dass die Folge f der „Funktionalgleichung"

$$kf_n^k \cdot f_{n+1} = kf_n^k \cdot f_n + f_n \cdot (a - f_n^k)$$

genügt, die sich aus einer einfachen Umformung der Rekursionsvorschrift (15.4.6) ergibt. Mit Hilfe der Grenzwertsätze erhält man daraus im Grenzübergang die Gleichung

$$k\alpha^k \cdot \alpha = k\alpha^k \cdot \alpha + \alpha \cdot (a - \alpha^k),$$

aus der unmittelbar $\alpha(a - \alpha^k) = 0$ folgt. Wegen $\alpha > 0$ muss daher $a = \alpha^k$ gelten. Also ist α die k-te Wurzel aus a, i. e. $\alpha = \sqrt[k]{a}$.

Man kann anhand dieses Beispiels in der Tat sehr gute Näherungen für die k-te Wurzel aus a berechnen. Es ist f_n eine Approximation von $\sqrt[k]{a}$, deren Güte von $f_n^k - a$ abhängt. Beispielsweise erhält man für die Daten $k = a = 2$ bereits nach nur 5 Iterationen die Näherung $\alpha \approx 1.414213562$, was $\sqrt{2}$ auf wenigstens 8 Stellen genau ergibt.

15.5 Landau-Symbole

A Die O-Notation Bei der Laufzeit- oder der Speicherplatzanalyse von Algorithmen wird die Komplexität derselben durch eine Funktion $f(n)$ angegeben, wobei n ein Maß für die Größe der Eingabe darstellt. Beispielsweise benötigt die Matrixmultiplikation von zwei (n, n)-Matrizen gemäß Definition genau n^3 skalare Multiplikationen und $n^2(n-1)$ skalare Additionen, wie man anhand von ▶Definition 9.3.1 leicht sieht:

$$(AB)_{ij} = \sum_{k=1}^{n} A_{ik} B_{kj} \quad \text{für } i = 1, \ldots, n \text{ und } j = 1, \ldots, n$$

Das ergibt insgesamt $2n^3 - n^2$ skalare Operationen. Hier wird die Eingabegröße also mit n, der Anzahl der Spalten bzw. Zeilen der zu multiplizierenden Matrizen, und die Komplexität mit $f(n) = 2n^3 - n^2$ angegeben.

Bei wachsendem n ist n^3 der dominante Term, der (asymptotisch gesehen) für die Komplexität dieser auf der Definition beruhenden Matrixmultiplikation verantwortlich ist. Da der Term n^3 einfacher und somit einprägsamer als $2n^3 - n^2$ ist, verwendet man in der Praxis hierfür die Schreibweise $O(n^3)$.

15.5 Landau-Symbole

Ähnlich haben wir in Abschnitt 12.6-C bei der Analyse der schnellen Fourier-Transformation (FFT) argumentiert; bei n-ten Einheitswurzeln benötigt die Anwendung der herkömmlichen DFT $O(n^2)$ Operationen, während die FFT mit $O(n\log(n))$ Operationen auskommt (siehe hierzu auch die Diskussion zum Wachstumsverhalten in Paragraph C).

In diesem Abschnitt wollen wir dieses sog. „groß-O" sowie weitere der sogenannten **Landau-Symbole** formal definieren (vgl. auch mit Abschnitt 2.3-D). Wir betrachten hier stets reellwertige Folgen.

> **Definition 15.5.1** Es sei g eine fast überall auf $\mathbb{N}$ definierte Folge mit $g_n \neq 0$ für alle n. Ausgehend von g definiert man
>
> $$O(g) := \{f \in \mathbb{R}^{\mathbb{N}} : \text{die Quotientenfolge } \tfrac{f}{g} \text{ ist beschränkt}\}.$$
>
> Für $f \in O(g)$ schreibt man üblicherweise (wenn auch ungenau) $f = O(g)$.

Ist f beispielsweise die durch $f_n := 2n^3 - n^2$ definierte Folge und g die durch $g_n := n^3$ definierte Folge, so ist $f = O(g)$, denn für $n \in \mathbb{N}^*$ ist $\frac{f_n}{g_n} = 2 - \frac{1}{n}$, weshalb die Quotientenfolge f/g gegen 2 konvergiert, also beschränkt ist.

Sind f und g wie eben durch eine konkrete Funktionsvorschrift gegeben, so setzt man für f und g diese Vorschrift einfach ein. Das erklärt somit die Schreibweise $2n^3 - n^2 = O(n^3)$. Betrachten wir einige weitere Beispiele zu ▶Definition 15.5.1.

1. Ist $p(n) = \sum_{i=0}^{k} p_i n^i$ ein Polynom in n mit Grad k und mit Leitkoeffizient $p_k \neq 0$, so ist $p(n) = O(n^k)$, denn $\frac{p(n)}{n^k} = \sum_{i=0}^{k} p_i \cdot \frac{1}{n^{k-i}}$ konvergiert gegen p_k und ist somit beschränkt.

2. Ist $g = \text{const}(1)$ die konstante Folge mit Wert 1 und ist f beschränkt, so ist $f = O(1)$. Anders ausgedrückt: $O(1)$ ist die Menge aller beschränkten Folgen.

3. Ist $f = O(\frac{1}{n})$, so ist $(nf_n)_n$ beschränkt, also muss f eine Nullfolge sein. Andererseits gibt es Nullfolgen h, die nicht in $O(\frac{1}{n})$ liegen, etwa $h_n = \frac{1}{\sqrt{n}}$, denn $nh_n = \sqrt{n}$ ist unbeschränkt.

4. Es ist $O(1) \subseteq O(n) \subseteq O(n^2) \subseteq O(n^3) \subseteq \ldots$ sowie $\ldots \subseteq O(\frac{1}{n^3}) \subseteq O(\frac{1}{n^2}) \subseteq O(\frac{1}{n}) \subseteq O(1)$.

Wichtig ist folgende äquivalente Formulierung von ▶Definition 15.5.1:

■ Ist $f = O(g)$, so gibt es eine Konstante $c \in \mathbb{R}^+$ mit $|f_n| \leq c|g_n|$ für fast alle $n \in \mathbb{N}$.

Die O-Notation beschreibt daher den Sachverhalt, dass die Folge f (bis auf einen konstanten Faktor) **höchstens** so schnell wächst wie die Folge g. Bei der Katalogisierung einer Folge f als Element von $O(g)$ geht es also um **die Beurteilung des Wachstumsverhaltens von** f.

B Die Ω-, die Θ- und die o-Notation In der Praxis ist es nun wichtig, das Wachstumsverhalten einer Funktion f (etwa die **Worst-Case-Laufzeit eines Algorithmus**) einigermaßen exakt in den Griff zu bekommen. Beispielsweise ist $f = O(\frac{1}{n\sqrt{n}})$ aussagekräftiger als $f = O(\frac{1}{n\sqrt[3]{n}})$, weil $O(\frac{1}{n\sqrt{n}}) \subseteq O(\frac{1}{n\sqrt[3]{n}})$ gilt, wie man durch entsprechende Quotientenbildung leicht nachrechnet. Zur Beurteilung des Wachstumsverhaltens werden weiterhin folgende Symbole verwendet.

> **Definition 15.5.2**   Man schreibt $f = \Omega(g)$, falls eine Konstante $c \in \mathbb{R}^+$ mit $c \neq 0$ existiert mit $|f_n| \geq c|g_n|$ für alle hinreichend großen n.

Diese sog. **Ω-Notation** beschreibt daher den Sachverhalt, dass die Folge f (bis auf einen konstanten Faktor) **mindestens** so schnell wächst wie die Folge g. Beispielsweise ist $2n^3 - n^2 = \Omega(n^3)$.

> **Definition 15.5.3**   Θ-Notation
>
> Ist $f = O(g)$ und $f = \Omega(g)$, so schreibt man $f = \Theta(g)$.

Im Falle $f = \Theta(g)$ hat f das gleiche Wachstumsverhalten wie g – anders ausgedrückt: Die Asymptotik von f wird durch das asymptotische Verhalten von g bis auf einen konstanten Faktor $c \neq 0$ hinreichend beschrieben. Beispielsweise ist $2n^3 - n^2 = \Theta(n^3)$. Allgemein geht es bei der Komplexitätsanalyse von Algorithmen also um das Auffinden einer möglichst einfachen Funktion g, sodass für die Komplexität f des Algorithmus $f = \Theta(g)$ gilt.

In der Analysis wird häufig auch das sog. „**klein-o**" verwendet. (Beispielsweise ist $\frac{1}{n^2} = o(\frac{1}{n})$.)

> **Definition 15.5.4**   Es sei g eine fast überall auf $\mathbb{N}$ definierte Folge mit $g_n \neq 0$ für alle n. Ausgehend von g definiert man $o(g) := \{f \in \mathbb{R}^\mathbb{N}:$ die Quotientenfolge $\frac{f}{g}$ ist eine Nullfolge$\}$. Für $f \in o(g)$ schreibt man entsprechend $f = o(g)$.

C Zum Wachstumsverhalten von Funktionen Beim Wachstumsverhalten von Funktionen haben sich folgende Sprechweisen eingebürgert (die Veränderliche ist jeweils n):

$O(1)$ beschränkte Folge
$O(n)$ lineares Wachstum

$O(n^2)$ quadratisches Wachstum
$O(n^3)$ kubisches Wachstum
$O(n^k)$, $k \geq 1$ fest   **polynomiales Wachstum**
$O(a^n)$, $a > 1$ fest   **exponentielles Wachstum**
$O(\log_a(n))$, $a > 1$ fest   **logarithmisches Wachstum**

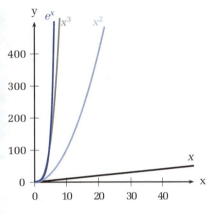

Die nebenstehende Graphik veranschaulicht das exponentielle Wachstum der Funktion e^x, alias $\exp(x)$, (mit e, der Euler'schen Zahl) im Vergleich zum kubischen, zum quadratischen und zum linearen Wachstum. Die Exponentialfunktion (ganz links) verzeichnet den steilsten Anstieg, während der Anstieg der anderen Graphen $x \mapsto x^3$ bzw. $x \mapsto x^2$ bzw. $x \mapsto x$ mit kleiner werdendem Exponent geringer wird.

Die Exponential- und die Logarithmusfunktionen (zu Basen $a > 1$) werden wir in Kapitel 17 ausführlich untersuchen, sodass an dieser Stelle auf das Schulwissen dieser Funktionen vertraut sei. Die mit e bezeichnete Euler'sche Zahl $2.7182818285\ldots$ (siehe Abschnitt 15.4-C) liefert die Basis für **die** Exponentialfunktion $\exp$ und **den** natürlichen Logarithmus $\ln$. An dieser Stelle sei auch bereits erwähnt, dass $\log(n) = o(n^q)$ für alle $q \in \mathbb{Q}^+$ gilt. Ferner ist $p(n) = o(a^n)$ für alle $a > 1$ und für jedes Polynom p. Das bedeutet:

■ *Logarithmisches Wachstum ist langsamer als jedes Wachstum der Form $\sqrt[k]{n}$; exponentielles Wachstum hingegen ist schneller als jedes Wachstum der Form n^k* (siehe dazu auch ▶Beispiel 15.1.9 und das zweite Beispiel zu ▶Definition 15.1.10).

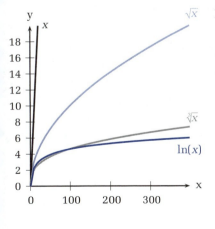

Entsprechend zur obigen Graphik veranschaulicht die nebenstehende Graphik das (schwache) logarithmische Wachstum der natürlichen Logarithmusfunktion $\ln(x)$ im Vergleich zur dritten Wurzelfunktion $x \mapsto \sqrt[3]{x}$, zur Quadratwurzelfunktion $x \mapsto \sqrt{x}$ und zur linearen Funktion $x \mapsto x$. Hier verzeichnet die Logarithmusfunktion (ganz rechts bzw. unten) den geringsten Anstieg, während der Anstieg der anderen Graphen mit größer werdendem (rationalen) Exponenten steiler wird.

D **Zur Effizienz von Algorithmen** In der Komplexitätstheorie gelten Algorithmen mit **polynomialer Worst-Case-Komplexität** als **effizient**; Algorithmen mit **exponentieller Worst-Case-Komplexität** gelten hingegen als **ineffizient**.

Allerdings ist zu erwähnen, dass eine Worst-Case-Analyse häufig nicht die praktische Realität widerspiegelt. Beispielsweise verhält sich der aus der **linearen Optimierung** bekannte **Simplex-Algorithmus** (siehe etwa das Buch von Jarre und Stoer [31]) im *worst case* schlecht, für sämtliche in der Praxis relevanten Probleme arbeitet er hervorragend. Eine Erklärung dafür ist, dass der Simplex-Algorithmus ein **effizientes Average-Case-Verhalten** hat (siehe Borgwardt [7]). Bei der **Average-Case-Analyse** eines Algorithmus werden probabilistische Methoden verwendet, was sich im Allgemeinen wesentlich schwieriger als eine Worst-Case-Analyse erweist. Dies alles sollte Gegenstand einer Vorlesung über „theoretische Informatik" oder über „Komplexitätstheorie" sein, siehe etwa Wegener [57].

E **Die Komplexität eines Problems** An dieser Stelle sei abschließend noch erwähnt, dass die Komplexität eines Problems definitionsgemäß gleich der Komplexität des **besten** Algorithmus ist, der dieses Problem löst. So ist beispielsweise (wie man aus der Informatik-Grundvorlesung sicher weiß) die Komplexität des Problems, eine Menge von n Zahlen aufsteigend zu sortieren, gleich $O(n\log_2(n))$, was etwa durch den auf **Divide-and-Conquer** basierenden **Merge-Sort-Algorithmus** realisiert wird; der naive Ansatz des Vergleichens von je zwei Elementen führt lediglich zu einer Komplexität von $O(n^2)$. Die Möglichkeit der Ersetzung des quadratischen Terms n^2 durch den „annähernd linearen" Term $n\log(n)$ (im Rahmen einer Komplexitätsanalyse) ist als Quantensprung zu werten; dies kann häufig durch eine geschickte Wahl von Datenstrukturen realisiert werden. In diesem Zusammenhang lese man nochmals die Analyse zur schnellen Fourier-Transformation in Abschnitt 12.6-C.

Eines der grundlegendsten Probleme der „algebraischen Komplexitätstheorie" ist die Bestimmung des exakten Exponenten ω, der die Komplexität $O(n^\omega)$ des Problems der **Multiplikation zweier (n,n)-Matrizen** angibt. Wie eingangs erwähnt, erfordert die Multiplikation gemäß Definition $O(n^3)$ Operationen. Der in Aufgabe 6 in Kapitel 9 beschriebene Ansatz von Volker Strassen (siehe [24]) führt zu einer effizienteren Methode der Matrixmultiplikation, die Komplexität $O(n^{\log_2(7)})$ hat (es ist $\log_2(7) = 2.8073\ldots$). Für tiefer liegende Ergebnisse aus der algebraischen Komplexitätstheorie (etwa die Herleitung der Schranke $\omega \leq 2.39$ von Coppersmith und Winograd) verweisen wir auf das Buch von Bürgisser, Clausen und Shokrollahi [10].

15.6 Exkurs: Cauchy-Folgen

Betrachten wir nochmals das in Abschnitts 15.4-E gegebene Beispiel zur approximativen Berechnung k-ter Wurzeln. Wir haben uns den Fall $k = 2$ und $a = 2$ genauer angesehen, wobei die Folge gegen $\sqrt{2}$ konvergiert. Es ist bemerkenswert, dass dabei die gesamte Folge $(f_n)_n$ innerhalb der rationalen Zahlen verläuft. Man kann f daher auch als Folge über $\mathbb{Q}$ auffassen. Innerhalb $\mathbb{Q}^{\mathbb{N}}$ ist diese Folge aber **nicht** konvergent, da ja $\sqrt{2}$ – das ist der Grenzwert der Folge, wenn sie als Element von $\mathbb{R}^{\mathbb{N}}$ betrachtet wird – eine irrationale Zahl ist.

A Was versteht man unter einer Cauchy-Folge? Der Begriff der Cauchy[6]-Folge geht genau von dem Phänomen aus, welches man umgangssprachlich als **Verdichtung** beschreiben könnte: Mit wachsenden Indizes liegen die Werte der Folge beliebig dicht beieinander. (Dieses Phänomen tritt auch bei der Intervallschachtelung auf, siehe Abschnitt 15.4-A.)

Für das Studium von Cauchy-Folgen betrachten wir wieder einen mit $|\cdot|$ zumindest archimedisch bewerteten Körper $\mathbb{K}$. Wir werden dann mit dem **Cauchy-Kriterium** eine weitere Charakterisierung der Vollständigkeit erhalten.

Definition 15.6.1 Eine Folge f aus $\mathbb{K}^{\mathbb{N}}$ heißt eine **Cauchy-Folge**, falls gilt: Für jedes $\varepsilon > 0$ gibt es ein $N \in \mathbb{N}$ mit $|f_m - f_n| < \varepsilon$ für alle $m, n \geq N$.

Das bedeutet, dass für jedes (noch so kleine) $\varepsilon > 0$ ab einem gewissen Zeitpunkt (N) der Abstand zweier Folgenglieder ($|f_n - f_m|$) kleiner als ε (also beliebig klein) wird. In der Regel hängt die natürliche Zahl N wieder von ε ab. Es wird sich herausstellen, dass jede konvergente Folge auch eine Cauchy-Folge ist. Die Umkehrung gilt allerdings nicht, wie wir am eingangs betrachteten Beispiel gesehen haben; hier spielt der zugrunde gelegte Körper eine entscheidende Rolle.

Satz 15.6.2 Jede konvergente Folge aus $\mathbb{K}^{\mathbb{N}}$ ist eine Cauchy-Folge.

Beweis Es sei $f \in \mathbb{K}^{\mathbb{N}}$ eine konvergente Folge mit $\lim(f) = a \in \mathbb{K}$. Zu jedem $\varepsilon > 0$ gibt es ein $N \in \mathbb{N}$ mit $|f_n - a| < \frac{\varepsilon}{2}$ für alle $n \geq N$. Sind daher $m, n \geq N$, so gilt $|f_m - f_n| = |f_n - a + a - f_m| \leq |f_n - a| + |f_m - a| < \frac{\varepsilon}{2} + \frac{\varepsilon}{2} = \varepsilon$. ∎

---

[6] Augustin Louis Cauchy (1789–1857).

Exkurs ▶ Fortsetzung

Lemma 15.6.3 Jede Cauchy-Folge aus $\mathbb{K}^{\mathbb{N}}$ ist beschränkt.

Beweis Es sei f eine Cauchy-Folge. Wähle N mit $|f_m - f_n| < 1$ für alle $n, m \geq N$ (hier wurde $\varepsilon := 1$ gewählt). Für $m \geq N$ ist dann $|f_m| - |f_N| \leq |f_m - f_N| < 1$, also $|f_m| < 1 + |f_N|$. Folglich ist $\max\{|f_0|, \ldots, |f_{N-1}|, 1 + |f_N|\}$ eine obere Schranke für die Folge $(|f_n|)_n$. ∎

Das folgende Lemma enthält bereits das wesentliche Argument für das Cauchy-Kriterium der Vollständigkeit (▶Satz 15.6.5).

Lemma 15.6.4 Es sei $(f_n)_{n \in \mathbb{N}}$ eine Cauchy-Folge in $\mathbb{K}^{\mathbb{N}}$, die einen Häufungspunkt $a \in \mathbb{K}$ habe. Dann ist f konvergent gegen eben diesen Häufungspunkt.

Beweis Nach Voraussetzung gibt es für alle $\varepsilon > 0$ ein $N \in \mathbb{N}$, sodass für alle $m, n \in \mathbb{N}$ mit $n, m \geq N$ gilt: $|f_n - f_m| < \frac{\varepsilon}{2}$. Es sei nun $a \in \mathbb{K}$ ein Häufungspunkt von f. Dann gibt es zu diesem ε und zu diesem N ein $k \in \mathbb{N}$ mit $k \geq N$ und mit $|f_k - a| < \frac{\varepsilon}{2}$. Ist nun $l \geq N$ beliebig, so folgt

$$|f_l - a| = |f_l - f_k + f_k - a| \leq |f_l - f_k| + |f_k - a| < \frac{\varepsilon}{2} + \frac{\varepsilon}{2} = \varepsilon.$$

Damit ist die Konvergenz von f gegen a nachgewiesen. ∎

B Das Cauchy-Kriterium der Vollständigkeit Wir lernen abschließend ein weiteres Kriterium für die Vollständigkeit von angeordneten Körpern kennen.

Satz 15.6.5 Es sei $(\mathbb{K}, \leq)$ archimedisch geordnet. Dann sind die beiden folgenden Bedingungen äquivalent.

(1) $(\mathbb{K}, \leq)$ ist vollständig angeordnet.

(2) Jede Cauchy-Folge aus $\mathbb{K}^{\mathbb{N}}$ ist konvergent, d. h. hat einen Grenzwert in $\mathbb{K}$.

15.6 Exkurs: Cauchy-Folgen

Exkurs ▶ Fortsetzung

Beweis

(1) $\Rightarrow$ (2): Wir nehmen zunächst an, dass $(\mathbb{K}, \leq)$ vollständig angeordnet ist. Es sei f eine Cauchy-Folge. Dann ist f beschränkt nach ▶Lemma 15.6.3. Nach ▶Satz 15.4.6 hat f somit einen Häufungspunkt, etwa a. Nach ▶Lemma 15.6.4 ist f dann konvergent.

(2) $\Rightarrow$ (1): Umgekehrt nehmen wir an, dass jede Cauchy-Folge aus $\mathbb{K}^{\mathbb{N}}$ konvergiert. Wir zeigen, dass jede monoton wachsende und beschränkte Folge einen Grenzwert hat, wodurch die Vollständigkeit von $(\mathbb{K}, \leq)$ aus ▶Satz 15.4.4 folgt.

Es sei also $(f_n)_{n \in \mathbb{N}}$ monoton wachsend und beschränkt. Wir zeigen zunächst, dass f eine Cauchy-Folge ist. Wäre das nämlich nicht der Fall, so gäbe es ein $\varepsilon > 0$ und für alle $N \in \mathbb{N}$ zwei natürliche Zahlen $n, m \geq N$ mit $|f_n - f_m| \geq \varepsilon$. Ohne Einschränkung sei $n > m$, sodass aufgrund der Monotonie dann $|f_n - f_m| = f_n - f_m \geq \varepsilon$ wäre. Die zu $N = N_0$ gefundenen Indizes seien n_0 und m_0. Setze $N_1 := n_0$ und finde Indizes n_1 und m_1 mit $n_1 > m_1 \geq N_1$ und mit $f_{n_1} - f_{m_1} \geq \varepsilon$. Wir setzen $N_2 := n_1$ etc. Auf diese Weise erhielten wir eine Teilfolge $(f_{n_k})_{k \in \mathbb{N}}$ von f mit $f_{n_{k+1}} - f_{n_k} \geq \varepsilon > 0$ für alle k. Da das Wachstum zwischen je zwei aufeinanderfolgenden Folgengliedern dieser Teilfolge mindestens $\varepsilon > 0$ ist, kann die Folge f nicht beschränkt sein. Das ergibt einen Widerspruch. Also ist f eine Cauchy-Folge und damit nach Voraussetzung konvergent. ∎

Insbesondere ist aufgrund der Vollständigkeit von $\mathbb{R}$ jede Cauchy-Folge aus $\mathbb{R}^{\mathbb{N}}$ konvergent. Dies gilt aber auch für die Cauchy-Folgen aus $\mathbb{C}^{\mathbb{N}}$, wie wir nun sehen werden.

Satz 15.6.6 Jede Cauchy-Folge aus $\mathbb{R}^{\mathbb{N}}$ hat einen Grenzwert in $\mathbb{R}$. Jede Cauchy-Folge aus $\mathbb{C}^{\mathbb{N}}$ hat einen Grenzwert in $\mathbb{C}$.

Beweis Es bleibt der Nachweis der zweiten Aussage. Es sei $(f_n)_{n \in \mathbb{N}}$ eine Cauchy-Folge aus $\mathbb{C}^{\mathbb{N}}$. Mit $r_n := \Re(f_n)$ und $s_n := \Im(f_n)$ erhalten wir dann die beiden reellen Folgen der Real- bzw. Imaginärteile von f. Wegen

$$|r_n - r_m| \leq |f_n - f_m| \text{ und } |s_n - s_m| \leq |f_n - f_m|$$

sind $(r_n)_{n \in \mathbb{N}}$ und $(s_n)_{n \in \mathbb{N}}$ beides Cauchy-Folgen aus $\mathbb{R}^{\mathbb{N}}$ und damit konvergent. Nach dem Grenzwertsatz ist dann aber auch die Folge $f = r + si$ konvergent. ∎

ZUSAMMENFASSUNG

1. **Konvergenz bei Folgen** Eine Zahl a heißt Grenzwert bzw. Limes einer Folge f (Schreibweise $\lim(f) = a$), wenn es zu jedem $\varepsilon > 0$ eine natürliche Zahl N gibt, sodass der Abstand eines jeden Folgenglieds f_n mit $n \geq N$ zur Zahl a kleiner als ε ist. Die Folge f nennt man dann konvergent. Konvergente Folgen haben genau einen Grenzwert.

   (a) Zum Grundrepertoire beim Umgang mit konvergenten Folgen gehören die folgenden Grenzwerte.

   - $\lim_{n\to\infty}(\frac{1}{n^s}) = 0$, wenn $s \in \mathbb{Q}^+$
   - $\lim_{n\to\infty}(\sqrt[n]{a}) = 1$, wenn $a \in \mathbb{R}^+$
   - $\lim_{n\to\infty}(\sqrt[n]{n}) = 1$
   - $\lim_{n\to\infty}(z^n) = 0$, wenn $z \in \mathbb{C}$ mit $|z| < 1$
   - $\lim_{n\to\infty}(\frac{n^k}{z^n}) = 0$, wenn $z \in \mathbb{C}$ mit $|z| > 1$ und $k \in \mathbb{N}$
   - $\lim_{n\to\infty}((1 + \frac{1}{n})^n) = e$, die Euler'sche Zahl
   - $\lim_{n\to\infty}(f_n) = \sqrt[k]{a}$ bei $a \in \mathbb{R}^+$ und $k \in \mathbb{N}^*$, wenn f rekursiv definiert ist durch $f_0 := a + 1$ und $f_{n+1} := f_n \cdot (1 + \frac{a - f_n^k}{f_n^k})$ für $n \geq 1$

   (b) Setzt sich eine Folge durch algebraische Verknüpfungen aus konvergenten Folgen zusammen, so verwendet man die Grenzwertsätze zur Berechnung der Grenzwerte solcher Folgen. Genauer gilt bei konvergenten Folgen f und g Folgendes:

   - $\lim(\lambda f + \mu g) = \lambda \lim(f) + \mu \lim(g)$ für beliebige Skalare λ und μ
   - $\lim(fg) = \lim(f)\lim(g)$ bei der punktweisen Multiplikation
   - $\lim(f/g) = \frac{\lim(f)}{\lim(g)}$ bei der punktweisen Division, wenn $\lim(g) \neq 0$

   (c) Des Weiteren haben wir einige Konvergenzkriterien für Folgen kennengelernt:

   - Eine monoton wachsende und beschränkte Folge aus $\mathbb{R}^\mathbb{N}$ ist konvergent und der Grenzwert ist gleich dem Supremum der Folgenglieder.
   - Eine monoton fallende und beschränkte Folge aus $\mathbb{R}^\mathbb{N}$ ist konvergent und der Grenzwert ist gleich dem Infimum der Folgenglieder.

   Eine Folge, die nicht konvergiert, nennt man divergent. Eine besondere Art der Divergenz liegt bei uneigentlich konvergenten Folgen vor. Gibt es zu jedem $K > 0$ ein $N \in \mathbb{N}$ mit $f_n > K$ für jedes $n \geq N$, so schreibt man $\lim(f) = \infty$. Entsprechend schreibt man $\lim(f) = -\infty$, wenn es zu jedem $K > 0$ ein $N \in \mathbb{N}$ gibt mit $f_n < -K$ für jedes $n \geq N$.

2. **Häufungspunkte** Eine Zahl a heißt Häufungspunkt einer Folge f, wenn es zu jedem $\varepsilon > 0$ und zu jeder natürlichen Zahl N eine weitere natürliche Zahl $n \geq N$ gibt mit $|f_n - a| < \varepsilon$. Grenzwerte sind spezielle Häufungspunkte. Eine Folge kann mehrere Häufungspunkte haben. Zu jedem Häufungspunkt einer Folge f gibt es eine monoton wachsende Folge $\phi \colon \mathbb{N} \to \mathbb{N}$, sodass die Teilfolge $f \circ \phi$ gegen den Häufungspunkt konvergiert. Über den Begriff der Teilfolge kann man somit Häufungspunkte bei Folgen berechnen.

   Der Satz von Bolzano-Weierstraß besagt, dass jede beschränkte Folge aus $\mathbb{R}^\mathbb{N}$ bzw. aus $\mathbb{C}^\mathbb{N}$ einen Häufungspunkt hat. Den größten Häufungspunkt einer beschränkten reellwertigen Folge f nennt man den Limes superior, $\limsup(f)$; den kleinsten Häufungspunkt einer beschränkten reellwertigen Folge f nennt man den Limes inferior, $\liminf(f)$. Es gelten:

   - $\limsup(f) = \lim(\beta) = \inf(\{\beta_n \colon n \in \mathbb{N}\})$ mit $\beta_n := \sup\{f_k \colon k \geq n\}$
   - $\limsup(f) = \lim(\alpha) = \sup(\{\alpha_n \colon n \in \mathbb{N}\})$ mit $\alpha_n := \inf\{f_k \colon k \geq n\}$

3. **Das Wachstumsverhalten bei Folgen** Dieses wird mithilfe von Landau-Symbolen beschrieben, was man insbesondere bei der Analyse des Laufzeitverhaltens von Algorithmen benötigt. Das wichtigste dieser Symbole ist das „groß-O". Man schreibt $f = O(g)$, wenn die Quotientenfolge f/g beschränkt ist. Mit der Notation $O(n^k)$ für ein festes $k \in \mathbb{N}$ wird polynomiales Wachstum erfasst; mit der Notation $O(a^n)$ für ein festes $a \in \mathbb{R}$ mit $a > 1$ beschreibt man exponentielles Wachstum, während die Notation $O(\log_a(n))$ für ein festes $a \in \mathbb{R}$ mit $a > 1$ logarithmisches Wachstum beschreibt. Logarithmisches Wachstum ist langsamer als jedes polynomiale Wachstum; jedes polynomiales Wachstum ist langsamer als exponentielles Wachstum.

4. **Charakterisierungen der Vollständigkeit eines Körpers** Im Rahmen des analytischen Studiums von Folgen haben wir viele äquivalente Bedingungen zur Vollständigkeit eines Körpers kennengelernt. Diese Bedingungen zeigen, warum der Übergang von $\mathbb{Q}$ zu $\mathbb{R}$ im Rahmen der Analysis unverzichtbar ist. Wir fassen auch dies zusammen. Ist $(\mathbb{K}, \leq)$ ein archimedisch angeordneter Körper, so sind äquivalent:

   - $(\mathbb{K}, \leq)$ ist vollständig angeordnet.
   - Der Schnitt einer jeden Intervallschachtelung über $\mathbb{K}$ ist nicht leer.
   - Jede monoton wachsende nach oben beschränkte Folge aus $\mathbb{K}^\mathbb{N}$ ist konvergent.
   - Jede monoton fallende nach unten beschränkte Folge aus $\mathbb{K}^\mathbb{N}$ ist konvergent.
   - Jede beschränkte Folge aus $\mathbb{K}^\mathbb{N}$ hat einen Häufungspunkt.
   - Jede Cauchy-Folge in $\mathbb{K}^\mathbb{N}$ hat einen Grenzwert in $\mathbb{K}$.

15 Folgen

Übungsaufgaben

Aufgabe 1 Es sei (f_n) eine reellwertige konvergente Folge mit Grenzwert α und (g_n) sei eine reellwertige beschränkte Folge. Zeigen Sie:

1. Die Produktfolge $(f_n g_n)$ ist ebenfalls beschränkt.
2. Ist $\alpha = 0$, so ist die Produktfolge $(f_n g_n)$ eine Nullfolge.
3. Die Häufungspunkte der Produktfolge $(f_n g_n)$ sind sämtlich von der Form $\alpha \cdot \omega$, wobei ω Häufungspunkt von (g_n) ist.

Hinweis: Man verwende ▶Satz 15.3.2 und ▶Satz 15.3.3.

Aufgabe 2 Verwenden Sie die vorhergehende Aufgabe, um sämtliche Häufungspunkte der beiden nachstehenden Folgen (a_n) und (b_n) zu bestimmen (bei (b_n) muss man sich an Schulkenntnisse über Cosinus erinnern).

1. $a_n := \sqrt[n]{3n} \cdot [5 \cdot (-1)^n + 2 \cdot (-1)^{n+1}]$
2. $b_n := \left(1 + \frac{1}{n+1}\right)^n \cdot \cos(n\frac{\pi}{2})$

Aufgabe 3 Aufgrund der Ergebnisse und Beispiele aus Abschnitt 15.1-C sind die Folgen f^j für $j = 1, \ldots, 6$ sämtlich Nullfolgen (es ist $i = \sqrt{-1}$):

$$f_n^1 = \frac{1}{n}, \quad f_n^2 = \frac{1}{n^2}, \quad f_n^3 = \frac{1}{n^4}, \quad f_n^4 = \sqrt[n]{2} - 1, \quad f_n^5 = \frac{1}{2^n}, \quad f_n^6 = \left(\frac{1}{1+i}\right)^n.$$

Nun sei $\varepsilon := 10^{-8}$. Geben Sie zu jedem $j = 1, \ldots, 6$ ein $N_j \in \mathbb{N}$ an, sodass $|f_n^j| < \varepsilon$ für alle $n \geq N_j$ gilt.

Hinweis: Für einige der f^j benötigt man die aus der Schule bekannten Rechenregeln für Logarithmen.

Aufgabe 4 Gegeben sei die für $n \in \mathbb{N}^*$ definierte reellwertige Folge

$$3 \cdot \left(2 + \frac{1}{n+1}\right)^2 - \sqrt[n]{2n} + \frac{n+3}{4n} - \left(\frac{1}{2}\right)^{4n+3}.$$

Berechnen Sie unter Verwendung der Beispiele aus Abschnitt 15.1-C und der Grenzwertsätze aus Abschnitt 15.2 den Grenzwert dieser Folge.

Aufgabe 5 Untersuchen Sie die folgenden drei rationalen Terme hinsichtlich Konvergenz bzw. Divergenz in n:

1. $\dfrac{4n^2 - 5n + 19}{7n^3 + 11n + 2006}$

Übungsaufgaben

2. $\dfrac{5n(n-1)(n-2)(n-3)}{555(n+1)^4}$

3. $\dfrac{2n(n-1)(n-2)(n-3)}{3000(n+1)^3}$

Aufgabe 6 Bestimmen Sie ein Intervall $[a,b] \subseteq \mathbb{R}$ mit $a, b \in \mathbb{Q}$ und $b - a < 5 \cdot 10^{-4}$, welches die irrationale Zahl $\sqrt{3}$ enthält (vgl. mit ▶Beispiel 15.4.2).

Aufgabe 7 Die reellwertige Folge f ist rekursiv durch die Vorschrift

$$f_0 := \sqrt{12}, \quad f_{n+1} := \sqrt{12 + f_n} \text{ für } n \geq 0$$

definiert. Zeigen Sie zunächst die Konvergenz von f und berechnen Sie dann den Grenzwert von f (vgl. mit Abschnitt 15.4-E).

Aufgabe 8 Gegeben sei die Folge $(f_n)_{n \in \mathbb{N}}$ aus $\mathbb{R}^{\mathbb{N}}$ mit

$$f_n := (-1)^{\frac{n(n+1)}{2}} \cdot \frac{n+7}{3n+1}.$$

Berechnen Sie den Limes superior von f und eine Teilfolge $f \circ \phi$ von f, die gegen diesen Häufungspunkt von f konvergiert.

Aufgabe 9 Für $k = 0, 1, \ldots, 8$ seien die Folgen $f^{[k]}$ und $g^{[k]}$ rekursiv definiert durch

$$f_0^{[k]} := 10^k, \quad f_{n+1}^{[k]} := 1 + \frac{1}{f_n^{[k]}} \quad \text{sowie} \quad g_0^{[k]} := 10^k, \quad g_{n+1}^{[k]} := \sqrt{1 + g_n^{[k]}}.$$

Für verschiedene k variieren die einzelnen Folgen also durch einen unterschiedlichen Startwert, während die Rekursionsvorschrift unabhängig von k ist.

1. Berechnen Sie (mit einem Programm Ihrer Wahl) jeweils die ersten (sagen wir 20) Folgenglieder von $f^{[k]}$ und $g^{[k]}$ und stellen Sie eine Vermutung über das asymptotische Verhalten dieser Folgen auf.

2. Versuchen Sie, unter der Annahme der Konvergenz, eine exakte Formel für die Grenzwerte zu finden und beurteilen Sie, ob diese rational oder irrational sind.

3. Die Fibonacci-Folge (F_n) (siehe Abschnitt 13.4) ist rekursiv durch $F_0 := 0$, $F_1 := 1$ und $F_{n+2} := F_{n+1} + F_n$ für $n \in \mathbb{N}$ definiert. Für $n \geq 1$ sei $f_n := \frac{F_{n+1}}{F_n}$ der Quotient zweier aufeinanderfolgender Fibonacci-Zahlen. Untersuchen Sie das Grenzverhalten dieser Folge.

Übungsaufgaben

Aufgabe 10 In Abschnitt 15.4-C wurde gezeigt, dass die Folge $f_n := (1 + \frac{1}{n})^n$ gegen die Euler'sche Zahl e konvergiert. Bestimmen Sie, in Abhängigkeit von e, die Grenzwerte der nachstehenden drei Folgen g, h und l:

1. $g_n := \left(1 + \dfrac{1}{n+3}\right)^{5n}$

2. $h_n := \left(1 - \dfrac{1}{n+1}\right)^n$

3. $l_n := \left(1 + \dfrac{1}{2n}\right)^{\frac{n}{4}}$

Aufgabe 11 Gegeben seien zwei Algorithmen $\mathcal{A}$ und $\mathcal{B}$, die jeweils ein Problem der Eingabegröße n in exakt

- $f_\mathcal{A}(n) := \sum_{m=1}^{n} [(m+n) + 2(m+n)(n-1)]$ bzw.
- $f_\mathcal{B}(n) := \sum_{m=1}^{n} [m(m-1)(n+1) + (n^2 - 2n + 3)(m+2)]$

Schritten lösen mögen. Geben Sie einfache Funktionen g und h mit $f_\mathcal{A} = O(g)$ und $f_\mathcal{B} = O(h)$ an. Sind die entsprechenden Verfahren polynomial?

Aufgabe 12 Warum ist $O(\log_2(n^{17})) = O(\log_2(n^{17000000000}))$?

Hinweis: Verwenden Sie Schulkenntnisse über die Logarithmusfunktion.

Aufgabe 13 Es sei f eine beschränkte Folge aus $\mathbb{R}^\mathbb{N}$.

1. Zeigen Sie: Ist c ein Häufungspunkt von f, so gilt $\liminf(f) \leq c \leq \limsup(f)$.

2. Zeigen Sie, dass die folgenden drei Aussagen äquivalent sind:

    (a) f ist konvergent

    (b) f hat genau einen Häufungspunkt

    (c) $\limsup(f) = \liminf(f)$

   Ferner stimmen bei Gültigkeit eines dieser Kriterien Häufungspunkt, Grenzwert, Limes superior und Limes inferior überein.

Aufgabe 14 Bestimmen Sie sämtliche Häufungspunkte der Folge

$$3 \cdot \sqrt[n]{\left(\frac{n}{2}\right)^3} \cdot (2 + (-1)^n) + 5 \cdot \left(\sin\left(\frac{n\pi}{4}\right) + \cos\left(\frac{n\pi}{4}\right)\right) \cdot \left(1 - \frac{1}{n+1}\right)^n,$$

und geben Sie jeweils Teilfolgen an, die gegen den Limes superior bzw. den Limes inferior dieser Folge konvergieren.

Reihen

	Einführung	614
16.1	Konvergenzkriterien bei Reihen	616
16.2	Der Konvergenzbereich bei Potenzreihen	628
16.3	Konvergenzverhalten bei Umordnung und Faltung	634
16.4	Reihendarstellungen rationaler und reeller Zahlen	637
16.5	Wartezeitprobleme und geometrische Verteilungen	644
	Zusammenfassung	648
	Übungsaufgaben	650

16

ÜBERBLICK

16 Reihen

EINFÜHRUNG

Ausgehend von einer Folge $(f_n)_{n\in\mathbb{N}}$ erhält man die zu dieser Folge gehörende *Reihe* $(S_n^f)_{n\in\mathbb{N}}$, indem man sukzessive die Folgenglieder von f aufsummiert. Es ist also $S_n^f := \sum_{k=0}^n f_k$ für jedes $n \in \mathbb{N}$. Da es sich bei S^f ebenfalls um eine Folge handelt, können sämtliche Grundlagen aus dem vergangenen Kapitel zum Studium von S^f verwendet werden. Aufgrund der speziellen Form von S^f werden wir aber auch viele weitere Ergebnisse zu Konvergenzfragen kennenlernen.

Ist S^f konvergent, so schreibt man $\lim(S^f) = \sum_{n=0}^\infty f_n$ und nennt den Grenzwert den *Wert der Reihe*. Die grundlegendste Frage ist natürlich nach der Konvergenz und ggf. nach dem Grenzwert einer Reihe. Entsprechend befassen wir uns im einleitenden Abschnitt mit *Konvergenzkriterien*. Damit Konvergenz vorliegt, muss f notwendigerweise eine Nullfolge sein. Die Umkehrung dieser Aussage gilt im Allgemeinen jedoch nicht, wie das Beispiel der *harmonischen Reihe* zeigt. Andererseits liefert das *Leibniz-Kriterium* die Umkehrbarkeit unter der stärkeren Annahme, dass f eine alternierende Nullfolge ist.

Eine fundamentale und stärkere Eigenschaft als die Konvergenz von S^f ist die Konvergenz von $S^{|f|}$, wobei $|f|$ die Folge $(|f_n|)_{n\in\mathbb{N}}$ der Absolutbeträge der Folgenglieder von f ist. Ist die Reihe $S^{|f|}$ konvergent, so sagt man, dass die zu f gehörende Reihe *absolut konvergiert*. Eine wichtige absolut konvergente Reihe ist die *geometrische Reihe*, die zu einer Folge $(z^n)_{n\in\mathbb{N}}$ mit $z \in \mathbb{C}$ und $|z| < 1$ gehört. Die geometrische Reihe wird häufig als *Vergleichskriterium* verwendet, um die absolute Konvergenz von anderen Reihen zu zeigen, wie etwa die *Riemann'sche Zeta-Funktion* $\sum_{n=1}^\infty \frac{1}{n^s}$ bei $s > 1$. Das *Wurzel-* und das *Quotientenkriterium* liefern weitere wichtige Bedingungen für die absolute Konvergenz einer Reihe. Als Anwendung des Quotientenkriteriums werden wir die *Exponentialfunktion* $\exp(z) := \sum_{n=0}^\infty \frac{z^n}{n!}$ für $z \in \mathbb{C}$ einführen können, welche in Kapitel 17 noch eingehend untersucht wird. Wir werden hier aber bereits zeigen, dass $\exp(1)$ gleich der Euler'schen Zahl e ist, und damit eine Reihendarstellung für e gewinnen.

Im zweiten Abschnitt dieses Kapitels gehen wir einen Schritt weiter und untersuchen die zu einer Folge f gehörende *Potenzreihe* $P_f(x) := \sum_{n=0}^\infty f_n x^n$. Hier stellt sich die prinzipielle Frage, welche Werte z aus $\mathbb{C}$ man für die Variable x einsetzen darf, sodass der entsprechende Grenzwert $\sum_{n=0}^\infty f_n z^n$ existiert. Ausgehend von f und $z \in \mathbb{C}$ betrachtet man also die zu $(f_n z^n)_{n\in\mathbb{N}}$ gehörende Reihe. Unter Verwendung der Ergebnisse aus Abschnitt 16.1 kommt man rasch zu dem fundamentalen Begriff des *Konvergenzradius* einer Potenzreihe; es stellt sich nämlich heraus, dass zu jeder Folge f

- entweder eine reelle Zahl $\rho_f > 0$ existiert, sodass $P_f(z)$ für alle $z \in \mathbb{C}$ mit $|z| < \rho_f$ absolut konvergiert und für alle $z \in \mathbb{C}$ mit $|z| > \rho_f$ divergiert,

■   oder $P_f(z)$ nur für $z = 0$ konvergiert (in diesem Fall schreibt man $\rho_f = 0$)

■   oder aber $P_f(z)$ für alle $z \in \mathbb{C}$ absolut konvergiert (in diesem Fall schreibt man $\rho_f = \infty$).

Man nennt ρ_f den Konvergenzradius der zu f gehörenden Potenzreihe. Über die Konvergenz von $P_f(z)$ bei $|z| = \rho_f$ kann keine allgemeingültige Aussage getroffen werden.

Durch Adaption des Wurzel- und des Quotientenkriteriums erhält man Bedingungen, unter denen man den Konvergenzradius in gewissen Fällen konkret ausrechnen kann. Der Konvergenzradius der zur Folge $(\frac{1}{n!})_{n\in\mathbb{N}}$ gehörenden Exponentialfunktion $\exp(z)$ ist beispielsweise gleich ∞, während der Konvergenzradius der zur konstanten Folge $(1)_{n\in\mathbb{N}}$ gehörenden geometrischen Potenzreihe $\sum_{n=0}^{\infty} z^n$ gleich 1 ist. Sämtliche Kriterien zur Untersuchung von Potenzreihen sind auch anwendbar, wenn man (anstelle des Nullpunkts) einen allgemeinen *Entwicklungspunkt* ω betrachtet, also $P_{f,\omega}(x) := \sum_{n=0}^{\infty} f_n (x - \omega)^n$ studiert.

Als eine wesentliche Verknüpfung hatten wir bei den formalen Potenzreihen die Faltung eingeführt. Wir greifen diese Verknüpfung in Abschnitt 16.3 nochmals auf und weisen nach, dass die Potenzreihe $P_c(x)$ der zur Faltung $c = a \star b$ gehörenden Folge für jedes $z \in \mathbb{C}$ mit $|z| < \min\{\rho_a, \rho_b\}$ absolut konvergiert und dass $P_c(z)$ dann gleich dem Produkt $P_a(z) \cdot P_b(z)$ der beiden ausgewerteten Reihen ist. In diesem Zusammenhang lernen wir auch eine weitere wichtige Eigenschaft von absolut konvergenten Reihen kennen, nämlich die Möglichkeit der *Umordnung* bei der Summierung.

In Abschnitt 16.4 nutzen wir dann wesentlich die geometrische Reihe aus, um die Möglichkeit von *B-adischen Darstellungen* von reellen Zahlen zu diskutieren, wobei wir innerhalb dieser Darstellung auch die rationalen Zahlen charakterisieren werden, insbesondere solche mit einer endlichen *B*-adischen Entwicklung. Eine kurze Diskussion zur *Gleitkommdarstellung* von Zahlen rundet diesen Abschnitt ab.

Im abschließenden Abschnitt 16.5 ergänzen wir Kapitel 5 zunächst durch Grundlagen über *diskrete (abzählbar unendliche) Wahrscheinlichkeitsräume*, um dann das Auftreten von geometrischen Reihen durch *geometrisch verteilte Zufallsvariablen* bei *Wartezeitproblemen* zu diskutieren.

16 Reihen

Lernziele

- der Nachweis der Konvergenz der geometrischen Reihe $\sum_{n=0}^{\infty} z^n$ für $z \in \mathbb{C}$ mit $|z| < 1$ mit Grenzwert $\frac{1}{1-z}$
- der Nachweis der Divergenz der harmonischen Reihe $\sum_{n=1}^{\infty} \frac{1}{n}$
- grundlegende Konvergenzkriterien für Reihen: Leibniz-, Majoranten-, Wurzel- und Quotientenkriterium
- die Eigenschaft der absoluten Konvergenz einer Reihe
- das Studium von Potenzreihen aus analytischem Blickwinkel, insbesondere die Ansätze aus dem Wurzel- und dem Quotientenkriterium zur Berechnung des Konvergenzradius einer Potenzreihe
- die Exponentialfunktion $\exp(x) = \sum_{n=0}^{\infty} \frac{x^n}{n!}$ als spezielle und wichtige Potenzreihe mit unendlichem Konvergenzradius
- Konvergenz und Grenzwert bei der Faltung von Reihen
- Darstellungen von rationalen und reellen Zahlen durch B-adische Entwicklungen
- das Auftreten von Reihen bei diskreten (abzählbar unendlichen) Wahrscheinlichkeitsräumen, insbesondere geometrisch verteilten Zufallsvariablen

16.1 Konvergenzkriterien bei Reihen

A Die zu einer Folge gehörende Reihe Wir legen hier stets den Körper $\mathbb{R}$ der reellen oder den Körper $\mathbb{C}$ der komplexen Zahlen zugrunde. Da es sich in beiden Fällen um vollständig bewertete Körper handelt, werden wir von den zahlreichen Charakterisierungen der Vollständigkeit Gebrauch machen können. Wir beginnen mit der Definition der wichtigsten Objekte dieses Abschnittes, den Reihen, die in der Tat spezielle Folgen sind.

Definition 16.1.1 Zu jeder Folge $f \in \mathbb{C}^{\mathbb{N}}$ ist eine weitere Folge assoziiert, nämlich die Folge der zu f gehörenden **Partialsummen** bzw. die zu f gehörende **Reihe**, welche wir mit S^f bezeichnen wollen:

$$S^f : \mathbb{N} \to \mathbb{C}, \quad n \mapsto S_n^f := \sum_{k=0}^{n} f_k \qquad (16.1.1)$$

Die Summe S_n^f heißt die n-te **Partialsumme von** f. Falls $(S_n^f)_{n \in \mathbb{N}}$ konvergiert, so sagt man, dass **die Reihe der (f_n) konvergiert**; man schreibt dann $\sum_{n=0}^{\infty} f_n$ für den Grenzwert $\lim(S^f)$.

Wir bemerken, dass die Notation bei Reihen etwas gewöhnungsbedürftig ist. So bezeichnet man häufig die Reihe S^f auch mit $\sum_{n=0}^{\infty} f_n$, selbst wenn keine Konvergenz vorliegt.

B Die geometrische und die harmonische Reihe Das zentrale Problem bei Reihen ist natürlich die Beurteilung von deren Konvergenz und gegebenenfalls die Berechnung des Grenzwertes. Wir betrachten dazu gleich zwei wichtige Beispiele, nämlich die geometrische und die harmonische Reihe. Diese sind deshalb besonders hervorzuheben, weil sie oft als **Vergleichskriterium** dienen, um die Konvergenz oder die Divergenz von anderen Reihen nachzuweisen.

Beispiel 16.1.2   Geometrische Reihe

Es sei $z \in \mathbb{C}$ mit $|z| < 1$ und $f_n := z^n$ für $n \in \mathbb{N}$. Wir schreiben G^z für die Reihe S^f und nennen sie die geometrische Reihe, also $G_n^z = \sum_{k=0}^{n} z^k$. Wir wissen aus Abschnitt 2.1-E, dass $G_n^z = \frac{1-z^{n+1}}{1-z}$ gilt, was übrigens sogar für jedes $z \in \mathbb{C} \setminus \{1\}$ richtig ist. Ist nun aber $|z| < 1$, so folgt aus den Grenzwertsätzen für Folgen die Konvergenz der Reihe G^z, und es gilt

$$\sum_{k=0}^{\infty} z^k = \lim(G^z) = \lim\left(\frac{1-z^{n+1}}{1-z}\right) = \frac{1}{1-z},$$

denn $(z^n)_n$ ist nach ▶Beispiel 15.1.8 eine Nullfolge. Die zu $z \in \mathbb{C}$ mit $|z| \geq 1$ gehörende geometrische Reihe ist nicht konvergent, wie das bald folgende ▶Lemma 16.1.4 zeigt. ∎

Beispiel 16.1.3   Harmonische Reihe

Die harmonische Reihe ist die zur (lediglich auf $\mathbb{N}^*$ definierten) Folge $(\frac{1}{n})_{n \in \mathbb{N}^*}$ gehörende Reihe, welche wir mit H bezeichnen wollen, also

$$H_n := \sum_{k=1}^{n} \frac{1}{k}.$$

Wir werden zeigen, dass $(H_n)_{n \in \mathbb{N}^*}$ divergiert. Genauer gesagt liegt eine uneigentliche Konvergenz gegen ∞ vor. Da die Glieder $\frac{1}{k}$ der zugrunde liegenden Folge alle positiv sind, ist (H_n) zunächst streng monoton wachsend. Es bleibt also zu zeigen, dass (H_n) unbeschränkt ist, d.h., zu jedem $N \in \mathbb{N}$ gibt es ein $n \in \mathbb{N}$ mit $H_n \geq N$.

Zu einem vorgegebenen N sei dazu $k \in \mathbb{N}^*$ mit $k \geq 2(N-1)$, also mit $1 + \frac{k}{2} \geq N$. Es sei weiterhin $n \in \mathbb{N}^*$ mit $n \geq 2^k$. Dann gilt $H_n \geq H_{2^k}$. Schreibt man H_{2^k} als

$$H_{2^k} = H_2 + (H_4 - H_2) + (H_8 - H_4) + \ldots + (H_{2^k} - H_{2^{k-1}}),$$

so erhält man

$$H_{2^k} = 1 + \frac{1}{2} + \left(\frac{1}{3} + \frac{1}{4}\right) + \left(\frac{1}{5} + \ldots + \frac{1}{8}\right) + \ldots + \left(\frac{1}{2^{k-1}+1} + \ldots + \frac{1}{2^k}\right).$$

Nun gilt
$$H_{2^k} - H_{2^{k-1}} = \sum_{l=1}^{2^{k-1}} \frac{1}{2^{k-1}+l} \geq \sum_{l=1}^{2^{k-1}} \frac{1}{2^k} = 2^{k-1} \cdot \frac{1}{2^k} = \frac{1}{2},$$
und zwar für jedes $k \geq 2$, woraus dann
$$H_n \geq H_{2^k} \geq 1 + \frac{1}{2} + (k-1) \cdot \frac{1}{2} = 1 + \frac{k}{2} \geq N$$
folgt. Somit ist $\sum_{k=1}^{\infty} \frac{1}{k} = \lim_n (H_n) = \infty$ nachgewiesen. Es ist zu bemerken, dass das Wachstum der Partialsummen zur harmonischen Reihe recht langsam vonstatten geht; so ist beispielsweise $H_{1000000}$ noch echt kleiner als 15. ■

C **Das Leibniz- und das Cauchy-Konvergenzkriterium** Im weiteren Verlauf dieses Abschnittes werden wir die wichtigsten Konvergenzkriterien für Reihen vorstellen. In diesem Paragraphen betrachten wir dazu allgemein die Konvergenz, während wir später die stärkere Eigenschaft der „absoluten Konvergenz" heranziehen werden, die für die Theorie von Potenzreihen von fundamentaler Bedeutung ist. Wir beginnen mit einer einfachen, notwendigen Bedingung für die Konvergenz.

> **Lemma 16.1.4** Es sei f eine Folge, für die die zugehörige Reihe S^f konvergiert. Dann ist f notwendigerweise eine Nullfolge.

Beweis Wir definieren eine Folge $(R_n)_{n \in \mathbb{N}}$ durch $R_n := S_{n+1}^f$ für $n \in \mathbb{N}$. Da S^f nach Voraussetzung konvergiert und da R eine Teilfolge von S^f ist, konvergiert auch R, und zwar gegen den gleichen Grenzwert wie S^f (nach ▶Lemma 15.3.2). Daher ist die Differenz $R - S^f$ dieser beiden Folgen eine Nullfolge. Nun ist aber $R_n - S_n^f = f_{n+1}$, sodass also die Teilfolge $(f_{n+1})_{n \in \mathbb{N}}$ von f gegen null konvergiert. Dann konvergiert aber auch $(f_n)_{n \in \mathbb{N}}$ gegen null (wie man anhand der Definition für die Konvergenz von Folgen einfach nachrechnen kann). ■

Anhand der harmonischen Reihe sieht man sofort, dass die Bedingung, eine Nullfolge zu sein, keineswegs für die Konvergenz der Reihe ausreicht. Unter geeigneten Zusatzvoraussetzungen kann man allerdings auch die Umkehrung folgern, wie das nun folgende Leibniz[1]-Kriterium zeigt.

> **Satz 16.1.5** **Leibniz-Kriterium**
>
> Es sei (a_n) eine monoton fallende Folge in $\mathbb{R}$. Ferner sei (f_n) definiert durch $f_n := (-1)^n a_n$. Dann sind die folgenden drei Aussagen äquivalent:

---
[1] Gottfried Wilhelm Leibniz (1646–1716).

16.1 Konvergenzkriterien bei Reihen

(1) Die Reihe der (f_n) konvergiert.

(2) (f_n) ist eine Nullfolge.

(3) (a_n) ist eine Nullfolge.

Beweis Wir beginnen mit der Implikation (3) $\Rightarrow$ (2). Es sei (a_n) eine Nullfolge. Da die Folge $((-1)^n)_{n\in\mathbb{N}}$ beschränkt ist, ist auch (f_n) eine Nullfolge, denn das Produkt einer Nullfolge mit einer beschränkten Folge ist wieder eine Nullfolge. Die Implikation (2) $\Rightarrow$ (3) erhält man ganz genauso, da $(-1)^n f_n = (-1)^{2n} a_n = a_n$ gilt, womit nun die Äquivalenz von (2) und (3) nachgewiesen ist.

Wegen ▶Lemma 16.1.4 ist auch die Implikation (1) $\Rightarrow$ (2) gültig. Es bleibt somit der Nachweis von (2) $\Rightarrow$ (1). Man betrachtet dazu die Reihe S^f getrennt an ungeraden und an geraden Indizes.

- Zunächst an ungeraden Indizes: Es gilt

$$S^f_{2l+1} = \sum_{i=0}^{2l+1} f_i = (a_0 - a_1) + (a_2 - a_3) + \ldots + (a_{2l} - a_{2l+1}),$$

also $S^f_{2(l-1)+1} + (a_{2l} - a_{2l+1}) = S^f_{2l+1}$. Da (a_n) nach Voraussetzung monoton fällt, ist $a_i - a_{i+1} \geq 0$ für alle i und daraus folgt dann

$$0 \leq S^f_1 \leq S^f_3 \leq \ldots \leq S^f_{2l+1} \leq \ldots,$$

also das monotone Wachstum der Teilfolge $(S^f_{2m+1})_{m\in\mathbb{N}}$ von S^f.

- Andererseits erhält man bei geraden Indizes zunächst die Darstellung

$$S^f_{2l} = a_0 - (a_1 - a_2) - \ldots - (a_{2l-1} - a_{2l}),$$

woraus $S^f_{2(l-1)} - (a_{2l-1} - a_{2l}) = S^f_{2l}$ folgt. Aufgrund der vorausgesetzten Monotonie von (a_n) folgt damit

$$a_0 = S^f_0 \geq S^f_2 \geq S^f_4 \geq \ldots \geq S^f_{2l} \geq \ldots,$$

also das monotone Fallen der Teilfolge $(S^f_{2m})_{m\in\mathbb{N}}$ von S^f.

Weiter gilt

$$S^f_{2l+1} = S^f_{2l} + f_{2l+1} = S^f_{2l} - a_{2l+1} \leq S^f_{2l},$$

denn (a_n) ist eine monoton fallende Nullfolge (aufgrund der Äquivalenz von (2) und (3)), also nichtnegativ. Damit ist insgesamt erwiesen, dass die Intervalle $[S^f_{2l+1}, S^f_{2l}]$ bei wachsendem l eine Intervallschachtelung bilden, denn $S^f_{2l} - S^f_{2l+1} = a_{2l+1}$ konvergiert ja nach Voraussetzung gegen 0. Die durch diese Intervallschachtelung definierte Zahl s, das ist das eindeutige Element im Durchschnitt all dieser Intervalle, siehe Abschnitt 15.4-A, erfüllt dann $s = \lim(S^f_{2n}) = \lim(S^f_{2n+1})$.

Ist nun $\varepsilon > 0$ gegeben, so gibt es also $N, M \in \mathbb{N}$ mit $|S_{2n}^f - s| < \varepsilon$ für jedes $n \geq N$ und $|S_{2n+1}^f - s| < \varepsilon$ für jedes $n \geq M$. Ist daher $L \geq 2 \cdot \max\{N, M\} + 1$, so ist $|S_m^f - s| < \varepsilon$ für alle $m \geq L$, womit insgesamt die Konvergenz von S^f gegen s nachgewiesen ist. ∎

Betrachten wir zwei Beispiele zu ▶Satz 16.1.5.

1. Die zu $f_n := (-1)^n \cdot \frac{1}{2n+1}$ gehörende Reihe S^f heißt die **Leibniz-Reihe**. Sie konvergiert nach ▶Satz 16.1.5. Wie der Beweis von ▶Satz 16.1.5 zeigt, liegt der Grenzwert

$$s = 1 - \frac{1}{3} + \frac{1}{5} - \frac{1}{7} + \frac{1}{9} - \ldots$$

dieser Reihe in jedem der Intervalle $[S_{2m+1}^f, S_{2m}^f]$. Die Folge $4S^f$ hat demnach den Grenzwert $4s$, welcher in jedem der Intervalle $[4S_{2m+1}^f, 4S_{2m}^f]$ liegt. Für $2m+1 = 99999$ ergibt sich

$$[4S_{99999}^f, 4S_{99998}^f] = [3.141582704, 3.141602704],$$

was den Grenzwert $4s$ aufgrund der Intervalllänge von 0.00002 bis auf $1/50000$ genau bestimmt. In der Tat handelt es sich beim Grenzwert $4s$ um die berühmte **Kreiszahl** π. Mit dieser Zahl werden wir uns beim Studium der trigonometrischen Funktionen in Abschnitt 17.6 noch eingehender beschäftigen.

Den Beweis, dass S^f tatsächlich gegen $\frac{\pi}{4}$ konvergiert, werden wir erst nach der Behandlung der Differential- und der Integralrechnung ganz am Ende des Buches bringen können.

2. Die **alternierende harmonische Reihe** $\sum_{n=0}^{\infty} (-1)^n \frac{1}{n+1}$ konvergiert ebenfalls nach ▶Satz 16.1.5. Wir werden später (Kapitel 19) sehen, dass der exakte Grenzwert gleich $\ln(2)$, dem **natürlichen Logarithmus von** 2, ist. Die Logarithmusfunktionen werden in Kapitel 17 eingeführt.

Satz 16.1.6 Cauchy-Konvergenzkriterium für Reihen

Es sei (f_n) eine reell- oder komplexwertige Folge. Dann sind äquivalent:

(1) Die zu f gehörende Reihe S^f konvergiert.

(2) Für jedes $\varepsilon > 0$ gibt es ein $N \in \mathbb{N}$, sodass für alle $n, m \geq N$ mit $n < m$ gilt $|\sum_{k=n+1}^{m} f_k| < \varepsilon$.

Beweis Nach Abschnitt 15.6 ist die Reihe S^f genau dann konvergent, wenn S^f eine Cauchy-Folge ist. Gemäß ▶Definition 15.6.1 heißt das: Für jedes $\varepsilon > 0$ gibt es ein $N \in \mathbb{N}$, sodass für alle $n, m \geq N$ gilt $|S_m^f - S_n^f| < \varepsilon$. Da man $n < m$ annehmen darf, erhält man dann genau die zweite Aussage, womit die Äquivalenz bewiesen ist. ∎

16.1 Konvergenzkriterien bei Reihen

Satz 16.1.7 Die reellwertige Folge (f_n) sei nichtnegativ. Dann ist die zugehörige Reihe S^f genau dann konvergent, wenn S^f beschränkt ist.

Beweis Dies folgt aus dem Konvergenzkriterium für Folgen (▶Satz 15.4.4), da S^f monoton wachsend und beschränkt ist. ∎

D Absolute Konvergenz, Majoranten- und Minorantenkriterium Für unsere weiteren Betrachtungen benötigen wir nun den überaus wichtigen Begriff der absoluten Konvergenz, der, wie wir anhand vieler Ergebnisse sehen werden, eine sehr starke Eigenschaft beschreibt.

Definition 16.1.8 Es sei f eine reell- oder komplexwertige Folge. Dann heißt die zugehörige Reihe S^f **absolut konvergent**, falls die zur Folge $(|f_n|)_{n \in \mathbb{N}}$ der Absolutbeträge gehörende Reihe $S^{|f|}$ konvergiert.[2]

Beispielsweise ist die geometrische Reihe G_z für jedes $z \in \mathbb{C}$ mit $|z| < 1$ absolut konvergent. Weiter ist die Folge $((-1)^n \cdot \frac{1}{n})_{n \in \mathbb{N}}$ konvergent (nach dem Leibniz-Kriterium), aber nicht absolut konvergent (harmonische Reihe).

Es folgen nun zwei wichtige und elementare Vergleichskriterien für die absolute Konvergenz bzw. die Divergenz von Reihen. Sind (c_n) und (d_n) zwei reellwertige Folgen mit $c_n \leq d_n$ für fast alle n, so nennt man d eine **Majorante** von c, während c eine **Minorante** von d heißt. Beim Nachweis der Konvergenz einer Reihe S^f sucht man eine **konvergente Majorante** (siehe ▶Satz 16.1.9); zum Nachweis der Divergenz einer Reihe S^f sucht man eine **divergente Minorante** (siehe ▶Satz 16.1.10).

Satz 16.1.9 Majorantenkriterium

Es seien (a_n) und (b_n) reell- oder komplexwertige Folgen mit $|a_n| \leq |b_n|$ für jedes n. Die zur Folge b gehörende Reihe S^b sei absolut konvergent. Dann ist die zur Folge a gehörende Reihe S^a sowohl konvergent als auch absolut konvergent.

Beweis Wir wenden das Cauchy-Konvergenzkriterium für Reihen zunächst auf die absolut konvergente Reihe S^b an. Demnach gibt es zu jedem $\varepsilon > 0$ ein $N \in \mathbb{N}$, sodass für alle m, n mit $m > n \geq N$ gilt: $\sum_{k=n+1}^{m} |b_k| < \varepsilon$. Wegen $|a_l| \leq |b_l|$ für jedes $l \in \mathbb{N}$ gilt

$$\left| \sum_{k=n+1}^{m} a_k \right| \leq \sum_{k=n+1}^{m} |a_k| \leq \sum_{k=n+1}^{m} |b_k| < \varepsilon.$$

---
[2] Was, wegen ▶Satz 16.1.7 mit der Beschränktheit von $S^{|f|}$ gleichbedeutend ist.

Eine nochmalige Anwendung des Cauchy-Konvergenzkriteriums liefert dann sowohl die Konvergenz der zu a gehörenden Reihe S^a als auch die Konvergenz der zu $|a|$ gehörenden Reihe $S^{|a|}$. ∎

Insbesondere sieht man am Majorantenkriterium, dass eine absolut konvergente Reihe auch konvergent ist. Die Aussage des Majorantenkriteriums gilt auch noch, wenn man $|a_n| \leq |b_n|$ lediglich für **fast alle** n fordert. Gilt aber $|a_n| \leq |b_n|$ für jedes n, so erhält man noch die folgende Abschätzung für die existierenden Grenzwerte:

$$|\lim(S^a)| \leq \lim(S^{|a|}) \leq \lim(S^{|b|})$$

Satz 16.1.10   Minorantenkriterium

Es seien (a_n) und (b_n) reell- oder komplexwertige Folgen mit $|b_n| \leq |a_n|$ für jedes n. Die Reihe $S^{|b|}$ sei divergent. Dann divergiert auch die Reihe $S^{|a|}$.

Beweis Wäre $S^{|a|}$ konvergent, so könnte man das Majorantenkriterium (mit vertauschten Rollen von a und b) anwenden und erhielte die Konvergenz der Reihe $S^{|b|}$ und damit einen Widerspruch. ∎

Im Zusammenhang mit dem Majoranten- bzw. Minorantenkriterium betrachten wir das folgende Beispiel, bei dem es um die Konvergenz einer in der Zahlentheorie wichtigen Reihe geht.

Beispiel 16.1.11   Riemann'sche Zeta-Funktion

Für einen rationalen Exponenten $s \in \mathbb{Q}$ betrachten wir die Reihe $\sum_{n=1}^{\infty} \frac{1}{n^s}$. Wir wollen diese (in Abhängigkeit von s) auf Konvergenz bzw. Divergenz hin untersuchen. Bei festgelegtem s sei kurz $R_n := \sum_{k=1}^{n} \frac{1}{k^s}$. Wegen $\frac{1}{n^s} \geq 0$ für jedes $n \in \mathbb{N}^*$ und jedes $s \in \mathbb{Q}$ ist $(R_n)_{n \in \mathbb{N}^*}$ stets monoton wachsend.

1. Der Fall $s > 1$. Wir werden sehen, dass $(R_n)_n$ in diesem Falle konvergiert. Dazu reicht der Nachweis der Beschränktheit dieser Folge, was durch einen Vergleich mit der geometrischen Reihe geschieht. Zu jedem $n \in \mathbb{N}$ gibt es zunächst ein $l \in \mathbb{N}^*$ mit $2^l - 1 \geq n$. Dann ist

$$R_n \leq R_{2^l - 1} = 1 + \left(\frac{1}{2^s} + \frac{1}{3^s}\right) + \ldots + \left(\frac{1}{(2^{l-1})^s} + \ldots + \frac{1}{(2^l - 1)^s}\right).$$

Schätzt man jeden Summanden einer Summe $\frac{1}{(2^{l-1})^s} + \ldots + \frac{1}{(2^l-1)^s}$ durch $\frac{1}{(2^{l-1})^s}$ (also durch den ersten Summanden innerhalb einer solchen Gruppierung) nach oben ab, so erhält man

$$R_n \leq 1 + 2 \cdot \frac{1}{2^s} + \ldots + 2^{l-1} \cdot \frac{1}{(2^{l-1})^s} = 1 + \frac{1}{2^{s-1}} + \ldots + \frac{1}{(2^{l-1})^{s-1}},$$

also
$$R_n \leq \sum_{k=0}^{l-1}\left(\frac{1}{2^{s-1}}\right)^k.$$

Dabei beachte man noch, dass das Potenzieren mit s eine monoton wachsende Funktion liefert.

Es sei nun $z := \frac{1}{2^{s-1}}$. Wegen $s > 1$ ist $2^{s-1} > 1$ und daher $0 < \frac{1}{2^{s-1}} < 1$, weshalb die zu z gehörende geometrische Reihe G^z monoton wachsend und konvergent ist. Es folgt also
$$R_n \leq G_{l-1}^z \leq \lim(G^z) = \sum_{k=0}^{\infty}\left(\frac{1}{2^{s-1}}\right)^k = \frac{1}{1-2^{1-s}}.$$

Damit ist die Beschränktheit von R_n, also die Konvergenz von $\sum_{n=1}^{\infty}\frac{1}{n^s}$ für $s > 1$, bewiesen.

2. Der Fall $s \leq 1$. In diesem Falle kann man das Minorantenkriterium bzgl. der divergenten harmonischen Reihe anwenden. Es ist nämlich
$$R_n = 1 + \frac{1}{2^s} + \ldots + \frac{1}{n^s} \geq 1 + \frac{1}{2} + \ldots + \frac{1}{n},$$

weshalb $(R_n)_{n \in \mathbb{N}^*}$ dann divergiert.

Man nennt die Funktion
$$\zeta : (1, \infty) \cap \mathbb{Q} \to \mathbb{R}, \quad s \mapsto \zeta(s) := \sum_{n=1}^{\infty}\frac{1}{n^s}$$

die **Riemann'sche**[3] **Zeta-Funktion**. Wir bemerken (ohne Beweis), dass
$$\zeta(2) = \sum_{n=1}^{\infty}\frac{1}{n^2} = \frac{\pi^2}{6}$$

ist. Nach Einführung der Exponential- und Logarithmusfunktionen (Kapitel 17) kann man die Zeta-Funktion auch für reelle Exponenten $s > 1$ definieren, womit man eine Funktion auf $(1, \infty)$ erhält. ∎

E Das Quotienten- und das Wurzelkriterium bei Reihen Die beiden abschließend zu behandelnden Kriterien resultieren aus dem Majoranten- bzw. dem Minorantenkriterium im Zusammenhang mit der geometrischen Reihe. Sie werden auch im nächsten Abschnitt bei der Untersuchung von Potenzreihen nochmals aufgegriffen, wo sie eine wichtige Rolle spielen.

---

[3] Bernhard Riemann (1826–1866).

Satz 16.1.12 Quotientenkriterium

Es sei (a_n) eine reell- oder komplexwertige Folge mit $a_n \neq 0$ für (fast) alle n. Annahme, die Folge $\left(\frac{|a_{n+1}|}{|a_n|}\right)_{n\in\mathbb{N}}$ der absoluten Quotienten konvergiert, etwa gegen den Grenzwert q aus $\mathbb{R}$. Dann kann man über die zu a gehörende Reihe S^a Folgendes sagen:

(1) Ist $q < 1$, so ist S^a absolut konvergent.

(2) Ist $q > 1$, so ist S^a divergent.

Beweis

(1) Annahme, $q < 1$. Es sei $\alpha \in \mathbb{R}$ mit $q < \alpha < 1$. Aufgrund der Konvergenz von $\frac{|a_{n+1}|}{|a_n|}$ gegen q gibt es zu $\varepsilon := \alpha - q$ ein $N \in \mathbb{N}$ mit $|\frac{a_{n+1}}{a_n}| \leq \alpha$ für jedes $n \geq N$. Für jedes solche n ist dann

$$|a_n| \leq \alpha |a_{n-1}| \leq \ldots \leq \alpha^{n-N}|a_N|.$$

Es sei nun $f_n := \alpha^{n-N}|a_N|$. Dann gilt

$$0 \leq f_n = \frac{|a_N|}{\alpha^N} \cdot \alpha^n = c\alpha^n$$

mit der von N, also von ε, aber nicht von $n \geq N$ abhängigen Zahl $c = \frac{|a_N|}{\alpha^N}$. Wegen $\alpha < 1$ konvergiert die Reihe der S^f absolut, denn sie hat die Form: Konstante mal geometrische Reihe. Mit dem Majorantenkriterium erhält man daher die absolute Konvergenz der Reihe S^a, also die Gültigkeit von (1).

(2) Annahme, $q > 1$. Dann sei $\beta \in \mathbb{R}$ mit $q > \beta > 1$. Aufgrund der Konvergenz von $\frac{|a_{n+1}|}{|a_n|}$ gegen q gibt es zu $\varepsilon := q - \beta$ dann ein $N \in \mathbb{N}$ mit $|\frac{a_{n+1}}{a_n}| \geq \beta$ für jedes $n \geq N$. Somit gilt für $n \geq N$ die Abschätzung

$$|a_{n+1}| \geq \beta \cdot |a_n| > |a_n|.$$

Demnach ist $(|a_n|)_{n\in\mathbb{N}}$ keine Nullfolge, also ist auch $(a_n)_{n\in\mathbb{N}}$ keine Nullfolge, sodass S^a nach ▶Lemma 16.1.4 nicht konvergieren, und damit auch nicht absolut konvergieren kann. ∎

Ist in der Situation von ▶Satz 16.1.12 der Grenzwert q von $\frac{|a_{n+1}|}{|a_n|}$ gleich 1, so kann mit dem Quotientenkriterium keine allgemeingültige Aussage hinsichtlich der Konvergenz oder der Divergenz von S^a getroffen werden, wie die beiden folgenden Beispiele belegen.

- Ist $a_n := \frac{1}{n^2}$, so ist $\lim_n(\frac{n^2}{(n+1)^2}) = 1$. Hier konvergiert die Reihe S^a, wie wir anhand der Riemann'schen Zeta-Funktion 16.1.11 gesehen haben.

- Für die Folge $a_n := \frac{1}{n}$ gilt ebenfalls $\lim_n(\frac{n}{n+1}) = 1$. Die harmonische Reihe $\sum_n \frac{1}{n}$ ist allerdings divergent, siehe ▶Beispiel 16.1.3.

Als Anwendung des Quotientenkriteriums können wir nun die überaus wichtige Exponentialfunktion einführen, mit der wir uns im folgenden Kapitel noch eingehend beschäftigen werden.

Beispiel 16.1.13 **Die Exponentialfunktion**

Für jedes $z \in \mathbb{C}$ ist die Reihe

$$\exp(z) := \sum_{n=0}^{\infty} \frac{z^n}{n!}$$

konvergent. Das folgt wegen

$$\left| \frac{\frac{z^{n+1}}{(n+1)!}}{\frac{z^n}{n!}} \right| = \left| \frac{z}{n+1} \right| \to 0$$

für $n \to \infty$ (und jedes $z \in \mathbb{C}$) aus dem Quotientenkriterium. Man nennt $\exp(z)$ die Exponentialfunktion. ∎

Wir bemerken weiter, dass man die Voraussetzung des Quotientenkriteriums etwas abschwächen kann, ohne dabei die resultierenden Aussagen einzuschränken. Es reicht, die Beschränktheit der absoluten Quotientenfolge $\left(\frac{|a_{n+1}|}{|a_n|}\right)$ zu fordern und für q den Limes superior, also den größten Häufungspunkt dieser Folge, zu nehmen. Dies wurde bei der Formulierung des folgenden Kriteriums berücksichtigt.

Satz 16.1.14 **Wurzelkriterium**

Es sei (a_n) eine beschränkte reell- oder komplexwertige Folge. Es sei $L := \limsup(\sqrt[n]{|a_n|})$ der Limes superior der Folge $(\sqrt[n]{|a_n|})$. Dann kann man über die zu a gehörende Reihe S^a Folgendes sagen:

(1) Ist $L < 1$, so konvergiert S^a absolut.

(2) Ist $L > 1$, so divergiert S^a.

Beweis

(1) Aufgrund der Voraussetzung $L < 1$ gibt es ein α mit $L < \alpha < 1$. Da es sich bei L um den Limes superior der (ebenfalls beschränkten) Folge $(\sqrt[n]{|a_n|})$ handelt, existiert ein $N \in \mathbb{N}$ mit $\sqrt[n]{|a_n|} \leq \alpha$ für jedes $n \geq N$. Folglich gilt auch $|a_n| \leq \alpha^n$ für diese n, sodass die geometrische Reihe zum Parameter α eine konvergente Majorante bildet. Die Aussage (1) ergibt sich somit aus dem Majorantenkriterium.

(2) Ist $L > 1$, so ist $\sqrt[n]{|a_n|} > 1$ für unendlich viele n und daher keine Nullfolge, weshalb S^a nicht konvergieren kann (siehe ▶Lemma 16.1.4). ∎

Man beachte, dass im Falle der Konvergenz von $(\sqrt[n]{|a_n|})_{n\in\mathbb{N}}$ der Limes superior einfach mit dem Grenzwert dieser Folge übereinstimmt. Ist in der Situation von ▶Satz 16.1.14 der Limes superior L von $(\sqrt[n]{|a_n|})$ gleich 1, so kann keine allgemeingültige Aussage hinsichtlich der Konvergenz oder der Divergenz der Reihe S^a getroffen werden. Wie beim Quotientenkriterium kann man sich dies anhand der Folgen $(\frac{1}{n})$ und $(\frac{1}{n^2})$ klarmachen.

- Bei $a_n = \frac{1}{n}$ konvergiert $(\sqrt[n]{|a_n|})$ gegen 1 und die zugehörige Reihe, die harmonische, ist divergent.

- Bei $a_n = \frac{1}{n^2}$ konvergiert $(\sqrt[n]{|a_n|})$ ebenfalls gegen 1 und die zugehörige Reihe, die Riemann'sche Zeta-Funktion zum Parameter $s = 2$, ist absolut konvergent.

Mit dem folgenden Beispiel wollen wir demonstrieren, dass das Wurzelkriterium bisweilen anwendbar ist, obwohl das Quotientenkriterium versagt.

Beispiel 16.1.15 Wir definieren eine Folge (a_n) durch

$$a_{2m} := 3^{-2m} \text{ (gerade Indizes) und } a_{2m+1} := 2^{-2m} \text{ (ungerade Indizes)}.$$

Dann ist $\frac{a_{2m+1}}{a_{2m}} = \left(\frac{3}{2}\right)^{2m}$, weshalb das Quotientenkriterium hier nicht anwendbar ist, weil die Quotientenfolge nicht beschränkt ist. Andererseits sind

$$\sqrt[2m]{a_{2m}} = \frac{1}{3} \quad \text{und} \quad \sqrt[2m+1]{a_{2m+1}} = \left(\frac{1}{2}\right)^{2m/2m+1} = \frac{1}{2} \cdot \sqrt[2m+1]{2}.$$

Damit ist der Limes superior L der Folge $(\sqrt[n]{|a_n|})$ gleich $\frac{1}{2}$, also kleiner als 1, sodass S^a nach dem Wurzelkriterium absolut konvergiert. ∎

F Die Reihendarstellung der Euler'schen Zahl Wir wollen zum Ende dieses Abschnittes nochmals auf die Exponentialfunktion $\exp(z) = \sum_{n=0}^{\infty} \frac{z^n}{n!}$ aus ▶Beispiel 16.1.13 zurückkommen und uns den Grenzwert bei $z = 1$, also $\exp(1) = \sum_{n=0}^{\infty} \frac{1}{n!}$ genauer ansehen. Wir behaupten, dass $\exp(1)$ gleich e, der Euler'schen Zahl ist, die in Abschnitt 15.4-C als Grenzwert der Folge $f_n := (1 + \frac{1}{n})^n$ eingeführt wurde.

Satz 16.1.16 Es gilt

$$e = \lim_{n \to \infty} \left(1 + \frac{1}{n}\right)^n = \sum_{n=0}^{\infty} \frac{1}{n!}.$$

Beweis Zum Nachweis dieser Behauptung rechnen wir nach, dass $e \leq \exp(1)$ und $e \geq \exp(1)$ gelten. Dazu sei $g_n := \sum_{k=0}^{n} \frac{1}{k!}$. Es sei weiter $n \geq 2$. Innerhalb der Rechnungen in Abschnitt 15.4-C hatten wir bereits gesehen, dass $\binom{n}{k} \cdot \frac{1}{n^k} \leq \frac{1}{k!}$ ist (für $k \geq 2$ gilt sogar $<$, für $k = 1$ oder $k = 0$ gilt Gleichheit). Demnach ist

$$f_n = \left(1 + \frac{1}{n}\right)^n = \sum_{k=0}^{n} \binom{n}{k} \frac{1}{n^k} \leq \sum_{k=0}^{n} \frac{1}{k!} = g_n$$

und damit auch $e = \lim_n(f_n) \leq \lim_n(g_n) = \sum_{k=0}^{\infty} \frac{1}{k!} = \exp(1)$.

Umgekehrt werden wir nachweisen, dass $e \geq g_m$ für jedes $m \in \mathbb{N}^*$ und damit dann auch $e \geq \lim(g) = \exp(1)$ gilt. Dazu sei $m \geq 1$ beliebig, aber fest gewählt. Ferner sei $n > m$ beliebig. Dann ist

$$f_n > \sum_{k=0}^{m} \binom{n}{k} \frac{1}{n^k} = \sum_{k=0}^{m} \left(\frac{1}{k!} \cdot \frac{n}{n} \cdot \frac{n-1}{n} \cdot \ldots \cdot \frac{n-k+1}{n}\right).$$

Die letzte Summe ist gleich

$$\sum_{k=0}^{m} \left[\frac{1}{k!} \cdot 1 \cdot \left(1 - \frac{1}{n}\right) \cdot \left(1 - \frac{2}{n}\right) \cdot \ldots \cdot \left(1 - \frac{k-1}{n}\right)\right].$$

Bei einem Grenzübergang $n \to \infty$ folgt unter Verwendung der Grenzwertsätze daraus

$$e = \lim(f) \geq \sum_{k=0}^{m} \left(\frac{1}{k!} \cdot \lim_{n \to \infty}\left(1 - \frac{1}{n}\right) \cdot \lim_{n \to \infty}\left(1 - \frac{2}{n}\right) \cdot \ldots \cdot \lim_{n \to \infty}\left(1 - \frac{k-1}{n}\right)\right)$$

$$= \sum_{k=0}^{m} \frac{1}{k!} = g_m.$$

Dies gilt nun aber für jedes $m \in \mathbb{N}^*$, womit wie oben bemerkt alles bewiesen ist. ∎

Zur näherungsweisen Berechnung der Exponentialfunktion $\exp(x) = \sum_{n=0}^{\infty} \frac{x^n}{n!}$ kann man einen Reihenrest einfach „abschneiden". Um eine Aussage über die Güte dieser Approximation zu erhalten, benötigt man dann eine Abschätzung des Fehlers (hier des Reihenrestes). Genauer: Man schreibt zunächst

$$\exp(x) = \sum_{k=0}^{n} \frac{x^k}{k!} + R_{n+1}(x) \quad \text{mit} \quad R_{n+1}(x) = \sum_{k=n+1}^{\infty} \frac{x^k}{k!}.$$

Für $|x| \leq 1$ ist dann (Übung):

$$|R_{n+1}(x)| \leq 2 \cdot \frac{|x|^{n+1}}{(n+1)!}.$$

Insbesondere ist $e = \sum_{k=0}^{n} \frac{1}{k!} + R_{n+1}(1)$ mit $R_{n+1}(1) \leq \frac{2}{(n+1)!}$. Bei $n = 10$ ergibt dies $R_{11}(1) < 0.00000006$, woraus folgt:

$$e \in [2.7182816, 2.718282] \tag{16.1.2}$$

16.2 Der Konvergenzbereich bei Potenzreihen

A **Potenzreihen aus analytischem Blickwinkel** In diesem Abschnitt beginnen wir mit dem Studium einer wichtigen Klasse von Funktionen, nämlich den Potenzreihen. Wir erinnern zunächst daran, dass einer reell- oder komplexwertigen Folge (a_n) durch

$$P_a(x) := \sum_{n=0}^{\infty} a_n x^n \in \mathbb{R}[[x]] \quad \text{bzw.} \quad \in \mathbb{C}[[x]] \tag{16.2.1}$$

eine Potenzreihe zugeordnet wird. Dabei haben wir in Abschnitt 12.1 bzw. Kapitel 13 einen beliebigen Körper zugrunde gelegt und solche Reihen unter einem „formalen" Gesichtspunkt betrachtet. Im vorliegenden Abschnitt geht es darum, festzustellen, für welche Werte von z man die Reihe P_a an der Stelle z auswerten kann, d. h., für welche z aus $\mathbb{R}$ bzw. $\mathbb{C}$ die zur Folge $(a_n z^n)_n$ gehörende Reihe konvergiert. Wir vereinbaren dazu folgende Sprechweisen und Notationen:

1. Gegeben sei die Folge (a_n) und $z \in \mathbb{C}$. Die zur Folge $(a_n z^n)$ gehörende Reihe schreiben wir als $P_a(z)$ oder als $S^{a,z}$ oder als $\sum_{n=0}^{\infty} a_n z^n$.

2. Im Falle der Konvergenz sagen wir, dass $P_a(z)$ bzw. $S^{a,z}$ bzw. $\sum_{n=0}^{\infty} a_n z^n$ konvergiert. Für den entsprechenden Grenzwert schreiben wir dann ebenfalls $P_a(z)$ bzw. $S^{a,z}$ bzw. $\sum_{n=0}^{\infty} a_n z^n$.

3. Für die formale Potenzreihe $P_a(x)$ verwenden wir nach wie vor die Variable x.

B **Der Konvergenzradius bei Potenzreihen** Offensichtlich ist P_a an der Stelle $z = 0$ konvergent, und zwar gegen a_0. Spannend wird es also erst an von null verschiedenen Stellen. Wegen $\mathbb{R} \subseteq \mathbb{C}$ lässt sich jede reellwertige Reihe auch als komplexwertige Reihe auffassen. Wir werden im Folgenden daher von $\mathbb{C}$ ausgehen, ohne den Körper $\mathbb{R}$ dabei zu vernachlässigen.

Lemma 16.2.1 Annahme, $P_a(z_0)$ konvergiert für ein z_0 aus $\mathbb{C}$ mit $z_0 \neq 0$. Dann konvergiert $P_a(z)$ auch für jedes $z \in \mathbb{C}$ mit $|z| < |z_0|$, und zwar absolut.

Beweis Annahme $|z| < |z_0|$. Definiere $q := |\frac{z}{z_0}|$. Dann ist $q < 1$. Aufgrund der Konvergenz von $P_a(z_0)$ ist die Folge $(a_n z_0^n)$ nach ▶Lemma 16.1.4 notwendigerweise eine Nullfolge, also insbesondere auch beschränkt. Es sei etwa $|a_n z_0^n| \leq s$ für jedes $n \in \mathbb{N}$. Dann erhält man

$$|a_n z^n| = \left| \left(\frac{z}{z_0}\right)^n \cdot a_n z_0^n \right| = |a_n z_0^n| \cdot \left| \frac{z}{z_0} \right|^n \leq s \cdot \left| \frac{z}{z_0} \right|^n = s q^n.$$

Nun ist aber die Reihe $\sum_{n=0}^{\infty} sq^n = s\sum_{n=0}^{\infty} q^n$ konvergent, da es sich um eine mit s multiplizierte geometrische Reihe mit Parameter $q < 1$ handelt (siehe ▶Beispiel 16.1.2). Es folgt die absolute Konvergenz von $P_a(z)$ aufgrund des Majorantenkriteriums (▶Satz 16.1.9). Das bedeutet wiederum, dass die Grenzwerte $P_a(|z|)$ und $P_a(z)$ existieren. ∎

Definition 16.2.2 Ist (a_n) eine Folge und $P_a(x)$ die zugehörige Potenzreihe, so nennt man die Menge $K_a := \{z \in \mathbb{C} : P_a(z) \text{ konvergiert}\}$ den **Konvergenzbereich** der Potenzreihe und die Zahl

$$\rho_a := \sup\{r \in \mathbb{R} : P_a(r) \text{ konvergiert}\}$$

den **Konvergenzradius** der Potenzreihe. Die Menge aller $z \in \mathbb{C}$ mit $|z| = \rho_a$ nennt man den **Rand des Konvergenzbereiches**.

Man beachte, dass stets $\rho_a \geq 0$ ist. Ferner soll auch der uneigentliche Wert $\rho_a = \infty$ als Konvergenzradius erlaubt sein, mit der Interpretation, dass $P_a(z)$ für jedes $z \in \mathbb{C}$ konvergiert.

Satz 16.2.3 Für den Konvergenzbereich und den -radius einer Potenzreihe $P_a(x)$ gelten:

(1) Ist $z \in \mathbb{C}$ mit $|z| < \rho_a$, so konvergiert $P_a(z)$ absolut.

(2) Ist $z \in \mathbb{C}$ mit $|z| > \rho_a$, so divergiert $P_a(z)$.

(3) Ist $z \in \mathbb{C}$ mit $|z| = \rho_a$, so kann keine allgemeingültige Aussage hinsichtlich der Konvergenz oder Divergenz von $P_a(z)$ getroffen werden.

Beweis

(1) Es sei $|z| < \rho_a$. Aufgrund der Definition von ρ_a existiert ein $r \in \mathbb{R}$ mit $|z| < r < \rho_a$, sodass $P_a(r)$ konvergiert. Nun liefert ▶Lemma 16.2.1 auch die Konvergenz von $P_a(z)$, und zwar absolut.

(2) Wäre $P_a(z)$ für ein z mit $|z| > \rho_a$ konvergent, so auch für alle $r \in \mathbb{R}$ mit $0 \leq r < |z|$ nach ▶Lemma 16.2.1. Das widerspricht aber der Definition des Konvergenzradius.

(3) Wir betrachten exemplarisch verschiedene Situationen, die zu unterschiedlichem Verhalten auf dem Rand des Konvergenzbereiches führen.

- Die Potenzreihe $P_a(z) = \sum_{n=0}^{\infty} z^n$ (mit (a_n) konstant gleich 1) hat den Konvergenzradius 1, weil es sich bei $|z| < 1$ jeweils um eine geometrische Reihe handelt. Sie divergiert aber für jedes z mit $|z| = 1$, weil im Falle $|z| = 1$ auch $|z^n| = |z|^n = 1$ für alle $n \in \mathbb{N}$ gilt, sodass (z^n) keine Nullfolge sein kann, da sie ja ganz auf dem Rand des Einheitskreises von $\mathbb{C}$ verläuft.

- Die Potenzreihe $P_b(z) = \sum_{n=1}^{\infty} \frac{z^n}{n}$ konvergiert für $z = -1$, da es sich dabei um die alternierende harmonische Reihe handelt (siehe ▶Satz 16.1.5 und die nachfolgenden Beispiele). Nach ▶Lemma 16.2.1 konvergiert $P_b(z)$ dann auch für alle z mit $|z| < |-1| = 1$, sodass $\rho_b \geq 1$ ist. Für $z = 1$ liegt allerdings die divergente harmonische Reihe vor, sodass $\rho_b = 1$ ist.

- Die Potenzreihe $P_c(z) = \sum_{n=0}^{\infty} \frac{z^n}{n^2}$ konvergiert für $z = 1$ (siehe ▶Beispiel 16.1.11) und aufgrund des Majorantenkriteriums dann auch für alle z mit $|z| \leq 1$, insbesondere für alle z mit $|z| = 1$. Der folgende ▶Satz 16.2.4 zeigt, dass auch $P_c(z)$ den Konvergenzradius 1 hat.

Zusammenfassend lässt sich sagen, dass zu einer Folge (a_n) aus $\mathbb{C}^\mathbb{N}$ gilt:

$$\{z \in \mathbb{C} : |z| < \rho_a\} \subseteq K_a \subseteq \{z \in \mathbb{C} : |z| \leq \rho_a\} \tag{16.2.2}$$

Dabei ist der Fall $K_a = \mathbb{C}$ dadurch abgedeckt, dass man $\rho_a = \infty$ zulässt. Für reelle z konvergiert $P_a(z)$ daher stets auf dem offenen Intervall $(-\rho_a, \rho_a)$; für komplexe z liegt Konvergenz auf dem offenen Kreis $B_{\rho_a}(0)$ mit Radius ρ_a vor.

C **Das Quotienten- und das Wurzelkriterium bei Potenzreihen** Zur konkreten Berechnung des Konvergenzradius kann man das Quotienten- bzw. das Wurzelkriterium aus dem letzten Abschnitt heranziehen. In der Formulierung der entsprechenden Ergebnisse (siehe ▶Satz 16.2.4) ist allerdings zu beachten, dass die zu bildenden Limites sich alle auf die Koeffizientenfolge (b_n) der Potenzreihe beziehen; die Anwendung von ▶Satz 16.1.12 und ▶Satz 16.1.14 hingegen würde sich auf Folgen der Form $(b_n z^n)$ beziehen, wobei z konkret gewählt ist. Das wird im Beweis des folgenden Satzes deutlich.

Satz 16.2.4 Gegeben sei eine Folge (b_n) über $\mathbb{R}$ oder $\mathbb{C}$.

(1) **Wurzelkriterium**: Ausgehend von der Folge $(\sqrt[n]{|b_n|})$ mit Werten in $\mathbb{R}_0^+$ kann über den Konvergenzradius ρ_b bzw. den Konvergenzbereich K_b der Potenzreihe $P_b(x)$ Folgendes gesagt werden:

16.2 Der Konvergenzbereich bei Potenzreihen

- Ist diese unbeschränkt, so ist $\rho_b = 0$.
- Ist sie beschränkt und $L := \limsup(\sqrt[n]{|b_n|}) > 0$, so ist $\rho_b = \frac{1}{L}$.
- Ist $\lim(\sqrt[n]{|b_n|}) = 0$, so ist $K_b = \mathbb{C}$, also $\rho_b = \infty$.

(2) **Quotientenkriterium**: Angenommen, b_n ist (fast) überall ungleich null. Ausgehend von der Folge $(\frac{|b_{n+1}|}{|b_n|})$ mit Werten in $\mathbb{R}^+$ kann über den Konvergenzradius ρ_b der Potenzreihe $P_b(x)$ Folgendes gesagt werden:

- Ist diese konvergent oder uneigentlich konvergent mit Grenzwert $q \in \mathbb{R}_0^+ \cup \{\infty\}$, so ist $\rho_b = \frac{1}{q}$; dabei ist $\rho_b = 0$, falls $q = \infty$, und $\rho_b = \infty$, falls $q = 0$.

Beweis

(1) Wir nehmen zunächst an, dass die Folge $(\sqrt[n]{|b_n|})$ beschränkt ist. Für jedes $z \in \mathbb{C}$ ist dann auch die Folge $(\sqrt[n]{|b_n z^n|}) = (|z| \cdot \sqrt[n]{|b_n|})$ beschränkt. Mit $l(z) := \limsup \sqrt[n]{|b_n z^n|}$ ergibt sich

$$l(z) = |z| \cdot \limsup \sqrt[n]{|b_n|} = |z| \cdot L.$$

Also ist $l(z) < 1$, falls $L = 0$ oder falls $|z| < \frac{1}{L}$. Entsprechend ist $l(z) > 1$, falls $|z| > \frac{1}{L}$. Nach dem Wurzelkriterium aus Abschnitt 16.1-E konvergiert somit $P_b(z)$ für $l(z) < 1$ und divergiert $P_b(z)$ für $l(z) > 1$. Nach ▶Definition 16.2.2 ist $\frac{1}{L}$ der Konvergenzradius von P_b, wobei dieser Wert für $L = 0$ als ∞ interpretiert werden darf.

Falls $(\sqrt[n]{|b_n|})$ unbeschränkt ist, so ist für $z \neq 0$ auch $(\sqrt[n]{|b_n z^n|}) = (|z| \cdot \sqrt[n]{|b_n|})$ unbeschränkt, weshalb dann $(b_n z^n)$ keine Nullfolge sein kann und $P_b(z)$ divergiert. Hier besteht der Konvergenzbereich also lediglich aus der Zahl $z = 0$, was $\rho_b = 0$ impliziert.

(2) Annahme, die Quotientenfolge $\frac{|b_{n+1}|}{|b_n|}$ konvergiert (bestimmt oder unbestimmt) gegen q aus $\mathbb{R} \cup \{\infty\}$. Für $z \in \mathbb{C}, z \neq 0$, gilt dann

$$l(z) := \lim \left(\frac{|b_{n+1} z^{n+1}|}{|b_n z^n|} \right) = |z| \cdot \lim \left(\frac{|b_{n+1}|}{|b_n|} \right) = |z| \cdot q.$$

Nach dem Quotientenkriterium konvergiert $P_b(z)$ absolut, falls $l(z) = |z| \cdot q < 1$, also falls $|z| < \frac{1}{q}$ ist. Ferner divergiert $P_b(z)$, falls $l(z) = |z| \cdot q > 1$, also falls $|z| > \frac{1}{q}$ ist. Daraus ergibt sich die Aussage $\rho_b = \frac{1}{q}$ mit den entsprechenden Interpretationen, wenn $q = 0$ bzw. wenn $q = \infty$ ist. ∎

Betrachten wir einige Beispiele zu ▶Satz 16.2.4.

1. Es sei $b_n = \frac{1}{n}$. Dann ist $\frac{|b_{n+1}|}{|b_n|} = \frac{n}{n+1}$ konvergent gegen $q = 1$, sodass $\rho_b = \frac{1}{q} = 1$ ist. Das entsprechende Ergebnis erhält man auch über das Wurzelkriterium, denn $L = \limsup \sqrt[n]{|b_n|} = \limsup \sqrt[n]{\frac{1}{n}} = \frac{1}{\lim \sqrt[n]{n}} = 1$, woraus $\rho_b = \frac{1}{L} = 1$ folgt.

2. Es sei nun $b_n = \frac{1}{n^2}$. Dann ist $\frac{|b_{n+1}|}{|b_n|} = \frac{n^2}{n^2+2n+1}$ konvergent gegen $q = 1$, sodass $\rho_b = \frac{1}{q} = 1$ ist. Das entsprechende Ergebnis erhält man auch über das Wurzelkriterium, denn
$$L = \limsup \sqrt[n]{|b_n|} = \limsup \sqrt[n]{\frac{1}{n^2}} = \left(\frac{1}{\lim \sqrt[n]{n}}\right)^2 = 1,$$
woraus $\rho_b = \frac{1}{L} = 1$ folgt.

3. Es sei $b_n := n^n$. Es ist $\sqrt[n]{|b_n|} = n$ unbeschränkt, sodass das Wurzelkriterium $\rho_b = 0$ liefert. Entsprechendes liefert das Quotientenkriterium. Es ist
$$\frac{|b_{n+1}|}{|b_n|} = \frac{(n+1)^{n+1}}{n^n} = \left(1 + \frac{1}{n}\right)^n \cdot (n+1)$$
unbestimmt konvergent gegen $q = \infty$, sodass $\rho_b = \frac{1}{q} = 0$ ist.

4. Es sei nun $b_n := \frac{1}{n!}$, sodass $P_b(z)$ gleich $\exp(z)$, der Exponentialreihe ist. Nun ist $\frac{|b_{n+1}|}{|b_n|} = \frac{n!}{(n+1)!} = \frac{1}{n+1}$ konvergent gegen $q = 0$. Das Quotientenkriterium liefert, dass der Konvergenzradius ρ_b gleich ∞ ist.

D **Der Identitätssatz für Potenzreihen** Wir wollen nun die Frage untersuchen, wann zwei Potenzreihen $P_a(x)$ und $P_b(x)$ die gleiche Funktion darstellen, wenn man sie an Punkten des Konvergenzbereiches auswertet. Die genaue Aussage ist als Identitätssatz für Potenzreihen in 16.2.6 formuliert. Wir benötigen dazu den folgenden Hilfssatz.

Lemma 16.2.5 Es sei (a_n) eine von der konstanten Nullfolge verschiedene Folge. Die Potenzreihe $P_a(x)$ habe einen positiven Konvergenzradius ρ_a. Dann gibt es ein $r \in \mathbb{R}$ mit $0 < r < \rho_a$, sodass die Funktion $P_a \colon z \mapsto P_a(z)$ auf $B_r(0)$ nur endlich viele Nullstellen hat.

Beweis Es sei $N \in \mathbb{N}$ minimal mit $a_N \neq 0$. Ist $s \in \mathbb{R}^+$ mit $s < \rho_a$ und ist $|z| \leq s$, so ist
$$|P_a(z) - a_N z^N| \leq |z|^{N+1} \cdot \gamma \quad \text{mit} \quad \gamma := \sum_{k=N+1}^{\infty} |a_k| s^{k-N-1},$$
da ja (unter Verwendung der Dreiecksungleichung und einem Grenzübergang)
$$|P_a(z) - a_N z^N| = \left|\sum_{k=N+1}^{\infty} a_k z^k\right| \leq \sum_{k=N+1}^{\infty} |a_k||z|^k$$
$$\leq |z|^{N+1} \sum_{k=N+1}^{\infty} |a_k| s^{k-N-1}$$

gilt. Im Widerspruch zur Aussage des Satzes nehmen wir nun an, dass es keine Zahl r mit $0 < r < \rho_a$ gibt, sodass $P_a(x)$ auf dem Kreis $B_r(0)$ nur endlich viele Nullstellen hat. Dann gibt es eine Folge (ζ_n) von Nullstellen von $P_a(x)$ mit $\lim(\zeta_n) = 0$ und mit $(|\zeta_n|)$ streng monoton fallend sowie mit $|\zeta_n| \leq s$ für alle n. Aufgrund obiger Abschätzung müsste dann auch für diese Stellen gelten:

$$|a_N| \cdot |\zeta_n|^N = |P_a(\zeta_n) - a_N \zeta_n^N| \leq |\zeta_n|^{N+1} \cdot \gamma$$

Wegen $\zeta_n \neq 0$ folgt daraus $|a_N| \leq |\zeta_n| \cdot \gamma$. Da dies aber für jedes n gilt und da (ζ_n) eine Nullfolge ist, erhält man durch Grenzübergang $n \to \infty$ den Widerspruch $a_N = 0$. ∎

Satz 16.2.6 Es seien $P_a(x)$ und $P_b(x)$ Potenzreihen, jeweils mit Konvergenzradien $\rho_a > 0$ und $\rho_b > 0$. Es gebe eine Nullfolge (ζ_k) mit $\zeta_k \neq 0$ für alle k und $P_a(\zeta_k) = P_b(\zeta_k)$ für alle k. Dann gilt $a_n = b_n$ für alle n.

Beweis Nach Voraussetzung hat die Potenzreihe $P_{a-b}(x)$ einen positiven Konvergenzradius und unendlich viele Nullstellen innerhalb eines Kreises mit positivem Radius. Wegen ▶Lemma 16.2.5 muss die Folge $(a_n - b_n)$ dann identisch mit der konstanten Nullfolge sein, also $a_n = b_n$ für alle n gelten. ∎

E Reihen mit allgemeinem Entwicklungspunkt Zum Ende dieses Abschnittes wollen wir bemerken, dass Potenzreihen häufig auch in der Form

$$P_{a,\omega}(x) = \sum_{n=0}^{\infty} a_n (x - \omega)^n \tag{16.2.3}$$

auftreten. Man nennt dabei den festen Wert ω den **Entwicklungspunkt der Potenzreihe**. Da es sich bei Übergang von x nach $x - \omega$ lediglich um eine affine Variablentransformation handelt, können alle hier gewonnenen theoretischen Ergebnisse mühelos auf die allgemeinere Situation $P_{a,\omega}$ übertragen werden. Die Konvergenzbereiche sind dann natürlich von der Form $(\omega - \rho_a, \omega + \rho_a)$ bzw. $B_{\rho_a}(\omega)$, d. h., dass sich die Intervallmitte bzw. die Mitte des Kreises vom Nullpunkt in den Punkt ω verlagert.

Beispielsweise hat die Potenzreihe $\sum_{n=0}^{\infty} \frac{1}{n}(x-2)^n$ den Konvergenzradius 1 und innerhalb der komplexen Zahlen gilt für den Konvergenzbereich K dieser Reihe:

$$B_1(2) = \{z \in \mathbb{C}: |z-2| < 1\} \subseteq K \subseteq \{z \in \mathbb{C}: |z-2| \leq 1\}$$

16.3 Konvergenzverhalten bei Umordnung und Faltung

A **Umordnungen bei Reihen** In diesem Abschnitt zeigen wir, dass man beim Aufsummieren der Glieder einer absolut konvergenten Reihe die Reihenfolge beliebig abändern kann, ohne den Grenzwert zu verändern. Dies steht im krassen Gegensatz zu Reihen, die lediglich konvergieren, aber nicht absolut konvergieren. Durch die Möglichkeit von Umordnungen ergeben sich wichtige Anwendungen bei der Produktbildung von Reihen.

> **Definition 16.3.1** Es sei (a_n) eine reell- oder komplexwertige Folge. Ist $\phi: \mathbb{N} \to \mathbb{N}$ eine bijektive Abbildung, so nennt man die Folge $(a_{\phi(n)})$ eine **Umordnung** der Folge (a_n).

Das folgende Ergebnis zeigt, dass bei der Summierung absolut konvergenter Reihen quasi uneingeschränkt das Kommutativgesetz gilt.

> **Satz 16.3.2** Es sei (a_n) eine Folge in $\mathbb{R}$ oder $\mathbb{C}$, für die S^a absolut konvergiert. Ist dann $a \circ \phi$ irgendeine Umordnung der Folge a, so ist auch die Reihe $S^{a \circ \phi}$ absolut konvergent. Ferner gilt $\sum_{n=0}^{\infty} a_n = \sum_{n=0}^{\infty} a_{\phi(n)}$.

Beweis Es sei $\varepsilon > 0$. Wir setzen $\varepsilon' := \frac{\varepsilon}{2}$. Gemäß Cauchy-Kriterium 16.1.6 existiert zu diesem $\varepsilon' > 0$ aufgrund der absoluten Konvergenz der Reihe S^a ein $N \in \mathbb{N}$ mit $\sum_{k=N+1}^{n} |a_k| < \varepsilon'$ für alle $n > N$. Als Nächstes wählt man $M \in \mathbb{N}$ so groß, dass die Menge $\{0, 1, 2, \ldots, N\}$ ganz in $\{\phi(0), \phi(1), \ldots, \phi(M)\}$ enthalten ist (offenbar ist $M \geq N$). Für jedes $n > M$ ist dann

$$\left| \sum_{k=0}^{n} a_k - \sum_{k=0}^{n} a_{\phi(k)} \right| = \left| \sum_{k=N+1}^{n} a_k - \sum_{\substack{k: 0 \leq k \leq n, \\ \phi(k) > N}} a_{\phi(k)} \right|.$$

Weiter ist

$$\left| \sum_{k=N+1}^{n} a_k - \sum_{\substack{k: 0 \leq k \leq n, \\ \phi(k) > N}} a_{\phi(k)} \right| \leq \sum_{k=N+1}^{n} |a_k| + \sum_{\substack{k: 0 \leq k \leq n, \\ \phi(k) > N}} |a_{\phi(k)}|,$$

was für alle $L \geq \max\{\phi(k): 0 \leq k \leq n\}$ durch $\varepsilon' + \sum_{k=N+1}^{L} |a_k|$ nach oben abgeschätzt werden kann. Da nun auch $\sum_{k=N+1}^{L} |a_k| < \varepsilon'$ ist, folgt insgesamt

$$\left| \sum_{k=0}^{n} a_k - \sum_{k=0}^{n} a_{\phi(k)} \right| < \varepsilon' + \varepsilon' = \varepsilon.$$

Damit ist erwiesen, dass $S^a - S^{a \circ \phi}$ eine Nullfolge ist. Mit den Grenzwertsätzen aus Abschnitt 15.2 folgt dann, dass auch $S^{a \circ \phi}$ konvergiert und dass $\lim(S^{a \circ \phi}) = \lim(S^a)$ ist.

16.3 Konvergenzverhalten bei Umordnung und Faltung

Wendet man die gleiche Argumentation auf $S^{|a|}$ an, so folgt die absolute Konvergenz von $S^{|a \circ \phi|} = S^{|a| \circ \phi}$ und damit insgesamt die Behauptung. ∎

Ohne Beweis vermerken wir den folgenden Sachverhalt. Es sei (a_n) eine Folge in $\mathbb{R}$, für die S^a konvergiert, aber nicht absolut konvergiert. Dann gilt für S^a quasi genau das Gegenteil der Aussage des ▶Satzes 16.3.2. Sind nämlich α, β beliebig aus $\mathbb{R} \cup \{-\infty, \infty\}$ mit $\alpha \leq \beta$, so gibt es eine Umordnung ϕ derart, dass $\limsup(S^{a \circ \phi}) = \beta$ und $\liminf(S^{a \circ \phi}) = \alpha$ ist. Insbesondere können bei Umordnungen folgende Phänomene auftreten:

- die Divergenz der umgeordneten Reihe,
- die uneigentliche Konvergenz der umgeordneten Reihe,
- die Konvergenz der umgeordneten Reihe gegen einen beliebig vorgegebenen reellen Wert.

B Konvergenz bei Faltung von Reihen Wir kommen nun zum sog. **Cauchy-Produkt absolut konvergenter Reihen**, was ganz eng mit der Faltung von formalen Potenzreihen zusammenhängt. Zur Erinnerung sei nochmals erwähnt, dass die Faltung (bzw. Konvolution) $(c_n) := (a_n) \star (b_n)$ zweier reell- oder komplexwertiger Folgen (a_n) und (b_n) durch $c_n := \sum_{k=0}^{n} a_k b_{n-k}$ definiert ist.

Satz 16.3.3 Die reell- oder komplexwertigen Reihen S^a und S^b zu den Folgen (a_n) und (b_n) seien jeweils absolut konvergent. Dann ist auch die Reihe $S^c = S^{a \star b}$ der zur Faltung $(c_n) = (a_n) \star (b_n)$ gehörenden Folge absolut konvergent und es gilt $\lim(S^c) = \lim(S^a) \cdot \lim(S^b)$, also

$$\sum_{n=0}^{\infty} c_n = \sum_{n=0}^{\infty} \left(\sum_{k=0}^{n} a_k b_{n-k} \right) = \left(\sum_{n=0}^{\infty} a_n \right) \cdot \left(\sum_{n=0}^{\infty} b_n \right).$$

Beweis Es seien $A := \sum_{n=0}^{\infty} a_n$ und $B := \sum_{n=0}^{\infty} b_n$ die Grenzwerte der Reihen S^a bzw. S^b. Ferner seien

$$C_n := \sum_{k=0}^{n} c_k \quad \text{und} \quad C_n^* := \left(\sum_{k=0}^{n} a_k \right)\left(\sum_{k=0}^{n} b_k \right).$$

Aufgrund der Grenzwertsätze (Abschnitt 15.2) ist (C_n^*) konvergent mit Grenzwert AB. Es bleibt daher der Nachweis, dass auch (C_n) konvergiert, und zwar ebenfalls gegen AB. Dazu genügt der Nachweis, dass $(C_n^* - C_n)$ eine Nullfolge ist.

Für $n \in \mathbb{N}^*$ müssen wir nun die Indexmengen der jeweiligen Produkte genauer untersuchen. Dazu definieren wir die beiden Mengen Δ_n und Γ_n durch

$$\Delta_n := \{(i, j) \in \mathbb{N}^2 : i \leq n, j \leq n, i + j > n\}$$

und
$$\Gamma_n := \{(i,j) \in \mathbb{N}^2 : i \leq n, j \leq n\}.$$
Dann gilt $\Delta_n \subseteq \Gamma_n$ und $C_n^* = \sum_{(i,j) \in \Gamma_n} a_i b_j$ sowie $C_n = \sum_{(i,j) \in \Gamma_n \setminus \Delta_n} a_i b_j$. Daraus folgt dann
$$C_n^* - C_n = \sum_{(i,j) \in \Delta_n} a_i b_j.$$

Nun sei $P_n := \left(\sum_{k=0}^n |a_k|\right) \cdot \left(\sum_{k=0}^n |b_k|\right)$. Wegen der Voraussetzung über a und b, nämlich der Konvergenz von $S^{|a|}$ und $S^{|b|}$, implizieren die Grenzwertsätze die Konvergenz der Folge (P_n). Für jedes $\varepsilon > 0$ gibt es daher ein $n_0 \in \mathbb{N}$ mit $|P_n - P_{n_0}| < \varepsilon$ für alle $n \geq n_0$ (denn jede konvergente Folge ist eine Cauchy-Folge). Wir wählen nun $n \geq 2n_0$, sodass die Indexmenge Δ_n ganz in der Menge $\Gamma_n \setminus \Gamma_{n_0}$ enthalten ist. Daraus folgt dann, u. a. durch Verwendung der Dreiecksungleichung:
$$|C_n^* - C_n| \leq \sum_{(i,j) \in \Delta_n} |a_i b_j| \leq \sum_{(i,j) \in \Gamma_n \setminus \Gamma_{n_0}} |a_i b_j| = P_n - P_{n_0} < \varepsilon$$

Das wiederum beweist insgesamt die Konvergenz von (C_n) gegen AB. Es bleibt der Nachweis der absoluten Konvergenz. Wir setzen dazu
$$c_n' := \sum_{k=0}^n |a_k||b_{n-k}|, \text{ also } (c_n') = (|a_n|) \star (|b_n|).$$

Nach dem eben Bewiesenen (angewandt auf die vorliegende Situation) ist $\sum_{k=0}^\infty c_k'$ konvergent mit Grenzwert $\left(\sum_{k=0}^\infty |a_k|\right) \cdot \left(\sum_{k=0}^\infty |b_k|\right)$. Ferner ist $|c_n| \leq c_n'$ (wegen der Dreiecksungleichung). Daher liefert das Majorantenkriterium die absolute Konvergenz von S^c. ∎

Wendet man das eben bewiesene Resultat auf Potenzreihen an, so erhält man, dass innerhalb des Konvergenzbereiches das Produkt zweier Potenzreihen mit dem (formalen) Faltungsprodukt der Potenzreihen übereinstimmt. Genau ausformuliert gilt folgender Satz:

Satz 16.3.4 Es seien $P_a(x) = \sum_{n=0}^\infty a_n x^n$ und $P_b(x) = \sum_{n=0}^\infty b_n x^n$ zwei Potenzreihen mit Konvergenzradien ρ_a bzw. ρ_b. Ferner sei $(c_n) = (a_n) \star (b_n)$ die Faltung der beiden Folgen (a_n) und (b_n). Ist $z \in \mathbb{C}$ mit $|z| < \min\{\rho_a, \rho_b\}$, so ist die Potenzreihe $P_c(z)$ konvergent und es gilt
$$P_c(z) = P_a(z) \cdot P_b(z) = \sum_{n=0}^\infty \left(\sum_{k=0}^n a_k b_{n-k}\right) z^n.$$

Beispiel 16.3.5 Betrachten wir hierzu als Beispiel die Faltung der Exponentialfunktion mit sich selbst. Dazu seien $a_n = \frac{1}{n!} = b_n$ für $n \in \mathbb{N}$ und $c = a \star b$ sei die Faltung dieser beiden (identischen) Folgen. Da die beiden Konvergenzradien von a und b je-

weils unendlich sind, ergibt sich $P_c(z) = P_a(z) \cdot P_b(z) = \exp(z)^2$. Andererseits ist nach
▶Satz 16.3.4 aber

$$P_c(z) = \sum_{n=0}^{\infty} \left(\sum_{k=0}^{n} a_k b_{n-k} \right) z^n = \sum_{n=0}^{\infty} \frac{2^n}{n!} z^n = \exp(2z),$$

denn (siehe die zweite Bemerkung am Ende von Abschnitt 4.2-D)

$$\sum_{k=0}^{n} a_k b_{n-k} = \sum_{k=0}^{n} \frac{1}{k!} \cdot \frac{1}{(n-k)!} = \sum_{k=0}^{n} \frac{1}{n!} \cdot \binom{n}{k} = \frac{1}{n!} \sum_{k=0}^{n} \binom{n}{k} = \frac{2^n}{n!}.$$

Daraus folgt insgesamt $\exp(2z) = \exp(z)^2$ für jedes $z \in \mathbb{C}$, insbesondere also $\exp(2) = \exp(1)^2 = e^2$. Wir werden dies in Abschnitt 17.5 zur Funktionalgleichung $\exp(x+y) = \exp(x) \cdot \exp(y)$ erweitern und die Exponentialfunktion davon ausgehend intensiver untersuchen. ∎

16.4 Reihendarstellungen rationaler und reeller Zahlen

A **Die B-adische Darstellung einer reellen Zahl** Wir haben in Abschnitt 2.3 die B-adische Darstellung einer ganzen Zahl bestimmt. In diesem Abschnitt wollen wir dieses Konzept zur Darstellung von rationalen und reellen Zahlen erweitern, wobei sich erneut auf eine Basis $B \in \mathbb{N}$ mit $B \geq 2$ bezogen wird. Bei der üblichen Dezimalbruchdarstellung ist bekanntlich $B = 10$. Wir können uns natürlich wieder auf die Darstellung positiver Zahlen beschränken. Es folgt ein erster Überblick, in dem wir auch festhalten, dass man sich auf das Intervall $[0, 1)$ beschränken darf.

1. Wir betrachten zunächst eine rationale Zahl $\frac{a}{b} \in \mathbb{Q}_0^+$. Division von a durch b mit Rest liefert natürliche Zahlen $q, r \in \mathbb{N}$ mit $a = qb + r$ und $0 \leq r < b$. Daher ist $\frac{a}{b} = q + \frac{r}{b}$ mit

$$\frac{r}{b} \in [0, 1) = \{x \in \mathbb{R} : 0 \leq x < 1\}.$$

Ist $\frac{a}{b}$ gekürzt (das bedeutet $\gcd(a, b) = 1$), so ist auch $\frac{r}{b}$ wegen $\gcd(a, b) = \gcd(b, r)$ gekürzt. Da wir den ganzzahligen Anteil q bereits B-adisch darstellen können (Algorithmus 2.3.5), bleibt uns, eine Entwicklung für $\frac{r}{b}$ zu finden. Eine erste Idee wäre es, hierzu eine Darstellung der Form

$$\frac{r}{b} = \sum_{j=1}^{m} \beta_j B^{-j}$$

zu finden, mit einem geeignetem $m \in \mathbb{N}^*$ und mit $\beta_j \in \{0, 1, \ldots, B-1\}$ für jedes j. Das ist allerdings **nicht** für alle rationalen Zahlen möglich, weil man im Allgemeinen eben **nicht mit endlich vielen** β_i auskommt. Lässt man hingegen auch unendlich lange Koeffizientenfolgen $\beta_0, \beta_1, \ldots$ mit $\beta_i \in \{0, 1, \ldots, B-1\}$ für $i \in \mathbb{N}$ zu, so kann man sogar, wie wir sehen werden, jede **reelle** Zahl aus dem Intervall $[0, 1)$ in der Form

$$\sum_{j=1}^{\infty} \beta_j B^{-j}$$

darstellen. Eine entsprechende Folge β nennen wir eine *B*-adische Folge.

2. Ähnlich wie bei den positiven rationalen Zahlen kann man sich auch bei $\mathbb{R}_0^+$ auf das Intervall [0, 1) zurückziehen, denn für jede reelle Zahl $\rho \in \mathbb{R}_0^+$ gibt es eine eindeutige natürliche Zahl $k = k(\rho)$ und eine eindeutige reelle Zahl $\overline{\rho} \in [0, 1)$ mit $\rho = k + \overline{\rho}$ (siehe ▶Korollar 14.3.4; es ist k einfach gleich $\lfloor \rho \rfloor$, die Abrundung von ρ). Da wir $k = \lfloor \rho \rfloor$ bereits in *B*-adischer Form schreiben können (▶Algorithmus 2.3.5), genügt es, $\overline{\rho} = \rho - \lfloor \rho \rfloor$ in *B*-adischer Form zu entwickeln. Im Beweis von ▶Satz 16.4.3 verwenden wir alternativ die Schreibweisen $\rho \operatorname{div} 1 := k$ und $\rho \operatorname{mod} 1 := \overline{\rho}$.

Aus der Theorie der Reihen brauchen wir hier, dass für jede *B*-adische Folge β die zugehörige Reihe $\sum_{j=1}^{\infty} \beta_j B^{-j}$ konvergiert. Letzteres folgt aufgrund des Majorantenkriteriums aber einfach aus der Konvergenz der geometrischen Reihe $\sum_{i=0}^{\infty} B^{-i}$ (▶Beispiel 16.1.2). Allgemeiner notieren wir das folgende Ergebnis.

Lemma 16.4.1 Es sei $k \in \mathbb{N}$. Dann gilt:
$$\sum_{i=k+1}^{\infty} (B-1) B^{-i} = \frac{1}{B^k}$$

Beweis Zunächst erinnern wir daran, dass
$$\sum_{i=0}^{k} B^{-i} = \sum_{i=0}^{k} \left(\frac{1}{B}\right)^i = \frac{\left(\frac{1}{B}\right)^{1+k} - 1}{\frac{1}{B} - 1} = \frac{B^{k+1} - 1}{B^k(B-1)}$$

ist (Abschnitt 2.1-E). Daher gilt
$$\sum_{i=k+1}^{\infty} (B-1) B^{-i} = (B-1) \cdot \left(\sum_{i=0}^{\infty} B^{-i} - \sum_{i=0}^{k} B^{-i}\right)$$
$$= (B-1) \cdot \left(\frac{B}{B-1} - \frac{B^{k+1} - 1}{B^k(B-1)}\right)$$
$$= B - \frac{B^{k+1} - 1}{B^k} = \frac{1}{B^k},$$

wobei bei der Berechnung der geometrischen Reihe $\sum_{n=0}^{\infty} \left(\frac{1}{B}\right)^n$ ▶Beispiel 16.1.2 verwendet wurde. ∎

Definition 16.4.2 Ist $x \in [0, 1)$ und ist $x = \sum_{j=1}^{\infty} \beta_j B^{-j}$, so nennt man die Folge β eine *B*-adische **Darstellung** bzw. eine *B*-adische **Entwicklung** von x.

16.4 Reihendarstellungen rationaler und reeller Zahlen

Satz 16.4.3 Für jede reelle Zahl aus dem Intervall $[0, 1)$ existiert eine B-adische Darstellung.

Beweis Es seien $x \in [0, 1)$ und $K \in \mathbb{N}^*$. Wir werden nachweisen, dass Zahlen $\beta_1, \ldots, \beta_K \in \{0, 1, \ldots, B-1\}$ existieren, die

$$\left| x - \sum_{j=1}^{K} \beta_j B^{-j} \right| < \frac{1}{B^K}$$

erfüllen. Dies liefert in Abhängigkeit von K eine beliebig gute **B-adische Approximation** für x, sodass bei Grenzübergang $K \to \infty$ die Zahl x gleich $\sum_{j=1}^{\infty} \beta_j B^{-j}$ ist. Wir bedienen uns beim folgenden Nachweis der Sprachelemente von Algorithmen:

- $i := 0$, $\beta_0 := 0$, $\rho_0 := x$,
  $(* \; B^i x = \sum_{j=0}^{i} \beta_j B^{i-j} + \rho_i \; *)$
  while $i < K$ do
      $i := i + 1$,
      $\beta_i := \rho_{i-1} B \operatorname{div} 1$, $(* \; \beta_i \in \{0, 1, \ldots, B-1\} \; *)$
      $\rho_i := \rho_{i-1} B \operatorname{mod} 1$ $(* \; \rho_i \in [0, 1) \; *)$
      $(* \; B^i x = \sum_{j=0}^{i} \beta_j B^{i-j} + \rho_i \; *)$
  end-while,
  Ausgabe von $(\beta_1, \ldots, \beta_K)$.

Wir zeigen mit Induktion (unter Verwendung der Laufvariable k anstelle i), dass die Aussage der Schleifeninvarianten stets richtig ist. Dies stimmt für $k = 0$. Induktionsschritt von k nach $k + 1$: Es ist

$$B^{k+1} x = B \cdot B^k x = B \cdot \sum_{j=0}^{k} \beta_j B^{k-j} + B \rho_k$$

$$= \sum_{j=0}^{k} \beta_j B^{k+1-j} + \beta_{k+1} + \rho_{k+1} = \sum_{j=0}^{k+1} \beta_j B^{k+1-j} + \rho_{k+1}.$$

Daher ergibt sich nach genau K Schleifendurchläufen die Beziehung

$$x - \sum_{j=0}^{K} \beta_j B^{-j} = \frac{\rho_K}{B^K} < \frac{1}{B^K},$$

was zu zeigen war. ■

B Zur Eindeutigkeit der B-adischen Darstellung Als Nächstes gilt es zu untersuchen, wann zwei B-adische Folgen β und γ die gleiche Zahl x repräsentieren.

Satz 16.4.4 Es seien β und γ zwei B-adische Folgen mit $\beta \neq \gamma$, aber mit $\sum_{i=1}^{\infty} \beta_i B^{-i}$ gleich $\sum_{i=1}^{\infty} \gamma_i B^{-i}$. Ferner sei $l \in \mathbb{N}^*$ minimal mit $\beta_l \neq \gamma_l$ und ohne Einschränkung sei $\beta_l < \gamma_l$. Dann gelten:

(1) $\gamma_l = \beta_l + 1$

(2) $\beta_{l+1+i} = B - 1$ und $\gamma_{l+1+i} = 0$ für jedes $i \in \mathbb{N}$

Beweis Unter Verwendung von ▶Lemma 16.4.1 erhalten wir zunächst

$$\sum_{j=1}^{\infty} \beta_j B^{-j} = \sum_{j=1}^{l} \beta_j B^{-j} + \sum_{j=l+1}^{\infty} \beta_j B^{-j}$$
$$\leq \sum_{j=1}^{l} \beta_j B^{-j} + \sum_{j=l+1}^{\infty} (B-1) B^{-j} = \sum_{j=1}^{l} \beta_j B^{-j} + \frac{1}{B^l}$$
$$\leq \sum_{j=1}^{l} \gamma_j B^{-j}$$
$$\leq \sum_{j=1}^{\infty} \gamma_j B^{-j}.$$

Wegen der Voraussetzung $\sum_{i=1}^{\infty} \beta_i B^{-i} = \sum_{i=1}^{\infty} \gamma_i B^{-i}$ muss in der obigen Rechnung aber überall Gleichheit gelten. Bei der ersten Abschätzung bedeutet dies $\beta_{l+1+i} = B - 1$ für jedes $i \in \mathbb{N}$. Bei der zweiten Abschätzung erhält man $\gamma_l = \beta_l + 1$ und die dritte Abschätzung liefert $\gamma_{l+1+i} = 0$ für jedes $i \in \mathbb{N}$. ∎

▶Satz 16.4.4 besagt insbesondere, dass bei Existenz zweier verschiedener Darstellungen für x, die Zahl x sogar eine **endliche** Darstellung besitzt (oben ist $x = \sum_{i=1}^{l} \gamma_i B^{-i}$) und daher insbesondere rational ist. Weiter kann die B-adische Darstellung nun eindeutig gemacht werden, indem man per Definition B-adische Folgen verbietet, die ab einem bestimmten Index k konstant gleich $B - 1$ sind.

C Rationale Zahlen mit endlicher B-adischer Darstellung Wir wollen als Nächstes die rationalen Zahlen mit endlicher B-adischer Darstellung klassifizieren.

Satz 16.4.5 Es sei $x = \frac{a}{b} \in [0, 1)$ eine rationale Zahl in gekürzter Form. Dann sind die beiden folgenden Aussagen äquivalent:

(1) x hat eine endliche B-adische Darstellung $\sum_{i=1}^{m} \gamma_i B^{-i}$.

(2) Jeder Primteiler des Nenners b ist ein Teiler von B.

16.4 Reihendarstellungen rationaler und reeller Zahlen

Beweis

(1) $\Rightarrow$ (2): Falls $x = \sum_{i=1}^{m} \gamma_i B^{-i}$, so ist

$$x = \frac{\sum_{j=1}^{m} \gamma_j B^{m-j}}{B^m}$$

eine Bruchdarstellung von x mit Zähler und Nenner aus $\mathbb{N}$ bzw. $\mathbb{N}^*$. Da $\frac{a}{b}$ die gekürzte Bruchdarstellung von x ist, folgt $b|B^m$. Also ist jeder Primteiler von b ein Teiler von B^m und nach ▶Lemma 2.2.8 ist dann auch jeder Primteiler von b ein Teiler von B.

(2) $\Rightarrow$ (1): Jeder Primteiler von b sei nun auch Teiler von B. Dann ist b Teiler von B^m, wenn m eine hinreichend große, natürliche Zahl ist (etwa die maximale Vielfachheit eines Primteilers in b). Daraus folgt, dass man den Bruch $\frac{a}{b}$ zu $\frac{a'}{B^m}$ erweitern kann. Wir schreiben $a' \in \mathbb{N}$ in B-adischer Form $a' = \sum_{j=0}^{m-1} \alpha_j B^j$ (siehe Abschnitt 2.3) und erhalten

$$\frac{a}{b} = \frac{a'}{B^m} = \sum_{i=0}^{m-1} \alpha_i B^{i-m} = \sum_{j=1}^{m} \alpha_{m-j} B^{-j},$$

eine endliche B-adische Darstellung von $\frac{a}{b}$. ∎

Beispielsweise sind die Primteiler zur dezimalen Basis $B = 10$ die Zahlen 2 und 5. Daher haben nur rationale Zahlen mit gekürztem Nenner der Form $2^u \cdot 5^v$ mit $u, v \in \mathbb{N}$ eine endliche Dezimalbruchentwicklung.

D *B-adische Darstellungen von rationalen im Vergleich zu irrationalen Zahlen* Inwiefern unterscheidet sich nun die B-adische Darstellung allgemeiner rationaler Zahlen von der B-adischen Darstellung irrationaler Zahlen? Diese Fragestellung wollen wir nun in Angriff nehmen.

Es sei dazu wieder $x = \frac{a}{b} \in \mathbb{Q}^+$ gekürzt und $b = b_0 b'$ derart, dass $\mathrm{ggT}(b', B) = 1$ ist und dass jeder Primteiler von b_0 auch Teiler von B ist. Durch eine geeignete Erweiterung des Bruches $x = \frac{a}{b_0 b'}$ geht die Zahl b_0 in eine B-Potenz über (siehe obigen Beweis von ▶Satz 16.4.5), etwa B^t, also $x = \frac{a'}{B^t b'}$. Man beachte, dass $\frac{a'}{b'}$ gekürzt ist, da im Zähler nur Primteiler aus B hinzukamen, welche im Nenner nicht vertreten sind. Wir fassen zusammen:

> **Lemma 16.4.6** Ist $\frac{a}{b} \in \mathbb{Q}^+$ gekürzt, so gibt es ein $t \in \mathbb{N}$ und einen gekürzten Bruch $\frac{a'}{b'}$ mit $x = \frac{a'}{B^t \cdot b'} = \frac{1}{B^t} \cdot \frac{a'}{b'}$ und mit $\mathrm{ggT}(b', B) = 1$.

Ist in der obigen Situation nun $\frac{a'}{b'} = \sum_{j=1}^{\infty} \beta_j B^{-j}$, so ist demnach $\frac{a}{b} = \sum_{j=1}^{\infty} \beta_j B^{-j-t}$. Anschaulich bedeutet dies, dass bei Übergang von $\frac{a'}{b'}$ nach $\frac{a}{b}$ die Folge β um t Stellen nach rechts geshiftet und vorn mit Nullen aufgefüllt wird. Konkret: Es ist $\frac{a}{b} = \sum_{j=1}^{\infty} \overline{\beta}_j B^{-j}$ mit $\overline{\beta}_{t+i} = \beta_i$ für alle $i \in \mathbb{N}^*$ und $\overline{\beta}_1 = \ldots = \overline{\beta}_t = 0$.

Bei rationalen Zahlen ist das gesamte Problem damit auf die Bestimmung einer B-adischen Darstellung von Brüchen $\frac{a}{b}$ mit $\mathrm{ggT}(a, b) = 1 = \mathrm{ggT}(b, B)$ reduziert. Es stellt sich heraus, dass die resultierende Darstellung dann **(rein) periodisch** ist und somit endlich beschrieben werden kann.

Satz 16.4.7 Es sei $\frac{a}{b} \in [0, 1)$ mit $\mathrm{ggT}(a, b) = 1 = \mathrm{ggT}(b, B)$. Dann gibt es ein $\tau \in \mathbb{N}^*$ und $\alpha_1, \ldots, \alpha_\tau \in \{0, 1, \ldots, B-1\}$ und eine B-adische Darstellung $\sum_{j=1}^{\infty} \beta_j B^{-j}$ von $\frac{a}{b}$ mit $\beta_{s\tau+i} = \alpha_i$ für alle $s \in \mathbb{N}$ und alle $i \in \{1, 2, \ldots, \tau\}$. Ist τ minimal mit dieser Eigenschaft, so heißt τ die **Periode von** β bzw. die **Periode von** $\frac{a}{b}$.

Beweis Wegen $\mathrm{ggT}(b, B) = 1$ gibt es nach ▶Satz 7.1.10 ein $\tau \in \mathbb{N}^*$ mit b teilt $B^\tau - 1$, also mit $B^\tau \equiv 1 \bmod b$. Das kleinste solche τ heißt nach ▶Definition 7.1.12 die multiplikative Ordnung von B modulo b. Man kann nun den Bruch $\frac{a}{b}$ auf die Form $\frac{a'}{B^\tau - 1}$ erweitern. Nun sei weiter $a' = \sum_{j=0}^{\tau-1} \alpha'_j B^j$ die B-adische Entwicklung von a'. Es gilt

$$\frac{1}{B^\tau - 1} = \sum_{j=1}^{\infty} B^{-j\tau}.$$

Daraus folgt dann

$$\frac{a}{b} = a' \cdot \sum_{j=1}^{\infty} B^{-j\tau} = \left(\sum_{i=0}^{\tau-1} \alpha'_i B^i\right) \cdot \left(\sum_{s=1}^{\infty} B^{-s\tau}\right) = \sum_{s=1}^{\infty} \sum_{i=0}^{\tau-1} \alpha'_i B^{-(s\tau - i)}.$$

Mit der Indextransformation $\alpha_i = \alpha'_{\tau-1-i}$ für $i \in \{0, 1, \ldots, \tau - 1\}$ erhält man weiter

$$\frac{a}{b} = \sum_{s=1}^{\infty} \sum_{j=0}^{\tau-1} \alpha_j B^{-(s\tau - \tau + 1 + j)} = \sum_{s=1}^{\infty} \sum_{j=0}^{\tau-1} \alpha_j B^{-((s-1)\tau + j + 1)},$$

was aber gleich $\sum_{s=1}^{\infty} \sum_{j=1}^{\tau} \alpha_j B^{-(s\tau + j)}$ ist und womit die Behauptung bewiesen ist. ∎

Betrachten wir als konkretes Beispiel die Dezimalbruchentwicklung von $\frac{3}{7}$. Die multiplikative Ordnung von 10 modulo 7 ist 6, d. h., $10^6 - 1$ ist Vielfaches von 7 und 6 ist minimal mit dieser Eigenschaft. Es ist $10^6 - 1 = 999999 = 7 \cdot 142857$. Folglich ist (unter Verwendung der Schulnotation für periodische Dezimalbrüche)

$$\frac{3}{7} = \frac{3 \cdot 142857}{7 \cdot 142857} = \frac{428571}{999999} = 0.\overline{428571}.$$

Da umgekehrt eine periodische B-adische Folge β zur Darstellung einer rationalen Zahl führt, erhält man zusammenfassend:

16.4 Reihendarstellungen rationaler und reeller Zahlen

Satz 16.4.8 Die irrationalen Zahlen des Intervalls [0, 1) sind genau diejenigen Zahlen, die keine periodische B-adische Entwicklung haben.

E Zur Gleitkomma-Darstellung reeller Zahlen Nachdem wir nun gesehen haben, dass für jede reelle Zahl eine B-adische Darstellung existiert, wäre zu diskutieren, wie man konkret mit reellen Zahlen rechnet. Das ist sicherlich eine philosophische Fragestellung. Tatsache ist nämlich, dass irrationale Zahlen (wie die obigen Ergebnisse darlegen) keine periodische B-adische Entwicklung haben und daher in B-adischer Form nicht endlich (also durch keine Periode) repräsentierbar sind; man kann sie also bestenfalls B-adisch **approximieren** (siehe ▶Satz 16.4.3 und dessen Beweis). Selbst wenn man die exakte Darstellung zweier Zahlen hätte, wie erhält man die Darstellung von deren Summe oder deren Produkt? Sicher nicht durch punktweise Operationen, da ja beim Verlassen des Bereiches $\{0, 1, \ldots, B-1\}$ Überträge entstehen.

In der Praxis (d. h. beim numerischen bzw. wissenschaftlichen Rechnen) werden die reellen Zahlen eines vorgegebenen Bereiches durch eine (endliche) Menge von sog. **Gleitkommazahlen** repräsentiert; jede reelle Zahl wird zu einer Gleitkommazahl gerundet. Zur etwas genaueren Erklärung beziehen wir uns wieder auf eine Basis B, die meist gleich 2 oder gleich 10 ist. Es seien t_1 und t_2 zwei weitere Parameter aus $\mathbb{N}^*$. Die Menge $\mathcal{G} = \mathcal{G}_B(t_1, t_2)$ der Gleitkommazahlen zum Tripel (B, t_1, t_2) ist dann definiert als die Menge aller rationalen Zahlen der Form

$$\text{sgn} \cdot m \cdot B^e,$$

wobei gilt:

- sgn $\in \{+, -\}$ ist das **Vorzeichen**.
- $m \in \{\sum_{i=1}^{t_1} a_i B^{-i} : a_1, \ldots, a_{t_1} \in \{0, 1, \ldots, B-1\}, a_1 \neq 0\}$ ist die **Mantisse**; sie ist normiert, da $a_1 \neq 0$ ist, weshalb $\frac{1}{B} \leq m < 1$ gilt.
- $e \in \{x \in \mathbb{Z} : -t_2 \leq x \leq t_2\}$ ist der **Exponent**.

Da Gleitkommazahlen in der Regel nie die volle Information einer Zahl enthalten, sondern eine konkrete Zahl nur approximieren, ist das Rechnen mit Gleitkommazahlen naturgemäß mit Fehlern behaftet. Das Ziel der **Numerischen Mathematik** ist es daher, Algorithmen zu entwerfen, die sich robust gegenüber Rundungsfehlern verhalten und vernünftige Fehlerabschätzungen liefern. Wer mehr zu diesem, insbesondere für Informatiker wichtige Thema erfahren möchte, konsultiere etwa das Buch von Deuflhard und Hohmann [14] oder auch Freund und Hoppe [21].

16.5 Wartezeitprobleme und geometrische Verteilungen

Im vorliegenden ergänzenden Abschnitt zum Thema Reihen möchten wir an einem Beispiel verdeutlichen, dass das Rechnen mit Reihen für die Wahrscheinlichkeitsrechnung sehr wichtig ist. Nach einigen einleitenden Ergänzungen zu Kapitel 5 besprechen wir dazu ein **Wartezeitproblem**.

A **Grundlagen bei abzählbar unendlichen Wahrscheinlichkeitsräumen** Bei den hier zu besprechenden Problemen treten Wahrscheinlichkeitsräume $(\Omega, \mathbb{P})$ mit abzählbar unendlichem Ω auf, also mit $|\Omega| = |\mathbb{N}|$. Besteht Ω aus den Elementarereignissen ω_j für $j \in \mathbb{N}$, so gilt $\mathbb{P}(\omega_j) \geq 0$ für jedes j und

$$1 = \mathbb{P}(\Omega) = \sum_{j=0}^{\infty} \mathbb{P}(\omega_j).$$

Bei der zu den Elementarwahrscheinlichkeiten $(\mathbb{P}(\omega_j))_{j\in\mathbb{N}}$ gehörenden Reihe handelt es sich deshalb um eine absolut konvergente Reihe, in der man nach ▶Satz 16.3.2 beliebige Umordnungen vornehmen darf, ohne den Grenzwert 1 zu ändern.[4] Konform zu einem endlichen Wahrscheinlichkeitsraum kann man daher auch hier jedem Ereignis $A \subseteq \Omega$ die Wahrscheinlichkeit

$$\mathbb{P}(A) := \sum_{j\in\mathbb{N}, \omega_j \in A} \mathbb{P}(\omega_j)$$

zuweisen. Sodann handelt es sich bei dem Paar $(\Omega, \mathbb{P})$ um einen sog. **abzählbar unendlichen Wahrscheinlichkeitsraum** im Sinne der Gültigkeit der folgenden drei Eigenschaften (siehe auch [27], [28]):

(1) $\mathbb{P}(\Omega) = 1$

(2) $\mathbb{P}(A) \geq 0$ für jedes $A \subseteq \Omega$

(3) die **σ-Additivität**: Ist $(A_n)_{n\in\mathbb{N}}$ eine Folge paarweise disjunkter Ereignisse, so gilt $\mathbb{P}(\cup_{n=0}^{\infty} A_n) = \sum_{n=0}^{\infty} \mathbb{P}(A_n)$.

Ist weiter ζ eine reellwertige, auf einem solchen Wahrscheinlichkeitsraum $(\Omega, \mathbb{P})$ definierte Zufallsvariable, mit Werten $x_i = \zeta(\omega_i)$ und ist die Reihe $\sum_{n=0}^{\infty} |x_n| \cdot \mathbb{P}(\zeta = x_i)$ absolut konvergent, so definiert man (konform zu ▶Definition 5.6.1) den **Erwartungswert von** ζ als

$$\mathbb{E}(\zeta) := \sum_{n=0}^{\infty} x_n \cdot \mathbb{P}(\zeta = x_n). \tag{16.5.1}$$

---

[4] Siehe auch Band I von Barner und Flohr [3] für eine weiterführende Diskussion zum Thema „summierbare Zahlenfamilien".

16.5 Wartezeitprobleme und geometrische Verteilungen

Ist μ der Erwartungswert einer solchen Variablen ζ, so definiert man entsprechend (und konform zu ▶Satz 5.6.4) die **Varianz von ζ** durch

$$\operatorname{Var}(\zeta) := \sum_{n=0}^{\infty} (x_n - \mu)^2 \cdot \mathbb{P}(\zeta = x_n), \tag{16.5.2}$$

sofern diese Reihe konvergiert (und damit absolut konvergiert). Aufgrund der theoretischen Ergebnisse aus Abschnitt 16.3 übertragen sich alle Rechenregeln für Erwartungswerte und Varianzen aus Abschnitt 5.6 auch auf die hier beschriebene Situation.

B Ein Wartezeitproblem Wir betrachten ein Bernoulli-Experiment (siehe Abschnitt 5.7-A), bei dem die Zahl 0 (eine „Niete") mit Wahrscheinlichkeit $1-p$ und die Zahl 1 (ein „Treffer") mit Wahrscheinlichkeit p auftrete, wobei $0 < p < 1$. Ein solches Experiment werde nun unabhängig so lange durchgeführt, bis zum ersten Mal ein Treffer vorliegt. Der abzählbar unendliche Wahrscheinlichkeitsraum Ω besteht aus allen Worten über dem Alphabet $\{0, 1\}$ der Form $\omega_j = 00\ldots 01$, beginnend mit $j-1$ Nullen, gefolgt von einer 1, wobei $j \in \mathbb{N}^*$. Es beschreibt ω_j also das Elementarereignis, beim j-ten Versuch erstmals einen Treffer erzielt zu haben. Aufgrund der Unabhängigkeit der einzelnen Teilversuche ist die Wahrscheinlichkeit für ein solches Elementarereignis gleich

$$\mathbb{P}(\omega_j) = (1-p)^{j-1} \cdot p.$$

Mit Hilfe der geometrischen Reihe rechnet man leicht nach, dass $\sum_{j=1}^{\infty} \mathbb{P}(\omega_j)$ tatsächlich gleich 1 ist:

$$\sum_{j=1}^{\infty} \mathbb{P}(\omega_j) = \sum_{j=1}^{\infty} (1-p)^{j-1} \cdot p = p \cdot \sum_{n=0}^{\infty} (1-p)^n = p \cdot \frac{1}{1-(1-p)} = 1$$

Als Nächstes betrachten wir die Zufallsvariable $\zeta \colon \Omega \to \mathbb{N}$ mit $\zeta(\omega_j) := j-1$. Diese zählt also die Anzahl der Nieten vor dem ersten Treffer. Infolgedessen gilt $\mathbb{P}(\zeta = k) = \mathbb{P}(\omega_{k+1}) = (1-p)^k \cdot p$ für jedes $k \in \mathbb{N}$.

> **Definition 16.5.1** Eine auf $\mathbb{N}$ definierte Zufallsvariable ζ hat eine **geometrische Verteilung zum Parameter p** (mit $0 < p < 1$) (kurz: $\zeta \sim \text{Geom}(p)$), falls $\mathbb{P}(\zeta = k) = (1-p)^k \cdot p$ für jedes $k \in \mathbb{N}$ gilt.

Wir wollen mithilfe der Theorie der Reihen den Erwartungswert und die Varianz einer geometrisch verteilten Zufallsvariable ausrechnen.

> **Satz 16.5.2** Der Erwartungswert einer zum Parameter p geometrisch verteilten Zufallsvariable ζ ist gleich $\frac{1-p}{p}$.

Beweis Nach Definition ist $\mathbb{E}(\zeta) = \sum_{n=0}^{\infty} n \cdot \mathbb{P}(\zeta = n)$. Einsetzen von $\mathbb{P}(\zeta = n)$ ergibt

$$\mathbb{E}(\zeta) = \sum_{n=1}^{\infty} n \cdot (1-p)^n \cdot p = (1-p)p \cdot \sum_{n=1}^{\infty} n \cdot (1-p)^{n-1}.$$

Die hierbei auftretende Reihe $\sum_{n=1}^{\infty} n \cdot (1-p)^{n-1}$ ist zwar keine geometrische Reihe, aber dennoch eng mit einer solchen verwandt. Es handelt sich nämlich um die **Ableitung einer geometrischen Reihe**. Zur Theorie des „Differenzierens" bei Reihen werden wir erst später etwas beweisen können, nämlich in Abschnitt 19.5-D. An dieser Stelle sei gesagt, dass für $x \in \mathbb{R}$ mit $|x| < 1$ gilt

$$\sum_{n=1}^{\infty} nx^{n-1} = \frac{1}{(1-x)^2}.$$

Dies kann aber auch elementar durch die Faltung der geometrischen Reihe $\sum_{n=0}^{\infty} x^n$ mit sich selbst nachgewiesen werden (Übung). Damit erhält man sodann

$$\mathbb{E}(\zeta) = (1-p)p \cdot \frac{1}{(1-(1-p))^2} = \frac{1-p}{p},$$

die Behauptung. ∎

> **Satz 16.5.3** Die Varianz einer zum Parameter p geometrisch verteilten Zufallsvariablen ζ ist gleich $\frac{1-p}{p^2}$.

Beweis Nach ▶Satz 5.6.7 gilt $\mathrm{Var}(\zeta) = \mathbb{E}(\zeta^2) - \mathbb{E}(\zeta)^2$. Ersetzt man ζ^2 durch $\zeta(\zeta-1) + \zeta$, so erhält man die alternative Formel

$$\mathrm{Var}(\zeta) = \mathbb{E}(\zeta(\zeta-1)) + \mathbb{E}(\zeta) - \mathbb{E}(\zeta)^2$$

für die Varianz, die hier sehr sinnvoll ist. Wegen $\mathbb{E}(\zeta) = \frac{1-p}{p}$ ist $\mathbb{E}(\zeta)^2 = \frac{(1-p)^2}{p^2}$, sodass die Berechnung von $\mathbb{E}(\zeta(\zeta-1))$ bleibt. Hier gilt

$$\mathbb{E}(\zeta(\zeta-1)) = \sum_{n=0}^{\infty} n(n-1) \cdot \mathbb{P}(\zeta = n) = \sum_{n=2}^{\infty} n(n-1)(1-p)^n \cdot p.$$

Zieht man einen Faktor $(1-p)^2 p$ aus der Summe, so ergibt sich

$$\mathbb{E}(\zeta(\zeta-1)) = (1-p)^2 p \cdot \sum_{n=2}^{\infty} n(n-1)(1-p)^{n-2}.$$

16.5 Wartezeitprobleme und geometrische Verteilungen

Die hierbei auftretende Reihe ist nun die sog. **zweite Ableitung einer geometrischen Reihe**. Mit nochmaligem Verweis auf Abschnitt 19.5-D gilt hierbei

$$\sum_{n=2}^{\infty} n(n-1)x^{n-2} = \frac{2}{(1-x)^3} \quad \text{für jedes } x \in \mathbb{R} \text{ mit } |x| < 1.$$

Alternativ erhält man die letzte Formel auch elementar aus der dreifachen Faltung der geometrischen Reihe $\sum_{n=0}^{\infty} x^n$ mit sich selbst (Übung). Insgesamt ergibt sich daher $\mathbb{E}(\zeta(\zeta-1)) = (1-p)^2 p \cdot \frac{2}{p^3}$ und daraus folgt (nach leichter Rechnung) wie gewünscht $\text{Var}(\zeta) = \frac{1-p}{p^2}$. ∎

ZUSAMMENFASSUNG

1. **Konvergenzkriterien bei Reihen** Die zu einer Folge f gehörende Reihe ist die Folge S^f, die durch $S_n^f = \sum_{k=0}^n f_k$ definiert ist. Im ersten Abschnitt haben wir die wichtigsten Konvergenzkriterien für Reihen kennengelernt:

   - Zur Konvergenz von S^f muss f eine Nullfolge sein; ist f eine alternierende Nullfolge, so liegt gemäß Leibniz-Kriterium Konvergenz vor.

   - Die harmonische Reihe ist divergent, allgemeiner ist die Riemann'sche Zeta-Funktion $\sum_{n=1}^{\infty} \frac{1}{n^s}$ konvergent für $s > 1$ und divergent für $s < 1$.

   Des Weiteren haben wir die absolute Konvergenz von Reihen untersucht und auch dazu einige grundlegende Kriterien kennengelernt:

   - Die geometrische Reihe $\sum_{n=0}^{\infty} z^n$ ist absolut konvergent für $|z| < 1$ und divergent für $|z| \geq 1$; diese Reihe wird häufig als Vergleichsreihe beim Majorantenkriterium herangezogen.

   - Ist die Quotientenfolge $(\frac{|f_{n+1}|}{|f_n|})_{n \in \mathbb{N}}$ konvergent gegen q, so ist S^f bei $q < 1$ absolut konvergent und bei $q > 1$ divergent.

   - Ist der Limes superior der Wurzelfolge $(\sqrt[n]{|f_n|})_{n \in \mathbb{N}}$ gleich $L \in \mathbb{R}$, so ist S^f bei $L < 1$ absolut konvergent und bei $L > 1$ divergent.

   Wir haben weiterhin gelernt, dass man bei absolut konvergenten Reihen die Reihenfolge der Summierung durch eine sog. Umordnung abändern kann.

2. **Potenzreihen** Die Grundproblemstellung bei der analytischen Untersuchung von Potenzreihen ist es, ausgehend von einer Folge f zu beurteilen, für welche $z \in \mathbb{C}$ die Reihe $P_f(z) = \sum_{n=0}^{\infty} f_n z^n$ konvergiert. Die zentrale Größe in diesem Zusammenhang ist der Konvergenzradius, welcher durch

   $$\rho_f := \sup\{r \in \mathbb{R}: P_f(r) \text{ konvergiert}\}$$

   definiert ist, wobei $\rho_f = \infty$ erlaubt ist. Bei $|z| < \rho_f$ konvergiert $P_f(z)$ absolut; bei $|z| > \rho_f$ divergiert $P_f(z)$; bei $|z| = \rho_f$ kann keine allgemeingültige Aussage getroffen werden.
   Wir haben gelernt, wie man in gewissen Fällen durch Anwendung des Wurzel- und des Quotientenkriteriums den Konvergenzradius ρ_f konkret berechnen kann:

   - Ist $L \in \mathbb{R} \cup \{\infty\}$ der Limes superior der Wurzelfolge $(\sqrt[n]{|f_n|})_{n \in \mathbb{N}}$ (mit $L = \infty$ im unbeschränkten Fall), so ist der Konvergenzradius ρ_f gleich $\frac{1}{L}$ (wobei dies bei $L = \infty$ als 0 und bei $L = 0$ als ∞ zu werten ist).

   - Ist $q \in \mathbb{R} \cup \{\infty\}$ Limes der Quotientenfolge $(\frac{|f_{n+1}|}{|f_n|})_{n \in \mathbb{N}}$, so ist der Konvergenzradius ρ_f gleich $\frac{1}{q}$ (wobei dies bei $q = \infty$ als 0 und bei $q = 0$ wieder als ∞ zu werten ist).

Zusammenfassung

Weiterhin haben wir gezeigt, wie man den Grenzwert bei der Faltung konvergenter Potenzreihen berechnet:

- Ist $c = a \star b$ die Faltung der Folgen a und b, also $c_n = \sum_{k=0}^{n} a_k b_{n-k}$, und ist $z \in \mathbb{C}$ mit $|z| < \min\{\rho_a, \rho_b\}$, so ist $\sum_{n=0}^{\infty} c_n z^n$ gleich dem Produkt

$$\left(\sum_{n=0}^{\infty} a_n z^n\right) \cdot \left(\sum_{n=0}^{\infty} b_n z^n\right).$$

3. **Geometrische Reihe und Exponentialfunktion** Die zur konstanten Folge mit Wert 1 gehörende Potenzreihe ist die geometrische Reihe, deren Konvergenzradius gleich 1 ist. Der Umgang mit der geometrischen Reihe ist sehr wichtig, wie wir u. a. anhand der Diskussion über die B-adischen Darstellungen reeller Zahlen gesehen haben. Wir haben geometrische Reihen und deren Ableitungen aber auch durch geometrisch verteilte Zufallsvariablen bei Wartezeitproblemen in Aktion gesehen. Bei dieser Gelegenheit haben wir Kapitel 5 durch Grundlagen über diskrete (abzählbar unendliche) Wahrscheinlichkeitsräume ergänzt.

Neben der geometrischen Reihe gehört die Exponentialfunktion zu den grundlegendsten Objekten in der Analysis. Die Exponentialfunktion ist die zur Folge $(\frac{1}{n!})_{n \in \mathbb{N}}$ gehörende Potenzreihe $\exp(x) = \sum_{n=0}^{\infty} \frac{x^n}{n!}$. Diese ist für jedes $z \in \mathbb{C}$ konvergent und hat wichtige Eigenschaften, welche wir im kommenden Kapitel näher untersuchen werden. An dieser Stelle wissen wir, dass $\exp(1)$ gleich der Euler'schen Zahl e, also gleich der Basis des natürlichen Logarithmus ist. Neben den Logarithmusfunktionen werden wir auch die trigonometrischen Funktionen im nächsten Kapitel aus der Exponentialfunktion gewinnen.

16 Reihen

Übungsaufgaben

Aufgabe 1 Zu jedem Paar (α, β) aus der Menge

$$\left\{\left(\frac{8}{11}, \frac{9}{13}\right), \left(\frac{9}{11}, \frac{7}{13}\right), \left(\frac{47}{100}, \frac{89}{100}\right), \left(\frac{67}{100}, \frac{73}{100}\right)\right\}$$

sei eine komplexwertige Folge $f^{[\alpha,\beta]}$ durch $f_n^{[\alpha,\beta]} := (\alpha + \beta \cdot i)^n$ (für $n \in \mathbb{N}$) definiert. Stellen Sie fest, für welche der angegebenen Werte von (α, β) die zu $f^{[\alpha,\beta]}$ gehörende Reihe konvergiert. Geben Sie im Falle der Konvergenz auch den Grenzwert der Reihe an.

Aufgabe 2 Berechnen Sie die Grenzwerte der beiden folgenden angegebenen Reihen:

$$\sum_{n=2}^{\infty} \frac{\left(\frac{1}{2}\right)^{n+2}}{(n+1)!} \quad \text{und} \quad \sum_{n=1}^{\infty} \frac{5}{4^{2n+1}}$$

Aufgabe 3 Zu jeder Zahl a aus der Menge

$$\left\{2, \frac{27}{10}, \frac{271}{100}, \frac{2718}{1000}, \frac{2719}{1000}, \frac{272}{100}, \frac{28}{10}, 3\right\}$$

sei eine Folge $f^{[a]}$ definiert durch

$$f_n^{[a]} := \sqrt{\frac{a^n \cdot n!}{n^n}}.$$

Wenden Sie das dafür geeignetste Kriterium aus Abschnitt 16.1 an, um festzustellen, für welche der angegebenen Werte von a die zu $f^{[a]}$ gehörende Reihe konvergiert.

Aufgabe 4 Berechnen Sie die Grenzwerte der folgenden Reihen:

1. $\sum_{n=0}^{\infty} \frac{a_n}{5^n}$, wobei $a_n := \begin{cases} 2, & \text{falls } n \text{ gerade} \\ 1, & \text{falls } n \text{ ungerade} \end{cases}$

2. $\sum_{n=2}^{\infty} \frac{1}{(n+1)!}$

3. $\sum_{n=0}^{\infty} \frac{1}{3^{2n+1}}$

4. $\sum_{n=1}^{\infty} \frac{(2i)^{2n+5} + 5^{n+2}}{n!}$ (wobei $i = \sqrt{-1}$)

Aufgabe 5 Die Folge (f_n) sei gegeben durch $f_n := \sin((2n+1) \cdot \frac{\pi}{12})^n$. Bestimmen Sie mithilfe von ▶Satz 16.2.4 (Wurzelkriterium) den Konvergenzradius R_f der zugehörigen Potenzreihe $P_f(x) = \sum_{n=0}^{\infty} f_n x^n$. (Verwenden Sie Schulwissen über Sinus.)

Übungsaufgaben

Aufgabe 6 Berechnen Sie unter Verwendung des Quotientenkriteriums den Konvergenzradius der Potenzreihe

$$R(x) := \sum_{n=0}^{\infty} (-1)^n \frac{(n+1)!}{\sqrt{(2n)!} \cdot 4^n} \cdot x^n$$

und beurteilen Sie, ob $R(x)$ an den komplexen Stellen

$$x = 7 - 4i \quad \text{bzw.} \quad x = 5 + 6i$$

konvergiert oder divergiert.

Aufgabe 7 Es sei $F(x)$ die Faltung der beiden Reihen

$$\sum_{n=0}^{\infty} \left(\frac{x}{9}\right)^n \quad \text{und} \quad \sum_{n=0}^{\infty} \left(\frac{x}{12}\right)^n.$$

Zeigen Sie, dass der Konvergenzradius von F gleich 9 ist und dass für alle $x \in B_9(0)$ gilt:

$$F(x) = \frac{108}{108 - 21x + x^2}.$$

Aufgabe 8 Gegeben sei die Folge $f_n := \frac{(-1)^n}{\sqrt{n+1}}$ für $n \in \mathbb{N}$.

1. Zeigen Sie, dass die zu f gehörende Reihe S^f konvergent, aber nicht absolut konvergent ist.

2. Betrachte die Folgenglieder von f in der Reihenfolge

$$f_0, f_2, f_1, \ f_4, f_6, f_3, \ f_8, f_{10}, f_5, \ \ldots, \ f_{4n}, f_{4n+2}, f_{2n+1}, \ \ldots \ .$$

Es sei $g_n := f_{4n} + f_{4n+2} + f_{2n+1}$. Zeigen Sie, dass $g = \Omega(\frac{1}{\sqrt{n}})$ ist und dass (daher) die Reihe S^g divergiert.

Aufgabe 9 Berechnen Sie den Grenzwert der folgenden Reihe:

$$\sum_{n=0}^{\infty} \left(\sum_{k=0}^{n} \frac{5^k}{7^k \cdot (n-k)!} \right)$$

Aufgabe 10 Finden Sie eine 3-adische Folge (a_n) und eine 4-adische Folge (b_n) mit

$$\sum_{n=0}^{\infty} \frac{a_n}{3^n} = \frac{1}{13} = \sum_{n=0}^{\infty} \frac{b_n}{4^n}.$$

Dabei ist $a_0 = b_0 = 0$ und die beiden Folgen $(a_1, a_2, \ldots)$ und $(b_1, b_2, \ldots)$ sind periodisch.

Übungsaufgaben

Aufgabe 11 Gegeben sei die 5-adische periodische Folge 2, 3, 1, 0, 4, 2, 3, 1, 0, 4, ... mit Periode 5. Welche rationale Zahl aus dem Intervall (0, 1) wird durch $0,\overline{23104}$ dargestellt?

Aufgabe 12 Bei einem Zufallsexperiment werde ein Würfel so lange geworfen, bis zum ersten Mal eine „6" erscheint. Die Zufallsvariable ζ beschreibe die Anzahl der Würfe, die dabei notwendig sind. Berechnen Sie den Erwartungswert und die Varianz von ζ.

Aufgabe 13 Bei einem Spiel drehen zwei Spieler S_A und S_B in unabhängiger Folge abwechselnd ein Glücksrad mit den Sektoren A und B. Das Rad bleibe mit Wahrscheinlichkeit p (bzw. $1-p$) in Sektor A (bzw. B) stehen. Gewonnen hat der Spieler, welcher als Erster erreicht, dass das Glücksrad in seinem Sektor stehen bleibt. Spieler S_A beginnt.

Berechnen Sie in Abhängigkeit des Parameters p eine Formel für die Gewinnwahrscheinlichkeit von Spieler S_A. Bei welcher Wahl von p handelt es sich um ein faires Spiel?

Aufgabe 14 Es sei $(f_n)_{n \in \mathbb{N}}$ eine Folge und $s \in \mathbb{Q}$.

1. Zeigen Sie:

   - Ist $f = O(\frac{1}{n^s})$ und $s > 1$, so ist die Reihe S^f konvergent.
   - Ist $f = \Omega(\frac{1}{n^s})$ und $s \leq 1$, so ist die Reihe $S^{|f|}$ divergent.

2. Wenden Sie dieses Kriterium auf die vier nachstehenden Folgen f an, um die Konvergenz der zugehörigen Reihen S^f zu beurteilen:

   - $\frac{1}{\sqrt{n} \cdot (n+j)}$ jeweils für $j \in \{1, \sqrt{-1}\}$
   - $\frac{1}{\sqrt{n} \cdot \sqrt{n+j}}$ jeweils für $j \in \{1, \sqrt{-1}\}$

Stetige Funktionen

	Einführung	654
17.1	Der Stetigkeitsbegriff	656
17.2	Stetigkeit bei elementaren Funktionen	659
17.3	Eigenschaften stetiger Funktionen	666
17.4	Stetigkeit bei Funktionenfolgen und Potenzreihen	670
17.5	Exponential- und Logarithmusfunktionen	674
17.6	Trigonometrische Funktionen	682
17.7	Exkurs: Das schwache Gesetz der großen Zahlen	689
	Zusammenfassung	692
	Übungsaufgaben	694

Stetige Funktionen

EINFÜHRUNG

In diesem Kapitel betrachten wir Funktionen der Form $f: D \to E$, wobei $D \times E$ eine Teilmenge von $\mathbb{R} \times \mathbb{R}$, von $\mathbb{R} \times \mathbb{C}$, von $\mathbb{C} \times \mathbb{R}$ oder von $\mathbb{C} \times \mathbb{C}$ ist. Die Klasse von Abbildungen, die uns interessiert, ist die der *stetigen* Funktionen. Sie spielen in Anwendungen der Analysis eine ausgezeichnete Rolle.

Im ersten Abschnitt werden wir zunächst den Stetigkeitsbegriff formalisieren. Geometrisch gesehen kann man sich eine stetige von $\mathbb{R}$ nach $\mathbb{R}$ verlaufende Funktion f als eine solche vorstellen, deren Graph $G_f = \{(x, f(x)) \in \mathbb{R}^2 : x \in \mathbb{R}\}$ keine Sprungstellen (bzw. *Unstetigkeitsstellen*) hat. Neben dem Stetigkeitsbegriff werden wir in Abschnitt 17.1 auch die stärkeren Eigenschaften der *gleichmäßigen Stetigkeit* und der *Lipschitz-Stetigkeit* kurz erwähnen.

Die Stetigkeit einer Funktion ist damit gleichbedeutend, dass die Abbildungsvorschrift bei *infinitesimalen* (also beliebig kleinen) Änderungen der Argumente des Definitionsbereichs kontrollierbar ist. Anders gesagt bewirken kleine Änderungen im Argument auch nur kleine Änderungen im Funktionswert. Das führt uns in Abschnitt 17.2 letztendlich zum *Folgenkriterium der Stetigkeit*, wonach man bei stetigen Funktionen f die Prozesse der *Grenzwertbildung* und der *Auswertung* vertauschen darf; es gilt also $f(\lim_{n\to\infty} x_n) = \lim_{n\to\infty} f(x_n)$. Unter Verwendung der Grenzwertsätze für Folgen erhält man sodann, dass sowohl die (punktweise) Addition als auch Multiplikation als auch Quotientenbildung von stetigen Funktionen wieder zu stetigen Funktionen führen. Das impliziert u. a. die Stetigkeit von Polynomfunktionen und von rationalen Funktionen. Da auch die *Verkettung* und die *Umkehrung* stetiger Funktionen wieder zu stetigen Funktionen führt, erhalten wir mit den Wurzelfunktionen eine weitere Klasse von stetigen Funktionen. In Abschnitt 17.2 diskutieren wir anhand von rationalen Funktionen auch die *stetige Fortsetzbarkeit* an Stellen, wo die Funktion zunächst nicht definiert ist. Dabei lernen wir u. a. Grenzwertbezeichnungen der Form $\lim_{x\to a} f(x)$ kennen.

In Abschnitt 17.3 widmen wir uns dann einigen wichtigen Eigenschaften stetiger Funktionen. Neben den *Zwischenwertsätzen* geht es dabei auch um die Existenz von (globalen) *Maxima* und *Minima*. Das Hauptergebnis kann wie folgt zusammengefasst werden: Ist f eine auf einem abgeschlossenen Intervall $[a, b]$ (mit $a, b \in \mathbb{R}$) definierte stetige Funktion, so ist auch das Bild von $[a, b]$ unter f ein abgeschlossenes Intervall $[c, d]$ (mit $c, d \in \mathbb{R}$). Insbesondere nimmt eine solche Funktion ihr Maximum und ihr Minimum an. Zur Berechnung der Extremalstellen benötigt man aber Methoden aus der Differentialrechnung (Kapitel 18).

In Abschnitt 17.4 führen wir zunächst zwei Konvergenzbegriffe für Folgen von Funktionen ein. Der schwächere der beiden Begriffe, nämlich die *punktweise Konvergenz*, führt zur Definition einer *Grenzfunktion*. Um Aussagen über die Stetigkeit der Grenzfunktion treffen zu können, benötigt man das stärkere Konzept der *gleichmäßigen Konvergenz* von Funktionenfolgen. Die wichtigste Anwendung, die wir im Auge haben, ist der Nachweis der Stetigkeit einer jeden Potenzreihe innerhalb des durch den Konvergenzradius gegebenen Bereiches. Dies führt zu weiteren wichtigen Klassen von stetigen Funktionen. Beispielsweise erweist sich die Exponentialfunktion als stetig auf ganz $\mathbb{C}$.

Die Abschnitte 17.5 und 17.6 dienen schließlich dem eingehenden Studium der Exponentialfunktion. Der Ausgangspunkt ist dabei, dass jede Funktion der Form $f: \mathbb{C} \to \mathbb{C}$, $x \mapsto \exp(cx)$ (mit einer Konstanten $c \in \mathbb{C}$) die *Funktionalgleichung* $f(u+v) = f(u) \cdot f(v)$ für alle $u, v \in \mathbb{C}$ erfüllt. Im Falle $c = 1$ ergibt sich daraus $\exp(x) = e^x$ für jedes x aus $\mathbb{Q}$, wobei e die Euler'sche Zahl ist. Die Einschränkung von exp auf $\mathbb{R}$ ist eine streng monoton wachsende (insbesondere bijektive) Abbildung nach $\mathbb{R}^+$. Die zugehörige Umkehrfunktion ist der *natürliche Logarithmus* ln, eine stetige Funktion. In Abschnitt 17.5 betrachten wir auch die Exponentialfunktionen und zugehörigen Logarithmusfunktionen zu beliebigen *Basen* $a \in \mathbb{R}^+$ sowie die *Potenzfunktionen* $\mathbb{R}^+ \to \mathbb{R}^+$, $x \mapsto x^r$ für beliebige reelle Exponenten r. Ferner zeigen wir, wie man Binomialverteilungen durch *Poisson-Verteilungen*, die die Exponentialfunktion involvieren, approximieren kann.

Das Studium der Exponentialfunktion exp auf der imaginären Achse $i\mathbb{R} = \{ix : x \in \mathbb{R}\}$ der komplexen Zahlen führt uns in Abschnitt 17.6 schließlich zu den trigonometrischen Funktionen *Sinus* und *Cosinus*: Für $x \in \mathbb{R}$ ist Cosinus der Realteil und Sinus der Imaginärteil von $\exp(ix)$ (wobei $i = \sqrt{-1}$ die komplexe Einheit ist). Die Funktionalgleichung der Exponentialfunktion führt einmal mehr zu den *Additionstheoremen* für Sinus und Cosinus. Aus den Additionstheoremen erhält man sodann die *Periodizität* von Sinus und Cosinus mit Periode 2π, wobei $\frac{\pi}{2}$ die eindeutige Nullstelle von Cosinus auf dem Intervall [1, 2] ist. Diese Nullstelle kann man mit den aus der Exponentialfunktion abgeleiteten Potenzreihendarstellungen von Cosinus und Sinus nachweisen. Bei π handelt es sich um die aus der Schule bekannte Kreiszahl $\pi = 3.1415\ldots$, also die Fläche eines Kreises mit Radius 1.

Im Exkurs zu diesem Kapitel betrachten wir *Folgen von Zufallsvariablen* und ergänzen Kapitel 5 durch das *schwache Gesetz der großen Zahlen* aus der Stochastik.

17 Stetige Funktionen

Lernziele

- das Einüben des Begriffes der Stetigkeit und das Folgenkriterium zur Stetigkeit, aufgrund dessen man die Grenzwertsätze für Folgen zum Nachweis der Stetigkeit bei algebraischen (punktweisen) Verknüpfungen von stetigen Funktionen verwendet
- der Nachweis der Stetigkeit von elementaren Funktionen, wie Polynomfunktionen, rationalen Funktionen sowie Wurzelfunktionen
- fundamentale Eigenschaften stetiger Funktionen, wie der Zwischenwertsatz und die Existenz von Maxima und Minima auf beschränkten und abgeschlossenen Intervallen
- Grenzwertbildungen der Form $\lim_{x \to a} f(x)$ im Zusammenhang zur stetigen Fortsetzbarkeit bei Funktionen
- die Konvergenzbegriffe der punktweisen und der gleichmäßigen Konvergenz bei Funktionenfolgen
- der Nachweis der Stetigkeit von Potenzreihen auf dem durch den Konvergenzradius gegebenen offenen Bereich
- die Untersuchung der Exponentialfunktion anhand der fundamentalen Funktionalgleichung $f(x + y) = f(x) \cdot f(y)$ für alle $x, y \in \mathbb{C}$
- das Studium von Exponentialfunktionen auf $\mathbb{R}$, deren Umkehrfunktionen zu den Logarithmusfunktionen führen
- das Studium der Exponentialfunktion auf der imaginären Achse, deren Real- und Imaginärteil zu den trigonometrischen Funktionen Sinus und Cosinus führen
- das schwache Gesetz der großen Zahlen und der Begriff der stochastischen Konvergenz

17.1 Der Stetigkeitsbegriff

A Was versteht man unter Stetigkeit? Umgangssprachlich bzw. geometrisch gesehen kann man sich eine stetige von $\mathbb{R}$ nach $\mathbb{R}$ verlaufende Funktion f als eine solche vorstellen, deren Graph $G_f = \{(x, f(x)) \in \mathbb{R}^2 : x \in \mathbb{R}\}$ man zeichnen kann, ohne den Stift abzusetzen, weil keine Sprungstellen vorhanden sind. Das ist natürlich viel zu vage und alles andere als eine mathematische Definition. Wir bringen daher gleich den präzisen Stetigkeitsbegriff. Dazu sei f im Folgenden stets eine Funktion der Form $f: D \to E$, wobei $D \times E$ eine Teilmenge von $\mathbb{R} \times \mathbb{R}$, von $\mathbb{R} \times \mathbb{C}$, von $\mathbb{C} \times \mathbb{R}$ oder von $\mathbb{C} \times \mathbb{C}$ ist.

Definition 17.1.1 Eine Abbildung f mit Definitionsbereich D heißt **stetig im Punkt** $x' \in D$, falls gilt:

17.1 Der Stetigkeitsbegriff

- Für jedes $\varepsilon \in \mathbb{R}$ mit $\varepsilon > 0$ gibt es ein $\delta > 0$, sodass für jedes $x \in D$ mit $|x-x'| < \delta$ folgt, dass $|f(x) - f(x')| < \varepsilon$ ist.

In logischen Formeln ausgedrückt ergibt dies

$$\forall_{\varepsilon > 0} \; \exists_{\delta > 0} \; \forall_{\substack{x \in D \\ |x-x'|<\delta}} \; |f(x) - f(x')| < \varepsilon.$$

Ist f stetig in jedem Punkt $x' \in D$, so heißt f **stetig auf D**.

Wenn man sich also bei einer in x' stetigen Funktion f von dem Punkt x' zu einem weiteren Punkt x nur unwesentlich entfernt, gemessen durch $|x - x'| < \delta$, so ist auch der Funktionswert in diesem Rahmen kontrollierbar, gemessen durch $|f(x) - f(x')| < \varepsilon$. Schauen wir uns einige Beispiele zur Definition der Stetigkeit an.

1. Es seien $a, b \in \mathbb{C}$ und $f(z) := az + b$ für z aus $\mathbb{C}$; bei f handelt es sich daher um eine **affine Funktion**. Dann ist f stetig auf ganz $\mathbb{C}$. Zum Nachweis sei $z' \in \mathbb{C}$ beliebig und $\varepsilon > 0$. Wir weisen die Stetigkeit von f in z' nach.

   - Falls $a = 0$, also $f(z) = b$ konstant, so ist $|f(z) - f(z')| = |b - b| = 0 < \varepsilon$ für jedes $z \in \mathbb{C}$, weshalb man hier δ sogar beliebig wählen darf.

   - Falls $a \neq 0$, so sei $\delta := \frac{\varepsilon}{|a|}$. Für jedes $z \in \mathbb{C}$ mit $|z - z'| < \delta$ gilt dann

   $$|f(z) - f(z')| = |az + b - az' - b| = |a| \cdot |z - z'| < |a| \cdot \delta = \varepsilon.$$

   Damit ist die Stetigkeit der Funktion $z \mapsto az + b$ nachgewiesen.

2. Wir betrachten als nächstes Beispiel die **Quadratfunktion** $f(z) := z^2$. Es sei $z' \in \mathbb{C}$ gegeben. Wir weisen wieder die Stetigkeit von f in z' nach. Dazu sei auch $\varepsilon > 0$ gegeben. Wir wählen nun $\delta := \min\{1, \frac{\varepsilon}{2|z'|+1}\}$.[1] Annahme, $z \in \mathbb{C}$ mit $|z - z'| < \delta$. Dann gilt

   $$|z + z'| = |z - z' + 2z'| \leq |z - z'| + 2|z'| < \delta + 2|z'| \leq 1 + 2|z'|.$$

   Daraus folgt dann

   $$|f(z) - f(z')| = |z^2 - z'^2| = |z - z'| \cdot |z + z'| < \delta \cdot (1 + 2|z'|) \leq \varepsilon.$$

   Also ist f stetig in z'. Da z' beliebig gewählt wurde, ist f stetig auf ganz $\mathbb{C}$.

B **Gleichmäßig stetige und Lipschitz-stetige Funktionen** Es ist zu bemerken, dass in ▶Definition 17.1.1 das zu $\varepsilon \in \mathbb{R}$ mit $\varepsilon > 0$ und x' existierende $\delta \in \mathbb{R}$ mit $\delta > 0$ in

---

[1] Wo gerade dieses δ herkommt, steht hier nicht zur Debatte. Wichtig ist hier lediglich, dass dieses δ ein Kandidat ist, der das in ▶Definition 17.1.1 Verlangte leistet.

17 Stetige Funktionen

der Regel sowohl von ε als auch von der betrachteten Stelle x' abhängt, wie beispielsweise im obigen zweiten Beispiel bei der Quadratfunktion ersichtlich. Hierbei wurde $\delta = \delta(\varepsilon, z') = \min\{1, \frac{\varepsilon}{2|z'|+1}\}$ gewählt. Im ersten Beispiel hingegen, bei den affinen Funktionen, ist δ in dem Sinne universell wählbar, als es lediglich von ε, nicht aber von der konkret betrachteten Stelle x' abhängt. Die letztere Eigenschaft führt zu einer Verschärfung des Stetigkeitsbegriffes, nämlich der gleichmäßigen Stetigkeit.

> **Definition 17.1.2** Eine Abbildung f heißt **gleichmäßig stetig auf D**, falls gilt:
>
> - Für jedes $\varepsilon > 0$ gibt es ein $\delta > 0$, sodass für alle $x, y \in D$ mit $|x-y| < \delta$ folgt: $|f(x) - f(y)| < \varepsilon$.

In logischen Formeln lautet diese Definition:

$$\forall_{\varepsilon>0} \; \exists_{\delta>0} \; \forall_{\substack{x,y \in D \\ |x-y|<\delta}} \; |f(x) - f(y)| < \varepsilon$$

Selbstverständlich ist jede gleichmäßig stetige Funktion auch stetig. Umgekehrt gibt es aber stetige Funktionen, die nicht gleichmäßig stetig sind. Betrachten wir als Beispiel dazu nochmals die Quadratfunktion $f(z) := z^2$ auf $\mathbb{R}^+$. Wir wählen $\varepsilon := 1$. Annahme, es gäbe ein $\delta > 0$ mit $|x^2 - y^2| < 1$ für alle $x, y \in \mathbb{R}^+$ mit $|x - y| < \delta$. Zu einem beliebigen $x > 0$ wählen wir dann speziell $y := x + \frac{\delta}{2}$. Dann ist $|x-y| = \frac{\delta}{2} < \delta$. Also müsste demnach $|x^2 - y^2| < 1$, also

$$\left| x^2 - \left(x + \frac{\delta}{2}\right)^2 \right| = x\delta + \frac{\delta^2}{4} < 1$$

gelten. Dann wäre $x\delta < 1 - \frac{\delta^2}{4}$, also $x < \frac{1}{\delta} - \frac{\delta}{4}$, und das widerspräche der freien Wahl von x. Also ist die Funktion $f(z) = z$ nicht gleichmäßig stetig auf $\mathbb{R}^+$.

Eine spezielle Klasse gleichmäßig stetiger Funktionen bilden die sog. Lipschitz-stetigen Funktionen, welche auch **dehnungsbeschränkte Funktionen** genannt werden.

> **Definition 17.1.3** Es sei f eine Abbildung mit Definitionsbereich D. Dann heißt f **Lipschitz-stetig auf D**, falls gilt:
>
> - Es gibt eine Konstante $L \in \mathbb{R}$ mit $L \geq 0$, sodass für alle $x, y \in D$ die Ungleichung $|f(x) - f(y)| \leq L \cdot |x - y|$ gilt.

Die Größe L nennt man eine **Lipschitz-Konstante**[2] für die Funktion f. Liegt eine Lipschitz-Stetigkeit mit $L < 1$ vor, so nennt man f eine **Kontraktion**.

---

[2] Rudolf Lipschitz (1832–1903).

Satz 17.1.4 Ist f eine auf D Lipschitz-stetige Funktion, so ist f auf D gleichmäßig stetig.

Beweis Es sei $L \geq 0$ eine Lipschitz-Konstante für f. Ferner sei $\varepsilon > 0$. Falls $L = 0$, so ist f konstant und damit sicher gleichmäßig stetig. Falls $L > 0$, so wählen wir $\delta := \frac{\varepsilon}{L}$ und erhalten für alle $x, y \in D$ mit $|x - y| < \delta$, dass

$$|f(x) - f(y)| \leq L|x - y| < L\delta = \varepsilon$$

ist. ∎

Betrachten wir einige Beispiele zur Lipschitz-Stetigkeit.

1. Jede affine Funktion $\mathbb{C} \to \mathbb{C}$, $z \mapsto az + b$ ist Lipschitz-stetig mit Lipschitz-Konstante $|a|$.

2. Die Abbildung $\mathbb{C} \to \mathbb{C}$, $z \mapsto |z|$, die jeder komplexen Zahl ihren Betrag zuweist, ist nach ▶Satz 14.2.2-(5) Lipschitz-stetig bzgl. jeder Konstanten $L \geq 1$.

3. Es sei $\Re: \mathbb{C} \to \mathbb{C}$ die Abbildung, die jeder komplexen Zahl z ihren Realteil zuordnet. Dann ist $\Re$ Lipschitz-stetig mit Konstante $L = 1$. Sind nämlich $x = a+bi$ und $y = c+di$ aus $\mathbb{C}$ mit $\Re(x) = a$ und $\Re(y) = c$, so gilt:

$$|x - y|^2 = (a - c)^2 + (b - d)^2 \geq (a - c)^2 = |\Re(x) - \Re(y)|^2$$

Entsprechend ist die Abbildung $\Im: \mathbb{C} \to \mathbb{C}$, die jeder komplexen Zahl ihren Imaginärteil zuordnet, gleichmäßig stetig, weil nämlich Lipschitz-Stetigkeit mit Konstante 1 vorliegt.

4. Auch die Funktion $\mathbb{C} \to \mathbb{C}$, $z \mapsto \bar{z}$, die jeder komplexen Zahl z die zugehörige konjugiert komplexe Zahl zuweist, ist Lipschitz-stetig bzgl. der Konstanten $L = 1$.

17.2 Stetigkeit bei elementaren Funktionen

A Das Folgenkriterium zur Stetigkeit Zum Nachweis der Stetigkeit einer Funktion ist ▶Definition 17.1.1 meist etwas schwerfällig, kommt es doch dabei auf die intelligente Wahl eines δ bei gegebenem $\varepsilon > 0$ und bei gegebener Stelle x' an. Wie könnte beispielsweise δ bei der stetigen Funktion $f(x) = x^5 - 3x^2 + 7$ an der Stelle $x' = \frac{17}{2}$ aussehen? Um handlich mit der Stetigkeit umgehen zu können, weisen wir daher als Nächstes das Stetigkeitskriterium in ▶Satz 17.2.1 nach, welches erlaubt, die gesamte Arbeit auf die Konvergenz von Folgen zurückzuführen. Es charakterisiert stetige Funktionen dadurch, dass die Grenzwertbildung im Argument der Funktion und die Funktions-

17 Stetige Funktionen

anwendung vertauscht werden dürfen. Entsprechend werden uns daher die Ergebnisse aus Kapitel 15, insbesondere die Grenzwertsätze für Folgen, zu vielen Familien stetiger Funktionen führen.

Satz 17.2.1 Es sei f eine Abbildung mit Definitionsbereich D. Ferner sei $x' \in D$. Dann sind die beiden folgenden Aussagen äquivalent:

(1) f ist stetig in x'.

(2) Für **jede** konvergente Folge (x_n) in D mit $\lim(x_n) = x'$ ist die Folge $(f(x_n))$ der Funktionswerte ebenfalls konvergent, und zwar mit Grenzwert $\lim(f(x_n)) = f(x')$.

Beweis

(1) $\Rightarrow$ (2): Es sei f zunächst stetig in x'. Weiter sei (x_n) eine konvergente Folge in D, deren Grenzwert gleich x' ist. Ist $\varepsilon > 0$, so gibt es ein (in der Regel von ε und von x' abhängiges) $\delta > 0$ mit $|f(x) - f(x')| < \varepsilon$ für alle $x \in D$ mit $|x - x'| < \delta$. Aufgrund der Konvergenz der Folge (x_n) existiert ein N aus $\mathbb{N}$ mit $|x_n - x'| < \delta$ für alle $n \geq N$. Demnach ist $|f(x_n) - f(x')| < \varepsilon$ für jedes $n \geq N$. Folglich ist $(f(x_n))$ eine konvergente Folge mit Grenzwert $f(x')$.

(2) $\Rightarrow$ (1): Wir führen einen Widerspruchbeweis. Neben der Gültigkeit von (2) nehmen wir an, dass f nicht stetig in x' ist. Die Negation der Stetigkeitsbedingung in ▶Definition 17.1.1 ergibt dann die Existenz eines $\eta > 0$, sodass es für jedes $\delta > 0$ ein $x(\delta) \in D$ mit $|x(\delta) - x'| < \delta$, aber mit $|f(x(\delta)) - f(x')| \geq \eta$ gibt. Betrachtet man alle δ der Form $\frac{1}{m}$ mit $m \in \mathbb{N}^*$, so gibt es zu jedem $m \in \mathbb{N}^*$ ein $x(\frac{1}{m}) \in D$ mit $|x(\frac{1}{m}) - x'| < \frac{1}{m}$, aber mit $|f(x(\frac{1}{m})) - f(x')| \geq \eta$. Setze nun $y_m := x(\frac{1}{m})$ für $m \in \mathbb{N}^*$. Dann ist (y_m) eine gegen x' konvergente Folge in D. Nach Voraussetzung der Annahme von (2) ist dann $(f(y_m))$ eine gegen $f(x')$ konvergente Folge. Also ist $|f(y_m) - f(x')| < \eta$ für alle hinreichend großen m. Das ist ein Widerspruch zur Konstruktion der y_m. ∎

B Die punktweise Verknüpfung stetiger Funktionen Wie versprochen werden wir mit ▶Satz 17.2.1 und den Grenzwertsätzen für Folgen aus Abschnitt 15.2 nun viele Familien von Funktionen als stetig nachweisen können.

Satz 17.2.2 Es sei $D \subseteq \mathbb{R}$ bzw. $D \subseteq \mathbb{C}$ und $x' \in D$. Dann ist die Menge der in x' bzw. der auf ganz D stetigen reell- oder komplexwertigen Funktionen eine $\mathbb{K}$-Algebra bzgl. der punktweisen Addition und der punktweisen Multiplikation, wobei $\mathbb{K} = \mathbb{R}$ oder $\mathbb{K} = \mathbb{C}$, je nachdem, welcher Bereich betrachtet wird.

17.2 Stetigkeit bei elementaren Funktionen

Beweis Dies folgt zusammen mit ▶Satz 17.2.1 unmittelbar aus den folgenden Tatsachen:

1. Sind f und g in x' oder auf ganz D stetige Funktionen und sind $\alpha, \beta \in \mathbb{C}$, so sind auch $\alpha f + \beta g$ stetige Funktionen in x' bzw. auf D.

2. Sind f und g in x' oder auf ganz D stetige Funktionen, so ist auch fg eine in x' oder auf D stetige Funktion. ∎

Beispiel 17.2.3 **Stetigkeit von Polynomfunktionen**

Aus Teil (2) des letzten Beweises und aus der Stetigkeit der identischen Abbildung $z \mapsto z$ folgt mit Induktion, dass jede Potenzfunktion $f(z) = z^n$ stetig ist (auf ganz $\mathbb{C}$ bzw. ganz $\mathbb{R}$). Zusammen mit Teil (1) des Beweises von ▶Satz 17.2.2 erhält man sodann (induktiv), dass jede Polynomfunktion

$$f(z) = a_n z^n + \ldots + a_1 z + a_0$$

auf ganz $\mathbb{C}$ bzw. auf ganz $\mathbb{R}$ stetig ist. Die Polynomfunktionen bilden also eine Teilalgebra der Menge aller stetigen Funktionen. ∎

Satz 17.2.4 Ist f stetig auf D und ist $f(x) \neq 0$ für jedes x aus D, so ist auch die Abbildung $x \mapsto \frac{1}{f(x)}$ stetig auf D.

Beweis Dies folgt aus ▶Satz 17.2.1 in Kombination mit ▶Satz 15.2.3. Man beachte allerdings, dass $\frac{1}{f(x)}$ gleich $f(x)^{-1}$ und nicht $f^{-1}(x)$ ist. Letzteres beschreibt die Umkehrfunktion von f und nicht den Kehrwert des Funktionswertes $f(x)$. ∎

Beispiel 17.2.5 **Stetigkeit von rationalen Funktionen**

Aus ▶Beispiel 17.2.3 und ▶Satz 17.2.4 folgt sodann, dass jede rationale Funktion

$$f(z) = \frac{a_n z^n + \ldots + a_1 z + a_0}{b_m z^m + \ldots + b_1 z + b_0}$$

auf ihrem gesamten Definitionsbereich stetig ist, d. h. auf allen z aus $\mathbb{R}$ bzw. $\mathbb{C}$, die keine Nullstelle des Nenners von $f(z)$ sind. ∎

C Umkehrung und Verkettung bei stetigen Funktionen Im weiteren Verlauf dieses Abschnittes wollen wir die Stetigkeit für weitere Klassen von elementaren Funktionen nachweisen. Wir beginnen mit der Stetigkeit bei der Umkehrung stetiger Funktionen, und führen dazu einen Begriff ein, der uns auch später noch sehr nützlich sein wird.

Definition 17.2.6 Ist $D \subseteq \mathbb{C}$ oder $D \subseteq \mathbb{R}$ nicht leer, so definieren wir die Menge

$$\hat{D} := \{a \in \mathbb{R}: \text{ es gibt eine Folge } (a_n) \text{ in } D \text{ mit } \lim(a_n) = a\}$$

als den **Abschluss von** D. Stets ist $D \subseteq \hat{D}$; bei $D = \hat{D}$ heißt D **abgeschlossen**.

Beispielsweise ist der Abschluss eines offenen beschränkten Intervalls (a, b) gleich $[a, b]$; der Abschluss eines offenen Kreises $B_r(z)$ um z mit Radius $r > 0$ ist der zugehörige abgeschlossene Kreis $\{x \in \mathbb{C}: |x - z| \leq r\}$, also mit Kreisrand.

Satz 17.2.7 Stetigkeit bei Umkehrfunktionen

Es sei $D \subseteq \mathbb{R}$ oder $D \subseteq \mathbb{C}$ eine abgeschlossene und beschränkte Menge. Ferner sei $E \subseteq \mathbb{R}$ bzw. $E \subseteq \mathbb{C}$ und $f: D \to E$ sei eine bijektive Funktion, welche in $x' \in D$ stetig sei. Weiter sei $y' = f(x')$ und $g = f^{-1}$ sei die Umkehrfunktion von f. Dann ist g stetig in y'.

Beweis Annahme, g ist nicht stetig in $y' = f(x')$. Dann gibt es eine Folge (y_n) in E, dem Bild von f und damit dem Definitionsbereich von g, welche zwar gegen y' konvergiert, für die aber die Folge $(g(y_n))$ nicht gegen $g(y') = x'$ konvergiert. Nun sei $x_n := g(y_n)$ für $n \in \mathbb{N}$. Die Folge (x_n) verläuft innerhalb der beschränkten Menge D und hat daher nach dem ▶Satz von Bolzano-Weierstraß 15.4.8 einen Häufungspunkt $\hat{x}$. Es existiert ferner eine Teilfolge $(x_{\phi(n)})$ von (x_n), die gegen diesen Häufungspunkt $\hat{x}$ konvergiert (▶Satz 15.3.3). Da nun D nach Voraussetzung abgeschlossen ist, liegt dieser Häufungspunkt $\hat{x}$ in D. Nun ist aber $(f(x_{\phi(n)})) = (y_{\phi(n)})$ eine Teilfolge der konvergenten Folge $(f(x_n)) = (y_n)$ und damit selbst konvergent, und zwar gegen y', dem Grenzwert von (y_n) (siehe ▶Satz 15.3.2). Aufgrund der Stetigkeit von f ist $f(\hat{x}) = y'$. Da aber auch $f(x') = y'$ ist und da f bijektiv ist, folgt $\hat{x} = x'$.

Die eben durchgeführte Argumentation gilt für jeden Häufungspunkt der Folge (x_n), weshalb diese Folge nur einen einzigen Häufungspunkt hat, nämlich x'. Nun kann man leicht zeigen, dass eine beschränkte Folge mit genau einem Häufungspunkt bereits konvergent gegen eben diesen Häufungspunkt ist (Übung). Also gilt hier $\lim(x_n) = x'$. Insgesamt erhalten wir daraus $x' = \lim(x_n) = \lim(g(y_n))$ sowie $x' = g(y') = g(\lim(y_n))$, woraus $\lim(g(y_n)) = g(\lim(y_n))$ und damit die Stetigkeit von g in y' folgt. ∎

Der Beweis des letzten Satzes hing stark von der Beschränktheit des Definitionsbereiches ab. Man kann die Aussage aber leicht auf Funktionen ausdehnen, die etwa auf unbeschränkten Intervallen definiert sind, weil man sich bei der Stetigkeit in einem vorgegebenen Punkt x' einfach auf ein beschränktes und abgeschlossenes Teilintervall

[α, β] des Definitionsbereiches konzentrieren kann, welches den Punkt x' enthält; die Stetigkeit ist ja eine sog. **lokale** Eigenschaft! Daher erhalten wir Folgendes als konkrete Anwendung von ▶Satz 17.2.7:

Beispiel 17.2.8 **Stetigkeit von Wurzelfunktionen**

Ist $n \in \mathbb{N}^*$, so ist die zugehörige Wurzelfunktion $[0, \infty) \to \mathbb{R}$, $x \mapsto \sqrt[n]{x}$ stetig auf dem ganzen Definitionsbereich.

Zum Nachweis verwenden wir ▶Satz 17.2.7: Die Potenzabbildung $[0, \infty) \to \mathbb{R}$, $x \mapsto x^n$ ist streng monoton wachsend[3] (also bijektiv) und stetig und hat die angegebene Wurzelfunktion als Umkehrfunktion. Für einen konkreten Punkt x' kann man die Betrachtung auf das abgeschlossene und beschränkte Intervall $[0, x' + 1]$ einschränken. ∎

Wir betrachten als Nächstes die Verkettung von stetigen Funktionen.

Satz 17.2.9 **Stetigkeit bei Verkettung von Funktionen**

Es seien $f: E \to \mathbb{C}$ und $g: D \to \mathbb{C}$ Funktionen derart, dass das Bild von D unter g in E enthalten ist. Ist weiter g stetig in $x' \in D$ und f stetig in $y' = g(x') \in E$, so ist $f \circ g$ ebenfalls stetig in x'.

Beweis Es sei (z_n) eine im Definitionsbereich von g gelegene Folge, die gegen x' konvergiert. Dann ist $(g(z_n))$ eine im Definitionsbereich von f gelegene Folge, die wegen der Stetigkeit von g gegen $y' = g(x')$ konvergiert. Wegen der Stetigkeit von f konvergiert daher die Folge $(f(g(z_n))) = (f \circ g(z_n))$ gegen $f(g(x')) = f \circ g(x')$. Damit ist $f \circ g$ stetig in x'. ∎

Beispiel 17.2.10 **Stetigkeit rationaler Potenzfunktionen**

Ist $q \in \mathbb{Q}^+$, so ist die Funktion $[0, \infty) \to \mathbb{R}$, $x \mapsto x^q$ stetig auf dem ganzen Definitionsbereich.

Zum Nachweis verwenden wir ▶Beispiel 17.2.3 zusammen mit ▶Satz 17.2.9 in Kombination mit ▶Beispiel 17.2.8. Es sei $q = \frac{m}{n}$ ein gekürzter Bruch. Dann ist $x \mapsto x^q$ die Verkettung der beiden Abbildungen $x \mapsto x^m$ und $x \mapsto \sqrt[n]{x}$, welche jeweils stetig sind. ∎

---

[3] Die Begriffe **(streng) monoton wachsend** bzw. **(streng) monoton fallend** haben wir bisher nur für Folgen eingeführt – siehe Abschnitt 15.3-B. Ersetzt man $\mathbb{N}$ durch einen beliebigen Bereich $D \subseteq \mathbb{R}$, so ist aufgrund der Anordnung von $\mathbb{R}$ natürlich klar, was diese Begriffe für auf D definierte Funktionen bedeuten.

D Stetige Fortsetzbarkeit von Funktionen Den in ▶Definition 17.2.6 eingeführten Begriff des Abschlusses einer Menge benötigt man u. a. auch bei der stetigen Fortsetzbarkeit von Funktionen, die wir nun diskutieren wollen. Wir gehen dazu wieder von einer reell- oder komplexwertigen Funktion f auf dem (allgemeinen) Definitionsbereich D mit $D \subseteq \mathbb{R}$ oder $D \subseteq \mathbb{C}$ aus.

1. Es sei a ein Punkt aus dem Abschluss $\hat{D}$ von D. Annahme, für **jede** Folge (x_n) in D, die gegen a konvergiert, konvergiert die Folge $(f(x_n))$ gegen c. Dann schreibt man

$$\lim_{x \to a} f(x) := c \quad \text{bzw. exakter:} \quad \lim_{\substack{x \to a \\ x \in D}} f(x) := c. \tag{17.2.1}$$

Aufgrund des Folgenkriteriums ist diese Bedingung äquivalent dazu, dass für jedes $\varepsilon > 0$ ein $\delta > 0$ existiert, sodass für jedes $x \in D$ mit $|x - a| < \delta$ die Eigenschaft $|f(x) - c| < \varepsilon$ folgt. Ist also $a \in D$, so bedeutet das nichts anderes, als dass f stetig in a ist. Falls hingegen a in $\hat{D} \setminus D$ enthalten ist, so kann man f durch die Vorschrift $f(a) := c$ **fortsetzen**, sodass diese **Fortsetzung von f stetig in** a ist.

2. Speziell bei $\mathbb{R}$ sind weitere Bezeichnungen üblich. So schreibt man

$$\lim_{x \to a^+} f(x) := c, \tag{17.2.2}$$

falls für jede Folge (x_n) in $D \cap (a, \infty)$ mit $\lim(x_n) = a$ gilt: $\lim(f(x_n)) = c$. Man betrachtet hierbei also nur Folgen, die **von rechts gegen a konvergieren** (daher das Plus-Zeichen als Exponent). Entsprechend schreibt man

$$\lim_{x \to a^-} f(x) := c, \tag{17.2.3}$$

falls für jede Folge (x_n) in $D \cap (-\infty, a)$ mit $\lim(x_n) = a$ gilt: $\lim(f(x_n)) = c$. Man betrachtet hierbei nur Folgen, die **von links gegen a konvergieren** (daher das Minus-Zeichen als Exponent).

3. Bei $D = \mathbb{R}$ interessiert man sich in diesem Zusammenhang auch für die unbestimmte Konvergenz von Folgen. Falls nämlich für jede Folge (x_n) mit $x_n \to \infty$ gilt, dass $(f(x_n))$ gegen c konvergiert (wobei für c auch ∞ und $-\infty$ erlaubt sind), so schreibt man

$$\lim_{x \to \infty} f(x) = c. \tag{17.2.4}$$

Entsprechend ist die Schreibweise $\lim_{x \to -\infty} f(x) = c$ erklärt.

Beispiel 17.2.11 Wir schauen uns hierzu ein konkretes Beispiel aus dem Bereich der rationalen Funktionen an. Dazu sei $f(x) := \frac{g(x)}{h(x)}$ mit $g(x) := x^3 + 4x^2 + x - 6$ und $h(x) := x^3 - 6x^2 + 5x$ und x aus $\mathbb{R}$. Der Definitionsbereich D von f ist die Menge $\mathbb{R}$ mit Ausnahme der Nullstellen von h, welche gleich 0, 1 und 5 sind. Nach ▶Beispiel 17.2.5 ist f stetig auf D. Die Frage ist nun, ob man f an den Stellen 0, 1 oder 5 stetig fortsetzen kann. Dazu betrachten wir die Polynome g und h in faktorisierter Form:

$$g(x) = (x-1)(x+2)(x+3) \quad \text{und} \quad h(x) = (x-1)x(x-5)$$

17.2 Stetigkeit bei elementaren Funktionen

Zur Analyse des Verhaltens von f in der Nähe der Nullstellen von h legen wir folgende Tabelle an.

Stelle	Vorzeichen g	Vorzeichen h	Grenzwert g	Grenzwert h	Grenzwert f
0^-	$-$	$-$	-6	0	∞
0^+	$-$	$+$	-6	0	$-\infty$
1^-	$-$	$+$	0	0	-3
1^+	$+$	$-$	0	0	-3
5^-	$+$	$-$	224	0	$-\infty$
5^+	$+$	$+$	224	0	∞

Hierbei bedeutet beispielsweise die erste Zeile, dass bei $x_n \to 0^-$ die Funktion g von links gegen -6, die Funktion h von links gegen 0 und damit $f = g/h$ gegen ∞ konvergiert. Zum Verhalten von f bei x_n gegen 1^+ bzw. 1^- ist zu bemerken, dass

$$f(x) = \frac{(x+2)(x+3)}{x(x-5)}$$

für alle $x \neq 1$ gilt. Insgesamt erhält man daraus, dass f durch $f(1) := -3$ stetig fortsetzbar ist.

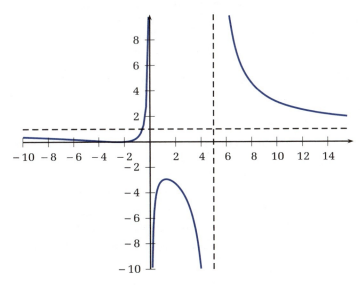

Zur Untersuchung des Verhaltens von f bei $x_n \to \infty$ bzw. $x_n \to -\infty$ schreibt man f am besten in der Form

$$f(x) = \frac{x^3}{x^3} \cdot \left(\frac{1 + \frac{4}{x} + \frac{1}{x^2} - \frac{6}{x^3}}{1 - \frac{6}{x} + \frac{5}{x^2}} \right).$$

Für alle zu betrachtenden x kürzt sich der Bruch $\frac{x^3}{x^3}$ zu 1, während der Klammerausdruck jeweils gegen 1 konvergiert. Als asymptotisches Verhalten von f gegen ∞ bzw. $-\infty$ ergibt sich daher $\lim_{x \to \infty} f(x) = 1 = \lim_{x \to -\infty} f(x)$. ∎

17.3 Eigenschaften stetiger Funktionen

In diesem Abschnitt werden wir einige wichtige Eigenschaften reeller stetiger Funktionen kennenlernen. Als Definitionsbereich wird dabei meist ein abgeschlossenes und beschränktes Intervall $[a, b] \subseteq \mathbb{R}$ vorausgesetzt.

A Zwischenwertsätze bei stetigen Funktionen Wir beginnen mit zwei Ergebnissen, die Aussagen über den Wertebereich von stetigen Funktionen treffen, nämlich die **Existenz von Nullstellen** bzw. **von Zwischenwerten**.

> **Satz 17.3.1** **Zwischenwertsatz, erste Version**
>
> Es seien $a, b \in \mathbb{R}$ mit $a \leq b$. Ferner sei $f: [a, b] \to \mathbb{R}$ eine stetige Funktion. Es gelte $f(a) \leq 0 \leq f(b)$. Dann gibt es ein $\gamma \in [a, b]$ mit $f(\gamma) = 0$.[4]

Beweis Die Aussage ist offensichtlich richtig, wenn $f(a) = 0$ oder wenn $f(b) = 0$ ist. Es sei daher $f(a) < 0 < f(b)$. Wir definieren $a_0 := a$ und $b_0 := b$ und erhalten sukzessive eine Folge $([a_n, b_n])_{n \in \mathbb{N}}$ von Intervallen durch folgende Vorschriften:

- Ist $[a_m, b_m]$ gegeben, so sei $\mu(m) := \frac{a_m + b_m}{2}$; dabei handelt es sich um die Intervallmitte von $[a_m, b_m]$, also $a_m < \mu(m) < b_m$ und $\mu(m) - a_m = \frac{b_m - a_m}{2} = b_m - \mu(m)$.

- Ist $f(\mu(m)) \geq 0$, so sei $[a_{m+1}, b_{m+1}] := [a_m, \mu(m)]$, andernfalls sei $[a_{m+1}, b_{m+1}] := [\mu(m), b_m]$.

Für jedes $n \in \mathbb{N}$ gilt dann $[a_{n+1}, b_{n+1}] \subseteq [a_n, b_n]$. Ferner ist $b_{n+1} - a_{n+1} = \frac{b_n - a_n}{2}$ und induktiv $b_n - a_n = \frac{b-a}{2^n}$. Deshalb handelt es sich hierbei um eine Intervallschachtelung (siehe Abschnitt 15.4-A).

Es sei $\gamma := \lim(a_n) = \lim(b_n)$ die durch die Intervallschachtelung definierte reelle Zahl. Aufgrund der Stetigkeit von f ist $f(\gamma) = \lim(f(a_n)) = \lim(f(b_n))$. Nun gilt einerseits $f(\gamma) \leq 0$, da ja $f(a_n) \leq 0$ wegen der Definition der a_n; andererseits gilt $f(\gamma) \geq 0$, weil $f(b_n) \geq 0$ nach Definition der b_n. Insgesamt erhält man daraus $f(\gamma) = 0$, was zu beweisen war. ∎

Mithilfe einer leichten Modifikation erhält man folgende Verallgemeinerung dieses Satzes:

> **Satz 17.3.2** **Zwischenwertsatz, zweite Version**
>
> Es seien $a, b \in \mathbb{R}$ mit $a < b$ und $f: [a, b] \to \mathbb{R}$ sei stetig mit $f(a) < f(b)$. Ferner sei $c \in [f(a), f(b)]$. Dann gibt es ein $\gamma \in [a, b]$ mit $f(\gamma) = c$.

---

[4] Die Aussage gilt natürlich entsprechend, wenn $f(a) > f(b)$ ist.

17.3 Eigenschaften stetiger Funktionen

Beweis Zu dem gegebenen c definieren wir eine Abbildung g durch $g:[a,b] \to \mathbb{R}$, $x \mapsto f(x) - c$. Dann ist g stetig mit $g(a) = f(a) - c < 0$ und $g(b) = f(b) - c > 0$. Nach der ersten Version des Zwischenwertsatzes hat g eine Nullstelle γ in $[a,b]$. Aus $g(\gamma) = 0$ folgt aber $f(\gamma) = c$. ∎

Bereits in seiner ersten Version hat der Zwischenwertsatz interessante Anwendungen, etwa die Existenz von Nullstellen gewisser reeller Polynome, wie das folgende Ergebnis zeigt.

Satz 17.3.3 Es sei $f(x) = a_k x^k + \ldots + a_1 x + a_0$ eine reelle Polynomfunktion mit $a_k \neq 0$ und k **ungerade**. Dann hat f eine Nullstelle in $\mathbb{R}$.

Beweis Für $x \neq 0$ ist $f(x) = a_k x^k \cdot g(x)$ mit

$$g(x) = 1 + \frac{a_{k-1}}{a_k x} + \ldots + \frac{a_1}{a_k x^{k-1}} + \frac{a_0}{a_k x^k}.$$

Nun ist $\lim_{x\to\infty} g(x) = 1 = \lim_{x\to-\infty} g(x)$. Für negatives a_k ist daher $\lim_{x\to\infty} f(x) = -\infty$ und $\lim_{x\to-\infty} f(x) = \infty$, während für positives a_k gilt $\lim_{x\to\infty} f(x) = \infty$ und $\lim_{x\to-\infty} f(x) = -\infty$ (hierbei wurde die Voraussetzung „k ungerade" benötigt). Es existieren also Zahlen $a, b \in \mathbb{R}$ mit $a < b$ und $f(a) < 0$ und $f(b) > 0$ bzw. mit $f(a) > 0$ und $f(b) < 0$ (je nach Vorzeichen von a_k). Daher folgt die Behauptung aus dem Zwischenwertsatz und der Stetigkeit der Polynomfunktionen. ∎

B Maximum und Minimum bei stetigen reellwertigen Funktionen Wir erinnern daran, dass eine Funktion f auf D **beschränkt** heißt, falls ein $M \in \mathbb{R}$ existiert mit $|f(x)| \leq M$ für alle $x \in D$. Ferner heißt D **abgeschlossen**, falls für jede in D verlaufende konvergente Folge (x_n) gilt, dass $\lim(x_n)$ in D enthalten ist (siehe ▶ Definition 17.2.6).

Satz 17.3.4 Es sei $D \subseteq \mathbb{C}$ bzw. $D \subseteq \mathbb{R}$ abgeschlossen und beschränkt, etwa ein Intervall $[a,b]$ mit $a \leq b$ aus $\mathbb{R}$. Weiter sei $f:D \to \mathbb{R}$ bzw. $f:D \to \mathbb{C}$ eine stetige Funktion und $E := f(D)$ sei der Bildbereich von f. Dann gelten:

(1) E ist abgeschlossen.

(2) E ist beschränkt.

(3) Es gibt ein $u \in D$ mit $|f(u)| = \sup\{|f(x)| : x \in D\}$.

Beweis

(1) Wir zeigen zunächst, dass der Bildbereich E von f eine abgeschlossene Menge ist. Ist nämlich (y_n) eine in E verlaufende konvergente Folge mit Grenzwert y', so wählen wir für jedes n ein x_n aus dem Urbild $f^{-1}(y_n)$. Da D beschränkt ist, ist auch die Folge (x_n) beschränkt und hat daher einen Häufungspunkt, etwa $\hat{x}$ (nach ▶Satz 15.4.8 von Bolzano-Weierstraß). Es sei $(x_{\phi(n)})$ eine Teilfolge, die gegen $\hat{x}$ konvergiert. Dann ist $f(x_{\phi(n)}) = y_{\phi(n)}$ und die Teilfolge $(y_{\phi(n)})$ konvergiert als Teilfolge einer konvergenten Folge gegen y'. Da D abgeschlossen ist, liegt $\hat{x}$ in D, und da f stetig ist, gilt $f(\hat{x}) = y'$. Damit ist y' als Element von E, dem Bildbereich von f, erkannt.

(2) Zum Beweis der zweiten Aussage des Satzes nehmen wir an, dass E unbeschränkt ist. Dann gibt es eine Folge (x_n) in D, sodass die Folge $(|f(x_n)|)$ streng monoton wächst und unbeschränkt ist. Nun ist aber (x_n) beschränkt und hat daher einen Häufungspunkt, den wir wieder mit $\hat{x}$ bezeichnen wollen. Ferner hat (x_n) eine gegen $\hat{x} \in D$ konvergente Teilfolge $(x_{\phi(n)})$. Es sei $s := |f(\hat{x})|$. Aufgrund des strengen monotonen Wachstums von $(|f(x_n)|)$ ist $s = \sup\{|f(x_{\phi(n)})| : n \in \mathbb{N}\}$. Dann ist aber auch $s = \sup\{|f(x_n)| : n \in \mathbb{N}\}$, weil $\phi(n) \geq n$ für jedes n gilt. Das widerspricht der Unbeschränktheit der Folge $(|f(x_n)|)$. Damit ist die Beschränktheit von E, also (2) bewiesen.

(3) Es sei $t := \sup\{|f(x)| : x \in D\}$. Dann gibt es eine Folge (y_n) in E mit $t = \lim(|y_n|)$. Ferner gibt es eine Folge (x_n) in D mit $f(x_n) = y_n$ für alle n. Wir wählen einmal mehr eine Teilfolge $(x_{\phi(n)})$ von (x_n), die gegen $\hat{x} \in D$ konvergiert. Dann ist $(|y_{\phi(n)}|)$ eine Teilfolge von $(|y_n|)$, die gegen t konvergiert. Aufgrund der Stetigkeit von f und der Stetigkeit der Betragsfunktion $|\cdot|$ ist dann

$$|f(\hat{x})| = \lim(|f(x_{\phi(n)})|) = \lim(|y_{\phi(n)}|) = t,$$

womit auch (3) bewiesen ist. ∎

Als Folgerung dieses Satzes kann man zeigen, dass jede auf einem abgeschlossenen und beschränkten Intervall definierte stetige Funktionen ein **Maximum** und ein **Minimum** hat.

Satz 17.3.5 Es seien $a, b \in \mathbb{R}$ mit $a \leq b$ und $f : [a, b] \to \mathbb{R}$ sei stetig. Dann gibt es Elemente u und w in $[a, b]$ mit

(1) $f(u) = \sup\{f(x) : x \in [a, b]\} = \max\{f(x) : x \in [a, b]\}$

(2) $f(w) = \inf\{f(x) : x \in [a, b]\} = \min\{f(x) : x \in [a, b]\}$.

17.3 Eigenschaften stetiger Funktionen

Beweis Das Intervall $[a, b]$ ist abgeschlossen und beschränkt. Daher gibt es nach ▶ Satz 17.3.4 ein $v \in [a, b]$ mit $|f(v)| = \sup\{|f(x)| : x \in D\}$. Wir führen nun eine Fallunterscheidung durch.

1. Falls $f(v) > 0$, so sei $u := v$, denn dann nimmt f sein Maximum in u an. Zum Nachweis einer Minimalstelle betrachten wir die Funktion $g(x) := f(u) - f(x)$, welche auf $[a, b]$ stetig ist. Es gibt nach ▶ Satz 17.3.4 ein $v' \in [a, b]$ mit $|g(v')| = \sup\{|g(x)| : x \in D\}$. Es sei dann $w := v'$. Wegen $g(w) \geq 0$ ist w Maximalstelle von g und damit Minimalstelle von f.

2. Falls $f(v) < 0$, so sei $w := v$, denn dann nimmt f in w sein Minimum an. Zum Nachweis einer Maximalstelle betrachten wir nun die stetige Funktion $g(x) := f(w) - f(x)$. Es gibt nach ▶ Satz 17.3.4 ein $v'' \in [a, b]$ mit $|g(v'')| = \sup\{|g(x)| : x \in D\}$. Es sei nun $u := v''$. Wegen $g(u) \leq 0$ ist u Minimalstelle von g und damit Maximalstelle von f. ∎

Wir bemerken, dass die Voraussetzung der Abgeschlossenheit des Intervalls $[a, b]$ in ▶ Satz 17.3.5 wirklich notwendig ist, wie das Verhalten der rechts skizzierten stetigen Funktion $f(x) := 1 - \frac{1}{x}$ auf dem links offenen Intervall $(0, 1]$ in der Nähe von 0 zeigt. f ist nicht nach unten beschränkt und nimmt daher auch kein Minimum an.

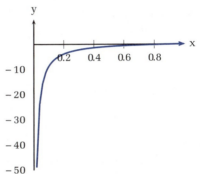

Zur konkreten Berechnung von (lokalen) Maxima und Minima benötigt man Methoden der Differentialrechnung, die wir im nächsten Kapitel bereitstellen werden. Als weitere Folgerung aus ▶ Satz 17.3.4 erhalten wir:

Satz 17.3.6 Es seien $a, b \in \mathbb{R}$ mit $a \leq b$ und $f : [a, b] \to \mathbb{R}$ sei stetig. Dann ist das Bild von f ein abgeschlossenes und beschränktes Intervall.

Beweis Es gibt reelle Zahlen c und d mit $c = \min\{f(x) : x \in [a, b]\}$ und mit $d = \max\{f(x) : x \in [a, b]\}$. Aufgrund des Zwischenwertsatzes 17.3.2 in zweiter Version wird jeder Wert y mit $c \leq y \leq d$ als Funktionswert unter f angenommen. Damit ist das Bild von f gleich dem abgeschlossenen Intervall $[c, d]$. ∎

Abschließend bemerken wir (ohne Beweis), dass eine auf einem abgeschlossenen und beschränkten Intervall definierte reellwertige stetige Funktion sogar gleichmäßig stetig ist (siehe etwa Barner und Flohr [3], Band I). Dieses Ergebnis findet u. a. in der Integrationstheorie (Kapitel 19) eine wichtige Verwendung.

17.4 Stetigkeit bei Funktionenfolgen und Potenzreihen

A Die punktweise Konvergenz bei Funktionenfolgen In diesem Abschnitt studieren wir **Folgen von Funktionen**, die alle auf einem gemeinsamen Bereich $D \subseteq \mathbb{R}$ bzw. $D \subseteq \mathbb{C}$ definiert sind. Wir werden zwei verschiedene Konvergenzbegriffe für solche Folgen kennenlernen. Der näherliegende ist zunächst der Begriff der **punktweisen Konvergenz**, anhand der man zumindest die zur Funktionenfolge gehörende **Grenzfunktion** definieren kann. Das stärkere Konzept der **gleichmäßigen Konvergenz** liefert allerdings erst die Möglichkeit, Aussagen über die Stetigkeit der Grenzfunktion zu machen, was insbesondere beim Studium von Potenzreihen zu vielen weiteren interessanten stetigen Funktionen führen wird.

> **Definition 17.4.1** Für jedes $n \in \mathbb{N}$ sei $f_n : D \to \mathbb{C}$ eine Funktion. Eine Folge der Form $(f_n)_{n \in \mathbb{N}}$ nennt man eine **Funktionenfolge**. Sie heißt **punktweise konvergent** auf D, falls für jedes $x' \in D$ die Folge $(f_n(x'))_{n \in \mathbb{N}}$ konvergiert. In diesem Fall ist durch
> $$f : D \to \mathbb{C}, \quad x \mapsto \lim_{n \to \infty} (f_n(x))$$
> eine weitere Funktion auf D definiert, die man die **Grenzfunktion der Funktionenfolge** (f_n) nennt.

In anderen Worten: Eine Funktionenfolge (f_n) auf D konvergiert punktweise gegen eine Funktion f, falls zu jedem $x \in D$ und zu jedem $\varepsilon > 0$ ein $N \in \mathbb{N}$ existiert, sodass für alle $n \geq N$ die Eigenschaft $|f_n(x) - f(x)| < \varepsilon$ gilt. Das existierende N hängt in der Regel von ε und von x ab. Betrachten wir hierzu einige Beispiele.

1. Für jedes $n \in \mathbb{N}$ sei $f_n(x)$ die Polynomfunktion $\sum_{k=0}^{n} \frac{x^k}{k!}$. Ist $y \in \mathbb{C}$ beliebig, so konvergiert $(f_n(y))_{n \in \mathbb{N}}$, und zwar gegen $\sum_{k=0}^{\infty} \frac{y^k}{k!} = \exp(y)$. Bei der Grenzfunktion handelt es sich demnach um die (auf $\mathbb{C}$ definierte) Exponentialfunktion (▶Beispiel 16.1.13).

2. Wir betrachten die Folge (f_n) mit
$$f_n : (-1, 1) \to \mathbb{R}, \quad x \mapsto \left(1 + \frac{1}{n}\right)^n \cdot x^2 - \sqrt[n]{n} \cdot x + \sum_{k=0}^{n} x^k.$$
Aufgrund der Ergebnisse aus Kapitel 15 konvergiert diese Funktionenfolge auf dem Intervall $(-1, 1)$ gegen die Grenzfunktion
$$f(x) = ex^2 - x + \frac{1}{1-x}.$$

B Die gleichmäßige Konvergenz bei Funktionenfolgen In der Analysis trifft man immer wieder auf Fragestellungen von folgendem Typ: *Gegeben sei die Grenzfunktion f*

17.4 Stetigkeit bei Funktionenfolgen und Potenzreihen

einer punktweise konvergenten Folge (f_n). Welche Eigenschaften der Folge (f_n) übertragen sich auf die Grenzfunktion f? Als Eigenschaft sind wir in diesem Kapitel natürlich an der Stetigkeit (in den Kapiteln 18 bzw. 19 dann an der Differenzierbarkeit bzw. an der Integrierbarkeit) interessiert. Im Allgemeinen erweist sich die punktweise Konvergenz als zu schwach, um bei Stetigkeit der Funktionenfolge die Stetigkeit der Grenzfunktion zu erzwingen. Allerdings überträgt sich die Stetigkeit auf die Grenzfunktion, wenn die stärkere Eigenschaft der gleichmäßigen Konvergenz vorliegt.

Definition 17.4.2 Eine komplexwertige auf D definierte Folge (f_n) von Funktionen **konvergiert gleichmäßig** gegen eine Funktion $f: D \to \mathbb{C}$, falls gilt:

- Zu jedem $\varepsilon > 0$ gibt es ein $N \in \mathbb{N}$, sodass für alle $n \geq N$ und **alle** $x \in D$ die Eigenschaft $|f_n(x) - f(x)| < \varepsilon$ folgt.

Man beachte, dass das in ▶Definition 17.4.2 existierende N lediglich von ε und nicht mehr von einer konkreten Stelle x abhängt, sondern (universell) für **jedes** x geeignet sein muss. Offensichtlich impliziert daher die gleichmäßige Konvergenz die punktweise Konvergenz. Die Umkehrung gilt jedoch nicht, wie das folgende Beispiel belegt.

- Ist $f_n: [0, 2] \to \mathbb{R}$ definiert durch

$$f_n(x) := \begin{cases} n^2 x, & \text{falls } x \in [0, \tfrac{1}{n}] \\ n - n^2(x - \tfrac{1}{n}), & \text{falls } x \in [\tfrac{1}{n}, \tfrac{2}{n}] \\ 0, & \text{falls } x \in [\tfrac{2}{n}, 2], \end{cases}$$

so konvergiert die Folge (f_n) punktweise gegen die Nullfunktion auf $[0, 2]$. Allerdings ist die Konvergenz nicht gleichmäßig, wie man anhand der unbeschränkten Folge $(f_n(\tfrac{1}{n}))_{n \in \mathbb{N}} = (n)_{n \in \mathbb{N}}$ sieht.

Satz 17.4.3 Es sei $D \subseteq \mathbb{C}$ und (f_n) sei eine auf D definierte reell- oder komplexwertige Folge stetiger Funktionen, die gleichmäßig gegen die Funktion $f: D \to \mathbb{C}$ konvergiere. Dann ist f eine stetige Funktion auf D.

Beweis Es sei $x' \in D$. Ferner sei $\varepsilon > 0$. Wir setzen $\varepsilon' := \tfrac{\varepsilon}{3}$.

- Aufgrund der gleichmäßigen Konvergenz existiert ein (von ε' abhängiges) $N \in \mathbb{N}$ mit $|f_n(x) - f(x)| < \varepsilon'$ für alle x aus D und alle $n \geq N$. Insbesondere gilt dies auch für die Stelle x'.

- Aufgrund der Stetigkeit von f_N in x' existiert ein (von ε' und x' abhängiges) $\delta > 0$ mit $|f_N(x) - f_N(x')| < \varepsilon'$ für alle $x \in D$ mit $|x - x'| < \delta$.

Mit diesem δ gilt bezüglich der Grenzfunktion f für alle diese x mit $|x - x'| < \delta$ dann aber

$$|f(x) - f(x')| \leq |f(x') - f_N(x')| + |f_N(x') - f_N(x)| + |f_N(x) - f(x)|.$$

Die rechte Seite ist kleiner als $\varepsilon' + \varepsilon' + \varepsilon' = \varepsilon$. Damit ist die Grenzfunktion f stetig in x'. Da die Argumentation für jedes x' aus D richtig ist, ist die Grenzfunktion f auf ganz D stetig. ∎

C **Die Supremumsnorm bei beschränkten Funktionen** Im weiteren Verlauf dieses Abschnittes wollen wir die Stetigkeit von Potenzreihen nachweisen, sodass wir damit eine weitere wichtige Klasse von stetigen Funktionen kennen. Wir benötigen zunächst noch folgende Notation.

Definition 17.4.4 Ausgehend von Funktionen g, welche auf dem gegebenen Definitionsbereich $D \subseteq \mathbb{R}$ bzw. $D \subseteq \mathbb{C}$ beschränkt sind, nennt man die Zahl

$$\|g\|_D := \sup\{|g(x)| : x \in D\}$$

die **Supremumsnorm von** g.

Es folgt eine offensichtliche Charakterisierung der gleichmäßigen Konvergenz anhand der Supremumsnorm (wobei in (1) ⇒ (2) der Nachweis der Beschränktheit der Grenzfunktion als Übungsaufgabe gestellt sei).

Satz 17.4.5 Es sei (f_n) eine Folge von Funktionen, wobei jedes f_n reell- oder komplexwertig, auf dem Bereich $D \subseteq \mathbb{C}$ definiert und beschränkt sei. Diese Funktionenfolge konvergiere punktweise gegen die Grenzfunktion f. Dann sind die beiden folgenden Aussagen äquivalent:

(1) (f_n) konvergiert gleichmäßig gegen f.

(2) Die Grenzfunktion f ist beschränkt auf D, und für jedes $\varepsilon > 0$ gibt es ein $N \in \mathbb{N}$, sodass für alle $n \geq N$ gilt: $\|f_n - f\|_D < \varepsilon$.

D **Die Stetigkeit von Potenzreihen** Wir kommen nun, wie angekündigt, zum Nachweis der Stetigkeit von Potenzreihen. Dazu werden wir erst an einige Schreibweisen aus Kapitel 16 erinnern.

Zu einer vorgegebenen Folge (a_n) aus $\mathbb{C}^\mathbb{N}$ erhält man für jedes n die Polynomfunktion $P_{a,n}(x) := \sum_{k=0}^{n} a_k x^k$. Es sei $P_a(x) := \sum_{n=0}^{\infty} a_n x^n$ die zu (a_n) gehörende (formale) Potenzreihe. Ist ρ_a der Konvergenzradius von P_a, so gilt

$$P_a(z) = \sum_{n=0}^{\infty} a_n z^n = \lim_{n\to\infty}\left(\sum_{k=0}^{n} a_k z^k\right) = \lim_{n\to\infty}(P_{a,n}(z)),$$

und zwar für jedes z aus dem offenen Kreis $B_{\rho_a}(0)$, weshalb die Funktionenfolge $(P_{a,n}(x))_n$ auf $B_{\rho_a}(0)$ punktweise gegen die Potenzreihen(funktion) $P_a(x)$ konvergiert. Hierbei ist $\rho_a = \infty$ erlaubt, in welchem Fall $B_{\rho_a}(0)$ gleich der gesamten Menge $\mathbb{C}$ der komplexen Zahlen ist.

Satz 17.4.6 Jede Potenzreihe $P_a(x)$ ist auf dem gesamten Bereich $B_{\rho_a}(0)$ stetig.

Beweis Wir nehmen an, dass der Konvergenzradius ρ_a größer als 0 ist, da ja sonst nichts zu zeigen ist. Nun sei $x' \in B_{\rho_a}(0)$, also $|x'| < \rho_a$. Wir wollen die Stetigkeit von $P_a(x)$ im Punkt x' zeigen. Dazu sei $\varepsilon \in \mathbb{R}$ mit $\varepsilon > 0$ gegeben. Wir setzen $\varepsilon' := \frac{\varepsilon}{2}$.

Es gibt zunächst ein $r \in \mathbb{R}^+$ mit $|x'| < r < \rho_a$, sodass $D := \widehat{B_r(0)}$, also der Abschluss des Kreises $B_r(0)$ im Definitionsbereich von $P_a(x)$ enthalten ist. Bei D handelt es sich ferner um eine abgeschlossene und beschränkte Teilmenge von $\mathbb{C}$. Für jedes n ist

$$\|a_n x^n\|_D = \sup\{|a_n x^n| : x \in D\} = |a_n| \cdot \sup\{|x|^n : x \in D\} = |a_n| r^n.$$

Wir setzen nun $b_n := a_n r^n$. Dann ist die Reihe der b_n aufgrund der Wahl von r absolut konvergent (▶Satz 16.2.3). Nach dem Cauchy-Konvergenzkriterium für Reihen (▶Satz 16.1.6) gibt es zu dem gegebenen $\varepsilon' > 0$ ein $N \in \mathbb{N}$, sodass für alle $m, n \geq N$ mit $m > n$ gilt $\sum_{k=n+1}^{m} |b_k| < \varepsilon'$. Daher gilt auch bei Grenzübergang $m \to \infty$ die Abschätzung $\sum_{k=n+1}^{\infty} |b_k| \leq \varepsilon'$. Daraus folgt sodann

$$|P_{a,m}(x') - P_{a,n}(x')| = \left|\sum_{k=n+1}^{m} a_k x'^k\right| \leq \sum_{k=n+1}^{m} |a_k| \cdot |x'|^k \leq \sum_{k=n+1}^{m} |a_k| \cdot r^k.$$

Letzteres ist gleich $\sum_{k=n+1}^{m} |b_k|$, also kleiner als ε'. Nach Grenzübergang $m \to \infty$ ergibt sich weiterhin auch

$$|P_a(x') - P_{a,n}(x')| \leq \sum_{k=n+1}^{\infty} |b_k| \leq \varepsilon'.$$

Da diese Abschätzung aber für jedes x' aus D gilt, folgt insgesamt sogar

$$\|P_a - P_{a,n}\|_D = \sup\{P_a(x) - P_{a,n}(x)| : x \in D\} \leq \varepsilon' = \frac{\varepsilon}{2} < \varepsilon.$$

Das bedeutet nach ▶Satz 17.4.5, dass die Funktionenfolge $(P_{a,n})$ auf D gleichmäßig gegen P_a konvergiert. Nun liefert ▶Satz 17.4.3 die Stetigkeit der Grenzfunktion P_a auf D.

Insbesondere ist also P_a in dem eingangs gewählten Punkt x' stetig. Da dieser aber innerhalb von $B_{\rho_a}(0)$ beliebig gewählt wurde, erhalten wir die gewünschte Aussage des Satzes. ∎

Als wichtiges Beispiel halten wir fest, dass die Exponentialfunktion $\exp(x) = \sum_{k=0}^{\infty} \frac{x^k}{k!}$ auf ganz $\mathbb{C}$ stetig ist. Mit dieser Funktion werden wir uns in den nächsten beiden Abschnitten intensiv auseinandersetzen.

17.5 Exponential- und Logarithmusfunktionen

In den verbleibenden beiden Abschnitten dieses Kapitels werden wir mit den Exponential-, den Logarithmus- und den trigonometrischen Funktionen weitere wichtige Klassen von Funktionen studieren.

A Die Funktionalgleichung zur Exponentialfunktion Beschreibt man den Wachstumsprozess einer in der Natur vorkommenden Population mit einer Funktion f, so erfüllt f häufig die **Funktionalgleichung** $f(s + t) = f(s) \cdot f(t)$. Ist nämlich $f(0) = 1$ der Bestand zum Zeitpunkt 0, so wächst der Bestand bis zum Zeitpunkt t auf $f(t)$ Einheiten. Ausgehend von $f(t)$ (zum Zeitpunkt t) wächst die Population nach s Zeiteinheiten auf die Größe $f(s) \cdot f(t)$; misst man diese vom Nullpunkt aus, so erhält man andererseits $f(s+t)$ Einheiten der Population zum Zeitpunkt $s+t$. Vom mathematischen Standpunkt interessiert man sich daher für Funktionen $f : \mathbb{C} \to \mathbb{C}$, die die Funktionalgleichung

$$f(x + y) = f(x) \cdot f(y) \text{ für alle } x, y \in \mathbb{C} \tag{17.5.1}$$

erfüllen. Dabei ist es wirklich sinnvoll den Körper $\mathbb{C}$ und nicht nur $\mathbb{R}$ zu betrachten, weil $\mathbb{C}$ gegenüber $\mathbb{R}$ vielmehr Einsichten bietet.

Satz 17.5.1 Für jedes $c \in \mathbb{C}$ erfüllt die Abbildung $\mathbb{C} \to \mathbb{C}$, $x \mapsto \exp(cx)$ die Funktionalgleichung (17.5.1).

Beweis Die Funktion $\exp(cx) = \sum_{n=0}^{\infty} \frac{(cx)^n}{n!}$ ist die Verkettung der Exponentialfunktion $\exp$ mit der linearen Funktion, welche x nach cx abbildet. Aufgrund der Linearität der Abbildung $x \mapsto cx$ reicht es daher zu zeigen, dass die Exponentialfunktion $\exp$ selbst die Funktionalgleichung erfüllt. Dazu seien $u, v \in \mathbb{C}$. Aufgrund des Faltungsproduktes von Reihen (▶Satz 16.3.3) ist (unter Verwendung des Binomialsatzes 4.2.7) in der Tat

17.5 Exponential- und Logarithmusfunktionen

$$\exp(u)\exp(v) = \left(\sum_{n=0}^{\infty} \frac{u^n}{n!}\right) \cdot \left(\sum_{n=0}^{\infty} \frac{v^n}{n!}\right) = \sum_{n=0}^{\infty} \sum_{k=0}^{n} \frac{u^k}{k!} \frac{v^{n-k}}{(n-k)!}$$

$$= \sum_{n=0}^{\infty} \sum_{k=0}^{n} \frac{1}{n!} \cdot \binom{n}{k} u^k v^{n-k} = \sum_{n=0}^{\infty} \frac{(u+v)^n}{n!}$$

$$= \exp(u+v). \qquad \blacksquare$$

Wir bemerken (ohne Beweis), dass eine Funktion f, die die Funktionalgleichung (17.5.1) erfüllt, durch eine weitere Eigenschaft eindeutig bestimmt ist, nämlich durch Fordern der Existenz des folgenden Grenzwertes

$$\gamma := \lim_{h \to 0} \frac{f(h) - 1}{h}, \qquad (17.5.2)$$

welcher (im reellen Fall) als Wachstumsgeschwindigkeit zum Zeitpunkt 0 interpretiert werden kann.[5] Im Allgemeinen ist $\gamma \in \mathbb{C}$ eine beliebige Konstante. Nun gilt, dass eine Funktion f, die (17.5.2) mit Grenzwert γ erfüllt, automatisch bereits gleich $\exp(\gamma x)$ ist. Für den Nachweis dieser Aussage verweisen wir auf das Buch von Konrad Königsberger [33]. Bei der Exponentialfunktion (also im Fall $\gamma = 1$) ist beispielsweise $\lim_{h \to 0} \frac{\exp(h)-1}{h} = 1$.

B **Das Verhalten der Exponentialfunktion auf $\mathbb{Q}$ und auf $\mathbb{R}$** Wir erinnern daran, dass die Euler'sche Zahl e als der Grenzwert der Folge $\left((1 + \frac{1}{n})^n\right)_{n \in \mathbb{N}^*}$ definiert wurde (Abschnitt 15.4-C) und dass e ebenfalls gleich $\exp(1) = \sum_{k=0}^{\infty} \frac{1}{k!}$ ist (siehe ▶Satz 16.1.16). Dies werden wir gleich, beim Studium von $\exp$ auf $\mathbb{Q}$ verallgemeinern. Wegen $\exp(0) = 1$ und der Funktionalgleichung (17.5.1) bemerken wir zunächst, dass für jedes $z \in \mathbb{C}$ die Gleichung $1 = \exp(z - z) = \exp(z)\exp(-z)$ gilt, woraus

$$\exp(z) \neq 0 \quad \text{und} \quad \exp(-z) = \frac{1}{\exp(z)} \quad \text{für jedes } z \in \mathbb{C} \qquad (17.5.3)$$

folgen.

Satz 17.5.2 **Verhalten von $\exp$ auf $\mathbb{Q}$**

Für jede rationale Zahl q gilt $\exp(q) = e^q$, wobei e die Euler'sche Zahl ist.

Beweis Wegen $\exp(0) = 1 = e^0$ und $\exp(1) = e = e^1$ ist dies zunächst für $n = 0$ und $n = 1$ richtig. Für $n \in \mathbb{N}$ mit $n \geq 2$ sieht man induktiv, dass

$$\exp(n) = \exp\left(\sum_{k=1}^{n} 1\right) = \prod_{k=1}^{n} \exp(1) = e^n$$

---

[5] Gleichung (17.5.2) ist bereits ein Beispiel für Differenzierbarkeit, mit der wir uns im nächsten Kapitel auseinandersetzen werden.

ist, womit die Behauptung für q aus $\mathbb{N}$ bewiesen ist. Es sei weiter $m \in \mathbb{N}^*$. Wegen

$$e = \exp(1) = \exp\left(\frac{m}{m}\right) = \exp\left(\sum_{k=1}^{m} \frac{1}{m}\right) = \prod_{k=1}^{m} \exp\left(\frac{1}{m}\right) = \exp\left(\frac{1}{m}\right)^m$$

und $\exp(\frac{1}{m}) > 0$ ist dann $\exp(\frac{1}{m})$ die m-te Wurzel aus e, also $\exp(\frac{1}{m}) = \sqrt[m]{e} = e^{\frac{1}{m}}$. Entsprechend ergibt sich für jede positive rationale Zahl $q = \frac{n}{m}$, dass

$$\exp(q) = \exp\left(\frac{n}{m}\right) = \exp\left(\frac{1}{m}\right)^n = \left(e^{1/m}\right)^n = e^q$$

ist. Wegen $\exp(-q) = \exp(q)^{-1}$ (siehe (17.5.3)) folgt die Behauptung auch für negative rationale Zahlen. ∎

Aufgrund der Ergebnisse des letzten Satzes verwendet man üblicherweise auch folgende Schreibweise für die Exponentialfunktion, wobei z aus **ganz** $\mathbb{C}$ zugelassen ist:

$$e^z := \exp(z) \text{ für alle } z \in \mathbb{C} \tag{17.5.4}$$

Mit $z = a + bi$ und $a, b \in \mathbb{R}$ reduziert sich wegen $\exp(a + bi) = \exp(a) \cdot \exp(bi)$ somit das Studium der Exponentialfunktion auf die reelle und die imaginäre Achse innerhalb $\mathbb{C}$. Wir untersuchen das Verhalten auf der reellen Achse in diesem Abschnitt und das Verhalten auf der imaginären Achse im kommenden Abschnitt.

> **Satz 17.5.3** **Verhalten von $\exp$ auf $\mathbb{R}$**
>
> Für jedes $r \in \mathbb{R}$ ist $\exp(r) \in \mathbb{R}^+$. Ferner ist die Abbildung $\exp: \mathbb{R} \to \mathbb{R}^+$ streng monoton wachsend und bijektiv.

Beweis Die zu $\exp$ gehörende Potenzreihe hat Koeffizienten aus $\mathbb{Q}$, sodass $\exp(r)$ für jedes $r \in \mathbb{R}$ zunächst einmal reell ist. Wegen

$$\exp(r) = \exp\left(\frac{r}{2} + \frac{r}{2}\right) = \exp\left(\frac{r}{2}\right)^2$$

ist $\exp(r)$ daher nicht negativ, und da $\exp(r) \neq 0$ ist, ist $\exp(r)$ positiv.

Zum Nachweis des streng monotonen Wachstums von $\exp$ auf $\mathbb{R}$ ist zu zeigen, dass $\exp(r + h) > \exp(r)$ gilt, und zwar für jedes $r \in \mathbb{R}$ und alle $h \in \mathbb{R}^+$. Wegen $\exp(r + h) = \exp(r)\exp(h)$ und $\exp(r) > 0$ ist dies gleichbedeutend mit $\exp(h) > 1$ für $h > 0$. Letzteres ist wegen

$$\exp(h) = \sum_{n=0}^{\infty} \frac{h^n}{n!} = 1 + \sum_{n=1}^{\infty} \frac{h^n}{n!}$$

richtig. Aufgrund des streng monotonen Wachstums ist $\exp$ auf $\mathbb{R}$ auch injektiv. Zur Bijektivität bleibt somit zu zeigen, dass zu jedem $t \in \mathbb{R}^+$ ein $r \in \mathbb{R}$ mit $\exp(r) = t$ existiert. Es sei daher $t \in \mathbb{R}^+$ gegeben. Wir betrachten $\exp$ an der Stelle t. Wegen $t > 0$ ist

$$\exp(t) = 1 + t + \sum_{n=2}^{\infty} \frac{t^n}{n!} > 1 + t.$$

Falls nun $t \geq 1$ ist, so liefert der Zwischenwertsatz 17.3.2 wegen $\exp(0) = 1$ und der Stetigkeit von exp ein $\zeta \in [0, t]$ mit $\exp(\zeta) = t$. Falls hingegen t aus dem Intervall $(0, 1)$ ist, so ist $\frac{1}{t} > 1$, sodass mit dem eben Gezeigten ein $\lambda \in \mathbb{R}$ mit $\exp(\lambda) = \frac{1}{t}$ existiert. Demnach ist $t = \exp(\lambda)^{-1} = \exp(-\lambda)$. ∎

Satz 17.5.4 **Wachstumsverhalten von exp auf $\mathbb{R}$**

Eingeschränkt auf die reellen Zahlen gilt für jede natürliche Zahl n:

$$\lim_{x \to \infty} \frac{\exp(x)}{x^n} = \infty \quad \text{und} \quad \lim_{x \to -\infty} \frac{\exp(x)}{x^{-n}} = 0$$

In anderen Worten: Die Exponentialfunktion wächst für $x \to \infty$ schneller als jede positive Potenz x^n; sie fällt für x gegen $-\infty$ schneller als jede negative Potenz $|x|^{-n}$.

Beweis Für jedes $x > 0$ ist $\exp(x) > \frac{x^{n+1}}{(n+1)!}$, also $\frac{\exp(x)}{x^n} > \frac{x}{(n+1)!}$. Das liefert die erste Behauptung. Die zweite Behauptung folgt wegen $\lim_{x \to -\infty} \frac{\exp(x)}{x^{-n}} = \lim_{y \to \infty} \frac{y^n}{\exp(y)} = 0$, da ja, wie eben gesehen, $\lim_{x \to \infty} \frac{\exp(x)}{x^n} = \infty$ ist. ∎

C Der natürliche Logarithmus Wir haben in ▶Satz 17.5.3 gesehen, dass die auf $\mathbb{R}$ eingeschränkte Exponentialfunktion die reellen Zahlen bijektiv auf $\mathbb{R}^+$ abbildet. Wir werden nun die Umkehrfunktion dieser Abbildung etwas genauer untersuchen.

Definition 17.5.5 Man nennt die Umkehrfunktion von $\exp: \mathbb{R} \to \mathbb{R}^+$ den **natürlichen Logarithmus**, welcher mit ln bezeichnet wird. Es ist also $\ln: \mathbb{R}^+ \to \mathbb{R}$ und $\ln(x) = y$ genau dann, wenn $x = e^y = \exp(y)$ ist.

Aus der strengen Monotonie von exp auf $\mathbb{R}$ und der Stetigkeit von exp erhält man in Kombination mit ▶Satz 17.2.7 unmittelbar das folgende Ergebnis.

Satz 17.5.6 **Stetigkeit der natürlichen Logarithmusfunktion**

Der natürliche Logarithmus ist streng monoton wachsend und auf seinem gesamten Definitionsbereich stetig.

Die Funktionalgleichung (17.5.1) und das Wachstumsverhalten (▶Satz 17.5.4) von exp (beides eingeschränkt auf $\mathbb{R}$) übertragen sich wie folgt auf den natürlichen Logarithmus ln.

> **Satz 17.5.7**   **Funktionalgleichung und Wachstum bei** $\ln$
>
> Es gelten:
>
> (1) $\ln(xy) = \ln(x) + \ln(y)$ für alle $x, y \in \mathbb{R}^+$
>
> (2) ln wächst für $x \to \infty$ schwächer als jede Wurzelfunktion, d. h., für jede natürliche Zahl $n \in \mathbb{N}^*$ gilt
> $$\lim_{x \to \infty} \frac{\ln(x)}{\sqrt[n]{x}} = 0.$$

Beweis

(1) Mit $\ln(x) = \zeta$ und $\ln(y) = \eta$ ist $e^{\zeta+\eta} = e^\zeta \cdot e^\eta = xy$. Also ist $\ln(xy) = \zeta + \eta$.

(2) folgt aus ▶Satz 17.5.4, denn durch Substitution $x := e^{ny}$ erhält man $\lim_{x \to \infty} \frac{\ln(x)}{\sqrt[n]{x}} = n \lim_{y \to \infty} \frac{y}{e^y} = 0$. ∎

D   **Exponential- und Logaritmenfunktionen zu allgemeinen Basen**   Bisher wurde ausgehend von einer positiven reellen Zahl $a \in \mathbb{R}^+$ und einer rationalen Zahl $q \in \mathbb{Q}$ die q-te Potenz von a, nämlich a^q definiert (siehe Abschnitt 14.5). Wegen $a = \exp \circ \ln(a) = e^{\ln(a)}$ gilt somit

$$a^q = \left(e^{\ln(a)}\right)^q = e^{q\ln(a)} \quad \text{für jedes } q \in \mathbb{Q} \text{ und jedes } a \in \mathbb{R}^+.$$

Dies gibt Anlass zur folgenden Definition von Potenzen mit **beliebigen reellen** Exponenten, die wir gleich auf **beliebige komplexe** Exponenten ausgedehnt haben.

> **Definition 17.5.8**   Für jedes $a \in \mathbb{R}^+$ und jedes x aus $\mathbb{C}$ (insbesondere für jedes $x \in \mathbb{R}$) sei
> $$a^x := e^{x\ln(a)}.$$
> Man nennt die Funktion $\mathbb{C} \to \mathbb{C}$, $x \mapsto a^x$ die **Exponentialfunktion zur Basis** a. Diese wollen wir auch mit $\exp_a$ abkürzen, also $\exp_a(x) := a^x$.

Die Exponentialfunktion zur Basis a erfüllt als Verkettung von $\exp(x)$ mit der linearen Funktion $x \mapsto \ln(a) \cdot x$ insbesondere die Funktionalgleichung (17.5.1), siehe ▶Satz 17.5.1. Wir fassen nun einige weitere Eigenschaften dieser Funktionen zusammen, wobei der Nachweis der Einzelheiten als Übungsaufgabe gestellt sei.

17.5 Exponential- und Logarithmusfunktionen

Satz 17.5.9 **Eigenschaften der Exponentialfunktion zur Basis a**

(1) $\exp_a$ ist stetig auf $\mathbb{C}$.

(2) $\exp_a$ eingeschränkt auf $\mathbb{R}$ ist streng monoton wachsend, falls $a > 1$, und streng monoton fallend, falls $a < 1$; für $a = 1$ ist sie konstant gleich 1.

(3) Für $a \neq 1$ liefert $\exp_a$ eine bijektive Abbildung von $\mathbb{R}$ nach $\mathbb{R}^+$.

Wie bemerkt, ist die Abbildung $\exp_a\colon \mathbb{R} \to \mathbb{R}^+$ für $a \in \mathbb{R}^+$ mit $a \neq 1$ insbesondere bijektiv und daher umkehrbar. Die Betrachtung von deren Umkehrfunktion führt uns zu folgender Definition:

Definition 17.5.10 Ist $a \in \mathbb{R}^+$ mit $a \neq 1$, so nennt man die Umkehrfunktion von $\exp_a\colon \mathbb{R} \to \mathbb{R}^+$ die **Logarithmusfunktion zur Basis a**, welche mit $\log_a$ bezeichnet wird.

Demnach ist der natürliche Logarithmus ln gleich dem Logarithmus zur Basis e, also $\ln = \log_e$. Aus ▶Satz 17.5.7 erhält man (analog zu ▶Satz 17.5.6):

Satz 17.5.11 **Stetigkeit der allgemeinen Logarithmusfunktion**

Die Logarithmusfunktion $\log_a$ zur Basis a ist stetig und erfüllt die gleiche Funktionalgleichung wie der natürliche Logarithmus, nämlich $\log_a(xy) = \log_a(x) + \log_a(y)$ für alle $x, y \in \mathbb{R}^+$.

Wir machen an dieser Stelle auf zwei weitere Formeln aufmerksam, deren Gültigkeit man als Übung nachweisen möge. Sind $a, b \in \mathbb{R}^+$ und $x, y \in \mathbb{R}$ sowie $z \in \mathbb{C}$, so gelten

$$(a^x)^y = a^{xy} \quad \text{sowie} \quad a^z b^z = (ab)^z. \tag{17.5.5}$$

E Potenzfunktionen mit reellen Exponenten In Abschnitt 14.5 haben wir die auf $\mathbb{R}^+$ definierten Wurzelfunktionen als Potenzfunktionen mit **festem rationalen** Exponenten kennengelernt. Aus der Betrachtung dieses Abschnittes ergeben sich nun aber auch Potenzfunktionen mit **festem reellen** Exponenten und variabler Basis aus $\mathbb{R}^+$.

Definition 17.5.12 Für jede reelle Zahl $r \in \mathbb{R}$ ist die **Potenzfunktion mit Exponent r** definiert durch $\mathbb{R}^+ \to \mathbb{R}, x \mapsto x^r := \exp(r \ln(x)) = e^{r \ln(x)}$.

Diese Potenzfunktionen wachsen für $r > 0$ streng monoton; für $r < 0$ fallen sie streng monoton. Zusammenfassend wollen wir einige wichtige Grenzwerte, die das Wachstum dieser Funktionen beschreiben, angeben. Die Nachweise seien als Übung gestellt.

1. $\lim_{x \to \infty} x^r = \begin{cases} \infty, & \text{für } r > 0 \\ 0, & \text{für } r < 0 \end{cases}$

2. $\lim_{x \to 0^+} x^r = \begin{cases} 0, & \text{für } r > 0 \\ \infty, & \text{für } r < 0 \end{cases}$

3. $\lim_{x \to \infty} \frac{\ln(x)}{x^r} = 0$, für $r > 0$

4. $\lim_{x \to 0^+} x^r \ln(x) = 0$, für $r > 0$

F Die Poisson-Verteilung In Ergänzung zu Abschnitt 16.5 untersuchen wir hier eine weitere diskrete Zufallsvariable mit dem abzählbar unendlichem Wertebereich $\mathbb{N}$. Neben dem allgemeinen Rechnen mit Reihen geht hierbei speziell noch die Exponentialfunktion ein. Es handelt sich um eine sog. **Poisson**[6]**-verteilte Zufallsvariable**.

Die Poisson-Verteilung kann als Approximation einer Binomialverteilung $Bin_{n,p}$ (siehe Abschnitt 5.7) angesehen werden, wenn n groß und p klein sind. Beispielsweise könnte man sich für die Wahrscheinlichkeit interessieren, dass bei 100 Millionen zufälligen und unabhängigen Tippreihen des Lottospiels „6 aus 49" höchstes dreimal sechs Richtige auftreten. Hier ist $n = 100000000$ sehr groß und die Wahrscheinlichkeit p für sechs Richtige gleich $1/\binom{49}{6}$, also sehr klein.

Zur Motivation der Definition einer Poisson-verteilten Zufallsvariablen betrachten wir eine Folge $(\zeta_n)_{n \in \mathbb{N}}$ von Zufallsvariablen, wobei jede der Variablen ζ_n binomial-(n, p_n) verteilt sei und wobei $np_n =: \lambda \in \mathbb{R}^+$ konstant sei. Es ist also $p_n = \frac{\lambda}{n}$ eine Nullfolge. Aufgrund der Definition der Binomialverteilungen gilt daher

$$\mathbb{P}(\zeta_n = k) = \binom{n}{k} p_n^k (1 - p_n)^{n-k} = \frac{n \cdot (n-1) \cdot \ldots \cdot (n-k+1)}{k!} \cdot p_n^k (1 - p_n)^{n-k}.$$

Dies kann umgeformt werden zu

$$\frac{(np_n)^k}{k!} \cdot \frac{n \cdot (n-1) \cdot \ldots \cdot (n-k+1)}{n^k} \cdot \left(1 - \frac{np_n}{n}\right)^{-k} \cdot \left(1 - \frac{np_n}{n}\right)^n.$$

Dabei sei $k \in \mathbb{N}$ fest gewählt. Wegen $np_n = \lambda$ ist dieser Term weiter gleich

$$\frac{\lambda^k}{k!} \cdot \frac{n \cdot (n-1) \cdot \ldots \cdot (n-k+1)}{n^k} \cdot \left(1 - \frac{\lambda}{n}\right)^{-k} \cdot \left(1 - \frac{\lambda}{n}\right)^n.$$

---

[6] Siméon Denis Poisson (1781–1840).

17.5 Exponential- und Logarithmusfunktionen

Bildet man nun den Grenzwert bei n gegen ∞, so konvergiert $\frac{n \cdot (n-1) \cdot \ldots \cdot (n-k+1)}{n^k}$ gegen 1, ebenso wie $\left(1 - \frac{\lambda}{n}\right)^{-k}$. Der Term $\left(1 - \frac{\lambda}{n}\right)^n$ konvergiert hingegen gegen $e^{-\lambda}$ (wie man als Übung nachrechnen möge). Insgesamt erhalten wir daher

$$\lim_{n \to \infty} \mathbb{P}(\zeta_n = k) = \frac{\lambda^k}{k!} \cdot e^{-\lambda} \quad \text{für jedes } k \text{ aus } \mathbb{N}.$$

Aufgrund der Definition der ζ_n liegt bei wachsendem n zwar eine geringer werdende Trefferwahrscheinlichkeit p_n vor, allerdings bleibt die zu erwartende Trefferquote $\mathbb{E}(\zeta_n) = np_n = \lambda$ konstant (siehe ▶Satz 5.7.2). Insofern ist $\frac{\lambda^k}{k!} \cdot e^{-\lambda}$ **die asymptotische Wahrscheinlichkeit für das Auftreten von k Treffern**.

Definition 17.5.13 Es sei ζ eine Zufallsvariable mit Werten in $\mathbb{N}$. Man sagt, dass ζ eine **Poisson-Verteilung mit Parameter** $\lambda \in \mathbb{R}^+$ hat (kurz: $\zeta \sim Po(\lambda)$), falls gilt:

$$\mathbb{P}(\zeta = k) = \frac{\lambda^k}{k!} \cdot e^{-\lambda} \quad \text{für jedes } k \text{ aus } \mathbb{N}.$$

Man beachte, dass es sich wegen $\sum_{k=0}^{\infty} \frac{\lambda^k}{k!} \cdot e^{-\lambda} = e^{-\lambda} \cdot e^{\lambda} = 1$ tatsächlich um eine Wahrscheinlichkeitsverteilung handelt.

Bei unserem oben angesprochenen Lotto-Problem wäre bei $n = 100000000$ und $p = 1/\binom{49}{6}$ die exakte Wahrscheinlichkeit gleich $\mathbb{P}(\tau \leq 3)$, wobei τ eine binomial-(n, p)-verteilte Zufallsvariable ist. Diese lässt sich einfacher durch die Wahrscheinlichkeit $\mathbb{P}(\zeta \leq 3)$ approximieren, wobei ζ eine Poisson-verteilte Zufallsvariable zum Parameter $\lambda = np \approx 7.15$ ist. Mit diesem Zahlenwert (in einer vernünftigen Größenordnung) ergibt sich für die Wahrscheinlichkeit, dass bei 100 Millionen zufälligen und unabhängigen Tippreihen des Lottospiels „6 aus 49" höchstes dreimal sechs richtige auftreten die ungefähre Wahrscheinlichkeit

$$\mathbb{P}(\zeta \leq 3) = \sum_{k=0}^{3} \frac{\lambda^k}{k!} \cdot e^{-\lambda} = e^{-\lambda} \cdot \left(1 + \lambda + \frac{\lambda^2}{2} + \frac{\lambda^3}{6}\right) = 0.0742.$$

Satz 17.5.14 Es sei ζ eine zum Parameter $\lambda \in \mathbb{R}^+$ Poisson-verteilte Zufallsvariable. Dann gelten für den Erwartungswert und die Varianz von ζ:

$$\mathbb{E}(\zeta) = \lambda = \text{Var}(\zeta)$$

Beweis Nach Definition des Erwartungswertes ist

$$\mathbb{E}(\zeta) = \sum_{k=0}^{\infty} k \cdot \mathbb{P}(\zeta = k) = \sum_{k=1}^{\infty} k \cdot \frac{\lambda^k}{k!} \cdot e^{-\lambda}.$$

Herausziehen von $e^{-\lambda}$ und eines Faktors λ sowie Kürzen des Faktors k ergeben

$$\mathbb{E}(\zeta) = e^{-\lambda} \cdot \lambda \cdot \sum_{k=1}^{\infty} \frac{\lambda^{k-1}}{(k-1)!} = e^{-\lambda} \cdot \lambda \cdot \sum_{k=0}^{\infty} \frac{\lambda^k}{k!} = e^{-\lambda} \cdot \lambda \cdot e^{\lambda} = \lambda.$$

Für die Varianz verwenden wir wieder die Formel $\mathrm{Var}(\zeta) = \mathbb{E}(\zeta(\zeta-1)) + \mathbb{E}(\zeta) - \mathbb{E}(\zeta)^2$ (siehe auch den Beweis von ▶Satz 16.5.3). Wegen $\mathbb{E}(\zeta) = \lambda$ ist $\mathbb{E}(\zeta)^2 = \lambda^2$ und es bleibt die Berechnung von $\mathbb{E}(\zeta(\zeta-1))$. Dies ist gleich

$$\sum_{k=0}^{\infty} k(k-1) \frac{\lambda^k}{k!} e^{-\lambda} = \lambda^2 e^{-\lambda} \sum_{k=2}^{\infty} \frac{\lambda^{k-2}}{(k-2)!} = \lambda^2.$$

Folglich ist $\mathrm{Var}(\zeta) = \lambda$. ∎

Für eine Anwendung der Poisson-Verteilung im Bereich des Zerfalls radioaktiver Präparate sowie weiterer theoretischer Ergebnisse verweisen wir auf das Buch von Henze [27].

17.6 Trigonometrische Funktionen

A Das Verhalten der Exponentialfunktion auf der imaginären Achse Wir haben im letzten Abschnitt insbesondere das Verhalten der Exponentialfunktion auf der reellen Achse studiert, was zu den Logarithmusfunktionen und zu den allgemeinen Potenzfunktionen geführt hat. In diesem Abschnitt untersuchen wir das Verhalten der Exponentialfunktion auf der imaginären Achse $i\mathbb{R} = \{ix : x \in \mathbb{R}\}$ (wobei i hier wieder die imaginäre Einheit $\sqrt{-1}$ bezeichnet), was einen sehr eleganten Zugang zu den aus der Schule bekannten trigonometrischen Funktionen Sinus und Cosinus liefert. Wir benötigen ein Hilfsresultat über das komplexe Konjugieren.

Lemma 17.6.1 Für jedes z aus $\mathbb{C}$ gilt $\overline{\exp(z)} = \exp(\overline{z})$.

Beweis Die komplexe Konjugation $z = a + bi \mapsto \overline{z} = a - bi$ ist zunächst ein Körperautomorphismus auf $\mathbb{C}$, denn es gilt $\overline{z+w} = \overline{z} + \overline{w}$ sowie $\overline{z \cdot w} = \overline{z} \cdot \overline{w}$ für alle $z, w \in \mathbb{C}$ (siehe auch ▶Lemma 6.6.2). Induktiv folgt daraus

$$\overline{\sum_{k=0}^{n} \frac{z^k}{k!}} = \sum_{k=0}^{n} \frac{\overline{z}^k}{k!}$$

für alle z aus $\mathbb{C}$. Wir wissen ferner, dass komplexes Konjugieren Lipschitz-stetig (siehe Abschnitt 17.1-B) und daher insbesondere stetig ist. Demnach ist $\overline{\lim(a_n)} = \lim(\overline{a_n})$ für jede konvergente Folge (a_n). Speziell für $a_n = \sum_{k=0}^{n} \frac{z^k}{k!}$ erhält man dann die Behauptung. ∎

17.6 Trigonometrische Funktionen

Für $x \in \mathbb{R}$ ist $\overline{ix} = -ix$, weshalb $\overline{\exp(ix)} = \exp(-ix)$ ist. Daraus folgt dann

$$|\exp(ix)|^2 = \exp(ix)\exp(-ix) = \exp(ix - ix) = \exp(0) = 1. \qquad (17.6.1)$$

Aufgrund der Stetigkeit der Abbildung $x \mapsto \exp(ix)$ ergibt sich zusammenfassend:

> **Satz 17.6.2** Die Exponentialfunktion bildet die imaginäre Achse stetig in die **komplexe Einheitssphäre** $S_1(\mathbb{C}) := \{z \in \mathbb{C} : |z| = 1\}$ ab.[7]

B Die Definition von Sinus und Cosinus Wir kommen nun wie angekündigt zur Einführung der trigonometrischen Funktionen Sinus und Cosinus.

> **Definition 17.6.3** Der **Cosinus von** $x \in \mathbb{R}$ ist der Realteil von $\exp(ix)$; der **Sinus von** $x \in \mathbb{R}$ ist der Imaginärteil von $\exp(ix)$:
>
> $$\cos(x) := \Re(\exp(ix)) \quad \text{und} \quad \sin(x) := \Im(\exp(ix))$$

Bei diesen beiden Funktionen handelt es sich wirklich um die aus der Schule bekannten Winkelfunktionen, wie wir im Verlaufe dieses Abschnittes sehen werden.

Wegen $|z| = \Re(z)^2 + \Im(z)^2$ erhalten wir unmittelbar die folgende Gleichung:

$$1 = |\exp(ix)|^2 = \cos(x)^2 + \sin(x)^2 \quad \text{für jedes } x \in \mathbb{R} \qquad (17.6.2)$$

Für eine komplexe Zahl z gilt bekanntlich $\Re(z) = \frac{1}{2}(z + \overline{z})$ sowie $\Im(z) = \frac{1}{2i}(z - \overline{z})$. Daraus ergeben sich aufgrund der Schreibweise $\exp(z) = e^z$ dann alternative Formeln für Cosinus und Sinus:

$$\cos(x) = \frac{e^{ix} + e^{-ix}}{2} \quad \text{und} \quad \sin(x) = \frac{e^{ix} - e^{-ix}}{2i} \quad \text{für alle } x \text{ aus } \mathbb{R} \qquad (17.6.3)$$

Wenn wir an dieser Stelle nochmals Schulkenntnisse über Sinus und Cosinus bemühen, so sehen wir, dass die imaginäre Achse unter der Exponentialfunktion surjektiv (aber nicht injektiv) auf die Einheitssphäre abgebildet wird: Jeder Punkt $a' + b'i$ aus $S_1(\mathbb{C})$ hat Polarkoordinaten der Form $(1, \varphi)$ mit Winkel $\varphi \in [0, 2\pi)$ im Bogenmaß (siehe Abschnitt 6.5-D); ferner ist dann $a' + b'i = \cos(\varphi) + \sin(\varphi) \cdot i = \exp(i\varphi)$. Vielmehr bildet die Einschränkung der Exponentialfunktion auf die imaginäre Strecke $i[0, 2\pi)$ eine Bijektion auf $S_1(\mathbb{C})$.

---

[7] Bei $S_1(\mathbb{C})$ handelt es sich also um den Rand des Einheitskreises im $\mathbb{R}^2$.

In Anlehnung an die Formeln in (17.6.3) werden Sinus und Cosinus auf ganz $\mathbb{C}$ definiert durch

$$\cos(z) := \frac{e^{iz} + e^{-iz}}{2} \text{ und } \sin(z) = \frac{e^{iz} - e^{-iz}}{2i} \text{ für } z \in \mathbb{C}. \tag{17.6.4}$$

Bei Cosinus und Sinus handelt es sich also insbesondere um Funktionen, welche auf ganz $\mathbb{C}$ stetig sind. Weiter gelten für alle $z \in \mathbb{C}$ die folgenden Gleichungen, wie man leicht nachrechnet:

$$e^{iz} = \cos(z) + i\sin(z) \tag{17.6.5}$$

$$\cos(-z) = \cos(z) \tag{17.6.6}$$

$$\sin(-z) = -\sin(z) \tag{17.6.7}$$

C Funktionale Eigenschaften von Sinus und Cosinus Die Additionstheoreme, die wir ja in Abschnitt 6.5-D zur geometrischen Veranschaulichung der Multiplikation zweier komplexer Zahlen betrachtet und in Abschnitt 9.5 im Rahmen des Studiums linearer Abbildungen auf $\mathbb{R}^2$ bewiesen haben, lassen sich aufgrund der hier beschriebenen Herkunft von Sinus und Cosinus nochmals recht elementar beweisen. Wir formulieren sie für Argumente aus $\mathbb{C}$.

Satz 17.6.4 **Additionstheoreme**

Für alle $w, z \in \mathbb{C}$ gelten:

(1) $\cos(w + z) = \cos(w)\cos(z) - \sin(w)\sin(z)$

(2) $\sin(w + z) = \sin(w)\cos(z) + \cos(w)\sin(z)$

Beweis

(1) Zunächst gilt $2\cos(w+z) = e^{i(w+z)} + e^{-i(w+z)}$ gemäß (17.6.4). Weiter ist $e^{i(w+z)} = e^{iw} \cdot e^{iz} = (\cos(w) + i\sin(w)) \cdot (\cos(z) + i\sin(z))$, was man zu

$$[\cos(w)\cos(z) - \sin(w)\sin(z)] + [\cos(w)\sin(z) + \cos(z)\sin(w)] \cdot i$$

ausmultiplizieren kann. Entsprechend erhält man, dass $e^{-i(w+z)}$ gleich der Summe von $\cos(-w)\cos(-z) - \sin(-w)\sin(-z)$ und $[\cos(-w)\sin(-z) + \cos(-z)\sin(-w)] \cdot i$ ist. Letzteres ist wegen (17.6.5) aber auch gleich

$$[\cos(w)\cos(z) - \sin(w)\sin(z)] - [\cos(w)\sin(z) + \cos(z)\sin(w)] \cdot i.$$

Durch Addieren der beiden hervorgehobenen Terme ergibt sich $2\cos(w+z) = e^{i(w+z)} + e^{-i(w+z)} = 2(\cos(w)\cos(z) - \sin(w)\sin(z))$, also Aussage (1). Die Aussage (2) wird ähnlich bewiesen. ∎

Aus den Additionstheoremen erhält man leicht folgende weitere Identitäten:

Korollar 17.6.5 Für alle $w, z \in \mathbb{C}$ gelten

(1) $\cos(z) - \cos(w) = -2\sin(\frac{z+w}{2})\sin(\frac{z-w}{2})$

(2) $\sin(z) - \sin(w) = 2\cos(\frac{z+w}{2})\sin(\frac{z-w}{2})$

Beweis Zum Nachweis dieser Gleichungen schreibt man z als $\frac{1}{2}(z+w) + \frac{1}{2}(z-w)$ und w als $\frac{1}{2}(z+w) + \frac{1}{2}(w-z)$ und wendet dann ▶Satz 17.6.4 an. ∎

D Die Potenzreihendarstellung von Cosinus und Sinus Zur Herleitung weiterer wichtiger Eigenschaften von Sinus und Cosinus ziehen wir nun deren Potenzreihenentwicklung heran.

Satz 17.6.6 Für alle $z \in \mathbb{C}$ gelten:

(1) $\cos(z) = \sum_{n=0}^{\infty}(-1)^n \frac{z^{2n}}{(2n)!} = 1 - \frac{z^2}{2!} + \frac{z^4}{4!} - \frac{z^6}{6!} + \frac{z^8}{8!} - \ldots$

(2) $\sin(z) = \sum_{n=0}^{\infty}(-1)^n \frac{z^{2n+1}}{(2n+1)!} = z - \frac{z^3}{3!} + \frac{z^5}{5!} - \frac{z^7}{7!} + \frac{z^9}{9!} - \ldots$

Beweis

(1) Wegen (17.6.4) ist zunächst

$$2\cos(z) = e^{iz} + e^{-iz} = \sum_{m=0}^{\infty}(i^m + (-1)^m i^m)\frac{z^m}{m!}.$$

Bei ungeradem m ist $i^m + (-1)^m i^m = i^m - i^m = 0$ und bei geradem m ist $i^m + (-1)^m i^m = i^m + i^m = 2i^m$. Daher erhält man $2\cos(z) = 2\sum_{n=0}^{\infty} i^{2n} \frac{z^{2n}}{(2n)!}$, woraus wegen $i^2 = -1$ die Behauptung für Cosinus folgt.

(2) Die Entwicklung für Sinus folgt aus dem analogen Ansatz. ∎

Aufgrund des Majorantenkriteriums mit der Exponentialfunktion als Vergleichsreihe wird klar, dass die Konvergenzradien der beiden Potenzreihen für Cosinus und Sinus jeweils gleich ∞ sind.

E Was ist π? Wir werden als Nächstes zeigen, dass der Cosinus auf dem Intervall $[0, 2]$ genau eine Nullstelle hat. Diese wird $\frac{\pi}{2}$ genannt. Weiter werden wir sehen, dass der Cosinus periodisch ist mit kleinster Periode 2π. Von diesen Ergebnissen aus gesehen ist die Antwort auf obige Frage recht einfach!

- π ist **das Doppelte von** $\frac{\pi}{2}$, und π ist **die Hälfte von** 2π.

Wir beginnen mit einem Hilfsresultat, welches aus der Potenzreihendarstellung von Sinus und Cosinus folgt.

Lemma 17.6.7   Einschließungslemma

Für jedes x aus $(0, 2]$ gilt:

(1) $1 - \frac{x^2}{2} < \cos(x) < 1 - \frac{x^2}{2} + \frac{x^4}{24}$

(2) $0 < x - \frac{x^3}{6} < \sin(x) < x$

Beweis

(1) Wir betrachten zunächst den Cosinus. Für $x \in (0, 2]$ und $n \geq 1$ ist

$$\frac{\frac{x^{2n+2}}{(2n+2)!}}{\frac{x^{2n}}{(2n)!}} = \frac{x^2}{(2n+1)(2n+2)} \leq \frac{4}{3 \cdot 4} < 1.$$

Bei der linken Seite dieser Ungleichung handelt es sich um den Quotienten der Beträge zweier aufeinanderfolgender Summanden der Cosinusreihe (ab $n = 1$). Da die Reihe selbst alterniert, ergibt sich die Behauptung nach Abbruch bei $n = 1$ bzw. bei $n = 2$.

(2) Bei Sinus schätzt man analog ab. Der Sinus ist positiv auf $(0, 2]$, weil $x - \frac{x^3}{6} = x \cdot (1 - \frac{x^2}{6})$ auf diesem Bereich positiv ist. ∎

Als Folgerung aus dem Einschließungslemma erhalten wir den folgenden Satz.

Satz 17.6.8   Auf dem Intervall $[0, 2]$ ist Cosinus streng monoton fallend und hat dort genau eine Nullstelle; diese liegt im Intervall $[1, 2]$.

Beweis Es seien $x, y \in [0, 2]$ mit $y < x$. Dann gilt $\cos(x) < \cos(y)$ wegen

$$\cos(x) - \cos(y) = -2\sin\left(\frac{x+y}{2}\right)\sin\left(\frac{x-y}{2}\right)$$

(▶Korollar 17.6.5) und weil Sinus nach ▶Lemma 17.6.7-(2) positiv auf $(0, 2]$ ist. Man beachte, dass dies wegen $\cos(0) = 1$ auch für $y = 0$ gilt. Weiter ist $\cos(1) > 1 - \frac{1^2}{2} > 0$ und sowie $\cos(2) < 1 - \frac{2^2}{2} + \frac{2^4}{24} = -\frac{1}{3} < 0$ nach ▶Lemma 17.6.7-(1). Also hat Cosinus nach dem Zwischenwertsatz 17.3.1 eine Nullstelle im Intervall $[1, 2]$. Aufgrund der strengen Monotonie auf $[0,2]$ ist diese Nullstelle eindeutig. ∎

17.6 Trigonometrische Funktionen

Definition 17.6.9 Die eindeutige Nullstelle von Cosinus im Intervall [0, 2] wird ab jetzt mit $\frac{\pi}{2}$ bezeichnet. Bei π handelt es sich dabei um die berühmte **Kreiszahl**.[8]

Zum Ende dieses Abschnittes wollen wir die Periodizität von Sinus und Cosinus als Funktionen auf $\mathbb{R}$ untersuchen. Zunächst ist $\sin(\frac{\pi}{2}) = 1$, denn $1 = \cos(\frac{\pi}{2})^2 + \sin(\frac{\pi}{2})^2 = \sin(\frac{\pi}{2})^2$ und Sinus ist positiv auf (0, 2]. Anhand der Additionstheoreme lässt sich nun leicht eine Wertetabelle der Funktionen $\exp(ix)$ sowie $\sin(x)$ und $\cos(x)$ für ganzzahlige Vielfache von $\frac{\pi}{2}$ angeben.

x	0	$\frac{\pi}{2}$	π	$\frac{3\pi}{2}$	2π	$\frac{5\pi}{2}$	3π	$\frac{7\pi}{2}$	4π
$\exp(ix)$	1	i	-1	$-i$	1	i	-1	$-i$	1
$\cos(x)$	1	0	-1	0	1	0	-1	0	1
$\sin(x)$	0	1	0	-1	0	1	0	-1	0

Daraus folgt insbesondere die 2π-**Periodizität von Sinus und Cosinus**; dabei heißt $p \neq 0$ eine **Periode** für eine Funktion f, falls $f(x + p) = f(x)$ für alle x gilt.

Satz 17.6.10 Für jedes z aus $\mathbb{C}$ gilt:

(1) $e^{z+\frac{\pi i}{2}} = ie^z$ und $e^{z+\pi i} = -e^z$ und $e^{z+2\pi i} = e^z$

(2) $\cos(z + \frac{\pi}{2}) = -\sin(z)$ und $\cos(z + \pi) = -\cos(z)$ und $\cos(z + 2\pi) = \cos(z)$

(3) $\sin(z + \frac{\pi}{2}) = \cos(z)$ und $\sin(z + \pi) = -\sin(z)$ und $\sin(z + 2\pi) = \sin(z)$

Eine Analyse der reellen Nullstellen erlaubt den Nachweis, dass 2π die kleinste positive Periode der Funktionen Sinus und Cosinus ist.

Satz 17.6.11 Cosinus hat auf $\mathbb{R}$ genau die Nullstellen $\frac{\pi}{2} + k\pi$ mit k aus $\mathbb{Z}$. Sinus hat auf $\mathbb{R}$ genau die Nullstellen $k\pi$ mit k aus $\mathbb{Z}$. Cosinus und Sinus haben auf $\mathbb{R}$ genau die Periode 2π.

Beweis Cosinus hat auf $[0, \frac{\pi}{2}]$ genau eine Nullstelle, nämlich $\frac{\pi}{2}$. Wegen $\cos(x) = \cos(-x)$ hat Cosinus auf dem Intervall $(-\frac{\pi}{2}, \frac{\pi}{2}]$ nur diese eine Nullstelle. Wegen $\cos(x+\pi) = -\cos(x)$ hat Cosinus auf dem Intervall $(-\frac{\pi}{2}, \frac{\pi}{2}+\pi]$ genau die beiden Nullstel-

---

[8] Also um den Flächeninhalt eines Kreises mit Radius 1, siehe ▶Beispiel 19.4.4 in Abschnitt 19.4-D; es ist π eine irrationale Zahl, die wir mit Methoden aus Abschnitt 18.5 genauer werden angeben können.

len $\frac{\pi}{2}$ und $\frac{\pi}{2}+\pi$. Das letzte angegebene Intervall hat die Länge 2π, sodass die Behauptung über die Nullstellen von Cosinus auf $\mathbb{R}$ aus der 2π-Periodizität folgt.

Es sei nun p die kleinste Periode von Cosinus. Wegen der Nullstellenverteilung von Cosinus ist p ein ganzzahliges Vielfaches von π, also $p = \pi$ oder $p = 2\pi$, da 2π bereits als eine Periode erkannt wurde. Wegen $\cos(0) = 1$ und $\cos(\pi) = -1$ muss aber $p = 2\pi$ sein. Die Behauptung über die reellen Nullstellen von Sinus folgt aus dem Zusammenhang $\cos(x + \frac{\pi}{2}) = -\sin(x)$. ∎

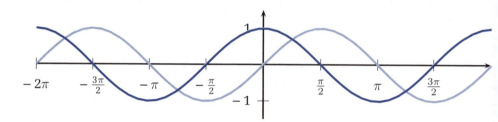

Aus den erzielten Ergebnissen ergibt sich der aus der Schule bekannte Verlauf der Funktionen Sinus und Cosinus auf dem reellen Intervall von -2π bis 2π.

F Die Formel von de Moivre Zum Ende dieses Abschnittes wollen wir noch auf die Formel von de Moivre[9] zu sprechen kommen. Diese besagt, dass für jeden Winkel φ und jede natürliche Zahl n gilt:[10]

$$\bigl(\cos(\varphi) + i\sin(\varphi)\bigr)^n = \cos(n\varphi) + i\sin(n\varphi) \qquad (17.6.8)$$

Diese Formel ist mit der geometrischen Interpretation aus Abschnitt 6.5-D einerseits dadurch begründet, dass bei Übergang der komplexen Zahl 1 nach $\bigl(\cos(\varphi) + i\sin(\varphi)\bigr)^n$ eine n-fache Drehung um den Winkel φ im Gegenuhrzeigersinn durchgeführt wird, was ja einer einfachen Drehung um den Winkel $n\varphi$ im Gegenuhrzeigersinn entspricht. Andererseits folgt sie, wenn man die Herkunft von Sinus und Cosinus gemäß ▶Definition 17.6.3 bedenkt, aber auch direkt aus der Gleichung

$$\exp(i\varphi)^n = \exp(in\varphi),$$

welche, wie wir aus ▶Satz 17.5.2 wissen, eine Konsequenz aus der Funktionalgleichung der Exponentialfunktion ist.

---

[9] Abraham de Moivre (1667–1754).
[10] Siehe auch ▶Satz 12.6.3 über komplexe Einheitswurzeln im Rahmen des Studiums der diskreten Fourier-Transformation in Abschnitt 12.6.

17.7 Exkurs: Das schwache Gesetz der großen Zahlen

In Abschnitt 17.4 haben wir das asymptotische Verhalten von Funktionenfolgen studiert und dabei die Begriffe der punktweisen sowie der gleichmäßigen Konvergenz kennengelernt. Wir wollen in diesem Abschnitt nochmals Funktionenfolgen aufgreifen; hier handelt es sich aber um **Folgen von Zufallsvariablen**, und die Art der Konvergenz, um die es hier geht, ist die sog. **stochastische Konvergenz**. Unser Ziel ist der Beweis des folgenden Satzes, der den Namen **schwaches Gesetz der große Zahlen** trägt. Die Aussage gilt für beliebige Wahrscheinlichkeitsräume.

Satz 17.7.1 Es sei $(\Omega, \mathbb{P})$ ein Wahrscheinlichkeitsraum. Ferner sei $(\zeta_n)_{n\in\mathbb{N}^*}$ eine Folge von unabhängigen[11] reellwertigen auf Ω definierten Zufallsvariablen. Annahme, jede der Variablen hat den Erwartungswert μ und die Varianz σ^2. Dann gilt für jedes $\varepsilon > 0$:

- Die Wahrscheinlichkeit $\mathbb{P}\left(\left|\dfrac{1}{n}\sum_{j=1}^{n}\zeta_j - \mu\right| > \varepsilon\right)$ konvergiert bei $n \to \infty$ gegen 0.

Das bedeutet, dass nach konkreter Realisierung der Daten $\zeta_1, \ldots, \zeta_n$ das arithmetische Mittel dieser Werte, nämlich $\frac{1}{n}\sum_{j=1}^{n}\zeta_j$, bei großem n mit hoher Wahrscheinlichkeit eine gute Schätzgröße für den Erwartungswert μ ist. Der Begriff der stochastischen Konvergenz formalisiert das Phänomen des schwachen Gesetzes der großen Zahlen.

Definition 17.7.2 Man sagt, dass eine auf einem Wahrscheinlichkeitsraum $(\Omega, \mathbb{P})$ definierte Folge $(\beta_n)_{n\in\mathbb{N}}$ von Zufallsvariablen **stochastisch gegen den Wert a konvergiert**, falls gilt:

$$\lim_{n\to\infty}\left(\mathbb{P}(|\beta_n - a| \geq \varepsilon)\right) = 0 \quad \text{für jedes } \varepsilon > 0$$

Zum Beweis des schwachen Gesetzes der großen Zahlen rechnet man zunächst den Erwartungswert und die Varianz der Zufallsgröße $\gamma_n := \frac{1}{n}\sum_{j=1}^{n}\zeta_j$ aus. Unter Verwendung der Rechenregeln für Erwartungswerte und Varianzen (die auch in diesem allgemeinen Rahmen gültig sind) erhält man aus Abschnitt 5.6 sofort

$$\mathbb{E}(\gamma_n) = \frac{1}{n}\sum_{j=1}^{n}\mathbb{E}(\zeta_j) = \frac{1}{n}\sum_{j=1}^{n}\mu = \mu$$

---

[11] Das bedeutet, dass jede endliche Kollektion der Zufallsvariablen unabhängig ist.

Exkurs ▶ Fortsetzung

sowie
$$\operatorname{Var}(\gamma_n) = \frac{1}{n^2} \sum_{j=1}^{n} \operatorname{Var}(\zeta_j) = \frac{1}{n^2} \sum_{j=1}^{n} \sigma^2 = \frac{\sigma^2}{n}.$$

Zur weiteren Analyse benötigt man die folgende **Tschebyschow-Ungleichung**[12].

Satz 17.7.3 Ist ζ eine reellwertige Zufallsvariable, so gilt für jedes $\varepsilon > 0$ die Ungleichung
$$\mathbb{P}\left(|\zeta - \mathbb{E}(\zeta)| \geq \varepsilon\right) \leq \frac{1}{\varepsilon^2} \cdot \operatorname{Var}(\zeta).$$

Beweis Man betrachtet die beiden Abbildungen
$$g: \mathbb{R} \to \mathbb{R}, \quad x \mapsto \begin{cases} 0, & \text{falls } |x - \mathbb{E}(\zeta)| \geq \varepsilon \\ 1, & \text{sonst} \end{cases}$$

sowie
$$h: \mathbb{R} \to \mathbb{R}, \quad x \mapsto \frac{1}{\varepsilon^2} \cdot (x - \mathbb{E}(\zeta))^2.$$

Für jedes $x \in \mathbb{R}$ ist $g(x) \leq h(x)$. Also ist punktweise auf Ω gesehen auch $g \circ \zeta \leq h \circ \zeta$. Das impliziert die Ungleichung $\mathbb{E}(g \circ \zeta) \leq \mathbb{E}(h \circ \zeta)$ der zugehörigen Erwartungswerte. Aufgrund der Definition von g ist $\mathbb{E}(g \circ \zeta) = \mathbb{P}(|\zeta - \mathbb{E}(\zeta)| \geq \varepsilon)$ und aufgrund der Definition von h ist $\mathbb{E}(h \circ \zeta) = \frac{1}{\varepsilon^2} \cdot \operatorname{Var}(\zeta)$. Das liefert die gewünschte Ungleichung. ■

Wendet man die Tschebychow-Ungleichung auf die Zufallsvariable γ_n in der obigen Situation an, so ergibt sich
$$0 \leq \mathbb{P}(|\gamma_n - \mu| > \varepsilon) \leq \frac{1}{\varepsilon^2} \cdot \frac{\sigma^2}{n}.$$

Bei Grenzübergang $n \to \infty$ vollendet dies den Beweis des schwachen Gesetzes der großen Zahlen. ■

Das schwache Gesetz der großen Zahlen erklärt insbesondere, warum sich (wie in Abschnitt 5.1 angesprochen) die relativen Häufigkeiten asymptotisch gegen einen Wert stabilisieren, der intuitiv als Wahrscheinlichkeit interpretierbar ist. Dazu betrachten wir eine Folge $A_1, \ldots, A_n$ von Ereignissen, die unabhängig seien und jeweils mit gleicher Wahrscheinlichkeit p eintreten mögen. Beispielsweise könnte eine Münze n-mal unabhängig geworfen werden und das Ereignis A_j sei „Kopf beim j-ten Wurf" (für $j = 1, \ldots, n$). Dann sind die zu den A_j gehörenden Indikatorvariablen 1_{A_j} unabhängig mit gleichem Erwartungswert p und gleicher Varianz $p(1-p)$ (vgl. mit Abschnitt 5.7). Weiter ist $\frac{1}{n} \sum_{j=1}^{n} 1_{A_j}$ die relative Häufigkeit für das Eintreten von „Kopf" bei n Versu-

---

[12] Pafnuti Lwowitsch Tschebyschow (1821–1894).

17.7 Exkurs: Das schwache Gesetz der großen Zahlen

Exkurs ▶ Fortsetzung

chen. Bei einem großem Versuchsumfang n ist nach dem schwachen Gesetz der großen Zahlen selbst eine kleine Abweichung dieser relativen Häufigkeit von p nur sehr unwahrscheinlich. Insofern konvergieren die relativen Häufigkeiten des Eintretens eines Ereignisses bei unabhängigen Versuchsdurchführungen stochastisch gegen den Erwartungswert der zugehörigen Indikatorvariablen.

ZUSAMMENFASSUNG

1. **Stetigkeit und gleichmäßige Stetigkeit** Eine reell- oder komplexwertige Funktion f mit Definitionsbereich D heißt stetig in $x' \in D$, falls für jedes $\varepsilon \in \mathbb{R}$ mit $\varepsilon > 0$ ein $\delta > 0$ existiert, sodass für jedes $x \in D$ mit $|x - x'| < \delta$ folgt, dass $|f(x) - f(x')| < \varepsilon$ ist. Kleine Änderungen im Argument der Funktion liefern also auch nur kleine Änderungen bei der Auswertung, weshalb eine stetige Funktion keine Sprungstellen besitzt.
   Weiter ist die Stetigkeit von f in x' damit gleichbedeutend, dass $\lim(f(x_n)) = f(x')$ für jede in D verlaufende Folge (x_n) mit $\lim(x_n) = x'$ gilt. Aufgrund dieses Folgenkriteriums stetiger Funktionen haben wir unter Verwendung der Grenzwertsätze für Folgen nachweisen können, dass Polynomfunktionen und rationale Funktionen auf ihrem gesamten Definitionsbereich stetig sind. Das Folgenkriterium führte im Zusammenhang mit der Stetigkeit auch zu Grenzwerten der Form $\lim_{x \to a} f(x)$, die wir anhand des Verlaufs einer rationalen Funktion nähergebracht haben. Ist f in jedem Punkt x' aus D stetig, so heißt f stetig auf D. Ist f stetig auf D und existiert zu jedem $\varepsilon \in \mathbb{R}$ mit $\varepsilon > 0$ sogar ein $\delta > 0$, sodass für alle $x, y \in D$ mit $|x - y| < \delta$ folgt: $|f(x) - f(y)| < \varepsilon$, so heißt f gleichmäßig stetig auf D.

2. **Grundlegende Eigenschaften stetiger Funktionen** Der Zwischenwertsatz in der ersten Version liefert die Existenz von Nullstellen bei stetigen Funktionen f auf einem abgeschlossenen und beschränkten Intervall $[a, b]$, wenn $f(a)$ und $f(b)$ unterschiedliches Vorzeichen haben. Mit Hilfe der Intervallschachtelungsmethode kann man eine solche Nullstelle beliebig gut approximieren. Aus diesem Zwischenwertsatz konnten wir auch folgern, dass jede reelle Polynomfunktion mit ungeradem Grad eine reelle Nullstelle hat.
   Der Zwischenwertsatz in der zweiten Version liefert allgemeiner, dass bei einer stetigen Funktion f jedes y zwischen $f(a)$ und $f(b)$ von einem $\zeta \in [a, b]$ als Funktionswert angenommen wird. Weiterhin haben wir gesehen, dass jede auf einem abgeschlossenen und beschränkten Intervall $[a, b]$ definierte stetige Funktion ihr Maximum und ihr Minimum annimmt, sodass das Bild von $[a, b]$ unter einer stetigen Funktion wieder ein abgeschlossenes und beschränktes Intervall ist. Die Verkettung stetiger Funktionen liefert wieder eine stetige Funktion, und bei Umkehrbarkeit einer stetigen Funktion ist auch die Umkehrfunktion stetig. Wir haben dies verwendet, um die Stetigkeit von Wurzelfunktionen $\mathbb{R}_0^+ \to \mathbb{R}_0^+, x \mapsto \sqrt[n]{x}$ mit $n \in \mathbb{N}^*$ sowie von Potenzfunktionen mit rationalem Exponenten $\mathbb{R}_0^+ \to \mathbb{R}_0^+, x \mapsto x^q$ nachzuweisen.

3. **Konvergenz bei Folgen von Funktionen** Ist $f_n : D \to \mathbb{C}$ für jedes $n \in \mathbb{N}$ eine Funktion, so nennt man $(f_n)_{n \in \mathbb{N}}$ eine Funktionenfolge. Diese heißt punktweise konvergent gegen die Grenzfunktion $f : D \to \mathbb{C}$, falls für jedes $x' \in D$ die Folge $(f_n(x'))_n$ gegen $f(x')$ konvergiert. Gibt es zu jedem $\varepsilon \in \mathbb{R}$ mit $\varepsilon > 0$ sogar ein $N \in \mathbb{N}$, sodass für jedes $n \geq N$ und jedes $x \in D$ die Eigenschaft $|f_n(x) - f(x)| < \varepsilon$ gilt, so nennt man die Funktionenfolge (f_n) gleichmäßig konvergent gegen f. Der wichtige Sachverhalt bei einer gleichmäßig konvergenten Folge von stetigen Funktionen ist, dass sich die Eigenschaft der Stetigkeit auch auf die Grenzfunktion überträgt. Aufgrund dieser Tatsache konnten wir die Stetigkeit von Potenzreihen $P_a(x)$ auf dem zu ihrem Konvergenzradius ρ_a gehörenden offenen Bereich $B_{\rho_a}(0)$ nachweisen. Für die überaus wichtige Exponentialfunktion $\exp$ ergibt sich dadurch deren Stetigkeit auf ganz $\mathbb{C}$.
   Bei Folgen von Zufallsvariablen treten Funktionenfolgen auch immer wieder in der Stochastik auf. Wir haben daher das schwache Gesetz der großen Zahlen als Exkurs in dieses Kapitel integriert und dabei den Begriff der stochastischen Konvergenz kennengelernt. Dieses Gesetz erklärt

insbesondere das Verhalten relativer Häufigkeiten von Ereignissen bei vielen Durchführungen unabhängiger und identischer Versuche.

4. **Die Exponentialfunktion und daraus abgeleitete Funktionen** Die grundlegendste Eigenschaft der Exponentialfunktion ist die Erfüllung der Funktionalgleichung $\exp(u + v) = \exp(u) \cdot \exp(v)$ für alle $u, v \in \mathbb{C}$. Daraus lassen sich viele weitere Eigenschaften von exp sowie weitere wichtige Funktionen gewinnen.

■ Die Einschränkung von exp auf die rationalen Zahlen ergibt $\exp(q) = e^q$ für jedes $q \in \mathbb{Q}$, wobei e die Euler'sche Zahl ist. Dies führt zur Notation $e^z := \exp(z)$ für $z \in \mathbb{C}$.

■ Die Einschränkung von exp auf $\mathbb{R}$ bildet eine streng monoton wachsende Abbildung mit Bildbereich $\mathbb{R}^+$. Deren stetige Umkehrfunktion ist der natürliche Logarithmus $\ln: \mathbb{R}^+ \to \mathbb{R}$, $x \mapsto \ln(x)$, welcher streng monoton wachsend ist und die Funktionalgleichung $\ln(u \cdot v) = \ln(u) + \ln(v)$ für alle $u, v \in \mathbb{R}^+$ erfüllt. Es ist $\ln(e) = 1$.

■ Die Exponentialfunktion zu einer allgemeinen Basis $a \in \mathbb{R}^+$ ist durch $a^x := \exp(x \cdot \ln(a))$ definiert, wobei x aus $\mathbb{C}$ sein darf. Diese erfüllt die gleiche Funktionalgleichung wie exp und liefert für $a \neq 1$ eine Bijektion von $\mathbb{R}$ nach $\mathbb{R}^+$, diese ist streng monoton wachsend für $a > 1$ und streng monoton fallend für $a < 1$. Die zugehörige Umkehrfunktion zu $\mathbb{R} \to \mathbb{R}^+$, $x \mapsto a^x$ nennt man die Logarithmusfunktion zur Basis a, kurz $\log_a$; sie ist stetig und erfüllt die gleiche Funktionalgleichung wie der natürliche Logarithmus ln, welcher gleich $\log_e$ ist.

■ Definiert man $x^r := \exp(r \cdot \ln(x))$, wobei $x \in \mathbb{R}^+$ und $r \in \mathbb{R}$, so gelangt man zu den Potenzfunktionen $\mathbb{R}^+ \to \mathbb{R}^+$, $x \mapsto x^r$ mit reellem Exponenten, deren Wachstumsverhalten wir kurz diskutiert haben.

■ Die Einschränkung der Exponentialfunktion exp die imaginäre Achse $i\mathbb{R} = \{ix: x \in \mathbb{R}\}$ der komplexen Zahlen führte uns zu den (stetigen) trigonometrischen Funktionen Sinus und Cosinus. Für $x \in \mathbb{R}$ sind
$$\cos(x) := \Re(\exp(ix)) = \frac{e^{ix} + e^{-ix}}{2} \quad \text{und} \quad \sin(x) := \Im(\exp(ix)) = \frac{e^{ix} - e^{-ix}}{2i}.$$
Aus der Funktionalgleichung der Exponentialfunktion haben wir (nochmals) die Additionstheoreme
$$\cos(x + y) = \cos(x)\cos(y) - \sin(x)\sin(y)$$
$$\sin(x + y) = \sin(x)\cos(y) + \cos(x)\sin(y)$$
hergeleitet. Sinus und Cosinus lassen sich auch als Potenzreihen darstellen; hierbei gelten
$$\cos(x) = \sum_{n=0}^{\infty} (-1)^n \frac{x^{2n}}{(2n)!} \quad \text{und} \quad \sin(x) = \sum_{n=0}^{\infty} (-1)^n \frac{x^{2n+1}}{(2n+1)!}.$$
Ausgehend von diesen Darstellungen haben wir anhand eines Einschließungslemmas nachgewiesen, dass der Cosinus genau eine Nullstelle auf dem Intervall $[0, 2]$ hat, nämlich $\frac{\pi}{2}$, wobei π die Kreiszahl ist. Mit Hilfe der Additionstheoreme haben wir weiter die Periodizität von Sinus und Cosinus mit Periode 2π nachgewiesen und damit letztendlich alle aus der Schule bekannten Eigenschaften von Sinus und Cosinus bereitgestellt.

Schließlich haben wir die Exponentialfunktion auch bei Poisson-verteilten Zufallsvariablen gesehen; Binomialverteilungen können durch Poisson-Verteilungen approximiert werden.

Stetige Funktionen

Übungsaufgaben

Aufgabe 1 Gegeben sei die Funktion

$$f:[1,\infty) \to \mathbb{R}, \quad x \mapsto \frac{\sqrt[6]{x^2-1} + \sqrt[7]{\frac{x^2+2x}{x^4+1}}}{\sqrt[3]{x^7+3x^4+2x^2+6}}.$$

Verwenden Sie zum Nachweis der Stetigkeit der Funktion f die **Ergebnisse** aus Abschnitt 17.2 und **nicht** die ▶(ε, δ)-Definition 17.1.1.

Aufgabe 2 Gegeben sei die rationale Funktion $f(x) := \frac{g(x)}{h(x)}$ mit

$$g(x) := x^4 - 8x^3 - x^2 + 68x - 84 \quad \text{und} \quad h(x) := x^3 + 2x^2 - 5x - 6.$$

Geben Sie den maximalen Definitionsbereich $D \subseteq \mathbb{R}$ von f an und bestimmen Sie die Grenzwerte $\lim_{x \to a^-} f(x)$ und $\lim_{x \to a^+} f(x)$ für alle Nullstellen a von $h(x)$. An welchen Punkten besitzt f eine stetige Fortsetzung? Bestimmen Sie auch die Grenzwerte $\lim_{x \to \infty} f(x)$ und $\lim_{x \to -\infty} f(x)$ und fertigen Sie eine Skizze des Verlaufes der Funktion f an.

Aufgabe 3 Gegeben sei die Funktion

$$f: \mathbb{R} \to \mathbb{R}, \quad x \mapsto \begin{cases} x^4 - 3x^2 + x - 2, & \text{falls } x \text{ rational} \\ x^4 - 4x^2 + 2x + 18, & \text{falls } x \text{ irrational}. \end{cases}$$

Bestimmen Sie sämtliche Stellen y, an denen f stetig ist.

Aufgabe 4 Eine Teilmenge D von $\mathbb{C}$ heißt **konvex**, falls gilt: Sind $a, b \in D$, so ist auch die **Verbindungsstrecke zwischen a und b**, also die Menge

$$\overline{ab} := \{\lambda a + (1-\lambda)b : 0 \leq \lambda \leq 1\}$$

ganz in D enthalten. Es sei nun $D \subseteq \mathbb{C}$ eine konvexe Menge und $f: D \to \mathbb{R}$ sei eine stetige Funktion. Zeigen Sie: Sind a, b Punkte aus D, so ist das Bild von $\overline{ab}$ unter f ein abgeschlossenes und beschränktes Intervall.

Aufgabe 5 Gegeben sei die auf $[0, \infty)$ definierte Folge $(f_n(x))_{n \in \mathbb{N}}$ von Funktionen mit

$$f_n(x) := \sqrt[n]{x+1} + \left(1 + \frac{x^2 + \sqrt{x} + 1}{n}\right)^n + \sum_{k=0}^{n} \left(\frac{x - \lfloor x \rfloor}{2}\right)^k,$$

wobei $\lfloor x \rfloor := \max\{z \in \mathbb{Z} : z \leq x\}$.

1. Bestimmen Sie die Grenzfunktion $f: [0, \infty) \to \mathbb{R}$, gegen die die Folge (f_n) punktweise konvergiert.

2. Zeigen Sie, dass die Grenzfunktion f in x stetig ist, falls $x \in [0, \infty) \setminus \mathbb{N}^*$, und dass f in x unstetig ist, wenn $x \in \mathbb{N}^*$ ist.

Übungsaufgaben

Aufgabe 6 Weisen Sie die folgenden Eigenschaften der Exponentialfunktion $\exp_a$ zur Basis $a \in \mathbb{R}^+$ nach:

1. Für $a \neq 1$ liefert die Einschränkung von $\exp_a$ auf $\mathbb{R}$ eine Bijektion nach $\mathbb{R}^+$.
2. $(a^x)^y := a^{xy}$ für alle $x \in \mathbb{R}$ und alle $y \in \mathbb{C}$.
3. Ist auch $b \in \mathbb{R}^+$, so gilt $a^x b^x = (ab)^x$ für alle $x \in \mathbb{C}$.

Aufgabe 7 Für $a \in \mathbb{R}^+$ mit $a \neq 1$ sei $\log_a(x)$ die Umkehrfunktion der auf $\mathbb{R}$ eingeschränkten Exponentialfunktion $x \mapsto a^x$ zur Basis a (siehe die vorherige Aufgabe). Beweisen Sie:

1. Ist $b \in \mathbb{R}^+$, so ist $\log_a(b^x) = x \cdot \log_a(b)$ für alle $x \in \mathbb{R}$.
2. Ist $b \in \mathbb{R}^+$, so ist $\log_a(x) = \log_b(x) \cdot \log_a(b)$ für alle $x \in \mathbb{R}^+$.
3. Für alle $a \in \mathbb{R}^+$ mit $a \neq 1$ ist $\log_a(n) = \Theta(\ln(n))$.

Aufgabe 8 Gemäß einer Polizeistatistik begehen pro Jahr im Durchschnitt zwei von 50000 Personen Selbstmord. Eine Stadt hat 200000 Einwohner. Verwenden Sie zur Modellierung eine Poisson-Verteilung, um Folgendes zu berechnen:

1. jeweils die Wahrscheinlichkeit, dass in dieser Stadt im Laufe eines Jahres genau i Selbstmorde stattfinden mit $i \in \{0, 1, 2, 3, 4, 5\}$
2. die Wahrscheinlichkeit, dass im Laufe eines Jahres mehr als fünf Selbstmorde stattfinden.

Aufgabe 9 Für jede komplexe Zahl z aus $\mathbb{C}$ wurden $\cos(z)$ und $\sin(z)$ durch $\cos(z) = \frac{e^{iz} + e^{-iz}}{2}$ und $\sin(z) = \frac{e^{iz} - e^{-iz}}{2i}$ definiert.

1. Zeigen Sie: $\cos(-z) = \cos(z)$ und $\sin(-z) = -\sin(z)$.
2. Bestimmen Sie die Real- und Imaginärteile von $\cos(z)$ und $\sin(z)$.
3. Zeigen Sie: $e^{iz} = \cos(z) + i\sin(z)$.

Aufgabe 10 Für jede komplexe Zahl $z = a + bi$ aus $\mathbb{C}$ sind die **hyperbolischen Funktionen** $\cosh(z)$ (**Cosinus-hyperbolicus**) und $\sinh(z)$ (**Sinus-hyperbolicus**) definiert durch $\cosh(z) := \frac{e^z + e^{-z}}{2}$ und $\sinh(z) := \frac{e^z - e^{-z}}{2}$. Schreiben Sie diese beiden Funktionen jeweils als Potenzreihen.

Übungsaufgaben

Aufgabe 11 In der gynäkologischen Abteilung eines Krankenhauses entbinden in einer bestimmten Woche n Frauen. Annahme, es treten keine Mehrlingsgeburten auf und die Wahrscheinlichkeit bei der Geburt eines Jungen bzw. eines Mädchens ist gleich. Weiter sei das Geschlecht der Neugeborenen für alle Geburten stochastisch unabhängig. Es sei a_n die Wahrscheinlichkeit, dass mindestens 60 Prozent der Neugeborenen Mädchen sind.

1. Bestimmen Sie a_{10}.

2. Verwenden Sie die Tschebyschow-Ungleichung, um $a_{100} \leq \frac{1}{4}$ zu zeigen.

3. Zeigen Sie $\lim_{n \to \infty} a_n = 0$.

Aufgabe 12 Gegeben sei die Funktion

$$f: \mathbb{R} \to \mathbb{R}, \ x \mapsto x^5 - 32.59118038x^4 - 2631.770047x^3 \\ - 19490.07568x^2 + 36525.25483x + 99208.19843.$$

Verwenden Sie ein Programm Ihrer Wahl, um sich durch Auswertung der Funktion f an einigen Stellen des Intervalls $(-100, 100)$ über den Verlauf von f zu informieren. Wenden Sie dann den ▶Zwischenwertsatz 17.3.1 inklusive Beweis an, um die Nullstellen von f (näherungsweise) zu bestimmen.

Hinweis: Es kann natürlich vorkommen, dass bei einigen Intervallen $[a, b]$ gilt $f(a) > 0$ und $f(b) < 0$; in einem solchen Fall kann der Beweis von ▶Satz 17.3.1 entsprechend modifiziert werden, um die gleiche Aussage zu erhalten.

Aufgabe 13 Gegeben sei die Funktion

$$f: \mathbb{R} \to \mathbb{R}, \ x \mapsto x^3 - 1.84x^2 - 7.9031x + 11.998254.$$

Verwenden Sie die Idee des Beweises vom ▶Zwischenwertsatz 17.3.1, um für jede Nullstelle u von f ein Intervall $[a_u, b_u]$ zu berechnen, welches u enthält und dessen Länge kleiner als 0.001 ist.

Differentialrechnung

	Einführung	698
18.1	Die Ableitung einer Funktion	700
18.2	Ableitungsregeln	705
18.3	Mittelwertsätze und Extrema	713
18.4	Approximation durch Taylor-Polynome	722
18.5	Exkurs: Zur iterativen Lösung von Gleichungen	729
	Zusammenfassung	734
	Übungsaufgaben	736

18 Differentialrechnung

EINFÜHRUNG

> In diesem Kapitel werden wir mit der *Differentialrechnung* ein weiteres Kernstück der Analysis behandeln. Die Grundidee der Differentialrechnung ist die *Approximation* einer auf $D \subseteq \mathbb{R}$ definierten reell- oder komplexwertigen Funktion f in der Umgebung eines Punktes x_0 durch eine Gerade, also durch ein Polynom vom Grad höchstens eins.

In Abschnitt 18.1 beginnen wir mit der formalen Definition der *Differenzierbarkeit* einer Funktion f in einem Punkt x_0; diese ist gegeben, wenn der Grenzwert $\lim_{h \to 0} \frac{f(x_0+h)-f(x_0)}{h}$ existiert, welcher mit $f'(x_0)$ bezeichnet wird. Ist f in jedem Punkt des Definitionsbereiches D differenzierbar, so nennt man $f'(x)$ die (erste) *Ableitungsfunktion* von f auf D.

Als Anwendung der Definition weisen wir in Abschnitt 18.1 die Differenzierbarkeit einiger grundlegender Funktionen nach. Beispielsweise ist die Exponentialfunktion gleich ihrer Ableitungsfunktion. In Abschnitt 18.2 werden wir sodann die wichtigsten *Ableitungsregeln* beweisen, nämlich die *Linearität* des Differenzierens, die *Produkt-* und die *Quotientenregel* sowie die *Kettenregel* und die Ableitung bei *umkehrbaren* differenzierbaren Funktionen. Die Anwendung all dieser Regeln liefert u. a. die Differenzierbarkeit von Polynomfunktionen, von rationalen Funktionen, von allgemeinen Exponential- und Logaritmusfunktionen sowie der trigonometrischen Funktionen. Zu den *höheren Ableitungen* gelangt man zwangsweise, wenn man die Ableitungsfunktion einer differenzierbaren Funktion ihrerseits hinsichtlich der Differenzierbarkeit überprüft.

In Abschnitt 18.3 lernen wir dann die *Mittelwertsätze* der Differentialrechnung kennen sowie deren wichtigste Anwendungen. Diese sind zum einen notwendige und hinreichende Kriterien für *Extremalstellen* von differenzierbaren bzw. zweifach differenzierbaren Funktionen. Zum anderen behandeln wir die *Regeln von de l'Hôpital*, welche eine elegante Methode zur Berechnung vieler Grenzwerte liefern.

In Abschnitt 18.4 greifen wir den oben beschriebenen Ausgangspunkt des Differenzierens nochmals auf und fragen allgemeiner nach der *lokalen Approximation* einer mehrfach differenzierbaren Funktion f durch Polynome höheren Grades. Dabei gelangt man zu den sog. *Taylor-Polynomen*. Das Taylor-Polynom n-ter Ordnung zu einer n-fach differenzierbaren Funktion f im Punkte ω ist das eindeutige Polynom $T(x) = T_{f,n}(x;\omega)$ vom Grade höchstens n mit $T^{(k)}(\omega) = f^{(k)}(\omega)$ für $k = 0, 1, \ldots, n$ (wobei $T^{(k)}$ bzw. $f^{(k)}$ für die k-te Ableitungsfunktion von T bzw. von f stehen). Der *Satz von Taylor* kann als Verallgemeinerung des Mittelwertsatzes der Differentialgleichung angesehen werden; er beschreibt die Güte der lokalen Approximation von f im Punkte ω anhand eines *Restgliedes*, welches wir exemplarisch für den Cosinus betrachten.

Einführung

Wenn eine Funktion f in einem Punkt ω beliebig oft differenziert werden kann, gelangt man zur *Taylor-Reihe* von f an der Stelle ω, die durch

$$T_f(x;\omega) = \sum_{n=0}^{\infty} \frac{f^{(n)}(\omega)}{n!}(x-\omega)^n$$

definiert ist. Bei den sog. *analytischen Funktionen* f stimmt die Taylor-Reihe $T_f(x;\omega)$ in der Tat lokal in ω mit der Funktion f überein.

Im letzten Abschnitt dieses Kapitels stellen wir zunächst ein allgemeines *Iterationsprinzip* vor, das im Rahmen des *Fixpunktsatzes* zur Lösung von Gleichungen der Form $f(x) = x$ herangezogen werden kann. Eine Variation dieses Verfahrens führt zum bekannten *Newton-Verfahren*, welches zur approximativen Nullstellenbestimmung verwendet wird. Als Anwendung dieser beiden Verfahren werden wir die Kreiszahl π sowie die Zahl $\sqrt{2}$ auf bis zu 30 Dezimalstellen genau angeben.

18 Differentialrechnung

Lernziele

- die Differenzierbarkeit einer Funktion, die Ableitungsfunktion einer Funktion, höhere Ableitungen
- die Anwendung der wichtigsten Differenzierbarkeitsregeln, nämlich die Linearität, die Produkt- und die Quotientenregel sowie die Kettenregel und die Ableitung bei umkehrbaren differenzierbaren Funktionen
- die Berechnung von Extremalstellen mithilfe hinreichender Kriterien, die auf der Differenzierbarkeit beruhen
- die Anwendung der Regeln von de l'Hôpital zur Berechnung von Grenzwerten der Form $\lim_{x \to a} \frac{f(x)}{g(x)}$ unter Verwendung der Differenzierbarkeit von Zähler- und Nennerfunktion
- die Kenntnis der Mittelwertsätze der Differentialrechnung, welche bei höheren Ableitungen in den Satz von Taylor münden
- die Bestimmung von Taylor-Polynomen und Taylor-Reihen
- die Anwendung des Fixpunktsatzes sowie des Newton-Verfahrens zur iterativen Approximation von Fixpunkten und Nullstellen bei Funktionen

18.1 Die Ableitung einer Funktion

A Was versteht man unter der Differenzierbarkeit einer Funktion? In diesem Kapitel betrachten wir Funktionen f der Form $I \to \mathbb{C}$, wobei $I \subseteq \mathbb{R}$ in der Regel ein offenes Intervall, also von der Form (a, b) mit $a, b \in \mathbb{R} \cup \{-\infty, \infty\}$ und $a < b$ sein wird. Häufig ist die Funktion f auch nur reellwertig, aber für die nun folgende Definition der Differenzierbarkeit darf man ohne Weiteres beliebige, komplexe Zahlen als Wertebereich zulassen.

Definition 18.1.1 Es sei $I \subseteq \mathbb{R}$ ein Intervall und $x_0 \in I$. Eine Funktion $f: I \to \mathbb{C}$ heißt **differenzierbar in** x_0, falls der Grenzwert

$$f'(x_0) := \lim_{x \to x_0} \frac{f(x) - f(x_0)}{x - x_0}$$

existiert.[1] Dieser Grenzwert heißt **die Ableitung von f an der Stelle** x_0 oder der **Differentialquotient von f an der Stelle** x_0.[2] Ist f in jedem Punkt aus I differenzierbar, so heißt f **differenzierbar auf** I. In diesem Fall nennt man die Abbildung $f': I \to \mathbb{C}, x \mapsto f'(x)$ **die (erste) Ableitungsfunktion** von f.

---

[1] Natürlich betrachtet man bei der Limesbildung $x \to x_0$ nur x-Werte aus dem Definitionsbereich von f, hier I.

[2] Alternative Bezeichnungen für die Ableitung sind $Df(x_0)$ oder $\frac{df}{dx}(x_0)$.

18.1 Die Ableitung einer Funktion

Einen Term der Form $\frac{f(x)-f(x_0)}{x-x_0}$ nennt man einen *Differenzenquotienten*. Offenbar ist die Existenz der Ableitung von f an der Stelle x_0 äquivalent zur Existenz des Grenzwertes

$$\lim_{h\to 0} \frac{f(x_0+h)-f(x_0)}{h}, \qquad (18.1.1)$$

wobei bei der Grenzwertbildung $h \to 0$ alle $h \neq 0$ mit $x_0 + h \in I$ in Frage kommen.

B Die geometrische Interpretation der Ableitung Ist f eine reellwertige Funktion, so kann man sich das Differenzieren geometrisch wie folgt vorstellen: Für jedes $h \neq 0$ ist die Gerade durch die beiden Punkte $(x_0, f(x_0))$ und $(x_0 + h, f(x_0 + h))$ durch die Funktionsvorschrift

$$S_h: \mathbb{R} \to \mathbb{R}, \quad x \mapsto f(x_0) + \frac{f(x_0+h)-f(x_0)}{h} \cdot (x - x_0) \qquad (18.1.2)$$

gegeben. Es handelt sich hierbei nämlich um das Interpolationspolynom vom Grade höchstens eins durch die beiden angegebenen Punkte (siehe Abschnitt 12.4). Die Steigung $\frac{f(x_0+h)-f(x_0)}{h}$ dieser **Sekanten** entspricht dem Differenzenquotienten zu $x_0 + h$ und x_0. Bei Grenzübergang $h \to 0$ geht $x_0 + h$ in x_0 über und die Sekante wird zur **Tangente** am Graphen $\{(x, f(x)) : x \in I\}$ der Funktion f im Punkt $(x_0, f(x_0))$. Diese Tangente hat daher die Gleichung

$$T: \mathbb{R} \to \mathbb{R}, \quad x \mapsto f(x_0) + f'(x_0) \cdot (x - x_0), \qquad (18.1.3)$$

weshalb die Ableitung $f'(x_0)$ von f an der Stelle x_0 gleich der Steigung der Tangente T ist. Wir werden bald sehen, dass eine in x_0 differenzierbare Funktion f auch stetig in x_0 ist. Wegen $T(x_0) = f(x_0)$ ist daher $\lim_{x \to x_0}(f(x) - T(x)) = 0$, weshalb man f in der Nähe von x_0 durch die Tangentengleichung T approximieren kann. Diese lokale Approximation ist nun deshalb bemerkenswert, weil sogar noch

$$\lim_{x \to x_0} \frac{f(x)-T(x)}{x-x_0} = \lim_{x \to x_0} \frac{f(x)-f(x_0)}{x-x_0} - f'(x_0) = 0$$

gilt. Betrachten wir ein konkretes Beispiel.

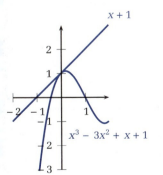

In der linken Graphik ist das kubische Polynom

$$f(x) := x^3 - 3x^2 + x + 1$$

samt Tangente im Punkt $x_0 = 0$ abgebildet. Wegen $f'(x) = 3x^2 - 6x + 1$ (siehe ▶Beispiel 18.2.2) hat die Tangente die Gleichung

$$T(x) = f(0) + f'(0) \cdot x = x + 1,$$

weshalb es sich um die Gerade mit Steigung 1 und y-Achsenabschnitt 1 handelt.

Differentialrechnung

C Differenzierbarkeitskriterien Bevor wir die Differenzierbarkeit einiger elementarer Funktionen nachweisen wollen, werden wir alternativ zur ▶Definition 18.1.1 einige Differenzierbarkeitskriterien behandeln. Das erste wird uns im nächsten Abschnitt eine elegante Methode zum Beweis der Kettenregel und zur Ableitung von umkehrbaren Funktionen liefern.

> **Satz 18.1.2** Es seien $I \subseteq \mathbb{R}$ ein Intervall und $x_0 \in I$ sowie f eine auf I definierte reell- oder komplexwertige Funktion. Dann sind die beiden folgenden Eigenschaften äquivalent:
>
> (1) f ist differenzierbar in x_0.
>
> (2) Es gibt eine in x_0 stetige Abbildung $\phi: I \to \mathbb{C}$ mit
> $$f(x) = f(x_0) + (x - x_0) \cdot \phi(x) \text{ für jedes } x \in I.$$

Beweis

(1) $\Rightarrow$ (2): Falls $f'(x_0)$ existiert, so heißt das nichts anderes, als dass die Funktion des Differenzenquotienten $x \mapsto \frac{f(x) - f(x_0)}{x - x_0}$ stetig im Punkt x_0 fortsetzbar ist, was durch einfache Umstellung der Gleichung die Existenz von ϕ liefert. Man setzt also

$$\phi(x) := \begin{cases} \frac{f(x) - f(x_0)}{x - x_0}, & \text{falls } x \in I \text{ und } x \neq x_0 \\ f'(x_0), & \text{falls } x = x_0 \end{cases}$$

und erhält damit eine in x_0 stetige Funktion ϕ, welche $f(x) = f(x_0) + (x - x_0) \cdot \phi(x)$ für alle $x \in I$ erfüllt.

(2) $\Rightarrow$ (1): Falls ϕ implizit durch $f(x) = f(x_0) + (x - x_0) \cdot \phi(x)$ gegeben und stetig in x_0 ist, so bedeutet das gerade, dass der Differentialquotient für f an der Stelle x_0 existiert und mit dem Wert von ϕ an der Stelle x_0 übereinstimmt, also $f'(x_0) = \phi(x_0)$ gilt. ∎

Als Anwendung erhält man aus diesem Kriterium unmittelbar die Stetigkeit bei differenzierbaren Funktionen.

> **Korollar 18.1.3** Ist f differenzierbar in x_0, so ist f auch stetig in x_0.

Beweis Aufgrund der Differenzierbarkeit von f an der Stelle x_0 gibt es nach ▶Satz 18.1.2 eine in x_0 stetige Funktion ϕ mit $f(x) = f(x_0) + (x - x_0) \cdot \phi(x)$ für jedes $x \in I$. Somit ist f gleich einer Konstanten plus dem Produkt zweier in x_0 stetiger Funktionen und aufgrund der Ergebnisse aus Abschnitt 17.2-B damit selbst stetig in x_0. ∎

18.1 Die Ableitung einer Funktion

Das nun folgende Kriterium wird im weiteren Text keine Rolle spielen; es ist aber für den Differenzierbarkeitsbegriff von Funktionen in mehreren Veränderlichen sehr wichtig.

Satz 18.1.4 Es seien $f: I \to \mathbb{C}$ und $x_0 \in I$ wie oben. Dann sind die beiden folgenden Bedingungen äquivalent:

(1) f ist differenzierbar in x_0.

(2) Es gibt eine $\mathbb{R}$-lineare Abbildung $L: \mathbb{R} \to \mathbb{C}$ mit
$$\lim_{h \to 0} \frac{f(x_0 + h) - f(x_0) - L(h)}{h} = 0.$$

Beweis

(1) $\Rightarrow$ (2): Es ist $L: \mathbb{R} \to \mathbb{C}$, $h \mapsto f'(x_0)h$ eine lineare Funktion. Für diese gilt

$$\lim_{h \to 0} \frac{f(x_0+h)-f(x_0)-L(h)}{h} = \lim_{h \to 0} \left(\frac{f(x_0+h)-f(x_0)}{h} - \frac{f'(x_0)h}{h} \right)$$
$$= f'(x_0) - f'(x_0) = 0.$$

(2) $\Rightarrow$ (1): Es sei $L(h) := \alpha h$ (für ein α aus $\mathbb{C}$) eine lineare Funktion, die die Voraussetzung (2) erfüllt. Dann gilt also

$$\lim_{h \to 0} \frac{f(x_0 + h) - f(x_0) - \alpha h}{h} = 0.$$

Weiter ist $\lim_{h \to 0} \frac{\alpha h}{h} = \alpha$. Deshalb existiert dann auch der Differentialquotient $f'(x_0)$ und es gilt $f'(x_0) = \alpha$. ∎

D Einige Beispiele differenzierbarer Funktionen Wir betrachten zum Abschluss dieses einführenden Abschnitts einige Beispiele differenzierbarer Funktionen.

1. Es seien $u, v \in \mathbb{C}$ gegeben und f sei die zu diesen Parametern gehörende **affine Funktion** $f: \mathbb{R} \to \mathbb{C}$, $x \mapsto ux + v$. Dann ist f differenzierbar auf $\mathbb{R}$, denn für jedes $y \in \mathbb{R}$ ist
$$\lim_{h \to 0} \frac{u(y+h) + v - (uy + v)}{h} = \lim_{h \to 0} \frac{uh}{h} = u.$$
Also ist die Ableitungsfunktion $f'(x)$ eine konstante Funktion, nämlich $f'(y) = u$ für jedes $y \in \mathbb{R}$. Dies gilt insbesondere, wenn $u = 0$ ist. In diesem Fall ist $f(x) = v$ selbst eine konstante Funktion. Also ist die Ableitungsfunktion einer konstanten Funktion gleich der Nullfunktion.

2. Es sei $n \in \mathbb{N}^*$ und $f(x) = x^n$ die auf $\mathbb{R}$ definierte zum Exponenten n gehörende **Potenzfunktion**. Diese Funktion ist überall differenzierbar, denn mit dem

▶Binominalsatz 4.2.7 errechnet man

$$\lim_{h\to 0}\frac{(x+h)^n - x^n}{h} = \lim_{h\to 0}\left(\sum_{k=0}^{n-1}\binom{n}{k}x^k h^{n-k-1}\right) = \binom{n}{n-1}x^{n-1},$$

was gleich nx^{n-1} ist. Also ist $f'(x) = nx^{n-1}$ für jedes x aus $\mathbb{R}$.

3. Betrachte die **Exponentialfunktion** $\exp(x) = e^x$ für $x \in \mathbb{R}$. Aufgrund der Funktionalgleichung der Exponentialfunktion gilt zunächst

$$\frac{e^{x+h} - e^x}{h} = e^x \cdot \frac{e^h - 1}{h}.$$

Der rechts stehende Bruch $\frac{e^h-1}{h}$ ergibt sich aufgrund der Potenzreihenentwicklung von $\exp(x)$ weiter zu

$$\frac{1}{h}\cdot\left(\sum_{k=0}^{\infty}\frac{h^k}{k!} - 1\right) = \sum_{k=1}^{\infty}\frac{h^{k-1}}{k!}.$$

Bei dieser Potenzreihe (deren Konvergenzradius ebenfalls gleich ∞ ist) handelt es sich wieder um eine stetige Funktion, sodass diese Reihe bei Grenzübergang $h \to 0$ gegen 1 konvergiert, also $\lim_{h\to 0}(\frac{e^h-1}{h}) = 1$ gilt. Daraus ergibt sich insgesamt

$$\exp'(x) = \lim_{h\to 0}\frac{e^{x+h} - e^x}{h} = e^x = \exp(x),$$

sodass die Exponentialfunktion gleich ihrer Ableitungsfunktion ist.

4. Es sei $f(x) = \ln(x)$ die auf $\mathbb{R}^+$ definierte **natürliche Logarithmusfunktion**. Wir wollen auch die Ableitung dieser Funktion berechnen. Zunächst machen wir dazu den durch ▶Definition 18.1.1 gegebenen Ansatz und betrachten den Differenzenquotienten $\frac{\ln(x+h)-\ln(x)}{h}$. Aufgrund der Funktionalgleichung für den Logarithmus ist dieser gleich

$$\frac{\ln(x+h) - \ln(x)}{h} = \frac{\ln\left(\frac{x+h}{x}\right)}{h} = \frac{\ln\left(1 + \frac{h}{x}\right)}{h} = \frac{1}{x} \cdot \frac{\ln\left(1 + \frac{h}{x}\right)}{\frac{h}{x}}.$$

In Abhängigkeit von $\frac{h}{x}$ setzen wir nun $y := \ln(1 + \frac{h}{x})$. Unter Verwendung der Exponentialfunktion als Umkehrfunktion von $\ln$ ergibt sich $\frac{h}{x} = e^y - 1$. Daher folgt

$$\frac{\ln(x+h) - \ln(x)}{h} = \frac{1}{x} \cdot \frac{\ln\left(1 + \frac{h}{x}\right)}{\frac{h}{x}} = \frac{1}{x} \cdot \frac{y}{e^y - 1}.$$

Aufgrund der Stetigkeit der Logarithmusfunktion ist $\lim_{h\to 0}(y)$ gleich $\ln(1) = 0$, sodass mit $h \to 0$ auch $y \to 0$ geht. Dies ergibt

$$\lim_{h\to 0}\frac{\ln(x+h) - \ln(x)}{h} = \frac{1}{x} \cdot \lim_{y\to 0}\frac{y}{e^y - 1}.$$

Nun ist aber

$$\lim_{y\to 0}\frac{e^y - 1}{y} = \lim_{y\to 0}\frac{e^{0+y} - e^0}{y}$$

nach obigem Punkt 3 gleich der Ableitung der Exponentialfunktion an der Stelle $x_0 = 0$, also gleich $e^0 = 1$. Setzt man dies in die obige Grenzwertbetrachtung ein, so erhält man insgesamt den Grenzwert

$$\lim_{h \to 0} \frac{\ln(x + h) - \ln(x)}{h} = \frac{1}{x},$$

sodass die Ableitungsfunktion der natürlichen Logarithmusfunktion gleich $\frac{1}{x}$ ist, also $\ln'(x) = \frac{1}{x}$ für $x \in \mathbb{R}^+$ gilt.

18.2 Ableitungsregeln

In diesem Abschnitt werden wir (in der mittlerweile schon bewährten Methode) durch algebraische (punktweise) Verknüpfungen differenzierbarer Funktionen zu weiteren differenzierbaren Funktionen gelangen. Grundlage dafür sind die wichtigsten Ableitungsregeln, die wir im Folgenden besprechen und bereitstellen wollen.

A **Die Linearität der Ableitung** Wir beginnen mit der Linearität der Ableitung. Diese besagt, dass die Menge aller auf I differenzierbaren Funktionen einen $\mathbb{R}$- bzw. einen $\mathbb{C}$-Vektorraum bildet und dass der **Ableitungsoperator** $'$ eine $\mathbb{R}$- bzw. $\mathbb{C}$-lineare Abbildung beschreibt, also Linearkombinationen respektiert.

> **Satz 18.2.1** Es sei $I \subseteq \mathbb{R}$ ein Intervall und f, g seien auf I definierte komplex- oder reellwertige Funktionen. Weiter seien $\alpha, \beta \in \mathbb{C}$. Wir setzen voraus, dass f und g in $y \in I$ differenzierbar sind. Dann gilt:
>
> ■ Die Funktion $\alpha f + \beta g$ ist in y differenzierbar und
>
> $$(\alpha f + \beta g)'(y) = \alpha f'(y) + \beta g'(y).$$

Beweis Die Behauptung folgt unmittelbar aus den Grenzwertsätzen. Es gilt nämlich

$$\frac{[\alpha f + \beta g](y + h) - [\alpha f + \beta g](y)}{h} = \alpha \cdot \frac{f(y + h) - f(y)}{h} + \beta \cdot \frac{g(y + h) - g(y)}{h},$$

und der Grenzübergang $h \to 0$ der jeweiligen Differenzenquotienten ergibt das gewünschte Ergebnis $\alpha f'(y) + \beta g'(y)$. ∎

Insbesondere ist bei $\beta = 0$ die Funktion $\alpha f(x)$ differenzierbar mit Ableitungsfunktion $\alpha f'(x)$. Betrachten wir einige Anwendungen der Linearität.

Beispiel 18.2.2 Ableitung von Polynomfunktionen

Die offensichtliche Verallgemeinerung auf Linearkombinationen in beliebigen, endlich vielen differenzierbaren Funktionen ergibt, dass jede Polynomfunktion $f(x) = a_k x^k + \ldots + a_1 x + a_0$ differenzierbar ist und dass deren Ableitung gleich

$$f'(x) = a_k \cdot (x^k)' + \ldots + a_1 \cdot x' + a_0 \cdot 1' = k a_k x^{k-1} + \ldots + 2 a_2 x + a_1$$

ist. Bei der letzten Gleichung haben wir dabei verwendet, dass $(x^n)' = n x^{n-1}$ für $n \in \mathbb{N}^*$ und die Ableitung einer konstanten Funktion gleich der Nullfunktion ist (siehe das erste und das zweite Beispiel in Abschnitt 18.1-D). Es ist also zusammengefasst $f'(x) = \sum_{i=1}^{k} i a_i x^{i-1}$. ■

Beispiel 18.2.3 Ableitung von Sinus und Cosinus

Wir werden später mithilfe der Kettenregel sehen, dass für die Ableitung der Funktion $\exp(cx)$ gleich $c \exp(cx)$ gilt, wobei $c \in \mathbb{C}$ eine Konstante ist. Anders ausgedrückt haben wir $(e^{cx})' = c e^{cx}$. Dies verwenden wir an dieser Stelle, um zusammen mit der Linearität die Ableitung der trigonometrischen Funktionen Sinus und Cosinus zu berechnen. Wir erinnern in diesem Zusammenhang daran (siehe Abschnitt 17.6-B), dass $\cos(x) = \frac{1}{2}(e^{ix} + e^{-ix})$ und $\sin(x) = \frac{1}{2i}(e^{ix} - e^{-ix})$ ist. Daher ergeben sich

$$\cos'(x) = \frac{1}{2} \cdot (e^{ix})' + \frac{1}{2} \cdot (e^{-ix})' = \frac{1}{2} \cdot i e^{ix} - \frac{1}{2} \cdot i e^{-ix} = \frac{i}{2}(e^{ix} - e^{-ix}) = -\sin(x)$$

sowie

$$\sin'(x) = \frac{1}{2i} \cdot (e^{ix})' - \frac{1}{2i} \cdot (e^{-ix})' = \frac{1}{2i} \cdot i e^{ix} - \frac{1}{2i} \cdot (-(ie)^{-ix}) = \cos(x).$$

Bei der Berechnung von $\cos'(x)$ ist zu beachten, dass die imaginäre Einheit i die Gleichung $i = \frac{-1}{i}$ erfüllt. ■

B Produkt- und Quotientenregel Es folgen die Regeln für die Ableitung eines Produktes bzw. eines Quotienten von differenzierbaren Funktionen. Hierbei ist ausdrücklich zu erwähnen, dass die Ableitung des Produktes nicht gleich dem Produkt der Ableitungen ist und dass die Ableitung des Quotienten nicht gleich dem Quotienten der Ableitungen ist.

Satz 18.2.4 Es sei $I \subseteq \mathbb{R}$ ein Intervall und f, g seien auf I definierte komplex- oder reellwertige Funktionen. Wir setzen voraus, dass f und g in $y \in I$ differenzierbar sind. Dann gelten:

18.2 Ableitungsregeln

(1) **Produktregel:** Die Produktfunktion fg ist in y differenzierbar und
$$[fg]'(y) = f'(y)g(y) + f(y)g'(y).$$

(2) **Quotientenregel:** Ist $g(y) \neq 0$, so ist die Quotientenfunktion $\frac{f}{g}$ in y differenzierbar und
$$\left[\frac{f}{g}\right]'(y) = \frac{f'(y)g(y) - f(y)g'(y)}{g(y)^2}.$$

Beweis

(1) Wir betrachten den Differenzenquotienten der Produktfunktion. Es ist zunächst
$$\frac{[fg](y+h) - [fg](y)}{h} = \frac{f(y+h)g(y+h) - f(y)g(y)}{h}$$
$$= \frac{f(y+h) - f(y)}{h} \cdot g(y+h) + \frac{g(y+h) - g(y)}{h} \cdot f(y).$$

Wegen der jeweiligen Differenzierbarkeit von f und g in y ist $\lim_{h \to 0} \frac{f(y+h)-f(y)}{h} = f'(y)$ und $\lim_{h \to 0} \frac{g(y+h)-g(y)}{h} = g'(y)$. Aufgrund der Stetigkeit von g in y ist weiter $\lim_{h \to 0} g(y+h) = g(y)$. Die Grenzwertsätze liefern daher insgesamt die Behauptung, nämlich
$$\lim_{h \to 0} \frac{f(y+h)g(y+h) - f(y)g(y)}{h} = f'(y)g(y) + g'(y)f(y).$$

(2) Wir betrachten den Differenzenquotienten des Quotienten der beiden Funktionen. Es ist zunächst
$$\frac{\left[\frac{f}{g}\right](y+h) - \left[\frac{f}{g}\right](y)}{h} = \frac{\frac{f(y+h)}{g(y+h)} - \frac{f(y)}{g(y)}}{h}$$
$$= \frac{1}{g(y+h)g(y)} \cdot \left(\frac{f(y+h) - f(y)}{h} \cdot g(y) - \frac{g(y+h) - g(y)}{h} \cdot f(y)\right),$$

wie man leicht nachrechnet. Bei Grenzübergang h gegen 0 erhält man (entsprechend dem Beweis von (1)) aufgrund der Differenzierbarkeit von f bzw. von g in y sowie der Stetigkeit von g in y den gewünschten Differentialquotienten, nämlich
$$\lim_{h \to 0} \frac{\frac{f(y+h)}{g(y+h)} - \frac{f(y)}{g(y)}}{h} = \frac{1}{g(y)^2} \cdot (f'(y)g(y) - g'(y)f(y)).$$
∎

Als Beispiel zur Produktregel leiten wir die Funktion $\sin(x)\cos(x)$ ab. Deren Ableitungsfunktion ist gleich
$$\sin'(x)\cos(x) + \sin(x)\cos'(x) = \cos(x)^2 - \sin(x)^2.$$

Betrachten wir weiter zwei Beispiele zur Quotientenregel.

Beispiel 18.2.5 Ableitung rationaler Funktionen

Ist $f(x) = \frac{p(x)}{q(x)}$ eine rationale Funktion, also mit Polynomen $p(x)$ und $q(x)$, so ist f auf dem gesamten Definitionsbereich (das ist ganz $\mathbb{R}$ mit Ausnahme der Nullstellen des Nennerpolynoms $q(x)$) differenzierbar. Die Ableitungsfunktion f' von f ist wieder eine rationale Funktion, und zwar mit gleichem Definitionsbereich, wie sich aus der Quotientenregel ergibt. Konkret ist etwa

$$\left(\frac{1+2x}{x^4+x+3}\right)' = \frac{2 \cdot (x^4+x+3) - (1+2x) \cdot (4x^3+1)}{(x^4+x+3)^2} = \frac{-6x^4 - 4x^3 + 5}{(x^4+x+3)^2}.$$

Beispiel 18.2.6 Tangens und dessen Ableitung

Außerhalb der Nullstellenmenge $\{(2z+1)\frac{\pi}{2} : z \in \mathbb{Z}\}$ von Cosinus ist die **Tangensfunktion** tan durch

$$\tan(x) := \frac{\sin(x)}{\cos(x)} \qquad (18.2.1)$$

definiert. Wegen $\sin(x+\pi) = -\sin(x)$ und $\cos(x+\pi) = -\cos(x)$ hat Tangens die Periode π. Innerhalb $\mathbb{R}$ genügt es daher, den Tangens im Bereich $(-\frac{\pi}{2}, \frac{\pi}{2})$ zu betrachten. Bei der Tangensfunktion handelt es sich um eine differenzierbare Funktion und deren Ableitungsfunktion berechnet sich mit der Quotientenregel zu

$$\tan'(x) = \frac{\sin'(x)\cos(x) - \sin(x)\cos'(x)}{\cos(x)^2} = \frac{\cos(x)^2 + \sin(x)^2}{\cos(x)^2}.$$

Wegen $\cos(x)^2 + \sin(x)^2 = 1$ ergibt sich daraus $\tan'(x) = \frac{1}{\cos(x)^2}$. Andererseits gilt aber auch $\tan'(x) = 1 + \frac{\sin(x)^2}{\cos(x)^2} = 1 + \tan(x)^2$. ∎

C Die Kettenregel Diese Regel gibt an, wie die Ableitung bei der Hintereinanderausführung $g \circ f$ von differenzierbaren Funktionen f und g zu berechnen ist. In diesem Zusammenhang bezeichnet man g als die **äußere Funktion** und f als die **innere Funktion**. Es stellt sich heraus, dass die Ableitung der Verkettung gleich dem Produkt der Ableitung der äußeren Funktion am Argument $f(x)$ mit der Ableitung der inneren Funktion am Argument x ist.

> **Satz 18.2.7** Es seien I und J Intervalle in $\mathbb{R}$. Ferner sei $f: I \to J$ eine in x_0 differenzierbare Funktion und $g: J \to \mathbb{C}$ sei eine in $y_0 := f(x_0)$ differenzierbare Funktion. Dann ist auch die verkettete Abbildung $g \circ f$ in x_0 differenzierbar und es gilt
>
> $$(g \circ f)'(x_0) = (g' \circ f)(x_0) \cdot f'(x_0) = g'(y_0) \cdot f'(x_0).$$

Beweis Zum Beweis dieser Regel erweist sich das Differenzierbarkeitskriterium aus ▶Satz 18.1.2 als sehr nützlich. Aufgrund der Differenzierbarkeit von f in x_0 gibt es eine in x_0 stetige Funktion ϕ mit $f(x) - f(x_0) = (x - x_0) \cdot \phi(x)$ für jedes $x \in I$; ebenso gibt es aufgrund der Differenzierbarkeit von g in $y_0 = f(x_0)$ eine in y_0 stetige Funktion γ mit $g(y) - g(y_0) = (y - y_0) \cdot \gamma(y)$ für jedes $y \in J$. Daher folgt

$$\begin{aligned}(g \circ f)(x) - (g \circ f)(x_0) &= g(f(x)) - g(f(x_0)) \\ &= (f(x) - f(x_0)) \cdot \gamma(f(x)) \\ &= (x - x_0) \cdot \phi(x) \cdot (\gamma \circ f)(x).\end{aligned}$$

Nun ist f stetig in x_0 und γ stetig in $y_0 = f(x_0)$, also ist auch $\gamma \circ f$ stetig in x_0 (nach ▶Satz 17.2.9). Da auch ϕ in x_0 stetig ist, folgt die Differenzierbarkeit von $g \circ f$ an der Stelle x_0, denn die Abbildung $\psi := \phi \cdot (\gamma \circ f)$ ist stetig in x_0 und liefert einen Kandidaten, mit dem nach ▶Satz 18.1.2 die Differenzierbarkeit von $f \circ g$ in x_0 folgt. Ferner ist $(f \circ g)'(x_0)$ gleich $\psi(x_0)$, also gleich $\phi(x_0) \cdot (\gamma \circ f)(x_0)$. Wegen $\phi(x_0) = f'(x_0)$ und $\gamma(y_0) = g'(y_0)$ folgt schließlich $(f \circ g)'(x_0) = f'(x_0) \cdot (g' \circ f)(x_0)$, die Behauptung. ∎

Sind f und g jeweils auf dem ganzen Definitionsbereich differenzierbar, so gilt für die Ableitungsfunktion von $g \circ f$ die Gleichung

$$g \circ f'(x) = g'(f(x)) \cdot f'(x). \tag{18.2.2}$$

Betrachten wir als Beispiel die Ableitung von $\cos(x)^n$, der n-ten Potenz von Cosinus, wobei $n \in \mathbb{N}^*$. Diese ist gleich

$$(\cos(x)^n)' = n \cos(x)^{n-1} \cdot (-\sin(x)) = -n \cdot \sin(x) \cdot \cos(x)^{n-1},$$

wenn man die Kettenregel mit $g(x) = x^n$ und $f(x) = \cos(x)$ verwendet. Entsprechend ist die Ableitung von $\sin(x)^n$ gleich

$$(\sin(x)^n)' = n \cdot \sin(x)^{n-1} \cdot \cos(x).$$

Die Ableitung von $\cos(x)^2 + \sin(x)^2$ ist daher gleich

$$-2 \sin(x) \cos(x) + 2 \sin(x) \cos(x) = 0,$$

also die Nullfunktion, was nicht weiter verwundert, weil ja $\cos(x)^2 + \sin(x)^2 = 1$ konstant ist. Es folgen zwei weitere Beispiele zur Anwendung der Kettenregel.

Beispiel 18.2.8 **Ableitung der Exponentialfunktion zur Basis a**

Es sei $c \in \mathbb{C}$ eine Konstante. Wir betrachten die Funktion $\exp(cx) = e^{cx}$ auf $\mathbb{R}$. Hierbei handelt es sich um eine verkettete Funktion der Form $g \circ f(x)$ mit $g(x) = e^x$ und $f(x) = cx$. Die Kettenregel liefert die Differenzierbarkeit von $g \circ f(x)$ und ergibt wegen $g'(x) = e^x$ und $f'(x) = c$ die Ableitungsfunktion

$$\exp(cx)' = \exp(cx) \cdot c = c \exp(cx) = ce^{cx}.$$

Insbesondere können wir damit auch allgemeine Exponentialfunktionen a^x mit Basis $a \in \mathbb{R}^+$ ableiten. Wegen $a^x = e^{\ln(a) \cdot x}$ gilt nämlich

$$(a^x)' = \ln(a) \cdot e^{\ln(a) \cdot x} = \ln(a) \cdot a^x. \tag{18.2.3}$$

Beispiel 18.2.9 **Ableitung der allgemeinen Potenzfunktion**

Für $x \in \mathbb{R}^+$ und $r \in \mathbb{R}$ ist die allgemeine Potenzfunktion $x \mapsto x^r$ differenzierbar. Es ist nämlich $x^r = e^{r \ln(x)}$ eine verkettete Funktion. Mit $g(x) = e^x$ und $f(x) = r \ln(x)$ und mit früheren Ergebnissen (insbesondere der Ableitung von $\ln(x)$ aus dem vierten Beispiel aus Abschnitt 18.1-D) ist

$$(x^r)' = \exp'(r \ln(x)) \cdot (r \ln(x))' = \exp(r \ln(x)) \cdot \frac{r}{x} = x^r \cdot \frac{r}{x} = r \cdot x^{r-1}.$$

Dies gilt insbesondere auch für rationale Exponenten, sodass wir damit auch Wurzelfunktionen ableiten können: Betrachte also $x \mapsto \sqrt[n]{x^m}$ mit $m \in \mathbb{Z}$ und $n \in \mathbb{N}^*$ für $x \in \mathbb{R}^+$. Wegen $\sqrt[n]{x^m} = x^{\frac{m}{n}}$ ergibt sich

$$\sqrt[n]{x^m}' = \frac{m}{n} x^{\frac{m}{n}-1} = \frac{m}{n} x^{\frac{m-n}{n}} = \sqrt[n]{x^{m-n}}.$$

D **Die Ableitung bei Umkehrfunktionen** Als letzte Regel geben wir eine Formel an, mit der man die Ableitung der Umkehrfunktion einer streng monotonen und differenzierbaren Funktion berechnen kann.

Satz 18.2.10 Es sei $I \subseteq \mathbb{R}$ ein Intervall und $f: I \to \mathbb{R}$ eine streng monotone Funktion. Die auf dem Bild von f definierte Umkehrfunktion von f sei g. Annahme, f ist in $y_0 \in I$ differenzierbar mit $f'(y_0) \neq 0$. Dann ist g in $x_0 := f(y_0)$ differenzierbar und es gilt:

$$g'(x_0) = \frac{1}{f' \circ g(x_0)}$$

Beweis Hier kommt einmal mehr das Differenzierbarkeitskriterium aus ▶Satz 18.1.2 zum Zuge. Aufgrund der Differenzierbarkeit von f in y_0 gibt es eine in y_0 stetige Funktion ψ auf I mit

$$f(y) - f(y_0) = (y - y_0) \cdot \psi(y) \text{ für jedes } y \text{ aus } I$$

und mit $\psi(y_0) = f'(y_0)$. Nach Voraussetzung ist $f'(y_0) \neq 0$. Aufgrund der strengen Monotonie von f ist $f(y) \neq f(y_0)$ für $y \neq y_0$. Daher ist auch $\psi(y) \neq 0$ für alle y aus I, wie man an obiger Gleichung für $\psi(y)$ sieht. Die Division durch $\psi(y)$ liefert aus dieser Gleichung somit

$$y - y_0 = \frac{f(y) - f(y_0)}{\psi(y)}.$$

Durch Einsetzen von $y = g(x)$ und $y_0 = g(x_0)$ ergibt sich dann

$$g(x) - g(x_0) = \frac{(f \circ g)(x) - (f \circ g)(x_0)}{\psi(g(x))} = \frac{x - x_0}{\psi(g(x))}$$

für jedes x aus dem Bild von f. Aufgrund der Stetigkeit von f in y_0 ist g stetig in x_0 (nach ▶Satz 17.2.7). Da weiterhin ψ stetig in $y_0 = g(x_0)$ ist, folgt die Stetigkeit von $\psi \circ g$ in x_0. Eine Anwendung von ▶Satz 17.2.4 liefert daher, dass die Funktion $\frac{1}{\psi \circ g}$ stetig in x_0 ist. Nach ▶Satz 18.1.4 ist somit die Differenzierbarkeit von g in x_0 erwiesen, und zwar anhand der in x_0 stetigen Funktion $\phi := \frac{1}{\psi \circ g}$ als Kandidaten. Darüber hinaus gilt

$$g'(x_0) = \phi(x_0) = \frac{1}{\psi \circ g(x_0)} = \frac{1}{\psi(y_0)} = \frac{1}{f'(y_0)} = \frac{1}{f' \circ g(x_0)},$$

was zu beweisen war. ∎

Ist f auf ganz I differenzierbar, so erhält man für die Ableitung der Umkehrfunktion die Formel

$$g'(x) = \frac{1}{f'(g(x))}. \tag{18.2.4}$$

Betrachten wir auch hierzu zwei Beispiele.

Beispiel 18.2.11 **Arcussinus und dessen Ableitung**

Die Sinusfunktion ist auf dem Intervall $(-\frac{\pi}{2}, \frac{\pi}{2})$ streng monoton wachsend und daher umkehrbar mit Bildbereich $(-1, 1)$. Die auf dem Intervall $(-1, 1)$ definierte Umkehrfunktion von Sinus heißt **Arcussinus** und wird mit arcsin bezeichnet. Diese ist nach ▶Satz 18.2.10 differenzierbar und deren Ableitungsfunktion ist gleich

$$\arcsin'(x) = \frac{1}{\sin' \circ \arcsin(x)}.$$

Wegen $\sin'(y) = \cos(y)$ und $\cos(y) = \sqrt{1 - \sin(y)^2}$ kann man diese Formel zu

$$\arcsin'(x) = \frac{1}{\sqrt{1 - \sin(\arcsin(x))^2}} = \frac{1}{\sqrt{1 - x^2}}$$

vereinfachen. ∎

Beispiel 18.2.12 **Ableitung allgemeiner Logarithmusfunktionen**

Betrachten wir die allgemeine Logarithmusfunktion $\log_a(x)$ zur Basis $a \in \mathbb{R}^+$. Wie wir wissen, handelt es sich dabei um die Umkehrfunktion von a^x. Mit $f(x) = a^x$ ist $f'(x) = \ln(a) \cdot a^x$ und wir erhalten aus ▶Satz 18.2.10 sodann

$$\log_a(x)' = \frac{1}{f'(\log_a(x))} = \frac{1}{\ln(a) \cdot a^{\log_a(x)}} = \frac{1}{\ln(a)} \cdot \frac{1}{x}.$$

Insbesondere erhält man bei $a = e$ wegen $\ln(e) = 1$ die Formel $\ln'(x) = \frac{1}{x}$, wie wir bereits in Abschnitt 18.1-D elementar nachgewiesen haben. ∎

E Höhere Ableitungen Es sei wieder $I \subseteq \mathbb{R}$ ein Intervall und $f : I \to \mathbb{C}$ eine auf I differenzierbare Funktion mit (erster) Ableitungsfunktion $f'(x)$. Ist diese Ableitungsfunktion f' ihrerseits in $x_0 \in I$ differenzierbar, so nennt man $f''(x_0) := (f')'(x_0)$ **die zweite Ableitung von** f **an der Stelle** x_0. Alternative Bezeichnungen für die zweite Ableitung sind $D^2 f(x_0)$ oder $\frac{d^2 f}{dx^2}(x_0)$. Ist f' auf ganz I differenzierbar, so nennt man $f''(x)$ **die zweite Ableitungsfunktion** von f.

Entsprechend definiert man (induktiv) Ableitungen höherer Ordnung. Ist $g := f^{(n-1)}$ die $(n-1)$-te Ableitung von f und ist g in $x_0 \in I$ differenzierbar, so setzt man $f^{(n)}(x_0) := g'(x_0)$ und nennt dies die **n-te Ableitung** von f an der Stelle x_0. Alternative Schreibweisen dafür sind $D^n f(x_0)$ oder $\frac{d^n f}{dx^n}(x_0)$ sowie $f'''(x)$ falls $n = 3$. Man vereinbart weiter, dass $f^{(0)}(x)$ die Funktion $f(x)$ selbst ist.

Häufig sind Funktionen beliebig oft differenzierbar. Das bedeutet, dass Ableitungen beliebig hoher Ordnung existieren. Solche Funktionen nennt man auch **unendlich oft differenzierbar**. Es folgen einige Beispiele zu höheren Ableitungen.

1. Wegen $\exp'(x) = \exp(x)$ ist die Exponentialfunktion beliebig oft differenzierbar und es ist $\exp^{(n)}(x) = \exp(x)$ für jedes $x \in \mathbb{R}$ und alle $n \in \mathbb{N}$.

2. Die Funktionen Sinus und Cosinus sind ebenfalls beliebig oft differenzierbar. Es gilt

$$\sin' = \cos, \quad \sin'' = -\sin, \quad \sin''' = -\cos, \quad \sin^{(4)} = \sin.$$

Also ist $\sin^{(4k)} = \sin$ für jedes $k \in \mathbb{N}$. Entsprechendes gilt für Cosinus:

$$\cos' = -\sin, \quad \cos'' = -\cos, \quad \cos''' = \sin, \quad \cos^{(4)} = \cos$$

3. Ist $f(x) = a_k x^k + \ldots + a_1 x + a_0$ eine Polynomfunktion vom Grad k (also $a_k \neq 0$), so ist, wie wir wissen, $f'(x)$ nach ▶Beispiel 18.2.2 eine Polynomfunktion vom Grade $k - 1$, nämlich $f'(x) = \sum_{i=1}^{k} i a_i x^{i-1}$. Nach zweifachem Ableiten ergibt sich $f''(x) = \sum_{i=2}^{k} i(i-1) a_i x^{i-2}$. Allgemeiner ergibt sich für $l \in \mathbb{N}$ mit $1 \leq l \leq k$ für die l-fache Ableitung von $f(x)$ die Formel

$$f^{(l)}(x) = \sum_{i=l}^{k} \frac{i!}{(i-l)!} a_i x^{i-l}. \qquad (18.2.5)$$

Speziell nach k-fachem Ableiten von f erhält man $f^{(k)}(x) = k! \cdot a_k$, eine konstante Funktion. Danach ist jede weitere Ableitung von $f^{(k)}$ gleich der Nullfunktion.

Konkret sei etwa $f(x) = x^3 + 2x^2 - 7x + 11$. Dann ist $f'(x) = 3x^2 + 4x - 7$ und $f''(x) = 6x + 4$ und $f'''(x) = 6$ sowie $f^{(n)}(x) = 0$ für $n \geq 4$.

4. Die Logarithmusfunktion $\ln(x)$ ist auf $\mathbb{R}^+$ beliebig oft differenzierbar. Unter der Verwendung der Quotientenregel für die höheren Ableitungen erhält man

$$\ln'(x) = \frac{1}{x}, \quad \ln''(x) = -\frac{1}{x^2}, \quad \ln'''(x) = \frac{2}{x^3}, \quad \ln^{(4)}(x) = -\frac{6}{x^4}.$$

Mit Induktion erhält man daraus leicht

$$\ln^{(n)}(x) = (-1)^{n-1} \cdot \frac{(n-1)!}{x^n} \quad \text{für } n \in \mathbb{N}^*. \tag{18.2.6}$$

18.3 Mittelwertsätze und Extrema

Wir wollen in diesem Abschnitt zunächst zeigen, dass die erste und die zweite Ableitungsfunktion einer Funktion zur Lösung von **Extremwertaufgaben** verwendet werden können. Später werden wir mit den auf Ableitungen basierenden **Regeln von de l'Hôpital**[3] eine elegante Methode zur Berechnung von Grenzwerten kennenlernen.

A Unterscheidung verschiedener Extremalstellen Wir wollen zu Anfang die grundlegendsten Begriffe im Umgang mit Extremalstellen einführen.

> **Definition 18.3.1** Gegeben sei eine reellwertige Funktion $f: D \to \mathbb{R}$, wobei $D \subseteq \mathbb{R}$ oder $D \subseteq \mathbb{C}$. Ein Element $x_0 \in D$ heißt
>
> (1) ein **globales Maximum** von f, wenn $f(x) \leq f(x_0)$ für jedes $x \in D$ gilt; dieses heißt **strikt**, wenn $f(x) < f(x_0)$ für jedes $x \in D \setminus \{x_0\}$ gilt
>
> (2) ein **lokales Maximum** von f, wenn es ein $\varepsilon > 0$ gibt, sodass $f(x) \leq f(x_0)$ ist für jedes $x \in B_\varepsilon(x_0) \cap D$; bei $<$ und $x \neq x_0$ heißt das lokale Maximum **strikt**
>
> (3) ein **globales Minimum** von f, wenn $f(x) \geq f(x_0)$ für jedes $x \in D$ gilt; dieses heißt **strikt**, wenn $f(x) > f(x_0)$ für jedes $x \in D \setminus \{x_0\}$ gilt
>
> (4) ein **lokales Minimum** von f, wenn es ein $\varepsilon > 0$ gibt, sodass $f(x) \geq f(x_0)$ ist für jedes $x \in B_\varepsilon(x_0) \cap D$; bei $>$ und $x \neq x_0$ heißt das lokale Minimum **strikt**.
>
> Ein **Extremum** bzw. eine **Extremalstelle** von f ist ein (globales oder lokales) Maximum oder Minimum.

Ein globales Extremum ist also insbesondere auch ein lokales Extremum. Das folgende Ergebnis ist eine notwendige Bedingung für die Existenz eines lokalen Extremums einer differenzierbaren Funktion.

---
[3] Guillaume François Antoine de l'Hôpital (1661–1704).

18 Differentialrechnung

Satz 18.3.2 Es sei $I = (a, b)$ ein offenes Intervall mit $x_0 \in I$ (wobei $a = -\infty$ oder $b = \infty$ erlaubt sind) und f sei eine auf I definierte Funktion. Annahme, f ist differenzierbar in x_0 und hat in x_0 ein lokales Extremum. Dann gilt notwendigerweise $f'(x_0) = 0$.

Beweis Wir nehmen ohne Einschränkung an, dass es sich um ein lokales Maximum handelt, sonst ersetzen wir f einfach durch $-f$. Es gibt daher ein $\varepsilon > 0$ mit $(x_0-\varepsilon, x_0+\varepsilon) = B_\varepsilon(x_0) \subseteq I$ und mit $f(x) \leq f(x_0)$ für alle $x \in B_\varepsilon(x_0)$. Für $x \neq x_0$ aus $B_\varepsilon(x_0)$ betrachten wir den Differenzenquotienten $D_f(x) := \frac{f(x)-f(x_0)}{x-x_0}$. Ist $x > x_0$, so ist $D_f(x) \leq 0$, sodass auch $\lim_{x \to x_0^+} D_f(x) \leq 0$ ist. Ist hingegen $x < x_0$, so ist $D_f(x) \geq 0$, sodass andererseits $\lim_{x \to x_0^-} D_f(x) \geq 0$ ist. Damit rechtsseitiger und linksseitiger Grenzwert übereinstimmen können, folgt daraus, dass $f'(x_0) = \lim_{x \to x_0} D_f(x)$ gleich null ist. ∎

Die Aussage von ▶Satz 18.3.2 fasst man meist wie folgt zusammen: *Ist x_0 ein lokales Extremum von f, so „verschwindet" die erste Ableitung von f an der Stelle x_0.*

B Die Mittelwertsätze der Differentialrechnung Wir werden in ▶Satz 18.3.8 sehen, dass unter geeigneten Zusatzvoraussetzungen an die zweite Ableitung von f auch die Umkehrung von ▶Satz 18.3.2 gilt. Dafür benötigen wir die nun folgenden Mittelwertsätze der Differentialrechnung. Als Einstieg beginnen wir mit dem Satz von Rolle[4].

Satz 18.3.3 von Rolle

Es seien $a, b \in \mathbb{R}$ mit $a < b$. Ferner sei $f: [a, b] \to \mathbb{R}$ stetig und auf dem offenen Intervall (a, b) differenzierbar. Ist $f(a) = f(b)$, so gibt es ein $\zeta \in (a, b)$ mit $f'(\zeta) = 0$.

Beweis Die Aussage ist klar, wenn f konstant auf I ist, denn dann ist $f'(\zeta) = 0$ für jedes ζ aus (a, b). Wir nehmen daher an, dass f nicht konstant ist. Nun nimmt f als stetige Funktion auf $[a, b]$ sein (globales) Maximum und sein (globales) Minimum an (siehe ▶Satz 17.3.5). Wenigstens eine dieser Stellen, nennen wir sie ζ, hat einen von $f(a) = f(b)$ verschiedenen Funktionswert; insbesondere ist ζ im offenen Intervall (a, b) enthalten. Nach ▶Satz 18.3.2 ist dann $f'(\zeta) = 0$. ∎

Der nun folgende erste Mittelwertsatz der Differentialrechnung ist eine Verallgemeinerung des Satzes von Rolle.

---

[4] Michel Rolle (1652–1719).

18.3 Mittelwertsätze und Extrema

Satz 18.3.4   Erster Mittelwertsatz der Differentialrechnung

Es sei $[a, b]$ ein abgeschlossenes und beschränktes Intervall. Ferner sei $f\colon [a, b] \to \mathbb{R}$ stetig und auf dem offenen Intervall (a, b) differenzierbar. Dann gibt es ein $\zeta \in (a, b)$ mit
$$\frac{f(b) - f(a)}{b - a} = f'(\zeta).$$

Beweis   Wir führen die Aussage auf den Satz von Rolle zurück. Dazu setzen wir
$$h(x) := f(x) - \frac{f(b) - f(a)}{b - a} \cdot (x - a).$$

Dann ist $h\colon [a, b] \to \mathbb{R}$ stetig und auf dem offenen Intervall (a, b) differenzierbar. Ferner gilt $h(a) = f(a) = h(b)$. Nach dem Satz von Rolle gibt es daher eine Stelle $\zeta \in (a, b)$ mit $h'(\zeta) = 0$. Nun ist aber $h'(x) = f'(x) - \frac{f(b)-f(a)}{b-a}$, sodass die Behauptung für die gefundene Nullstelle ζ von h' folgt. ∎

Als Anwendungen des ersten Mittelwertsatzes werden wir im nächsten Paragraphen neben Monotoniekriterien auch hinreichende Bedingungen für lokale Extrema kennenlernen. Zuvor behandeln wir noch eine weitere Verallgemeinerung des ersten Mittelwertsatzes, bei dem der Nenner $b - a$ durch $g(b) - g(a)$ mit einer geeigneten Funktion g ersetzt wird. Der zweite Mittelwertsatz der Differentialrechnung wird dann u. a. bei der Herleitung der Regeln von de l'Hôpital benötigt.

Satz 18.3.5   Zweiter Mittelwertsatz der Differentialrechnung

Es sei $[a, b]$ ein abgeschlossenes und beschränktes Intervall. Ferner seien $f\colon [a, b] \to \mathbb{R}$ und $g\colon [a, b] \to \mathbb{R}$ zwei stetige und jeweils auf dem offenen Intervall (a, b) differenzierbare Funktionen. Es gelte $g'(x) \neq 0$ für alle $x \in (a, b)$. Dann gibt es ein $\zeta \in (a, b)$ mit
$$\frac{f(b) - f(a)}{g(b) - g(a)} = \frac{f'(\zeta)}{g'(\zeta)}.$$

Beweis   Zunächst kann aufgrund des Satzes von Rolle 18.3.4 nicht $g(a) = g(b)$ sein, denn dann hätte g' eine Nullstelle in (a, b), was aber von vornherein ausgeschlossen wurde. Wir definieren nun eine Funktion $D_{f,g}$ auf $[a, b]$ wie folgt:
$$D_{f,g}(x) := f(x) - \frac{f(b) - f(a)}{g(b) - g(a)} \cdot (g(x) - g(a)).$$

Dann ist $D_{f,g}$ stetig und auf dem offenen Intervall (a, b) differenzierbar. Ferner gilt $D_{f,g}(a) = f(a) = D_{f,g}(b)$. Nach dem Satz von Rolle gibt es daher eine Stelle $\zeta \in (a, b)$

mit $D'_{f,g}(\zeta) = 0$. Nun ist aber

$$D'_{f,g}(x) = f'(x) - \frac{f(b) - f(a)}{g(b) - g(a)} \cdot g'(x).$$

Daher folgt die Behauptung für die gefundene Nullstelle ζ von $D'_{f,g}$. ∎

C Kriterien für Monotonie und Extrema Als Anwendung des ersten Mittelwertsatzes erhalten wir folgende Monotoniekriterien für differenzierbare Funktionen. Zur Notation ist zu sagen, dass etwa $f \geq 0$ bedeutet, dass die Funktion f punktweise größer oder gleich null ist, also $f(x) \geq 0$ für jedes x gilt.

Satz 18.3.6   Monotoniekriterien

Es sei $f : (\alpha, \beta) \to \mathbb{R}$ eine differenzierbare Funktion (wobei $\alpha = -\infty$ und $\beta = \infty$ erlaubt sind). Dann gelten folgende Implikationen:

(1) $f' > 0$ auf $(\alpha, \beta) \Rightarrow f$ ist streng monoton wachsend auf (α, β)

(2) $f' < 0$ auf $(\alpha, \beta) \Rightarrow f$ ist streng monoton fallend auf (α, β)

(3) $f' \geq 0$ auf $(\alpha, \beta) \Leftrightarrow f$ ist monoton wachsend auf (α, β)

(4) $f' \leq 0$ auf $(\alpha, \beta) \Leftrightarrow f$ ist monoton fallend auf (α, β)

(5) $f' = 0$ auf $(\alpha, \beta) \Leftrightarrow f$ ist konstant auf (α, β)

Beweis Für je zwei Punkte x_1, x_2 aus (α, β) mit $x_1 < x_2$ liefert der erste Mittelwertsatz mit $a := x_1$ und $b := x_2$ ein (von x_1 und x_2 abhängiges) ζ mit

$$f(x_2) - f(x_1) = (x_2 - x_1) \cdot f'(\zeta).$$

Anhand dieser Gleichung lassen sich alle Implikationen $\Rightarrow$ ablesen. Wir betrachten exemplarisch den dritten Fall, wobei $f' \geq 0$ vorausgesetzt ist. Wegen $x_2 > x_1$ und $f'(\zeta) \geq 0$ ist dann auch $f(x_2) - f(x_1)$, was ja gleich $(x_2 - x_1) \cdot f'(\zeta)$ ist, größer oder gleich 0. Damit ist f monoton wachsend auf (α, β).

Für die umgekehrten Implikationen in den Aussagen (3), (4) und (5) betrachtet man die entsprechenden Differenzenquotienten. Ist f monoton wachsend auf (α, β), so ist $\frac{f(x) - f(x_0)}{x - x_0} \geq 0$ für alle $x, x_0 \in (\alpha, \beta)$, weshalb dann auch

$$f'(x_0) = \lim_{x \to x_0} \frac{f(x) - f(x_0)}{x - x_0} \geq 0$$

für jedes x_0 aus (α, β) folgt. Analog erhält man

$$f'(x_0) = \lim_{x \to x_0^-} \frac{f(x) - f(x_0)}{x - x_0} \leq 0$$

bei einem monoton fallenden f (für jedes x_0 aus (α, β)). Das Verhalten konstanter Funktionen ist uns nach dem ersten Beispiel in Abschnitt 18.1-D bereits bekannt. ∎

Beispielsweise sieht man anhand dieses Kriteriums, dass jede Exponentialfunktion $x \mapsto a^x$ für $a > 1$ streng monoton wachsend und für $0 < a < 1$ streng monoton fallend ist, denn $(a^x)' = \ln(a) \cdot a^x$ und $a^x > 0$ für jedes $x \in \mathbb{R}$ sowie $\ln(a) > 0$ bei $a > 1$ und $\ln(a) < 0$ bei $0 < a < 1$. Entsprechendes gilt für die allgemeinen Logarithmusfunktionen $\log_a(x)$.

Nach dem in ▶Satz 18.3.2 beschriebenen notwendigen Kriterium können wir nun auch hinreichende Kriterien für lokale Extrema vorstellen, wobei man meistens ▶Satz 18.3.8 anwendet.

Korollar 18.3.7 Es sei $f: (a, b) \to \mathbb{R}$ differenzierbar und $f'(x_0) = 0$ für ein x_0 aus (a, b). Dann gelten:

(1) Ist $f' \leq 0$ auf (a, x_0) und $f' \geq 0$ auf (x_0, b), so hat f in x_0 ein lokales Minimum; dieses ist strikt, wenn beide Ungleichungen strikt sind.

(2) Ist $f' \geq 0$ auf (a, x_0) und $f' \leq 0$ auf (x_0, b), so hat f in x_0 ein lokales Maximum; dieses ist strikt, wenn beide Ungleichungen strikt sind.

Beweis

(1) folgt aus der Tatsache, dass f auf $(a, x_0]$ monoton fallend und auf $[x_0, b)$ monoton wachsend ist.

(2) folgt analog. ∎

Ein handlicheres hinreichendes Kriterium für lokale Extrema erhält man, wenn f zweimal differenzierbar ist.

Satz 18.3.8 Die Funktion $f: (a, b) \to \mathbb{R}$ sei zweimal differenzierbar und es sei $x_0 \in (a, b)$. Dann gelten:

(1) Falls $f'(x_0) = 0$ und $f''(x_0) > 0$, so liegt in x_0 ein striktes lokales Minimum vor.

(2) Falls $f'(x_0) = 0$ und $f''(x_0) < 0$, so liegt in x_0 ein striktes lokales Maximum vor.

Beweis

(1) Nach Voraussetzung ist $f'(x_0) = 0$ und

$$0 < f''(x_0) = \lim_{x \to x_0} \frac{f'(x) - f'(x_0)}{x - x_0} = \lim_{x \to x_0} \frac{f'(x)}{x - x_0}.$$

Es gibt daher ein $\varepsilon > 0$ mit $(x_0 - \varepsilon, x_0 + \varepsilon) = B_\varepsilon(x_0) \subseteq (a, b)$, sodass $f'(x) > 0$ für alle $x \in (x_0, x_0 + \varepsilon)$ und $f'(x) < 0$ für alle $x \in (x_0 - \varepsilon, x_0)$ ist. Nach ▶Korollar 18.3.7-(1) bedeutet dies, dass f links von x_0, also auf $(x_0 - \varepsilon, x_0)$, streng monoton fallend ist, und rechts von x_0, also auf $(x_0, x_0 + \varepsilon)$, streng monoton wachsend ist. Daher muss f in x_0 ein striktes lokales Minimum haben.

(2) wird analog bewiesen. ∎

Betrachten wir als einfaches Beispiel eine Parabel $f(x) = ax^2 + bx + c$ mit $a \neq 0$. Es ist $f'(x_0) = 2ax_0 + b = 0$ für $x_0 = -\frac{b}{2a}$. Ferner ist $f''(x) = 2a$ konstant. Bei $a > 0$ liegt daher in x_0 ein striktes lokales Minimum vor; die Parabel ist nach oben geöffnet. Bei $a < 0$ liegt in x_0 hingegen ein striktes lokales Maximum vor; die Parabel ist nach unten geöffnet. Es folgt ein weiteres Beispiel zu ▶Satz 18.3.8.

Beispiel 18.3.9 Wir betrachten die auf dem Intervall $(0, \infty)$ definierte Funktion $f(x) := e^{x \ln(x)}$, die man auch einfach als $f(x) = x^x$ schreibt. Die Ketten- und die Produktregel liefern

$$f'(x) = [x \ln(x)]' \cdot e^{x \ln(x)} = (\ln(x) + 1) \cdot x^x$$

sowie

$$f''(x) = \frac{1}{x} \cdot x^x + [\ln(x) + 1]^2 \cdot x^x = \left((\ln(x) + 1)^2 + \frac{1}{x} \right) \cdot x^x.$$

Wegen $f(x) = x^x > 0$ für jedes x aus $(0, \infty)$ ist $f'(x) = 0$ nur dann, wenn $\ln(x) = -1$, also wenn $x = \frac{1}{e}$ ist. Wegen $f''(\frac{1}{e}) > 0$ (offenbar ist $f''(x) > 0$ für alle x aus $\mathbb{R}^+$), liegt im Punkt $x_0 = \frac{1}{e}$ nach ▶Satz 18.3.8 ein striktes lokales Minimum vor. Dies ist sogar ein globales Minimum, wie man sich leicht überlegt. ∎

Ist $f(x) = x^3$, so ist $x_0 = 0$ die einzige Nullstelle von $f'(x) = 3x^2$. Weiter ist $f''(x) = 6x$, also $f''(0) = 0$, weshalb ▶Satz 18.3.8 keine Aussage liefert. In der Tat liegt in $x_0 = 0$ kein Extremum von f vor, sondern eine sog. **Wendestelle**. Die Untersuchung von Extremaleigenschaften bei Stellen, an denen neben der ersten auch die zweite Ableitung der Funktion verschwindet, greifen wir nochmals im nächsten Abschnitt auf.

D **Regeln von de l'Hôpital** Bei den nun folgenden Regeln von de l'Hôpital geht es prinzipiell um die Berechnung von Grenzwerten der Form $\lim_{x \to \omega} \frac{f(x)}{g(x)}$, wobei

$$\lim_{x \to \omega} f(x) = \lim_{x \to \omega} g(x) \quad \text{gleich 0 oder gleich } \infty$$

18.3 Mittelwertsätze und Extrema

ist. In unserer etwas länglich anmutenden Formulierung haben wir verschiedene Fälle für ω hervorgehoben. Wir vereinbaren $\infty^- := \infty$ und $-\infty^+ := -\infty$. Beweistechnisch kann man sich aufgrund von Analogien bzw. einfachen Transformationen aber leicht auf die Punkte (1a) und (1b) zurückziehen.

Satz 18.3.10 In den folgenden Punkten (1) und (2) seien $f:(a,b) \to \mathbb{R}$ und $g:(a,b) \to \mathbb{R}$ differenzierbare Funktionen; in Punkt (3) sei $c \in (a,b)$ und f und g seien auf $(a,c) \cup (c,b)$ definiert und differenzierbar. Dabei sind $a = -\infty$ oder $b = \infty$ prinzipiell erlaubt. Es gelte stets $g'(x) \neq 0$ für alle x aus dem jeweiligen Definitionsbereich von g. Annahme, es liegt eine der folgenden Situationen vor:

(1) (a) $\lim_{x \to a^+} f(x) = 0$ und $\lim_{x \to a^+} g(x) = 0$
 (b) $\lim_{x \to a^+} f(x) = \infty$ und $\lim_{x \to a^+} g(x) = \infty$

(2) (a) $\lim_{x \to b^-} f(x) = 0$ und $\lim_{x \to b^-} g(x) = 0$
 (b) $\lim_{x \to b^-} f(x) = \infty$ und $\lim_{x \to b^-} g(x) = \infty$

(3) (a) $\lim_{x \to c} f(x) = 0$ und $\lim_{x \to c} g(x) = 0$
 (b) $\lim_{x \to c} f(x) = \infty$ und $\lim_{x \to c} g(x) = \infty$

Existiert der Grenzwert $\lim_{x \to \omega} \frac{f'(x)}{g'(x)}$, mit $\omega = a^+$ in Punkt (1), mit $\omega = b^-$ in Punkt (2) und mit $\omega = c$ in Punkt (3), so existiert auch der Grenzwert $\lim_{x \to \omega} \frac{f(x)}{g(x)}$ und es gilt

$$\lim_{x \to \omega} \frac{f'(x)}{g'(x)} = \lim_{x \to \omega} \frac{f(x)}{g(x)}.$$

Beweis Wie erwähnt kann man sich aus Analogiegründen auf Fall (1) beschränken. Wir behandeln daher (1a) und (1b) ausführlich, wobei in jedem der beiden Punkte eine weitere Fallunterscheidung notwendig wird.

Zunächst zu (1a): Es gelte also $\lim_{x \to a^+} f(x) = 0$ und $\lim_{x \to a^+} g(x) = 0$.

- Annahme, $a \in \mathbb{R}$.
 Man kann dann f und g durch $f(a) := 0$ und $g(a) := 0$ jeweils stetig in a fortsetzen. Zu jedem $y \in (a, b)$ gibt es nach dem zweiten ▶Mittelwertsatz 18.3.5, angewandt auf das Intervall (a, y), dann ein von y abhängiges $\zeta \in (a, y)$ mit

$$\frac{f(y)}{g(y)} = \frac{f(y) - f(a)}{g(y) - g(a)} = \frac{f'(\zeta)}{g'(\zeta)}.$$

Bei Grenzübergang $y \to a^+$ geht dann auch ζ gegen a^+, woraus die Behauptung

$$\lim_{y \to a^+} \frac{f(y)}{g(y)} = \lim_{\zeta \to a^+} \frac{f'(\zeta)}{g'(\zeta)}$$

folgt.

- Annahme, $a = -\infty$.

Man führt dann eine Substitution $z := -\frac{1}{x}$ durch, um

$$\lim_{x \to -\infty} \frac{f(x)}{g(x)} = \lim_{x \to 0^+} \frac{f(z)}{g(z)} = \lim_{x \to 0^+} \frac{f\left(-\frac{1}{x}\right)}{g\left(-\frac{1}{x}\right)}$$

zu erhalten und um dann die Erkenntnis aus dem zuerst bewiesenen Fall einzubringen. Mit der Kettenregel ergibt sich $f'\left(-\frac{1}{x}\right) \cdot \frac{1}{x^2}$ als Ableitung des Zählers $f\left(-\frac{1}{x}\right)$ und entsprechend $g'\left(-\frac{1}{x}\right) \cdot \frac{1}{x^2}$ als Ableitung des Nenners $g\left(-\frac{1}{x}\right)$. Kürzen der beiden Terme $\frac{1}{x^2}$ liefert daher

$$\lim_{x \to -\infty} \frac{f(x)}{g(x)} = \lim_{x \to 0^+} \frac{f'\left(-\frac{1}{x}\right)}{g'\left(-\frac{1}{x}\right)},$$

was nach Rücksubstitution wiederum gleich $\lim_{x \to -\infty} \frac{f'(x)}{g'(x)}$ ist. Damit ist (1a) insgesamt bewiesen.

Nun zu dem etwas schwierigeren Fall (1b). Es gelte also $\lim_{x \to a^+} f(x) = \infty$ und $\lim_{x \to a^+} g(x) = \infty$.

- Wir nehmen zuerst wieder $a \in \mathbb{R}$ an.

Mit $A := \lim_{x \to a^+} \frac{f'(x)}{g'(x)}$ ist dann zu zeigen, dass $A = \lim_{x \to a^+} \frac{f(x)}{g(x)}$ gilt. Dazu sei $\varepsilon > 0$ beliebig. Es sei weiter $\varepsilon' := \frac{\varepsilon}{2}$. Zu diesem $\varepsilon' > 0$ gibt es dann ein $\delta > 0$ mit

$$\left| \frac{f'(t)}{g'(t)} - A \right| < \varepsilon' = \frac{\varepsilon}{2}$$

für alle $t \in (a, a + \delta)$. Für beliebige Punkte $x, y \in (a, a + \delta)$ mit $x \neq y$ gilt dann aufgrund des zweiten Mittelwertsatzes (▶Satz 18.3.5), angewandt auf das Intervall (x, y), auch

$$\left| \frac{f(x) - f(y)}{g(x) - g(y)} - A \right| < \varepsilon' = \frac{\varepsilon}{2}.$$

Zur weiteren Betrachtung erweist sich die folgende Gleichung (Nachrechnen!) als sehr nützlich:

$$\frac{f(x)}{g(x)} = \frac{f(x) - f(y)}{g(x) - g(y)} \cdot \frac{1 - \frac{g(y)}{g(x)}}{1 - \frac{f(y)}{f(x)}}$$

Fixiert man y, so geht im Grenzübergang $x \to a^+$ der rechte Faktor gegen 1 (wegen des vorausgesetzten Verhaltens von f und g bei a^+). Also gibt es zu $\varepsilon' > 0$ ein $\eta > 0$, sodass für alle $x \in (a, a + \eta)$ gilt:

$$\left| \frac{f(x)}{g(x)} - \frac{f(x) - f(y)}{g(x) - g(y)} \right| < \varepsilon' = \frac{\varepsilon}{2}.$$

Für jedes x aus dem Intervall $(a, a + \min\{\delta, \eta\})$ folgt dann insgesamt (unter Verwendung der Dreiecksungleichung)

$$\left|\frac{f(x)}{g(x)} - A\right| \leq \left|\frac{f(x)}{g(x)} - \frac{f(x) - f(y)}{g(x) - g(y)}\right| + \left|\frac{f(x) - f(y)}{g(x) - g(y)} - A\right| < \frac{\varepsilon}{2} + \frac{\varepsilon}{2} = \varepsilon.$$

Letzteres gilt wiederum für jedes $\varepsilon > 0$, sodass wie gewünscht $A = \lim_{x \to a^+} \frac{f(x)}{g(x)}$ folgt.

■ Nun sei $a = -\infty$.

Wie beim entsprechenden Unterfall von (1a) führen wir die Substitution $z := -\frac{1}{x}$ durch, weshalb wir wieder auf den Grenzwert $\lim_{x \to 0^+} \frac{f(z)}{g(z)}$ kommen und ganz analog mit der Ableitung dieser Funktion nach x (unter Verwendung der Kettenregel) argumentieren können.

Aussage (2) ist eine Konsequenz von (1), wenn man mit h gleich f oder g bedenkt, dass $\lim_{x \to b^-} h(x)$ gleich $\lim_{x \to -b^+} h(-x)$ ist.

Schließlich folgt Aussage (3) aufgrund der Grenzwertdefinitionen in Abschnitt 17.2-D unmittelbar aus den Aussagen (1) und (2). ∎

Als Beispiele zur Anwendung der Regeln von de l'Hôpital berechnen wir einige konkrete Grenzwerte, wobei die Regeln eventuell auch mehrfach anzuwenden sind und dabei höhere Ableitungen ins Spiel kommen.

1. Gesucht ist $\lim_{x \to \infty} \frac{4x^2 + 2x - 3}{3x^2 - 7x + 9}$. Mit $f(x) := 4x^2 + 2x - 3$ und $g(x) := 3x^2 - 7x + 9$ liegt dann Fall (2b) mit $b = \infty$ vor. Wegen $f'(x) = 8x + 2$ und $g'(x) = 6x - 7$ ist daher $\lim_{x \to \infty} \frac{8x+2}{6x-7}$ zu untersuchen. Wegen $\lim_{x \to \infty} f'(x) = \infty = \lim_{x \to \infty} g'(x)$ sind wir nochmals mit Fall (2b) konfrontiert. Nun ist $f''(x) = 8$ und $g''(x) = 6$, sodass $\lim_{x \to \infty} \frac{f''(x)}{g''(x)} = \frac{4}{3}$ ist. Insgesamt folgt daher

$$\lim_{x \to \infty} \frac{4x^2 + 2x - 3}{3x^2 - 7x + 9} = \lim_{x \to \infty} \frac{8x + 2}{6x - 7} = \lim_{x \to \infty} \frac{8}{6} = \frac{4}{3}.$$

2. Gesucht ist $\lim_{x \to 0} \frac{e^x - x - 1}{x^2}$. Mit $f(x) := e^x - x - 1$ und $g(x) := x^2$ liegt also Fall (3a) mit $c = 0$ vor. Nun ist $f'(x) = e^x - 1$ und $g'(x) = 2x$ und es liegt auch bzgl. dieser beiden Funktionen der Fall (3a) mit $c = 0$ vor, weshalb wir nochmals ableiten. Es ist $f''(x) = e^x$ und $g''(x) = 2$. Nun ist $\lim_{x \to 0} \frac{e^x}{2} = \frac{1}{2}$. Also folgt insgesamt

$$\lim_{x \to 0} \frac{e^x - x - 1}{x^2} = \lim_{x \to 0} \frac{e^x - 1}{2x} = \lim_{x \to 0} \frac{e^x}{2} = \frac{1}{2}.$$

3. Gesucht ist $\lim_{x \to 0^+} x \ln(x)$. Wegen $\lim_{x \to 0^+} x = 0$ und $\lim_{x \to 0^+} \ln(x) = -\infty$ tritt der Term $0 \cdot (-\infty)$ auf. Um nun eine der Regeln von de l'Hôpital anwenden zu können (nämlich Regel (1b) mit $a = 0$), schreiben wir den Term $-x \ln(x)$ als $\frac{f(x)}{g(x)}$ mit $f(x) := -\ln(x)$ und $g(x) := \frac{1}{x}$. Nun gilt $\lim_{x \to 0^+} f(x) = \infty = \lim_{x \to 0^+} g(x)$. Weiter ist $f'(x) = -\frac{1}{x}$

und $g'(x) = -\frac{1}{x^2}$. Ferner ist $\lim_{x\to 0^+} \frac{f'(x)}{g'(x)} = \lim_{x\to 0^+} x = 0$. Daraus folgt dann

$$\lim_{x\to 0^+} x \ln(x) = 0.$$

4. Gesucht ist $\lim_{x\to 0^+}(\frac{1}{\sin(x)} - \frac{1}{x})$. Es ist $\frac{1}{\sin(x)} - \frac{1}{x} = \frac{f(x)}{g(x)}$ mit $f(x) := x - \sin(x)$ und $g(x) := x\sin(x)$. Wir können Regel (1a) mit $a = 0$ anwenden und bestimmen daher $f'(x) = 1 - \cos(x)$ und $g'(x) = x\cos(x) + \sin(x)$. Bezüglich dieser beiden Funktionen liegt erneut der Fall (1a) mit $a = 0$ vor, sodass die beiden Funktionen nochmals abgeleitet werden: $f''(x) = \sin(x)$ und $g''(x) = 2\cos(x) - x\sin(x)$. Nun ist $\lim_{x\to 0^+} \frac{f''(x)}{g''(x)} = 0$, sodass insgesamt

$$\lim_{x\to 0^+} \frac{x - \sin(x)}{x\sin(x)} = \lim_{x\to 0^+} \frac{1 - \cos(x)}{x\cos(x) + \sin(x)} = \lim_{x\to 0^+} \frac{\sin(x)}{2\cos(x) - x\sin(x)} = 0$$

folgt.

18.4 Approximation durch Taylor-Polynome

In diesem Abschnitt behandeln wir mit dem Satz von Taylor[5] eine weitere Verallgemeinerung des ersten Mittelwertsatzes – diesmal werden höhere Ableitungen der Funktion und die Klasse der Taylor-Polynome herangezogen, welche zur lokalen Approximation der gegebenen Funktion verwendet werden.

A Was ist ein Taylor-Polynom? Zur Motivation der Taylor-Polynome erinnern wir zunächst daran, dass die zur Stelle ω gehörende Tangente T einer differenzierbaren Funktion f durch die Eigenschaften $T(\omega) = f(\omega)$ und $T'(\omega) = f'(\omega)$ eindeutig gekennzeichnet ist. Will man f an der Stelle ω möglichst gut durch eine quadratische Funktion $Q(x) = ax^2 + bx + c$ approximieren, so kann man sich bei höherer Differenzierbarkeit vom Ansatz $f(\omega) = Q(\omega)$, $f'(\omega) = Q'(\omega)$ und $f''(\omega) = Q''(\omega)$ leiten lassen, weil dann nicht nur Funktionswert und Steigung, sondern auch das durch die zweite Ableitung beschriebene **Krümmungsverhalten** von f berücksichtigt wird. Das eindeutige Polynom Q mit dieser Eigenschaft ergibt sich zu

$$Q(x) = \frac{f''(\omega)}{2}(x - \omega)^2 + f'(\omega)(x - \omega) + f(\omega).$$

Dieser Sachverhalt wird in ▶Satz 18.4.2 verallgemeinert. Wir beginnen mit der Definition eines allgemeinen Taylor-Polynoms.

---

[5] Brook Taylor (1685–1731).

18.4 Approximation durch Taylor-Polynome

Definition 18.4.1 Es sei f eine Funktion, die im Punkte ω mindestens n-mal differenzierbar ist. Dann nennt man das Polynom

$$T_{f,n}(x;\omega) := \sum_{k=0}^{n} \frac{f^{(k)}(\omega)}{k!}(x-\omega)^k$$

das **Taylor-Polynom** n-**ter Ordnung von** f **an der Stelle** ω. Den Fehlerterm

$$R_{f,n}(x;\omega) := f(x) - T_{f,n}(x;\omega), \qquad (18.4.1)$$

der bei Ersetzen von f durch das entsprechende Taylor-Polynom entsteht, nennt man das **Restglied** n-**ter Ordnung von** f **an der Stelle** ω. In diesem Zusammenhang nennt man ω auch den **Entwicklungspunkt** oder die **Entwicklungsstelle**.

Es folgt eine Charakterisierung des Taylor-Polynoms.

Satz 18.4.2 Es sei f eine Funktion, die im Punkte ω mindestens n-mal differenzierbar ist. Dann gibt es genau ein Polynom $h(x)$ vom Grade höchstens n mit $h^{(k)}(\omega) = f^{(k)}(\omega)$ für jedes $k = 0, \ldots, n$, nämlich das Taylor-Polynom $T_{f,n}(x;\omega)$.

Beweis Zunächst sei $h(x) = T_{f,n}(x;\omega)$. Für jedes $l = 0, \ldots, n$ ist dann (vgl. mit dem dritten Beispiel in Abschnitt 18.2-E)

$$h^{(l)}(x) = \sum_{k=l}^{n} \frac{k!}{(k-l)!} \cdot \frac{f^{(k)}(\omega)}{k!} \cdot (x-\omega)^{k-l}.$$

Bei der Berechnung von $h^{(l)}(\omega)$, also beim Auswerten an der Stelle ω, reduziert sich die Summe auf den ersten Summanden $\frac{l!}{(l-l)!} \cdot \frac{f^{(l)}(\omega)}{l!} \cdot (x-\omega)^{l-l}$, welcher gleich $f^{(l)}(\omega)$ ist. Somit erfüllt das Taylor-Polynom die gewünschten Eigenschaften.

Umgekehrt sei $h(x)$ irgendein Polynom vom Grade höchstens n mit $h^{(k)}(\omega) = f^{(k)}(\omega)$ für jedes $k = 0, \ldots, n$. Nun beachte man, dass neben der Standardbasis $1, x, \ldots, x^n$ auch $1, x - \omega, \ldots, (x - \omega)^n$ eine Basis des Raumes aller Polynome vom Grade höchstens n ist. Daher gibt es Koeffizienten $b_0, \ldots, b_n$ mit $h(x) = \sum_{k=0}^{n} b_k(x-\omega)^k$.[6] Für jedes $l = 0, \ldots, n$ ergibt dann l-faches Ableiten von $h(x)$ den Term

$$h^{(l)}(x) = \sum_{k=l}^{n} \frac{k!}{(k-l)!} \cdot b_k \cdot (x-\omega)^{k-l}.$$

---

[6] Für $h(x) = x^2 - 3x + 1$ und $\omega = 17$ ist beispielsweise $h(x) = 239 + 31 \cdot (x-17) + (x-17)^2$.

Auswerten an der Stelle ω ergibt weiter $h^{(l)}(\omega) = l! \cdot b_l$. Da aber nach Voraussetzung $h^{(l)}(\omega) = f^{(l)}(\omega)$ gilt, erhält man

$$b_l = \frac{f^{(l)}(\omega)}{l!} \quad \text{für jedes } l = 0, \dots, n,$$

und daher stimmt $h(x)$ mit dem Taylorpolynom $T_{f,n}(x; \omega)$ überein. ∎

B Der Satz von Taylor Im folgenden Satz von Taylor geht es nun um die Güte der Approximation einer Funktion f durch ein Taylor-Polynom. Dabei ist insbesondere auf die Darstellung des Restglieds hinzuweisen.

> **Satz 18.4.3** Wir betrachten eine Funktion f an der Entwicklungsstelle ω. Es sei $b > \omega$. Annahme, f ist auf $[\omega, b]$ wenigstens n-mal differenzierbar und die n-te Ableitungsfunktion $f^{(n)}$ ist auf (ω, b) differenzierbar. Dann existiert zu jedem Punkt $y \in (\omega, b]$ ein $\zeta \in (\omega, y)$, sodass gilt:
>
> $$f(y) = T_{f,n}(y; \omega) + \frac{f^{(n+1)}(\zeta)}{(n+1)!} \cdot (y - \omega)^{n+1},$$
>
> also
>
> $$\frac{f(y) - T_{f,n}(y; \omega)}{(y - \omega)^{n+1}} = \frac{f^{(n+1)}(\zeta)}{(n+1)!} \qquad (18.4.2)$$
>
> sowie
>
> $$R_{f,n}(y; \omega) = \frac{f^{(n+1)}(\zeta)}{(n+1)!} \cdot (y - \omega)^{n+1} \qquad (18.4.3)$$

Beweis Der Einfachheit halber sei $T(y) := T_{f,n}(y; \omega)$ mit y wie in der Formulierung des Satzes. Es sei ferner $M := \frac{f(y) - T(y)}{(y - \omega)^{n+1}}$. Die Funktion F sei auf (ω, b) definiert durch

$$F(x) := f(x) - T(x) - M \cdot (x - \omega)^{n+1}.$$

Dann ist F wenigstens $(n+1)$-fach differenzierbar. Da der Grad des Taylor-Polynoms T höchstens gleich n ist, gilt

$$F^{(n+1)}(x) = f^{(n+1)}(x) - (n+1)! \cdot M.$$

Es bleibt also zu zeigen, dass ein ζ zwischen ω und y existiert mit $F^{(n+1)}(\zeta) = 0$, denn dann ist $M = \frac{f^{(n+1)}(\zeta)}{(n+1)!}$, woraus die Behauptung mit diesem ζ folgt. Wegen $f^{(l)}(\omega) = T^{(l)}(\omega)$ für $l = 0, \dots, n$ erhalten wir

$$F(\omega) = F'(\omega) = \dots = F^{(n)}(\omega) = 0.$$

Nach Definition von M ist ferner $F(y) = 0$. Nach dem ▸Satz von Rolle 18.3.3 gibt es wegen $F(\omega) = F(y) = 0$ daher ein ζ_1 zwischen ω und y mit $F'(\zeta_1) = 0 = F'(\omega)$. Eine

18.4 Approximation durch Taylor-Polynome

nochmalige Anwendung des Satzes von Rolle liefert ein ζ_2 zwischen ω und ζ_1 mit $F''(\zeta_2) = 0$. In dieser Situation kann erneut der Satz von Rolle angewendet werden und so fort. Induktiv erhält man nach $n + 1$ Schritten also ein ζ_{n+1} zwischen ω und ζ_n mit $F^{(n+1)}(\zeta_{n+1}) = 0$. Da ζ_{n+1} insbesondere zwischen ω und y liegt, dürfen wir $\zeta = \zeta_{n+1}$ wählen, woraus dann alle Behauptungen des Satzes von Taylor folgen. ∎

Eine entsprechende Aussage des Satzes von Taylor gilt natürlich auch, wenn Intervalle links von der Entwicklungsstelle untersucht werden.

Beispiel 18.4.4 **Taylor-Approximation von Cosinus**

Der Cosinus kann lokal beliebig exakt durch Polynome approximiert werden. Wir betrachten den Entwicklungspunkt $\omega = 0$ und erhalten wegen $\sin(0) = 0$ unter Verwendung des zweiten Beispiels in Abschnitt 18.2-E für ein gerades n, etwa $n = 2m$, die Formel

$$T_{\cos,2m}(x;0) = \sum_{k=0}^{m}(-1)^k \frac{x^{2k}}{(2k)!} = T_{\cos,2m+1}(x;0).$$

(Man vergleiche dies auch mit der Potenzreihendarstellung von Cosinus in ▶Satz 17.6.6.) Wir beschränken uns nun auf das Intervall $[-1, 1]$. Zu jedem $y \in [-1, 1]$ gibt es dann eine Stelle $\zeta \in [-1, 1]$ mit

$$\left|R_{\cos,2m}(y;0)\right| = \left|R_{\cos,2m+1}(y;0)\right| = \left|\frac{\cos^{(2m+2)}(\zeta)}{(2m+2)!}(y-0)^{2m+2}\right|$$

$$= \frac{|\cos(\zeta)|}{(2m+2)!} \cdot |y|^{2m+2} \leq \frac{1}{(2m+2)!}.$$

Bei einem hinreichend großem Entwicklungsgrad $n = 2m$ liefert dies eine beliebig gute (gleichmäßige) Approximation von Cosinus auf dem Intervall $[-1, 1]$. So ist beispielsweise $T_{\cos,10}(x;0)$ gleich $1 - \frac{x^2}{2} + \frac{x^4}{4!} - \frac{x^6}{6!} - \frac{x^8}{8!} - \frac{x^{10}}{10!}$ und

$$\left|R_{\cos,10}(x;0)\right| \leq \frac{1}{12!} \leq 0.209 \cdot 10^{-8} \quad \text{auf} \quad [-1, 1]. \quad ∎$$

Anhand dieses Beispiels sieht man, wie wichtig es ist, Darstellungen für das Restglied zu finden, die möglichst gute Abschätzungen erlauben. Bei der Darstellung in ▶Satz 18.4.3 handelt es sich um die sogenannte **Lagrange-Form** des Restglieds. In der Literatur findet man mit der **Schlömilch-Form**[7], der **Cauchy-Form** oder der **Integral-Form** weitere Alternativen (siehe [3], Band I).

In folgender Graphik findet man neben der Sinusfunktion im Bereich $[-\frac{\pi}{2}, 2\pi]$ auch die beiden Taylor-Polynome erster (bzw. zweiter) Ordnung

$$T_{\sin,1}(x;0) = T_{\sin,2}(x;0) = x$$

---

[7] Oscar Xavier Schlömilch (1823–1901).

und dritter (bzw. vierter Ordnung)

$$T_{\sin,3}(x;0) = T_{\sin,4}(x;0) = x - \frac{x^3}{6}$$

am Entwicklungspunkt 0.

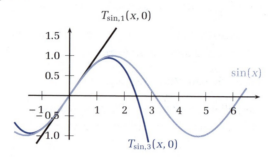

C Ein weiteres Kriterium für lokale Extremalstellen Als Anwendung der Taylor-Polynome wollen wir als Nächstes das in ▶Satz 18.3.8 gegebene hinreichende Kriterium für lokale Extrema verallgemeinern.

Satz 18.4.5 Es sei f eine Funktion, die auf einem Intervall $I = [a, b]$ wenigstens $(n + 1)$-mal differenzierbar ist. Ferner sei $f^{(n+1)}$ stetig auf $[a, b]$. Es sei schließlich $x_0 \in (a, b)$ mit

$$f'(x_0) = \ldots = f^{(n)}(x_0) = 0 \text{ und } f^{(n+1)}(x_0) \neq 0.$$

Dann gelten:

(1) Ist n ungerade und $f^{(n+1)}(x_0) > 0$, so liegt in x_0 ein striktes lokales Minimum vor.

(2) Ist n ungerade und $f^{(n+1)}(x_0) < 0$, so liegt in x_0 ein striktes lokales Maximum vor.

(3) Ist n gerade, so liegt in x_0 kein Extremum vor.

Beweis Wir nehmen an, dass $f^{(n+1)}(x_0) > 0$ ist; der Fall $f^{(n+1)}(x_0) < 0$ ist analog zu behandeln. Aufgrund der Stetigkeit von $f^{(n+1)}$ gibt es dann ein $\varepsilon > 0$, sodass $(x_0 - \varepsilon, x_0 + \varepsilon) = B_\varepsilon(x_0) \subseteq (a, b)$ und $f^{n+1} > 0$ auf dieser Menge ist. Nach dem Satz von Taylor gibt es zu jedem y aus $B_\varepsilon(x_0)$ ein $\zeta \in B_\varepsilon(x_0)$ mit

$$f(y) = T_{f,n}(y; x_0) + R_n(y; x_0) = T_{f,n}(y; x_0) + \frac{f^{(n+1)}(\zeta)}{(n+1)!} \cdot (y - x_0)^{n+1}.$$

Aufgrund der Voraussetzung über das Verschwinden der Ableitungen $f', \ldots, f^{(n)}$ an der Stelle x_0 ist das Taylor-Polynom $T_{f,n}(y; x_0)$ konstant gleich $f(x_0)$. Also folgt

$$f(y) = f(x_0) + R_n(y; x_0) = f(x_0) + \frac{f^{(n+1)}(\zeta)}{(n+1)!} \cdot (y - x_0)^{n+1}.$$

18.4 Approximation durch Taylor-Polynome

Anhand dieser Gleichung kann man nun alle gewünschten Informationen ablesen.

(1) Falls n ungerade ist, so ist $n+1$ gerade und daher $R_n(y; x_0) > 0$ auf $B_\varepsilon(x_0) \setminus \{x_0\}$, falls $f^{(n+1)}(x_0) > 0$ ist, weshalb dann x_0 ein striktes lokales Minimum von f ist.

(2) Entsprechend folgt, dass x_0 ein striktes lokales Maximum von f ist, wenn n ungerade und $f^{(n+1)} < 0$ ist, weil dann $R_n(y; x_0) < 0$ folgt.

(3) Ist n hingegen eine gerade Zahl, so ist $n+1$ ungerade, sodass $R_n(y; x_0)$ auf $B_\varepsilon(x_0)$ sowohl positive als auch negative Werte annimmt, weshalb x_0 kein Extremum von f sein kann. ∎

D Taylor-Reihen und analytische Funktionen Wir wenden uns in diesem Teilabschnitt nun Funktionen zu, die beliebig oft differenzierbar sind, was zur lokalen Beschreibung von Funktionen durch sog. Taylor-Reihen führt.

Definition 18.4.6 Es seien f eine auf einem Intervall (a, b) beliebig oft differenzierbare reellwertige Funktion und $\omega \in (a, b)$. Dann heißt die Reihe

$$T_f(x; \omega) := \sum_{n=0}^{\infty} \frac{f^{(n)}(\omega)}{n!}(x - \omega)^n$$

die **Taylor-Reihe von f am Entwicklungspunkt ω**.

Im Allgemeinen können bei Taylor-Reihen unangenehme Phänomene auftreten (siehe auch [3], Band I).

- Der Konvergenzradius kann gleich null sein, weshalb die Taylor-Reihe nur am Entwicklungspunkt konvergiert.

- Selbst bei positivem Konvergenzradius braucht die Taylor-Reihe innerhalb des Konvergenzbereiches nicht gegen die Funktion f zu konvergieren.

Für die Approximationsgüte von Taylor-Reihen ist in jedem Fall die Folge der zugehörigen Restglieder entscheidend, welche gegen null konvergieren müssen. Für die Klasse der sog. analytischen Funktionen (dazu gehören etwa die Exponentialfunktion oder auch Sinus und Cosinus) ist die Welt auf alle Fälle in Ordnung, wie ▶Satz 18.4.8 zeigt.

Definition 18.4.7 Eine Funktion f heißt **analytisch im Punkt** $\omega \in \mathbb{R}$, falls eine reelle Zahl $r > 0$ existiert, sodass f sich auf dem Intervall $(\omega - r, \omega + r)$ als Potenzreihe darstellen lässt, das heißt, es gibt Koeffizienten a_k für $k \in \mathbb{N}$ mit

$$f(x) = \sum_{k=0}^{\infty} a_k (x - \omega)^k \quad \text{für } x \in (\omega - r, \omega + r).$$

Differentialrechnung

Mit der Untersuchung von Potenzreihen haben wir in Kapitel 17 bereits viele analytische Funktionen kennengelernt. Der folgende Satz besagt nun, dass eine analytische Funktion durch ihre Taylor-Reihe als Potenzreihe dargestellt werden kann.

> **Satz 18.4.8** Es sei $(a, b) \subseteq \mathbb{R}$ ein Intervall und $\omega \in (a, b)$. Ferner sei f eine in ω analytische Funktion, die auf (a, b) durch die Potenzreihe $\sum_{n=0}^{\infty} a_n (x - \omega)^n$ dargestellt werde. Dann gilt
> $$a_n = \frac{f^{(n)}(\omega)}{n!},$$
> sodass die Taylor-Reihe T_f von f um den Entwicklungspunkt ω gleich obiger Reihe ist und gegen f konvergiert.

Beweis Wir werden in Abschnitt 19.5 des folgenden Kapitels zeigen, dass eine analytische Funktion f wie oben auf (a, b) beliebig oft differenzierbar ist. Ferner erhält man die k-ten Ableitungen (für $k \in \mathbb{N}$) einer solchen Potenzreihenfunktion, indem man wie bei Polynomen einfach summandenweise differenziert. Das ergibt dann, ganz analog zum dritten Beispiel in Abschnitt 18.2-E, die Formel

$$f^{(k)}(x) = \sum_{n=k}^{\infty} \frac{n!}{(n-k)!} a_n (x - \omega)^{n-k} \quad \text{für jedes } k \in \mathbb{N}. \tag{18.4.4}$$

Wertet man nun $f^{(k)}(x)$ an der Entwicklungsstelle $x = \omega$ aus, so reduziert sich diese Gleichung wegen $(\omega - \omega)^{n-k} = 0$ für $n > k$ und wegen $(\omega - \omega)^{n-k} = 1$ für $n = k$ zu

$$f^{(k)}(\omega) = \frac{k!}{(k-k)!} \cdot a_k = k! \cdot a_k,$$

sodass $a_k = \frac{f^{(k)}(\omega)}{k!}$ ist. Da dies für jedes $k \in \mathbb{N}$ gilt, erhält man insgesamt

$$f(x) = \sum_{n=0}^{\infty} \frac{f^{(n)}(\omega)}{n!} \cdot (x - \omega)^n.$$

Das heißt, dass die Funktion f lokal in der Tat gleich ihrer eigenen Taylor-Reihe um den Entwicklungspunkt ω ist. ∎

Beispielsweise wissen wir aus ▶Satz 17.6.6, dass der Cosinus auf ganz $\mathbb{C}$ durch $\cos(x) = \sum_{m=0}^{\infty} \frac{(-1)^m}{(2m)!} \cdot x^{2m}$ als Potenzreihe dargestellt werden kann. Wegen

$$\cos^{(n)}(0) = \begin{cases} 1, & \text{falls } n \equiv 0 \bmod 4 \\ 0, & \text{falls } n \equiv 1 \bmod 2 \\ -1, & \text{falls } n \equiv 2 \bmod 4 \end{cases}$$

ist dies in der Tat gleich der Taylor-Reihe von $\cos$ am Entwicklungspunkt $\omega = 0$ (auf ganz $\mathbb{C}$). Schauen wir uns ein weiteres Beispiel an.

Beispiel 18.4.9 Mit dem vierten Beispiel aus Abschnitt 18.2-E können wir die Taylor-Reihe der natürlichen Logarithmusfunktion ln(x) am Entwicklungspunkt $\omega = 1$ bestimmen. Es ist $\ln(1) = 0$ und wegen $\ln^{(k)}(x) = (-1)^{k-1}\frac{(k-1)!}{x^k}$ für $k \in \mathbb{N}^*$ ist $\ln^{(k)}(1) = (-1)^{k-1} \cdot (k-1)!$, sodass

$$T_{\ln}(x;1) = \sum_{n=1}^{\infty} \frac{(-1)^{n-1}}{n}(x-1)^n$$

folgt. Der Konvergenzradius dieser Reihe ist gleich 1. Als Folgerung der Ergebnisse aus Abschnitt 19.5 ist der natürliche Logarithmus ln(x) auf dem Intervall (0, 2) analytisch und nach ▶Satz 18.4.8 daher durch die Taylor-Reihe $T_{\ln}(x;1)$ beschreibbar. Aufgrund des Leibniz-Kriteriums konvergiert diese Reihe auch noch am rechten Rand, nämlich an der Stelle 2, und wir erhalten damit den Grenzwert

$$\sum_{n=1}^{\infty} \frac{(-1)^{n-1}}{n} = \ln(2). \tag{18.4.5}$$

■

18.5 Exkurs: Zur iterativen Lösung von Gleichungen

A Ein allgemeines Iterationsprinzip In Anwendungen hat man es häufig mit der Lösung einer Gleichung der Form $g(x) = 0$ zu tun. Man denke etwa an die Bestimmung von Extrema, wobei die Nullstellen der ersten Ableitung einer Funktion zu berechnen sind. In diesem Abschnitt wollen wir einige Verfahren zur näherungsweisen Lösung solcher Gleichungen kennenlernen. Setzt man $f(x) := g(x) + x$ (oder allgemeiner $f(x) = ag(x) + x$ mit einer Konstanten $a \neq 0$), so ist die Lösung von $g(x) = 0$ äquivalent zur Lösung der Gleichung $f(x) = x$. In diesem Kontext nennt man jede Lösung einen **Fixpunkt** von f.

Wir beginnen diesen Abschnitt mit einem **Fixpunktsatz**; danach behandeln wir das **Newton'sche Verfahren zur Nullstellenbestimmung**. Beides sind sog. iterative Verfahren. Ausgangspunkt ist dabei das folgende grundlegende **Iterationsprinzip**:

- *Zu jeder Funktion $h: D \to D$ (wobei $D \subseteq \mathbb{R}$ oder $D \subseteq \mathbb{C}$) und jedem Startpunkt $x_0 \in D$ ist eine Folge definiert, die man induktiv durch fortwährendes Einsetzen in h erhält: $x_1 := h(x_0)$, $x_2 := h(x_1)$, ..., für gegebenes x_n ist $x_{n+1} := h(x_n)$.*

B Ein Fixpunktsatz Unter geeigneten Voraussetzungen an den Startpunkt x_0 und an die Funktion h kann man nun die Konvergenz der Folge (x_n) gegen eine Lösung einer aus der Funktion h resultierenden Gleichung erhalten.

Differentialrechnung

Exkurs ▶ Fortsetzung

Satz 18.5.1 Es sei I ein abgeschlossenes Intervall und $f: I \to \mathbb{R}$ sei differenzierbar mit $f(I) \subseteq I$. Es gebe eine Konstante $\gamma < 1$ mit $|f'(x)| \leq \gamma$ für alle $x \in I$. Dann gelten die folgenden beiden Aussagen.

(1) Die Gleichung $f(y) = y$ hat genau eine Lösung ζ in I.

(2) Ist $x_0 \in I$ beliebig und definiert man $x_n := f(x_{n-1})$ für $n \geq 1$, so konvergiert die Folge $(x_n)_{n \in \mathbb{N}}$ gegen die eindeutige Lösung ζ der Gleichung $f(y) = y$. Ferner gilt die folgende Fehlerabschätzung:

$$|\zeta - x_n| \leq \frac{\gamma^n}{1 - \gamma} \cdot |x_1 - x_0|$$

Beweis Gemäß den Voraussetzungen über die Funktion f erhält man aus dem ersten Mittelwertsatz der ▶Differentialrechnung 18.3.4, dass $|f(x) - f(y)| \leq \gamma \cdot |x - y|$ für alle $x, y \in I$ ist (mit der positiven Konstanten $\gamma < 1$). Insbesondere gilt an der Folge (x_n) dann (mit Induktion)

$$|x_{n+1} - x_n| \leq \gamma \cdot |x_n - x_{n-1}| \leq \ldots \leq \gamma^n \cdot |x_1 - x_0|.$$

Daraus folgt

$$\sum_{k=0}^{\infty} |x_{k+1} - x_k| \leq |x_1 - x_0| \cdot \sum_{k=0}^{\infty} \gamma^k.$$

Wegen $0 < \gamma < 1$ liefert das ▶Majorantenkriterium 16.1.9 mit der zu γ gehörenden geometrischen Reihe als Vergleichsreihe dann die Konvergenz der Reihe $\sum_{k=0}^{\infty}(x_{k+1} - x_k)$. Nun ist aber $x_{n+1} = x_0 + \sum_{k=0}^{n}(x_{k+1} - x_k)$, sodass daher auch die Folge (x_n) konvergiert.

Es sei nun ζ der Grenzwert dieser Folge (x_n), wobei es sich aufgrund der vorausgesetzten Abgeschlossenheit des Intervalls I auch um ein Element von I handelt. Wegen des Iterationsprinzips ist ζ aber auch der Grenzwert der um einen Index verschobenen Folge $(f(x_n)) = (x_{n+1})$, da es sich dabei um eine Teilfolge von (x_n) handelt. Aus der Stetigkeit von f erhält man dann weiter

$$\zeta = \lim(x_n) = f(\lim(x_n)) = f(\zeta),$$

und daher ist ζ ein Fixpunkt von f. Ist umgekehrt η irgendein Fixpunkt von f, so gilt (mit erneuter Anwendung des ersten Mittelwertsatzes)

$$|\zeta - \eta| = |f(\zeta) - f(\eta)| \leq \gamma \cdot |\zeta - \eta|.$$

Wegen $\gamma < 1$ kann dies nur sein, wenn $\eta = \zeta$ ist, und das beweist die Eindeutigkeit des Fixpunktes.

18.5 Exkurs: Zur iterativen Lösung von Gleichungen

Exkurs ▶ Fortsetzung

Es bleibt somit der Nachweis der Fehlerabschätzung. Ist $n \geq 1$, so gilt für alle $m \geq n$ zunächst $x_{m+1} = x_n + \sum_{k=n}^{m}(x_{k+1} - x_k)$. Durch Grenzübergang $m \to \infty$ erhält man daraus leicht

$$\zeta - x_n = \sum_{k=1}^{\infty}(x_{n+k} - x_{n+k-1}).$$

Aus $|x_{n+k} - x_{n+k-1}| \leq \gamma^k \cdot |x_n - x_{n-1}|$ folgt (unter Verwendung der geometrischen Reihe) schließlich

$$|\zeta - x_n| \leq \sum_{k=1}^{\infty} \gamma^k \cdot |x_n - x_{n-1}| = \frac{\gamma}{1-\gamma} \cdot |x_n - x_{n-1}| \leq \frac{\gamma^n}{1-\gamma} \cdot |x_1 - x_0|,$$

womit alles bewiesen ist. ∎

Beispiel 18.5.2 Wir betrachten die Funktion $f(x) := x + \cot(x)$ auf dem Intervall $[1.5, 1.6]$, wobei

$$\cot(x) := \frac{\cos(x)}{\sin(x)}$$

die **Cotangens-Funktion** ist. Auf diesem Intervall ist

$$f'(x) = 1 - \frac{1}{\sin(x)^2} < \frac{1}{2} < 1,$$

sodass der Fixpunktsatz anwendbar ist. Es gibt demnach genau ein $\zeta \in [1.5, 1.6]$ mit $f(\zeta) = \zeta$, also mit $\cot(\zeta) = 0$, was $\cos(\zeta) = 0$ zur Folge hat. Nach ▶Satz 17.6.8 und ▶Definition 17.6.9 ist dann $\zeta = \frac{\pi}{2}$, die Hälfte der Kreiszahl π. Startet man das im obigen Teilabschnitt A skizzierte Iterationsverfahren mit $x_0 = 1.5$, so ergeben die ersten vier Iterationen sukzessive die Werte

$$x_1 = 1.5709148443026524487889809293$$
$$x_2 = 1.5707963267943417044685949396$$
$$x_3 = 1.5707963267948966192313216916 4$$
$$x_4 = 1.5707963267948966192313216916 4,$$

wobei das Computer-Algebra-System *Maple* mit 30 Dezimalstellen Genauigkeit verwendet wurde. Daraus ergibt sich folgende Approximation für die Kreiszahl,

$$\pi \approx 3.141592653589793238462643383 28, \qquad (18.5.1)$$

die auf 30 Dezimalstellen exakt ist. ∎

C Das Newton-Verfahren Beim abschließend zu behandelnden Newton-Verfahren geht es um die Nullstellenbestimmung einer Funktion f. Die zur Iteration verwendete Funktion h hat hierbei die Form

$$h(x) = x - \frac{f(x)}{f'(x)}. \qquad (18.5.2)$$

18 Differentialrechnung

Exkurs ▶ Fortsetzung

Die Wahl von h ist folgendermaßen motiviert: Ist x_0 ein Startpunkt, so ist $T(x) = f(x_0) + f'(x_0)(x - x_0)$ die Gleichung der Tangente von f im Punkt $(x_0, f(x_0))$ (siehe (18.1.3) in Abschnitt 18.1). Diese entspricht, wie wir in Abschnitt 18.4 gesehen haben, dem Taylor-Polynom erster Ordnung. Die Idee ist nun, die Gleichung $T(y) = 0$ zu lösen, um diese Lösung als nächste Näherung der Lösung von $f(y) = 0$ zu wählen. Es ist aber $T(y) = 0$ für $y = x_0 - \frac{f(x_0)}{f'(x_0)}$, sofern $f'(x_0) \neq 0$ ist. Dies erklärt den Ansatz für die Funktion h in Gleichung (18.5.2).

Satz 18.5.3 Die Funktion $f: I \to \mathbb{R}$ sei auf dem abgeschlossenen Intervall I zweimal differenzierbar und es gelte $f'(x) \neq 0$ auf I. Ferner sei f'' stetig auf I. Ausgehend von einem Startpunkt $x_0 \in I$ sei die Folge $(x_n)_{n \in \mathbb{N}}$ rekursiv durch

$$x_{n+1} := x_n - \frac{f(x_n)}{f'(x_n)}$$

definiert und verlaufe in I. Falls eine Konstante $\gamma < 1$ existiert mit

$$\left| \frac{f(x) f''(x)}{f'(x)^2} \right| \leq \gamma \quad \text{für jedes } x \in I,$$

so gelten die folgenden beiden Aussagen.

(1) Die Gleichung $f(y) = 0$ hat genau eine Lösung ζ in I.

(2) Die Folge (x_n) konvergiert gegen diese eindeutige Lösung ζ. Ferner gilt die gleiche Fehlerabschätzung wie beim Fixpunktsatz, nämlich

$$|\zeta - x_n| \leq \frac{\gamma^n}{1 - \gamma} |x_1 - x_0|.$$

Beweis Die Funktion $h(x) := x - \frac{f(x)}{f'(x)}$ erfüllt die Voraussetzungen des ▶Fixpunktsatzes 18.5.1, denn wegen

$$h'(x) = 1 - \frac{f'(x)^2 - f(x) f''(x)}{f'(x)^2} = \frac{f(x) f''(x)}{f'(x)^2}$$

(Quotientenregel) ist $|h'(x)| \leq \gamma < 1$ für jedes $x \in I$, und ferner ist $x_{n+1} = h(x_n)$ für alle $n \in \mathbb{N}$. Für den eindeutigen Fixpunkt ζ von h gilt dann $\frac{f(\zeta)}{f'(\zeta)} = 0$. Da nach Voraussetzung f' auf I keine Nullstelle hat, muss $f(\zeta) = 0$ gelten. Umgekehrt ist jede Nullstelle von f ein Fixpunkt von h. Die Aussagen des Satzes folgen somit aus dem bereits bewiesenen Fixpunktsatz. ■

18.5 Exkurs: Zur iterativen Lösung von Gleichungen

Exkurs ▶ Fortsetzung

Beispiel 18.5.4 Das Newton-Verfahren kann beispielsweise zur **approximativen Berechnung von Wurzeln** verwendet werden, wie wir nun anhand eines konkreten Beispiels demonstrieren wollen. Es seien $a \in \mathbb{Q}^+$ und $f(x) = x^2 - a$. Dann ist

$$x - \frac{f(x)}{f'(x)} = x - \frac{x^2 - a}{2x} = \frac{1}{2} \cdot \left(x - \frac{a}{x}\right).$$

Mit $x_0 := 1$ und $x_{n+1} := \frac{1}{2}\left(x_n + \frac{a}{x_n}\right)$ erhält man dann eine Folge (x_n), die nach Abschnitt 15.4-E gegen $\sqrt{a}$ konvergiert.

Ist also etwa $a = 2$ und $I = [1, 2]$, so erhält man (bis auf 30 Dezimalstellen genau) bei Start in $x_0 := 1$ die Folgenglieder

$x_1 = 1.5$
$x_2 = 1.4166666666666666666666666667$
$x_3 = 1.4142156862745098039215686 2745$
$x_4 = 1.4142135623746899106262955 7889$
$x_5 = 1.4142135623709504880168962 350$
$x_6 = 1.4142135623709504880168872 421$
$x_7 = 1.4142135623709504880168872 421$

und damit $\sqrt{2}$ mit einer Genauigkeit von mindestens 30 Dezimalstellen. ∎

D Die Regula falsi Es folgt abschließend ein kurzer Hinweis auf ein Verfahren zur Nullstellenbestimmung, welches keine Ableitungen benötigt, die sog. Regula falsi (die „Regel des falschen Ansatzes"). Hierbei arbeitet man mit **Sekanten**. Des Weiteren hat man **zwei** Startparameter x_0 und x_1. Die **Iterationsvorschrift** lautet (für $n \geq 1$):

$$x_{n+1} := x_n - f(x_n) \cdot \frac{x_n - x_{n-1}}{f(x_n) - f(x_{n-1})}$$

Bei $f(x_n) = f(x_{n-1})$ bricht das Verfahren ab.

ZUSAMMENFASSUNG

1. **Lokale Approximation differenzierbarer Funktionen durch Polynome** Eine Funktion $f: I \to \mathbb{C}$ (mit $I \subseteq \mathbb{R}$) heißt differenzierbar in ω, falls der Grenzwert des Quotienten $\frac{f(\omega+h)-f(\omega)}{h}$ bei h gegen 0 existiert, welcher mit $f'(\omega)$ bezeichnet wird, die erste Ableitung von f an der Stelle ω. Bei reellwertigen Funktionen ist $f'(\omega)$ die Steigung der Tangente an f im Punkt ω. Bei dieser Tangente handelt es sich um eine Gerade, also ein Polynom vom Grad höchstens 1, welches f lokal im Punkt ω approximiert.

   Ist f in ω sogar n-fach differenzierbar, so kann f lokal an der Stelle ω noch genauer durch das Taylor-Polynom n-ter Ordnung approximiert werden, welches gleich $\sum_{k=0}^{n} \frac{f^{(k)}(\omega)}{k!}(x-\omega)^k$ ist und Grad höchstens n hat. Dieses Taylor-Polynom T ist das einzige Polynom vom Grade höchstens n mit $T^{(k)}(\omega) = f^{(k)}(\omega)$ für jedes $k = 0, 1, \ldots, n$.

   Ist f sogar eine analytische Funktion in ω, also lokal um ω als Potenzreihe darstellbar, so stimmt f lokal mit seiner Taylor-Reihe in ω überein, welche durch $\sum_{k=0}^{\infty} \frac{f^{(k)}(\omega)}{k!}(x-\omega)^k$ gegeben ist.

2. **Differenzierbarkeitsregeln** Ausgehend von der Definition der Differenzierbarkeit haben wir zunächst die Ableitung einiger elementarer Funktionen berechnet. Mithilfe der danach bewiesenen Eigenschaften der Linearität, der Produkt- und der Quotientenregel sowie der Kettenregel und der Ableitung von umkehrbaren Funktionen haben wir sodann viele Familien von Funktionen als differenzierbar erkannt und auch deren Ableitungsfunktion bestimmt: u. a. Polynomfunktionen, rationale Funktionen, allgemeine Exponential- und Logarithmusfunktionen sowie trigonometrische Funktionen. Auch Potenzreihen sind in dem durch ihren Konvergenzradius gegebenen offenen Konvergenzbereich $B_{\rho_a}(0)$ differenzierbar und werden (wie Polynome) durch summandenweises Differenzieren abgeleitet.

   - Linearität: $[\alpha f(x) + \beta g(x)]' = \alpha f'(x) + \beta g'(x)$
   - Produktregel: $[f(x) \cdot g(x)]' = f'(x) \cdot g(x) + f(x) \cdot g'(x)$
   - Quotientenregel: $\left[\frac{f(x)}{g(x)}\right]' = \frac{f'(x) \cdot g(x) - f(x) \cdot g'(x)}{g(x)^2}$
   - Kettenregel: $[g \circ f(x)]' = g'(f(x)) \cdot f'(x)$
   - Ableitung der Umkehrfunktion: $[f^{-1}(x)]' = \frac{1}{f'(f^{-1}(x))}$
   - Ableitung von Potenzreihen: $\left(\sum_{n=0}^{\infty} a_n x^n\right)' = \sum_{n=1}^{\infty} n a_n x^{n-1}$

3. **Mittelwertsätze, Extrema und l'Hôpital'sche Regeln** Als wichtiges Beweismittel haben sich im Rahmen der Theorie differenzierbarer Funktionen die Mittelwertsätze der Differentialrechnung erwiesen. Auf ihnen basierend haben wir notwendige und hinreichende Kriterien für Extremalstellen hergeleitet. Wir fassen zusammen:

   - $f: (a, b) \to \mathbb{R}$ sei $(n+1)$-mal differenzierbar (wobei $n \in \mathbb{N}^*$) und es gelte $f^{(k)}(\omega) = 0$ für jedes $k = 1, \ldots, n$ und $f^{(n+1)}(\omega) \neq 0$, wobei n ungerade (etwa $n = 1$) und $\omega \in (a, b)$.
     - Ist $f^{(n+1)}(\omega) > 0$, so ist ω ein striktes lokales Minimum von f.
     - Ist $f^{(n+1)}(\omega) < 0$, so ist ω ein striktes lokales Maximum von f.

Des Weiteren ergeben sich aus den Mittelwertsätzen auch die Regeln von de l'Hôpital, welche eine elegantes Werkzeug zur Berechnung von Grenzwerten darstellen. Die Hauptaussage ist im Wesentlichen wie folgt:

- Es seien f und g reellwertige differenzierbare Funktionen. Annahme, $\lim_{x\to\omega} f(x) = \lim_{x\to\omega} g(x)$ und beide dieser Werte sind gleich 0 oder gleich ∞. Existiert ferner der Grenzwert $\lim_{x\to\omega} \frac{f'(x)}{g'(x)}$, so gilt

$$\lim_{x\to\omega} \frac{f(x)}{g(x)} = \lim_{x\to\omega} \frac{f'(x)}{g'(x)}.$$

Übungsaufgaben

Aufgabe 1 Bestimmen Sie jeweils die erste Ableitungsfunktion der folgenden Funktionen.

1. $\frac{\tan(x)}{3^x + 2 + \cos(x)}$

2. $\sin(x) \cdot \cos(x) \cdot \ln(x)$

3. $(x^4 + x^2 + 1)^x$

4. $\sin(\sqrt{x^2 + 4}) + \cos(\sqrt{x^2 + 1})$ (für $x \in \mathbb{R}$)

5. $\sqrt{\frac{x^2 - 7x + 2}{x^3 + 11}}$ (für $x \in \mathbb{R}$ mit $x > 14$)

Aufgabe 2 Gegeben sei die auf ganz $\mathbb{R}$ definierte Funktion

$$f(x) := e^{|x+1|}.$$

Bestimmen Sie alle Punkte, an denen f differenzierbar ist, und berechnen Sie an diesen Stellen die Ableitungsfunktion f' von f.

Aufgabe 3 Berechnen Sie die Tangente $T(x)$ zur Funktion

$$f(x) := 1 + 3^{\sqrt{x+2}} \quad \text{im Punkte } x = 2.$$

Aufgabe 4 Die **Arcuscosinus-Funktion** $\arccos(x)$ ist die Umkehrfunktion von Cosinus auf dem Intervall $(0, \pi)$. Bestimmen Sie die ersten drei Ableitungen von $\arccos(x)$.

Aufgabe 5 Es sei $P(x) = \sum_{j=0}^{n} a_j x^j \in \mathbb{C}[x]$ ein Polynom vom Grade n und $\alpha \in \mathbb{C}$ sei eine Nullstelle von P. Zeigen Sie, dass die Funktion $f : \mathbb{R} \to \mathbb{C}$, $x \mapsto e^{\alpha x}$ die folgende **Differentialgleichung** erfüllt:

$$(*) \quad \sum_{j=0}^{n} a_j f^{(j)}(x) = 0 \quad \text{für alle } x \in \mathbb{R}$$

(dabei ist $f^{(j)}(x)$ die j-te Ableitungsfunktion von f). Zeigen Sie allgemeiner: Sind $\alpha_1, \ldots, \alpha_k$ Nullstellen von P und sind $b_1, \ldots, b_k \in \mathbb{C}$ beliebig, so erfüllt $g(x) := \sum_{i=1}^{k} b_i e^{\alpha_i x}$ die Differentialgleichung $(*)$.

Aufgabe 6 Geben Sie einen vierdimensionalen $\mathbb{R}$-Vektorraum V an, dessen Elemente reelle Funktionen $v : \mathbb{R} \to \mathbb{R}$ sind, die die Differentialgleichung $v''''(x) - v(x) = 0$, also $v^{(4)}(x) - v(x) = 0$ erfüllen.

Übungsaufgaben

Aufgabe 7 Gegeben sei die Funktion

$$f: \mathbb{R} \to \mathbb{R}, \quad x \mapsto \left(x^2 + \lambda x + \frac{\lambda^2}{4}\right) e^{-x},$$

wobei $\lambda \in \mathbb{R}$ ein Parameter sei. Bestimmen Sie (in Abhängigkeit von λ) alle lokalen Maxima und alle lokalen Minima von f. Welche dieser Extrema sind globale Extrema?

Aufgabe 8 Gegeben sei die Funktion

$$f(x) := e^{2x} \cdot \left(\sin(x) - \frac{1}{2}\cos(x)\right) + \frac{5}{2} e \cdot \cos(x).$$

1. Bestimmen Sie die erste Ableitung von $f(x)$ und vereinfachen Sie den Term so weit wie möglich. Bestimmen Sie danach die zweite Ableitung von $f(x)$.

2. Berechnen Sie alle lokalen Extremalstellen von $f(x)$ im **abgeschlossenen** Bereich $[-\frac{\pi}{2}, \frac{3}{2}\pi]$ und geben Sie jeweils an, um welche Art von Extremum es sich handelt.

Aufgabe 9 Berechnen Sie, mithilfe der Regeln von de l'Hôpital, die folgenden Grenzwerte:

1. $\lim_{x \to 0} \frac{3^x - 2^x}{x}$
2. $\lim_{x \to 1} \frac{x^x - x}{1 - x + \ln(x)}$
3. $\lim_{x \to \infty} \left(\cos(\frac{1}{x}) - 1\right) \cdot x$
4. $\lim_{x \to 1} \frac{x^4 - x^2 - 2x + 2}{x^5 - 2x^4 + x^3 + 4x^2 - 8x + 4}$

Aufgabe 10 Gegeben sei die auf dem Bereich $(0, 1) \cup (1, \frac{\pi}{2})$ definierte stetige Funktion

$$h(x) := \frac{5^{2x-1} - x^2 - 4}{\sqrt{x} \cdot \arcsin(x - 1)}.$$

Zeigen Sie, dass h im Punkt 1 stetig fortsetzbar ist.

Aufgabe 11 Gegeben sei die Funktion $f(x) := \frac{x}{1+x}$. Approximieren Sie diese Funktion auf dem Intervall $[0, \frac{1}{10}]$ durch ein Taylor-Polynom $T_{f,5}(x; 0)$ der Ordnung 5 am Entwicklungspunkt $a = 0$ und schätzen Sie das Restglied $R_{f,5}(x; 0)$ mithilfe des Satzes von Taylor ab. Geben Sie auch die Taylor-Reihe $T_f(x; 0)$ an.

Aufgabe 12 Bestimmen Sie die Taylor-Reihe der auf $\mathbb{R}$ definierten Funktion Cosinushyperbolicus $\cosh(x) := \frac{1}{2}(e^x + e^{-x})$ am Entwicklungspunkt 0.

Übungsaufgaben

Aufgabe 13 Gegeben sei das Polynom $g(x) := \frac{1}{2}x^3 - \frac{3}{8}x^2 - 2x + 1$.

1. Zeigen Sie zunächst, dass $g(x)$ auf dem Intervall $[0, 1]$ eine Nullstelle hat.

2. Zeigen Sie, dass die Funktion $f(x) := \frac{1}{2}g(x) + x$ (deren Fixpunkte den Nullstellen von $g(x)$ entsprechen) die Voraussetzungen des ▶Fixpunktsatzes 18.5.1 für das Intervall $[0, 1]$ genügt, indem ein konkreter Kontraktionsparameter $\gamma < 1$ angegeben werde.

3. Bestimmen Sie nun iterativ (bei Start in 0 oder 1 und mit einem Programm Ihrer Wahl) den eindeutigen Fixpunkt von $f(x)$ auf dem Intervall $[0, 1]$ und geben Sie eine Fehlerabschätzung an.

Aufgabe 14 Wenden Sie das Newton-Verfahren aus ▶Satz 18.5.3 an, um die beiden reellen Nullstellen des Polynoms $g(x) := x^2 - x - 1$ näherungsweise zu bestimmen. Wählen Sie dazu ein Programm Ihrer Wahl und experimentieren Sie mit einigen Startwerten für x_0.

Aufgabe 15 Gegeben seien k verschiedene Punkte $P_i = (a_i, b_i)$ (für $i = 1, \ldots, k$) des $\mathbb{R}^2$ sowie eine Gerade G, definiert durch die Gleichung $G(x) = \lambda x + \mu$.

1. Bestimmen Sie (in Abhängigkeit der Daten a_i, b_i, λ, μ) eine allgemeine Formel für den eindeutigen Punkt (x, y) auf G, der die Summe der Quadrate der euklidischen Abstände zu den Punkten P_i minimiert.

Hinweis: Der **euklidische Abstand** zwischen (x, y) und (a, b) ist
$$\sqrt{(x-a)^2 + (y-b)^2}.$$

2. Geben Sie die Koordinaten des Punktes im konkreten Fall an, wo $G(x) = 7x + 3$ und $k = 3$ ist und die drei Punkte wie folgt gegeben sind:
$$P_1 = (1, 1), \quad P_2 = (-2, 4), \quad P_3 = (2, 3).$$

Integralrechnung

	Einführung	740
19.1	**Integration von Treppenfunktionen**	742
19.2	**Riemann-integrierbare Funktionen**	748
19.3	**Integration als Umkehrung der Differentiation**	750
19.4	**Integrationsregeln**	755
19.5	**Integration bei Funktionenfolgen**	760
19.6	**Uneigentliche Integrale und der zentrale Grenzwertsatz**	768
	Zusammenfassung	775
	Übungsaufgaben	777

19

ÜBERBLICK

EINFÜHRUNG

» Das Grundproblem der *Integrationstheorie* ist die Berechnung von Flächeninhalten von Gebieten (bzw. Volumina in höherdimensionalen Bereichen), die durch geeignete Funktionen berandet sind. Dabei stützt man sich im Wesentlichen auf den elementargeometrischen Inhalt eines Rechtecks und versucht, die zu berechnende Fläche von innen mit Rechtecken auszuschöpfen bzw. von außen mit Rechtecken einzuschließen. Gelingt dies, so nennt man die Funktion *Riemann-integrierbar* (kurz: *integrierbar*).

In Abschnitt 19.1 betrachten wir daher zunächst die Menge aller *Treppenfunktionen* auf einem Intervall $[a, b]$ (mit $a, b \in \mathbb{R}$) und definieren deren *Integral* in den Grenzen a und b. Sodann heißt eine Funktion $f\colon [a, b] \to \mathbb{R}$ *integrierbar*, wenn es zu jedem $\varepsilon > 0$ zwei Treppenfunktionen ϕ und ψ mit $\phi \leq f \leq \psi$ gibt, sodass das Integral von $\psi - \phi$ kleiner als ε ist. Das Integral von f in den Grenzen von a und b ist dann gleichermaßen das Supremum der Integrale aller Treppenfunktionen, die *unterhalb* von f verlaufen, sowie das Infimum der Intregale aller Treppenfunktionen, die *oberhalb* von f verlaufen. Wesentliche Eigenschaften des Riemann-Integrals sind die *Linearität* und die *Monotonie*.

In Abschnitt 19.2 lernen wir zunächst ein hinreichendes Kriterium für die Integrierbarkeit einer Funktion f kennen, nämlich die *gleichmäßige Approximierbarkeit* durch Treppenfunktionen. Dies verwenden wir, um die Integrierbarkeit aller stetigen Funktionen nachzuweisen, womit eine große Klasse integrierbarer Funktionen gefunden ist, auf die wir uns im weiteren Verlauf dieses Kapitels beschränken werden.

Die Frage, wie man das Integral einer stetigen Funktion über einem Intervall $[a, b]$ prinzipiell berechnen kann, wird in Abschnitt 19.3 mit dem *Hauptsatz der Differential- und der Integralrechnung* beantwortet. Es stellt sich heraus, dass die Integration die Umkehrung der Differentiation ist: Zu einer Funktion f auf $[a, b]$ ist eine differenzierbare Funktion F auf $[a, b]$ zu finden, deren Ableitung gleich f ist (man nennt F eine *Stammfunktion* von f); das Integral von f über dem Intervall $[a, b]$ ist dann gleich der Differenz $F(b) - F(a)$. Aufgrund unserer Kenntnisse aus der Differentialrechnung können wir Stammfunktionen für viele elementare Funktionen angeben.

Da ein Integral auch negativ sein kann, muss man bei einer effektiven Flächenberechnung den Vorzeichenwechsel von f berücksichtigen und das Intervall entsprechend zerlegen.

In Abschnitt 19.4 werden wir die wichtigsten *Integrationsregeln* behandeln. Zum einen sind dies die *Substitutionsregel* und die *Transformationsformel*, welche auf der Kettenregel der Differentialrechnung beruhen; zum anderen ist es die *Regel der partiellen*

Integration, die auf der Produktregel der Differentialrechnung beruht. Wir diskutieren exemplarisch auch die *Integration von rationalen Funktionen*.

In Abschnitt 19.5 behandeln wir die Frage, wann man bei Funktionenfolgen die Grenzwertbildung und das Integral vertauschen darf. Als Anwendung eines entsprechenden Satzes können wir nachweisen, dass man Potenzreihen mit Konvergenzradius ρ auf Intervallen der Form $[a, b] \subseteq (-\rho, \rho)$ integrieren kann und man eine Stammfunktion einer Potenzreihe durch *summandenweise* Integration erhält. Die theoretischen Ergebnisse lassen sich entsprechend auch für das Differenzieren formulieren, womit wir noch offengelassene Stellen aus Kapitel 18 schließen werden. Anhand ausgewählter Beispiele zeigen wir, dass diese Techniken für das Berechnen von Grenzwerten für Reihen sehr nützlich sind, wobei wir u. a. auch nochmals auf die Berechnung des Erwartungswertes einer aus einem Wartezeitproblem resultierenden abzählbar unendlichen Zufallsvariablen eingehen werden.

Zu den sog. *uneigentlichen* bzw. *unbestimmten* Integralen gelangt man, wenn man versucht, den Integrationsbegriff durch Grenzwertbildung auch für nicht beschränkte Funktionen oder für unendliche Intervalle zu verallgemeinern. Dies ist das Thema des abschließenden Abschnitts 19.6. In den Beispielen zu diesen Integralen werden wir mit der *Exponentialverteilung* sowie der *Gauß'schen Glockenkurve* für die *Standard-Normalverteilung* einige wichtige *kontinuierliche Verteilungen* mit *Dichtefunktionen* aus der Wahrscheinlichkeitsrechnung ansprechen. Der abschließend zitierte *zentrale Grenzwertsatz* untermauert die wichtige Stellung der Standard-Normalverteilung innerhalb der Stochastik. Für ein weitergehendes Studium dieses Themas verweisen wir nochmals auf Henze [27] und auf Irle [28].

19 Integralrechnung

Lernziele

- Treppenfunktionen und deren Integral, was über Ober- und Unterintegrale zum Riemann-Integral führt
- die Riemann-Integrierbarkeit stetiger Funktionen
- der Beweis des Hauptsatzes der Differential- und der Integralrechnung, wonach das Integrieren die Umkehrung des Differenzierens ist und die Berechnung eines Integrals im Wesentlichen auf das Finden einer Stammfunktion des Integranden reduziert wird
- das Einüben der wichtigsten Integrationsregeln, nämlich Substitutionsregel und Transformationssatz sowie die Regel der partiellen Integration
- die wichtigsten Ergebnisse über die Vertauschung von Grenzwertbildung bei Funktionen mit dem Integral bzw. dem Differential, was zum effektiven Integrieren und Differenzieren von Potenzreihen führt
- das exemplarische Anwenden der Differential- und Integralrechnung bei der Berechnung von bestimmten Reihen, wie sie u. a. in der Wahrscheinlichkeitsrechnung auftreten
- die Ausdehnung des Integrationsbegriffes auf uneigentliche Integrale und die Vorstellung einiger wichtiger Funktionen aus der Wahrscheinlichkeitsrechnung, wie die Gauß'sche Glockenkurve
- die Vorstellung des zentralen Grenzwertsatzes aus der Stochastik

19.1 Integration von Treppenfunktionen

A Was versteht man unter einer Treppenfunktion? In diesem Abschnitt untersuchen wir mit den Treppenfunktionen eine spezielle Klasse reellwertiger Funktionen, die auf einem beschränkten Intervall $[a, b]$ (mit $a, b \in \mathbb{R}$ und $a < b$) definiert sind. Für diese Funktionen wird ein Integralbegriff eingeführt, der auf die elementargeometrische Berechnung von Rechtecksflächen hinausläuft. Durch Approximation größerer Klassen von Funktionen mittels Treppenfunktionen gelangen wir im folgenden Abschnitt dann zu den **Riemann-integrierbaren Funktionen** sowie zur **Berechnung von Flächen**, die von stetigen Kurven und der x-Achse eingeschlossen werden.

Definition 19.1.1 Es seien $a, b \in \mathbb{R}$ mit $a < b$. Jede endliche Folge $x_0, x_1, \ldots, x_n$ mit

$$a = x_0 < x_1 < \ldots < x_{n-1} < x_n = b$$

19.1 Integration von Treppenfunktionen

(wobei $n \in \mathbb{N}^*$) nennt man eine **Zerlegung des Intervalls** $[a, b]$. Ist $\phi: [a, b] \to \mathbb{R}$ eine Abbildung, so heißt ϕ eine **Treppenfunktion**, falls eine Zerlegung $x_0, x_1, \ldots, x_n$ von $[a, b]$ existiert, sodass ϕ auf allen offenen Teilintervallen (x_{i-1}, x_i) konstant ist, d. h., es gibt Werte $c_i \in \mathbb{R}$ mit $\phi(y) = c_i$ für alle $y \in (x_{i-1}, x_i)$ (und alle $i = 1, \ldots, n$).

Eine Treppenfunktion ϕ ist natürlich auch an den Zerlegungspunkten x_i definiert, allerdings werden diese Funktionswerte nicht näher spezifiziert, weil sie bei der Definition des Integrals nicht gebraucht werden. Wir bezeichnen mit $\mathcal{T}_{[a,b]}$ die Menge aller Treppenfunktionen auf $[a, b]$.

Satz 19.1.2 Die Menge $\mathcal{T}_{[a,b]}$ aller Treppenfunktionen auf $[a, b]$ bildet eine $\mathbb{R}$-Algebra.

Beweis Sicher ist jede auf $[a, b]$ konstante Funktion eine Treppenfunktion, weshalb $\mathcal{T}_{[a,b]}$ nicht leer ist. Sind $\phi \in \mathcal{T}_{[a,b]}$ und $\lambda \in \mathbb{R}$, so ist auch $\lambda\phi \in \mathcal{T}_{[a,b]}$ (hier kann man für ϕ und $\lambda\phi$ die gleiche Zerlegung nehmen). Sind ϕ und ψ aus $\mathcal{T}_{[a,b]}$, etwa bzgl. Zerlegungen $x_0, x_1, \ldots, x_n$ und $y_0, y_1, \ldots, y_m$, so sortiert man die Vereinigung der Zerlegungspunkte der Größe nach und erhält dann eine Zerlegung, auf deren Teilintervallen die Summenfunktion $\phi + \psi$ konstant ist, weshalb auch $\phi + \psi$ eine Treppenfunktion auf $[a, b]$ ist. Ebenso verhält es sich mit der Produktfunktion $\phi \cdot \psi$, die wie die Summenfunktion punktweise erklärt ist. Damit ist insgesamt gezeigt, dass $\mathcal{T}_{[a,b]}$ eine $\mathbb{R}$-Teilalgebra der Menge aller Abbildungen von $[a, b]$ nach $\mathbb{R}$, versehen mit punktweisen Operationen, ist, insbesondere also eine eigenständige $\mathbb{R}$-Algebra. ∎

B Was ist das Integral einer Treppenfunktion? Wir kommen zur Definition des Integrals einer Treppenfunktion ϕ aus $\mathcal{T}_{[a,b]}$. Ist $\phi \geq 0$ dabei eine nichtnegative Funktion (das bedeutet $\phi(x) \geq 0$ für jedes x aus $[a, b]$), so entspricht das Integral gerade der Fläche, die von der x-Achse, der Funktion und den Geraden $x = a$ und $x = b$ eingeschlossen wird.

Definition 19.1.3 Es sei $\phi \in \mathcal{T}_{[a,b]}$ und $x_0, x_1, \ldots, x_n$ sei eine Zerlegung von $[a, b]$ mit $\phi(y) =: c_k$ konstant für alle $y \in (x_{k-1}, x_k)$ und jedes $k = 1, \ldots, n$. Dann ist **das Integral von ϕ über $[a, b]$**, Notation $\int_a^b \phi(x)dx$, als die reelle Zahl

$$\int_a^b \phi(x)\, dx := \sum_{k=1}^n c_k(x_k - x_{k-1})$$

definiert.

Wir bemerken gleich, dass das Integral einer Treppenfunktion **wohldefiniert** ist, was bedeutet, dass es unabhängig von der Wahl der Zerlegung stets den gleichen Wert liefert. Die auf den ersten Blick gewöhnungsbedürftige Schreibweise $\phi(x)dx$ deutet lediglich auf die Fixierung von x als die „Integrationsvariable" hin (man könnte beispielsweise auch $\int_a^b \phi(\xi)d\xi$ schreiben). Als kürzere Schreibweise verwenden wir häufig $\int_a^b \phi$. Sind $\zeta_1, \zeta_2, \ldots, \zeta_n$ Punkte mit $\zeta_i \in (x_{i-1}, x_i)$ für jedes i, so ist also

$$\int_a^b \phi(x)dx = \sum_{k=1}^n \phi(\zeta_k)(x_k - x_{k-1}).$$

Dabei entspricht jeder Term $|\phi(\zeta_k)| \cdot (x_k - x_{k-1})$ gleich der Fläche eines Rechtecks, dessen Grundseite das Intervall $[x_{k-1}, x_k]$ ist und dessen Höhe gleich $|\phi(\zeta_k)|$ ist. Es sei ausdrücklich erwähnt, dass ein Integral aufgrund der Definition auch **negative** Werte annehmen kann. Dies ist bei konkreten Flächenberechnungen zu beachten.

Wir kommen nun zu einigen fundamentalen Eigenschaften des Integrals, die man allesamt in dem Begriff **monotones lineares Funktional** zusammenfassen kann.

Satz 19.1.4 Sind ϕ und ψ aus $\mathcal{T}_{[a,b]}$ und ist $\lambda \in \mathbb{R}$, so gelten folgende Regeln:

(1) $\int_a^b (\phi + \psi)(x)dx = \int_a^b \phi(x)dx + \int_a^b \psi(x)dx$

(2) $\int_a^b (\lambda\phi)(x)dx = \lambda \int_a^b \phi(x)dx$

(3) Ist $\phi \leq \psi$, also $\phi(x) \leq \psi(x)$ für jedes x aus $[a, b]$, so ist $\int_a^b \phi(x)dx \leq \int_a^b \psi(x)dx$.

Beweis (2) ist unmittelbar aufgrund ▶Definition 19.1.3 klar. Bei (1) und (3) ist lediglich zu bedenken, dass man zu ϕ und ψ, wie im Beweis von ▶Satz 19.1.2, eine gemeinsame Zerlegung von $[a, b]$ finden kann. Sodann folgen die Aussagen aus der Definition des Integrals. ∎

C Ober-, Unter- und Riemann-Integral Will man, ausgehend von den Treppenfunktionen, das Integral in sinnvoller Weise für weitere Klassen von Funktionen erklären, so muss man untersuchen, inwieweit sich allgemeinere Funktionen durch Treppenfunktionen approximieren lassen.

In der folgenden, aus Kofler, Bitsch und Komma [34] entnommenen Graphik sieht man die glatte Kurve der Funktion

$$f(x) = \sin(x) \cdot \cos\left(x - \frac{\pi}{5}\right),$$

19.1 Integration von Treppenfunktionen

die durch eine Treppenfunktion bzgl. der äquidistanten Zerlegung des Intervalls [0, 5] in 30 Teilintervalle mit jeweiliger Länge $\frac{1}{6}$ approximiert ist. Die Fläche zwischen x-Achse und Kurve wird entsprechend durch Rechtecksflächen angenähert.

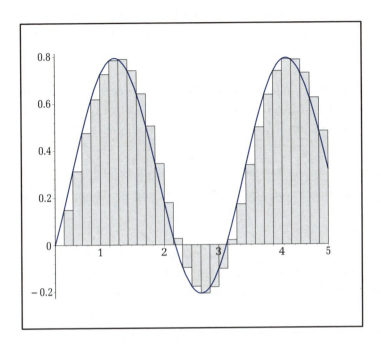

Für jede beschränkte Funktion kann man in diesem Zusammenhang zunächst ein Ober- und ein Unterintegral einführen, welches dann in die Definition des Riemann-Integrals münden wird.

Definition 19.1.5 Es sei $f:[a,b] \to \mathbb{R}$ eine beschränkte Funktion. Dann ist das **Oberintegral von f über $[a,b]$** definiert durch

$$\mathrm{Int}_a^b(f) := \inf\left\{\int_a^b \phi : \phi \in \mathcal{T}_{[a,b]}, \phi \geq f\right\}.$$

Das **Unterintegral von f über $[a,b]$** ist entsprechend definiert durch

$$\mathrm{int}_a^b(f) := \sup\left\{\int_a^b \phi : \phi \in \mathcal{T}_{[a,b]}, \phi \leq f\right\}.$$

Sind $m, M \in \mathbb{R}$ mit $m \leq f(x) \leq M$ für alle $x \in [a,b]$, so sind die konstanten Funktionen $\mathrm{const}(m)$ und $\mathrm{const}(M)$ Treppenfunktionen auf $[a,b]$ mit $\mathrm{const}(m) \leq f \leq \mathrm{const}(M)$. Wegen $\int_a^b \mathrm{const}(m) = m(b-a)$ und $\int_a^b \mathrm{const}(M) = M(b-a)$ sind die Mengen, über die das

Supremum und das Infimum gebildet werden, beschränkt, sodass die Werte des Ober- und des Unterintegrals in der Tat existieren. Offenbar gilt stets $\operatorname{int}_a^b(f) \leq \operatorname{Int}_a^b(f)$.

Nun stimmen bei Treppenfunktionen $\phi \in \mathcal{T}_{[a,b]}$ selbstverständlich das Integral, das Unter- und das Oberintegral überein. Daher sind Treppenfunktionen Beispiele für Riemann-integrierbare Funktionen, die wir nun, ebenso wie deren Integral, definieren wollen.

Definition 19.1.6 Eine beschränkte Funktion $f : [a, b] \to \mathbb{R}$ heißt **Riemann-integrierbar** (oder einfach **integrierbar**) über $[a, b]$, falls Unterintegral und Oberintegral von f übereinstimmen, $\operatorname{int}_a^b(f) = \operatorname{Int}_a^b(f)$. In diesem Fall sei

$$\int_a^b f(x)\,dx := \operatorname{int}_a^b(f),$$

das **Riemann-Integral von f über $[a, b]$** (bzw. einfach das **Integral von f über $[a, b]$**).

Im nächsten Abschnitt werden wir die Riemann-Integrierbarkeit für die Klasse der stetigen Funktionen nachweisen. Dazu verwendet man das folgende, unmittelbar auf ▶Definition 19.1.6 zurückgehende Kriterium, welches die Approximation durch Treppenfunktionen weiter verdeutlicht.

Satz 19.1.7 Es sei $f : [a, b] \to \mathbb{R}$ eine beschränkte Funktion. Dann sind die beiden folgenden Aussagen äquivalent:

(1) f ist Riemann-integrierbar.

(2) Für jedes $\varepsilon > 0$ gibt es Treppenfunktionen $\phi, \psi \in \mathcal{T}_{[a,b]}$ mit $\phi \leq f \leq \psi$ und mit $\int_a^b \psi - \int_a^b \phi \leq \varepsilon$.

D Eigenschaften des Riemann-Integrals Es folgen einige elementare Eigenschaften des Riemann-Integrals. Es stellt sich heraus, dass die Menge aller auf $[a, b]$ Riemann-integrierbaren Funktionen eine Algebra bildet und dass es sich beim Riemann-Integral ebenfalls um ein **lineares monotones Funktional** handelt.

Satz 19.1.8 Es seien $f : [a, b] \to \mathbb{R}$ und $g : [a, b] \to \mathbb{R}$ zwei Riemann-integrierbare Funktionen und $\lambda \in \mathbb{R}$. Dann gelten:

(1) Die Summenfunktion $f + g$ ist integrierbar und $\int_a^b (f + g) = \int_a^b f + \int_a^b g$.

(2) Die skalierte Funktion λf ist integrierbar und $\int_a^b (\lambda f) = \lambda \int_a^b f$.

(3) Aus $f \leq g$ folgt $\int_a^b f \leq \int_a^b g$.

(4) Die Produktfunktion fg ist integrierbar.

Beweis

(1) Aus elementaren Rechenregeln für Suprema und Infima folgt zunächst

$$\operatorname{Int}_a^b(f) + \operatorname{Int}_a^b(g) \geq \operatorname{Int}_a^b(f+g) \geq \operatorname{int}_a^b(f+g) \geq \operatorname{int}_a^b(f) + \operatorname{int}_a^b(g).$$

Aufgrund der Riemann-Integrierbarkeit von f und g gilt $\operatorname{Int}_a^b(f) = \operatorname{int}_a^b(f)$ sowie $\operatorname{Int}_a^b(g) = \operatorname{int}_a^b(g)$. Daher muss $\operatorname{Int}_a^b(f+g) = \operatorname{int}_a^b(f+g)$ gelten, die Riemann-Integrierbarkeit der Summenfunktion $f + g$.

(2) Ist $\lambda \geq 0$, so gilt $\operatorname{Int}_a^b(\lambda f) = \lambda \cdot \operatorname{Int}_a^b(f)$ und $\operatorname{int}_a^b(\lambda f) = \lambda \cdot \operatorname{int}_a^b(f)$, sodass wegen $\operatorname{Int}_a^b f = \operatorname{int}_a^b f$ auch $\operatorname{Int}_a^b \lambda f = \operatorname{int}_a^b \lambda f$ sowie $\int_a^b \lambda f = \lambda \int_a^b f$ folgt. Ist hingegen $\lambda < 0$, so gilt $\operatorname{Int}_a^b(\lambda f) = \lambda \cdot \operatorname{int}_a^b(f) = \lambda \cdot \operatorname{Int}_a^b(f) = \operatorname{int}_a^b(\lambda f)$. Also folgt erneut $\int_a^b \lambda f = \lambda \int_a^b f$.

(3) Wegen $\phi \leq g$ für $\phi \leq f$ und ϕ aus $\mathcal{T}_{[a,b]}$ folgt die Behauptung unmittelbar wegen

$$\int_a^b f = \operatorname{int}_a^b f \leq \operatorname{int}_a^b g = \int_a^b g.$$

(4) Man betrachtet zunächst den Fall $f = g$ und $f \geq 0$. Nach (2) darf man nach einer geeigneten Skalierung ohne Einschränkung annehmen, dass (punktweise) $0 \leq f \leq 1$ gilt (dabei beachte man, dass Riemann-integrierbare Funktionen gemäß Definition von vornherein beschränkt sind). Nun sei $\varepsilon > 0$ gegeben. Nach ▶Satz 19.2.2 gibt es dann zu $\varepsilon' := \frac{\varepsilon}{2} > 0$ zwei Treppenfunktionen ϕ und ψ mit $0 \leq \phi \leq f \leq \psi \leq 1$ und $\int_a^b (\psi - \phi) < \varepsilon'$. Nun sind ϕ^2 und ψ^2 Treppenfunktionen mit $0 \leq \phi^2 \leq f^2 \leq \psi^2 \leq 1$. Weiter ist

$$\psi^2 - \phi^2 = (\psi - \phi)(\psi + \phi) \leq 2(\psi - \phi),$$

denn $\phi + \psi \leq 2$ (punktweise). Damit ist $\int_a^b (\psi^2 - \phi^2) \leq 2 \int_a^b (\psi - \phi) < 2\varepsilon' = \varepsilon$. Also ist f^2 integrierbar.

Nun betrachten wir den Fall, bei dem zwar $f = g$, aber nicht notwendigerweise $f \geq 0$ gilt. Mit $f^+(x) := \max\{f(x), 0\}$ und $f^- := -\min\{f(x), 0\}$ für $x \in [a, b]$ trennt man f in den **Positivteil** $f^+ \geq 0$ und den **Negativteil** $f^- \geq 0$ und erhält $f = f^+ - f^-$. Für eine f approximierende Treppenfunktion ϕ sind auch die entsprechenden Teile ϕ^+ und ϕ^- Treppenfunktionen, welche f^+ bzw. f^- approximieren. Damit sind auch f^+ und f^- Riemann-integrierbar und es gilt $\int_a^b f = \int_a^b f^+ - \int_a^b f^-$ wegen (1) und (2). Auf diese Weise hat man den hier angenommenen Fall auf den bereits behandelten Fall $f \geq 0$ zurückgeführt.

Schließlich betrachten wir zwei nicht notwendigerweise verschiedene Funktionen f und g. Hier folgt die Integrierbarkeit der Produktfunktion fg aus den bereits bewiesenen Teilen und der Tatsache, dass man fg als

$$fg = \frac{1}{4}\left((f+g)^2 - (f-g)^2\right)$$

schreiben kann (die Funktionen $f+g$ und $f-g$ sowie $(f+g)^2$ und $(f-g)^2$ sind allesamt Riemann-integrierbar). ∎

Da wir nun den Zusammenhang von Integralen und der Flächenberechnung begründet haben, stellt sich einerseits die Frage, welche Funktionen Riemann-integrierbar sind, und andererseits die Frage, wie man das Integral über einer Riemann-integrierbaren Funktion konkret berechnen kann. Mit diesen Fragen werden wir uns in den kommenden drei Abschnitten auseinandersetzen.

19.2 Riemann-integrierbare Funktionen

A Gleichmäßige Approximation durch Treppenfunktionen Der Nachweis der Riemann-Integrierbarkeit einer Funktion f kann in vielen Fällen auf die gleichmäßige Approximation von f durch Treppenfunktionen zurückgeführt werden.

> **Definition 19.2.1** Man sagt, dass sich eine auf $[a, b]$ definierte Funktion f **gleichmäßig durch Treppenfunktionen approximieren** lässt, wenn zu jedem $\varepsilon > 0$ zwei Treppenfunktionen ϕ und ψ aus $\mathcal{T}_{[a,b]}$ existieren mit $\phi \leq f \leq \psi$ und mit $\psi(x) - \phi(x) < \varepsilon$ für alle $x \in [a, b]$.

Selbstverständlich hängen dabei ϕ und ψ in der Regel von ε ab. Der folgende Satz stellt den Zusammenhang zwischen gleichmäßiger Approximierbarkeit und ▶ Satz 19.1.7 her.

> **Satz 19.2.2** Ist f eine Funktion, die sich auf $[a, b]$ gleichmäßig durch Treppenfunktionen approximieren lässt, so ist f Riemann-integrierbar auf $[a, b]$.

Beweis Es sei $\varepsilon > 0$ gegeben. Dann setzen wir $\eta := \frac{\varepsilon}{b-a}$, sodass $\eta > 0$ ist. Aufgrund der Annahme, dass sich f gleichmäßig durch Treppenfunktionen approximieren lässt, findet man zu diesem η zwei Treppenfunktionen ϕ und ψ aus $\mathcal{T}_{[a,b]}$ mit $\phi \leq f \leq \psi$ und mit $\psi(x) - \phi(x) \leq \eta$ für alle $x \in [a, b]$. Nach Wahl einer gemeinsamen Zerlegung für die beiden Treppenfunktionen ϕ und ψ erhält man aufgrund der Monotonie von $\int_a^b$ dann

$$\int_a^b \psi - \int_a^b \phi = \int_a^b (\psi - \phi) < \int_a^b \eta = \eta \cdot (b-a) = \frac{\varepsilon}{b-a} \cdot (b-a) = \varepsilon.$$

Nach ▶Satz 19.1.7 ist f daher Riemann-integrierbar. ∎

B Die Riemann-Integrierbarkeit stetiger Funktionen Mit den stetigen Funktionen finden wir nun eine Klasse von Riemann-integrierbaren Funktionen, deren Integral wir im Laufe dieses Kapitels noch eingehend studieren werden.

Satz 19.2.3 Ist $f:[a,b] \to \mathbb{R}$ eine stetige Funktion, so ist f Riemann-integrierbar.

Beweis Nach ▶Satz 19.2.2 genügt es zu zeigen, dass f gleichmäßig durch Treppenfunktionen approximiert werden kann. Wir erinnern an dieser Stelle an den ganz am Ende von Abschnitt 17.3 erwähnten Sachverhalt, wonach jede auf einem abgeschlossenen und beschränkten Intervall $[a,b]$ stetige Funktion f gleichmäßig stetig auf $[a,b]$ ist (siehe ▶Definition 17.1.2).

Für jedes $\varepsilon > 0$ gibt es daher mit $\varepsilon' := \frac{\varepsilon}{2} > 0$ aufgrund der gleichmäßigen Stetigkeit von f ein $\delta > 0$, sodass für alle $x, y \in [a,b]$ mit $|x-y| < \delta$ folgt $|f(x) - f(y)| < \varepsilon'$. Es sei nun $N \in \mathbb{N}^*$ so groß, dass $\frac{b-a}{N} < \delta$ ist. Wir wählen eine (äquidistante) Zerlegung $a = z_0 < z_1 < \ldots < z_N = b$ von $[a,b]$ durch

$$z_k := a + k \cdot \frac{b-a}{N} \quad \text{für jedes } k = 0, 1, \ldots, N.$$

Ferner definieren wir zwei Treppenfunktionen ψ und ϕ aus $\mathcal{T}_{[a,b]}$ durch

- $\psi: t \mapsto f(z_k) + \varepsilon'$ für $t \in (z_{k-1}, z_k]$ und $k = 1, 2, \ldots, N$ sowie
- $\phi: t \mapsto f(z_k) - \varepsilon'$ für $t \in (z_{k-1}, z_k]$ und $k = 1, 2, \ldots, N$ sowie
- $\phi(a) := f(a) =: \psi(a)$ am linken Intervallrand.

Gemäß Definition von ϕ und ψ gilt dann

$$|\psi(x) - \phi(x)| = \psi(x) - \phi(x) \leq 2\varepsilon' = \varepsilon \quad \text{für alle } x \in [a,b].$$

Wir zeigen abschließend, dass $\phi \leq f \leq \psi$ auf $[a,b]$ gilt. Dies ist sicher für $x = a$ richtig. Ist $x \in (z_{k-1}, z_k]$, so ist $|x - z_k| < |z_k - z_{k-1}| = \frac{b-a}{N} < \delta$. Aufgrund der gleichmäßigen Stetigkeit von f folgt daher $|f(x) - f(z_k)| < \varepsilon'$. Daraus erhält man dann

$$\phi(x) = f(z_k) - \varepsilon' < f(x) < f(z_k) + \varepsilon' = \psi(x),$$

womit alles gezeigt ist. ∎

Es ist zu bemerken, dass auch monotone Funktionen Riemann-integrierbar sind. Wir werden uns im weiteren Verlauf dieses Kapitels allerdings auf die Klasse der stetigen Funktionen konzentrieren.

C **Der Mittelwertsatz der Integralrechnung** Es folgt der Mittelwertsatz der Integralrechnung, der u. a. zum Beweis des Hauptsatzes der Differential- und Integralrechnung im nächsten Abschnitt benötigt wird.

> **Satz 19.2.4** Es seien $f:[a,b] \to \mathbb{R}$ eine stetige und $g:[a,b] \to \mathbb{R}$ eine Riemann-integrierbare Funktion mit $g \geq 0$. Dann gibt es ein $\zeta \in [a,b]$ mit
> $$\int_a^b (fg) = f(\zeta) \cdot \int_a^b g.$$

Beweis Nach ▶Satz 17.3.5 nehmen stetige Funktionen auf abgeschlossenen und beschränkten Intervallen ihr Minimum und ihr Maximum an. Es seien daher $m := \inf\{f(x): x \in [a,b]\}$ und $M := \sup\{f(x): x \in [a,b]\}$. Wegen $g \geq 0$ gilt dann (punktweise) $mg \leq fg \leq Mg$ und daher gemäß ▶Satz 19.1.8-(3) auch

$$m\int_a^b g = \int_a^b mg \leq \int_a^b (fg) \leq \int_a^b Mg = M\int_a^b g.$$

Man beachte dabei, dass fg nach ▶Satz 19.1.8-(4) Riemann-integrierbar ist. Aufgrund dieser Abschätzung gibt es ein $\mu \in [m, M]$ mit $\int_a^b (fg) = \mu \int_a^b g$. Da f stetig ist, gibt es nach dem Zwischenwertsatz 17.3.2 schließlich eine Stelle $\zeta \in [a,b]$ mit $f(\zeta) = \mu$. Damit ist die Behauptung bewiesen. ∎

Wählt man in ▶Satz 19.2.4 für g speziell die Funktion, die konstant gleich 1 ist, so ist $\int_a^b g = b - a$, und daher ergibt sich als Folgerung:

> **Korollar 19.2.5** Es sei $f:[a,b] \to \mathbb{R}$ eine stetige Funktion. Dann gibt es ein $\zeta \in [a,b]$ mit $\int_a^b f = f(\zeta) \cdot (b - a)$.

19.3 Integration als Umkehrung der Differentiation

A **Additionsregel und Integralfunktion** In diesem Abschnitt werden wir sehen, dass die Integration quasi die Umkehrung der Differentiation ist. Das führt dazu, dass Integrale (zumindest theoretisch) durch das Auffinden von sog. „Stammfunktionen" zu

19.3 Integration als Umkehrung der Differentiation

berechnen sind. Wir wollen zunächst mit einer einfachen **Additionsregel für Integrale** beginnen.

> **Lemma 19.3.1** Es sei f Riemann-integrierbar auf $[a, b]$. Ferner sei $t \in (a, b)$. Dann ist f auch auf den Intervallen $[a, t]$ und $[t, b]$ Riemann-integrierbar und es gilt
> $$\int_a^b f = \int_a^t f + \int_t^b f.$$

Beweis Sind ϕ und ψ Treppenfunktionen auf $[a, b]$, so sind deren Einschränkungen auf die Intervalle $[a, t]$ und $[t, b]$ mit den darauf resultierenden Zerlegungen ebenfalls Treppenfunktionen. Nun lässt sich einfach das Kriterium aus ▶Satz 19.1.7 (ebenso wie ▶Definition 19.1.6) anwenden, indem man die Einschränkungen aller beteiligter Funktionen auf die Teilintervalle $[a, t]$ und $[t, b]$ betrachtet. ∎

Ergänzend definiert man

$$\int_a^a f(x)dx := 0 \tag{19.3.1}$$

sowie

$$\int_s^t f(x)dx := -\int_t^s f(x)dx \quad \text{für } s, t \in [a, b] \text{ mit } t \leq s. \tag{19.3.2}$$

Diese Ergebnisse bzw. Notationen rechtfertigen die folgende Definition einer zu f gehörenden Integralfunktion.

> **Definition 19.3.2** Für jede Riemann-integrierbare Funktion f auf $[a, b]$ kann durch
> $$I_f: [a, b] \to \mathbb{R}, \quad x \mapsto \int_a^x f(t)dt$$
> eine weitere Funktion I_f auf $[a, b]$ definiert werden. Man nennt I_f **die zu f gehörende Integralfunktion**.

B **Der Hauptsatz der Differential- und Integralrechnung** Im Folgenden werden wir uns wieder auf stetige Funktionen f konzentrieren. In diesem Fall stellt sich die Integralfunktion I_f als differenzierbar heraus. Die konkrete Beschreibung der Ableitung von I_f führt uns zum folgenden Hauptsatz der Differential- und Integralrechnung.

> **Satz 19.3.3** Es sei f eine auf $[a, b]$ stetige Funktion. Dann ist die zu f gehörende Integralfunktion $I_f(x) = \int_a^x f(t)dt$ differenzierbar auf $[a, b]$ und es gilt $I_f'(x) = f(x)$.

Beweis Wir verwenden die ▶Definition 18.1.1 der Differenzierbarkeit und betrachten zu $x \in [a, b]$ einen entsprechenden Differenzenquotienten für die zu f gehörende Integralfunktion:

$$\frac{I_f(x+h) - I_f(x)}{h} = \frac{1}{h} \cdot \left(\int_a^{x+h} f(t)dt - \int_a^x f(t)dt \right)$$

$$= \frac{1}{h} \cdot \int_x^{x+h} f(t)dt$$

(Dabei sei $h \neq 0$ mit $x + h \in [a, b]$.) Nach dem ▶Mittelwertsatz der Integralrechnung 19.2.4 gibt es eine (von h abhängige) Stelle $\zeta_h \in [x, x+h]$ (bzw. $\zeta \in [x+h, x]$, falls $h < 0$) mit

$$\int_x^{x+h} f(t)dt = f(\zeta_h) \cdot ((x+h) - x) = f(\zeta_h) \cdot h.$$

Division durch h zeigt, dass $\frac{I_f(x+h) - I_f(x)}{h} = f(\zeta_h)$ folgt. Für $h \to 0$ konvergiert ζ_h gegen x. Wegen der Stetigkeit von f erhält man daher

$$\lim_{h \to 0} \frac{I_f(x+h) - I_f(x)}{h} = f(x).$$

Nach ▶Definition 18.1.1 (siehe auch Formel (18.1.1)) ergibt dies die Behauptung. ■

Aufgrund des eben bewiesenen Hauptsatzes ist die zu f gehörende Integralfunktion I_f eine Stammfunktion von f im Sinne der folgenden Definition.

Definition 19.3.4 Es sei f eine reellwertige Funktion mit Definitionsbereich D. Ist $F: D \to \mathbb{R}$ eine differenzierbare Abbildung mit $F' = f$, so nennt man F eine **Stammfunktion von f auf D**.

C Stammfunktionen Nach ▶Satz 19.3.3 hat jede stetige Funktion f auf $[a, b]$ eine Stammfunktion, nämlich I_f. Sind nun F und G zwei Stammfunktionen einer Funktion f, so gilt

$$(F - G)' = F' - G' = f - f = 0,$$

weshalb $F - G$ eine konstante Funktion ist (siehe ▶Satz 18.3.6-(5)). Für eine spezielle Stammfunktion F (etwa I_f) von f ist also $\{F + \gamma : \gamma \in \mathbb{R}\}$ die Menge aller Stammfunktionen von f. Das folgende Ergebnis zeigt nun, dass es für die Berechnung des Integrals über einer Funktion f unerheblich ist, welche Stammfunktion man verwendet.

19.3 Integration als Umkehrung der Differentiation

Satz 19.3.5 Es sei f eine stetige Funktion auf $[a, b]$. Ist dann F irgendeine Stammfunktion von f auf $[a, b]$, so gilt

$$\int_a^b f(x)\,dx = F(b) - F(a).$$

Beweis Nach der obigen Bemerkung hat jede Stammfunktion F von f auf $[a, b]$ die Form $F(x) = I_f(x) + \gamma$ für eine Konstante γ aus $\mathbb{R}$, wobei I_f die Integralfunktion von f auf $[a, b]$ ist. Für beliebige $x, y \in [a, b]$ gilt daher

$$I_f(x) - I_f(y) = (F(x) - \gamma) - (F(y) - \gamma) = F(x) - F(y).$$

Nun gilt nach Definition von I_f wegen $I_f(a) = \int_a^a f = 0$ weiter

$$\int_a^b f(x)\,dx = I_f(b) = I_f(b) - I_f(a) = F(b) - F(a),$$

was zu zeigen war. ∎

Für die Differenz $F(b) - F(a)$ schreibt man häufig auch $F(x)|_a^b$, also:

$$F(x)\big|_a^b := F(b) - F(a) \tag{19.3.3}$$

Aufgrund des Hauptsatzes bezeichnet man eine Stammfunktion von f häufig einfach mit $\int f$ bzw. mit $\int f(x)dx$, auch wenn diese nur bis auf eine additive Konstante eindeutig bestimmt ist, was für die Berechnung bestimmter Integrale $\int_a^b f$ nach dem eben bewiesenen Satz aber keine Rolle spielt.

Beispiel 19.3.6 Wegen $\cos'(x) = -\sin(x)$ gilt

$$\int_0^\pi \sin(x)dx = -\cos(x)\big|_0^\pi = -\cos(\pi) + \cos(0) = 2.$$

Wegen $\sin(x) \geq 0$ für $x \in [0, \frac{\pi}{2}]$ stimmt diese Zahl mit dem Flächeninhalt der Fläche überein, die von Sinus und der x-Achse in den Grenzen von 0 bis $\frac{\pi}{2}$ eingeschlossen wird. Wegen $\sin'(x) = \cos(x)$ gilt weiterhin

$$\int_0^\pi \cos(x)dx = \sin(x)\big|_0^\pi = \sin(\pi) - \sin(0) = 0.$$

Das zeigt erneut: Will man also effektiv den Flächeninhalt eines Gebietes berechnen, welches innerhalb gewisser Grenzen a und b von einer Kurve und der x-Achse eingeschlossen wird, so ist **auf das Vorzeichen zu achten**, also darauf, ob die Kurve oberhalb oder unterhalb der x-Achse verläuft. So beträgt der Flächeninhalt der Fläche, die von der Cosinus-Kurve in den Grenzen 0 und π eingeschlossen wird

$$\int_0^{\pi/2} \cos(x)dx - \int_{\pi/2}^\pi \cos(x)dx,$$

denn Cosinus hat auf diesem Intervall die eindeutige Nullstelle $\frac{\pi}{2}$ und ist streng monoton fallend. Der Wert dieses Integrals ist gleich

$$\sin(x)\big|_0^{\pi/2} - \sin(x)\big|_{\pi/2}^{\pi} = 2 \cdot \sin\left(\frac{\pi}{2}\right) - \sin(0) - \sin(\pi) = 2,$$

was wegen $\int_0^{\pi} \sin(x)dx = 2$ und $\sin(x) = \cos(x - \frac{\pi}{2})$ auch so sein muss. ∎

Wir fassen also zusammen, dass mit dem Hauptsatz der Differential- und Integralrechnung ein Werkzeug vorliegt, mit dem man Integrale (und ebenso Flächeninhalte) für viele elementare Funktionen einfach berechnen kann, weil man für diese auch Stammfunktionen kennt. Hierzu geben wir abschließend einen kurzen Überblick über einige Stammfunktionen. Im Nachschlagewerk von Bronstein et al. [9] befindet sich ein umfassendes Tabellenwerk an Stammfunktionen.

Funktion f	Stammfunktion F	Bemerkung
x^c	$\dfrac{x^{c+1}}{c+1}$	für $c \in \mathbb{R}$ mit $c \neq -1$
$\dfrac{1}{x}$	$\ln(x)$	
a^x	$\dfrac{a^x}{\ln(a)}$	für $a \in \mathbb{R}^+$ mit $a \neq 1$
$\exp(x)$	$\exp(x)$	
$\cos(x)$	$\sin(x)$	
$\sin(x)$	$-\cos(x)$	
$\dfrac{1}{\cos^2(x)}$	$\tan(x)$	
$\dfrac{1}{\sin^2(x)}$	$-\cot(x)$	
$\dfrac{1}{\sqrt{1-x^2}}$	$\arcsin(x)$	
$\dfrac{1}{1+x^2}$	$\arctan(x)$	
$\dfrac{f'(x)}{f(x)}$	$\ln(f(x))$	für f differenzierbar und $f(x) > 0$

19.4 Integrationsregeln

Mit Hilfe des Hauptsatzes der Differential- und Integralrechnung wollen wir in diesem Abschnitt einige Methoden zur Berechnung von Integralen herleiten, die alle auf entsprechenden Aussagen der Differentialrechnung beruhen.

A Substitutionsregel und Transformationsformel Wir beginnen mit der Substitutionsregel und der Transformationsformel, die ihren Ursprung in der Kettenregel der Differentialrechnung haben.

> **Satz 19.4.1** **Substitutionsregel**
>
> Es sei g differenzierbar auf $[a, b]$, die erste Ableitungsfunktion g' sei stetig auf $[a, b]$ und f sei eine auf der Bildmenge von g definierte stetige Funktion. Ferner sei F eine Stammfunktion von f. Dann gelten:
>
> (1) $F \circ g$ ist eine Stammfunktion von $(f \circ g) \cdot g'$.
>
> (2) $\int_a^b (f \circ g)(t) \cdot g'(t)\, dt = \int_{g(a)}^{g(b)} f(x)\, dx$.

Beweis

(1) Die Funktion $F \circ g$ ist differenzierbar und nach der Kettenregel der Differentialrechnung (▶Satz 18.2.7) ist

$$(F \circ g)'(x) = F'(g(x)) \cdot g'(x) = (f \circ g)(x) \cdot g'(x).$$

Demnach ist $F \circ g$ eine Stammfunktion zu $(f \circ g) \cdot g'$.

(2) Nach dem ▶Hauptsatz 19.3.3 bzw. nach ▶Satz 19.3.5 ergibt sich unter Verwendung von (1) daher

$$\int_a^b (f \circ g)(t) \cdot g'(t)\, dt = (F \circ g)(b) - (F \circ g)(a)$$
$$= F(g(b)) - F(g(a))$$
$$= \int_{g(a)}^{g(b)} f(x)\, dx,$$

also die Gültigkeit der zweiten Aussage. ∎

Beispiel 19.4.2 Wir wollen das Integral $\int_a^b \frac{x^3}{1+x^4}\, dx$ berechnen, wobei $a, b \in \mathbb{R}$ mit $a < b$. Zunächst ist dieses gleich $\frac{1}{4} \cdot \int_a^b \frac{4x^3}{1+x^4}\, dx$. Mit $f(x) := \frac{1}{x}$ und $g(x) := 1 + x^4$ ist dann

$$(f \circ g)(x) \cdot g'(x) = \frac{4x^3}{1 + x^4}$$

gleich diesem Integranden. Mit ▶Satz 19.4.1-(2) folgt daher

$$\int_a^b \frac{x^3}{1+x^4}\,dx = \frac{1}{4} \cdot \int_a^b \frac{4x^3}{1+x^4}\,dx = \frac{1}{4} \cdot \int_{g(a)}^{g(b)} \frac{1}{x}\,dx = \frac{1}{4} \cdot \int_{1+a^4}^{1+b^4} \frac{1}{x}\,dx.$$

Nun ist weiter $F(x) = \ln(x)$ eine Stammfunktion von f, sodass wir insgesamt

$$\int_a^b \frac{x^3}{1+x^4}\,dx = \frac{1}{4} \cdot \ln(x)\Big|_{1+a^4}^{1+b^4} = \frac{1}{4} \cdot \left(\ln(1+b^4) - \ln(1+a^4)\right)$$

erhalten. ■

Für eine streng monotone Abbildung g kann die Substitutionsregel auch wie folgt notiert werden:

Satz 19.4.3 Transformationsformel

Neben den Voraussetzungen von ▶Satz 19.4.1 sei g streng monoton mit $\alpha = g(a)$ und $\beta = g(b)$. Dann gilt:

$$\int_\alpha^\beta f(x)\,dx = \int_{g^{-1}(\alpha)}^{g^{-1}(\beta)} (f \circ g)(t) \cdot g'(t)\,dt$$

Beweis Es sei F wieder eine Stammfunktion von f, sodass $F \circ g$ nach der ▶Substitutionsregel 19.4.1-(1) eine Stammfunktion von $(f \circ g) \cdot g'$ ist. Nach ▶Satz 19.3.5 gilt weiter

$$\int_{g^{-1}(\alpha)}^{g^{-1}(\beta)} (f \circ g)(t) \cdot g'(t)\,dt = (F \circ g)(x)\Big|_{g^{-1}(\alpha)}^{g^{-1}(\beta)}.$$

Einsetzen der Integrationsgrenzen liefert daher

$$F \circ g(x)\Big|_{g^{-1}(\alpha)}^{g^{-1}(\beta)} = F \circ g(g^{-1}(\beta)) - F \circ g(g^{-1}(\alpha)) = F(\beta) - F(\alpha),$$

was wiederum gleich $F(x)\big|_\alpha^\beta = \int_\alpha^\beta f(x)\,dx$ ist, was zu beweisen war. ■

Beispiel 19.4.4 Wir berechnen den Flächeninhalt des Einheitskreises $B_1(0)$. Der obere Rand des Kreises sei durch die Funktion $f(x)$ beschrieben. Wegen $x^2 + f(x)^2 = 1$ ist dann f gleich der Funktion $f(x) = \sqrt{1-x^2}$ auf dem Intervall $[-1, 1]$. Entsprechend wird der untere Kreisrand durch die Funktion $-f(x)$ beschrieben. Für den Flächeninhalt A des Einheitskreises ergibt sich daher

$$A = \int_{-1}^1 f(x)\,dx - \int_{-1}^1 -f(x)\,dx = 2 \cdot \int_{-1}^1 f(x)\,dx = 2 \cdot \int_{-1}^1 \sqrt{1-x^2}\,dx.$$

Es bleibt also die Suche nach einer Stammfunktion von $\sqrt{1-x^2}$. Zur Anwendung der Transformationsformel suchen wir nun eine Funktion $g(x)$, sodass das Integral über der Funktion $(f \circ g) \cdot g'$ **einfacher** als das Integral über f aussieht. Dies funktioniert mit dem Ansatz $g(x) := \sin(x)$. Der Sinus ist streng monoton wachsend auf dem Intervall $[-\frac{\pi}{2}, \frac{\pi}{2}]$

und bildet dieses auf das Intervall $[-1, 1]$ ab, wobei $\sin(-\frac{\pi}{2}) = -1$ und $\sin(\frac{\pi}{2}) = 1$. Die zugehörige Umkehrfunktion von g ist der Arcussinus (arcsin, siehe ▶Beispiel 18.2.11). Nun gilt

$$(f \circ g)(x) \cdot g'(x) = \sqrt{1 - \sin(x)^2} \cdot \cos(x) = \cos(x) \cdot \cos(x) = \cos(x)^2.$$

Nach der Transformationsformel ist daher

$$A = 2 \cdot \int_{\arcsin(-1)}^{\arcsin(1)} \cos(x)^2 \, dx = 2 \cdot \int_{-\frac{\pi}{2}}^{\frac{\pi}{2}} \cos(x)^2 \, dx.$$

Es bleibt also eine Stammfunktion von $\cos(x)^2$ zu bestimmen. Wir werden dazu den Integranden unter Verwendung der Additionstheoreme weiter vereinfachen. Nach ▶Satz 17.6.4-(1) ist zunächst

$$\cos(2x) = \cos(x + x) = \cos(x)\cos(x) - \sin(x)\sin(x) = \cos(x)^2 - \sin(x)^2.$$

Wegen $\sin(x)^2 = 1 - \cos(x)^2$ folgt daraus $\cos(2x) = 2\cos(x)^2 - 1$, also $2\cos^2(x) = \cos(2x) + 1$. Somit erhalten wir

$$A = \int_{-\frac{\pi}{2}}^{\frac{\pi}{2}} (\cos(2x) + 1) \, dx.$$

Nun ist $\frac{1}{2}\sin(2x)$ eine Stammfunktion von $\cos(2x)$ und x eine Stammfunktion von 1, weshalb die Summe $\frac{1}{2}\sin(2x) + x$ dieser beiden Funktionen eine Stammfunktion von $\cos(2x) + 1$ ist. Wir erhalten daher insgesamt als Flächeninhalt A des Einheitskreises:

$$\begin{aligned} A &= \left(\frac{1}{2}\sin(2x) + x\right)\Big|_{-\frac{\pi}{2}}^{\frac{\pi}{2}} \\ &= \left(\frac{1}{2}\sin(\pi) + \frac{\pi}{2}\right) - \left(\frac{1}{2}\sin(-\pi) - \frac{\pi}{2}\right) \\ &= \left(0 + \frac{\pi}{2}\right) - \left(0 - \frac{\pi}{2}\right) = \pi \end{aligned}$$

B Die Regel der partiellen Integration Mit der Regel der partiellen Integration, auch **Produkt-Integration** genannt, behandeln wir als Nächstes eine weitere wichtige Regel, die im Wesentlichen auf der Produktregel der Differentialrechnung beruht (siehe ▶Satz 18.2.4-(1)).

Satz 19.4.5 Es seien g differenzierbar und f stetig auf $[a, b]$. Ferner sei die erste Ableitungsfunktion g' stetig auf $[a, b]$ und F sei eine Stammfunktion von f. Dann gelten:

(1) Fg ist eine Stammfunktion von $fg + Fg'$.

(2) $\int_a^b f(x)g(x) \, dx = F(b)g(b) - F(a)g(a) - \int_a^b F(x)g'(x) \, dx$.

Beweis

(1) Die Funktion Fg ist differenzierbar. Mit der Produktregel der Differentialrechnung 18.2.4-(1) ergibt sich $(Fg)' = F'g + Fg' = fg + Fg'$, weshalb Fg eine Stammfunktion von $fg + Fg'$ ist.

(2) Nach dem ▶Hauptsatz 19.3.3 bzw. nach ▶Satz 19.3.5 ist nun

$$F(b)g(b) - F(a)g(a) = F(x)g(x)|_a^b = \int_a^b fg + \int_a^b Fg'.$$

Auflösen dieser Formel nach $\int_a^b fg$ ergibt die zu beweisende Behauptung. ∎

Im Zusammenhang mit ▶Satz 19.4.5 sollte man sich zur Berechnung von Stammfunktionen die folgende Formel merken:

$$\int fg = Fg - \int Fg', \tag{19.4.1}$$

die man durch Differenzieren leicht verifiziert; dabei ist F natürlich wieder eine Stammfunktion von f.

Bei der konkreten Anwendung der partiellen Integration ist zunächst festzustellen, welche der beteiligten Funktionen die Rolle von f und welche die Rolle von g einnehmen soll. Dabei gilt als Faustregel, dass f die **einfachere** der beiden ist, denn man benötigt ja eine Stammfunktion F von f. Die Berechnung von $\int fg$ ist wegen (19.4.1) damit auf die Berechnung von $\int Fg'$ zurückgeführt. Hier besteht die Hoffnung, dass F **immer noch einfach** und g' **jetzt ebenfalls handhabbar** ist. Häufig ist aber auch g' noch kompliziert (wenn auch einfacher als g), sodass man meist den Term $\int Fg'$ erneut mithilfe der partiellen Integration umformt. Bei einer solchen iterativen Anwendung der Formel ist unbedingt auf das negative Vorzeichen zu achten! Wir betrachten hierzu zwei Beispiele.

Beispiel 19.4.6 Gesucht ist eine Stammfunktion von $x^3 \cos(x)$. Wir setzen dazu $f(x) := \cos(x)$ als „einfache" und $g(x) := x^3$ als „komplizierte" Funktion an. Dann ist $F(x) = \sin(x)$ Stammfunktion von f und $g'(x) = 3x^2$, sodass (19.4.1) liefert:

$$\int x^3 \cos(x)\, dx = x^3 \sin(x) - \int 3x^2 \sin(x)\, dx$$

Eine nochmalige Anwendung der partiellen Integration auf $\int 3x^2 \sin(x)\, dx$ (jetzt mit $f(x) := \sin(x)$ und $g(x) := 3x^2$) ergibt

$$\int 3x^2 \sin(x)\, dx = -3x^2 \cos(x) + \int 6x \cos(x)\, dx.$$

Eine dritte Anwendung der Regel der partiellen Integration auf $\int 6x \cos(x)\, dx$ (diesmal mit $f(x) := \cos(x)$ und $g(x) := 6x$) liefert weiter

$$\int 6x \cos(x)\, dx = 6x \sin(x) - \int 6 \sin(x)\, dx.$$

19.4 Integrationsregeln

Schließlich ist $-6\cos(x)$ eine Stammfunktion von $6\sin(x)$. Rückwärtiges Einsetzen liefert nun insgesamt (wenn man bei den Vorzeichen keine Fehler macht)

$$\int x^3 \cos(x)\, dx = x^3 \sin(x) + 3x^2 \cos(x) - 6x \sin(x) - 6\cos(x),$$

was man durch Ableiten ja nochmals überprüfen kann.

Hätten wir zu Beginn $f(x) := x^3$ und $g(x) := \cos(x)$ gesetzt, so hätte man mit $F(x) = \frac{1}{4}x^4$ und $g'(x) = -\sin(x)$ die Gleichung

$$\int x^3 \cos(x)\, dx = \frac{1}{4}x^4 \cos(x) - \int -\frac{1}{4}x^4 \sin(x)\, dx$$

erhalten. Dabei ist der neue Integrand komplizierter als der alte Integrand, weil nun ein Polynom vierten Grades anstelle eines Polynoms dritten Grades involviert ist. Daher war es sinnvoll, eingangs $f(x) = \cos(x)$ und $g(x) = x^3$ zu setzen. ∎

Beispiel 19.4.7 Wir suchen eine Stammfunktion von Arcussinus, der Umkehrfunktion von Sinus auf $[-\frac{\pi}{2}, \frac{\pi}{2}]$. Dazu setzen wir $f(x) := 1$ und $g(x) = \arcsin(x)$. Dann ist $F(x) = x$ eine Stammfunktion von f und $g'(x) = \frac{1}{\sqrt{1-x^2}}$ (siehe ▶Beispiel 18.2.11) ist die Ableitung von g. Nach der Formel (19.4.1) ist dann

$$\int \arcsin = \int fg = Fg - \int (Fg') = x\arcsin(x) - \int \frac{x}{\sqrt{1-x^2}}\, dx.$$

Es bleibt daher eine Stammfunktion von $F(x)g'(x) = \frac{x}{\sqrt{1-x^2}}$ zu finden. Dies kann mithilfe der ▶Substitutionsregel 19.4.1 gemacht werden. Dazu seien $f^*(x) := \frac{1}{\sqrt{x}}$ und $g^*(x) := 1 - x^2$. Dann ist $F^*(x) := 2\sqrt{x}$ eine Stammfunktion von f^* und daher ist $F^* \circ g^*$ eine Stammfunktion von $(f^* \circ g^*) \cdot (g^*)'$. Wegen

$$(f^* \circ g^*)(x) \cdot (g^*)'(x) = \frac{-2x}{\sqrt{1-x^2}} = (-2) \cdot \frac{x}{\sqrt{1-x^2}}$$

ergibt sich dann $(-\frac{1}{2}) \cdot F^* \circ g^*(x) = -\sqrt{1-x^2}$ als Stammfunktion von $\frac{x}{\sqrt{1-x^2}}$. Also erhalten wir insgesamt, dass

$$x \cdot \arcsin(x) + \sqrt{1-x^2}$$

eine Stammfunktion von $\arcsin(x)$ ist. ∎

C Integration bei rationalen Funktionen Wir wollen anhand eines weiteren Beispiels aufzeigen, dass Methoden aus der Computer-Algebra zur Integration von rationalen Funktionen verwendet werden.

Gesucht sei die Stammfunktion von $f(x) := \frac{-x^6 + x^4 + x^2}{1 - x^4}$ (siehe ▶Beispiel 13.3.2). Wir führen zunächst eine Division mit Rest durch, um $f(x) = x^2 - 1 + \frac{1}{1-x^4}$ zu erhalten, sodass

$$\int f(x)\, dx = \frac{x^3}{3} - x + \int \frac{1}{1-x^4}\, dx$$

ist. Der Integrand $\frac{1}{1-x^4}$ hat nun die Eigenschaft, dass die Zählerfunktion einen kleineren Grad als die Nennerfunktion hat. Bei der Behandlung dieses Integranden verwendet man die im ▶Beispiel 13.3.2 berechnete Partialbruchzerlegung (bei der auch das Faktorisieren von Polynomen eingeht), nämlich

$$\frac{1}{1-x^4} = \frac{1}{4(1-x)} + \frac{1}{4(1+x)} + \frac{1}{2(1+x^2)}.$$

Bei den einzelnen Summanden handelt es sich nun um Brüche mit Zählergrad kleiner als Nennergrad und mit Nennergrad maximal zwei.[1] In dieser Situation kennt man die einzelnen Stammfunktionen, welche man beispielsweise in Bronstein et al. [9] nachschlagen kann. Hier ergibt sich aber auch aufgrund unserer kleinen Auswahl am Ende von Abschnitt 19.3 unmittelbar

$$\int \frac{1}{1-x^4} \, dx = -\frac{1}{4}\ln(1-x) + \frac{1}{4}\ln(1+x) + \frac{1}{2}\arctan(x),$$

wobei arctan die Umkehrfunktion von Tangens auf dem Intervall $(-\frac{\pi}{2}, \frac{\pi}{2})$ ist.

19.5 Integration bei Funktionenfolgen

In diesem Abschnitt untersuchen wir das Problem, wann die Limesbildung bei Funktionenfolgen mit der Integration bzw. mit der Differentiation vertauschbar ist. Wir beschränken uns dabei auf stetige Funktionen, auf die gleichmäßige Konvergenz (siehe ▶Definition 17.4.2) und wenden die Ergebnisse auf Potenzreihen an.

A **Vertauschung von Integral und Grenzwertbildung** Wir beginnen mit der Vertauschung von Integral und Grenzwertbildung bei Funktionenfolgen.

Satz 19.5.1 Für jedes $n \in \mathbb{N}$ sei $f_n: [a, b] \to \mathbb{R}$ eine stetige Funktion (wobei $a, b \in \mathbb{R}$ mit $a < b$). Die Funktionenfolge (f_n) konvergiere auf $[a, b]$ gleichmäßig gegen die Grenzfunktion $f: [a, b] \to \mathbb{R}$. Dann ist f Riemann-integrierbar auf $[a, b]$ und es gilt

$$\int_a^b \left(\lim_{n\to\infty} f_n\right)(x) \, dx = \int_a^b f(x) \, dx = \lim_{n\to\infty} \left(\int_a^b f_n(x) \, dx\right).$$

Beweis Zunächst ist die Grenzfunktion f aufgrund der gleichmäßigen Konvergenz der Funktionenfolge (f_n) stetig (▶Satz 17.4.3) und daher auch Riemann-integrierbar

---

[1] Dies ist in der Tat stets der Fall, denn aufgrund des Fundamentalsatzes der Algebra, siehe die Bemerkungen nach ▶Satz 12.2.10 in Abschnitt 12.2-E, sind die einzigen monischen irreduziblen Polynome über $\mathbb{R}$ die Linearfaktoren sowie quadratische Polynome mit negativer Diskriminante.

(▶Satz 19.2.3). Es sei $\varepsilon > 0$ gegeben. Dann ist auch $\varepsilon' := \frac{\varepsilon}{b-a} > 0$. Aufgrund der gleichmäßigen Konvergenz gibt es dann zu diesem $\varepsilon' > 0$ ein $N \in \mathbb{N}$ mit $\|f - f_n\| < \varepsilon'$ für jedes $n \geq N$, wobei

$$\|f - f_n\| := \sup\{|f_n(x) - f(x)| : x \in [a, b]\}$$

(siehe ▶Satz 17.4.5). Für solche n gilt dann

$$\left|\int_a^b f - \int_a^b f_n\right| = \left|\int_a^b (f - f_n)\right|$$
$$\leq \int_a^b |f - f_n|$$
$$\leq (b-a) \cdot \|f - f_n\| < (b-a) \cdot \varepsilon' = \varepsilon.$$

Daraus folgt die Behauptung. ∎

B **Integration und Stammfunktionen von Potenzreihen** Wir wenden dieses Resultat nun auf die Berechnung von Integralen und Stammfunktionen bei Potenzreihen an. Es sei dazu (a_n) eine Folge in $\mathbb{R}$ und für jedes $n \in \mathbb{N}$ sei (vgl. mit der Notation in Abschnitt 17.4-D) $P_{a,n}(x)$ gleich dem Polynom $\sum_{k=0}^n a_k x^k$. Ferner sei $P_a(x) = \sum_{k=0}^\infty a_k x^k$ die zur Funktionenfolge $(P_{a,n})_{n \in \mathbb{N}}$ gehörende Potenzreihe.

Ist der Konvergenzradius ρ_a von P_a echt größer als 0, so konvergiert die Funktionenfolge $(P_{a,n})_{n \in \mathbb{N}}$ auf jedem Intervall $[\alpha, \beta]$ mit $-\rho_a < \alpha < \beta < \rho_a$ gleichmäßig gegen f (wie wir im Beweis von ▶Satz 17.4.6 gesehen haben). Nach ▶Satz 19.5.1 ist P_a damit Riemann-integrierbar auf $[\alpha, \beta]$. Wir betrachten nun $\alpha = 0$ und $\beta = r < \rho_a$. Ist Q_a eine Stammfunktion von P_a, so gilt für jedes $x \in [0, r]$ (wieder mit ▶Satz 19.5.1):

$$Q_a(x) - Q_a(0) = \int_0^x P_a(t)\, dt$$
$$= \int_0^x \lim_{n \to \infty} P_{a,n}(t)\, dt$$
$$= \lim_{n \to \infty} \int_0^x P_{a,n}(t)\, dt$$

Wegen $P_{a,n}(t) = \sum_{k=0}^n a_k t^k$ ist nun $\sum_{k=0}^n \frac{1}{k+1} a_k t^{k+1}$ eine Stammfunktion von $P_{a,n}$. Daraus ergibt sich insgesamt dann

$$Q_a(x) - Q_a(0) = \lim_{n \to \infty} \int_0^x P_{a,n}(t)\, dt = \sum_{k=0}^\infty \frac{1}{k+1} a_k x^{k+1},$$

sodass auch $\sum_{n=0}^\infty \frac{a_n}{n+1} x^{n+1}$ eine Stammfunktion von $\sum_{n=0}^\infty a_n x^n$ ist. Das bedeutet, dass man bei der Integration von Potenzreihen (innerhalb des Konvergenzradius) summandenweise integrieren darf, wie auch bei Polynomen. Ferner ist zu beachten, dass der Konvergenzradius ρ der zur Folge $(\frac{a_n}{n+1})_{n \in \mathbb{N}}$ gehörenden integrierten Reihe gleich ρ_a, dem Konvergenzradius zur Folge $(a_n)_{n \in \mathbb{N}}$ gehörenden Reihe ist, denn: Nach dem Wurzelkriterium aus ▶Satz 16.2.4-(1) ergibt sich $\rho = \frac{1}{L}$ mit $L = \limsup\{\sqrt[n+1]{\frac{|a_n|}{n+1}} : n \in \mathbb{N}\}$. Ferner ist $\lim(\sqrt[n+1]{n+1})$ gleich 1 nach ▶Beispiel 15.1.7, weshalb

$$\limsup\left\{\sqrt[n+1]{\frac{|a_n|}{n+1}} : n \in \mathbb{N}\right\} = \limsup\{\sqrt[n]{|a_n|} : n \in \mathbb{N}\}$$

und damit $\rho = \rho_a$ gilt. Zusammenfassend erhalten wir folgendes Ergebnis:

Satz 19.5.2 Es sei $(a_n)_{n\in\mathbb{N}}$ eine reellwertige Folge. Die zugehörige Potenzreihe $P_a(x) = \sum_{n=0}^{\infty} a_n x^n$ habe den Konvergenzradius $\rho_a > 0$. Auf $(-\rho_a, \rho_a)$ ist dann $\sum_{n=0}^{\infty} \frac{a_n}{n+1} x^{n+1}$ eine Stammfunktion von $P_a(x)$. Diese Stammfunktion hat ebenfalls den Konvergenzradius ρ_a.

Beispiel 19.5.3 Wir untersuchen die Umkehrfunktion Arcustangens, arctan, der auf dem Intervall $(-\frac{\pi}{2}, \frac{\pi}{2})$ definierten Tangensfunktion $\tan = \frac{\sin}{\cos}$. Wir wollen nun zeigen, dass $\arctan(x)$ eine analytische Funktion im Punkt $\omega = 0$ ist, und eine entsprechende Potenzreihe für diese Funktion angeben. Dazu gehen wir wie folgt vor. Wir leiten die Funktion $\arctan(x)$ zunächst ab. Dann erkennen wir, wie sich die Ableitung in eine Potenzreihe entwickeln lässt. Danach integrieren wir diese Potenzreihe, um eine Reihendarstellung von arctan um den Nullpunkt zu erhalten.

Nach ▶Beispiel 18.2.6 ist zunächst $\tan' = 1 + \tan^2$ und somit folgt mit ▶Satz 18.2.10

$$\arctan'(x) = \frac{1}{\tan' \circ \arctan(x)} = \frac{1}{1 + x^2}.$$

Mit $y := x^2$ ist weiter

$$\frac{1}{1+x^2} = \frac{1}{1+y} = \sum_{k=0}^{\infty} (-1)^k y^k = \sum_{k=0}^{\infty} (-1)^k x^{2k}.$$

Letzteres gilt für jedes x aus $(-1, 1)$. Durch Anwendung von ▶Satz 19.5.2, also durch summandenweises Integrieren, erhält man dann eine **Reihendarstellung für** arctan **auf** $(-1, 1)$, nämlich

$$\arctan(x) = \sum_{k=0}^{\infty} (-1)^k \frac{x^{2k+1}}{2k+1}. \tag{19.5.1}$$

Folglich ist arctan eine analytische Funktion. Darüber hinaus entspricht diese Reihe nach ▶Satz 18.4.8 der Taylor-Entwicklung von arctan um den Nullpunkt. ■

Wir bleiben noch kurz bei diesem Beispiel. Aufgrund der Stetigkeit von arctan am Punkt 1 und der Konvergenz der entsprechenden Reihe (19.5.1) für $x = 1$ (nach dem Leibniz-Kriterium, ▶Satz 16.1.5) erhält man durch Einsetzen von 1 in (19.5.1) die Formel $\arctan(1) = \sum_{k=0}^{\infty} \frac{(-1)^k}{2k+1}$. Nun ist $\arctan(1) = y$ äquivalent zu $1 = \tan(y)$, was $\sin(y) = \cos(y)$ entspricht. Auf dem Intervall $(-\frac{\pi}{2}, \frac{\pi}{2})$ ist dies genau für $y = \frac{\pi}{4}$ der Fall.

Das liefert insgesamt die schöne Formel

$$\frac{\pi}{4} = \arctan(1) = \sum_{k=0}^{\infty} \frac{(-1)^k}{2k+1} = 1 - \frac{1}{3} + \frac{1}{5} - \frac{1}{7} + \frac{1}{9} - \frac{1}{11} + \ldots \quad (19.5.2)$$

für den vierten Teil der Kreiszahl π, welche bereits im ersten Beispiel zu ▶Satz 16.1.5 in Abschnitt 16.1 vorweggenommen wurde.

C Vertauschung von Differenzieren und Grenzwertbildung In diesem Teil des vorliegenden Abschnittes über Funktionenfolgen werden wir das zu ▶Satz 19.5.1 entsprechende Ergebnis für das Differenzieren formulieren und danach eine Anwendung auf Taylor-Reihen betrachten.

Satz 19.5.4 Es seien $a, b \in \mathbb{R}$ mit $a < b$. Für jedes $n \in \mathbb{N}$ sei $f_n : [a, b] \to \mathbb{R}$ eine differenzierbare Funktion und die Ableitungsfunktion f_n' sei stetig auf $[a, b]$. Angenommen, die Funktionenfolge (f_n) konvergiert punktweise gegen die Grenzfunktion $f : [a, b] \to \mathbb{R}$ und die Funktionenfolge (f_n') der Ableitungen konvergiert gleichmäßig gegen die Grenzfunktion $h : [a, b] \to \mathbb{R}$. Dann ist die Grenzfunktion f differenzierbar und für jedes $x \in [a, b]$ gilt:

$$f'(x) = \left(\lim_{n \to \infty} f_n(x)\right)' = \lim_{n \to \infty} f_n'(x) = h(x)$$

Beweis Aufgrund der gleichmäßigen Konvergenz der Folge (f_n') ist deren Grenzfunktion h stetig (▶Satz 17.4.3) und somit Riemann-integrierbar (▶Satz 19.2.3). Da f_n Stammfunktion von f_n' ist, folgt aus dem ▶Hauptsatz 19.3.3

$$f_n(x) - f_n(a) = \int_a^x f_n'(t)\,dt$$

für jedes $x \in [a, b]$. Bei Grenzübergang $n \to \infty$ konvergiert nun die linke Seite dieser Gleichung gegen $f(x) - f(a)$, während die rechte Seite aufgrund ▶Satz 19.5.1 gegen

$$\lim_{n \to \infty} \int_a^x f_n'(t)\,dt = \int_a^x \lim_{n \to \infty} f_n'(t)\,dt = \int_a^x h(t)\,dt$$

konvergiert. Damit ergibt sich $f(x) = f(a) + \int_a^x h(t)\,dt$. Insbesondere ist f differenzierbar und deren Ableitung ist gleich $f'(x) = h(x)$, was zu beweisen war. ∎

D Differenzieren von Potenzreihen Wie angekündigt wenden wir diesen Sachverhalt nun auf das Differenzieren von Potenzreihen an. Man erhält, dass Potenzreihen innerhalb ihres Konvergenzradius differenzierbar sind und dass man die Ableitung durch summandenweises Differenzieren berechnet.

Wir betrachten hierbei einen allgemeinen Entwicklungspunkt ω. Zur Folge (a_n) sei $P_{a,n}(x)$ nun die Polynomfunktion $\sum_{k=0}^{n} a_k(x-\omega)^k$. Die Grenzfunktion der Funktionenfolge $(P_{a,n})_{n \in \mathbb{N}}$ ist $P_a(x) = \sum_{k=0}^{\infty} a_k(x-\omega)^k$. Innerhalb des durch den Konvergenzradius ρ_a der zu (a_n) gehörenden Potenzreihe P_a gehörenden Bereiches $B_{\rho_a}(\omega)$ konvergiert die Funktionenfolge $(P_{a,n})$ gleichmäßig gegen P_a. Wir haben in Abschnitt 16.2 gezeigt, wie man mithilfe des Wurzelkriteriums den Konvergenzradius berechnen kann, nämlich als $\rho_a = \frac{1}{L}$ mit $L = \limsup(\sqrt[n]{|a_n|})$.

Wir betrachten als Nächstes die Ableitungsfunktionen $P'_{a,n}(x) = \sum_{k=1}^{n} k a_k(x-\omega)^{k-1}$. Die zu dieser Funktionenfolge gehörende Grenzfunktion ist

$$R_a(x) := \sum_{k=1}^{\infty} k a_k (x-\omega)^{k-1} = \sum_{l=0}^{\infty} (l+1) a_{l+1} (x-\omega)^l.$$

Das ▶Wurzelkriterium 16.2.4-(1) liefert für diese Potenzreihe den Konvergenzradius $\rho := \frac{1}{M}$, wobei $M = \limsup(\sqrt[n]{|n \cdot a_n|})$. Wegen $\lim(\sqrt[n]{n}) = 1$ ist dieser Limes Superior aber gleich $L = \limsup(\sqrt[n]{|a_n|})$, sodass $\rho = \rho_a$ folgt, i. e., der Konvergenzradius von R_a ist gleich dem Konvergenzradius von P_a. Daher ergibt die Anwendung von ▶Satz 19.5.4 die Differenzierbarkeit von P_a auf jedem Intervall $[\omega - r, \omega + r]$ mit $r < \rho_a$, und weiterhin ist die Ableitung von P_a gleich $P'_a = R_a$. Diese kann daher durch summandenweises Differenzieren der Potenzreihe bestimmt werden. Wir fassen zusammen.

> **Satz 19.5.5** Es sei $(a_n)_{n \in \mathbb{N}}$ eine reellwertige Folge. Die zugehörige Potenzreihe $P_a(x) = \sum_{n=0}^{\infty} a_n(x-\omega)^n$ um den Entwicklungspunkt ω habe den Konvergenzradius $\rho_a > 0$. Auf $(-\rho_a, \rho_a)$ ist P_a dann differenzierbar und es gilt
>
> $$P'_a(x) = \left(\sum_{k=0}^{\infty} a_k(x-\omega)^k \right)' = \sum_{k=0}^{\infty} [a_k(x-\omega)^k]' = \sum_{k=1}^{\infty} a_k k (x-\omega)^{k-1}.$$
>
> Ferner hat diese Ableitungsfunktion ebenfalls den Konvergenzradius ρ_a.

Durch induktive Anwendung dieses Satz ergibt sich, dass Potenzreihen der Form P_a innerhalb $(-\rho_a, \rho_a)$ beliebig oft (summandenweise) differenziert werden können und dass die Konvergenzradien dabei stets gleich bleiben. Dies ergänzt letztendlich den Beweis von ▶Satz 18.4.8 über die Darstellung analytischer Funktionen durch ihre Taylor-Reihe.

Als Anwendung von ▶Satz 19.5.5 betrachten wir abschließend noch zwei Beispiele, welche die hier erzielten Ergebnisse im Umgang mit Potenzreihen bzw. mit der Berechnung von Reihen veranschaulichen sollen.

19.5 Integration bei Funktionenfolgen

Beispiel 19.5.6 Die (aus Scheid [49] entnommene) Aufgabe bestehe in der Erklärung der folgenden Formel:

$$\frac{2}{1} + \frac{6}{2} + \frac{12}{4} + \frac{20}{8} + \frac{30}{16} + \ldots = 16$$

Präzise formuliert besteht das Problem also in dem Auffinden zweier (expliziter) Folgen (a_n) und (b_n) mit $\sum_{k=0}^{\infty} \frac{a_k}{b_k} = 16$, wobei die Glieder $a_0, \ldots, a_4$ und $b_0, \ldots, b_4$ wie oben vorgegeben sind, nämlich:

n	0	1	2	3	4
a_n	2	6	12	20	30
b_n	1	2	4	8	16

Die offensichtliche Wahl für die Nennerfolge ist $b_n = 2^n$. Zur Bestimmung einer Vorschrift für die Zählerfolge (a_n), beginnend mit 2, 6, 12, 20, 30, betrachten wir aufeinanderfolgende Differenzen. Aus 2, 6, 12, 20, 30 erhalten wir zunächst die sog. **Differenzen erster Ordnung** durch:

$a_1 - a_0$	$a_2 - a_1$	$a_3 - a_2$	$a_4 - a_3$
4	6	8	10

Betrachtet man zu dieser **Differenzfolge** erneut zwei aufeinanderfolgende Differenzen, so ergibt sich eine konstante Folge:

$a_2 - 2a_1 + a_0$	$a_3 - 2a_2 + a_1$	$a_4 - 2a_3 + a_2$
2	2	2

Allgemein ist nun zu sagen, dass es sich bei der Differenzenbildung um ein **diskretes Analogon des Differenzenquotienten** handelt, denn es ist ja

$$a_{n+1} - a_n = \frac{a_{n+1} - a_n}{n+1-n}.$$

Die Konstanz der Differenzen zweiter Ordnung legt nun einen quadratischen Ansatz für die Funktionsvorschrift der Folge (a_n) nahe:

$$a_n := \alpha n^2 + \beta n + \gamma$$

In der Tat ergibt sich mit diesem Ansatz für eine beliebige Differenz zweiter Ordnung $(a_{n+1} - a_n) - (a_n - a_{n-1}) = a_{n+1} - 2a_n + a_{n-1}$, was wiederum gleich

$$= \alpha(n+1)^2 + \beta(n+1) + \gamma - 2(\alpha n^2 + \beta n + \gamma) + \alpha(n-1)^2 + \beta(n-1) + \gamma$$
$$= (\alpha - 2\alpha + \alpha)n^2 + (2\alpha + \beta - 2\beta - 2\alpha + \beta)n$$
$$\quad + (\alpha + \beta + \gamma - 2\gamma + \alpha - \beta + \gamma)$$
$$= 2\alpha,$$

also konstant ist. Die Berechnung der Koeffizienten α, β und γ erfolgt nun durch Interpolation gemäß Abschnitt 12.4, denn schließlich haben wir mit den vier Werten

$a_0, \ldots, a_4$ genügend Information, um die drei Koeffizienten des gesuchten quadratischen Polynoms zu berechnen. Das Ergebnis der Interpolation (angewandt auf die drei Punktepaare (0, 2) und (1, 6) und (2, 12)) lautet $a_n = n^2 + 3n + 2$, was in der Tat nicht nur für $n = 0, 1, 2$, sondern auch für $n = 3, 4$ gültig ist.

Es bleibt also letztendlich zu zeigen, dass

$$\sum_{n=0}^{\infty} \frac{n^2 + 3n + 2}{2^n} = 16$$

gilt. Zum Nachweis dieser Gleichung ist nun zu beachten, dass $a_n = (n+1)(n+2)$ ist, was

$$\sum_{n=0}^{\infty} \frac{a_n}{b_n} = \sum_{n=0}^{\infty} (n+1)(n+2) \left(\frac{1}{2}\right)^n = \sum_{m=2}^{\infty} m(m-1) \left(\frac{1}{2}\right)^{m-2}$$

liefert. Aufgrund von ▶Satz 19.5.5 ist dies nun aber nichts anderes als $g''(\frac{1}{2})$, wobei $g(x) := \sum_{n=0}^{\infty} x^n$ die geometrische Reihe ist. Diese darf nämlich innerhalb des Konvergenzbereiches $(-1, 1)$ beliebig oft und summandenweise differenziert werden:

$$g'(x) = \sum_{n=1}^{\infty} nx^{n-1} \quad \text{und} \quad g''(x) = \sum_{n=2}^{\infty} (n-1)nx^{n-2}$$

Andererseits ist aber $g(x) = \frac{1}{1-x}$ für alle $x \in (-1, 1)$ (siehe ▶Beispiel 16.1.2). Zweifaches Differenzieren in dieser Darstellung als rationale Funktion liefert daher alternativ

$$g'(x) = -\frac{1}{(1-x)^2} \quad \text{und} \quad g''(x) = \frac{2}{(1-x)^3}.$$

Setzt man nun $\frac{1}{2}$ in jede der beiden Darstellungen für $g''(x)$ ein, so erhält man insgesamt wie gewünscht

$$\sum_{n=0}^{\infty} \frac{n^2 + 3n + 2}{2^n} = g''\left(\frac{1}{2}\right) = \frac{2}{(1-\frac{1}{2})^3} = 2^4 = 16.$$

Beispiel 19.5.7 Zum Ende dieses Abschnittes wollen wir nochmals ein Beispiel aus der Wahrscheinlichkeitstheorie betrachten, welches mit Methoden der Reihenbildung untersucht werden kann. Dazu denken wir uns, dass ein fairer Würfel so lange geworfen wird, bis das Ereignis

„zweimal hintereinander die gleiche Zahl"

erstmals eintritt. Es bezeichne daher ζ die Zufallsvariable, die misst, bei welchem Wurf dieses Ereignis stattfindet. Wenn also $\zeta = k$ ist, so liefern der $(k-1)$-te und der k-te Wurf des Würfels erstmals die gleiche Augenzahl zweier aufeinanderfolgender Würfe. Die Zufallsvariable ζ nimmt ihre Werte im Bereich $\mathbb{N}\setminus\{0, 1\}$ an, denn mindestens ist zweimal zu werfen, theoretisch kann es aber sein, dass man sehr lange braucht, bis das Ereignis angenommen wird; prinzipiell kann jedes $k \geq 2$ als Wert von ζ auftreten. Hierbei liegt also ein abzählbar unendlicher Ergebnisraum zugrunde. Die Wahrscheinlichkeit, dass das Ereignis beim k-ten Wurf eintritt ($k \geq 2$), dass also ζ den Wert k annimmt, ist gleich

$$\mathbb{P}(\zeta = k) = \left(\frac{5}{6}\right)^{k-2} \cdot \frac{1}{6},$$

was für $k = 2$ den Wert $\frac{1}{6}$ liefert. Zur Begründung: Bei $k > 2$ darf der zweite Wurf nicht gleich dem ersten sein, daher der Faktor $\frac{5}{6}$; bei $k > 3$ darf auch der dritte Wurf nicht gleich dem zweiten sein, daher ein weiterer Faktor $\frac{5}{6}$; usw. Der Wert von $\mathbb{P}(\zeta = k)$ wird zwar mit zunehmenden k immer kleiner, jedoch bleibt er stets positiv, sodass in der Tat jedes k aus $\mathbb{N}$ mit $k \geq 2$ das Ergebnis dieses Experimentes sein kann.

Wir wollen nun den Erwartungswert $\mathbb{E}(\zeta)$ dieses Experimentes berechnen. Dieser ist gemäß Abschnitt 16.5-A als die Reihe aller Zahlen $k \cdot \mathbb{P}(\zeta = k)$ definiert (also als Summe über alle Produkte der Form „konkretes numerisches Ergebnis $\zeta = k$" multipliziert mit der Wahrscheinlichkeit für das Eintreten dieses Ergebnisses). Wegen $k \in \mathbb{N}$ und $k \geq 2$ handelt es sich bei dieser Summe in Wirklichkeit um eine Reihe, nämlich um

$$\mathbb{E}(\zeta) = \sum_{k=2}^{\infty} k \cdot \mathbb{P}(\zeta = k) = \sum_{k=2}^{\infty} k \cdot \left(\frac{5}{6}\right)^{k-2} \cdot \frac{1}{6}.$$

Zur Berechnung dieses Wertes formen wir diese Reihe zunächst um zu

$$\frac{1}{6} \cdot \sum_{k=2}^{\infty} k \cdot \left(\frac{5}{6}\right)^{k-2} = \frac{1}{6} \cdot \frac{6}{5} \cdot \sum_{k=2}^{\infty} k \cdot \left(\frac{5}{6}\right)^{k-1}$$

$$= \frac{1}{6} \cdot \frac{6}{5} \cdot \left(\sum_{k=1}^{\infty} k \cdot \left(\frac{5}{6}\right)^{k-1} - 1 \cdot \left(\frac{5}{6}\right)^{0}\right)$$

$$= -\frac{1}{5} + \frac{1}{5} \cdot \sum_{k=1}^{\infty} k \cdot \left(\frac{5}{6}\right)^{k-1}.$$

Bei der letztendlich auszuwertenden Reihe $\sum_{k=1}^{\infty} k \cdot \left(\frac{5}{6}\right)^{k-1}$ handelt es sich nun um die Funktion $g'(x) = \sum_{k=1}^{\infty} k x^{k-1}$ an der Stelle $x = \frac{5}{6}$, wobei $g(x) = \sum_{k=0}^{\infty} x^k$ wie im vorhergehenden Beispiel die auf $(-1, 1)$ konvergierende geometrische Reihe ist. Wegen $g(x) = \frac{1}{1-x}$ ist andererseits $g'(x) = \frac{1}{(1-x)^2}$. In dieser Darstellung von $g'(x)$ als rationale Funktion liefert die Auswertung an der Stelle $\frac{5}{6}$ den Wert $g'\left(\frac{5}{6}\right) = 36$. Insgesamt ergibt sich als Erwartungswert für ζ damit

$$\mathbb{E}(\zeta) = -\frac{1}{5} + \frac{1}{5} \cdot 36 = 7.$$

19.6 Uneigentliche Integrale und der zentrale Grenzwertsatz

Im Rahmen der bisherigen Integrationstheorie haben wir stets beschränkte Funktionen auf endlichen, abgeschlossenen Intervallen betrachtet, was zu den sog. **bestimmten Integralen** der Form $\int_a^b f(x)dx$ führte. Zu den **uneigentlichen** bzw. **unbestimmten Integralen** gelangt man, wenn man versucht, den Integrationsbegriff durch Grenzwertbildung auch für nicht beschränkte Funktionen oder unendliche Intervalle zu verallgemeinern.

A Integration über unbeschränkten Intervallen Wir beginnen mit der Integration über unbeschränkten Intervallen und führen dazu die üblichen Schreibweisen ein.

Es sei $f\colon [a, \infty) \to \mathbb{R}$ eine Funktion, die für jedes $b \in \mathbb{R}$ mit $b \geq a$ auf $[a, b]$ Riemann-integrierbar ist. Ferner sei F eine Stammfunktion von f auf $[a, \infty)$. Annahme, der Grenzwert

$$\lim_{b \to \infty} \int_a^b f(x)dx = \lim_{b \to \infty} F(b) - F(a) \tag{19.6.1}$$

existiert. Dann sagt man, dass das Integral $\int_a^\infty f(x)dx$ existiert und man bezeichnet damit gleichzeitig den Grenzwert von (19.6.1).

Entsprechend definiert man bei festem $b \in \mathbb{R}$ und einer Funktion $f\colon [-\infty, b] \to \mathbb{R}$, welche eine Stammfunktion F auf $[-\infty, b]$ hat, das Integral $\int_{-\infty}^b f(x)dx$ als den Grenzwert

$$\lim_{a \to -\infty} \int_a^b f(x)dx = F(b) - \lim_{a \to -\infty} F(a), \tag{19.6.2}$$

sofern dieser Grenzwert existiert.

Beispiel 19.6.1 Als Beispiel betrachten wir die Funktion $f(x) := \frac{1}{x^s}$, wobei $s \in \mathbb{R}$ mit $s > 1$ sei. Dann ist $F(x) = \frac{1}{1-s}x^{1-s}$ eine Stammfunktion von f und daher folgt

$$\int_1^\infty \frac{1}{x^s} dx = \lim_{b \to \infty} \left(\frac{1}{1-s} b^{1-s} \right) - \frac{1}{1-s} = \frac{1}{s-1}.$$

■

Wir werden im nächsten Unterabschnitt weitere Beispiele aus der Wahrscheinlichkeitsrechnung diskutieren. Zuvor definieren wir noch ein drittes uneigentliches Integral: Ist $f\colon \mathbb{R} \to \mathbb{R}$ mit Stammfunktion F auf $\mathbb{R}$ und existiert der Grenzwert

$$\lim_{c \to \infty} \int_{-c}^c f(x)dx = \lim_{c \to \infty} (F(c) - F(-c)), \tag{19.6.3}$$

so schreibt man $\int_{-\infty}^\infty f(x)dx$ für diesen Grenzwert.

19.6 Uneigentliche Integrale und der zentrale Grenzwertsatz

B **Verteilungsfunktionen und Dichten** In Abschnitt 5.1 haben wir erwähnt, dass die in der Stochastik verwendeten Methoden im Wesentlichen davon abhängen, ob ein diskreter oder ob ein kontinuierlicher Wahrscheinlichkeitsraum zugrunde liegt. Wir haben einige Grundlagen der diskreten Wahrscheinlichkeitsrechnung in Kapitel 5 und in Abschnitt 16.5 vorgestellt. Nach der Behandlung der Grundzüge der Differential- und Integralrechnung wollen wir dies nun durch die wichtigsten Begriffsbildungen der kontinuierlichen Wahrscheinlichkeitsrechnung ergänzen, wenngleich wir hier nicht auf Begriffe wie σ-**Algebren** bzw. der **Messbarkeit von Abbildungen** eingehen können (siehe dazu [28]). Wir gehen also von einem Grundraum $(\Omega, \mathbb{P})$ aus und betrachten reellwertige Zufallsvariable, die überabzählbar viele Werte annehmen können.

Definition 19.6.2 Ist $(\Omega, \mathbb{P})$ ein Wahrscheinlichkeitsraum und ζ eine Zufallsvariable, so heißt die Funktion F_ζ, definiert durch

$$F_\zeta \colon \mathbb{R} \to [0, 1], \quad x \mapsto \mathbb{P}(\zeta \le x),$$

die **Verteilungsfunktion von** ζ.

Bei kontinuierlichen Zufallsvariablen ist es häufig so, dass eine Verteilungsfunktion die Form

$$F_\zeta(x) = \int_u^x f(t)\, dt \quad \text{mit } u \in \mathbb{R} \text{ oder } u = -\infty \tag{19.6.4}$$

hat, wobei f eine Abbildung $\mathbb{R} \to [0, \infty)$ ist, die auf einem offenen Intervall (a, b) stetig und auf $\mathbb{R} \setminus (a, b)$ gleich null ist (dabei dürfen $a = -\infty$ oder $b = \infty$ sein); ferner gilt

$$\int_{-\infty}^{\infty} f(t)\, dt = 1,$$

was konform zu $1 = \mathbb{P}(\Omega) = \mathbb{P}(\zeta \in \mathbb{R})$ ist.

Definition 19.6.3 Ist $(\Omega, \mathbb{P})$ ein Wahrscheinlichkeitsraum und ζ eine Zufallsvariable, deren Verteilungsfunktion die Form (19.6.4) mit f wie eben beschrieben hat, so nennt man f eine **Dichte für** F_ζ bzw. **für** ζ.

Wir werden nun mit den Exponentialverteilungen und den Normalverteilungen zwei wichtige Klassen von Verteilungen mit Dichte vorstellen.

Beispiel 19.6.4 Exponentialverteilungen

Es sei $\beta \in \mathbb{R}^+$. Zu diesem Parameter sei

$$f(x) := \begin{cases} \beta \cdot e^{-\beta x}, & \text{falls } x \in (0, \infty) \\ 0, & \text{falls } x \leq 0. \end{cases}$$

Dann ist $F(x) = -e^{-\beta x}$ eine Stammfunktion von f auf $(0, \infty)$ und es gilt

$$\int_{-\infty}^{\infty} f(x)\,dx = \int_{0}^{\infty} f(x)\,dx = \lim_{b \to \infty}(-e^{-\beta b}) - (-e^{-0}) = 1.$$

Somit ist f die Dichte einer Zufallsvariablen ζ, deren Verteilungsfunktion F_ζ gleich

$$F_\zeta(x) = \mathbb{P}(\zeta \leq x) = \begin{cases} 0, & \text{falls } x \leq 0 \\ \int_0^x \beta \cdot e^{-\beta x}, & \text{falls } x > 0 \end{cases}$$

ist. Man nennt ζ **eine zum Parameter β exponential-verteilte Zufallsvariable**, kurz: $\zeta \sim Exp(\beta)$. Die Wahrscheinlichkeit $\mathbb{P}(\zeta \leq x)$ entspricht (für $x > 0$) demnach dem Flächeninhalt von 0 bis x unter der Kurve von $f(x)$. Die Gesamtfläche $\int_0^\infty \beta e^{-\beta x}\,dx$ ist, wie oben berechnet und wie es in der Wahrscheinlichkeitsrechnung sein muss, gleich 1. Exponentialverteilungen werden beispielsweise bei der Modellierung von Lebensdauern technischer Geräte verwendet. ■

> **Definition 19.6.5** Ist ζ eine Zufallsvariable mit Dichte f, so ist der **Erwartungswert von ζ** definiert durch
> $$\mathbb{E}(\zeta) := \int_{-\infty}^{\infty} x \cdot f(x)\,dx,$$
> sofern dieses uneigentliche Integral im Sinne von (19.6.3) existiert.

Als Übung weise man nach, dass der Erwartungswert einer zum Parameter β exponential-verteilten Zufallsvariable gleich $\frac{1}{\beta}$ ist.

> **Definition 19.6.6** Ist ζ eine Zufallsvariable mit Dichte f und mit existierendem Erwartungswert μ, so ist die **Varianz von ζ** definiert durch
> $$\text{Var}(\zeta) := \int_{-\infty}^{\infty} (x - \mu)^2 \cdot f(x)\,dx,$$
> sofern dieses uneigentliche Integral im Sinne von (19.6.3) existiert.

Die in Abschnitt 5.6 bereitgestellten Gesetzmäßigkeiten gelten auch für obige Erweiterungen der Begriffe „Erwartungswert" und „Varianz".

19.6 Uneigentliche Integrale und der zentrale Grenzwertsatz

Beispiel 19.6.7 Normalverteilungen

Die Funktion
$$f(x) := \frac{1}{\sqrt{2\pi}} e^{-x^2/2}$$

nennt man die **Gauß'sche Glockenkurve**. Sie spielt in der Statistik eine ausgezeichnete Rolle, weil es sich dabei um die **Dichtefunktion der Standard-Normalverteilung** handelt. Eine standard-normalverteilte Zufallsvariable ζ kann beliebige reelle Werte annehmen. Für die Verteilungsfunktion $\Phi(x) := \mathbb{P}(\zeta \leq x)$ einer solchen Variable gilt definitionsgemäß:

$$\Phi(x) := \mathbb{P}(\zeta \leq x) = \int_{-\infty}^{x} f(t) dt = \int_{-\infty}^{x} \frac{1}{\sqrt{2\pi}} e^{-t^2/2} \, dt$$

In diesem Zusammenhang sei ohne Beweis bemerkt, dass in der Tat $\int_{-\infty}^{\infty} f(t)dt = 1$ gilt. Der Erwartungswert einer standard-normalverteilten Zufallsvariablen ist aufgrund des in (19.6.3) eingeführten Grenzwertes gleich

$$\mathbb{E}(\zeta) = \int_{-\infty}^{\infty} x f(x) dx = -\frac{1}{\sqrt{2\pi}} \cdot \lim_{c \to \infty} \left(e^{-c^2/2} - e^{-(-c)^2/2} \right) = 0.$$

Allgemeiner spricht man bei der Funktion

$$f_{\mu,\sigma^2}(x) := \frac{1}{\sqrt{2\pi\sigma^2}} e^{-\frac{(x-\mu)^2}{2\sigma^2}}$$

von der **Dichtefunktion einer Normalverteilung mit den Parametern μ und σ^2**. Eine Zufallsvariable ζ mit

$$\mathbb{P}(\zeta \leq x) = \int_{-\infty}^{x} f_{\mu,\sigma^2}(x) \, dx$$

heißt (μ, σ^2)-**normalverteilt**, kurz: $\zeta \sim \mathcal{N}(\mu, \sigma^2)$. Dabei ist μ der Erwartungswert von ζ und σ die Standardabweichung; bei σ^2 handelt es sich um die Varianz von ζ. Die Dichtefunktion f_{μ,σ^2} entsteht, indem man die Gauß'sche Glockenkurve um den Parameter μ verschiebt, sodass eine Symmetrie um μ vorliegt (**Lokationsparameter**) und durch σ glättet (**Maß für Steigung** bzw. **Gefälle** um den Lokationsparameter).

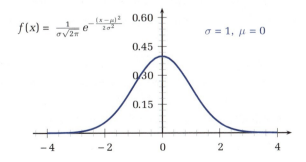

Integralrechnung

C Der zentrale Grenzwertsatz Der außerordentliche Stellenwert der Standard-Normalverteilung liegt im zentralen Grenzwertsatz begründet, den wir hier (ohne Beweis) vorstellen wollen.

Der Ausgangspunkt ist eine Folge $(\zeta_n)_{n\in\mathbb{N}^*}$ von unabhängigen Zufallsvariablen, von denen jede die gleiche Verteilung haben möge.[2] Für jedes n gelte $\mathbb{E}(\zeta_n) = \mu$ und $\text{Var}(\zeta_n) = \sigma^2$. Weiter sei $S_n := \sum_{j=1}^{n} \zeta_j$ für jedes n. Nach den Regeln aus Abschnitt 5.6 ist der Erwartungswert von S_n gleich $n\mu$, während die Varianz von S_n gleich $n\sigma^2$ ist. Nun sei

$$\gamma_n := \frac{S_n - n\mu}{\sigma \cdot \sqrt{n}} \quad \text{für } n \in \mathbb{N}^*. \tag{19.6.5}$$

Dann ist der Erwartungswert einer jeden Zufallsvariablen γ_n gleich

$$\mathbb{E}(\gamma_n) = \frac{1}{\sigma \cdot \sqrt{n}} \cdot (\mathbb{E}(S_n) - n\mu) = 0$$

und die Varianz von γ_n ist gleich

$$\text{Var}(\gamma_n) = \frac{1}{\sigma^2 \cdot n} \cdot (\text{Var}(S_n)) = 1.$$

Aufgrund dessen nennt man γ_n eine **normierte** und **standardisierte Zufallsvariable**. Es folgt der zentrale Grenzwertsatz.

> **Satz 19.6.8** Ausgehend von einer Folge $(\zeta_n)_{n\in\mathbb{N}^*}$ unabhängig und identisch verteilter Zufallsvariablen mit existierendem Erwartungswert μ und existierender Varianz σ^2 sei $(\gamma_n)_{n\in\mathbb{N}^*}$ die zugehörige Folge der normierten und standardisierten Zufallsvariablen. Dann gilt
>
> $$\lim_{n\to\infty} \mathbb{P}(\gamma_n \leq x) = \Phi(x) = \frac{1}{2\pi} \cdot \int_{-\infty}^{x} e^{-t^2/2} dt. \tag{19.6.6}$$

Das bedeutet, dass man die (umfangreich tabellierte) Verteilungsfunktion Φ der Standard-Normalverteilung zur Approximation von Folgen normierter und standardisierter Zufallsvariablen verwenden kann. Betrachten wir hierzu ein konkretes Beispiel.

Beispiel 19.6.9 Bei einem Bernoulli-Experiment mögen jede der beiden möglichen Ausgänge 0 bzw. 1 mit der gleichen Wahrscheinlichkeit $p = \frac{1}{2}$ auftreten (etwa beim Werfen einer fairen Münze). Das Experiment werde $n = 40\,000$-mal unabhängig durchgeführt. Wie groß ist die Wahrscheinlichkeit, dass die Anzahl der Einsen zwischen 19 900 und 20 100 liegt?

---

[2] Man spricht von **unabhängig und identisch verteilten Zufallsvariablen**.

Die exakte Verteilung ist die Binomialverteilung zu den Parametern $(n, p) = (40000, \frac{1}{2})$, weshalb die exakte Wahrscheinlichkeit gleich

$$\sum_{k=19900}^{20100} \binom{40000}{k} \left(\frac{1}{2}\right)^{40000}$$

ist, ein Term, den man aufgrund der Größe der Binomialkoeffizienten so nicht ausrechnen kann. Wir verwenden daher zur Approximation die Aussage des zentralen Grenzwertsatzes.

Hierbei handelt es sich um eine Folge $\zeta_1, \ldots, \zeta_n$ von Bernoulli- bzw. Indikatorvariablen mit Erwartungswert $\mu = p = \frac{1}{2}$ und mit Varianz $\sigma^2 = p(1-p) = \frac{1}{4}$. Die Wahrscheinlichkeit, dass $S_n := \sum_{j=1}^{n} \zeta_j$ zwischen 19900 und 20100 liegt, ist nach Normierung und Standardisierung gleich der Wahrscheinlichkeit, dass

$$Y_n := \frac{S_n - \frac{1}{2} \cdot 40000}{\frac{1}{2} \cdot \sqrt{40000}} = \frac{S_n - 20000}{100}$$

zwischen

$$u := \frac{19900 - \frac{1}{2} \cdot 40000}{\frac{1}{2} \cdot \sqrt{40000}} = -1 \quad \text{und} \quad o := \frac{20100 - \frac{1}{2} \cdot 40000}{\frac{1}{2} \cdot \sqrt{40000}} = 1$$

liegt. Ist nun $\Phi(x)$ die Verteilungsfunktion der Standard-Normalverteilung, so ergibt sich approximativ

$$\mathbb{P}(u \leq Y_n \leq o) \approx \Phi(o) - \Phi(u) = \Phi(1) - \Phi(-1).$$

In einer Tabelle zur Standard-Normalverteilung (siehe etwa Henze [27]) liest man den Wert $\Phi(1) = 0.8413$ ab. Aufgrund der Symmetrie der Standard-Normalverteilung um den Punkt 0 ist $\Phi(t) = 1 - \Phi(-t)$ bei negativem t. Das ergibt $\Phi(-1) = 1 - \Phi(1)$. Also erhalten wir insgesamt als approximative Wahrscheinlichkeit $2 \cdot \Phi(1) - 1 = 0.6826$ für das zu untersuchende Ereignis. ∎

D Integration bei undefinierten Stellen Wir führen abschließend die zu Abschnitt A analogen Bezeichnungen ein, die man bei der Integration von Funktionen in der Nähe von undefinierten Stellen verwendet.

Es sei $f: (a, b] \to \mathbb{R}$ eine Funktion, die über jedem Teilintervall $[a+h, b]$ für $h \in (0, b-a]$ Riemann-integrierbar ist. Ferner sei F eine Stammfunktion von f auf $(a, b]$. Annahme, der Grenzwert

$$\lim_{t \to a^+} \int_t^b f(x)\, dx = F(b) - \lim_{t \to a^+} F(t) \tag{19.6.7}$$

existiert. Dann sagt man, dass das Integral $\int_a^b f(x)dx$ existiert und bezeichnet damit gleichzeitig den Grenzwert von (19.6.7).

Entsprechend definiert man das Integral $\int_a^b f(x)dx$, falls $f:[a, b) \to \mathbb{R}$ eine auf jedem Intervall $[a, b - h]$ (für $h \in (0, b - a]$) Riemann-integrierbare Funktion ist, die eine Stammfunktion F auf $[a, b)$ hat, durch den Grenzwert

$$\lim_{t \to b^-} \int_a^t f(x)\, dx = \lim_{t \to b^-} F(t) - F(a), \qquad (19.6.8)$$

sofern dieser existiert.

Beispiel 19.6.10 Wir berechnen das Integral $\int_0^1 \ln(x)dx$. Es sei dazu $h \in (0, 1)$. Mithilfe der partiellen Integration (mit $f(x) := 1$ und $g(x) = \ln(x)$) erhalten wir

$$\int_h^1 \ln(x)\, dx = x \ln(x)\Big|_h^1 - \int_h^1 x \cdot \frac{1}{x}\, dx = x \ln(x)\Big|_h^1 - x\Big|_h^1$$

$$= \ln(1) - h \ln(h) - 1 + h = -h \ln(h) - 1 + h.$$

Nun ist $\lim_{h \to 0^+}(-h \ln(h) - 1 + h) = -1$, denn $h \ln(h)$ konvergiert nach dem dritten Beispiel zu ▶Satz 18.3.10 bei $h \to 0^+$ gegen 0. Daher ist insgesamt $\int_0^1 \ln(x)\, dx = -1$. ∎

Beispiel 19.6.11 Betrachten wir noch ein weiteres Beispiel. Wir wollen das Integral $\int_{-1}^1 \frac{1}{x^2}\, dx$ berechnen. Da $-\frac{1}{x}$ eine Stammfunktion des Integranden ist, würde eine allzu naive Anwendung des Hauptsatzes zur Berechnung von $-\frac{1}{x}\Big|_{-1}^1 = -1 - 1 = -2$ führen, was aber anschaulich nicht sein kann, da die Kurve offensichtlich eine positive Fläche einschließt. Der Trugschluss liegt darin, dass der Integrand an der Stelle 0 nicht definiert ist.

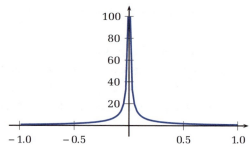

Man muss das Integral daher wie folgt interpretieren:

$$\int_{-1}^1 \frac{1}{x^2}\, dx := \lim_{h \to 0^-} \int_{-1}^h \frac{1}{x^2} + \lim_{h \to 0^+} \int_h^1 \frac{1}{x^2},$$

was aus Symmetriegründen gleich $2 \lim_{h \to 0^+} \int_h^1 \frac{1}{x^2}$ ist. Weiter ist

$$\lim_{h \to 0^+} \int_h^1 \frac{1}{x^2} = \lim_{h \to 0^+} (-\frac{1}{x}\Big|_h^1)$$

gleich $-1 + \lim_{h \to 0^+}\left(\frac{1}{h}\right)$. Wegen $\lim_{h \to 0^+} \frac{1}{h} = \infty$ hat die Fläche daher einen unendlich großen Inhalt. ∎

ZUSAMMENFASSUNG

1. **Das Riemann-Integral stetiger Funktionen** Unter einer Treppenfunktion τ auf $[a, b]$ versteht man eine Funktion, die nur endlich viele Sprungstellen hat und auf dem offenen Intervall zwischen je zwei benachbarten Sprungstellen konstant ist. Umfasst die Folge $x_1 < x_2 < \ldots < x_{n-1}$ die Sprungstellen von τ und sind $x_0 = a$ und $x_n = b$ sowie c_k der konstante Funktionswert von τ auf (x_{k-1}, x_k) (für $k = 1, \ldots, n$), so wurde das Integral von τ auf $[a, b]$ durch $\int_a^b \tau(x)dx := \sum_{k=1}^n c_k(x_k - x_{k-1})$ definiert. Aufgrund der gleichmäßigen Approximierbarkeit stetiger Funktionen f durch Treppenfunktionen sind stetige Funktionen Riemann-integrierbar; das bedeutet, dass (mit $\mathcal{T}_{[a,b]}$ der Menge aller Treppenfunktionen auf $[a, b]$) gilt

$$\inf \left\{ \int_a^b \phi : \phi \in \mathcal{T}_{[a,b]}, \phi \geq f \right\} = \sup \left\{ \int_a^b \phi : \phi \in \mathcal{T}_{[a,b]}, \phi \leq f \right\},$$

weshalb man diese Zahl das Riemann-Integral (kurz: Integral) von f über $[a, b]$ nennt und es mit $\int_a^b f(x)dx$ bezeichnet.

Bei dem Integraloperator $\int_a^b$, der jeder auf $[a, b]$ integrierbaren Funktion f ihr Integral $\int_a^b f$ zuweist, handelt es sich um einen linearen und monotonen Operator. Ist ferner punktweise $f \geq 0$, so stimmt der Integralwert $\int_a^b f$ mit dem Flächeninhalt überein, der von der Funktion f und der x-Achse im Bereich a und b eingeschlossen wird. Allgemein muss man zur Berechnung von Inhalten von Flächen, welche durch integrierbare Funktionen f berandet sind, die Nullstellen von f bestimmen, um den Vorzeichenwechsel von f zu erfassen. Dann muss auf den jeweiligen Teilstücken (u, v) zwischen zwei aufeinanderfolgenden Nullstellen u und v der Betrag $\left| \int_u^v f(x)dx \right|$ berechnet werden, diese Werte werden abschließend addiert.

2. **Regeln zur Berechnung eigentlicher und uneigentlicher Integrale** Zur konkreten Berechnung von Integralen dient in erster Linie der Hauptsatz der Differential- und Integralrechnung. Dieser besagt, dass das Integral $\int_a^b f(x)dx$ einer stetigen Funktion f gleich der Differenz $F(b) - F(a)$ ist, wobei F eine Stammfunktion von f ist, das heißt: $F'(x) = f(x)$. Bei der Integration handelt es sich daher um die Umkehrung der Differentiation.

Aufgrund der Erfahrungen durch das Differenzieren kennen wir Stammfunktionen zu vielen elementaren Funktionen, was zum Ende von Abschnitt 19.3 zusammengefasst wurde. Zur Integration komplizierterer zusammengesetzter Funktionen gibt es viele Techniken und reichhaltige Tabellenwerke. Wir haben zwei der wichtigsten Regeln genauer betrachtet.

- Zum einen die Substitutionsregel, welche auf der Kettenregel aus der Differentialrechnung beruht: Ist der Integrand von der Form $(f \circ g) \cdot g'$, so ist $F \circ g$ eine Stammfunktion dieses Integranden, wobei F eine Stammfunktion von f ist, also

$$\int (f \circ g) \cdot g' = F \circ g.$$

- Zum anderen die Regel der partiellen Integration, welche auf der Produktregel aus der Differentialrechnung beruht: Ist der Integrand von der Form fg und F eine Stammfunktion von f, so ist Fg eine Stammfunktion von $fg + Fg'$ und daher gilt

$$\int fg = Fg - \int Fg'.$$

Im Rahmen der Integration rationaler Funktionen haben wir nochmals auf die Faktorisierung von Polynomen und die Partialbruchzerlegung als Hilfsmittel hingewiesen.

Zu sog. uneigentlichen bzw. unbestimmten Integralen gelangt man, wenn man versucht, den Integrationsbegriff durch Grenzwertbildung auch für nicht beschränkte Funktionen oder für unendliche Intervalle zu verallgemeinern, also etwa Grenzwerte der Form

$$\int_a^\infty f(x)\,dx := \lim_{b\to\infty} \int_a^b f(x)\,dx \quad \text{oder} \quad \int_{-\infty}^\infty f(x)\,dx := \lim_{c\to\infty} \int_{-c}^c f(x)\,dx$$

betrachtet. Solche Integrale treten häufig in der Wahrscheinlichkeitsrechnung auf, wobei es sich bei f um eine Dichtefunktion einer kontinuierlichen Wahrscheinlichkeitsverteilung handelt. Beispielsweise nennt man

$$f(x) := \frac{1}{\sqrt{2\pi}} \exp(-x^2/2)$$

die Gauß'sche Glockenkurve, welche als Dichtefunktion der Standard-Normalverteilung auftritt. Wir haben ferner den zentralen Grenzwertsatz der Stochastik zitiert, wonach normierte und standardisierte Summen unabhängig und identisch verteilter Zufallsvariablen asymptotisch standard-normalverteilt sind.

3. **Differenzieren und Integrieren bei Potenzreihen** Ist f eine auf einem Intervall $[a,b]$ definierte Potenzreihe $\sum_{n=0}^\infty a_n(x-\omega)^n$ um den Entwicklungspunkt ω, so ist f die Grenzfunktion der gleichmäßig konvergierenden Funktionenfolge $(f_n)_{n\in\mathbb{N}}$ mit $f_n(x) = \sum_{k=0}^n a_k(x-\omega)^k$. Als stetige Funktion ist f über dem Intervall $[a,b]$ integrierbar und es gilt $\int_a^b f(x)\,dx = \lim_{n\to\infty} \left(\int_a^b f_n(x)\,dx\right)$ und ferner ist $\sum_{n=0}^\infty \frac{a_n}{n+1}(x-\omega)^{n+1}$ eine Stammfunktion von f. Das bedeutet, dass man, im Rahmen des Konvergenzbereiches, Stammfunktionen von Potenzreihen (wie auch bei Polynomen) durch summandenweises Integrieren berechnet.

Entsprechendes gilt für das Differenzieren von Potenzreihen:

$$\left(\sum_{n=0}^\infty a_n(x-\omega)^n\right)' = \sum_{n=1}^\infty na_n(x-\omega)^{n-1}$$

Wir haben an einigen Beispielen gezeigt, wie man dies geschickt zur Berechnung von Grenzwerten gewisser Reihen einsetzen kann.

Übungsaufgaben

Aufgabe 1 Geben Sie für die folgenden Funktionen jeweils eine Stammfunktion an.

1. $\frac{x^4+2x^3-x^2+3x-1}{x^2+1}$

   (*Hinweis:* Division mit Rest)

2. $(3x+1)\cdot e^x$

3. $x^4 e^x$

   (*Hinweis:* mehrmals partielle Integration anwenden)

4. $\frac{e^{\sqrt{x}}}{\sqrt{x}}$ bzw. $\frac{e^{\sqrt{x}}}{2\sqrt{x}}$

   (*Hinweis:* Substitution)

5. $\int_{-\pi/2}^{x}(\sin(t)+\cos(t))\,dt$

   (*Hinweis:* Hier muss man zweimal integrieren.)

Aufgabe 2 Gegeben sei die Funktion $f(x) = \sin(x)\cdot(x^2-4x+3)$ auf dem Intervall $[-\pi,\pi]$. Berechnen Sie den Flächeninhalt der Fläche, die vom Graphen von f und der x-Achse im Bereich $[-\pi,\pi]$ eingeschlossen wird.

Aufgabe 3 Berechnen Sie den Flächeninhalt der Ellipse

$$\mathcal{E} := \left\{(x,y)\in\mathbb{R}^2 : \frac{x^2}{a^2}+\frac{y^2}{b^2}\leq 1\right\}$$

mit den Halbachsen der Länge $a\in\mathbb{R}^+$ und $b\in\mathbb{R}^+$. Was ergibt sich daraus für den Flächeninhalt eines Kreises mit Radius $r>0$?

Aufgabe 4 Gegeben sei die Funktion

$$f(x) := \frac{x+2}{x+1} + (e^x+e^{-x})(x-1).$$

Bestimmen Sie die Stammfunktion $F(x)$ von $f(x)$ mit $F(0)=4$. Zeigen Sie dann, dass $F(x)$ an der Stelle $x=0$ ein lokales Extremum hat. Von welcher Art ist dieses Extremum?

Aufgabe 5 Es sei $M\subseteq\mathbb{R}^2$ die Menge aller Punkte (x,y), die die folgenden vier Eigenschaften erfüllen:

$$e^x\geq y \text{ und } y\geq 0 \text{ und } -\tfrac{x}{2}+1\geq y \text{ und } x\geq -3.$$

Fertigen Sie eine Skizze von M an, beschreiben Sie den Flächeninhalt von M mit einer Integralformel und berechnen Sie den Flächeninhalt von M mit der von Ihnen gefundenen Formel.

Integralrechnung

Übungsaufgaben

Aufgabe 6 Gegeben seien die beiden Funktionen

$$f(x) := \sin(x) \cdot \cos(x) \cdot (4x - \pi) \quad \text{und}$$

$$F(x) := \left(-2x + \frac{\pi}{2}\right) \cdot \cos^2(x) + \cos(x) \cdot \sin(x) + x.$$

1. Zeigen Sie, dass $F(x)$ eine Stammfunktion von $f(x)$ ist.
2. Berechnen Sie den Flächeninhalt der durch $f(x)$ beschriebenen Kurve und der x-Achse im Bereich von 0 bis $\frac{\pi}{2}$.

Aufgabe 7 Gegeben sei die Potenzreihe

$$R(x) := \sum_{n=1}^{\infty} \frac{(-1)^n}{n^2 \cdot \pi^n} \cdot x^n.$$

1. Berechnen Sie den Konvergenzradius ρ dieser Reihe.
2. Begründen Sie, warum $R(x)$ auch für alle $x \in \mathbb{C}$ mit $|x| = \rho$ (also alle Randpunkte des Konvergenzbereiches) konvergiert.
3. Geben Sie eine Potenzreihe $S(x)$ für die erste Ableitung von $R(x)$ sowie eine Potenzreihe $T(x)$ für eine Stammfunktion von $R(x)$ im Bereich $\{x \in \mathbb{R} : |x| < \rho\}$ an.
4. Begründen Sie, warum die in Punkt (3) berechnete Potenzreihe $S(x)$ an der Stelle $x = \rho$ konvergiert, aber an der Stelle $x = -\rho$ nicht konvergiert.

Aufgabe 8 Berechnen Sie den Grenzwert der folgenden Reihe

$$\sum_{n=0}^{\infty} \frac{n^3 + 6n^2 + 11n + 6}{2 \cdot 3^n}.$$

Aufgabe 9 Berechnen Sie die folgenden uneigentlichen Integrale:

1. $\int_{-1}^{1} \frac{1}{\sqrt{1-x^2}} \, dx$
2. $\int_{0}^{\infty} e^{-\alpha x + \beta} \, dx$, wobei $\alpha \in \mathbb{R}$ mit $\alpha > 0$
3. $\int_{-\infty}^{\infty} \frac{1}{1+x^2} \, dx$

Aufgabe 10 Fertigen Sie eine Skizze der Menge M an und beschreiben Sie den Flächeninhalt von M durch eine Integralformel.

$$M := \{(x,y) \in \mathbb{R}^2 : x^2 + y^2 \leq 1\} \cap \{(x,y) \in \mathbb{R}^2 : x + 1 \leq y\}$$

Übungsaufgaben

Aufgabe 11 Weisen Sie nach, dass der Erwartungswert einer zum Parameter β exponential-verteilten Zufallsvariable gleich $\frac{1}{\beta}$ ist.

Aufgabe 12 Ein Würfel wird 600-mal in unabhängiger Folge geworfen. Wie groß ist dabei die Wahrscheinlichkeit, dass

1. genau 100 Sechsen

2. mindestens 90 und höchstens 110 Sechsen

3. mehr als 120 Sechsen

auftreten?

Aufgabe 13 Eine Münze wird 10000-mal in unabhängiger Folge geworfen. Die Zufallsvariable X bezeichne die Anzahl der Versuche, die das Ergebnis „Kopf" liefern. Geben Sie Approximationen für die folgenden Wahrscheinlichkeiten an.

1. $\mathbb{P}(X = 5000)$

2. $\mathbb{P}(4900 \leq X \leq 5100)$

3. $\mathbb{P}(X \leq 5080)$

Aufgabe 14 Es sei $[a, b]$ ein abgeschlossenes Intervall und $f : [a, b] \to \mathbb{R}$ eine monotone Funktion (monoton wachsend oder monoton fallend). Zeigen Sie, dass f Riemann-integrierbar ist.

Aufgabe 15 Lösen Sie das folgende Integral.

$$\int \frac{x^4 - 5x^3 - 30x^2 - 36x}{x^5 + 3x^4 - x^3 - 11x^2 - 12x - 4} \, dx$$

Literaturverzeichnis

[1] **M. Aigner**, *Diskrete Mathematik*, Vieweg, Braunschweig, 5. Aufl. 2004.

[2] **J. Avenhaus**, *Reduktionssysteme*, Springer, Berlin, 1995.

[3] **M. Barner** und **F. Flohr**, *Analysis*, de Gruyter, Berlin, Band I (5. Aufl.) 2000, Band II (3. Aufl.) 1996.

[4] **F. L. Bauer**, *Entzifferte Geheimnisse – Methoden und Maximen der Kryptologie*, Springer, Berlin, 1995.

[5] **R. E. Blahut**, *Algebraic Methods for Signal Processing and Communications Coding*, Springer, New York, 1992.

[6] **M. Bossert**, *Kanalcodierung*, Teubner, Stuttgart, 2. Aufl. 1998.

[7] **K. H. Borgwardt**, *The Simplex Method – a Probabilistic Analysis*, Springer, Berlin, 1987.

[8] **M. Bender** und **M. Brill**, *Computergrafik – ein anwendungsorientiertes Lehrbuch*, Hanser, München, 2. Aufl. 2003.

[9] **I. N. Bronstein**, **K. A. Semendjajew**, **G. Musiol** und **H. Mühling**, *Taschenbuch der Mathematik*, Harri Deutsch, Frankfurt, 1993.

[10] **P. Bürgisser**, **M. Clausen** und **M. A. Shokrollahi**, *Algebraic Complexity Theory*, Springer, Berlin, 1997.

[11] **P. M. Cohn**, *Basic Algebra – Groups, Rings and Fields*, Springer, London, 2004.

[12] **P. J. Cohen**, *Set Theory and the Continuum Hypothesis*, W. A. Benjamin, Inc., Reading, Massachusetts, 1966.

[13] **H. S. M. Coxeter**, *Unvergängliche Geometrie*, Birkhäuser, Basel, 2. deutschspr. Aufl. 1981.

[14] **P. Deuflhard** und **A. Hohmann**, *Numerische Mathematik I – eine algorithmisch orientierte Einführung*, de Gruyter, Berlin, 3. Aufl. 2002.

[15] **L. Dümbgen**, *Stochastik für Informatiker*, Springer, Berlin, 2003.

[16] **H.-D. Ebbinghaus**, **J. Flum** und **W. Thomas**, *Einführung in die Mathematische Logik*, Spektrum, Akademischer Verlag, 4. Aufl. 1996.

[17] H.-D. Ebbinghaus, H. Hermes, F. Hirzebruch, M. Koecher, K. Lamotke, K. Mainzer, J. Neukirch, A. Prestel und R. Remmert, *Zahlen*, Springer, Berlin, 3. Aufl. 1992.

[18] G. Fischer, *Lineare Algebra – eine Einführung für Studienanfänger*, Vieweg, Braunschweig, 12. Aufl. 2000.

[19] O. Forster, *Analysis*, Vieweg, Braunschweig, Band 1 (7. Aufl.) 2004, Band 2 (5. Aufl.) 1984.

[20] O. Forster, *Algorithmische Zahlentheorie*, Vieweg, Braunschweig, 1996.

[21] R. W. Freund und R. H. W. Hoppe, *Stoer/Bulirsch: Numerische Mathematik 1*, Springer, Berlin, 10. neu bearb. Aufl. 2007.

[22] U. Friedrichsdorf und A. Prestel, *Mengenlehre für den Mathematiker*, Vieweg, Braunschweig, 1985.

[23] P. A. Fuhrmann, *A Polynomial Approach to Linear Algebra*, Springer, New York, 1996.

[24] J. von zur Gathen und J. Gerhard, *Modern Computer Algebra*, Cambridge University Press, Cambridge, 2. Aufl. 2003.

[25] G. H. Hardy und E. M. Wright, *Einführung in die Zahlentheorie*, Oldenbourg, München, 1958.

[26] B. Heinemann und K. Weihrauch, *Logik für Informatiker – eine Einführung*, Teubner, Stuttgart, 1999.

[27] N. Henze, *Stochastik für Einsteiger – eine Einführung in die faszinierende Welt des Zufalls*, Vieweg, Braunschweig, 5. Aufl. 2004.

[28] A. Irle, *Wahrscheinlichkeitstheorie und Statistik: Grundlagen – Resultate – Anwendungen*, Teubner, Stuttgart, 2001.

[29] K. Jacobs und D. Jungnickel, *Einführung in die Kombinatorik*, de Gruyter, Berlin, 2. Aufl. 2004.

[30] B. Jähne, *Digitale Bildverarbeitung*, Springer, Berlin, 5. Aufl. 2002.

[31] F. Jarre und J. Stoer, *Optimierung*, Springer, Berlin, 2004.

[32] D. Jungnickel, *Graphs, Networks and Algorithms*, Springer, Berlin, 3. Aufl. 2008.

[33] K. Königsberger, *Analysis*, Springer, Berlin, Band I (6. Aufl.) 2003, Band II (5. Aufl.) 2004.

[34] M. Kofler, G. Bitsch und M. Komma, *Maple – Einführung, Anwendung, Referenz*, Pearson Studium, München, 5. Aufl. 2002.

[35] **D. E. Knuth**, *The Art of Computer Programming*, Vol. 2 *Seminumerical Algorithms*, Reading, Massachusetts, 2. Aufl. 1981.

[36] **A. Leutbecher**, *Zahlentheorie – eine Einführung in die Algebra*, Springer, Berlin, 1996.

[37] **R. Lidl** und **H. Niederreiter**, *Introduction to Finite Fields and their Applications*, Cambridge University Press, Cambridge, Rev. Ed. 1994.

[38] **J. H. van Lint**, *Introduction to Coding Theory*, Springer, Berlin, 3., überarb. und erw. Aufl. 1999.

[39] **J. H. van Lint** und **R. M. Wilson**, *A Course in Combinatorics*, Cambridge University Press, Cambridge, 1992.

[40] **H. Lüneburg**, *Vorlesungen über Lineare Algebra*, BI Wissenschaftsverlag, Mannheim, 1993.

[41] **R. Mathar** und **D. Pfeifer**, *Stochastik für Informatiker*, Teubner, Stuttgart, 1990.

[42] **H. Meschkowski** (Hrsg.), *Lust an der Erkenntnis: Moderne Mathematik*, Piper, München, 1991.

[43] **K. Meyberg**, *Algebra*, Hanser, München, 2. Aufl. 1980 (Teil 1) und 1976 (Teil 2).

[44] **T. Ottmann** und **P. Widmayer**, *Algorithmen und Datenstrukturen*, Spektrum, Akademischer Verlag, 4. Aufl. 2002.

[45] **G. Pflug**, *Stochastische Modelle in der Informatik*, Teubner, Stuttgart, 1986.

[46] **J. J. Rotman**, *An Introduction to the Theory of Groups*, Springer, New York, 4. Aufl. 1995.

[47] **W. Rudin**, *Analysis*, Oldenbourg, München, 1998.

[48] **P. Sander**, **W. Stucky** und **R. Herschel**, *Automaten, Sprachen, Berechenbarkeit*, Teubner, Stuttgart, 1992.

[49] **H. Scheid**, *Folgen und Funktionen – Einführung in die Analysis*, Spektrum Akademischer Verlag, Heidelberg, 1997.

[50] **B. Schneier**, *Angewandte Kryptographie*, Pearson Studium, München, 2006.

[51] **E. Scholz** (Hrsg.), *Geschichte der Algebra – eine Einführung*, BI Wissenschaftsverlag, Mannheim, 1990.

[52] **M. R. Schroeder**, *Number Theory in Science and Communication*, Springer, Berlin, 1984.

[53] **R.-H. Schulz**, *Codierungstheorie*, Vieweg, Braunschweig, 2. Aufl. 2002.

[54] **A. Steger**, *Diskrete Strukturen 1 – Kombinatorik, Graphentheorie, Algebra*, Springer, Berlin, 2. Aufl. 2007.

[55] **D. R. Stinson**, *Cryptography, Theory and Practice*, CRC Press, London, 1995.

[56] **V. Turau**, *Algorithmische Graphentheorie*, Addison-Wesley, Bonn, 1996.

[57] **I. Wegener**, *Theoretische Informatik – eine algorithmenorientierte Einführung*, Teubner, Stuttgart, 2. Aufl. 1999.

Symbolverzeichnis

$\mathbb{N}$	Menge der natürlichen Zahlen
$\mathbb{Z}$	Ring der ganzen Zahlen
$\mathbb{Q}$	Körper der rationalen Zahlen
$\mathbb{Q}^+$	Menge der positiven rationalen Zahlen
$\mathbb{Q}_0^+$	Menge der nichtnegativen rationalen Zahlen
$\mathbb{R}$	Körper der reellen Zahlen
$\mathbb{R}^+$	Menge der positiven reellen Zahlen
$\mathbb{R}_0^+$	Menge der nichtnegativen reellen Zahlen
$\mathbb{C}$	Körper der komplexen Zahlen
$\mathbb{H}$	Schiefkörper der Quaternionen
K^*	ein Zahlbereich K ohne die Null
$X \subseteq Y$	X ist Teilmenge von Y
$x \in Y$	x ist Element der Menge Y
$X \cap Y$	Schnitt der Mengen X und Y
$X \cup Y$	Vereinigung der Mengen X und Y
$Y \setminus X$	Mengendifferenz Y ohne X
$X \triangle Y$	symmetrische Differenz der Mengen X und Y
X^c	Komplement der Menge X bzgl. einer Grundmenge M
$\emptyset$	die leere Menge
$A \Rightarrow B$	Aussage A impliziert Aussage B
$A \wedge B$	Konjunktion der Aussagen A und B
$A \vee B$	Disjunktion der Aussagen A und B
A xor B	exklusives oder der Aussagen A und B
$\neg A$	Negation der Aussage A
w	Wahrheitswert „wahr"
f	Wahrheitswert „falsch"
$\forall$	der Allquantor
$\exists$	der Existenzquantor

Symbolverzeichnis

$\lvert M \rvert$	Mächtigkeit der Menge M
$\min(M)$	Minimum einer geordneten Menge M
$\max(M)$	Maximum einer geordneten Menge M
$\sup(M)$	Supremum einer geordneten Menge M
$\inf(M)$	Infimum einer geordneten Menge M
id_M	die identische Abbildung auf der Menge M
$\mathcal{P}(M)$	Potenzmenge der Menge M
$M \times N$	kartesisches Produkt von M mit N
M^n	n-faches kartesisches Produkt der Menge M mit sich selbst
N^M	die Menge aller Abbildungen von M nach N
I	eine Indexmenge
$\sum_{i \in I} x_i$	Summe aller x_i für i aus I
$\prod_{i \in I} x_i$	Produkt aller x_i für i aus I
$\bigcap_{i \in I} M_i$	Durchschnitt über alle Mengen M_i für i aus I
$\bigcup_{i \in I} M_i$	Vereinigung über alle Mengen M_i für i aus I
$\times_{i \in I} M_i$	kartesisches Produkt über alle Mengen M_i für i aus I
$\mathrm{succ}(n)$	Nachfolger der natürlichen Zahl n
$n!$	n-Fakultät
$a \vert b$	a teilt b, wobei a, b ganze Zahlen oder Polynome
$\mathrm{ggT}(a, b)$	größter gemeinsamer Teiler von a und b, wobei a und b ganze Zahlen oder Polynome
$\mathrm{kgV}(a, b)$	kleinstes gemeinsames Vielfaches von a und b, wobei a und b ganze Zahlen oder Polynome
$a \bmod b$	Rest bei Division von a durch b, wobei a und b ganze Zahlen oder Polynome
$a \operatorname{div} b$	Quotient bei Division von a durch b, wobei a und b ganze Zahlen oder Polynome
R^κ	Umkehrrelation der Relation R
$R \star S$	Komposition der Relationen R und S
$f : M \to N$	eine Abbildung von der Menge M in die Menge N
$f \circ g$	Verkettung von Abbildungen f und g
$\mathrm{Bild}(f)$	das Bild einer Abbildung f
f^{-1}	die Urbildpartition zur Abbildung f, oder die Umkehrabbildung zu f, falls f bijektiv
$\leq$	die natürliche Ordnung auf $\mathbb{N}, \mathbb{Z}, \mathbb{Q}$ bzw. $\mathbb{R}$

Symbolverzeichnis

$\preceq$	eine partielle Ordnung oder eine Anordnung eines Körpers
$\sim$	eine Äquivalenzrelation
$\equiv$	eine Kongruenzrelation
$a \equiv_n b$	a und b sind kongruent modulo n
$a \equiv b \bmod n$	a und b sind kongruent modulo n
$[a]_\sim$	Äquivalenzklasse von a bzgl. $\sim$
$[a]_n$	Kongruenz- bzw. Restklasse von a modulo n
$M/\sim$	Menge aller Äquivalenzklassen von M bzgl. $\sim$
$\mathbb{Z}/\mathbb{Z}n$ bzw. $\mathbb{Z}_n$	Menge aller Restklassen modulo n
$\mathcal{P}_k(N)$	die Menge aller k-elementigen Teilmengen der Menge N
$\binom{n}{k}$	der Binomialkoeffizient „n über k"
$\mathrm{Sym}(n)$	Menge der Permutationen auf $\{1, 2, \ldots, n\}$
$\mathrm{sgn}(\sigma)$	Vorzeichen der Permutation σ
φ	die Euler-Funktion oder eine Winkelgröße
$(\Omega, \mathbb{P})$	ein Wahrscheinlichkeitsraum
Ω	Ereignisraum
$\mathbb{P}$	Wahrscheinlichkeitsfunktion
$\mathbb{P}(\cdot\|B)$	bedingte W.funktion gegeben Ereignis B
$\mathbb{P}_\zeta$	die von einer Zufallsvariablen ζ induzierte W.funktion
$\mathbb{E}(\zeta)$	Erwartungswert der Zufallsvariablen ζ
$\mathrm{Var}(\zeta)$	Varianz der Zufallsvariablen ζ
F_ζ	Verteilungsfunktion der Zufallsvariablen ζ
1_A	Indikatorvariable zum Ereignis A
$Bin_{n,p}$	Binomialverteilung zu den Parametern n und p
$Geom(p)$	geometrische Verteilung zum Parameter p
$Po(\lambda)$	Poisson-Verteilung zum Parameter λ
$Exp(\beta)$	Exponentialverteilung zum Parameter β
$\mathcal{N}(\mu, \sigma^2)$	Normalverteilung mit Erwartungswert μ und Varianz σ^2
$\Phi(x)$	Gauß'sche Glockenkurve
e_K und d_K	Chiffrier- und Dechiffrierfunktion zum Schlüssel K
d_C	Minimalabstand des Codes C
t_C	Korrekturleistung des Codes C

Symbolverzeichnis

$d_H(c, c')$	Hamming-Abstand der Worte c und c'
$w_H(c)$	Hamming-Gewicht des Codewortes c
$O_s(c)$	diskrete Kugel vom Radius t um das Codewort c
$K_t(c)$	diskrete Kugeloberfläche vom Radius s um das Codewort c
κ	Kontrollgleichung beim ISBN- bzw. beim EAN-Code
$*, \star, \circ, \oplus, \odot, \diamond$	binäre Verknüpfungen
$(M, *, e)$	abstraktes Monoid mit neutralem Element e
$(G, *, e)$	abstrakte Gruppe mit neutralem Element e
$(\mathbb{K}, +, 0)$	additive Gruppe des Körpers $\mathbb{K}$
$(\mathbb{K}^*, \cdot, 1)$	multiplikative Gruppe des Körpers $\mathbb{K}$
$\overline{u}$	im Kontext zu Gruppen: das inverse Element zu u
$E(M)$	Einheitengruppe des Monoids M
$E(R)$	Einheitengruppe des Ringes R
$\mathbb{Z}g$	die von $g \in G$ erzeugte Untergruppe von G bei additiver Schreibweise
$g^{\mathbb{Z}}$	die von $g \in G$ erzeugte Untergruppe von G bei multiplikativer Schreibweise
$\mathrm{ord}(g)$	die Ordnung des Gruppenelementes g
$\equiv_U$	Äquivalenz modulo einer Untergruppe U
$[G:U]$	der Index der Untergruppe U in der Gruppe G
G/N	Faktorgruppe von G nach dem Normalteiler N
$\equiv_I$	Kongruenz modulo dem Ideal I
R/I	Faktorring modulo dem Ideal I
i bzw. $\sqrt{-1}$	die imaginäre Einheit
$\Re(z)$ bzw. $\Im(z)$	Real- bzw. Imaginärteil der komplexen Zahl z
$|z|$	Betrag der komplexen Zahl z
$\overline{z}$	die zu $z \in \mathbb{C}$ gehörende konjugiert komplexe Zahl
$\mathbb{Z}_2$ bzw. $\mathbb{F}_2$	der binäre Körper
$\mathbb{Z}_p$	Restklassenkörper modulo der Primzahl p
$\mathbb{K}$	ein Körper
$\mathbb{K}^n$	der n-Tupel Zeilen- oder Spaltenraum über $\mathbb{K}$
$\mathbb{K}^{m,n}$	der Raum aller (m, n)-Matrizen über $\mathbb{K}$
$\mathrm{GL}_n(\mathbb{K})$	Gruppe aller invertierbaren (n, n)-Matrizen über $\mathbb{K}$
E_n	die (n, n)-Einheitsmatrix
E	die Einheitsmatrix bei quadratischen Matrizen

Symbolverzeichnis

$(A_{ij})_{\substack{i=1,\ldots,m \\ j=1,\ldots,n}}$	Matrix A aus $\mathbb{K}^{m,n}$
$\mathrm{diag}(\mu_1,\ldots,\mu_n)$	Diagonalmatrix mit Diagonaleinträgen $\mu_1,\ldots,\mu_n$
A'	Transponierte der Matrix A
v'	transponierter Vektor des Vektors v
$v'w$	Standard-Skalarprodukt der Vektoren v und w
S_A bzw. Z_A	Spalten- bzw. Zeilenraum der Matrix A
Ψ_A	die zur Matrix A gehörende lineare Abbildung $x \mapsto Ax$
$\mathbb{L}_{A,b}$	Lösungsmenge des linearen Gleichungssystems $Ax = b$
$(A|b)$	erweiterte Koeffizientenmatrix des Systems $Ax = b$
$(T|b^*)$	Treppen-Normalform eines Ausgangssystems $(A|b)$
r	Rang einer Treppenmatrix
χ	charakteristische Spaltenfunktion einer Treppenmatrix
h^i für $i \in \chi^c$	Basis der homogenen Lösungen eines lin. Gleichungssystems
$\overset{*}{\leadsto}$	durch elementare Zeilenumformung induzierte Äquivalenzrelation auf Matrizen
$\kappa_B(v)$	Koordinatenvektor von v bzgl. der Basis B
$\mathcal{D}(\phi)$	Darstellungsmatrix der linearen Abbildung ϕ bzgl. der kanonischen Basen
$\mathcal{D}_C^B(\phi)$	Darstellungsmatrix der linearen Abbildung ϕ bzgl. der Basen B und C
$S_{r,s}$	Skalierung im $\mathbb{R}^2$
T_t	Scherung im $\mathbb{R}^2$
D_α	Drehung um Winkel α
E, I, J, K	vier spezielle Quaternionen
$E_\lambda(\phi)$	Eigenraum zum Eigenwert λ der linearen Abbildung ϕ
V, W, X	Vektorräume
$\dim(V)$	Dimension des Vektorraumes V
$U^\perp$	Orthogonalraum zum Unterraum U
$C^\perp$	dualer Code zum linearen Code C
$v^1,\ldots,v^t$	Liste von Vektoren
$\langle b^1,\ldots,b^t \rangle$	der von den Vektoren $b^1,\ldots,b^t$ erzeugte Teilraum
$\mathrm{Kern}(\tau)$	Kern der linearen Abbildung τ
$\mathrm{Tr}(f)$	Träger der Abbildung f aus $\mathbb{K}^L$
$\mathbb{K}^L_{endl}$	Menge aller Abbildungen von L nach $\mathbb{K}$ mit endlichem Träger
$\mathbb{K}[[x]]$	Ring der formalen Potenzreihen über dem Körper $\mathbb{K}$
$\mathbb{K}[x]$	Polynomring in der Unbestimmten x über dem Körper $\mathbb{K}$

Symbolverzeichnis

$\mathbb{K}(x)$	Körper der rationalen Funktionen über $\mathbb{K}$
$f \star g$	Faltung der Folgen f und g aus $\mathbb{K}^\mathbb{N}$
η	das Nullpolynom
$\deg(f(x))$	Grad des Polynoms $f(x)$
$\mathrm{Lm}(f(x))$	Leitmonom des Polynoms $f(x)$
$\mathrm{Lc}(f(x))$	Leitkoeffizient des Polynoms $f(x)$
$\mathrm{Lt}(f(x))$	Leitterm des Polynoms $f(x)$
$\mu_A(x)$	Minimalpolynom der Matrix A
$\mu_{A,v}(x)$	Minimalpolynom des Vektors v bzgl. der Matrix A
DFT	diskrete Fourier Transformation
$\rho(x)$	Rückkopplungspolynom bei linearen Schieberegistern
$u^{rez}(x)$	reziprokes Polynom zu $u(x)$
$P_{\preceq}$	der zur Anordnung $\preceq$ gehörende Positivbereich
$|\cdot|$	der zu einer Anordnung gehörende Absolutbetrag bzw. der Betrag von reellen oder komplexen Zahlen
abs	abstrakte Bewertung
$(A1), (A2)$	Anordnungsaxiome
(AA)	archimedisches Axiom
(VA)	Vollständigkeitsaxiom
$[a, b]$	abgeschlossenes Intervall mit Grenzen a und b
(a, b)	offenes Intervall mit Grenzen a und b
$(a, b]$ bzw. $[a, b)$	halboffene Intervalle mit Grenzen a und b
$B_\varepsilon(a)$	Intervall bzw. Kreis um a vom Radius ε
$-\infty$ bzw. ∞	Symbol für „minus unendlich" bzw. „unendlich"
$\sqrt[n]{x}$	die n-te Wurzel aus einer nichtnegativen reellen Zahl x
$\lceil x \rceil$	Aufrundung zur nächsten ganzen Zahl
$\lfloor x \rfloor$	Abrundung zur nächsten ganzen Zahl
S^f	die zur Folge f gehörende Reihe
G^z	die zu $z \in \mathbb{C}$ gehörende geometrische Reihe
H	harmonische Reihe
$P_a(x)$	die zur Folge (a_n) gehörende Potenzreihe
K_a	der zur Folge (a_n) gehörende Konvergenzbereich
ρ_a	der zur Folge (a_n) gehörende Konvergenzradius
$P_{a,z_0}(x)$	die zur Folge (a_n) gehörende Potenzreihe um den Entwicklungspunkt z_0

Symbolverzeichnis

$O(\cdot), \Omega(\cdot), \Theta(\cdot), o(\cdot)$	Landau-Symbole zur Beschreibung des Wachstumverhaltens von Folgen
$\lim_{n \to \infty}(f_n)$	Grenzwert der Folge $(f_n)_{n \in \mathbb{N}}$
$\liminf(f)$	Limes inferior einer beschränkten Folge
$\limsup(f)$	Limes superior einer beschränkten Folge
$\lim_{x \to a} f(x)$	der Grenzwert der Funktion $f(x)$ bei x gegen a
$\|g\|_D$	Supremumsnorm einer Funktion g mit Definitionsbereich D
$f'(x)$	erste Ableitungsfunktion der Funktion $f(x)$
$f^{(n)}(x)$	n-te Ableitungsfunktion der Funktion $f(x)$
$T_{f,n}(x; \omega)$	Taylor-Polynom n-ter Ordnung von f an der Entwicklungsstelle ω
$T_f(x; \omega)$	Taylor-Reihe von f an der Entwicklungsstelle ω
$\int_a^b f(x)dx$	Integral der Funktion $f(x)$ über $[a,b]$
I_f	die zu $f(x)$ gehörende Integralfunktion, eine Stammfunktion von $f(x)$
$\int_{-\infty}^{\infty} f(x)dx$	uneigentliches Integral der Funktion $f(x)$
e	im Kontext zu Folgen und Reihen: die Euler'sche Zahl
π	die Kreiszahl
$\exp_a$	Exponentialfunktion zur Basis a
$\exp$	Exponentialfunktion (zur Basis e)
$\log_a$	Logarithmusfunktion zur Basis a
$\ln$	natürlicher Logarithmus (zur Basis e)
$\cos$	Cosinus
$\sin$	Sinus
$\tan$	Tangens
$\cot$	Cotangens
$\arcsin$	Arcussinus
$\arccos$	Arcuscosinus
$\arctan$	Arcustangens

Register

A

Abbildung 87
- bijektive 88
- Bild 90
- Bildbereich 87
- Definitionsbereich 87
- dehnungsbeschränkte 658
- differenzierbare 700
- Einschränkung 94
- Erweiterung 94
- Hintereinanderausführung 92
- gleichmäßig stetige 658
- identische 90
- injektive 88
- kanonische 452
- $\mathbb{K}$-lineare 357
- Komposition 85, 92
- lineare 357
- Lipschitz-stetige 658
- monoton wachsende 164
- natürliche 314
- stetige 656
- streng monoton wachsende 138, 164
- surjektive 88
- Umkehrabbildung 92
- Urbild 90
- Verkettung 92
- Wertebereich 87

Abel, Nils Henrik 205
Abgeschlossenheit
- einer Verknüpfung 208
- unter Inversenbildung 209

Ableitung
- der Umkehrfunktion 710
- einer Funktion 700
- formale eines Polynoms 524
- höhere 712
- Kettenregel 708
- Produktregel 707
- Quotientenregel 707

Ableitungsfunktion 700
Ableitungsoperator 705
Abrunden einer Zahl 459
Abrundung einer reellen Zahl 556
absolut konvergent 621
Absolutbetrag 89, 550, 552
Absorptionsgesetz 17
Abstand
- euklidischer 738
- Hamming-Abstand 274
abzählbar unendlich 98
Addition
- komponentenweise von n-Tupeln 202
- punktweise von Abbildungen 451, 464
- punktweise von n-Tupeln 202
Additionsregel für Integrale 751
Additionstheoreme der Trigonometrie 362, 684
additive Mengenfunktion 160
Adleman, Leonard Max 262
affine Funktion 703
affine Transformation 328
Aleph-Null 98
Algebra
- Aussagenalgebra 26
- Boole'sche 27, 241
- der formalen Potenzreihen 468
- $\mathbb{K}$-Algebra 352
- Mengenalgebra 26
- σ-Algebra 158

Register

algebraisch abgeschlossen 480
Algorithmus
- B-adische Darstellung 66
- Chinese 292
- effizienter 604
- Eingabegröße 68
- erweiterter Euklidischer bei ganzen Zahlen 72
- erweiterter Euklidischer für Polynome 479
- Euklidischer bei ganzen Zahlen 70
- Euklidischer für Polynome 478
- Gauß-Algorithmus 396
- Horner-Schema 485
- ineffizienter 604
- Invertieren modulo n 257
- Komplexität 68
- Korrektheit 67
- Laufzeit 68
- Newton-Interpolation 491
- Polynomdivision mit Rest 475
- Speicherplatzbedarf 68
- Square-and-Multiply 258
- Terminierung 67
Allquantor 37
Alphabet 271
alternierende Gruppe 323
Anfangsstück 48
Anordnung 545
- Axiome 545
Antinomie 28
Antivalenz von Aussagen 22
Approximation
- durch Taylor-Polynome 724
- durch Treppenfunktionen 748
äquivalenter Code 450
Äquivalenz von Aussagen 23
- Klasse 105
- Relation 103
Archimedes von Syrakus 554
archimedisches Axiom 555
Arcuscosinus 736

Arcussinus 711
arithmetische Operationen 30
Assoziativgesetz 197
Aufrundung einer reellen Zahl 62, 556
Aussage
- allgemeingültige 24
- „es gibt ..." 37
- „für alle ..." 37
- logische 21
- Negation 22
- Wahrheitswert 21
Aussagen
- Äquivalenz 23
- Antivalenz 22
- Disjunktion 22
- Implikation 23
- Konjunktion 22
- logische Gleichwertigkeit 23
Aussagenalgebra 26
Auswahlaxiom 38
Auswertung eines Polynoms 481
Auswertungsabbildung 482
Automorphismus 303
Average-Case-Analyse 604
axiomatische Mengenlehre 28

B

B-adische Approximation 639
Bahn 143
Barbier von Sevilla 28
Basis eines Vektorraumes 424, 454
basisabhängiger Isomorphismus 433
Basisergänzungssatz 431
Baumdiagramm 29
Bayes, Thomas 174
Berechnungsmodell 68
Bernoulli, Jakob 185
Bernoulli
- Experiment 185
- Kette 185
- Ungleichung 554
Bernstein, Felix 108

beschränkt 558
– nach oben 557
– nach unten 558
Betrag 64, 89
– einer komplexen Zahl 231, 551
Beweis
– direkter 24
– durch vollständige Induktion 48
– durch Widerspruch 11
– indirekter 11, 25
Bewertung 552
– p-adische 554
– ultrametrische 570
Bibel 284
Bijektivität 88
Bild
– eines Elementes 87
– eines Gruppen-
  Homomorphismus 305
Binomialkoeffizient 126
Binomialsatz 129
Binomialverteilung 186
binär
– Code 272
– Körper 223
– Operation 196
– Wiederholungscode 281
– Zerlegungsschritt 500
Blockmatrix 354
Bolzano, Bernard 599
Boole, George 27
Boole'sche Algebra 27, 241
Boone, Steven 58

C

Cantor, Georg 6
Cantor'sches Diagonalverfahren 99
Cauchy, Augustin Louis 605
Cauchy-Folge 605
Cauchy-Produkt von Reihen 635
charakteristische
– Funktion 125

– Indexmenge 137
– Spalte 394
– Spaltenfunktion einer Treppen-
  matrix 394
Chiffrierabbildung 262
Chiffrierung 262
Code 271
– (7, 4)-Hamming-Code 282
– dualer 447
– EAN-Strich-Code 286
– ISBN-Code 284
– perfekter 280
– zyklischer 495
Codewort 271
codieren 273
Cohen, Paul 109
Cooper, Curtis 58
Cosinus 683
– Potenzreihendarstellung 685
Cosinus-hyperbolicus 695
Cotangens 731
Coxeter, Harold 56

D

Darstellung
– B-adische 66
– Darstellungsmatrix 359
– Darstellungsmatrix einer linearen
  Abbildung 434
Datenstrukturen 86
de l'Hôpital, Guillaume François
  Antoine 713
de Moivre, Abraham 688
de Morgan, Augustus 17
de Morgan'sche Gesetze 17
Dechiffrieren 263
Decodierung 276
Dedekind, Julius Wilhelm Richard 565
Dedekind-Schnitt 565
Descartes, René 27
Determinante 357

Dezimalbruchentwicklung reeller Zahlen 99
Diagonalisierbarkeit einer linearen Abbildung 439
Diagonalverfahren von Cantor 96
dicht 11, 556
Dichte einer Zufallsvariablen 769
Diedergruppe 329
Differentiation von Potenzreihen 763
Differenzen erster Ordnung 765
Differenzenquotient 701
Differenzfolge 765
Differentialgleichung 736
Differentialquotient 700
Differenzierbarkeitskriterien 702, 703
Digraph 86
Dimension eines Vektorraums 427
Dimensionsformel
– erste 436
– zweite 436
direkte
– Summenzerlegung 437
– Vektorraumsumme 437
Disjunktion von Aussagen 22
diskrete Fourier-Transformation (DFT) 499
Diskriminante 14
Divide-and-Conquer 502, 604
Division mit Rest
– bei ganzen Zahlen 65
– bei Polynomen 475
Divisions-Methode 65
Dominoprinzip 75
Doppelsumme 31
Drehung 361
Dreiecksmatrix 340
– normierte 340
– obere 340
– untere 340
Dreiecksungleichung beim Hamming-Abstand 278
Dreier-Regel 78

Dreierzerlegung 79
dritte binomische Formel 40
Dualdarstellung 66
dualer Code 447
Dualitätsprinzip
– bei Aussagen 27
– bei Mengen 20

E

Eigenraum 440
Eigenvektor 440
Eigenwert 440
ein-eindeutige Zuordnung 89
eindeutige Zuordnung 86
Einheit 204, 221
– modulo n 256
Einheitengruppe 204
Einheitsmatrix 340
Einheitswurzel
– n-te 498
– primitive n-te 498
Einselement 199
Einwegfunktion mit Falltür 263
Element einer Menge 6
Elementarereignis 158
Elementarmatrix 407
elementare Zeilenumformungen 391
Elementbeziehung 6
Empfängermenge 271
Endomorphismus 303
Endstück 48
Entwicklungspunkt 723
Entwicklungsstelle 723
Epimorphismus 303
Ereignis 157
– sicheres 159
– (stochastisch) unabhängiges 176
– unmögliches 159
Erwartungswert 178, 644
– einer stetigen Zufallsvariablen mit Dichte 770
erweiterte Koeffizientenmatrix 379

Erweiterungskörper 482
erzeugende Funktion 528
Erzeuger einer zyklischen Gruppe 213
Erzeugersystem
- eines Vektorraumes 347
- minimales 380, 424
Euklid von Alexandrien 58
euklidischer Bereich 330, 475
Euler, Leonhard 10, 37
Euler-Funktion 138
- Multiplikativität 141
Euler'sche Zahl 596
europäische Artikelnummer (EAN) 286
Evaluation eines Polynoms 481
Existenzquantor 37
exklusives oder 16, 22
Exponentialfunktion 625
- Verhalten auf der imaginären Achse 683
- Verhalten auf $\mathbb{Q}$ 675
- Verhalten auf $\mathbb{R}$ 676
- zur Basis a 678, 679
Extremalstelle 713
Extremum 713

F

Faktorgruppe 313
Faktorisierung
- einer ganzen Zahl 63
- eines Polynoms 480
- Faktorisierungsverfahren, naives 63
Faktorraum 368
Faktorring 320
Fakultätsfunktion 52
falsch negativ 175
falsch positiv 175
Faltung von Folgen 465
fast
- alle 52
- überall 577
- überall definiert 577

- überall gleich 577
- überall gleich null 452
Fast Fourier Transformation (FFT) 501
Fehlerbündel 495
Fehlererkennung 270
Fehlerkorrektur 270
Fehlerraum 273
Fehlersyndrom 448
Fehlerwort 273
Fermat, Pierre de 37
Fermat-Primzahl 37
Fibonacci, Leonardo von Pisa 527
Fibonacci-Zahlen 611
Fixpunkt 145
Fixpunktsatz 730
Fläche des Einheitskreises 756
Folge 464
- B-adische 638
- beschränkte 587, 588
- Cauchy-Folge 605
- divergente 578
- konvergente 578
- mit Werten in $\mathbb{K}$ 451
- monoton fallende 588
- monoton wachsende 588
- nach oben beschränkte 587
- nach oben unbeschränkte 587
- nach unten beschränkte 587
- periodische 535
- streng monoton fallende 588
- streng monoton wachsende 588
- von Funktionen 670
Folgenglied 464
Folgerung 23
formale Ableitung eines Polynoms 524
Formel
- erste binomische 14
- dritte binomische 40
- Inklusions-Exklusions-Formel 135
- Sieb-Formel 137
- von Bayes 174

Register

- von de Moivre 688
- von der totalen Wahrscheinlichkeit 173

Fourier, Jean Baptiste Joseph 497

Fourier-Transformation
- diskrete 499
- inverse 502
- schnelle 501

Freiheitsgrade 383

Funktion 86
- affine 657
- analytische 727
- beschränkte 667
- charakteristische 125
- differenzierbare 700
- hyperbolische 695
- innere 708
- konvexe 694
- Riemann-integrierbare 746
- äußere 708

Funktionalgleichung der Exponentialfunktion 674

Funktionenfolge 670

Funktionsgraph 88

G

Galois, Évariste 258

Galois field 258

Gauß, Carl Friedrich 33

Gauß'sche Glockenkurve 771

Gauß'scher Zahlkörper 495

Gegenbeispiel 37

gemeinsamer Teiler
- bei ganzen Zahlen 69
- bei Polynomen 477

general linear group 355

Generatormatrix 447

Generatorpolynom eines zyklischen Codes 496

geometrische
- Reihe 35, 617
- Summe 54

geordnetes Paar 29

Gerade 104

GIMPS 58

Gleichheit
- von Abbildungen 88
- von Mengen 7
- von n-Tupeln 34
- von Paaren 29

Gleichmächtigkeit 96

Gleichmächtigkeitsregel des Zählens 122

Gleichungssystem
- homogenes 378
- inhomogenes 378
- lineares 378
- rechte Seite 378

Gleichverteilung 178

Gleichwertigkeit von Aussagen 23

Gleitkommazahl 643
- Exponent 643
- Mantisse 643
- Vorzeichen 643

Goldener Schnitt 10

Grad eines Polynoms 468

Gradfunktion 330

Graph
- einer Funktion 88
- gerichteter 86

Graphentheorie, algorithmische 86

Grenzfunktion 670

Grenzwert 578

Grenzwertsatz
- erster Teil 584
- zweiter Teil 585

Grundgesetze
- bei Aussagenverknüpfungen 26
- bei Mengenverknüpfungen 17

Gruppe 205
- abelsche 205
- kommutative 205
- symmetrische 207
- Zentrum 328
- zyklische 213

größter gemeinsamer Teiler
– bei ganzen Zahlen 69
– bei Polynomen 477
größtes Element eines Verbandes 240

H

Halbgruppe 197
– kommutative 198
Hamilton, William Rowen 234
Hamming, Richard Wesley 274
Hamming
– Hamming-Abstand 274
– Hamming-Code, (7, 4) 282
– Hamming-Gewicht 274
Hardy, Godfrey Harold 266
harmonische Reihe 35
Hasse, Helmut 110
Hasse-Diagramm 110
Hauptideal 316
– Hauptidealbereich 316
– Hauptidealring 316
Hauptsatz der Differential-
   und Integralrechnung 751
Hexadezimaldarstellung 66
hinreichende Bedingung 23
homogenes System 288
Homomorphismus
– kanonischer bzw. natürlicher 314
– von $\mathbb{K}$-Vektorräumen 357
– von Gruppen 303
– von Monoiden 303
– von Ringen 315
Horner, William George 485
Horner-Schema 485
Hyperebene 445
Hypothese 23
Häufigkeit
– absolute 158
– relative 158
Häufungspunkt 577

I

Ideal
– eines Ringes 316
– maximales 321
– Primideal 329
Idempotente, paarweise
   orthogonale 291
Idempotenzgesetz 17
Identitätssatz für Potenzreihen 633
imaginäre
– Achse 682
– Einheit 10, 229
Implikation von Aussagen 23
Index einer Untergruppe 215
Indexmenge 31
Indikatorvariable 170
Induktion 48
– Induktionsanfang 49
– Induktionsannahme 49
– Induktionsschluss 49
– Induktionsschritt 48
– Induktionsverankerung 48
– Induktionsvoraussetzung 49
Infimum 237, 559
– Infimum-Eigenschaft 560
Informationsrate 272
Injektivität 88
Inklusion von Mengen 7
Integral
– einer Treppenfunktion 743
– Oberintegral 745
– Riemann-Integral 746
– unbestimmtes 768
– uneigentliches 768
– Unterintegral 745
Integralfunktion 751
Integration
– partielle 757
– Produktintegration 757
– Substitutionsregel 755
– Transformationsformel 756
– von Potenzreihen 761

Integrationsvariable 744
Integritätsbereich 220
Internationale Standardbuchnummer (ISBN) 283
Interpolation 487
Interpolationspolynom 487, 488
Intervall 110
– abgeschlossenes 558
– Intervallgrenzen 558
– kompaktes 558
– Intervalllänge 558
– links abgeschlossen und rechts offen 558
– links offen und rechts abgeschlossen 558
– offenes 558
Intervallschachtelung 591
inverse Fourier-Transformation 502
inverses Element zu 203
invertierbares Element 203
Invertieren einer Matrix 411
ISBN-Code 284
isomorph 303
Isomorphismus 303
Iterationsprinzip 729

J

Junktor 22

K

kanonisch
– Abbildung 452
– Basis 347, 348, 453
– Einheitsvektor 347
Kanten, gerichtete 86
Kardinalität, gleiche 96
kartesisches Produkt
– allgemeines 38
– von n Mengen 34
– zweier Mengen 29

Kern eines Gruppen-Homomorphismus 304
Klassenverknüpfung 313
kleinstes Element 46
– eines Verbandes 240
Knoten eines Graphen 85
Köder, Sieger 284
Koeffizienten
– eines Polynoms 472
– Koeffizientenmatrix 378
Kommentar 66
kommutatives Diagramm 434
Kommutativgesetz 198
Komplementaritätsgesetz 17
Komplementbildung 89
komplexe Einheitssphäre 683
komplexe Zahl 226
– Imaginärteil 229
– Konjugierte 230
– Realteil 229
Komplexität eines Problems 604
Komponente
– eines n-Tupels 34
– eines Paares 29
komponentenweise Addition von n-Tupeln 202
Kongruenz
– modulo n 104
Kongruenzklassen 310
Kongruenzrelation 252, 310
– auf Ringen 318
konjugiert komplexe Zahl 230
Konjunktion von Aussagen 22
Konklusion 23
konstante Nullfolge 579
Kontinuum 10
– Kontinuumshypothese 109
Kontradiktion 24
Kontraktion 658
Kontrapositionsgesetz 25
Kontrollmatrix 447

Kontrollpolynom eines zyklischen
   Codes 497
Konvergenz
– absolute 621
– gegen unendlich 582
– gleichmäßige 671
– Konvergenzradius einer
   Potenzreihe 629
– punktweise 670
– uneigentliche 583
– von links 664
– von rechts 664
Konvolution von Folgen 465
Koordinatenvektor 433
Körper 222
– angeordneter 545
– archimedischer 555
– bewerteter 552
– binärer 224
– der komplexen Zahlen 226
– der rationalen Funktionen 519
– vollständig angeordneter 561
Körpererweiterung, n-dimensionale 494
Korrekturleistung eines Codes 277
Kreisteilungskörper 495
Kreisteilungspolynom 495
Kreiszahl 620, 687
– Formel 763
Kryptoanalyse 267
Krümmungsverhalten 722
Kugel, diskrete 279
Kugeloberfläche, diskrete 279
Kugelpackungsschranke 280
Kürzungsregel 221

L

Lagrange, Joseph Louis 213
Lagrange-Interpolationsformel 489
Lagrange-Polynome 490
Landau, Edmund 69
Landau-Symbol 69, 601
Laplace, Pierre-Simon 162

Laplace
– Laplace-Experiment 162
– Laplace-Modell 162
Laufvariable 31
Leibniz, Gottfried Wilhelm 618
Leibniz-Kriterium 618
Leitkoeffizient eines Polynoms 468
Leitmonom eines Polynoms 472
Leitterm eines Polynoms 472
Lemma von Zorn 455
Lenstra, Arjen Klaas 268
Lenstra, Hendrik Willem, Jr. 268
l'Hôpital'sche Regeln 719
Limes 578
– inferior 598
– superior 597
Linearfaktor 479
Linearkombination 345, 454
linear
– abhängig 421, 454
– unabhängig 421, 454
lineare Abbildung 357
lineare Hülle 346
lineare Optimierung 604
lineare Schieberegisterfolge 528
– erzeugende Funktion 528
linearer Code über einem Ring 272
lineares Gleichungssystem 378
Linksnebenklasse 214, 306
Lipschitz, Rudolf 658
Lipschitz-Konstante 658
Logarithmus, natürlicher 677
Logarithmusfunktion
– Eigenschaften der natürlichen 678
– zur Basis a 679
logisches oder 16, 22
logisches und 22
Lokationsparameter 771
Lösung, reelle quadratische Gleichung 13
Lösungsmenge eines linearen Gleichungssystems 379
Lottospiel „6 aus 49" 163

M

Mächtigkeit einer Menge 8
Majorante 621
Majorantenkriterium 621
Matrix 339
- Diagonalmatrix 340
- Diagonaleintrag 340
- (i, j)-Eintrag 339
- Matrixalgebra 352
- Matrixmultiplikation 349
- (m, n)-Matrix 339
- quadratische 340
Matrixprodukt 349
Maximum 559
- globales 713
- lokales 713
- strikt globales 713
- strikt lokales 713
Menge 6
- abgeschlossene 662
- Abschluss 662
- Aufzählung 7
- definierende Eigenschaften 7
- der Dezimalziffern 6
- der Dualziffern 6
- Differenz von 15
- disjunkte 16
- disjunkte Vereinigung 16
- elementfremde 16
- endliche 9
- Gleichheit von 7
- Inklusion von 7, 102
- Kardinalität 8
- Komplement 17
- leere 9
- Mächtigkeit 8
- n-Menge 125
- paarweise disjunkt 28
- Schnittmenge 15
- symmetrische Differenz 15
- unendliche 9
- Vereinigung 15

Mengenalgebra 26
Mengenklammern 6
Mengenoperatoren 15
Mengensystem 28
- disjunktes 28
Merge-Sort-Algorithmus 604
Mersenne, Marin 58
Mersenne-Primzahl 58
Messbarkeit von Abbildungen 769
Minimalabstand eines Codes 277
Minimalpolynom
- einer Matrix 504
- eines Vektors 505
Minimum 46, 559
- globales 713
- lokales 713
- strikt globales 713
- strikt lokales 713
Minorante 621
Minorantenkriterium 622
minus unendlich 558
Mittelwert
- arithmetischer 178
- $\mathbb{P}_\zeta$-gewichtet 178
Mittelwertsatz
- der Integralrechnung 750
- erster, der Differentialrechnung 715
- zweiter, der Differentialrechnung 715
mittlere quadratische Abweichung 180
Möbius, August 150
Möbius-Funktion 150
Modul 338
- R-Modul 338
Modus Ponens 24
Monoid 198
- kommutatives 198
Monom 472
Monomorphismus 303
Monotoniekriterien 716
Morphismus
- Automorphismus 303
- Endomorphismus 303

– Epimorphismus 303
– Isomorphismus 303
– Monomorphismus 303
Multiplikation, punktweise
   von Abbildungen 464
multiplikatives Invertieren in $\mathbb{C}$ 230

N

Nachfolger 48
Nachrichtenmenge 271
nächster Nachbar 276
natürliche Abbildung 314
natürliche Ordnung 46
Negation 22
Negativteil einer Funktion 747
neutrale Klasse 311
neutrales Element 198
Newton, Isaac 491
Newton
– Newton-Interpolationsformel 491
– Newton-Verfahren 732
nichtcharakteristische Spalte 394
(n, k)-Code über A 272
Norm einer komplexen Zahl 551
Normalform 111
Normalteiler 309
normierte Treppengestalt 389
notwendige Bedingung 23
Nullabbildung 451
Nullelement 199
Nullfolge 579
Nullmatrix 340
Nullpolynom 468
Nullraum 346
Nullstelle eines Polynoms 481

O

obere Schranke 237, 557
Oberintegral 745
offener Kreis 578
Oktaldarstellung 66

o-Notation 602
O-Notation 601
Ω-Notation 602
Ordnung
– eines Gruppenelementes 215
– größtes Element 109
– kleinstes Element 109
– lexikographische 102
– multiplikative von x modulo n 261
– natürliche 46, 545
– partielle 101
– Teilmengenordnung 102
– totale 102
orthogonal 445
Orthogonalraum 445

P

Paar, geordnetes 29
Paare, Gleichheit von 29
Parallelität 104
Paritätsbit 271
– Erweiterung 279
Partialbruchzerlegung 520
– erster Teil 521
– zweiter Teil 526
Partialsumme 616
partielle Ordnung 101
Partition einer Menge 29
Pascal, Blaise 128
Pascal'sches Dreieck 128
Periode 535
– einer stetigen Funktion 687
– einer B-adischen Darstellung 642
periodische Folge 535
Periodizität von Sinus und Cosinus 687
Permutation 89
– Permutationsmatrix 340
plus unendlich 558
Poisson, Siméon Denis 680
Polarkoordinaten 231
Polynom 468
– Algebra 469

- Division 475
- Grad 468
- Interpolationspolynom 488
- irreduzibles 479
- konstantes 472
- Methode 485
- monisches 468
- Ring 469
- unzerlegbares 479

Polynomfunktion 482
Positivbereich 546
Positivteil einer Funktion 747
Potenzgesetze 564
Potenzfunktion mit beliebigem Exponent 679
Potenzmenge 28
Potenzregel des Zählens 124
Potenzieren modulo n 258
Potenzreihe
- Entwicklungspunkt 633
- Konvergenzbereich 629
- Konvergenzradius 629
- Stetigkeit 673

Prädikat 36
Prämisse 23
Primfaktorzerlegung
- Eindeutigkeit 61
- Existenz 60

Primideal 329
primitives Element 262
Primzahl 57
- Fermat-Primzahl 37
- Mersenne-Primzahl 58

Prinzip
- des ausgeschlossenen Dritten 21
- des doppelten Zählens 149

Prinzip der vollständigen Induktion
- erste Form 48
- zweite Form 59

Priorität bei Klammersetzung 15
probability 159
Produkt von Matrizen 349

Produktformel 525
Produktmonoid 201
Produktregel
- der Differentiation 707
- des Zählens 35, 123

Projektion 149
projektive Ebene 457
projektive Geometrie 457
Prüfziffer 284
Public-Key-Cryptosystem 262
punktweise Addition
- von Abbildungen 451, 464
- von n-Tupeln 202

punktweise Multiplikation
von Abbildungen 464
Pythagoras von Samos 10

Q

Quadrate modulo p 308
quadratfreie Zahl 242
Quadratfunktion 657
quadratische Ergänzung 14
Quadratzahl 40
Quantor 36
Quasi-Ordnung 101
Quaternion 234, 235
Quaternionenschiefkörper 234
Quotient 476
Quotientenkörper 519
Quotientenkriterium 624
- für Potenzreihen 631

Quotientenregel der Differentiation 707

R

Rand des Konvergenzbereiches 629
Randpunkt, linker bzw. rechter eines Intervalls 558
Rang
- einer allgemeinen Matrix 410
- einer Treppenmatrix 394

rationale Funktion 519

rationale Normalform 506
Rechtsnebenklasse 306
Reduktion von a modulo b 65
Reduktionssystem 111
Redundanz 270
reduzieren 111
reelle Zahl
- B-adische Darstellung 638
- B-adische Entwicklung 638
Regeln von de l'Hôpital 719
Regula falsi 733
Reihe 616
- alternierende geometrische 518
- alternierende harmonische 620
- geometrische 35, 518, 617
- Grenzwert 616
- harmonische 35, 617
- Leibniz-Reihe 620
Reihendarstellung von arctan 762
Rekursionsabbildung 527
rekursive Definition 52
Relation
- antisymmetrische 101
- Äquivalenzrelation 103
- binäre 84
- Hintereinanderausführung 85
- Komposition 85
- konverse 85
- linkseindeutige 86
- linkstotale 86
- n-äre 84
- rechtseindeutige 86
- rechtstotale 86
- reflexive 101
- strukturerhaltende 302
- symmetrische 103
- transitive 101
- Umkehrrelation 85
- Verkettung 85
- verträgliche 302
relativ prim 70
relativ primes Kongruenzsystem 290

relativ primes Polynom-Restsystem 493
Repräsentant einer Äquivalenz-
  klasse 105
Repräsentantensystem 107
- kanonisches 107
Rest 476
Restglied 723
Restklasse modulo n 105
Restklassenaddition 253
Restklassenkörper modulo p 258
Restklassenmultiplikation 253
Restklassenring modulo n 253
Riemann, Bernhard 623
Riemann
- Riemann-Integral 746
- Riemann-Integrierbarkeit stetiger
  Funktionen 749
- Riemann'sche Zeta-Funktion 622
Ring 218
- der formalen Potenzreihen 468
- Einheitengruppe 221
- Einselement 218
- kommutativer 218
- Nullelement 218
- Polynom-Ring 469
Ring-Homomorphismus 315
Rivest, Ronald Linn 262
Rolle, Michel 714
RSA-System 264
Rückkopplungsmechanismus 527
Rückkopplungspolynom 528
Russel, Bertrand 28

S

σ-Additivität 644
σ-Algebra 158
Satz
- Binomialsatz 129
- Chinesischer Restsatz 290
- Fixpunktsatz 730
- Newton-Verfahren 732
- von Bolzano-Weierstraß 599

- von Euklid 58
- von Euler 260
- von Fermat, kleiner 261
- von Lagrange 214
- von Pythagoras 10, 231
- von Taylor 724
- von Wilson 296
- Wohlordnungssatz 109
Scherung 361
Schieberegister 528
Schieberegisterfolge 527
- Tiefe 528
Schiefkörper 222
- der Quaternionen 235
Schleifeninvariante 68
Schlömilch, Oscar Xavier 725
Schlüssel 262
- geheimer 262
- öffentlicher 262
schnelle Fourier-Transformation (FFT) 501
schnelle Matrixmultiplikation 372
Schnitt einer Intervallschachtelung 591
Schnittmenge 15
Schnittzahl einer Intervallschachtelung 592
Schranke
- obere 237
- untere 237
Schröder, Ernst 108
Sekante 701
Sendermenge 271
senkrecht 445
Sensitivität eines medizinischen Testes 175
Shamir, Adi 262
Sheffer-Operation 27
Simplex-Algorithmus 604
Sinus 683
- Potenzreihendarstellung 685
Sinus-hyperbolicus 695
Skalarmultiplikation 338

Skalarprodukt 350
Skalierung 361
- gleichförmige 361
Solovay, Robert Martin 266
Spaltenraum einer Matrix 425
Spaltenvektoren 342
Spaltenvektorraum, m-Tupel 342
Spezialisierung 18
Spezifität eines medizinischen Testes 175
Spiegelung 361
Stammfunktion 752, 754
Standardabweichung 180
Standardlösung 402
Standard-n-Menge 125
Standard-Normalverteilung
- Dichtefunktion 771
- Zufallsvariable 771
Standard-Skalarprodukt 445
statistische Versuchsplanung 150
Stellwertsystem 66
stetige Fortsetzbarkeit 664
Stetigkeit 656
- bei Umkehrfunktionen 662
- bei Verkettung von Funktionen 663
- der allgemeinen Logarithmusfunktion 679
- der natürlichen Logarithmusfunktion 677
- der Wurzelfunktionen 663
- Folgenkriterium 660
- gleichmäßige 658
- Lipschitz-Stetigkeit 658
- von Polynomfunktionen 661
- von Potenzreihen 673
- von rationalen Funktionen 661
- von rationalen Potenzfunktionen 663
Stirling, James 54
Störpolynom 529
Strassen, Volker 266, 604
Streuung 180
Stufen-Normalform 389

Summenregel 55
– des Zählens 122
Supremum 237, 559
– Eigenschaft 560
Supremumsnorm 672
Surjektivität 88
symmetrische Gruppe 207

T

Taktgeber 527
Tangensfunktion 708
Tangente 701
Taubenschlagprinzip 95
Tautologie 24
Taylor, Brook 722
Taylor
– Satz von 724
– Taylor-Polynom 723
– Taylor-Reihe 727
Teilalgebra 353
Teilbarkeitsrelation 56
Teiler
– bei ganzen Zahlen 56
– bei Polynomen 474
teilerfremd 70
Teilerverband 242
Teilfolge 589
Teilkörper 228, 246
Teilmenge 7
– echte 7
Teilmodul eines Moduls 344
Teilmonoid 208
– erzeugtes 212
Teilraum 344
– äußere Darstellung 446
– innere Darstellung 446
– invarianter 438
Teilring 314
Θ-Notation 602
totale Ordnung 102
Träger
– einer Abbildung 452

– eines Codewortes 448
– endlicher 452
Transitivität der Teilbarkeitsrelation 56
Translationsinvarianz 184
Transponieren von Matrizen 342
Transposition 144
trap door function 263
Treppenfunktion 743
Treppenmatrix 393
– normierte 393
Treppen-Normalform 389, 410
Trinomialsatz 149
triviale Ideale 316
Tschebyschow, Pafnuti Lwowitsch 690
Tupel, n- 34
Turing, Alan 100
Türme von Hanoi 80

U

überabzählbar 98
ultrametrische Ungleichung 570
umgangssprachliches oder 16
Umkehrabbildung 92
Umkehrrelation 85
Umordnung einer Reihe bzw. Folge 634
unabhängig und identisch verteilte
    Zufallsvariable 772
unbeschränkt
– nach oben 558
– nach unten 558
Unbestimmte eines Polynoms 471
uneigentlich konvergent 583
unendlich 558
untere Schranke 237, 558
Untergruppe 209
– erzeugte 213
– Index 215
– triviale 209
Unterintegral 745
Update-Formel 73
Urbildpartition 90
Ursache 174

V

Vandermonde, Alexandre-Théophile 489
Vandermonde-Matrix 489
Variable
– bei einer Mengenbeschreibung 7
– eines Polynoms 471
Varianz 180, 645
– einer stetigen Zufallsvariable mit Dichte 770
Vektor 338
Vektorraum 338
– aufgespannter 346
– endlich erzeugter 347
– erzeugter 346
– $\mathbb{K}$-Vektorraum 338
Verankerungsvektor 380
Verband 237
– Absorptionsgesetze 238
– Assoziativgesetze 238
– Boole'scher 241
– de Morgan'sche Gesetze 241
– distributiver 241
– Distributivgesetze 241
– doppelte Komplementbildung 241
– Idempotenzgesetze 238
– Kommutativgesetze 238
– Komplement innerhalb 240
– komplementärer 240
– vollständiger 240
Verbindungsstrecke 694
Verdichtung 605
Vereinigung von Mengen 15
Vererbung 206
Vergleich, komponentenweiser 102
Verkettung von Polynomen 482
Verknüpfung 196
– assoziative 197
– innere 196
– kommutative 198
– komponentenweise 200
– punktweise 200
Verknüpfungstafel 257, 328

Verschlüsselung von Daten 262
Verteilungsfunktion 769
Vertretersystem 107
Vielfaches
– bei ganzen Zahlen 56
– bei Polynomen 474
– gemeinsames 74
– kleinstes gemeinsames 74
Vielfachheit
– einer Nullstelle 484
– eines Primfaktors 62
Vielfachsummendarstellung
– bei ganzen Zahlen 72
– bei Polynomen 478
vollständig geordnet 560
vollständige Induktion 48
Vollständigkeit bei Verbänden 239
Vollständigkeitsaxiom 240, 561
Voraussetzung 23
Vorlauf einer formalen Potenzreihe 536
Vorzeichen einer Permutation 323

W

Wachstumsverhalten 602
– exponentielles 603
– logarithmisches 603
– polynomiales 603
Wahrheitstafel 22
Wahrscheinlichkeit
– a posteriori 176
– a priori 175
– bedingte 171
– Elementarwahrscheinlichkeit 160
Wahrscheinlichkeitsfunktion 160
– induzierte 168
Wahrscheinlichkeitsraum 160
– abzählbar unendlicher 644
– bedingter 171
– marginaler 185

Wahrscheinlichkeitsrechnung
- diskrete 157
- kontinuierliche 157
Weg, gerichteter 86
Weierstraß, Karl 599
Wendestelle 718
Wertzuweisung 66
Widerspruch 24
Widerspruchsbeweis 25
Wilson, John 296
Wirkung 174
Wohldefiniertheit der Restklassenarithmetik 254
wohlgeordnet 46
Wohlordnung 46, 109
Wohlordnungseigenschaft 46
Wohlordnungssatz 109
worst case 259
Worst-Case-Komplexität 604
Worst-Case-Laufzeit
 eines Algorithmus 602
Worte der Länge k 271
Wurzel einer positiven
 Zahl 562
Wurzelgesetze 564
Wurzelkriterium 625
- für Potenzreihen 630

Z

Zahl
- ganze 9
- irrationale 10
- komplexe 9
- natürliche 9
- nichtnegative 9
- positive 9
- rationale 9
- reelle 9
Zahlbereiche 9
Zeilenvektoren 341
Zeilenvektorraum, n-Tupel 341
Zentraler Grenzwertsatz 772
Zerlegung
- einer Menge 29
- eines Intervalls 743
Zorn, Max August 455
Zufallsvariable 168
- gleichverteilte 178
- normierte und standardisierte 772
- reellwertige 168
- unabhängige 177
Zwischenwertsatz
- erste Version 666
- zweite Version 666
Zykelschreibweise 143
zyklischer Code 495
Zyklus 143

informit.de, Partner von Pearson Studium, bietet aktuelles Fachwissen rund um die Uhr.

www.informit.de

In Zusammenarbeit mit den Top-Autoren von Pearson Studium, absoluten Spezialisten ihres Fachgebiets, bieten wir Ihnen ständig hochinteressante, brandaktuelle deutsch- und englischsprachige Bücher, Softwareprodukte, Video-Trainings sowie eBooks.

wenn Sie mehr wissen wollen ...

www.informit.de

Umfassender und leicht verständlicher Klassiker

Tanenbaums „Computernetzwerke", das weltweit bekannteste und verbreitetste Lehrbuch zum Thema Rechnernetze, liegt nun in der vierten Auflage vor. Die Breite und Tiefe, in der Tanenbaum alle wichtigen Aspekte moderner Rechnernetze behandelt erklärt in Verbindung mit dem übersichtlichen Aufbau und dem verständlichen, unterhaltsamen Stil des Autors den anhaltenden Erfolg dieses Buchs.

Computernetzwerke
Andrew S. Tanenbaum
ISBN 978-3-8273-7046-4
49.95 EUR [D]

Pearson-Studium-Produkte erhalten Sie im Buchhandel und Fachhandel
Pearson Education Deutschland GmbH
Martin-Kollar-Str. 10-12 • D-81829 München
Tel. (089) 46 00 3 - 222 • Fax (089) 46 00 3 -100 • www.pearson-studium.de

Das Drachenbuch 2.0 - Der Klassiker - jetzt neu!

Compiler - Prinzipien, Techniken und Werkzeuge: das „Drachenbuch" von Aho, Sethi und Ullman ist das unumstrittene Referenzbuch des Compilerbaus. Das Autorenteam, verstärkt durch die weltberühmte Informatikerin Monica Lam, hat das Standardwerk in einer zweiten Auflage komplett überarbeitet veröffentlicht. Es bietet eine in allen Aspekten detaillierte Einführung in die Theorie und Praxis des Compilerbaus. Das Buch stellt, beginnend mit der Beschreibung der Grammatik einfacher Sprachen, die Grundideen vor, die hinter der Compiler-Technologie stehen und vertieft dann im zweiten Teil die vorgestellten Techniken. Wahrlich ein Drachenbuch!

Compiler
Alfred V. Aho; Ravi Sethi; Jeffrey D. Ullman; Monica S. Lam
ISBN 978-3-8273-7097-6
69.95 EUR [D]

Pearson-Studium-Produkte erhalten Sie im Buchhandel und Fachhandel
Pearson Education Deutschland GmbH
Martin-Kollar-Str. 10-12 • D-81829 München
Tel. (089) 46 00 3 - 222 • Fax (089) 46 00 3 -100 • www.pearson-studium.de

Systematische Einführung in die Kunst der Programmierung

Dieses moderne Lehrbuch führt auf systematische Art und Weise in die Kunst der Programmierung ein. Ausgehend von einer fundierten Darstellung der Grundlagen der Algorithmik und der Modellierung von Datenstrukturen wird anhand von vielen Beispielen und Abbildungen gezeigt, wie man von einer konkreten Aufgabenstellung zur algorithmischen Lösung gelangt. Die Erläuterung der wichtigsten Paradigmen zur Gestaltung der Architektur von größeren Programmsystemen runden den behandelten Stoff ab. Der durchgängig verwendete, leicht erlern- und lesbare Pseudocode gestattet es, den Blick auf das Wesentliche zu richten, und erlaubt eine einfache Übertragung der behandelten Algorithmen in eine konkrete Programmiersprache.

Algorithmen und Datenstrukturen
Gustav Pomberger; Heinz Dobler
ISBN 978-3-8273-7268-0
39.95 EUR [D]

Pearson-Studium-Produkte erhalten Sie im Buchhandel und Fachhandel
Pearson Education Deutschland GmbH
Martin-Kollar-Str. 10-12 • D-81829 München
Tel. (089) 46 00 3 - 222 • Fax (089) 46 00 3 -100 • www.pearson-studium.de

Verbesserte und aktualisierte Ausgabe

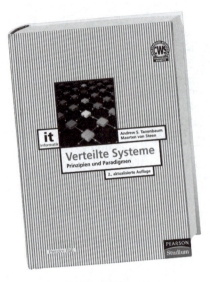

In dieser verbesserten und aktualisierten Ausgabe des Lehrbuchklassikers Verteilte Systeme stellen die Autoren Tanenbaum und van Steen sowohl die Einzelheiten verteilter Systeme als auch die zugrunde liegenden Technologien vor. Ihre klare, umfassende und fesselnde Behandlung des Themas bildet einen hervorragenden Text für Dozenten und Studenten der Informatik, die eine systematische Behandlung der Prinzipien und Technologien von verteilten Systemen fordern.

Verteilte Systeme

Andrew S. Tanenbaum; Maarten van Steen
ISBN 978-3-8273-7293-2
49.95 EUR [D]

Pearson-Studium-Produkte erhalten Sie im Buchhandel und Fachhandel
Pearson Education Deutschland GmbH
Martin-Kollar-Str. 10-12 • D-81829 München
Tel. (089) 46 00 3 - 222 • Fax (089) 46 00 3 -100 • www.pearson-studium.de